D1753024

Bibliotheek
van de
Abdij
van Park
2

ISBN 978-90-429-3167-1
D/2014/0602/75

© 2014, Peeters, Bondgenotenlaan 153, 3000 Leuven, Belgium

No part of this book may be reproduced in any form or by any electronic
or mechanical means, including information storage or retrieval devices
or systems, without prior written permission from the publisher, except
the quotation of brief passages for review purposes.

Jozefa Van Bragt

Bibliotheek van de Abdij vanPark 2

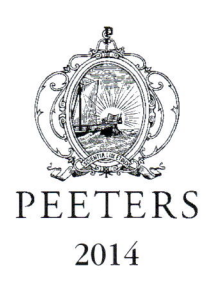

PEETERS

2014

2

CONTRA CONSTITUT

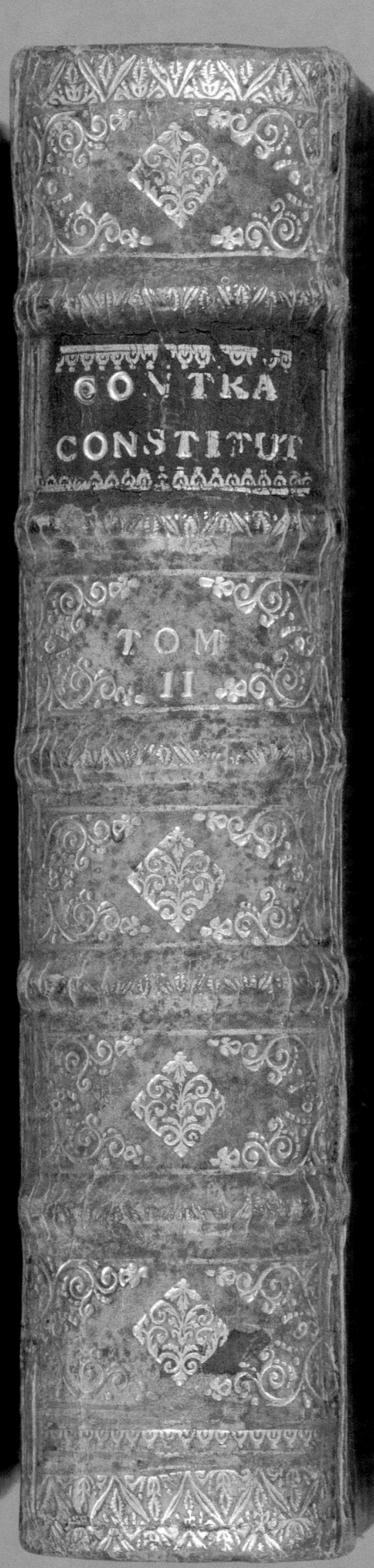

TOM I

CONTRA CONSTITUT

TOM II

PRO
CONSTITUTI

TOM.
IV.

PRO
CONSTITUT[I]

TOM
V

a

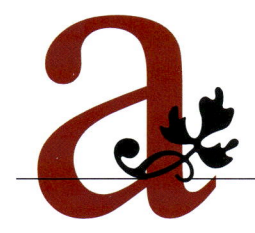

A. R. & Is. M. A1
Cort begryp van het godtvruchtigh ende deughtsaem leven van Sr Anna van Schrieck beggyntie op het beggynhof van Antwerpen … Beschreven … door A. R. ende Is. M. … beggyntiens van het selve hoff
t'Antwerpen, by Petrus Jouret, 1698
8°: A-P⁸; 239 p.
- ArDIII/23

ABEELE, Karel van den, S.J. A2
D'hoop der kinderen Gods steunende op 't geloof ende volmaekt door de liefde. Door … Carolus vanden Abeele …
t'Antwerpen, by Joannes Godefridus de Roveroy, 1767
8°: A-F⁴(-F⁴); 46 p.
- LII/21/2

ABEELE, Karel van den, S.J. A3
Introduction à l'amour égal envers les trois personnes divines. Par … Charles van den Abeele …
A Anvers, chez la veuve Thieullier, & André Paul Colpyn, 1747
8°: π⁴, A-Q⁸, R²; [8], 259 p.; bijk. gegrav. front.
- PrEII/8/1

ABEELE, Karel van den, S.J. A4
Kinderlyke liefde ende vreese Gods … Door P. Carolus vanden Abeele …
t'Antwerpen, by Joannes Franciscus de Roveroy, 1766
8°: A-C8, D2; 52 p.
- LII/21/1

ABEELE, Karel van den, S.J. A5
Noodzakelykheit ende kracht des gebeds tot sekere verkryginge der gave van volherdinge. Door … Carolus van den Abeele
t'Antwerpen, by Joannes Godefridus Josephus de Roveroy, 1770
8°: A-C⁸, D⁴, E²; 60 p.
- LII/21/5

ABEELE, Karel van den, S.J. A6
(Seventhien geestelyke werkjes …) Door … Carolus Vanden Abeele …
1: Verwekkinge der christelyke herten …; Weder-liefde tot de minnende herten …; Maria troost van haere dienaers …; Soetigheid ende nuttigheid van de liefde …; Uitmuntentheit van Maria …; 2: Lieflykheit van Jesus-Christus mensch God …; Versterkinge der goede Christenen …; Versterkinge der goede christenen door het H. Sacrament …; Geschiktheit van de vrees der goede christenen …; Wensch van haest te sterven …; 3: Godvruchtigheid volgens de christelyke wysheid …; Verschillige ongeschiktheid der zielen …; Christelyke wapenen …; Wys gedrag van de godminnende ziel …; Rust ende vreugd in den Heer; Liefde des vyands om God; Verheventheit der Christen
t'Antwerpen, by Joannes Franciscus de Roveroy, 1764-1765
8°: 3 dln
- LII/18-20

ABEELE, Karel van den, S.J. A7
(Seventien geestelyke werkjes …) Verwekkinge der christelyke herten tot meerdere achting ende liefde van Maria … Door … Carolus van den Abeele … Tweeden druk. Eersten deel
Bevat: 1. Verwekkinge…; 2. Weder-liefde tot de minnende herten van Jezus ende Maria; 3. Maria troost … in 't leven ende de dood; 4. Soetigheid ende nuttigheid van de liefde tot de H. Moeder Gods; 5. Uitmuntentheit van Maria
t'Antwerpen, by Joannes Franciscus de Roveroy, 1765
8°: A-B⁸, C², D-I⁸, K⁴, L-P⁸, Q²; 36, 16, 36, 40, 84 p.
- YVI/10 (herk.: Antonius Van Gompel Antverpiensis, 1823 [prijsboek])

ABEELE, Karel van den, S.J. A8
Toeleiding tot de gelukkige volherding in Gods vriendschap tot de dood toe. Door Carolus vanden Abeele …
t'Antwerpen, by Joannes Godefridus J. de Roveroy, 1769
8°: A-C⁸, D⁴, E²; 58, [1] p.
- LII/21/4

ABEELE, Karel van den, S.J. A9
Uitmuntentheit van Maria als de laeste Eva bruid van den laesten Adam Jesus-Christus sone Gods. Door … Carolus Van den Abeele …
t'Antwerpen, by Joannes Franciscus de Roveroy, 1764
8°: A-F⁸; 84, [11] p.
- LI/35 (herk.: Ex libris G. Van den Bom abb. Ninov. Relig. 1800)

ABEELE, Karel van den, S.J. A10
Vast betrouwen van de kinderen Gods van te sullen sterven in de goddelyke liefde. Door Carolus van den Abeele …
t'Antwerpen, by Joannes Godefridus de Roveroy, 1768
8°: A-C⁸; 48 p.
- LII/21/3

ABEELE, Karel van den, S.J. A11
De volmaekte maagd ende waere bruid Gods … Door Carolus van den Abeele …
t'Antwerpen, by Joannes Godefridus Josephus de Roveroy, 1771
8°: A-D⁸; E⁶; 74, [1] p.
- LII/21/6

ABELLY, Louis A12
Medulla theologica ex sacris scripturis, conciliorum pontificumque decretis et sanctorum patrum ac doctorum placitis expressa … Authore … Ludovico Abelly … Editio sexta
Parisiis, apud Georgium Iosse, 1660

A

12°: á¹², é⁴, A-T¹², V⁶; [32], 471, [1] p. + ?
- ArCII/17 (dl 1; herk.: Bibliothecae Augustinianæ fr. Le Verd)

ABRAHAM a SANCTA CLARA, O.S.A.   A13
Abrahams Loof-Hutt, welke Hutte niet alleen met loof- en bladeren, maar met een tafel vol heerlyke spysen en vruchten voorzien is ... Door ... Abraham à St. Clara ... Uit het Hoogduitsch vertaaldt
Te Amsterdam, by Gerrit ten Boekelaar, 1763
8°: 3 dln; gegrav. front. in 1
- WI/21-23

ABRAHAM a SANCTA CLARA, O.S.A.   A14
De gekheydt der wereldt, wysselyk beschreven en kluchtig vertoondt, in hondert narren ... Door ... Abraham van St. Clara. ... met figuuren
T'Amsterdam, by de wed. Wolters, en J. Pauli, 1718-1721
8°: *⁸(-*⁸), A-2N⁸; [14], 554, [22] p. + π¹, *-2*², A-2L⁸, 2L-2M⁴; [12], 564, [14] p.: ill.; bijk. gegrav. titelp. in 1 & 2
- WI/24-25

ABRAHAM a SANCTA CLARA, O.S.A.   A15
De gekheyt der wereldt ... Door ... Abraham van St. Klara. Tweede deel, met figuuren
Te Amsterdam, by Gerrit Tielenburg, 1743
8°: *⁶, A-2M⁸; [12], 546, [14] p.: ill.; gegrav. front.
- PrAVI/6

ABRAHAM a SANCTA CLARA, O.S.A.   A16
De geleerde nar ... Door ... Abraham van St. Clara. Uyt het Hoogduitsch vertaalt
Te Amsteldam, by Jan Winkel, 1734
8°: *-2*⁸, A-2D⁸, 2E⁶; [32], 444 p.
- WI/32 & PrAVII/1

ABRAHAM a SANCTA CLARA, O.S.A.   A17
Grammatica religiosa, quæ piè docet declinare à malo, & facere bonum ... Auctore ... Abrahamo à S. Clara ...
Salisburgi, typis ac sumptibus Melchioris Haan, 1691
4°:)(⁴[-)(⁴, 2)(⁴, A-3Y⁴; [16], 528, [15] p.: bijk. gegrav. front.
- ZI/17 (herk.: Est conventus ... Mariæ ad Fontes Fratrum Erem. Discal. S. P. Augustini, ex hæreditate Rosenmarckeriana)

ABRAHAM a SANCTA CLARA, O.S.A.   A18
Grammatica religiosa ... Auctore ... Abrahamo à S. Clara ...
Coloniæ Agrippinæ, apud Joannem Alstorff, 1699
4°: †-2†⁴, A-3T⁴; [16], 500, [17] p.; bijk. gegrav. titelp.
- LIV/10

ABRAHAM a SANCTA CLARA, O.S.A.   A19
Iets voor allen, zynde een verhandeling en verbeelding van allerhande, standen, studien, konsten, wetenschappen, handwerken enz. In het Hoogduyts zamengesteld ... door ... Abraham van St. Clara. In 't Nederduyts overgebragt door J. Le Long
1 & 2: t'Amsteldam, by de Janssoons van Waesberghe, 1: 1736, 2: 1719; 3 & 4: t'Amsterdam, by Jan Roman Junior, 1745
8°: 4 dln; gegrav. portret & bijk. gegrav. titelp. in 1
- WI/29-31 (dl 2 ontbr.) & PrAVI/1-4

ABRAHAM a SANCTA CLARA, O.S.A.   A20
Judas den aarts-schelm ... of een naaukeurig ontwerp van de levensbeschryvinge van den booswigt Iskarioth ... Alles uytgewrogt door ... Abraham van Sant Klara ... Uit het Hoogduyts in het Nederduytsch vertaald door J. Schoolhouder (dln 1 & 3)
1: De vyfde druk. t'Amsterdam, by de Janssoons van Waesberge, 1745; 2: De vyfde druk. t' Amsterdam, by Jan Morterre, 1753; 3: t'Amsterdam, by de wed. J. Wolters en J. Pauli, 1717
8°: 3 dln
- WI/26-28

ABRAHAM a SANCTA CLARA, O.S.A.   A21
De kapelle der dooden, of de algemeene doodenspiegel ... Zynde het laatste werk van ... Abraham van Stª Clara ... Twede (sic) druk
Te Amsterdam, by J. Roman de Jonge, 1741
8°: *⁸, 2*⁴, A-V⁸, X⁴; [24], 327 p.: ill.; bijk. gegrav. titelp.
- PrAVII/2

ABRAHAM a SANCTA CLARA, O.S.A.   A22
De kapelle der dooden ... Zynde het laatste werk van ... Abraham van Stª Clara ... Derde druk. Volgens den origineelen druk uit het Hoogduits vertaalt ... en met kopere platen verciert
Te Amsterdam, by Jan Roman, 1764
8°: *⁸, 2*⁴, A-V⁸, X⁴; [24] 327 p.; bijk. gegrav. titelp.
- ArAVIII/1

ABRAHAM a SANCTA CLARA, O.S.A.   A23
Mercurialis of winter-groen, Dat is: aangename en vermaakelyke geschiedenissen en gedichten ... Door ... Abraham à St. Clara. Met platen
Te Amsterdam, by Steven van Esveldt, 1763
8°: *², A-Q⁸, R⁶; [4], 268 p. + A-Y⁸; 316, [36] p.: ill.; gegrav. front. in 1
- WI/19-20

ABRAHAM a SANCTA CLARA, O.S.A.   A24
Narrinnen-Spiegel, vertoonende natuurelyk en figuurelyk den aardt, levenswyze, en gebreeken der gebrekkige vroutjes enz. Door ... Abraham à St. Clara. Met print-verbeeldingen en byschriften. Eerste deel. Tweede druk
t'Amsterdam, by de Janssoons van Waesberge, 1737
8°: *⁴, A-X⁸, Y⁴; [8], 335, [9] p.: ill.; bijk. gegrav. titelp. in front.
- PrAVI/5

ABRAHAM a SANCTA CLARA, O.S.A.   A25
Nuttelyk Mengelmoes, bestaande uyt alderhande zeldzame en wonderlyke geschiedenissen ... Opgedist door ... Abraham van St. Clara. Met aardige figuren en opschriften
T'Amsterdam, by de wed. Wolters, en J. Pauli, 1718
8°: *⁷, A-2K⁸, 2L⁴; [14], 514, [19] p.: ill. (49 grav.); gegrav. front.
- WI/35

ABRAHAM a SANCTA CLARA, O.S.A.   A26
Pater Abrahams vaarwel, of laatste schriften, vervattende vier-en-twintig fraaie verhandelingen ... Door ... Abraham van Ste. Clara. Uyt de echte Hoogduitsche copy, na den derden druk, in 't Nederduitsch vertaald
Te Amsterdam, by Jan Roman, 1768
8°: π¹, *²; A-X⁸, Z¹⁰; [6], 353, [1] p.
- WI/33

ABRAHAM a SANCTA CLARA, O.S.A.   A27
Redenvoeringen over verscheide stoffen. Door ... Abraham van St. Clara ... Uit het Hoogduitsch vertaalt
Te Amsterdam, by H. W. van Welbergen, 1742
8°: *⁴, A-Y⁸, Z⁴(-Z⁴); [8], 356 p.
- WI/34 & PrAVII/3

ABRAHAM a SANCTA CLARA, O.S.A. A28
Sterven en erven, zynde een schoone voorbereiding tot de dood ... Betoogt ... door ... Abraham van St. Clara ...
Te Amsterdam, by Arendt van Huyssteen, en Steeve van Esveldt, 1740
8°: *⁶, A-O⁸; [12], 221, [2] p. + ill.; gegrav. front.
- PrAVI/9

ABRAHAM a SANCTA CLARA, O.S.A. A29
'sWaerelds mooi- en leelykheid, mooi, of aanrading tot alle fraije leringen. Leelyk, tot affschrik van alle schandelyke zonden. Door ... Abraham van St. Clara ...
Te Amsterdam, by Hendrik vande Gaete, 1717
8°: *⁶, A-R⁸, S², χ¹, A-2B⁸, 2C⁴; [12], 276, [2], 408 p.
- WI/18

ABRAHAM a SANCTA CLARA, O.S.A. A30
's Werelds mooi- en lelykheid ... Door ... Abraham van St. Clara. Twede druk
Te Amsterdam, by de Janssoons van Waesberge, 1734
8°: π¹, *⁸, A-2C⁸, 2D⁴; [14], 309, [1] p. + A-2C⁸, 2D⁴; 424 p.; bijk. gegrav. titelp. in front.
- PrAVI/7

ABRAHAM a SANCTA CLARA, O.S.A. A31
De welvoorziene wynkelder, in welken meenige dorstige ziel zich geestelyker wyze laven en verquikken kan ... Geopent door ... Abraham van St. Clara ...
t'Amsterdam, by Jan Roman en Jan Roman de Jonge, 1742
8°: *⁸, A-2K⁸, 2L⁶; [16], 540 p.: ill.; bijk. gegrav. titelp.
- PrAVI/8

ABRÉGÉ DE L'HISTOIRE DE NOTRE DAME DE ... A32
Abrégé de l'histoire de Notre Dame de Lorette à l'usage des pélerins françois
A Lorette, chez Frédéric Sartori, 1767
12°: A-B¹², C¹⁶; 78, [1] p.; gegrav. front.
- ArEVII/11/21

ACCESSUS ALTARIS ... A33
Accessus altaris, sive dispositio ad missam
Ipris, apud Petrum Jacobum de Rave, 1729
12°: A-D¹²; 94 p.
- PrJI/9

ACHERY, Lucas d', O.S.B. A34
Acta sanctorum ordinis S. Benedicti in sæculorum classes distributa. Collegit ... Lucas d'Achery ... ac cum eo edidit ... Joannes Mabillon ...
8 & 9: Colligere cœpit ... Lucas d'Achery ... Joannes Mabillon & ... Theodericus Ruinart ... illustrarunt ...
Venetiis, apud Sebastianum Coleti, & Josephum Bettinelli, 1733-1738
Nota: 8 & 9: s. d.
2°: 9 dln
- QVI/10-18

ACHERY, Lucas d', O.S.B. A35
Spicilegium sive collectio veterum aliquot scriptorum qui in Galliæ bibliothecis delituerant. Olim editum opera ac studio ... Lucæ d'Achery ... Nova editio ... quorum varias lectiones V.C. Stephanus Baluze, ac ... Edmundus Martene collegerunt, expurgata, per Ludovicum-Franciscum-Joseph de la Barre ...
Parisiis, apud Montalant, 1723
2°: 3 dln voor
- GVI/1-3

ACIDALIUS, Valens A36
Valentis Acidalii Epistolarum centuria I. Cui accesserunt I: Epistola apologetica ad Iacobum Monavium. II. Oratio de vera carminis elegiaci natura ... Edita cura Christiani Acidalii fratris
Hanoviæ, typis Wechelianis, apud Claudium Marnium & heredes Jo. Aubrii, 1606
8°: *⁶, A-2D⁸; [12], 432 p.
- LIII/1 (herk.: J. Fr. Vandevelde 1803)

ACTA APPELLATIONUM ... A37a
Acta appellationum ad concilium generale a sacra facultate theologiæ Parisiensis interjectarum a Constitutione ... quæ incipit Unigenitus ...
Parisiis, apud Joannem Baptistam de Lespine, 1718
12°: A-E⁶(-E⁶); 58 p.
- YIII/37/8

ACTA ECCLESIAE MECHLINIENSIS ... A37b
Acta ecclesiae Mechliniensis anni M.DCC.XVIII circa bullam Unigenitus. Præmittuntur, Epistola Espicoporum Belgii ad SS.DD.N. Clementem PP. XI ...
In fine: *Iterata declaratio facultatis theologiae Lovaniensis circa acceptationem Constitutionis ... Unigenitus*, Lovanii, typis Francisci vande Velde
Bruxellis, typis Simonis t'Serstevens, (1719)
8 : *⁴, A-I⁸, K⁴, *¹, **², chi¹(blanco), A⁴
BII/33 (herk.: Ex libris F. J. Camina Presb. 1723; J. C. Diercxsens 1775)

ACTA ET DECRETA ... A38
Acta et decreta capituli provincialis Circariæ Brabantiæ ordinis Præmonstratensis Tongerloæ celebrati anno Domini MDCCXVIII ...
Antverpiæ, typis Petri Jouret, 1719
8°: A-F⁸; 96 p.
- ArDV/26, ArEI/7 (herk.: Dejonghe Rel. parc.; J. M. Dillen 1841) & ArEI/8

ACTA & DECRETA SYNODI DIŒCESANÆ ... A39
Acta & decreta Synodi diœcesanæ Cameracensis præsidente ... Roberto de Croy ... celebratæ anno ... MDL mense Octob. Item, antiqua statuta synodalia Cameracensis diœcesis ... His adiuncta est formula reformationis ... in comitiis Augustanis ... probata
Parisiis, ex typographia Matthæi Davidis, 1551
Coll.: Sebastianus Scrofa *(Ad lectorem)*; Godefridus Reynerius Cameracensis *(Carmina)*
4°: á⁸, é⁴, a-m⁸, n⁴, o⁶; [24], 209, [3] p.: ill.
- DI/9 (herk.: Hennyn [?]curie Leod. procur.; M. de Soumaigne)

ACTA UNIVERSITATIS STUDII PARISIENSIS ... A40
Acta universitatis studii Parisiensis super appellatione, solenniter interjecta ... a constitutione pontificia, quæ incipit Unigenitus ...
Lutetiæ parisiorum, ex typographia C. L. Thiboust, 1718
12°: A-D⁶; 49 p.
- YIII/37/7

ADAM, abbé, curé de Saint-Bartélémy A41
L'avocat du diable ou Mémoires historiques et critiques sur la vie et sur la légende du Pape Grégoire VII. Avec des mémoires ... sur la Bule de Canonization de Vincent de Paul ... [l'abbé Adam, curé de Saint Bartélémy?]
A Saint Pourcain, chez Tansin Pas Saint, [Paris?] 1743

A

12°: 3 dln; gegrav. titelp. in elk dl
- YV/24-26

ADAM, Alexander A42
Antiquités romaines, ou tableau des mœurs, usages et institutions des Romains. Par Alexandre Adam ... Seconde édition
A Paris, chez Verdière, 1826
12°: 2 dln
- ArJIII/18-19 (herk.: Ex aula 'Namèche')

ADAMUS SCOTUS, O.Præm. A43
... Adami Præmonstratensis *Opera quæ hactenus reperta sunt omnia. Libri quatuor.* Studio et opera ... Godefridi Ghiselberti ...
Antverpiæ, apud Petrum Bellerum, 1659
2°: *-2*4, 3*2, á6, é6, í6, ó6, ú2, A-2R6, 2S-2X4, 2Y2; [20], 480, [28] p.
- PrCVI/3

ADRIANI, Henricus A44
Catholiicke sermoonen op alle de epistelen ende evangelien vande sondaghen ende heylighe daghen vanden gheheelen jare. Door Henricum Adriani ... Nu in desen lesten druck ... op een nieu oversien ...
T'Hantwerpen, by Hieronymus Verdussen, 1607
2°: 2*3, A-X6, Y8, a-q6, r4, A-T6; [3], 140, 99, 113 f.; ill.; gegrav. titelp.
- KVIII/20 (herk.: Henderick van Gorp 1686 [Park]; Ad usum fr. G. Vervloet Rel. Parch.)

ADRICHEM, Christianus van A45
Theatrum Terræ Sanctæ et biblicarum historiarum. Cum tabulis geographicis aere expressis. Auctore, Christiano Adrichomio ...
(Keulen, Birckmann, Hermann Mylius, 1613)
In fine: Coloniæ Agrippinæ, in officina Birckmannica, sumptibus Hermanni Mylij, Anno MDCXIII
Coll.: Jordanus Louffius (*carmen*)
2°: *6, A-2P4, 2Q6; [12], 286, [29] p.; 11 krtn & uitsl. krtn.; gegrav. titelp.
- BVI/17

ÆMILIUS, Georg A46
Evangelia quæ consueto more dominicis et aliis festis diebus in Ecclesia leguntur, heroico carmine ... a Georgio Æmilia M. reddita ...
Coloniæ, apud Mart. Gymnicum, 1549
8°: a8, A-X8; [352] p.: ill.
- AV/6/1 (met muziekms. 1579)

AEN HET VOLK VAN BRABANT A47
Aen het volk van Brabant
S.l., s.n., (1791?)
8°: A-C4, χ1; 25 p.
- ArFIV/16/15

AERTS, Norbert, S.J. A48
Mémoire touchant le progrez du Jansenisme en Hollande [N. Aerts]
A Cologne, chez les héritiers de Pierre Marteau, 1698
Vert.: Louis Doucin
12°: A-B12, C4; 56 p.
- ArDIV/2/1

ÆSOPUS A49
Æsopi ... Fabularum selectarum pars prima & Isocratis epistola secunda
Coloniæ Agrippinæ, in officina Birckmannica, 1704
Taal: Grieks
8°: A8; 16 p.
- ArJII/4/6

AGELLI, Antonio A50
Antonii Agellii ... Commentarii in psalmos et in divini officii cantica
Romæ, ex typographia Vaticana, 1606
2°: π4, A-3F6, 3G8, 3H-3M6, a-k4; [8], 697, [83] p.
- AIX/4 (herk.: B. Mariani Lavins, nunc vero Congreg.nis Ori Camerinensis)

AGOLLA, Mathias, O.S.A. A51
Den lydenden Jesus, afgebeeldt in verscheyde zedelycke meditatien ende eene passie ... Door ... Mathias Agolla ... Verdeylt in twee deelen
Tot Maestricht, by Lambert Bertus, 1728
8°: *6, A-P8, Q4, R-2H8, 2I2; [12], 490, [1] p.
- PrDI/18 & ArAIII/29

AGOLLA, Mathias, O.S.A. A52
Zedelycke sermoonen op de feest-dagen van het jaer. Door ... Mathias Agolla ...
Tot Maestricht, by Lambert Bertus, 1724-1726
8°: 4 dln
- ArAIII/33-35 (herk.: Emm. Vlemincx, can. parchensis [in 2 & 3])

AGOLLA, Mathias, O.S.A. A53
Zedelycke sermoonen op de sondagen van het jaer. Door ... Mathias Agolla ...
T'Antwerpen, by Hieronymus Verdussen, 1729-1730
8°: 3 dln
- ArAIII/30-32 (herk.: Blockx [Park])

AGRIPPA ab NETTESHEIM, Henricus C. A54
Henri Corneille Agrippa de Nettesheim, *Sur la noblesse, & excellence du sexe feminin, de sa prééminence sur l'autre sexe ... Avec le traitté sur l'incertitude, aussi bien que la vanité des sciences & des arts.* Ouvrage ... traduit par ... de Gueudeville
Leiden, chez Theodore Haak, 1726
12°: 3 dln (A-3K12, 3L4; 1350 p.); gegrav. portret van de aut. & front. in 1
- PrEII/19-21 (herk.: supralibros: N G [= N. Gachet])

AICHER, Otto, O.S.B. A55
Epitome chronologica historiæ sacræ, & profanæ, ab orbe condito usque ad Christi ortum ... Opera ... Ottonis Aicher ...
Coloniæ, sumptibus & typis Wilhelmi Metternich, 1706
4°:)(3, *2, 2*-3*4, A-Z4; [10], 16, 166, [17] p. + *2, A-2P4, 2Q2; [4], 305 p. + *2, A-2A4, 2B2; [6], 196 p. + *3, A-Q4; [6], 126 p. + A-2A4, 2B2; 196 p.
- ArBV/9 (herk.: J. J. Van Welde; Ex libris G. Adriaenssen ex Rethy 1822)

AILLY, Pierre d' A56
Vita beatissimi patris D. Petri Cælestini quinti, Pontificis Maximi ... Conscripta primum a ... Petro ab Aliaco ... Postremum autem locupletata ... a ... Dionysio Fabro
Parisiis, apud Franciscum Stephanum, 1539
4°: A6, A-C4, D-O8, N4; [6], XCIX [i.e. 103] f.; hs. met afb. van Petrus Cælestinus
- PrIIV/11 (titelblad, A2 & D7 ontbr.; ms. in fine)

ALAGONA, Petrus, S.J. A57
Doctoris angelici S. Thomæ Aquinatis Theologicæ Summæ compendium. Auctore ... Petro Alagona ...
Antverpiæ, typis viduæ & heredum Ioannis Cnobbari, 1661
12°: †12, 2†6, A-2E12; [36], 667 p.
- ArCII/9 (herk.: Bibl. de Louvain Double vendu)

ALBER, Johann Nepomuk   A58
Institutiones historiæ ecclesiasticæ. Quas Joannes Nep. Alber
… edidit. Editio secunda
Agriæ, typis Lycei Archi-Episcopalis, 1825
5 dln; gegrav. front. in 1
- PI/6-10

ALBERICUS de TRIBUS FONTIBUS   A59
Albericus Monachi Trium Fontium *Chronicon* … Editum à
Godofredo Guilielmo Leibnizio
Lipsiæ, impensis Nicolai Försteri, 1698
4°:)(4, 2)(2, τA-τ2O4(-τ2O4), A-4E4(-4D4); [12], 292, 592 p.
- TIV/17

ALBERTUS MAGNUS   A60
Paradisus animæ, sive de virtutibus libellus. Alberto Magno …
auctore … In fine vero adiectus est … Anselmi Cantuariensis
… *Tractatus … de XIIII animæ ac corporis dotibus* … Opera
ac studio … Henrici Sommalii
Antverpiæ, ex officina Plantiniana, 1602
12°: A-O12, P6; 344, [3] p.
- PrFI/21 (herk.: Bibliotheca Diligemensis; Fr. Josephus Pernois Diligemensis)

ALBERTUS van 's HERTOGENBOSCH   A61
*Het goddelyk kamerken met syne toe-behoorten ende funda-
menten, bereyt voor den hemelschen bruydegom komende tot
de ziele door de H. Communie* … Beschreven door … Albertus
van s'Hertogen-Bosch …
T'Antwerpen, by J. B. Carstiaenssens, 1779
8°: A-2D8; [16], 178, [4], 214, [20] p.
- MV/22 (herk.: Maris Stella [stempel])

ALBRECHT, Georg   A62
Biblisches ABC und Namen-Büchlein … Gestellet durch …
Georgium Albrecht …
Nürnberg, verlegt durch die Joh. Andreä Endterische Handlung
[= Paulus Mann], [na 1747]
8°: A-B8; [24] p.: ill.
- ArEVII/11/4 (onvolledig)

ALCIATUS, Andreas   A63
… Andreæ Alciati … *Emblemata*. Cum … explicatione … per
Claudium Minoem … Ejusdem Alciati *Vita*. Editio novissima
Antverpiæ, apud Henricum & Cornelium Verdussen, 1692
12°: A-T12; 446, [7] p.: ill.
- ArIII/24

ALENUS, Andreas   A64
Sacrarum heroidum libri tres. Autore Andrea Aleno …
Lovanii, apud Rutgerum Velpium, 1574
In fine: Excudebat Lovanij, Iacobus Heybergius typogr. Iurat. 1574
Coll.: Henricus Alenus, Joannes Luenius
8°: A-S8, T4; 148, [2] f.
- ArDVI/17 (herk.: Collegij Soctis Jesu Gandavi; J. De Pauw [Park])

ALER, Paul, S.J.?, CHASTILLON, S.J.?   A65
*Gradus ad Parnassum, sive novus synonymorum, epithetorum,
phrasium poeticarum, ac versuum thesaurus* … [P. Aler?
Chastillon?]
Amstelædami, apud Janssonio-Waesbergios, 1739
8°: A-2Z8, 3A6; 747 p.
- ArIV/19 (titelblad ontbr.)

ALER, Paul, S.J.? CHASTILLON, S.J.?   A66
Gradus ad Parnassum … Ab uno e Societate Jesu [Paul
Aler? Chastillon?]. Editio novissima
Rotomagi, apud Nicolaum Lallemant, 1752
8°: a-c4, A-6G4; [24], 916 p.
- ArIVI/1

ALEXANDRE, Noël, O.P.   A67
*Commentarius litteralis et moralis in omnes epistolas Sancti
Pauli apostoli et in VII epistolas catholicas*. Auctore … Natali
Alexandro …
Rothomagi, apud Eustachium Herault et Petrum Le Boucher,
1710
2°: á4, A-3O4, *A-2F4, *2G-*2I2; [8], 478, 230, [12] p.
- CVII/1

ALEXANDRE, Noël, O.P.   A68
*Commentarius litteralis et moralis in omnes epistolas Sancti
Pauli apostoli et in VII epistolas catholicas*. Auctore … Natali
Alexandro …
Parisiis, expensis Thomæ Bettinelli Veneti, 1768
4°: 3 dln
- CIV/1-3 (dl 3 is convoluut)

ALEXANDRE, Noël, O.P.   A69
*Expositio litteralis et moralis sancti evangelii Jesu Christi
secundum quatuor evangelistas*. Auctore … Natali Alexandro
…
Parisiis, apud Joannem Anisson, 1703
2°: á3, é4, A-4Z4, 5A-C2; [14] p., 1464 kol., [16] p.
- BVI/13 & ZIX/5 (herk.: F. Ant. Lemmens Rel. Parchensis provisor)

ALEXANDRE, Noël, O.P.   A70
Expositio litteralis et moralis sancti evangelii … Auctore …
Natali Alexandro … Editio novissima
Trajecti ad Mosam, typis Lamberti Bertus, 1721
2°: †4, 2†2, A-4Z4, 5A-5F2; [12] p., 1464 kol., [26] p.
- CVI/1 (herk.: van Eeckhout, Augustinus, 1726)

ALEXANDRE, Noël, O.P.   A71
… Natalis Alexandri *Historia ecclesiastica Veteris Novique
Testamenti* … Editio omnium novissima … Constantini
Roncaglia et Joannis Dominici Mansi notis … illustrata …
10: *Ad R.P. Natalis Alexandri Historiam ecclesiasticam … sup-
plementum, in quo dictionarium*
Venetiis, apud Franciscum et Nicolao Pezzana, 1776–1777
2°: 10 dln; gegrav. portret in front.in 1
- OVII/11-18

ALEXANDRE, Noël, O.P.   A72
*Ad R. P. Natalis Alexandri … Historiam Ecclesiasticam supple-
mentum duas in partes distributum*
Bassani, sed prostant Venetiis, apud Remondini, 1778
Coll.: Antoine Touron (p. XIII); Constantinus Roncaglia (p. XVI), Giovanni
Domenico Mansi (p. XVII), François Véron (p.1); Nicolas Augustin Chignolii
(p. 63), Jacques Bossuet (p. 68), Christianus Lupus (p. 81), J. Andreas Serrai
(p. 132), Antoninus Reginaldus (p. 137)
2°: a2, b-c4, d2, A-Y4; XXIV, 175 p. + a4, A-2Q4; VIII, 311 p.
- OVII/19

ALEXANDRE, Noël, O.P.   A73
*Lettre du R.P. Alexandre, de l'ordre de S. Dominique … à mon-
sieur l'abbé**** docteur de Sorbonne*
S.l., s.n., (1719?)
8°: A6; 9, [2] p.
- ArDIV/14/4

A

ALEXANDRE, Noël, O.P.   A74
... Natalis Alexandri ... *Præceptæ et regulæ ad prædicatores* ...
Parisiis, expensis Thomæ Bettinelli Veneti, 1768
4°: *A-X⁸, Y¹⁰; 355 p.
- CIV/3/2

ALEXANDRE, Noël, O.P.   A75
Selecta historiæ ecclesiasticæ capita ... Authore ... Natali Alexandro ... Editio secunda
Parisiis, apud Antonium Dezallier, 1679-1683
8°: 26 dln?
Bezit: sæculi I pars prima et secunda; sæculi II pars prima et secunda; sæc. XI et XII pars prima, secunda et tertia
- XII/3-9

ALEXANDRE, Noël, O.P.   A76
Theologia dogmatica et moralis secundum ordinem catechismi Concilii Tridentini. Auctore ... Natali Alexandro ...
Parisiis, apud Antonium Dezallier, 1694
8°: 10 dln
- HV/6-15

ALEXANDRE, Noël, O.P.   A77
Theologia dogmatica et moralis secundum ordinem catechismi Concilii Tridentini in quinque libros tributa. Auctore ... Natali Alexandro ...
Parisiis, sumptibus Antonii Dezallier, 1703
2°: á⁴, é², A-5V⁴, 5X-6D²; [12], 896, [27] p.+ π¹, A-6C⁴, a-l⁴(-l⁴), *-10*², A-G²; [2], 944, LXXXVI, [68] p.
- IIX/5-6 (herk.: Monasterii Sancti Clementis ordinis Sancti Benedicti 1715)

ALFONSO MARIA de LIGUORI   A78
Homo apostolicus instructus in sua vocatione ad audiendas confessiones ... Auctore ... Alfonso de Ligorio ... Editio sexta veneta ...
Bassani, apud Josephum Remondini et filios, 1804
4°: 3 dln
- IVI/25

ALFONSO MARIA de LIGUORI   A79
Préparation à la mort. Ouvrage du bienheureux Alphonse-Marie de Liguori ... Traduit de l'Italien par ... l'abbé Salet
Liége, à la librairie ecclésiastique, [1825?]
XXIV, 244 p.
- ArBII/10 (herk.: Ex libris J. Vandermalen)

ALFONSO MARIA de LIGUORI   A80
Theologia moralis ... Alphonsi de Ligorio ... juxta methodum *Medullæ* ... Hermanni Busenbaum ... Adcedit ... Francisci Antonii Zachariæ *Dissertatio prolegomena* ... Necnon Joannis Dominici Mansi ... *Epitome doctrinæ moralis, et canonicæ ex operibus* ... *Benedicti XIV.* Editio quarta
Romæ, sumptibus Remondinianis, 1760
2°: 3 dln
- IVII/2 (herk.: Ex libris Zuccari Ferdinandi 1841)

ALKEMADE, Kornelis van   A81
Beschryving van de stad Briele, en den Lande van Voorn ... Te samen gesteld ... door Kornelis van Alkemade en ... vermeerderd door ... P. van der Schelling
Te Rotterdam, by Philippus Losel, 1729
2°: π⁴, 2*-3*⁴, 4*², A-2Z², 3A-3E⁴, †⁴, 3F-4A⁴, ⳨⁴, A-4M²; [28], 376, [8], 306, [17] p. + 4 uitsl. krtn
- YVII/20 (herk.: Ex libris: Bibliothèque de Th. de Jonghe)

ALLETZ, Pons-Augustin   A82
L'art de toucher le cœur dans le ministère de la chaire ... Par l'auteur de *l'Art d'instruire & de toucher les âmes dans le tribunal de la pénitence* [P.-A. Alletz]
A Lyon, chez Jean-Marie Bruyset pere & fils, 1783
12°: 3 dln
- ArAI/1-3 (herk.: Fr. Bernard Van Hoecke [Park])

ALLETZ, Pons-Augustin   A83
Dictionnaire théologique contenant l'exposition et les preuves de la révélation de tous les dogmes de la foi et de la morale ... Par ... Alletz. Nouvelle édition
A Paris, chez Nyon, 1767
8°: a⁸, A-2Z⁸; [2], XI, [3], 736 p.
- ArDV/11

ALLETZ, Pons-Augustin   A84
Dictionnaire théologique ... Par ... Alletz. Nouvelle édition
A Paris, chez la veuve Savoye, 1767
8°: a⁸, A-2Z⁸; [2], XI, [3], 736 p.
- FI/27
Nota: de drukken van nrs A83 & A84 zijn identiek

ALLETZ, Pons-Augustin   A85
Tableau de la doctrine des Pères et Docteurs de l'Eglise (Ponce-Augustin Alletz)
A Lyon, chez Jean-Marie Bruyset pere & fils, 1786
8°: a⁸, A-2E⁸, 2F⁶; [4], XVI, 460 p + π², A-2E⁸, 2F²; [4], 451 p.
- EII/2-3

ALLOTT, William   A86
Thesaurus bibliorum, omnem vitæ utriusque antidotum secundum veteris et novi instrumenti veritatem et historiam succincte complectens ... Opera & studio Gulielmi Allotti ...
Coloniæ Agrippinæ, apud Petrum Henningum, 1612
8°: *-3*⁸, 4*⁴, A-3D⁸; [56], 790 p.
- CI/19 (katern 4* is ingebonden voor 3*; herk.: Philippe Van Linthout; Joannes Waltherus, Luxemburg, 1662; Ferdinand Datsar[?])

ALMANACH DE GOTHA   A87
Almanach de Gotha
1806: Gotha, chez C.W. Ettinger; 1816, 1833, 1835: Gotha, chez Justus Perthes
± 11 x 7 cm; gegrav. front.
- ArJI/1-4 (herk.: Bibliotheca Coll. Turnh. S.J., [in 1833])

ALMANACH DE MILAN ...   A88
Almanach de Milan pour l'année bissextile MDCCLXXVI ou Le pescheur fidèle ...
A Bruxelles, chez Jean Leonard, (1776)
12°: A-D⁸; 80 p.
- PrJII/2 (herk.: supralibros met wapen van het hertogdom Brabant)

ALMANACH DES MUSES ...   A89
Almanach des muses ou choix de poésies fugitives pour l'année 1821. Cinquante-septième année
A Paris, chez Lefuel, Delaunay, 1821
312 p.
- ArJII/11

ALMANACH ECCLÉSIASTIQUE DE FRANCE ...   A90
Almanach ecclésiastique de France pour l'an XI de la République, et pour les années 1802 et 1803 ...
A Paris, chez Le Clere, An XI – 1802
12°: [2], 236 p. + krt

- ArCV/27

ALMANACH VOOR HET JAER …   A91
Almanach voor het jaer … 1778. Gecalculeert op de 17 Provincien door Mr. Waermont
Tot Loven, by J. Jacobs. Te koop tot Brussel, by N. Jacobs, (1777)
8,2 x 7 cm: niet gepag.
- ArHVIII/6

ALMANAK VAN LEUVEN   A92
- *Lovenschen almanach voor het Iaer … 1723 … Door den Lovenschen Moy-al …*
Tot Loven, by Franciscus vande Velde
- *Lovenschen almanach ofte tydt-verkonder …*
Tot Loven, by Ian Baptist vander Haert
Bezit: 1726, 1738, 1740, 1742; Herk.: Raymaekers (in 1742)
- *Lovenschen almanach oft tydt verkonder … Gecalculeert … door J. B. Nostradamus*
Tot Loven, by Joannes Jacobs
Bezit: 1747, 1748, 1760, 1765, 1767
- *Lovenschen almanach ofte tyt verkonder …*
Tot Loven, by de weduwe Ian Baptist vander Haert
Bezit: 1761, 1762, 1763
- *Lovenschen sack almanach dienende voor … 1764*
Tot Loven, by J. F. Maswiens
- *Lovensche klugt almanak à la Grécq dienende voor het jaer … 1807 …*
Tot Loven, by J. Meyer
- *Lovensche almanak of tydwyzer voór het jaer … 1809 …*
Tot Loven, by J. Meyer
- *Nieuwen Lovenschen almanak …*
Te Loven, by Gutskoven-Franckx/uyt de drukkery van Gutskoven-Franckx
Bezit: 1816, 1818, 1822 (door Kulianus a Pinto), 1827 (door J. B. Nostradamus)
- *Lovenschen almanak voór het jaer … 1847 …*
Te Loven, by P. J. Peeters
- *Lovenschen almanak …*
Te Loven, by P. J. Verbiest/Gedrukt by P.J Verbiest /Drukkery van P.J. Verbiest
Bezit: 1858-1860, 1862-1867, 1869-1890, 1892-1900, 1902
Nota: vanaf 1880: *Lovensche almanak*; vanaf 1886: *Leuvensche almanak*
- ArHVIII/5

ALPHONSUS ab OROSCO, O.S.A.   A93
Commentaria quædam in Canticum canticorum … Congesta per … Alphonsum ab Orozco …
Burgis, apud Philippum Iuntam, 1581
4°: ¶⁴, A-2H⁸, χ¹; [8], 483, [14] p.
- YVI/28 (herk.: Bibliothecæ Ninivensis)

ALSACE et de BOUSSU, Thomas Philippe d'   A94
Altera epistola pastoralis …. Thomae Philippi … Archiepiscopi Mechliniensis …
Mechliniae, typis Laurentii Vander Elst, 1725
8o: A⁸; 16 p.
- PrHVI/20/8

ALSACE et de BOUSSU, Thomas Philippe d'   A95
Altera epistola pastoralis … Thomae Philippi …
Prostant Lovanii, apud Martinum Van Overbeke, (1725?)
8o: A⁸; 15 p.
- ArDIV/11/4

ALSACE et de BOUSSU, Thomas Philippe d'   A96
Epistola pastoralis … archiepiscopi Mechliniensis (Th. Ph. d'Alsace et de Boussu)
Bruxellis, typis Simonis t'Serstevens, (1718?)
8°: A⁸; 16 p.
- PrHVI/20/7

ALSACE et de BOUSSU, Thomas Philippe d'   A97
Epistola pastoralis … archiepiscopi Mechliniensis (Th. Ph. d'Alsace et de Boussu)
Prostant Lovanii, apud Franciscum Vande Velde, 1718
12o: A⁸; 16 p.
- ArDIV/11/3
Nota: A96 & A97 zijn verschillend van druk

ALSACE et de BOUSSU, Thomas Philippe d'   A98
Epistola pastoralis … archiepiscopi Mechliniensis (Th. Ph. d'Alsace et de Boussu)
Prostant Lovanii, apud Franciscum Vande Velde, (1718?)
8o: A⁸; 16 p.
- YIII/33/3

ALSACE et de BOUSSU, Thomas Philippe d'   A99
Erectio confraternitatis SS. Sacramenti cum indulgentiis a sede apostolica concessis … Facta ab … Cardinale de Alsatia …
Mechliniae, typis Laurentii Vander Elst, (1730?)
8o: A⁸; 15 p.
- PrHVI/20/12

ALTING, Menso   A100
Mensonis Alting *Descriptio Frisiæ inter Scaldis portum veterum & Amisiam … Quæ est pars altera notitiæ Germaniæ inferioris, Cis & ultra Rhenum, qua hodie est in Dicione VII-Fœderatorum. Representata tabulis geographicis IX …*
Amstelædami, apud Henricum Wetstenium. Prostat ibidem apud Rod. & Gerh. Wetstenios, 1701
Coll.: Janus Broukhusius, Petrus Francius, Adamus Menso Isinck, David Hoogstratanus
2°: *-4*⁴, A-2H⁴, 2I⁶; [32], 216, [36] p. + krtn
- SVII/2/2 & XIX/8/2

ALTING, Menso   A101
Mensonis Alting *Descriptio, secundum antiquos agri Batavi & Frisii, una cum conterminis, sive Notitia Germaniæ inferioris, cis & ultra Rhenum … Representata tabulis geographicis V …*
Amstelædami, apud Henricum Wetstenium, 1697
Coll.: Joh. Mensinga, Petrus Francius, Janus Broukhusius
2°: *-3*⁴, χ², A-R⁴, S⁶, b⁴, c⁶; [28], 132, [16], 18, [2] p.+ krtn; gegrav. titelp.
- SVII/2/1 (supralibros: wapen van Michel Ferdinand d'Albert d'Ailly) & XIX/8/1

ALVAREZ, Emmanuel, S.J.   A102
Emanuelis Alvari … De constructione grammatica, liber secundus. Sive de octo partium orationis constructione
Coloniæ Agrippinæ, in officina Birckmannica, [1710?]
8°: A-G⁸, H⁴; niet gepag.
- ArJII/4/1

ALVAREZ, Emmanuel, S.J.   A103
Emmanuelis Alvari … De grammatica institutione liber tertius, sive de syllabarum dimensione …
Coloniæ Agrippinæ, in officina Birckmannica, [1710?]
8°: A-F⁸; [47] p..
- ArJII/4/2

A

ALVAREZ, Emmanuel, S.J.   A104
Emmanuelis Alvarez … *Rudimenta sive institutionum linguæ Latinæ liber primus*
Antverpiæ, apud viduam Henrici Thieullier, 1726
8°: †3, A-F8, G4; [6], 104 p.
- ArJV/23

ALVAREZ, Emmanuel, S.J.   A105
Emmanuelis Alvari … *Syntaxis sive institutionum linguæ Latinæ liber tertius*
Duaci, typis M. Mairesse, 1708
8°: A-K8; 160 p.
- ArIII/25 (herk.: Ex libris Michaelis van Schoor 1738)

ALVAREZ de COLMENAR, Juan   A106
Les délices de l'Espagne & du Portugal, où on voit une description exacte des antiquitez, des provinces, des montagnes, des villes, des rivieres … Par … Juan Alvarez de Colmenar. Nouvelle édition
A Leide, chez Pierre vander Aa, 1715
12°: 6 dln + ill. (uitsl. pltn); bijk. gegrav. uitsl. titelp. in elk dl
- YII/24-28 (dl 1 ontbr.)

ALVAREZ de PAZ, Diego, S.J.   A107
Iacobi Alvarez de Paz … *De vita religiose instituenda libri sex*
Lugduni, apud I. Cardon & P. Cavellat, 1620
8°: á8, é8, í8, ó4, A-2G8, 2H4(-2H4); [56], 486 p. + ?
- KI/29 (dl 1)

AMAT de GRAVESON, Ignace Hyacinthe   A108
-… Ignatii Hyacinthi Amat de Graveson … *Epistolæ ad amicum scriptæ theologico-historico-polemicæ … Editio novissima*
Venetiis, ex typographia Remondiniana, 1761
4°: 3 dln
- DIV/1/2

AMAT de GRAVESON, Ignace Hyacinthe   A109
Tractatus de vita, mysteriis, et annis Jesu Christi servatoris nostri, contra infideles, judæos, et hæreticos … Auctore … Ignatio Hyacintho Amat de Graveson … Editio quinta
Venetiis, ex typographia Remondiniana, 1761
4°: *8, 2*4, A-Q8, R6(-R6); XXIV, 266 p. + *4, A-M8, N4; VIII, 200 p.
- DIV/1/1

AMBROSIUS, heilige   A110
… Ambrosii Mediolanensis … *De helia & ieiunio liber unus. In quo etiam taxatur horribile peccatum ebrietatis*
Antverpiæ, apud Ioannem Steelsium, 1538
In fine: typis Ioan. Graphei M.D.XXXVIII
8°: A-D8; [32] f.
- PrFI/29 (herk.: Simon Jodoci Sounius Harlem)

AMBROSIUS, heilige   A111
Divi Ambrosii … *Omnia opera … Per eruditos viros … in quatuor ordines digesta, quorum primus habet mores, secundus pugnas adversus hæreticos, tertius orationes, epistolas, & conciones ad populum, quartus explanationes voluminum veteris et novi testamenti* (ed.: Erasmus Roteradamus)
Ioan. Frob. apud Inclytam Basileam, 1527
2°: AA6, A-T6, V8, X6, Y-Z8; [24], 276, [1] p. + a-x6; 250, [2] p. + Aa-Zz6, AA-KK6, LL8; 410, [2] p. + *8, A-Z6, Aa-Kk6, Ll8, Mm-Zz6, Aaa6, Bbb4, Ccc-Zzz6, a-o6, p4, q6, 2*8; [16], 1016, [16] p.
- DV/12 (dl 4 ontbr.; herk.: Mon^ri Trudonensis)

AMBROSIUS, heilige   A112
Divi Ambrosii … *Omnia, quæ magna hactenus doctorum virorum industria reperiri potuerunt, opera … emendata atque aucta* (ed.: Joannes Gillotius)
Parisiis, apud Gulielmum Merlin & Sebastianum Nivellium & Michaëlam Guillard, viduam Gulielmi Desbois, 1569
Coll.: Joannes Costerius (*Vita*); Paulinus presbyter (*Vita*); Godefridus Tilmannus (*Elogia vitæ*); Petrus Nannius (*Scholia*); Baptista Mantuanus (*Carmen*)
2°: †-2†8, a-f8, g10, h-n8, o6, p-2a8, 2b10, 2c-3c8, 3d-3e6, 3f-4h8, aa-ff8; [16] f., 4240 [= 2444] kol., [49] f.; verdeeld in 5 dln, elk met eigen titelp.
- PrDVI/10

AMBROSIUS, heilige   A113
Sancti Ambrosii … *Opera … Studio et labore monachorum Ordinis S. Benedicti, è Congregatione S. Mauri* [Jacobus Du Friche et Nicolaus Le Nourry]
Parisiis, 1: typis & sumtibus Johannis Baptistæ Coignard, 1686; 2: typis & sumtibus viduæ Joannis Baptistæ Coignard et Johannis Baptistæ Coignard, filii, 1690
2°: á4, é4, í4, ó1, A-5P4; 28 p., 1618 kol., [47] p. + a8, A-4H4, 4I-4X2(-4X2), *-4*4, 5*2(-5*2), A-2H4, 2I-3C2; [16] p., 1224 kol., [55], LXIV, 614 kol., [11] p.; bijk. gegrav. titelp. in 1
- EVIII/16-17 (herk.: Bibliotheca Gemblacensis 1791)

AMICI HIBERNI …   A114
Amici hiberni ad amicum doctorem Martin hibernum correptio fraterna super … reflexionibus, quas nuper edidit in declarationem doctoris Hennebel
Leodii, apud heredes Henrici Hoyoux, 1701
8°: A-B4, C2; 19 p.
- ArDIV/6/3

AMICI HIBERNI …   A115
Amici hiberni ad amicum doctorem Martin hibernum correptio fraterna altera super additionibus, quas … suis reflexionibus majori imprudentia & audacia adjecit
Leodii, apud heredes Henrici Hoyoux, 1701
8°: A-G4, H2; 59 p.
- ArDIV/6/4

AMORT, Eusebius   A116
Controversia de revelationibus Agredanis explicata, cum epicrisi ad ineptas earum revelationum vindicias, editas à … Didaco Gonzalez Matheo … & à … Landelino Mayr … Authore … Eusebio Amort …
Augustæ Vind. & Herbipoli, sumptibus Martini Veith, 1749
4°: A-5G4; XXXVIII, 788, [3] p.
- JIV/25

AMORT, Eusebius   A117
De origine, progressu, valore, ac fructu indulgentiarum … accurata notitia … Authore … Eusebio Amort …
Augustæ Vindelicorum & Græcii, sumptibus Philippi, ac Martini Veith, & Joannis fratris hæredum, 1735
2°: π5, 2)(-3)(4, A-2F4, 2G2, A-2P4; [24], 234, 306 p.; gegrav. front., portret (Clemens XII)
- JVI/4

AMORT, Eusebius   A118
De revelationibus, visionibus et apparitionibus privatis regulæ tutæ ex scriptura, conciliis, SS. Patribus … collectæ … A … Eusebio Amort …
Augustæ vindelicorum, sumptibus Martini Veith, 1744
4°:)(-2)(2, A-2M4, 2N2; [16], 284 p. + A-4C4, 4D2; 587, [1] p. + uitsl. pltn
- IVI/1

12

AMORT, Eusebius — A119
Nova demonstratio de falsitate revelationum Agredanarum, cum parallelo inter pseudo-evangelia et easdem revelationes, addita excussione novæ defensionis Agredanæ ab ... Dalmatio Kick ... editæ. Authore ... Eusebio Amort ...
Augustæ & Herbipoli, apud Martinum Veith, 1751
4°: A-Q⁴(-Q4?); 126, [2] p.
- KIV/2

AMORT, Eusebius — A120
Theologia moralis inter rigorem et laxitatem media. Authore ... Eusebio Amort ...
Augustæ Vindelicorum et Œniponti, impensis Josephi Wolff, 1758
4°: a⁸, b-g⁴, A-5F⁴, 5G²(-5G²); LXIV, 785 p. + a-e⁴, f², A-5M⁴; XLIV, 808, [21] p.
- IVI/2-3

ANASTASIUS BIBLIOTHECARIUS — A121
Anastasii Bibliothecarii *Historia ecclesiastica sive chronographia tripartita.* Accedunt notæ Caroli Annibali Fabroti ... In fine: Anastasii ... *Historia de vitis romanorum pontificum ...*
Parisiis, e typographia regia, 1649
2°: á⁶, A-2L⁴, ä⁴, é⁴, A-Q⁴, R⁶; [12], 263, [7], [3bl], [16], 313, [8] p.
- SVIII/15 (herk.: Bibliothecæ Parchensis ... [weggeknipt]; theca XI ?G)

ANASTASIUS SINAITA — A122
Anastasii Sinaitæ ... Ὁδηγος, *seu Dux viæ adversus Acephalos.* Nunc primum ... Græcè & Latinè editus. Studio & opera Jacobi Gretseri ...
p. 369: Theodori Abucarræ ... *Varia contra hæreticos, iudæos et sarracenos opuscula.* Nunc primum græcè et latinè ... in lucem prolata. Interpretibus Francisco Turriano, et Iacobo Gretsero ...
Ingolstadii, ex typographeo Adami Sartorii, 1606
Coll.: Philippus Menzelius (*Carmen*, p. [21])
4°: *-3*⁴, A-Z⁴, a-z⁴, 2A-2Y⁴, 2Z²; [26], 549 p.
- EII/17/1 (herk.: Collegii Societatis Jesu Lovanii 1634)

ANCKELMANN, Theodor — A123
Inscriptiones antiquissimæ & celeberrimæ urbis patriæ Hamburgensis. Editæ pridem à Theodoro Anckelmanno ... (ed.: Johann Albert Fabricius)
Hamburgi, sumptibus Christiani Liebezeitii, Leoburgi, excudebat Christian. Albrecht. Pfeiffer, 1706
2°: A-H⁴; 56, [8] p.
- TVII/9/3

ANDREAS, Valerius — A124
Fasti academici studii generalis Lovaniensis ... Edente Valerio Andrea ... Editio iterata
Lovanii, apud Hieronymum Nempæum, 1650
Coll.: Henricus Novulantius, Adrianus Hogerbeets (*Epigramma*)
4°:)(⁴, 2)(², A-3E⁴; [12], 407, [1] p.
- EIII/17

ANDRIES, Judocus, S.J. — A125
Faustus annus. Mensis. Hebdomas. Dies. Hora. Momentum ultimum Christiani. Per unum e Societate Jesu [J. Andries]. Sexta editio
Brugis, typis Nicolai Breyghelii, 1639
24°: A-Q¹²; 382, [2] p.
- ArBII/18

ANDRIES, Judocus, S.J. — A126
Purgatorium catholicè assertum, cum incitamentis ac methodis suffragandi. Auctore ... Iudoco Andries ...
Brugis, typis Nicolai Breyghelii, 1642
24°: a⁶, A-K¹²(-A¹); [12], 240 p.
- YIV/1

ANDUEZA, Diego Malo de — A127
Oraciones evangelicas domingos, y ferias principales de quaresma. Dixolas en Madrid ... Diego Malo de Andueza ... Tomo primero. Segunda impression
En Alcalà, por Maria Fernandez, a costa de Gregorio Rodriguez, 1664
4°: ¶⁴, ¶¶⁸, A-2H⁸, 2G²; [24], 456, [20] p.
- ArBV/2 (herk.: Pertenece a la libreria dal conv^{to} de Arocha)

ANGELOMUS LUXOVIENSIS MONACHUS — A128
Angelomi ... *Enarrationes in quatuor lib. Regum ...*
Coloniæ, ex officina Eucharij Ceruicorni, 1530
2°: A⁴, B⁶, a-p⁶, q-r⁴(-r⁴); [20], 194 p.; gegrav. titelp.
- ArFV/11 (herk.: Ægidius Verschueren Antverp. 1615 [prijsboek]; Pro bibliotheca Averbodiana 1640)

ANGELUS de CLAVASIO — A129
Summa angelica de casibus conscientiæ. Per ... Angelum de Clavasio compilata
Coll.: Suigus, Jacobinus f. CCCII r°; Tornieli, Hieronymus
Nürnberg, Anton Koberger, 1492, 10 februari
BSB-Ink A-531; Polain 212; Gesamtkatalog 1933; BMC II 434
2°: a⁸, b-z⁶, 2a-2z⁶, ꝛꞇ⁶ ꝛꝛ⁶ ꝝꝝ⁶, A-B⁸; 310 f.; twee kolommen; rubricering; penwerkinitiaal op 1ᵉ blad
- IncP 7 (oorspronkelijke band; oorspronkelijke dekbladen [uit Breviarium? 15ᵉ eeuw?] voor en achter gemonteerd)

ANGELUS de CLAVASIO — A130
Summa angelica ... Angeli de clavasio ... casus conscientie et vitiorum remedia continens ...
Venundantur Lugduni, abs Jacobo hugueta, 1516
In fine: Lugd. Impressa per Jacobum myt. Anno dni MCCCCCXVI ...
4°: aa⁸, bb⁸, a-z⁸, A-Y⁸; [16], 340(=360) f.; titelp. met houtsnedelijst
- ArCIII/4 (herk.: Ad usum f. Norberti van Cuelen [Park]; Fr. Benedictus Picaert [Park])

ANGOUMOIS, Philippe d', O.Cap. — A131
Les triomphes de l'amour de Dieu en la conversion d'Hermogene. Par ... Phillippe d'Angoumois ...
2: *Suite des triomphes de l'amour de Dieu ...*
A Paris, chez Nicolas Buon, 1625
4°: á⁴, é⁴, í⁴, ó², A-4L⁴, 4M²; [28], 644 p. + 4M², 4N-7V⁴, [4] p., p. 649-1256, [7] p.; gegrav. titelp.; gegrav. front. in 1 & 2
- VIII/4-5

ANNA a SAN BARTHOLOMÆO, O.Carm. — A132
Het wonderbaer leven van ... Anna a S. Bartholomæo ongeschoende carmelitersse ... Het welck sy selver ... heeft beschreven, ende uyt de Spaensche taele in onse Nederlantsche is overgeset. Door eenen religieus van het selve order ... [Jan-Baptiste Wils]. Tweeden druck
t'Antwerpen, by Petrus Jouret, 1733
8°: π¹, A-Z⁸; [2], 357, [11] p.; gegrav. portret van de aut.
- ArDIII/25

ANNALES ORDINIS CARTUSIENSIS — A133
Annales Ordinis Cartusiensis
Correriæ, typis Antonii Fremon, 1687
2°: π⁴, A-3C⁴, 3D⁸; [8], 404, [3] p.

A

- OVII/10 (herk.: Ex bibliotheca seminarii clericalis episcopalis Culmensis Pelplini)

ANNAT, François, S.J.   A134
Cavilli Iansenianorum contra latam in ipsos a Sede Apostolica sententiam ... A ... Francisco Annato ...
Leodii, typis Joannis Mathiæ Hovii, 1655
8°: A-F^8; 80, 16 p.
- ArDIV/3/3

ANNAT, Pierre   A135
Apparatus ad positivam theologiam methodicus. Auctore ... Petro Annato ... Editio secunda in Germania ...
Bambergæ, sumptibus Martini Göbhardt, 1755
4°: π^2, †^{4},)(^{4}, A-4I^4; [20], 624 p. + A-3G^4; 424 p.
- GI/11

ANNUS PRÆSENTIS SÆCULI ...   A136
Annus præsentis sæculi quinquagesimus-nonus, heu quam infelix nobis advenit! ... animam suam pro ovibus suis posuit ... Thomas Philippus ... de Alsatia, de Boussu ...
Mechliniæ, typis J. F. Vander Elst, 1759
2°: π^2; 4 p.
- PrDVI/15/6 & ArKII/7/55

ANSELMO, Antonius e.a.   A137
Placcaeten, ordonnantien, landt-charters, blyde-incomsten, privilegien, ende instructien by de Princen van dese Nederlanden, aen de inghesetenen van Brabandt, Vlaenderen, ende andere Provincien ...
10: *Livre des placcarts ... émanés depuis l'an MCLXX ...*
1 & 2: Vergadert ... door Antonium Anselmo ...; 3: Vergadert door Jan Baptiste Christyn ...; 5-7: By-een vergaedert ... door Joseph Michiel Wouters ...; 11: Compilées ... par Joseph Michel Wouters ...
1-2: t'Hantwerpen, by Hendrick Aertssens, 1648; 3: Tot Brussel, by Huybrecht Anthoon Velpius, 1664; 4: by Marcel Anthoon Velpius, 1677; 5-10: by Georgius Frickx, 1738 (8-10: s.d.); 11: chez George Fricx, 1737
2°: 11 dln; gegrav. bijk. titelp. in 1, 2 & 3
Nota: op dl 11 staat foutief 'VIII deel'; dl 2 heeft alleen een gegrav. titelp.
- PV/3-12

ANSELMUS van CANTERBURY   A138
... Anselmi ... Luculentissimæ, in omnes sanctissimi Pauli Apostoli epistolas, & aliquot Evangelia, enarrationes. Has enarrationes alij D. Hervæo ascribunt
Parisiis, apud Poncetum le Preux, 1544
2°: *^{8}, A-2Z^6, α^4, 3A-3B^6, 3C^8; [8], 299 f.
- LVII/6/2 (herk.: Begga Verstylen; Guilelmus Verstylen [Herentals]; Peeter Verstylen [in fine])

ANSELMUS van CANTERBURY   A139
Omnia divi Anselmi Cantuariensis ... Opuscula. Antonii Democharis Ressonæi industriâ nunc primum restituta
Parisiis, apud Poncetum le Preux, 1544
2°: C^6, A-X^6; [6], 226 [=126] f.
- LVII/6/1 (herk.: F.F. Verlinden aan Joh. Bapt. Verstijlen, Herentals, 1791 [prijsboek]; Guilielmus Verstijlen; Peeter Verstijlen [1886])

ANSELMUS van CANTERBURY   A140
Sancti Anselmi ... Opera. Nec non Eadmeri ... *Historia Novorum et alia opuscula.* Labore ac studio ... Gabrielis Gerberon ... expurgata & aucta
Lutetiæ parisiorum, sumptibus Ludovicus Billaine et Joannis Du Puis, 1675
Coll.: Gilbertus Crispinus (p.512), Rupertus Tuitensis (p.524), Joannes Picardus (p.563)
2°: *-2*^{4}, á^4, é^4, í^4, ó^4, ú^4, A-5E^4, é^2, A-2D^4; [56], 706, [74], 215 p.
- FVI/7 (herk.: Jacobus abbas comparavit 1772. Bibliotheca Gemblacensis; Stephanus Baluzius Tutelensis)

ANTHOLOGIA EPIGRAMMATUM ...   A141
Anthologia epigrammatum Græcorum selecta et ab omni obscœnitate vindicata ... Cum Latina interpretatione
Flexiæ, apud Ludovicum Hebert, 1624
8°: †^{4}, A-3K^4; [8], 446, [1] p.
- ArJII/1 (herk.: Coll. Prov. Amiens)

ANTIDOTUM, SEU MEDICUS ...   A142
Antidotum, seu medicus spiritualis metricè exhibitus ... Juxta exemplar Ultrajecti excusum
S.l., s.n., 1800
4°: A-G^4; 55, [1] p.
- ArKIII/7/18

ANTIPHONARIUM PRÆMONSTRATENSE   A143
Antiphonarium Præmonstratense ... Michaelis Colbert ... authoritate editum ...
In fine: *Supplementum antiphonarii præmonstratensis*
Parisiis, sumptibus, opera, & studio Guillelmi Gabrielis Nivers, 1680
4°: á^4, A-3E^4, a-l^4, A^6; [8], 408, LXXXVI, 12 p.
- PrIIV/33 (pp. LXXXIII-VI & *Supplementum* ontbr.) & ArFIV/4 (ms. in fine)

ANTIPHONARIUM PRÆMONSTRATENSE   A144
Antiphonarium Præmonstratense ... Claudii Honorati Lucas ... authoritate, editum ...
In fine: *Supplementum antiphonarii Præmonstratensis*
Virduni, apud Claudium Vigneulle, 1718
4°: *-2*^{2}, A-3L^4, a-n^4; [8], 456, CIV, 12 p.
- PrIIV/4 & ArFIV/5 (*Supplementum* ontbr)

ANTIPHONARIUM PRÆMONSTRATENSE   A145
Antiphonarium ad usum canonicorum regularium ordinis Præmonstratensis ...
Bruxellis, apud Franciscum t'Serstevens, 1772
4°: π^1, *^{2}, A-4A^4, 4B^6(-4B^6), a-p^4, q^2; [6], 569, [1bl], CXXIV p.
- PrIIV/5 (pp. I-LXXVI ontbr.) & ArFIV/6

ANTIPHONARIUM PRÆMONSTRATENSE   A146
Antiphonarium ad usum ordinis Præmonstratensis
Nanceii, apud H. Haener, 1786
2°: π^1, A-2N^4, a-n^4; [2], 472, CIV p.
- ArFIV/7

ANTIPHONARIUM ROMANUM   A147
Pars æstivalis antiphonarii Romani secundum novum Breviarium recogniti
Antverpiæ, apud Ioach. Trognæsium, 1611
2°: A-4N^6; 984 p.
- ArFVI/16 (voor- & nawerk ontbr.)

ANTIPHONARIUM ROMANUM   A148
Epitome antiphonarii Romani seu Vesperale pro dominicis et festis ... A ... de la Feillée, revisum, auctum & emendatum
Pictavii, apud Joann. Felicem Faulcon, & Franc. Barbier, 1782
12°: A-2C^{12}; 624 p.
- DI/1

ANTOINE, Paul Gabriel, S.J. A149
Theologia moralis universa ... Auctore ... Paulo Gabriele Antoine. Editio nova
Parisiis, apud Simonem Petrum Gissey, 1745
12°: 4 dln
- ArAIII/5-6 (dln 3 & 4)

ANTOINE, Paul Gabriel, S.J. A150
Theologia moralis universa ... Auctore ... Paulo Gabriele Antoine. In hac nova editione accedunt Propositiones damnatæ, casus reservati, Constitutiones Benedicti XIV ...
Duaci, typis & sumptibus fratrum Derbaix, 1769
12°: 4 dln
- ArAIII/1-4

ANTOINE, Paul Gabriel, S.J. A151
Theologia moralis universa ... Gabrielis Antoine. A ... P. De Carboneano pridem ... amplificata, dein ... aucta ... a ... Bonaventura Staidel ... Accedunt tria opuscula ... Melchioris Cani ... Editio postrema in sex tomos distributa a Jo. Dominico Mansi ...
Venetiis, apud Antonium Graziosi, 1778
4°: 6 dln
- IV/2

ANTOINE, Paul Gabriel, S.J. A152
Theologia moralis universa, complectens omnia morum præcepta ... Auctore ... Paulo Gabriele Antoine ... In hac nova editione accedunt propositiones ...
Leodii. Et Lovanii, apud L. J. Urban, 1779
8°: 4 dln
- IIV/29-32

ANTONISSEN, Petrus J. A153
Lof-spraeken ofte sermoonen op de bezonderste mysterien van onzen godsdienst ... Door ... Petrus Antonissen ...
T'Antwerpen, by C. H. De Vos, 1792
8°: A-2E^8; [4], 442, [1] p. + A-2C^8, 2D^6; 444 p.
- ArAVIII/24-25

ANTONISSEN, Petrus J. A154
Lofspraeken of sermoonen op de bezonderste misteriën van den godsdienst ... Door F.-P. Antonissen ... Nieuwe verbeterde uytgaef. Tweede deel
Brussel, J.-J. Vanderborght, 1830
399 p.
- ArAVIII/26

ANTONISSEN, Petrus J. A155
Den lydenden en stervenden Jesus, in honderd-twintig meditatiën afgebeeld ... Door ... Petrus J. Antonissen ...
T'Antwerpen, by Hubert Bincken, 1785
8°: 4 dln
- PrGVI/7-10

ANTONIUS AUGUSTINUS A156
Antonii Augustini ... *Dialogorum libri duo de emendatione Gratiani. Stephanus Baluzius ... emendavit, notis illustravit ...* p. 571: *... Petri de Marca ... Interpretatio capitis 'Clericus'*; p. 587-628: Andreæ Schotti *Laudatio funebris ... Antonii Augustini*; p. 630: H. Osorius *... ad Antonium Augustinum ...*; p. 630: *Elegia in Laudem ...Antonii Augustini ...* Io. Gruteri ...
Parisiis, excudebat Franciscus Muguetus, 1672
8°: á^8, é^8, í^8, ó^4, A-2S^8, 2T^2; [56], 660 p.
- LIV/7

ANTONIUS AUGUSTINUS A157
Antonii Augustini ... *Iuris pontificii veteris epitome. In tres partes divisa, de personis, de rebus, & de iudiciis. Accesserunt huic editioni canones pœnitentiales eiusdem auctoris*
Parisiis, sumptibus Michaelis Soly, Matthæi Guillemot & Gervasii Alliot, 1641
2°: 3 dln
- LVIII/12 (herk.: P. J. Enoch)

ANTONIUS von KÖNIGSSTEIN, O.F.M. A158
Postillæ sive enarrationes epistolarum atque evangeliorum ... A ... Antonio à Konigstein ... conscriptæ ... Pars Hyemalis
Coloniæ, apud Maternum Cholinum, 1558
Coll.: Nicolaus Herborn O.F.M. (= Nicolaus Ferber)
8°: *^{8}, A-2Q^8; [8], 312 f.
- PrDI/15 (marginalia)

ANTWOORD BY FORM ... A159
Antwoord by form van aenmerkingen op het Sermoon op den zegeprael van het kruys van Jesus-Christus ... door ... F.-G. Verheylewegen ... Door den redacteur van het werk voor titel voerende: Den vriend van godsdienst en goede zeden
t'Antwerpen, by J.-C. Roosen, 1821
8°: 24 p.
- ArAV/29/5

APOLOGIA PRO HUBERTO GAUTIO ... A160
Apologia pro Huberto Gautio, sacræ theologiæ in Antverpiensi seminario professore contra jesuitarum calumnias
S.l., s.n., 1710
12°: A-C^{12}, χ^1; 72, [1] p.
- ArDIV/15/6

APPIANUS A161
Αππιανον ... Ρωμαικα - Appiani ... *Romanarum historiarum pars prior, continens earum Punicam, Parthicam, Ibericam, Syriacam, Mithridaticam, Annibalicam. Alexander Tollius ... textum ... emendavit ... & Henrici Stephani ... annotationes adjecit*
2: *Pars altera, continens Bellorum civilium libros V. Historiæ Celticæ ac Illyricæ fragmenta, & Excerpta ... de Legationibus*
Amstelodami, ex officina Joh. Janssonii à Waesbergen. Et Johannis à Someren, 1670
8°: *^{8}, 2*^{2}, A-2O^8, 2P^4; [20], 598 p. + π^2, 2Q^4, 2R-4I^8, A-F^8; [4] p., pp. 599-1229, [95] p.; bijk. gegrav. titelp. in elk dl
- VV/1-2

APULEIUS MADAURENSIS, Lucius A162
Apuleius Madaurensis Platonicus, serio castigatus. Ex musæo Pet. Scriverii
Amsterodami, apud Guilj. Cæsium, 1624
Coll.: Philippus Beroaldus (p. 2)
16°: *^{6}, A-2A^8; [12], 384 p.; gegrav. titelp.
- ArJI/21

APULEIUS MADAURENSIS, Lucius A163
Apuleius Madaurensis Platonicus, serio castigatus
Amstelodami, apud Ioann. Ianssonium, 1628
16°: A-2A^8; 382 p.; gegrav. titelp.
- YIV/44

ARBOREUS, Joannes A164
Primus (- secundus) tomus Theosophiæ Ioannis Arborei ...
Parisiis, apud Simonem Colinæum, 1540
In fine: Excudebat hoc insigne opus Simon Colinæus Parisiis, Anno MDXL

A

Mense Ianuario
Coll.: Joannes Papilion (*Epigramma* in 2)
2°: *⁶, A-2Q⁸, 2R¹⁰, a-2d⁸, 2e⁶; [6], 321, [1bl], 221, [1] f.
- DVIII/8 (herk.: Ex bibliotheca frum Minorum Namurcensium, 1681)

ARCHDEKIN, Richard, S.J.   A165
... Richardi Arsdekin ... *Theologia tripartita universa, complectens nunc Bibliothecam perfectam Viri Ecclesiastici, ordine sequenti*. Post editionem octavam antverpiensem ... editio secunda in Germania superiore
2: *Theologia universa primo speculativa postea practica* ...
3: *Apparatus doctrinæ sacræ* ...
Dilingæ, sumptibus Joannis Caspari Bencard, 1693-1694
2°: 3 dln
- JVI/1

ARCHDEKIN, Richard, S.J.   A166
Theologia tripartita sive resolutiones polemicæ, speculativæ et practicæ ... Accedit *Apparatus novus ad doctrinam sacram* ... ac denique *Praxis meditandi & assistendi ægris ac moribundis* ... Auctore ... Richardo Archdekin ... Editio septima
In fine: *Appendix, sive supplementum theologiæ tripartitæ* ... Arsdekin ...
Coloniæ Agrippinæ, apud hæredes Joannis Weidenfeldt, 1702
8°: A⁸(-A⁸), A⁸, A-2Q⁸, 2R⁶(-2R⁶); [30], 598(=606), [28] p. + A-P⁸; 236 p. + a-g⁸, h⁴; 120 p.
Nota: de onderdelen hebben een aparte titelp. (1701)
- ArDV/17 (herk.: Biblioth. Colleg. Leod. Soc. Jes.; Collège St-Servais Liége)

ARCOLANI, Giovanni   A167
Joannis Herculani ... *Expositio perutilis in primam Fen quarti canonis Avicenne una cum adnotamentis prestantissimi viri domini Symphoriani Champerij sive champegij* ...
(Lyon, Vincent de Portonariis, Jacques Myt, 1518)
In fine: Expensis ... Vincentij de portonarijs de tridino de monteferrato Lugduni cusa anno dni 1518 in edibus Jacobi myt sexto mensis Decembris die
2°: A-Y⁸, Z⁶, r⁶; 186, [2] f.
- ArFV/5

ARCUDIUS, Petrus   A168
Petri Arcudii *Libri VII de concordia ecclesiæ occidentalis et orientalis* ...
Lutetiæ parisiorum, sumptibus Joannis Du Puis, 1672
In fine: Achevé d'imprimer le 10 Novembre 1671
4°: á⁴, é⁴, í⁴, A-4X⁴; [24], 708[=710], [10] p.
- HV/25 (herk.: Ex libris J.A. Waltrain pastoris in Kermpt)

ARESIUS, Paulus   A169
De vero sacri Cantici Canticorum Salomonis tum historico, tum spirituali sensu ... cogitatio, ac ... velitatio ... Paulo Aresio ... auctore
Mediolani, typis Io. Petri de Cardis, 1640
4°: A⁸, a⁴, A-2L⁴; [24], 262, [10] p.; bijk. gegrav. titelp.
- PrGVI/20 (herk.: Domus Parisien ad S. Germani [IHS])

ARGONNE, Noël d'   A170
De optima methodo legendorum ecclesiæ Patrum (Noel d'Argonne). Ex Gallico in Latinum sermonem translatum ... interprete J. F. R. ... Nunc primum secundum exemplar Taurini excusum in Germania prodit
Augustæ Vind. & Wirceburgi, sumptibus fratrum Veith, 1756
8°:)(⁸[-])(⁸), A-2A⁸; [14], 384 p.
- EI/2 (herk.: Comparavit P. Jacobus Basiles pro monasterio S. Emmerami Ratisbonæ 1757)

ARGUS APOSTOLICUS ...   A171
Argus apostolicus perfecte adumbratus in ... Govardo Geraldo Van Eersel ... dum ... inauguratur Gandæ ...
Gandæ, typis Judoci Begyn, 1772
4°: π⁴; [8] p.
- ArKIII/7/26

ARIAS, Franciscus, S.J.   A172
Het goedt ghebruyck vande twee H. Sacramenten der biechten ende des autaers. Door ... Franciscus Arias ...
t'Hantwerpen, by Ioachim Trognæsius, 1603
Vert.: [Nicolaas Van Buren]
12°: A-O¹²; 336 p.
- ArBI/13

ARIAS MONTANUS, Benedictus   A173
Aaron, sive, sanctorum vestimentorum ornamentorumque summa descriptio ... Benedicto Aria Montano ... expositore
Antverpiæ, excudebat Christophorus Plantinus, 1572
2°: a⁴; 6, [2] p. + 1 ill.
- CVIII/15/8

ARIAS MONTANUS, Benedictus   A174
Communes et familiares Hebraicæ linguæ idiotismi ... Benedicti Ariæ Montani opera ...
Antverpiæ, excudebat Christophorus Plantinus, 1572
Coll.: Joannes Harlemius, Franciscus Raphelengius, Guilielmus Canterus, Guilielmus Sirleto
2°: onregelm. gepag.
- CVIII/15/9

ARIAS MONTANUS, Benedictus   A175
Daniel, sive, de sæculis codex integer. A Benedicto Aria Montano ... conscriptus
*1-2: *Nehemias, sive, de antiquæ Ierusalem situ, volumen*
A2: Benedicti Ariæ Montani ...*Familiæ sive de chorographia liber*
A1-4: ... Ariæ Montani ... *In Librum Chanaan, sive de Duodecum gentibus præfatio*
Antverpiæ, excudebat Christophorus Plantinus, 1572
2°: A⁶, *², A⁴; 12, [4], 7, [1]: kaart van Jeruzalem
- CVIII/15/2

ARIAS MONTANUS, Benedictus   A176
Exemplar, sive, de sacris fabricis liber. Benedicto Aria Montano ... auctore
Antverpiæ, excudebat Christophorus Plantinus, 1572
2°: A⁶, B⁴, χ¹⁰; 18, [2] p. + 10 ill.
- CVIII/15/7

ARIAS MONTANUS, Benedictus   A177
Liber Ieremiæ, sive, de actione ... Benedicto Aria Montano ... auctore editus
Antverpiæ, excudebat Christophorus Plantinus, 1571
2°: a⁶, b⁸; 26, [2] p
- CVIII/15/4

ARIAS MONTANUS, Benedictus   A178
Liber Ioseph, sive, de arcano sermone. ... a Benedicto Aria Montano ... concinnatus
Antverpiæ, excudebat Christophorus Plantinus, 1571
2°: †⁴, A-K⁶, L²; [8], 118, [7] p.
- CVIII/15/3

ARIAS MONTANUS, Benedictus   A179
Phaleg, sive, de gentium sedibus primis, orbisque terræ situ,

liber. Benedicto Aria Montano ... auctore
Antverpiæ, excudebat Christophorus Plantinus, 1571
2°: A⁸; 16 p. + krt
- CVIII/15/6

ARIAS MONTANUS, Benedictus   A180
Thubal-cain, sive, de mensuris sacris liber. Benedicto Aria Montano ... auctore
Antverpiæ, excudebat Christophorus Plantinus, 1571
2°: 2a⁶, 2b⁴; 18 p.: + krt
- CVIII/15/5

ARISTOPHANES   A181
Αριστοφανους... Κωμῳδιαι ενδεκα - *Aristophanis ... Comœdiæ undecim*
[Leiden], ex officina Plantiniana, apud Christophorum Raphelengium, 1600
16°: †², A-Z⁸, a-q⁸, r²; [4], 620 p.
- PrJV/3 (herk.: Ex libris P.P.C. Lammens; Ex libris Joannis Richiev 1652; Ex libris Caroli La Place 1735)

ARISTOTELES   A182
Aristotelis operum tomus primus Logicam universam comprehendens ... Averrois Paraphrases, et Commen-taria in eandem ... varijs illustrata translationibus ...
Vert.: Anicius Manlius Severinus Boethius, Joannes Franciscus Burana, Abraham Ben Meir de Balmes. Coll.: Porphyrius, Guarino da Verona *(Vita)*, Octavianus Scotus Secundus (opdracht), Gilbertus Porretanus, Alulides Rosadis, Joannes Baptista Bagolinus
(Venezia, Octavianus Scotus), 1538
In fine: Venetijs apud Octavianum Scotum
2°: €⁴, A-C⁸, D⁶, E-K⁸, aa-bb⁸, cc-dd⁶, ee-zz⁸, rr⁸, ??⁸, yy⁸, 2A-2E⁸, 2F¹⁰, 2G-2L⁸, 2M-2N⁶, 2O⁸; [4], 28, [2], 29-76, 204, 110 f.; grav. op titelp. met portret van Aristoteles
- PrGV/4 (f. 174 & 179 zijn 2 x aanwezig; herk.: Ex libris Rob. Ribauw)

ARISTOTELES & XENOFOON   A183
Aristotelis, et Xenophontis *Ethica, Politica, & Œconomica. Cum alijs aliquot ex Plutarcho, Proclo, & Alexandro Aphrodisiensi commentationibus*
Basileæ, apud Ioan. Vualder, [1535?]
Nota: Grieks
8°: α⁸, a-z⁸, A-P⁸; [16], 606 p.; gegrav. titelp.
- PrEII/5

ARMINIUS, Joannes   A184
Ioannis Arminii Cum Batavis super præsenti rerum in Hollandia statu ... expostulatio posthuma ...
Lugduni Batavorum, s.n., [1610?]
4°: A⁴; 7 p.
- ArGVII/12/7

ARNAUD, Claude, Orat.   A185
Thesauri sacrorum rituum, epitome ... Selecta ... ex ... Bart. Gavanti ... medullis ... Opera ... Claudii Arnaud ...
Coloniæ, sumptibus Hermanni Demen, 1690
18°: A-Z¹²⁻⁶; 410, [9] p.
- ArDI/29

ARNAULD, Antoine   A186
De frequenti communione liber ... Ab Antonio Arnaldo ... Gallicè primum scriptus, & ab eodem Latinè conversus
Lovanii, typis Adriani de Witte, 1674
8°: A-3C⁸; 591, 22, [14] p.
- HI/3

ARNAULD, Antoine   A187
Deux lettres de Messire Antoine Arnauld ..., écrites en 1687 à M. Ph. Le Feron ...
S.l., s.n., (1700?)
12°: A-B¹²; 47 p.
- ArDIV/5/11

ARNAULD, Antoine   A188
Historia et concordia evangelica ... Opera & studio theologi Parisiensis [A. Arnauld]
In fine: N. Sanson, *Index geographicus et explicatio regionum ...*
Parisiis, apud Carolum Savreux, 1653
8°: π², á⁸, é⁴, í⁸, ó⁴, ú⁴(-ú⁴), A-2S⁸, B-2T⁴, 2V-2Z⁶; [28], 445, [118] p. + uitsl. krt; bijk. gegrav. titelp. (1654)
- ArDII/13 (herk.: Paridaens 1788; Borremans ex Sti Martini Lennick 1823)

ARNAULD, Antoine   A189
Historia et concordia evangelica ... Opera & studio theologi Parisiensis [A. Arnauld]. *Tertia editio*
Lovanii, apud viduam Adriani De Witte, 1675
8°: π¹, á⁸, í¹⁰, ó⁸, ú², A-2I⁸, 2K⁴; [29], 204 [=206], [54] f.
- CI/22 (herk.: Derboven, Joseph [Park]; De Vaddere, Ad. [Park]; Triest, Augustinus 1792 [Park])

ARNAULD, Antoine   A190
Historia et concordia evangelica ... Opera & studio ... [A. Arnauld]. *Quarta editio*
Antverpiæ, typis Petri Jouret, 1722
12°: π², *², 2-3*¹², A-Y¹², Z⁸; [56], 384, [160] p.: krt
- ArDII/7 (herk.: J. B. Aerts; A. Van Hoecke [Park])

ARNAULD, Antoine   A191
Historia et concordia evangelica ... Opera & studio ... [A. Arnauld]. *Editio nova*
Lovanii, e typographia academica, 1791
8°: a-c⁸, d², A-2L⁸; L, [2], 422, [122] p.
- CI/12 & PrFIII/18

ARNAULD, Antoine e.a.   A192
La perpétuité de la foy de l'Eglise catholique touchant l'Eucharistie, défendue contre le livre du Sieur Claude, ministre de Charenton ... [A. Arnauld, P. Nicole, E. Renaudot]. *Nouvelle Edition*
4: *Réponse générale au nouveau livre de Mr Claude*
A Paris, 1-4: chez la veuve Charles Savreux; 5-6: chez Jean Baptiste Coignard, 1704-1713
4°: 6 dln
- HVI/11-16

ARNHEM, Johan van   A193
Jesus Christus in het bloed synes cruices. Voorgestelt in eenige schriftmatige gedachten ... door J. v. Arnhem
Tot Arnhem, by Elizabeth van Biesen genaamt de Haas, 1695
4°: *⁶, 2*-3*⁴, A-L⁴, M-N², χ²; [28], 92, [8] p.
- PrHIV/9

ARNOLDUS de VILLA NOVA   A194
De conservanda bona valetudine ... Cum Arnoldi Novicomensis ... enarrationibus ... recognitis & auctis, per Joan. Curionem, & Jac. Crellium
In fine: *De electione meliorum simplicium ac specierum medicinalium*, rythmi M. Othonis Cremonensis & *Loci aliquot Philippi Melanth. in libro de anima, de moderatione cibi & potus, item somni & vigilarium*

A

Francfurt(?), apud Chr. Egenolphi, 1554
8°: ?, A-Z⁸, a⁸?; 183, [8?] f.: ill. (houtsneden)
- ArCII/18 (titelblad ontbr.; voor- & nawerk onvolledig)

ARREST DE LA COUR DE PARLEMENT … A195
Arrest de la cour de Parlement, qui reçoit … le Procureur … du Roi appelant comme d'abus d'un Mandement de … l'Evêque de Clermont [François Bochart de Sarron] … *fait défenses de … recevoir … aucuns brefs … du Pape, jusqu'à ce que le Roi en ait ordonné la publication*
A Paris, chez la veuve François Muguet & Hubert Muguet, 1703
8°: A⁴; 8 p.
- ArDIV/6/16

L'ART DE PLAIRE A196
L'art de plaire
A Paris, chez Janet, (1812?)
[6], 47, [36] p.: ill.; gegrav. titelp.
- PrJXI/9

ARTICULI OBLATI … A197
Articuli oblati eximiis dominis Harney et Steyaert …
Lovanii, typis Ægidii Denique, 1692
8°: A-E⁴; 40 p.
- ArDIV/9/2

ARVISENET, Claude A198
Memoriale vitæ sacerdotalis. Authore pio sacerdote [C. Arvisenet]. Editio Mechliniensis secunda
Mechliniæ, apud P. J. Hanicq, 1797
Præf.: J. G. Huleu
12°: π², A-K¹², L¹⁰; [4], 256, [4] p.
- PrJI/2

ARVISENET, Claude A199
Memoriale vitæ sacerdotalis. Ab uno e sacerdotibus gallicanis exulibus [C. Arvisenet]. Editio septima
Mechliniæ, apud P. J. Hanicq, 1801
390 p.; gegrav. front.
- ArBI/16

ARVISENET, Claude A200
Memoriale vitæ sacerdotalis. A Claudio Arvisenet. Ed. nova
Lovanii, Michel, 1824
[4], 332 p.
- PrJI/6 (herk.: Ex libris P.J. Brancart 1835)

ATHANASIUS ALEXANDRINUS A201
Divi Athanasii Alexandrini … *Opera omnia, quæ quidem hactenus latinitate donata sunt …*
Lugduni, ex officina Melchioris et Gasparis Trechsel fratrum, 1532
Coll.: Erasmus Roterodamus. Vert.: Ambrosius Traversari, Angelus Politianus, Christophorus Porsena, Joannes Aretinus, Joannes Reuchlin
2°: α⁶, a-z⁸, A-N⁸, O⁶, P⁸, Q-S⁶; [6], 314, [6] f.
- ArCVII/7 (herk.: Capucinorum Leodiensium)

ATHANASIUS ALEXANDRINUS A202
Sancti Athanasii … *Opera quæ extant omnia*
Coloniæ Agrippinæ, sumptibus Antonij Hierat, 1617
Coll.: Petrus Nannius
2°: π², †⁴, A-3F⁶(-3F⁶); [12], 541, [78] p.
- FVII/9 (katern C is ingebonden voor katern B; herk.: Ex libris Petri Ottoy [Park])

AUGUSTINUS de LEONISSA, O.S.A. A203
Sermones pulcherrimi super dominicam orationem …
In fine: Petrus de Alliaco: *Oratio dominica anagogice exposita*
Colonie, apud Predicatores, 1503
In fine (f. C v°): Expliciunt *Sermones … super oratione dominica … Augustini de Leonissa … Colonie apud Predicatores iam tercio … correctione Impressi. Anno domini MCCCCCIIJ die II mensis Decembris*
8°: A-D⁸, E⁴, F-G⁸, H⁴, I-K⁸, L⁴, M-O⁸, P⁴; C, [4] f.; rubricering
- ArBI/11/1 (titelblad ontbr.; stempel op band 'in hoc cygno vinces')

AUGUSTINUS, Aurelius A204
De Belijdenisse van S. Augustijn
t'Antwerpen, by Reynier Sleghers, 1666
12°: §¹², A-2C¹², 2D⁶; 635, [1] p.
- PrJV/1 (titelblad ontbr.; herk.: Joannes Guilielmus Mertens; Joannes Baptista Verkerk[?], Bierbeek 1844 [in fine])

AUGUSTINUS, Aurelius A205
… Aurelii Augustini … *De civitate Dei libri XXII … Lodovici Vivis commentariis illustrati. Quorum XII priores, hac omnium illius* Operum *tomi quinti parte prima continentur*
Lugduni, apud Sebastianum Honoratum, 1570
8°: á⁸, é⁸, í⁸, ó⁴, a-4d⁸; 32, [23], [1bl], 739, [1bl], [51] p.
- XII/16

AUGUSTINUS, Aurelius A206
Sainct Augustin, *De l'ouvrage des moines. Ensemble quelques pieces de Sainct Thomas & de Sainct Bonavanture sur le mesme sujet. Le tout rendu en nostre langue, & assorty de reflections … par I. P. Camus …*
A Rouen, chez Adrien Ovyn, 1633
8°: á⁸, é⁸, í⁸, ó⁸, ú⁸, A-3G⁸, 3H-3F⁴; [80], 872 p.
- ArCV/3

AUGUSTINUS, Aurelius A207
… Aurelii Augustini … *De Trinitate, una cum reliquis illius libris* … Tomus tertius [omnium operum]
Lugduni, apud Sebastianum Honoratum, 1562
8°: †-5†⁸, 6†⁴, a-z⁸, A-R⁸, Aa-Zz⁸, AA-ZZ⁸, 3a-3d⁸; [86], [2bl], 1438 p.
- XII/12-13 (herk. in 2: F. M. B. [M. Bosmans, Park])

AUGUSTINUS, Aurelius A208
… Aurelii Augustini … *Enarrationes in Ioannis Evangelium, Epistolam, & Apocalypsim …* Tomus nonus [omnium operum]
Lugduni, apud Sebastianum Honoratum, 1562
8°: †-7†⁸, a-z⁸, A-Z⁸, Aa-Zz⁸, AA-ZZ⁸, Aaa-Ccc⁸; [112], 1518 p.
- XII/22-23

AUGUSTINUS, Aurelius A209
… Aurelii Augustini … *Enarrationes in psalmos mysticos.* Tomi octavi pars prima (-secunda) [omnium operum]
Lugduni, apud Sebastianum Honoratum, 1571
8°: †⁴, a-4d⁸, 4e⁴; [8], 1076, [100] p. + A-4B⁸; 1064, [72] p.
- XII/20-21 (herk.: F. M. B. [M. Bosmans, Park])

AUGUSTINUS, Aurelius A210
… Aurelii Augustini … *Epistolæ.* Tomus secundus [operum omnium]
Lugduni, apud Sebastianum Honoratum, 1561
In fine: Lugduni, excudebat Iacobus Faure
8°: *-2*⁸, a-z⁸, A-Y⁸, Z⁶; [32], 1100 p.
- XII/11 (herk.: Joannes Masius Abbas Parcen. 1635)

AUGUSTINUS, Aurelius A211
… Aurelii Augustini … *Libri XIII confessionum …* Opera et

studio ... H. Sommalii ...
Coloniæ Agrippinæ, apud Balthasarem ab Egmont, 1683
16°: A-2E⁸, 2F⁴; 427, [25] p.; gegrav. titelp.
- PrEI/22 (herk.: Henricus Martinus Verheijden Diest, College B. Dion. Aeropagitae 1756 [prijsboek])

AUGUSTINUS, Aurelius   A212
... Aurelii Augustini ... *Libri XIII confessionum*. Opera & studio ... H. Sommalii ...
Coloniæ Agrippinæ, sumptibus Cornelii ab Egmond & sociorum, 1699
16°: π¹, A-2G⁸, 2H¹², 2I⁶; [2], 490, [26] p.; bijk. gegrav. titelp.
- PrEI/6 (bijk. gegrav. titelp. ontbr.; herk.: Ad usum fratris Alexandri Slootmans [Park]; usui fratris J.B. Van Hamme 1765 [Park]) & ArDI/12

AUGUSTINUS, Aurelius   A213
... Aurelii Augustini ... *Meditationes, soliloquia & manuale*
Antverpiæ, ex officina Hieronymi Verdussi, 1617
12°: A-R¹², S⁶; 411, [9] p.
- LI/20

AUGUSTINUS, Aurelius, e.a.   A214
... Aurelii Augustini ... *Meditationes, soliloquia et manuale. Meditationes B. Anselmi cum tractatu de humani generis redemptione, D. Bernardi, Idiotæ* [ps. van Raymond Jordan]... *de amore divino*. Omnia ... distributa opera ac studio ... Henrici Sommalii ...
Coloniæ Agrippinæ, sumptibus Cornelii ab Egmondt et sociorum, 1631
24°: A-2D⁸; 410, [22] p.; gegrav. titelp.
- YIV/33

AUGUSTINUS, Aurelius, e.a.   A215
... Aurelii Augustini ... *Meditationes, soliloquia et manuale. Meditationes B. Anselmi cum tractatu de humani generis redemptione, D. Bernardi, Idiotæ* [ps. van Raymond Jordan]... *de amore divino* ... Omnia ... distributa opera ac studio ... Henrici Sommalii ...
Coloniæ Agrippinæ, sumptibus Cornelii ab Egmond et sociorum, 1649
16°: A-2B⁸, 2C⁴; 385, [23] p.; gegrav. titelp.
- YIV/25 (herk.: Ad usum Fr. J. De Pauw [Park]) & PrEI/7 (herk.: Ad usum F. Joⁱˢ Van Roost [Park] 1740)

AUGUSTINUS, Aurelius   A216
... Aurelii Augustini ... *Meditationes, Soliloquia et Manuale*. Accesserunt *Meditationes* B. Anselmi, *Meditationes* D. Bernardi, & Idiotæ [ps. van Raymond Jordan] ... *Contemplationes de amore divino*. Editio nova
Lugduni, apud fratres Perisse, 1777
24°: π², A-R¹², S¹⁰; [4], 428 p.
- PrJII/4

AUGUSTINUS, Aurelius   A217
... Aurelii Augustini ... *Omnium operum tomus primus. Quo Retractationum libri duo, variaque illius opuscula ... continentur*
ú1 v°: Possidius Calamensis ..., *De vita et moribus Augustini*
Lugduni, apud Sebastianum Honoratum, 1563
8°: á⁸, é⁸, í⁸, ó⁸, ú⁸, &⁸, ſt⁸, a-z⁸, A-3K⁸; [107], [5bl], 1262 p.
- XII/10 (herk.: F. Matheus Bosmans Rel. Parc.)

AUGUSTINUS, Aurelius   A218
... Aurelii Augustini ... *Operum tomus primus (-tomus decimus)*. Opera et studio monachorum ordinis S. Benedicti ... S. Mauri [François Delfau, Thomas Blampin, Pierre Coustant, Claude Guesnié]
11: *Sancti Aurelii Augustini ... Vita ...*
12: *Appendix augustiniana, in qua sunt S. Prosperi carmen de ingratis*, cum notis Lovaniensis theologi [Martinus Steyaert]; Joannis Garnerii ... *Dissertationes* ...; Pelagii Britanni *Commentarii in epistolas S. Pauli*; Des. Erasmi, Joan. Lud. Vivis, Jacobi Sirmond, Henrici Norisii, Joannes Perephoni [ps. van Jean Le Clerc] et aliorum præfationes, notæ, et animadversiones in omnia S. Augustini *Opera*. Antverpiæ, sumptibus Societatis, 1703
Parisiis, excudebat Franciscus Muguet, 1683-1700
In fine: Omnia S. Augustini *Opera* prostant apud Petrum Mortier ... qui & seorsim Tomum XII vendit ... ut possit cum Parisiensi Editione conjungi
2°: 12 dln; gegrav. front (Augustinus) in 1
- FVIII/5-13 (8 & 9: 1694; 10: 1695) & ArEVII/1-8 (8 & 9: 1688; 10: 1690; dl 12, *Appendix*, ontbr.; gegrav. front. in elk dl; herk.: Grand séminaire de Grenoble)

AUGUSTINUS, Aurelius   A219
... Aurelii Augustini ... *Opus continens enarrationes in Psalmos*. Opera doctorum Lovaniensium ...
Antverpiæ, apud Engelbertum Gymnicum, 1662
2°: *⁶, A-4L⁶, 4M⁴; [12], 885, [78] p.; gegrav. portret van Livinus Vaentkens
- CV/4 (herk. in fine: Verhaghen, Geer [Park 18-19])

AUGUSTINUS, Aurelius   A220
... Augustini ... et veterum eiusdem discipulorum *Opuscula insigniora adversus Pelagianos et eorum reliquias*. In tres tomos dispartita. Iuxta editionem Plantinianam ...
Lovanii, ex officina Bernardini Masii, 1647-1648
4°: 3 dln
- EI/15-16 (dl 2 ontbr.; in 3 ontbr. p. 384-401)

AUGUSTINUS, Aurelius   A221
Sancti Augustini ... *Opuscula quædam selecta* ... Editio quarta
p. 285: Divi Prosperi *Epistola ad Augustinum* ...
p. 303: Divus Hilarius Arelatensis *Augustino* ...
Bruxellæ, ex typographia Francisci Vivien, 1662
16°: †¹¹, A-X¹², Y⁶; [22], 514 p.
- ArDI/11 (herk.: J. A. Froment 1737)

AUGUSTINUS, Aurelius   A222
... Aurelii Augustini ... *Των πολεμικων pars prima, hoc est decertationes adversus hæreses, præcipue Iudæorum, Manichæorum, Priscillianistarum, Origenistarum, Arrianorum & Ioviniani. Tomus sextus* [operum omnium]
Lugduni, apud Sebastianum Honoratum, 1562
8°: a-2z⁸, A-2B⁸; 1097, [1bl], [37] p.
- XII/17

AUGUSTINUS, Aurelius   A223
-... Aurelii Augustini ... *Των πολεμικων pars secunda (-tertia), hoc est, pugnarum adversus hæreses Donatistarum (-Pelagianorum). Tomi septimi pars prior (-posterior)* [operum omnium]
Lugduni, apud Sebastianum Honoratum, 1562
In fine van 1: Lugduni, excudebat Iacobus Faurus
8°: a-z⁸, A-2M⁸; 900, [27] p. + Aa-Zz⁸, 2A-3N⁸; 927, [1bl], [25] p.
- XII/18-19

AUGUSTINUS, Aurelius   A224
Quinta pars librorum divi Aurelii Augustini quos scripsit episcopus: De trinitate libri XV ...; De consensu evangelistarum libri IIII; Contra epistolam Parmeniani Donatistarum episcopi

A

libri III; De baptismo contra Donatistas libri VII; Ad inquisitiones januarii libri II; De opere monachorum liber I; De bono conjugali contra Jovinianum liber I; De sancta virginitate liber I; De Genesi ad litteram libri XII cum conclusionibus ... Francisci Maronis
[Basel, Johann Amorbach, 1505?-1506?]
2°: a-f^8, g^6, h^8, i^6, k^8, K^6, Kk^6, l^8, L-M^6, m-o^8, p^6, q-r^8, s-x^8, y^8, z^6, A^8, B-C^6, D^8, E^6, F-G^8, I^8, K-N^6, O^8, P^6, Q^8, R-S^6, T^8, V-X^6, Y^8, Z^6, Aa-Cc^6; niet gepag.
- ArFV/2 (herk.: Ad usum fratris Gerlaci Wanderlee sacerdotis ac canonici averbodiensis 1750)

AUGUSTINUS, Aurelius   A225
... Aurelii Augustini ... Quæstiones in vetus novumque Testamentum ... Tomi quarti [omnium operum] pars prima (-secunda)
Lugduni, apud Sebastianum Honoratum, 1561
8°: *-2*^{8}, 3*^{4}, a-z^8, A-2N^8, 2O^6(-2O^6); [35], [5bl], 954 p. + †^{4}, A-3K^8(-3K^8); [7], [1bl], 853, [38] p.
- XII/14-15 (herk.: F. M. B. = M. Bosmans, Park)

AUGUSTINUS, Aurelius   A226
Regle de nostre pere Saint Augustin
A Paris, chez Gilles Blaizot, 1640
8°: A-C^8; 45, [3] p.
- PrJVII/2/1

AUGUSTINUS, Aurelius   A227
Regula beati ac magni P. Augustini episcopi Hipponensis. Cui accessere: *Ordinationes ac statuta* per ... Carolum Boisot ... facta ... & à ... Antonio de Hennyn ... approbata
Coloniæ, typis Thomæ Calcek, 1628
8°:)(-2)(^{4}, 3)(^{2}, A-B^8, C-2G^4; [20], 238, [14] p.
- PrJVI/6 (herk.: Bibliotheca Eeckhotana)

AUGUSTINUS, Aurelius e.a.   A228
Sanctorum Patrum regulæ monasticæ, videlicet, sancti Augustini, Benedicti, Francisci, Basilii. Quibus addita est D. Hieronymi *Epistola ad Nepotianum, de vita clericorum & sacerdotum*. Accessit præterea Ioannis Tritemij ... *Liber exhortationum ad Monachos*
Lovanii, apud Rutgerum Velpium, 1574
Coll.: Rufinus (p.72)
12°: 3*^{12}, A-R^{12}; 216 f.
- PrJVI/8 & ArDI/27 (herk.: Petrus van Snick; Colleg. Societatis Jesu Tournais[?])

AUGUSTINUS, Aurelius   A229
Sanctus Augustinus per seipsum docens catholicos, et vincens pelagianos. Editio secunda
Parisiis, excudebat Antonius Vitré, 1644
12°: *^{6}, A-Q^{12}, R^6; [12], 392, [4] p.
- ArCII/19

AUGUSTINUS, Aurelius   A230
*... Aurelii Augustini ... Sermones. Quorum seriem & numerum sic habeto: De verbis Domini. De verbis Apostoli. Homiliæ L. Homiliæ de tempore. Homiliæ de Sanctis. Ad fratres in eremo ... Tomus decimus [operum omnium]
2: Homiliæ de tempore*
Lugduni, apud Sebastianum Honoratum, 1571
8°: A-E^8, F^2, a-z^8, A-Y^8, Z^2; [84], 723 p. + a-z^8, A-2D^8, [45] p.
- XII/24-25 (herk.: F. M. B. [= M. Bosmans, Park])

AUGUSTINUS, Aurelius   A231
... Aurelii Augustini ... Sermonum pars una ... una cum Indiculo Possidii ... Opera & studio Ioannis Vlimmerij ...
Lovanii, apud Hieronymum Wellæum, 1564
In fine: Lovanii, typis Stephani Valerii
4°: *^{4}, a-e^4, χ^2, f-m^4, A^2, B-C^8, D-3R^4(-3R^4); [56], 254 f.; gegrav. titelp.
- EI/12

AUGUSTINUS, Aurelius   A232
Les soliloques, le manuel et les meditations de Saint Augustin. Traduction nouvelle. Nouvelle édition
Paris, chez Belin-Mandar, 1823
[4], 6, 538 p.
- PrHI/21 (herk.: Ex libris de Potter de Zinzerling; Quirin. G. Nols [Park])

AUGUSTINUS, Aurelius   A233
S. Augustijns Vierighe meditatien oft aendachten. Ende die alleenspraken der sielen tot God. Ende dat hantboecxken vand'aenschouwingen Christi. Noch s. Bernardus devote aendachten. Ende een boexcken van s. Ancelmus, ghenaemt Die Strale der Godlijcker liefden ... Nu alle nyeu overgheset door Anthonium van Hemert ...
Gheprent Thantwerpen, by mi Symon Cock, (1551)
In fine: Gheprent Thantwerpen ... int iaer ons Heeren MCCCCC ende LI ...
8°: A-H^8, I^4, K-T^8, V^4, A-F^8, G^4; 47[=66], [85], 52 f.: ill;. hsn
- ArDII/11

AUGUSTINUS, Aurelius   A234
S. Augustinus Vierighe meditatien ofte aendachten, ende De alleen-spraken der Zielen tot Godt. Eende oock dat Handtboecxken van der aenschouwinghe Christi. Item noch Sinte Bernardus devote Aendachten. Ende een boecxken van S. Anselmus, ghenaemt de Straele der goddelijcker liefden ... Van nieuws verbetert na 't Latijnsch exemplaar [vert.: Antonius Van Hemert; ed.: Daniel Bredan]
T'Antwerpen, by Gaspar van Gaesbeeck, 1694
12°: A-V^{12}, X^{10}; [4], 487, [10] p.; grav. op titelp.
- ArDI/18

AULÆUS, Christophorus   A235
Præcepta pietatis et morum, distichis elegiacis conscripta. Autore Christophoro Aulæo ...
Franc., apud Chr. Egenolphum, (1551?)
In fine: MDLI
8°: A-C^8; [24] f.
- AV/6/2

AURIOL, Pierre d', O.F.M.   A236
Breviarium Bibliorum sive Compendium sensus literalis totius S. Scripturæ. Auctore ... Petro Aureolo ... Editio quarta
Lovanij, typis Petri vander Heijden, 1647
8°: π^1, §-2§^{8}, 3§^{2}; A-2E^8; [38], 414, [30] p.; gegrav. titelp.
- AVI/10

AUTOMNE, Bernard   A237
Commentaire sur les coustumes generalles de la ville de Bourdeaus, et pays bourdelois. Par ... Bernard Automne ...
A Bourdeaus, par Iacques Millanges & Claude Mongiroud, 1624
4°: A^4, B^2, A-4R^4, 4S^2; [12], 666, [28] p.
- VI/2 (herk.: J. B. Desomme)

AVANCINUS, Nicolaus, S.J.   A238
Poesis dramatica Nicolai Avancini ...
Coloniæ Agrippinæ, apud Joann. Wilhelmum Friessem, juniorem, 1675-1686
12°: 5 dln; bijk. gegrav. titelp. in 4

- ArJII/6-7 (dln 2 & 4)

AVEROULT, Antoine d' A239
Flores exemplorum, sive catechismus historialis. Auctore … Antonio Davroultio …
Duaci, ex officina Ioannis Bogardi, 1616
8°: 4 dln
- JIII/1-4 (herk.: F. Adrianus Bullenstratius. In parcho dominorum. A° 1630)

AVRILLON, Jean Baptiste Elie A240
Conduite pour passer saintement le carême … Par … Avrillon … Nouvelle édition.
A Paris, chez Belin, An XI - 1803
541 p.
- ArEIV/17

AVRILLON, Jean Baptiste Elie A241
Conduite pour passer saintement le temps de l'avent. Par … Avrillon …
A Paris, chez la veuve Pierres. Du fonds de la veuve Le Mercier, 1759
12°: a⁶, A-3B⁸⁻⁴, 3C⁶; XII, 577, [11] p.
- ArDII/22

AVRILLON, Jean Baptiste Elie A242
Méditations et sentimens sur la s^{te} communion … Par … Avrillon …
A Paris, chez la veuve Pierres. Du fonds de la veuve Le Mercier, 1761
12°: A-2G¹²; X, 710 p.
- ArDII/24

AVRILLON, Jean Baptiste Elie A243
Pensées sur differens sujets de morale. Par … Avrillon …
A Paris, chez D. A. Pierres, 1741
12°: a¹², e⁴, A-2D¹², 2E⁸; XXVI, [6], 664 p.; gegrav. front. met portret van de aut.
-ArDII/21 (herk.: Jan Pharasijn à Gand; Aimé Marie Van Hoecke Prieur de l'Abbaye du Parc)

AVRILLON, Jean Baptiste Elie A244
Réflexions théologiques, morales et affectives sur les attributs de Dieu … Par … Avrillon … Nouvelle édition
A Paris, chez la veuve Pierres. Du fonds de la veuve Le Mercier, 1754
12°: π², A-3H⁸⁻⁴, 3I⁴; [4], 648, [4] p.
- ArDII/23

AVRILLON, Jean Baptiste Elie A245
Retraite de dix jours, pour les personnes consacrées à Dieu … Par … Avrillon …
A Paris, chez la veuve de Denis-Antoine Pierre, 1753
12°: A-2D¹²; [46], 602, [2] p.
- ArDII/20

AXER, Joannes, O.Præm. & CRANENBACH, Hieronymus, O.Præm. A246
Disputatio theologica de statu religioso … Præside … Petro Pistorio … lectore Steinfeldensi defendent Coloniæ in Collegio Præmonst. FF. Ioannes Axer & Hieron. Cranenbach …
[Keulen], typis Petri Hilden, 1659
2°: a², A-F²; [4], 22 p.
- ArKIII/7/33

AYMARD, J. A247
Vertus et bienfaits du clergé de France [J. Aymard]
Lille, Lefort, 1827
8°: 213 p.
- ArDI/33

AZOR, Juan, S.J. A248
Institutionum moralium, in quibus universæ quæstiones ad conscientiam recte, aut prave factorum pertinentes, breviter tractantur pars prima (-tertia). Auctore Io. Azorio Lorcitano …
1: Brixiæ, apud Io. Baptistam Bozzolam; 2: Cremonæ, apud Bozzolam, 1622
In fine in 3: Brixiæ, MDCXX apud Io. Baptistam Bozzolam
2°: 3 dln
- JVI/18-20

AZPILCUETA, Martinus A249
Compendium manualis [Martini Azpilcuetæ] *Navarri, ad commodiorem usum, tum confessariorum, tum pœnitentium confectum.* Auctore Petro Givvara [= Petrus Alagona] …
Antverpiæ, apud Petrum Bellerum, 1591
In fine: typis Danielis Vervliet
12°: A-O¹², P⁶; 336 [=306], [38] p.
- ArCI/12 (laatste katern verkeerd ingebonden; herk.: Bibliotheca Soc. Jesu Lovanii; Ex libris H. Guillelmi Coupienne 1771)

BABENSTUBER, Ludwig, O.S.B.   B1
Ethica supernaturalis Salisburgensis, sive cursus theologiæ moralis … Authore … Ludovico Babenstuber …
Augustæ vindelicorum, sumptibus Georgii Schlüter, & Martin Happach, 1718
2°:)(-2)(4, A-6F4; [16], 930, [38] p.
- JVIII/9

BABENSTUBER, Ludwig, O.S.B.   B2
Philosophia thomistica Salisburgensis, sive cursus philosophicus secundum doctrinam … Thomæ Aquinatis … Authore … Ludovico Babenstuber … Editio secunda
Augustæ vindelicorum, sumptibus Georgii Schlüter & Martini Happach, 1724
2°: π3, a-b2, A-2D4(-2D4), A-2P4, A-Y4, A-F4, G2; [14], 214, 304, 176, 51 p.
- XIX/11 (herk.: Comparavit P. Magnus Waaser … 1749)

BACCI, Jacobus   B3
Heilige ende schoone onderwysingen getrocken uyt het leven van den H. Philippus Nerius … (Jacobus Bacci)
Tot Brussel, by Lambert Marchant, (1675?)
Vert.: Joannes Vernimmen
12°: A-D12; 93, [3] p.
- ArCI/14/1 (herk.: Jacoba van Mierloo 1692; Anna van den Putte; Constantia de Caumon religeuse tot Gempt 1677)

BACHERIUS, Petrus   B4
Tabula sacrorum carminum, piarumque precum enchiridion tribus libellus comprehensum quorum I habet Cathemerina II Litanias et Hymnos III Solennia et Festa. Omnia … decerpta … per … Petrum Bacherium …
Duaci, ex officina Ioannis Bogardi, 1579
8°: *8, 2*4, A-T8(-T8); [12], 149, [2] f.
- DI/19 (herk.: Bibliotheca Parchensis 1645; Zeebots … parchensis; Auctor ipse donabat [?])

BACKX, Rumoldus   B5
CXXV sermoonen van … Rumoldus Backx … op de thien geboden …
t'Antwerpen, by Petrus Jouret, 1711
12°: 3 dln; portret van de aut. in 1
- YI/9-11 (herk.: Ad usum Fris Joannis Humblé [in 1; Park]; Bosmans pastor in Werchter 1774 [Park]; Godef. Vanderveken rel. et canon. Parchensis [in 3])

BACKX, Rumoldus   B6
CXXV sermoonen van … Rumoldus Backx … op de thien geboden …
'T Antwerpen, by de weduwe van Petrus Jouret, (1743?)
12°: 3 dln; portret van de aut. in 1
- YI/12-14

BACKX, Rumoldus   B7
Sermoonen van … Rumoldus Backx … op de feest-daghen oft heyligh-daghen …
t'Antwerpen, by Petrus Jouret, 1710
12°: π2, *6, A-3L6, 3M2; [16], 674, [14] p. + π1, A-3L6, 3M4; [2], 675, [17] p.; gegrav. front in 1 (portret van de aut.)
YI/20-21 (herk. in 1: Ad usum F. Matthei Dirix religiosi Parchensis)

BACKX, Rumoldus   B8
Sermoonen van … Rumoldus Backx … op ieder sondagh van het geheele jaer …
t'Antwerpen, by Petrus Jouret, 1709
12°: *4, A-3Y4; [8], 796, [20] p.
- YI/15 (herk.: Augustinus Bosmans Pastor Werchter 1774 [Park]; Ad usum F. Georgii van Oijenbrugghen Rel. Parch.)

BACKX, Rumoldus   B9
Sermoonen van … Rumoldus Backx … op ieder sondagh … Tweeden druck
t'Antwerpen, by Petrus Jouret, 1709
12°: *4, A-3Y4; [8], 796, [20] p.; portret van de aut. in front.
- YI/16 (herk.: Ex libris Passionistarum recessus S. Antonii Patavini; P.j. Warein [?] 1732)

BACKX, Rumoldus   B10
Sermoonen van … Rumoldus Backx … over de bekeeringh van den sondaer
t'Antwerpen, by Petrus Jouret, 1713
12°: 4 dln; portret van de aut. in front. in 1
- YI/1-4 (herk.: Ad usum f. Matthei Dirix, religiosi parchensis)

BACKX, Rumoldus   B11
Sermoonen … Rumoldus Backx … over de bekeeringh van den sondaer
'T Antwerpen, by de weduwe van Petrus Jouret, [1743?]
12°: 4 dln; portret van de aut. in 1
- YI/5-8 (dl 2 ontbr.)

BACKX, Rumoldus   B12
Vervolgh der sermoonen van … Rumoldus Backx … op de sondaeghen van het jaer …
t'Antwerpen, by Petrus Jouret, 1712
12°: 3 dln; portret van de aut. in 1
- YI/17-19 (herk.: Ad usum F. Georgij Van Oijenbrugghen, pastoris in Winghe 1712 [Park]; in 1: Ex libris Fris J. Plasmans [Park]; in 2: Georgij van Oijenbrugghen [Park]; in 3: Fris Godef. vander Veken Relig. Parch.; Verhaghen [Park])

BACKX, Rumoldus   B13
XXII Meditatien op het lyden van onsen salighmaecker Jesus Christus. Gepredickt in … 1693 en 1697. Door … Rumoldus Backx …
t'Antwerpen, by Petrus Jouret, 1716]
12°: π4, A-Z12, 2A2(-2A2); [8], 533, [20] p.; gegrav. front.

- YI/22

BACKX, Rumoldus B14
XXII Meditatien op het lyden van onsen salighmaecker Jesus Christus. Gepredickt in … 1693 en 1697 door … Rumoldus Backx …
'T Antwerpen, by de weduwe van Petrus Jouret, (1743?)
12°: π^4, A-Z^{12}, 2A^2(-2A^2); [8], 533, [20] p.; gegrav. front.
- YI/23

BAGLIVI, Giorgio B15
Georgii Baglivi … Opera omnia medico-practica, et anatomica. Accesserunt … Joannis Dominici Santorini *Opuscula IV*
Bassani, s.n., 1737
4°: π^2, A-4L^4, 4M^2; [4], 635, [9] p.
- WVII/18

BAILLET, Adrien B16
De godts-dienstigheyt der heylige Belyders en Belydsters, soo geestelijke als werelijke, die buyten de eenigheyt geleeft hebben …. [A. Baillet]. In ses deeltiens voor alle de dagen van het Iaer
T'Antwerpen, by Joannes Van Soest, 1715
Vert.: Bernardus Maes
8°: 6 dln
- XV/9-14 (herk.: J. J. van Vandenbevel, past. in Sterrebeke)

BAILLET, Adrien B17
De kloeckmoedigheyt der heylige martelaren en martelaerssen … Verdeylt in dry deeltjens, voor alle de dagen van het Iaer [A. Baillet]
T'Antwerpen, by Joannes Van Soest, 1708
Nota: datum van privilege: 14 januari 1709
Vert.: [Bernardus Maes]
12°: 3 dln
- ArDIII/16-17 (dln 1 & 2)

BAILLET, Adrien B18
De kloeckmoedigheyt der heylige martelaren en martelarerssen … [A. Baillet]. In vier deeltjens voor alle dagen van het jaer
T'Antwerpen, by Joannes Van Soest, 1708
Nota: datum van privilege: 14 januari 1709
Vert.: [Bernardus Maes]
12°: 4 dln
- XV/5-8 (herk.: Ex bibliotheca Petri Ludovici Danes Casletani … Iprensis [ex libris])

BAILLET, Adrien B19
De penitentie der heylige moniken, eremyten, en andere die in de Eenigheyt geleeft hebben … [A. Baillet]. Verdeylt in vier deeltjens voor alle de dagen van het iaer
T'Antwerpen, by Joannes Van Soest, 1711
Vert.: [Bernardus Maes]
8°: 4 dln
- XV/1-4 (herk.: P. J. van den Bon 1765)

BAILLET, Adrien B20
Les Vies des Saints. Composées sur ce qui nous est resté de plus authentique … dans leur histoire (ed.: A. Baillet)
4: *Les vies des saints et l'histoire des festes de l'année …*
A Paris, 1-3: chez Jean de Nully, 1701; 4: chez Louis Roulland, 1703
2°: 4 dln
- ArCVI/7-10

BAILLY, Louis B21
Theologia dogmatica et moralis ad usum seminariorum. Auctore Ludovico Bailly
Divione, apud L. N. Frantin, 1789
8°: 8 dln
- ArHVII/7 (dl 6)

BAILLY, Louis B22
Tractatus de vera religione, ad usum seminariorum et sacræ theologiæ alumnorum. Altera editio auctior … ap ipso autore (Louis Bailly)
Lovanii, e typographia J. P. G. Michel, 1775
8°: π^4, A^4, B-2B^8; VIII, 386, [5] p. + A-2A^8; [2], 373, [8] p.
- FI/28-29

BAIUS, Michael B23
Michaelis Baii … ad quæstiones Philippi Marnixij Sanct-Aldegondi, de Ecclesia Christi & sacramento altaris, responsio
Lovanii, apud Petrum Zangrium Tiletanum, 1579
In fine: Lovanii, ex officina typographica Ioannis Masij … 1579
8°: a-f^8; 90, [2] p.
- LII/26/4

BALBINUS, Bohuslaus, S.J. B24
Epitome historica rerum Bohemicarum quam … Boleslaviensem historiam placuit appellare. Authore Bohuslao Balbino … *Adjecti sunt libri duo (VI & VII) de antiquissimo Boleslaviensis Ecclesiæ Collegio; déque Origine & Miraculis Magnæ Dei Matris, quæ ibidem … colitur*
Pragæ, typis Universitatis Carolo-Ferdinandeæ … per Joannem Nicolaum Hampel factorem, 1677
2°: π^1, a-b^4, A-4K^4, a-c^4, (a6?), A-Z^4, A^2; [18], 631, [37], 118, [4] p. + uitsl. krt & grav.; bijk. gegrav. titelp.
- TVII/16 (herk.: Wenceslas Czenoenka, decanus Giczinensis aan Ludovicus a Cirian)

BALDI, Mattia, O.Cap. B25
Giardino fiorito di Maria. Opera di … Mattia Baldi …
In Venetia, presso Gio. Francesco Valuasense, 1678
4°: π^2, b^{10}, A^4, B-2K^8; [26], 528 p. + A-2O^8; 597 [=591], [1] p.
- ArDVII/14-15

BALDUS de UBALDIS e.a. B26
Tractatus exquisitissimi
De questionibus et tormentis secundum Baldum; *De carceribus* (per … Baldum); *De exemptionibus* (per Baldum); *De testibus* secundum Bartholum (de Saxoferrato) …; *De discrepantiis legum et canonum* (per Bartholum); *De permutationibus beneficiorum; De sponsalibus & matrimoniis* secundum Johannem Andree …; *De privilegiis et immunitatibus clericorum* (per … Johannem Andrem); *De prescriptionibus* (per Dynum de Mugillo); *Declaratio arboris consan. & affi. sec. Joh. an.* (Johannem Andrem); *De pluralitate beneficiorum* (per Johannem de Ligniano …); *Decisio ac responsio cuiusdam questionis quolibetice* (per Guilielmum Bont); *De usuris per eumdem; De retractu materia quotidiana casus in quibus a jure mors alicui imponitur*
(Paris, Jean Barbier, 1508)
In fine: Explicit … opera diversorum doctorum … impensis Johannis Barbier calcographe et bibliopole alme universitatis Parrhisiensis … impressa. Anno … Millesimo quingentesimo octavo, tercio idus octobris
16°: a-q^8; [1], 127 f.
- ArDI/25 (herk.: Petrus Regnard)

BALIN, Jean B27

B

De bello Belgico, auspiciis ... Ambrosii Spinolæ ... Et ... Archiducis Alberti ab Austria ... Auctore Ioan. Balino ...
In fine: Joannis Balini, *Poema elegiacum de pace belgica. Ianus bifrons belgicus*
Bruxellæ, ex officina Rutgeri Velpii, 1609
8°: *-2⁸, A⁴(-A⁴), A-M⁸; [42], 174, [12] p.
- ArII/12

BALLET, François   B28
Traité de la dévotion à la Sainte Vierge, Mere de Dieu ... divisé en trois parties. Par M. Ballet ...
A Paris, chez Prault pere et J. B. Garnier, 1750
12°: a⁸, b⁴, A-2T⁸⁻⁴, 2V⁴, 2X²; [24], 512, [3] p.
- ArCIV/1

BALUZE, Etienne   B29
Capitularia regum Francorum. Stephanus Baluzius ... collegit ... nunc primum edidit. Additæ sunt Marculfi monachi et aliorum formulæ veteres ... Quibus accessit *Tractatus de Missis Dominicis* Francisci de Roye ...
Venetiis, excudebat Antonius Zatta juxta exemplar Francisci Muguet ..., 1772-1773
Coll.: Johann W. Neuhaus
2°: a-k⁴, A-3Y⁴, 3Z⁶; CXLVIII kol., [42] p., 838 kol. + 2*⁶, A-4A⁴; XXIV, [4], 1126 kol.
- MIX/8-9

BALUZE, Etienne   B30
Stephani Baluzii ... *Miscellanea*. Novo ordine digesta ... opera ac studio Joannis Dominici Mansi ...
Lucæ, apud Vincentium Junctinium, 1761-1764
2°: 4 dln
- GVII/5-8

BALUZE, Etienne   B31
Vitæ paparum Avenionensium, hoc est, historia pontificum romanorum qui in Gallia sederunt ab anno Christi MCCCV usque ad annum MCCCXCIV. Stephanus Baluzius ... magnam partem nunc primum edidit ...
Parisiis, apud Franciscum Muguet, 1693
4°: á⁴, é⁴, í⁴, A-5A⁴, 5B-5H²(-5H²); [24] p., 1478 kol., [30] p. + A-4I⁴; 1230 kol., [11] p.
- PVI/3-4

BANDINUS   B32
Bandini ... *Sententiarum libri quatuor* (ed.: Johannes Eckius)
Lovanii, apud Petrum Colonæum, (1555?)
In fine: ex officina Stephani Valerij sumptibus et impensis Petri Colonæi
Coll.: Benedictus Chelidonius
8°: A-2D⁸; [16], 412, [1] p.
- FI/15

BANDURI, Anselmo, O.S.B.   B33
Numismata imperatorum Romanorum a Trajano Decio ad Palæologos Augustos. Accessit Bibliotheca Nummaria, sive auctorum qui de re nummaria scripserunt. Opera & studio ... Anselmi Banduri ...
Lutetiæ parisiorum, sumptibus Montalant, 1718
2°: π², *-3*², (1)-(9)², §⁴(-§⁴), a-f⁴, g-2c², A-3Y⁴, 3Z-4K², 4L-4S⁴ + ?: ill.
- WVIII/8 (dl 1; herk.: Bibliotheca Parchensis 1753 - G theca XII)

BARBIÉ du BOCAGE, Jean Denis   B34
Recueil de cartes géographiques, plans, vues, médailles de l'ancienne Grèce relatifs au Voyage du jeune Anacharsis, précédé d'une analyse critique des cartes (Jean Denis Barbié du Bocage)
Paris, Garnery, 1819
8°: XIX p., IV + 27 uitsl. krtn/pltn
- ArKIII/7/32 (titelp. & p. I-VIII ontbr.)

BARBOSA, Augustinus   B35
Augustini Barbosæ ... *Collectanea doctorum, qui in suis operibus concilii Tridentini loca referentes, illorum materiam incidenter tractarunt* ... Hac ultima editione ab ipso auctore ... aucta
Lugduni, sumpt. Phil. Borde, Laur. Arnaud & Cl. Rigaud, 1657
2°: á⁴, é⁶, í⁴, A-4A⁶; [28], 492, [64] p.
- LVII/16

BARBOSA, Augustinus   B36
Augustini Barbosæ ... *Pastoralis solicitudinis, sive De oficio et potestate episcopi tripartita descriptio.* Nunc ultimum ab ipso auctore recognita ...
Lugduni, sumpt. Philippi Borde, Laur. Arnaud, & Cl. Rigaud, 1656
2°: á⁴, 2*-3*⁶, A-O⁶, P⁴, 2A-3K⁶, 3L-3M⁴; [32], 478, [109] p.
- EVII/18 (herk.: Ed. de Bruyn, Coll. Belgicum, Roma; ex libris Cardlis Casini)

BARCIA y ZAMBRANA, José de   B37
Christ-eyfriger Seelen-Wecker, oder lehrreiche Predigen, über absonderliche Stellen der H. Schrifft ... Verfasset von ... Josepho de Barzia und Zambrana ... Der vierte Druck
3: *Christ-eyfrigen Seelen-Weckers Mariale* ...
4: *Christ-eyfrigen Seelen-Weckers Sanctorale* ...
Augspurg und Dillingen, in Verlag Johann Caspar Bencards seel. Wittib und Consorten, 1718-1737
Vert.: 4: Marcus Fridl
2°: 4 dln; bijk. gegrav. titelp. in 1, 3 & 4
- KVIII/7-10 (herk .in 3 & 4: Pro conventu Suazensi Frum Min. Reform.)

BARCIA y ZAMBRANA, José de   B38
Christianus animarum excitator ... Compositus ... a Josepho de Barzia & Zambrana ... Opus ... Latinitate donatum opera & studio ... Josephi Ignatii Claus ...
2: Opera, & studio Francisci Salesii Gailler ...
Augustæ Vindelicorum, & Dilingæ, typis, & sumpt. Joannis Caspari Bencard, p. m. viduæ, & consortum, 1744
2°: π⁶, (a)-(b)⁴, (A)-(F)⁴, A-4G⁴, 4H²; [28], 48, 612 p.+ (a)-(d)⁴, (e)²[-(e)²], A-4L⁴; [34], 538, [99] p.; bijk. gegrav. titelp. in 1
-KVIII/11-12 (herk.: Fr. Amandus Aerts past. in Westerlo 1748; Dono accepi a RD Thijs pastor in Wijneghem Fr. S. Dewilde)

BARCIA y ZAMBRANA, José de   B39
Christianus animarum excitator ... A ... Josepho de Barzia & Zambrana ... Opus ... Latinitate donatum opera ... Josephi Ignatii Claus ...
2: Opera, & studio Francisci Salesii Gailler
Augustæ Vindel. et Œniponti, sumptibus Josephi Wolff, 1765
2°: a⁴, b-d², (A)-(F)⁴, A-4G⁴, 4H²; XX, 47, [1], 612 p. + (a)-(c)², A-3X⁴, 3Y-4X²; [10], 536, [92] p.
- PrBVI/8

BARCLAY, John   B40
Euphormionis Lusinini sive Jo. Barclaii Satyricon. Nunc primum in sex partes dispertitum & notis illustratum, cum clavi. Accessit *Conspiratio anglicana*
Lugd. Batavorum, ex officina Hackiana, 1674
8°: *⁸, 2*⁴, A-2Y⁸; [24], 720 p.; bijk. gegrav. titelp.
- VV/4

BARLANDUS, Hadrianus Cornelius   B41
Historica Hadriani Barlandi ... Nunc primum collecta, simulque edita
Coloniæ, sumptibus Bernardi Gualtheri, 1603
8°: *⁸, A-2D⁸; [16], 434 p.
- ArJII/3 (pp. 397-398 ontbr.)

BARONIUS, Cæsar   B42
Annales ecclesiastici. Auctore Cæsare Baronio ...
Antverpiæ, 1: ex officina Christophori Plantini, 1589; 2-10 & 12: ex officina Plantiniana, 1591-1609; 11: Moguntiæ, sumptibus Ioannis Gymnici, & Antonii Hierati Coloniens., (1606)
In fine: 2-6: apud viduam, et Ioannem Moretum; 7-10 & 12: apud Ioannem Moretum; 11: Moguntiæ, typis Ioannis Albini, Anno MDCV(I)
2°: 12 dln; gegrav. titelp. in elk dl
Nota: dl 11 is een andere uitgave (*Editio postrema ...*), de titelp. is met de hand bijgewerkt (tomus XI, 1606). De eerste pagina's zijn beschadigd
- NVI/1-12 (herk.: supralibros van Edmund Huyn van Amstenraedt op elk dl, voor & achterplat)

BARONIUS, Cæsar   B43
Annales ecclesiastici. Auctore Cæsare Baronio ... Tomus primus. Novissima editio
Antverpiæ, ex officina Plantiniana, 1610
In fine: Antverpiæ, ex officina Plantiniana, apud Ioannem Moretum, MDCX
Coll.: Marcus Fugger, Stanislas Carncovius, Lævinus Torrentius, Sixtus V, Michele Angelo Buccio *(Oratio funebris)*
2°: *⁶, 2*-3*⁸, A-3Z⁶; [44], 747, [85] p.; gegrav. titelp.
- PrGV/2 (herk.: Petrus van Meurs 1754 [Park, prijsboek]; supralibros: wapen van Brussel; Verhaghen [Park; in fine])

BARONIUS, Cæsar   B44
Annales ecclesiastici. Auctore Cæsare Baronio ... Una cum critica historico-chronologica ... Antonii Pagii ...
Lucæ, typis Leonardi Venturini, 1738-1746
2°: 19 dln
- NVII/2-20

BARONIUS, Cæsar   B45
Annalium ecclesiasticorum Cæsaris Baronii ... cum critice subjecta ... Antonii Pagi, Continuatione Odorici Raynaldi, Notisque Dominici Georgii & ... Joannis Dominici Mansi ... In Pagium & Raynaldum Apparatus ...
Lucæ, typis Leonardi Venturini, 1740
Coll.: Henricus Spondanus (p. I-VI)
2°: a-b⁶, c⁴, †-7†⁴, A-3Q⁴; [10], 21, [1 bl], LV, [1 bl], 494 p.; uitsl. plt
- NVII/1

BARONIUS, Cæsar & SPONDANUS, Henricus   B46
Generale kerckelycke historie Van de gheboorte onses H. Iesu Christi tot het Iaer MDCXXIV. Ghemaeckt door ... Cæsar Baronius ende ... Henricus Spondanus ... Oversien ... ende noch vermeerdert met eene ... Kerkelycke Historie van Neder-Landt ... alles door Heribertus Ros-Weydus
T'Antwerpen, by Ian Cnobbaert, 1623
Coll.: Joos Eghels, Joos de Schietere, René de Barnaige, Guillaume vander Gracht
2°: *⁶, a-g⁴, A-3N⁶, 3O⁴, 3P-5V⁶, 5X⁸, A-R⁶, S⁴, €⁶; [68], 1360, 212, [12] p.: ill.; gegrav. titelp. & 2 uitsl. pltn
- XVIII/20-21

BARONIUS, Cæsar   B47
Index universalis rerum omnium, quæ in Baronii, ac Pagii apparatibus, in Baronii Annalibus, Pagii Critica, Annalibus Raynaldi, notisque Georgii, & Mansi continentur, in tres tomos distributus
Lucæ, typis Leonardi Venturini, 1757-1759
2°: 3 dln
- NVIII/15-17

BARONIUS, Cæsar   B48
Martyrologium Romanum ad novam kalendarii rationem et ecclesiasticæ historiæ veritatem restitutum, Gregorii XIII ... iussu editum. Auctore Cæsare Baronio ... Tertia editio
Romæ, ex typographia Vaticana, 1598
In fine: Excudebat Bernardus Basa
2°: *-3*⁶, A-3F⁶, 3G⁸, 3H-3O⁶, 3P⁴; XXXV, [1], 640, [91] p.; gegrav. front.
- YIX/24

BARRADIUS, Sebastianus, S.J.   B49
Sebastiani Barradii ... Commentaria in concordiam et historiam evangelicam
Antverpiæ, sumpt. hæred. Martini Nuti & Ioannis Meursi, 1613
In fine: Antverpiæ, typis Henrici Aertsi, Anno MDCXIII
2°: 4 dln; gegrav. titelp. in 1
- BVIII/16-17 (herk.: Godefridus Schuermans, Tongerlo; Radulfus Bukenbergs)

BARRADIUS, Sebastianus, S.J.   B50
Sebastiani Barradas ... Itinerarium filiorum Israel ex Ægypto in Terra repromissionis. Prodit nunc primum
Antverpiæ, apud Gulielmum à Tongris, 1621
2°: á⁶, é⁴, A-2S⁶, 2T⁸; [20] p., 890 kol., [62] p.
- BVII/21

BARRE, Joseph   B51
Histoire générale d'Allemagne. Par ... Barre ...
A Paris, chés Charles J. B. Delespinne, Jean-Thomas Herissant, Claude Thiboust, 1748
4°: 11 dln + uitsl. krtn.; gegrav. front. & portret van Frederik August III in 1; uitsl. krt in 2 & 4
- TVI/3-13

BARRUEL, Augustin, S.J.   B52
Les Helviennes, ou Lettres provinciales philosophiques. Par ... Barruel. Cinquième édition
A Paris, chez Méquignon fils aîné, 1812
12°: 4 dln
- ArIVII/6-7 (dln 1 & 4)

BARRUEL, Augustin, S.J.   B53
Mémoires pour servir à l'histoire du Jacobinisme. Par ... Barruel
A Hambourg, chez P. Fauche, 1798-1799
8°: 5 dln
- UI/36-40 (herk.: F. A. Consgen[?])

BARTETSCHKO, Andreas   B54
Sanctum sæculare Marianum, sive sanctæ Dei Genitricis Virginis Mariæ icon sacra ... Necnon XIII abbatum Gradicensium elogia ... Quidam devotus cliens [A. Bartetschko] typis edidit ...
Typis Olomucensibus, per Franciscum Antonium Hirnle factorem, 1732
2°: π¹,)(-2)(², A-2O²; [82] f.
- NV/11/2

BARTHÉLEMY, Jean-Jacques   B55
Voyage du jeune Anacharchis en Grèce, vers le milieu du quatrième siècle avant l'ère vulgaire. Par J. J. Barthélemy

B

Paris, H. Nicolle, 1815
7 dln
- UII/16-22

BARTHELEMY, Jean-Jacques — B56
Voyage du jeune Anacharsis en Grèce. Par … Barthélémy. Nouvelle édition. Ornée d'un portrait de l'auteur, de six belles figures dessinées par Colin … et accompagnée d'un atlas in-4° oblong [par Ambroise Tardieu]
A Paris, chez Etienne Ledoux, 1822
8°: 6 dln; gegrav. front. in elk dl
- MII/31-36 (atlas ontbr.; front. in 5 ontbr.)

BARTHÉLEMY, Jean-Jacques — B57
Voyage du jeune Anacharsis en Grèce … Par J.-J. Barthélémy
A Paris, chez Rolland, 1830
7 dln
- ArJVII/4-8 (dln 1 & 2 ontbr.)

BARTHIUS, Caspar — B58
Casp. BarthI *Adversariorum commentariorum Libri LX* …
Francofurti, sumptibus Iohannes Pressii, 1648
2°: π^3, b-f⁶, A-6K⁶, 6L⁸; [66] p., 3031 kol., [47] p.; bijk. gegrav. titelp. + portret van de aut. in front.
- CV/3

BARTHOLINUS, Casparus — B59
Logicæ peripateticæ præcepta … Olim collecta à Casp. Bartholino …
Argentorati, apud Paulum Ledertz, 1629
12°: A-E¹²(-E⁷); niet gepag.
- ArJI/20 (tussengeschoten ex. met notities)

BARTOLI, Daniello, S.J. — B60
La vie du révérend père Vincent Carafe septième général de la Compagnie de Jésus. Avec l'abbregé des vertus de … Marie Carafe sa mère. Ecrite en Italien par … Daniel Bartoli & traduite en François par … Thomas le Blanc …
A Liege, de l'imprimerie Jean Mathias Hovius, 1653
8°: a⁸, A-2C⁸, 2D⁶; [16], 428 p.; gegrav. portret van de aut. in front.
- LII/37

BARUFFALDI, Girolamo — B61
Ad rituale romanum commentaria. Auctore Hieronymo Baruffaldo … *Editio tertia Veneta. Una cum … Clementis XIII constitutione, de facultate benedicendi populo …*
Venetiis, ex typographia Balleoniana, 1792
4°: a⁴, A⁴, B-2I⁸, 2K-2Q⁴; VIII, 560 p.
- DII/1

BASILIUS DE GROTE — B62
… Βασιλειου ⊃.Τα ευρισκομενα παντα - Basilii … *Opera omnia* … Opera & studio … Juliani Garnier …
3: Opera & studio monachorum ordinis Sancti Benedicti [ed.: Prudent Maran]
1, p. 735: *Præcipuæ antiquarum editionum præfationes*
Parisiis, typis & sumptibus Joannis Baptistæ Coignard, 1721-1730
Coll.: Fronton du Duc (1, p.677), Frederik Morel (1, p.727), Desiderius Erasmus, Vincentius Obsopœus, Judocus Badius, Janus Cornarius
2°: 3 dln; gegrav. front. in 1
- EVIII/11-13

BASNAGE de BEAUVAL, Jacques — B63
L'histoire et la religion des juifs, depuis Jesus-Christ jusqu'à présent. Pour servir de suplément et de continuation à l'Histoire de Joseph. Par … Basnage
A Rotterdam, chez Reinier Leers, 1706-1707
12°: 5 dln
- YIII/24-28

BAST, Martin-Jean de — B64
L'institution des communes dans la Belgique, pendant les douzième et treizième siècles, suivie d'un traité sur l'existence chimérique de nos Forestiers de Flandre. Par M.-J. De Bast …
Gand, J.-N. Houdin, 1819
4°: 160 p.
- WVII/17

BAST, Martin-Jean de — B65
Recueil d'antiquités romaines et gauloises, trouvées dans la Flandre proprement dite …, avec désignation des lieux ou elles ont été découvertes. Par M. J. De Bast. Nouvelle édition
A Gand, chez A. B. Stéven, 1808
4°: LXXX, 590 p.: ill.
- WVII/16

BAST, Martin-Jean de — B66
Premier supplément au recueil d'antiquités romaines et gauloises. Par M. J. De Bast … en réponse à l'ouvrage intitulé *La Topographie de l'ancienne ville de Gand*, par … Charles-Louis Diericx …
A Gand, chez A. B. Stéven, 1809
4°: 246 p.
- WVII/17/1

BAST, Martin-Jean de — B67
Second supplément au recueil d'antiquités romaines et gauloises, contenant la description de l'ancienne ville de Bavai et de Famars … Par M. J. De Bast
A Gand, chez la veuve A. B. Stéven, 1813
4°: 250 p. + ill.
- WVII/17/2

BAUBEL, Herman, O.Cist. — B68
Selectarum quæstionum theologicarum collecta, ad 3tiæ partis summæ supplementum ejusque Qu. II … Thomæ Aquinatis. De sigillo confessionis sacramentalis. Quam … præside … Thadæo, Francisco Schwaiger … defendendas suscepit … Hermannus Baubel … Anno MDCCXXXVI …
Vetero-Pragæ, apud Matthiam Höger, 1736
8°:)(⁴, 2)(², A-2K⁸; [12], 516, [11] p.
- PrGII/6

BAUDRAIS, Jean & LEPRINCE, Nicolas-Thomas — B69
Petite bibliothèque des théâtres. Contenant un recueil des meilleures pièces du théatre françois … depuis l'origine … jusqu'à nos jours [ed.: Nicolas-Thomas Leprince, Jean Baudrais]
A Paris, chez Bélin (& chez) Brunet, 1783-1788
18°: 75 dln
Bezit: 9 dln (Jean Racine, *Mithridate, Iphigénie, Phèdre, La Thébaïde, Alexandre le Grand, Andromaque, Britannicus, Bérénice, Bajazet*; Pierre Corneille, *Pompée, Rodogune, Héraclius, Nicomede, Sertorius, Othon*; Jean de Rotrou, *Venceslas*; François Tristan l'Hermite, *Mariamne*; Antoine de La Fosse, *Polixene, Manlius Capitolinus*; Jean François de la Harpe, *Coriolan*; Antoine Houdar de la Motte, *Inès de Castro*; Jean Sauvé, surnommé de la Noue, *Mahomet second*; Louis-François de la Drevetière de l'Isle, *Arlequin sauvage, Thimon, Le faucon*)
- PrEI/30-38

BAUDRAND, Barthélémi, S.J.   B70
L'âme élevée à Dieu par les réflexions et les sentiments pour chaque jour du mois [B. Baudrand]. Seconde édition
A Liége, chez J. F. Bassompierre, 1785
12°: a⁶, A-S⁸⁻⁴, T⁴; XII, 224 p. + π¹, A-O⁸⁻⁴, P⁶; 179 p.
- ArCV/18

BAULT, Charles   B71
Traité touchant l'origine des dixmes et l'obligation de les payer (C*** B*** = Charles Bault)
A Paris, chez Daniel Horthemels, 1687
12°: á⁴, A-N¹², O²; [8], 315, [1] p.
- PrFII/6

BAUWEN, Cornelius, O.F.M. & HOBUS, Joannes   B72
Theses prolegomenæ in sacram scripturam cum thesibus theologicis de Sacramentis. Quas, præside … Petro Van den Haute … defendent … Cornelius Bauwen, … Joannes Hobus … die 19 Augusti 1766 …
Mechliniæ, apud Joannem Franciscum Vander Elst, (1766)
8°: π⁸; 16 p.
- PrHVI/20/10

BAVIÈRE, G.J. van den   B73
Reflexiones in librum cui tutulus: P. J. Marant … discussio historica … seu vindiciæ assertorum in prælectionibus suis. Auctore G. J. Van den Bavière …
Brugis, apud Josephum de Busscher, (1787?)
8°: A-H⁸, I¹²(-I¹²); 143, [7] p.
- HI/31/2

BAXIUS, Nicasius   B74
… Nicasii Baxii … Orationes sacræ in laudem salvatoris nostri Iesu Christi, B. Mariæ viriginis, et aliquot sanctorum
Antverpiæ, apud Henricum Aertssens, 1638-1640
8°: †⁴, A-2A⁸, 2B⁴; [8], 388, [2] p. + A-2B⁸; 408, [2] p.
- PrEI/15

BAYLE, Pierre   B75
*Continuation des pensées diverses, écrites à un Docteur de Sorbonne, à l'occasion de la Comète qui parut au mois de décembre 1680 ou réponse à plusieurs difficultez que Monsieur*** a proposées à l'auteur* [P. Bayle]
A Rotterdam, chez Reinier Leers, 1705
12°: *¹⁶(-*¹⁶), A-2L¹², 2M¹⁰(-2M¹⁰); [30], 802, [32] p.
- QI/37-38 (herk.: Arnauld de Torcy)

BEAUCHAMP, Alphonse de   B76
Histoire des malheurs et de la captivité de Pie VII sous le règne de Napoléon Buonaparte … Par … Alphonse de Beauchamp …
A Paris, chez F. le Prieur, 1814
391 p.; gegrav. front.
- ArJV/30

BEAUCOURT de NOORTVELDE, Patrice Antoine de   B77
Description historique de l'église collégiale et paroissiale de Notre Dame à Bruges, avec une histoire chronologique de tous les prévots, suivie d'un recueil des épitaphes anciennes & modernes de cette église. Par … Beaucourt de Noortvelde
p. 291: *Description … de l'ancienne abbaie d'Eekhoute …*; p. 325: *… de la premiere fondation du couvent de Sainte Anne, dit les Chartreuses*; p. 335: *… du couvent des Recollets*; p. 339: *… du couvent des Pauvres Claires*; p. 340: *… de l'Hopital de S. Jean*; p. 343: *… de l'Hôpital de la Madelaine*;
Maison Dieu pour les veuves
A Bruges, chez Joseph de Busscher, 1773
4°: A-2Y⁴; [12], 343, [5] p.: + portret (J. Van der Stricht), 1 plt
- SI/26

BEAURAIN, Jean de   B78
Histoire militaire de Flandre, depuis l'année 1690 jusqu'en 1694 inclusivement … Par … de Beaurain …
A Paris, chez le Chevalier de Beaurain, Ch. Nic. Poirion, Ch. Ant. Jombert, 1755
2°: 5 dln; bijk. gegrav. titelp. in 1.; krtn
- VVII/2-4 (dln 3 & 4 ontbr.)

BEAUVAIS, Jean-Baptiste de   B79
Sermons de Beauvais
Nota: dln 1-4 van *Bibliothèque des orateurs chrétiens, ou dictionnaire des prédicateurs*
Bruxelles, X. Renaudière fils aîné, 1829-1837
8°: 4 dln
- ArDV/23-25 (dl 2 ontbr.)

BECANUS, Martinus, S.J.   B80
Analogia veteris ac novi testamenti … Authore Martino Becano …
Duaci, apud Gerardum Pinchon, 1627
In fine: Duaci, ex typographia Petri Avroy MDCXXVII
12°: A-X¹², Y⁶; [14], 479, [22] p.
- ArDI/9 (herk.: Bellefroid; de la Motte Soc^{tis} Jesu Huy)

BECANUS, Martinus, S.J.   B81
Analogia veteris ac novi testamenti. Authore Martino Becano … Editio postrema.
Lovanii, apud G. Stryckwant et Bruxellis, typis Francisci t'Serstevens, 1705
12°: *¹¹, A-2A¹²; [24], 537, [15] p.
- XII/30 (herk.: ad usum F.A. Tubix relig. parch.; Ad usum F. Pauli Hoerings ex Zegge)

BECANUS, Martinus, S.J.   B82
Analogia veteris ac novi testamenti. Authore Martino Becano … Editio postrema
Leodii, apud Joannem Franciscum Broncart, 1718
8°: 3*⁸, A-2E⁸; [16], 429, [19] p.
- JI/3 (herk.: Ad usum fr. van den Weyer 1794 [Park]; Ad usum fratris Joannis [De maeyer?] Novitii Parcensis primo restaurationis abbatiæ anno; Ex libris Fr. Joannis Tribout circatoris in Parco 1841)

BECANUS, Martinus, S.J.   B83
Analogia veteris ac novi testamenti … Authore Martino Becano … Editio postrema
Leodii, apud Joannem Franciscum Broncart, 1737
8°: *⁸, A-2F⁸, 2G⁴; [16], 452, [20] p.
- PrII/15 (herk.: Dionysius Stroobants Relig. Parchensis 1843)

BECANUS, Martinus, S.J.   B84
Analogia veteris ac novi testamenti … Authore Martino Becano … Editio postrema
Lovanii, apud Martinum van Overbeke, 1754
8°: *⁸, A-2E⁸; XVI, 448 p.
- ArDII/9 (herk.: F. P Van Meurs in Wackerzeel [Park]; F. Moreels [Park])

BECANUS, Martinus, S.J.   B85
Opuscula theologica … Martini Becani …
Parisiis, sumptib. Matthæi Guillemot, 1642
2°: á⁶, é⁶, A-4H⁶, 4I⁴; [22], [2bl] 981 p.

B

- IVIII/4 (herk.: Da livraria ... da Coimbra)

BECANUS, Martinus, S.J. B86
... Martini Becani ... *Opusculorum theologicorum tomus primus [-quintus]*
Moguntiæ, ex officina Joannis Albini, 1610-1621
8°: 5 dln
- ArAVI/27-28 (dln 1 & 2; titelblad van 1 ontbr.; herk.: Ex libris Fris Martini Le Roij [Park])

BECHINIE, Bernardus, O.Cist. B87
Norma vivendi clericis a sacris canonici juris constitutionibus præscripta, seu Tractatus in librum III Gregorii IX ... De vita, & honestate clericorum, a titulo I, usque ad titulum X ... Quas ... præside ... Ludovico Tobia Titler ... defendendas suscepit ... Bernardus Bechinie ... anno MDCCXLI ...
Excudebat Vetero-Pragæ, Joannes Norbertus Fitzky, (1741?)
8°: π¹,)(⁴, A-U⁸, X²; [10], 320, [4] p.
- MV/21

BECMANN, Johann Christoph B88
J. C. Becmanni *Syntagma dignitatum illustrium, civilium, sacrarum, equestrium ...*
Francofurti et Lipsiæ, sumtibus P. G. Pfotenhauer, literis A. Göbelii, 1696
4°: A-9L⁴, 9M²; VIII, 1494, [82] p.
- PrGIII/9 (dl 2; herk.: wapen van Arenberg-Lauraguais; '*Dat Prosper natus 1785*' [supralibros]; Petrus Ottoy ex Haltert 1785 [prijsboek])

BEDA VENERABILIS B89
Venerabilis Bedæ ... *Opera theologica, moralia, historica, philosophica, mathematica & rhetorica ... quotquot ... haberi potuerunt omnia. Hac postrema editione ... & divisa in tomos VIII*
Coloniæ Agrippinæ, apud Ioannem Wilhelmum Friessem, 1688
2°: 8 dln; bijk. gegrav. titelp. in 1
- ArDVIII/9-12 (herk.: Zur Bibliothek des erzbischofl. Priester-Seminars Freysing. Bibl. Coll. Marneff)

BEEK, J. A. van B90
Verklaering van drie geloofwaerdige mannen, uit drie verscheiden kloosterorders, over den naem van Jansenist ... [J. A. van Beek]
S.l., s.n., [1700?]
8°: A⁸, B⁴; 24 p.
- ArDIV/4/7 (titelblad ontbr.)

BEER, Boudewijn de B91
Den H. reghel vanden H. Vader Augustinus ghegheven voor de nonnekens, met d'uyt-legginghe van dien. By een vergadert ... door ... Balduinus de Beer ...
T'Hantwerpen, by de weduwe van Jan Cnobbaert, 1651
8°: †⁸, 2†², A-M⁸, N²; [20], 195 p.
- PrHI/2 (herk. in fine: Elisabeta Melis)

BEEVERELL, James B92
Les délices de la Grand'Bretagne & de l'Irlande. Par James Beeverell. e tout enrichi de très-belles figures, & cartes géographiques ... Nouvelle édition
A Leide, chez Pierre vander Aa, 1727
8°: 8 dln: ill., uitsl. pltn
- SI/27-32

BEGERUS, Laurentius B93
Numismatum modernorum cimeliarchii regio-electoralis Brandenburgici sectio prima, continens numismata pontificum romanorum, aliorumque ecclesiasticorum ... Aere expressa & dialogo illustrata à Laurentio Begero ...
Coloniæ Brandenburgicæ, typis Ulrici Liebperti, 1704
2°: π³, A-L⁴, χ¹; [4], 88, [1] p.: ill.
- ArEVII/12

BEGIN DER BELGISCHE VRYHEYD ... B94
Begin der Belgische vryheyd oft nauwkeurig dag-verhael van het geén er in Turnhout gebeurt is sedert den 24 october tot 23 november anni 1789 ...
Tot Brussel, by M. J. G. Simon, 1790
8°: [6], 93 p.
- ArHV/21

BEIJER, Johannes Coenraad B95
Handleiding tot den Nederlandschen stijl, of volledige aanwijzing ter vervaardiging van schriftelijke opstellen voor Nederlanders ... Door J. C. Beijer ... Derde druk
Te Rotterdam, bij Mensing en Van Westreenen, 1827
- 570 p.
- SI/33

BEKA, Johannes a & HEDA, Wilhelmus B96
Ioannes de Beka ... et Wilhelmus Heda ... *De Episcopis Ultraiectinis*. Recogniti et notis historicis illustrati ab Arn. Buchelio ... Accedunt Lamb. Hortensii Montfortii *Secessionum Ultraiectinarum libri*, et Siffridi Petri Frisij *Appendix ad Historiam Ultrajectinam*
In fine: *Vita Lamberti Hortensii*
Ultraiecti, ex officina Ioannis a Doorn, 1643
In fine: ex officina Ægidii Roman ... Anno MDCXLII
Coll.: Caspar Barlæus, Anna Maria à Schurman, Adolfus Vorstius, I. Nellesteyn, Nicolaus Hamel, Theodorus Dousa (lofdichten)
2°: π¹, *⁸, A-Q⁶, (*)², 2A-3H⁶, 3I⁴, a⁴, A-P⁶, Q-S⁴; [16], 191, [14], [4], 331, [1bl], 12, [32], [8], 180, [24] p.: ill.; gegrav. titelp.
- TVI/25 & WV/30 (herk.: J. G. Smolderen)

BELLARMINUS, Robertus, S.J. B97
... Robert Bellarmini ... *Conciones habitæ Lovanii ante annos circiter quadraginta. Nunc consensu auctoris publicatæ* (ed.: Simon Ryckius)
Coloniæ Agrippinæ, apud Joannem Crithium, 1615
4°: *⁴, A-5K⁴(-5K⁴); [8], 762, [34] p.
- JI/1 (titelblad ontbr.)

BELLARMINUS, Robertus, S.J. B98
De æterna felicitate sanctorum libri quinque. Auctore Roberto Bellarmino ... Editio secunda
Antverpiæ, ex officina Plantiniana, apud Balthasarem & Joannem Moretos, 1617
8°: A-X⁸; 304, [31] p.
- LII/4

BELLARMINUS, Robertus, S.J. B99
De arte bene moriendi, libri duo. Auctore Roberto ... Bellarmino ...
Antverpiæ, ex officina Plantiniana, apud Balthasarem Moretum, & viduam Joannis Moreti, & Jo. Meursium, 1620
8°: *⁸, A-Q⁸, R⁴(-R⁴); [16], 255, [7] p.
- LII/3

BELLARMINUS, Robertus, S.J. B100
De ascensione mentis in Deum per scalas rerum creatarum. Opusculum Roberti ... Bellarmini ...

Antverpiæ, ex officina Plantiniana, apud viduam & filios Io. Moreti, 1615
8°: *⁸, A-S⁸; [16], 282, [3] p.
- LII/5 (voorwerk beschadigd; herk.: Capuc. Namurc. 1737)

BELLARMINUS, Robertus, S.J.　　　　　　　　　　　B101
... *Roberti Bellarmini ... De indulgentiis, et iubileo, libri duo*. Accedunt & alia eiusdem authoris aliquot opuscula ... Omnia nunc primum in lucem edita
Coloniæ, apud Antonium Hierat, 1599
Coll.: Giovanni Batista Ciotti
8°: †³, A-Z⁸, 2A⁴(-2A⁴); [8], 373, [2] p.
- HIV/12

BELLARMINUS, Robertus, S.J.　　　　　　　　　　　B102
De officio principis christiani libri tres. Auctore Roberto ... Bellarmino ...
Antverpiæ, ex officina Plantiniana, apud Balthasarem Moretum et viduam Ioannis Moreti et Io. Meursium, 1619
8°: *⁸, A-2K⁸, 2L⁴(-2L⁴); [16], 532, [2] p.
- PrFIII/25 (titelblad ontbr.; herk.: J. G. L. Verreydt; Iudocus Nicolai [in fine]; supralibros: Sint-Michielsabdij, Antwerpen)

BELLARMINUS, Robertus, S.J.　　　　　　　　　　　B103
De scriptoribus ecclesiasticis liber unus. Roberto Bellarmino auctore. Editio sexta
Lovanii, typis Hieronymi de Gosin, 1678
8°: §-2§⁴, †¹, A-3L⁴, M²(-M²); [18], 317, [139] p.
- NI/36 (herk.: In usum F. Rumoldi Du Chateau ... Rel. Parck)

BELLARMINUS, Robertus, S.J.　　　　　　　　　　　B104
De septem verbis a Christo in Cruce prolatis libri duo. Auctore Roberto ... Bellarmino ...
Coloniæ, sumptibus Bernardi Gualteri, 1618
12°: ()⁸, A-M¹², N⁴(-N⁴); [16], 293 p.
- LI/33 (herk.: Antonius Serneels; Dono dedit biblioth. Parcensi 27 sept. 1861 R. D. Landtmeters Heverleæ)

BELLARMINUS, Robertus, S.J.　　　　　　　　　　　B105
Disputationes Roberti Bellarmini ... de controversiis christianæ fidei, adversus huius temporis hæreticos. Tribus tomis comprehensæ
1-7: Editio ultima. Ingolstadii, ex typographia Adami Sartorii, 1599; 8-11: Ingolstadii, ex typographia Davidis Sartorii, 1593
8°: 3 dln (11 banden)
- HIV/1-11

BELLARMINUS, Robertus, S.J.　　　　　　　　　　　B106
Explanatio in psalmos. Auctore Roberto Bellarmino ...
Coloniæ, sumptibus Bernardi Gualteri, 1611
4°: *-2*⁴, A-5R⁴; [16], 847, [24] p.; gegrav. titelp.
- CIV/14

BELLARMINUS, Robertus, S.J.　　　　　　　　　　　B107
Explanatio in psalmos. Auctore Roberto Bellarmino ... Nova editio
Antverpiæ, apud Petrum & Ioannem Belleros, 1624
4°: á⁴, é⁴, A-5G⁴; [16], 950, [2 bl], [30] p.
- EIII/19 (herk.: ex lib. Jac. Dutrieu)

BELLARMINUS, Robertus, S.J.　　　　　　　　　　　B108
Roberti Bellarmini ... *Explanatio in psalmos*. Editio novissima
Lugduni, sumptibus Hieronymi de la Garde, 1664
4°: á⁴, é⁴, A-7A⁴; [16], 1086, [26] p.
- BII/28 (herk.: M. Regnier; C. Duscay; Van Zeebroeck, 1787; H. Bleesers, 1872)

BELLARMINUS, Robertus, S.J.　　　　　　　　　　　B109
Roberti Bellarmini ... *Explanatio in psalmos*. Editio novissima
Venetiis, apud Thomam Bettinelli, 1759
2°: §⁴, A-H⁴, I-2H⁸, 2I⁶; [8], 444 p.
- BVI/14 (herk.: Van Simphoven, B. [Park])

BELLECIUS, Aloysius, S.J.　　　　　　　　　　　　B110
Medulla asceseos seu exercitia ... Ignatii de Loyola. Auctore ... Aloysio Bellecio ... Editio nova
Gandavi, typis Bernardi Poelman, [1801?]
8°: A-2E⁸, 2F²; [10], 436, [4] p.
- ArEIV/16/1

BELLECIUS, Aloysius, S.J.　　　　　　　　　　　　B111
Triduum sacrum omnium præcipué religiosorum usui accomodatum ... Auctore ... Aloysio Bellecio ... Editio nova
Gandavi, typis Bernardi Poelman, [1801?]
8°: A-F⁴, G⁴; [4], 92, [4] p.
- ArEIV/16/2

BELLEMARE, Jean-François　　　　　　　　　　　　B112
La fin des Jésuites et de bien d'autres. Par ... Bellemare
Louvain, chez Vanlinthout et Vandenzande, 1828
8°: [6], IV, 86 p.
- ArJVI/5

BELLEMARE, Jean-François　　　　　　　　　　　　B113
Les Jésuites en présence des deux chambres, au mois de mars 1828 [J.-F. Bellemare]
Louvain, chez Vanlinthout et Vandenzande, 1828
94 p.
- ArAVIII/22

BELLINZAGA, Isabella Cristina, heilige　　　　　　B114
Maniere ende practijcke van een gheestelick leven ... beschreven van een dienaresse Gods ende religieuse persoone in Italien [I. C. Bellinzaga] ... Na de copye van Antwerpen
Tot Delff, door Adriaen Claesz., 1628
12°: A²(-A²), B-L¹²; [1], 125, [2] f.
- YIV/3 (herk.: Bibliothèque de Gᵛᵉ Van Havre [ex libris, no 900])

BENCE, Joannes, Orat.　　　　　　　　　　　　　B115
Commentaria in omnes beati Pauli et septem catholicas apostolorum epistolas. Duobis tomis distincta. Authore Joanne Bence ... Editio postrema
Lovanii, typis Joan. Franc. van Overbeke, 1762
12°: *², A-2F¹², 2G⁶; [6], 698, [6] p. + π³, A-2R¹²; [6], 960 p.
- PrAVII/5 (dl 1)

BENCE, Joannes, Orat.　　　　　　　　　　　　　B116
Commentaria in omnes beati Pauli et septem catholicas Apostolorum epistolas. Authore Joanne Bence ... Tribus tomis distincta. Editio postrema
Lovanii, typis Joan. Franc. van Overbeke, 1763
12°: *², A-2F¹², 2G⁶; [6], 704 p. + π³, A-2R¹²; [6], 960 p.
- CI/16-18 (herk.: Fr. J. Sinave)

BENEDICTUS FIDELIS a SANCTO PHILIPPO, O.F.M.　B117
Paradisus eucharisticus hoc est theoremata moralia ex psalmo XXII ... Authore ... Benedicto Fideli à S. Philippo ... Illustravit ... Jacobus Emans ...
Coloniæ Agrippinæ, apud Ioannem Busæum, 1659
4°: *-2*⁴, 3*², A-3K⁴, 3L²; [20], 350, [102] p.
- PrHVII/7 (herk.: Bibliothecæ Averbodiensis)

B

BENEDICTUS FIDELIS a SANCTO PHILIPPO, O.F.M.   B118
... Benedicti a S. Philippo ... *Paradisus concionatorum ... hoc est pars prima (-secunda) sermonum quadragesimalium ... Quorum singuli ... olim Italicè conscripti, nunc vero Latinitate donati opera et studio ... Iacobi Emans ... Editio secuna*
Coloniæ Agrippinæ, apud Ioannem Busæum, 1659
4°: *⁴, 2*², a-g⁴, h², A-2Y⁴; [72], 360 p. + *⁴, A-3L⁴; [8], 338, [96] p.
- JI/34

BENEDICTUS van NURSIA   B119
La régle de Saint Benoist. Nouvellement traduite, & expliquée ... par l'auteur des *Devoirs de la Vie monastique* [Armand-Jean Le Bouthillier de Rancé]
A Paris, chez François Muguet, 1689
4°: á⁴, é⁴, A-3L⁴, 3M², 3N-3P⁴; [16], 461, [23] p. + á⁴, A-4G⁴, 4H²; [8], 587, [24] p.; gegrav. portret van de H. Benedictus in front.
- PIV/25-26

BENEDICTUS van NURSIA   B120
Regula S. Patris Benedicti abbatis, et patriarchæ monachorum
Monachii, sumpt. Joan. Nep. Fritz, [1770?]
12°: A-2C¹²; 622 p.
- ArBII/32

BENEDICTUS van NURSIA   B121
Regula nova, seu regulæ SSmi. Benedicti ... ordo novus, in sex classes distinctus ... Juxta genium ... Servatii Gilletii ...
Lovanii, typis Georgii Lipsii, 1667
8°: A⁸, B⁴; 23 p.
- PrFII/24/2 & PI/26/2

BENEDICTUS XIII   B122
Concilium Romanum in sacrosancta Lateranensi basilica celebratum anno universalis jubilæi MDCCXXV a ... Benedicto ... XIII ...
Bruxellis, typis Francisci Foppens, 1726
8°: *⁸, 2*⁴, A-2E⁸, 2F⁴; [13], 428, [25] p.; front.: met portret van Benedictus XIII
- DI/31

BENEDICTUS XIV   B123
... Benedicti papæ XIV *Bullarium*. Editio nova
Mechliniæ, typis P.-J. Hanicq, 1826-1827
13 dln; gegrav. portret van Benedictus XIV in front. in 1
- MIV/1-7

BENEDICTUS XIV   B124
Casus conscientiæ. De mandato olim ... Prosperi Lambertini ... deinde ... Benedicti XIV propositi ac resoluti
2-4: *Ad casus conscientiæ ... appendix prima (-quarta)*
Lovanii, apud J. P. G. Michel, 1775
8°: 4 dln
- III/35-38

BENEDICTUS XIV   B125
... Benedicti XIV ... *Commentarius de D.N. Jesu Christi Matrisque ejus festis*. Ex Italico in Latinum sermonem vertit Mich. Angel. de Giacomellis ...
Lovanii, ex typographia academica, 1761
8°: π¹, *⁴, A-2K⁸, 2L²; [2], VIII, 532 p. + π¹, A-2N⁸, 2O²; [2], 580 p.
- DII/19-20 (herk. in 1: J. M. Dillen [Park])

BENEDICTUS XIV   B126
Benedicti XIV ... *Commentarius de sacrosancto missæ sacrificio*
Lovanii, ex typographia academica, 1762
8°: *-2*⁸, 3*⁴(-3*⁴), A-2H⁸, 2I⁴(-2I⁴); XXXVIII, 502 p. + A-2L⁸, 2M⁴; [2], 551 p.
- DII/13-14

BENEDICTUS XIV   B127
Benedicti XIV ... *De festis Domini nostri Jesu Christi et beatæ Mariæ virginis libri duo*. Editio quinta Latina
Ferraræ, s.n. Prostant Venetiis, apud hæredes Balleonios, 1767
4°: π⁴, A-2B⁸; VIII, 401 p.
- PrIIII/1 (herk.: Domus SS. V[inc]. et Anastasij in Trivio[?])

BENEDICTUS XIV   B128
Benedicti XIV ... *De synodo diœcesana libri tredecim*
Lovanii, e typographia academica, 1763
8°: 3 dln
- DII/15-18

BENEDICTUS XIV   B129
Declaratio ... Benedicti ... XIV super matrimoniis Hollandiæ et Fœderati Belgii ...
Lovanii, typis Martini van Overbeke, 1742
8°: A-X⁸, Y⁴; 343 p.
- MV/27

BENEDICTUS XIV   B130
Prosperi Lambertini ... postea Benedicti XIV *Institutiones ecclesiasticæ ... Quas Latine reddidit Ildephonso a S. Carolo ...*
Ingolstadii, & Augustæ vindelicorum, sumptibus Joannis Francisci Xaverii Crätz et Thomæ Summer, 1751
4°: a⁴, b-d⁴, A-5Z⁴(-5Z⁴); [31], 840, [78] p.; portret van Benedictus XIV in front.
- JIV/19

BENEDICTUS XIV   B131
Benedicti XIV ... *Institutiones ecclesiasticæ*
Lovanii, ex typographia academica, 1762
8°: 3 dln
- DII/10-12

BENEDICTUS XIV   B132
Benedicti XIV ... *(Opera in duodecim tomos distributa)* (ed.: Emanuel de Azevedo)
1-4: *De servorum Dei beatificatione et beatorum canonizatione*. Editio tertia; 5: *Acta canonizationis sanctorum Fidelis a Sigmaringa, Camille de Lellis, Petri Regalati, Josephi a Leonissa, et Catharinæ de Ricciis ...*; 6: *Acta et decreta in causis beatificationum et canonizationum ...*; 7: *Appendices ad quatuor libros: 'De servorum ...' Editia tertia*; 8: *Indices locupletissimi rerum et nominum ...*; 9: *De sacrosancto missæ sacrificio libri tres*. Editio secunda latina; 10: *De festis Domini Nostri Jesu Christi, beatæ Mariæ Virginis ... Editio secunda latina ...*; 11: *Institutionum ecclesiasticarum editio secunda latina*; 12: *De Synodo diœcesana libri octo, nunc primum editi*
Romæ, excudebant Nicolaus et Marcus Palearini, 1747-1751
4°: 12 dln; ill. & uitsl. pltn.; portret van Benedictus XIV in 1, van Joannes V van Portugal in 5 & 9
- DIII/1-12 (herk.: Dono dedit Bibliothecæ Driutianæ ... dominus du Foir ... pastor in Ingelmunster 1756; supralibros op elk dl: Ex bibliotheca collegii Driutii)

BENTIVOGLIO, Guido   B133
Histoire des guerres de Flandre. Par ... Bentivoglio, traduite

de l'Italien par M. Loiseau …
A Paris, chez Desaint, 1770
12°: 4 dln
- TI/35-38 (herk.: Colpaert, pastor in Meldert)

BERARDI, Carlo Sebastiano   B134
Gratiani canones, genuini ab Apocryphis discreti … Opera et studio Caroli Sebastiani Berardi …
Venetiis, ex typographia Petri Valvasensis sumptibus Remondinianis, 1777
4°: 3 dln
- LVII/8-11

BERAULT-BERCASTEL, Antoine-Henri de   B135
Histoire de l'Eglise [A.-H. de Bérault-Bercastel]
A Paris, chez Moutard, 1778-1790
12°: 24 dln
- NI/1-24

BERGE, Christiaan van den   B136
Catholycke Catechismus ofte kort onderwys van de christelijcke leeringe. Uyt-gegeven by Christiaen van den Berge …
t'Antwerpen, voor Gerardus van Bloemen, 1719
8°: A-H^8; 122, [6] p.
- ArBIV/17 (tussengeschoten ex.)

BERGHES DE GLYMES, Alphonse de   B137
Epistola pastoralis … Alphonsi de Berghes …
Mechliniæ, typis Gisberti Lintsii, 1679
4°: A-E^4; 38 p.
- ArKIII/7/10a

BERGIER, Nicolas-Sylvestre   B138
Apologie de la religion chrétienne, contre l'auteur du Christianisme dévoilé, & contre quelques autres critiques. Par … Bergier … Seconde édition
A Paris, chez Humblot, 1771
8°: a^{12}, A-T^{12}, V^4; [24], 464 p. + A-V^{12}, X^6; [2], 494, [4] p.
- HIV/21-22

BERGIER, Nicolas-Sylvestre   B139
La certitude des preuves du christianisme: ou réfutation de l'examen critique des apologistes de la religion chrétienne. Par … Bergier … Troisième édition
A Paris, chez Humblot, 1773
12°: π^1, a^6, A-V$^{8-4}$; [2], XXII, 240 p. + π^1, A-Q$^{8-4}$, R^4, A-G^8, B-F^4; [2], 198, [2], 88 p.
- HIV/26

BERGIER, Nicolas-Sylvestre   B140
Le Déisme réfuté par lui-même: ou Examen, en forme de Lettres, des principes d'incrédulité répandus dans les divers ouvrages de M. Rousseau. Par … Bergier … Cinquième édition
A Paris, chez Humblot, 1771
8°: π^1, a^6, A-Z^8, B-2A^4(-2A^4); [2], XXII, 285 p. + π^1, A-X^8, B-Y^4(-Y^4); [2], 259, [2] p.
- HIV/25

BERGIER, Nicolas-Sylvestre   B141
Dictionnaire de théologie. Par … Bergier … Edition augmentée
A Liège, à la société typographique, 1789-1792
8°: 8 dln
- GI/1-8

BERGIER, Nicolas-Sylvestre   B142
Examen du matérialisme, ou Réfutation du système de la nature. Par … Bergier …
A Paris, chez Humblot, 1771
12°: a^8, A-S^{12}(-S^{12}); XVI, 430 p. + a^6, A-R^{12}, S^4; [12], 407, [3] p.
- HIV/23-24

BERGIER, Nicolas-Sylvestre   B143
Traité historique et dogmatique de la vraie religion avec la réfutation des erreurs qui lui ont été opposées dans les différens siecles. Par … Bergier …
A Paris, et se trouve à Bruxelles, chez Dujardin, 1785
8°: 12 dln
- HII/7-18

BERGMAN, Jean Théodore   B144
Handwoordenboek der Grieksche taal … Door J. T. Bergman …
Te Zutphen, bij H. C. A. Thieme, 1822
8°: π^1, *^{4}, 2*^{5}, A-6I^4; XXII, 996 p.
- PrGIV/1/1

BERIGT OVER DE GEWIGTIGE VERANDERINGEN …   B145
Berigt over de gewigtige veranderingen gemaakt in de zogenaamde oude catechismus uytgegeven onder de naam van Christiaan van den Berg (cf. B136)
S.l., s.n., 1702
8°: A-B^8; 31 p.
- ArBIII/30/1 (herk.: F. Verschuren)

BERNARD, abbé de & BONNEFOY de BONYON, François-Lambert
B146
De l'état religieux … Par M. l'abbé de B*** [de Bernard] & M. l'abbé B. de B*** [F.-L. Bonnefoy de Bonyon], avocat au Parlement
A Paris, chez la ve. Hérissant. Et se trouve à Bruxelles, chez Lemaire, 1785
12°: A-2B^6, 2C^4(-2C^4); [VI], 305, [1] p.
- PI/28

BERNARDIN de SAINT-PIERRE, Jacques-Henri   B147
Etudes de la nature. Nouvelle édition … par Jacques-Bernardin-Henri de Saint-Pierre
A Paris, chez Deterville, 1804
8°: 5 dln
- PrEIII/3-7 (herk.: Franciscus Baguet, Nijvel 1819 [prijsboek])

BERNARDUS van CLAIRVAUX   B148
Dit is een boecxken van verduldich lijden dwelch sinte Bernaert bescrijft …
(Antwerpen, Willem Vorsterman, 1520?)
8°: A-E^8(?); titelp. met ingekl. houtsnede, sierinitiaal, rubricering
- PrII/19/2 (nawerk onvolledig)

BERNARDUS van CLAIRVAUX   B149
… *Sancti Bernardi* … *Opus preclarum suos complectens sermones de tempore, de sanctis, et super cantica canticorum. Aliosque plures eius sermones et sententias* … *Eiusdem insuper epistolas, ceteraque universa eius opuscula.* Domini quoque Gilleberti abbatis de Hoilanda … *super cantica sermones*
Venundantur Parisius (*sic*), a Joanne Parvo, (1513)
Dd8: Devoti … Bernardi … scripta … in pulchram unius voluminis formam per magistrum Bertholdum Rembolt redacta … impensis Johannis Parvi … Anno … Millesimo quingentesimo tredecimo Die vero XVII Augusti
Coll.: Judocus Clichtoveus

B

2°: π¹, a-z⁸, A-Q⁸, R¹⁰, Aa-Dd⁸, AA-EE⁸, FF⁶(-FF⁶), aaa-ccc⁸; [1], 322, [32], 41, [28] f.; ingekl. titelp. met sierlijst. & ingekl. initialen
- IVII/20 (herk.: le comte de Preston)

BERNARDUS van CLAIRVAUX   B150
... *Bernardi Clarevallensis* ... *Opera omnia*
Antverpiæ, apud hæredes Arnoldi Birckmanni, 1576
In fine: Antverpiæ, typis Gerardi Smits. An. 1575. 9 Cal. Octob.
Coll.: Petrus Bellerus, Franciscus Mauroy (ode), Baptista Mantuanus (ode), Jacobus Pamelius, Gilbertus de Hoilandia, Ludovicus Miræus, Guilielmus de Sancto Theodorico, Adamus de Sancto Victore, Nicolaus de Aquaevilla, Matthæus Andebertus
2°: a-c⁸, d¹⁰, A-4C⁸, 4D⁴; [34], 375, 122, [84] f.
- PrDVI/9 (herk.: Ex libris j. Lamberti Talmas ex Dolhain Limbourg Sacerdotis anno 1815)

BERNARDUS van CLAIRVAUX   B151
... *Bernardi Clarævallensis* ... *Opera omnia*. Accesserunt ... Bernardi aliquot epistolæ ... & notæ ... Io. Picardi ... (ed.: Edmundus Tiraquellus)
Anverpiæ, prostant apud Ioannem Keerbergium, 1609
Coll.: Johannes Gillotius
2°:):(⁶, A-4Z⁶,):(⁴, a-i⁶, k⁴; [12] p., 2208 kol., [123] p.
- DVII/16 & PrCVI/4

BERNARDUS van CLAIRVAUX   B152
Sancti Bernardi ... *Opera omnia in sex tomos distributa* ... Una cum *Vita Bernardi* ab Alano scripta ... Post ... Iohannem Merlonem Horstium ... aucta ... ac notis illustrata studio & opera ... Iohannis Mabillon ...
6: *Duorum eius disciplionorum Gilleberti de Hoilandia & Guerrici Igniacensis* ... *Sermones et opuscula* complectens. Necnon tres epistolas ... Guigonis V Carthusiæ maioris generalis
Parisiis, apud Fredericum Leonard, 1667
Coll.: Guillielmus abbas S. Theodorici prope Remos (in 5)
2°: 6 dln
- ArCVII/1-2 (herk.: Ecole Sainte Geneviève B.D.J.; Ex libris Dauvilliers)

BERNARDUS van CLAIRVAUX   B153
... *Bernardi* ... *Opera omnia in sex tomos distributa*. Post ... Ioannem Merlonem Horstium ordinatus & emendatus studio & opera ... Iohannis Mabillon ...
Tomus sextus, duorum eius discipulorum Gilleberti de Hoilandia, & Guerrici Igniacensis abbatum sermones et opuscula complectens. Necnon tres epistolas venerabilis Guigonis ...
7: *Index locupletissimus* ... contextus a Paulo Mercier ...
Lutetiæ Parisiorum, impensis societatis typgraphica, 1668
Parisiis, apud Fredericum Leonard, 1667-1669
8°: 6 dln + index
- EIII/1-11

BERNARDUS van CLAIRVAUX   B154
... *Bernardi* ... *Genuina sancti doctoris opera*. Post Horstium denuo recognita ... secundis curis ... Johannis Mabillon ...
Parisiis, sumptibus Johannis Guignard, Thomæ Moette, Petri Aubouyn, Petri de Launay, 1690
In fine 4: E typographia vid. Johannis Baptistæ Coignard ..., 1690
Coll.: Gilbertus de Hoilandia, Guilielmus de Sancto Theodorico, Gaufredus Clarævallensis, Ælredus Rievallensis, Guigo Carthusianus, Nicolaus Clarævallensis, Guerricus Igniacensis
2°: á⁴, é⁴, í⁴, ó⁴, ú⁴, áá⁴, éé⁴, χ¹, A-5H⁴, a-o⁴; [57] p., 1574, CXVIII kol., [53] p. + π³, A-4V⁴; [6] p., 1356 kol., [34] p.
- FVII/7-8 (herk.: P. Kerselaers pastor in Sammele[?] et Ostecloo 1702)

BERNARDUS van CLAIRVAUX   B155
Sancti Bernardi ... *Genuina sancti doctoris opera*. Post Horstium denuo recognita, aucta ... tertiis curis domni Johannis Mabillon ... Nova editio
Luteciæ Parisiorum, apud viduam Ludovici Guerin, & H. Ludovicum Guerin filium, 1719
Coll.: Guigo I, Nicolaus Clarævallensis, Guerricus Igniacensis, Guilielmus de Sancto Theodorico, Gaufredus Autissiodorensis, Clarævallensis abbas, Gilbertus de Hoilandia, Ælredus Rievallensis
2°: á⁴, é⁴, í⁴, ó⁴, ú⁴, áá⁴, éé⁴, A-5H⁴, á⁴, b-2e²(-2e²); [28] f., 1576, CXX kol., [28] f. + π², A-4S⁴, 4T-5B²; [2] f., 1377 kol., [17] f.
- TIX/16-17

BERNIER, François   B156
Abrégé de la philosophie de Gassendi. Par F. Bernier ... Seconde édition
A Lyon, chez Anisson, Posuel & Rigaud, 1684
12°: 7 dln
- XV/37 (dl 5)

BERNIÈRES-LOUVIGNY, Jean de   B157
Den inwendighen christenen, oft d'inwendighe over-een-kominghe die de christenen met Iesu Christo moeten hebben [J. de Bernières-Louvigny]. Over-geset uyt de Françoische tale ... door ... Barth. de Lara ...
T'Antwerpen, by Michiel Cnobbaert, 1666
12°: *¹², A-2H¹²; [24], 734, [10] p.
- PrFI/1 (herk.: C. C. Mertens)

BERTET, Théodose, O.Cap.   B158
Sermons préchés pendant l'octave des morts. Par ... Théodose Bertet ...
A Lyon, chez Anisson & Posuel, 1693
8°: á⁷, A-2M⁸, 2N⁴(-2N⁴), é⁴; [14], 545, [28] p.
- LII/23 (herk.: Ad usum F. Caroli De Culembourg Can. Reg. ad Septem Fontes)

BERTHOLET, Jean, S.J.   B159
Histoire de l'institution de la Fête-Dieu, avec la vie des bien-heureuses Julienne et Eve ... suivi de l'abrégé historique de l'institution des ... confrairies de l'adoration perpétuelle ... Et surtout de celle érigée dans ... l'église collégiale de Saint-Martin, à Liège [J. Bertholet]
A Liège, chez Jacques-Antoine Gerlach, 1781
4°: π², *-2*², A-3G²(-3G²), a-l²; [2], X, 210, XLII, [2] p. + ill.; bijk. gegrav. front.; gegrav. portret van Ægidius Jacobus Josephus Baro de Hubens
- ArDVII/13

BERTI, Joannes Laurentius, O.S.A.   B160
Jo. Laurentii Berti ... *Opus de theologicis disciplinis*. Editio novissima
Bassani, sed prostant Venetiis, apud Remondini, 1776
2°: 7 dln; gegrav. portret van de aut. in front. in 1
- XVIII/13-14

BERTRAM, Bonaventure Corneille   B161
Bonaventura Cornelius Bertramus *De Republica Ebræorum*. Recensitus ... opera Constant. l'Empereur ...
Lugduni Batavorum, ex officina Ioannis Maire, 1641
24°: *-3*⁸, A-2G⁸; [48], 452, [22] p.
- PrJVII/10

BERTRAND, Philippe   B162
Tractatus tres de justitia et jure ad supplementum theologiæ moralis christianæ ... Laurentii Neesen. Per P. B. T. C. M. T.

L. [Ph. Bertrand]
Leodii, ex typographica Gerardi Grison, (1684?)
4°: §-2§4, *3, A-4V4, 4X2; [22], 684, [29] p.
- PrEIV/15

BERTRAND DE MOLLEVILLE, Antoine-François   B163
Histoire de la révolution de France, pendant les dernières années du règne de Louis XVI. Par A. F. Bertrand de Moleville … [& Jean B. C. Delisle de Sales]
Paris, 1-5:, chez Giguet et Cie, An 9-1801; 6-10: chez Giguet et Michaud, An 10-1802
8°: 14 dln
- QIII/1-10 (dln 11-14 ontbr ; herk.: De Ram, Lovaniensis 1819-1820)

BERTRANT, Joseph, O.Præm.   B164
Gratia Christi versibus heroicis exposita, ac thesibus duabus defensa in schola abbatiæ Trunchiniensis … ordinis Præmonstratensis juxta Gandavum [J. Bertrant]
Gandavi, typis viduæ Servatii Somers, (1778?)
4°: *2, A-C4, D2; [32] p.
- ArKIII/7/5

BESLOTEN HOF …   B165
Besloten hof, het innigh ghebedt betuynt met de doornenhaghe der verstervinghe. Beschreven door eenen gheestelijcken leydtsman …
T'Antwerpen, by Arnout van Brakel, 1658
Aut. v. dl 3: Alvarez de Paz (3*4 v°); Coll.: Arnout van Brakel
8°: %4, A-2G8, 2H4; [8], 501, [3] p.; grav. op titelp.
Nota: katern W is aanwezig
- PrEII/22 (herk.: Bibl. de G^{ve} van Havre n° 1738)

BESOMBES, Jacobus   B166
Moralis christiana ex Scriptura sacra, traditione, consiliis, patribus, et insignioribus theologis excerpta. Auctore … Jacobo Besombes. Post quartam Venetam editio prima in Germania
Augustæ Vind. & Œniponti, impensis Joseph Wolff, 1761
4°: a8, b-c4, d2, A-4I4, 4K2; [12], XXII, 628 p. + a-c4, d2, A-4R4; [28], 690 p.
- JIV/27-28 (herk.: Bibliothecæ Admontensis)

BESONDERE DEVOTIE …   B167
Besondere devotie tot den H. Bisschop ende Belyder Hubertus van over veel honderde jaeren opgerecht in de Kercke van Wackerseel …
Tot Loven, by Joannes Jacobs, 1734
12°: A12; 24 p.; bijk. gegrav. front.
- ArEVII/11/23

BESSE, Pierre de   B168
… *Petri Bessæi … Conceptuum prædicabilium nucleus aureus* … Opera et studio … Andreæ Coppensteinii … enucleatus … et adauctus … Editio quarta
Coloniæ Agrippinæ, in officina Friessemiana Ioannis Everhardi Fromart, 1712
4°: A4(-A1), B2(-B2), C-3T4, 3V&3X4 (*sic*), 3Y-5N4; 2 p. 16 kol., 17-226, 266-820, [821-838] p.
- JI/33

BESSON, Jacques   B169
Theatrum instrumentorum et machinarum Iacobi Bessoni … Cum Franc. Beroaldi figurarum declaratione demonstrativa
Lugduni, apud Barth. Vincentium, 1578
2°: A-C4 + 60 pltn; gegrav. titelp.
- VIV/3 (pltn 16 & 17 ontbr.)

BEYERLINCK, Laurentius   B170
Het leven ende mirakelen van de H. Bisschoppen Eligius, Willibrordus, Norbertus … Beschreven … by … Laurentius Beyerlinck …
Tot Antwerpen, by Cornelis Verschuren, 1616
4°: A-G4; 55 p.; gegrav. titelp.
- ArGVII/12/20

BIBLIA (Hebreeuws, Aramees, Grieks)   B171
חמשה חומשי תורה (*De vijf boeken van de Thora* …)
In fine Τῆς Καινῆς Διαθηκης ἁπαντα [*Gans het Nieuw Testament*]
Gedrukt … door Christophorus Plantijn … in het jaar 333 volgens de verkorte era, hier in … Antwerpen, (1572-1573)
8°: 389 + 207 p.
- PrII/18 (herk.: Ex libris congregationis missionis domûs Bajocensis catalogo inscriptus n° 15; nunc Delauney; Arn. Van Lantschoot [Park])

BIBLIA (Latijn)   B172
Biblia cum summariorum apparatu pleno quadruplicique repertorio insignita …
(Lyon, Jacques Sacon, 1522)
In fine: Lugduni in officina Jacobi Saccon. Anno domini 1522 Decima Augusti
8°: [?], 2b10?, 2c4, 2d8, a-z8, A-2Q8, 2R4, A-D8, E6, F-G8(-G8); [25?], 500, [53] f.
- CI/31 (titelblad ontbr.; f. 1-4 van het voorwerk zijn ms.; a8 is vervangen door 2 f. in ms.)

BIBLIA (Latijn)   B173
Biblia iconibus artificiosissimis … exornata …
Antverpiæ, ex officina Ioannis Steelsii, 1541
2°: A-Z8, a-z8, &10, AA-KK8, LL6, AAa-DDd8, Eee6, FFf-GGg8; [8], 370, [3], 86, [1bl], 54 f: ill. (houtsneden)
In fine: Antverpiæ, typis Martini Merani, MDXLI
- ArDVIII/13 (titelblad & katern A ontbr.)

BIBLIA (Latijn)   B174
Biblia ad vetustissima exemplaria nunc recens castigata … (ed.: Joannes Hentenius)
Antverpiæ, apud viduam & hæredes Ioannis Stelsii, 1570
In fine (l6 v°): Antverpiæ. excudebat Amatus Tavernerius Anno M.D.LXXI.
2°: *8, †8, †10, A-SS8, a-k8, l6, aa-dd8; [26], 327, [1bl], 86, [32] f.: ill. (houtsneden)
- CV/10 (SS8 is uitgescheurd [titelp van 2?]; herk.: fr. Adrianus vander Bullenstraat [Park]; Bibliot. Parc.)

BIBLIA (Latijn)   B175
Biblia, ad vetustissima exemplaria castigata … (ed.: Joannes Hentenius)
Antverpiæ, apud viduam & hæredes Ioannis Stelsii, 1572
In fine: excudebat vidua Amati Tavernerij, sumptibus viduæ & hæredum Ioannis Stelsij
8°: *8, A-Z8, a-z8, Aa-Hh8; [8], 426, [6] f.; gegrav. titelp.
- ZI/25 (herk.: Ex libris A J Straetmans 1753 [Park])

BIBLIA (Latijn)   B176
Biblia sacra. Quid in hac editione a theologis Lovaniensibus præstitum sit, paulo post indicatur
In fine: Ioannes Harlemius, *Index Biblicus* …
Antverpiæ, ex officina Christophori Plantini, apud viduam, 1590
8°: *8, A-Z8, a-z8, 2A-2D4, A-B8; [16], 799, [7], [2bl], [32] p.; gegrav. titelp.
- PrDIV/15 (herk.: Biblioth. Parchensis [2 theca XXIV]; stempel met Parkbloem [supralibros 17e]; Ex libris Chevalier Albert de Selliers de Moranville)

B

BIBLIA (Latijn) B177
Biblia sacra Vulgatæ editionis Sixti V ... iussu recognita atque edita
Antverpiæ, ex officina Plantiniana, apud Ioannem Moretum, 1603
2°: ? + π⁴?, 2S-2I⁶, 2K⁸, aa-bb⁶, cc⁸, A⁶, B⁸; 956, 24, [94] p.; bijk. gegrav. titelp.
Bezit: N.T.
Gebonden met: *Historiæ celebriores Novi Testamenti iconibus representatæ ...* (zie B274)
- PrDVI/5 (titelblad ontbr.: herk.: Ex libris R.D. Alexandri De Hertogh; Nunc privatae bibliothecae Diligemensium. Anno 1758)

BIBLIA (Latijn) B178
Biblia sacra vulgatæ editionis Sixti V ... iussu recognita atque edita
Antverpiæ, ex officina Plantiniana, apud Balthasarem et Ioannem Moretos fratres, 1618
4°: †⁴, A-3V⁸, 2a-2e⁸; [8], 1056, 30, [50] p.; gegrav. titelp.
- CIV/5/1 (herk.: Johannes Bapt. Ambroos, Minorita, Testelt)

BIBLIA (Latijn) B179
Biblia sacra Vulgatæ editionis Sixti Quinti ... iussu recognita atque edita
Antverpiæ, ex officina Plantiniana, apud Balthasarem Moretum, et viduam Ioannis Moreti, et Io. Meursium, 1619
8°: A-3X⁸, 3Y⁴, 2A-2E⁸(-2E⁸); 1080, 26, [50] p.; gegrav. titelp.
- CI/35 (herk.: Martin Joseph Delforge, Ronse 1723; Petrus Albertus De Fillet, Boutersem 1897)

BIBLIA (Latijn) B180
Biblia sacra Vulgatæ editionis Sixti V ... iussu recognita atque edita. Cum scholiis ... auctis et emendatis Ioannis Marianæ, et notationibus Emanuelis Sa ...; addito Petri Lansselii ... supplemento
In fine: *Romanæ correctionis in Latinis bibliis editionis vulgatæ ... Observata ... à Francisco Luca ...*
Antverpiæ, ex officina Plantiniana, apud Balthasarem Moretum, et viduam Ioannis Moreti, et Io. Meursium, 1624
2°: π⁵, A-4S⁶, 4T⁴; [10], 1049 p. + A-4G⁶, 4H⁸, 2A-2I⁶, 2K⁴, *-4*⁶, 5*⁸; 928, 34, [81], [63] p.; gegrav. titelp. in 1 & 2
- CVIII/1-2

BIBLIA (Latijn) B181
Biblia sacra vulgatæ editionis Sixti Quinti ... iussu recognita atque edita
Antverpiæ, ex officina Plantiniana, apud Balthasarem Moretum et viduam Ioannis Moreti et Io. Meursium, 1628
8°: A-3X⁸, 3Y⁴, Aa-Ee⁸; 1079, [1], 26, [53] p.; gegrav. titelp.
- ArDVI/1 (Ee⁸ ontbr. in fine)

BIBLIA (Latijn) B182
Biblia sacra vulgatæ editionis Sixti Quinti ... iussu recognita atque edita
Antverpiæ, ex officina Plantiniana, 1629
In fine: Antverpiæ, ex officina Plantiniana Balthasaris Moreti
16°: 7 dln; gegrav. titelp. in 1
- AIV/1-10 (pp. 1-160 van dl 1 & dln 4 & 6 ontbr.) & AIV/11-13 (dln 1, 5 & 6 ontbr.)

BIBLIA (Latijn) B183
Biblia magna commentariorum literalium ... Ioannis Gagnæi ... Guillelmi Estii ... Emmanuelis Sa, Ioannis Menochii & Iacobi Tirini ... Cura ... Ioan. de la Haye ...
Parisiis, sumptibus Michaelis Soly, Matthæi Guillemot, Dionysii Béchet et Antonii Bertier, 1643-1644
2°: 5 dln: ill.
- BVIII/12-15 (dl 3 ontbr.; herk.: Engelbertus Cool, Groenendaal)

BIBLIA (Latijn) B184
Biblia sacra vulgatæ editionis Sixti V ... iussu recognita et Clementis VIII auctoritate edita
Coloniæ Agrippinæ, sumpt. hær. Bernardi Gualteri et sociorum, 1647
8°: *⁸, 2*⁴, A-3M⁸ ; [20], 876, [50] p.; gegrav. titelp.
- PrII/16

BIBLIA (Latijn) B185
Biblia sacra, vulgatæ editionis, Sixti Quinti ... authoritate recognita
Coloniæ Agrippinæ, apud Balthasarum ab Egmondt, 1666
12°: 8 dln; gegrav. front. in 1
- ArDVI/8-15

BIBLIA (Latijn) B186
Biblia sacra vulgatæ editionis Sixti V ... jussu recognita, et Clementis VIII auctoritate edita
6: *Index geographicus.* Authore N. Sanson
Coloniæ, apud Jacobum Naulæum, 1678-1679 (5: 1678)
16°: 6 dln; gegrav. titelp. in 1
- YIV/36-39 (dl 6 ontbr.; herk.: in 1: Ex libris Bonnejonne Walcuriensis; in 1-3: Blockx [Park]; in 4: Ad usum J. R. De Pauw O.Præm. [Park])

BIBLIA (Latijn) B187
Biblia sacra vulgatæ editionis Sixti V. Clementis VIII ... auctoritate recognita. Editio nova
2: *Sacrorum bibliorum pars altera ...*
P. 1-38: *Tabulæ sacræ geographicæ ...* Authore ... Augustino Lubin
Parisiis, excudebat Antonius Vitré. Apud Antonium Dezallier, 1691
4°: π⁴, *-2*⁴, 3*², ú⁴, A-D⁴, E², †-6†⁴, A-4I⁴; [8], XX, [8], 35, [1], 38, [2], 624 p. + A-3S⁴, á⁴, é⁴, í⁴, ó⁴; 512, 32 p.
- ArDVII/20 (titelblad ontbr.; nawerk is beschadigd)

BIBLIA (Latijn) B188
Biblia sacra vulgatæ editionis. (Genesis, Exodus, Leviticus, Numeri, Deuteronomium)
2. *Josue. Liber judicum. Ruth. Libri regum IV*; 3. *Libri paralipomenon II. Libri Esdræ II. Tobiæ. Judith. Esther. Job*; 4. *Liber psalmorum. Libri sapientales. Cum Imitatione Christi ... ad calcem*; 5. *Prophetæ majores*; 6. *Libri Machabæorum duo. Esdræ tertius & quartus*; 7. (N.T.)
In fine in 6: A. Lubin, *Tabulæ sacræ geographicæ ...*
Parisiis, apud Fredericum Leonard, 1705
12°: 7 dln
- AIII/1-7 (herk.: Carmelit. Discalceat. Conventus Brux.; in 1: Marcellini Ottoy Alostani 1831)

BIBLIA (Latijn) B189
Biblia sacra, vulgatæ editionis Sixti V & Clementis VIII ... recognita. Auctore J. B. Du Hamel
2: *Biblia sacra ... Pars altera*, 1705
Parisiis, apud Joannem Mariette, 1705-1706
2°: á⁴, é²(-é²), a-d⁴, A-3T⁴; [10], XXXII, 520 p. + A-3O⁴, 3P-3Z²(-3Z²), †-3†²; 504, 10, 12 p.
- BVI/4

BIBLIA (Latijn) B190
Biblia sacra vulgatæ editionis Sixti V ... jussu recognita atque

edita, versiculis distincta ... Marquardi Sebastiani ... authoritate ... Bambergæ recusa, 1693. Et eadem authoritate denuo ... impressa
(Nürnberg), sumptibus Wolfgangi Mauritii Endteri, bibliop. Norimb., 1714
2°: π⁴, 2)(⁶, A-3S⁴, A-3T⁴; [20], 509, [3], 520 p.
- ArDVII/21

BIBLIA (Latijn) B191
Biblia sacra. Cum universis Franc. Vatabli ... et variorum interpretum annotationibus. Editio postrema
Parisiis, sumptibus Societatis, 1729-1745
In fine in 1: Parisiis, excudebat Jacobus Quillau, anno 1728
2°: π², A-K²(-K²), $1-30², A-10G²(-10G²); [4], 38, CXX, 856 p. + π¹, a², A-A10²(-A10²), A-4N²; [6], 830, 326 p.; uitsl. krt in 1
- BVI/11-12

BIBLIA (Latijn) B192
Biblia sacra vulgatæ editionis Sixti V & Clementis VIII ... auctoritate recognita ... Editio nova notis ... illustrata, juxta editionem Parisiensem Antonii Vitré
2: *Sacrorum Bibliorum pars altera ...*
In fine: *Tabulæ sacræ geographicæ ...* Authore ... Augustino Lubin ...
Antverpiæ, apud Joannem Baptistam Verdussen, 1740
4°: π², 2*-3*⁴, 4*², A-4I⁴; [4], XX, 624 p. + A-4C⁴, a⁴, e⁴, i⁴, ú², o⁴, aa⁴, ee⁴, ii⁴, oo⁴, uu⁴[-uu⁴]; 576, 74 p. + ill., uitsl. pltn (talrijke gravures); bijk. gegrav. titelp.
- AI/1-2 & AVII/2-3 (p. 553-576, *Index biblicus,* ontbr. in dl 2)

BIBLIA (Latijn) B193
Biblia sacra vulgatæ editionis. Cum ... annotationibus ... autore J. B. Duhamel ... Editio secunda
Lovanii, apud Martinum van Overbeke, 1740
2°: π², *-2*², 3*³, 4*-5*², a-d⁴, A-3T⁴; [26], XXXII, 520 p. + A-3O⁴, 3P-3X²(-3X²), †-11†²; 506, 44 p. & krtn; gegrav. portret van Thomas Philippe d'Alsace et de Boussu
- BVI/1-2 (Gebonden met *Figures de la Bible* (cf. B275); *Privilegium regium* ontbr.; herk.: Bals, Josephus, 1803) & BVI/3 (voorwerk anders geschikt dan in BVI/1-2; gegrav. portret ontbr; herk.: Ex libris Joⁱˢ Tribout religiosi Parcensis et vicarii in Novo Rhodio) & PrCVI/1

BIBLIA (Latijn) B194
Biblia sacra vulgatæ editionis Sixti V. Clementis VIII ... iussu ... edita
Lugduni, apud fratres Deville, 1741
8°: á⁴, A-3L⁸; [8], 912 p.; gegrav. titelp.
- ArDVI/2 (herk.: Cornelius Selissen)

BIBLIA (Latijn) B195
Biblia sacra vulgatæ editionis, Sixti V ... jussu recognita, et Clementis VIII auctoritate edita ...
Lugduni, sumptibus fratrum Bruyset, 1743
4 : á⁴, é⁴, i⁴, ó⁴, ú², A-6T⁴, 6V²(-6V²); XXXII, [4], 1016, [58] p.
- CIV/4 (herk.: P. J. Coppens, Teralfene, 1826)

BIBLIA (Latijn) B196
Biblia Sacra vulgatæ editionis Sixti V ... jussu recognita, et Clementis VIII auctoritate edita
Coloniæ Agrippinæ, sumpt. hæred. Balthasaris ab Egmond, & sociorum, 1743
8°: *⁸, 2*⁴, A-3L⁸, 3M-3P⁴(-3P⁴); [24], 894, [47] p.; bijk. gegrav. titelp.
- CI/30

BIBLIA (Latijn) B197
Biblia sacra vulgatæ editionis, Sixti V ... jussu recogn. et Clement. VIII auctoritate edita. Accedunt ... Menochii ... commentarii. Editio noviter revisa
Viennæ Austriæ, typis et sumtibus Joan. Thom. Trattner, 1755
4°: 8 dln; bijk. gegrav. titelp. in 1
- CIV/20-27

BIBLIA (Latijn) B198
Biblia sacra vulgatæ editionis Sixti V et Clementis VIII ... jussu ... edita. Editio nova
Rhotomagi, ex typographia nostra Ric. Lallemant, 1769
8°: a⁴, A-4F⁴, 4G², a-2g⁴, 2h²; VIII, 602, [2], CCXXIV p. + uitsl. krt
- BIII/1

BIBLIA (Latijn) B199
Biblia sacra vulgatæ editionis, Sixti V ... jussu recognita, et Clementis VIII auctoritate edita ... Editio nova
Lovanii, typis academicis, 1788-1789
8°: 8 dln
- ArDVI/3-7 (dln 5, 6 & 8 ontbr.)

BIBLIA (Latijn) B200
Biblia sacra vulgatæ editionis. Cum commentariis J. S. Menochii ...
12-15: *Biblia sacra ...* quibus accedit supplementum a ... Tournemine collectum
1-11: Alosti, excudebant Spitaels et Van Ryckegem; 12-15: Gandæ, excudebat P. J. van Ryckegem, 1825-1829
8°: 15 dln
- BI/24-38

BIBLIA (Frans) B201
La saincte Bible, nouvellement translatée de Latin en François ... (trad.: Nicolas de Leuze & François de Larben)
A Louvain, par Bartholomy de Grave, Anthoine Marie Bergagne, & Iehan de Waen, 1550
2°: †⁶, a-z⁶, Aa-Zz⁶, Aaa-Sss⁶, Ttt⁴, AA-OO⁶, PP⁴, QQ⁶; [6], 388, 94 f.: ill. (houtneden)
- ZVII/19 (f. 89-96 [in fine] ontbr.; titelp., voorwerk & pp. 1-50 beschadigd; herk.: Ex munificentia D. Forget qui ... hoc opus Romæ comparavit, an. 1882)

BIBLIA (Frans) B202
La sainte Bible, qui contient le Vieux et le Nouveau Testament. Revue sur les originaux ... par David Martin ... Nouvelle édition ... par Pierre Roques ...
A Basle, chés Jean Rodolphe Im-Hoff, 1744

8°:)(⁴ , A-3D⁸, 3E², a-i⁸, k², χ¹, [A]-[Q]⁸, [R]⁴; [8], 804, 148, [2], 262 p.
- EI/11 (titelblad ontbr.)

BIBLIA (Frans) B203
La Sainte Bible en Latin et en François. Avec des notes ... tirées du commentaire de ... Augustin Calmet ..., de ... de Vence, & des auteurs les plus célébres ... Ouvrage enrichi de cartes géographiques & de figures (vert.: Louis de Carrières)
A Paris, chez Gabriel Martin, J. B. Coignard & Ant. Boudet, Pierre-Jean Mariette, Hippolyte-Louis Guerin, 1748-1750
4°: 14 dln
- PrDIV/1-14

BIBLIA (Frans) B204
La Sainte Bible contenant l'Ancien et le Nouveau Testament. Traduite en François sur la *Vulgate,* par ... le Maistre de Saci. Nouvelle édition, ornée de 300 figures, gravées d'après les dessins de M. Marillier ...

B

A Paris, 1-4: chez Defer de Maisonneuve, 1789-1791; 5: chez Bastien & Ponce, s.d.; 6-8, 11-12: chez Gay, Ponce & Belin, An VIII-XII; 9: chez Gay, Ponce & Gide, s.d.; 10: chez Bastien & Ponce & Belin, An VIII
8°: 12 dln
- BIII/8-19

BIBLIA (Frans & Latijn) B205
Sainte Bible de Vence, en latin et en français. Avec des notes ... des préfaces et des dissertations, tirées du commentaire de ... Calmet ..., de ... de Vence, et des autres auteurs ... 5e éd. Enrichie d'un atlas et de cartes géographiques
17: *Livres apocryphes* ... (ed.: David Drach)
1-6, 8-9, 13, 17, 19-22: Paris, Mame et Delaunay-Vallée; 7, 26-27: Paris, Méquignon-Havard; 10-12, 14-16, 18, 23-25: Paris - Brux., Méquignon-Havard, 1827-1833
27 dln + 1 dl pltn
- CIII/1-28 (dl 28 is ingebonden in oblong, heeft geen titelp., maar een index in ms.)

BIBLIA (Nederlands) B206
Den Bibel. Tgeheele Oude en de Nyeuwe Testament ...
Gheprint Tantwerpen, by mi Henrick Peetersen van Middelburch, 1535
2°: (6, a-z8, A-Z8, A6; [380] f. + Aa-Mm8, Nn6; [102] f.: ill.; gegrav. titelp. in O.T. & N.T.
- AVIII/2 (titelblad in O.T & Nn3-6 ontbr.; herk in fine:Juande Zütter anno 1601)

Biblia (Nederlands) B207
Den gheheelen bybel, inhoudende het oude ende nieuwe Testament ... onlangs ... by sekeren gheleerde [Nicolaus van Winghe] ghecorrigeert ...
Ghedruckt in die vermaerde universiteyt ende stadt van Loeven, by my Bartholomeus van Grave, 1548
2°: X6, A-B6, C4, A-Z6, Aa-Zz6, AA-NN6, OO4, A-N6, O8; [465] f.: ill.; gegrav. titelp.
- CV/6 (herk.: Biblioth. Augustin. Thenensis ... 1677)

BIBLIA (Nederlands) B208
Den gheheelen Bibel, inhoudende het oude ende nieuwe Testament ... overghestelt ende ghecorrigeert nae dat Lovensche Latijnsch exemplaer ... met veel schoon figueren verciert, die inden iersten druck niet en waren
Ghedruct inde Universiteyt van Loven, by Anthoni Marie Bergaigne. Men vindtse te coope by voorseyden Anthonium Bergaigne ... by Bartholomæum van Grave ... ende Ian Waen, 1553
Vert.: Nicolaus van Winghe; Ed.: Jan vander Haghen (f. 2 v°)
2°: X6, A-D6, F-G4, G†2, H-2V6, 2X4, 3A-3X6, 3Y-3Z8, A-O6, P-Q8; [507] f.: ill.
- AVIII/3 (f. A2 ontbr.)

BIBLIA (Nederlands) B209
Den Bibel, inhoudende het oude ende nieuwe Testament ...
Gheprint in ... Andtwerpen, by Hans de Laet, 1556
Vert.: Nicolaus van Winghe
2°: ◂4, A-3B8, A-Q6; [484] f.: ill.; titelp. met houtsnedelijst
- AIX/2 (herk.: Philippus Peetermans, Boutersem [na 3B7])

BIBLIA (Nederlands) B210
Biblia sacra dat is de geheele heylighe Schrifture bedeylt int oudt ende nieu Testament. Van nieus ... oversien ... door sommighe doctoren inder heyligher godtheyt in de ... universiteyt van Loven
T'Antwerpen, by Ian Mourentorf ende Ian van Keerbergen, 1599

In fine: typis Danielis Vervliet, & Henrici Swingenii
2°: *4, A-2P6, A-2F6, 2G8, A-Q6, R10; niet gepag.: ill.; gegrav. titelp.
- AIX/3 (herk.: Ad usum F. Augustini Tubicx religiosi parchensis 1793) & ArDVIII/7

BIBLIA (Nederlands) B211
Biblia sacra dat is alle de Heilige Schriften van het Oude en Nieuwe Testament. Nu op een nieuw ... oversien ... door de doctoren der H. Godheyt, inde ... universiteyt van Loven inden Iare MDXCIX
N.T.: *Het Nieuwe Testament onses Heeren Iesu Christi* het welcke is ... verbetert, ende na den laetsten Roomschen text gestelt. Door ... Henricus vander Leemputte ..., t'Antwerpen, 1653
Men vindse te coop by Jacob Van Metelen t'Amsterdam, 1653
Nota: Eerst t'Antwerpen na de copye van Ian Moerentorf nu wederom nagesien en verbetert (op de titelp.)
4°: *4, A-6G4, 6H2(-6H2), A-Ff4; [8], 978, 230, [2] p.
- AVII/1 (herk.: Ex libris Dejonghe [Park] pastoris de Werchter)

BIBLIA (Nederlands) B212
Biblia Sacra, dat is de geheele Heylighe Schrifture. Bedeylt in 't Out en Nieu Testament ... Verciert met veel schoon figueren gesneden door Christoffel van Sichem
Eerst t'Antwerpen by Ian van Moerentorf en nu herdruckt [Amsterdam] by Pieter Iacopsz Paets, 1657
N.T.: *Het Nieuwe Testament ...* Oversien ... door ... Henricus van den Leemputte ...
Eerst t'Antwerpen, by Cornelius Verschuren, ende nu herdruckt by Pieter Iacobsz. Paets, 1646
2°: π4, A-5N6, 5O4, A-V6, 2A-2N6, 2O4, 2P-2R6, 2S4; [8], 1265, [3bl], 468 [=440], [6] p.: ill.; gegrav. titelp., houtsneden; uitsl. krt
- PrBVI/7 (volledig ingekl. ex.: 'Ende afgeset door Mr Dirck Roelants Robert' [in ms. op 2 titelp.])

BIBLIA (Nederlands) B213
De geheele H. Schriftuur ... Nieuwe overzettinge in de Nederlandsche tael, met korte verklaringen ...
2: *De vier groote propheten. De twaelf kleyne propheten. De boeken der Machabeen. Het nieuwe testament*
t'Utrecht, by Theodorus vanden Eynden, 1717
Vert.: E. C. P. = Ægidius de Witte
2°: *2, 2*4, A-4E4, 4F2; [2], X, 596 p. + π1, A-3S4, 3T-4B2; [2], 540 p.; grav. op titelp.in elk dl
- BVI/5

BIBLIA (Nederlands) B214
Biblia sacra, dat is, de H. Schriftuer van het Oude, en het Nieuwe Testament. Naer de laetste Roomsche Keure der gemeine Latijnsche overzettinge, in nederduitsch vertaeld (Andreas van der Schuer en H. van Rhijn)
T'Utrecht, by Cornelius Guillielmus le Febvre, 1732
2°: π1, *-5*2, A-4M4, 4N2; [4], XX, 652 p. + π1, A-4A4, 4B-4G2; [2], 584 p.; bijk. gegrav.titelp.
Nota:: 'dit is de agste maal dat deze vertaling van het Nieuw Testament gedrukt is' (*in fine* dl 2)
- BVIII/8-9

BIBLIA (Nederlands) B215
Historie van het Oud en Nieuw Testament, met christelyke en stichtbaere bemerkingen ... Van nieuws overzien ...
Tot Gend, by Bernard Poelman, 1787
8°: π2, *4, A-3B8, 3C6; [12], 770, [20] p. + uitsl. pltn
- CIV/13

BIBLIA (Nederlands) B216
Historie van het Oud en Nieuw Testament, met christelyke en stichtbaere bemerkingen … Van nieuws overzien …
Tot Gend, by Bernard Poelman, 1817
8°: π¹, *⁴, A-3B⁸, 3C⁶; [10], 770, [20] p.; uitsl. krtn
- ArDVI/27

BIBLIA V.T.(Latijn) B217
(*Biblia sacra vulgatæ editionis.* Versione Belgica elucidatus notis grammaticalibus per FF. Minores …)
1-14: (*Pentateuchus*). Notis grammaticalibus … elucidat(us), authore … Wilhelmo Smits …
15-22: (*Liber Tobiæ, Job, Psalterium, Liber proverbiorum, Canticum canticorum, Sapientia, Ecclesiasticus*) … Elucidat(i) authore … Wilhelmo Smits …
1-9 & 15-16: Antverpiæ, apud Alexandrum Everaerts et Amstelodami, apud Gerardum Tielenburg, 1753-1767 & 1750-1751; 10-14: Antverpiæ, typis Joan. Baptistæ Carstiaenssens, 1772-1782; 17-18: Antverpiæ, apud viduam Petri Jouret, 1744; 19-22: Antverpiæ, pro Gerardo Tielenburg, 1746-1749
Nota: 10: … elucidatus à Wilhelmo Smits … Edidit … Petrus Van Hove; 11-13: Elucidatus … authore Petrus Van Hove; 15: *Apologismus polemicus, ad Deut. XVII* … Collegit … Petrus Van Hove …
Nota: titel komt voor op de valse titelp. van dln 10-13; elk dl heeft eigen titelp. met deeltitels van het O. T.
8°: 22 dln; portret van W. Smits in 1; gegrav. front. in 2, 4, 7, 10, 15-17, 19, 20-22
- BII/4-24 (20 is convoluut; herk.: in 1: Dejonghe [Park], pastoris de Werchter; in 4, 6, 12: Aug. D'Hont Relig. Camberenensis)

BIBLIA V.T. (Latijn) ESDRA … B218
Manassæ oratio, Esdræ lib. III & IV.
Bevat: *Libri Esdræ I & II, Tobiæ, Iudith, Esther, Iob, Psalmorum, Proverbiorum, Ecclesiastes, Sapientiæ, Ecclesiastici* + (in fine) *Oratio Manassæ & Libri Esdræ III & IV*
Coloniæ Agrippinæ, sumpt. viduæ Bernardi Gualteri & sociorum, 1647
12°: π¹, A-2M⁸, A-P⁸, Q⁴; 558, 93, [154] p.
- YIV/29

BIBLIA V.T. (Latijn) JOB B219
Libri Iob. Versio nova ex Hebræo cum scholiis. Authore Philippo Codurco …
Lutetiæ Parisiorum, sumptibus authoris, ex typographia Petri Variquet, 1651
4°: á⁴, é⁴, í², A-2X⁴, 2Y²; [28], 344, [2] p.
- CII/34 (herk.: J. F. Vandevelde; Lammens, P.P.C.; niet geïdent. supralibros)

BIBLIA V.T. (Latijn) JONAS B220
Jonas illustratus per paraphrasin Chaldaicam, Masoram magnam et parvam, et per trium … rabbinorum Schelemonis Jarchi, Abrahami Aben Ezræ, Davidis Kimchi, textum rabbinicum punctatum, ut et per Michlal Jophi textum non punctatum, nec non per … notas philologicas, auctore Johanne Leusden …
Trajecti ad Rhenum, apud Franciscum Halmam, 1692
8°: *⁸, 2*⁴, A-Q⁸; [24], 252, [4] p.; bijk. gegrav. titelp.
Taal: Latijn, Hebreeuws & Aramees
- BI/39

BIBLIA V.T. (Latijn) JOSUE … B221
Libri Iosue, Iudicum, Ruth, Regum IV, et Paralipomenon II
Colon. Agrippinæ, sumpt. hæred. B. Gualteri et sociorum, 1639
24°?: A-2K⁸; [2], 528 p.; gegrav. titelp.
- YIV/30 (herk.: Georgius ab Ettenhard; Carm. disc. Conv. Teneramundani)

BIBLIA V.T. (Latijn) PSALMI B222
Psalmi. Proverbia Salomonis. Ecclesiastes. Canticum Canticorum. Cum brevibus ex Hebræo annotationibus
Parisiis, ex officina Roberti Stephani, 1528
4°: a-m⁸, n⁶; 101 (=100), [2] f.
- ArDVII/11 (herk.: Francisci Jordani 1624)

BIBLIA V.T. (Latijn) PSALMI B223
Psalterium commune una cum Hymnario …
Basilee, (Thomas Wolff, 1531)
In fine: Impressum Basilee in edibus Thome Wolffij. Anno MDXXXI
2°: A⁸, B-L⁶, M-N⁸; n. gepag.; rubricering; initialen; muz.
- DVII/12 (ingeb. met muziekmsn; herk.: Bibl. Sancti Nicolai Furnis, 1771; Ce livre appartient à son Eminence)

BIBLIA V.T. (Latijn) PSALMI B224
Psalmista iuxta consuetudines sancte Romanæ Ecclesiæ
Brixiæ, apud Ludovicum Britannicum, 1537
8°: X⁸, a-t⁸; [8], 142, [10] f.: ill.; titelp. met houtsnedelijst, versierde initialen, rubricering
- PrII/22

BIBLIA V.T. (Latijn) PSALMI B225
Psalterium Davidicum vetus. … castigatum … & … illustratum … diligentia … Wilhelmi Damasi Lindani …
Antverpiæ, ex officina Gulielmi Silvii, 1568
Coll.: Cornelius Musius Delphus (*Hendecasyllabum & Duodecastichon*)
8°: $⁸, A-X⁸, Y⁴; [16], 322, [6] p.
- PrII/23 & PrII/24

BIBLIA V.T. (Latijn) PSALMI B226
Psalterium Davidicum punctis et accentibus fideliter notatum. Cum aliquot prophetarum canticis & hymnis ecclesiasticis
Parisiis, apud Jacobum Kerver, 1575
8°: á⁸, é⁸, í², a-v⁸(-v⁸), A-I⁸, aa-bb⁸; [18], CLVIII, LXVII, [20] f.; rubricering
- ArCIII/7 (herk.: Sœur Isabeau Lolieu religieuse du couvent de Meruy en l'an 1590 le 22 de julet faisait ma profesion; No 427. eX LIbrIs aD UsUM g. Van haeLen, LeCtorIs nInhoVIensIs, 1786)

BIBLIA V.T. (Latijn) PSALMI B227
Psalterium Romanum, decreto sanctosancti Concilii Tridentini restitutum ex breviario Romano Clementis VIII … auctoritate recognito
Antverpiæ, ex officina Plantiniana, apud Ioannem Moretum, 1609
2°: *⁶, 2*⁴(-2*⁴), A-2T⁶, 2V⁸; [16], 518, [1] p.; muz.
In fine: 12 p. ms.
- ZIX/1

BIBLIA V.T. (Latijn) PSALMI B228
Psalterium Romanum, ex decreto sacrosancti concilii Tridentini restitutum. Ex breviario Romano Pii V … iussu edito, et Clementis VIII primum, nunc denuo Urbani … VIII auctoritate recognito
p. I-CCCXI: *Hymni totius anni, et primo, de adventu. ad vesperas*
Antverpiæ, ex officina Plantiniana Balthasaris Moreti, 1664
2°: *⁸, A-2G⁶, 2H⁸, 2A-3B⁶, 3C⁸; [16], 374, [2], CCCXI, [4] p. grav. op titelp.
- ArDVIII/1

BIBLIA V.T. (Latijn) PSALMI B229
Liber psalmorum. Cum argumentis … Ludovici Ferrandi
Parisiis, apud Petrum Debats et Imbertum Debats, 1701
4°: á⁵, A-6A⁴, 6B²; [10], 922, [20] p.
- AVII/4

BIBLIA V.T. (Latijn) PSALMI　　　　　　　　　　　　B230
Psalterium. Paraphrasibus illustratum … authore Raynerio Snoy … Sed in hac novissima editione … expurgatum … cura & opera H. Raellen …
In fine: Magni Athanasii *In Psalmos opusculum*. Angelo Politiano interprete
Lovanii, typis G. Stryckwant, 1704
12°: *^{4}, 2*^{2}, A-2Y^6, 2Z^2; [12], 542 [=538], [6] p.
- ArDII/6 (herk.: J. F. van Roey; Petrus Neef Antverpiensis 1772 [prijsboek])

BIBLIA V.T. (Latijn) PSALMI　　　　　　　　　　　　B231
Psalterium, cantica et ordo missæ
S.l., s.n., (1735?)
12°: π^1, *^{8}, A-K^{12}, L^4; [2], XV, [1], 238, [7] p.; gegrav. titelp.
- ArDI/10 (herk.: Matthæus Rombouts in gymnasio Stæ Trinitatis Lovanii 1745 [Park; prijsboek])

BIBLIA V.T. (Latijn) PSALMI　　　　　　　　　　　　B232
Psalterium Davidis, una cum hymnis ecclesiasticis et officio defunctorum, usui canonicorum Præmonstratensium accomodatum
Bruxellis, typis Nicolai Stryckwant, 1739
4°: π^1, *-3*^{2}, A-2Z^4, a-g^4; [14], 368, LVI p.
- PrIVII/2 & ArFIII/16 (herk.: P. Moerings [Park])

BIBLIA V.T. (Latijn) PSALMI　　　　　　　　　　　　B233
Psalterium Davidis, una cum hymnis ecclesiasticis et officio defunctorum, usui canonicorum Præmonstratensium accomodatum
Bruxellis, typis Philippi-Josephi Lemmens, 1754
4°: π^1, *-3*^{2}, A-2Z^4, a-g^4; [14], 368, LVI p.
- PrJIV/5 (herk.: Ad usum prioris Bonæ Spei)

BIBLIA V.T. (Latijn) LIBRI REGUM …　　　　　　　　B234
Libri Regum IIII, Libri Paralipoménon II, Libri Esdræ IIII, Liber Tobiæ, Liber Iudith, Liber Esther, Liber Iob
Parisiis, ex officina Simonis Colinæi, 1540
In fine: Absolutum XVI Iulii, MDXLI
16°: a-z^8, &^{8}, aa-zz^8, &&^{8}, 3a-3z^8, 3&^{8}, 4a^8; 583 f.
- AIII/9

BIBLIA V.T. (Latijn) LIBRI REGUM …　　　　　　　　B235
Libri Regum IIII, Libri Paralipoménon II, Libri Esdræ IIII, Liber Tobiæ, Liber Iudith, Liber Esther, Liber Iob
Parisiis, apud Petrum Regnault, 1541
16°: a-3e^8; 408 f.: ill.
- ArDI/1 (herk.: Huybrechts 1821 Schuerhoven; Johannes de Bie / ex dono … Gerardi Antoni …)

BIBLIA V.T. (Frans) DANIEL　　　　　　　　　　　　B236
Daniel. Traduit en François
A Paris, chez Guillaume Desprez, 1691
Vert.: Le Maistre de Sacy
8°: á^8, é^4, A-X^8, Y^2; [24], 332, [8] p.
- ArCIII/5/1 (herk.: Sr Marguerite brulé de St Augustin et de Sr Madeleine …)

BIBLIA V.T. (Frans) ISAIAS　　　　　　　　　　　　B237
Isaïe. Traduit en françois, par … G. F. Berthier [ed.: Yves-Mathurin de Querbeuf]
A Paris, chez Mérigot, le jeune, 1788-1789
12°: 5 dln
- BI/9-13

BIBLIA V.T. (Frans) MACCHABEI　　　　　　　　　　B238
Les Machabées. Traduits en François
A Paris, chez Guillaume Desprez, 1691
Vert.: Le Maistre de Sacy
8°: *^{8}, 2*^{4}, a-2p^8, 2q^6; [24], 607, [13] p.
- ArCIII/5/2

BIBLIA V.T. (Frans) PSALMI　　　　　　　　　　　　B239
Les pseaumes. Traduits en françois … Par … G. F. Berthier [ed.: Yves-Maturin de Querbeuf]
A Paris, chez Mérigot, le jeune, 1785
In fine in 8: De l'imprimerie de Gueffier
12°: 8 dln; portret van Berthier in 1
- BI/1-8

BIBLIA V.T. (Frans) PSALMI　　　　　　　　　　　　B240
Les pseaumes. Traduits en françois … par … G. F. Berthier
A Paris, chez Merigot, 1788
12°: 5 dln; gegrav. portret van Berthier in 1
- CIII/29-33

BIBLIA V.T. (Frans & Latijn) PSALMI　　　　　　　B241
Pseaumes de David. Traduction nouvelle selon l'Hebreu, & la Vulgate
A Paris, chez Pierre Le Petit, 1666
Nota: driekolommendruk: Latijn & 2 Franse vertalingen
12°: *^{6}, A-S^{12}, T-V^6; [12], 451, [5] p.
- PrIII/18

BIBLIA V.T. (Frans & Latijn) PSALMI　　　　　　　B242
Pseaumes de David. Traduction nouvelle selon l'Hebreu & la Vulgate. Nouvelle édition
A Paris, chez Pierre Le Petit, 1678
Nota: driekolommendruk: Latijn & 2 Franse vertalingen
12°: *^{12}, 2*^{8}, A-R^{12}, S^4; [12], XXVIII, 416 p.
- XII/33

BIBLIA V.T. (Nederlands)　　　　　　　　　　　　　B243
Historie van het Out Testament … Vertaelt uyt het Fransch door … Adrianus Van Loo …
Te Maestricht, by Lambert Bertus, 1712
8°: π^4, A-2X^8, 2Y^4; [8], 728 p.
- ArDII/17

BIBLIA V.T. (Nederlands) PSALMI　　　　　　　　　B244
De Psalmen van David, met korte bemerkingen … [vert.: Willem Van Roost]
Tot Ghendt, by Franciscus en Dominicus vander Ween, 1725
12°: *-3*^{12}, 4*^{6}, 5*^{2}(-5*^{2}), A-N^{12}, O^8(-O^8); LXXXV, [1], 325 p. + π^1, A-R^{12}, S^6, T^2; [2], 414, [10] p.
- PrFII/15 (herk.: P. J. Vanden Bon [Ninove]; Nunc ex libris F. Van Den Bon Presb. Regul. 1806)

BIBLIA N. T. (Grieks & Latijn)　　　　　　　　　　B245
Novum Testamentum omne … ab Erasmo recognitum, emendatum et translatum …
(Basel, Johannes Froben, 1519)
In fine: Basileæ in ædibus Ioannis Frobenii, anno … MDXIX mense martio
Twee kolommen: Latijn & Grieks
2°: Aa-Kk^6, a-z^6, A-Z^6, &^{8}; 120, 566 p.; titelblad met hs. na p. 120
- NV/14 (titelblad + p. 1-10 ontbr.)

BIBLIA N. T. (Grieks & Latijn)　　　　　　　　　　B246
Novum Testamentum Græcè. Cum vulgata interpretatione Latina Græci contextus lineis inserta … atque alia Ben. Ariæ Montani … opera è verbo reddita …

Antverpiæ, excudebat Christophorus Plantinus, 1572
2°: A⁴, A-Q⁶; [8], 191 p. + 2 krtn
- CVIII/15/1

BIBLIA N.T. (Grieks & Latijn)   B247
'Ης καινη διαθηκη - *Novum Testamentum … Auctore Johanne Leusden …*
Amstelædami, ex officina Wetsteniana, 1717
12°: π¹, *³, A-N¹², O⁶, P⁸; [8], 338 p.; uitsl. krtn; bijk. gegrav. titelp.
- CI/25 (herk.: Guillaume Versteylen, Turnhout, 1832; François Versteylen, 1879)

BIBLIA N.T. (Latijn)   B248
Sanctum Iesu Christi evangelium. Secundum Matthæum, secundum Marcum, secundum Lucam, secundum Ioannem. Acta apostolorum
2e dl: *Pauli apostoli epistolæ. Epistolæ catholicæ. Apocalypsis beati Ioannis*
Parisiis, apud Simonem Colinæum, 1525
16°: a-z⁸, &⁸, aa-kk⁸, A-Z⁸, Aa-Ee⁸; 272, 200, [23] f.; rubricering
- AIII/8 (herk.: Post mortem D. Huberti Cappruijns datus ad regularibus ao 1579)

BIBLIA N.T. (Latijn)   B249
Sanctum Iesu Christi Evangelium secundum Matthæum, Marcum, Lucam, Iohannem. Acta Apostolorum
2: *Pauli epistolæ … Epistolæ catholicæ … Apocalypsis …*
Lovanii, apud Petrum Zangrium Tiletanum, 1577
In fine: Lovanii. Excudebat Bartholomæus Gravius
4°: a-z⁴, A-Y⁴, Z⁶; 186 f. + A-2K⁴, 2L⁶; 138 f.
- BII/1-2 (tussengeschoten ex., marginalia; herk.: Johannes Linnemans legavit collegio Persoons)

BIBLIA N.T. (Latijn)   B250
Novum Testamentum Domini Nostri Jesu Christi vulgatæ editionis, iuxta exemplar Vaticanum anni 1592
Colon. Agrippinæ, sumpt. hæred. B. Gualteri et Sociorum, 1639
16°: A-2M⁸; [2], 559 p.; gegrav. titelp.
- YIV/35

BIBLIA N.T. (Latijn)   B251
Novum Jesu Christi Testamentum vulgatæ editionis, Sixti V … jussu recognitum, & Clementis VIII auctoritate editum. In duos tomos distributum
Lovanii, typis Martini Hullegaerde, 1674
8°: †², A-2G⁸; [4], 480 p. + A-Z⁸, 2A⁴; 362, [14] p.
- ArDI/5 (herk.: De Pauw Park 1906)

BIBLIA N.T. (Latijn)   B252
Novum Jesu Christi Testamentum vulgatæ editionis, Sixti V. … jussu recognitum …
Lovanii, typis Guilielmi Stryckwant, 1690
12°: A-2C¹², 2D⁸; [4], 622, [13] p.; bijk. gegrav. titelp.
- ArDI/2 (herk. in fine: Durieux Onderpastoor tot perk by Loven)

BIBLIA N.T. (Latijn)   B253
Breves notæ historicæ & criticæ in Novum Jesu-Christi Testamentum cum textu adjuncto vulgatæ editionis Sixti V … jussu recognitum et Clementis VIII authoritate editum
In fine: *Index geographicus … Autore N. Sanson*
Antverpiæ, typis Petri Jouret, 1716
12°: *⁴, *², A-2H⁸⁻⁴; VIII, [4], 376 p. + A-2F⁸⁻⁴, 2G²; 320, [36] p.; gegrav. front., uitsl. krt.
- YIV/40 (dl 2 ontbr.) & YIV/41

BIBLIA N.T. (Frans & Latijn)   B254
Le Nouveau Testament de nostre Seigneur Jesus-Christ, en latin et en francois, avec les différences du grec & de la Vulgate. Vint-cinquième édition. Seconde *(sic)* volume
A Mons, chez Gaspard Migeot, 1684
Vert.: Isaac Louis Le Maistre de Sacy
12°: ? + π¹, A-2L¹²; [2], 806, [10] p.
- ArDII/3 (dl 2)

BIBLIA N.T. (Frans)   B255
Le Nouveau Testament de Nostre Seigneur Jésus-Christ. Traduit sur l'ancienne édition latine … par … D. Amelote …
2: *Les épistres de l'apostre Saint Paul. Les épistres canoniques. L'apocalypse*
3: (*Les épistres catholiques et l'Apocalypse*)
A Paris, chez Francois Muguet, 1687-1688
4°: á⁴, é⁴, í⁴, ó², A-4L⁴, 4M²; [28], 609, [35] p.; á⁴, A-3L⁴, á⁴, A-2Q⁴, 2R²; [8], 454, [1], [8], 456, [8], 314 p.
- BIV/17-18 (herk.: J. F. Vandevelde 1785)

BIBLIA N.T. (Frans)   B256
Le Nouveau Testament de Notre Seigneur Jésus-Christ. Traduit en françois avec des notes littérales … par … Mésenguy
In voorwerk: *L'Ordinaire de la Messe. Préfaces propres*
A Paris, chez Desaint & Saillant et Butard, 1764
12°: π², a¹², A-2C¹², 2D⁸, 2E⁴; IV, XXIV, 642, [2] p.
- CII/27 (herk.: Fr. Fredericus vanden Berg [Park])

BIBLIA N.T. (Nederlands)   B257
Het Nieuwe Testament Ons Heeren Iesu Christi
t'Hantwerpen, by Christoffel Plantijn, 1577
8°: *⁸, A-Z⁸, a-y⁸, z⁴; [16], 732 p.: ill. (hsn); titelp. met houtsnedelijst
- PrIII/11

BIBLIA N.T. (Nederlands)   B258
Biblia Sacra, ofte de Heylige Schriftuere. Nieuwen Testamente
(Antwerpen, Henricus Swingenius, 1598?)
In fine: Typis Henrici Swingenij
8°: A-3A⁸, 3B⁶; [2?], 748, [16] p.: ill.
- ArDII/1 (titelblad ontbr., vervangen door titelblad in ms.; herk.: Ex libris J. Fr. Willems)

BIBLIA N.T. (Nederlands)   B259
Het nieu testament onses Heeren Iesu Christi. Met korte uytlegghinghen door Franciscum Costerum …
T'Antwerpen, by Ioachim Trognæsius, 1614
2°: *⁶, 2*⁴, A-2G⁶, 2H⁴, 2I-4R⁶, 4S⁸; [20], 1003, [41] p.
- AVIII/1 (titelblad ontbr. & voorwerk is onvolledig)

BIBLIA N.T. (Nederlands)   B260
Het nieuwe Testament ons Salichmakers Jesu Christi, mitsgaders d'Epistelen uit het oude Testament … Oversien … door … Henricus vanden Leemputte …
T'Antwerpen, by Cornelis Woons, 1672
8°: *⁸, 2*⁴, A-3B⁸, 3C²; [24], 755, [17] p.; ill.
- AV/7 (herk.: Sr Hermelindis van Simphoven)

BIBLIA N.T. (Nederlands)   B261
Het Nieuwe Testament van Onsen Heere Jesus Christus. Met korte verklaringen … Den tweeden druck
Te Brussel, by Joseph Serstevens, 1702
8°: π¹, *-3*⁸, A-2F⁸, 2G⁴; [66], 471 p.; front. & uitsl. krt
- CIV/16

B

BIBLIA N.T. (Nederlands)   B262
Het Nieuwe Testament van onzen Heere Jesus Christus vertaelt volgens de gemeyne latynsche overzettinge ...
Tot Antwerpen, by Franciscus Muller. Men vintse te koope tot Ghendt, by Franciscus en Dominicus vander Ween, 1717
12°: π^5, A-2G^6, 2H^2, 2I-3O^6, χ^1; [10], 698, [1] p.; gegrav. front.
- ArDII/2 (herk.: P. J. Vanden Bon 1765)

BIBLIA N.T. (Nederlands)   B263
Het Nieuw Testament onzes Heere Jesus Christus. Vyfde druk, met nauwkeurige landkaarten verrykt
T'Amsterdam, voor de wed. Albert Klumper en Jan Kalverum, 1720
8°: *^{6}(-*^{6}), A-I^{12}, K^8, L-Z^{12}; [5], 544 p.: + ill. & krtn; bijk. gegrav. titelp.
- ArDI/3

BIBLIA N.T. (Nederlands)   B264
Het Nieuw Testament van onzen Heere Jesus Christus. Vertaelt volgens de gemeene Latijnsche overzettinge ... Tweeden druk
Tot Gendt, by Franciscus en Dominicus vander Ween, 1721
12°: a-b^6, A-3M^6, 3N^2; XXIV, 690 p. + krt
- UI/6

BIBLIA N.T. (Nederlands)   B265
Het nieuw Testament onzes Heeren Jezus Christus. In 't Nederduitsch vertaald (door A. van der Schuur)
Te Utrecht, by Willem van der Weiden, 1768
12°: *^{8}, A-I^{12}, K^8, L-Z^{12}, A-B^{12}, χ^7; [14], 544, 42, XX p.
- ArDI/4

BIBLIA N.T. (Nederlands)   B266
Het Nieuwe Testament van Onzen Heere Jesus Christus, vertaelt volgens de gemeyne latynsche overzettinge [door Philips Lodewijk Verhulst]
Tot Antwerpen, by Franciscus Muller. Men vindse te koop tot Ghendt, by Franciscus en Dominicus vander Ween, 1717. Erdrukt en te koop te Brussel, by J.-B. Dupon, 1825
[6], 568 p.
- EI/10 (herk.: dezen boek beoord toe aen Joseph Saey, kanonier, Doornik, 1834) & EII/4

BIBLIA N.T. (Nederlands)   B267
Den handel der apostelen. De brieven van den H. Paulus. De algemeyne brieven. De openbaringen van den H. Joannes
Tot Emmerick, voor Joseph Serstevens, 1702
8°: A-2S^8, 2T^6; 668 p. + uitsl. krt
- PrIII/17

BIBLIA FIGURATA   B268
Evangelicæ historiæ imagines, ex ordine Evangeliorum, quæ toto anno in missæ sacrificio recitantur, in ordinem temporis vitæ Christi digestæ. (Auctore Hieronymo Natali)
Antverpiæ, s.n., 1596
Nota: tekst van Geronimo Nadal, gravures van Jan Galle
2°: †^{5} + 153 grav.; gegrav. titelp.
- PrDVI/13 (met titelp. van 1839)

BIBLIA FIGURATA   B269
Evangelicæ historiæ imagines, ex ordine Evangeliorum ... (Auctore Hieronymo Natali ...)
Antverpiæ, excudebat Ioannes Galleus, 1647
Nota: tekst van Geronimo Nadal, gravures van Jan Galle
2°: *^{5}, gegrav.titelp., 153 prenten
Convoluut (samengebonden met N1)
- KIX/1 (herk.: Bibliothecæ Parchensis. Dono ... Hier. Bulens prioris 1716)

BIBLIA FIGURATA   B270
Bibels Tresoor. Ofte der Zielen Lusthof. Uytgebeelt in figueren, door verscheyden meesters. Ende gesneden door Christoffel van Sichem
T'Amsterdam, by P. I. Paets, 1646
4°: A-2V^8, 3A-3H^8, 3I^4(-3I^4); 776 p.: 797 ill.
- ArEIV/22 (titelblad ontbr.)

BIBLIA FIGURATA   B271
't Schat der zielen, dat is: het geheele leven ons Heeren Iesu Christi naer de vyer evangelisten ... Met zeer schoone figuren ... gesneden door C. van Sichem
Bevat: *De wercken der Apostelen* met seer schoone uyt-beeldingen, van ... Martinus Heemskerckius ... ende Ioannes Stradanus ...
In fine (met aparte titelp.): *'t Bosch der eremyten ende eremitinnen* ... Met figuren van Abraham Blommaert door Christophorus à Sichem. Met kort verhael van een yders leven ... door H. Ian van Gorcum ... ende H. R. ... *Goddelycke wenschen* verlicht met sinnebeelden ... [door Hugo Hermannus]
'T Amsterdam, by Pieter I. P.(= Paets), 1648
4°: A-V^8, 2A-2V^8, 3A-3H^8; 800, [4] p.
- ArEIV/23 (titelblad, pp. 1-52, 59-60, 403-420, 623-635 & vanaf 732 ontbr.)

BIBLIA FIGURATA   B272
Icones biblicæ Veteris et Novi Testamenti - Figuren Biblischer Historien Alten und Neüen Testaments. Proprio aere aeri incisæ ... a Melchiore Kysel ...
Anjeko hatt es in Verlag und ist zu finden in Nürnberg bey Johann Leonhard Büggel, (1679?)
Praef.: Georgius Laub
Nota: gravures met Latijnse & Duitse onderschriften
In fine: Finis MDCLXXIX
4°: 51, 51, 50, 47, 42 grav.; bijk. gegrav. titelp.
- PrHVII/17 (ontbr.: grav. 33 in 1; grav. 41 in 3; herk.: Sum Mon^{rij} Amorbacensis Ord. S. Benedicti)

BIBLIA FIGURATA   B273
Afbeeldingen der voornaamste historien, soo van het Oude als Nieuwe Testament. Door verscheide ... tekenaars en plaatsnyders seer kunstig afgebeeld. Zynde ... daar by gevoegt, sinryke rymen, in de Latynse, Franse, Engelse, Hoog- en Nederduitse talen ...
Tot Amsteldam, uitgegeven door Nicolaus Visscher, [1700?]
2°: 3 dln: ill.; bijk. gegrav. titelp. voor dln 1 & 3
- CV/5

BIBLIA FIGURATA   B274
Historiæ celebriores Novi Testamenti iconibus representatæ et ... epigrammatis exornatæ. In lucem datæ à Christophoro Weigelio ...
Noribergæ *(sic)*, s.n., (1708?)
2°: 108 gravures met Latijnse & Duitse verzen
- PrDVI/5
Nota: gebonden met *Biblia sacra ...*, zie B177

BIBLIA FIGURATA   B275
Figures de la Bible
2: *Figures qui représentent les événemens les plus mémorables du Nouveau Testament*
A La Haye, chez Pierre de Hondt, 1728
Nota: Onderschriften bij de gravures in zes talen (Hebreeuws, Engels, Duits, Latijn, Frans & Nederlands)
2°: 2 dln; gegrav. titelp. in elk dl + [214] gravures
- BVI/1a-2a

BIBLIA FIGURATA   B276
Historiæ Biblicæ Veteris et Novi Testamenti … in centum frugiferis foliis exhibitæ à Josepho, & Joanne Klauber… /
Biblische Geschichten des Alten und Neuen Testaments … in hundert fruchtbaren Blättern vorgestellet von Joseph, und Johanne Klaubern …
Augustæ Vindelicorum, s.n., (1750?)
obl., 21,3 x 34 cm: 100 gravures
- PrCV/11 (grav. 99 & 100 ontbr.)

BIDERMANN, Jacob, S.J.   B277
Iacobi Bidermani … *Deliciæ sacræ*
Antverpiæ, apud Joannem Cnobbarum, 1637
12°: A-N^{12}, O^8; 324, [4] p.
- PrJVIII/10/1

BIDLOO, Govard   B278
Komste van zyne Majesteit Willem III, koning van Groot Britanje, enz. in Holland … (Govard Bidloo). Vercierd met kopere plaaten
In 's Graavenhaage, by Arnoud Leers, 1691
2°: π^2, *-2*^{2}, A-2^{12}; [12], 127 p. + ill.; bijk. gegrav.titelp.
- ArCVII/12 (herk.: Joannes Ludovicus Duermael 1737)

BIGATO, Marcus Antonius, O.Præm.   B279
Augustinus humiliatus excitans cor ad amorem misericordiæ Dei … Exhibitus per … Marcum Antonium Bigato …
p. 121-153: *Oratio encomiastica in laudem magni patris Augustini ... per … Thomam Verdonck …*
Lovanii, apud Bernardinum Masium, 1646
12°: π^{12}, A-G^{12}; [24], 153, [12] p.
- PrJV/6 (titelblad ontbr.)

BILLOT, Jean   B280
Prônes réduits en pratiques, pour les dimanches et fêtes principales de l'année. Par … Billot … Quatrième édition
A Lyon, chez Benoît-Michel Mauteville & Jacques-Marie Mauteville, 1775
12°: 5 dln
- JIII/5-9

BILLOT, Jean   B281
Prônes réduits en pratique, pour les dimanches et les fêtes principales de l'année … Par … Billot … Cinquieme édition
A Paris, & se vend à Liège, chez J. F. Bassompierre, 1785
8°: 5 dln
- ArAIII/12-13 (dln 3 & 5)

BILLOT, Jean   B282
Prônes réduits en pratique, pour les dimanches et principales fêtes de l'année. Par … Billot … Nouvelle édition
A Lyon, chez les Libraires associés, 1801
12°: 5 dln
- ArAIII/7-11 (dl 3 ontbr.)

BILLUART, Charles-René, O.P.   B283
Summa S. Thomæ hodiernis academiarum moribus accomodata, sive cursus theologiæ … Opera & studio … Caroli Renati Billuart …
Leodii, apud Everardum Kints, 1746-1751
8°: 19 dln
- GIV/1-19 (herk. in 18: Ad usum fratri Raymundi van den Bossche ord. ff. prædicatorum conventus Bruxellensis)

BILLUART, Charles-René, O.P.   B284
Summa S. Thomæ hodiernis academiarum moribus accomodata, sive cursus theologiæ. Opera & studio … Caroli Renati Billuart … Editio nova
In 1: *Vita auctoris.* A … Deodato Labye …
Trajecti ad mosam, typis & sumptibus Jacobi Lekens, 1769-1770
8°: 19 dln; gegrav. portr. van de aut. in 1
- GIII/8-26 (herk.: Hanc theologiam comparavit Jacobus[?] Vlierbacensis … 1798)

BILLUART, Charles-René, O.P.   B285
Summa summæ S. Thomæ, sive compendium theologiæ … Caroli Renati Billuart … Editio secunda. Cui præfigitur *Vita Auctoris* (a … Deodato Labye)
Gandavi, typis Joannis Meyer, 1763-1764
8°: 6 dln
- GIII/27-32 (herk.: J. J. Verwimp)

BILLY, Jacques de   B286
Locutionum Græcarum in communes locos per alphabeti ordinem digestarum volumen. Per … Iacobum Billium …
Parisiis, apud Ioannem Benenatum, 1578
In fine: Excudebat Ioannes le Blanc, iunior …
8°: á^8, A-3E^8; [16], 814 p.
- ArIV/14 (herk.: Coll. Remens. Societ. Jesu catalogo inscriptus)

BINCKEN, Hubert   B287
Cyffer-boek inhoudende meest alle de regels van den gemeynen arithmetica, waer onder de wissel-rekeninge, voorgesteld op zoo eene wyze, dat men daer uyt kan kennen de maniere van wisselen der principaelste steden van Europa … Door H. B. [H. Bincken]. In dezen derden druk … vermeerderd met verscheyde wissels …
T'Antwerpen, by Hubert Bincken, (1772?)
8°: A-W^8, Y^4; [8], 350, [21] p.
- QI/17 (herk.: F. J. B. Luyten R.P. [Park])

BINER, Joseph, S.J   B288
Apparatus eruditionis ad jurisprudentiam præsertim ecclesiasticam … Authore … Josepho Biner … Editio tertia
Augustæ Vindelicorum & Friburgi Brisgoja, sumptibus Fratrum Ignatii & Ant. Wagner, 1754
4°: 12 dln
- MV/3-8 (herk. in 1-2: Bibliothecæ Admontensis, in 3-6: Lud. Hueber)

BINET, Etienne, S.J.   B289
Abregé des vies des principaux fondateurs des religions de l'eglise, representez dans le chœur de l'abbaie de S. Lambert de Liessies en Haynaut. Avec les maximes spirituelles de chaque fondateur. Par … Estienne Binet
Bijk. gegrav. titelp.: *Sancti fundatores religiosorum ordinum in ecclesia Lætiensis ... Sub nomine et auspiciis … Antonii de Winghe … luce donati, excudente Ioanne Gallæo …*
A Anvers, chez Martin Nutius, 1634
4°: A-Pp^4; 300, [3] p.: 40 pltn; bijk. gegrav. titelp.
- PrGIII/2 (titelp., bijk. titelp.) & ArGVII/6 (grav. van H. Norbertus, p. 115-116, ontbr.)

BINET, Etienne, S.J.   B290
Consolation et réiouissance pour les malades, et personnes affligées. Par … Estienne Binet … Septiéme Edition
A Rouen, chez Richard l'Allemant, 1624
12°: A^{12}, A-2D^{12}(-2D^{11} & ^{12}); [24], 636, [8] p.
- ArDII/18

B

BINET, Etienne, S.J.   B291
La fleur des pseaumes. Et les sainctes affections d'une belle âme ... Par ... Estienne Binet ...
A Arras, de l'imprimerie de Guillaume de la Rivière, 1618
12°: *12, A-2F12, 2G6; [24], 708 (= 608!) p.
- LI/19

BINGHAM, Joseph   B292
Iosephi Binghami ... Operum quæ extant volumen primum [-decimum] continens originum sive antiquitatum ecclesiasticarum librum primum et secundum [-vicesimum tertium]. Convertit Io. Henricus Grischovius ... Cum præfatione Io. Francisci Buddei ... Editio secunda
Halæ Magdeburgicæ, sumtibus Orphanotrophei, 1751-1761
4°: 11 dln
- NIV/16-21

BINGHAM, Joseph   B293
Iosephi Binghami ... Quatuor dissertationes ... Accedit ... Sermo de misericordia Dei erga peccatores resipiscentes. Ex lingua anglicana in latinam convertit Ioannes Henricus Grischovius ...
Halæ, sumtibus Orphanotrophei, 1738
4°: a-c4, A-5B4; 24, 722, [30] p.
- NIV/15

BINNART, Martin   B294
Dictionarium Teutonico-Latinum novum, sive biglotton amplificatum ... Opera & labore Martini Binnarti. Nunc denuo emendatum ... studio ... Johannis De Wilde
Amstelædami, apud Rud. & Gerh. Westenios, 1719
8°: *4, A-2Z8, 3A-3B4; niet gepag.
- WI/4 (herk.: F. G. Verhaghen [Park]; F. Melchior Nijsmans Rel. Parch.)

BINS DE SAINT-VICTOR, Jacques B. M.   B295
Documens historiques, critiques, apologétiques, concernant la Compagnie de Jésus [ed.: J. B. M. Bins de Saint-Victor]. Première partie
Louvain, chez Vanlinthout et Vandenzande, 1827
297 p.
- ArAVII/7

BINSFELDIUS, Petrus   B296
La theologie des pasteurs et autres prestres ayans charge des âmes ... Composé par ... Pierre Binfeldus ... Ensemble la manière de prescher, par ... Borgia ... Traduict par ... Philippes Bermyer ...
A Rouen, chez Iean & David Berthelin, 1653
8°: á8, é8, A-3E8; [32], 785, [21] p.
- ArCV/10

BINTERIM, Anton Joseph   B297
Antonii Jos. Binterim *Propempticum ad problema criticum Sacra Scriptura Novi Testamenti* ... A ... Marcellino Molkenbuhr ... nuper propositum
Moguntiæ, sumptibus Simon. Müller, 1822
VI, 144 p.
- ArAVIII/31

BIROAT, Jacques   B298
Panégyriques des saints. Preschez par ... Jacques Biroat ...
A Bruxelles, chez François Foppens, 1669
4°: 3 dln
- ZIII/31 (dl 1; herk.: Alost. Monastère des carmelites déchaussées)

BISCIOLA, Joannes Gabriel, S.J.   B299
Epitome annalium ecclesiasticorum Cæsaris Baronii ... Ab Joanne Gabriele Bisciola ...
Coloniæ Agrippinæ, apud Antonium Hierat, & Ioannem Gymnicum, 1602-1604
4°: *4, A-4X4, 4Y2; [8], 657, [66] p. + (?)4, A-4Y4; [8], 684, [43] p.; gegrav. titelp. in 1
- OV/1-2 (herk.: De conventu fr. minimorum Anderlacentium; Empti ... Bruxellæ anno 1618 C. Van Zuen[en?])

BISSELIUS, Joannes, S.J.   B300
Ioannis Bisselii ... *Æstas*
Monachii, (Heinrich Nicolaus), 1644
In fine: Monachii, formis Nicolai Henrici, MDCXLIV
12°:)(12, A-T12, V8; [22?], 465 p.: ill.
- ArBII/11

BITAUBÉ, Paul-Jeremie   B301
Joseph. Par Bitaubé. Nouvelle édition, ornée de figures
Paris, Saintin, 1820
361 p.
- ArKIII/7/34

BIVERUS, Petrus, S.J.   B302
Sacrum oratorium piarum imaginum immaculatæ Mariæ et animæ creatæ ac baptismo, pœnitentia, et eucharistia innovatæ: ars nova bene vivendi et moriendi. Auctore ... Petro Bivero ...
Antverpiæ, ex officina Plantiniana Balthasaris Moreti, 1634
4°: *-2*4, 3*2, A-5E4, 5F2; [16], 769, [10] p.: ill.; gegrav. titelp.
- PrHIV/7

BIVERUS, Petrus, S.J.   B303
Sacrum sanctuarium crucis et patientiæ crucifixorum et cruciferorum, emblematicis imaginibus ... ornatum ... Auctore ... Petro Bivero ...
Antverpiæ, ex officina Plantiniana Balthasaris Moreti, 1634
4°: *-2*4, 3*2, A-4S4; [20], 678, [19] p.: ill.; gegrav. titelp.
- PrHIV/6

BLAEU, Joan   B304
Novum Italiæ theatrum, sive accurata descriptio ipsius urbium, palatiorum, sacrarum ædium, &c. Juxta delineationes defuncti ... Joannis Blaeu ...
1: *Continens Longobardiam*; 2: *Continens Statum ecclesiasticum*; 3: *Continens Regna Neapolis et Siciliæ*; 4: *Continens Romam antiquam et novam*
Hagæ Comitum, sumptibus & cura Rutgeri Christophori Alberts, 1724
2°: 4 dln.: ill.; bijk. gegrav. titelp. in elk dl
- RVIII/10-12

BLAEU, Joan   B305
Novum theatrum Pedemontii et Sabaudiæ, sive Accurata descriptio ipsorum urbium, palatiorum, templorum &c. ... Juxta delineationes [Joannis Blaeu]
Hagæ Comitum, sumptibus & cura Rutgeri Christophori Alberts, 1726
2°: 2 dln: ill. + krtn; gegrav. bijk. titelp. in 1 & 2
- RVIII/6-9

BLANCHARD, Antoine   B306
Essai d'exhortations pour les états différens des malades ... Avec un recueil d'actes et d'aspirations pour le tems de l'agonie. Par ... A. Blanchard ... Nouvelle édition

A Paris, chez la veuve Etienne, 1736
12°: π¹, a¹², b⁸, A-K¹²; [2], XXXII, 240 p. + π¹, A-L¹², M⁶; [2], 269, [7] p.
- II/21

BLANCHARD, Jean-Baptiste   B307
L'école des mœurs, ou Réflexions morales et historiques sur les maximes de la sagesse. Nouvelle édition. Par ... Blanchard ...
A Lyon, chez Bruyset frères, 1788
12°: 3 dln; gegrav. front. in 1
- ArAVI/9-11 (herk.: P. Lammens)

BLANCK, Michael, O.Præm.   B308
Theologia patrum positiva de Trinitate divinarum personarum. Concinnata per Michaelem Blanck ...
(Œniponti), formis Joannis Nep. Wagner, 1770
4°: A-E⁴, χ¹,)(-2)(⁴, A-3U⁴, 3X²; [58], 532 p.
- PrGVII/12 (herk.: Carolus Bologna 1792; Basilius van Beygaerden [Park])

BLANPAIN, Jean, O.Præm.   B309
Jugement des écrits de M. Hugo, évêque de Ptolémaïde, abbé d'Estival en Lorraine, historiographe de l'ordre de Prémontré [J. Blanpain]
S.l., s.n., 1736
8°: a⁸(-a⁸), A-2F⁸, 2G²; [14], 468 p.
- PrHII/10

BLOIS, Louis de, O.S.B.   B310
Igniarium divini amoris seu precationes piæ. Ex operibus ... Ludovici Blosii ... excerptæ
Antverpiæ, ex officina Plantiniana Balthasaris Moreti, 1635
12°: *¹², A-Q¹², R⁶; [24], 379, [15] p.: ill.
- ArBI/10 (herk.: Ex bibliotheca pp. Carmel. discalceatorum conventus Alberti Lovanii)

BLOIS, Louis de, O.S.B.   B311
...Ludovici Blosii ... Opera. Cura et studio ... Antonii DeWinghe...
Antverpiæ, ex officina Plantiniana Balthasaris Moreti, 1632
2°: a-g⁶, h⁸, A-4E⁶, 4F²(-4F²); C, 820, [70] p.; gegrav. titelp.
- JIX/16 (herk.: Ex dono ... abbatis Antonii de Winge ... 1632)

BLOIS, Louis de, O.S.B.   B312
... Ludovici Blosii ... Preculæ admodum piæ
Bruxellis, typis Francisci Foppens, 1741
12°: A-K¹²; 238, [2] p.
- PrEI/19 (herk.: Bibliotheca ss Redemptoris. ad S. Mariam Magdalenam Bruxellis)

BLOIS, Louis de, O.S.B.   B313
Speculum monachorum. A Dacryano [= L. de Blois] ... conscriptum ... multò quàm antea in hac tertia æditione castigatius
Lovanii, ex officina Bartholomæi Gravij, 1563
8°: A-G⁸; niet gepag.
- ArCII/12

BLONDEL, Jean-Baptiste & LUSSON, Adrien-Louis   B314
Plan, coupe, élévation, et détails du nouveau Marché St-Germain. J. B. Blondel, architecte. A. L. Lusson, inspecteur
A Paris, chez l'auteur & chez Dussillon, 1816
Plano: 10 p. + 11 pltn
- ArKIII/4

BOCCACCIO, Giovanni   B315
Droom van Bocatius. Uyt het Fransch in 't Nederduytsch overgeset door D. Ghys

t'Amsterdam, by de wed. van Jochem van Dyk, 1701
12°: *⁸, A-I¹², K⁶, L⁴; [16], 232 p.; gegrav. front.
- PrFI/31

BOCCALINI, Traiano   B316
Kundschappen van Parnas ... Eertijds in 't Italiaans gemeengemaakt door ... Trajano Bokkalini. En nu verduitst door N. I. W. [I. N. Wieringa]
T'Amsterdam, by Hendrik Boom en de weduwe van Dirk Boom, 1701
Coll.: H. Galama, H. Neuhusius, W. Gutberleth, Gerard de Jong, Michel Noé
8°: *⁸, 2*⁴, A-2V⁸, 3A-3C⁸, 3E⁴; [24], 694, [16] p.; bijk. gegrav. titelp.
- RI/27

BOCHIUS, Johannes   B317
Historica narratio profectionis et inaugurationis serenissimorum Belgii principum Alberti et Isabellæ, Austriæ archiducum et eorum ... in Belgium adventus, rerumque gestarum ... et spectaculorum ... editorum accurata descriptio. Auctore Ioanne Bochio
p. 171-316: *Pompæ triumphalis et spectaculorum ... in ... Antverpia exhibitorum, graphica designatio,* a Ioanne Bochio ... scriptis illustrata
p. 317-344: *Descriptio pompæ et gratulationis ... a senatu populoque Gandavensi ...* Maximo Æmyliano Vrientio ... auctore
p. 409-468: *Descriptio triumphi ... in ... civitatem Valentianam ...* auctore Henrico d'Oultremanno
Antverpiæ, ex officina Plantiniana, apud Ioannem Moretum, 1602
2°: A-Y⁴, Z², a-b², c⁴, d², e⁴, f-k², l-m⁴, n², o-q⁴, r², s⁴, t-v², x⁴, y², z⁴, Aa², Bb-Dd⁴, Ee², Ff-Tt⁴, Vv⁶, Xx-Zz⁴, AA⁴, t⁶; 500, [11] p.: ill., muz. (p. 270-271); vier gegrav. titelp.
- YVIII/23

BODDAERT, Pieter   B318
Stichtelyke gedichten van Pieter Boddaert ... Twede druk
Te Middelburg, by Leendert Bakker, 1728
Coll.: P. de Larue, M. Gargon, W. Swanke, Johannes Plevier, B. G. Homoet, Helena Buyts, Maximiliaan Vermeere, Petrus Dathenus (lofdichten)
8°: *-3*⁸, 4*², A-P⁸, Q⁴; [52], 242, [3] p.
- WI/2 (herk.: H. Collin 1808)

BODENUS, Joannes   B319
Conciones morales et doctrinales de fide et symbolo fidei, de spe et oratione dominica, et salutatione angelica. Auctore Ioanne Bodeno ...
Lovanii, typis Philippi Dormalii, 1625
4°: A-3I⁴; [8], 432 p.
- KI/28 (herk.: Siardi Wagemaekers Rel. Parc.)

BÖCKEN, Placidus, O.S.B.   B320
Commentarius in jus canonicum universum, sive in quinque libros ac titulos decretalium Gregorii IX ... Authore ... Placido Böcken ...
Salisburgi, typis Joannis Josephi Mayr, 1735-1739
2°: 3 dln
- OIV/1-3 (herk.: supralibros op 1 & 2: I.D.E.P.S.R.I.P./C.D.L. 1735 + niet geïdent. wapenschild)

BOEHMER, Just Henning   B321
Iusti Henningii Boehmeri ...Ius ecclesiasticum Protestantium ...
Halæ Magdeburgicæ, impensis Orphanotrophei, 1747-1763
1: Quinta editio, 1756; 2: Editio quinta, 1762; 3: Editio quarta, 1747; 4: Editio quarta, 1754; 5: Editio tertia, 1763

B

4°: 5 dln; bijk. gegrav.titelp. in 2; gegrav. front. in 3 & 4
- XIII/1-5

BOEHMER, Just Henning   B322
Iusti Henningii Boehmeri … Ius Parochiale … Editio sexta
Halæ Magdeb., litteris & impensis Orphanotrophei, 1760
4°: a-c⁴, A-4G⁴; [24], 552, [56] p.
- XIII/6

BOETHIUS, Anicius Manlius Severinus   B323
Troost-medecijne wynckel der zedighe wysheyt … Beschreven in 't latijne … door Severinus Manlius Torquatus Boetius … nu vertaelt … door Adrianus de Buck …
Te Brugghe, by Lucas vanden Kerchove, 1653
Coll.: Claude Ogiers (ode)
8°: a-b⁸, A-S⁸; [32], 282, [4] p.+ 1 uitsl. f.
- PrFII/20 (herk.: Jacobus Moons, O.Præm.; Geschonken door C.P. Serrure aan de abt van 't Park in 1856)

BOEYE, Andreas de, S.J.   B324
Levens van de heylighe patriarchen, coninghen, propheten ende andere treffelijcke persoonen van 't oude Testament. Door … Andreas de Boeye …
T'Antwerpen, by Hendrick Aertssens, 1642
4°: á⁴, é⁴, A-5M⁴(-5M⁴); [16], 799, [30] p.; gegrav. titelp.
- ZI/19 (herk.: J. R. De Pauw; Liber a Dᵃ Vᵃ v.d. Elst acceptus)

BOILEAU, Charles   B325
Homélies et sermons prononcez devant le roi et leurs majestez britanniques. Par … Boileau
A Paris, chez Louis Guerin. Et se vend à Liège, chez J. F. Broncart, 1714
8°: *⁶, 2*⁴, A-S⁸, T⁴; [22], 295 p. + π1, *⁶, 2*², A-S⁸, T⁴(-T⁴); [18], 294 p.; bijk. gegrav. front. in 1 & 2
- JII/11-12 (herk.: Blockx [Park])

BOILEAU, Charles   B326
Panégyriques choisis de feu Monsieur l'Abbé Boileau …
A Liège, chez F. Alexandre Barchon, 1720
8°: *⁸, 2*⁴, A-V⁸, X⁴; XXIV, 311, [16] p.
- JII/13 (herk.: Blockx [Park])

BOILEAU-DESPRÉAUX, Nicolas   B327
Œuvres de Boileau à l'usage de la jeunesse
A Lyon, chez Rusand. A Paris, à la librairie ecclésiastique de Rusand, 1829
XVI, 395 p.
- QII/33 (herk.: Ex libris Vantilborch; E. Raymaekers Diest [Park])

BOISTE, Pierre-Claude-Victor   B328
Dictionnaire universel de la langue françoise, avec le latin. Manuel de grammaire, d'orthographie et de néologie … Par P. C. V. Boiste. Quatrième édition
A Paris, chez Lefèvre, 1812
Oblong: 314 p.
- ArIVI/11 (herk.: Dubaut-Bonnette 1823)

BOLINGBROKE, Henry Saint John   B329
Lettres (de Milord Bolingbroke) sur l'esprit de patriotisme, sur l'idée d'un roi patriote, et sur l'état des partis lors de l'avènement du roi George I. Traduit de l'Anglais [par Claude de Thyard, comte de Bissy]
A Edimbourg, aux dép. de la Compagnie, 1750
8°: *⁸, 2*², A-P⁸, Q⁶(-Q⁶); XVIII, [2], 250 p.
- ArIVII/5

BOLLANDUS, Joannes, S.J. e.a.   B330
- *Acta sanctorum quotquot toto urbe coluntur, vel a catholicis scriptoribus celebrantur. Quæ … collegit, digessit, notis illustravit Joannes Bollandus … Operam et studium contulit Godefridus Henschenius … Tomus primus Januarii (-Septembris tomus II)*
Venetiis, apud Sebastianum Coleti et Jo. Baptistam Albrizzi Hieron. fil., 1734-1770
Andere ed.: Daniel Papebrochius, Conrad Jannings, Frans Baert, Joannes Baptista Sollerius, Joannes Pinius, Guilielmus Cuperus, Petrus Boschius, Joannes Stiltingus, Joannes Veldius, Constantinus Suyskenus. Coll.: Emmanuel van Outers, Nicolas Rayé, Joannes Phoca, Antoninus Placentinus, Petrus Dolmans, Joannes Limpenus
- dl 17: *Propyleum ad acta sanctorum Maii …*, Antverpiae, apud Michaelem Knobbarum. Prostant Venetiis …, 1742
- dl 21: … qui continet *Leges palatinas Jacobi II, regis majoricae, similiter illustratas*
2°: 43 dln; bijk. gegrav. titelp. in elk dl; portretten in dln 6, 12, 15, 16-40; .uitsl. plt in 18
Bezit: dln 1 tot 40 (tot en met september, tomus II)
- PVII/1-15 + QVII/1-16 + PVIII/1-9
- *Acta Sanctorum Septembris … Collecta … a Joanne Stiltingo, Joanne Limpeno, Constantino Suyskeno, Joanne Periero …*
Antverpiæ, apud Bernardum Albertum vander Plassche, 1746-1762
Andere ed.: Urbanus Stickerus, Jacobus Trentecamp
2°: 8 dln
Bezit: dln 3 (1750), 4 (1753), 5 (1755)
- PVIII/10-12
- *Acta Sanctorum … Septembris tomus sextus (-septimus)…*, Parisiis et Romæ, apud Victorem Palme, 1867, PVIII/13-14
- *Acta Sanctorum Septembris … Tomus VIII*, Bruxellis, typis Alphonsi Greuse, (1850?), PVIII/15
- *Acta Sanctorum Octobris. Ex Latinis & Græcis … collecta … a Joanne Stiltingo, Constantino Suyskeno, Joanne Periero, Cornelio Byeo, Jacobo Bueo. Operam conferente Josepho Ghesquiero … Tomus I quo dies primus & secundus continentur*
Antverpiæ, apud Petrum Joannem Vander Plassche, 1765
2°: π²⁶, A-4T⁴, 4V-5T², A-M⁴, N-3B²(-3B²); [52], 705, [328] p.
- PVIII/16
Nota:
- *Acta Sanctorum Octobris … Tomus II-XI*, Bruxellis, typis Alphonsi Greuse, 1852-1858, PVIII/17-QVIII/1-10
- *Acta Sanctorum Octobris … Tomus XII*, Bruxellis, typis Francisci Vromant, 1867, QVIII/11
- *Acta Sanctorum Octobris … Tomus XIII*, Parisiis, apud Victorem Palmé, 1883, QVIII/12
- *Propylæum ad acta Sanctorum Novembris*, Bruxellis, apud socios Bollandianos, 1902, QVIII/13
- *Acta Sanctorum Novembris … Tomus I*, Parisiis, apud Victorem Palmé, 1887, QVIII/14
- *Acta Sanctorum Novembris … Tomus II-III*, Bruxellis, apud socios Bollandianos, 1894-1931, QVIII/15-18
- *Propylæum ad acta Sanctorum Decembris,* Bruxellis, 1940, QVII/19

BOLLANDUS, Joannes, S.J. e.a.   B331
Af-beeldinghe van d'eerste eeuwe der Societeyt Iesu. Voor ooghen ghestelt door de Duyts-Nederlantsche Provincie der selver Societeyt [J. Bollandus, Sidronius Hosschius, Jacobus Wallius. Vert.: Laurentius Uwens]
T'Antwerpen, inde Plantiinsche druckeriie, 1640
Coll.: Adriaan Poirters (gedichten)
4°: *⁴, A-4X⁴; [8], 712, [7] p.: ill. (emblemata); gegrav. titelp.

- PII/24

BONA, Joannes, O.Cist.   B332
De sacrificio missæ tractatus asceticus ... Auctore Joanne Bona ... Editio novissima
Antverpiæ, viduæ Petri Jacobs, 1739
12°: A-H^{12}, I^6; 172, [5], 27 p.
- PrEI/5

BONA, Joannes, O.Cist.   B333
De sacrificio missæ tractatus asceticus ... Auctore Joanne Bona ... Editio ultima

Leodii, apud Barth. Colette, [1750?]
12°: A-G^{12}, H^8; 180, [4] p.
- ArBI/27

BONA, Joannes, O.Cist.   B334
Divinum profluvium orationum et aspirationum. Ex operibus Joannis Bona ... deductum
Lovanii, typis Martini van Overbeke, 1735
8°: A-S^8, T^4, V^2; 289, [10] p.
- JI/8 & PrEII/2

BONA, Joannes, O.Cist.   B335
Joannis Bona ... *Epistolæ una cum aliis eruditorum virorum ad eumdem ... Accedit ejus vitæ elogium, ac omnium operum index*
Lucæ, ex typographia Jacobi Justi, 1759
4°: a-c^4, A-2P^4; XXXIII, [1], 301 p.
- QII/5

BONA, Joannes, O.Cist.   B336
Horologium asceticum indicans modum rite & cum fructu obeundi christianas exercitationes ... A ... Joanne Bona ... Opus posthumum quod nunc primum prodit in lucem
Antverpiæ, typis viduæ Bartholomæi Foppens, 1698
12°: *^{4}, A-M^{12}, N^2; [8], 287, [5] p.
- JI/24

BONA, Joannes, O.Cist.   B337
Manuductio ad cœlum, medullam continens sanctorum Patrum & veterum philosophorum. Auctore ... Joanne Bona ...
Colonia, sumptibus Hermanni Demenii, 1673
24°: A-M$^{12-6}$; [12], 204 p.
- YIV/6 (titelblad is beschadigd)

BONA, Joannes, O.Cist.   B338
Joannis Bonæ ... *Opera ... omnia. Nunc primum in unum corpus collecta*
a-i^4: *Horologium asceticum ... a ... Johanne Bona ... Opus posthumum ...*
Antverpiæ, sumptibus viduæ Johannis Jac. F. Schipperi, 1677
4°: π^4, A-6L^4(-6L^4), a-i^4; [8], 1006, 70, [2] p.; bijk. gegrav. titelp. & gegrav. portret van de aut.
- KIV/34

BONA, Joannes, O.Cist.   B339
Principia et documenta vitæ christianæ. Authore ... Joanne Bona ...
Bruxellis, typis Jacobi van de Velde, 1674
12°: *^{6}, A-M^{12}; [12], 283, [5] p.
- ArCI/15 (herk.: Ex libris F^{ris} Liberti Everaerts; Ad usum f^{ris} Adriani De Vadder Rel. Parc.)

BONA, Joannes, O.Cist.   B340
Via compendii ad Deum per motus anagogicos ... Auctore ... Ioanne Bona ...
Parisiis, apud Fredericum Leonard, 1662
12°: á^{10}(-á^{10}), A-M^{12}, N^8; [18], 303 p.
- PrJI/3

BONA, Joannes, O.Cist.   B341
Via compendii ad Deum, per motus anagogicos ... Authore Joanne Bona
Bruxellis, typis Eugenii Henrici Fricx, 1676
8°: *^{4}, A-S$^{8-4}$; [8], 213, [3] p.
- PrFI/27

BONACINA, Martinus   B342
Martini Bonacinæ ... *Compendium omnium operum de theologia morali omnibusque conscientiæ nodis. Collectum & ordine alphabetico digestum per Antonium Goffar ...*
Antverpiæ, apud Ioannem Meursium, 1633
8°: †^{8}, A-3C^8, 3D^4; [16], 790 p.
- IIII/1 (herk.: Fr. Eg. Snijers)

BONACINA, Martinus   B343
Martini Bonacinæ ... *Opera omnia*
Lugduni, sumptibus Iacobi & Matthæi Prost, fratrum, 1627
2°: †^{4}, A-3L^6; [8], 226, [24], 95, [21], 151, [31], 89, [14] p. + A-3H^6; [2], 331, [41], 248, [25] p.
- JIX/3 (herk.: Ad usum f Petri vanden Kerchove canonici ord. præm. 1629; Ad usum f Alberti Vranckx canonici Parchensis ... 1679; Ad usum fris Norberti Morren Rel. parchensis 1642)

BONACINA, Martinus   B344
Martini Bonacinæ ... *Opera omnia recens in tres tomos distributa ...*
Antverpiæ, apud Ioannem Meursium, 1643
2°: 3 dln
  JIX/4 (dl 1 ontbr.; herk.: Ad usum fris Pauli Deens ... Tongerlo; F. Henricus Crabbe)

BONACINA, Martinus   B345
Martini Bonacinæ ... *Opera omnia*
Antverpiæ, apud Iacobum Meursium, 1654
2°: *^{8}, A-3G^6, 3H^4, A-D^6, E^8; [16], 644, [62] p. + ?
- YVIII/20 (dl 1)

BONAVENTURA, heilige   B346
Sancti Bonaventuræ ... *Opusculorum tomus primus (- secundus) ... Nunc primum in Gallia, post ... Romanam Vaticanam editionem, impressus*
Lugduni, sumptibus societatis Bibliopolarum, 1647
Præf.: Franciscus Lamata
2°: *^{4}, A-2T^6, 2V^8; [8], 520 p. + π^2, A-4E^6, 4F^4; [4], 860, [39] p.
- DVII/17 (herk.: Ex libris fris Joannes Robt ordinis Prædicatorum conventus Lugdunensis, 1649; Doubles de Bibliothèque de Lyon; M. de la Rousselière)

BONAVENTURA van OOSTENDE, O.Cap.   B347
Maniere om christelyck te leven en geluckiglyck syn saligheydt te wercken, behelsende diversche meditatien ... Uyt diversche autheurs by een vergaedert door een ... Capucien [Bonaventura van Oostende]. Vierden druck
Tot Brussel, by de wed. J. Vleugaert, 1754
12°: A-N^{12}, O^2; 310, [6] p.
- ArBI/8

BONAVENTURA van OOSTENDE, O.Cap.   B348
Oeffeninge en bestier van een geestelyck leven ... By-een ver-

B

gaedert ... door een ... Capucien [Bonaventura van Oostende]
Tot Brussel, by de weduwe J. Vleugaert, (1756?)
12°: π², A-K¹², L⁴; [4], 246, [2] p.
- ArCI/16

BONDIGEN OOGSLAG OP DEN ZEGEPRAEL ... B349
Bondigen oogslag op den zegeprael van het kruys van Jesus-Christus gepredikt door ... F. G. Verheylewegen ... Alsmede: Den steen des aenstoots wechgeruymd, betrekkelyk deeze zaek
Te Loven, by Vanlinthout en Vandenzande, 1821
8°: 35 p.
- ArAV/29/4

BONIFACIO, Baldassare B350
Balth. Bonifacii ... *Historia ludicra.* Editio nova et tersior. Cui accessit vita authoris ...
Bruxellæ, typis et aere Joannis Mommarti, 1656
4°: *-2*⁴, 3*², A-4I⁴, 4K²; [20], 591, [36] p.; gegrav. titelp.
- XIV/26

BONIFACIUS VIII, CLEMENS V, JOANNES XXII B351
Liber sextus decretalium D. Bonifacii ... VIII. Clementis ... V. Constitutiones. Extravagantes, tum viginti D. Ioannis ... XXII, tum communes. Cum glossis diversorum. Editio novissima
Lugduni, sumptibus Antonii Pillehotte, 1624
2°: π⁴, A-2C⁸, 2D¹⁰, 2A-2K⁸, 2K¹⁰(-2K¹⁰), 3A-3K⁸, 3L-3M⁶, N⁶, O⁴; [8], 870, 348 kol., [1 f.bl], 366 kol., [1bl], 19 p.
- LVI/25 (herk.: R. E. Vanderheyden 1727)

BONILLA, Juan de, O.F.M. B352
Een kort tractaet waer in verclaert wordt hoe nootsakelijcken dat de vrede der siele is ... Ghemaeckt door ... Ioan de Bonilla ...
T'Antwerpen, by Gheeraert van Wolsschaten, 1627
12°: A-B⁸; 31, [1] p.
- ArEVII/11/12

BONIVER, N., O.Præm. & COLLET, G., O.Præm. B353
Theses theologicæ, de actibus humanis, peccatis et legibus quas præside Henrico Dejonghe ... defendent Norbertus Boniver, Godefridus Collet ... anno 1731, mensis julii ...
Dionanti, apud Philippum Wirkay, 1731
2°: A⁶; 12 p.
- PrDVI/15/1

BOONEN, Jacobus B354
Rationes ob quas ... Archiepisc. Mechlin. [Jacobus Boonen] ... *à promulgatione Bullæ, qua proscribitur Liber cui titulus, Cornelii Iansenii ..., 'Augustinus', abstinuit.* E Gallico in Latinum translatæ
S.l., s.n., 1649
4°: A-C⁴, D²; 27 p.
- PrCII/16/1

BOR, Pieter Cristiaenszoon B355
Nederlantsche oorloghen, beroerten, ende borgerlijcke oneenicheyden, beginnende mette opdrachte der selver landen ghedaan by keyser Carel V ... Beschreven door Pieter Bor Christiaensz.
2: *Vervolgh der Nederlandtsche oorloghen ...*
3, 4 & 5: *Vervolch vande Ne(d)erlandsche oorloghen ...*
Tot Leyden, by Govert Basson. Tot Amsterdam, by Michiel Colijn, 1621-[1634?]
2°: 5 dln : ill.; gegrav. titelp. in elk dl
Coll.: Janus Dousa, Daniel Heinsius, S. Henrix, Ed. Mellema, I.V.B.
- SVI/5-10

BORGHT, Jan van der, O.F.M. B356
Cort verhael van de geboorte, af-comste, leven, wondere daeden en mirakelen vanden heylighen Antonius â Padua ... By een vergadert door ... Joannes vander Borght ...
K2: *Inleydinge tot de novene ... ter eeren van ... Antonius â Padua midts-gaders een korte verklaringe van het mirakuleus responsorie gemaeckt door den heyligen Bonaventura ...*
t'Antwerpen, by Alexander Everaerts, (1750?)
8°: A-P⁸; 146, 85 [=83], [10] p.
- ArDIII/24

BORN, Walterus, O.Cart. B357
Historie van de weerdige moeder S. Anna ... Overgezet uyt het Latyn in onse Nederlandsche taele, door Walterus Born
t'Antwerpen, by Franciscus Ignatius Vinck, [1775?]
8°: A-G⁸; 111, [1] p.
- ArEVII/11/29

BORRE, Nicolaas de B358
Apologia pro exorcistis, energumenis, maleficiatis, & ab incubis dæmonibus molestatis ... Authore ... Nicolao de Borre ...
Lovanii, typis Georgii Lipsii, 1660
4°: [§]⁴, [§]⁵, A-2G⁴, χ¹; [18], 236, [5] p.
- HI/6

BORROMÆUS, Carolus B359
Canones pœnitentiales à ... Carolo Borromæo ... collecti. Quibus præmittitur compendiosa *Deductio* ... per ... J. Gillemans ... Editio secunda
Lovanii, typis Guilielmi Stryckwant, 1700
12°: A-G¹²; 161, [2] p.
- II/6/2 & PrJXI/3/2

BORROMÆUS, Carolus B360
Pastorum instructiones. A ... Carolo Borromæo ... editæ. Ac postea ... per Franciscum Sylvium ... auctæ. Editio quinta
Lovanii, typis Hieronymi Nempæi, 1664
12°: §⁶, A-V¹², X⁶; [12], 492 p.
- ArCII/10 (herk.: Ad usum ... A. Audigier pastoris in Overpelt)

BORROMÆUS, Carolus B361
Pastorum instructiones à S. Carolo Borromæo ... primùm editæ. Ac postea per Franc. Sylvium ... notis illustratæ. Editio nova
Lovanii, typis Guilielmi Stryckwant, 1701
12°: *¹², A-R¹²; [24], 404 p.
- II/6/1 & PrJXI/3/1 (herk.: Joes Franciscus Genere Lovaniensis 1736, [Park, prijsboek])

BOS, Lambert van den B362
Het konincklyk treurtoonneel, ofte op- en onder-gangh der Keyseren, Koningen en Vorsten, beginnende met het Roomsche Keyserrijck, tot aen het jaer 1500 ... Het eerste deel. Uyt verscheyde schrijvers ... versamelt, door L. v. Bos. Geciert met ... afbeeldinghen ... in kooper gesneden
t'Amsterdam, voor Ian Iacobsz. Schipper, 1659
In fine: t'Amsterdam, Gedruckt by Gillis Ioosten, 1659
8°: *⁸, *⁴, A-2R⁸, 2S⁴; [24], 648 p.; bijk. gegrav.titelp.
- LI/21

BOSSCHAERTS, Willibrordus, O.Præm. B363
... Aurelii Augustini ... exegesis in passionem dominicam ... Opera ... Willibrordi Bosschaerts ...
Lovanii, apud Bernardinum Masium, 1645

4°: a-h⁴, i², A-2C⁴, D²; [68], 205, [7] p.
- PrFIV/1 (titelblad ontbr.; herk.: Siard Waegemaeckers Rel. Parc.) & PrHII/7 (herk.: Fr Lucas Sansen; Fr Michael Slaets Rel. Tongerloensis 1712)

BOSSCHAERTS, Willibrordus, O.Præm.   B364
Candidus habitus candidi ordinis Præmonstratensis. Elucidatus … per Fr. Willibrordum P. Bosscharts … Anno 1621
S.l. [Leuven], apud Bernardinum Masium, (1621?)
4°: a-d⁴; [31] p.
- ArEIII/9/1 & ArFIV/15/13/1

BOSSCHAERTS, Willibrordus, O.Præm.   B365
de primis veteris Frisiæ apostolis … Authore … Willibrordo Bosschaerts …
Mechliniæ, typis Roberti Iaye, 1650
Coll.: Erycius Puteanus (brief aan Augustinus Wichmans)
4°: π⁷, §-2§⁴, A-4F⁴, 4G², A-C⁴, D²; [30], 604, 26, [1] p.
Nota: katern 2D-2E is samen één katern; katern W is aanwezig
- PrHII/6 (herk.: Bibliotheca parchensis) & ArEII/6 (herk.: H. S. Bogaerds)

BOSSCHAERTS, Willibrordus, O.Præm.   B366
Feria sexta, sive eius dignitas … Opera Willibrordi Boscharts …
Mechliniæ, apud Ioannem Iaye, 1653
8°: π¹, A⁶, A-Z⁸, 2A²; [14], 371 p.; gegrav. titelp.
- PrHI/20 (herk.: Basilius van Beygaerden [Park])

BOSSCHAERTS, Willibrordus, O.Præm.   B367
Natura veritatis exposita ad symbolum quod cænobium Tungerloense gerit 'Veritas vincit' … A Willebrodro Bosschaerts … Anno 1624 …
Lovanii, apud Bernardinum Masium, (1624?)
4°: A-D⁴; [32] p.
- ArFIV/15/13/2

BOSSCHAERTS, Willibrordus, O.Præm.   B368
Ordo Præmonstratensis clericalis seu canonicus … Assertus … a … Willibrordo P. Bosscharts …
Lovanii, apud Henricum Hastenium, 1622
4°: A-B⁴, C⁶(-C⁶); 26 p.
- ArEIII/9/2

BOSSCHE, Petrus vanden   B369
Den catholyken pedagoge, ofte christelyken onderwyser in den catechismus, verdeelt in vyf deelen… By een vergaedert … door … Petrus vanden Bossche … Den vierden druck
T'Antwerpen, by Petrus Grangé, 1716
4°: *-3*⁴, 4*², A-4M⁴, 4N²; [28], 644, [8] p.; bijk gegrav. titelp.
- YVI/30 (herk.: Antonius Feijgen, Vlissinghen 1783)

BOSSCHE, Petrus vanden   B370
Den catholyken pedagoge, ofte christelyken onderwyser in den catechismus, verdeelt in vyf deelen … By-een vergadert … door … Petrus vanden Bossche … Den sevensten druk
Tot Gendt, by Jan Meyer, 1739
8°: *⁸, A-2V⁸; XVI, [1], 685, [3] p.; bijk. gegrav. titelp.
- ArBIV/12

BOSSCHE, Petrus vanden   B371
Den katholyken pedagoge, ofte christelyken onderwyzer in den catechismus … Byeenvergaderd … door … Petrus Vanden Bossche … Den thienden druk
Tot Gend, by Jan Meyer, 1767
8°: *⁸, A-2Q⁸, 2R⁴; [16], 630 p.: ill.; gegrav. bijk. titelp.
- ArBIV/24 (herk.: Petrus Ottoy [Park])

BOSSCHE, Petrus vanden   B372
Den catholieken pedagoge, ofte christelyken onderwyser in den catechismus, verdeyld in vyf deelen … By-een-vergaedert … door … Petrus Vanden Bossche … Den thiensten druk
t'Antwerpen, by Petrus Josephus Rymers, 1770
8°: π¹, *⁸, A-2Q⁸, 2R⁴, 2S²; [2], XIII, [1], 633, [2] p.; bijk. gegrav. titelp.
- ArBIV/11

BOSSUET, Jacques-Bénigne   B373
Discours sur l'histoire universelle, à monseigneur le dauphin …. Par … Jacques-Benigne Bossuet … Première partie … Nouvelle édition
A Paris, & se vend à Liège, chez J. F. Bassompierre, 1780
12°: π³, A-Y¹²(-Y¹²);[6], 526 p.
- ArEIII/19 (herk.: Fr. Aug. Dillen 1840 [Park]; Deprins)

BOSSUET, Jacques-Bénigne   B374
Explication de la prophétie d'Isaie, sur l'enfantement de la sainte Vierge … et du pseaume XXI … Par … Jacques Benigne Bossuet …
A Paris, chez Anisson, 1704
12°: á⁴, A-Q⁶; [8], 191 p.
- ArDII/12

BOSSUET, Jacques-Bénigne   B375
Exposition de la doctrine de l'Eglise catholique sur les matières de controverse. Par … Jacques Benigne Bossuet … Treiziéme édition
A Bruxelles, chez Eugene Henry Fricx, 1720
12°: A-F¹², a-e¹², f⁶; 142, [4] p.
- ArBII/7 (herk.: Collegii Societatis Jesu Luxemburgi)

BOSSUET, Jacques-Bénigne   B376
Histoire des variations des églises protestantes. Défense de cette histoire. Avertissemens aux Protestans, et instructions pastorales … Par … Jacques-Benigne Bossuet …
A Rouen, chez Pierre Machuel, 1782
8°: 5 dln
- PrBI/3-7

BOSSUET, Jacques-Bénigne   B377
Œuvres de Messire Jacques-Benigne Bossuet, évêque de Meaux …
17-18: *Defensio declarationis conventus cleri Gallicani an. 1682 …* (Leodici, sumptibus societatis); 19-21: *Défense de la déclaration de l'assemblée du clergé de France de 1682 …*; 22: *Justification des réflexions morales sur le Nouveau Testament …*
A Liège, chez les libraires associés, 1766-1768
8°: 22 dln; gegrav. portret van de aut. in 1
- KVI/5-26

BOSSUET, Jacques-Bénigne   B378
Opuscules de M. Bossuet, évêque de Meaux
A Louvain, de l'imprimerie de l'Université, 1764
8°: 3 dln
- ArHVII/8 (dl 3)

BOSSUET, Jacques-Bénigne   B379
Oraisons funèbres de Bossuet avec les notes de tous les commentateurs. Précédées de l'essai sur l'oraison funèbre par … Villemain …
A Paris, chez Werdet et Lequien fils, 1827
LXXXV, 339 p.; portret van de aut.
- ArEVI/16

B

BOSSUET, Jacques-Bénigne — B380
Recueil des oraisons funèbres prononcées par … Jacq. Benigne Bossuet … Nouvelle édition, dans laquelle on a ajouté un précis de la vie de l'auteur
Du fonds de M. Pierre Machuel. A Rouen, chez Jean Racine, 1786
12°: a⁸, A-K¹², L⁴; [14], 248 p.
- ArAVII/25

BOSSUYT, Jacobus van, O.S.A. — B381
Theologia moralis. Authore … Jacobo Van Bossuyt … Tomus primus
Lovanii, typis F. Vande Velde, (1718?)
12°: π², A-R¹²; [4], 403, [5] p.
- ArAVII/28 (herk.: Joannes Petrus Hermans ex Kermpt in Collegio Beringensi 1788 [prijsboek])

BOSSUYT, Jacobus van, O.S.A. — B382
Theologia moralis. Authore … Jacobo van Bossuyt. Editio quarta
Lovanii, typis viduæ Francisci vande Velde, (1734?)
8°: *³, A-2B⁸, 2C⁴; [6], 401, [6] p. + π¹, A-2C⁸, 2D⁴; [2], 420, [4] p.
- III/14 (herk.: Ad usum F. L. van den Bon abb. Ninhov. Relig. 1794; E. Raymaekers [in fine]) & ArAVII/26-27 (herk.: Franciscus Generé [Park])

BOSSUYT, Jacobus van, O.S.A. — B383
Theologia moralis …. Authore … Jacobo van Bossuyt … Tomus primus. Editio quinta
Lovanii, apud Mart. Van Overbeke & J. Fr. Van Overbeke, patrem et filium, 1751
8°: *⁴, A-2C⁸, 2D⁴; [8], 418, [6] p.
ArAVII/29 (herk.: A. J. Straetmans Nov. in Parck 1753)

BOSSUYT, Jacobus van, O.S.A. — B384
Theologia moralis … Authore … Jac. van Bossuyt … Tomus secundus
Lovanii, typis Joann. Franc. van Overbeke, 1761
8°: π¹, A-2G⁸; [2], 476, [6] p.
- ArAVII/30

BOTTENS, Fulgentius, O.F.M. — B385
Œconomia sacra sapientiæ increatæ, sive Dei cum hominibus commercium mediante Scriptura Sacra. Opus isagogicum, in tres tomos divisum … Per … Fulgentium Bottens …
3: *Chronologia sacra ab ipso mundi exordio, usque ad destructionem Jerusalem per Titum …*
1: Brugis, typis Petri van Pee, 1687; 3: Gandavi, typis Michaelis Masii, 1690
8°: 3 dln; + 7 uitsl. pltn; bijk. gegrav. titelp. in elk dl
- ArCIV/20-21 (dl 2 ontbr.; front. & titelp. van 3 zijn beschadigd; herk.: Usui F. Andreæ De Fraye Relig. Parch. 1694) & ArCIV/22-23 (dl 2 ontbr.; herk.: Franciscus Lanswert, Park, 1694 [in 1]; Adriani De Vadder, prior Park 1692 [in 3]; Dejonghe, prior, Park, 1737)

BOUBEREEL, Cornelius, Orat. — B386
Den kristelyken vader breekende het geestelyk brood voor de kinderen, ofte uytleggingen van alle de epistelen die door het geheele jaar in de kerke aan de geloovige voor-gelezen worden. Door … B. D. L. [C. Boubereel] …
t'Antwerpen, by Joannes Franciscus Van Soest, 1728
12°: 4 dln
- ArBIII/25-29

BOUCAT, Antoine — B387
Theologia patrum dogmatica, scholastico-positiva. Auctore … Antonio Boucat … Editio prima Veneta
Venetiis, apud Petrum Bassaleam, 1736
4°: 5 dln
- GII/25-29 (herk.: ad usum Fr. Leonis Rosner mnij SS. Theologiæ lectoris; ad usum Fr. Corbiniari Hickner Mni Theologiæ Lectoris; Ex bibl. F.F. Minim. Monac.)

BOUCHAT, Petrus, O.Præm. & THOMAS, Ambrosius, O.Præm. — B388
Theses theologicæ, de jure et justitia, de contractibus. Quas præside Bernardo Bossaerts … defendent Petrus Bouchat, Ambrosius Thomas … anno 1733 …
Dionanti, apud Philippum Wirkay, 1733
2°: π⁸; 15 p.
- PrDVI/15/3

BOUCHEL, Laurent — B389
La iustice criminelle de la France, signalee des exemples les plus notables, depuis l'establissement de cette monarchie, iusques à présent. Par … Laurens Bouchel …
A Paris, chez Iean Petit-Pas, 1621
4°: á⁴, é², A-5H⁴; [12], 785, [15] p.
- MIV/26 (herk.: Collegij Soc^{tis} Jesu Montibus)

BOUCHIER, Gilles, S.J. — B390
… Ægidii Bucherii … Belgium romanum ecclesiasticum et civile …
Leodii, ex officina typographica Henrici et Joannis Mathiæ Hoviorum, 1655
2°: a-b⁶, A-3G⁶, 3H⁸; [24], 620, [27] p.
- QVI/7/1 (herk.: Collegii Societatis Jesu Herbipoli)

BOUCHY, Philippe, S.J. — B391
Philippi Servii (= Philippe Bouchy) … *Amicus fidelis usque ad mortem, sive modus juvandi moribundos …* Editio novissima
Antverpiæ, apud Henricum Aertssens, 1661
24°: π⁸, A-2C⁸; [16], 407, [2] p.; bijk. gegrav. titelp.
- LI/25 (herk.: Henricus Everaerts liber rarus)

BOUCKAERT, Judocus — B392
Statuten voor de cloosters van Ste Ursule binnen Loven. Ste Marien-dael binnen Diest. Onse L. Vrouwe in d'Else binnen Sichen. St Niclaes-berch binnen Arschot. Levende onder den regel van S. Augustyn (Judocus Bouckaert)
S.l., s.n., (1642?)
Andere: Jacobus Boonen (opdrachtgever). Coll.: Gerard van Werm, H. Calenus
4°: *⁴, A-R⁴, S²; 146 p.
- NII/2 (in fine: handteken & zegel van 'Jacob Aertsbisschop van Mechelen'; herk.: Aen 't clooster tot Sichen; Hunc librum esse destinatum monasterio … B. Mariæ in Sichenis Testor Michael Everaert Archipbr Diestensis)

BOUDART, Jacobus — B393
Catechismus theologicus, seu compendium manualis theologici … Authore … Jacobo Boudart …
Prostant Lovanii, apud Ægidium Denique, 1700
8°: π¹, †⁴, A-V⁸, *⁴; [10], 320, [8] p. + π¹, A-2A⁸; [2], 375, [6] p.
- III/12 (herk.: Bosmans Pastor in Werchter 1774 [Park])

BOUDART, Jacobus — B394
Manuale theologicum … Authore … Jacobo Boudart … Editio secunda
Insulis, s.n.; Prostant Bruxellis, apud Eug. Henricum Fricx, 1694
12°: 6 dln
- ArAI/16-21 (dl 4 ontbr.; herk.: Fr. Marcus de Fourmes Antvps 1713)

BOUDART, Jacobus   B395
Manuale theologicum, sive Theologia universa ... Jacobo Boudart ...
Insulis, ex officina Ignatii Fievet & Livini Danel, 1710
4°: π¹, á⁴, é⁴, A-5B⁴; [18], 722, [27] p. + π¹, A-5G⁴; [4], 755, [37] p.
- HVI/1-2 & XIV/7-8 (herk.: Willem Versteylen president van arrondissements regtbank te Turnhout)

BOUDEWIJN van AVESNES   B396
Chronicon Balduini Avennensis toparchæ Bellimontis sive historia genealogica comitum Hannoniæ aliorumque principum ... Primum nunc edita & notis historicis illustrata studio Iacobi Baronis le Roy ...
Antverpiæ, ex typographia Knobbariana, apud Franciscum Muller, 1693
Nota: 2e drukkersadres opgeplakt: Veniunt Bruxellis, apud Simonem t'Serstevens, 1716
2°: †-2†², A-R²; [8], 64, [3] p.: ill.
- TVII/1

BOUDON, Henry Marie   B397
Godt alleen liefde van Jesus in 't alder-heyligste sacrament des autaers. In 't Fransch door Henricus Marie Boudon, ende nu voor de eerste mael in 't Nederduyts vertaeld [door Petrus Haeck]
Tot Gent, by Cornelis Meyer, 1717
12°: π², A-I¹², K¹⁰, *¹²; [4], 233, [3], XXIV p.
- LI/28

BOUDOT, Joannes   B398
Dictionarium universale Latino-Gallicum ... [J. Boudot]. Quinta-decima editio
Rothomagi, apud Richardum Lallemant. Parisiis, apud Barbou, Aumont, Brocas, (1768?)
8°: π¹, a⁸, A-3Z⁸, 4A⁴; [2], XVI, 1112, [2] p.
- ArIVI/2 (herk.: Joannes Rumoldus Cras Mechliniensis 1805 [prijsboek]; Joannes Cornelius Gevels 1813)

BOUHOURS, Dominique, S.J.   B399
La journée du chrétien, sanctifiée par la prière et la méditation (Dominique Bouhours). Nouvelle édition
A Avignon, chez Joseph-Thomas Domergue, 1773
12°: A-Q¹²; 381, [3] p.
- PrFI/23 (herk.: Adrianus Wauters 1802; Mimie Arnoldine Wauters Hasselt 1832)

BOUHOURS, Dominique, S.J.   B400
La vie de S. François Xavier, apôtre des Indes & du Japon. Par ... Bouhours. Nouvelle édition ... par ... F. X. de F. [Franciscus X. de Feller]
A Paris, & à Liège, chez F. J. Desoer, 1788
12°: π¹, á¹², A-S¹², T⁶(-T⁶); [24], 442 p. + π², A-V¹², X⁴; [4], 488 p.; gegrav. front. in 1
- ArAVIII/2-3

BOUHOURS, Dominique, S.J.   B401
Vie de S. François Xavier, apôtre des Indes et du Japon. Par ... Bouhours
A Louvain, chez Vanlinthout et Vandenzande, 1822
559 p.
- ArDVII/17

BOUILLE, Pierre, S.J.   B402
Den oorspronck ende mirakelen van Onse Lieve Vrouwe van Foye by Dinant. In t'François beschreven deur ... Petrus Bouille ende vertaelt ... deur ... Iacobus Susius ...
Tot Loven, by Henrick van Hastens, 1624
8°: A-G⁸, H⁴; [16], 96, [8] p.
- PrEI/4 (p. 9-10 ontbr.)

BOULENGER, Jules César, S.J.   B403
Iulii Cæsaris Bulengeri Historiarum sui temporis libri tredecim ...
Lugduni, sumptibus authoris, 1619
2°: *⁴, A-2P⁶; [8], 409, [44] p.
- QVI/7/2 (herk.: Collegii Soctis Jesu Herbipoli 1656)

BOULLENOIS, Jean-Baptiste   B404
Second mémoire pour l'Eglise et le clergé d'Utrecht, où l'on fait voir que cette Eglise n'a rien fait de contraire à l'esprit & à la discipline des canons, en se donnant un archevêque titulaire [Jean-Baptiste Boullenois]
A Leyde, s.n., 1725
12°: A-D¹², E²; XXIII, 24-94, 2 p.
- YV/23/2

BOULOGNE, Etienne-Antoine de   B405
Instruction pastorale de Monseigneur l'évêque de Troyes [Etienne-Antoine de Boulogne]*, sur l'impression des mauvais livres, et notamment sur les nouvelles œuvres complètes de Voltaire et de Rousseau*. D'après l'édition de Paris
A Louvain, chez Vanlinthout et Vandenzande, 1821
8°: [4], 52 p.
- ArEVI/14/1

BOURDALOUE, Louis, S.J.   B406
Exhortations et instructions chrétiennes. Par ... Bourdaloue ...
Nouvelle édition
A Liège, chez J. F. Bassompierre, fils, 1773
12°: a⁴, A-V¹², X⁴; [10], 488 p. + π², A-T¹², V²; [4], 457, [3] p.
- KV/18-19

BOURDALOUE, Louis, S.J.   B407
Geestelyk vertrek tot het gebruyk der religieuse gemeynten ... In 't Frans gemaekt door ... Bourdaloue ... En in 't Nederduytsch vertaelt door J. B. Caers ...
Tot Gendt, by Jan Meyer, 1741
8°: *⁸, A-Y⁸, Z⁴; [16], 346, [14] p.
- ArIV/6 (herk.: Klooster te Everberg)

BOURDALOUE, Louis, S.J.   B408
Œuvres complètes du P. Bourdaloue ...
Senlis, Tremblay. Paris, Mᵐᵉ Vᵉ Dabo, 1824
Præf.: François Bretonneau, S.J.
22 dln
- ArIII/1-22

BOURDALOUE, Louis, S.J.   B409
Pensées du père Bourdaloue ... sur divers sujets de religion et de morale
A Louvain, chez Vanlinthout et Vandenzande, 1823
8°: 2 dln (552 + 554 p.)
- ArAVI/34-35 (herk.: De Smedt)

BOURDALOUE, Louis, S.J.   B410
Retraite spirituelle à l'usage des communautés religieuses. Par ... Bourdaloue ...
A Paris, du fonds de MM. Anisson, chez les libraires associés, 1740
12°: a¹⁰, A-R¹², S⁶, T²; [20], 406, [18] p.
- KV/20

B

BOURDALOUE, Louis, S.J. B411
Sermons du père Bourdaloue ... pour l'avent. Nouvelle édition
A Liège, chez J. F. Bassompierre, 1773
12°: π³, a¹², A-Z¹², 2A⁴; [6], XX, [4], 560 p.; gegrav. portret van de aut. in front.
- KV/6

BOURDALOUE, Louis, S.J. B412
Sermons du père Bourdaloue ... pour le carême. Nouvelle édition
A Liège, chez J. F. Bassompierre, fils, 1773
12°: 3 dln
- KV/7-9

BOURDALOUE, Louis, S.J. B413
Sermons du père Bourdaloue ... pour les dimanches. Nouvelle édition
A Liège, chez J. F. Bassompierre, fils, 1773
12°: 4 dln
- KV/10-13 (herk. in 1: Mad^elle Therese vandewoestijne 1778)

BOURDALOUE, Louis, S.J. B414
Sermons du père Bourdaloue ... pour les fêtes des saints, et pour les vêtures & prosessions religieuses. Nouvelle édition
A Liège, chez J. F. Bassompierre, fils, 1773
12°: a⁶, A-Y¹²(-Y¹²); XI, [1], 521, [4] p. + π², A-X¹², Y⁶; [4], 517 p.
- KV/16-17

BOURDALOUE, Louis, S.J. B415
Sermons du père Bourdaloue ... sur les mystères. Nouvelle édition
A Liège, chez J. F. Bassompierre, fils, 1773
12°: a⁶, A-X¹², Y⁸; X, [2], 520 p. + π², A-Z¹², 2A⁴; [4], 556, [2] p.
- KV/14-15

BOURDALOUE, Louis, S.J. B416
Sermons of Leerredenen van ... Louis Bourdaloue̎ ... Gepredikt voor Lodewyk XIV ... Voor de Zondagen van 't geheele jaar.
Uyt het Frans vertaald door Jan Sinkel
Te Amsterdam, by Gerrit Klyn, 1770
8°: 5 dln
- KIV/22-26

BOURDALOUE, Louis, S.J. B417
Sermons of Leerredenen, in den Vasten. Van ... Louis Bourdaloue ... gepredikt voor Lodewijk XIV ... Uyt het Frans vertaald door Jan Sinkel
Te Amsterdam, by Gerrit Klyn, 1770-1771
8°: 3 dln
- KIV/27-29

BOURDALOUE, Louis, S.J. B418
Sermons of Leerredenen, op de feestdagen ... Van ... Louis Bourdaloue ... gepredikt voor Lodewijk XIV ... Uyt het Frans vertaald door Jan Sinkel
Te Amsterdam, by Gerrit Klyn, 1771-1772
8°: 4 dln; gegrav. portret van de aut.
- KIV/30-33

BOURDALOUE, Louis, S.J. B419
Uytmuntende sermoonen op verscheyde sondagen, feestdagen. Soo als op verscheyde materien. Gepredikt door ... Bourdaloue ... Uyt het Fransch in de Nederduytsche tael overgeset door ... J. B. Kips ...
5: *Tafel der sermoonen begrepen in de vier voorgaende deelen*...
Tot Loven, by J. P. G. Michel, (1780?)
8°: 5 dln
- ArHVII/9-10 (dln 1 & 5; herk.: Georg Verhaghen, [Park])

BOURGEOIS, Jean B420
Relation de M. Bourgeois ... vers le S. Siege pour la defense du livre, 'De la frequente communion' compose par M. Arnauld ... Avec les lettres des evéques aux papes Urbain VIII & Innocent X ...
S.l., s.n., (1695?)
8°: *-2*⁴; A-P⁴(-P⁴); XIV, 117 p.
- ArDIV/7/3

BOURGEOIS, Joannes, S.J. B421
Leven, lyden ende doodt ons Heeren Iesu Christi ... Door ... Ioannes Bourgeois ... Met beelden ... door Boetius a Bolswert (ed.: Heribertus Rosweyde)
T'Hantwerpen, by Hendrick Aertssens, 1623
8°: (%)⁴, A-2C⁸, 2D⁴; [8], 417, [7] p. + ill.; gegrav. titelp.
- PrIII/16

BOURGEOIS du CHASTENET, Louis B422
Nouvelle histoire du Concile de Constance ... Par ... Bourgeois du Chastenet
A Paris, chez Le Mercier, Langlois, Josse, Emery, Quillau, Sevestre, Vincent, 1718
4°: π⁴, á⁴, A-2N⁴, 2O², A-3Z⁴, 4A²; [16], 290, 554, [2] p.
- OI/30

BOURGOIN de VILLEFORE, Joseph-François B423
La vie de St Bernard premier abbé de Clairvaux ... Par ... de Villefore
A Paris, chez Jean de Nully, 1704
4°: á⁴, é⁴, í⁴, A-4F⁴; [24], 579, [1bl], [20] p.; gegrav. portret in front.
- PrCV/12

BOURGOING, François, Orat. B424
Veritates et sublimes excellentiæ verbi incarnati Iesu Christi D. N. ... Auctore ... Francisco Bourgoineo ...
Antverpiæ, apud Hieronymum Verdussium, 1629
8°: *-4*⁸, 5*⁴, A-2K⁸; [72], 506, [18] p. + a⁴, A-Q⁸, R⁴(-R⁴); [8], 252, [10] p.; gegrav. titelp.
- ArCII/21 (herk.: ad usum fr. Henrici)

BOUSSU, Gilles-Joseph de B425
Histoire de la ville de Mons, ancienne et nouvelle, contenant tout ce qui s'est passé de plus curieux depuis son origine 650 jusqu'à présent 1725. Par Gilles-Joseph de Boussu ...
A Mons, chez Jean-Nicolas Varret, 1725
4°: *⁴, 2*², χ², B-3P⁴; [10], 435, [35] p.+ 2 pltn; bijk. gegrav. front.
- PrCIII/15 (herk.: L. Malherbe curé Saint-Remy, Mons, Presles [1890]; Ex libris J. Jos. Bourette presbyteri)

BOUTAULD, Michel B426
Les conseils de la sagesse, ou le recueil des maximes de Salomon [M. Boutauld] ... Nouvelle édition
A Amsterdam, chez les Janssons à Waesberge, 1728
12°: ? + π², *-2*¹²(-*¹), A-N¹²; [32], 312 p.; gegrav. front.
- ArJIII/26 (dl 2; herk.: Bernard A. Van Hoecke Ex Parcho)

BOUTAULD, Michel B427
Les conseils de la sagesse ou le recueil des maximes de Salomon [M. Boutauld] ...
A Paris, et se vend à Bruxelles, chés Jean van Vlaenderen, 1735

8°: *⁸, A-R⁸, S⁴(-S⁴); [16], 277 p. + A-T⁸; [4], XXII, [4], 271, [1] p.; gegrav. front. in 1
- ArDIII/5-6 (herk.: Huybrechts 1820)

BOUVET, Joachim, S.J.   B428
Portrait historique de l'empereur de la Chine [K'ang Shi]. Présenté au roy, par … J. Bouvet …
A Paris, chez Estienne Michallet, 1697
12°: A-X⁶, Y⁴; 264, [4] p.
- RI/21

BOUWENS, Andreas   B429
Het leven ende mirakelen vande Heylige Maget ende martelaresse Barbara [A. Bouwens]. Den derden druck
Tot Loven, by H. Nempe, 1662
8°:)(⁸, A-K⁸; [16], 160 p.; bijk. gegrav. titelp.
- PrJII/3

BOYER D'ARGENS, Jean Baptiste de   B430
Lettres chinoises, ou correspondance philosophique, historique & critique entre un Chinois voyageur & ses correspondans à la Chine, en Moscovie, en Perse & au Japon [J. B. de Boyer d'Argens]. Nouvelle édition
A La Haye, chez Pierre Paupie, 1755
12°: 6 dln
- PrFI/18-19 (dln 1 & 3; herk.: supralibros van Charles Marie Raymond van Arenberg)

BRACHELIUS, Joannes Adolphus   B431
Adolphi Brachelii *Historiarum nostri temporis*. Editio ultima … diversis variorum principuum & virorum illustrium figuris exornata
Bijk. gegrav. titelp.: *Historia nostri temporis rerum bello et pace per Europeam atque in Germania maxime gestarum ab anno 1618 usque ad annum 1654*
In fine: *Articuli pacis unionis* …
Amstelodami, apud Jacobum van Meurs. Prostant apud Ioh. Ianssonium Iunior, 1659
12°: 3*¹², A-V¹², X⁶; [24], 455, [34] p. + A-N¹²; 264, [46] p. + A¹², B⁶; 36 p. + ill. (portretten); bijk. gegrav.titelp.
- PrEI/21

BRANDT, Geeraart   B432
Gedichten van Geeraardt Brandt de jonge. Verzamelt en uitgegeven door N. B. A. [= Nicolaas Borremans]
Te Rotterdam, bij Ioannes Næranus, 1649
8°: *⁴, A-Z⁸; [24], 347, [4] p.; bijk. gegrav. titelp.
- WI/10

BRANDT, Geeraart   B433
G. Brands *Poëzy*. Verçiert met kopere platen
Te Amsterdam, by Willem Barents, 1725-1727
4°: 3 dln: ill.; bijk. gegrav.titelp.
Coll.: R. F. (*Verklaaring van de tytelprint*), D. van Hoogstraten, K. Barleus
- ZIII/32

BRASSEUR, Philippe   B434
Panegyricus sanctorum Hannoniæ … Auth. Phil. Brasseur …
Montibus, typis Joannis Havart, (1644?)
8°: A-L⁸, M⁴; 177, [7] p.
- QI/11

BRASSINNE, Andreas   B435
Elucidatio dubiorum in celebratione missarum … Ex Barth. Gavanto, aliisque probatis authoribus, ritualistis &c. … Per … Andream Brassine …
Lovanii, typis Joannis Jacobs, 1733
8°: *⁸, A-O⁸, P⁴; [16], 232 p.
- ArCV/14

BRAUN, Placidus   B436
Geschichte der Bischöfe von Augsburg. Von Placidus Braun …
Augsburg, in der Moy'schen Buchhandlung, 1813-1815
4 dln; gegrav. front. in 2
- PI/31-34

BRAUNMAN, Rutger-Simon, O.Præm.   B437
Tractatus theologici tum praxi, tum speculationi accomodati. Authore … Simone Braunmann …
Lovanii, typis Martini van Overbeke, (1750-1752?)
Ed.: [Adrianus-Trudo Salé]
8°: 8 dln
- FI/1-6 (herk.: Blockx [Park])

BRAUNMAN, Rutger-Simon, O.Præm.   B438
Tractatus theologici … Authore … Simone Braunman …
Lovanii, typis Martini van Overbeke, (1750-1752?)
Ed.: [Adrianus-Trudo Salé]
12°: 8 dln
- PrVI/9-16 (herk.: Sleurs, curé à Opitter) & PrGI/9-14
Nota: de drukken van B430 & B431 zijn verschillend

BRAUNS, Henricus Christianus   B439
Majestas hierarchiæ ecclesiasticæ a summi pontificis regali sacerdotio … commendata. Per dissertationem inauguralem … proposita, quando … Adrianus Daude … Henricum Christianum Ignat. de Brauns … supremo doctoratus theologici gradu condecorabat die XVIII Maii MDCCXLV
Wirceburgi, typis Joannis Jacobi Christophori Kleyer, (1745?)
4°:)(-2)(⁴, 3)(², A-4E⁴; [22], 408 p.; bijk. gegrav. front.
- TIII/15/1

BRAVO DE LA SERNA, Marcos   B440
Espejo de la iuventud, moral, politico y christiano. Del … Marcos Bravo de la Serna …
En Madrid, por Marcos de Espinosa y Arteaga, 1674
2°: π¹, ¶⁶, ¶⁶, A-2F⁶, 2G⁴(-2G⁴); [26], 350, [4] p.
- JV/19

BRETAGNE, Claude de, O.S.B.   B441
Meditations sur les principaux devoirs de la vie religieuse … Par un religieux de la Congregation de S. Maur [C. de Bretagne]. Troisiéme édition
A Paris, chez Imbert De Bats, 1703
8°: á⁸, é⁸, í⁸, A-2G⁸; [48], 477, [2] p.
- PrHVII/14 (herk.: Dame B(ar)onne De Bauffremez; Sr Jeanne Therese Devinchant; Mère Stanislas 1881)

BRETONNEAU, François, S.J.   B442
Sermons du Père Bretonneau …
1: *Avent*; 2-4: *Carême*; 5-7: *Mystères et Fêtes*
A Paris, chez Hippolyte-Louis Guerin, 1743
12°: 7 dln
- KII/11-17

BREVIARIUM CISTERCIENSE   B443
Breviaire de l'ordre de Cisteaux. Partie d'esté - Partie d'hyver
A Paris, chez Denis Mariette, 1717
8°: π¹, á⁸, é⁸, A-2K⁸, 2L⁴, a-i⁸, k⁴; [34], 536, CLII p. + π¹, á⁸, é⁸, í⁸, A-2R⁸, a-k⁸, l⁴; 50, 640, CLXVIII p. + ill.

B

- ArGVII/1-2 (herk.: fr. Bernard Dubois)

BREVIARIUM PRÆMONSTRATENSE B444
Breviarium divini officii ordinis Præmonstratensis. Mandato ac cura Petri Gossetii …
Lutetiæ parisiorum, apud Sebastianum Cramoisy, 1618
16°: á^8, é^8, í^8, A-3L^8, a-m^8, n^2; [44], 882, CXCV p.
- ArFI/2 (titelblad ontbr.; herk.: F. Matthæus Tourneur prof. 1701; Fr. Ludov. Vienne Relig. Floreffe 1790)

BREVIARIUM PRÆMONSTRATENSE B445
Breviarium ad usum sacri, et canonici ordinis Præmonstratensis … Augustini le Scellier … authoritate … emendatum. Pars hyemalis & Pars autumnalis
Parisiis, apud Fredericum Leonard, 1663
16°?: [36], 753, CLXIII p. & [44], 789, [1bl], CXLIII p.
- ArFI/3-4 (herk. in *Pars hyemalis*: ad usum J.R. De Pauw O. Canon. Præm.)

BREVIARIUM PRÆMONSTRATENSE B446
Breviarium ad usum sacri, et canonici ordinis Præmonstratensis … Michælis Colbert … authoritate … emendatum. Pars æstivalis - Pars hiemalis
Parisiis, apud Fredericum Leonard, 1675
8°: á^8, é^8, A-3B^8, a-l^8, m^6, χ^1; [32], 768, CLXXXVIII, [1] p. + á^8, é^8, A-3B^8, 3C^6(-3C^6), a-m^8, n^6; [32], 778, CCIV p.
- ArFII/10-11 & PrIIV/7-8 (titelblad ontbr. in *Pars æstivalis* & is beschadigd in *Pars hiemalis*)

BREVIARIUM PRÆMONSTRATENSE B447
Breviarium ad usum sacri ac canonici ordinis Præmonstratensis
Antverpiæ, apud Michaelem Knobbaert, 1675
8°: 2 dln
- ArFII/9 (*Pars hiemalis*)

BREVIARIUM PRÆMONSTRATENSE B448
Breviarium ad usum sacri ac canonici ordinis Præmonstratensis. Pars hiemalis - Pars æstivalis
Antverpiæ, ex typographia Knobbariana apud Franciscum Muller, 1698
4°: *-3^4, 4*^{2}(-4*^{2}), A-4G^4, 4H^2, a-y^4; [26], 514, CLXXVI p. + *-3^4, 4*^{2}(-2*^{2}), A4G^4, a-x^4; [2], 608, CLXVII p.; bijk. gegrav. titelp. in elk dl
- PrIIV/6 & ArFIII/1-2/1 (herk.: Hedwigis Bollis 1724 in *Pars æstivalis*; August Vande Cruijs [Park] in *Pars hiemalis*)

BREVIARIUM PRÆMONSTRATENSE B449
Breviarium Præmonstratense … Michaelis Colbert … authoritate … emendatum. Pars hiemalis & Pars æstivalis
Parisiis, apud Fredericum Leonard, 1698
12°: á16(?), A-F^{12}, a-g^{12}, h^6; (32?), 144, CLXXX p. + á^{12}, é^4, A-2F^{12}, 2G^6(-2G^6), a-f^{12}, g^{10}(-g^{10}); [32], 706, CLXI p.
- PrJI/4-5 (zeer onvoll.; herk.: Fr. A. van den Bon [Park]) & ArFI/7-8 (*Pars æstivalis* is convoluut; herk.: Danis [Park] Pastoor tot Jesus Eyck)

BREVIARIUM PRÆMONSTRATENSE B450
Breviarium ad usum sacri et canonici ordinis Præmonstratensis … Claudii Honorati Lucas … authoritate … correctum ac emendatum
Virduni, apud Claudium Muguet, 1710
8°: 4 dln
- ArFI/9-11 (*Pars hiemalis, verna & æstivalis*; titelblad in *Pars hiemalis* ontbr.; herk.: F. Em. Carniere 1862; F.A. Neute, pastor in Viefville in *Pars æstivalis*)

BREVIARIUM PRÆMONSTRATENSE B451
Breviarium ad usum sacri et canonici ordinis Præmonstratensis … Claudii Honorati Lucas … authoritate … emendatum. Pars æstivalis - Pars hiemalis
Virduni, apud Claudium Vigneulle, 1725
4°: *-4*^{4}, 5*^{2}, A-4X^4(-4X^4), a-x^4, A-D^2; [32], 718, CLXVII, 13 p. + *^{2}, 4*^{4}, 5*^{2}, A-4X^4(-4X^4), a-z^2(-z^2); [30?], 718, CLXXX p.
- PrIVII/17-18 (titelblad ontbr. in *Pars hiemalis*) & ArFIII/3-4 (titelblad ontbr. in *Pars hiemalis*)

BREVIARIUM PRÆMONSTRATENSE B452
Breviarium Præmonstratense. Jussu … quondam … Claudii Honorati Lucas tum de mandato … Augustini de Rocquevert … editum … Pars hyemalis - Pars verna
Virduni, apud P. Perrin filium, 1741
4°: *-6*^{4}, 7*^{2}, A-4P^4, 4Q^2, a-z^4; [8], 42, 671, [1bl], CLXXXIV p.; gegrav. titelp.
- ArFIII/5

BREVIARIUM PRÆMONSTRATENSE B453
Breviarium Præmonstratense. Jussu … quondam … Claudii Honorati Lucas tum de mandato … Augustini de Rocquevert … editum … Pars verna - Pars æstivalis - Pars autumnalis - Pars hiemalis
Virduni, apud P. Perrin filium, 1741
4°: 4 dln; gegrav. titelp. in elk dl
- PrIVII/9-12 (herk.: Ad usum fris Syardi Lauwaert) & ArFIII/6-9 (herk.: Gertrude Bettendorff D'ellen 1774 in *Pars æstivalis*)
Nota: nrs B452 & B453 zijn verschillend van druk

BREVIARIUM PRÆMONSTRATENSE B454
Breviarium ad usum canonicorum regularium ordinis Præmonstratensis. De mandato … Generalis Ordinis, ac authoritate … Capituli Generalis anno 1741 editum. Pars Verna - Pars æstivalis - Pars autumnalis - Pars hiemalis
Bruxellis, apud Franciscum t'Serstevens, 1768
4°: 4 dln
- ArFIII/10 (*Pars autumnalis*; herk.: J. Minne)

BREVIARIUM PRÆMONSTRATENSE B455
Breviarium ad usum canonicorum regularium ordinis Præmonstratensis. De mandato … Generalis Ordinis, ac authoritate … Capituli Generalis anno 1741 editum. Pars Verna - Pars æstivalis - Pars autumnalis - Pars hiemalis
Bruxellis, apud Franciscum t'Serstevens, 1768
12°: 4 dln
- ArFI/12-15

BREVIARIUM PRÆMONSTRATENSE B456
Breviarium Præmonstratense. Jussu … F. de Vinay, tum de mandato … Guilielmi de Manoury
Argentorati, typis J. F. le Roux. Prostant etiam Virduni apud Guillot, 1770
12°: 4 dln
- ArFI/16-18 (*Pars æstivalis* ontbr.), PrDI/1-4 & ArEV/29 (*Pars autumnali*)
Nota: titelblad van ex. 3 verschilt van ex. 1 & 2, maar druk is hetzelfde

BREVIARIUM PRÆMONSTRATENSE B457
Breviarium Præmonstratense. Jussu … F. de Vinay, tum de mandato … Guilielmi de Manoury
Luxemburgi, typis hæredum Andreæ Chevalier, 1770
12°: 4 dln
- ArFI/19-22

BREVIARIUM PRÆMONSTRATENSE B458
Breviarium ad usum canonicorum regularium ordinis Præmonstratensis

Bruxellis, typis Huberti-Francisci t'Serstevens, 1771
12°: 4 dln
- ArFII/1-4 & ArEV/30 (Pars hyemalis; herk.: De heer Ottoy [Park])

BREVIARIUM PRÆMONSTRATENSE B459
Breviarium ad usum canonicorum regularium ordinis Præmonstratensis. De mandato … Generalis ordinis, ac authorite novissimi Capituli Generalis Anno 1741 editum. Pars verna - Pars æstivalis - Pars autumnalis - Pars hyemalis
Bruxellis, typis Francisci t'Serstevens, 1786
Nota: 2 verschillende titelp. voor identiek dezelfde druk: typis Francisci t'Serstevens of typis F. t'Serstevens
4°: 4 dln
- PrIVII/13-16, PrJIV/1-4 & ArFIII/11-14

BREVIARIUM PRÆMONSTRATENSE B460
Breviarium canonicorum regularium ordinis Præmonstratensis … Joan. Bapt. L'Ecuy … auctoritate editum
Nanceii, apud H. Haener, 1786
12°: 4 dln
- PrCI/1-4 & ArFII/5-8

BREVIARIUM PRÆMONSTRATENSE B461
Supplementum prioris breviarii sacri ac canonici ordinis Præmonstratensis. Desumptum ex eiusdem breviarii nova editione anni MDCLIV
Antverpiæ, ex officina Plantiniana Balthasaris Moreti, 1655
8°: A-C^8; 47 p.
- ArFII/12/1 & ArFII/13

BREVIARIUM PRÆMONSTRATENSE B462
Supplementum pro breviario anteriori candidi ac canonici ordinis Præmonstratensis … Pars hiemalis - Pars æstivalis
Antverpiæ, ex typographia Knobbariana apud Franciscum Muller, 1700
8°: A-G^4(-G^4); 53 p. + A-F^4, G^2(-G^2); 50 p.
- ArFII/14 (ms. in fine; herk.: Sr Cæcilia van Ranst religieus in s'hertogen eijlant 1708)

BREVIARIUM PRÆMONSTRATENSE B463
Supplementum Breviarii sacri ac canonici ordinis Præmonstratensis. Pro Brabantiæ … circaria … editum. Pars hyemalis - Pars æstivalis
Bruxellis, apud Simonem t'Serstevens, 1720
4°: A-G^4; 56 p. + A-G^4, H^2; 58 p.
- ArFII/15/1 (herk.: Sr Thresia de Coster; Sr Carolina Coppens 1762) & ArFII/16/1 (herk.: Sr Norberta de Smet 1731)

BREVIARIUM PRÆMONSTRATENSE B464
Novum supplementum ad usum breviarii ordinis Præmonstratensis accomodatum. Pars hiemalis -Pars æstivalis
Virduni, apud Petrum Perrin filium, 1739
8°: A^{12}; 24 p. + A^{12}; 23 p.
- ArFI/7/2 & ArFI/8/2

BREVIARIUM PRÆMONSTRATENSE B465
Novum supplementum ad usum breviarii ordinis Præmonstratensis accomodatum … Claudii Honorati Lucas … authoritate editum. Pars hyemalis - Pars æstivalis
Virduni, apud Petrum Perrin filium, 1739
4°: A-F^4; 45 p. + A-C^4(-C^4); 21 p.
- ArFII/12/3 & ArFII/17

BREVIARIUM PRÆMONSTRATENSE B466
Supplementum breviarii ordinis Præmonstratensis cum directorio ad missas rite celebrandas … Pro parte hyemali - Pro parte verna - Pro parte æstiva - Pro parte autumnali
Lovanii, typis Joannis Jacobs, 1749
8°: 4 dln
- ArFII/18 (herk.: F. Martinus Leroy Religiosus Parcens.) & ArFII/19 (herk.: ad usum fratris Petri Ottoy [Park]) Zie O10.

BREVIARIUM PRÆMONSTRATENSE B467
Continuatio supplementi de anno 1730 typis editi, nunc excurrens usque ad annum 1740. Conformis Breviario … ordinis Præmonstratensis
Antverpiæ, apud Hieronymum Verdussen, 1740
8°: A-L^4; [4], 81, [2] p.
- PrJV/8/2 (herk.: Guilielmus Zegers, Park, *in fine*) & ArFII/21/3

BREVIARIUM PRÆMONSTRATENSE B468
Supplementum breviarii ordinis Præmonstratensis cum officiis propriis in ecclesia Parchensi … Pro parte hiemali, - verna, - æstiva, - autumnali
Lovanii, typis Joannis Jacobs, 1749
8°: 4 dln
- ArFII/20, PrJI/1 (*Pro parte autumnali*) & PrJXI/4 (herk.: F. M. Dillen 1845 [Park])

BREVIARIUM ROMANUM B469
Breviarium Romanum ex decreto sacro-sancti Concilii Tridentini restitutum … Pars verna
Parisiis, impensis Societatis typographicæ, 1650
24°: á^6, é^6, A-2P^6, a-n^6, o^4; 456, LXIV p.
- ArCI/9

BREVIARIUM ROMANUM B470
Breviarium Romanum ex decreto sacro-sancti Concilii Tridentini restitutum, S. Pii V … iussu editum, et Clementis VIII primum, nunc denuo Urbani PP. VIII auctoritate recognitum …
Antverpiæ, ex architypographia Plantiniana, 1734
8°: 4 dln
- ArEVI/18-19 (*Pars æstiva & pars autumnalis*; herk.: Maneat in cella A. V. P. Guardiani)

BREVIARIUM ROMANUM B471
Breviarium Romanum ex decreto sacro-sancti Concilii Tridentini restitutum …
Antverpiæ, ex architypographia Plantiniana, 1738
8°: 4 dln; gegrav. titelp.
- ArEVI/20-22 (*Pars autumnalis, pars hiemalis & pars verna*; herk.: L. Huybreghs Mechliniæ theologus 1822)

BREVIARIUM ROMANUM B472
Breviarium Romanum ex decreto sacrosancti Concilii Tridentini restitutum ... Pars verna
Antverpiæ, ex architypographia Plantiniana, 1748
12°: *-3*^{6}, A-3E^6, 2A-2V^6, 2X^4; [36], 612, CCXLIV, [4] p.
- ArEV/23/1 (herk.: ad usum fratris Bernardini Belliolani ordinis ff. minorum … 1752)

BREVIARIUM ROMANUM B473
Bréviaire romain, suivant la réformation du saint Concile de Trente. Imprimé par le commandement du … Pape Pie V, revu & corrigé par Clément VIII, & depuis par Urbain VIII … Divisé en quatre parties (Partie de printemps - Partie d'été - Partie d'automne - Partie d'hiver)
A Paris, chez P. G. Lemercier, 1756
4°: 4 dln
- DIII/23-26 (herk.: J. J. Chapelein in *Partie d'été*) & PrCV/5-8

B

BREVIARIUM ROMANUM · B474
Breviarium Romanum ex decreto ... Concilii Tridentini restitutum, ... Pii V ... jussu editum, et Clementis VIII primum, nunc denuo Urbani ... VIII auctoritate recognitum. Pars æstiva – Pars autumnalis
Antverpiæ, ex architypographia Plantiniana, 1771
8°: *-3*⁶, A-3E⁶, 3F⁴, 2A-2T⁶, 2V⁴(-2V⁴); [36], 620, CCXXVII, [7] p. + *-3*⁶, A-2X⁶, 2A-2Z⁶; [36] 528, CCLXVI, [6], 4 p.
- ArEV/21/1 & ArEV/22/1 (herk.: usui fris Fidelis Mechliniensis, 1780)

BREVIARIUM ROMANUM · B475
Breviarium Romanum ex decreto ... Concilii Tridentini restitutum ...
Antverpiæ, ex architypographia Plantiniana, 1823
8°: 4 dln
- ArEV/25-28

BRIENEN, Abraham van · B476
Meditatien in den Advent ... Door ... Abraham vander Matt [A. Van Brienen] ... Den vierden druck
t'Utrecht, gedruckt by Arnoldus vanden Eynden, (1684?)
8°: A-G⁸; [4], 108 p.
- PrDI/7/2

BRIENEN, Abraham van · B477
Meditatien vande tegenwoordicheyt Gods. Door ... Abraham vander Matt [A. van Brienen] ... Den vierden druck
t'Utrecht, gedruckt by Arnoldus vanden Eynden, 1684
8°: A-S⁸; [2], 284 p.
- PrDI/7/1

BRIZARD, Gabriel · B478
Histoire généalogique de la Maison de Beaumont, en Dauphiné ... Par ... Brizard ... Tome premier, contenant l'histoire
A Paris, de l'imprimerie du Cabinet du Roi, 1779
2°: π², a-d², A-4K⁴, 4L², a-n⁴; [4], XVI, 635, [1], C, [1] p.: ill. + plt
- ZVIII/5

BRODEAU, Jean & OPSOPOEUS, Vincentius · B479
Epigrammatum Græcorum annotationibus Ioannis Brodæi Turonensis, necnon Vincentii Obsopoei ... libri VII. Accesserunt Henrici Stephani ... Annotationes
Francofurti, apud Andreæ Wecheli heredes, Claudium Marnium & Iohannem Aubrium, 1600
2°: ¶¶², A-3F⁶, 3G⁴, α-β⁶, γ⁴, δ⁸, $⁶; [4], 632, 30, [29] p.
- PVI/15 (herk.: wapen van Leiden [supralibros]; wapen van O'Sullivan de Terdeck met spreuk '*Modestia victrix*' [ex libris])

BROEDERSEN, Nicolaus · B480
Tractatus Historicus I de Capitulo Cathedrali ecclesiæ metropolitanæ Ultrajectinæ ... contra Historiam ecclesiæ Ultrajectinæ editam a ... Cornelio Hoyinck, &c. Auctore Nicolao Broedersen ...
Delphis, apud Bernardum van Holzen, 1729
4°: *-5*⁴, 6*², A-3Z⁴, 4A-4C²(-4C²); [44], 550, [12] p.
- OV/26

BROOMAN, Lodewijk · B481
Fasti sacri sive Epigrammata de sanctis Ludovici Brooman
Bruxellis, ex officina typographica Martini de Bossuyt, 1646
Coll.: Joannes Rivius, Melc. Van Cottem, Ernestus Venius, Carol. Jac. van Ghindertalen, Ioannes Emmanuel Fierlands, Hubertus Munnin *(carmina)*
8°: A-E⁸; 77, [3] p.
- PI/16 (herk.: Collegij Gandensis Soc^tis Jesu)

BROUSTIN, Etienne · B482
De quatuor hominis novissimis. Collectore Stephano Broustin ... Secunda editio
Lovanii, apud Ioan. Masium & Philippum Zangrium, 1598
8°: A-T⁸, V¹⁰; 162 f.
- ArCII/15 (herk.: F. Alexander Courtmans [Park]; F. Norbertus van Cuelen [Park]; Biblioth. Parcensis 1642[?]; Dilecto suo fratre f. Christiano f. J. M.)

BROUWER, C., S.J. & MASEN, J., S.J. · B483
Antiquitatum et Annalium Trevirensium libri XXV. Auctoribus ... Christophoro Browero ... et ... Jacobo Masenio ...
Leodii, ex officina typographica Jo. Mathiæ Hovii, 1670
2°: a-b⁴, c⁶, A-4L⁴, 4M⁶, 4N²; [28], 626, [27] p. + A⁶, B-4H⁴, a-e⁴, f6; [8], 566, [50] p.; bijk. gegrav.titelp.
- TIX/12-13 (herk.: F. Coenen, 1717; Judocus Ruber 1784)

BRUN-LAVAINNE, Elie-Benjamin-Joseph · B484
Modèles de grandeur d'âme, ou détails intéressans sur la vie et la mort du duc d'Enghien [E.-B.-J. Brun-Lavainne]
Lille, L. Lefort, 1828
117 p.; gegrav. portret in front.
- ArJV/24

BRUNO, Vincenzo, S.J. · B485
... Vincentii Bruni ... Brevis tractatus de sacramento pœnitentiæ ... Ex Italico in Latinum translatæ
Coloniæ Agrippinæ, in officina Birckmannica, sumptibus Hermanni Mylii, 1617
12°: A-C¹²; [2], 70 p.
- ArBI/3/2

BRUNO, Vincenzo, S.J. · B486
... Vincentii Bruni ... Meditationes, de vita et passione D. N. Iesu Christi ... Nunc ex Italico in Latinum translatæ
3: *Meditationes in passionem et resurrectionem ...*
Coloniæ Agrippinae, in officina Birckmannica, sumptibus Arnoldi Mylij, 1599
Vert.: Matthias Putz; Ed.: Heinrich Putz
12°: 3 dln
- LI/29 (dl 3)

BRUNO, Vincenzo, S.J. · B487
... Vincentii Bruni ... Meditationes in septem præcipua festa B. Virginis. Item commune sanctorum ... Nunc ex Italico in Latinum translatæ
Coloniæ Agrippinæ, in officina Birckmannica, sumptibus Hermanni Mylii, 1617
12°: *¹², A-V¹²; [24], 464, [12] p.
- ArBI/3/1 (herk.: Fr. Norbertus ... relig. Tongerloensis)

BRUNSEMIUS, Petrus · B488
Methodica praxis. Rite, recte, sæpe sacrificandi ... Tribus partibus complectens ... Opera ac studio Petri Brunsemii ...
Moguntiæ, typis Hermanni Meresii, 1629
12°: *⁸, A-Z¹², Aa⁶; [14], 563 p.; bijk. gegrav.titelp.
- DI/36 (herk.: Bibliotheca Parchensis)

BRUSCHIUS, Gaspar · B489
Chronologia monasteriorum Germaniæ præcipuorum ... Authore Gaspare Bruschio ...
Sulzbaci, sumptibus Georgi Scheureri Norimb. typis Abrahami Lichtenthaleri, 1682
4°: π¹,)(-4)(⁴, A-4Z⁴, 4a²; [32?], 716, [23] p.
- ArGVII/13 (titelblad ontbr.)

BRUYN, Cornelis de B490
Voyages de Corneille le Brun par la Moscovie, en Perse, et aux Indes Orientales. Ouvrage enrichi de plus de 320 tailles douces … On y a ajouté la route qu'a suivie Mr. Isbrants … Et quelques remarques contre Mrs Chardin & Kempfer …
A Amsterdam, chez les Frères Wetstein, 1718
2°: *⁴, A-2H⁴, 2I2; [8], 252 p. + π¹, 2K-3N⁴, 3O-3P²; [2], 253-469 p.: ill. + uitsl. pltn & krtn; gegrav. titelp., portret van de aut.
- ArCVII/8 (dl 1)

BRZEZYNA, Cajetanus, O.Cist. B491
Selectarum qæstionum theologico-polemicarum juris et facti decalogus, ad 3 partis Summæ qu. 80 art. 12 … Thomæ Aquinatis. Quas … præside … Thadæo Francisco Schwaiger … defendendas suscepit … Cajetanus Brzezyna … Anno MDCCXXXVIII …
Pragæ, typis Archi-Episcopalibus, 1738
8°:)(⁴, A-2E⁸; [8], 458, [10] p.
- PrGII/4

BUCHANAN, George B492
Georgii Buchanani … *Poëmata quæ supersunt omnia* …
1: *Paraphrasis psalmorum Davidis poetica …, Tragœdiæ … Iephtes … & Baptistes …*, Typis Ioannis Burelli, 1621
2: *Franciscanus et fratres. Elegiarum liber I; Sylvarum liber I; Hendecasyllabon liber I; Epigrammatum libri III; Miscellaneorum liber I; De Sphæra libri V*, Ex typis Ioannis Burelli, 1620
Salmurii, sumpt. Cl. Girardi, Dan. Lerpinerii, Ioan. Burelli, 1621
24°: ¶⁸, A-2F¹², 2G⁴; 14, [2], 316, [2bl], 376 p.
- YIV/2 (herk.: Ex libris F. Vandermolen; M. B. Soc^tis Jesu Lou. 1649)

BUCHANAN, George B493
Psalmorum Davidis paraphrasis poëtica Georgii Buchanani … Argumentis ac melodiis explicate … opera & studio Nathanis Chytræi
Herbornæ, s.n., 1604
12°: A-R¹², S⁶; [12], 407 p.
Nota: Muziek. Zie ook C175.
- ArDI/8/1

BUCHLER, Johann B494
Thesaurus conscribendarum epistolarum … ex variis optimisque auctoribus desumptus … &, nunc CLIX elegantiarum regulis locupletatus. Opera Ioannis Buchleri … Editio novissima
Antverpiæ, apud Henricum Aertssens, 1646
12°: A-Z¹², 2A⁶; 430, [8], 125, [1] p.
- YIV/14

BUCHLER, Johann B495
Thesaurus conscribendarum epistolarum. Ex variis optimisq. auctoribus desumptus opera Ioannis Buchleri… ditio novissima
Antverpiæ, apud Ioannem Baptist. Verdussen, 1699
12°: A-O¹², P⁶; 344, [4] p.; gegrav. titelp.
- YIV/45 (herk.: Nunc … J. Versteylen in Rhetorica 1836; Nunc servit Adr. Versteylen in Syntaxi 1840)

BUECKEN, Martinus Geldolphus van der B496
Uytlegginge van de H. Vruchten der aflaeten … Door … Mart. Geldolphus Van der Buecken …
Tot Loven, by J. P. G. Michel, 1765
12°: π², *⁴, A-2H⁴; 253, [7] p.
- ArDIII/11

BUELENS, Jan-Baptist B497
Saemen-spraeken waar in de geloofs-stukken der catholyke kerk … welke in 'Den Zegeprael van het Kruys van Jesus-Christus', gepredikt … door … F. C. Verheylewegen, op eene duystere … wyze zyn voorgesteld, met grootere klaerheyd … worden uytgelegd. Door J. B. Buelens …
t'Antwerpen, uyt de drukkery van Janssens en van Merlen, 1821
8°: VIII, 9-80 p.
- ArAV/29/2

BUELENS, Jan-Baptist B498
Vierde samenspraek waer in de geloofs-stukken der catholyke kerk … welke in 'Den zegeprael van het Kruys van Jesus-Christus', gepredikt … door … F. C. Verheylewegen, op eene duystere … wyze zijn voorgesteld met grootere klaerheyd … worden uytgelegd door J. B. Buelens …
T'Antwerpen, uyt de drukkery van Janssens en Van Merlen, 1821
8°: XII, 92 p.
- ArAV/29/3

BÜTTNER, Dominicus, O.Cist. B499
Theses theologicæ, de fide, spe, et charitate … Has … præside … Raphaele Tobl … propugnandas suscepit … Dominicus Büttner … anno 1713 …
Vetero-Pragæ, apud Wolffgangum Wickhart, 1713
8°: π¹,)(⁴, A-Y⁸, Z¹⁰; [10], 368, [3] p.
- ArEV/1

BUFFON, George-Louis LECLERC, comte de B500
Œuvres complètes de Buffon, suivies de ses continuateurs Daubenton, Lacépède, Cuvier, Duméril, Poiret, Lesson et Geoffroy-St-Hilaire. Seule édition complète, avec figures coloriées
1-4: *Théorie de la terre*; 5: *Histoire naturelle de l'homme*; 6-10: *Mammifères*; 11-14: *Oiseaux*; 15-20: *Planches*: *Théorie de la terre* (1 dl); *Mammifères* (3 dln); *Oiseaux* (2 dln)
A Bruxelles, chez Th. Lejeune, 1828-1833
20 dln
- OI/11-27 (dln 6, 12 & 19 ontbr.)

BUKENTOP, Hendrik de, O.F.M. B501
Canones seu regulæ pro intelligentia S. Scripturæ utilissimæ. Ex SS. Patribus collectæ per … Henricum de Bukentop. Editio secunda
Lovanii, typis Francisci vande Velde, 1706
8°: A-E⁸, F⁴; 82, [5] p.
- CI/9/2

BUKENTOP, Hendrik de, O.F.M. B502
Centum canones seu regulæ pro intelligentia S. Scripturæ utilissimæ ex SS. Patribus ac probatis auctoribus collectæ. Per … Henricum De Bukentop …
Lovanii, typis Henrici van Overbeke, 1696
8°: A-E⁸; 80 p.
- CII/35/2 & QI/10/2

BUKENTOP, Hendrik de, O.F.M. B503
Dictionarium in quo voces omnes difficilioris significationis quæ in vulgata nostra S. Scripturæ Latina translatione occurrunt … explicantur. Auctore … Henrico De Bukentop …
Lovanii, typis Henrici van Overbeke, 1696
8°: π³, A-Q⁸; [4], 256 p.; portret van Adam Sasbout
- CII/35/1 (herk.: Lammers 1847 [Park]) & QI/10/1 (herk.: Ad usum fratris Alexandri Slootmans [Park]; Ad usum fratris Alexandri van Hove 1737 [Park])

B

BUKENTOP, Henricus de, O.F.M.   B504
Lux de luce libri tres, in quorum primo ambiguæ locutiones, in secundo variæ ac dubiæ lectiones quæ in vulgata latina S. Scripturæ editione occurrunt ... in tertio agitur de editone Sixti V facta anno 1590 … Collegit et digessit … Henricus De Bukentop
Coloniæ Agrippinæ, typis Wilhelmi Friessem, 1710
4°: *-2*⁴, A-3X⁴; [16], 536 p.
- BII/3 (herk.: Abdij van Dielegem; Alois De Robiano)

BUKENTOP, Henricus de, O.F.M.   B505
Pædagogus ad sancta sanctorum sive dux fidelis ingredi cupientibus penetralia S. Scripturæ … Composuit … Henricus De Bukentop …
Lovanii, typis Henrici van Overbeke, 1696
8°: A-C⁸; 45, [3] p.
- CII/35/3 & QI/10/3

BUKENTOP, Henricus de, O.F.M.   B506
Pædagogus ad sancta sanctorum, sive dux fidelis ingredi cupientibus penetralia S. Scripturæ … Auctore … Henrico de Bukentop … Editio secunda
Lovanii, typis Francisci vande Velde, 1706
8°: A-Y⁸; 352 p.
- CI/9/1

BUKENTOP, Henricus de, O.F.M.   B507
Synopsis singulorum librorum Sacræ Scripturæ. Versibus exhibita per … Henricum De Bukentop …
p. 25-56: *Evangelium tripartitum SS. Trinitatis … redactum a … Henrico De Bukentop …*
Lovanii, typis Henrici van Overbeke, 1698
8°: A-G⁴; 56 p.
- CII/35/4 & ArDII/4/2

BULLÆ, DECRETA …   B508
Bullæ, decreta, canones, ordinationes, instructiones, epistolæ &c. quæ instituti Societatis Jesu, impressioni Antverpiensi accesserunt ab anno 1636
Antverpiæ, apud Jacobum Meursium, 1665
8°: A-2S⁸, 2V⁴; [8], 687 p.
- ArDIII/10

BULLET, Jean-Baptiste   B509
Réponses critiques à plusieurs difficultés proposées par les nouveaux incrédules sur divers endroits des Livres Saints. Par Bullet. Nouvelle édition
A Paris, chez Méquignon junior, 1826
12°: 4 dln
- CII/12-13

BULTEAU, Louis, O.S.B.   B510
*Abrégé de l'histoire de l'ordre de S. Benoist … Par*** [L. Bulteau] de la congrégation de Saint-Maur*
A Paris, chez Jean Baptiste Coignard, 1684
4°: π¹, *², à⁴, é⁴, i⁴, *a-*l⁴, a-g⁴, h², A-4X⁴(-4X⁴), 4Y-5A⁴(-5A⁴); [30], LXXXVII, [1], LX, 720, [22] p. + π¹, *a, A², *b-*k⁸, à⁴, A-5T⁴, 5V², 5X-5Z⁴; [2], LXXVII, [7], 8881, [23] p.
- PIV/14-15

BUONANNI, Filippo e.a.   B511
Histoire du clergé régulier et séculier … Nouvelle édition tirée du … P. Bonanni, de Mr. Herman, de Scoonbeek, du R.P. Heyliot, & d'autres … Avec des figures qui représentent les differens habillemens de ces ordres …
A Amsterdam, chez Pierre Brunel, 1716
8°: 4 dln : ill.; gegrav. front. in elk dl
- NI/25-28

BURCH, Henricus Franciscus vander   B512
Brevis elucidatio sacrificii missæ, interrogationibus et responsionibus distincta. Ab … Francisco Vander Burch … collecta. Editio altera
Bruxellis, apud Petrum Foppens, (1744?)
8°: *⁸(-*⁸), A-K⁸, L⁴; [15], 166, [2] p. + ill.; bijk. gegrav. front.
- DI/24

BURCHARDUS URSPERGENSIS O. Praem.   B513
Chronicum abbatis [Burchardi] Urspergensis, continens historiam rerum memorabilium, a Nino Assyriorum rege ad tempora Friderici II … per eruditum quendam virum [Caspar Hedio] … repurgatum. Cum iconibus imp. et principum ad vivum expressis. Paraleipomena rerum memorabilium … per eundem studiosum annexa
(Argentorati, apud Cratonem Mylium), 1540
Ed.: Philippus Melanchthon, Crato Mylius. Coll.: Conradus de Lichtenau
2°: π⁴, A-Z⁶, a-d⁶, e-f⁴; [8], CCLXXXIX [= CCCXXXIX] p. + A-O⁶, P⁴, Q⁶; [2], CLXXXIII, [2bl], [1] p.: ill.
- ArFIV/10 (dl 1; voorwerk onvoll.; herk.: supralibros met wapen van keizerin Maria Theresia) & ArFIV/11 (dl 1)

BURCHARDUS URSPERGENSIS, & LIECHTENAU, Conradus de   B514
Conradi a Liechtenaw … Urspergensis cœnobii … Chronicon … Cui annexa sunt Paraleipomena rerum memorabilium … per … studiosum [Caspar Hedio] … collecta. Accesserunt … Annales Rheginonis Abbatis Prumiensis & Lamberti Schaffnaburgensis monachi (ed.: Philippe Melanchthon)
Argentorati, sumptibus Lazari Zetzneri, 1609
2°: (:)⁴, A-3C⁶, 3D⁴; [8], 539, [56] p.
- ArFIV/12

BURET DE LONGCHAMPS, Pierre-Nicholas   B515
Les fastes universels, ou tableaux historiques, chronologiques et géographiques … Par … Buret de Longchamps. Deuxième édition
Bruxelles, Wahlen, 1822
1°: oblong: [2], 338, [XVII] p.
- ArKIII/1

BURET DE LONGCHAMPS, Pierre-Nicholas   B516
Les fastes universels … Par Buret de Longchamp. Troisième édition … continuée jusqu'en 1823, par une société de gens de lettres
A Bruxelles, chez J.-B. Dupon, 1823-1828
14 dln
- ArJVII/19-25 (dln 1-5, 8 & 10)

BURGHABER, Adam, S.J.   B517
Theologia polemica in qua doctrinæ catholicorum doctorum assurentur ac defenduntur et errores hæreticorum hujus temporis proponuntur ac refelluntur. Auctore … Adamo Burghaber
Friburgi Helvetiorum, typis Joannis Jacobi Quentz, 1678
2°: π², A-4A⁴; [4], 552, [8] p.
- GVIII/18

BURGUNDIA, Antonius a   B518
Linguæ vitia et remedia. Emblematicè expressa per … Antonium a Burgundia
Antverpiæ, apud Ioan. Cnobbarum, 1631

32°, oblong: a⁸, b⁴, A-M⁸; [24], 1-14, 17-191 p.: ill.
- PrJIX/1

BURGUNDIUS, Nicolaus   B519
Nicolai BurgundI ... *Historia Belgica, ab anno MDLVIII*
Ingolstadii, ex officina Wilhelmi Ederi, apud Joannem Bayr, 1629
Coll.: Ieremias Pierssenæus (lofdicht)
4°: (?)⁴, A-3P⁴, 3Q²; [8], 497, [2] p.
- ZIII/28

BURLAMAQUI, Jean Jaques   B520
Juris naturalis elementa. Auctore J. J. Burlamaqui ...
Genevæ, apud fratres de Tournes, 1754
8°: á¹², é⁸, í², A-V⁸, X²; XXXVI, 323 p.
- MI/8

BURMAN, Caspar   B521
Hadrianus VI. Sive analecta historica de Hadriano Sexto Trajectino, papa Romano. Collegit, edidit, et notas adjecit Casparrus Burmannus
Trajecti ad Rhenum, apud Jacobum à Poolsum, 1727
4°: *⁴, 2*-6*⁴, A-3Y⁴; [48], 541, [1] p.; bijk. gegrav. titelp.
- XIV/6 (herk.: Ex libris JJ Ph. Vanden Bemden Mechln 1869)

BURMANNUS, Petrus   B522
Petri Burmanni *Orationes, antea sparsim editæ et ineditis auctæ*
In fine: Hermanni Oosterdyk Schacht, *Oratio in Obitum Petri Burmanni*
Hagæ Comitis, apud P. G. Van Balen, 1759
4°: *⁴, 2*², A-3L⁴, 3M²; [12], 459 p.
- ArDVII/8

BUSÆUS, Joannes, S.J.   B523
Enchiridion piarum meditationum ... Opera et studio Ioannis Busæi ...
Coloniæ, apud Joannem Busæum, 1663
24°: A-2R¹²⁻⁶, 2S⁶(-2S⁶); 708 p.
- ArBII/5 (titelblad ontbr.)

BUSÆUS, Joannes, S.J.   B524
Ρανάριον, *hoc est, Arca Medica variis divinæ scripturæ priscorumque Patrum antidotis adversus animi morbos instructa ...* Edita à Ioanne Busæo ...
Moguntiæ, apud Ioannem Albinum, 1608
4°:)(-2)(⁴, A-4I⁴, 4K²; [16], 604, [24] p.; gegrav. titelp.
- IV/4 (herk.: Datum in collegio Augustino Antverpiensi, 1765. Ora pro magistro tuo F. Jac De Wael [prijsboek]; S.P.Q.A. Gymnasy Augustinianei Mæc. Perp. [supralibros]; Ex libris F. J. Coenen)

BUSÆUS, Joannes, S.J.   B525
Viridarium christianarum virtutum ... Constructum et ... editum a Ioanne Busæo ...
Moguntiæ, apud Ioannem Albinum, 1610
4°:)(⁶, A-4V⁴, 4X²; [12], 709, [3] p.; gegrav. titelp.
- LIV/3 (herk.: Ex libris Joannis Benedicti Josephi Lantain presbyteri Lovanii 1826)

BUSENBAUM, Hermann, S.J.   B526
Medulla theologiæ moralis ... A ... Hermanno Busenbaum ... Editio quinta
Bruxellæ, typis Joannis Mommartii, 1658
16°: *-2*⁸, A-3L⁸, 3M⁴; [32], 880, [41] p.
- ArBI/6

BUSENBAUM, Hermann, S.J.   B527
Medulla theologiæ moralis ... A ... Hermanno Busenbaum ... Editio novissima
Antverpiæ, apud Hieronymum & Ioan. Bapt. Verdussen, 1671
16°: *-3*⁸, A-3N⁸, 3O⁴; [48], 880, [69] p.; bijk. gegrav. titelp.
- ArBI/7

BUSENBAUM, H., S.J. & LACROIX, Claude, S.J.   B528
Theologia moralis. Antehac ... concinnita a ... Herm. Busenbaum ... Nunc ... aucta a ... Claudio La Croix ... Editio altera correctior
9: *Index locupletissimus ... a ... Leonardo Colendall ...*
Coloniæ Agrippinæ, apud Servatium Noethen, 1713-1720
8°: 9 dln
- IIII/15-23 (herk.: Paulo Bertomville R. parc. 1723)

BUSENBAUM, H., S.J. & LACROIX, Claude, S.J.   B529
Theologia moralis. Antehac breviter concinnita a ... Herm. Busembaum ... Nunc ... aucta a ... Claudio Lacroix ... Editio novissima, cui præter *Librum octavum de Sanctæ Cruciatæ Bulla*, additur *Tractatus theologicus de Officiis confessarii*, ac *Bibliotheca erronea ...*
Venetiis, apud Nicolaum Pezzana, 1734
2°: a-b⁶, c-f⁸, A-2H⁸, 2I¹⁰; [24], LXIV, 516 p. + a⁴, A-2H⁸, 2I-2L⁶, a-h⁸, i-k⁶; [8], 532, 152 p.
- JV/9

BUSENBAUM, H., S.J. & LACROIX, Claude, S.J.   B530
Theologia moralis. Antehac breviter concinnita a ... Busembaum ... deinde ... aucta a ... Claudio La-Croix ... postremo ... locupletata ... a ... Francisco Antonio Zacharia ... Adcedit in operis calce ad Angelum Franzojam de *Theologia morali ... Hermanni Busembaum, Claudii La-Croix, & Franc. Antonii Zachariæ nuper ab eo ... revocata Amica expostulatio*
Ravennæ, sed prostant Venetiis, apud Nicolaum Pezzana, 1761
2°: 3 dln
- IIX/7-9

BUSSIÈRES, Jean de, S.J.   B531
Flosculi historici delibati sive Historia universalis tam sacra quam profana ... [J. de Bussières]
Coloniæ, apud Andream Bingium, 1654
18°: *¹², 2*⁶, A-2L¹²⁻⁶, 2M⁶; [36], 624 p.
- ArJI/22

BUSTUM VIRGINIS ...   B532
Bustum Virginis Magdeburgicæ historica et politicâ luce illustratum
S.l., s.n., 1631
4°: A-B⁴; 15 p.
- ArGVII/12/12

BUTKENS, Christophre   B533
Trophées tant sacrés que profanes du duché de Brabant ... Par ... Christophre Butkens ... Enrichis d'un grand nombre de figures gravées en taille-douce
A La Haye, chez Chretien van Lom, 1724
2°: π⁴, *-2*², A-8G², A-3R²; [14], 672, 235, [24] p. + *², A-7F²(-7F²); [4], 572 p: ill. + ill., uitsl. krt; gegrav. bijk. titelp. in 1
- SVII/8-9

BUTKENS, Christophre   B534
Supplement aux trophées tant sacrés que profanes du duché de Brabant de Mr. Butkens ... divisé en deux volumes. Et rempli d'une grande quantité de figures gravées en taille-douce

B

A La Haye, chez Chretien van Lom, 1726
2°: *², A-6K²; [4], 508 p. + π¹, A-5T², a-i²; [2], 444, XXXIII p.: ill. + ill., 1 uitsl. krt
- SVII/10-11

BUTLER, Alban   B535
Fêtes mobiles, jeûnes, et autres observances annuelles de l'Eglise catholique. Ouvrage traduit … de l'Anglais d'Alban-Butler, par … Nagot … pour servir de continuation … aux Vies des pères, des martyrs … Traduites de l'Anglais du même auteur, par l'abbé Godescard …
A Versailles, de l'imprimerie de J.-A. Lebel, 1811
8°: IV, 722 p.
- RIII/30 & ZI/12

BUTLER, Alban   B536
De levens der HH. Vaders, der Martelaren, en van d'andere voornaeme Heyligen … Beschreven in d'engelsche taele door … Albanus Butler; eerst in 't Fransch overgezet door … Godescard … en alsnu … in 't Nederduytsch vertaeld na den laetsten druk van Parys van 't jaar 1786-1788, met byvoeging van de Levens der voornaemste heyligen des Nederlands
Tot Brugge, by J. de Busscher, 1791-1794
8°: 8 dln
Nota: dln 7 & 8 zijn niet gedateerd
- PII/14-21

BUTLER, Alban   B537
Vies des Pères, des martyrs, et des autres principaux saints … Ouvrage traduit de l'anglois [d'A. Butler]
A Villefranche-de-Rouergue, chez Pierre Vedeilhié. A Paris, chez Barbou, 1763-1788
8: idem + A Paris, chez Desaint; 11-12: A Paris, chez Barbou
8°: 12 dln
- PrEIII/8-19 (herk.: J. B. T. Du Trieu)

BUTLER, Alban   B538
Vies des pères, des martyrs, et des autres principaux saints. Ouvrage traduit … de l'Anglois de … Alban Butler, par … Godescard …. Nouvelle édition
A Maestricht, de l'imprimerie de P. L. Lekens, 1792-1797
13: *Fetes mobiles, jeûnes, et autres observances annuelles de l'Eglise catholique. Ouvrage traduit … de l'Anglais … par … Nagot … pour servir de continuation … aux Vies des Pères, des Martyrs …* A Versailles, de l'imprimerie de J.-A. Lekens, 1811
8°: 13 dln
- RIII/18-30

BUTLER, Alban   B539
Vies des Pères, des martyrs, et des autres principaux saints … Ouvrage traduit … de l'anglais [d'A. Butler] … par … Godescard … Nouvelle édition, revue … par … Nagot …
Versailles, de l'imprimerie de J. A. Lebel, 1818-1819
8°: 13 dln
- ArAVIII/32-33 (dln 1 & 3)

BUTLER, Charles   B540
Vies des pères, des martyrs, et des autres principaux saints. Supplément à l'ouvrage de … Alban Butler et Godescard, traduit en partie de l'anglais de … Charles Butler …
Tournay, imprimerie de J. Casterman, aîné, 1824
XIV, 504 p.
- ArAVII/31

BUXTORF, Joannes   B541
Johannis Buxtorfi Lexicon Hebraicum et Chaldaicum … Editio sexta …
Londini, typis Jacobi Junii, & Mosis Bell, sumptibus Richardi Whitakeri & Samueli Cartwright, 1646
8°: π¹, A-3X⁸; [2], 999, [1bl], 70 p.
- ArHVII/15 (herk.: Goudry, S.J. 1823; Arn. van Lantschoot [Park])

BUXTORF, Joannes   B542
Johannis Buxtorfi … Synagoga judaica, de judæorum fide, ritibus, ceremoniis, tam publicis & sacris, quam privatis, in domestica vivendi ratione. Tertia hac editione … redacta à Johanne Buxtorfio, filio
Basileæ, sumptibus authoris, apud Johan. Jacobum Deckerum, 1661
Vert.: David Clericus
8°:)(-2)(⁸, A-3E⁸; [32], 779, [37] p.; bijk. gegrav. titelp.
- BI/14

BUZELIN, Jean, S.J.   B543
Annales Gallo-Flandriæ … Auctore Ioanne Buzelino …
Duaci, ex officina Marci Wyon, 1624
2°: †⁴, a-3f⁶, 3g², 3h-3i⁴; [8], 629, [15] p.
- RVII/4 (titelp. is beschadigd; herk.: Celestinorum Heverlensium signatum Theca 76; supralibros: wapen met spreuk *Pace et concordia*)

BYVOEGSEL VAN EENIGE AUTENTHYQUE …   B544
Byvoegsel van eenige autenthyque stukken, behoorende tot het boekje genaamt 'Het opgesmukte boekje' … (cf. M1)
Amsterdam, s.n., 1703
8°: *⁶, A-E⁸, F²[-F²]; 82 p.
- ArBIII/30/9

BYZONDERE DEVOTIE …   B545
Byzondere devotie tot de H. Maegd en Martelaresse Lucia … gevierd in de parochie-kerk van Wespelaer … Als ook tot den H. Bisschop Hubertus
Te Loven, gedrukt by Vanlinthout en Vandenzande, 1826
12°: 23 p.
- ArEVII/11/24

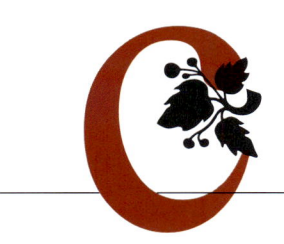

CABASSUTIUS, Joannes, Orat.   C1
Juris canonici theoria et praxis ... Opus exactum, non solum ad normam juris communis & Romani, sed etiam juris Francici. Authore Joanne Cabassutio ... Editio postrema
Lugduni, apud Boudet, Declaustre, Deville, & De La Roche, 1719
4°: á⁴, é⁴, í⁴, A-4P⁴; [24], 600, [70] p.
- LV/17

CABASSUTIUS, Joannes, Orat.   C2
Notitia conciliorum Sanctæ Ecclesiæ ... Auctore Joanne Cabassutio ... Accesserunt dissertationes duæ: una ... Joan. Mabillon De critica & regulis in ipsa servandis. Altera auctoris anonymi De canonum collectione Isidori, ac decretalibus primorum sæculorum Pontificibus adscriptis. Editio nova
Lovanii, typis Joan. Franc. van Overbeke, 1776
8°: *⁷, 2*⁸, 3*⁴, 4*¹⁰, A-2Q⁸, 2R²; [58], 578, [49] p.
- DII/3

CABASSUTIUS, Joannes, Orat.   C3
...Cabassutii...Notitia ecclesiastica historiarum, conciliorum ...
Lugduni, apud Anissonios et Joan. Posuel, 1680
2°: á⁴, é⁴, í⁶, A⁶, B-4Z⁴, 5A⁶; [28], 662, [88] p.
- OVI/22

CADENET, Pierre de, Orat.   C4
Paraphrase dévote, litterale et mystique, sur les pseaumes du prophète royal David ... Par ... Pierre de Cadenet ...
A Paris, chez Jean Du Puis, 1660
8°: á⁸, é⁴, A-3G⁸, 3H⁴; [24], 838, [18] p.; bijk. gegrav. titelp.
- AV/8 (herk.: J'appartien au Carmelit<es> deschaussez a Louvain)

CAENEN, Jan Jozef   C5
Historie en mirakelen van Onze Lieve Vrouw tot Cortenbosch [J. J. Caenen]
Tot St. Truyden, by J. B. Smits, 1790
18°: A-Q¹²⁻⁶; [2], 284 p.; front. (houtsnede)
- PrII/6 & ArDIII/27

CÆREMONIALE EPISCOPORUM ...   C6
Cæremoniale episcoporum. Clementis VIII primum, nunc ... Innocentii ... X auctoritate recognitum ... Editio prima in Belgio, multis figuris æneis exornata ...
Antverpiæ, apud Henricum & Cornelium Verdussen, 1713
2°: *⁶, †², A-2Z⁴; [16], 397 p.: ill.
- ArCVII/15 (herk.: Jacobus Abbas comparavit 1762 - bibliothecæ Gemblacensis)

CAFMEYER, Pierre de   C7
Hooghweirdighe historie van het alder-heylighste sacrament van mirakel. In desen nieuwen druck ... verbetert ... Door ... Petrus de Cafmeyer ... Eersten druck
Tot Brussel, by Georgius de Backer, 1720
Coll.: Hendrik van Cattenbroeck (uitsl. plt)
8°: *-2*⁸, A-L⁸; [32], 176 p. + ill. & 1 uitsl. plt
- ArDIV/26

CAFMEYER, Pierre de   C8
Hooghweirdighe historie van het alder-heylighste sacrament van mirakel. In desen nieuwen druck merckelyck verbetert ende ... verciert met schoone copere figuren. Door ... Petrus de Cafmeyer. Eersten druck
Tweede stuk: p. 1-46: Vervolgh ... ; p. 47-70: Tweede vervolgh ... op-gestelt ende by een vergaedert door G. D. B. (Georges de Backer)
Tot Brussel, by Georgius de Backer, 1720
2°: *³, 2*², 3*¹, A-M², A⁴, B², C³, D-E², F-K⁴, L²; [12], 48, 70 p.: + front., 20 pltn, 22 uitsl. pltn
- VVII/1

CAFMEYER, Pierre de   C9
Venerable histoire du très-saint sacrement de miracle ... Composée en Flamand par Pierre Cafmeyer ... & traduits (sic) en François par G. D. B. [George de Backer]. Première édition
Bruxelles, chez George De Backer, 1720
Coll.: Henri van Cattenbrouck (uitsl. plt)
8°: *⁸, 2*⁸, A-L⁸; [32], 171, [3] p. + ill. & 1 uitsl. plt
- ArDIV/27

CAFMEYER, Pierre de   C10
Venerable histoire du très-saint sacrement de miracle ... Enrichie de ... figures en taille-douce. Composée en Flamand par Pierre de Cafmeyer ... traduite en François par G. D. B. [George de Backer]. Première édition
In fine: *Première suite de la vénérable histoire ... Contenant les solemnitez qu'on a faite à l'occasion du Jubilé de 350 ans dans l'église collégiale de SS. Michel & Gudule: la description des embellissements ... et les arcs de triomphe ... où la première procession a passée le 14 juillet 1720 ...*
Seconde suite de la vénérable histoire ... où la seconde procession a passée le 28 juillet 1720 ...
A Bruxelles, chez George De Backer, 1720
2°: *-2*⁴, A-I⁴, K², A-B⁴, C-H², I-K⁴, L-O²(-O²); [16], 46, [2], 70 p.: ill. + ill. & uitsl. plt; gegrav. front.
- WVIII/13 (front. ontbr.) & PrDVI/12/1 (*⁴ ontbr.; 2*²⁻³ ingebonden na p.26, 2*⁴ na p.46)

CAFMEYER, Pierre de   C11
Suite de la vénérable histoire du très-saint Sacrement de miracle, notablement améliorée ... Le tout tirée de plusieurs auteurs ... Enrichie de très-belles figures en taille douce. Composée par Pierre Cafmeyer ... Seconde partie
In fine: *Seconde suite de la vénérable histoire ... Contenant les solemnités ... du Jubilé de ... 1735 ... Composée ... par G. De Doncker ...*
A Bruxelles, chez Gilles Stryckwant, Charles de Vos, Jean

C

Baptiste de Vos, Nicolas Stryckwant, 1735
2°: *², A-G²(-G²); [4], 52 p.
- PrDVI/12/2 (van *Seconde suite … du Jubilé de … 1735 …* is alleen de titelp. aanwezig; ingeb. tussen & in verkeerde volgorde in *Vénérable histoire …*)

CAILLEAU, André-Charles, DUCLOS, R. C12
Dictionnaire bibliographique, historique et critique des livres rares, précieux, singuliers, curieux, estimés et recherchés qui n'ont aucun prix fixe … [A.-C. Cailleau, R. Duclos]. Suivie d'un *Essai de bibliographie …*
A Paris, chez Cailleau et fils. Et se trouve à Liège, chez Jean-Jacques Tutot, 1791
8°: 3 dln
- UII/34-36

CAILLIEU, Norbert, O.Præm. C13
Epistola … Norberti Caillieu … ad almam S. Theologiæ Parisiensis Facultatem. 23 septembris anno 1661
S.l., s.n., 1661
4°: A-E⁴, F²(-F²), A⁴; [6], 35, [1 bl], 6 p.
- ArFIV/15/9

CAILLIEU, Norbert, O.Præm. C14
Responsio ad inquisitionem I. Launoii Parisiensis theologi in privilegia Præmonstratensis Ordinis. Per … Norbertum Caillieu …
Parisiis, apud Fredericum Leonard, 1661
8°: á⁸, A-2F⁸, 2G⁴; [16], 470 p.
- PrHI/22 & ArEII/16 (herk.: Ad usum fris Norberti Morren Relig. Parc. 1661)

CALENDRIER DE LA COUR … C15
Calendrier de la Cour de leurs altesses royales Marie-Christine, princesse royale de Hongrie … et Albert, prince royal de Pologne … Pour l'an de grace MDCCLXXXVII
A Bruxelles, chez J. Vanden Berghen, (1786?)
8°: a-b⁸, A-H¹²(-H¹²); [8], 180, XXII p.
- ArJII/24

CALEPINO, Ambrogio, O.S.A. C16
Dictionarium Ambrosii Calepini. Postremo … auctum & ex Pauli quoque Manutii Aldi observationibus locupletatum … Una cum Conradi Gessneri *Onomastico …*
Basileæ, (Heinrich Petri, 1564)
In fine: Basileæ excusum, impensis Henrici Petri, anno … MDLXIIII mense Augusto
2°: †⁴, a-z⁸, Aa-Zz⁸, AA-ZZ⁸, Aaa-Ggg⁸, Hhh¹⁰, A-R⁸, S⁶(-S⁶); [8], 1236, 292 [=282] p.
- WVIII/7 (fragmenten van middelnederlands getijdenboek in kneep; herk.: Joannes Linnemans Diestensis; Philippus R[?]ulens Anno 1621 usus me fuit sub Domino Martino Gilis; Collegii pastoris)

CALEPINO, Ambrogio, O.S.A. C17
Ambrosii Calepini Dictionarium undecim linguarum … Respondent autem Latinis vocabulis, Hebraica, Græca, Gallica, Italica, Germanica, Belgica, Hispanica, Polonica, Ungarica, Anglica. *Onomasticum …* propriorum nominum, regionum, gentium, urbium … adiunximus
AAa-TTt8: *Onomasticon propriorum nominum,* primum a … Conrado Gesnero … collectum
Basileæ, Sebastianum Henricpetri, (1605)
In fine: Per Sebastianum Henricpetri, Anno … MDCV
2°: α⁴, a-z⁸, A-Z⁸, Aa-Zz⁸, AA-ZZ⁸, Aaa-Ggg⁸, AAa-TTt⁸; [8], 1582, [2], 302, [2] p.
- ZIX/16 (TTt⁸ ontbr.; herk.: Ex libris Guill. Versteylen Præsidis Tribunalis Turnhout)

CALEPINO, Ambrogio, O.S.A. C18
Ambrosii Calepini Dictionarium. Præter alia omnia, quæ … fuerunt addita, præcipue a Ioanne Passeratio … Adiectæ sunt Latinis dictionibus Hebrææ, Græcæ, Gallicæ, Italicæ, Germanicæ, Hispanicæ atque Anglicæ
Lugduni, sumptibus Iacobi Cardon, 1634
2°: á⁶, A-3K⁸, 3L⁴(-3L⁴); [12], 902 p. + A-3E⁸; 815 p.
- WVIII/16-17 (herk.: Ex libris Georgy Geraldui[?]; C.A. Besseleers 1787; Ex libris Domini Uleys)

CALEPINO, Ambrogio, O.S.A. C19
Ambrosius Calepinus … *Dictionum Latinarum & Græcarum interpres …,* ita ut quicquid … eruditionis reconditum in Nicolai Perotti *Cornu copiæ,* quicquid etiam … doctrinæ in libris Marci Varronis, Nonii Marcelli, Festi Pompeii … dispersum erat, in unum coegerit volumen. Suidæ quoque & Iulii Pollucis plurimum argivo functus officio … Ad Sextilium Aurelium Rhosellum, Lucii Pauli Rhoselli *Epigramma*
(Hagenau?, Lucas Alantse, Thomas Anselm, 1521)
In fine: Finis dictionarij Ambrosii Calepini Hagenoæ impressi per Thomam Anshelmum Badensem, impensis Lucæ Alantse civis Viennensis. Anno dni MDXXI. Mense Iulio
2°: a¹⁰, b-2z⁸, A-I⁸, K¹⁰; CCCCLI, [1] f.; titelp. met houtsnedelijst
- WVII/23

CALEPINO, Ambrogio, O.S.A. C20
Ambrosii Calepini … *Lexicon*
(Hagenau, Franciscus Byrcman, Ioannes Cnobloch, Henricus Gravius), 1526
In fine: Haganoæ communibus Francisci byrcman et Iohannis Cnoblochi impensis Henricus Gravius excudebat, Anno MDXXVI Mense Augusto
2°: a-e⁸, f-h¹⁰, i-z⁸, &¹⁰, ?¹⁰, y⁸, A-H⁶⁻⁸, I-Z⁸, Aa⁸, Bb¹⁰; [412] f.
- PrDV/4 (titelblad ontbr.; herk.: supralibros met wapen van keizerin Maria Theresia)

CALLIMACHUS C21
Callimachi … *Hymni (cum suis scholiis Græcis) & Epigrammata.* Eiusdem poematium *De coma Berenices,* à Catullo versum. Nicodemi Frischlini … interpretationes … Henrici Stephani partim emendationes partim annotationes …
S.l., excudebat Henricus Stephanus, 1577
4°: ¶-2¶⁴, a-i⁴, aa-rr⁴; [16], 72, 134 p.
- PrIIII/2

CALMET, Augustin, O.S.B. C22
Het algemeen groot historisch, oordeelkundig, chronologisch, geografisch, en letterlyk naam- en woorden-boek, van den gantschen H. Bybel. Versierd met noodige landkaarten en koopere plaaten … In 't Fransch beschreven door … Augustinus Calmet … Nu in 't Nederduitsch overgezet … door Mattheus Gargon …
1: Te Leiden, by Samuel Luchtmans; 2: Te Amsterdam, by R. en J. Wetstein, en W. Smith. Te Leyden, by Samuel Luchtmans, 1725-1727
2°: 4 dln; gegrav. front. in 1
- YVII/5-6

CALMET, Augustin, O.S.B. C23
Byvoegzel tot het algemeen groot historisch … naam- en woorden-boek, van den gantschen H. Bybel. Versiert met … prentverbeeldingen en kopere plaaten … In 't Fransch beschreven door … Augustinus Calmet … Nu in zuiver Nederduitsch overgezet … door Jakob van Ostade … en Arn. Henr. Westerhovius
Te Amsterdam, by R. en J. Wetstein, en W. Smith. Te Leiden, by Samuel Luchtmans, 1731

2°: π⁴, 2*-4*², A-5Z⁶, 6A², A-F²; [20], 924, [24] p. + ill.
- YVII/7

CALMET, Augustin, O.S.B. C24
Commentaire litteral sur tous les livres de l'Ancien et du Nouveau Testament. Par ... Augustin Calmet ...
26: *Nouvelles dissertations importantes et curieuses sur plusieurs questions qui n'ont point été traitées dans le Commentaire littéral ...*
A Paris, 1-3: chez Pierre Emery, 1709-1717; 4-7, 10, 18: chez Emery, père, Emery fils, Saugrain, l'aîné, Pierre Martain, 1720-1722; 8: chez Pierre Emery, Saugrain l'aîné, Pierre Martin, 1722; 9-11, 15-17, 21-26: chez Emery, Saugrain père, Pierre Martin, 1719-1734; 12-14, 19-20: chez Emery, fils, Saugrain l'aîné, Pierre Martin, 1713-1730
4°: 26 dln
- BIV/19-24 + BV/1-20 (alleen dl 1, *La Genèse*, heeft de vermelding 'Seconde édition')

CALMET, Augustin, O.S.B. C25
Commentaire littéral, historique et moral sur la règle de Saint Benoît. Par ... Augustin Calmet ...
A Paris, chez Emery, Saugrain, père, Pierre Martin, 1734
4°: a⁴, b²(-b²), A-4F⁴(-4F⁴); [10], 597 p. + a², A-4C⁴; [4], 576 p.
- PIV/11-12

CALMET, Augustin, O.S.B. C26
... Augustini Calmet ... *Commentarium litterale in omnes ac singulos tum Veteri tum Novi Testamenti libros.* E Gallico in Latinum sermonem translatum
Augustæ Vindelicorum & Græcii, sumptibus Philippi, ac Martini Veith, et Joannis fratris hæredum, 1734-1735
2°: 8 dln
- CVIII/5-12

CALMET, Augustin, O.S.B. C27
Dictionarium historicum, criticum, chronologicum, geographicum, et literale Sacræ Scripturæ. Cum figuris antiquitates judaicas repræsentantibus. Authore ... Augustino Calmet ... E Gallico in Latinum translatum ... ab ... Joanne Dominico Mansi ... Editio Germanica secunda
3-4: *Supplementum ad Dictionarium historicum ... Sacræ Scripturæ ...*
3, [pp 8-10]: *Dissertatio de tactice Hebræorum*, authore ... equite Folard
1-2: Augustæ Vindelicorum, sumptibus Martini Veith, 1738; 3-4: Augustæ Vindelicorum et Græcii, sumptibus fratrum Veith, 1736
2°: 4 dln : ill. + ill. & uitsl. krt
- BVI/8-10

CALMET, Augustin, O.S.B. C28
Dictionnaire historique, critique, chronologique, géographique et littéral de la bible. Enrichi d'un grand nombre de figures en taille-douce ... Par ... Augustin Calmet ...
A Paris, chez Emery, père, Emery, fils, Saugrain, l'aîné, Pierre Martin, 1722
2°: 2 dln; gegrav. front. in 1
- CVIII/13-14 (herk.: C. Cosandey, chanoine)

CALMET, Augustin, O.S.B. C29
Dictionnaire historique, critique, chronologique, géographique et littéral de la Bible. Enrichi de trois cent figures en taille douce ... Par ... Augustin Calmet ... Nouvelle édition
A Paris, chez Emery, Saugrain, père, Pierre Martin, 1730
2°: 4 dln
- BVIII/1-4

CALMET, Augustin, O.S.B. C30
Histoire de l'Ancien et du Nouveau Testament, et des juifs. Pour servir d'introduction à l'histoire ecclésiastique de ... Fleury. Par ... Augustin Calmet ...
A Paris, chez Emery fils, Saugrain, l'aîné, Pierre Martin, 1725
8°: 7 dln; + uitsl. krtn; gegrav. front. in elk dl
- NI/29-35

CALMET, Augustin, O.S.B. C31
Histoire de l'Ancien et du Nouveau Testament, et des juifs. Pour servir d'introduction à l'histoire ecclésiastique de ... Fleury. Par ... Augustin Calmet ... Nouvelle édition
A Paris, chez Gabriel Martin, Jean-Baptiste Coignard, Pierre-Jean Mariette, Hyppolite-Louis Guerin, 1737
12°: 4 dln + uitsl. krtn
- PrCV/1-4 (herk.: ex libris, gerad. in 2) F.E.O.A. de Rosen Kleinropp.

CALMET, Augustin, O.S.B. C32
Histoire ecclésiastique et civile de Lorraine ... Par ... Augustin Calmet ... Le tout enrichi de cartes géographiques, de plans de villes & d'églises ... gravez en taille-douce
4: *Histoire ecclésiastique ... qui comprend les preuves des trois volumes*
A Nancy, chez Jean-Baptiste Cusson, 1728
2°: 4 dln + krtn & pltn
- RVII/20-23

CALMET, Augustin, O.S.B. C33
Histoire universelle, sacrée et profane, depuis le commencement du monde jusqu'à nos jours. Par ... Augustin Calmet ...
A Strasbourg, 1-7: chez Jean Renauld Doulssecker; 8: chez Jean Daniel Dulsecker & Jean Charles Pohle, 1735-1747
4°: 8 dln; gegrav. front. in 1
- RIV/18-25

CALMET, Augustin, O.S.B. C34
Prolegomena, et dissertationes in omnes, et singulos S. Scripturæ libros. Authore ... Augustino Calmet ... Opus Gallicè primum ... nunc vero Latinis literis traditum ... a Joanne Dominico Mansi ...
Lucæ, sumptibus Leonardi Venturini, 1729
2°: †⁶, A-4N⁴, 4P⁶; [12], 668 p. + π¹, A-3S⁴;[2], 512 p.
- BVIII/5

CALMET, Augustin, O.S.B. C35
Prolegomena, et dissertationes in omnes, et singulos S. Scripturæ libros. Authore ... Augustino Calmet ... Opus Gallice primum ... nunc vero Latinis literis traditum, & in duos tomos distributum a Joanne Dominico Mansi ...
Augustæ vindelicorum, sumptibus hæredum Martini Happach & consort., 1732
2°:)(⁵, A-4N⁴, 4O⁶; [10], 667 p. + π¹, A-3S⁴(-3S⁴); [2], 512 p.
- CVIII/3-4

CAMILLO, Giulio C36
Annotationi di M. Giulio Camillo, sopra le rime del Petrarca. Tavola di M. Ludovico Dolce ...
In Vinegia, appresso Gabriel Giolito de' Ferrari, 1559
8°: *-8*⁸; niet gepag.
- PrJV/5

CAMPAILLA, Tommaso C37
L'Adamo ovvero il mondo creato. Poema filosofico del ...

C

Tommaso Campailla ... Cogli argumenti ... dal ... Giuseppe Prescimone ...
In Roma, nella stamperia di Antonio Rossi, 1737
2°: π³, a-f², A-E², F-2F⁶, 2G-3C²; VI, [24], 358, [2] p.
- ArDVII/4

CAMUS, Jean-Pierre   C38
L'esprit de Saint François de Sales, evêque et prince de Genéve. Recueilli de divers ecrits de ... Jean-Pierre Camus ... par M. P. C. [Pierre Collot] ... Troisième édition
A Paris, chez la veuve Estienne, 1737
8°: a-d⁸, e⁴, f², A8-2Q⁸, 2R⁴, 2S⁴; LXXIV, [2], 632, [3] p.; portret van F. van Sales in front.
- PrEIV/22 (herk.: Therèse de Wadelencour née d'Amprer; Ex libris de Potter de Zinzerling)

CAMUS, Jean-Pierre   C39
L'esprit de Saint François de Sales ... Recueilli de divers écrits de ... Jean-Pierre Camus ... Par M. P. C. [Pierre Collot] ... & augmenté par ... Chapelain ... Nouvelle édition
A Paris, chez les frères Estienne. Et se vend à Avignon, chez Joseph Roberty, 1770
12°: A-2G⁶; 359 p. + π⁴, A-2A⁶, 2B²; [8], 292 p.
- YV/27-28 (herk.: Ex liberalitate ... senatus Montensis ... Wirgerius Josephus ... Montibus in aula Coll. Soc. Jesu ... 1773 [prijsboek])

CANDIDO, Vincenzo, O.P.   C40
... Vincentii Candidi ... *Illustriorum disquisitionum moralium, tomi duo* ...
Lugduni, sumptib. Iacobi & Peter Prost, 1638
2°: *-2*⁶(-*1), A-2F⁶, 2G-2H⁴; [22], 363 p. + π², A-3C⁶; [4], 426, [161] p.
- JVIII/20 (herk.: Bibliot. floreff.)

CANGIAMILA, Franciscus Emmanuel   C41
Kort begryp van de embryologia sacra ofte verhandelinge der plichten van priesters, geneesheeren, chirurgyns en vroedvrouwen, jegens de kinderen, die noch niet geboren zyn. Eerst beschreven door ... Franc. Eman. Cangiamila, en na den tweeden Franschen druk vertaeld door J. Stafford ...
t'Antwerpen, by Hubertus Bincken, 1780
8°: A-M⁸; XVII, [1], 170, [4] p.
- IIV/10/1

CANGIAMILA, Franciscus Emmanuel   C42
Sacra embryologia sive de officio sacerdotum, medicorum, et aliorum circa æternam parvulorum in utero existentium salutem, libri quatuor. Franc. Emanuel. Cangiamila ... auctore et interprete. Editio prima in Germania
Monachii & Ingolstadii, sumptibus Joan. Franc. Xaverii Crätz, 1764
4°: a-f⁴, A-4C⁴, 4D², (A)-(G)⁴, (H)²; [48], 580, 58 p.
- IIV/39

CANGIAMILA, Franciscus Emmanuel   C43
Sacra embryologia ... Auctore ac interprete Franc. Emmanuele Cangiamila ...
Ipris, apud Thomam Franc. Walwein, (1775?)
8°: π⁴, A-2C⁸, 2D⁴(-2D⁴); [24], 398, [8] p.
- IIV/9

CANGIAMILA, Franciscus Emmanuel   C44
Sacra embryologia ... Auctore ac interprete Franc. Emmanuele Cangiamila ...
Lovanii, e typographia Henrici Baumans, 1825
8°: π⁴, A-2C⁸, 2D⁴(-2D⁴); [24], 398, [8] p.
- ArAVIII/34

CANISIUS, Henricus   C45
Summa iuris canonici in quatuor institutionum libros contracta ... Auctore Henrico Canisio ...
Antverpiæ, apud Hieronymum Verdussium, 1628
8°: *⁸, 2*⁴, A-2X⁸, 2Y⁴; [24], 666, [46] p.
- MV/26

CANISIUS, Henricus   C46
Thesaurus monumentorum ecclesiasticorum et historicorum sive Henrici Canisii lectiones antiquæ ... Quibus præfationes historicas, animadversiones criticas ... adjecit Jacobus Basnage
Amstelædami, apud Rudolphum & Gerhardum Wetstenios, 1725
2°: 4 dln
- GVII/1-4

CANISIUS, Petrus, S.J., heilige   C47
Manuel des Catholiques ... Receuilly & faict en Latin par ... Canisius; & mis en François par Gabriel Chappuys
A Anvers, en l'imprimerie Plantinienne, 1662
16°: A-2A⁸(-2A⁸); 371, [11] p.: ill.
- ArBII/30

CANISIUS, Petrus, S.J., heilige   C48
... Petri Canisii ... *Opus catechisticum, sive de summa doctrinæ christianæ*. Editio tertia ...
Coloniæ, apud Geruinum Calenium, & hæredes Iohannis Quentelij, 1586
Coll.: Petrus Busæus (b2)
2°: a-d⁴, A-4E⁶, 4F⁴; [32], 833, [62], [1bl] p.
- HVII/19

CANISIUS, Petrus, S.J., heilige   C49
Roomsch-Catholyke Catechismus ... Van ... Petrus Canisius ... In 't Hoogduitsch uitgegeven door ... Matthæus Vogel ...
Te Keulen, voor Ferdinand Sundorff, 1771
8°: *⁴, A-2G⁸; [8], 475 p. + *³, A-2G⁸; [6], 480 p.
- ArBIV/9-10

CANISIUS, Petrus, S.J., heilige   C50
Summa doctrinæ Christianæ. Authore ... Petro Canisio ...
Coloniæ, apud Maternum Cholinum, 1566
8°: A-2D⁸, 2E⁴; 209, [11] f.
- ArBIII/22 (titelblad & laatste p. zijn verknipt)

CANISIUS, Petrus, S.J., heilige   C51
Volstandigen catechismus in welken ... de leeringe van Jesus-Christus ... uytgeleyt word ... met 130 onderwysingen en sermoonen volgens de 5 hoofdstukken van ... Petrus Canisius. Door Sebastianus Schmid ... uyt het Hoogduyts vertaeld
t'Antwerpen, by J. J. G. de Marcour, 1767-1769
12°: 5 dln; gegrav. front. in 1
- HI/25-29 (herk.: Vic. in Valle Sta Cathar.)

CANTEL, Pierre Joseph   C52
De romana republica, sive de re militari & civili Romanorum, ad explicandos scriptores antiquos. Auctore Petro Josepho Cantelio. Editio novissima
Trajecti ad Rhenum, apud Abrah. van Paddenburg, 1777
8°: *⁸, 2*², A-2H⁸, 2I⁶; [22], 508 p. + ill. (uitsl. pltn); bijk. gegrav. titelp.
- PrEIII/24 (herk.: supralibros met wapen van Arnhem)

CANUS, Melchior, O.P.   C53
Melchioris Cani ... *Opera* ... Præfatione ... illustrata a ... Hyacintho Serry ...

Patavii, typis Seminarii. Apud Joannem Manfrè, 1762
4°: a-e⁴, A-4A⁴; XL, 560 p.
- EIII/30

CAPITULUM GENERALE … C54
Capitulum generale ordinis Præmonstratensis Præmonstrati celebratum anno Domini MDCCXXXVIII *præside … Claudio Honorato Lucas …*
Virduni, apud Petrum Perrin filium, 1738
4°: A-D⁴, E²; 34 p.
- ArKIII/7/8

CARAMUEL de LOBKOWITZ, Juan, O.Cist. C55
Caramuelis Præcursor logicus, complectens Grammaticam audacem, cuius partes sunt tres, methodica, metrica, critica …
Francofurti, sumptibus Iohan. Godofredi Schönwetteri, 1654
2°: π², A-2T⁶; [4], 503 p.; gegrav. titelp. (*Theologia rationalis*) & gegrav. portret van de aut.
- JV/18 (herk.: Biblioteca pubbl. Lucca; Bibliotheca Soc. Jesu Lovanii)

CARAMUEL de LOBKOWITZ, Juan, O.Cist. C56
Ioannis Caramuelis Theologia regularis. Videlicet, in sanctorum Benedicti, Basilii, Augustini & Francisci regulas commentaria …
1: Editio quarta; 2: Editio prima
Lugduni, sumptibus Laurentii Anisson, 1665
2°: π², é⁶, í⁶, A-5D⁴, 5E-5F⁶, 5G⁴; [28], 768, [30] p. + á⁴, é⁴, í⁶, A-3P⁴; [28], 452, [42] p.; bijk. gegrav. titelp. in 1
- LVII/12-13

CARAMUEL de LOBKOWITZ, Juan, O.Cist. C57
Ioannis Caramuel Theologiæ moralis fundamentalis liber primus [-quartus] … Nunc recens summo studio diligentiaque recognitus
Lugduni, ex officina Anissoniana, 1675-1676
Nota: 3 & 4: nunc primum in lucem editus
2°: onregelm. gepag. & onregelm. sign.; gegrav. portret van de aut. in front.
- JVII/6-7

CARDENAS, Joannes de, S.J. C58
Crisis theologica, in qua plures selectæ difficultates ex morali theologia ad lydium veritatis lapidem revocantur … Exposita a … Ioanne de Cardenas …
Coloniæ Agrippinæ, sumptibus hæredum Joannis Widenfeldt, & Godefridi de Berges, 1690
4°: *³, 2*-4*⁴, 5*², A-5D⁴(-5D⁴); [34], 756 p.
- JIV/15 (herk.: Pro bibliotheca Ad Nives [Praag])

CARDENAS, Joannes de, S.J. C59
… Joannis de Cardenas … Crisis theologica, sive disputationes selectæ ex morali theologia, in quatuor partes distinctæ. Editio secunda Veneta
Venetiis, apud Nicolaum Pezzana, 1700
2°: 4 dln
JVII/16

CAROLINUS, Godefridus C60
Het hedendaagsche heidendom, of beschrijving vanden Godtsdienst der Heidenen, so als die … inde drie deelen vande Oude bekende Wereld, namelijk, Asia, Africa en enige gewesten van Europa bevonden is … Alles uit verscheide auteuren te samen getrocken door Godefridum Carolinum …
t'Amstelredam, by Johannes van Ravesteyn, 1661
4°: A-B⁴, A-2M⁴, A-C⁴; [16], 280, [23] p.; bijk. gegrav. titelp.
- TIV/13 (A4 ontbr.; herk. in fine: Daniel Steenbergen 1833)

CARPENTIER, Petrus, O.S.A. C61
Den droevighen miserere, ende de profundis … Door F. P. C. [P. Carpentier]
Tot Loven, by Bernardyn Maes, 1652
8°: π¹, A-Q⁸; 256 p.
- ArDV/3 (titelblad ontbr.)

CARRANZA, Bartholomæus, O.P. C62
Summa conciliorum. Dudum collecta per Bartholomæum Caranza … additionibus Francisci Sylvii quondam illustrata, nunc vero … aucta per … Franciscum Janssens Elinga … Editio duodecima
Lovanii, typis Hieronymi Nempæi, 1668
8°: *⁸, A-3H⁸; [16], 840, [24] p.
- DI/20 (herk.: Ad usum Servatii Vrijsens Relig. Parchensis)

CARRANZA, Bartholomæus, O.P. C63
Summa conciliorum. Dudum collecta per Bartholomæum Caranza … additionibus Francisci Sylvii quondam illustrata … aucta per … Franciscum Janssens Elinga …
Lovanii, typis Hieronymi Nempæi, 1681
4°: †⁴, 2†², a-g⁴(-g⁴), A-3V⁴; [12], 49, [5], 492, [34] p.
- OIV/19 (herk.: ad usum fris Hermanni Josephi De Goede [Park])

CARRANZA, Bartholomæus, O.P. C64
Summa conciliorum & pontificum à Petro usque ad Paulum tertium … Per … Bartholomeum Carranzam …
Venetiis, ad signum Spei, 1549
8°: *-3*⁸, a⁸, A-3D⁸(-3D⁸); [32], 397 f.
- PrCI/17

CARRON, Guy-Toussaint-Julien C65
Le beau soir de la vie, ou petit traité sur l'amour divin, précédé des lettres d'Ariste à Philémon. Par … Carron. Seconde édition
Paris, H. Nicolle. Lille, Vanackere, 1817
8°: 304 p.; gegrav. front.
- ArBI/9

CARRON, Guy-Toussaint-Julien C66
Les confesseurs de la foi dans l'église gallicane à la fin du dix-huitième siècle. Par … Carron
A Paris, chez Adr. Le Clere, 1820
4 dln
- YVI/35-36 (dln 1 & 2)

CARTAUD DE LA VILATE, François C67
Essai historique et philosophique sur le goût. Par … Cartaud de la Vilate
A Londres, s.n., 1751
12°: a⁴, A-2D⁸·⁴; [8], 327 p.
- PrJIII/9

CARTE GÉNÉRALE … C68
Carte générale et alphabétique, des villes, bourgs, villages et terres franches du duché de Brabant …
A Bruxelles, chez Pauwels, [1773?]
4°: A-N⁴, O-P²(-P²); 109 p.
- ArKIII/7/14

CARTIER, Gallus C69
Theologia universalis … Curante … Gallo Cartier …
Augustæ vindelicorum, sumptibus Ignatii Adami & Francisci Antonii Veith, 1757
4°: 4 dln

C

- EIII/24-28

CARVAJAL, Luis, O.F.M.   C70
Lodovici Carbaiali ... *De restituta theologia liber unus*
Coloniæ, ex officina Melchioris Novesiani, 1545
Coll.: Martinus Speluncæus
4°: *-2*4, A-3F4; niet gepag.
- FI/8 (herk.: Godefridus vander Heyden; Bibliotheca Parchensis; J. theca III)

CASTELLI, Bartolomeo   C71
Bartholomæi Castelli *Lexicon medicum Græco-Latinum*. Ante a Jacobo Pancratio Brunone iterate editum. Nunc ... ab eodem ... Editio nova
Genevæ, apud fratres de Tournes, 1746
4°:)(2, A-5F4, 5G2; [4], 788 p.
- PrGV/6

CASTILLION, Joannes-Baptista-Ludovicus de   C72
Sacra Belgii chronologia in duas partes distributa. Studio Joannis Baptistæ Ludovici de Castillion ... Prima continet ... metropolitanum, cathedralium ... origines & fundatores. Altera ... series episcoporum ...
Gandavi, typis Petri de Goesin, 1719
8°: π14, A-2L8; [28], 544 p.; bijk. gegrav. titelp.
- PIII/21

CASTILLO, Diego del, S.J.   C73
Stromas politicos, y morales ... Su autor ... Diego del Castillo ...
En Valladolid, e la imprenta de la Real Chancilleria, que es de la viuda de Joseph de Rueda, 1729
4°: ¶-3¶8, 4q2, A-2C8, 2D6, 2D-2F8; [52], 444, [32] p.; gegrav. portret. (Alvaro Cienfuegos, S.J.)
- ZI/15

CASTRO, Alfonso de   C74
Alfonsi a Castro ... *Adversus omnes hæreses, libri XIIII*
Antverpiæ, in ædibus Ioannis Steelsii, 1556
2°: a4, b-d6, e8, A-2X6, 3A-4I6, 4K4; [30], 262, 195(?) f.
- JVI/2 (4K4 ontbr.?; herk.: Bibliotheca ord. ff. præd. Conv. namurcensis 1764)

CASTRO, Jacobus a   C75
Regnum Christi, dat is het Ryck Christi. Vervangen in hondert en tien stichtelijcke ende seer geleerde sermoonen ... Door wijlen ... Iacobus a Castro, derden bisschop van Ruremonde
Tot Ruremonde, gedruckt by Caspar du Pree, 1649
2°: π7, A4, B-3B6, 3C8(-3C8); [10], 582, [7] p.: portret
- HVI/26 (herk.: Ex libris M. Cuypers Pastoris in Nedercruchten; Severinus Gradts)

CASTRO, Rutgerus a   C76
Medicina spiritualis deducta ex medicina corporali ... Per Rutgerum A Castro ...
Delphis, typis Henrici Rhenani, 1701
8°: A-B8; 31, [1] p.
- ArDIV/6/18

CASTRO PALAO, Fernando de, S.J.   C77
... Ferdinandi de Castropalao ... *Operis moralis pars prima (-septima)* ... Opera & studio J. B. Dantoine ...Veneta editio tertia
Venetiis, apud Nicolaum Pezzana, 1721
2°: 7 dln
- JVII/3-5

CATALOGUS   C78
Catalogus librorum quos Iacobus Gretserus societatis Iesu evulgavit, usque ad octobrem anni 1610
Ingolstadii, ex typographeo Adami Sartorii, 1610
4°: A-B4; 16 p.
- EII/24/2

CATALOGUS   C79
Catalogus librorum quos Jacobus Gretserus ... evulgavit usque ad aprilem anni MDCXII
Ingolstadii, excudebat Andreas Angermarius. Sumptibus Ioannis Hertfroy, 1612
4°: A-B4, C2; 19 p.
- EII/30/2

CATALOGUS   C80
Bibliotheca Laurentiana, hoc est catalogus librorum qui in officina Henrici Laurentii, bibliopolæ Amstelodamensis venales extant
Amstelodami, sumptibus Henrici Laurentii, 1647
8°: π2, A-S8, T6; 298 p.
- PrFIII/16

CATALOGUS   C81
Bibliotheca Dalmanniana, distrahenda per Abr. de Hondt, die 22 Novb. & seqq. 1723
Hagæ-Comitum, apud Abrah. de Hondt, 1723
8°: π2, A-2A8, 2B2(-2B2); [4], 385, [1] p.
- QII/17 (met annotaties) prijzen

CATALOGUS   C82
Catalogue des livres de la bibliothèque du Baron Adam de Sotelet qui se vendront sur la Chambre des Brasseurs de la Ville de Bruxelles le 4 de Juin 1742 & les jours suivans
A Bruxelles, chés Gilles Stryckwant, 1742
8°: π1, A-H8, I4(-I4); [2], 134 p.
- UI/1

CATALOGUS   C83
Catalogus librorum in omni facultate et scientiarum genere, præcipuè autem ad artem medicam, & historiam naturalem, necnon ad historiam Belgicam ... quos reliquit ... Henr. Jos. Rega quorum auctio publica fiet ... die 22 Maii 1755 ...
Lovanii, apud Mart. van Overbeke, 1755
8°: *4, A-2C4, 2D2; VIII, 420 p.
- ArIVII/12/1

CATALOGUS   C84
Catalogus librorum præcipue historicorum, quos reliquit ... Guilielm. Ant. van Dieven. Quorum auctio publica fiet ... die 18 Junii ...
Lovanii, apud Mart. van Overbeke, 1755
8°: A-B8; 29 p.
- ArIVII/12/2

CATALOGUS   C85
Catalogue des livres de la bibliotheque de feu M. le duc de la Vallière. Par Guillaume de Bure, fils aîné
A Paris, chez Guillaume de Bure fils aîné, 1783
8°: 3 dln
- YV/20-22

CATALOGUS   C86
Catalogue d'une très-riche, superbe et nombreuse collection de livres et manuscrits en tous genres de sciences [de l'Abbaye du Parc] ... dont la vente publique aura lieu ... jeudi 22

Octobre 1829 et jours suivans, sous la direction de Henri Baumans ... à Louvain
(Louvain, Henri Baumans, 1829)
8°: π², A-F⁶, G⁸; [4], 64 p.
- ArGVII/15 (tussengeschoten ex. met annotaties & prijzen)

CATALOGUS OMNIUM PRIMORUM ... C87
Catalogus omnium primorum in generali et solemni philosophiæ et artium promotione ab origine famosissimæ universitatis Lovaniensis, scilicet ab anno 1428, usque ad hunc annum (1750) inclusive ...
Lovanii, typis Henrici Vander Haert, (1750?)
12°: A⁶; 12 p.
- ArEVII/11/28

CATECHISMUS ROMANUS C88
Catechismus romanus, ex decreto Concilii Tridentini & Pii V ... iussu primum editus, nunc vero ... elucidatus, studio et industria Andreæ Fabricii ...
Antverpiæ, ex officina Christophori Plantini, 1574
8°: A-Z⁸, a-k⁸; [22], 470, [36] p.
- PrFIII/11 (herk. in fine: Guilielmus Carolus Crabeels 1768)

CATECHISMUS ROMANUS C89
Catechismus Romanus, ex decreto Concilij Tridentini, & Pii V ... primum editus. Postea ... elucidatus, studio & industria Andreæ Fabricii ...
Antverpiæ, ex officina Plantiniana, apud Balthasarem Moretum, & viduam Ioannis Moreti, & Io. Meursium, 1619
8°: A-Z⁸, a-k⁸, *⁸; [22], 470, [52] p.
- ArBIV/15

CATECHISMUS ROMANUS C90
Catechismus ad parochos ex decreto Concilii Tridentini editus ... Repurgatus opera P. D. L. H. P. [Pierre de la Haye]
Parisiis, apud Nicolaum Pepingue, 1664
12°: á⁶, é¹², A-Y¹², Z⁸; [36], 522, [35] p.
- II/30

CATECHISMUS ROMANUS C91
Catechismus concilii Tridentini Pii V ... jussu promulgatus ... repurgatus opera P. D. L. H. P. [Pierre de la Haye]. Editio novissima
Coloniæ, apud Balth. ab Egmont, & socios, 1684
16°?: *-2*⁸, A-2D⁸, 2E⁴; [32], 416, [26] p.
- ArCI/13

CATECHISMUS ROMANUS C92
Den roomschen catechismus, ofte Het kort begrijp van het christen en catholijk geloof. In het Nederduyts vertaelt door ... W. Foppens. Den tweede druk
Te Antwerpen, voor Frederick van Metelen, 1687
8°: *⁸, 2*², A-2Z⁸, 3A⁴; [20], 691, [i.e.695], [47] p.; gegrav. bijk. titelp.
- HIII/25

CATECHISMUS ROMANUS C93
Catechismus ad parochos ex decreto Concilii Tridentini editus et Pii V ... jussu promulgatus ... repurgatus opera P. D. L. H. P. [Pierre de la Haye]
Rotomagi, apud Guillelmum Boucher, 1690
12°: á¹², é¹², A-2C, 2D⁶; [42], [6bl], 594, [40] p.
- ArBIV/19

CATECHISMUS ROMANUS C94
Catechismus concilii Tridentini Pii V ... jussu promulgatus ... repurgatus operâ P. D. L. H. P. [Pierre de la Haye]. Editio novissima
Bruxellis, typis Eugenii Henrici Fricx, 1720
12°: *¹², 2*⁶, A-2F¹², B-2G⁶; (36), 512, (28) p.
- HI/10

CATECHISMUS ROMANUS C95
Catechismus concilii Tridentini Pii V ... jussu promulgatus ... mendis repurgatus opera P. D. L. H. P. [Pierre de la Haye]. Editio novissima
Lovanii, typis Martini van Overbeke, 1744
16°: *¹², 2*⁶, A-Z¹²; XXXVI, 547 p.
- PrFI/25 (nawerk is beschadigd)

CATECHISMUS ROMANUS C96
Catechismus ex decreto concilii Tridentini ad parochos, Pii V ... primum, nunc ... Clementis XIII iussu editus
Romæ, ex officina Ioan. Bapt. Barnabò, et Iosephi Lazarini, 1761
4°: *⁶, A-2K⁸; [12], 503, [24] p.
- PrHIIII/7

CATECHISMUS ROMANUS C97
Le catéchisme du concile de Trente. Traduction nouvelle. Nouvelle édition revue & corrigée par l'auteur. Tome I
A Liège, chez Jacques-Antoine Gerlache & Pierre-Antoine Painsmay, 1778
12°: π², a¹², A-R¹², S¹⁰; XXIV, 426 p.
- ArBIV/25

CATECHISMUS (Meaux) C98
Catéchisme du diocèse de Meaux. Par le commandement de ... Jacques-Benigne Bossuet ...
A Paris, chez Bonaventure Duchesne, 1764
12°: *⁸, A-Q¹², R⁴; [16], 392 p.
- ArBIV/13 (herk.: J. Creteux pbrs)

CATECHISMUS (Mechelen) C99
Catechismus ofte Christelijcke Leeringhe gedeylt in vyf deelen ende een-en-veertigh lessen voor ... het aerts-bisdom en alle andere bisdommen van Mechelen
t'Antwerpen, by Alexander Everaerts, (1716?)
8°: A-C⁸, *⁸; 60, [4] p.
- ArEVII/11/15

CATECHISMUS (Mechelen) C100
Catechismus ofte christelycke leeringhe, gedeylt in vyf deelen ende eenen-veertigh lessen voor de catholijcke jonckheyt ... der provincie van Mechelen
Tot Brussel, by Nicolaus Stryckwant, [1725?]
8°: A-D⁸; 64 p.
- DI/16/3 (tussengeschoten ex.)

CATECHISMUS (Mechelen) C101
Catechismus oft Christelijcke Leeringe gedeylt in vyf deelen ende een-en-veertigh lessen [Guillaume De Pretere? Ludovicus Makeblyde?]
t'Antwerpen, by Jacobus van Gaesbeeck, 1737
8°: A-C⁸, D⁴; 48, [8] p.
- ArEVII/11/2

CATECHISMUS (Mechelen) C102
Den kleynen catechismus ofte christelycke leeringe ... voor de catholycke ionckheyt ... der provincie van Mechelen

C

Tot Loven, by Ian Baptist vander Haert, [1750?]
8°: A⁸; 16 p.
- ArBIII/17/1 (tussengeschoten ex.)

CATECHISMUS (Mechelen) C103
Catechismus oft christelycke leeringhe, gedeylt in vyf deelen ende een-en-veertigh lessen ...
Tot Loven, by Ian Baptist vander Haert, 1751
8°: A-D⁸; 60, [4] p.
- ArBIII/17/2 (tussengeschoten ex. met nota's)

CATECHISMUS (Mechelen) C104a
Christelyke onderwyzing of verklaering en uitbreiding van den catechismus ... Door F. C. M. R. [Franciscus Claus]
t'Antwerpen, by Alexander Everaerts, (1756?)
8°: †⁶, A-2N⁸; [2], X, 561, [15] p.
- ArBIV/22

CATECHISMUS (Mechelen) C104b
Christelyke onderwysing of verklaering en uitbreyding van den catechismus ... Door F. C. M. R. [Franciscus Claus]
t'Antwerpen, by J. H. Heyliger, (1756?)
8°: A-2H⁸; 480, [14] p.; bijk. gegrav. front.
- ArDVI/16 (herk.: P. Brion)

CATECHISMUS (Mechelen) C105
Christelyke onderwyzing of verklaering en uytbreyding van den catechismus ... Door F. C. M. R. [Franciscus Claus]
t'Antwerpen, by Hubert Bincken, (1770?)
8°: A-2H⁸; 480, [16] p.
- ArBIV/18 (herk.: Herman Dejong Leuven)

CATECHISMUS (Mechelen) C106
Ziele-spys ofte christelyke leeringe, voorgestelt ende uytgeleyt volgens het order ende op elke vraege ende antwoord van den Mechelschen Catechismus [P. Verheyen]
t'Antwerpen, by Hubertus Bincken, 1764
8°: 3 dln
- ArBIV/23 (herk.: W. Huybreghs)

CATECHISMUS (Mechelen) C107
Ziele-spys ofte christelyke leeringe, voorgesteld, en uytgeleyt volgens het order ende op elke vraege ende antwoord van den Mechelschen Catechismus. Tweeden druk. Nu merkelyk vergroot ... door P. Verheyen ...
t'Antwerpen, by Hubertus Bincken, 1765-1768
8°: 5 dln; gegrav. front. & portret (H. Van Gameren) in 1
- GIV/20-24 (herk.: Ex bibliotheca R.D. Francisci-Joseph Mertens, presbyteri [ex libris] & JI/13-17

CATECHISMUS (Mechelen) C108
Bezonderste en noodzaekelykste hoofd-stukken der christelyke leering, volgens den Mechelschen catechismus zeer voordelig aen alle jongheyd ... Eersten druk
T'Audenaerde, by P. J. Vereecken, 1787
8°: π¹, A-E⁴, χ¹; [2], 42 p.
- ArEVII/11/3

CATECHISMUS (Mechelen) C109
Catechismus of christelyke leering, gedeeld in vyf deelen en een en veertig lessen. Voor de Katholyke jongheyd ... der Provincie van Mechelen
Te Loven, by P. Vannes, 1810
8°: 152 p.
- QI/28 (herk.: Vanderstraeten [Park] curé a notre Dame aux Bois)

CATECHISMUS (Namen, Luik, Kamerijk) C110
Développement du petit Catéchisme, qui est en usage dans les dioceses de Cambrai, de Liege et de Namur. Par Mr l'abbé D*** (= Pierre de Doyar) ...
A Maestricht, de l'imprimerie de P. L. Lekens, 1788-1789
8°: a-c⁸, d⁴, A-2H⁸, 2I⁴(-2I⁴); XLIX, [7], 502 p. + *⁶, A-2I⁸, 2K-2T⁶, 2V⁶; [12], 600, [4] p.
- PrGIV/9-10

CATECHISMUS AD ORDINANDOS ... C111
Catechismus ad ordinandos, juxta doctrinam catechismi concilii Tridentini. Quinta editio
Antverpiæ, apud Petrum Jouret, 1721
12°: *⁶, A-T¹²; [12], 451, [3] p.
- ArBIV/14

CATECHISMUS AD ORDINANDOS ... C112
Catechismus ad ordinandos, juxta doctrinam catechismi concilii Tridentini. Sexta editio
Bruxellis, typis Francisci t'Serstevens, 1761
8°: a⁸, A-2C⁸, 2D²; XVI, 412, [7] p.
- HI/32

CATON DE COURT, Charles C113
La campagne de l'Ille contenant un Journal fidéle de ce qui s'est passé au siége de cette importante place ... (Caton)
A la Haye, chez Pierre Husson, 1711
12°: *⁶(-*⁶), A-C¹², D⁸, E⁶(-E⁶); [10], 98 p. + 2 uitsl. pltn
- PrJIX/12

CATS, Jacob C114
Alle de werken van Jacob Cats. Uitgegeven door ... R. Feith
Te Amsterdam, bij Johannes Allart, 1790-1799
12°: 19 dln
- PrJIX/2-8 (dln 4-10)

CATULLE, André C115
Andreæ Catullii Septuplex gladius sive deiparæ Virginis septem dolores
Lovanii, typis Io. Christoph. Flavii, 1613
Coll.: Erycius Puteanus; Nicolaus Vernulæus; Sigismundus a Rusca Branicki (carmina)
4°:)(⁴, A-F⁴; [8], 39, [9] p.
- ArGVII/12/11

CATULLUS, TIBULLUS, PROPERTIUS e.a. C116
Selectorum carminum ex antiquis poetis pars tertia (Catullus, Tibullus, Propertius, Claudianus, Ausonius)
Coloniæ Agrippinæ, in officina Birckmannica, 1711
8°: A⁸; 14 p.
- ArJII/4/5

CAUSA DISPAR ... C117
Causa dispar inter oppositionem S. Cypriani ... contra rescriptum S. Stephani papæ ... Per religiosum prebyterum Ord. FF. Erem. S. Aug. S. Th. Lic. Lovaniens
Prostat Lovanii, apud Guilielmum Stryckwant, (1719?)
8°: A-D⁸, E⁴(-E⁴); 68, [2] p.
- YIII/35/9

CAVALIERI, Giovanni Michele C118
... *Joann. Michaelis Cavalieri ... Opera omnia liturgica seu commentaria in authentica sacræ rituum congregationis decreta ... In hac novissima editione ...*
Augustæ vindelicorum, sumptibus Matthæi Rieger, 1764

2°: 5 dln
- DVII/10

CAVALLO, Bonaventura   C119
*Vita beati Nicolai Albergati ... Ex ea quam Italice edidit ...
Bonaventura Cavallus ... conversa. A ... Lud. I. [Louis Janin]*
Parisiis, apud Ioannem Du Puis, 1659
4°: á⁴, é⁴, í⁴, A-V⁴; [22?], 158, [1] p.; bijk. gegrav. titelp.
- ZIII/33

CAVAZZI, Giovanni Antonio   C120
Relation historique de l'Ethiopie occidentale: contenant la description des royaumes de Congo, Angolle, & Matamba, traduite de l'Italien du P. Cavazzi, & augmentée ... & un ... nombre de figures en taille-douce. Par ... J. B. Labat ...
A Paris, chez Charles-Jean-Baptiste Delespine le fils, 1732
12°: 5 dln: + uitsl. pltn
- RI/1-2 (dln 1 & 4 ontbr.)

CAVE, William   C121
Apostolische mannen, of het leven, bedryf, dood, en martelaarschappen van de vaderen ... Waar is bygevoegd een tyd-rekening, behelsende de keysers, burgermeesters, en de kerkelijke geschiedenissen in die eeuwen. Door William Cave ... Na de derde verbeterde druk uyt het Engels vertaald door S. B. (Salomon Bor)
Te Utrecht, gedrukt by François Halma, Willem vande Water, 1698
2°: *-2*⁴, A-3B⁴, 3c²(-3c²); [4], [10], [1], 376, [10] p.
- PrIV/5/2 (3B4 ontbr.)

CAVE, William   C122
Apostolische oudheden, of het leven, de daden, en martelaryen der heylige apostelen, evangelisten, en oude vaderen, tot het eynde van de vierde eeuw ... Door William Cave ... uyt het Engelsch, naar den vijfden druk vertaald, door Salomon Bor ... Uytgegeven met een voorreden ... door Hermannus Wits
T'Utrecht, gedrukt by François Halma, Willem vande Water, 1698
2°: *-9*⁴, 10*¹, A-2Z⁴, 3A², 3b⁴, 3c²; [14], 370, [13] p.
- PrIV/5/1

CAVE, William   C123
Guilielmi Cave ... *Scriptorum ecclesiasticorum historia literaria ... Editio novissima*
Basileæ, apud Joh. Rudolph. Im-Hoff, 1741-1745
2°: π², a-n², A-4O⁴, 4P²(-4P²); [6], XLVII, [3], 666 p. + π²,)(², A-2Y⁴, A*-Hh*⁴, †A-†Ll⁴, (A)-(I)⁴, (K)²; [8], 358, [2], 252, 88, 41, [35] p.
- YVII/1-2

CAYLUS, Charles Daniel Gabriel, comte de   C124
Ordonnance et instruction pastorale de monseigneur l'évêque d'Auxerre [C. D. G. Caylus], *portant condamnation de plusieurs propositions ... par le frère le Moyne de la Compagnie de Jésus*
S.l., s.n., 1726
12°: A-B¹², C10; 67 p.
- ArDIV/11/17

CELADA, Diego de, S.J.   C125
De benedictionibus patriarcharum electa sacra. Commentaria ... illustrata. Auctore Didaco de Celada ...
Lugduni, sumptibus Petri Prost, 1641
2°: π², A-2Z⁶, 3A⁸; [4], 472, [98] p.; gegrav. titelp.
- CVI/3 (herk.: Bibliotheca ff. Recollectorum Namurcensium, 1641, 1680)

CELADA, Diego de, S.J.   C126
De benedictionibus patriarcharum electa sacra ... Auctore Didaco de Celada ...
Lugduni, sumptib. hæred. Petri Prost, Philippi Borde, & Laurentij Arnaud, 1647
2°: π², a⁴, b-e⁶, A-2Z⁶, 3A⁸; [12], XLVI, 472, [98] p.; gegrav. titelp.
- YIX/22 (herk.: Da livraria de Xabrega ... [?])

CELADA, Diego de, S.J.   C127
... Didaci de Celada ... *In Rutham commentarii litterales et morales. Nunc secundum in lucem prodit*
Lugduni, apud Ioannem Gregorium, 1652
2°: q⁶, A-3N⁶, 3O-3P⁴; [12], 604, [121] p.
- YIX/23 (herk.: Don Ldo Joseph Ortiz Ayalla)

CELLARIUS, Christophorus   C128
Christophori CellarI ... *Horæ Samaritanæ, hoc est, excerpta Pentateuchi Samaritanæ versionis ...*
Cizæ, sumtibus Io. BielckI, 1682
4°: *⁴, 2*², A-Q⁴, R²(R²); [14], 114, [14] p.
- ZI/11

CENCI, Luigi   C129
Tractatus Lud. Cencii ... de censibus ... Cui accesserunt ... Additiones, & Sacræ Rotæ decisiones ... Editio postrema
Lugduni, sumptibus Laurentii Arnaud, Petri Borde, Ioan. & Petri Arnaud, 1676
2°: á⁴, é⁴, *⁶, A-2L6, 2M⁴, 2N-2R⁶, 2S-2T⁴, †⁴, A-2X⁶(-2X⁶); [28], 408, [84], 446, [80] p.
- QV/14 (herk.: Dominici Favine nunc Joannis Joachim Possano J.C.)

CENSURA ET DECLARATIO ...   C130
Censura et declaratio conventus generalis cleri Gallicani congregati in Palatio regio San-Germano, anno millesimo septingentesimo ...
Parisiis, excudebat Franciscus Muguet, 1700
12°: A-B¹², C6; 60 p.
- ArDIV/1/2

CENSURÆ FACULTATUM ...   C131
Censuræ facultatum sacræ theologiæ Lovaniensis ac Duacensis super quibusdam articulis de Sacra Scriptura, gratia & prædestinatione, anno Domini 1586 Lovanii scripto traditis
Parisiis, s.n., 1641
8°: A-K⁸, L⁴; 168 p.
- HI/2/1 (herk.: Bibliothecæ Coll. D. Pulcheriæ [Hollands college])

CENSURÆ FACULTATUM ...   C132
Censuræ facultatum sacræ theologiæ Lovaniensis ac Duacensis super quibusdam articulis de Sacra Scriptura ... Editio nova
p.177: *Justificatio seu defensio censuræ facultatis S. Theologiæ Academiæ Lovanienses* (cf. J85); In fine: *Assertio censuræ Lovaniensis ... auctore Martino Steyaert ...*
Parisiis, s.n., 1724
8°: A-2H⁸, 2I⁴; 468, [16], 18, [2] p.
- HI/1 (herk.: Blockx [Park])

CENTURIA CASUUM CONSCIENTIÆ ...   C133
Centuria casuum conscientiæ ... Sub favoribus ... Friderici Sedlecij ... abbatis ... publicæ disputationi proposita in ... Gradicensi ... cœnobio. Præside ... Hermanno Bancke ... Anno MDCLXIX Mense Aprili ...
Olomucij, typis Viti Henrici Ettelij, (1669?)

C

Coll.: Joannes Michalinus, Wenceslaus Kuttny, Rosnata Tichi, Maximilianus Fibis, Josephus Kaderman, Andreas Figar, Henricus Pitz *(Professi Gradicenses)*
12°: A², B-L¹², M⁴; [4], 244, [4] p.
- ArEI/14

CEPARI, Virgilius S.J. C134
Vita del beato Luigi Gonzaga ... Scritta dal P. Virgilio Cepari ...
In Roma, appresso Luigi Zannetti, 1606
4°: a-c⁴, A-2V⁴; [24], 341, [3] p.
- PrHVII/3

CERDA, Melchior de la, S.J. C135
Camporum eloquentiæ in causis, enumeratione partium, genere, conjugatis, adjunctis, longe lateque patentium, volumen primum. Auctore Melchiore de la Cerda ... Editio Antverpiana ... Nicolai Caussini ...
2: *Campi eloquentiæ in similibus, comparatis exemplis ... volumen secundum*
Antverpiæ, apud Joannem Baptistam Verdussen, 1676
8°: *⁸, A-4I⁸, a-e⁸; [16], 1019, [21], 77, [2] p.
- ZI/23 (herk.: Ex libris Joannis Caemijk)

CÉRIZIERS, René de C136
Les consolations de la philosophie et theologie. Par ... de Ceriziers ...
A Paris, chez la vefue I. Camusat et P. le Petit, 1648
12°: a-g¹², A-M¹², N⁸; [18], 145, [25], 306, [2] p.; gegrav. titelp.
- ArBII/8 (herk.: Bibliotheca Max. S.J. Lovan. 129183 Annulé)

CERUTTI, Joseph-Antoine-Joachim C137
Apologie de l'institut des jésuites [J.-A.-J. Cérutti]. Nouvelle édition ...
S.l., s.n., 1763
12°: a⁴(-a⁴), A-Q⁸⁻⁴; VI, 191, [1] p. + π¹, A-Q⁸⁻⁴, R²; [2], 194, [1] p.
- PIII/26 (herk.: P. J. Timmermans)

CÉRUTTI, Joseph-Antoine-Joachim C138
Apologie de l'institut des jésuites [J.-A.-J. Cérutti]. Nouvelle édition
Avignon, chez Seguin aîné, 1822
12°: a⁶, A-P¹², Q⁴; XII, 368 p.
- ArCV/26 (herk.: Bernard A. Van Hoecke ex Parcho)

CHACÒN, Alfonso, O.P. C139
Vitæ, et res gestæ pontificum romanorum et S.R.E. cardinalium ab initio nascentis Ecclesiæ usque ad Clementem IX ... Alphonsi Ciaconii ... & aliorum opera descriptæ ... ab Augustino Oldoino ... recognitæ ... Additis pontificum recentiorum imaginibus, & cardinalium insignibus ...
Romæ, cura et sumptib. Philippi, et Ant. de Rubeis, 1677
2°: 4 dln: ill.
- OVIII/14-17 (herk.: Ex libris H. Geerts [in 1]) & XVIII/16-19 (herk.: Johan Wilhelm Maria Trouter[?])

CHALIPPE, Candidus, O.F.M. C140
La vie de Saint François, instituteur de l'ordre des Frères Mineurs ... Par ... Candide Chalippe ...
A Paris, chez Pierre Prault, 1728
4°: π⁴, a-f⁴, g², A-4T⁴, 4V²(-4V²), 4X⁴; [8], LII, 714, [2] p.; gegrav. front.
- PrCV/10 (herk.: Bibliotheca ffrum min. Recollectorum Antverpiæ)

CHAMPION, Pierre, S.J. C141
Vie du vénerable dom Jean de Palafox, evêque d'Angélopolis et ensuite evêque d'Osme ... [Par P. Champion, continué par J. A. T. Dinouart]
A Cologne, & se trouve à Paris, chez Nyon, 1772
12°: π¹, *⁸, 2*⁴, a⁸, b², A-2N⁸⁻⁴, 2O⁴(-2O⁴); XLIV, 436 p.; gegrav. portret in front.
- PI/13

CHAMPION de CICE, Louis C142
Lettre de Louis de Cicé ... Sur les idolatries & sur les superstitions de la Chine
A Cologne, chez les héritiers de Corneille d'Egmond, 1700
12°: A-B¹², C⁸; 64 p.
- ArDIV/1/4

CHAPEAUVILLE, Joannes C143
Qui gesta pontificum Tungrensium, Traiectensium et Leodiensium scripserunt auctores præcipui ad seriem rerum & temporum collocati ... Nunc primum studio & industria ... Ioannis Chapeavilli ...
1: Accessit ... Ægidii Bucherij ... de primis Tungrorum seu Leodiensium episcopis historica disputatio, itemque chronologia posteriorum; 2 & 3: Qui gesta pontificum Leodiensium scripserunt auctores præcipui ...
Coll.: Nicolas Lampson, Gilles d'Oneuz, Sebastien Hustin, Daniel Raymund, Gaspar de la Roche
Leodii, typis Christiani Ouwercx iunioris, 1612-1616
4°: 3 dln
- RIV/15-16 (herk.: Sum Henrici Cofferen Th. D.; Cartusiæ Paradisi B. V. Mariæ)

CHAPEAUVILLE, Joannes C144
Tractatus de necessitate et modo ministrandi sacramenta tempore pestis ... Authore ... Ioanne Chapeauville ...
Lovanii, apud Jacobum Zegers, 1637
12°: §¹², A-2B¹²; [24], 600 p.
- II/25 (herk.: Josephus Knaeps Mollensis)

CHARDIN, Jean C145
Voyage du chevalier Chardin, en Perse, et autres lieux de l'Orient. Enrichi d'un grand nombre de belles figures en taille-douce ... Nouvelle édition ... Par L. Langlès ...
Paris, de l'imprimerie de Le Normant, 1811
8°: 10 dln + 2°: *Atlas*
- MIII/1-10 + VVIII/3 (herk.: Ex libris bibliotecæ domini J.B. Powis [ex libris in elk dl])

CHARDON, Charles-Mathias C146
Histoire des sacremens, ou de la manière dont ils ont été célébrés ... dans l'église ... Par ... C. Chardon ...
A Paris, chez Guillaume Desprez & P. Guillaume Cavelier fils, 1745
12°: 6 dln
- IV/23-28

CHARLEVOIX, Pierre-François-Xavier de C147
Histoire de l'établissement, des progrès et de la décadence du Christianisme dans l'empire du Japon ... Par ... de Charlevoix
Louvain, chez Vanlinthout et Vandenzande, 1828-1829
XXIV, 410 & 540 p.
- WII/23-24 (herk.: Fr. Bernard Van Hoecke ex Parcho)

CHARVET, Claude C148
Histoire de la sainte église de Vienne. Par ... C. Charvet ...
A Lyon, chez C. Cizeron, 1761
4°: á⁴, é⁴, í², A-5K⁴, 5L²; XX, 798, [22] p.
- OV/23 (herk.: Ex bibliotheca Edmundi-Sebastiani-Josephi De Stoupy)

CHASSAING, Bruno, O.F.M. C149
Privilegia regularium, quibus aperte demonstratur regulares ab omni ordinariorum potestate exemptos esse ... Auctore ... Brunone Chassaing ... Editio tertia
Parisiis, apud Edmundum Couterot, 1654
2°: á4, a6, A-2X4, 3A-3L4, é6; 8, [12], 440 p., p. 9-19
- MVII/16

CHATEAUBRIAND, François A. R., vicomte de C150
Les martyrs, ou le triomphe de la religion chrétienne. Par F. A. de Chateaubriand
Bruxelles, Arnold Lacrosse, 1821
8°: 3 dln
- ArDII/29 (dl 3)

CHAUDON, Louis-Mayeul C151
Dictionnaire historique des auteurs ecclésiastiques ... [L.-Mayeul Chaudon]
A Lyon, chez la veuve Bessiat, 1767
8°: 4 dln
- PI/22-23

CHAUDON, Louis-Mayeul e.a. C152
Nouveau dictionnaire historique, ou histoire abrégée de tous les hommes qui se sont fait un nom par le génie, les talens ... Rédigé par une une société de gens de lettres (L.-Mayeul Chaudon, P.-J. Grosley, F. Moysant e.a.)
A Paris, chez Le Jay. A Caen, chez G. Le Roy. A Lyon, chez L. Rosset, 1772
8°: 6 dln
- WVII/10-15

CHAUDON, Louis-Mayeul e.a. C153
Nouveau dictionnaire historique, ou histoire abrégée de tous les hommes qui se sont fait un nom par des talens, des vertus, des forfaits ... Par une société de gens-de-lettres (Louis-Mayeul Chaudon, Pierre-Jean Grosley, François Moysant e.a.). Septième édition
A Caen, chez G. Le Roy. A Lyon, chez Bruyset, frères, 1789
8°: 9 dln
- WVII/1-9

CHEMINAIS de MONTAIGU, Timoléon, S.J. C154
Sermons du R. Père Cheminais. Revus par ... Bretonneau ... Cinquiéme édition
A Brusselle, chez François Foppens, 1710
8°: 3 dln; gegrav. front. in elk dl
- KIII/18-20

CHERUBINI, Laertio C155
Magnum bullarium Romanum, a B. Leone Magno usque ad ... Innocentium X. Opus ... Laertii Cherubini ...; et à ... Angelo Cherubino ... nunc ... illustratum et recensitum. Editio novissima. Quatuor tomis distributa, vitis & iconibus æneis omnium pontificium decorata ...
5: Opus absolutissimum a ... Angelo a Lantusca et Ioanne Paulo a Roma
Lugduni, 1-4: sumptib. Philippi Borde, Laur. Arnaud, & Cl. Rigaud, 1655-1673; 5: sumptibus Laur. Arnaud, et Petri Borde, 1673
Coll.: Philippe Borde, Petrus Borde, Laurentius Arnaud
2°: 5 dln; bijk. gegrav. titelp. in 1
- ArCVI/1-4
Zie ook *Magnum Bullarium seu ejusdem continuatio*, nr M15

CHEVASSU, Joseph C156
Behandelingen op het geloofs-begryp, op d'HH. Sacramenten, als ook op de geboden Gods en die van d'H. Kerke. Door ... Chevassu...Overgeset uyt het Fransch in de Nederduytsche taele
Tot Ipre, by T. F. Walwein, (1768?)
8°: π1, a-b4, c2, A-2D8; [22], 429, [3] p. + π1, A-Z8, a-b4, c2; [2], 368, [20] p.
- ArAIII/19-20 (herk.: Conventus patrum Capucinorum Lovaniensis)

CHEVASSU, Joseph C157
Lof-spraeken of sermoenen op de besonderste feestdagen der heylige, als ook op andere, soo roerende als vaste feestdagen ... Dienende tot vervolg van den Prochie-Missionaris ... van ... Chevassu ... Overgeset uyt het Fransch
Tot Ipre, by T. F. Walwein, [1766?]
8°: π2, A-2D8, 2E4; [4], 440 p. + ?
- ArAIII/21 (dl 1; herk.: Ex libris P. J. Segers Minoritæ)

CHEVASSU, Joseph C158
Missionnaire paroissial ou prônes pour les dimanches ... Par ... Chevassu ...
A Bruxelles, par la compagnie, 1759
12°: 4 dln
- ArAIII/23 (dl 1; herk.: Gaspari Smets Relig. parc.)

CHEVASSU, Joseph C159
Sermoenen voor alle de sondagen des jaers ... Door ... Chevassu ... Uyt het Fransch overgeset in het Nederduytsch
Tot Ipre, by T. F. Walwein, (1764?)
8°: A-Z8; 359, [2] p. + π2, A-2A8, 2B4; [2], 392, [1] p.
- ArAIII/22 (herk.: Patrum [Capucinorum] conventus Lovaniensis; Bibliotheca Parchensis 1840)

CHEVIGNY, de & LIMIERS, Henri-Philippe de C160
La science des personnes de cour, d'epée et de robe. Commencée par ... de Chevigny, continuée par ... de Limiers, revue, corrigée, & ... augmentée par ... Pierre Massuet ...
A Amsterdam, chez Z. Chatelain & fils, 1752
12°: 7 dln: ill. + uitsl. pltn; gegrav. front. in 1
- QIII/13-28
Nota: *Suite de la science ...*, par Massuet, zie M130

CHEYNE, George C161
Règles sur la santé, et sur les moyens de prolonger la vie. Traduit de l'Anglois de ... Cheyne ... par M.***. Seconde édition
A Bruxelles, chez Jean Leonard, 1727
12°: *8, A-Q8; XV, [1], 236, [20] p.
- PrBI/13

CHIFFLET, Jules C162
Aula sacra Principum Belgii, sive commentarius historicus de Capellæ Regiæ in Belgio principiis, ministris, ritibus atque universo apparatu. Auctore Iulio Chifletio ... Accedunt pro eadem Capella *Sacræ constitutiones*, & *Diarium officij divini* Alberto et Isabella Principibus. Edente Ioanne Chifletio ...
Antverpiæ, ex officina Plantiniana Balthasaris Moreti, 1650
4°: a-c4, d2, A-X4, Y6; XXVI, [2], 160, [19] p.
- SI/2

CHIFFLET, Pierre-François C163
Praxis quotidiana divini amoris sub forma oblationis suiipsius ... Auctore Petro Francisco Chiffletio ...
Antverpiæ, ex officina Plantiniana Balthasaris Moreti, 1631
12°: A-M12, N10; 334 p.
- LI/34 (titelblad is beschadigd; herk.: bibliothecæ Parchensis prope Lovanium)

C

CHOISY, François-Timoléon de   C164
Mémoires pour servir à l'histoire de Louis XIV. Par ... de Choisy ... N. édition
A Amsterdam, chez J. Fr. Bernard, & N. E. Lucas, 1727
12°: 3 dln
- RI/33

CHOKIER, Erasme de   C165
Tractatus de iurisdictione ordinarii in exemptos, deque illorum exemptione ab ordinaria iurisdictione ... Auctore Erasmo a Chokier ...
Coloniæ Agrippinæ, apud Ioannem Kinckium, 1620
4°: *-2⁴, A-3G⁴, a-d⁴; [16], 418, [30] p.
- NII/1 (herk.: Henry Murensis; Verkaufte Doubletten D. Aarg. Kants Biblioth. [in fine])

CHOMEL, Noël   C166
Dictionnaire œconomique, contenant divers moyens d'augmenter son bien, et de conserver sa santé ... Par M. Noel Chomel ... Troisième édition ... par ... P. Danjou ... Enrichie d'un grand nombre de figures
A Lyon, & se vend à Paris, chez Etienne Ganeau, 1732
2°: π², a⁴, A-5S⁴; [12] p., 1656, C kol., [1] p. + π², A-5L⁴, 5M²; [2] p., 1570, LXXXVI kol.: ill.
- ZIX/3-4

CHRISTELYCKE ENDE RELIGIEUSE OEFFENINGHEN ...   C167
Christelycke ende religieuse oeffeninghen tot vermeerderinge van de liefde tot Jesus ende Maria
t'Antwerpen, by Joannes Franciscus de Roveroy, 1745
8°: π¹, A-F⁴, χ¹; [2], 46, [4] p.
- PrEII/8/3

CHRISTYN, Jean-Baptiste (1622-1690)   C168
Basilica Bruxellensis sive monumenta antiqua, inscriptiones, et cænotaphia aedis DD. Michaeli archangelo, & Gudulæ virgini sacræ [J.-B. Christyn]
Amstelodami, apud Joannem a Ravesteyn, 1677
8°: π¹, A-G⁸, H², I10; [2], 132, [4] p.
- PI/27

CHRISTYN, Jean-Baptiste (1622-1690)   C169
Basilica Bruxellensis sive monumenta antiqua inscriptiones, et cænotaphia insignis ecclesiæ collegiatæ, S.S. Michaeli Archangelo et Gudilæ Virgini sacræ [J.-B. Christyn]. Editio altera
2: *Basilicæ Bruxellensis pars altera, sive Appendix ad monumenta et inscriptiones* ...
Mechliniæ, apud Laurentium Vander Elst, 1743
8°: π¹, *², A-I⁸, K⁶; VI, 156, 165 p. + π¹, A-K⁸, L⁴; [2], 158, [7] p.
- PrFII/29 (herk.: Archives de la ville de Bruxelles [droogstempel])

CHRISTYN, Jean-Baptiste (1622-1690)   C170
Jurisprudentia heroica sive De jure Belgarum circa nobilitatem et insignia. Demonstrato in commentario ad edictum ... Alberti et Isabellæ emulgatum 14 Decembris 1616 (J.-B. Christyn)
Bruxellis, sumptibus Balthazaris Vivien, 1668
2°: π², é⁴, A-4H⁴, χ², A-Z⁴(-Z⁴); [16], 586, [30], [4], 174, [6] p.: ill. + ill.; bijk. gegrav. titelp.
- PrBVI/6 & PVI/5 (herk.: Van den Boom)

CHRISTYN, Jean-Baptiste (1622-1690)   C171
Septem tribus patriciæ Lovanienses [J.-B. Christyn]. Editio emendatior ... usque ad annum 1754
Lovanii, typis Joannis Jacobs, 1754
12°: *⁶, A-H¹², I-K⁶; [12], 192, [24] p.; bijk. gegrav. front., 7 + 1 uitsl. plt
- ArHV/10

CHRISTYN, Jean-Baptiste (1635-1707)   C172
Brabandts recht, dat is Generale costumen vanden lande ende hertoghdomme van Brabandt midtsgaders van het hertoghdom van Limborgh stede ende lande van Mechelen ... Door Jʳ Jan Baptiste Christyn ...
T'Antwerpen, by Michiel Knobbaert, 1682
Nota: dl 1 heeft 2 bijk. titelp.:
1: Met rode druk, kleine grav., & opgeplakte uitgever: Tot Brussel, by Simon t'Serstevens
2: *Brabandts recht* ... - *Le droit du duché de Brabant et Limbourg, de la ville et pays de Malines*, Se vend à Bruxelles, chez Simon t'Serstevens, 1722
2°: π¹, †⁶, A-5E⁴, χ², 5F-8R⁴, a-h⁴; [12], 766, [4], 767-1420, [64] p.
- PrDVI/7-8

CHRISTYN, Jean-Baptiste (1635-1707)   C173
Histoire générale des Pais-Bas, contenant la description des XVII provinces [J.-B. Christyn]. Edition nouvelle, divisée en IV volumes, & augmentée de plusieurs remarques curieuses, de nouvelles estampes, & des evenemens les plus remarquables jusqu'à l'an MDCCXLIII [par Henri Griffet]
A Brusselle, chez la veuve Foppens, 1743
8°: 4 dln: + ill. (vnl. uitsl. pltn); gegrav. front. in de 2 boeken: *Les délices des Pais Bas*
- QI/13-14 (dln 3 & 4)

CHRISTYN, Jean-Baptiste (1635-1707)   C174
Het Schouwburg der Nederlanden ofte geographische en historische beschryvinge der XVII Nederlandsche provintien [J.-B. Christyn]. Uyt het Fransch nouwkeurig overgezet en met verscheyde aenbelangende stukken vermeerdert
t'Antwerpen, by C. M. Spanoghe, 1785
12°: 6 dln + uitsl. pltn; bijk. gegrav. titelp. in elk dl
- ArIV/1-5 (dl 6 ontbr.; titelblad in 1 ontbr.) & ArIV/6-10 (dl 6 ontbr.; bijk. gegrav. titelp. ontbr. in 2, 3 & 4)

CHYTRÆUS, Nathan   C175
In Georgii Buchanani paraphrasin psalmorum collectanea Nathanis Chytræi ...
Herbornæ, typis Christophori Corvini, 1604
12°: a-e¹²; [8], 112 p. Zie ook B493.
- ArDI/8/2

CICERO, Marcus Tullius   C176a
M. T. Ciceronis *Orationes.* Interpretatione & notis illustravit ... Carolus de Merouville ...
Parisiis, apud Dionysium Thierry et viduam Simonis Bénard, 1684
4°: 3 dln
- PV/2 (dl 2)

CICERO, Marcus Tullius   C176b
M. Tullii Ciceronis *Orationes.* Notis & Dissertationibus illustravit Nicolaus Desjardins ... Tomus primus
Parisiis, apud Petrum-Franciscum Giffart, 1738
Coll.: Titus Livius, Velleius Paterculus, Quintilianus, Seneca, Plinius, Aufidius Bassus, Asinius Pollio, Cornelius Severus
4°: π², a-d⁴, A-5B⁴; [4], XXXII, 748, [2] p.
- ArGVIII/8

CICERO, Marcus Tullius   C177
M. Tullii Ciceronis *Epistolarum gravissimarum, ex ejusdem epistolis ad familiares, ad Atticum, Jun. Brutum, & Q. Fratrem*

selectarum, pars tertia.
Coloniæ Agrippinæ, in officina Birckmannica, 1711
8°: A-C⁸, D²; 50 p.
- ArJII/4/3

CICERO, Marcus Tullius   C178
M. Tullii Ciceronis *Opera* (ed.: Pierre-Joseph Thoulier, abbé d'Olivet)
Parisiis, apud Joan. Bapt. Coignard, Hipp. Lud. Guerin, Joan. Desaint, & Jac. Guerin, 1740-1742
4°: 8 dln; front. in 1
- ZVI/1-9 (herk.: François Michaelis Pretre [stempeltje in elk dl])

CICERO, Marcus Tullius   C179
Œuvres complètes de M. T. Cicéron. Publiées en Français, avec le texte en regard, par Jos.-Vict. Le Clerc … Seconde édition
Paris, Werdet et Lequien fils, 1823-1827
Nota: dl 35: Chez E. A. Lequien
35 dln
- SIII/1-36

CICERO, Marcus Tullius   C180
X reedenvoeringen van M. T. Cicero. In Nederduits overge-bragt, neevens twee … brieven van den selven, in 't Latyn en Duits. Door een lid van het kunstgenootschap (Géo Melchior)
t'Amstelredam, by S. Petzold, 1702
8°: *¹⁰, A-2E⁸, 2F⁶; [20], 457, [1] p.
- PrDI/12

CLAES, Guilielmus Marcellus   C181
Oratio funebris in exequiis regis catholici Caroli Secundi Hispaniar. et Indiarum monarchæ … Dicta per Guilielmum Marcellum Claes …
Lovanii, apud Ægidium Denique, 1701
4°: π¹, A-B⁴; 18, [1] p.
- ArKIII/7/4 (herk.: Georgy van Oyenbrugghen 1701 [Park])

CLAES, Jacobus, O.Præm.   C182
De boere-theologie, oft den godtvrugtigen kluysenaer, onder-wysende de pachters, domestieken, d'ambagtslieden, de hand-werkers, de arme, en alle soort van volk van het plat land, kleyn en groot, ondermengelt met de noodigste vraegen van den Catechismus. Opgesteld … door J. Claes … Derden druk
Tot Loven, by J. Meyer, 1805
8°: π⁴, A-T⁸, V⁴, X²(-X²); 322 p. + 1 plt
- ArEII/20

CLAES, Jacobus, O.Præm.   C183
De boere-theologie, oft den godvrugtigen kluysenaer … Opgesteld … door J. Claes … Vierden druk
Tot Loven, by J. Meyer, 1810
8°: 320 p.
- ArEII/19

CLAUBERG, Johann   C184
Ioh. Claubergii … *Defensio Cartesiana, adversus Iacobum Revium … et Cyriacum Lentulum* …
Amstelodami, apud Ludovicum Elzevirium, 1652
12°: *⁶, A-2C¹², 2D⁶; [12], 631 p.
- PrJVI/2

CLAUDIANUS, Claudius   C185
Cl. Claudiani quæ exstant. Nic. Heinsius … recensuit ac notas addidit …
Amstelodami, ex officina Elzeviriana, 1665

8°: *⁸, 2*⁶, A-3M⁸, 3N²; [28], 917, [15] p.; gegrav. titelp.
- PrGIII/15 (herk.: de Montpezat; ex libris: Ex libris Georges Montandon; G. A. A. Filzjean de Presles [in fine])

CLAUS, Josephus Ignatius   C186
Spicilegium catechetico-concionatorum id est, conceptus exe-getici … Opera & studio Josephi Ignatii Claus …
Augustæ Vindelicorum & Œniponti, sumptibus Josephi Wolff, 1755-1758
2°: 4 dln
- JIX/10-11

CLAUS, Josephus Ignatius   C187
Spicilegium concionatorum hoc est: conceptus morales pro cathedra … Quos … dixit … dein … fecit … Josephus Ignatius Claus …
Antverpiæ, apud Alexandrum Everaerts, 1735
8°: 4 dln
- IVI/4-7

CLAUS, Josephus Ignatius   C188
Spicilegium concionatorum. Hoc est conceptus morales pro cathedra … Quos … dixit … dein … fecit … Josephus Ignatius Claus …
Augustæ Vind. & Œniponti, sumptibus Josephi Wolff, 1766-1768
2°: 4 dln
- JIX/12-15 (herk.: Remigius Mottaer Benedictinus stud.; niet geïdent. stempel in elk dl: *Ex fructu nascitur arbor*)

LA CLEF DU CABINET …   C189
La clef du cabinet des princes de l'Europe, ou Recuëil histori-que & politique sur les matieres du tems
Titel vanaf 1774 : *Journal historique et littéraire*
1-24: S.l., imprimé chez Jacques le Sincere; 25-86: A Luxembourg, chez André Chevalier; 87-90: S.l., chez les héri-tiéres d'André Chevalier; 91-131: S.l., chez l'héritiére d'André Chevalier; 132-138: S.l., chez les héritiers d'André Chevalier, 1704-1794
Nota: *Supplement de la clef ou journal historique* … Par le sieur C. J., S.l., imprimé chez Jacques le Sincere, 1713, 2 dln - ArHIII/15-16
8°: 138 dln
- ArGI-VI + ArHI-III (herk.: Madame van Huerne de Puyenbeke née De Schietere de Lophem)

CLEMENS VIII   C190
Breve apostolicum confirmatorium. Quod … Clemens … VIII misit episcopo et clero Buscoducensi … Iussu … Gisberti Masij episcopi Buscoducensis editum
Silvæducis, ex officina Ioannis Schoefferi, 1602
4°: [8] p.
- ArGVII/12/5

CLEMENS X   C191
… Clementis … X *Constitutio in qua Regularium privilegia quo ad prædicationem Verbi Dei & Sacramenti Pœnitentia administrationem declarantur*
Romæ, ex typographia reverendæ cameræ apostolicæ, 1770 (in fine)
8°: A⁶; 12 p.
- QII/7/4

CLEMENS XI   C192
… Clementis … XI *Breve apostolicum ad Theologicam Facultatem Lovaniensem, juxta originale Romæ datum die 12*

C

Decembris 1705
Lovanii, typis Francisci Vande Velde, (1705?)
8°: 4 p.
- ArDIV/7/12

CLEMENS XI   C193
Epistolæ et Brevia selectiora anni MDCCVI [-MDCCX]
(Clemens XI)
[Roma?], s.n., [1711?]
2°: ? + 2P-4N⁴(-4N⁴), 4O-4O⁴; [2] p., p.297-654, [15] p.
- NVIII/23 (dl 2, *anni MDCCVI-MDCCX*)

CLEMENS XI   C194
... Clementis ... XI Confirmatio et Innovatio Constitutionum Innocentii Papæ X et Alexandri Papæ VII adversus Jansenianam hæresim editarum ...
Lovanii, typis Francisci Vande Velde, (1705?)
8°: [2] p., pp. 33-47
- ArDIV/7/11

CLEMENS XI   C195
... Clementis ... XI Constitutio unigenitus theologice propugnata
Juxta exemplar Romæ, apud Jo. Mariam Salvioni, 1719
Dilingæ, sumptibus Joannis Caspari Bencard, 1720-1725
4: apud Hieronymum Mainardi
2°: 4 dln
- GVI/19-20 (herk.: supralibros op voor- & achterplat + 'C.S.C.B.S [Collegium sancti Caroli Borromæi Salisbri] 1633' + 1733)

CLEMENS XI   C196
... Clementis ... XI Damnatio quamplurium propositionum excerptarum ex libro Gallico ... Le Nouveau Testament en françois ... Accedunt diversæ epistolæ quibus æquitas condemnationis ... demonstratur ...
S.l., s.n., (1716?)
8°: *-2*⁴, 3*², A-X⁴, Y², χ³; [20], 174, [6] p.
- YIII/33/1 (herk.: Ad usum Fr. Georgij van Oijenbrugghen provisoris Parchensis 1719)

CLEMENS XI   C197
... Clementis ... XI Literæ ad universos Christi-fideles natæ adversos eos, qui Constitutioni ... - Unigenitus - ... obœdiantiam præstare ... recusarunt ...
Romæ, ex typographia reverendæ cameræ apostolicæ, 1718
8°: A¹⁰; 19, [1] p.
- YIII/33/2

CLEMENS XI   C198
Clementis XI *... Opera omnia in quibus continentur I. Eius orationes consistoriales. II. Homiliæ. III. epistolæ et brevia selectiora. IV. Bullarium, secundum exempla romana ...*
Accedit *Vita Clementis XI* a præsule quodam romano perscripta
Francofurti, sumptibus Weidmannianis, 1729
2°: 4 dln + ill.
- LVII/14-15

CLEMENS XIV   C199
Lettres intéressantes du pape Clément XIV (Ganganelli).
Nouvelle édition
A Amsterdam, chez Barthelemi Vlam, 1777
12°: 3 dln
- ArHVII/1 (dl 3)

CLUVERIUS, Philippus   C200
Philippi Cluveri *Commentarius de tribus Rheni alveis, et ostiis; item de quinque populis quondam accolis, scilicet de Toxandris, Batavis, Caninefatibus, Frisiis, ac Marsacis.*
Adjectæ sunt tres tabulæ geographicæ
Lugduni Batavorum, apud Joannem Balduinum, impensis Ludovici ElzevirI, 1611
4°:)(-2)(⁴, A-2G⁴; [16], 232, [10] p. + 3 krtn
- RI/13

CLUVERIUS, Philippus   C201
Philippi Clüveri *Germaniæ antiquæ libri tres*. Adjectæ sunt *Vindelicia et Noricum* ejusdem auctoris
Lugduni Batavorum, apud Ludovicum Elzevirium, 1616
2°: *⁴, (.)⁴, 2(.)⁶, *⁸, A-2H⁶, 2K⁸, A-R⁶, A-S⁶, T⁸, a-d⁶, e⁴; [42], 400, 203, [1bl], 230, 36, [18] p. + krtn & ill.; gegrav. titelp.
- RVI/9

CLUVERIUS, Philippus   C202
Philippi Cluverii *Italia antiqua*. Opera Ioh. Bunonis
Guelferbyti, sumptibus Conr. Bunonis, 1659
4°: a⁴, b², A-5I⁴, 5K²; [12], 773, [44] p. + uitsl. krtn; gegrav. titelp.
- ArIVII/21

COBBAERT, Petrus, O.Præm.   C203
Laudatio funebris ... Ioannis David ... monasterii Ninivensis ... abbatis ... Dicta a ... Petro Cobbaert ... Anno 1638, die 14 Ianuarij
Bruxellis, apud Martinum de Bossuyt, 1638
4°: A-B⁴; 24 p.
- ArFIV/15/8 (herk.: Gilb. Van Haelen, Ninove [ex libris])

COBBAERT, Petrus, O.Præm.   C204
Rhythmica consideratio altitudinis consilij divini super salute generis humani ex ... doctore Augustino ... Proposita per ... Petrum Cobbaert ...
Bruxellis, ex officina typographica Martini de Bossuyt, 1647
4°: A-D⁴; 29, [2] p.
- PrCII/16/4

COCHIN, Charles-Nicolas   C205
Voyage d'Italie, ou recueil de notes sur les ouvrages de peinture & de sculpture, qu'on voit dans les principales villes d'Italie. Par ... Cochin ...
A Paris, chez Ch. Ant. Jombert, 1769
8°: 3 dln
- QI/23 (dl 1; herk.: Petrus Verhaghen a Louvain 1771 [in fine])

COCHIN, Jean-Denis   C206
Prônes, ou instructions familières sur les épîtres et évangiles des dimanches et des principales fêtes de l'année. Par ... Cochin ... Nouvelle édition
A Paris, chez Méquignon l'ainé, 1787
8°: 4 dln; gegrav. portret van de aut. in front. in 1
- KI/18-21 (herk.: Fr. Fréderic Lammens ... de l'abbaye de Tronchiennes 1787)

COCHLÆUS, Joannes   C207
Commentaria Ioannis Cochlæi, de actis et scriptis Martini Lutheri Saxonis ...
Apud S. Victorem prope Moguntiam, ex officina Francisci Behem, 1549
p. 319: Excusum est hoc opusculum ... per Franciscum Behem ... Mense Septembri MDXLIX
Coll.: Ambrosius Catharinus (*Ad lectorem*); Conradus Brunus (*Epistola de ratione scribendi historias*)

2°: a*-b*⁶, c*⁴, A-2D⁶, 2E⁸; [32], 339, [1] p.
- OV/25

COCK, Adrianus de   C208
Vervolgh van de sermoenen van ... Adrianus de Cock ..., op de feest-dagen ...
Tot Brugge, by J. Beernaerts, 1750
8°: π², A-2L⁸, 2M⁴, 2N⁸; [4], 552, [15] p.
- ArAVII/22 (herk.: J. vander Molen pr.)

COCLES, Bartholomæus   C209
Barptolomæi Coclitis ... Physiognomiæ & Chiromantiæ compendium
Argentorati, [apud Ioannem Albrecht], 1534
8°: A-N⁸, O?; 115 f.: ill.; gegrav. titelp.
- PrFI/17 (laatste pp. ontbr.)

COCQ, Florent de, O.Præm.   C210
De jure, justitia et annexis, tractatus quatuor theologo-canonice expositi ... Authore Florentio De Cocq ...
Bruxellis, typis Eug. Henrici Fricx, 1687
4°: *-3*⁴, A-5K⁴; [24], 801, [13] p.
- IV/3 (herk.: Joannes Baptista Aerts Arschotanus, Molle 1787 [prijsboek])

COCQ, Florent de, O.Præm.   C211
De jure, justitia et annexis, tractatus quatuor ... Authore Florentio De Cocq ... Editio tertia
Mechliniæ, apud Laurentium Vander Elst, (1741?)
8°: *⁸, 2*⁴, A-X⁸(-X⁸), χ², Y-3D⁸, 3E²; [24], 804 p.+ *³, A-2Q⁸, 2R⁶; [6], 598, [26]p.
- PrIVI/21-23

COCQ, Florent de, O.Præm.   C212a
Principia totius theologiæ moralis et speculativæ ... Authore Florentio de Cocq ... Editio secunda
Coloniæ Agrippinæ, sumptibus Balthazaris ab Egmond, & sociorum, 1689
8°: 4 dln
- PrIVI/17-20

CODDE, Petrus   C212b
Déclaration apologétique de messire Pierre Codde ... Traduite du Latin de ce prélat
A Utrecht, chez Theodore van den Eynden, 1707
8°: A-I¹²; 215 p.
- ArDIV/18/3

CODINUS, Georgius   C213
Georgius Codinus ... De officiis magnæ ecclesiæ, et aulæ Constantinopolitanæ. Ex versione ... Iacobi Gretseri ... Cura & opera ... Iacobi Goar ...
Parisiis, e typographia regia, 1648
In fine: ... Curante Sebastiano Cramoisy ...
2°: á⁴, é⁴, A-3H⁴, 3I⁶; [16], 422, [20] p.
- SVIII/12 (foute datum op de band: 1848; herk.: Bibliothecæ parchensis ...; theca XI G)

CODINUS, Georgius   C214
Georgii Codini et alterius cuiusdam anonymi Excerpta de antiquitatibus Constantinopolitanis. Edita in lucem opera & studio Petri Lambecii ... Accedunt Manuelis Chrysoloræ epistolæ tres ... et Imp. Leonis ... Oracula, cum figuris ... Addita est etiam Explicatio Officiorum sanctæ ac magnæ Ecclesiæ ... interprete Bernardo Medonio Tolosate
p. 223: *Ioannis Meursii Ad Georgii Codini Origines Constantinopolit. Notæ*
Parisiis, e typographia regia, 1655
In fine: ... Curante Sebastiano Cramoisy ...
2°: *⁶, A-2Q⁴, 2R⁶; [12], 323 p.: ill.
- SVIII/17/2

COLBE, Elias Albert   C215
Illustriss. ac generosiss. domino ...Georgio Adamo Borzitæ ... parnassiam lauream læto acroamate suspendit Iosephus Zandt de Merle quam festis syncharmatis exornat Elias Albertus Colbius..
(Leuven, Hendrik van Hasten, 1623)
In fine: Lovanii, apud Henricum Hastenium ... MDCXXIII
4°: A-H⁴; [64] p.
- ArGVII/12/10

COLBERT, Jacques-Nicolas   C216
Lettre pastorale de monseigneur l'archevêque de Rouen (Jacques-Nicolas Colbert) au sujet d'un libelle publié dans son diocèse, intitulé, 'Difficultez proposées, &c.'
A Rouen, chez la veuve Eustache Viret, 1697
12°: A-B¹², C⁴; 53 p.
- ArDIV/17/5

COLBERT, Michel, O.Præm.   C217
Mandatum ... Michaelis Colbert ... de observando paupertatis voto renovatum in capitulo generali Præmonstratensi celebrato anno 1738. Et ... Claudii Honorati Lucas ... authoritate editum
Virduni, typis Petri Perrin, 1739
8°: A⁶; 12 p.
- PrFIII/13/2 (herk.: *Serviat succentori abbatiæ parchensis 1795*) & PrFIV/14

COLBERT de CROISSY, Charles Joachim   C218
Brief van den ... Bisschop van Montpellier (Charles Joachim Colbert de Croissy), gezonden aen verscheide bisschoppen ... Uyt het Fransch vertaalt
Tot Amsteldam, by Nicolaas Potgieter, 1726
8°: A-B⁸, C⁴; 38 p.
- ArDIV/11/16

COLBERT de CROISSY, Charles Joachim   C219
Lettre circulaire de M. l'Evêque de Montpellier (Charles Joachim Colbert de Croissy) aux Evêques de France
S.l., s.n., (1725?)
12°: A¹²; 23 p.
- ArDIV/11/15

COLINS, Gabriel, O.Præm.   C220
Het leven ende mirakelen van de H. Wivina, eerste abdisse en fondaterse der edele en vermaerde abdye van Grooten Bygaerden ... [G. Colins]
Tot Brussel, by Emanuel De Griek, (1722?)
8°: A-H⁴; 64, [2] p.; gegrav. front.
- ArEVII/11/8

COLINS, Gabriel, O.Præm.   C221
La vie et les miracles de sainte Wivine première abbesse et fondatrice de la noble et illustre abbaye du Grand Bygard [G. Colins]. Quatrième édition
A Bruxelles, chez Jean-Joseph Boucherie, 1757
8°: A-D⁸; [7], 57 p.; gegrav. front.
- ArEVII/11/9

COLLET, Godefridus, O.Præm. e.a.   C222
Theses theologicæ, de sacramentis in genere, ac primis quatuor in specie. Quas præside Bernardo Bossaerts ... defendent Godefridus Collet, Franciscus Dethise, Paulus

C

Monnom … anno 1734 …
Dionanti, apud Philippum Wirkay, 1734
2°: *-5*1; 10 p.
- PrDVI/15/4

COLLET, Pierre   C223
Institutiones theologicæ. Quas ad usum seminariorum, breviori formâ, contraxit Petrus Collet …
Lugduni, apud Joannem-Mariam Bruyset, 1767-1768
12°: 4 dln
- HV/1-4

COLLET, Pierre   C224
Institutiones theologiæ moralis. Quas ad usum seminariorum … contraxit Petrus Collet … Editio nova
2 : *Institutiones theologicæ. Quas … contraxit Petrus C*** [P. Collet] …*
Parisiis, 1: s.n., 1773; 2: (Editio quinta) apud J. B. Garnier, 1757
12°: 5 dln
- IIII/24-28

COLLET, Pierre   C225
Institutiones theologiæ scholasticæ. Quas ad usum seminariorum … contraxit Petrus Collet … Editio nova
Parisiis, s.n., 1773
8°: a10, b6, A-2C12, 2D6; XXXII, 636 p. + a8, A-2E12, 2F4(-2F4); XVI, 678 p.
- GII/19-20

COLLET, Pierre   C226
Traité des devoirs d'un pasteur qui veut se sauver, en sauvant son peuple. Par … Collet … Cinquième édition
A Louvain, chez Jean Francois van Overbeke, 1759
8°: *8, A-2E8; [16], 427, [21] p.
- ArJV/8

COLLIER   C227
Observationes adversus reflexiunculas in quatuor articulos Declarationis Cleri Gallicani ann (sic) *1682. Dictatas a … Collier in seminario Mechliniensi …*
[Mechelen?], s.n., [1690?]
8°: π1, A-K8, χ2; [2], 161, [2] p.
- LII/32

COLLIN, Nicolas, O.Præm.   C228
Traité de l'eau bénite … Par … Nicolas Collin …
A Paris, chez Demonville, 1776
12°: π5, A-P12, Q6; XII, 367, [4] p.
- ArEII/18 (herk.:Bibliotheca Capucinorum conventus Camberiensis Rayon 34)

COLLIN, Nicolas, O.Præm.   C229
Traité des processions de l'église catholique. Par … Nicolas Collin …
A Paris, chez Demonville, 1779
12°: a6, A-Q12, R6, S4; XII, 400, [3] p.
- PrIII/9

COLLIN, Nicolas, O.Præm.   C230
Traité du signe de la croix, fait de la main …Par … N. Collin …
A Paris, chez Demonville, 1775
12°: a6, A-P12, Q6; XII, 370, [2] p.
-PrGI/18 & ArEII/17 (herk.: H. Vachez 1780)

COLLOQUIUM FAMILIARE …   C231
Colloquium familiare inter Martapan & Echo super acceptione & rejectione bullæ Unigenitus Lovanii factis die 7 & 8 Novembris 1718 per eos qui sunt de Facultate Artium
S.l., s.n., (1718?)
8°: A2; [3] p.
- YIII/33/10

COLVENEER, George   C232
Calendarium sacratissimæ Virginis Mariæ novissimum, ex variis Syrorum, Æthiopum, Græcorum, Latinorum breviariis, menologijs, martyrologijs, & historijs concinnatum. Auctore Georgio Colvenerio …
Duaci, ex officina Baltazaris Belleri, 1638
Nota: datum '1538' van 2 is foutief
8°: ? + *8, á8, é8, A-3N8; [24], 464, [10] f.
- PIII/23 (dl 2)

COMMIRIUS, Joannes, S.J.   C233
Joannis Commirii … Carmina. Editio tertia
Lutetiæ Parisiorum, apud viduam Simonis Benard, 1689
12°: π4?, A-2Z 4-2, 22 f. onregelm. sign., 3A-3M6, 3N2; [8?], 343 [= 466] p.
- UI/8 (titelblad ontbr.; herk.: Coll. Soc. Jesu Ariæ 1708; B. De Ram ex Berlaer 1825)

COMPAIGNON de MARCHEVILLE, Marcel   C234
Abrégé de la vie de S. Ermelinde vierge, patrone tutelaire de Meldert. Traduit du Latin. Par le Sr. Compaignom
A Louvain, chez Gilles Pierre Denique, (1760?)
12°: *6, A-B12; [12], 47 p.; gegrav. front.
- ArEVII/11/32

CONCINA, Daniele, O.P.   C235
Ad Theologiam christianam dogmatico-moralem apparatus. Auctore … Daniele Concina …
Romæ, prostant venales Venetiis apud Simonem Occhi, 1751
4°: §4, A*-M*4, N*6(-N*6), a-n8, o4, A-T8, V6; CVI, 316 p. + a4, b6, c4, A-2Z8, 3A-3E4; XXVIII, 776 p.
- HV/28-29

CONCINA, Daniele, O.P.   C236
Theologia christiana dogmatico-moralis. Auctore … Daniele Concina …
Romæ, prostant venales Venetiis apud Simonem Occhi, 1749-1751
4°: 10 dln
- IVI/8-17

CONCORDANTIÆ BIBLIORUM …   C237
Concordantiæ bibliorum utriusque testamenti veteris et novi. Adiiciuntur ad calcem correctionis Romanæ loca insigniora à Franc. Luca Brugensi adnotata
Aureliæ Allobrogum, prostant in officina Sam. Crispini, 1612
4°: A-3Y8, 3Z2; ongepag. + A-H4; 63 p.
- BV/22

CONFETTI, Giovanni Battista   C238
Collectio privilegiorum sacrorum ordinum fratrum mendicantium & non mendicantium … Ioan. Baptista Confettio … auctore. Accedit seorsim Epitome de statu religionis, & de privilegiis … auctore Ioanne de la Cruz …; itemque de casibus reservatis Tractatus … Francisci à Coriolano …
Coloniæ Agrippinæ, sumptibus Ioannis Kinckii, 1619
4°: †4, A-2P4; [8], 299, [5] p. + A-N4, O2; 87 [=94] p. + (*)4, A-M4, N2; [4], 98, [2] p.
- MII/37 (herk.: Ex dono … Henrici Scaille doctoris Lovaniensis avunculi P. Theodori ex Ermetton Capucini 1689)

CONINCK, Ægidius de, S.J.   C239
Commentariorum ac disputationum in universam doctrinam D. Thomæ de sacramentis et censuris tomi duo. Auctore Ægidio de Coninck Bellano ... Secuna editio
Antverpiæ, apud hæredes Martini NutI, 1616
2°: *6, A-2E6, 2F8, 2G4, 2H-4F6, 4G8; [12], 864, [50] p.; gegrav. titelp.
- JVI/6

CONINCK, Ægidius de, S.J.   C240
Commentariorum ac disputationum in universam doctrinam D. Thomæ de sacramentis et censuris tomi duo. Auctore Ægidio de Coninck ... Postrema editio
Antverpiæ, apud Martinum Nutium, 1624
2°: *6, A-4F6, 4G8; [12], 864, [50] p.
- IVII/17 (herk.: Ad usum fratris Conrardi Schrevens [Park 1630]; Ad usum f. Adriani Ghouset [Park 1642]; Ad usum fratris Fulgentii Schenaerts [Park 1670]; Postmodum fris Hilarij Jordens [Park])

CONINCK, Ægidius de, S.J.   C241
De moralitate, natura, et effectibus actuum supernaturalium in genere, et fide, spe, ac charitate speciatim, libri quatuor. Auctore Ægidio de Coninck ...
Lutetiæ Parisiorum, ex officina typographica Edmundi Martini, 1624
2°: á4, é4, A-3H6; [16], 597, [51] p.
- JVI/7

CONINCK, Ægidius de, S.J.   C242
Responsio ad dissertationem impugnantem absolutionem moribundi sensibus destituti. Auctore Ægidio de Coninck ...
Antverpiæ, ex officina Martini Nutii, 1625
8°: A-K8; 157 p.
- PrJVI/4 (pp. 95-98 ontbr.; herk.: Soctis Jesu Hallis)

CONSILIUM DELECTORUM ...   C243
Consilium delectorum cardinalium ... de emendanda Ecclesia, ... Paulo III ipso jubente conscriptum, & exhibitum anno M.D.XXXVIII. Accesserunt duæ epistolæ Gasparis Contarini ...
S.l., s.n., 1713
12°: π2, A-D6(-D6); [4], 45 p.
- ArDIV/11/11

CONSTITUTIONES CONCILII ...   C244
Constitutiones concilii provincialis Moguntini, sub ... Sebastiano [von Heusenstamm] *archiepiscopo Moguntino ... sexta Maij, Anno Domini MDXLIX celebrati*
Moguntiæ, (Franciscus Behem), 1549
In fine: Moguntiæ apud D. Victorem ... excudebat Franciscus Behem ... mense Septembri, Anno MDXLIX
2°: a8, A-D6, E8, F-2V6, 2X8; [8], CCLXVII, [1] f.; gegrav. titelp.
- PrIV/10 (herk.: G. Van Haelen Ninoviensis n° 429 [ex libris]; Collegii Soctis Jesu Bruxellensis)

CONSTITUTIONES ET DECRETA ...   C245
Constitutiones et decreta summorum pontificum, aliaque aliquot documenta, spectantia ad propositiones Jansenii et Quesnelli
Lovanii, typis Martini van Overbeke, (1734?)
8°: π1, A8, *8, 2*2, B-C8, D4; [2], 55 + 20 p.
- GI/21/2

LES CONSTITUTIONS DES RELIGIEUSES ...   C246a
Les constitutions des religieuses de Sainte Ursule, de la Congregation de Paris
A Paris, chez Gilles Blaizot, 1640
8°: A-M8, N4; 192, [5] p.
- PrJVII/2/2

CONSTANTINUS MANASSES   C246b
Κωνσταντινου του Μανασση Συνψις ιστορικη - Const. Manassis *Breviarium historicum.* Ex interpretatione Ioannis Leunclavii, cum eiusdem, & Ioannis Meursii notis. Accedit variarum lectionum libellus cura Leonis Allatii, & Caroli Annibalis Fabroti ...
Parisiis, e typographia regia, 1655
In fine: ... Curante Sebastiano Cramoisy ...
2°: π1, á4, χ1, A-2C4; [12], 197, [9] p.
- SVIII/17/1 (herk.: Bibliothecæ Parchensis ordinis Præmonstratensis prope Lovanium [gedeeltelijk weggeknipt]; theca XI G)

CONTENSON, Vincent, O.P.   C247
... Vincentii Contenson ... *Theologia mentis et cordis seu speculationes universæ doctrinæ sacræ* ... Editio novissima
Coloniæ Agrippinæ, apud Wilhelmum & Franciscum Metternich, 1687
2°: §5, §6, §§1, A-4A6, *-3*4; [24], 840, [24] p. + *2, 2*4, A-3F6, 3G-3H4, †-2†4; [12], 640, [16] p.
- HIX/8 (herk.: Adami Quætperts canonici Averb. 1702; ad usum ... H.I. Colen 1726; Chrysostomus Heusdens 1749)

CONTZEN, Adam, S.J.   C248
Prælectiones logicæ et metaphysicæ. Auctore Adamo Contzen ... Editio nova
Mechliniæ, typis P. J. Hanicq, 1822-1823
12°: 3 dln
- ArDV/27-28 (dln 1 & 2)

COPE, Alan   C249
Historiæ Evangelicæ unitas. Seu singularia vitæ domini nostri Iesu Christi ... Labore & industria ... Alani Copi ...
Duaci, ex officina Baltazaris Belleri, 1603
4°: á4, é4, í4, ó4, A-Z4, a-e4; [32], 224 p.
- ArBV/5 (herk.: Joannes Bosmans [Park], Tienen, 1740 [prijsboek])

COPIE D'UNE LETTRE ...   C250
Copie d'une lettre escritte à Monsieur de ... sur l'Excommunication du Procureur General du Roy à Malines
S.l., s.n., (1700?)
8°: A-C8, D4; 55 p.
- ArDIV/7/7

CORDEMOY, J. L. de   C251
Nouveau traité de toute l'architecture ou l'art de bastir ... Avec un dictionnaire des termes d'architecture, &c. Par ... De Cordemoy ...
A Paris, chez Jean-Baptiste Coignard, 1714
4°: á4, é4, A-2N4, 2O2; [16], 190, [1] p. + uitsl. pltn
- ArGVIII/6 (herk.: Ecole centrale du departement de l'Escaut / Benjamin Kreps, natif de Gand / 30 thermidor an 8 [prijsboek])

CORDERIUS, Balthasar, S.J.   C252
Catena sexaginta quinque Græcorum Patrum in S. Lucam. Luce ac latinitate donata ... à Balthasare Corderio ...
Antverpiæ, ex officina Plantiniana, 1628
In fine: Antverpiæ, ex officina Plantiniana Balthasaris Moreti. M.DC.XXVIII
2°: *-2*6, A-3O6; [24], 633, [87] p.; gegrav. titelp.
- CVI/16 (titelblad ontbr.; herk.: Franciscus Libertus Egidius Bosmans, Tienen, 1740 [prijsboek]; frater Augustinus Bosmans, 1750 [Park]; Geor Verhaghen [Park])

C

CORDIER, Maturin C253
Maturini Corderii *Colloquia scholastica. Commodiori ordine composita … opera ac studio Rhamberti Horæi. Editio nova*
Arnhemii, ex officina typographica viduæ Johannis Jacobi, 1663
8°: A-L⁸, M⁴; 184 p.
- YV/2

CORDONNIER, Hyacinthe C254
Le chef-d'œuvre d'un inconnu. Poëme heureusement découvert … par … Chrisostome Matanasius (= Hyacinthe Cordonnier). Neuvième édition. Tome premier
A Lausanne, chez Marc-Mic. Bousquet & comp., 1758
8°: †⁵, 2-4*⁸, 5*⁴, A-Q⁸, R⁴; [82], 264 p.; gegrav. portret van de aut. in bijk. front.; 1 uitsl. p. muz.
- ArIVII/15

COREN, Jacques, O.F.M. C255
Clypeus patientiæ … A … Iacobo Coreno … Editio secunda
Lugduni, apud Antonium Chard, 1627
8°: †⁸, A-2X⁸; [16], 674, [30] p.; gegrav. titelp.
- LII/31

CORET, Jacques, S.J. C256
L'ange conducteur dans la dévotion chrétienne [J. Coret] … Dernière édition
A Liège, chez F. Alexandre Barchon, 1725
8°: á⁸, A-2B⁸, a-e⁸; [16], 396, 78, [5] p.; gegrav. front.
- ArCIV/10

CORET, Jacques, S.J. C257
L'ange conducteur dans la dévotion chrétienne [J. Coret] … Derniere édition
A Liege. Et se vend à Anvers, chez Pierre Grange, (1725?)
8°: §⁸, *-4*⁸, 5*⁴, A-2B⁸; [16], 72, 396, [4] p.; gegrav. front.
- ArCIV/9

CORET, Jacques, S.J. C258
L'ange conducteur dans la dévotion chrétienne [J. Coret] …
A Liège, chez Jean-Etienne Philippart, (1768?)
12°: A-2N⁸⁻⁴, A-H⁸⁻⁴; 426, [6], 95 p.; gegrav. front.
- PrFI/16

CORET, Jacques, S.J. C259
L'ange conducteur dans les priéres et exercices de piété [J. Coret]. Nouvelle édition
A Liége, chez J. F. Bassompierre, (1761?)
8°: *⁸, A-2B⁸, a-d⁸, e⁴; [16], 394, [6], 71 p.; bijk. gegrav. front.
- ArCIV/8

CORET, Jacques, S.J. C260
L'ange gardien protecteur specialement des mourans. Par … Coret …
A Liege, chez Pierre Danthez, 1689
8°: *⁸, A-2A⁸; [16], 374, [10] p.
- ArCIV/7

CORET, Jacques, S.J. C261
Le second Adam soufrant pour le premier Adam, et pour tous ses descendans. Jésus mourant pour les péchez des hommes. Préché en forme de méditations par … Jacques Coret … IV Edition
A Liege, de l'imprimerie d'Arnould Bronckart, (1709?)
8°: π¹, á⁴, áá⁶, A-2H⁸, 2I²; [22], 484, [2] p.
- LII/1

CORIACHE, Amatus Ignatius de C262
Herderlycken sendt-brief van … den Vicaris Generael van den openstaenden stoel van het Aertsbisdom van Mechelen (Amatus Ignatius de Coriache) tegen de dertelheden ende wulpsheden der jonckheyt van de buyten prochien ende platten lande
Tot Brussel, by Joseph 't Serstevens, 1712
8°: A⁴; 8 p.
- ArFIV/16/2

CORPUS IURIS CANONICI C263
Corpus iuris canonici emendatum et notis illustratum, Gregorii XIII … iussu editum. Nunc indicibus novis, & appendice Pauli Lanceloti … adauctum …
Parisiis, [La Compagnie], 1618
Coll.: Guenoys Bituricensis [= Pierre Guénois] *(Indices)*
2°: α⁶, β-γ⁸, δ⁴, A-4D⁶, 4E⁸, a-l⁶, m⁴, n-t⁶, u⁴; [52], 454, [16] p., p. 459-885, 72, [155] p.
- LIX/12 (herk.: Ex dono RR. DD. Prelatorum circariæ Brabantiæ, cum in Parco fuissent capitulariter congregati … 1624)

CORPUS JURIS CANONICI C264
Corpus juris canonici per regulas naturali ordine digestas … Authore Joanne Petro Gibert …
Coloniæ Allobrogum, sumptibus Marci-Michaelis Bousquet, & sociorum, 1735
2°: 3 dln
- ZVIII/17-19

CORPUS JURIS CANONICI C265
Corpus juris canonici Gregorii XIII … jussu editum. A Petro Pithoeo et Francisco fratre … ad veteres codices manuscriptos restitutum & notis illustratum. Ex bibliotheca … Claudii Le Peletier … Juxtà codicem impressum Parisiis anno 1687
1: *Corpus juris canonici*; 2: *Decretales Gregorii papæ IX*
Coloniæ Munatianæ, sumptibus fratrum Detournes, 1779
2°: a-h⁴, A-3P⁴, 3Q²; [2], LX, 492 p.
- ZVIII/13-14

CORRADUS, Pyrrhus C266
Praxis beneficiariæ recentioribus constitutionibus apostolicis … Auctore Pyrrho Corrado …
Neapoli, typis Camilli Cavalli, 1656
2°: π⁶, A-4F⁴; [12], 549, [49] p.
- NV/9 (herk.: Vincentii Coracci 1783; Ad usum Archig. Rom. Calderoni Negusini)

CORRADUS, Pyrrhus C267
Praxis dispensationum apostolicarum. Auctore Pyrrho Corrado …. Tertia editio
Venetiis, apud Milochum, 1669
2°: a⁴, A-2E⁸; a-b⁸, c⁶, A-B⁸, C⁶; [8], 448, 44, [43] p.
- NV/10 (herk.: Vincentii Coracci 1783; Ad usum Rom. Archig. Calderoni Negusini)

CORVINUS, Arnoldus C268
Arnoldi Corvini … *Jus canonicum, per aphorismos strictim explicatum*
Amstelodami, ex officina Elseviriana, 1672
12°: *⁶, A-P¹², Q-R⁶; [12], 362, [19] p.; bijk.. gegrav. titelp. (1663)
- PrJII/6 (herk.: Ex libris Georges Montandon)

COSTERUS, Franciscus, S.J. C269
Antwoorde Francisci Costeri … veur het eerste deel van sijn hand-boeck ghenaemt Schild der Catholycken: teghen

Franciscum Gomarum ... Uut het Latijn in onse Nederlandsche spraecke overgheset
T'Antwerpen, inde Plantijnsche druckerije, by Jan Moerentorf, 1604
8°: A-Z⁸, 2A⁴; 361, [15] p.
- WI/8 (herk.: Guillielmus De Smet)

COSTERUS, Franciscus, S.J. C270
Het boecxken der broederschap, dat is: vijf boecken der christelijcker leeringhen voor de broederschap der H. Maghet Maria. Eerst int Latijn gheschreven door ... Franciscus Costerus ... overgheset in onse Nederduytsche tale door ... Godevaert vanden Berge ...
T'Antwerpen, inde Plantijnsche Druckerije by de weduwe ende Jan Mourentorf, 1596
8°: *-2*⁸, A-Z⁸, a-d⁸; [32], 430 p.
- ArCIV/11 (herk.: Maria Magdalena Pinnink[?] abdis)

COSTERUS, Franciscus, S.J. C271
Catholiicke sermoonen op d'epistelen ende evangelien der sondaghen van het gheheele iaer. Door Franciscum Costerum ...
T'Antwerpen, by Ces. Ioachim Trognæsius, 1656
2°: onregelm. gepag.; gegrav. titelp.
- KVIII/18 (herk.: Ex libris Mynckens[?] 1778)

COSTERUS, Franciscus, S.J. C272
De universa historia Dominicæ Passionis meditationes quinquaginta. Auctore ... Francisco Costero ... Editio postrema
Antverpiæ, ex officina Plantiniana, apud Ioannem Moretum, 1600
16°: A-R⁸; 267, [2] p.
- ArBII/9 (herk.: Fr. Bernardus De Caumon [Park])

COSTERUS, Franciscus, S.J. C273
De universa historia dominicæ passionis meditationes quinquaginta. Auctore ... Francisco Costero
Coloniæ Agrippinæ, apud Ioannem Kinckes, 1610
12°: *¹², A-N¹²; [24], 307, [3] p.
- ArDI/30 (herk.: Fr. Norbertus van Oedelen; Bibliotheca parcensis)

COSTUMEN VAN DE TWEE STEDEN ENDE LANDE ... C274
Costumen van de twee steden ende lande van Aelst, by haerlieder Hoogheden gedecreteert den 12 Mey 1618, ende in desen druck van vele decreten en reglementen verrykt
O3-8, P1-6: *Costumen der stede ende poort mitsgaders den leen-hove van de burcht van Nineve*
P7-8, Q-2C8, 2D2: *Costumen der heerlickheden ende vryhede van Ronsse*
Tot Gendt, by Petrus de Goesin, 1771
8°: A-2C⁸, 2D²; [12], 167, [7], XXVI, [4], 20, [10], 166, VIII p.
- NI/38

COSTUMEN, USANCIEN ... C275
Costumen, usancien, ende styl van procederen der stadt, vryheyt, ende iurisdictie van Mechelen. Gheapprobeert ... by de keyserlycke majesteyt als heere van Mechelen. Inden jaere ons Heeren MDXXXV
M3-4, N-O4: *Additie, ampliatie, ende declaratie vande costumen, usancien ... van Mechelen*
Tot Mechelen, by Henrick Iaye, 1633
4°:)(⁴, A-O⁴; [8], 112 p.
- NI/39 (herk.: De Coriache. Mech. 1686)

COSTUMEN, USANCIEN ... C276
Coustumen, usancien ende styl van procederen der Stadt, Vryheyt, ende Jurisdictie van Mechelen. Geapprobeert ... by de keyserlycke majesteyt ... in ... MDXXXV
Tot Mechelen, by Laurentius Vander Elst, 1735
8°: *⁴, A-L⁸, M⁴; [8], 183 p.
- ArHV/19 (herk.: Sum ex libris Fr. J. De Buck 1769)

COSTUMEN, WETTEN ... C277
Costumen, wetten ende statuten der stede ende poorterye van Ipre, verryckt met de notulen van Mre. Laureyns Vanden Hane ...
Tot Gendt, by Petrus de Goesin, 1769
8°: π⁵, A-X⁸(-X⁸); [10], 306, XXVII p.
- ArHV/15/1 (herk.: P. Dupon 1782)

COSTUMEN, WETTEN ENDE STATUTEN ... C278
Costumen, wetten ende statuten, der stede ende poorterye van Rousselaere
Tot Gendt, by Petrus de Goesin, 1777
8°: π², A-D⁸, E¹⁰; [4], 84 p.
- ArHV/15/3

COSTUYMEN DER STADT VAN LOVEN ... C279
Costuymen der stadt van Loven, ende van haeren ressorte
Tot Loven, by Henrick van Hastens, 1622
4°: *⁴, A-X⁴; [8], 110, [12], 39, [6] p.
- ArHV/14 (tussengeschoten ex. met marginalia; herk.: J. De Pauw Parc.; Petrus Josephus van der Veken Lovaniensis 1775)

COURT, Benoit C280
Hortorum libri triginta. Auctore Benedicto Curtio ...
Lugduni, excudebat Joannes Tornæsius, 1560
2°: A-C⁴, a-2z⁴, A-2P⁴, 2Q⁶; [24], 683 p.
- JV/11

COVARRUBIAS Y LEYVA, Diego de C281
Didaci Covarruvias ... Opera omnia, cum authoris tractatu in Tit. de Frigidis & Maleficiatis ... Accesserunt Ioannis Uffelii I.C. ... In variarum resolutionum libros notæ uberiores
dl 2: *Multis in locis a Cl. IC. Cornelio Brederodio auctus ...*
Antverpiæ, apud Hieronymum Verdussium, 1627
Coll.: Andreas Schottus (*Vita Didaci Covarruvias*)
2°: *⁴, A-3D⁶, 3E-3F⁴, 2A-3Y⁶, 3Z⁸, 4A-4E⁶; [8], 610, [4], 556, [60] p.
- LVIII/11

COVARRUBIAS Y LEYVA, Diego de C282
Didaci Covarruvias y Leyva ... Opera omnia ... Cum auctoris tractatu ... de Frigidis & Maleficiatis ... Accesserunt ... Johannis Uffelii ... notæ uberiores
Genevæ, sumpt. Gabrielis de Tournes & filiorum, 1724
Coll.: Andreas Schottus (*Vita Didaci Covarruvias*), Pieter Cornelis van Brederode (*Præf.*)
2°: q⁶, A-3R⁶, 3S⁸; [12], 772 p. + *⁴, A-3X⁶, 3Y-3Z⁴; [8], 822 p.
- CV/9

CRANIUS, Gummarus C283
Œconomia moralis clericorum, duobus tractatibus carmine Leonino ... descripta ... Auctore Gummaro Cranio ...
Lovanii, apud viduam Iudoci Coppeni, 1652
8°: A-V⁸; 303, [16] p.
- LII/25 (voorwerk foutief ingebonden) & TI/22 (herk.: Ad usum Norberti de Hauchin in bona spe [1674]; Monsieur Malmedy Rd. vicaire à Goui Rel. Chan. de Bonne Esperance)

CRASSET, Jean, S.J. C284
Christelyke bemerkingen voor alle de daegen van 'tjaer, met de

C

evangelien van alle de zondaegen. In het Fransch uyt-gegeven door ... Joannes Crasset ... vertaelt in de Neder-Duytsche taele. Tweeden druk
Tot Ghendt, by Franciscus en Dominicus vander Ween, 1730
12°: 4 dln; gegrav. portret van de aut. in front. in 1
- JI/4-5 (dln 1 & 3; herk.: Anna Cathrina Mare beggijtjen [in 3]; Maria Gomez [in 1]; G. Huybreghs [in 1])

CRASSET, Jean, S.J.   C285
Double préparation à la mort. Par ... Jean Crasset ... Quinzième édition
A Brusselle, chez François Foppens, 1727
8°: *4, A-K8, L4; [8], 164, [4] p.; gegrav. front.
- UI/7/1 (herk.: Eve M. Brouwers née Van Gils; Souvenance d'Eve-Marie Brouwers ... à De Vocht curé a Goirle, 1832)

CRASSET, Jean, S.J.   C286
La douce et la sainte mort. Par ... Jean Crasset ... Edition nouvelle
A Brusselle, chez François Foppens, 1706
8°: *6, A-V8, X2; [12], 324 p.; gegrav. front.
- UI/7/2

CRASSET, Jean, S.J.   C287
La douce et sainte mort. Par ... Jean Crasset ... Nouvelle édition
A Brusselle, chez Pierre Foppens, 1739
8°: π2, *4, A-Z8, 2A4; [12], 376 p.; gegrav. front.
- ArDV/8 (herk.: Carmelite de bruxelles donné pour Mademoiselle Dietterich; ex bibliotheca conventus Patrum Carmelitarum, discalceatorum, Bruxellis)

CRAYWINCKEL, Joannes Ludolphus van, O.Præm.   C288a
Legende der levens, ende ghedenck-weerdighe daeden van de voor-naemste heylighe, salighe ende lof-weerdighe persoonen soo mans als vrouwen, die in de witte ordre vanden H. Norbertus ... uut-gheschenen hebben. Door ... Ioannes Ludolphus Van Craywinckel ...
1: Tot Mechelen, by Robert Jaye, 1664; 2: t'Antwerpen, by Gerardus Van Wolsschaten, 1665
Coll.: Eustache de Pomreux du Sart, O.Præm., Willem Zeebots, O.Præm., Adriaan Poirters, S.J. (lofdichten)
4°: π4, §4, §2, A-5B4; [24], 752 p. + π4, é2, χ1, A-5R2; [6], 871 [=869], [7] p.; bijk. gegrav. titelp. in 1
- PrGIII/12-13 (herk.: Aende Eerw. Mevrouwe: f. Jacobus Hroznata Crill Prior Tung; Bibliot. August. Herend. Fr. Corn. Coomans prior) & ArEIII/13-14

CRAYWINCKEL, Joannes Ludolphus van, O.Præm.   C288b
Een lelie onder de doornen. De edele ... maghet Dympna ...
By een vergaedert door Fr. Ludolphus van Craeywinckel ...
Tot Brussel, by de weduwe G. Jacobs, (1740?)
12°: A-D12; 96 p.; bijk. gegrav. front.
PrJXI/11

CRAYWINCKEL, Joannes Ludolphus van, O.Præm.   C289
Lust-hof der godtvruchtighe meditatien, op allen de sondaghen ende heyligh daghen des iaers. Door ... Ioannes Ludolphus van Craywinckel ... Het eerste deel
t'Antwerpen, by de weduwe ende erf-ghenaemen van Jan Cnobbaert, 1661
8°: *-2*8, 2A-2H8, 2I4; [30], [2bl], 496, [6] p.
- PrHI/7/1 (titelp., 2H8 & 2I1 ontbr.; herk.: Stroobants Diest [in fine]; Anne-Marie Thysmans; Basilius van Beygaerden) & ArEIV/15/1 (herk.: Frederic Verachter)

CRAYWINCKEL, Joannes Ludolphus van, O.Præm.   C290
Lust-hof der godtvruchtighe meditatien, het tweede deel, op de evangelien der feest-daghen des iaers. Door ... Ioannes Ludolphus van Craywinckel ...
t'Antwerpen, by de weduwe ende erf-ghenaemen van Jan Cnobbaert, 1661
8°: A-2B8, 2C4; 401, [5] p.
- PrHI/7/2 & ArEIV/15/2

CRAYWINCKEL, Joannes Ludolphus van, O.Præm.   C291
Lust-hof der godt-vruchtighe meditatien op de H. Communie, lyden ende doot Iesu Christi. Ghemenghelt met de droefheden vande H. Moeder Godts Maria. Het derde deel. Door ... Ioannes Ludolphus Van Craywinckel ...
T'Antwerpen, by Michiel Cnobbaert, 1672
Coll.: Cornelis de Bie; Daniel Bellemans (lofdichten)
8°: †8, 2†4, A-N8; [2bl], [30], 206 p.
- PrHI/7/3 & PrHI/8 (herk.: Ant. Ghieles; Basilius van Beygaerden)

CRAYWINCKEL, Joannes Ludolphus van, O.Præm.   C292
Lust-hof der godtvruchtighe meditatien. Door ... Joannes Ludolphus van Craywinckel ... Tweeden druck
1: *Op allen de Sondagen ende Heyligh-dagen des Jaers*; 2: *Op de Evangelien der Feest-dagen des jaers*
T'Antwerpen, inde druckerye van Knobbaert, by Franciscus Muller, 1714
8°: ? + *4, A-Z8; 352, [16] p. + ill.; bijk. gegrav. front.
- PrHI/6 (dl 2)

CRAYWINCKEL, Joannes Ludolphus van, O.Præm.   C293
Lust-hof der godvruchtige meditatiën, op alle de zondagen en heylig-dagen des jaers. Door ... Joannes Ludolphus van Craywinckel ... Derden druk
t'Antwerpen, by Hubertus Bincken, 1778
8°: π8, A-2C8, 2D4; XIV, 439 p. + A-X8, Y4; VIII, 352 p.; gegrav. front. in 1
- PrHI/9-10 & PrHII/18-19

CRAYWINCKEL, Joannes Ludolphus van, O.Præm.   C294
De triumpherende suyverheyt. Het leven, martelie, ende mirakelen van de H. Maeghdt ende martelersse Dympna dochter van den coninck van Irlandt patronersse van de wyt-vermaerde Vryheyt van Geel. Door ... Ioannes Ludolphus van Craywinckel ... Den tweeden druck
Tot Mechelen, ghedruckt by Robert Iaye, 1658
Coll.: D. I. Hets, Ludovicus Lindanus, Amatus de Coriache
8°: á4, A-2K8; [8], 512, [16] p.
- PrII/4 (titelblad + voorwerk ontbr.; nawerk onvolledig; herk.: Basile van Beygaerden)

CRÉBILLON, Claude Prosper Jolyot de   C295
Les Œuvres de monsieur de Crébillon. Nouvelle édition
A Paris, chez Damonneville, 1749
12°: 3 dln
- PrEII/16-18 (herk.: supralibros met wapen van Claude-Louis-François Régnier)

CREVIER, Jean Baptiste Louis   C296
Histoire des empereurs romains, depuis Auguste jusqu'à Constantin. Par ... Crevier ...
A Paris, chez Desaint & Saillant, 1749-1755
12°: 12 dln
Nota: dln 9 & 10: Nouvelle édition, 1766
- RII/17-28

CREVIER, Jean Baptiste Louis   C297
Histoire des empereurs romains depuis Auguste jusqu'à

Constantin. Par Crevier
A Paris, chez Ledoux et Tenré, 1818
8°: 6 dln
- OII/16-21

CREYTERS, Jan   C298
Sanctus Augustinus prædicans, sive conciones ... in festa totius anni. Studio ... Joannis Cryterii ...
Trajecti ad Mosam, typis Lamberti Bertus, 1713
8°: *⁸, §⁴(-§⁴), A-V⁸, [22], 327, [9] p. + *⁶, A-X⁸, Y²; [12], 325, [15] p.
- JII/14-15 (herk.: Blockx [Park])

CRISPOLTI, Tullio   C299
Tullii Crispoldi ... In D. N. Iesu Christi Passionem, & mortem commentarii. Petro Francisco Zino interprete
Venetiis, (Pietro Nicolini da Sabio, 1547)
In fine: Venetijs per Petrum de Nicolinis de Sabio. Anno nativitatis Dni MDXLVII
8°: A-R⁸, S¹⁰; 145, [1] f.; rubricering
- ArCI/23 (herk.: Bibliothecæ parcensis 1646)

CROISET, Jean, S.J.   C300
Exercices de piété pour tous les dimanches et les fêtes mobiles de l'année. Par ... Jean Croiset ... Cinquième édition
A Lyon, chez les frères Bruyset, 1745-1746
12°: 5 dln
- LIII/26-30

CROISET, Jean, S.J.   C301
Exercices de piété pour tous les jours de l'année. Par ... Jean Croiset ... Sixième édition
A Lyon, chez Jean-Marie Bruyset, 1759-1763
12°: 12 dln
Nota: dl 7 (Juillet): 5e éd.
- LIII/14-25

CROM, Adrianus, S.J.   C302
Centum quinquaginta psalmi Davidici ... Explicati a ... Adriano Crommio ... Editio tertia
Antverpiæ, apud Cornelium Woons, 1652
8°: A-I⁸; [16], 124, [2] p.
- ArEVII/11/30

CROONENBORCH, Mathias, O.F.M.   C303
Geestelycken leydts-man, voor alle deugt-soeckende zielen ... Beschreven door ... Mathias Croonenborch ... Den derden druck
Tot Brussel, by Jacob Van de Velde. Men vindt-se te koop by Jos. Ermens, [1785?]
Coll.: Theodorus van Ommeren, O.F.M. (ode)
8°: 4 dln; gegrav. front. in 1
- PrHVI/15-16

CROONENBORCH, Mathias, O.F.M.   C304
Troostelyck onderwys voor deught-minnende zielen ...
Ghemaeckt door ... Mathias Croonenborch ...
Tot Brussel, by Peeter vande Velde, 1685
Coll.: Jacobus a Passione Domini (lofdicht)
8°: *⁸, 2*⁶, A-O⁸; [28], 210, [6] p.
- ArCII/6 (herk.: Roggen)

CROONENBORCH, Mathias, O.F.M.   C305
*De twee geestelyke kolomnen van de Heylige Kerke, te weten het H. Sacrament der biechte, ende het HH. Sacrament des autaers ...*By-een vergaderd door ... Mathias Croonenborgh ...
Tot Antwerpen, by Jacobus Woons. Men vind-ze te koopen tot Gend, by Bernard Poelman, [1700?]
8°: *⁸, A-Y⁸, Z⁴; [16], 356, [4] p.
- PrHVI/17

CRUSENIUS, Nicolaus, O.S.A.   C306
Monasticon Augustinianum in quo omnium Ordinum sub Regula S. Augustini militantium ... origines, atque incrementa tribus partibus explicantur. Autore ... Nicolao Crusenio ...
Monachii, apud Ioan. Hertsroy, 1623
Coll.: Cornelius Curtius (lofdicht)
2°: π², †⁸, A-Y⁶, Z⁸; [20], 262, [16] p.; gegrav. titelp. & 1 grav.
- PV/20 (herk.: Bibliothecæ parcensis d.d. Luca<?> 1644: gedrukte ex libris Park: 18ᵉ; H XII 35)

CRUSIUS, Jacob Andreas   C307
Disquisitio de nocte, ejusque divisione, commodis & incommodis nocturnis. A J. A. C. C. C. D. F. [J. A. Crusius]
Bremæ, typis Bertholdis de Villiers. Impensis Erhardi Bergeri, 1652
12°: A-C¹², D⁶; 83 p.
- PrJVI/1/2

CRUSIUS, Thomas Theodor   C308
Analecta philologico-critico-historica. Continentia I. Thomæ Hayne *Linguarum Cognationem ...* II. Merici Casauboni *De verborum ... diatriben.* III. Christoph. Crinesii *De confusione linguarum disputationem.* IV. Abrah. Gibelii *De ... Chaldææ constitutione disputatione.* V. Laur. Fabricii *Reliquias Syras in N.T. adservatas.* VI. Henr. Kippingi *De lingua primæva exercitationem.* VII. *De lingua hellenistica exercitationem.* VIII. *De characteribus novis exercitationem.* IX. Pauli Slevogti *Disputationem Hellenisticam.* X. Petri Holmii *De ... charactere litterarum Veteris testam. disputationem.* XI. *De scriptura & scriptione disputationem.* XII. *De sermone disputationem.* Accedent Jos. Scaligeri & M. Zuerii Boxhornii *Epistolæ ...* Thomas Crenius (= T. T. Crusius) conlegit, recensuit ...
Amstelodami, sumtibus Thomæ Myls, 1699
8°: *-2*⁸, 3*⁴, A-2K⁸, 2L⁴; 522, [12] p.
- PrCI/14/2

CRUSIUS, Thomas Theodor   C309
Museum philologicum et historicum. Complectens I. Isaaci Causoboni *De Satyrica Græcorum Poesi ...* II. Ejusdem *Quatuor epistolas ...* III. Euripidæ *Cyclopem.* Latinitate & notis donatam a Q. Septimio Florente Christiano, & Josepho Scaligero. IV. *Inscriptionem ... quam* Is. Casaubonus recensuit ...V. D. Ægidii Strauchii Ολυμπικον αγωνα. VI. Joh. Lehmanni *Dissertationem ...* Thomas Crenius [= T. T. Crusius] conlegit, recensuit ...
Lugduni Batavorum, sumtibus Abrahami vander Mijn, 1699
8°: *-4*⁸, 5*⁶, A-Y⁸, Z⁶, A², 2A-2D⁸, 2E²; 428, [8] p.
- PrCI/14/1 (herk.: J. Gomez de la Cortina [supralibros]; Bibliotheca Cortiniana [ex libris])

CRUSIUS, Thomas Theodor   C310
Museum philologicum et historicum II. Continens I. Cl. Salmasii *duarum inscriptionum ... explicationem.* II. Ejusdem *ad Dosiadæ aras ...* III. Thomæ Rheinesii *Commentationum de Deo Endovellico.* IV. Ejusdem *Commentariolum ad inscriptionem ...* Thomas Crenius (= T. T. Crusius) conlegit, recensuit ...
Lugduni Batavorum, apud Abrahamum vander Mijn, 1700
8°: a-d⁸, e², A-2D⁸, 2E²; 68, 425, [9] p.
- PrCI/13 (herk.: J. Gomez de la Cortina [supralibros]; Bibliotheca Cortiniana

C

[ex libris])

CUER, Mauritius   C311
Theologia dogmatica, et moralis ... Ex prælectionibus ... Mauritii Cuer ...
Monasterii Westphaliæ, typis & sumptibus A. W. Aschendorf, 1778
8°: 3 dln
- ArAVIII/29-30 (dln 1 & 2; herk.: Ad usum F. Joannis Van Bogget)

CUNILIATI, Fulgenzio, O.P.   C312
Universæ theologiæ moralis accurata complexio ... A ... Fulgentio Cuniliati ... Editio novissima
Venetiis, apud Thomam Bettinelli, 1789-1790
4°: a^8, A-2M^8, 2N^{10}; XVI, 580 p. + π^4, A-2F^8; VIII, 464 p.; gegrav. portret van de aut. in front.
- HV/26-27 (herk.: Bosi Stanislai)

CURIO, Valentin   C313
Lexicon Græcum iam denuo supra omneis omnium auctiones longe auctissimum ... (ed.: Valentinus Curio)
In fine: *De Græcorum numeris methodus* per Ioannem Chæradamum
Basileæ, apud Valentinum Curionem, 1525
2°: α^8, a^8, b-z^6, A-M^6, N^4, *^{6}, A-B^6, r^4, 2*^{6}, ?^{6}, E^6, z^6, H^6, ?^{4}, 3*^{4}, I^6, K^6, λ^6, M^6, N^6, O^4; niet gepag.
- ArBVII/14 (herk.: Bibliotheca Averbodensis; Wilhelmus Pettenborgius; Joannes Ridder)

CURTIUS, Cornelius, O.S.A.   C314
... Cornelii Curtii ... S. Nicolaus Tolentinus aliique aliquot eiusdem ordinis Beati
Antverpiæ, apud Joann. Cnobbarum, 1637
12°: †^{4}, A-L^{12}, M^8; [8], 278, [2] p.: ill.; gegrav. titelp.
- YIV/4 (herk.: Ex libris Ant. Van Bellingen 1879)

CURTIUS RUFUS, Quintus   C315
Quinte Curce, *De la vie et des actions d'Alexandre le Grand. De la traduction de ... de Vaugelas, avec le Latin à coté. Dernière édition divisée en deux volumes. Avec les supplémens de Jean Freinshemius sur Quinte-Curce*
A Paris, chez Louis Billaine, 1692
12°: *^{12}(-*^{12}), A-2A^{12}; [22], 576 p. + A-T^{12}, V^{10}; [12], 462 p.; gegrav. front. in elk dl
- ArJII/14-15

CURTIUS RUFUS, Quintus   C316
Q. Curtius Rufus *De Rebus Alexandri Magni. Cum commentario ... Samuelis Pitisci. Quibus accedunt: Mottevayeri De ... Curtio ... Dissertatio, Freinshemii Supplementa ...*
Ultrajecti, apud Franciscum Halma, 1685
Coll.: Johannes Lomeierius, Henr. Chr. Henninius, P. Platel, S. a Diepenheim, J. Smit
8°: *-3*^{8}, a-f^8, A-3Y^8, 3Z^4; [48], 94, [2], 847, [256] p.: uitsl. pltn; bijk. gegrav. titelp.
- UI/2 (herk.: P G de St Vaast, Denterghem; J. Lupus)

CURTIUS RUFUS, Quintus   C317
Q. Curtii *De rebus gestis Alexandri Magni regis Macedorum, libri decem. Ad hæc Alexandri Magni vitam ab Ioanne Monacho ... præposuimus*
Antverpiæ, in ædibus viduæ & hæredum Ioannis Stelsii, 1565
Vert.: Angelus Bartolomeus Cospi
24°: A-2I^8; [38], 438, [30] p.
- PrFI/15

CURTIUS RUFUS, Quintus   C318
Quinti Curtii Rufi *De rebus gestis Alexandri Magni, regis Macedonum, libri superstites.* Cum ... supplementis ... ac notis ... Fr. Modii, V. Acidalii, T. Popmæ, Joh. Freinshemii, Joh. Schefferii, Christoph. Cellarii, Nic. Heinsii. Selectis & excerptis Ph. Rubenii, J. Rutgersii, C. Barthii, Joh. Loccenii, M. Raderi, Cl. Salmasii, J. Fr. Gronovii, M. Tellierii, Christoph. Aug. Heumanni, itemque Jac. Perizonii vindiciis, & aliorum observationibus, auctioribusque indicibus. Curavit & digessit Henricus Snakenburg
Delphis, & Lugd. Bat., apud Adrianum Beman, (et) Samuelem Luchtmans, 1724
4°: †-2†^{4}, 3†^{2}(-3†^{2}), *-7*^{4}, A-6Q^4(-6Q^4), 6R^2(-6R^2); 824, [223] p. + ill. & uitsl. pltn; bijk. gegrav. titelp.
- PrHIV/10 (herk.: supralibros met wapen van Amsterdam)

CURTIUS RUFUS, Quintus   C319
Q. Curtii Rufi *Historiarum libri*
Amstelodami, ex officina Elzeviriana, 1660
12°: A-O^{12}, P^8; 335, [17] p. + 1 uitsl. krt; gegrav. titelp.
- PrJII/5

CUSTIS, Charles-François   C320
Jaer-boecken der stadt Brugge, behelsende de gedenckweerdigste geschiedenissen, de welcke soo binnen de selve stadt, als daer ontrent, voorgevallen zyn ... By-een vergaedert ... door Charles Custis ... Tweeden druck
Tot Brugge, by Joseph van Praet, 1765
8°: 3 dln
- ArHV/16-18

CUYCKIUS, Henricus   C321
Liturgicæ precationes ad mysteria missæ accommodatæ ... Autore ... Henrico Cuyckio ...
Lovanii, apud Ioannem Masium, 1605
Coll.: Guilhelmus Cripius *(Carmen)*
8°: a-h^8, i^6; 140 p.
- DI/21 (herk.: Martin Leroy [Park]; Matthias Hovius)

CYPRIANUS, Thascius Cæcilius, heilige   C322
... Cæcilii Cypriani Opera ... emendata, diligentia Nic. Rigaltii ... cum eiusdem annotationibus ..., Pamelii, & aliorum commentariis ... editis. Accedunt Marci Minucii Felicis *Octavius. De idolorum vanitate.* Arnobii Afri *adversus Gentes, libri VII.* Julii Firmici Materni ...
De errore profanarum religionum. Commodiani *Instructiones adversus Gentium Deos*
p.12: *Vita S. Cæcilia Cypriani* per Pontium eius diaconum; p.21: Aurelii Prudentii *Passio S. Cypriani ...*; p.22: *Sermo divi Augusti, de sancto Cypriano ...*; p.24: *Passio beati Cypriani ...* per Paulum Diaconum edita; p.27: *Vita ... Cypriani ... ex ipsius scripta collecta,* per Iacobum Pamelium
Parisiis, sumptibus Ioannis Du Puis, 1666
Coll.: Joannes Trithemius, Agobardus, episcopus Lugdunensis *(Carmen)*, François Bauduin
2°: á^4, é^4, í^4, ó^4, ú^4, áá^4, éé^4, íí^4, óó^4, úú^6, A-3L^4, 2*^{4}, a-d^4, e^2, f^4, g^2, 2*^{2}, a-n^4, o^2, p-q^4, r^2, s^6, t^4-2a^4, 2b^6; 82, [2], 453, [10], 36, [16], 108, [34], 60 p.
- FVI/2

CYRILLUS ALEXANDRINUS   C323
... Cyrilli ... Homiliæ XIX in Ieremiam prophetam ... Descriptæ, & Latinitate donatæ à Balthasare Corderio ...
p. xxj: *Catalogus præcipuorum auctorum ineditorum Græce m.ss. qui in Bibliotheca Scorialensi asservantur.* Opera Alexandri Barvoetii ...

Antverpiæ, ex officina Plantiniana Balthasaris Moreti, 1648
Nota: Grieks & Latijn Homiliæ XIX is van Origines.
8°: *-2*⁸, 3*⁴, A-V⁸; XXXVIII, [2], 307, [12] p.
- EI/1

CYRILLUS van JERUZALEM   C324
... Cyrilli ... *Catecheses illuminatorum Hierosolymis XVIII & quinque mystagogycæ.* Ioanne Grodecio ... interprete
Parisiis, apud Sebastianum Nyvellium, 1564
8°: á⁸, é⁴, A-2B⁸, 2C⁴; [12], 190, [14] f.
- EI/4 (herk.: Bibliotheca parcensis [gerad. supralibros]; 2. theca V)

CYRILLUS van JERUZALEM   C325
... Κυριλλου Ιεροσολυμων αρχιεπισκοπου Κατηχησεις -...
Cyrilli Hierosolymorum archiepiscopi *Catecheses* ... Cum Latina interpretatione Ioannis Grodecii ... Studio & opera Ioan. Prevotii Burdegalensis
Parisiis, apud Claudium Morellum, 1609
4°: á⁴, é⁴, í⁴, A-4C⁴, 4D²; [23], 555, [25] p.
- HII/32 (herk.: Coll. Soc. Jesu Cortraci; W. Moll)

d

D. D. P. D. M.   D1
Remarques sur la Jansenie et la secrette politique des Jansenistes. Découvertes cette année 1675 par les D.D. P. D. M.
A Paris, s.n., 1675
8°: A⁸, B⁴; 26 p.
- ArDIV/3/5

DADIN de HAUTESERRE, Antoine   D2
Ecclesiasticæ jurisdictionis vindiciæ adversus Caroli Fevreti, et aliorum tractatus de abusu. Susceptæ ab Antonio Dadino Alteserra ...
Parisiis, apud Nicolaum Devaux, 1703
4°: á⁴, é⁴, í⁴, ó⁴(-ó⁴), A-2T⁴, 2V², A*-T*⁴, X*²; [30], 164 p.
- LV/18

DAELMAN, Carolus Gislenus   D3
Theologia seu observationes theologicæ in Summam D. Thomæ. Authore ... Carolo Gisleno Daelman ...
Antverpiæ, apud Jacobum Bernardum Jouret, 1735
2°: 2 dln; onregelm. gepag.
- IVIII/14 (herk.: Norb. Scheys [Park])

DAELMAN, Carolus Gislenus   D4
Theologia ... Carolo Gisleno Daelman ... Editio secunda
Lovanii, apud Martinum van Overbeke, 1746
8°: 9 dln
- ArAI/22-28 (herk.: usibus Huberti Aerts religiosi Dilig. 1758 [in 1, 2, 6 & 9]; Ex libris fratris Philippi Du Pont Religiosi Diligemensis 1749 [in 9]; Ex libris Fr. Guilielmi Dauw relig. Parchensis 1753 [in 8])

DAELMAN, Carolus Gislenus   D5
Theologia ... Authore ... Carolo Gisleno Daelman. Editio tertia
Lovanii, apud Martinum van Overbeke, 1759-1761
8°: 7 dln
- GIV/26-32 (herk.: Fr. Bernard Van Hoecke [Park])

DAMEN, Hermannus   D6
Doctrina et praxis S. Caroli Borromæi de pœnitentia ... Per Hermannum Damen ...

D

Lovanii, apud Petrum De Vaddere, (1697?)
8°: 3 dln
- ArDIII/4

DAMEN, Hermannus   D7
Oratio de cathedra Petri ut est regula fidei ... Habita ... Lovanii 11 Novembris anni 1721. Per Hermannum Damen ...
Lovanii, typis Francisci vande Velde, (1721?)
12°: A^{12}, B^8; 38 p.
- ArDIV/13/12

DAMEN, Hermannus   D8
Oratio de obedientia Romano Pontifici ab omnibus debita, habita in schola theologica Lovanii 12 januarii anni 1723. Per Hermannum Damen ...
Lovanii, typis Francisci vande Velde, (1723?)
8°: A^8, B^4; 23, [1] p.
- HIII/4/6

DAMEN, Hermannus   D9
Oratio de tentatione hæresum et probatione fidelium habita Lovanii in actu licentiæ die 6. febr. 1720 in schola theologica. Per Hermannum Damen ...
Lovanii, typis Francisci vande Velde, (1720?)
8°: A^8, B^4; 24 p.
- ArDIV/11/7

DANES, Pierre Louis   D10
Constitutiones et decreta summorum pontificum, aliaque aliquot documenta, spectantia ad propositiones Jansenii et Quesnelli ... Per Petr. Lud. Danis ...
Lovanii, typis Martini van Overbeke, (1734?)
8°: π^1, A^8, *^{8}, 2*^{2}, B-C^8, D^4, E-F^8, G^6(-G^6); [2] p., p.1-16, XVII-XXXVI, 17-98
- HIII/4/2 (herk.: Ex libris fris. H. Dejonghe prioris parcensis 1740)

DANES, Pierre Louis   D11
Generalis temporum notio brevissime exhibens vicissitudinem rerum humanarum ab orbe condito usque ad ætatem nostram annum MDCCXXXVI. Auctore Petro Ludovico Danes ... Editio secunda
Lovanii, typis Martini van Overbeke, (1741?)
8°: A-2F^8, 2G^6; 470, [4] p.
- PI/25 (herk.: Ex libris S. Tielens)

DANES, Pierre Louis   D12
Institutiones doctrinæ christianæ sive compendium theologiæ dogmaticæ et moralis ... Auctore Petro Ludovico Danes ... Editio tertia
Lovanii, typis Joan. Franc. van Overbeke, 1768
8°: *^{8}, A-2D^8, 2E^{10}(-2E^{10}), 2F-2G^4, 2H^6; XVI, 459(i.e.449), [25] p. + π^1, A-2H^8, 2B-2C^4, 2D^6(-2D^6); [2], 384, [25] p.
- HI/11-12

DANES, Pierre Louis   D13
Petri Ludovici Danis ... Orationes XIII et homiliæ XII
Lovanii, apud Martinum van Overbeke, 1735
8°: π^4, A-2H^8, 2I^4; [8], 500, [4] p.
- ArDV/20

DANES, Pierre Louis   D14
Petri Ludovici Danis ... Tractatus de fide, spe, et charitate ...
Lovanii, typis Martini van Overbeke, 1735
8°: π^2, A-2O^8, 2P^2(-2P); 594, XXXX p.
- GI/21/1

DANES, Pierre Louis   D15
Petri Ludovici Danis ... Tractatus de peccato originali, legibus, & gratia
Lovanii, typis Martini van Overbeke, 1738
8°: π^1, A-2N^8, 2O^2(-2O^2); 550, [30] p.
- GI/20

DANES, Pierre Louis   D16
Petri Ludovici Danis ... Tractatus de virtutibus cardinalibus in generali, prudentia, in speciali, jure et justitia &c
Lovanii, typis Martini van Overbeke, 1739
8°: π^1, A-e^4, f^2(-f^2), A-2L^8, 2M^2; [2], XXXXII, 550 p.
- GI/19

DANIEL, Gabriel, S.J.   D17
Histoire de France, depuis l'établissement de la monarchie françoise dans les Gaules. Par ... G. Daniel ... Nouvelle édition
A Amsterdam et à Leipzig, chez Arkstee et Merkus, 1755-1758
12°: 24 dln
- ArIVII/2 (dl 16)

DANIEL a VIRGINE MARIA, O.Carm.   D18
Inleydinghe tot christelycke penitentie ende salighe biechte. Door ... Daniel a Virg. M. ...
t'Antwerpen, by de weduwe van Ian Cnobbaert, 1649
12°: A-Q^{12}; 369, [11] p.; gegrav. titelp.
- YIV/13 (herk.: Cattarina de Vleminck 1792)

DANTINE, Maurice-François e.a.   D19
L'art de vérifier les dates des faits historiques, des chartes, des chroniques et autres anciens monumens, depuis la naissance de Notre-Seigneur, par le moyen d'une table chronologique ... [M. F. Dantine, U. Durand & C. Clémencet]. Nouvelle édition, revue ... par un religieux bénédictin de la Congrégation de S. Maur [François Clément]
A Paris, chez G. Desprez, 1770
2°: *^{4}, a-e^2, a-j^2, A-10I^2; [6], XX, XXXVII, [1], 934, [1] p.
- SVII/4

DANTOINE, Jean Baptiste   D20
Les regles du droit canon ... Traduites en françois, avec des explications ... par J. B. Dantoine ... Nouvelle édition
A Liege, chez J. Dessain. Et se vend à Bruxelles, chez Joseph Ermens, 1772
4°: a-c^4, A-3R^4; [24], 468, [35] p.
- ArFIII/17

DAPPER, Olfert   D21
Naukeurige beschryving der eilanden, in de Archipel der Middelantsche Zee, en ontrent dezelve, gelegen: waer onder ... Cyprus, Rhodus, Kandien, Samos, Scio, Negroponte, Lemnos, Paros, Delos, Patmos en andere ... Verrijkt met zee- en eilantkaerten, en afbeeldingen van steden, dieren, gewassen &c. Door ... O. Dapper
t'Amsterdam, voor Wolfgangh, Waesbergen, Boom, Someren en Goethals, 1688
2°: onregelm. gepag.; ill. + ill. & uitsl. krtn
- RVI/4

DAPPER, Olfert   D22
Naukeurige beschryving van Morea, eertijts Peloponnesus, en de eilanden, gelegen onder de kusten van Morea, en binnen en buiten de Golf van Venetien, waar onder de voornaemste Korfu, Cefalonia, Sant Maura, Zanten ... Met de kaerten van

Morea, Golf van Venetien … beneffens afbeeldingen van steden en kastelen … Door … O. Dapper
t'Amsterdam, Voor Wolfgangh, Waesbergen, Boom, Someren en Goethals, 1688
2°: *4, *-4⁴, a4*-c4⁴, 5*⁴, A-X⁴, *⁶, A-Y⁴; [8], 168[=264], [12], 164, [6] p.: ill. + uitsl. krtn & pltn; bijk. gegrav. titelp.
- RVI/10

DARU, Pierre Antoine Noël Bruno   D23-24
Histoire de Bretagne. Par … Daru …
Paris, Firmin Didot père et fils, 1826
3 dln
- UI/30-32

DAVID, Adrien, O.Præm.   D25
Thresor sacré. De plusieurs belles & precieuses reliques conservées en l'abbaye de Vicoigne de l'ordre de Premonstré. Recueillée par … Adrien David …
A Valentienne, de l'imprimerie de Ian Vervliet, 1634
8°: *⁸, A-M⁸; [16], 188, [4] p.
- ArEI/27 (herk.: Ex bibliotheca Bonæ-Spei)

DAVID, Joannes, S.J.   D26
Christeliicken Waersegghher, de principale stucken van t'Christen Geloof en Leven int cort begrijpende. Met een rolle der deugtsaemheyt daer op dienende. Ende een Schild-wacht teghen de valsche waersegghers, tooveraers, etc. Deur … Ioannes David …
T'Antwerpen, in de Plantijnsche Druckerije, by Ian Moerentorf, 1603
In fine: T'Antwerpen, inde Plantijnsche Druckerije, by Jan Moerentorf, MDCII
4°: *-2*⁴, A-Z⁴, a-z⁴, 2A⁶; [16], 372, [7] p. + A-E⁴, F⁶; XXXVII, [14] p.: + 100 pltn; gegrav. titelp.
- JIV/29 (herk.: Petrus Frans Holvoet tot Wevelghem 1784; Petro Josepho Bastiaens vicario in Gulleghem 1827; Ex libris R. Dni F. Rijelandt)

DAVID, Joannes, S.J.   D27
Duodecim specula Deum aliquando videre desideranti concinnata. Auctore … Ioanne David …
Antverpiæ, ex officina Plantiniana, apud Ioannem Moretum, 1610
8°: *⁸, A-M⁸, N⁴; [16], 184, [15] p. + ill.; gegrav. titelp.
- PrEIII/25 (herk.: Collegij Societ. Jesu Tornaci) & ArIVII/13 (gegrav. titelp. & gravures ontbr.; herk.: Ad usum Guilielmi Van Gobbelschroeij [Park])

DAVID, Joannes, S.J.   D28
Veridicus christianus. Auctore … Ioanne David …
Antverpiæ, ex officina Plantiniana, 1601
In fine: Antverpiæ ex officina Plantiniana, apud Ioannem Moretum MDCI
4°: †-2†⁴, A-Z⁴, a-z⁴, Aa-Ee⁴; [16], 374, [33] p.
- ArDVII/16 (titelblad ontbr.)

DEBURE, Guillaume-François   D29
Bibliographie instructive, ou traité de la connoissance des livres rares et singuliers … Par Guillaume-François De Bure le Jeune …
Théologie, 1 dl; *Jurisprudence, sciences et arts,* 1 dl; *Belles-lettres,* 2 dln; *Histoire,* 3 dln
A Paris, chez Guillaume-François De Bure le Jeune, 1763-1768
8°: 7 dln
- WII/18-22 (*Théologie & Histoire,* dl 3 ontbr.)

DEBUSSI, Louis, S.J.   D30
Nouveau mois de Marie, ou Suite de lectures sur les mystères de la très Sainte Vierge … Ouvrage posthume de … Louis Debussi
p. XI-XXIV: *Notice sur M. Debussi*
Gand, P. J. Van Ryckegem, 1828
XXIV, 310, [2] p.
- ArBI/25

DEBUSSI, Louis, S.J.   D31
Nouveau mois de Marie … Ouvrage posthume de … Louis Debussi
p. XII-XXVII: *Notice sur M. Debussi*
Liége, à la librairie classique et religieuse de Kersten, 1830
XXVII, 355, [1] p.
- ArBI/24 (herk.: Bernard van Hoecke de Parcho)

DECHAMPS, Etienne, S.J.   D32
Stephani Dechamps … *De hæresi janseniana, ab Apostolica Sede merito proscripta libri tres.* Opus anno M.DC.XLV. sub Antonii Ricardi nomine inchoatum … Nunc … prodit cura & labore … Stephani Souciet …
Lutetia Parisiorum, sumptibus Gabrielis Martin, Francisci Montalant, Joannis-Baptistæ Coignard, filii, Hippolyti-Ludovici Guerin, 1728
2°: π², a-t², A-2U⁴(-2U⁴); [80], 341 p. + A-2S⁴, 2T-2V²(-2V²), 2X-3F²; 334, [34] p.
- GVI/4

DECHAMPS, Etienne, S.J.   D33
La secrette politique des Iansenistes et l'estat present de la Sorbonne de Paris, découverts par un docteur [E. Dechamps] …
A Troyes, chez Chrestien Romain, à la vraye Foy, près la grande Eglise [= Bordeaux, J. Montgiron ?], 1667
8°: A-E⁸; 77 p.
- ArDIV/3/4

DECKER, Jeremias de   D34
J. De Deckers *Gedichten.* Versamelt en uytgegeven door J. K. [Jacob Colom]
A-H1: *Baptistes of Dooper,* treurspel. Getrocken uyt de Latijnsche vaersen van G. Buchanan …; H2-M3: *Goede vrydag, ofte het lyden onses Heeren Jesu Christi*
t'Amsterdam, gedruckt by Jacob Colom, 1656
Coll.: J. Oudaan (lofdicht)
4°: π⁴, A-2A⁴, 2B², a-x⁴; [8], 196, 96 p.
- WI/13

DECKERS, Johann, S.J.   D35
Exercitium christianæ pietatis. In gratiam studiosorum auctoritate … Nicolai Radivillii collectum [J. Deckers?]
Coloniæ, sumptibus Arnoldi Mylii, 1589
12°: A-G¹²; 167 p.
- ArBII/15 (titelblad ontbr.; ms. in fine)

DECLARATIO UNIVERSITATIS …   D36
Declaratio universitatis studii Parisiensis super appellatione ad futurum Concilium Generale, quam quinto oct. anni 1718 interposuit a Constitutione pontificia, quæ incipit Unigenitus …
Lutetiæ Parisiorum, ex typographia C. L. Thiboust, 1719
12°: A-C¹², D⁸; 87 p.
- YIII/37/6

DECRETA CAPITULI PROVINCIALIS …   D37
Decreta capituli provincialis circariarum Wesphaliæ, Iveldiæ et Wadegotiæ canonici ordinis Præmonstratensis Coloniæ cele-

D

brati anno domini MDCCXXI a die duodecima septembris usque ad 19nam inclusivè
Coloniæ, typis viduæ Petri Theodori Hilden, 1722
8°:)(⁴, A-C⁸; [8], 45, [3] p.
- ArEI/9 (herk.: Sum usibus Fr. Joh. Hermanno Metternich canonico Knechtsted)

DECRETA SYNODI ...   D38
Decreta synodi diœcesanæ Antverpiensis, mense Maio anni M.DC.X. celebratæ. Præsidente ... Ioanne Miræo ...
Antverpiæ, ex officina Plantiniana, apud Ioannem Moretum, 1610
In fine: ex officina Plantiniana, apud viduam & filios Io. Moreti. M.DC.X.
8°: π¹, *⁷, A-K⁸; [16], 154, [3] p.
- DI/5/4

DECRETA ET STATUTA ...   D39
Decreta et statuta synodi diœcesanæ Mechliniensis, die quinta Maii anni millesimi sexcentesimi noni inchoatæ ... Præsidente ... Matthia Hovio ...
Antverpiæ, ex officina Plantiniana, apud Ioannem Moretum, 1609
8°: A-E⁸; 76, [3] p.
- DI/4/3

DECRETA ET STATUTA ...   D40
Decreta et statuta synodi diœcesanæ Mechliniensis, die quinta Maij anni millesimi sexcentesimi noni inchoatæ ... Præsidente ... Matthia Hovio ...
Antverpiæ, ex officina Plantiniana Balthasaris Moreti, 1634
8°: A-E⁸; 76, [3] p.
- DI/5/2 & DI/6/3

DECRETA ET STATUTA ...   D41
Decreta et statuta synodi diœcesanæ Mechliniensis, die quinta Maii anni millesimi sexcentesimi noni inchoatæ ... Præsidente ... Matthia Hovio ...
Mechliniæ, apud Laurentium Vander Elst, 1722
8°: A-E⁸(-E⁸); 76 p.
- DI/7/3 & LII/33/3

DECRETA ET STATUTA ...   D42
Decreta et statuta synodi provincialis Mechliniensis, die undecima mensis Iunii anni millesimi, quingentesimi, septuagesimi ... inchoatæ ... Præsidente ... Martino Rythovio ... nomine & loco ... Antonii Perrenot ...
Antverpiæ, ex officina Christophori Plantini, 1571
In fine: Excudebat Christophorus Plantinus typographus regius anno D.M.D.LXX. XV. kalend. Ianuarii
8°: A-E⁸; 80 p.
- DI/4/1 (herk.: Ad usum Judoci Van IJperseele pastoris Vura Ducis; Ad usum Josephi Goeyers Rel. Parch.; Ad usum Rumoldi Duchateau Rel. Parch; Ad usum Conradi Schrevens Relig. Parcensis 1632)

DECRETA ET STATUTA ...   D43
Decreta et statuta synodi provincialis Mechliniensis, die vigesima sexta mensis Iunij anni millesimi sexcentesimi septimi ... inchoatæ ... Præsidente ... Matthia Hovio ...
p. 113: *Placcaet ende ordinancie vande eertzhertogen ...*
Antverpiæ, ex officina Plantiniana, apud Ioannem Moretum, 1608
4°: A-Q⁴; 124, [3] p.
- DI/17 (herk.: G. van Roye, pastoris in Corbeeck over Loo [Park]; Henri Fosse; sum Joannes Francisci pastoris de Weveren, 1712)

DECRETA ET STATUTA ...   D44
Decreta et statuta synodi provincialis Mechliniensis, die vigesima sexta mensis Iunii anni millesimi sexcentesimi septimi ... inchoatæ ... Præsidente ... Matthia Hovio ...
p. 113: *Placcaet ... vande eertzhertogen ...*
Antverpiæ, ex officina Plantiniana, apud Ioannem Moretum, 1609
8°: A-H⁸; 127, [1] p.
- DI/4/2

DECRETA ET STATUTA ...   D45
Decreta et statuta synodi provincialis Mechliniensis, die vigesima sexta mensis Iunij anni millesimi sexcentesimi septimi ... inchoatæ ... Præsidente ... Matthia Hovio ...
p. 113: *Placcaet ... vande Aerts-hertoghen ...*
Antverpiæ, ex officina Plantiniana Balthasaris Moreti, 1633
8°: A-H⁸; 127, [1] p.
- DI/5/1 & DI/6/2

DECRETA ET STATUTA ...   D46
Decreta et statuta synodi provincialis Mechliniensis, die undecima mensis Iunij, anni millesimi quingentesimi septuagesimi ... inchoatæ ... Præsidente ... Martino Rythovio ... nomine et loco ... Antonii Perrenot ...
Antverpiæ, ex officina Plantiniana Balthasaris Moreti, 1634
8°: A-E⁸, F⁴; 84, [2] p.
- DI/5/3 & DI/6/1 (herk.: Ex libris Dejonghe [Park] pastoris de Werchter)

DECRETA ET STATUTA ...   D47
Decreta et statuta synodi provincialis Mechliniensis, die undecima mensis Junii anni millesimi quingentesimi septuagesimi ... inchoatæ ... Præsidente ... Martino Rythovio ..., nomine & loco ... Antonii Perrenot ...
Mechliniæ, apud Laurentium Vander Elst, (1724?)
Coll.: Thomas Philippe d'Alsace et de Boussu
8°: π², *², A-D⁸, E⁴; [6], 3-72 p.
- DI/7/1 (herk.: Georg Verhaghen [Park]) & LII/33/1

DECRETA ET STATUTA ...   D48
Decreta et statuta synodi provincialis Mechliniensis, die vigesima sexta mensis Junii anni millesimi sexcentesimi septimi ... inchoatæ ... Præsidente ... Matthia Hovio ...
In fine: *Placcaert ... vande aerts-hertoghen ...*
Mechliniæ, typis Laurentii Vander Elst, [1724?]
8°: A-G⁸, H²(-H²); 116 p.
- DI/7/2 & LII/33/2

DECRETA ET STATUTA ...   D49
Decreta et statuta omnium synodorum diœcesanarum Namurcensium, cum Actis congregationum espiscopi moderni selectis usque ad hunc annum M.CCXX. Item Concilium provinciale Cameracense in Oppido Montis Hannoniæ habitum anno domini 1586 ... Editio nova. De jussu ... Ferdinandi Comitis de Berlo ...
Coll.: Antoine Joseph Havet, François Buisseret, Englebert Des Bois, Jean Dauvin, Jean de Wachtendonck, Giovanni Francesco Bonomi, Louis de Berlaymont
Namurci, ex typographia Caroli Gerardi Albert, 1720
4°: π⁴, A-3G⁴, χ⁴, a-r⁴, s²; [8], 421, [11], CXXXX p.
- DI/12

DECRETA ET STATUTA ...   D50
Decreta et statuta synodi diœcesanæ Namurcensis ... Præsidente ... Joanne a Wachtendonck ...
Bruxellæ, typis Huberti Anthonij Velpij, 1660

4°: á⁴, A-V⁴; [7], 109, [2] p.
- DI/13 (herk.: *In tali numquam lassat venatio sylva*, L. B. [ex libris van Lodewijk Bosch, Orat.]; Jean-Charles Van Heurck)

DECRETUM FERIA V …   D51
Decretum Feria V die VII Decembris 1690 in Congregatione … Inquisitionis habita in palatio … Montis Quirinalis … coram … Alexandro … VIII … contra hæreticam pravitatem …
(Leuven, H. Van Overbeke, 1690)
In fine: Iuxta exemplar impressum Romae … MDCXC. Prostant venales apud H. Van Overbeke Lovanii
8°: 8 p.
- ArDIV/6/15

DÉFENSE DU LIVRE …   D52
Défense du livre 'De la fréquente communion', ou Lettres des prelats, approbateurs aux papes Urbain VIII et Innocent X et au cardinal Barberin pour la recommandation de ce livre …
S.l., s.n., (1650?)
8°: π¹, A-F⁴, G²; [2], 51 p.
- ArDIV/7/4

DEFENSIO EPISTOLÆ LEODIENSIS …   D53
Defensio epistolæ Leodiensis confutata. Ubi variæ de subscriptione Formulæ Alexandrinæ post constitutionem Clementinam sententiæ discutiuntur …
S.l., s.n., [1707?]
12°: A-F¹²; 144 p.
- ArDIV/10/6

DE LA PROMULGATION …   D54
De la promulgation des bulles doctrinales du St. Siège, et du droit de placet, attribué en cette matière à la puissance temporelle
A Bruxelles, chez tous les libraires et marchands de nouveautés, 1816
8°: 95 p.
- ArFIV/16/9

DELAUR, Anastase   D55
Dieu mourant d'amour pour les hommes. Par … Anastase Delaur …
A Lyon, chez Claude Prost, 1641
8°: á⁸, é⁸, A-M⁸, N⁶; [32], 541, [13] p.
- ArCII/22

DELILLE, Jacques   D56
Œuvres complètes de Jacques Delille … Publiées par … A.-V. Arnault et J. Maubach
Bruxelles, de l'imprimerie de J. Maubach, 1817-1819
5 dln; portret in 1
- WIII/23-27

DELORT de LAVAUR, Guillaume   D57
Histoire de la fable conferée avec l'Histoire Sainte … Par … de Lavaur
A Amsterdam, aux dépens de la compagnie, 1731
12°: *⁴, A-K¹², χ¹; [8], 241 p. + π², A-H¹², I⁴(-I⁴); [4], 197 p.
- XII/32

DE MONACHORUM …   D58
De monachorum cura pastorali per omnia Ecclesiæ secula. Tentamen historico-criticum dissertationi intitulatæ Bona clericorum causa *oppositum a quodam monacho clerico*
S.l., s.n., 1770
4°:)(², A-N⁴, O²; 108 p.
- ArAVIII/16
Nota: zie nr M146

DEMOSTHENES & ÆSCHINES   D59
Œuvres complètes de Démosthène et d'Eschine. Traduites en français, avec des remarques … par … Auger … Nouvelle édition
A Angers, de l'imprimerie de Mame, père et fils. Se vend à Paris chez Belin, An 12 - 1804
8°: 6 dln; gegrav. front. in 1
- PrHIII/8-13 (herk.: *Athénée royal de la ville d'Anvers* [supralibros])

DÉNONCIATION …   D60
Dénonciation de la théologie du réverend père Jaques Platelle …
S.l., s.n., [1704?]
8°: A-C⁸, D⁴; 56 p.
- ArDIV/17/7

DENS, Petrus   D61
Manuale theologicum continens definitiones et divisiones theologiæ universæ è tractatibus selectis depromptas [P. Dens]
Lovanii, typis L. J. Urban, [1780?]
8°: π⁴, A-Z⁴; [8], 184 p.
- ArBIII/23/1 (herk.: Bernard Van Hoecke [Park]; ad usum F. Theodulphi ex Vorst 1778)

DENS, Petrus   D62
Supplementum theologiæ rev. adm. D. Laur. Neesen. De virtute religionis reliquisque virtutibus justitiæ annexis, et de virtute temperantiæ. Per … P. Dens … Secunda pars continet ejusdem *Dictata de Sacramento Pœnitentiæ*
Mechliniæ, typis Joannis Francisci Vander Elst, 1758
4°: *-2*², A-2R⁴; [8], 295, [1bl] p. + *², A-2S⁴, 2T²; [4], 316 p.
- HII/2

DENS, Petrus   D63
Theologia ad usum seminariorum, et sacræ theologiæ alumnorum. Auctore Petro Dens … Editio aucta et emendata
Leodii, apud J. F. Bassompierre, 1794
12°: 7 dln
- ArAV/15-20 (dl 2 ontbr.)

DENS, Petrus   D64
Theologia ad usum seminariorum et sacræ theologiæ alumnorum. Authore … Petro Dens … Editio octava
Mechliniæ, apud P. J. Hanicq, 1819
8°: 7 dln
- GIII/1-7

DENS, Petrus   D65
Theologia ad usum seminariorum et sacræ theologiæ alumnorum. Auctore … Petro Dens … Editio nova emendata
Mechliniæ, typis P.-J. Hanicq, 1828-1830
7 dln; portret van de aut. in 1
- ArAV/1-7

DENS, Petrus   D66
Tractatus de Deo trino & uno, de angelis, creatione mundi, actibus humanis, vitiis, peccatis et conscientia … Per … Petrum Dens …
Trajecti ad Mosam, typis & sumptibus Jacobi Lekens, 1778
8°: π¹, A-2I⁸, 2K²; [2], 509, [7] p.
- ArAV/25 (herk.: Meeus)

D

DENS, Petrus D67
Tractatus de Deo trino et uno, de angelis ... Per ... Petrum Dens. Editio auctior ...
Leodii, apud J. F. Bassompierre, 1781
12°: A-Z¹², 2A⁶; 563 p.
Nota: index fout genummerd: 509-519 i.p.v. 553-563
- ArAV/11 (herk.: J. Desmet Alostanus)

DENS, Petrus D68
Tractatus de jure et justitia, de contractibus in genere et de usitatioribus in specie. Per ... Petrum Dens ...
Trajecti ad Mosam, typis & sumptibus Jacobi Lekens, 1778
8°: π¹, A-2H⁸, 2I⁴; [2], 492, [7] p.
- ArAV/26

DENS, Petrus D69
Tractatus de jure et justitia ... Per ... Petrum Dens ... Editio auctior ...
Leodii, apud J. F. Bassompierre, 1781
12°: A-Y¹², Z⁴; 536 p.
- ArAV/13 (herk.: J. Desmet Alost)

DENS, Petrus D70
Tractatus de virtutibus, legibus et gratia. Per ... Petrum Dens ...
Trajecti ad Mosam, typis & sumptibus Jacobi Lekens, 1779
8°: A-2N⁸, 2O⁴; 576, [8] p.
- ArAV/28

DENS, Petrus D71
Tractatus de virtutibus, legibus et gratia. Per ... Petrum Dens. Editio auctior ...
Leodii, apud J. F. Bassompierre, 1781
12°: A-2C¹², 2D²; 627 p.
- ArAV/10 (herk.: J. De Smet alostanus)

DENS, Petrus D72
Tractatus de virtutibus, legibus et gratia. Per ... Petrum Dens ... Editio auctior
Leodii, s.n. Ac prostant Antverpiæ, apud C. M. Spanoghe, 1786
8°: A-4K⁴; 631 p.
- ArAV/21

DENS, Petrus D73
Tractatus selectus de censuris et irregularitate, item de indulgentiis. Per ... Petrum Dens ...
Trajecti ad Mosam, typis & sumptibus Jacobi Lekens, 1778
8°: A-D⁸, E⁴; 70 p.
- ArAV/27/2

DENS, Petrus D74
Tractatus theologici de sacramento extremæ unctionis, ordinis, et matrimonii. Per ... Pet. Dens ...
Trajecti ad Mosam, typis & sumptibus Jacobi Lekens, 1778
8°: *², A-2A⁸, 2B²; [4], 380, [7] p.
- ArAV/24

DENS, Petrus D75
Tractatus theologici de sacramento extremæ-unctionis, ordinis et matrimonii. Per ... Petrum Dens ... Editio auctior ...
Leodii, apud J. F. Bassompierre, 1781
12°: A-X¹², Y²; 508 p. + uitsl. plt. (tussen pp. 292-293)
- ArAV/14 (herk.: J. Desmet)

DENS, Petrus D76
Tractatus theologici de Verbi divini incarnatione, de sacramentis in genere ... Per ... Petr. Dens ...
Trajecti ad Mosam, typis & sumptibus Jacobi Lekens, 1777
8°: *², A-2E⁸, 2F⁴; [4], 446, [10] p.
- ArAV/23

DENS, Petrus D77
Tractatus theologici de Verbi divini incarnatione, de sacramentis in genere ... Per ... Petrum Dens. Editio auctior ...
Leodii, apud J. F. Bassompierre, 1781
12°: A-V¹², X⁶(-X⁶); 489, [1] p.
- ArAV/12 (herk.: J. Desmet Alost)

DENS, Petrus D78
Tractatus theologicus de quatuor novissimis. Per ... Petrum Dens ...
Trajecti ad Mosam, typis & sumptibus Jacobi Lekens, 1778
8°: A-C⁸, D⁴; 53, [2] p.
- ArAV/22/2

DENS, Petrus D79
Tractatus theologicus de sacramento pœnitentiæ. Per ... Petrum Dens ...
Trajecti ad Mosam, e typographia Jacobi Lekens, 1777
8°: *², A-2F⁸, 2G¹⁰; IV, 459, [25] p.
- ArAV/27/1 (herk.: Staes)

DENS, Petrus D80
Tractatus theologicus de sacramento pœnitentiæ ... Per ... Petrum Dens ... Editio auctior
Leodii, apud J. F. Bassompierre, 1781
12°: A-X¹², Y⁶; [4], 504 p.
- ArAV/9 (herk.: J. De Smet)

DENS, Petrus D81
Tractatus theologicus de virtute religionis ... Per ... Petrum Dens ...
Trajecti ad Mosam, e typographia Jacobi Lekens, 1777
8°: *⁴, A-2E⁸, 2F¹⁰; [8], 442, [26] p.
- ArAV/22/1

DENS, Petrus D82
Tractatus theologicus de virtute religionis ... Per ... Petrum Dens ... Editio auctior
Leodii, apud J. F. Bassompierre, 1781
12°: A-X¹², Y⁶; [4], 504 p.
- ArAV/8 (herk.: J. Desmet)

DENYS, Henricus D83
Reverende admodum Domine, De formula subscribenda ... [H. Denys]
S.l., s.n., [1705?]
8°: A-B⁸; 27 p.
- ArDIV/10/4

DENZINGER, Ignace D84
Ignatii Denzinger ... Institutiones logicæ ...
Leodii, sumptibus P. J. Collaert, 1824
8°: 396 + 769 p.
- ArDVI/28 (dl 1; herk.: Ex libris Edmundi Bogaerts ... in Acad. Leodiensi auditoris)

DEPOSITI E MEDAGLIE ... D85
Depositi e medaglie d'alcuni sommi pontefici delineati ed

incisi da diversi intagliatori che ora per la prima volta si danno in luce
Roma, presso Venanzio Monaldini, 1780
2°: [37] f.; 1 titelp. & 36 grav.
- ArKIII/6

DÉRIVAL de GOMICOURT   D86
Le voyageur dans les Pays-Bas Autrichiens, ou Lettres sur l'état actuel de ces pays [= Damiens de Gomicourt, P.-A.]
A Amsterdam, chez Changuion, 1782-1783
12°: 6 dln
- ArIIV/11-15 (dl 6 ontbr.)

DESARME, Petrus & de WINTER, Robertus   D87
Commentaria in sancta totius anni Evangelia dominicalia, quem præside ... Joanne Fraeys ... defendent ... Petrus Desarme ... et ... Robertus de Winter ... In aula seminarii episcopalis die 12 mensis Augusti 1744 ...
Gandavi, typis viduæ Petri de Goesin, (1744?)
8°: π³, A-D⁸, E² (-E²); 66 p.
- BII/25/3 (tussengeschoten ex. met aantekeningen)

DESCRIPTION DU JUBILÉ ...   D88
Description du jubilé de sept cens ans de S. Macaire, patron particulier contre la peste, qui sera célébré dans la ville de Gand capitale de la Flandre à commencer le 30 de mai jusqu'au 15 juin 1767 ... Le tout enrichi de figures
A Gand, chez Jean Meyer, 1767
4°: *-2*⁴, 3*², A-K⁴, L2; [8], XII, 84 p., uitsl. plt
- PrHIV/3

DESEINE, François-Jacques   D89
Beschryving van oud en niew Rome ... In 't Fransch beschreven door ... François Desseine. Achter oud Romen is gevoegt het Antyke graf der nazoonen, afgetekent en in 't koper gebragt door P. Sanctus Bartolus, nevens de uitleggingen over deze ... schilderyen van J. Petrus Bellorius ... Met ... konstprinten versiert
2: *Beschryving van 't nieuw of hedendaagsch Rome ... in 't Nederduitsch gebragt door W. v. R. [Willem van Ranouw]*
T'Amsterdam, gedrukt by François Halma, 1704
2°: π¹⁴, A-V⁴(-V⁴), χ³; [28], 160, [4] p. + π³, X-3O⁴(-3O⁴), 3P-4M²; [20] p., pp. 161-479, [83] p.: ill. + pltn & krtn; gegrav. bijk. titelp. in elk dl
- RVII/5-6

DES ÉLECTIONS ...   D90
Des élections et offices
A Paris, chez Gilles Blaizot, 1640
8°: A-G⁸; 109, [3] p.
- PrJVII/2/3

DESNOS, Nicolas   D91
Canonicus secularis et regularis ... Auctore Nicolao Desnos ... Editio secunda
Brugis, apud Laurentium Doppes, 1682
4°: *⁴, 2*², A-3B⁴, 3C²; [12], 378, [9] p.
- PII/22 (herk.: Ex libris ... Antonij Loicx rectoris Abbatiæ S. Trudonis Brugis 1697; Bibliot. S. Martini Lovanii)

DESPARS, Nicolaes   D92
Chronyke van Vlaenderen, vervattende haere vindinge, naem, eerste apostelen van het christen geloof, haer eerste bestierders, fondatien en stichten ... Beginnende van 't jaer ... 621 tot 't eynde des jaers 1725. Alles ... op-geheldert door N. D. (Nicolaas Despars) en F. R. (F. Roeland?)
Tot Brugge, by Andreas Wydts, 1727-1736
2: by Andreas Wydts ende Tot Brussel, by Nicolaus Stryckwant, (1727)
2°: 3 dln : ill.; gegrav. bijk. front. in 1 & 2; uitsl. krt van Vlaanderen in 1
- RVI/11-14

DES ROCHES, Jean   D93
Joannis des Roches Epitome historiæ belgicæ libri septem in usum scholarum Belgicæ
Bruxellis, typis regiæ academiæ, 1782-1783
12°: π⁴, A-K¹², L⁶; [4], IV, 252 p. + π¹, A-P¹², Q⁶; [4], IV, 372 p.
Nota: 2 heeft foutieve titelp. & *Præfatio* van 1
- RI/28-29 (herk.: Thomas Heyliger, Antwerpen, 1783 [prijsboek]; Bourguignon)

DES ROCHES, Jean   D94
Histoire ancienne des Pays-Bas autrichiens. Par ... Des Roches
1: *Contenant des recherches sur la Belgique avant l'invasion des Romains*; 2: *Contenant la conquête de la Belgique par les Romains* ...
A Anvers, chez J. Grangé, 1787
8°: geen sign.; [26], 354 + [2], 323, [9] p.; gegrav. front. & uitsl. krt in 1
- PIII/13-14 (herk.: E. F. Raymaekers)

DES ROCHES, Jean   D95
Nieuw Nederduytsch en Fransch woordenboek. Door J. Des Roches. Nieuwen druk
T'Antwerpen, by J. Grangé, [1776?]
8°: π⁴, A-3P⁸, 3Q-3R⁴, χ¹; 5, [3], 993 p.
- PrGIV/2 (herk.: Van Vaernewyck)

DES ROCHES, Jean   D96
Nouveau dictionnaire françois-flamand. Par J. des Roches. Nouvelle édition
A Anvers, chez J. Grangé, 1791
8°: π⁸, 2*⁴, A-2S⁸, 2T⁶; [24], 662, [5] p.
- PrGIV/3 (herk.: Jacobus Gellekens Korbeek-Lo 1851; J. Plasmans Rel. Parcensis)

DESTUTT de TRACY, Antoine Louis Claude   D97
Elémens d'idéologie. Par ... Destutt De Tracy ...
1: *Idéologie proprement dite*; 2: *De la grammaire*; 3: *De la logique*; 4-5: *Traité de la volonté et de ses effets*
Bruxelles, Wahlen, 1826-1827
5 dln
- ArJV/9-12 (dl 2 ontbr.)

DETNHAMMER, Franciscus   D98
Selectarum quæstionum Encycliæ, ad libri III decretalium Gregorii IX ... titulum XXIX. De jure parochorum. Quas ... præside ... Thadæo, Francisco Schweiger ... proposuit ... Franciscus Detnhammer ... Anno MDCCXXXII ...
Vetero-Pragæ, apud Matthiam Höger, (1732?)
8°:)(⁴, A-3M⁸, 3N⁴, χ¹; [8], 932, [6] p.
- ArEIV/5

DE TRIUM REGUM ...   D99
De trium regum Iaponiorum legatis, qui nuper Romam profecti, Gregorio XIII ... obedientiam publicè præstiterunt, varia ...
Lovanii, ex officina Ioannis Masij, 1585
4°: A-C⁴; 23 p.
- ArGVII/12/9

DEURWERDERS, Franciscus, O.P.   D100

D

Militia angelica divi Thomæ Aquinatis. Auctore Francisco Deurwerders ...
Lovanii, typis Hieronymi Nempæi, 1659
8°: (1)-(8), A-R⁸; [16], 266, [6] p.; gegrav. titelp.
- LII/36 (herk.: Biblioth. Parchensis – MXXIII 17)

DEWEZ, Louis Dieudonné Joseph   D101
Histoire particulière des Provinces Belgiques sous le gouvernement des Ducs et des Comtes; pour servir de complément à l'Histoire générale. Par ... Dewez
Bruxelles, chez Adolphe Stapleaux, 1816
3 dln
- ArAVIII/35-36 (dln 1 & 2)

DEZ, Jean, S.J.   D102
La foy des chrétiens et des catholiques justifiée contre les Déïstes, les Juifs, les Mahométans, les Sociniens & les autres hérétiques ... par ... Déz ... (ed.: Ignace de Laubrussel)
A Paris, chez Charles-Estienne Hochereau, 1714
12°: 4 dln
- HIII/30-33

DIANA, Antoninus   D103
... Antonini Diana ... *Coordinatus, seu omnes resolutiones morales ...* Dispositæ, ac distributæ per ... Martinum de Alcolea ... Editio novissima
10: *Novus index generalis, seu operum omnium summa*
Lugduni, sumptib. Joannis-Antonii Huguetan, & soc., 1667-1680
2°: 10 dln
- JVIII/10-19 (herk.: Lib^a d S^{to} Tho'^{s} d Madrid [stempel])

DIANA, Antoninus   D104
... Antonini Diana ... *Resolutiones morales, recens in tres partes distributæ ...* Editio nunc primum ... recognita
Montibus, typis Francisci Waudræi, 1634
2°: π², §-3§⁶, A-2T⁶, 2V⁸; [40], 520 p.
- ArFV/6 (herk.: Petrus Luymoeye ... dabat ... Matthiæ Schruers 1642; Cartusiæ Zeelhemensis)

DIANA, Antoninus   D105
Summa Diana, in qua ... Antonini Diana ... *Opera omnia.* Undecim partibus comprehensa: septem ... priores, Diana ipso committente ..., Antonio vero Cotonio, aliàs Ausonio Noctinot ... operam dante. Tres subsequentes tum ... Andræa Guadagno ..., tum Iacobo Pontano ... denique à ... Arnoldo a Porta recens collectæ ...
Antverpiæ, apud Hieronymum & Ioannem Bapt. Verdussen, 1656
2°: *⁴, á⁴, A-2O⁶, 2P⁴, A-X⁶, Y⁴; [16], 452, 258 p.
- PrIV/8

DICTIONNAIRE UNIVERSEL ...   D106
Dictionnaire universel françois et latin ... Nouvelle édition. Dictionnaire ... vulgairement appelé *Dictionnaire de Trevoux*
A Nancy, de l'imprimerie de Pierre Antoine, 1740
2°: 6 dln
- WIX/1-6

DIDACUS a S. ANTONIO, O.Carm.   D107
Enchiridion scripturisticum tripartitum. Authore ... Didaco a S. Antonio ...
4: *Auctarium Enchiridii Scripturistici sive tomus IV*
Bruxellis, 1-3, typis Francisci t'Serstevens; 4: typis Joannis Josephi Boucherie, 1745-1748

8°: 4 dln
- AV/1-4

DEN DIENST VAN DE GOEDE ...   D108
Den dienst van de Goede ende Paesch-weke, volgens den Roomschen brevier ...
Tot Gendt, by Michiel Graet, 1711
12°: A-X¹², Y⁶; 540 p. + ill.
- ArCI/2

DEN DIENST VAN DE GOEDE ...   D109
Den dienst van de Goede-weke en van de Paesch-weke
Tot Gend, by Bernard Poelman, 1791
12°: A-2C¹², 2D⁶; LII, 580, [4] p.
- ArCI/5

DIERCXSENS, Joannes Carolus   D110
Antverpia Christo nascens et crescens per quinque secula, seu Acta ecclesiam Antverpiensem ... concernantia usque ad annum 1140. Collecta ... per Joannem Carolum Diercxsens ...
Antverpiæ, apud Joannem Franciscum van Soest, 1747-1763
8°: 4 dln
- ArHVI/1-7 (herk.: Ex libris A. Jacobs 1815)

DIERCXSENS, Joannes Carolus   D111
Antverpia Christo nascens et crescens seu Acta Ecclesiam Antverpiensem ... concernentia usque ad sæculum XVIII. Secundis curis collecta ... ac in VII tomos divisa a Joanne Carolo Diercxsens ...
Antverpiæ, apud Joannem Henricum van Soest, 1773
8°: 7 dln: ill.; gegrav. front. in 1
- SII/4-10 (herk.: Dirix [ex libris]; usui J. M. C. Van Steven n° 106) & PrHIV/14-20

DIERICX, Charles-Louis   D112
Mémoires sur la ville de Gand. Par ... Charles-Louis Diericx ...
A Gand, de l'imprimerie de P. F. de Goesin-Verhaeghe, 1814-1815
8°: 2 dln
- ArJVI/8 (*Premier mémoire*)

DIERKENS, Petrus, O.P.   D113
Exercitia spiritualia decem dierum ... Quibus accessit *Devotissimum exercitium de Passione Christi.* Composita per ... Petrum Dierkens ...
Gandavi, typis Maximiliani Graet, 1659
8°: á⁸, A-M⁸, N⁶, A-M⁸, A-D⁸, E⁴, A-B⁸; [16], 204, 182, [10], 72, [32] p.
- LII/29

DIEZ, Philippus, O.F.M.   D114
... Philippi Diez ... *Conciones quadruplices in Evangelia, quæ per totum annum ... habentur.* Editio postrema
Coloniæ Agrippinæ, apud Antonium & Arnoldum Hieratos fratres, 1629
4°: †⁴, A-3O⁴, 3P², a-2u⁴, 2x², 3a-3u⁴, 3x²; [8], 492, [2bl], 347, [1bl], 163, [1] p.
- ArBV/3 (herk.: fr^{is} Norberti Morren Rel. Parchensis 1672)

DILEMMATA THEOLOGICA ...   D115
Dilemmata theologica Molinistis ac Jansenistis mitigatis proposita
S.l., s.n., [1699?]
8°: 16 p.
ArDIV/6/10 & ArEVII/11/5b

DILHERR, Johann Michael   D116
*Heilige Sonn- und Festtags-Arbeit. Das ist: deutliche
Erklärung der jährlichen Sonn- und Festdäglichen Evangelien
… Von Johann Michael Dilherrn …*
S.l., in Verlegung Johann Andreæ und Wolfgang Endters desz
Jüngern Seligen Erben, 1674
2°:):(-3):(6, 4):(4, A-5G6, 5H4; [42], 1122, [74] p.; ill.
- CV/15 (herk.: Lousley, Job, Hampstead, 1842)

DINOUART, Joseph Antoine Toussaint   D117
*Abrégé de l'embryologie sacrée, ou Traité des devoirs des prê-
tres, des médecins, des chirurgiens & des sages-femmes envers
les enfans qui sont dans le sein de leurs mères. Par … Dinouart
… Seconde édition … avec des figures en taille-douce* [auteur
is F.E. Cangiamila]
A Paris, chez Nyon, 1774
12°: a12, b4, A-2A12, 2B8; XXXII, 592 p.: + ill.
- ArIVII/8

DINOUART, Joseph Antoine Toussaint   D118
Manuel des pasteurs. Par … Dinouart … Seconde édition
A Lyon, chez Pierre Duplain l'aîné, 1768
12°: 3 dln
- II/31-33

DIOGENES LAERTIUS   D119
Διογενους Λαερτιου Περι βιων δογματων και αποφθεγματων
των εν φιλοσοφια ενδοκιμησαντων, βιβλιαι - Diog. Laert. *De
vitis, dogm. & apophth. clarorum philosophorum Libri X.
Hesychii … De iisdem philos. & de aliis scriptoribus liber.
Pythagor. philosophorum fragmenta. Omnia Græcè et Lat. ex
editione II. Is. Casauboni notæ ad lib. Diogenis … auctiores …*
[Genève], excud. Henr. Steph., 1594
Coll.: Benedictus Brognoli, Henri Etienne, Joannes Sambucus, Junius Hadrianus
8°: ¶8, a-z8, A-Z8, Aa-Yy8, Zz4, AA-EE8, FF4; 16, 884, 120, [8], 47, [25], 88 p.
- PrGIII/11

DIONISI, Renato   D120
*L'eroismo ponderato nella vita di Alessandro il Grande. Opera
di Dionisio del S.R.I.L. barone di Kossin*
In Parma, per Paolo Monti, 1716
4°: a8, b4, A-2Y8, 2Z4, 3A-3C4, χ1; [16], 751, [1bl], [1] p. + π2, A-3A8, 3B-3C4,
χ1; [4], 766, [4] p. + 2 uitsl. portret
- PrHIII/2-3 (herk.: supralibros van Philip Ludwig, Graf von Sinzendorf)

DIONYSIOS de AREOPAGIET   D121
*… Διονυσιου του Αρεοπαγιτου Τα σωζομενα παντα …
Dionysiou Areopagitæ Opera omnia quæ extant …
Tomus primus in quo universus sancti textus, et Georgii
Pachymeræ paraphrasis Grece & Latine, cum adnotationibus
Balthasaris Corderii … continentur. Studio et opera Balthasaris
Corderii … Tomus secundus in quo S. Maximi Scholia,
Pachymeræ paraphrasis in Epistolas, & auctores varii, qui aut
Vitam S. Dionysii descripserunt … continentur. Opera & studio
Petri Lansselii & Balthasaris Corderii … Editio post
Antverpiensem, et Parisiensem prima Veneta*
Venetiis, typis Antonii Zatta, 1755-1756
Coll.: Joannes F. B. de Rubeis *(Dissertatio prævia)*
2°: π2, *-4*2, a-d4, A-4O4; [4], XVI, XXXIII, 674 p. + *-2*4, A-2S4, 2T2, A-
3N4; XVI, 332, 475 p.; bijk. gegrav. front. in 1
- EVIII/14-15

DIONYSIUS de KARTUIZER   D122
*… Dionysii Carthusiani De his quæ secundum sacras scriptu-
ras & orthodoxorum patrum sententias, de sanctissima & indi-
vidua trinitate semper adoranda, catholice credantur, liber pri-
mus (-quartus)* (ed.: Theodoricus Loher a Stratis, Petrus
Blomevenna)
Impressum Coloniæ expensis Petri Quentel, 1535
In fine 1 & 3: Excudebat Eucharius Chalcographus Agrippinensis; in fine 2:
Excudebat Iaspar Gennepæus Anno salutis MDXXXV; in fine 4: Absolutum
est hoc opus … in officina Iasparis Genepæi Anno … MDXXXV postridie divi
Georgii … in fine *Indices*: Excudebat Iaspar Gennepæus Coloniæ pridie
Sanctorum Apostolorum Petri & Pauli. Anno 1535
Coll.: Alardus Amstelredamus, Franciscus Cranevelt, Arnoldus Vesaliensis,
Eligius Eucharius, Bartholomeus Laurens
2°: 4 dln; titelp. met houtsnedelijst
- EV/17-19 (herk.: in 1 & 3: Liber bibliothecæ Camberonensis; in 4:
Bibliotheca ord. ff. pred. Conv. Namurc. 1764)

DIONYSIUS de KARTUIZER   D123
*… Dionysii Carthusiani Enarrationes piæ ac eruditæ, in
quinque Mosaicæ legis libros …*
Coloniæ, ex officina Ioannis Quentel, 1548
Coll.: Petrus Blomevenna, Hermann von dem Busch, Bartholomæus Laurens
(epigramma)
2°: *A6, a-4a6; [12], 839 p.; titelp. met houtsnedelijst
- NV/13

DIONYSIUS de KARTUIZER   D124
*… Dionysii Carthusiani, Epistolarum ac Evangeliorum domini-
calium totius anni enarratio …* (ed.: Petrus Blomevenna)
Parisiis, apud Ioannem Roigny, 1544
2°: á6, A-2S8, 2T-2X6; [6], 346 f. + ?
- EV/22 (dl 1; herk.: Liber bibliothecæ Cambronensis)

DIONYSIUS de KARTUIZER   D125
*… Dionysii Carthusiani In quatuor Evangelistas enarrationes
… Nunc ex tertia … recognitione … excusæ*
Parisiis, apud Poncetum le Preux, 1542
In fine: … excusæ, a Ioanne Lodoico Tiletano
2°: á6, é4, a-z8, A-X8, Y6; [10], CCCLVIII f.
- AIX/5 (herk.: Ex libris Balduini …[?] iuxta pontem & Nicolai ultra mosam
1688)

DIONYSIUS de KARTUIZER   D126
D. Dionysii … Operum minorum tomus primus (-secundus)…
(ed.: P. Blomevenna, Th. Loher à Stratis)
Apud sanctam Ubiorum Coloniam Iohannes Soter excudebat,
1532
In fine: Coloniæ excudebat Iohannes Soter, Anno MDXXXII. mense Martio
Coll.: Alardus Amstelredamus, Joannes Romberch, Gerardus Calcificis,
Henricus Scheve *(epigramma)*
2°: a6, b-c4, a-d6, e4, f-l6, m-n4, o-z6, A-M6, N8, O-Y6, Z8, Aa-Hh6, Ii4, Kk-Zz6,
Aaa-Qqq6, Rrr-Xxx8, Yyy-Zzz6, Et&&8; [14], 560 [i.e. 562] f. + aa-bb4, aa-zz6,
2A-4X6, 4Y4; [4], 544 f.: ill.
- EV/20-21 (dl 1 is onvolledig [tot & met Y4, f. 262]; band 1 is convoluut;
herk.: Liber bibliothecæ Camberonensis)

DIRECTORIUM AD RITE LEGENDAS …   D127
*Directorium ad ritè legendas horas canonicas, missasque cele-
brandas juxtà normam breviarii, ac missalis sacri, & canonici
ordinis Præmonstratensis, pro anno domini …*
Bruxellis, typis Francisci t'Serstevens, 1761-1830
8°: 70 dln
- ArLI/1-66 (1762, 1763, 1768 & 1787 ontbr.)

DISSERTATIO THEOLOGICA …   D128
*Dissertatio theologica de baptizandis abortivis. Habita Duaci
in Scholâ Theologicâ … Iuxta exemplar Duaci impressum*

D

Lovanii, typis L. J. Urban, (1776?)
12°: geen sign.; 14 p.
- IIV/10/2

DISSERTATIO THEOLOGICA … D129
Dissertatio theologica de lectione et usu S. Scripturæ, adversus ea, quæ de hoc argumento edidit Martinus Steyaert … in suis Aphorismis
Coloniæ, apud Nicolaum Schouten, 1691
8°: π¹, A-F⁴; [2], 47 p.
- ArDIV/5/1

DIVÆUS, Petrus D130
Petri Divæi … *Opera varia: scilicet rerum Lovaniensium libri IV. Annalium ejusdem oppidi libri VIII … De Galliæ Belgicæ antiquitatibus liber primus.* Quibus ad calcem adjecta sunt Hermanni Nuenarii *De Gallia Belgica commentariolus*, ejusdemque *De origine et sedibus priscorum Francorum narratio.* Nec non Abr. Ortelii et Joh. Viviani *Itinerarium*
Lovanii, typis Henrici Vander Haert, 1757
2°: *-4*²(-4*²), A-2I²(-2I²), A-E², χ², A-E²(-E²), χ¹, A-C², χ¹, A-F²(-F²), G-M²; [18], 124, 112, [4], 18, [2], 12, [2], 22, [24] p. + ill., uitsl. pltn, krt; bijk. gegrav. titelp.
- SVII/12 & PrIV/7 (tussengeschoten ex. met marginalia)

DIVÆUS, Petrus D131
Rerum Brabanticarum libri XIX. Auctore Petro Divæo … Studio Auberti Miræi … primum nunc editi …
Antverpiæ, ex officina Hieronymi VerdussI, 1610
4°: †⁴, A-2K⁴; [8], 148 [i.e. 248], [16] p.
- PrHIV/5 (herk.: Van Cappe[?]; P.A. Rousseau)

DIVINI AMORIS … D132
Divini amoris et contritionis fasciculus. Jussu … archi-episcopi Mechliniensis (Amatus de Coriache) &c publicatus
Bruxellis, apud Martinum de Bossuyt, (1637?)
12°: A-N¹², O⁶; [8], 313, [2] p.
- ArBI/30 (herk.: conventus heylessemensis; C. Laurens)

DOCTRINÆ AUGUSTINIANORUM … D133
Doctrinæ Augustinianorum theologorum circa V propositionum materiam expositio, articulis quinque ad Alexandrum … VII olim transmissis comprehensa, nunc Alexandri … VIII judicio denuo subjecta …
S.l., s.n., 1689
8°: A-B⁸; 32 p.
- ArDIV/6/12

DODSWORTH, Roger & DUGDALE, William D134
Monasticon Anglicanum, sive pandectæ cœnobiorum Benedictorum, Cluniacensium, Cisterciensium, Carthusianorum … Per Rogerum Dodsworth (&) Gulielmum Dugdale
Londini, typis Richardi Hodgkinsonne, 1655
2°: π³, a-e⁴, χ¹, A-7F⁴; [48], 1151 p. + ill.; bijk. gegrav. titelp.
- PV/13 (herk.: Parkstempel 18e [supralibros]; Emptus pro bibliotheca Parchensi 1664; theca IV)

DODSWORTH, Roger & DUGDALE, William D135
Monastici Anglicani volumen alterum, de canonicis regularibus Augustinianis, scilicet Hospitalariis, Templariis, Gilbertinis, Præmonstratensibus, & Maturinis sive Trinitarianis. Cum appendice ad volumen primum … per Rogerum Dodsworth (&) Gulielmum Dugdale
Londini, typis Aliciæ Warren, 1661
2°: π², A², *², a-c², B-7A⁴, 7B-7P²; [24], 1057, [57] p. + ill.
- PV/14 (herk.: Parkstempel 18e [supralibros])

DODSWORTH, Roger & DUGDALE, William D136
Monastici Anglicani, volumen tertium … Additamenta … necnon fundationes … diversarum ecclesiarum cathedralium ac collegiatarum continens … Et hic congesta per Will. Dugdale …
Savoy [= Londen], excudebat Tho. Newcomb, & Prostant venales Ab. Roper, Joh. Martin, & Hen. Herringman, 1673
2°: A-3B⁴, 3C²(-3C²), 3D-3G², 3A-4C⁴; 392, [2], 218 p.
- PV/15

DOLMANS, Petrus D137
Alteræ observationes apologeticæ pro episcopatu Trajectensi adMosam, quem …Godefridus Henschenius…asserverat, ac…G. L. Baro de Crassier… negavit. Auctore … Petro Dolmans …
Lovanii, typis Joannis Jacobs, [1742?]
8°: A-E⁸; 79, [1] p.
- ArEVII/11/20

DOMAIRON, Louis D138
Rhétorique française. Première année du cours des belles-lettres. Par … Domairon …
A Paris, chez Deterville, An XIII – 1804
450 p.
- ArJIII/24

DOMINIS, Marcus Antonius de D139
Marcus Antonius de Dominis archiepisc. Spalaten. Sui reditus ex Anglia consilium exponit
Antverpiæ, apud Abrahamum Verhovium, iuxta exemplar Romæ, ex typographia Rev. Cameræ Apostolicæ, 1623
4°: A-F⁴, G²; 51 p.
- ArGVII/12/13

DORNN, Franciscus Xaverius, O.P. D140
Litaniæ Lauretanæ ad beatæ virginis, cælique reginæ Mariæ honorem … Symbolicis ac biblicis figuris in quinquaginta septem iconismis æneis expressæ … Elucidatæ … a Francisco Xaverio Dornn … Editio secunda
Augustæ Vindelicorum, sumptibus Joannis Baptistæ Burckhart, 1758
8°: A-I⁸; [2], 56 f., 57-82 p.; bijk. gegrav. front. + 56 grav.
- ArCI/25 (herk.: Ex libris joannis van bossche; Bernard van Houcke [Park])

DOROTHEUS GAZÆUS D141
Sancti Dorothei *Sermones XXI …* A Chrysostomo Calabro … è Græca in Latinam linguam translati
Venetiis, apud Bologninum Zalterium, 1564
8°: a⁸, A-Y⁸; [8], 180 f.
- ArCV/17 (herk.: Coll. Soc^tis Jesu Lovanii)

DOUCET, Joannes Petrus D142
Selectarum quæstionum analysis, ad Librum IV decretalium Gregorii IX … De jure impedimentorum matrimonialium. Quam … præside … Thadæo Francisco Schweiger … disputationi proposuit … Joannes Petrus Doucet … Anno MDCCXXX …
Vetero-Pragæ, apud Matthiam Höger, (1730?)
8°:)(⁴, A-3F⁸, 3G²; [8], 830, [6] p.
- PrGII/16

DRELINCOURT, Laurent D143
Sonnets chrétiens sur divers sujets, divisés en quatre livres. Par

... Drelincourt. Nouvelle édition
A Amsterdam, chez Jacques Desbordes, 1747
8°: *⁸, A-M⁸; [16], 191 p.
- ArJV/21

DREUX DU RADIER, Jean-François   D144
Récréations historiques, critiques, morales et d'érudition; avec L'Histoire des fous en titre d'office. Par M. D. D. A. [J.-F. Dreux du Radier] ...
La Haye, s.n., 1768
8°: π², a², a⁸, A-X⁸(-X⁸); XXII, 333 p. + π², A-T⁸, V²(-V²); [4], 306 p.
- ArJIII/20-21

DREXELIUS, Hieremias, S.J.   D145
Antigrapheus sive conscientia hominis ... H. Drexelii
Antverpiæ, apud viduam J. Cnobbari, 1655
16°: A-T⁸, V⁴; 302, [8] p.; gegrav titelp.
- YIV/21

DREXELIUS, Hieremias, S.J.   D146
Cælum beatorum civitas æternitatis pars III. Explicavit et Latine scripsit Hieremias Drexelius ...
Antverpiæ, apud Ioannem Cnobbaert, 1636
16°: A-Z⁸, 2A⁶; [16], 358, [1] p.
- YIV/15

DREXELIUS, Hieremias, S.J.   D147
De conste vande hemelsche wel-sprekentheyt, t'ghebedt. Ghemaeckt door ... Hieremias Drexelius. Ende verduytst, door ... Franc. de Smidt
T'Antwerpen, by Hendrick Aertssens, 1638
24°: *⁶, A-R¹², S⁶; [12], 416, [4] p. + Aa-Ss¹²; 422, [5] p.
- ArFIV/16/25 (dl 2; titelblad ontbr.)

DREXELIUS, Hieremias, S.J.   D148
De æternitate considerationes ... Explicatæ ab Hier. Drexelio ...
Duaci, typ. Balt. Belleri, 1633
24°?: A-2G⁸; 478, [1] p.
- YIV/46 (herk.: Charlier)

DREXELIUS, Hieremias, S.J.   D149
De æternitate considerationes coram ... Maximiliano et ... conjuge Elisabetha explicatæ. Ab Hieremia Drexelio ...
Coloniæ Agrippinæ, sumptibus Cornelii ab Egmondt et sociorum, 1634
16°: A-M⁸; 190, [2] p.: ill.; gegrav. titelp.
- ArBII/25

DREXELIUS, Hieremias, S.J.   D150
De æternitate considerationes coram ... Maximiliano et ... conjuge Elisabetha explicatæ. Ab Hieremia Drexelio ...
Coloniæ Agrippinæ, sumptibus Cornelii ab Egmondt et sociorum, 1634
16°: A-O⁸; 221, [3] p.: ill.; gegrav. titelp.
- ArBII/26
Nota: nrs D149 & D150 zijn verschillend van druk

DREXELIUS, Hieremias, S.J.   D151
Deliciæ gentis humanæ Christus Iesus nascens, moriens, resurgens ... ab Hieremia Drexelio ...
Antverpiæ, apud viduam Ioannis Cnobbari, 1639
12°: 3 dln; gegrav. titelp. in 1
- YIV/26-28 (herk.: in 1 & 3: Joannes Vollenhovius 1659; in 2: R^{di} [?] pastoris in Zoersel)

DREXELIUS, Hieremias, S.J.   D152
Gymnasium patientiæ. Auctore Hier. Drexelio ...
Coloniæ Agr., apud Cornelium ab Egmond, 1632
16°: A-Z⁸, 2A⁸, 2B⁴; [14], 376, [2] p.: ill.; gegrav. titelp.
- YIV/19

DREXELIUS, Hieremias, S.J.   D153
Heliotropium seu conformatio humanæ voluntatis cum divina. A ... Hieremia Drexelio ...
Duaci, ex typographia Baltazaris Belleri, 1633
24°: π¹, A-2O⁸, 2P²; [28], 570 p.; bijk. gegrav. titelp.
- ArBII/27 (herk.: Corthals 1753)

DREXELIUS, Hieremias, S.J.   D154
Horologium auxiliaris tutelaris angeli. Auctore Hieremia Drexelio ...
Col. Agrippinæ, apud Corn. ab Egmond, 1634
16°: A-M⁸; [10], 178, [1] p.; gegrav. titelp.
- YIV/22

DREXELIUS, Hieremias, S.J.   D155
Nicetas, seu triumphata incontinentia. Auctore Hieremia Drexelio ...
Duaci, apud Ioannem Bogardum, 1624
12°: A-L¹², M⁴; 272 p.
- ArBII/28 (p 5-6 ontbr.; herk.: Conventus Gandavensis min. recollect)

DREXELIUS, Hieremias, S.J.   D156
Nicetas seu triumphata incontinentia. Auctore Hieremia Drexelio ...
Coloniæ Agrippinæ, apud Corn. ab Egmond, 1631
16°: A-T⁸; [14], 284, [2] p.: ill.; gegrav. titelp.
- YIV/20

DREXELIUS, Hieremias, S.J.   D157
Noe architectus arcæ in diluvio nauarchus. Descriptus ... à ... Hieremia Drexelio ...
Antverpiæ, apud viduam Io. Cnobbari, 1643
12°: A-L¹²; [10], 242, [3] p.; gegrav. titelp.
- YIV/18

DREXELIUS, Hieremias, S.J.   D158
... Hieremiæ Drexelii ... *Opera omnia* ... Studio ac labore ... Petri de Vos ...
Antverpiæ, sumptibus et prelo, viduæ, et hæredum Ioannis Cnobbari, 1660
2°: *⁶, a-f⁴, A-4I⁶, 4K-4L⁴, 4M²; [60], 938, [17] p. + á², a-g⁴, h⁶, A-4O⁶, 4P-4R⁴; [72], 1004, [14] p.; gegrav. titelp. & portret v. de aut. in 1
- LVIII/1-2 (herk.: Petri Willemaers Rel. Parchensis pastoris in Ter Vuren 1721)

DREXELIUS, Hieremias, S.J.   D159
... Hieremiæ Drexelii ... *Operum tomus primus [-quartus].* Cum indicibus ... a ... Petro de Vos ... Huic novæ editioni accessere tractatus duo ...
Lugduni, sumptibus Ioannis-Antonii Huguetan, & Marci-Antonii Ravaud, 1658
2°: á⁶, 2*⁶, á⁶, é⁶, í⁶, ó⁸, A-4H⁶, 4I⁴; [76], 906, [25] p. + $⁴, á⁶, é⁶, í⁶, ó⁶, u⁶, áá⁶, éé⁶, A-3D⁶, †², 3E-4Q⁶, 4R⁴; [92], 1005, [21] p.; gegrav. front. met portret van de aut. in 1
- XIX/5-6

DREXELIUS, Hieremias, S.J.   D160
Orbis Phaëthon hoc est de universis vitiis linguæ. Auctore Hieremia Drexelio ...

D

Coloniæ, apud Cornel. ab Egmond, 1631
24°: A-3E⁸, 3F⁶(-3F⁶); [12], 804, [10] p.: ill.
- YIV/24

DREXELIUS, Hieremias, S.J. D161
Palæstra christiana. Auctore … Hieremia Drexelio …
Antverpiæ, typis viduæ Joannis Cnobari, 1648
16°: A-Y⁸, χ¹; [10], 343 p.
- ArBII/20

DREXELIUS, Hieremias, S.J. D162
Recta intentio omnium humanarum actionum amussis. Auctore Hieremia Drexelio …
Col. Agrippinæ, apud Corn. ab Egmond, 1631
16°: A-2C⁸; [14], 399, [2] p.; gegrav. titelp.
- ArBII/29

DREXELIUS, Hieremias, S.J. D163
Rhetorica cœlestis seu attente precandi scientia quam … latine scripsit Hieremias Drexelius …
Antverpiæ, apud vidua *(sic)* Ioann. Cnobbari, 1641
12°: A-S¹², T⁶; [22], 422 p.; gegrav. titelp.
- YIV/16 (herk.: Cartusiæ Silvæ Martini) & YIV/17

DREXELIUS, Hieremias, S.J. D164
Tobias morali doctrina illustratus. A … Hieremia Drexelio …
Antverpiæ, typis vid. Ioann. Cnobbari, 1652
16°: A-2H⁸; [16], 476, [1] p.; gegrav. titelp.: 'Monachii MDCXLI'
- ArBII/24 (herk.: Joannes Vollenhovius 1659)

DREXELIUS, Hieremias, S.J. D165
Tribunal Christi, seu Arcanum ac singulare cujusvis hominis in morte iudicium. Ab Hierem. Drexelio … explicatum
Col. Agrippinæ, sumptibus Constantin Munch et sociorum, 1635
16°: A-2A⁸; 382 p.; gegrav. titelp.
- YIV/23

DREXELIUS, Hieremias, S.J. D166
Trismegistus christianus, seu triplex cultus conscientiæ, cœlitum, corporis. Auctore Hieremia Drexelio …
Monachii, apud Nicolaum Henricum, 1625
12°: A-V¹²; [28], 448, [2] p.
- ArBII/23

DREXELIUS, Hieremias, S.J. D167
Trismegistus christianus seu triplex cultus … Auctore Hieremia Drexelio …
Duaci, typis Baltazaris Belleri, 1626
24°: A⁴, B-2G⁸, 2H⁴(-2H⁴); [30], 447 p.; gegrav. titelp.
- ArBII/21 (geschonden in voorwerk)

DREXELIUS, Hieremias, S.J. D168
Trismegistus christianus, seu Triplex cultus … Auctore Hieremia Drexelio …
Coloniæ Agrippinæ, apud Cornel. ab Egmond, 1631
24°: A-2D⁸; [23], 402, [3] p.; gegrav. titelp.
- ArBII/22 (p. 297 tot einde ontbr.)

DREXELIUS, Hieremias, S.J. D169
Zodiacus christianus locupletatus seu signa XII divinæ prædestinationis. Totidem symbolis explicata ab Hierem. Drexelio …
Col. Agrippinæ, apud Cornel. ab Egmond, 1634
16°: A-K⁸; [6], 152, [1] p.: ill.; gegrav. titelp.
- YIV/12

DREXELIUS, Hieremias, S.J. D170
De zonne-bloem, of de overeenkomst van den menschelyken wil met den godelyken. Overgezet uyt het Latyn van … Jeremias Drexelius, in de Nederduytsche tael door … Franciscus De Smidt …
Tot Gend, by J. Begyn, (1796?)
24°: A-Z¹²; 543, [9] p.
- PrJI/7

DRIESCH, Ignaas van den D171
Discussio discussionis historicæ P. J. Marant … de assumptione B. V. Mariæ. Per Ign. Van den Driesch …
Gandavi, typis Ludovici Le Maire, 1787
8°: π⁸, B⁴, C¹², B-G⁸, H²; [8], XXIII, 116 p.
- HI/31/1

DROUAS de BOUSSEY, Claude D172
Instructions sur les fonctions du ministère pastoral. Par Monseigneur l'Evêque, comte de Toul (Claude) [Drouas de Boussey]. Nouvelle édition
6: *Instructions sur les principales vérités de la religion et sur les principaux devoirs du christianisme*
A Rouen, chez P. Machuel & J. Racine, 1787
12°: 6 dln
- JIII/10-15

DROUAS de BOUSSEY, Claude D173
Onderwyzingen op de voornaemste waerheden van de religie, en van de pligten van het Christendom. Opgedraegen door … den … bisschop van Toul [C. Drouas de Boussey] … aan de … geestelykheyd … Uyt het Fransch vertaeld
t'Antwerpen, by G. J. Bincken, (1810?)
8°: [8], 402, [6] p.
- ArBV/6 (herk.: Aloysius Hoefnagels, Antwerpen 1838 [prijsboek])

DROUAS de BOUSSEY, Claude D174
Onderwyzingen over de pligten der herderlyke bedieningen. Toegezonden door … den bisschop van Toul [C. Drouas de Boussey] aen alle geestelyke van zyn bisdom. Overgezet uit het Fransch in de Vlaemsche tael door M. Æ. Eggen
Tot Loven, by J. Meyer, 1803-1804
8°: 4 dln
- YV/29-31 (dl 1 ontbr.)

DROUIN, René Hyacinthe, O.P. D175
De re sacramentaria contra perduelles hæreticos libri decem. Cura et studio … Renati Hyacinti Drouven … cum notis et additionibus … Joannis Vincentii Patuzzi … Editio Tertia
Venetiis, apud Thomam Bettinelli, 1772
2°: *-2*⁶, A-2V⁶, 2X⁸; XXIV, 531 p. + π², 2*⁶, A-2Y⁶; XVI, 540 p.
- JVIII/21-22

DRUSIUS, Joannes (1550-1616) D176
I. Drusii *De Hasidæis, quorum mentio in libris Machabæorum libellus*
Franekeræ, ex officina Ægidii Radæi, 1603
8°: A-D⁸; 64 p.
- ArJII/18/1 (herk.: Van Lantschoot [Park])

DRUSIUS, Joannes (1550-1616) D177
I. Drusii *De quæsitis per epistolam*
S.l., apud Ægidium Radæum, 1595
8°: *⁸, A-O⁸, P⁴; [16], 232 p.
- ArJII/18/2

D

DRUSIUS, Joannes, O.Præm. (1568-1634) D178
Exhortatio ad candidi ordinis Præmonstratensis, provinciæ Brabantiæ religiosos, de iis quæ eorum vocationem, obligationemque concernunt ... Per Ioannem Drusium ...
Lovanii, apud Bernardinum Masium, 1621
12°: A-D^{12}, E^8; [2], 101, [5] p.
- YIV/31 (herk.: ad usum Frederici De Bauterlé Relig. parc. 1718), PrJVIII/2 (herk.: Ad usum fratris Leonardi Lemmens [Park] ex dono Rdi patris Joannis Drusii abbatis parcens.), ArEI/101 (herk.: Fratri Frederico Moreels Religioso professo 1791), ArEI/11 (herk.: Ad usum Fr T. Danis Religiosi Parchensis 1772) & ArEI/12, (herk.: Norbertus van Campenhoudt Rel. Parc.)

DU BOIS, Nicolas D179
Nicolai du Bois ... *Ad quadraginta quinque propositiones in praxi perniciosas tractatus duo ...*
Lovanii, apud Petrum Sassenum, 1666
4°: π^2, §-4§^{4}, A-X^4, Y^2; niet gepag.
- PrIIV/9/3

DU BOIS, Nicolas? ENGHIEN, François d'? D180
Responsio historico-theologica ad cleri Gallicani de potestate ecclesiastica declarationem ... Excerpta per quemdam S. Theologiam professorem [N. Du Bois? F. d'Enghien?]
Coloniæ Agrippinæ, typis Joannis Kinckii, 1683
8°: π^4, A-Q^8, R^6; [8], 262, [6] p.
- MV/29 (herk.: Fris Adriani de Vadder Rel. Parc.; Bibliothecæ parchensis; P theca XIX)

DU BUAT NANÇAY, Louis-Gabriel D181
Eléments de la politique ou Recherche des vrais principes de l'économie sociale [L.-G. Du Buat Nançay]
A Londres, s.n., 1773
8°: 6 dln
- OII/10-15 (herk.: Le Baron De Gottignies [ex libris])

DU CANGE, Charles du Fresne D182
Glossarium ad scriptores mediæ et infimæ Latinitatis. Auctore Carolo Du Fresne, Domino Du Cange
Lutetiæ Parisiorum, typis Gabrielis Martini. Prostat apud Ludovicum Billaine, 1678
2°: 3 dln; bijk. gegrav. titelp. in 1
- QV/8-10 (herk.: F. Gregorii Tongerloensis; Cicero J. Matheusen)

DU CANGE, Charles du Fresne D183
Glossarium ad scriptores mediæ et infimæ Latinitatis. Auctore Carolo Dufresne, Domino Du Cange ... Editio nova opera et studio monachorum ordinis S. Benedicti e Congregatione S. Mauri [Nicolas Toustain, Louis Le Pelletier, Maurice Dantine, Pierre Carpentier]
In 1: *Epistola Stephani Baluzii ... de vita et morte Caroli Dufresnii Cangii*
Basileæ, sumptibus fratrum de Tournes, 1762
2°: 6 dln
- QV/11-13 (herk.: F. Nivardus Abbas Bildhusanus XL 1792 [ex libris])

DUCAS, nepos Michaelis Ducæ D184
Ducæ Michaelis Ducæ nepotis *Historia Byzantina ... a Ioanne Palæologo I ad Mehemetem II. Accessit Chronicon breve, quo Græcorum, Venetorum, & Turcorum aliquot gesta continentur.* Studio & opera Ismaelis Bullialdi
Parisiis, e typographia regia, 1649
In fine: *... Curante Sebastiano Cramoisy ...*
2°: á^4, é^6, A-2O^4; [20], 282, [12] p.
- SVIII/14 (herk.: Bibliothecæ Parchensis ordinis Præmonstratensis prope Lovanium; theca XI 20G)

DU CHESNE, André D185
Histoire d'Angleterre, d'Escosse et d'Irlande. Par André du Chesne ...
A Paris, chez Augustin Courbé, 1641
2°: á^4, é^6, A-5E^6, á^6, é^6, í^6, ó^4; [16], 1274, [43] p.
- TVIII/16 (herk.: Gille de Stien)

DUCOS, Jean-Charles, O.P. D186
Le pasteur apostolique enseignant aux fidèles, par des instructions ... en forme de catéchisme, les plus ... solides veritez du Christianisme ... Par ... J. C. Ducos ...
1: Quatrième édition. A Toulouse. Et se vend a Anvers, chez la vefve de Barthelemi Foppens; 2: Troisième édition. A Toulouse, Et se vend à Liege, chez Jean François Broncart, 1699
8°: *^{4}, 2*^{2}, A-X^8, Y^4; [12], 330, [14] p. + π^1, A-T^8, V^4; [2], 295, [15] p.
- XII/31

DUCREUX, Gabriel-Marin D187
Les siècles chrétiens ou histoire du christianisme. Par M. l'Abbé*** [G.-M. Ducreux]. Nouvelle édition
A Paris, chez Gueffier, (& chez) Moutard, 1785-1787
12°: 10 dln
- XV/26-35

DU DROIT DE LA PRIMAUTÉ ... D188
Du droit de la primauté du souverain pontife touchant la confirmation de tous les évêques
S.l., s.n., [1816?]
8°: A-T^4; 153, [1] p.
- ArJVII/10

DUGDALE, William D189
The History of St Paul's Cathedral in London from its foundation ... By Sir William Dugdale ... The second edition corrected by the author ... To which is prefixed, his life, written by himself. Publish'd by Edward Maynard ...
London, printed by George James, for Jonah Bowyer, 1716
2°: π^2, A^2, a-g^2, B-5D^2; [8], XXVIII, 210, 75, [1], 88, [20] p. : ill. + uitsl. pltn.; gegrav. portret van de aut. in front.
- PV/16 (herk.: supralibros van Park)

DUGUET, Jacques-Joseph D190
Explication de cinq chapitres du Deuteronome et des prophéties d'Habacuc et de Jonas [J.-J. Duguet]
A Paris, chez François Babuty, 1734
12°: a-d$^{8.4}$, A-2T$^{8.4}$; XLIX, [1], 503 p.
- PrII/10 (herk.: Bibliotheca Abbatiæ S.M. Magd. Massil; Bibl. de Monsieur le Comte Godefroy de Montgrand [ex libris]; Markiezin de Meyargues [supralibros])

DUGUET, Jacques-Joseph D191
Traité des scrupules, de leurs causes, de leurs espéces ... Par l'auteur du traité de la prière publique [J.-J. Duguet]. Seconde édition
A Lille, chez Jean Baptiste Brovellio, 1718
12°: a^6, A-D^{12}; [12], 96 p.
- ArDIV/8/3

DUHAMEL DU MONCEAU, Henri Louis D192
Des semis et plantations des arbres et de leur culture, ou Méthodes pour multiplier et élever les arbres ... Par ... Duhamel du Monceau ... Ouvrage enrichi de figures en taille-douce
In fine: *Additions pour le Traité des arbres et arbustes &*

D

Additions et corrections pour le Traité de la physique des arbres
A Paris, chez H. L. Guerin & L. F. Delatour, 1760
4°: π², a-k⁴, A-3B⁴, a-c⁴, d², a², b⁴(-b⁴); [4], LXXX, 383, [1bl], 27, [1bl], 10 p. + 17 uitsl. pltn
- ArGVIII/2

DU JARDIN, Thomas, O.P.　　　　　　　　　　D193
De officio sacerdotis quà judicis et medici in sacramento pœnitentiæ instructio brevis ... Composita per ... Thomam du Jardin ... Editio quinta
Bruxellis, apud Eugenium Henricum Fricx, 1710
8°: *⁸, A-2A⁸; [16], 378, [6] p.
- ArBIII/13 (herk.: P. Van Meurs [Park] Vic. in Valle Stæ Catharinæ)

DU JARDIN, Thomas, O.P.　　　　　　　　　　D194
De officio sacerdotis qua judicis et medici in sacramento pœnitentiæ instructio brevis ... Composita per ... Thomam du Jardin ... Editio ultima
Mechliniæ, apud Laurentium Vander Elst, 1728
12°: *², 2*⁸, A-R¹², S¹⁰; [20], 121 [=421], [7] p.
- ArCI/8

DU JARDIN, Thomas, O.P.　　　　　　　　　　D195
De officio sacerdotis .... Composita per ... Thomam du Jardin .... Editio ultima
Bruxellis, typis Francisci t'Serstevens, 1755
12°: π¹, a¹², A-Q¹², R⁴; [2], 384, [8] p.
- PrII/7

DU JARDIN, Thomas, O.P.　　　　　　　　　　D196
De officio sacerdotis ... Per ... Thomam du Jardin ...
Duaci, apud Derbaix, 1774
8°: A-2G¹²⁻⁶, 2H⁸; 549, [7] p.
- ArBIII/12

DU JARDIN, Thomas, O.P.　　　　　　　　　　D197
Geloof-geschillen, in de welcke de waerheyt van het Roomsch-Catholyck Geloof tegens de dwalingen deser laetste tijden bondighlijck wordt verdedight ... Door Thomas Du Jardin ...
Te Ghendt, gedruckt by d'erfgenaemen van Maximiliaen Graet, 1710
4°: *-2*⁴, 3*², A-3T⁴; [20], 520 p. + ?
- III/13 (dl 1)

DU MARSAIS, César Chesneau　　　　　　　　D198
Des tropes, ou des différents sens dans lesquels on peut prendre un même mot dans une même langue. Par du Marsais
A Paris, chez madame veuve Dabo, 1822
XII, 232 p.
- ArIV/4 (herk.: Bernard Van Hoecke)

DUMBAR, Gerhard　　　　　　　　　　　　　　D199
Het kerkelyk en wereltlyk Deventer ... Door Gerhard Dumbar ... Eerste Deel
Te Deventer, by Henrik Willem van Welbergen, 1732
Coll.: Joannes Alexander Röell, Dionysius Andreas Röell, Gerhardus ten Cate
2°: *-4*⁴(-4*⁴), A-4P⁴; [30], 648, [23] p. + ill.
- SVII/3

DUMESNIL, Louis, S.J.　　　　　　　　　　　D200
Doctrina et disciplina Ecclesiæ ... Digesta et exposita studio ac opera ... Ludovico du Mesnil ...
Coloniæ, ex officina Noetheniana, 1730
2°: 4 dln
- LIX/1-4 (herk.: Biblio. S. Iacobi Maioris Bonon)

DUMONT, Jean & HUCHTENBURG, Jean　　　　D201
Batailles gagnées par le sérénissime prince Fr. Savoye sur les ennemis de la foi ... Dépeintes & gravées en taille-douce par ... Jean Huchtenburg ... Avec des explications historiques par ... J. Du Mont ...
A La Haye, chez Pierre Husson, 1720
2°: π³, 2-4*², A-2M²; [16], 132 p. + ill.; portret van Eugène de Piemont
- SVIII/4/1

DUMONT, Jean & ROUSSET DE MISSY, Jean　　D202
Histoire militaire du prince Eugène de Savoye, du prince et duc de Marlborough, et du prince de Nassau-Frise ... Par ... Dumont ... augmentée d'un supplement par ... Rousset
3: *Histoire militaire ... contenant des faits nouveaux ...*, A la Haye, J. Neaulne, 1747
A La Haye, chez Isaac van der Kloot, 1729-1747
2°: 3 dln : ill.
- SVIII/4-5 (dl 3 ontbr.)

DU MOULIN, Louis　　　　　　　　　　　　　D203
Pratique des ceremonies de la S. Messe, selon l'usage romain. Par ... Du Moulin ... XII Edition
A Louvain, chez Martin Van Overbeke, 1754
16°: A-L¹²; 264 p.
- ArCI/4

DUN, Petrus Joannes Carolus van, S.J.　　　D204
Leerredenen op de zondagen van het jaer. Door ... Petrus Joannes Carolus Van Dun ...
Antwerpen, ter drukkery van T. J. Janssens, 1825-1838
8°: 8 dln
- ArAVII/11-13 (dln 1, 3 & 6)

DU PERRAY, Michel　　　　　　　　　　　　　D205
Questions sur le Concordat fait entre Léon X et François Premier. Par ... Michel du Perray ...
A Paris, chez Paulus-du-Mesnil, 1743
8°: a¹², A-2D¹², 2E²; [24], 651 p. + a⁴, A-2F¹², 2G⁶; [8], 699, [9] p.
- MIII/25-26

DU PIN, Louis Ellies　　　　　　　　　　　　D206
Dissertation préliminaire ou Prolegomenes sur la Bible. Pour servir de supplément à la Bibliotheque des auteurs ecclésiastiques. Par ... Louis Ellies du-Pin ...
A Utrecht, chez Jean Broedelet, 1731
4°: *⁴, A-2N⁴; [8], 288 p. + π¹, A-T⁴; [2], 147, [3] p.; bijk. gegrav. titelp. in 1
- WVI/7

DU PIN, Louis Ellies　　　　　　　　　　　　D207
Histoire de l'Eglise et des auteurs ecclésiastiques du XVIe siecle. Par ... Louis Ellies Du Pin.
A Paris, chez André Pralard, 1701-1703
8°: 4 dln
- ZI/16 (dl 4, titelblad ontbr.)

DU PIN, Louis Ellies　　　　　　　　　　　　D208
Nouvelle bibliotheque des auteurs ecclesiastiques ... Par ... L. Ellies du Pin ... Nouvelle édition
A Utrecht, chez Jean Broedelet, 1730-1745
Nota: 15 & 16: Troisiéme édition, 1730
4°: 19 dln; bijk. gegrav. titelp. in elk dl
- WVI/1-7 (band 7 is convoluut)

D

DU PLESSIS, Toussaints, O.S.B.   D209
Histoire de l'église de Meaux. Par ... Toussaints Du Plessis ...
A Paris, chez Julien-Michel Gandouin et Pierre-François Giffart, 1731
4°: a-e⁴, A-5F⁴; [40], 782, [2] p. + π², A-4O⁴; [4], 660, [3] p.
- OV/21-22

DU PLESSIS D'ARGENTRÉ, Carolus   D210
Collectio judiciorum de novis erroribus, qui ab initio duodecimi seculi post incarnationem Verbi, usque ad annum 1632 (-1735) in Ecclesia proscripti sunt & notati ... Operâ & studio Caroli Du Plessis d'Argentré ...
Lutetiæ Parisiorum, 1: apud Lambertum Coffin, 1724; 2 & 3: apud Andream Cailleau, 1728-1736
2°: 3 dln
- IVIII/1-3

DUPUY, Pierre   D211
Traitez concernant l'histoire de France: sçavoir la condamnation des Templiers, avec quelques actes: l'histoire du schisme, les papes tenans le siege en Avignon ... Composez par ... [P.] Dupuy ... [ed.: Jacques Dupuy]
A Paris, chez Edme Martin, 1700
12°: A-2A¹², 2B⁴; [12], 564 p. Portret van de aut.
- PrDI/14

DUQUESNE, Arnaud-Bernard d'Icard   D212
L'année apostolique, ou méditations pour tous les jours de l'année. Par ... Duquesne
1-2 & 5-12: A Paris, chez Moutard. A Bruxelles, chez Le Charlier. A Turin, chez Guibert & Orgeas; 3-4: A Paris, chez Moutard. A Turin, chez Guibert & Orgeas, 1791-1792
12°: 12 dln
- LIII/2-13

DUQUESNE, Arnaud-Bernard d'Icard   D213
De verheventheden van Maria of Meditatien ... Gevolgt naer het Fransch van ... Duquesne
Tot Thielt, by A. B. Steven, 1792
12°: 4 dln
- ArIV/22 (dln 3 & 4)

DURAND, Bartholomæus   D214
Fides vindicata quatuor libris comprehensa in quibus ... refutantur hæreses quæ insurrexerunt à reparatione mundi ad nostra usque tempora ... Authore ... Bartholomæo Durand ...
Avenione, apud Franciscum-Sebastianum Offray, 1709
2°: á⁶, é⁶, A-2R⁶; [24], 752 p.
- GVI/18 (herk.: Ex libris Bern. Steinbuechel 1870)

DURANDUS, Guilielmus   D215
Rationale divinorum officiorum. A ... Gulielmo Durando ... concinnatum, atque nunc recens ... annotationibus [Nicolas Doard] illustratum. Adiectum fuit ... aliud divinorum officiorum rationale ab Ioanne Beletho ... [ed.: Cornelius Laurimanus]
Lugduni, apud hæredes Gulielmi Rovillii, 1612
8°: a-e⁸, A-2H⁸, 2I², 2K-4C⁸; [80], 568 f. (= 569 f. : 1 f niet gefolieerd tss. f. 250 en 251)
- ArCIV/15

DURANTUS, Johannes Stephanus   D216
Ioannis Stephani Duranti ... De ritibus ecclesiæ catholicæ, libri tres. Recens in lucem editi, nuncque primum in Germania editi ...
Coloniæ Agrippinæ, apud Ioannem Gymnicum, 1592
8°: †⁸, A-3L⁸, 3M⁴; [14], 853, [67] p.
- DII/4

DU ROUJOUX, Paul-Valentin   D217
Tractatus de religione in genere et in specie considerata. Auctore Paulo-Valentino du Roujoux ...
Remis, typis Reginaldi Florentain. Veneunt Parisiis, apud Claudium Herissant et Joannem-Baptistam Garnier. Cameraci, apud Samuelem Berthou, 1753
8°: π¹, a⁴, A-Y⁸; [10], 351 p. + π⁴, A-2A⁸, 2B⁴; [8], 387, [5] p.
- PrGVI/18-19

DUSAULT, Jean-Paul, O.S.B.   D218
Entretiens avec Jesus-Christ dans le tres S. Sacrement de l'autel ... [J.-P. Dusault]. Nouvelle édition
A Paris, et se vend A Liege, chez J.P. Gramme, 1736
8°: á⁴, A-2G⁸; [8], 480 p.
- ArCV/7

DU VAU, Louis-François   D219
Dissertation sur le pécule des religieux curez, sur leur dépendance du supérieur régulier, et sur l'antiquité de leurs cures régulieres [L.-F. Du Vau]. Seconde édition
A Paris, chez Edme Couterot, 1703
12°: á¹², é¹², í¹², ó¹², ú⁶, A-V¹²; 180, 477 p. + ?
- PrIII/20 (dl 1)

DUVIVIER, H.-Jules   D220
Apologie du mariage chrétien, ou mémoire critique, canonique et politique servant de réponse au commentaire intitulé: Des empêchemens dirimant le contrat de mariage dans les Pays-Bas Autrichiens selon l'édit de ... Joseph II ... 1748 [H.-J. Duvivier]
A Strasbourg, s.n., 1788
8°: π², A-K⁸, L⁴; [4], VIII, 164 p.
- ArJVII/9

DYCK, Bonaventura van den, O.F.M.   D221
Epistola familiaris ad Joannem Christianum Erckelium J.U.L. pastorem Delphis &c. Scripta per Eustachium Janssenium [B. vanden Dyck]
Coloniæ, s.n., 1711
In fine: Romæ, typis reverendæ Cameræ Apostolicæ 1711. Reimpressum Coloniæ mense Maio 1711
8°: A-F⁸, G⁴; 104 p.
- ArDIV/15/3

DYCK, Bonaventura van den, O.F.M.   D222
Epistola altera ad Joannem Christianum Erkelium ... Scripta per Eustachium Jansenium [B. vanden Dyck] ...
Coloniæ, s.n., 1713
8°: π³, A-X⁸, Y⁴; [6], 344 p.
- ArDIV/4/8

DYCK, Martinus van, O.Cist.   D223
Oratio funebris in exequiis ... Alexandri Adriaenssens in ... S. Bernardi ad Scaldim monasterio ... abbatis ... Dicta per ... Martinum Van Dyck ...
S.l., s.n., 1741
2°: π¹, A-C², χ¹; [2], 13 p.
- PrDVI/15/7

EACHARD, Lawrence — E1
Dictionnaire géographique-portatif, ou Description des royaumes, provinces, villes, patriarchats, évêchés, duchés, comtés, marquisats, villes impériales, ports, forteresses, citadelles, et autres lieux considérables des quatre parties du monde ... Traduit de l'Anglois sur la treizieme édition de Laurent Echard, par Mr Vosgien [Jean-Baptiste Ladvocat]. Nouvelle édition
A Paris, & se trouve à Liège, chez Anne-Cathérine Bassompierre, 1778
8°: a⁸, b⁶, A-2L⁸; XXVII, [1], 544 p. + π², A-2M⁸, 2N²; [4], 563, [1] p.
- QII/22-23

EACHARD, Lawrence — E2
Dictionnaire géographique-portatif ... Traduit de l'Anglois sur la treizième édition de Laurent Echard, par Mr Vosgien [Jean-Baptiste Ladvocat]
A Bruxelles, chez Benoit Le Francq, 1783
8°: π¹, a⁸, b⁶, A-2N⁸; XXVIII, 575 p. + π¹, A-2M⁸, 2N-2Q⁴, 2R-2S²; [2], 599, [1] p. + uitsl. krtn
- RI/25-26

EBRARDUS BETHUNIENSIS e.a. — E3
Trias scriptorum adversus Waldensium sectam, Ebrardus Bethuniensis, Bernardis abbas, fontis calidi, Ermengardus. Quam Jacobus Gretserus ... nunc primum edidit ...
Ingolstadii, ex typographeo Ederiano, apud Elisabetham Angermariam. Sumptibus Ioannis Hertfroy, 1614
4°:)?(⁴, A-Z⁴, a-e⁴, A-V⁴, X²; [8], 224, 152, [12] p.
- EII/31 (herk.: Col. Soc^tis Jesu Lovanii)

ECKARTSHAUSEN, Carl von — E4
Gott ist die reinste Liebe. Von dem Hofrath von Eckartshausen. Neueste mit ... Kupfern vermehrte ... Auflage
Hildesheim, bey Jacob Sieger, 1802
8°: π⁴, A-Q⁸, R⁴; [8], 264 p.
- QII/12

ECKHART, Johann Georg von — E5
Commentarii de rebus Franciæ orientalis et episcopatus Wirceburgensis ... Auctore Ioanne Georgio ab Eckhart ...
Wirceburgi, sumptibus almæ Universitatis Juliæ, 1729
2°: π⁴,)(⁴, 2)(², A-6K⁴; [20], 936, [63] p. + π¹, A-6V⁴, 6X²; [4], 1004, [77] p.: ill. + uitsl. pltn; gegrav. front. in 1
- TVIII/6-7

ECKHART, Johann Georg von — E6
Corpus historicum medii ævi, sive scriptores res in orbe universo, præcipue in Germania ... gestas enarrantes ... editi a Jo. Georgio Eccardo
Lipsiæ, apud Jo. Frid. Gleditschii, B. Fil., 1723
2°: a-c⁴, A-6Z⁴, 7A⁶; [22] p., 2176, [56] kol. + π¹, a⁴, b⁶, A-7F⁴, 7G⁶; [22] p., 2280, [40] kol.
- TVIII/4-5

ECKHART, Johann Georg von — E7
Ioh. Georgii Eccardi ... *De origine Germanorum eorumque vetustissimis coloniis, migrationibus ac rebus gestis libri duo* ... edidit, figuras aeri incisas adiecit ... Christianus Lodovicus Scheidius
Goettingæ, sumptibus Ioh. Guil. Schmidii, 1750
4°: π², A-F⁴, G², A-3K⁴; [4], XXXXVIII, [4], 448 p. + (uitsl.) ill.
- TIV/11

EEDEN VAN DE OFFICIANTEN ... — E8
Eeden van de Officianten binnen der stadt Loven
Tot Loven, by Joan. Franc. van Overbeke, 1772
4°: A-G⁴, H²; [60] p.
- ArFIV/16/22

EISELIN, Wilhelm, O.Præm. — E9
Aureum thuribulum simplicis devotionis. Quod ... propria manu confecit ... Wilhelmus [Eiselin] ... Typis Dilingæ expositum, & ... notis illustratum a ... Martino Merz ...
Ottoburæ, typis Joannis Balthasari Wanckenmiller, 1743
12°: A-F¹², G⁶; [10], 143, [3] p.; uitsl. gegrav. front.
- ArDV/5/2

ELBEL, Benjamin — E10
Conferentiæ theologico-morales, seu casus conscientiæ de restitutione ... Authore ... Benjamin Elbel ... Editio quarta
Augustæ Vindel., sumptibus Mathiæ Wolff, 1737
8°:)(⁸,)()(⁴, A-2A⁸; [24], 362, [19] p.
- PrHVI/7

ELBEL, Benjamin — E11
Theologia moralis decalogalis per modum conferentiarum casibus practicis illustratae ... Authore ... Benjamin Elbel ... Editio tertia
1: De actis humanis, et conscientia ...; 2: De fide, spe, et charitate ...; 3: De blasphemia, juramentis ac votis ...; 4: De homicidio, luxuria, furto, diffamatione ...; 5: De pœnis ecclesiasticis seu censuris; 6: De dominio, et diversis modis acquirendi dominium ...
Augustæ Vindel., 1: sumptibus Mathiæ Wolff, 1737; 2-3: sumptibus viduæ Mathiæ Wolff, 1738-1740; 4-6: sumpt. Mathiæ Wolff, p.m. viduae, 1740-1743
Nota: 4: Editio secunda; 5 & 6: geen editievermelding
8°: 6 dln
- PrHVI/1-6

ELBEL, Benjamin — E12
Theologia moralis sacramentalis ... Authore ... Benjamin Elbel ... Editio quarta
Augustæ Vindelicorum, sumptibus Martini Veith, 1737-1741

8°: 3 dln; gegrav. front. in elk dl
- PrHVI/8-10

ELOI de la BASSÉE, O.Cap.   E13
... *Eligii Bassæi ... Flores totius theologiæ practicæ ...*
2: *Supplementum ad Flores Theologiæ ...*
Antverpiæ, apud Cornelium Woons, 1659-1660
2°: *8, A-4C6, 4D-4Y4; [16], 868, [147] p. + á4, A-4P6, 4Q4; [8], 880, [135] p.; gegrav. titelp. in 1
- JIX/1-2

ELSHOUT, Godefroy van, O.Præm.   E14
Den gheestelycken roos-hof, beplant met verscheyden devote oeffeninghen, principalyck tot de heylighe Maghet Maria. Door ... Godefroy van Elshout ...
Tot Brussel, by Jan Mommaert, 1649
12°: (§)12, A-L12, L*12, M12, N4; [24], 294 p.
- ArEI/26/1 (herk.: desen bouck behoor toe aen Laurentius Leenknect)

ELSHOUT, Godefroy van, O.Præm.   E15
Handt-boecxken der daghelyckscher devotien. Door ... Godefroy van Elshout ...
Tot Brussel, by Jan Mommaert, 1649
12°: A-E12, F6; 131, [1] p.
- ArEI/26/2

ELSKEN, Jean Joseph vanden   E16
Brief van Sincerus Tout-Droit aen d'Heer Ernestus de Keuremenne. Smeek-schrift van de publieke dogters der stad Brussel, over het verplaetsen der Universiteyt van Loven [J. J. Vanden Elsken]
In fine: *Eloge d'un homme illustre* (anachrosticon: Van Leempoel)
S.l., s.n., 1788
8°: A-B4; 16 p.
- ArEVI/13/5

ELSKEN, Jean Joseph vanden   E17
Copye van eenen brief uyt Loven van den 15 Meert 1789 aen d'Heer Ernestus. Door Petrus Jacobus Ecke De Queppe-qui [J. J. Vanden Elsken]
Tot Brussel, uyt de nieuwe drukkerye van Hunneprik, scheef over den Wollen-Driesche Toren, (1789?)
8°: A8; [2], 13 p.
- ArEVI/13/4

ELSKEN, Jean Joseph vanden   E18
Staat vam het Seminarie Generael van Weenen, en een beschryf van den Staat van Duytsland aangaande de Religie. Opgedraagen aan die Heeren Theologanten, die zedert half September deezer jaare, het Sem. Gen. tot Loven vervult, maar ... daarna verlaten hebben. Door Ernestus de Keuremenne [J. J. Vanden Elsken]
S.l., s.n., 1788
8°: A-C4, D2; 28 p.
- ArEVI/13/3

ELSKEN, Jean Joseph vanden   E19
Versamelinge der brieven van den heere Keuremenne (J. J. Vanden Elsken) *aen de heeren theologanten van de seminarien van Gend, Brugge, Ipren &c. over het soogenaemt Seminarie-Generael ... Sevensten druk*
Andere: Joan. B. L. Boulez van Waregem
In fine: *Copye uyt eenen brief van Geeraertsbergen*
Tot Trier, by Pluckhaen Van Lier, (1788?)

8°: A-D4, E6, B-Y4, Z6, 2A-2F4, χ2; 14, 22, 236, 3 p.: uitsl. plt
- ArEVI/13/1

ELSKEN, Jean Joseph van den   E20
Versamelinge van verscheyde stukken, waer onder men vind den oog-slag op de goddeloosheden bedreven in de Nederlandsche Kerken, sedert 1783 tot 1789 als ook het vertrek der Geuze-Doctoors van Loven ... by een vergaedert door Sincerus Recht-Uyt [J. J. Vanden Elsken]
2: *Versamelinge van cretieke stukken ...*
Tot Brussel, s.n., 1790
4°: π2, A-2C4, 2D2; [4], 170 p. + π1, A-2D4; [2], 214 p. + ill. & 1 uitsl plt.
- UII/26

ELSKEN, Jean Joseph vanden   E21
Zevensten brief van Ernestus de Keuremenne over het zoogenaamt Semin. Generaal, de Universiteyt van Loven &c. &c. ... [J. J. Vanden Elsken]. Tweede deel
[Leuven], uyt de drukkerye van Ernestus, heer van Keuremenne, (1789?)
8°: π1, A-S4; [2], 198 p. + ill.
- ArEVI/13/2

EMMIUS, Ubbo   E22
Rerum Frisicarum historia. Autore Ubbone Emmio ... Accedunt præterea *De Frisia, et Republ. Frisiorum ... libri aliquot* ab eodem autore ...
Lugduni Batavorum, apud Ludovicum Elzevirium, 1616
p. 962: typis Henrici ab Haestens, 1616
2°:)(-2)(6, 3)(4, A-4K6, 4L8, 4M-P4, (.)4, a-f6, 2a-2g6, 2h4, 3a-3d6, 3e8, δ-?6, ε4, 3*6; [32], 962, [32], [8], 71, [1], 92, 62, [2], 60, [11] p. + krtn & ill.
- ZVII/11

ENGEL, Ludovicus, O.S.B.   E23
Collegium universi juris canonici ... Authore ... Ludovico Engel ... Editio decima quinta. Cui accessit ejusdem authoris *Tractatus de privilegiis monasteriorum*
Salisburgi, typis & impensis Joan. Jos. Mayr, 1768-1770 (1: 1770)
4°: 4 dln; gegrav. front. in 1.
- MV/10-11

ENGELGRAVE, Henri, S.J.   E24
Cælum empyreum ... Splendide illustratum. Per ... Henricum Engelgrave ...
Coloniæ Agrippinæ, apud Ioannem Busæum, 1668
2°: π1, *-2*4, A-4S4; [18], 624, [71] p. + ?: ill.; gegrav. bijk. titelp.
-PV/18 (dl 1)

ENGELGRAVE, Henri, S.J.   E25
Lux evangelica sub velum sacrorum emblematum recondita ... Per Henricum Engelgrave ...
Antverpiæ, apud viduam et hæredes Joannis Cnobbari, 1648
4°: *4, A-3Q4, 3R2; [8], 470, [21] p.: ill.
- JV/15 (titelblad ontbr.)

ENGELGRAVE, Henri, S.J.   E26
Lux evangelica sub velum sacrorum emblematum recondita ... Per Hen. Engelgrave ...
Coloniæ. Prostant apud Iacobum Meurs, Amstelodami, 1655
12°: ? + *12, A-2N12, 2O10; [24], 826, [57] p. : ill.; gegrav. titelp.
- ArCI/11 (dl 2; herk.: Dono P. J. Dillen ... vicarii in Hougaerden 1840 [Park])

ENGELGRAVE, Henri, S.J.   E27
Meditatiën ofte Soete bemerckinghen op het bitter lyden

E

Christi. Door ... Henricus Enghelgrave ... Waer by ghevoeght zijn *Vier gront-reghels der Christelycke wysheyt* ... In 't Italiaensch beschreven, door ... Ioan. Baptista Manni ... ende verduytst door eenen pater der selve societeyt (Daniel Van Papenbroeck)
T'Antwerpen, by Franciscus Muller, 1693
8°: A-Q⁸, R⁴, A-C⁸; 264, 46, [1] p.
- ArEV/16 (herk.: Fr. M. Colen Relig. Averbode 1704)

ENGELGRAVE, Henri, S.J.   E28
Meditatiën ofte Soete bemerckinghen op het bitter lyden Christi. Door ... Henricus Enghelgrave ...
t'Antwerpen, inde druckerye van Knobbaert by Franciscus Muller, 1706
8°: A-P⁸, Q⁴(-Q⁴); 245, [1] p.
- ArCI/27/1 (herk.: Maria Catharina De Pret; Paulus De Laet; Anne Marie Van Aertselaar; Barbara van Huyck)

ENGHIEN, Franciscus d', O.P.   E29
Auctoritas sedis apostolicæ pro S. Gregorio ... VII vindicata adversus ... Natalem Alexandrum ... Per ... Franciscum D'Enghien ...
Coloniæ Agrippinæ, apud Joannem Kinckium, 1684
8°: *⁸, 2*⁴, A-2O⁸, 2P⁶; [24], 604 p.
- ArDIV/21 (herk.: Rumoldus Duchateau Park 1689; Petrus Willemaerts Park 1700)

ENGHIEN, Franciscus d', O.P.   E30
Vindiciæ adversus avitum academicum ... Auctore religioso ordinis FF. Prædicatorum [F. d'Enghien]
Gandavi, typis Mauritii vander Ween, 1712
8°: *⁴, A-N⁸, O⁶(-O⁶); 218 p.
- ArDIV/15/1 (herk.: Fr. Verschueren)

ENRIQUEZ GOMEZ, Antonio   E31
El siglo pitagorico, y vida de Don Gregorio Guadaña. Por Antonio Henriquez Gomez. Segunda ediccion
Segun el exemplar en Rohan, de la emprenta de Lavrentio Maurry, 1682
4°: ¶⁴, A-2O⁴, 2P²; [8], 292 p.
- UII/5

EPHREM SYRUS, NILUS ANCYRANUS e.a.   E32
Præclara ac divina quædam quatuor doctrina, et sanctitate illustrium abbatum, Ephræm, Nili, Marci, et Esaiæ opera. E Græco in Latinum conversa, Pietro Francisco Zino ... interprete
p.78: *Vita sancti Ephræm per D. Gregorium Nyssæ* ...; p.89: *Præclara Nili et Marci abbatum opera* ..., Venetiis, apud Franciscum Rapazetum; p.161: *Præclara Beati Esaiæ abbatis opera* ...
Venetiis, apud Bologninum Zalterium, 1574
8°: A-R⁸, S⁴; 161 f.
- ArDIII/32 (herk.: Bibliotheca parcensis [in fine]; theca IX)

EPISTELEN ENDE EVANGELIEN ...   E33
Epistelen ende Evangelien soo die ... in de dienst der H. Missen gelesen worden
Thantwerpen, by Hendrick Aertssens, 1644
12°: A-T¹²; 444, [12] p.; gegrav. titelp.
- PrEI/17

EPISTOLA AD AUTOREM ...   E34
Epistola ad autorem scripti cui titulus: Statera Antonii Parmentier ...
S.l., s.n., (1719?)

8°: A⁸; 14, [2] p.
- YIII/35/8 (A8 ontbr.)

EPISTOLA THEOLOGI ...   E35
Epistola theologi Lovaniensis ad amicum quemdam suum super cavillis aliquot doctoris Steyaert contra ejus orationem confutatam
Lovanii, typis Guilielmi Stryckwant, (1700?)
8°: A⁸, B²; 20 p.
- ArDIV/9/11

EPISTOLA THEOLOGI ...   E36
Epistola theologi Parisiensis ad quemdam theologiæ baccalaureum in Universitate Lovaniensi ... adversus thesim sabbathinalem defensam Lovanii 20 Febr. 1706. Præside ... Hermanno Damen ...
S.l., s.n., (1706?)
8°: π¹, A-C⁴, D⁶(-D⁶); [2], 33 p.
- ArDIV/8/8

ERASMUS ROTERODAMUS, Desiderius e.a.   E37
Adagia, id est proverbiorum, parœmiarum et parabolarum omnium, quæ apud Græcos, Latinos, Hebræos, Arabas, &c. in usu fuerunt, collectio ... In qua continentur ... Des. Erasmi ... *Chiliades*. Hadriani Iunii ... *Adagia*. Ioann. Alexandri (Brassicani) ... *Symmicta*. Ioannis Ulpii ... *Epitome*. Petri Godofredi ... *Proverbia*. Gulielmi Canteri ... *Adagia juridica*. Victoris Giselini ... *Specimen adagiorum*. Henrici Stephani *Animadversiones in Erasmum*. Gilberti Cognati ... *Sylloge*. M. Grunnii Corocottæ Porcelli *Testamentum*. Polydori Vergilii *Adagia*. Caroli Bouilli *Proverbia*. Hadriani Turnebi & M. Antonii Mureti *Excerpta Adagia*. Gulielmi Gentii ... *Adagia juridica*. Melchioris Neipei Bredenani ... *Adagia* (ed.: Jacobus Grynæus)
[Francfurt], typis Wechelianis, sumptibus Ioannis Pressii, 1643
2°:)?(⁶, A-3S⁶, a-m⁶, n⁸(-n⁸); [12], 776, [158] p.
- XIX/7 (herk.: Gymnasium COHO Soc. Iesu Paris ad V.M.L.)

ERASMUS ROTERODAMUS, Desiderius   E38
Adagiorum epitome. Post ... D. Erasmi ... recognitionem, per Eberhardum Tappium ... aucta. Appositæ sunt ... phrases ... opera studioque Joannis Servillij
Antverpiæ, excudebat Michael Hillenius, 1545
8°: A-2R⁸, 2S⁴; [4], 289, [31] f.
- ArJII/12

ERASMUS ROTERODAMUS, Desiderius   E39a
Brief van Desiderius Erasmus, van Rotterdam, aan Koenraad Pelikaan, bevattende zijn gevoelen wegens het heilig Avondmaal des Heeren
(Amsterdam, Gerrit Tielenburg), [1750]
In fine: Te Amsteldam, by Gerrit Tielenburg
8°: A-C⁸; 48 p.
- ZI/24/2

ERASMUS ROTERODAMUS, Desiderius   E39b
Codicille d'or, ou petit recueil tiré de l'Institution du Prince Chrestien composée par Erasme [vert.: Claude Joly]
p.55: *Epistre d'Erasme ... a ... Charles d'Autriche petit-fils de l'empereur Maximilien*
[Amsterdam, Elzevier], 1665
12°: A-H¹²(-H¹²); 187, [2] p.
- YIV/32 (herk.: Ex libris Georges Montandon [met wapen])

ERASMUS ROTERODAMUS, Desiderius   E40

Desid. Erasmi ... *Colloquia*
Amstelodami, typis Ludovici Elzevirii, 1650
16°: *⁴, A-2M⁸, 2N⁴, 2O⁸, 2P⁴; [8], 589, [3] p.; gegrav. titelp.
- PrJVII/6

ERASMUS ROTERODAMUS, Desiderius   E41
Desiderii Erasmi ... *Colloquia familiaria. In usum studiosæ iuventutis*. Cum notis ... Nicolai Mercier ... Editio novissima
Parisiis, apud viduam Claudii Thiboust et Petrum Esclassan, 1691
12°: á⁸, é⁴, í⁴, A-2Y⁸⁻⁴, 2Z²; [10], 536, [11] p.
- PrFII/2

ERASMUS ROTERODAMUS, Desiderius   E42
Desid. Erasmi Roterodami, *De novo evangelio, novisque evangelistis iudicium*. Nunc primum in lucem editum studio Jacobi Gretseri ... Accessit aliud similis argumenti, ex libro Georgii Wicelii ...
Ingolstadii, ex typographeo Adami Sartorii, 1611
4°: A-I⁴; 70 p.
- EII/36/4

ERASMUS ROTERODAMUS, Desiderius   E43
Des. Erasmi Roterod. *De utraque verborum ac rerum copia lib. II ad sermonem et stylum formandum utilissimi*
In fine: *Epitaphia, ac tumuli, quibus D. Erasmi mors defletur*
Amstelodami, apud Ioannem Ianssonium, 1645
12°: A-N¹²; 294, [18] p.; gegrav. titelp.
- PrJVIII/11

ERASMUS ROTERODAMUS, Desiderius   E44
Desiderii Erasmi ... *Liber utilissimus de conscribendis epistolis*. Editio nova
Amstelodami, apud Henricum & viduam Theodori Boom, 1682
12°: A-X¹²; 470, [33] p.; bijk. gegrav. titelp. (1670)
- PrEI/1 (herk.: Ex libris Georges Montandon [ex libris])

ERBER, Anton, S.J.   E45
Theologiæ speculativæ tractatus I (-VIII). Methodo scholastica elucubratus ... per Antonium Erber ...
Viennæ Austriæ, impensis Caspari Schmid, 1767-1768
N.B.:1 & 5: typis Kirchbergianis; 2 & 4:typis Joannis Ignatii Heyinger; 3 & 8: typis Francisci Andreæ Kirchberger; 6 & 7: typis Joannis Thomæ Trattner 8°: 8 dln
- FII/19-26 (herk.: G. Cortens S.J. [G. C.]; Ex libris B. Beeckmans [in 1])

ERCKEL, Johan Christiaan van   E46
S. T. Baccalaureus, e philosopho præmaturè factus advocatus S. T. doctoris, missus paulisper ad dialecticam, sive Confutatio [J. C. van Erkel] *epistolæ contra 'Quæsitum nuper' conscriptæ per S. T. B.* [Joannes Opstraet]
Delphis, pro Henrico van Rhyn, 1720
8°: A-B⁸, C⁴, D²(-D²); 42 p.
- ArDIV/14/8

ERNST, Simon Pierre   E47
Tableau historique et chronologique des suffragans ou co-évèques de Liége ... Par ... S. P. Ernst
A Liège, chez Lemarié, 1806
8°: π¹, a-c⁸, d⁴(-d⁴), A-Y⁸, Z²; LIV, 356 p.
- MV/16

ESPEN, Zegher Bernhard van   E48
Jus ecclesiasticum universum antiquæ et recentiori disciplinæ præsertim Belgii, Galliæ, Germaniæ, & vicinarum Provinciarum accomodatum ... Auctore Zegero Bernardo Van-Espen ...
Lovanii [= Venetië], s.n., 1753
2°: 4 dln
- ArBVI/6-9

ESPEN, Zegher Bernhard van   E49
Zegeri Bernardi Van-Espen ... *Jus ecclesiasticum universum, antiquæ et recentiori disciplinæ præsertim Belgii, Galliæ, Germaniæ ...*
Lovanii, et reperitur Lugduni, apud Joannem Mariam Bruyset, 1778
2°: 5 dln
- ArBVI/1-5

ESPEN, Zegher Bernhard van   E50
Zegeri Bernardi van Espen ... *Opera, quæcunque hactenus in lucem prodeunt, omnia*. Editio novissima
Lovanii, s.n., 1721
2°: 2 dln
- ArBVII/1-2

ESPEN, Zegher Bernhard van   E51
Zegeri Bernardi Van Espen ... *Operum quæ hactenus in lucem prodierunt pars prima (-sexta)*
Lovanii, sumptibus Societatis, 1732
2°: 6 dln
- ArBVI/10-12

ESPEN, Zegher Bernhard van   E52
Peculia sive particularia religiosorum deposita improbata ex regula & disciplina S. Augustini ... Authore Zegero Bernardo Van Espen ...
Lovanii, typis Guilielmi Stryckwant, 1686
8°: π², A-E⁸; [4], 80 p.
- ArEVII/11/11

ESPEN, Zegher Bernhard van   E53
Z. Bernardi Van-Espen ... *(Scripta omnia, quatuor tomis comprehensa.)* Editio novissima
1 & 2: *Jus ecclesiasticum universum antiquæ et recentiori disciplinæ præsertim Belgii, Galliæ, Germaniæ, & vicinarum provinciarum accommodatum*; 3: *Commentarius in canones juris veteris ac novi, & in jus novissimum*; 4: *Commentarius in canones et decreta juris novi, & in jus novissimum*
Lovanii, s.n., 1753
2 : 4 dln
- KIX/5-8

ESPEN, Zegher Bernhard van   E54
Supplementum ad varias collectiones operum clar. viri Z. B. van Espen ...
In fine: *Vie de M. Van Espen* [G. Duparc de Bellegarde]
Bruxellis, apud Henr. Vleminkx et Emman. Flon, 1769
2o:*², π¹,*-5*², A-E⁴, F², A-5L⁴,5M², A-3K²(-3K²); [26], 44, 827, [1],218, [4]p.
- KIX/9

ESPEN, Zegher Bernhard van   E55
Supplementum in Corpus juris canonici, sive in jus universum ecclesiasticum cum brevi commentario ad Decretum Gratiani [Z. B. Van Espen]
Parisiis, typis Jacobi Vincent, 1729
2°: á², A-3M², A-L², A-30²; [4], 231, [1], XXXXII, [1], XX, 239, [1] p.
- ArBVI/13

ESPEN, Zegher Bernhard van   E56
Tractatus de jure parochorum ad decimas et oblationes et de

E

competentia pastorali. Authore Zeg. Bern.Van Espen ... Editio tertia
Lovanii, apud Ægidium Denique, 1709
8°: π², A-H⁸, I²; 4, 132 p.
- ArHV/12/2

ESPEN, Zegher Bernhard van   E57
Tractatus de jure parochorum ... Authore Zegero Bernardo Van Espen. Editio postrema
Lovanii, typis Petri Aug. Denique, [1725?]
8°: *², A-I⁸, K²(-K²); [4], 146 p.
- YV/34/1

ESPEN, Zegher Bernhard van   E58
Tractatus de recursu ad principem ... Item de hujus recursus effectu. Authore Zegero Bernardo Van Espen ...
Lovanii, typis Ægidii Denique, 1725
4°: *⁶(-*⁶), A-2G⁴, 2H²; [10], 244 p.
- XIV/10

ESPEN, Zegher Bernhard van   E59
Tractatus historico-canonicus de censuris ecclesiasticis [Z. B. Van Espen] ... Editio secunda
S.l., s.n., 1711
8°: A-T⁸; [6], 291, [5] p.
- YV/34/2

ESTIENNE, Henri   E60
Lexicon Græcolatinum, seu Epitome thesauri Græcæ linguæ. Ab Henrico Stephano constructi, quæ hactenus sub nomine Ioh. Scapulæ prodiit
S.l., apud Pet. Balduinum, 1611
4°: $⁸, 2$⁴, A-3Z⁸, 4A², α-?⁸, λ⁴, a-f⁸, g⁴; niet gepag.; titelp. met gegrav. lijst
- ArIVI/10

ESTIUS, Guilielmus   E61
Absolutissima in omnes beati Pauli et septem catholicas apostolorum epistolas commentaria. Tribus tomis distincta ... Auctore ...Guilielmo Estio ...Accedunt huic novissimæ editioni ... annotationes ...studio & opera Jacobi Merlo-Horstii ...
Parisiis, apud Fredericum Leonard, 1679
Coll.: Andreas Hoius *(Elogium)*
2°: á⁴, A-3A⁶, 3B⁴, 3C-5P⁶; 8, 1272, [11] p.
- CVI/19-20 (herk.: Barchman Wuytiers, C.J.)

ESTIUS, Guilielmus   E62
Guilielmi Estii ... *Annotationes in præcipua ac difficiliora sacræ scripturæ loca.* Tertia editio
Antverpiæ, apud Hieronymum Verdussium, 1652
2°: *⁴, A-3P⁶, 3Q⁸; [8], 713, [20] p.
- CV/7 (herk.: Fr. Relig. Heylessemensis Ao 1680; Fr. Philippus de Munter [...]; modo van Loen cellarius heyslessemensis 1699)

ESTIUS, Guilielmus   E63
Guilielmi Estii ... *Annotationes in præcipua ac difficiliora sacræ scripturæ loca.* Accesserunt novæ huic editionis annotationes ... per ... Norbertum D'elbecque ... Nova editio
Antverpiæ, apud viduam et filium Joannis Baptistæ Verdussen, 1699
2°: π¹, *², A-3E⁶, *3F-*3R⁴, 3F-3G⁶, 3H-3P⁴(-3P⁴); [6], 635(i.e.731), [61] p.
- CVI/21

ESTIUS, Guilielmus & LAPIDE, Cornelius a   E64
Epitome commentariorum Guilielmi Estii ... et Corn. a Lapide ... in omnes ... Pauli epistolas. Per Joannem a Gorcum ... collecta. Editio nova D. Pauli textu, & G. Estii præfationibus aucta
Lovanii, typis Joan. Franc. van Overbeke, 1754
Coll.: Valerius Andreas & Joannes Franciscus Foppens
8°: *⁸, A-3A⁸, 3B⁴; [16], 760 p.
- CI/34

ESTIUS, Guilielmus   E65
Historiæ martyrum Gorcomiensium, maiori numero fratrum minorum; qui pro fide Catholica ... perduellibus interfecti sunt anno Domini M.D.LXXII, libri quatuor ... Authore Guilielmo Estio ...
Duaci, ex offina Baltazarii Belleri, 1603
8°: á⁸, A-T⁸(-T⁸); [16], 302 p.
- LI/22 (herk.: Bibliothecæ parchensis[?])

ESTIUS, Guilielmus   E66
Historiæ martyrum Gorcomiensium ... libri quatuor. Authore, Guilielmo Estio ...
Namurci, s.n., 1655
8°: a-b⁸, A-2B⁸; [32], 400 p.
- PrIII/7 & ArDII/27

ESTIUS, Guilielmus   E67
Guilielmi Estii ... *In quatuor libros sententiarum commentaria*
2-4: *In secundum (-quartum) librum sententiarum commentaria*
Duaci, ex typographia Petri Borremans, 1615-1616
2°: 4 dln
- HIX/3-4

ESTIUS, Guilielmus   E68
Guilielmi Estii ... *In quatuor libros Sententiarum commentaria* ... Quibus pariter S. Thomæ *Summæ* ... omnes partes ... illustrantur
Parisiis, sumptibus Caroli Angot, Petri de Launay, Ludovici Josse, Edmundi Couterot, 1696
2°: 4 dln
- DVII/14-15

ESTIUS, Guilielmus   E69
Guilielmi Estii ... *Orationes theologicæ*
Parisiis, apud Iacobum Quesnel, 1654
12°: á⁶, A-2A¹², 2B⁴; [12], 584 p.
- IIII/2

ETAT ECCLESIASTIQUE DU DIOCESE DE CAMBRAI ... E70
Etat ecclesiastique du diocese de Cambrai contenant le clergé séculier et régulier
A Cambrai, chez Samuel Berthoud, 1761
12°: I-K⁶, χ⁴, A-H⁶, χ⁶; 32, 52, LII, [3] p.
- ArDIII/21 (herk.: Max. Lefebvre)

ETTORI, Camillo, S.J.   E71
Solitudo sacra ... Authore ... Camillo Hectoreus ... Nunc post septimam editionem Italicam translata in Latinum a ... Henrico Heinsberg ...
Coloniæ Agrippinæ, sumptibus Wilhelmi Metternich, 1715
8°: 3 dln
- ArJV/27 (dl 3; herk.: Franciscus Durieux 1839 [Park])

EUCLIDES   E72
Euclidis ... *Elementa, libris XV ad germanam geometriæ intelligentiam ... restituta.* Authore ... Francisco Flussate Candalla. Accessit decimus sextus liber ...
Lutetiæ, apud Iacobum Du Puys, 1578

In fine: Lugduni, ex officina Ioannis Tornæsii ... MDLXXVIII
2°: *-2*⁶, a-2z⁶, A-B⁶; [24], 575 p.
- WVIII/6 (herk.: Ex munificentia ... Philippi Evrardi van Cruyninghen ... Adolescens Ferdinandus Cremers [prijsboek])

EUDES de l'ARCHE, Noël   E73
L'Homme d'un livre, ou Bibliotheque entiere dans un seul petit livre fait expres, pour les personnes d'esprit (N. Eudes de l'Arche) ...
A Leide, chez Theodore Haak, 1718
12°: π¹, *⁸, A-X¹², Y⁴; [18], 479, [8] p.
- ArHVI/18

EULARD, Petrus, S.J.   E74
Bibliorum sacrorum concordantiæ morales et historicæ ... A Petro Eulard ... conscriptæ. Cum appendice ex *Silva Allegoriarum ...* Hieronymi Laureti ..., & ex Georgii Bulloci *Œconomia Concordantiarum*, per eumdem Petrum Eulard selecta
Antverpiæ, ex officina Plantiniana, apud Balthasarem Moretum, & viduam Joannis Moreti, & Io. Meursium, 1625
4°: *⁴, A-6A⁴, 6B⁶; [8], 940 p.
- AII/1 (herk. in fine: Geor Verhaghen [Park])

EUSEBIUS van CÆSAREA   E75
Εγσεβιου τογ Παμφιλογ ... Αποδειξεως δεκα – Eusebii Pamphili ... *De demonstratione evangelica libri decem*. Quibus accessere ... contra Marcellinum Ancyræ episcopum libri duo: *De ecclesiastica theologia tres*, omnia studio R. M. [Richard Montagne] latine facta, notis illustrata ...
Parisiis, sumptibus Michaelis Sonnii, Sebastiani Cramoisy, et Caroli Morelli, 1628
Coll.: Lucas Holstenius (p. 547)
2°: á⁴, A-Tt⁶, Vu⁴, 2X-2Z, A-P⁶, Q⁸, A-B⁶, C-D⁴; [8], 548, 195, [1 bl], 25, [1bl], [13] p.
- CV/2

EUSEBIUS van CÆSAREA   E76
Hystoria ecclesiastica
Venundantur Parisiis a Francisco Regnault, [1505-1525?]
f° cxxxi v°: Eusebii Cesariensis ecclesiastica finit hystoria per Magistrum Goffredum Boussardum ... correcta et emendata Parisiis impressa expensis honesti viri francisci regnault ...
Coll.: Rufinus Aquileiensis (*Prologus* 2); Andere: Stephanus Poncher
8°: a-q⁸, r⁴, A-C⁸; CXXXI, [1 bl], [23] f.
- PrIII/8

EUSEBIUS van CÆSAREA e.a.   E77
Autores historiæ ecclesiasticæ. Eusebii ... libri IX, Ruffino interprete; Ruffini ... libri duo, recogniti ... per Beatum Rhenanum; item ex Theodorito ..., Sozomeno & Socrate Constantinopolitano libri XII, versi ab Epiphanio Scholastico, adbreviati per Cassiodorum Senatorem ...
(Basel), Ioan. Frob., (1523)
Ff8: Basileæ apud Io. Frobenium. Mense Augusto An. MDXXIII
2°: aa⁶, a-t⁶, u-x⁸, y-z⁶, A-Z⁶ , Aa-Ee⁶, Ff⁸, Gg-Ll⁶; [12], 636, [60] p.
- WVIII/9 (herk.: F. Mattheus Bosmans in Parco; F. Benedictus Piccaert in Parco; Fr. Norb.Chaufoureau [Park]; Ad usum fratris Josephi Goeyers Rel. Parc.)

EUSEBIUS van CÆSAREA e.a.   E78
Autores historiæ ecclesiasticæ. Eusebij Pamphili Cæsariensis ... *libri novem*, Ruffino interprete. Ruffini presbyteri Aquileiensis, *libri duo*. Item ex Theodorito Episcopo Cyreni, Sozomeno, & Socrate Constantinopolitano *libri duodecim*, versi ab Epiphanio Scholastico, adbreviati per Cassiodorum Senatorem ... Omnia regognita ad antiqua exemplaria Latina, per Beatum Rhenanum. His accesserunt Nicephori *Ecclesiastica historia* ... Victoris episcopi *libri III De persecutione Vandalica*. Theodoriti libri V nuper ab Ioachimo Camerario latinitate donati
Basileæ, Froben, 1539
In fine: Basileæ, per Hieronymum Frobenium et Nicolaum Episcopium
2°: aa⁶, a-z⁶, A-3A⁶, 3B⁸, 3C-3E⁶; [12], 856, [36] p.
- ArFV/3 (herk.: 'G. theca IX & gerad. supralibros van Park; Conventus Diesthemensis; Ce livre a été donné par le ... curé de Laken Mr Verluyten ... à Guil. van Thillo)

EUSEBIUS van CÆSAREA e.a.   E79
Ecclesiasticæ historiæ autores. Eusebij ... *historiæ Ecclesiast*. Vuolfgango Muscolo interprete. lib. X. Eiusdem *de vita Constantini* ... lib. V. Ruffini ... *historiæ Ecclesiast*. lib. II. Socratis Scholastici Constantinopolitani, Musculo interprete. lib. VII. Theodoriti ..., Ioachimo Camerario interprete. lib. V. Hermij Sozomeni Salaminij, Muscolo interprete. lib. IX. Theodori Lectoris *Collectaneorum historiæ Ecclesiast*. eodem interp. lib. II. Euagrij Scholastici, eodem interprete. lib. VI. Dorothei ... *Synopsis*, apostolorum ac prophetarum vitas complectens, eodem interprete
Basileæ, Froben, 1562
In fine: Basileæ in officina Frobeniana, per Hier. Frobenium et Nic. Episcopium, mense martio, anno domini MDLXII
2°: a⁴, a-z⁶, A-Z⁶, Aa-Zz⁶, AA⁶, BB⁴; [8], 818, [30] p.
- ArBVII/13 (herk.: Iohannes Bernsavius; Joannis Bunninger pastor in Meidrux[?] 1659)

EUSEBIUS van CÆSAREA   E80
Historiæ ecclesiasticæ pars prima, qua continentur *Eusebij ... lib. 10. Eiusdem de vita Constantini magni lib. 4. Oratio Constantini magni ad sanctorum cœtum. Oratio eiusdem Eusebij in laudem Constantini magni* ... Joanne Christophorsono ... interprete
Lovanii, excudebat Servatius Sassenus, sumptibus hæredum Arnoldi Birckmanni, 1569
Coll.: Joannes Maria Bagnaia, Edouardus Godsalfus
8°: †-4†⁸, A-2Yy⁸, 2Z⁴; [32], 361 [i.e.363] f.
- ArCV/19 (herk.: Sum F. Martini Hendrickx vicarii Horti Conclusi Herendalij 1713)
Nota: *Historiæ ecclesiasticæ pars tertia*, zie S173

EUSEBIUS van CÆSAREA   E81
Εγσεβιου του Παμφιλου Εκκλησιαστικη Ιστορια - Eusebii Pamphili *Ecclesiasticæ Historiæ libri decem*. Eiusdem de vita Imp. Constantini, libri IV. Henricus Valesius Græcum textum ... emendavit, Latinè vertit, & adnotationibus illustravit
Moguntiæ, Christian Gerlach & Simon Beckenstein, 1672
2°: a-h⁴, A-4O⁴, 4P⁶, a-2s⁴; [62], [2bl], 665, [11], 320, [6] p.
- NVIII/22 (herk.: Ex libris F. Bruynincx; Jac. de Richebourcq)

EUSEBIUS van CÆSAREA   E82
Kanaän en d'omleggende landen, vertoont in een Woordenboek uit de H. Schrift en Josephus, van alle steden, vlekken ... van 't Joodsche volk ... Eerst in 't Grieksch ontworpen door Eusebius Pamphilus ... vervolgens in 't Latijn overgebragt en verbetert door den H. Hieronymus; en ... met d'aantekingen voorzien van Jakobus Bonfrerius ... en Johannes de Klerk ... Hier is ... tusschen beiden ingevoegt de *Plaatswijzer des H. Landts*, van ... Nicolaus Sanson, ook met d'*Aanmerkigen* van ... Johannes de Klerk ... Nauwkeurig uit het Latyn vertaalt door W. v. R. [Willem van Ranouw] ... vervolgens in 't werk gebragt door F. Halma. Hier komt ... by, de ... beschrijving van ... O. Dapper, van zommige voornaame deelen van *Syriën en Palestyn*; als-

mede de *Reize* naar en door het H. Landt van ... Brochardus; nevens die van ... Henr. Maundrell; en verder een *Kort begryp der H. Tydtrekeninge* van ... Arnaud d'Andilly. Met nodige landtkaarten en print-verbeeldingen verrykt
Te Leeuwarden, gedrukt by François Halma, 1717
4°: †4, 2†3, *-8*4, 9*1, A-4A4; [14], 64, [2], 559 p. + uitsl. krtn & pltn; bijk. gegrav. titelp.
- DIII/13

EUSEBIUS van CÆSAREA   E83
Εγσεβιου του Παμφιλου... Προπαρασκευη ευαγγελικη - *Eusebii Pamphili ... Præparatio evangelica*. Franciscus Vigerus ... Latinè vertit, notis illustravit
Parisiis, sumptibus Michaelis Sonnii, Sebastiani Cramoisy et Caroli Morelli, 1628
2°: á4, é4, A-4B6, A-B6, a-g6; [14], 856, [24], 82, [2] p.; gegrav. titelp.
- CV/1 (herk.: Grande bibliothèque. Ecole libre. N. D. de Mont-Roland [Dole]; Minus seminarium arcus dolant [stempel])

EXAMEN CATHOLICUM ...   E84-85
Examen catholicum ordinandorum usque ad magnum sacerdotium ... Per eremitam Augustinianum
Coloniæ, sumptibus Ottonis Josephi Steinhauss, 1725
12°:)(12, 2†4, A-E12, F2; [32], 224 p.
- ArDIV/28 (herk.: Ex libris Henrici Thijssen 1750)

EXIMII DOMINI M. STEYAERT ...   E86
Eximii domini M. Steyaert ... morbus et remedia
S.l., s.n., (1700?)
8°: A-D4; 31 p.
- ArDIV/9/13

EXPOSITIO TERMINORUM ...   E87
Expositio terminorum philosophicorum ...
Gandæ, typis A.-I. vander Schelden, 1824
8°: 96 p.
- ArEV/4

EY, Silvester van   E88
Synopsis Scripturæ Sacræ quæstionibus et responsionibus deducta .... Ex Gallico in Latinum traducta. Opera et studio ... Silvestri Van Ey
Antverpiæ, apud Andream Paulum Colpyn, 1750
8°: 3 dln
- AVI/1-3

EYBEN, Arnold   E89
Ethica amoris ... Henrici a Sancto Ignatio adversus aberrationes ... pseudo-amici correctoris vindicata. Per R. D. Q. B. S. T. L. L. (Arnold Eyben?)
S.l., s.n., (1710?)
12°: A-B6; 24 p.
- ArDIV/6/17

EYNDE, Rombaut van den & CUYPERS D'ALSINGEN, Joseph Ferdinand   E90
Provincie, stad, ende district van Mechelen opgeheldert in haere kercken, kloosters, kapellen ... als oock alle opschriften, graf-schriften ... mitsgaeders sommige opmerckingen over de schilderyen ... Versaemelt door *** [R. Van den Eynde & J. F. Cuypers d'Alsingen]
Tot Brussel, by J. B. Jorez, 1770
4°: π1, a-b4, A-3D4, 3E2(-3E2), 3F-3K4, 3L2; [2], XVI, 446 p. + π1, A-3R4; [2], 502 p.
- QIV/1-2

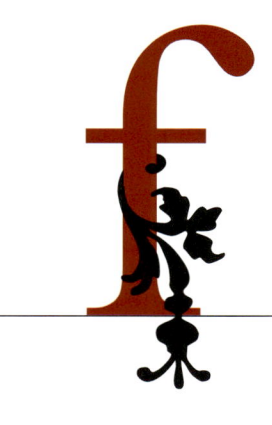

FABER, Josephus, O.S.B.   F1
Majestas hierarchiæ ecclesiasticæ a cleri regularis antiquissimo instituto ... exornata ... Quam ... præside ... Adriano Daude ... defendendam suscepit ... Josephus Faber ... Die XXX. Martii MDCCXLVI
Wirceburgi, typis Joannis Jacobi Christophori Kleyer, (1746?)
4°:)(4, 2)(6, A-2Z4, a-b4; [20], 364, [16] p.; bijk. gegrav. front.
- TIII/15/2

FABER, Mathias, S.J.   F2
Matthiæ Fabri ... *Conciones funebres & nuptiales*
Antwerpiæ, s.n. Et prostant Amstelodami, apud Philippum van Eyck, 1657
8°: π2, A-2K8; [4], 521, [4] p.
- ArCII/7 (herk.: J. B. Van Simphoven pastor Lubbeek [Park])

FABER, Mathias, S.J.   F3
Concionum opus tripartitum pluribus in singula evangelia argumentis instructum. Auctore Matthia Fabro ...
Ingolstadii, typis Gregorii Haenlin, 1631
2°: 3 dln; gegrav. titelp.
- KVIII/15-16 (dl 2 ontbr.)

FABER, Mathias, S.J.   F4
Opus concionum tripartitum Matthiæ Fabri. Pars æstivalis - Pars hiemalis - De festis sanctorum totius anni. Huic quintæ editioni accessere in fine Tomi III *Conciones funebres & nuptiales*
Antverpiæ, apud Hieronymum & Ioan. Bapt. Verdussen, 1663
2°: 3 dln
- KVIII/17 *(Pars hiemalis;* herk.: ... utitur Fr. Adriani de Vaddere Relig. Parchensis ... Pastor in Cortrijck)

FABRI, Honoratus, S.J.   F5
Honorati Fabri ... *Apologeticus doctrinæ moralis eiusdem Societatis in qui variis tractatibus diversorum auctorum opuscula confutantur ... Nunc primum in lucem prodit*
Lugduni, sumptibus Laurentii Anisson, 1670
2 : á4, é6, A-3H6, 3I-3K4; [20], 646, [16] p.
- ArDVIII/14 (herk.: Collegii Societ. Jesu Lucernæ 1670; Kantonsbibliothek Luzern)

102

FABRICIUS, Johann Albert   F6
Jo. Alberti Fabricii ... *Bibliotheca Græca, sive notitia scriptorum veterum Græcorum* ... Editio tertia
Hamburgi, 1: apud Christian. Liebezeit & Theodor. Christoph. Felginer, 1718; 2: Sumptu Christiani Liebezeit, 1716; 3: Apud Christianum Liebezeit, 1717; 4: Apud Theodor. Christoph. Felginer, 1723; 5, 6, 13: Sumtu Theodori Christophori Felgineri, 1723-1726; 7 & 9: Sumtu viduae Theodori Christophori Felgineri, 1737; 8 & 14: Sumtu viduæ Felgnerianæ, 1728-1729; 10: Sumtu viduæ Felgineriæ, 1727; 11: Sumtu viduæ B. Felgineri et J. Bohnii, (1740?); 12: Sumtu viduæ T. C. Felgineri et J. C. Bohnii, 1740
4°: 14 dln; gegrav. portret van de aut. in 1; gegrav. front in al de overige dln (niet in 6)
- WII/1-14

FAGNANI, Prospero   F7
Prosperi Fagnani *Commentaria in primum (-quintum) librum Decretalium*
Vesuntione, apud Joannem-Baptistam Charmet, 1740
2°: 5 dln
Nota: fouten in de titelp. (in band 1: *tertium* i.p.v. *primum*; in band 2: *quintum* i.p.v. *secundum et tertium*; in band 3: *quartum* i.p.v. *quartum et quintum*)
- LVIII/13-15

FAGUNDEZ, Stephanus   F8
... Stephani Fagundez ... *Quæstiones, de christianis officiis et casibus conscientiæ, in quinque ecclesiæ præcepta*
Moguntiæ, sumptibus Hermanni Mylii Birckmanni, excudebat Hermannus Meresius, 1628
2°: á⁴, é⁶, A-4G⁶; [2], 19, [1], 848 p.
- JVI/21/1 (herk.: Ecclesiæ ducalis Berchtensgadn. 1643)

FAGUNDEZ, Stephanus   F9
... Stephani Fagundez ... *Tractatus apologeticus... ad celebrem quæstionem de ovorum et lacticiniorum esu tempore quadragesimæ*
Moguntiæ, sumptibus Hermanni Mylii Birckmanni, excudebat Hermannus Meresius, 1631
2°: *⁶, B-D⁶, E²; 51 p.
- JVI/21/2

FARVACQUES, Franciscus, O.S.A.   F10
Disquisitio theologica, an peccata mortalia dubia sint in sacramentali confessione explicanda? Authore ... Francisco Farvacques ...
Lovanii, typis Cypriani Coenestenii, 1665
4°: π⁴, A-V⁴; [8], 156, [4] p.
- GII/22

FASSIN, Christophorus   F11
Epitome chronologo-theologo-geographica historiæ sacræ ... Per ... Christophorum Fassin ...
Leodii, apud S. Bourguignon, 1750-1751
8°: 4 dln
- ArDII/16 (dl 4)

FAUCHET, Claude, CHAMFORT, Sébastien R. N. e.a.   F12
Collection complète des Tableaux historiques de la Révolution française. En deux volumes : Le premier, contenant les quatre-vingts premiers Discours et Gravures ... Le second, contenant les Discours et Gravures suivants ... ainsi que les portraits des personnages qui ont le plus marqué dans la révolution ... [aut.: C. Fauchet, S. R. N. Chamfort, Pierre Louis Ginguené, François Xavier Pagès] (ill.: Jean-Louis Prieur, Pierre-Gabriel Berthault e. a.)
A Paris, de l'imprimerie de Pierre Didot l'aîné, 1798. An VI
2°: π⁶, a³, A-Z², A2-Z2², A3-Z3², A4-L4², 4M-5Z², A6-E6²; [4], VI , 484 p. (p. 321-325 ontbr.) + gegrav. front. + gravures
Bezit: 120 gravures
Nota: 1-80 & 81-120 van verschillende edities?
- ArHVIII/3

FAUCHET, Claude, CHAMFORT, Sébastien R. N. e.a.   F13
Collection complète des Tableaux historiques de la Révolution française ... en trois volumes, le premier contenant ... les neuf gravures et neuf discours préliminaires ... [aut.: C. Fauchet, S. R. N. Chamfort e.a.], (ill.: Jean-Louis Prieur, Pierre-Gabriel Berthault e.a.)
Paris, chez Auber, éditeur et seul propriétaire. De l'imprimerie de Pierre Didot l'aîné, (1802?)
2°: 3 dln (1: ?, a³, χ¹⁸, A-3Y²; 276(!) p. + gegrav. front., 9 + 68 grav.)
- ArHVIII/2 (dl 1; titelblad ontbr.)

FÉLIBIEN, Jean François   F14
Description sommaire de Versailles ancienne et nouvelle. Avec des figures. Par ... Félibien ...
A Paris, chez Antoine Chrétien, 1702
12°: á⁶(-á⁶), A-2K⁸⁻⁴, 2L⁶(-2L⁶); [10], 363, [47] p. + uitsl. pltn
- RI/24

FELICE, Fortunate Barthelemy de   F15
Tableau philosophique de la religion chrétienne, considérée dans son ensemble, dans sa morale & dans ses consolations. Ouvrage rédigé par ... de Felice
Yverdon, s.n., 1779
12°: 4 dln
- HIII/34-37

FELLER, François-Xavier de, S.J.   F16
Catéchisme philosophique, ou Recueil d'observations propres a défendre la religion chrétienne contre ses ennemis. Par ... F. X. de Feller. Troisieme édition
A Liège, chez J. F. Bassompierre, 1787
12°: 3 dln
- YVI/11-13

FELLER, François-Xavier de, S.J.   F17
Catéchisme philosophique ... Par ... F. X de Feller. Quatrième édition ... par ... Paul du Mont
A Liege, chez la veuve J. F. Bassompierre, An XIII, - 1805
12°: 3 dln
- ArBIV/1-3

FELLER, François-Xavier de, S.J.   F18
Dictionnaire géographique. Par F. X. de Feller
1: A Bruxelles, chez Le Charlier, 1791-1792; 2: A Liège, chez J. F. Bassompierre, 1793-1794
8°: a⁴(-a⁴), A-2T⁸, 2V⁶; [6], 683 p. + π¹, A-2S⁸(-2S⁸); [2], 654 p.
- TII/1-2

FELLER, François-Xavier de, S.J.   F19
Dictionnaire historique, ou Histoire abrégée des hommes qui se sont fait un nom par le génie, les talens, les vertus, les erreurs, etc. Par ... F. X. De Feller. Seconde édition
A Ausbourg, chez M. Rieger fils. A Liege, chez Lemarié, 1790-1794
8°: 8 dln
- TII/4-11 (herk.: Desmanet)

F

FELLER, François-Xavier de, S.J.　　　　　　　　F20
Dictionnaire historique ... Par ... F. X. De Feller. Seconde édition
A Liege, de l'imprimerie de Fr. Lemarié, 1797
8°: 8 dln
- WIII/1-8

FELLER, François-Xavier de, S.J.　　　　　　　　F21
Dictionnaire historique ... Par ... F. X. de Feller. Seconde édition
A Liège, de l'imprimerie de Fr. Lemarié, An 5 - 1797
8°: 8 dln
- WIII/9-16
Nota: de twee uitgaven (F20 & F21) zijn lichtelijk verschillend

FELLER, François-Xavier de, S.J.　　　　　　　　F22
Supplément au Dictionnaire historique de l'abbé F. X. de Feller [Joseph Bocous, Jean-B. l'Ecuy, Michel J. P. Picot]. Formant la suite de la nouvelle édition, revue et corrigée sur la troisième, et augmentée de quatre volumes
A Paris, chez Méquignon fils aîné. A Lyon, chez MM. Guyot frères, 1819-1820
8°: 4 dln + ill.; portret van de aut. in front.
- TII/12-15 + WIII/17-20

FELLER, François-Xavier de, S.J.　　　　　　　　F23
Supplément à la cinquième édition du Dictionnaire historique des grands hommes, par l'abbé de Feller. Rédigé par une société des gens de lettres [Joseph Bocous, e. a.]
Paris, Méquignon-Havard, 1825
8°: 536 & 455 p.
- WIII/21-22

FELLER, François-Xavier de, S.J.　　　　　　　　F24
Itinéraire, ou Voyages de Mr. l'abbé de Feller en diverses parties de l'Europe: en Hongrie, en Transylvanie, en Eslavonie, en Bohême, en Pologne, en Italie, en Suisse, en Allemagne, en France, en Hollande, aux Pays-Bas, au Pays de Liege etc.
A Liege, chez Fr. Lemarié. Et à Paris, chez Auguste Delalain, 1820
8°: VIII, 507 & XII, 578 p.
- ArJVI/3-4

FELLER, François-Xavier de, S.J.　　　　　　　　F25
Lettres de monsieur l'abbé de Feller concernant la proscription du Journal historique & littéraire &c
S.l., s.n., 1788
8°: 12 p.
- ArFIV/16/11

FELLER, François-Xavier de, S.J.　　　　　　　　F26
Mélanges de politique, de morale et de littérature. Extraits des journaux de M. l'abbé de Feller
A Louvain, chez Vanlinthout et Vandenzande, 1822-1824
8°: 4 dln
- UI/10-13

FELLER, François-Xavier de, S.J.　　　　　　　　F27
Recueil des représentations, protestations et réclamations faites à S. M. I. par les Représentans & Etats des dix Provinces des Pays-Bas Autrichiens assemblés [F. X. De Feller]
2, 5, 7 & 9: *Recueil des représentations ... de tous les Ordres de Citoyens ...*; 12, 13 & 14: *Supplément aux réclamations belgiques, &c.*; 15-17: *Les réclamations belgiques couronnées par la victoire & la liberté ...*
[A Liège], de l'imprimerie des nations, 1787-1790
8°: 17 dln: ill.
- SI/15-20

FELLERIES, Augustin de, O.Præm.　　　　　　　　F28
Les plaintes amoureuses de Iesus et Marie en la croix ... Composés & preschés par ... Augustin de Felleries ...
A Mons, de l'imprimerie des héritiers de Iean Havart, 1661
4°: á⁴, é⁴, í², A-3O⁴, χ¹; [20], 501, [1] p.
- PrHII/13 (herk.: ex liberali munificentio fontanæ civitatis ... exornatur ... joannes franciscus fauvian fontanus ...[prijsboek]; Basilius van Beygaerden [Park])

FELLERIES, Augustin de, O.Præm.　　　　　　　　F29
Sermons sur l'ave Maria. Composés & preschés par ... Augustin de Felleries ...
A Bruxelles, chez Martyn de Bossuyt, 1653
4°: a-c⁴, A-2Z⁴(-2Z⁴); [24], 366 p.
- PrHII/12

FÉNELON, François de Salignac de la Mothe　　　F30
Abrégé de la vie des plus illustres philosophes de l'antiquité. Par Fénélon ... Nouvelle édition ornée de vingt-six portraits
A Paris, chez Aimé Payen, 1823
286, [2] p. + ill.; gegrav. front.
- ArIII/28

FÉNELON, François de Salignac de la Mothe　　　F31
Les aventures de Télémaque, fils d'Ulysse. Par ... Fénélon ...
A Liège, chez Fr. Lemarié, [1793?]
12°: π¹(?), A-K¹², L⁴, A-K¹², A-C⁶, D⁴(-D⁴); 246, [2], 237, [3], 41 p.+ ill.; gegrav. front.
- ArII/21 (titelblad ontbr.)

FÉNELON, François de Salignac de la Mothe　　　F32a
De l'éducation des filles, par Fénélon ... Suivi de la lettre du comte Frédéric-Léopold de Stolberg à son fils agé de 20 ans. Traduction de l'Allemand
A Louvain, chez Vanlinthout et Vandenzande, 1823
8°: [4], 148 p.
- ArEVI/14/3

FÉNELON, François de Salignac de la Mothe　　　F32b
Gli avvenimenti di Telemaco figliuolo d'Ulisse. Tradotti dal manuscritto ... per B. D. Moretti
Probleem: hier moet een auteursvermelding bij
Leiden, appresso Theodoro Haak, 1719
8°: ? + *⁴, 2A⁴, 2B-2T⁸; [8] p., pp. 345-671
- ArII/16 (dl 2)

FÉNELON, François de Salignac de la Mothe　　　F33
Lettre de Mgr. François de Salignac de la Mothe-Fénélon ... à M. l'évêque d'Arras [G. de Sève de Rochechouart], *sur la lecture de l'Ecriture-Sainte en langue vulgaire, suivie de la lettre encyclique de S.S. Léon XII à tous les évêques*
A Louvain, chez Vanlinthout et Vandenzande, 1824
8°: [6], 53 p.
- ArEVI/14/2

FÉNELON, François de Salignac de la Mothe　　　F34
Œuvres spirituelles de François de Salignac de la Mothe Fénelon ... Nouvelle édition
Paris, L. Tenré, Boiste, fils aîné, 1822
4 dln; portret van Fénelon in 1
- PrGVI/14-17

FER, Nicolas de   F35
Les frontieres de France et des Pais Bas, ou se trouvent le Comté de Flandre, et la plus grande partie de ceux d'Artois de Hainaut et de Namur, le Duché de Brabant. &c le Pais Reconquis et le Boulonois. Dressez suivant les derniers memoires et mis au jour par N. de Fer
A Paris, chez le Sr. Danet, [1724?]
Nota: kaarten gedateerd tussen 1708 & 1724
2°: gegrav. titelp. (ingekl) + 22 krtn
- PrDVI/4

FERDINAND van BEIEREN   F36
Statuta consistorialia et reformatio iudiciorum spiritualium civitatis, patriæ seu ditionis, & diœcesis Leodiensis ... (Ferdinand van Beieren). Editio altera
Leodii, typis Christiani Ouwerx, 1620
4°: a⁴, A-O⁴; [8], 112 p.
- DI/11 (herk.: P. Mariot)

FERF, Horatius Arends   F37
Nederduitsche woordenlijst dienende tot het handwoordenboek der Grieksche taal, van J. T. Bergman (cf. B144). Door H. A. Ferf
Te Zutphen, bij H. C. A. Thieme, 1826
8°: [2], II, 164 p.
- PrGIV/1/2

FERNANDEZ de VELASCO, Juan   F38
Hispaniarum vindiciæ tutelares ... Venisse hæc regna Jacobum apostolum, fideique lumen intulisse, adversus ... Baronii, aliorumque opinionem. E bibliotheca Io. Fer. Velasci ... ab Erycio Puteano Latinitate donatæ
Lovanii, in officina typographica Gerardi RivI, 1608
4°: *⁴, a-i⁴; [14], 66 p.
- WI/11 (herk.: Bibliothecæ parchensis)

FERRARI, Francesco Bernardino   F39
De veterum acclamationibus et plausu libri septem Francisci Bernardini Ferrarii ...
Mediolani, ex Ambrosiani Collegij Typographia, 1627
4°: π², a-d⁴, A-3K⁴; [36], 407, [41] p.
- UII/23

FERRARI, Ottaviano   F40
Octavii Ferrarii *De re vestiaria libri septem. Quatuor postremi nunc primum prodeunt. Adiectis iconibus ... Quibus in hac nostra tertia editione accesserunt Analecta de re vestiaria, & Dissertatio de veterum lucernis sepulchralibus*
Patavii, typis Petri Mariæ Frambotti, 1685
4°: π⁴, A-2H⁴, 2I⁶; [10], 261 p. + 2§⁴, A-2G⁴; [8], 213, [21] p. + π², b⁶, A-S⁴, T⁶; [16], 155 p. + A-G⁴; 39, [17] p.: ill.; bijk. gegrav. titelp.
- JIV/18

FERRARIS, Lucius, O.F.M.   F41
... Lucii Ferraris ... *Prompta bibliotheca canonica, juridica, moralis, theologica, nec non ascetica, polemica, rubricistica, historica ... ex utroque jure, pontificiis constitutionibus ...* Editio novissima
Hagæ-Comitum et Francofurti ad Moenum, apud Van Duren, 1781-1784
4°: 8 dln; gegrav. portret van de aut.
- OIII/1-8 (herk.: Ad usum fratris Anselmi De Latin Thenensis 1781)

FERRERAS, Juan de   F42
Histoire générale d'Espagne. Traduite de l'espagnol de Jean de Ferreras, enrichie de notes ..., de vignettes en taille-douce, & de cartes géographiques, par ... d'Hermilly
A Paris, 1-4: chez Charles Osmont, Jacques Clousier, Louis-Estienne Ganeau; 5-10: chez Gissey, Le Breton, Ganeau, Bordelet, Quillau fils, De la Guette, 1742-1751
4°: 10 dln: ill. + krtn.; gegrav. front. in 1
- TVI/14-23 (herk.: niet geïdent. ex libris [in elk dl; gerad. in 4 & 8]: *Pietas homini tutissima virtus*)

FIEDLER, Aloysius W., O.Præm.   F43
Selectarum quæstionum epitome, ad Libri II Decretalium Gregorii IX ... titulum XXIV. De jurejurando. Quam ... præside ... Thadæo, Francisco Schweiger ... disputationi proposuit ... Aloysius Wenceslaus Fiedler ... Anno MDCCXXIX ...
Vetero-Pragæ, apud Matthiam Höger, (1729?)
8°:)(⁴, A-2V⁸, 2X⁴, 2Y²; [8], 693, [7] p.
- PrGII/17 (herk.: Ad bibliothecam Prior Schol. Beneschovoni)

FIERLANT, Simon de   F44
R.P. Ægidii Gabrielis Moralis doctrinæ reiteratum examen ejusque catholica repetita castigatio. Ab ... domino S. D. F. H. A. I. R. I. H. E. B. A. C. S. B. C. [S. de Fierlant] ... collecta
Leodii, ex typographia Petri Danthez, 1683
4°: A-R⁴; [135] p.
- PrCII/16/10

FIERLANT, Simon de   F45
Vita Christi metrice descripta ... Authore ... D. S. D. F. A. C. S. [S. de Fierlant] ...
In fine: *Doctrina Christi parabolica*, eodem ab authore delineata
Coloniæ Agrippinæ, apud Judocum Calckovium, 1674
4°: A-2C⁴, 2D²(-2D²), A-C⁴; 206, [4], 24 p.
- ArCIV/17

FILIPS II   F46
Philippi II ... *Edictum De librorum prohibitorum catalogo observando*
Antverpiæ, ex officiana (sic) Christophori Plantini, 1570
8°: [14] p.
- ArFIV/16/13

FILIPS IV   F47
Ordinantie, statuyt, ende eeuwich gebodt ons genadichs heeren des conincx [Filips IV] *op t'stuck vande bosschen ende plantaigien toebehoorende den prelaten, cloosteren ende particuliere persoonen ... S'landts van Brabandt*
Tot Brussel, by Huybrecht Anthoon [Velpius], 1624
4°: A-B⁴; [16] p.
- ArHV/22/2

FILIPS IV   F48
Ordonnantie des Coninghs [Filips IV] *op het generael reglement van sijne munte*
T'Antwerpen, by Hieronymus Verdussen, 1652
4°: A-E⁴, F², A-F⁴, G²; [96] p.; afb. van munten
- ArHV/22/1

FILLIUCIUS, Vincentius   F49
Vincentii Filliucii ... *Quæstionum moralium de christianis officiis in casibus conscientiæ ... tomi duo.* His demum adiuncta est appendix ... collecta a Ioanne Hieronymo Sopranis ...
Lugduni, sumptibus Iacobi Cardon, 1633-1634
2°: *⁴, á⁶, é⁴, í⁴, A-3F⁶, 3G⁴; [36], 576, [56] p.
- JVIII/7-8

F

FILOSTRATOS, Flavius & FILOSTRATOS jr F50
Les images ou tableaux de platte peinture des deux Philostrates sophistes grecs et les statues de Callistrate. Mis en François par Blaise de Vigenere ... Representez en taille douce ... Avec des épigrammes ... par Artus Thomas ...
A Paris, en la boutique de l'Angelier, chez Claude Cramoisy, 1630
2°: π1, á8, A-4M6; [18], 921, [47] p.: ill.; gegrav. titelp.
- ZVIII/15

FIOCCO, Andrea Domenico F51
Andreæ Domenici Flocci ... *De potestatibus Romanorum, lib. II*. Hactenus L. Fenestellæ ... adscripti, & nunc ... auctori restituti, studio ac industria Egidii Wiitsii ... Pomponij Læti, Raphaelis Volaterrani, & Henrici Bebelij, eiusdem argumenti libelli, ab eodem ... castigati, adpressi sunt
Antverpiæ, ex officina Christophori Plantini, 1561
8°: A-M8; 85, [3] f.
- ArDIII/31 (herk.: Bibliotheca parcensis [gerad. supralibros]; N theca V)

FIRMUS van SINT-TRUIDEN, O.Cap. F52
Wapenhuis der geloovigen, of leerredenen tegen de hedendaagsche dwaalingen ... Door ... Firmus van St. Truiden
Te Maestricht, by de weduwe Gysbertus Van Gulpen. Men vindze te koop te St Truiden, by J. J. Van Horen, 1790
Nota: fouten op titelp. van 1: ... *leerrredenen* ...; datum: MDLLXC
8°: 3 dln
- ArAVII/4-6 (foute datum is overplakt)

FISEN, Bartholomæus, S.J. F53
Bartholomæi Fisen ... *Flores ecclesiæ Leodiensis sive vitæ vel elogia sanctorum* ...
Insulis, e typographeo Nicolai de Rache, 1647
2°: á6, A-4M4; [12], 648 p.
- SVI/11

FISEN, Bartholomæus, S.J. F54
Bartholomæi Fisen ... *Sancta legia Romanæ ecclesiæ filia, sive historiarum ecclesiæ Leodiensis partes duæ*
Leodii, apud Guilielmum Henricum Streel, 1696
2°: a-b6, A-3E4; [24], 334, [73] p. + á4, A-3L4; [8], 408, [48] p.
- RVII/15

FLAMINIUS, Marcus Antonius F55
M. Antonii Flaminii *In librum psalmorum brevis explanatio*
Antverpiæ, ex officina Ioannis Loëi, 1547
8°: A-2D8, 2E4; 219 f.
- PrFII/19 (herk.: Ex libris Petri Cornelis 1618; D.d. Carmel. Discal. Conventus Tornacensis)

FLAYDER, Friedrich Hermann F56
De arte volandi. Authore Friderico Hermanno Flaydero ...
[Tübingen?], typis Theodorici Werlini, 1628
12°: A-B12; [2], 45 p.
- PrJVI/1/4

FLECHIER, Valentin-Esprit F57
Panégyriques et autres sermons. Préchez par ... Esprit Fléchier ...
3: *Sermons sur différens sujets* ...
A Lyon, chez les frères Bruyset, 1741
12°: 3 dln
- KI/32-34

FLÉCHIER, Valentin-Esprit F58
Sermons de morale, préchez devant le roy. Par ... Fléchier ...
A Lyon, chez les frères Bruyset, 1730
12°: π1, á6, A-P12, Q6; [14], 370, [2] p. + à2, A-X12, Y4; [4], 511 p.
- KI/30-31

FLEURY, Claude F59
Catechismus historicus ... Auctore Claudio Fleury ...
Bruxellis, typis Eugenii Henrici Fricx, 1705
12°: *4, A-O12, P8; [8], 334, [11] p.
- ArBIII/11

FLEURY, Claude F60
Discours sur l'histoire ecclésiastique. Par ... Fleury ... On y a joint le discours sur le renouvellement des études ecclésiastiques depuis le XIVe siècle par ... Goujet. Nouvelle édition
A Paris, chez Jean-Thomas Hérissant, 1763
12°: a8, c2, A-2X8-4, 2Y2; XIX, [1], 529, [2] p.
- ArDV/13

FLEURY, Claude F61
Histoire ecclésiastique. Par ... Fleury ...
21-36: Pour servir de continuation à celle de Monseigneur Fleury [par Jean-Claude Fabre & Claude-Pierre Goujet]
A Paris, 1-14, 17, 19:, chez Pierre Emery; 15-16, 18, 29-30: chez Emery pere & fils, Saugrin l'aîné, Pierre Martin; 20-22: chez Jean Mariette; 23-26, 31-36: chez Hippolyte-Louis Guérin; 27-28: chez Pierre-Jean Mariette, 1691-1738
4°: 36 dln
- NII/24-34 + NIII/1-25
Nota: zie ook nr R114: *Table générale* ...

FLEURY, Claude F62
Kort-begryp der kerkelyke historie. Door ... Fleury ...
Tot Brugge, by Franciscus van Eeck, 1787-1789
8°: 16 dln
- YIII/1-16

FLEURY, Claude F63
Les mœurs des chrétiens. Par ... Fleury ... Dernière édition
A Bruxelles, et se vend à Liège, chez Jean F. Broncart, 1732
12°: A-O12, P8, Q2; [8], 348 p. + π2, A-K12; [4], 239 p.
- PIII/24 (herk.: Ex libris A.S. Respani 1754; Van Dijck)

FLEURY, Claude F64
Opuscules de M. l'Abbé Fleury ...
5: *Supplément à la collection des opuscules* ... par le père Tranquille de Bayeux [Osmont du Sellier]
A Nismes, chez Pierre Beaume, 1780-1781
8°: 5 dln; portret van Fleury in 1
- XI/31-35

FLEURY, Claude F65
De zeden der christenen. Gemaekt door ... Fleury ... Van nieuws vertaelt na den lesten Paryschen druk
Tot Ghendt, by Franciscus en Dominicus vander Ween, 1719
12°: A-Q12; 370, [14] p.
- ArBII/1

FLORIOT, Pierre F66
Morale chrétienne, rapportée aux instructions que Jésus-Christ nous a données dans l'oraison dominicale (P. Floriot). Sixieme édition ...
A Paris, chez Guillaume Desprez. Se vend à Bruxelles, chez Eugene Henry Fricx, 1686
4°: á4, $4, A-6Z4; [16], 1103 p.
- IVI/18

FLORISOONE, Prosper   F67
Nieuwe Vlaemsche sermoenen. Gemaekt ... door ... Prosper
Florisoone
Tot Brugge, by Joseph de Busscher, 1780-1783
8°: 8 dln
- ArAIV/1-8

FLORUS, Campianus   F68
Ignis fatuus extinctus, sive Charitas ordinata. Opera Campiani
Flori ...
Coloniæ Agrippinæ, typis Egmontianis, 1679
8°: A-H^8; 126 p.
- HI/7/3

FLORUS, Lucius Annæus   F69
L. Annæus Florus. Recensitus & illustratus a Joanne Georgio
Grævio
Trajecti Batavorum, apud Joannem Ribbium, 1680
8°: *^{4}-2*^{8}, 3*^{2}, A-2A^8, 2B^4, a-g^8, h^4(-h^4); [32], 210, 179, [122] p.; bijk. gegrav. titelp.
- RI/6 (herk.: Professor J.J. De Vleeschouwer Loveniensis 30 julii 1756)

FLORUS, Lucius Annæus   F70
Lucii Annæi Flori *Rerum Romanarum editio novissima.*
Accurante Joanne Freinshemio
Argentorati, apud Georg. Andr. Dolhopf & Joh. Eberh. Zetzner,
1669
8°: a-b^8, A-2P^8; [32], 452, [155] p.; bijk. gegrav. titelp.
- QI/31

FLORUS, Lucius Annæus   F71
*Roomsche Historie van L. Julius Florus ... Mitsgaders de thien
boecxkens van Eutropius ...* Alles uyt de Fransche in de
Nederduytsche tale gebracht door Abraham de Decker. En na
de Latijnsche exemplaren oversien door J. de Decker
t'Amsterdam, by Hieronymus Sweerts, 1664
12°: *^{12}, A-Z^{12}, 2A^6; [24], 340, 222 p.
- ArJI/9 (titelblad is beschadigd; herk.: ad usum Josephi van Meerbeeck 1737)

FOCQUENBERGUES, Jean de e.a.   F72a
Recueil de plusieurs préparations pour la S. Cene. Faites par
divers auteurs (J. de Focquenbergues, M. le Faucheur, Raymond Gaches, Daniel Toussain, Pierre du Moulin, pere & fils)
A Amsterdam, chez Gerbrandt Schagen, 1676
12°: π^4, A-M^{12}, N^6; [10], 299 p.; bijk. gegrav. titelp.
- PrEI/20

FOERE, Leo de   F72b
*Examen du triomphe de la croix de Jésus-Christ, prêché dans
l'église métropolitaine de Saint Rombaud, par ... F. G.
Verheylewegen ...* Extrait du *Spectateur belge*
S.l., s.n., (1821?)
48 p.
- ArAV/29/7

FONTENAY, Louis-Abel de Bonafous, abbé de   F73
Du rétablissement des Jésuites et de l'éducation publique [L.-
A. de Fontenay]. Nouvelle édition
A Emmerick, chez J.-L. Romen, 1800
8°: π^2, A-I^8; [4], 144 p.
- ArAVIII/23

FOPPENS, Joannes Franciscus   F74
*Bibliotheca Belgica, sive virorum in Belgio vita, scriptisque
illustrium catalogus...* Cura & studio Joannis Francisci Foppens...
Bruxellis, per Petrum Foppens, 1739

4°: π^1, a-e^4, f^2, A-4F^4; [2], XXXI, [3], 600 p. + π^1, A-4K^4, 4L^2(-4L^2); [2] p.,
pp. 601-1233 + portretten. & uitsl. pltn
- OI/28-29 (herk.: Bibliothecæ Fr. Min. Recollect. Lovan. ad SS Trinit. 1791)
& PrHIV/1-2 (herk.: Ex libris Henrici Petri Verdussen Antverpiensis 1795)

FOPPENS, Joannes Franciscus   F75
*Historia episcopatus Antverpiensis, continens episcoporum
seriem, et capitulorum, abbatiarum, et monasteriorum fundationes ...* [J. F. Foppens]
Bruxellis, apud Franciscum Foppens, 1717
4°: *^{4}, A-2D^4; [8], 210, [6] p.: ill. + 9 uitsl. pltn.; bijk. gegrav. front.
- PrEIII/20 (herk.: Ex libris H. Niemants Antv. 1791) & PrGIV/8

FOPPENS, Joannes Franciscus   F76
*Historia episcopatus Silvæducensis, continens episcoporum et
vicariorum generalium seriem et capitulorum abbatiarum et
monasteriorum fundationes ...* (J. F. Foppens)
Bruxellis, typis Francisci Foppens, 1721
4°: *^{4}, 2*^{2}, A-2F^4, 2G^8(-2G^8), 2H-2T^4, 2V^2; [12], 1-233, [6], 234-333, [7] p.:
ill. + ill.; bijk. gegrav. front.
- ArEVI/15

FORMEY, Jean Henri Samuel   F77
*Conseils pour former une bibliothèque peu nombreuse mais
choisie* (J.-H.-S. Formey). Suivie de *l'Introduction Générale à
L'Etude des Sciences & Belles-Lettres* par ... de la Martinière.
Nouvelle édition
A Berlin, chez Haude et Spener, 1756
12°: A-P^{12}, Q^6; XX, 352 p.
- TI/34 (herk.: ex libris met wapen van Preston [Limbourg] met spreuk: *Sans
tasche*)

FOULLON, Jean-Erard, S.J.   F78
*Commentarii historici et morales perpetui ad primum
Machabæorum librum.* A ... Jo. Erardo Fullonio ...
Leodii, ex officina typographica Jo. Mathiæ Hovii, 1660
2°: *^{8}, (:)^6, 2(:)^4, a-d^6, A-2S^6, 2T-2V^4, §-6§^{4}, 7§^{5}; [40], 552, [50], [8] p.
- CVII/16 (herk.: Abbatiæ Geroldisartensi Petrus Lobbiensis abbas sui mnemo-
synon, 1671; H M [supralibros])

FOULLON, Jean-Erard, S.J.   F79
*Commentarii historici et morales perpetui ad secundum
Machabæorum librum.* A ... Jo. Erardo Fullonio ...
Leodii, ex officina typographica Jo. Mathiæ Hovii, 1664
2°: a-b^6, c^4, a-b^6, A-2Q^6, §-12§^{4}, 13§^{6}, 14§-15§^{4}; [34], 466, [2], 108, [16] p.
- CVII/17 (herk.: Abbatiæ Geroldisartensi Petrus de la Hamaide Abbbas
Lobbiensis sui mnemosynon, 1671)

FOULLON, Jean-Erard, S.J.   F80
*Historia Leodiensis, per episcoporum et principum seriem
digesta, ab origine populi usque ad Ferdinandi Bavari
tempora.* Studio & accurate labore ... Foullon ...
3. *Historia Leodiensis ... a Ferdinandi Bavari initiis ad episcopi ac principis Georgii Ludovici a Bergis hodie regnantis
administrationem continuata*
Leodii, typis Everardi Kints, 1735-1737
2°: 3 dln : ill.
- RVII/16-18

FRAATS, Martinus Antonius   F81
*De gestorve, en begraavene Jesus ... Van den predikstoel voor-
gedraage,* door ... Martinus Antonius Fraats ...
Te Amsterdam, by Hendrik en Cornelis Beekman, 1753
4°: *-3*^{4}, A-2N^4, 2O^2; [22], 287, [4] p.
- KV/4/1

F

FRAATS, Martinus Antonius — F82
Gewyde mengelstoffen, verdeeld in tien traktaatjes, behelzende LXVI predikatiën ... Door ... M. A. Fraats ...
Te Hoorn, gedrukt, by T. Tjallingius, 1756
8°: *-3*⁴, A-4O⁴; [24], 602[=630], [16] p.
- ArCIII/10

FRAATS, Martinus Antonius — F83
De lydende, en stervende Jesus ... van den predikstoel voorgedragen, door ... Martinus Antonius Fraats ...
Te Amsterdam, by H. W. van Welbergen, 1750
4°: 3 dln
- KV/1-3

FRAATS, Martinus Antonius — F84
De verreeze en verheerlykte Jesus ... Van den predikstoel voorgedraage, door ... Martinus Antonius Fraats ...
Gedrukt te Hoorn, by Volkard Roos, 1753
4°: *⁴, A-2S⁴; [8], 333, [5] p.
- KV/4/2

FRANCISCUS BONÆ SPEI, O.Carm. — F85
Historico-theologicum Carmeli armamentarium. Auctore ... Francisco Bonæ Spei
Antverpiæ, apud Marcellum Parys, 1669
4°: ?, A-3I⁴, ?; X, XXVIII, 440, XVIII p.
- PrIIV/9/2 (titelblad & laatste pp. ontbr., vervangen door titelp. in ms.)

FRANCISCUS BONÆ SPEI, O.Carm. — F86
Historico-theologicum Carmeli armamentarium. Authore ... Francisco Bonæ Spei ...
Coloniæ Agrippinæ, typis Petri Alstorff, 1677
4°: ? + †-2†⁴, a-d⁴, A-3K⁴; [16], 410, [38] p.
- PIII/12 (dl 2; herk.: Carmeli gedanensis)

FRANCISCUS a JESU MARIA, O.Carm. e.a. — F87
Collegii Salmanticensis FF. Discalceatorum B. Mariæ de Monte Carmeli ... Cursus theologiæ moralis ...
1: Per ... Franciscum a Iesu Maria ... Editio quarta, 1709; 2 & 3: Per Andræam a Matre Dei ... Editio quarta, 1709; 4: Per ... Andræam a Matre Dei ... Editio quinta, 1718; 5: Per ... Sebastianum a Sancto Ioachim. Editio prima, 1714; 6: Per ... Sebastianum a S. Ioachim ... inceptus. Et per ... Ildefonsum ab Angelis ... completus, & consommatus. Editio prima, 1723
Matriti, 1, 4-6: ex officina regia, apud Iosephum Rodriguez de Escobar; 2-3: ex typographia Emmanuel Ruiz de Muir, 1709-1723
2°: 6 dln
- JVIII/1-6 (herk. in 4: Carmelitas Descalsos de Madrid)

FRANCISCUS a PUERO JESU, O.Carm. — F88
Noodighe onderwijsinghe voor alle christen-gheloovighen om het H. Sacrament der penitentie ofte biechte wel ... te ghebruycken. Ghemaeckt door ... Franciscus à Puero Iesu ... Tweeden druck. Van nieuws vermeerdert met het *Cort begrijp van d'Instructie der pastoors*, ghemaeckt van ... Carolus Borromæus ... Waer naer volght de *Gulden biecht-konste* ... [Christoph Leutbrewer]
Te Ghendt, by Maximiliaen Graet, 1667
12°: á¹², A-T¹², A-B¹²; [24], 450, [6], 48 p.: + portret (Eugenius Albertus d'Allamont); bijk. gegrav. titelp.
- YIV/8 (nawerk beschadigd)

FRANCISCUS van SALES — F89
Aen-leydinghe oft onderwys tot een devoot godtvruchtigh leven. Beschreven door ... Franciscus de Sales ..., overgheset by M. A. van M. [Adrianus van Meerbeeck]
T'Hantwerpen, by Hendrick Aertssens, 1645
16°: A-2T⁸, 2V¹²; 680, [13] p.
- PrJVII/7

FRANCISCUS van SALES — F90
Conduite pour la confession et la communion, pour les âmes soigneuses de leur salut. Par Saint François de Sales. Nouvelle édition
Liège, chez J. A. Latour, 1817
XXIV, 204 p.
- ArDIII/15 & ArIV/23

FRANCISCUS van SALES — F91
Instructio pro confessariis. Auctore Francisco Salesio ...
Lovanii, typis Hieronymi Nempæi, 1668
12°: a¹², b⁶; 33 p.
- LI/18/2 (marginalia) & PrJI/8/2

FRANCISCUS van SALES — F92
Introductio ad vitam devotam ... Libellus aureus a ... Francisco Salesio. Nunc verò latinè conscriptus. Editio ultima
Lovanii, typis Hieronymi Nempæi, 1668
12°:)(¹², A-Z¹²; [24], 542, [9] p. + ill.; bijk. gegrav. titelp.
- LI/18/1 (herk.: Bernardus Buernick [in fine]; ad usum fris Fulgentii Pergens Eremitæ Augustiniani 1793 & PrJI/8/1 (gegrav. titelp. & ill. ontbr.; herk.: J. A. Govers Lichtaert [Park])

FRANCISCUS van SALES — F93
Introductio ad vitam devotam ... A ... Francisco Salesio ... Editio ultima.
In fine: *Instructio pro confessariis*
Lovanii, apud Stryckwant. Bruxellis, apud t'Serstevens, 1701
12°: *¹¹, A-R¹², S²; [24], 377, [8], 35 p.; bijk. gegrav. titelp. (1699)
- PrJXI/1 (herk.: P. Du Bois; Fr. Quir. Nols O.Præm. [Park]) & ArDI/17 (*⁶ ontbr.; herk.: Ex libris fratris Jacobi Goffart 1734 [Park])

FRANCISCUS van SALES — F94
Introduction à la vie dévote de Saint-François de Sales ... Nouvelle édition. Revuë par ... Jean Brignon ...
A Bruxelles, chez François Foppens, 1753
12°: A-Z¹², 2A⁶; 552, [12] p.; gegrav. front.
- ArCV/5 (herk.: M. J. De Bruyn)

FRANCISCUS van SALES — F95
Introduction à la vie dévote par Saint François de Sales ... Edition nouvelle revuë par ... Brignon ...
A Douay, chez Derbaix, 1760
12°: *⁸, A-V¹², X²; [14], 472, [10] p.
- ArDV/10

FRANCISCUS van SALES — F96
Les œuvres du bien-heureux François de Sales ... Avec un abbrégé de sa vie ...
A Paris, chez Frédéric Leonard, 1663
2°: á⁶, é⁶, í⁴, ó⁴, A-D⁶; [40] p., 1752 kol. + π¹, 4E-5C⁶, 5D⁸, 5E-5Y⁴, à², A-2G⁶, 2H⁴; [2] p., kol. 1753-2308, [150], 363, [4] p.
- LIX/6-7 (herk.: Bibliothecæ Boetendalensis frum minorum Recollectorum)

FRANCISCUS van SALES — F97
Les œuvres de S. François de Sales ...
A Paris, chez Frédéric Leonard, 1673
12°: 12 dln; bijk. gegrav. titelp. in 1
- ArAI/4-15 (herk.: Ex libris Fcisci Dubois namuracensis)

FRANCISCUS van SALES   F98
Onder-wys, oft aenleydinge tot het godtvruchtigh leven. Eerst
in 't Frans gemaekt ... door ... Franciscus van Sales ...
Tot Mechelen, by Laurentius Vander Elst, (1737?)
12°: π², A-V¹², X⁴; 453, [38] p.
- ArDI/16 (herk.: hic liber delectur mihi Johanni Staes [Park])

FRANCISCUS van SALES   F99
Onderwys oft aenleydinge tot een godtvruchtigh leven.
Beschreven door ... Franciscus de Sales ... Van nieuws over-
geset uyt de Fransche tael ... door W. F. [Willem Foppens] ...
Den laesten druck
Tot Gendt, by Franciscus en Dominicus van der Wee-en,
[1732?]
12°: A-2E¹², 2F⁶; [2], 650, [33] p.
- ArDI/15 (herk.: P. F. Napin)

FRANCISCUS van SALES   F100
... *Francisci Salesii ... Summarium exhortationum familiarium
in omnes anni dominicas ... Gallicè primum sub titulo
Missionarii Parochialis editum, nunc vero in Latinum conver-
sum opera ... Petri Cutzen ...*
Antverpiæ, typis Petri Jouret, 1732
12°: *⁸, A-P¹²; [16], 360 p.+ 2A-2P¹², 2Q⁴; 365, [2] p.
- ArDI/13-14

FRANCO, Loreto   F101
*Controversiæ inter episcopos et regulares Laureti de Franchis
... Atque observationes Zachariæ Pasqualigi ...*
Romæ, sumptibus Blasij Deversin. Typis Vitalis Mascardi,
1656
2°: †⁶, 2†⁸, A-2N⁶, 2O⁸, 2P-3G⁶, 3H⁴; [28], 584, [63] p.; 2 uitsl. pltn
- LVII/3

FRANÇOIS, Jean, O.S.B.   F102
*Bibliothèque générale des écrivains de l'Ordre de Saint Benoit,
patriarche des moines d'Occident ...* Par un religieux bénédictin de la Congrégation de St. Vannes [J. François]
A Bouillon, aux dépens de la Société typographique, 1777-
1778
4°: 4 dln
- WVII/24 (dl 2: I-R)

FRANKENBERG, Johann Heinrich von   F103
Jean-Henri ... de Franckenberg ... Archevêque de Malines ...
*A tous les Religieux & Religieuses des couvens supprimés dans
notre diocèse ...* - Joannes-Henricus ... van Franckenberg ...
Aerts-Bisschop van Mechelen ... *Aen alle de Religieusen en
Religieuse der gewezene kloosters van onse diocése ...*
A Malines, de l'imprimerie de François-Joseph Van der Elst,
(1793?)
4°: 10 p.
- ArKIII/7/21

FRANKENBERG, Johann Heinrich von   F104
Decretum ... archiepiscopi Mechliniensis [J.-H. von
Franckenberg] *editum post congregationem archi-presbytero-
rum, quæ habita est Mechliniæ in palatio archiepiscopali die
21 Aprilis 1790*
Mechliniæ, typis Petri-Josephi Hanicq, (1790?)
8°: A⁸; 14 p.
- DI/8/2

FRANKENBERG, Johann Heinrich von   F105
*Verklaering van zyne eminentie den cardinael de Franckenberg
... raekende de leering in 't Algemeyn Seminarie tot Loven*
Tot Maestricht, s.n., 1790
8°: π⁸, B-X⁴, Y²; 179 p.
- TII/16 (herk.: Van den Bon abb. Ninhov. Relig. 1806)

FRANKENBERG, Johann Heinrich von   F106
Versameling der uytmuntende sermoonen. Gemaekt in het
Fransch door ... den Arts-Bisschop van Mechelen [J. H. de
Frankenberg] ... Eerste deel
Tot Loven, by W. Kuypers, 1786
12°: A-O⁶, P²; 161 p.
- ArHVII/4

FRAULA, François-Joseph de, S.J.   F107
*Geestelyke samen-spraeke over de scrupulen tusschen eenen
ziel-bestierder en eene godminnende ziele, onder de naemen
van Euxodius en Theophila.* Eerst in de fransche taele geschreven door ... Franciscus de Fraula ... Ende nu ... in de
Nederlandsche taele overgeset door eenen priester der zelver
societeit [Bartholomæus Van Berkel]
Tot Brussel, by Franciscus t'Serstevens, 1773
8°: A-T⁸; XIV, 283, [6] p.
- ArCIII/11 (herk.: Sr Helena Meulemans 1774 religieus onder de borght; Sr
Carolina Hendrickx) & ArEIV/20

FRAXINELLUS, Paulus   F108
*De sacerdotum obligationibus ad missas pro aliis ex iustitia
celebrandas. Nova disputatio ... Pauli Fraxinelli ...*
Cameraci, exstant venales apud Iudocum Laurent, 1620
24°: a-b⁶, c⁴, A-O⁶; [30], 151, [17] p.
- ArBII/14

FRAYSSINOUS, Denis de   F109
Défense du christianisme ou Conférences sur la religion. Par
... D. Frayssinous ...
A Louvain, chez Vanlinthout et Vandenzande, 1825
8°: 3 dln
- ArBV/20 (dl 3)

FRAYSSINOUS, Denis de   F110
*Verdediging van het christendom, of Gesprekken over den
godsdienst.* Door ... D. Frayssinous ... Vertaeld door J. David
...
Te Mechelen, by P.-J. Hanicq, 1825-1826
12°: 4 dln
- ArAVI/12-14 (dl 3 ontbr.)

FREDERIK II   F111
Œuvres posthumes de Fréderic II, roi de Prusse
A Postdam, aux dépens des Associés, 1803
8°: 19 dln
- ArJVI/11-19 (dl 11 ontbr.)

FREDERIK II   F112
*Œuvres primitives de Fréderic II, roi de Prusse, ou Collection
des Ouvrages qu'il publia pendant son règne*
A Postdam (sic), aux dépens des Associés, 1803
8°: 4 dln
- ArJVI/20-23

FREY DE NEUVILLE, Charles, S.J.   F113
Sermons du père Charles Frey de Neuville. Seconde édition
A Lyon, chez P. Bruyset-Ponthus; A Paris, chez L. N. Moutard
& J. G. Merigot jeune, 1777
12°: 8 dln

F

- KIII/27-34 (herk.: Merigot le Jeune)

FRITSCH, Adrianus, O.Præm.   F114
Quæstiones theologicæ morales de sacramento baptismi … Quas … præside … Benedicto Bayer … proposuit … Adrianus Fritsch … anno MDCCXXXII …
Vetero-Pragæ, apud Matthiam Adamum Höger, (1732?)
8°:)(⁴, A-2K⁸, 2L²; [8], 526, [6] p.
- PrGII/14

FROISSART, Jean & COMMINES, Philippe de   F115
Duo Gallicarum rerum scriptores nobilissimi. Frossardus in brevem historiarum memorabilium Epitomen contractus. Philippus Comineus De reb. gestis a Ludovico XI, & Carolo VIII, Francorum regibus. Ambo à Io. Sleidano è Gallico in Latinum sermonem conversi …
Francofurti, apud hæredes Andreæ Wecheli, 1584
16°: a-z⁸, A-2Q⁸; 914, [74] p.
- ArJI/11 (titelp. is beschadigd)

FROMENTIÈRES, Jean Louis de   F116
Sermons de messire Jean Louis de Fromentieres … Nouvelle edition
A Paris, chez Louis Guerin, 1692-1700
8°: 5 dln?
- ArAVI/29-31 (dln 1-3; herk.: utitur Fr. [?] villariensis [in 1]; van Doren [in 2]; emi hos quinque tom. … fr. Josephus de Affligen [in 3])

FROMM, Andreas   F117
Andreæ Frommen … Wiederkehrung zur Catholischen Kirchen. Davon er die Historiam und Motiven im Druck zu geben nothig erachtet. Die vierte Edition
Prag, gedruckt bey den Fitzky- und Hladkyschen Erben, durch Georg Thomas Rirschl factorn, 1762
8°: A-2I⁸; [27], 541, [5] p.; gegrav. portret van de aut. in front.
- ArIVII/19

FROMONDUS, Libertus   F118
Actus apostolorum brevi et dilucido commentario illustrati. Auctore … Liberto Fromondo …
Lovanii, typis Hieronymi Nempæi, 1654
4°: *⁴, 2*², A-3D⁴, 3E²; [12], 392, [11] p.
- BII/26/1

FROMONDUS, Libertus   F119
Actus apostolorum brevi et dilucido commentario illustrati. Auctore … Liberto Fromondo … Editio nova
Lovanii, e typographia J. P. G. Michel, [1780?]
Coll.: Eustachius Fromondus *(dedicatio)*
8°: 2 dln
- ArAVI/33 (dl 1)

FROMONDUS, Libertus   F120
Brevis commentarius in Canticum Canticorum … Cui … adiectus libellus … Ioannis Evangelistæ … Et unà iudicium … Ioannis Malderi … Auctore … Liberto Fromondo …
Lovanii, apud Hieronymum Nempeum, 1652
4°: *-2*⁴, A-V⁴; [16], 157 p.
- BII/26/2

FROMONDUS, Libertus   F121
Liberti Fromondi Commentaria in Sacram Scripturam in duas partes distributa quarum secunda continet Actus apostolorum, Apocalypsin S. Joannis apostoli et Canticum canticorum
Rothomagi, apud Nicolaum Boucher, Eustachium Herault, Jacobum Besongne, Petrum le Boucher, Franciscum Vaultier, 1709
2°: π⁴, A-3V⁴, 3X², *%⁴, *A-*2O⁴; [8], 493, [39], [8], 295 p.
- CVI/2

FROMONDUS, Libertus   F122
Commentarius in Acta apostolorum. Auctore … Liberto Fromondo … Novissima editio
Lovanii, apud H. Baumans, 1819
8°: 2 dln
- ArAVI/32 (herk.: F. Govers [Park])

FRONTEAU, Jean   F123
Epistola ad illustrissimum & reverendissimum D.D. Ludovicum de Rechignevoisin de Guron, Tutelensem episcopum, De origine parochiarum deque fundamentis obligationis ad eas conveniendi. Autore … Ioanne Frontone …
Lovanii, typis Adriani de Witte, 1674
8°: A⁸; 16 p.
- ArDIV/16/6

FRUSIUS, Andreas, S.J.   F124
Andreæ Frusii … Epigrammata in hæreticos
Antverpiæ, apud Ioachimum Trognæsium, 1599
12°: A-E¹²(-E¹²); 115, [2] p.
- PrJVIII/1 (marginalia)

FULGENTIUS, Claudius Gordianus   F125
Opera divi Fulgentii Afri, episcopi Ruspensis
Antverpiæ, apud Christophorum Plantinum, 1574
In fine: Lovanii typis ac impensis Christophori Plantini excudebat Ioannes Masius 1573
Ed.: [Joannes Vlimmerius]. Coll.: Joannes Molanus *(Præfatio)*
8°: a-z⁸, A-T⁸, V¹⁰; 691 p.
- ArDIII/33 (herk.: Bibliotheca parcensis [gerad. supralibros]; 2. theca III)

FULIGATTI, Giacomo, S.J.   F126
Vita Roberti Bellarmini … Italice primum scripta a Iacobo Fuligatto. Latine reddita … a Silvestro Petra Sancta …
Leodii, typis Ioannis Ouwerx, & Leonardi Streel, 1626
4°: π³, A-2I⁴, a-2s⁴; niet gepag.; gegrav. bijk. titelp.
- PII/3 (herk.: loci Cappucinorum Constantiæ)

FUMUS, Bartholomæus, O.P.   F127
Summa sive aurea armilla … Bartholomæi Fumi …
Antverpiæ, apud Ægidium Stelsium, 1576
In fine: Antverpiæ, excudebat Ægidius Radæus …
8°: *⁴, A-3C⁸, 3D⁴; (4), 417 (= 395) f.
- ArCV/2

FURETIÈRE, Antoine   F128
Dictionnaire universel, contenant generalement tous les mots françois tant vieux que modernes, & les termes des sciences et des arts … Recueilli … par … Antoine Furetiere … Seconde édition … par … Basnage de Bauval
A La Haye et à Rotterdam, chez Arnoud et Reinier Leers, 1701
2°: 3 dln
- QV/3-5 (herk.: J. De Ladeziz)

FYNE, Passchier de   F129
Een trouwhertighe vermaninghe, aen alle vrome lidtmaten der Gemeente Jesu Christi die in Hollandt midtsgaders andere plaetsen teghenwoordich suchten [P. de Fyne] …
S.l., s.n., 1620
4°: A-C⁴, D²; 24, [4] p.
- ArFIV/16/24

g

GABRIELIS, Gilles, T.O.F.   G1
Les essais de la théologie morale. Par … Giles de Gabriel. Troisiéme édition
Suivant l'original imprimé à Rome. Chez François Tizzoni, 1680
12°: *⁶, A-N¹², O²; [12], 316 p.
- II/7

GACON, François   G2
Anti-Rousseau. Par le poète sans fard [F. Gacon]
A Rotterdam, chez Fritsch et Böhm, 1712
12°: á⁸, A-X¹², Y⁴; [2], [16], 512 p.; bijk. gegrav. titelp.
- PrFII/16 (herk.: Clermont Gallerande & Brandas de Villars [supralibros])

GAETANO MARIA da BERGAMO, O.CAP.   G3
Den religieus in de eenigheydt oft geestelycke oeffeninge van thien dagen … Gemaeckt in het Italiaens door eenen capucien [G. M. da Bergamo]. Daer naer overgeset in het Fransch door … Paulus van Noyers en daer naer in de Nederduytsche taele door … Andreas van Dendermonde …
Tot Brussel, by de weduwe Joannes Vleugaert, 1745
12°: *¹², A-V¹²; [23], 474, [6] p.; gegrav. front.
- ArDV/1 (herk. in fine: Sr Regina Van Stalle 1828)

GALLONIO, Antonio   G4
Ant. Gallonii … *De ss. martyrum cruciatibus liber*
Antverpiæ, sumptibus Andreæ FrisI, 1668
12°: *¹², A-2C¹²; [24], 576, [47] p.: ill.; bijk. gegrav. titelp.
- ArDIII/20

GALLONIO, Antonio   G5
Vita beati P. Philippi Nerii Florentini … Auctore Antonio Gallonio …
Moguntiæ, apud Balthasarem Lippium sumptibus Nicolai Steinij & consortis, 1602
8°:)(⁸, A-2I⁸, 2K²; [16], 500, [16] p.
- PIII/25

GALLUCCI, Angelo, S.J.   G6
Angeli Gallucci … *De bello Belgico ab anno Christi MDXCIII ad inducias annorum XII an. MDCIX pactas*
Sulzbaci, sumptibus Wolfgangi Mauritii Endteri et Joannis Andreæ Endteri hæredum, 1677
4°: π⁴, A-4B⁴, 4C²; [8], 572, p. + ?; 504 p.
- SI/5 (dl 1; titelp. ontbr., vervangen door titelp. in ms.)

GALLUTIUS, Tarquinius   G7
Tarquinii Gallutii … *Carminum libri tres.* Altera editione …
Romæ, apud Bartholomæum Zannettum, 1616
16°: †⁸, A-2H⁸; [16], 495, [1] p.; gegrav. titelp.
- ArJI/12 (pp. 209-256, 259-270 & 273-288 ontbr.)

GALOPIN, Georges   G8
Historiæ Flandricæ synopsis. Ab anonymo scriptore Flandriæ Generosæ titulo circum annum MCLXII exhibita. Anno MDCXLIII brevissimis Georgi Galopini scholiis primum edita. Cum … supplemento luci reddita studio Joannis Natalis Paquot
Bruxellæ, typis Josephi Ermens, 1781
4°: *-2*⁴(-2*⁴), A-R⁴, χ¹, S⁴, S⁶; 7, [2], V, 136, [2], 8 p.
- TII/3 & ArJVIII/1

GAMACHES, Philippe de   G9
Philippi Gamachæi … *Summa theologica*
Parisiis, sumptibus Sebastiani Cramoisy, 1627
2°: 4 dln; gegrav. portret van de aut. in front. in 1
- HIX/9-10 (herk.: fr. van Schaffen; Dono dedit Landtmeters Pastor in Heverlee 1864)

GAMBART, Adrien   G10
Le missionnaire paroissial ou sommaire des exhortations familieres sur les principales veritez du christianisme … Par … A. Gambart …
A Liege, chez Guillaume Henry Streel, 1670-1677
12°: 8 dln
- ArBI/29 (dl 5)

GASPAR a S. MARIA MAGDALENA de PAZZIS, O.Carm.   G11
Bona praxis confessariorum sive methodus bene administrandi pœnitentiæ sacramentum. Per … Gasparem a S. Maria Magdalena de Pazzis …
Antverpiæ, ex typographia Knobbariana, apud Franciscum Muller, 1703
8°: *⁸, A-Y⁸, Z⁶; [16], 362, [2] p.
- ArBV/17

GASSIER, J.-M.   G12
Les héros chrétiens ou les martyrs du sacerdoce. Recueil de traits sublimes … des ministres du culte catholique … Recueillis par feu Mr l'Abbé Dubois [ps. van J.-M. Gassier]
Paris, Germain Mathiot, 1822
12°: VII, 397 p.; gegrav. front.
- PIII/27

GAUTIER, Joseph, S.J.   G13
Prodromus ad theologiam dogmatico-scholasticam. Auctore … Josepho Gautier …
Coloniæ & Francofurti, sumptibus Joannis Michaelis Josephi Pütz, 1756
8°:)(⁸, A-2K⁸, 2L⁴; [16], 534, [2] p.
- CI/14

GAUTRUCHE, Pierre, S.J.   G14
Historia poetica ad faciliorem poetarum et veterum auctorum intellegentiam. A … P. Gautruche … Gallice conscripta. Nunc primum Latine reddita …

111

G

Antverpiæ, apud Henricum Thieullier, (1699?)
8°: †8, A-H8(-H8); [14], 115, [11] p.
- YV/32 (herk.: Ex libris Jacobi Willebeeck 1773)

GAUTRUCHE, Pierre, S.J. G15
Historia poetica ... A ... P. Gautruche ... Post octavam editionem
Antverpiæ, apud viduam Henrici Thieullier, 1718
8°: †6, A-H8; [12], 115, [11] p.
- ArJII/13 (herk.: Ex libris Jacobi van Ermenghem Ex haecht)

GAVANTUS, Bartholomæus G16
Enchiridion, seu manuale episcoporum. Auctore Bartholomeo Gavanto ...
Lugduni, sumpt. Ioannis Antonii Huguetan, & Guillielmi Barbier, 1669
4°: $4, A-2M4, 2N2; [8], 284 p.+ A-P4; 117, [2] p.
- LIV/4 (herk.: Ad Jac. van Merlo J.V.D.; nunc J. F. van Herlaer 1743; nunc F. v. B. V. s. p. parchensis Rel.)

GAVANTUS, Bartholomæus G17
Thesaurus sacrorum rituum, seu Commentaria in rubricas missalis et breviarii romani. Auctore ... Bartholomæo Gavanto ...
Antverpiæ, ex officina Plantiniana Balthasaris Moreti, 1646
4°: a-e4, f6, A-2S4, 2T6; [52], 337, [2] p. + *-2*4, 3*6, A-2Y4; [28], 358, [1] p.
- DII/33 (herk.: Cartusiæ Leodiensis)

GAYOT DE PITAVAL, François G18
Causes célebres et intéressantes avec les jugemens qui les ont décidées (F. Gayot de Pitaval). Nouvelle édition. Tome I
A Paris, chez Guillaume Cavelier, 1738
12°: á12, é8, A-2D12, 2E6(-2E6); XXXVII, [3], 657, [1] p.
- ArIVIII/3 (herk.: Malfroid 1749)

GAZET, Angelin, S.J. G19
Pia hilaria variaque carmina. ... Angelini Gazæi ... Altera editio
Duaci, ex officina typographica Baltazaris Belleri, 1619
16°: A-Q8; 242, [11] p.
- PrEI/11 (herk.: Chrysostomi Blommij 1660 [Park])

GAZET, Angelin, S.J. G20
Pia hilaria. ... Angelini Gazæi ... Tomus secundus
Insulis, ex officina Petri De Rache, 1638
8°: á12, A-L12; [26], 261, [2] p.; bijk. gegrav. titelp.
- ArBI/15 (herk.: Ad usum Fr. Georgij van Oijenbrugghen [Park]; Fr. Christiani a Puteo Relig. Parchensis)

GAZET, Guillaume G21
L'histoire ecclésiastique du Pays-Bas ... Par ... Guillaume Gazet ...
A Arras, de l'imprimerie de Guillaume de la Riviere, 1614
Coll.: Guillaume Moncarré, Alexis Casier (sonnet)
4°: §4, A-4E4; [8], 581 [=583], [9] p.
- VVI/2 (herk.: Bibliotheca Soc. Jesu Lovanii)

GAZZANIGA, Petrus M., O.P. & BERTIERI, Giuseppe, O.S.A. G22
Theologiæ dogmatica in systema redactæ a ... M. P. Gazzaniga (pars prior) ... a Josepho Bertieri ... (pars altera)
Lovanii, typis J. F. Van Overbeke, 1787
8°: 4 dln
- FII/1-4

GEBEL, Tutilo G23
Cursus theologicus in gratiam et utilitatem fratrum religiosorum S. Galli impressus [T. Gebel e.a.; ed.: Gallus Alt, Maurus Heidelberger]
2-10: *Cursus theologici monasterii S. Galli, tomus II (-tomus X)*
Typis ejusdem monasterij S. Galli. Excudebat Joannes Adamus Hærcknerus, 1670
12°: 10 dln; gegrav. front. in elk dl
- FI/16-25 (herk.: Mnrij Neustatt ad Moenum)

HET GEESTELYCK PARADYS ... G24
Het geestelyck paradys der godtvruchtige zielen, verciert met zeer schoone gebeden, oeffeningen, en litanien
t'Antwerpen, by de weduwe van Petrus Jacobs, (1721?)
8°: *8, A-3B4; [16], 396, [4] p.
- ArCI/29

GEESTELYKE ONDERWYZING ... G25
Geestelyke onderwyzing om van God allerhande gratiën te bekomen door de voorspraek van den Heiligen Franciscus de Paula ... Vertaeld uyt het Fransch
Te Loven, te bekomen in het klooster der voormalige Minimen, [1815?]
In fine: Typ. G. Cuelens
139, [5] p.; gegrav. front.
- PIII/29

GELUWE, Arnout van G26
Belydenisse van Rebecca Broeckaers uyt 's Graven-haegh, huys-vrouwe vanden eersamen Martinus Baets ... Door Arnout van Geluwe ...
t'Antwerpen, by de weduwe van Ian Cnobbaert, 1650
8°: %8, A-D8, E2; [16], 66, [1] p.
- ArDII/19/4

GELUWE, Arnout van G27
Dobbel slot ofte klare ende waerachtighe ontdeckinghe van eenen verdraeyden leughen-geest ... Abraham Willemsen Blijvenborgh ... Door Arnoudt van Geluwe ...
t' Antwerpen, by de weduwe van Jan Cnobbaert, 1650
8°: A-E8; 74, [5] p.
- ArDII/19/3

GELUWE, Arnout van G28
Kort verhael van een achthien-jarighe Hollandtsche reyse. Ghewandelt van eenen Vlaemschen boer ... Arnout van Geluwe ...
t'Antwerpen, by de weduwe van Ian Cnobbaert, 1650
8°: †-28, A-F8, G6; [32], 106 p.
- ArDII/19/2

GELUWE, Arnout van G29
Het licht op den kandelaer ghestelt tot verlichtinghe der nieuughesinden ... Hier is oock by gevoeght Het oprecht bericht Hermanni Tegularij ... Oock Het slot op den mondt, voor den onghetoomden Hermannus Tegularius ... Als mede, Den gheestelycken iagher van Sampsons vossen (Arnout van Geluwe)
t'Antwerpen, by de weduwe van J. Cnobbaert, 1650
8°: †8, A-P8, Q4; [16], 264 [=244], [2] p.: + 2 portr.: Arnaut van Geluwe & Hermannus Tegularius
- ArDII/19/1

GEMAEKTE REKENINGEN ... G30
Gemaekte rekeningen, ofte getrouwe aenwyser voor de kooplie-

den, kas-houders en de ontfangers
Tot Middelbourg, by J. Panken, 1790
8°: π², A⁸, B-Q⁴(-Q⁴); IV, 285, [1] p.
- QII/25/1 (herk.: G. Steenkist [in fine]; F. J. B. Luyten Relig. Parc.)

GEMELLI CARERI, Giovanni Francesco   G31
Voyage du tour du monde. Traduit de l'italien de Gemelli Careri par M. L. N. [Eustache Le Noble]. Nouvelle édition
1: *De la Turquie*; 2: *De la Perse*; 3: *De l'Indostan*; 4: *De la Chine*; 5: *Des Isles Philippines*; 6: *De la Nouvelle Espagne*
A Paris, chez Etienne Ganeau, 1727
12°: 6 dln + uitsl. pltn.; gegrav. front. in 1
- RI/34-39 (herk.: Van Vaernewyck; B. De Ruddere)

GENER, Joannes Baptista   G32
Joannis Baptistæ Gener ... Theologia dogmatico-scholastica ...
Romæ, in typographeo S. Michaelis. Sumptibus Venantii Monaldini et Paulli Junchi, 1767-1777
4°: 6 dln; ill.
- HVI/3-8

GENERAL-KARTE ...   G33
General-Karte von dem Preussischen Staate ... in 24 Blättern
Halle, bei Carl August Kümmel, 1820
1°, oblong: 24 krtn
- ArKIII/2

GENERÉ, Franciscus, O.Præm.   G34
Oraison funèbre prononcée aux exèques de ... Madame Marie Philippine d'Ennetières de la Plaigne, abbesse du noble monastère de Grand Bigard. Par François Generé ... le 11 Aout 1761
A Bruxelles, chez C. De Vos, (1761)
8°: A⁸; 16 p.
- ArFIV/15/22 & ArFIV/15/23

GENOVESI, Antonio   G35
Antonii Genuensis ... Disciplinarum metaphysicarum elementa, mathematicum in morem adornata. Editio novissima
Venetiis, ex typographia Remondiniana, 1764
8°: 4 dln
- YVI/5-6

GENOVESI, Antonio   G36
Universæ christianæ theologiæ elementa dogmatica, historica, critica Antonii Genuensis ... Editio prima in Germania
Coloniæ Agrippinæ, sumptibus Henrici Josephi Simonis, 1778
4°: π⁴, A-2H⁴, 2I²; [8], 252 p. + π², A-2E⁴, 2F²(-2F²); [4], 226 p.
- EIII/29 (herk.: Fredericus Blaser)

GEORGEL, Jean-François   G37
Mémoires pour servir à l'histoire des événemens de la fin du dix-huitième siècle, depuis 1760 jusqu'en 1806-1810. Par ... Georgel ... Publiés par ... Georgel ... neveu ... de l'auteur. Avec la gravure du fameux collier
Paris, Alexis Eymery, Delaunay, 1817-1818
8°: 6 dln; 1 uitsl. plt in 1
- PrGVI/1-6

GEORGIUS ACROPOLITA   G38
Γεωργιου του Ακροπολιτου ... Χρονικη Συγγραφη - *Georgii Acropolitæ ... Historia*. Ioelis Chronographia *Compendiaria*, & Ioannis Canani *Narratio de Bello CP*. Leone Allatio interprete, cum eiusdem notis, & Theodori Douzæ observationibus. Accessit *Diatriba* de Georgiorum scriptis
Parisiis, e typographia regia, 1651
In fine: Parisiis, In typographia regia, curante Sebastiano Cramoisy ...
2°: á⁴, A-3G⁴, 3H⁶; [8], 427, [7] p.
- SVIII/16 (herk.: Bibliothecæ Parchensis ... ; theca XI.?G?5)

GEORGIUS CEDRENUS   G39
Γεωργιου του Κεδρηνου Συνοψις Ιστοριων - *Georgii Cedreni Compendium historiarum*. Ex versione Guillelmi Xylandri ... Accedunt ... notæ ... Iacobi Goar ... & Caroli Annibalis Fabroti ... Item Ioannes Scylitzes Curopolates, excipiens ubi Cedrenus desinit, nunc primum Græce editus ...
Parisiis, e typographia regia, 1647
In fine: ... Curante Sebastiano Cramoisy ...
2°: á⁴, é⁴, í⁴, ó⁴, ú⁴, áá⁴, éé⁴, íí⁴, óó², A-3L⁴, χ¹, 3M-5Q⁴, a-f⁴, g⁶, a-g⁴; [68], 868, 60, [53] p.
- SVIII/10-11 (2 banden, χ is titelp. in band 2; herk.: Bibliothecæ Parchensis ... theca XI G)

GEORGIUS SYNCELLUS   G40
Γεωργιου Μοναχου ... Χρονογραφια ... - *Georgii Monachi ... Syncelli Chronographia ... Et Nicephori Patriarchæ ... Breviarium Chronographicum ...* Cura & studio ... Iacobi Goar ...
Parisiis, e typographia regia, 1652
In fine: ... Curante Sebastiano Cramoisy ...
2°: á⁴, é⁴, í⁴, ó⁴, ú⁴, A-3V⁴, a-o⁴; [40], 528, 88, [22] p.
- SVIII/18 (herk.: Bibliothecæ Parchensis ... [weggeknipt]; theca XI.5G)

GERBERON, Gabriel   G41
Adumbratæ Ecclesiæ Romanæ, catholicæque veritatis de gratia adversus Joannis Leydeckeri in sua Historia Jansenismi hallucinationes ... defensio. Vindice Ignatio Eyckenboom [= G. Gerberon] ...
S.l., s.n., 1696
12°: π¹, A-D⁸; [2], 63 p.
- ArDIV/6/9 & ArEVII/11/5a

GERBERON, Gabriel   G42
Le catechisme du Jubilé et des indulgences [G. Gerberon] ...
Troisieme edition
A Paris, et se vend à Bruxelles, chez Jean Bapt. de Leeneer, 1700
12°: π¹, *⁶, A-K¹²; 236, [4] p.
- ArBI/23 (herk.: Bibliotheca parcensis 1716; Rumoldus Du Château rel. Parch. 1700)

GERBERON, Gabriel   G43
Disquisitiones duæ de gratuita prædestinatione et de gratia seipsa efficaci. Auctore Mart. Du Chesne [= G. Gerberon] ...
Lutetiæ Parisiorum, apud Franciscum Muguet, 1697
12°: A-C¹², D⁶; 81, [1] p.
- ArDIV/6/11

GERBERON, Gabriel   G44
Quæstio juris. 1. An Caroli V edictis lectio Scripturæ Sacræ prohibita sit. 2. An virgines Binchianæ pœnas incurrerint à Carolo V statutas ... [G. Gerberon]
(Keulen, Balthasar von Egmond), [1695?]
In fine: Colonia, apud Balthazarem d'Egmond
8°: A⁴; 8 p.
- ArDIV/5/9

GERBERON, Gabriel   G45
Remontrance charitable [de G. Gerberon] *à M. Louis de Cicé,*

G

nommé à l'Evéché de Sabula & au Vicariat apostolique de Siam, du Jappon &c.
A Cologne, chez Pierre Marteau, 1700
8°: A-F⁴; 45 p.
- ArDIV/1/5

GERBERON, Gabriel?, DUGUET, Jacques? G46
Solution de divers problemes très-importans pour la paix de l'Eglise. Tirée du *Probleme Ecclésiastique proposé depuis peu contre ... l'Archevêque de Paris ...* [G. Gerberon?, J.J. du Guet? P. Quesnel?] Avec le plaidoier de M. l'Avocat General & l'arrest du Parlement &c.
A Cologne, chez Pierre Marteau, 1699
12°: A-F¹²; 141, [1] p.
- ArDIV/5/14

GERBERT, Martin, O.S.B. G47
De legitima ecclesiastica potestate circa sacra et profana. Auctore ... Martino Gerbert ...
S. Blasii, typis Princ. Monast., 1761
8°:)(⁶, A-3D⁸, 3E⁴, 3F⁶(-3F⁶); [12], 808, [10] p.
- ArCIII/8 (herk.: Bibliothecæ "Sionensis"; Verkaufte doubletten D. Aarg. Kants Biblioth. [stempel in fine])

GERBERT, Martin, O.S.B. G48
De radiis divinitatis in operibus naturæ, providentiæ et gratiæ. Auctore ... Martino Gerbert ...
Typis Princ. Monast. S. Blasii, 1762
8°: *⁶(-*⁶), A-U⁸, X⁴(-X⁴); [10], 320, [6] p.
- HI/8

GERBERT, Martin, O.S.B. G49
Ecclesia militans regnum Christi in terris in suis fatis representata. A Martino Gerberto, monasterii ... S. Blasii in Nigra Silva abbate
Typis eiusdem monasterii (S. Blasii in Nigra Silva), 1789
12°: *⁸, 2*⁴, A-Z⁸; [24], 368 p. + π¹, A-Z⁸,)(⁶; [2], 368, [11] p.
- GII/17-18

GERBERT, Martin, O.S.B. G50
Monumenta veteris liturgiæ Alemannicæ. Ex antiquis manuscriptis codicibus collegit ... Martinus Gerbertus ...
[Sankt Blasien], typis San-Blasianis, 1777-1779
Nota: in rood bijgedrukt: A Paris, chez Barrois le jeune
4°: a-d⁴, e², A-3Q⁴, 3R²; [36], 500 p. +)(⁴, A-2X⁴, 2Y²(-2Y²); [8], 354 p.
- DIV/8-9

GERBERT, Martin, O.S.B. G51
Principia theologiæ canonicæ ... Auctore ... Martino Gerbert ...
S. Blasii, typis Princ. Monast., 1758
8°: a⁸, b⁶, A-2H⁸, 2I¹⁰; [28], 500, [16] p.
- ArDV/14

GERBERT, Martin, O.S.B. G52
Vetus liturgia Alemannica ... Quam ... Pio VI d. d. d. Martinus Gerbertus ...
[Sankt Blasien], typis San-Blasianis, 1776
4°:)(², 2)(², a-f⁴, A-6R⁴; [12], XL, [8], 1048, [8] p. + ill. & uitsl pltn
Nota: tussen dln 1 & 2 zijn de sign. onderbroken met (*)⁴, de paginering met [8] p.
- DIV/10-11

GERHOHUS REICHERSPERGENSIS G53
Gerhohi Reicherspergensis ... *Syntagma.* Accessit refutatio Alogiarum Annæ Comnenæ ... et retectio insipientiæ et falsimoniæ Goldastinæ ... Auctore et editore Iacobo Gretsero ...
Ingolstadii, ex typographeo Adami Sartorii, 1611
4°: A-X⁴, Y²; [8], 150, [13] p.
- EII/27/1 (herk.: Collegii Soc^tis Jesu Lovanij)

GERSON, Jean Charlier de G54
Joannis Gersonii ... *Opera omnia,* novo ordine digesta ... Quibus accessere Henrici de Hassia, Petri de Alliaco, Joannis Brevicoxæ, Joannis de Varenis ..., Jacobi Almaini & Joannis Majoris tractatus ...; necnon monumenta ad causam Joannis Parvi pertinenti. Opera & studio M. Lud. Ellies du Pin ...
Antwerpiæ, sumptibus Societatis, 1706
2°: 5 dln; gegrav. portret van de aut. in 1
- GVII/14-16

GERTRUDIS van HELFTA G55
Den ghesant der ghedachtenisse van de overvloedigheyt der goddelycke goedertierentheyt. Inhoudende t'leven van ... Geertruydt abdisse ... tot Eisleben ... Overghestelt uyt de Latijnsche inde Nederlantsche taele door C. D. W. (Cornelius De Witte)
T'Antwerpen, by Cornelis Woons, 1655
8°: á⁸, é⁴, A-3D⁸; [24], 789, [11] p.
- ArDV/9 (herk.: J. De Pauw [Park])

GERVAISE, François-Armand G56
L'Histoire et la vie de St Epiphane, archevêque de Salamine ... [F.-A. Gervaise]
A Paris, chez Jean-Baptiste Lamesle & chez Pierre-François Giffart, 1738
4°: a-c⁴, A-3M⁴; XXII, [2], 464 p.
- PrCV/9

GERVAISE, Nicolas G57
La vie de Saint Martin evêque de Tours [N. Gervaise]
A Tours, chez Jean Barthe et Hugues Michel Duval, 1699
4°: π⁴, $*⁴, $**², $a-$c⁴, $d²(-$d²), A-3M⁴; [46], 454 p.
- ArDVII/9 (herk.: Collegii Societatis Jesu Insulis)

GESTEL, Cornelius van G58
Historia sacra et profana archiepiscopatus Mechliniensis ... Eruta studio ac opera Cornelii Van Gestel ... Cum figuris æneis
Hagæ Comitum, apud Christianum Van Lom, 1725
2°: π¹, *-2*², A-4B²; [10], 289 p. + π¹, A-4O²(-4O²); [2], 328, [2] p. + ill. + uitsl. krt & uitsl. pltn
- OVII/9, WVIII/14 & PrIV/2

GEVAERTS, Jan Gaspard & RUBENS, Peter Paul G59
Pompa introitus honori serenissimi principis Ferdinandi Austriaci Hispaniarum Infantis ... a S.P.Q. Antverp. decreta et adornata ... Arcus, pegmata, iconesq. a Pet. Paulo Rubenio ... inventas & delineatas. Inscriptionibus & elogiis ornabat ... Casperius Gevartius ...
Antverpiæ, veneunt exemplaria apud Theod. a Tulden, (1641)
In fine: Antverpiæ, excudebat Ioannes Meursius ..., anno ... MDCXLI
1°: π², *-4*¹, A-5I¹; [12], 189, [13] p.: ill. + uitsl. pltn.; gegrav. titelp.
- VVIII/2 (herk.: Park: 18ᵉ, supralibros) & SVIII/1 (titelblad, 3L, 4S-4T, 5H-5I & de meeste platen ontbr.; herk.: D. Ioan. Proost I.C. opp. Turnotani a Conf. et secret. Nepoti meo colendissimo istud patris mei <?>... Casperii Gevartii Auct. pia mem. Mnemosijnon ... M. C. Gevarts 1666 [auteursex.])
Nota: De 2 drukken zijn identiek; Franse titelp. van 1: *Pompa introitus Ferdinandi ... in urbem Antverpiam*; van 2: *Pompa triumphalis introitus Ferdinandi ...* Prostant exemplaria apud Guilielmum Lesteenium & Henricum Aertssens

GHEESTELYCKE WANDELINGHE ... G60
Gheestelycke wandelinghe vande inghekeerde siele met haeren beminden ontfanghen in 't alderheylighste sacrament ...
t'Antwerpen, by Christoffel Iaeghers, 1652
12°: A-G¹²; 166 p.
- PrEI/16

GHEESTELYCKEN DAGH-WYSER ... G61
Gheestelycken dagh-wyser ...
Tot Mechelen, by Laurentius Vander Elst, 1746
8°: 16 p.
- PrEII/8/4

GHENNE, Thomas Lambertus G62
Oratio funebris in exequiis ... Domini Francisci Generé ... Habita in Parcho ab ... Thoma Lamberto Ghenne ... die 13 Aprilis 1779
Lovanii, è typographia J. Jacobs, (1779)
8°: *¹²; 24 p.
- ArFIV/15/1 tot ArFIV/15/5

GHESQUIERE, Joseph, S.J. G63
Acta sanctorum Belgii selecta. Quæ ... collegit ... commentariisque ac notis illustravit Josephus Ghesquierus. Cum figuris
Bruxellis, 1-4: typis Matthæi Lemaire; 5: typis viduæ Francisci Pion; 6: Tongerloæ, typis abbatiæ, 1783-1794
Coll.: 3-5: Cornelius Smets; 6: Isfridus Thys
4°: 6 dln + ill. ; gegrav. portret van Pius VI in 6
- OIII/17-22

GHESQUIERE, Joseph, S.J. G64
David propheta, doctor, hymnographus, et historiographus, seu Psalmi prophetici, doctrinales, hymnici et historici ... Philologice ... expositi ... opera et studio J. Ghesquieri a Raemdonck ...
Gandæ, Vander Schelden, 1824
12°: XVIII, 370 p.
- ArCII/14 (herk.: J. Jespers 1853)

GHESQUIERE, Joseph, S.J. G65
Mémoire sur trois points intéressants de l'histoire monétaire des Pays-Bas. Par ... Ghesquiere. Avec les figures de plusieurs monnaies Belgiques ... frappées avant l'année 1450. Par ... Ghesquiere
A Bruxelles, chez Lemaire, 1786
8°: A-N⁸, O⁴; 214, [1] p.+ uitsl. pltn
- TIII/19

GHYSE, Johannes G66
Origo et historia Belgicorum tumultuum, continens præter Hispanorum regum sanguinaria diplomata & s. inquisitionis arcana consilia ... Accedit præterea Historia tragica de furoribus gallicis ... Auctore Ernesto Eremundo [J. Ghyse]
Amstelodami, apud Ioannem Ianssonium, 1641
12°: a⁴, B-T¹², V⁶, X²; [8], 449 p.; bijk. gegrav. titelp.
- YIV/7 (herk. in fine: Michael van Waeyenberch)

GIANNONE, Pietro & VERNET, Jacob G67
Anecdotes ecclésiastiques, contenant la police & la discipline de l'Eglise chrétienne ... jusqu'au XI siécle; les intrigues des évêques de Rome ... Tirées de L'Histoire du royaume de Naples de Giannone ... [par J. Vernet]
A Amsterdam, chez Jean Catuffe, 1753
8°: *⁸, 2*⁴, A-Y⁸, Z⁴; XIV, 360 p.
- ArIVII/14

GIANNONE, Pietro G68
Histoire civile du royaume de Naples. Traduite de l'italien de Pierre Giannone ...
A la Haye, chez Pierre Gosse, & Isaac Beauregard, 1742
4°: 4 dln; gegrav. portret in front.
- RIV/2-5

GIBBON, Edward G69
Histoire de la décadence et de la chute de l'Empire Romain. Traduite de l'anglais d'Edouard Gibbon. Nouvelle édition ... précédée d'une notice sur la vie ... de Gibbon ... par ... F. Guizot
A Paris, chez Lefèvre, 1819
13 dln
- MII/18-30

GIBERT, Jean-Pierre G70
Institutions ecclesiastiques et beneficiales, suivant les principes du droit commun, et les usages de France. Par Jean-Pierre Gibert ...
A Paris, chez Jean Mariette, 1720
4°: á⁴, é⁴, í², ó², ú², *², A-6I⁴, 6K-6O²(-6O²); XXXI, [1], 1010 p.
- LV/9 (herk.: B. Vanden Boom)

GILLET, Servatius, O. Cist. G71
Manuale magistri novitiorum, Villariensium moribus accommodatum ... A Servatio Gilletio ...
Lovanii, typis Georgii Lipsii, 1667
8°: A-E⁸, F²; 84 p.
- PI/26/3 & PrFII/24/3

GILLET, Servatius, O. Cist. G72
Prior claustralis. A Servatio Gilletio ...
Lovanii, typis Georgii Lipsii, 1667
8°: *¹⁶, §⁴, A-H⁸; [40], 119, [8] p.
- PI/26/1 (titelblad ontbr.) & PrFII/24 (titelblad ontbr.)

GILLOT, Jacques G73
Instructions et lettres des rois tres-chrestiens, et de leurs ambassadeurs, et autres actes concernant le Concile de Trente [ed.: J. Gillot]. Quatriéme édition ... tirez des memoires de M. D. [Jacques Dupuy]
A Paris, chez Sebastien Cramoisy et Gabriel Cramoisy, 1654
4°: á⁴, é⁴, í⁴, A-4I⁴; [24], 609, [15] p.
- PrGVII/3 (herk.: Musæi ... cardinalis Bellarmini in Collegio S.J. [Mechelen]; Biblioth. Instit. Sti Ignat. Antverp.)

GILS, Antonius van G74
Analysis epistolarum canonicarum ad usum seminarii Sylvæ-Ducensis [A. Van Gils]
Lovanii, typis Francisci Michel, 1816
12°: 3 dln
- ArEIV/18 (dl 3)

GILS, Antonius van G75
Katholyk Meyerysch memorieboek, behelzende de oprigting van het bisdom van 's Hertogenbosch, beneffens de lijst der bisschoppen, zoo van Luik, Camerijk en Utrecht ... als ook ... van 's Hertogenbosch ... [A. van Gils]
Te 'sBosch, by J. J. Arkesteyn, 1819
12°: A-2P⁸, 2P⁶; 577, [1bl], XIX, [7] p.
- NIV/22

GINTHER, Antonius G76
Currus Israel, et auriga ejus ... Auctore ... Antonio Ginther ...

G

Editio septima
Augustæ Vindelicorum, sumptibus Martini Veith, 1739
4°:)(-5)(4, 6)(2[-6](2), A-3N4(-3N4); [42], 436, [35] p. +)(4, A-3L4; [8], 423, [33] p.; gegrav. front.
- ZIII/36

GINTHER, Antonius G77
Currus et auriga ejus ... Auctore ... Antonio Ginther ... Editio octava.
Pars prima: *Pro dominicis per annum*. Pars secunda: *Pro diebus festivis per annum*
Antverpiæ, sumptibus Societatis, 1752
4°:)(4, a-e4, A-3Q4, 3R2; [48], 463, [36] p. + a4, A-3P4; [8], 452, [35] p.; gegrav. front. in 1 & 2
- MV/12-13

GINTHER, Antonius G78
Mater amoris et doloris ... Nunc explicita per sacra emblemata ... Auctore ... Antonio Ginther ... Editio secunda
Augustæ Vindelicorum, sumptibus Georgii Schlüter & Martini Happach, 1726
4°:)(4,)**(4,)***(4, A-3Y4; [24], 514, [30] p.: ill.; gegrav. front.
- EIII/15 ((herk.: Ad usum fr. J. De Pauw [Park]; Fr. Leo Maeten (?) 21 Xbre 1894)

GINTHER, Antonius G79
Mater amoris et doloris ... Explicata per sacra emblemata ... Auctore ... Antonio Ginther ... Editio tertia
Augustæ Vindelicorum, sumptibus hæredum Martini Happach & consort., 1734
4°:)(4,)**(4,)***(4, A-3Y4; [24], 514, [30] p.: ill.; bijk. gegrav. front.
- DIV/24 (herk.: M. Vander Schueren pastor in Woluwe S.Petri) & KVII/6/1 (herk.: R.R. Patrum Carmelitarum Discalceatorum Conventus Brugensis ... 1765; Couvent des Carmes déchaussés; J. Jespers 1865)

GINTHER, Antonius G80
Mater amoris et doloris ... Explicata per sacra emblemata ... Auctore ... Antonio Ginther ... Editio tertia
Augustæ Vindelicorum, sumptibus Martini Veith, 1741
4°:)(4,)**(4,)***(4, A-3Y4; [24], 514, [30] p.: ill.; gegrav. front.
- KVII/5

GINTHER, Antonius G81
Mater amoris et doloris ... Nunc explicata per sacra emblemata ... Auctore ... Antonio Ginther ... Editio quarta
Antverpiæ, sumptibus Societatis, 1752
4°:)(4,)*(4,)**(4,)***(2, A-4D4; [28], 554, [30] p.: ill.; gegrav. front.
- EIII/14

GINTHER, Antonius G82
Speculum amoris et doloris ... Opera & studio ... Antonii Ginther. Editio III
Augustæ Vindelicorum, typis & sumptibus Joannis Jacobi Lotteri, 1731
4°: a-d4, e6, A-3G4; [40], 408, [16] p.: ill.; bijk. gegrav. front.
- KVII/7 & QII/4 (herk.: Ex libris H. F. Peeters 1796)

GINTHER, Antonius G83
Speculum amoris et doloris ... Et nunc ... per quinquaginta considerationes, totidem sacra emblemata aeri incisa ... illustratum. Opera & studio ... Antonii Ginther ... Editio IV
Augustæ Vindelicorum, typis & sumptibus hæredum Joannis Jacobi Lotteri, 1743
4°: (a)-(e)4, A-3G4; [40], 408, [16] p.: ill.; gegrav. front.
- KVII/3

GINTHER, Antonius G84
Speculum amoris et doloris ... sacra emblemata aeri incisa ... illustratum ... Opera & studio ... Antonii Ginther ... Editio quarta
Antverpiæ, sumptibus Societatis, 1752
4°: a-e4(-a4), A-3A4; [38], 361, [14] p.; ill.; gegrav. front.
- KVII/4

GINTHER, Antonius G85
Unus pro omnibus, hoc est: Christus Jesus Dei Filius ... Opera & studio ... Antonii Ginther ... Editio tertia
Augustæ Vindelicorum, sumptibus Martini Veith, 1743
4°:)(4, 2)(4,)(a-)(g4, A-4O4; [15], 640, [21] p.; gegrav. front.
- EIII/12

GINTHER, Antonius G86
Unus pro omnibus, hoc est: Christus Jesus Dei Filius ... Opera & studio ... Antonii Ginther ... Editio quarta
Antverpiæ, sumptibus Societatis, 1752
4°:)(4, a-h4, A-4M4; [15], 56, 626, [21] p.; gegrav. front.
- EIII/13

GINTHER, Antonius G87
Unus pro omnibus, hoc est: Christus Jesus Dei Filius ... Opera & studio ... Antonii Ginther ... Quibus ad calcem adjicere placuit Epitomen vitæ ipsius auctoris ...
Augustæ Vindelicorum, sumptibus hæredum Martini Happach & consort., 1733
4°:)(-2)(4,)(a-)(g4, A-4O4(-4O4); [16], 56, 640, [21] p.; gegrav. front.
- KVII/1 (herk.: Ludovicus Bloemarts pastor in Bree; J. Jespers) & KVII/2

GIORGI, Domenico G88
Vita Nicolai Quinti. A Dominico Georgio ... conscripta. Accedit ejusdem Disquisitio de Nicolai V erga litteras, & Litteratos viros patrocinio
Romæ, ex typographia Palearinorum, 1742
In fine: Excudebant Romæ Nicolaus et Marcus Palearini ... anno MDCCXLII
4°: a-c4, d6, A-2F4; XXXVI, 232 p.
- JV/17

GIOVANNI GIUSEPPE di SANTA TERESA, O.Carm. G89
De teere liefde van Jesus in het H. Sacrament ... Beschreven door ... Joannes Joseph van de H. Theresia ... Uyt het Italiaens overgebracht in de Nederduytsche taele door ... Romualdus van den H. Bernardus ... Naer den elfsten druck van Roomen
t'Antwerpen, by Joannes Franciscus de Roveroy, 1747
8°: π8, A-S8, T6; [22], 286, [8] p.; gegrav. front. + portret (Henri van Eesbeek, O.Præm.)
- QII/26

GIOVIO, Paolo G90
Pauli Iovii ... Historiarum sui temporis tomus primus (-secundus)
Venetiis, apud Cominum, 1553
8°: A8, A-3F8; [8], 416 f. + A-Z8, Aa-Yy8; 680, [37] p. + a-z8, A-R8, S4; 618, [30] p.; gegrav. portret op titelp.
- ArJIII/20-21 (dl 1 ontbr.; herk.: Gregorius Hofferus)

GIRARD, Gabriel G91
Synonymes françois, leurs différentes significations, et le choix qu'il en faut faire pour parler en justesse. Par ... Girard ... Nouvelle édition ... augmentée ... par ... Beauzée ... Suivie de la prosodie françoise, édition de 1767, & des essais de grammaire, par ... d'Olivet
A Rouen, chez la veuve de Pierre Dumesnil & chez Labbey,

116

1783
12°: a¹², A-N¹², O⁸, P¹²; XXIV, 352 p. + a¹², A⁴, B-2C¹², 2D⁶; XXIV, 619, [1] p.
- PrCI/15-16 (herk.: Joannes Baptista Aerts Arschotanus - Molle 1789 [prijsboek])

GIRARD, N.   G92
Sermoenen op de feest-dagen. Gepredikt in 't Frans door … Girard … ende als nu overgezet … in 't Vlaems
Tot Brugge, by Cornelis de Moor, 1774-1776
8°: 3 dln
- ArAIII/17-18 (dl 3 ontbr.)

GIRARD, N.   G93
Sermoenen op de zondagen. Gepredikt in 't Frans door … Girard …
Tot Brugge, by Cornelis de Moor, 1775-1776
8°: 4 dln
- ArAIII/14-16 (dl 2 ontbr.)

GIRAUDEAU, Bonaventure, S.J.   G94
Evangile médité et distribué pour tous les jours de l'année, suivant la concorde des quatre évangélistes (Bonaventure Giraudeau, revu par le père Duquesne). Sixième édition
A Besançon, chez la veuve Métoyer, 1803
12°: 8 dln
- JIII/16-23

GIRAUDEAU, Bonaventure, S.J.   G95
L'Evangile médité, et distribué pour tous les jours de l'année, suivant la concorde des quatre Evangélistes. Par Giraudeau, revu et corrigé par … Duquesne. Nouvelle édition, augmentée d'un volume
Tournay, chez J. Casterman, 1826
9 dln
- ArDVI/18-26

GIRY, François   G96
Les vies des saints, dont on fait l'office dans le cours de l'année et de plusieurs autres … Par … François Giry … Nouvelle et derniere édition
A Paris, chez Nicolas Gosselin, 1719
2°: 3 dln
- ArCVI/11-13 (herk.: Ex libris JB Devos; Ex bibliotheca Cong^{is} SS^{mi} Redemptoris Bruxellis, ad S. Josephum, Armarium XII Series 11)

GISELINUS, Victor   G97
Victoris Giselini *Hymnorum liturgicωn …*
Antverpiæ, apud Martinum Nutium, & fratres, 1620
12°: A-E¹²; 120 p.
- ArBII/16

GISLEBERTUS MONTENSIS   G98
Gisleberti … *Chronica Hannoniæ*. Nunc prima edita cura et studio Marchionis du Chasteler …
Bruxellis, typis Emmamuelis*(sic)* Flon, 1784
4°: a⁴(-a⁴), A-2Q⁴; [8], 288, [24] p.
- RV/9

GIUSTINELLI, Pietro, S.J.   G99
Rationale christianorum, et doctrina devote fructuoseque recitandi officia … Petri Iustinelli …
Coloniæ, apud Ioannem Kinchium, 1634
12°: A-D¹²; 75, [20] p.
- PrJVIII/10/2

GLAZEMAKER, Jan Hendriksz   G100
Toonneel der werreltsche veranderingen, door deftige, vermakelijke en ware geschiedenissen afgebeelt … Uit verscheide schrijvers, door I. H. Glazemaker vertaalt. Tweede deel
t'Amsterdam, by Gerrit Willemsz Doornik, 1659
8°: †⁴, A-2L⁸, 2M⁴ + π⁴, A-2L⁸, 2M⁴; [8], 552 p.: ill.; bijk. gegrav. titelp.
- WI/3

GLEN, Jean-Baptiste (de), O.S.A.   G101
Histoire pontificale, ou plustost demonstration de la vraye Eglise … Par … Iean Baptiste de Glen. Avec des pourtraicts naturels des papes taillez par Jean de Glen …
A Liege, chez Arnoult de Coerswarem, 1600
4°: §-2§⁴, A-5Z⁴, *⁶; [16], 889, [43] p.: ill.
Opm: veel onregelmatigheden in de paginering
- ArDVII/18 (titelblad, §-2§⁴, 4S⁴ [pp. 689-696)], 4T³ [pp.701-702], *1 & *6 in *Tables* ontbreken)

GLYCIS, Michael   G102
… Μιχαηλ Γλυκα Σικελιωτου *Βιβλος χρονικη* - Michaelis Glycæ Siculi … *Annales* … Philippus Labbe … Græcum textum … primum in lucem edidit. Ioannis Lewnklavii … interpretationem … emendavit …
Parisiis, e typographia regia, 1660
In fine: … Curante Sebastiono Cramoisy … 1659
2°: á⁶, é⁴, í⁴, ó⁴, ú⁴, áá², A-3F⁴; [48], 387, [32] p.
- SVIII/19 (herk.: Bibliothecæ parchensis … [weggeknipt]; theca XI.)

GOBAT, Georges   G103
Operum moralium tomi I pars I. Hoc est experientiarum theologicarum … tractatus septem priores. Autore … Georgio Gobato …
t. 1, pars 1: *De baptismo, confirmatione, eucharistia et pœnitentia*; t. 1, pars 2: *Tractatus tres posteriores de ordine, extrema unctione et matrimonio*; t. 2: *Quinarius tractatuum theologico-iuridicorum*.
Monachii, typis & impensis Joannis Jaecklini, 1681
2°: 3 dln; gegrav. front. & portret van de aut. in 1
- JVII/13-15 (herk.: Domus Salisburgii S.S. Maximiliani, et Caietani Cler. Reg.)

GOBINET, Charles   G104
Instruction de la jeunesse en la pieté chrétienne … Par … Charles Gobinet … Nouvelle édition
A Louvain, chez Jean Francois van Overbeke, 1769
8°: *⁸, A-2H⁸; [16], 486, [10] p.
- ArIV/12

GODEAU, Antoine   G105
Eloges historiques des empereurs, des roys, des princes, des impératrices, des reynes …, qui dans tous les siecles ont excellé en piété. Par … Antoine Godeau …
A Paris, chez Francois Muguet, 1667
4°: á⁴, é², A-3Z⁴; [12], 549, [1] p.
- OI/31

GODEAU, Antoine   G106
La vie de S. Augustin evesque d'Hyppone. Par … Antoine Godeau … Seconde édition.
A Paris, chez Antoine Dezallier, 1679
4°: á⁴, A-4E⁴, 4F², χ²; [8], 595, [4] p.
- HII/27

DEN GODVRUGTIGEN LANDS-MAN …   G107
Den godvrugtigen lands-man ofte gebede-boek byzonderlyk ten

G

dienste der lands-lieden ... Negensten druk – Met plaeten.
In fine: *Korte bemerkingen op de vier uytterste* ...
Te Mechelen, by P.J. Hanicq, 1820
12°: π¹, A-T¹², V⁶; [18], 444, 32 p.: ill.; gegrav. front.
- PrEII/11

GOEREE, Wilhelm   G108
Mosaïze historie der Hebreeuwse kerke ... Door een liefhebber der Joodse oudheden (Wilhelm Goeree)
Tot Amsterdam, gedrukt voor den autheur en worden te koop aangeboden by desselfs zonen, Willem en David Goeree, 1700
2°: 4 dln: ill. + ill.
- YVII/14-17

GOFFINE, Leonard, O.Præm.   G109
... Goffine ... *Christkatholisches ... Unterrichtungsbuch, oder kurze Auslegung aller Sonn- und Festtägliche Episteln und Evangelien ... Sonntäglicher Theil*
Augsburg, bey Nicolaus Doll, 1803
8°: *-2⁸, A-2H⁸, 2I⁴; XXXII, 504 p.; gegrav. front.
- PrII/13 (herk.: Basile van Beygaerden)

GOHARD, Pierre   G110
Traité des bénéfices ecclésiastiques, dans lequel on concilie la discipline de l'Eglise avec les usages du royaume de France.
Par ... P. Gohard ... Nouvelle édition
A Paris, chez la veuve Garnier, 1765
4°: 7 dln
- LV/10-16

GOLDAST, Melchior   G111
Rerum Alamannicarum scriptores aliquot vetusti, a quibus Alamannorum, qui nunc partim Suevis, partim Helvetiis cessere, historiæ tam sæculares quam ecclesiasticæ traditæ sunt
... Ex bibliotheca Melchioris Haiminsfeldii Goldasti. Cura Henrici Christiani Senckenberg ... Editio tertia
Francofurti et Lipsiæ, impensis Johannis Friderici Fleischeri, 1730
Aut.: Joachim Vadianus, Bartholomaeus Schöbinger, Johannes Commander, Leo Juda, Johannes Kesler, Maurus Rabanus, Walafridus Strabo, Nicolaus de Tiufburg, Johann Georg Tibianus, Melchior Goldast e.a.
2°: 3 dln
- TVIII/15

GOLDHAGEN, Herman, S.J.   G112
Introductio in Sacram Scripturam Veteris ac Novi Testamenti maxime contra theistas et varii nominis incredulos ...
Recensuit Hermannus Goldhagen ...
Moguntiæ, ex officina typographica Hæffneriana, 1765-1766
8°: *-2⁸, 3*³, A-2B⁸, 2C²; [8], XXX, 402 p. + *-2⁸, A-2O⁸, 2P⁴; [4], XXVI, [2], 599 p.
- CI/7-8

GONDI, Charles de, marquis de Belle-Isle   G113
Semelion, histoire véritable [C. de Gondi]
S.l., s.n., 1715
12°: π², A-K¹²; [4], 238 p.
- PrJV/4 (herk.: wapen van de Bourbon-Condé [supralibros])

GONET, Joannes Baptista, O.P.   G114
Clypeus Theologiæ thomisticæ. Authore ... Joanne Baptista Gonet ... Editio sexta
Lugduni, apud Anissonios, & Joan. Posuel, 1681
2°: 6 dln
- HIX/11-16 (herk.: Ex libris B. M. de Geroldisarto)

GONET, Joannes Baptista, O.P.   G115
Dissertatio theologica ad tractatum de moralitate actuum humanorum pertinens de probabilitate ... Authore ... Ioanne Baptista Gonet ...
Burdigalæ, apud G. de la Court, 1664
12°: π⁴, A-Q¹²; [8], 379 p.
- ArBII/12

GONZALEZ DE SANTALLA, Tirso, S.J.   G116
Fundamentum theologiæ moralis, id est tractatus theologicus de recto usu opinionum probabilium ... Authore ... Thyrso Gonzalez ... Editio prima in Germania superiori
Dilingæ, typis & sumpt. Joannis Caspari Bencard, 1694
4°: a-e⁴, f², A-3S⁴; [44], 460, [49] p.
- JIV/13 (herk.: Monasterii Weichen Stephan)

GONZALEZ MATEO, Diego, O.F.M.   G117
Mystica Civitas Dei vindicata ab observationibus ... Eusebii Amort ... Ipsæ observationes examinantur, & vanæ ... demonstrantur per ... Didacum Gonzalez Matheo ... Editio prima in Germania
[Kempten], ex ducali Campidonensi typographeo, per Andream Stadler, 1748
Andere: Maria a Jesu de Agreda, O.F.M.
4°: a⁴, a)(-e)(⁴, A-4B⁴, 4C-4D²; [48], 553, [21] p.
- KII/34

GONZALEZ TELLEZ, Emanuel   G118
... Emanuelis Gonzalez Tellez ... *Commentaria perpetua in singulos textus quinque librorum decretalium Gregorii IX*
Lugduni, sumptibus Anisson & Posuel, 1715
2°: 5 dln
- LVIII/16-19

GORDON, James Bentley   G119
Histoire d'Irlande depuis les temps les plus reculés jusqu'à l'acte d'union avec la Grande-Bretagne en 1801. Traduite de l'Anglais de M. J. Gordon ... par Pierre Lamontagne ...
Paris, Parsons, Galignani, 1808
8°: 3 dln
- OI/1-3

GORKOM, Melchior-Lambert van   G120
Beschryvinge der stad en vryheyd van Turnhout: de aloude herkomst, naem-reden, met de inlandsche geschiedenissen ...
Door M. L. Van Gorkom
Tot Mechelen, by F.-J. Van der Elst, 1789
8°: A-T⁸, V²(V²); IV, 270, [9] p.
- PrHIV/12 (titelblad ontbr.)

GORMAZ, Joannes-Baptista, S.J.   G121
Cursus theologicus. Authore ... Joanne Baptista Gormaz ...
Augustæ Vindelicorum, sumptibus Georgii Schlüter, 1707
2°: π²,)(², A-5F⁴, 5H-5L²(-5L²); [6], 883, [13] p. + π¹, †², A-5I⁴, 5K-5O²; [6], 812, [15] p.
- JVI/13-14 (herk.: Coll. Soc. Jesu Dilingæ 1707; Koenigliches Staatseigenthum)

GOROPIUS BECANUS, Joannes   G122
Joan. Goropii Becani *Origines Antwerpianæ, sive Cimmeriorum Becceselana novem libros* ...
Antverpiæ, ex officina Christophori Plantini, 1569
Coll.: Lævinus Torrentius, Gerartus Falkenburgius Noviomagus, A. Grapheus (lofdichten)
4°: a-c⁴, d⁶, A-Q⁴, R⁶, S-Z⁴, a-d⁴, e⁶, f-z⁴, Aa-Zz⁴, aA-zZ⁴, 2a-2z⁴, 2A-2Q⁴,

2R⁶, 2S-2X⁴; [36], 1058, [2 bl], [32] p.
- RVII/12

GOTHER, John   G123
Instructions for Confession, Communion, and Confirmation [J. Gother]
London, printed for Thomas Meighan, 1744
12°: A-G¹²; 156, [12] p.
- DI/27

GOTTI, Vincenzo Lodovico   G124
Theologia scholastico-dogmatica juxta mentem divi Thomæ Aquinatis ... Accomodata per ... Vincentium-Ludovicum Gotti ... Editio novissima ...
Venetiis, ex typographia Remondiniana, 1763
2°: 3 dln
- HVII/10-12

GOURNEAU, Nicolas, O.Præm.   G125
S. Norbert, l'homme céleste, l'ange et l'apostre de la paix ... [N. Gourneau]
A Paris, chez Gilles Alliot, 1671
8°: á⁸, A-2E⁸, 2F⁶; [16], 436, [22] p.; gegrav. front.
- PrIVII/8 (herk.: Joannes Adams; supralibros van Michel Colbert, O.Præm.)

GRACHT, Henri van der, S.J.   G126
Vita S. Ioseph Bmæ Virginis sponsi ... Iconibus delineata ac versiculis exornata - *Het leven van sint Joseph, Jesu voesterheer. In printjes vertoont, met digtjes verciert*. Door H. V. G. S. J. (= Henri van der Gracht)
Antverpiæ, Ioannes Galleus excudebat, (1689?)
In fine: t'Antwerpen, voor Joannes Stichter
8°: A-E⁸; [8], 68, [3] p.: 28 pltn
- PrFI/24

GRADUALE PRÆMONSTRATENSE   G127
Graduale Præmonstratense ... Michaelis Colbert ... authoritate editum ...
Parisiis, sumptibus, opera, & studio Guillelmi Gabrielis Nivers, 1680
4°: á⁴, A-2O⁴, a-n⁴; 256, CIV p.
- PrIIV/1 (pp. LXXI-XCVI ontbr.) & ArFIV/1

GRADUALE PRÆMONSTRATENSE   G128
Graduale Præmonstratense ... Claudii Honorati Lucas ... authoritate, editum ...
Virduni, apud Claudium Vigneulle, 1718
4°: *-2*², A-2R⁴, a², b-o⁴; [8], 318, CVI p.
- ArFIV/2

GRADUALE PRÆMONSTRATENSE   G129
Graduale ad usum canonicorum regularium ordinis Præmonstratensis
Bruxellis, apud Franciscum t'Serstevens, 1771
4°: π¹, *², A-3A⁴, 3B², a-q⁴(-q⁴); [6], 380, CXXV p.
- PrIIV/2 & ArFIV/3

GRADUALE ROMANUM   G130
Epitome gradualis Romani, seu cantus missarum dominicalium et festivarum totius anni ... A ... de la Feillée, revisum, auctum & emendatum
Pictavii, apud Joann. Felicem Faulcon & Franciscum Barbier, 1781
12°: A-2B¹², 2C⁶; 612 p.
- DI/2

GRÆVIUS, Joannes Georgius   G131
Thesaurus antiquitatum Romanarum ... Congestus a Joanne Georgio Grævio. Accesserunt variæ & accuratæ tabulæ æneæ
Traject. ad Rhen., apud Franciscum Halmam; Lugd. Batavor., apud Petrum vander Aa, 1694-1699
Aut.: Ottaviano Ferrari, Nicolas Grouchy, Paolo Manuzio, Onofrio Panvinio, Carlo Sigonio
2°: 12 dln. Bezit: dl 1 (*-5*⁴, 6*², a-b⁴, A-3S⁴(-3S⁴), A-I⁴; [44] p., 1022, [142] kol.; bijk. gegrav. titelp. + 3 uitsl. pltn)
- ZVIII/6 (herk.: L. Bosch [ex libris: *In tali numquam lassat venatio sylva*])

GRAMAYE, Joannes Baptista   G132
I. B. Gramaye *Antiquitates illustrissimi ducatus Brabantiæ* ...
Bruxellæ, ex officina Ioannis Mommartii, 1610
4°: a⁴, A⁴, A-Q⁴; [16], 182 [i.e. 128] p.: 2 pltn
- PrGIV/6 & PrGIV/7 (datum op titelp. is met de hand gewijzigd van 1610 naar 1619)

GRAMAYE, Joannes Baptista   G133
(J. B. Gramaye ... *Antiquitates Belgicæ emendatiores, et auctæ antiquitatibus Bredanis* ...):
1: *Antiquitates illustrissimi ducatus Brabantiæ* ...; 2: *Antiquitates illustrissimi comitatus Flandriæ* ...; 3: *Namurcum*; 4: *Antiquitatum Cameracensium liber primus (-tertius)*; 5: Davidis Lindani ... *de Teneræmonda libri tres*; 6: Nicolai de Guyse ... *Mons Hannoniæ metropolis* ...
Bruxellis, apud fratres Tserstevens. Lovanii, apud Ægidium Denique, 1708
Nota: alleen 1 & 2 hebben eigen titelp.
2°: onregelm. gepag.
- RVII/14 & ArCVII/13

GRANCOLAS, Jean   G134
Commentarius historicus in romanum Breviarium ... Auctore J. Grancolas ... Nunc vero e Gallico Latine redditus
Antverpiæ, sumptibus Novæ Societatis, & væneunt Offenbaci ad Mœnum apud Jo. Ludovicum Kœnig, 1734
4: *⁴, A-2Y⁴, 2Z⁶; [8], 372 p.
- CIV/19 (herk.: Joannes Judocus Peetermans, Geel 1813 [prijsboek])

GRATIANUS MONACHUS   G135
Decretum Gratiani, emendatum et notationibus illustratum. Una cum glossis, Gregorii XIII ... *iussu editum*. Editio novissima
Lugduni, sumptibus Antonii Pillehotte, 1624
2°: 2†⁴, a-c⁸, d², A-4E⁸; [8], [52] p., 2072 kol., 8, 76, [2] p.
- LVI/23 (herk.: R. E. Vanderheyden 1727)

GRAVE, Charles-Joseph de   G136
République des Champs Elysées, ou monde ancien. Ouvrage posthume de ... Charles-Joseph de Grave ...
A Gand, de l'imprimerie de P.-F. De Goesin-Verhaeghe, 1806
8°: 3 dln
- ArJVIII/3-5

GREGORIUS I de GROTE   G137
S. Gregorii Magni ... *De cura pastorali liber* ... Opera & studio theologi Parisiensis [Jacques Boileau]
Bruxellis, ex officina Eug. Henrici Fricx, 1685
16°: á⁸, é³, A-Y⁸, Z⁴; [21], 354, [6] p.
- DI/34

GREGORIUS I de GROTE   G138
S. Gregorii Magni ... *De cura pastorali liber*. Editio nova
Parisiis, apud Méquignon juniorem, 1826

G

332 p.
- ArJI/25

GREGORIUS I de GROTE G139
Sancti Gregorii ... *Opera.* Sixti V ... iussu emendata, aucta & in tomos sex distributa
Antverpiæ, apud Ioannem Keerbergium, 1615
Ed.: Petrus Ridolfi, Dominicus Basa; Coll.: Joannes Diaconus, Gregorius Turonensis, Paulus Diaconus, Beda Venerabilis, Ado Viennensis, Simeon Metaphrastes, Angelus Rocca Camers *(Scholia)*
2°: 6 dln; ill.
- FVII/5-6

GREGORIUS I de GROTE G140
Sancti Gregorii ... *Opera omnia.* Studio & labore monachorum Ordinis Sancti Benedicti ... [Denis de Sainte-Marthe, Barthélémy Petis de la Croix, Guillaume Bessin]. Tomus primus (-quartus)
Parisiis, sumptibus Claudii Rigaud, 1705
Coll.: Antonius Caraffa, Nicolaus Hugo Menardus, Paulus Diaconus, Johannes Diaconus
2°: 4 dln
- FVIII/1-4

GREGORIUS I de GROTE G141
Les quarante homilies ou sermons de S. Grégoire le Grand, pape, sur les évangiles de l'année. Traduits en François (par Louis-Charles d'Albert, duc de Luynes)
A Paris, chez Pierre Le Petit, 1665
4°: á^4, é^2, A-4L^4, 4M^2; [12], 644, [2] p.
- EII/38

GREGORIUS III, STEPHANUS III e.a. G142
Volumen epistolarum quas Romani pontifices, Gregorius III. Stephanus III. Zacharias I. Paulus I. Stephanus IV. Adrianus I. & pseudopapa Constantinus miserunt ad principes & reges Francorum, Carolum Martellum, Pipinum, & Carolum Magnum. Olim studio & cura ipsius Caroli Magni collectum, nunc tandem publici juris factum a Jacobo Gretsero ...
Ingolstadii, ex typographeo Andreæ Angermarii, sumptibus Ioannis Hertsroj, 1613
4°: A-Z^4, a-z^4, 2A-2B^4; [8], 346, [28] p.
- EII/30/1 (herk.: Collegii Soc^{tis} Jesu Lovanii)

GREGORIUS IX G143
Decretales epistolæ summorum pontificum a Gregorio nono ... collectæ
Parisiis, apud Gulielmum Merlin, & Gulielmum Desboys, ac Sebastianum Nivellium, 1558
In fine: Parisiis ex officina typographica Gulielmi Desboys ... 1558 pridie Cal. Novemb.
8°: aa-cc^8, dd^4, a-z^8, A-2E^8, 2F^4; [28], 412 f.
- MV/23 (herk.: J. Robson pastor in Goue[?]; Joannes del Borne[?] 1660)

GREGORIUS IX G144
Decretales D. Gregorii Papæ IX. Cum glossis diversorum ... Editio novissima
Lugduni, sumptibus Antonii Pillehotte, 1639
2°: π^3, A-3P^8, 3Q^4, †-2†^{6}, 3S^4, 3T-3V^6; [6] p., 1966 kol., 23, [1bl] p., p. 9-37, [2] p.
- LVI/24 (herk.: R. E. Vanderheyden 1727)

GREGORIUS van NYSSA G145
... *Gregorii episcopi Nysseni Commentarius duplex in psalmorum inscriptiones.* Nunc primum Græce et Latine ... in lucem depromptus a Iacobo Gretsero ... Accesserunt in eadem Bibliotheca novem orationes sacræ Leonis imperatoris hactenus ineditæ
Ingolstadii, ex typographia Adami Sartorii, 1600
4°: *^{4}, 2*^{2}, A-Z^4, a-z^4, 2A-2H^4; [12], 431 p.
- EII/10 (herk.: Societatis Jesu Lovanii 1600; D. ac M. Joannes Brietselius D. D.)

GREGORIUS van NYSSA G146
...Γρηγοριου επισκοπου Νησσης Τα ευρισκομενα - ... *Gregorii episcopi Nysseni Opera* (ed.: Claudius Morellus)
Parisiis, sumptibus Ægidii Morelli, 1638
Vert.: Petrus-Franciscus Zinus, Johannes Leunclavius, Georgius Trapezuntius, Gentianus Hervetus, Laurentius Sifanus, Petrus Galesinus, Federic II Morel, Isaac Casaubon
2°: 3 dln
- EVI/28-30

GREGORIUS van TOURS G147
... *Gregorii ... Turonensis Opera omnia* necnon Fredegarii Scholastici *Epitome et chronicum* ... aucta, atque notis ... illustrata, opera & studio Theoderici Ruinart ...
z1 v°: *Vita sancti Gregorii* ... per Odonem abbatem
Luteciæ-Parisiorum, excudebat Franciscus Muguet, 1699
2°: á^4, b-2z^2, A-4S^4, 4T-5I^2; [116] p., 1404 kol., [50] p.
- FVII/14

GREGORIUS XV & BENEDICTUS XIV G148
Constitutiones Gregorii ... XV, et Benedicti ... XIV ... necnon ejusdem Benedicti ... litteræ ...
Lovanii, typis L. J. Urban, (1746?)
8°: A-E^4; 40 p.
- ArBIII/23/2

GRENIER, Claes G149
Den beuckelere des gheloofs, ghenomen uut die heylighe Schriftuere ... ghemaeckt ende vergeert van ... Claes Grenier
Thantwerpen, by Henrick Wouters, 1581
In fine: Typis Mathei Rodij
8°: A-2H^8, 2I^4; [8], CCXLII f.
- PrAVII/6 (herk.: J. De Pauw [Park])

GRETSERUS, Jacobus, S.J. G150
Jacobi Gretseri ... Admonitio ad exteros de bibliis Tigurinis
Ingolstadii, ex typographeo Ederiano, apud Elisabetham Angermariam viduam, 1615
4°: A-D^4, [4], 27 p.
- EII/14/3

GRETSERUS, Jacobus, S.J. G151
Agonisticum spirituale, in gratiam duorum prædicantium Hailbrunneri Neoburgici et Zeämanni Lavingani ... Concinnatum a Jacobo Gretsero ...
Ingolstadii, ex typographeo Adami Sartorii, 1609
4°: *-2*^{4}, A-Z^4, a-n^4; [8], 274, [12] p.
- EII/23 (herk.: Collegii Soc^{tis} Jesu Lovanij 1610)

GRETSERUS, Jacobus, S.J. G152
Βασιλικου δωρου *sive Commentarius exegeticus in ... Magnæ Brittanniæ regis Jacobi præfationem monitoriam* ... Auctore Jacobo Gretsero ...
Ingolstadii, ex typographeo Adami Sartorii, 1610
4°: *^{4}, A-Z^4, a-p^4; [8], 258, [45] p.
- EII/24/1 (herk: Collegii Soc^{tis} Jesu Lovanii)

GRETSERUS, Jacobus, S.J. G153
Jacobi Gretseri ... *Bavius* [= Libavius] *et Mævius, ille, ut delirus alchymista, antimonio ... Accessit portiuncula quædam hellebori pro male sano capite cujusdam pædotribæ Witebergensis, & lithi Miseni calvinistæ*
Ingolstadii, ex typographia Adami Sartorii, 1605
4°: *4, A-Z4, a-z4, 2A-2B4, 2C2; [6], 388 p.
- EII/12 (herk.: Coll. Soctis Jesu Lovanii)

GRETSERUS, Jacobus, S.J. G154
Camarina Lutherana et Calviniana, de peccatis et legibus. Nunc a Iacobo Gretsero ... nonnihil mota ...
Ingolstadii, ex officina typographica Wilhelmi Ederi, 1621
4°: A-2A4, 2B6; [8], 202 p.
- EII/36/2

GRETSERUS, Jacobus, S.J. G155
Considerationum ad theologos Venetos libri tres, de immunitate et libertate ecclesiastica. In quibus prope ad verbum refellitur liber de hoc ipso argumento scriptus a ... Capello ... simulque ... Bellarmini doctrina copiose defenditur. Auctore Jacobo Gretsero ...
Ingolstadii, ex typographeo Adami Sartorii, 1607
4°: A-Z4, a-z4, 2A-2B4; 381, [3] p.
- EII/19 (herk.: Collegij Societatis Jesu Lovanij 1607)

GRETSERUS, Jacobus, S.J. G156
Iacobi Gretseri ... *Contra famosum libellum, cuius inscriptio est: Monita privata Societatis Iesu, etc. libri tres apologetici*
Ingolstadii, apud Elisabetham Angermariam. sumptibus Ioannis Hertsroi, 1618
4°: A-2G4; [2], 237 p.
- EII/15/2 & EII/35 (herk.: Coll. Soctis Jesu Lovanii; Dono P. Stratii)

GRETSERUS, Jacobus, S.J. G157
Iacobi Gretseri ... *De cruce Christi, rebusque ad eam pertinentibus libri quatuor*
Ingolstadii, ex typographia Adami Sartorii, 1598
4°: a-c4, d2, A-Z4, a-z4, 2A-2D4, 2E2(-2E2), 2A-3D4, 3E2; [28], 403, 192, [26] p.
- EII/7 (herk.: Collegii Soctis Jesu Lovanii)

GRETSERUS, Jacobus, S.J. G158
Iacobi Gretseri ... *De cruce Christi tomus secundus*
Ingolstadii, ex typographia Adami Sartorii, 1600
Coll.: Philippus Menzel *(carmen)*
4°: *-2*4, A-Z4, a-z4. 2A-3I4, 3K2; [16], 628 p.
- EII/8 (herk.: Societatis Jesu Lovanii 1600)

GRETSERUS, Jacobus, S.J. G159
Iacobi Gretseri ... *De cruce Christi tomus tertius*
Ingolstadii, ex typographia Adami Sartorii, 1605
4°: *-5*4, aa-tt4, A-Z4, a-z4, 2A-3B4, 2A-2Q4, 2R6; [40], 141, [10], [1bl], [2], 565 [=566], [2], 85, [52] p.: ill.; 1 uitsl. plt (p. 539)
- EII/9 (herk.: Soctis Jesu Lovanii)

GRETSERUS, Jacobus, S.J. G160
Jacobi Gretseri ... *De festis christianorum libri duo. Adversus Danæum, Dresserum, Hospinianum, aliosque sectarios*
Ingolstadii, excudebat Andreas Angermarius. Sumptibus Ioannis Hertsroy, 1612
4°: a-d4, A-3C4, 3D2; [32], 371, [25] p.
- EII/29 (herk.: Collegii Soctis Jesu Lovanii)

GRETSERUS, Jacobus, S.J. G161
Iacobi Gretseri ... *De funere christiano libri tres adversus sectarios*
Ingolstadii, ex typographeo Adami Sartorii, 1611
4°: *-2*4, 3*2, A-Z4, a-o4, q2(-q2); [20], 279, [27] p.
- EII/26 (herk.: Collegii Soctis Jesu Lovanii)

GRETSERUS, Jacobus, S.J. G162
Iacobi Gretseri ... *De sacris et religiosis peregrinationibus libri quatuor. Eiusdem de catholicæ ecclesiæ processionibus seu supplicationibus libri duo. Quibus adiuncti: De voluntaria flagellorum cruce, seu de disciplinarum usu libri tres*
Ingolstadii, ex typographeo Adami Sartorii, 1606
Coll.: Philippus Menzel *(Carmen)*
4°: a-b4, c2, A-Z4, a-z4, AA-ZZ4, aa-rr4, AAa-CCc4, Aa-Ddd4; [20], 505, [13], 170, 20, [4], [6], 203, [5] p.
- EII/18 (herk.: Collegii Soctis Jesu Lovanij)

GRETSERUS, Jacobus, S.J. G163
Jacobi Gretseri ... *Disputatio de variis cœlis, lutheranis, zwinglianis, ubiquetariis, calvinianis, &c ...*
Ingolstadii, typis Wilhelmi Ederi, 1621
4°:):(4,)??(4,)???(4, (*)2, A-Z4, 2A2; [27], 192 p.
- EII/36/1 (herk.: Coll. Soctis Jesu Lovanii)

GRETSERUS, Jacobus, S.J. G164
Iacobi Gretseri ... *Disputationes matrimoniales duæ. Altera de cognatione, affinitate, et polygamia. Altera de iudice caussarum matrimonialium ...*
Ingolstadii, ex typographeo Adami Sartorii, 1611
4°: 2A-2F4, 2G2; 51 p.
- EII/27/2

GRETSERUS, Jacobus, S.J. G165
Epistola Cnaptica Petri Cnaphei theopaschitæ in Thoma Wegelino, lutherano prædicante resuscitati. Nunc primum commentario illustrata ... per Jacobum Gretserum ... Accessit eiusdem studio *Pharetra Tertullianea* et *Vespertilio hæretico-politicus ...*
Ingolstadii, ex typographeo Adami Sartorii, 1610
4°: *-2*4, A-Z4, a4; [16], 181, [8] p.
- EII/16 (herk.: Coll. Soctis Jesu Lovanii)

GRETSERUS, Jacobus, S.J. G166
Iacobi Gretseri ... *Exercitationum theologicarum adversus hæreticos Libri VI*
Ingolstadii, ex officina typographica Ederiana apud Andream Angermarium, 1604
4°: *-2*4, A-3F4; [16], 598 p.
- EII/11 (herk.: Soctis Jesu Lovanij)

GRETSERUS, Jacobus, S.J. G167
Fons olei Walpurgini apud Eystettenses explicatus atque defensus. A Jacobo Gretsero ...
Ingolstadii, ex typographeo Ederiano, apud Elisabetham Angermariam viduam, 1620
4°: A-H4; [8], 56 p.; grav. op p.[8]
- EII/34/2

GRETSERUS, Jacobus, S.J. G168
Gemina adversus Melchiorem Guldinastum calvinianum replicatorem ... defensio ... Auctore Iacobo Gretsero ... Posterior complura monumenta hactenus inedita ... exhibet. Editore C.V. Sebastiano Tengnagel ...
Ingolstadii, excudebat Andreas Angermarius. Sumptibus Ioannis Hertsroy, 1612

G

4°: *-2*⁴, 3*², a-2x⁴, 2y²; [20], 325, [30] p.
- EII/21 (herk.: Collegii Soctis Jesu Lovanii)

GRETSERUS, Jacobus, S.J.   G169
Gratiæ Danieli Cramero, Stetinensi in Pomeriana Lutherano prædicanti persolutæ. A Iacobo Gretsero ...
Ingolstadii, excudebat Andreas Angermarius. sumptibus Ioannis Hertsroy, 1612
4°:)(⁴, A-G⁴, H²; [8], 58 p.
- EII/34/3

GRETSERUS, Jacobus, S.J.   G170
Hortus S. Crucis ... Accessit liber de more lavandi pedes peregrinorum et hospitum ... Omnia nunc primum in lucem edita per Iacobum Gretserum ...
Ingolstadii, ex typographeo Adami Sartorii, 1610
4°: *-2*⁴, A-Z⁴, a-z⁴, 2A-2D⁴, 2E²; [16], 376, [28] p.
- EII/28 (herk.: Collegii Societatis Jesu Lovanij)

GRETSERUS, Jacobus, S.J.   G171
Jacobi Gretseri ... *Institutionum linguæ græcæ liber primus. De octo partibus orationis*
Coloniæ Agrippinæ, in officina Birckmannica, [1710?]
8°: A-V⁸, X?; 290, [30?] p.
- ArJII/4/7 (pp.12-16 + laatste pp. ontbr.)

GRETSERUS, Jacobus, S.J.   G172
Jacobi Gretseri ... *Libri duo de benedictionibus, et tertius de maledictionibus*
Ingolstadii, ex typographeo Ederiano, apud Elisabetham Angermariam, viduam. Impensis Ioannis Hertsroi, 1615
4°: *-3*⁴, 4*², A-Z⁴, a-s⁴, t²; [28], 288, [43] p.
- EII/33 (herk.: Collegii Soctis Jesu Lovanij)

GRETSERUS, Jacobus, S.J.   G173
Jacobi Gretseri ... *Libri duo, de modo agendi Iesuitarum cum pontificibus, prælatis, principibus ... Accessit vindicatio locorum quorundam Tertullianicorum a perversis Francisci Iunij Calvinistæ depravationibus*
Ingolstadii, ex typographia Adami Sartorii, 1600
4°: a-b⁴, A-Z⁴, a-z⁴, 2A⁴; [16], 376 p.
- EII/13 (herk.: Societatis Jesu Lovanii 1601)

GRETSERUS, Jacobus, S.J.   G174
Lixivium pro abluendo male sano capite anonymi cuiusdam fabulatoris, et, ut vocant, novellantis, qui cædem ... Henrici IV in Iesuitas ... confert. Præparatum studio Iacobi Gretseri ...
Ingolstadii, ex typographeo Adami Sartorii, 1610
4°: A-C⁴, D², E⁴; 35 p.
- EII/14/2 & EII/20/2

GRETSERUS, Jacobus, S.J.   G175a
Lutherus academicus. Quem omnibus academiis catholicis, lutheranis et calvinianis lubens merito dat, donat, dicat Iacobus Gretserus ...
Ingolstadii, ex typographeo Adami Sartorii, 1610
4°: A-Z⁴, a-y⁴; [6], 312, [36] p.
- EII/22 (herk.: Coll. Soctis Jesu Lovanij)

GRETSERUS, Jacobus, S.J. & DUPLESSIS-MORNAY, Philippe du   G175b
Mysta Salmuriensis seu Mysterium iniquitatis. Editum quidem a Philippo Mornayo Plessiaci ... Nunc autem a Iacobo Gretsero ... revelatum, & dilucide explanatum
Ingolstadii, ex typographia Ederiana, apud Elisabetham Angermayriam, 1614
4°: α-o⁴, A-Z⁴, a-z⁴, 2A-3K⁴, 3L²; [12], 104, [4], 585, [49] p.
- EII/32 (herk.: Col Soctis Jesu Lovanij)

GRETSERUS, Jacobus, S.J.   G176
Petrus Cnapheus seu Fullo in Thoma Wegelino, Lutherano theopaschita redivivus ... A Jacobo Gretsero ...
Ingolstadii, ex typographeo Adami Sartorii, 1609
4°: A-F⁴; [2], 45 p.
- EII/15/1 (herk.: Collegii Soctis Jesu Lovanii 1609)

GRETSERUS, Jacobus, S.J.   G177
Prædicans Heautontimorumenus, seu septima pro disciplinarum usu lucubratio, adversus sectarios Logodulos. Auctore Jacobo Gretsero ...
Ingolstadii, ex typographeo Andreæ Angermarii, 1613
4°: *⁴, 2*², A-I⁴; [6], 71 p.
- EII/34/4

GRETSERUS, Jacobus, S.J.   G178
Relegatio Lutheranorum et Calvinianorum prædicantium ex sacro romano imperio. Ex relegatione Iesuitica Andreæ Lonneri Lutherano calvinistæ confecta, et prædicantibus Strenæ Ianuariæ loco transmissa a Jacobo Gretsero ...
Ingolstadii, ex typographeo Andreæ Angermarii, 1613
4°: A-D⁴, E²; [2], 32 p.
- EII/36/3

GRETSERUS, Jacobus, S.J.   G179
Summula casuum conscientiæ de sacramentis, pro sectariis prædicantibus tam urbanis et oppidanis, quam agrestibus & ruralibus. Ex Luthero, Calvino et Beza ... in lucem edita, per Jacobum Gretserum ...
Ingolstadii, ex typographeo Adami Sartorii, 1611
4°: A-2N⁴; 273, [14] p.
- EII/25 (herk.: Collegij Soctis Jesu Lovanij)

GRETSERUS, Jacobus, S.J.   G180
Syntagma de S. R. Imperii sacrosanctis reliquis, et regalibus monumentis, præsertim de quadruplici lancea ... Auctore Iacobo Gretsero ...
Ingolstadii, ex officina Ederiana, apud Elisabetham Angermariam viduam. Sumptibus Ioannis Hertsroi, 1618
4°: A-O⁴, P²; [6], 103, [7] p.
- EII/34/1 (herk.: Collegii Soctis Jesu Lovanij, 1637)

GRETSERUS, Jacobus, S.J.   G181
Iacobi Gretseri ... I. *Virgidemia Volciana*; II. *Antistrena Polycarpica*; III. *Notæ in Notas Petri Molinei ... super epistolam Nysseno adscriptam ...*; IV. *Examen tractatus de peregrinationibus ab eodem Molineo editi*; V. *Correctiones notarum in epistolam Nysseni ad Eustathiam, &c*; VI. *Lithi Miseni Satyra Palinodica commentario illustrata*
Ingolstadii, ex typographeo Adami Sartorii, 1608
4°: A-B⁴, C², A-Z⁴, a-z⁴, 2A-2I⁴; [20], 428, [10] p.
- EII/14/1 (herk.: Soctis Jesu Lovanij)

GRIFFET, Henri, S.J.   G182
Histoire des hosties miraculeuses, qu'on nomme le très-saint Sacrement de miracle [H. Griffet]
A Bruxelles, chez J. Van den Berghen, 1770
8°: A-H⁸, I²; 124, [7] p.: ill. + ill.
- ArCIV/24

GRIFFET, Henri, S.J.   G183

G

Sermons pour l'avent, le carême, et les principales fêtes de l'année. Prêchés par … H. Griffet …
A Liège, chez J. F. Bassompierre, 1766
8°: 4 dln
- ArAIV/22-25

GRIFFET, Henri, S.J.   G184
Sermons pour l'avent, le carême, et les principales fêtes de l'année. Prêchés par … H. Griffet … Nouvelle édition
A Liège, chez J. F. Bassompierre. A Bruxelles, chez J. Van den Berghen, 1773
12°: 4 dln
- ArAII/22-25

GRISEL, Jean, S.J.   G185
Le mystère de l'Homme-Dieu ou tout ce qui regarde Iesus Christ … Par … Iean Grisel …
A Paris, chez Denis Béchet, 1654
2°: á⁶, é⁴, í⁴, ó⁴, ú⁴(-ú⁴), A⁴(-A2-4), B-2K⁴, 3A-4Z⁴, A-2K⁴, 2l-2Q²; [42], 256, 368, 260, [28] p.
- CVIII/16

GROENENSCHILT, Martinus, O.Præm.   G186
Lust-hof der godtvruchtige meditatien op het leven ende lyden onses Heeren Iesu Christi. Door Marten Groenenschilt …
T'Antwerpen, by Hieronymus Verdussen, 1623
8°: π¹, (***)⁸, A-2H⁸, 2I⁶; [18], 495, [10] p.; bijk. gegrav. titelp.
- ArEII/2/1 (herk. in fine: suster Agnes Mondelaers; … Jan Luyten prior van … Tongheloue gheschonken 1630 … Joanna Janssens … religieus … van St Barbardael binnen Hassel …)

GROENENSCHILT, Martinus, O.Præm.   G187
Lust-hof der Godt-vruchtighe meditatien op het leven ende lyden ons Heeren Iesu Christi ende Maria sijne ghebenedijde Moeder … Door … Martinus Groenen-Schilt … Den tweeden druck verbetert … door … A. Wichmans …
T'Hantwerpen, by Guilliam Lesteens, 1639
8°: *-3*⁸, 4*⁴(-4*⁴), A-2N⁸; [54], 565, [9] p.
- PrFII/8 (herk.: Catharina Jacobs religieuse van Leliendael; Sr Clara Maria Janssens)

GROENENSCHILT, Martinus, O.Præm.   G188
Lust-hof der godt-vruchtighe meditatien op het leven ende lyden ons Heeren Iesu Christi, ende Mariæ … Door … Martinus Groenen-schilt … Verbetert … in den tweeden druck door … Augustinus Wichmans …
Tot Antwerpen, by Jacobus van Meurs, 1655
8°: a⁸, *⁴, b-d⁸, A-2H⁸, 2I⁴; [72], 496, [9] p.
- PrHI/19 & PrIII/14 (herk.: JB Meremans 1790)

GRONDIGE KENNIS …   G189
Grondige kennis van d'eerw. P. P. Jesuiten getrokken uit een boek door haar gemaakt en uitgegeven, genaamt 'Afbeelding van de eerste eeuw der Societeit Jesu'. Gedrukt tot Antwerpen in 't jaar 1640 by Balthasar Moretus
In fine: Imago secundi sæculi Societatis J. Dat is, afbeelding der tweede eeuw van de Societeit J.
S.l., s.n., [1702?]
8°: *⁴, B-F⁴, χ⁴; 48, [8] p. + 1 grav.
- ArBIII/30/3

GROOT, Jan de   G190
De sermoenen van … Jan de Groot, aartz-priester, gedaen door verscheyde predicatien, rakende de tien geboden
Bijk. titelp.: Thien sermoenen over de thien geboden. Gedaan door J. D. G.
Tot Antwerpen, gedrukt by Niclaas Braau, 1693
12°: Aa-Hh¹²; 190, [1] p.
- ArEV/17

DEN GROOTEN BRUGSCHEN …   G191
Den grooten Brugschen comptoir-almanach voor het jaer MDCC.LXXXV …
Tot Brugge, by Joseph de Busscher, 1785
8°: A-B⁴, C-X⁸; [16], 276, [32] p.
- QII/24 (herk.: wapen van Mechelen [supralibros])

DEN GROOTEN DECIMAELEN …   G192
Den grooten decimaelen tarief, of evaluatien van oude geld-specien in Brabants Courant, en in Decimael Geld; en van nieuwe munten in decimael geld, en in Brabants Courant. Gevolgd van de vergelykende en wederzeydsche reductien … En geeyndigd door tafelen van d'over-een-komst der gewigten en maeten van lengde der bezonderste steden van Europa
Tot Brussel, by J.-P. De Haes, 1804
8°: 85 p.; ill.
- QII/25/2

GROSTEE, Marin, sieur des Mahis   G193
De waerheyt van het catholyk geloove, betoont uyt de H. Schrifture … Door M. des Mahis … Vertaelt in het Nederduyts, door … Adrianus Van Loo
Te Gent, by Cornelis Meyer, 1712
8°: A-2K⁸; 516, [6] p.
- III/21

GROTIUS, Hugo   G194
Hugonis Grotii *Annales et Historiæ de rebus Belgicis*
Amstelædami, ex typographejo Joannis Blaeu, 1657
2°: *-2*⁴, A-4E⁴; [16], 569, [24] p.; gegrav. portret van de aut.
- TVII/4 (herk.: Cornelius Schalckius aan Jacobus a Meeuwen, Dordrecht 1661 [prijsboek])

GROTIUS, Hugo   G195
Hugonis Grotii *De jure belli ac pacis libri tres … Cum annotatis auctoris, ejusdemque dissertatione de Mari Libero, ac libello … de æquitate, indulgentia, & facilitate. Nec non Joann. Frid. Gronovii … notis … Notulas denique addidit Joannes Barbeyrac …*
Amstelædami, apud Janssonio-Waesbergios, 1720
8°: *¹², χ¹, 2*-3*⁸, 4*⁴; A-3M⁸, 3N⁴, A-3H⁸; [26], XXXV, [5], 936, 43, [85] p.
- OIV/7 (herk.: Ex libris Joannis Antonii Van der Straeten Anverpiensis 1790 [Park])

GROTIUS, Hugo   G196
Hugo de Groots *Nederlandtsche Jaerboeken en Historien sedert het jaer MDLV tot jet jaer MDCIX … Als ook het Tractaet van de Batavische nu Hollandtsche Republyk en de vrye zeevaert … Voorts met het leven des schrijvers … en veele koopere platen verciert. Alles vertaelt door Joan Goris*
t'Amsterdam, by de weduwe van Joannes van Someren, Abraham Wolfgangk en Hendrik en Dirk Boom, 1681
Coll.: Joan Blaeu, Anna Roemer Visschers, Joost van den Vondel, G. Brandt
2°: π⁴, *², 2*-5*⁴, A-4O⁴, 4P², χ¹, A-K⁴; [46], 591, [78], 74 p.; bijk. gegrav. titelp. & portret van de aut.
- SVI/12

GROZELIER, Nicolas   G197
Fables nouvelles. Par … Grozelier …
A Paris, chez Desaint & Saillant, 1760

G

12°: a⁴, A-L¹², M⁸; VIII, 270 p.
- PrJVI/10/1

GRUEBER, Rupert   G198
De privilegiis religiosorum. Opus posthumum … Ruperti Grueber … Cum additionibus … Eusebii Amort …
Augustæ Vind. & Herbipoli, sumptibus Martini Veith, 1747
4°: π¹,)(⁴, A-6E⁴, 6F²,)(-3)(⁴; [10], 964, [22] p.
- LV/21

GUANZELLI, Giovanni Maria, O.P.   G199
Indicis librorum expurgandorum … tomus primus. Per … Joan. Mariam Brasichellen [= Giovanni Maria de Guanzelli] … æditus
Romæ, ex typographia R. Cam. Apost., 1607
8°: X⁸, A-2Z⁸, 3A⁴; [16], 742, [1] p.
- QI/8

GUARNACCI, Mario   G200
Vitæ, et res gestæ Pontificum Romanorum et S.R.E. Cardinalium a Clemente X usque ad Clementem XII. Scriptæ a Mario Guarnacci … quibus perducitur ad nostra hæc tempora historia eorumdem ab Alphonso Ciaccionio …
Romæ, sumptibus Venantii Monaldini. ex typographia Joannis Baptistæ Bernabò, & Josephi Lazzarini, 1751
2°: a-e⁴, A-2L⁴; XXVII p., 542 kol. + π², A-3C⁴; 772 kol.: ill. + ill.
- RVII/1-2

GUDENUS, Valentin F. von   G201
Codex diplomaticus exhibens Anectoda (sic) *…Moguntiaca* …Ex latebris in lucem protraxit notasque addidit Valent. Ferd. de Gudenus …
2: *Codex diplomaticus sive anecdotorum, res Moguntinas, Francicas, Trevirienses, Colonienses … illustrantium*; 3-5: *Codex diplomaticus anecdotorum …*; 5: Ex schedis B. Valentini … de Gudenis … et B. Friderici Caroli de Buri … collegit … Henr. Wilh. Ant. Buri …
1: Goettingæ, sumptu Regiæ Officinæ Librar. Academ., 1743; 2: Francofurti et Lipsiæ, apud W. L. Springii hæredes et Jo. Gottl. Garbe. Typis Ioan. Bernard. Eichenberg, senioris, 1747; 3 & 4: Prostat Francofurti et Lipsiæ, typis Ioan. Christoph. Stoehr, 1751-1758; 5: Prostat Francofurti et Lipsiæ, typis Ulrici Weiss, 1768
4°: 5 dln
- TV/19-23

GUERARD, Robert, O.S.B.   G202
Abrégé de la Sainte Bible, en forme des questions & des réponses familières. … Revue & augmentée par … Robert Guérard …
1: A Paris, chez Michel David l'aîné. 2: A Paris, et se vend aussi à Louvain, chez Martin van Overbeke, 1733
8°: *⁶, A-2C⁸, 2D²; VII, [5], 420 p. + A-2Y⁸, 2Z²; 355 p.
- CIV/17-18 (herk. in 1: Ad usum Fr. Emm. Vlemincx, can. parchensis; N. Aelbrecht [Park])

GUERARD, Robert, O.S.B.   G203
Kort begryp van de heylige schriftuer, door vraegen en antwoorden [R. Guérard]. Uyt het Fransch overgezet …
T'Antwerpen, by de weduwe vander Hey, 1766
8°:? + A-2H⁸(-2H⁸); 509, [1] p.: ill.
- ArCIII/13 (dl 2; herk.: Ex libris W. Huybreghs 1829)

GUERARD, Robert, O.S.B.   G204
Kort begryp van de Heylige Schriftuer door vraegen en antwoorden … [R. Guérard]. Uyt het Fransch overgezet, verklaert en vermeerdert
t'Antwerpen, by Petrus L. vander Hey, 1777
8°: ? + A-2H⁸; 509, [1] p.; ill.
- BIII/2 (dl 2)

GUEVARA, Antonio (de)   G205
Les épistres dorées, et discours salutaires de Don Antoine de Guevare … Traduictes d'Espagnol par … de Guterry …
En Anvers, chez Martin Nutius, 1591
8°: *⁸, A-S⁸, T⁴, 2A-2Q⁸, 3A-3N⁸, 3O⁴; [16], 295, [1bl], 256, 215 p.
- PrFIII/10

GUIBERTUS a NOVIGENTO, O.S.B.   G206
… Guiberti … *Opera omnia*. Prodeunt nunc primum in lucem, una cum appendice ad librum tertium de vita ipsius, nimirum Hermanni Monachi libri tres, *De miraculis S. Mariæ* … *De gestis Bartholomæi episcopi*, ac *De origine & incremento Præmonstrat. ordinis* … His accedunt additamenta: In quibus, *Vitæ S. Geremari, B. Simonis comitis Crespeiensis, & S. Salabergæ abbatissæ*, necnon Hugonis Rothomag. … *Libri tres … contra hæreticos* … Et Roberti de Monte *Accessiones*, atque *Appendix germana ad Sigebertum*. Omnia studio et opera Lucæ d'Achery …
Lutetiæ Parisiorum, sumptibus Ioannis Billaine, 1651
2°: á⁴, é⁴, A-2P⁶, 2Q-3A⁴, 3B-4F⁶, 4G⁴; [16], 834, [34] p.
- FVI/6 (herk.: vendu … chez les jesuit. suppr des Bays-Bas [sic] à Brux en 1780 v. le catal. n° 334)

GUICCIARDINI, Francesco   G207
La Historia d'Italia. Di … Francesco Guicciardini …
In Venetia, appresso Giovan Maria Bonelli, 1562
Coll.: Agnolo Guicciardini (opdracht)
4°: *⁴, 1-5⁴(sic), a-z⁸, A-2N⁸; [24], 470, [1] f.
- VVI/1 (herk.: Bibliothecæ ninivensis; Joséphites – Bibliothèque [f. 216])

GUICCIARDINI, Lodovico   G208
Beschrijvinghe van alle de Nederlanden anderssins ghenaemt Neder-Duijtslandt. Door … Lowys Guicciardyn … Overgheset in de Nederduytsche Spraecke door Cornelium Kilianum. Nu … vermeerdert … door Petrum Montanum. Met alle de Landt-Caerten der voorseyde Landen, ende vele contrefeytselen der steden …
t'Amsterdam, ghedruckt bij Willem Jansz., 1612
Coll.: Joannes Latomus, Stephano Ambrosio Schiappalaria, Senno Poggini (carmina)
2°: *⁶, A-2M⁶; [12], 396, [26] p.: + ill.
- TVII/12 (titelblad ontbr.)

GUICCIARDINI, Lodovico   G209
Omnium Belgii, sive Inferioris Germaniæ, regionum descriptio. Ludovico Guicciardino … authore … Regnero Vitellio Zirizæo interprete …
Arnhemii, ex officina Johannis Janszonii, 1616
4° oblong: (%)⁴, A-3T⁴ + ?; [8], 517, [11] p. : ill.
- PrJIII/7 (titelblad & laatste ff. ontbr.)

LE GUIDE DE FLANDRE …   G210
Le guide de Flandre et de Hollande
A Paris, chez la veuve Duchesne, 1779
12°: π², A-F¹², G⁸, H²(-H²); IV, 162 p. + uitsl. krt.
- QI/15

GUIDO de MONTE ROCHERII   G211
Enchiridion sacerdotum: … A Guidone de Monte Rocherii,

ante CC annos editum, nunc ... docti cuiusdam theologi [Antonius Ghenart] diligentia restitutum. Accessit ritus celebrandi officium ... Hildeberti Cœnomanensis ... poëma de officio missæ ...
Antverpiæ, apud Ioan. Bellerum, 1564
12°: A-Z¹², 2A⁶; 239, [42] f.
- DI/15/2

GUILLEMEAU, Jacques   G212
Les Œuvres de chirurgie de Jacques Guillemeau, avec les portraicts et figures du corps humain, & des instruments nécessaires au chirurgien ... enrichies de plusieurs traictez pris des leçons de ... Germain Courtin ...
Rouen, chez Jean Viret, François Vaultier, Clement Malassis et Jacques Besongne, 1649
In fine: A Rouen, de l'imprimerie de Pierre Maille, 1649
2°: á⁸, A-C⁶, A-O⁶, (*1-6)², P-4C⁶, 4C-4D⁶, 4E⁴; [52], 168, 32, 169-863, [33] p.: ill.
- PrIV/1 (titelblad ontbr.)

GUTBERLETH, Tobias   G213
Historie van Friesland ... Als mede een net verhaal van ... Leeuwaarden ... Oovergezien, in 't ligt gebragt ... door T. Gutberleth
Tot Gouda, by Lucas Cloppenburg, 1703
Coll.: Joh. Hilarides, I. Tymen(s)
4°: π⁴, 2-3†⁴, χ², A-4D⁴(-4D⁴); [28], 568, [13] p.; ingekl. grav. in front.
- UI/22 (herk.: Van Huerne Depuijenbeke)

GUYAUX, Joannes Josephus   G214
Commentarius in Apocalypsim S. Joannis apostoli. Authore ... Joanne Josepho Guyaux ...
Lovanii, typis Joan. Franc. van Overbeke, 1781
8°: π¹, *⁸, 2*², a-c⁸, d², A-Y⁸; [22], 352 p.
- CII/37 (herk.: Fr. H. Hermans [Park])

GUYNAUD, Balthasar   G215
La concordance des prophéties de Nostradamus avec l'histoire depuis Henry II jusqu'à Louis le Grand ... Nouvelle édition ... par ... Guynaud
A Paris, chez la veuve Jacques Morel, 1709
12°: π¹, á¹², é⁶, A⁶, B-S¹²; [40], 416, [2] p.; gegrav. portret van Nostradamus in front.
- ArIV/5 (herk.: Appartient à Jean Bt Carrez ... Instituteur à Provins proche de Cambray ... 1830)

H. H. V. O. G.   H1
Cupido triumphans, vel ratio cur sexus muliebris omni amore, & honore sit dignissimus. Autore H. H. V. O. G. ...
Rheno-Trajecti, apud Wilhelmum Strick, 1644
12°: A-F¹²(-F¹²); 137, [3] p.
- PrJVI/1/3

HABERT, Louis   H2
Compendium theologiæ dogmaticæ et moralis ad usum seminarii Catalaunensis. Autore ... Ludovico Habert ... Nova editio
Parisiis, apud Bartholomæum Alix, 1736
12°: a⁶, A-2K¹²; [12], 791 p.
- HIV/20

HABERT, Louis   H3
Theologia dogmatica et moralis ad usum seminarii Catalaunensis. Autore ... Ludovico Habert ... Nova editio
Parisiis, apud Spiritum Billiot, 1719-1723
12°: 7 dln
- HIV/13-19

HAEFTEN, Benedictus van, O.S.B.   H4
Schola cordis sive aversi à Deo cordis ad eumdem reductio, et instructio. Auctore ... Benedicto Haefteno ...
Antverpiæ, vulgavit Boëtius à Bolswert, typis Hieronymi Verdussii, 1629
8°: *-2*⁸, A-2S⁸; 631, [25] p.: ill.; gegrav. titelp. + emblemata
- ArCII/24

HAGERER, Constantinus, O.F.M.   H5
Tractatus in tertiam partem rubricarum missalis Romani de defectibus in celebratione missarum occurrentibus. Ex variis authoribus collectus ... per ... Constantinum Hagerer ...
Impensis, Joannis Gastl. Monachii, typis Mariæ Magdalenæ Riedlin, viduæ, 1740
8°:)(-2)(⁸, 3)(⁴, A-2Q⁸, 2R⁴; [39], 604, [28] p.
- DI/14

HALDRENIUS, Arnoldus   H6

H

Locorum communium religionis christianæ partitiones.
Primum a ... Arnoldo Wesaliensis (= Arnoldus Haldrenius),
deinde ab aliis ... collectæ
Lovanii, excudebat Servatius Sassenus, 1564
8°: A-M⁸; 96 f.
- ArDIII/29 (herk. in fine: Bibliotheca parcensis; theca IV)

HALL, Richard   H7
*De proprietate et vestiario monachorum aliisque ad hoc vitium
extirpandum necessariis, liber unus.* Auctore Ricardo Hall ...
Duaci, ex officina Ioannis Bogardi, 1585
8°: á⁸, é⁸, í⁸, ó⁶, A-2E⁸, 2F⁴; [30], 227 f.
- PI/24

HALLER, Charles-Louis de   H8
*Lettre de M. Charles-Louis De Haller, membre du Conseil
Souverain de Berne, à sa famille, pour lui déclarer son retour
à l'église catholique, apostolique et romaine.* D'après la 3e éd.
de Paris
A Anvers, chez Janssens et van Merlen, 1821
8°: [4], 35 p.
- ArFIV/16/10

HALLET, Joannes, O.F.M. & VAN EECKHOUT, J
oseph, O.F.M.   H9
*Theologia dogmatico-moralis, in qua synopsis sistitur officio-
rum hominis christiani.* Præside ... Dionysio Heestermans ...
defendent ... Joannes Hallet, ... Josephus Van Eeckhout ...
Lovanii, in conventu SS. Trinitatis eorumdem Fratrum, anno
1780 ...
Lovanii, e typographia J. P. G. Michel, 1780
8°: A-I⁸, K²(-K²); 146 p.
- ArCIV/25 (herk.: Fr. Joannis Dupont tertiæ regulæ ordinis Sti Francisci conventus Leeuwensis 1762)

HANAPUS, Nicolaus, O.P.   H10
Nicola Hanapi ... *Exempla biblica in materias morales distri-
buta* ...
Lovanii, typis Henrici Baumans, 1821
4°: VIII, 334, [6] p.
- ArDVII/12

HANAPUS, Nicolaus, O.P.   H11
Virtutum vitiorumque exempla ... Per Nicolaum Hanapum ...
Antverpiæ, in ædibus Ioannis Steelsii, 1544
16°: A-3A⁸; [8], 367, [1] f.
- PrJVII/5 (titelblad is beschadigd; herk. in fine: Ex libris hiuberti[?] de Pape
Lovaniensis 1608)

HANNOT, S.   H12
*Nederduitsch en Latynsch woordenboek ten dienste der
Latynsche schoolen.* Eerst opgesteld door S. Hannot, nader-
hand vermeerderd door D. van Hoogstraten, en nu ... uitgegee-
ven door H. Verheyk
Amsterdam en Leiden, by Gerrit de Groot en zoon en Samuel
en Johannes Luchtmans, 1771
4°: *-2*⁴, 3*², A-6S⁴; [20], 1062 p.
- WVI/20 (Ex libris Fr. Govers [Park]) & WVI/21

HANNOTEL, Philippe, S.J.   H13
Mundi stultitia compendio demonstrata. Opera ... Philippi
Hanotel ...
Bruxellis, typis Francisci Foppens, 1655
12°: A-E¹²; 110, [7] p.
- PrFI/13

HANSIZ, Marc, S.J.   H14
Germaniæ sacræ tomus I (-III). Auctore ... Marco Hansizio ...
1: *Metropolis Lauriacensis cum episcopatu Pataviensi*; 2:
Archiepiscopatus Salisburgensis; 3: *De episcopatu
Ratisbonensi prodromus*
Augustæ Vindelicorum, 1: sumptibus Georgii Schlüter &
Martini Happach, 1727; 2: sumptibus Martini Happach &
Franc. Xav. Schluter, 1729; 3: Viennæ Austriæ, typis Joannis
Thomæ Trattner, 1755
2°: 3 dln
- PVI/6-7 (dl 3 ontbr.; herk.: dem Kloster Roth)

HARÆUS, Franciscus   H15
Francisci Haræi *Annales ducum seu principum Brabantiæ
totiusq. Belgii* ... Cum ducum seu principum imaginibus ...
Antverpiæ, ex officina Plantiniana, apud Balthasarem Moretum
et viduam Ioannis Moreti et Io. Meursium, 1623
In fine 2 & 3: Antverpiæ, ex officina Plantiniana Balthasaris Moreti MDCXXI-
II
2°: A-C⁶, A-3N⁶, 2A-2I⁶, 2K⁴; [36], 708, [115] p. + *⁴, A-3T⁶, 3V⁸; [8], 678,
[117] p.: ill (43 portr.); gegrav. titelp. in dln 1 & 3
- RVI/2-3

HARÆUS, Franciscus   H16
Vitæ sanctorum. Ex probatissimis authoribus, et potissimum ex
... Aloysio Lipomano, et ... Laur. Surio ... collectæ per ...
Franciscum Haræum ... Editio altera
Antverpiæ, ex officina Plantiniana, apud viduam, & Ioannem
Moretum, 1594
8°: *-2*⁸, A-Z⁸, a-z⁸, Aa-Nn⁸, Oo⁶; [28], 953, [7] p.; gegrav. titelp.
- ZI/28 (herk.: Usui F. J. Van Samberghe Augustiniani conv. Angiensis 1747
acq.; Bibl. Coll. Torn. S.J.)

HARÆUS, Franciscus & SURIUS, Laurentius   H17
*Vitæ sanctorum. Das ist Leben, Geschichte, Marter und Todt
der furnembsten Heyligen* ... (Franciscus Haræus & Laurentius
Surius)
(Keulen, Johannes Busæus, 1660)
Vert.: Valentin Leucht
2°: *-2*⁶, A-4P⁶, 4Q-4Y⁴, a-h⁶, i⁶(?); [12], 1004, [60], 108 p.
- NV/16 (titelp. & laatste pp. ontbr.)

HARBIN, Georges   H18
*Histoire succincte de la succession à la couronne de la
Grande-Bretagne* ... [G. Harbin]. Traduite de l'original anglois
S.l., s.n., 1714
12°: A-H¹²; 192 p.
- RI/30/1

HARDEVUYST, Louis Jacques, S.J.   H19
*Paraphrases odarum viginti quatuor e Q. Horatii Flacci libro
primo.* Authore ... Aloysio Hardevuyst ...
Antverpiæ, apud Henricum Thieullier, 1711
8°: A-I⁸, K⁴(-K⁴); 147, [3] p.
- ArIV/7 (herk.: Huybrechts a Schuerhoven 1819)

HARDOUIN, Jean, S.J.   H20
Joannis Harduini ... *Commentarius in Novum Testamentum*
Amstelodami, apud Henricum du Sauzet, 1741
2°: π², *¹, A-5I⁴; [6], 808 p.
- CVI/15

HARDOUIN, Jean, S.J.   H21
Joannis Harduini ... *Opera varia*
Amstelodami, apud Henricum du Sauzet & Hagæ Comitum,

apud Petrum de Hondt, 1733
2°: *², A-5A⁴, 5B², 5C-5G⁴; [6], 693 p.
- FVII/16

HARDUYN, Justus de   H22
Goddelicke lof-sanghen tot vermaekinghe van alle gheestighe lief-hebbers. Door Iustus de Harduyn ...
Te Ghendt, by Jan vanden Kerchove, 1620
Coll.: Franciscus Sweertius, Simon Vanden Kerchove, Andreas Hoius, I. David Heemssenwaer
4° obl.: *-2*⁴, A-Z⁴; [16], 180, [4] p.
- ArCII/1/1 (herk.: Maria Gerardi)

HARDUYN, Justus de   H23
Den val ende op-stand van den coninck ende prophete David met by-voegh van de seven leed-tuygende psalmen. Door Iustus de Harduyn
Te Ghendt, by Ian vanden Kerchove, 1620
Coll.: David Vander Linden, G. V. Nieuwelandt
4° obl.: †⁴, 2A-2F⁴; [8], 47, [1] p.
- ArCII/1/2

HAREL, Maximilien Marie   H24
L'esprit du sacerdoce ... Par ... Harel ...
A Paris, chez Méquignon junior, 1824
XXIV, 362 + [4], 363, [3] p.
- PrFIII/17

HARIRI al BASRI   H25
Consessus Haririi quartus, quintus et sextus. E codice manuscripto Latine conversi ac notis illustrati ... Accedunt *Monumenta vetustiora Arabiæ (Ex manuscriptis codicibus Nuweirii, Mesoudii, Abulfedæ, Hamasa, etc ...).* Curavit & edidit Albertus Schultens
Lugduni Batavorum, apud Johannem Luzac, 1740
4°: *⁴, 2*¹, A-2P⁴, 2Q², *⁴, A-I⁴; [10], 279, [29], [8], 71 p.
- ArGVII/14/2

HARIRI al BASRI   H26
Haririi *Eloquentiæ Arabicæ principis tres priores consessus.* E codice ... emissi, ac notis illustrati ab Alberto Schultens
Franequeræ, ex officina Wibii Bleck, 1731
4°: *⁴, 2*², A-Z⁴; [12], 181 p.
- ArGVII/14/1 (herk.: Arn. van Lantschoot [Park])

HARNEY, Martinus   H27
De S. Scriptura linguis vulgaribus legenda rationabile obsequium Belgii catholici. Per Martinum Harney ... Adversus quædam scriptæ ... Antonii Arnaldi &c
Lovanii, typis Henrici van Overbeke, 1693
8°: π⁴, b⁴, b⁸, A-T⁸; [30], [2bl], 302 p.
- XII/26

HARTMANN, Castulus   H28
Selectarum quæstionum theologicarum compendium ad 2dam 2dæ qu. 59 ... Thomæ Aquinatis. De jure et justitia. Quod ... præside ... Thadæo, Francisco Schwaiger ... defendendas suscepit ... Castulus Hartmann ... Anno MDCCXXXIV ...
Vetero-Pragæ, apud Matthiam Höger, (1734?)
8°:)(⁴, A-2D⁸, 2F⁴; [8], 456, [10] p.
- PrGII/2

HARTS, Hieronymus   H29
Responsio brevis et prævia contra Augustinum Iprensem vindicatum ab Ægidio Albano [Ægidius de Witte]. Per Hieronimum Harts ...
Antverpiæ, typis Joannis Pauli Robyns, 1711
8°: A-C⁸; 46, [2] p.
- ArDIV/15/2

HASE, Theodor & IKEN, Conrad   H30
Thesaurus novus theologico-philologicus, sive sylloge dissertationum exegeticarum ad selectiora atque insigniora veteris et novi instrumenti loca; a theologis protestantibus ... Ex musæo Theodori Hasæi et Conradi Ikenii ...
Lugduni Batavorum, apud Theodorum Haak, (& apud) Samuelem Luchtmans; Amstelodami, (apud) Adrianum Wor, et hæredes G. Onder de Linden, 1732
2°: π², *-4*², A-6Z⁴, 7A²; [20], 1116 p. + ?
- CVIII/18 (dl 1)
Nota: deel 2, zie M168

HASENMÜLLER, Elias   H31
Historia ordinis Iesuitici. De societatis iesuitarum auctore, nomine, gradibus, incremento, vita, votis, privilegiis, miraculis, doctrina, morte. Conscripta ab Elia Hasenmillero, et nuper edita a Polycarpo Leysero. Nunc vero ... correcta & refutata a Jacobo Gretsero ...
Ingolstadii, ex officina typographica Davidis Sartorii, 1594
4°: A-Z⁴, a-u⁴; [2], 334, [7] p.
- EII/6/1 (herk.: Collegij Soc^tis Jesu Lovanij)

HASENMÜLLER, Elias   H32
Epistola de Historia ordinis Iesuitici, scripta ab Helia Hasenmüller, edita à Polycarpo Leiser, nuper promissa a sacerdote societatis Iesu [Jacobus Gretserus] ad reverendum ... Petrum Stevartium ...
Dilingæ, excudebat Joannes Mayer, 1594
4°: A-D⁴, E⁶; [2], 41 p.
- EII/6/2 (herk.: Collegii Societatis Jesu Lovanii)

HAUNOLD, Christoph, S.J.   H33
Controversiarum de justitia et jure privatorum universo nova et theorica methodo in decem tractatus et quatuor tomos digestarum. Authore ... Christophoro Haunoldo ...
5 & 6: *Jurisprudentiæ judiciariæ bipartitæ tomus prior (-tomus posterior)*
7: *Repertorium universale in sex tomos de jure privato et judiciis* ...
Ingolstadii, 1-4: apud Joannem Simonem Knab; 5-7: apud Joannem Philippum Zinck, 1671-1674
2°: 7 dln; gegrav. front.in 1
- JVII/10-12 (herk.: Monasterij B.M.V. in Fürstenfeld)

HAUNOLD, Christoph, S.J.   H34
Theologiæ speculativæ ... libri IV. Auctore ... Christophoro Haunoldo ... Accesserunt *Vindiciæ* ... Jacobi Illsung ...
Ingolstadii, apud Joannem Philippum Zinck, 1678
2°: *⁶, 2*-3*⁴, 3*²(-3*²), A-4Y⁴, 4Z², π¹,)(⁴, A-C⁴, D-2D², 2E⁴; [28], 719, [22], 124, [3] p.
- JVII/9

HAUZEUR, Matthias, O.F.M.   H35
Equuleus ecclesiasticus aculeatus exorcismis XXIII in nequissimum pythonem hæreticum Samuelis des Maretz ... A Minore exorcista (M. Hauzeur) ... condemnatus ...
Leodii, apud Ioannem van Milst, 1635
4°: π², á⁴, é⁴, €¹, A-2T⁴; [22], 336 p.
- HI/9

H

HAVELANGE, Jean-Joseph H36
Ecclesiæ infallibilitas in factis doctrinalibus demonstrata, et a Jansenianorum impugnationibus vindicata. Per Joannem Josephum Havelange …
In fine: *Hodierna Ecclesiæ certamina, seu brevis historia Baianismi, Jansenismi & Quesnellismi.* Authore P. L. Danis …
S.l., s.n., 1788
8°: π¹, a*⁴, a-s⁸, A-I⁸, K⁶(-K⁶), *5; [2], VIII, 287, [3], 153, [10] p.
- MIII/28

HAVENSIUS, Arnoldus, O.Cart. H37
Commentarius rerum a sacris præsulibus in Belgio gestarum. Auctore … Arnoldo Havensio
Coloniæ Agrippinæ, excudebat Stephanus Hemmerden, sumptibus Joannis Kinckij, 1611
4°: *-2*⁴, A-2Q⁴; [16], 312, [1] p.
- PI/2

HAVERMANS, Adriaan H38
Kort begriip, en bericht, van de historie van Brabant. Door Adr. Havermans
Tot Leyden, gedruckt by Willem Christiaens vander Boxe, 1652
4°: A-F⁴, G²; [8], 42, [2] p.
- SI/10

HAVERMANS, Macarius, O.Præm. H39
Defensio brevis Tyrocinii moralis theologiæ F. Macarii Havermans contra theses R.P.N. [Philippe de Hornes e.a.] *è Societate Jesu illi oppositas.* Authore … Macario Havermans …
Coloniæ Agrippinæ, sumptibus Balth. ab Egmond & sociorum, 1676
12°: *¹², 2*⁶, A-T¹², V⁶; [36], 461, [6] p.
- II/24 (herk.: P. J. Sas 1697)

HAVERMANS, Macarius, O.Præm. H40
Disquisitio theologica in qua discutitur illa famosa quæstio, quinam Dei amor requiratur & sufficiat cum sacramento ad iustificatiorem. Authore … Macario Havermans …
Lovanii, prostat apud H. Nempæum, typis viduæ Adriani De Witte, 1675
8°: á⁸, A-G⁸, H²; [16], 114, [2] p.
- HI/2/3 (titelblad & á¹⁻³ ontbr.) & PrFIII/24/2

HAVERMANS, Macarius, O.Præm. H41
Disquisitio theologica, qua discutitur illa quæstio: an satisfiat præcepto dilectionis proximi … Authore … Macario Havermans …
Coloniæ Agrippinæ, sumptibus Balth. ab Egmond & sociorum, 1678
8°: *⁴, A-M⁸; [8], 192 p.
- PrFIII/24/3

HAVERMANS, Macarius, O.Præm. H42
Dissertatio theologica de auctoritate sanctorum patrum præsertim S. P. Augustini. Auctore … Macario Havermans …
Coloniæ Agrippinæ, sumpt. Balth. ab Egmont & sociorum, 1677
8°: *⁴(-*⁴), A-F⁸, G¹⁰(-G¹⁰); [6], 113, [1] p.
- HI/7/1 (herk.: J. Lion; Capucini Dionantens 1737)

HAVERMANS, Macarius, O.Præm. H43
Examen libelli cui titulus: Pentalogus diaphoricus sive quinque differentiarum rationes … de dilatione absolutionis ad mentem … SS. Augustini & Thomæ. Authore … Macario Havermans …
Coloniæ Agrippinæ, sumptibus Balthasaris ab Egmond & sociorum, 1679
8°: *⁸, A-2K⁸, 2L⁴(-2L⁴); [16], 534 p.
- PrFIII/23 & PrFIII/24/1

HAVERMANS, Macarius, O.Præm. H44
Tyrocinium christianæ moralis theologiæ … Authore … Macario Havermans …
Antverpiæ, apud Josephum Iacops, 1674
8°: *⁴, 2*², A-2O⁸, 2P⁴; [12], 590, [10] p.
- II/23

HAVERMANS, Macarius, O.Præm. H45
Tyrocinium theologiæ moralis ad mentem SS. Patrum, præsertim S. Augustini. De novo auctum … per … Macarium Havermans. Editio secunda
Antverpiæ, apud viduam Reneri Sleghers, 1675
8°: †⁴, *⁸, 2*⁴, 3*-6*⁸, A-V⁸, X⁴; [8], 408, [8] p. + A-X⁸, Y⁴; 303, [40] p.
- PrII/14 (herk.: Basilius van Beygaerden)

HAYER, Hubert, O.F.M. H46
La règle de foi vengée des calomnies des protestans, et spécialement de celles de M. Boullier, ministre calviniste d'Utrecht. Par … Hubert Hayer …
A Paris, chez Noyon & Bauche. Et à Lille, chez Van-Coste-Noble, 1761
12°: 3 dln
- JI/9-11

HAYNEUFVE, Julianus, S.J. H47
Meditations sur la vie de Iesus-Christ pour tous les iours de l'année et pour les festes des saincts … Par … I. Hayneufve … Troisiesme édition
A Paris, chez Sebastien Cramoisy et Gabriel Cramoisy, 1650-1651
4°: 4 dln; gegrav. front. in 1
- KIII/1-4 (herk.: Ex libris Marcalphi Darmoisin)

HAZART, Cornelius, S.J. H48
Beelden-dienst ende vasten met haere ceremonien soo sy ghebruyckt worden vande H. Roomsche Kercke … Door … Cornelius Hazart …
t'Antwerpen, by de Weduwe ende Erfgenaemen van Ian Cnobbaert, 1660
8°: *², A-R⁸, S⁶; [4], 283, [1] p.
- DI/32

HAZART, Cornelius, S.J. H49
Calvyn verslaeghen in de eerste gronden van sijne grouwelijcke leere der Predestinatie. Door … Cornelius Hazart … Den II druck
T'Antwerpen, by Michiel Knobbaert, 1685
8°: A-F⁸; 95 p.
- II/8/8

HAZART, Cornelius, S.J. H50
Collatie van … Cornelius Hazart, priester der Societeyt Jesu, ghedaen inde kercke van het professen-huys der selver Societeyt binnen de stadt van Antwerpen, den 20 Mey 1663
T'Antwerpen, by Michiel Cnobbaert, 1663
8°: A-C⁸(-C⁸); 45, [1] p.
- II/8/1 (herk.: Goesuwinus Staes … hoedemaecker binnen … Antwerpen, 1773)

HAZART, Cornelius, S.J.   H51
*De communie onder eene ghedaente alleen wort bevesticht uyt
de H. Schrifture ende eyghen grontreghelen der Calvinisten.*
Door ... Cornelius Hazart
T'Antwerpen, by Michiel Cnobbaert, 1670
8°: A-C⁸, D⁴; 53 p.
- II/8/4

HAZART, Cornelius, S.J.   H52
*Disput van Martinus Lutherus met den duyvel over het H.
Sacrificie der Misse.* Ondersocht door ... Cornelius Hazart ...
T'Antwerpen, by Michiel Cnobbaert, 1669
12°: A-C⁸; 43 p.
- II/8/3 (herk.: Goesuwinus Staes)

HAZART, Cornelius, S.J.   H53
*Dordrechtschen predikant nu sieck-meester ende ziel-trooster
gheworden over eenen armen sieken uyl die in doots noodt
light.* Uyt-ghegheven door ... Cornelius Hazart ...
T'Antwerpen, by Michiel Cnobbaert, 1671
8°: A-B⁸, C⁴; 40 p.
- II/8/5

HAZART, Cornelius, S.J.   H54
*Ghemeensaemen sendt-brief van ... Cornelius Hazart ... aan ...
Franciscus Ridderus ... over sijn schrift versch uytghegheven,
ende ghenoemt Historische Kerck-spieghel*
T'Antwerpen, by Michiel Cnobbaert, 1673
8°: A⁸; 15 p.
- II/8/6

HAZART, Cornelius, S.J.   H55
*Gront-reghel van ... Cornelius Hazart ... dat alle deghene die
wilt Calvinist zijn gheen redelick mensch en kan syn.*
Ghepreeckt voor vele Calvinisten ... den 13 van Junius in 't
jaer 1683
T'Antwerpen, by Michiel Knobbaert, 1683
8°: A-B⁸; 31 p.
- II/8/2

HAZART, Cornelius, S.J.   H56
*Kerckelycke Historie vande gheheele wereldt naemelyck vande
voorgaende ende teghenwoordighe eeuwe* ... Beschreven door
... Cornelius Hazart ...
T'Antwerpen, by Michiel Cnobbaert, 1667-1671
2°: 4 dln: ill.; bijk. gegrav. titelp. in elk dl; portret van de aut. in 1
- WVIII/1-3 (dl 4 ontbr.; herk.: A. de Vaddere pastoris de Cortrijck [Park] :
Redemptus hic tomus cum aliis tribus e manibus militum 1705 [in 1]; J. J.
Hertinckx[?]; Alaerts 1826 [in 3] & PrDV/10-13 (herk.: Pieter Maertens,
Christiaens)

HAZART, Cornelius, S.J.   H57
*Sommighe twyffelachtigheden van ... Cornelius Hazart ...
voor-ghehouden aen den gheleerden ... Franciscus Ridderus
predikant tot Rotterdam. Over den opdracht-brief die hy ghevoeght heeft voor aen sijn boeck ghenoemt Historischen
Hollander*
T'Antwerpen, by Michiel Cnobbaert, 1674
8°: A⁸; 16 p.
- II/8/7

HAZART, Cornelius, S.J.   H58
... Cornelii Hazart ... *Theologi discursus morales in selectiora
loca Genesis, Exodi, Levitici, Numerorum*
Antverpiæ, apud Michaelem Knobbarum, 1688
4°: A-4K⁴; 623, [9] p.
- IV/1 (herk.: Ex libris J Jespers Antvp 1849)

HAZART, Cornelius, S.J.   H59
*Triomph der pausen van Roomen over alle hare benyders ende
bestryders.* Beschreven door ... Cornelius Hazart ...
T'Antwerpen, by Michiel Knobbaert, 1678-1681
2°: 3 dln : ill. (portretten)
- SVI/14-16

HAZART, Cornelius, S.J.   H60
*Triomph vande christelycke leere ofte grooten catechismus met
eene breede verklaringhe van alle syne voornaemste stucken
ende eene korte wederlegginghe van den catechismus der
Calvinisten.* Alles beschreven door ... Cornelius Hazart ...
T'Antwerpen, by Michiel Knobbaert, 1683
Coll.: Jacobus Moons (dl 2, †6 v°)
2°: π², †⁶, A-4X⁴, 4Y²; [12], 716, [8] p. + π², †⁶, A-4R⁴; [12], 681, [7] p.;
gegrav. titelp. in 1 & 2
- KVIII/13-14

HEFFNER, Franz, O.Præm.   H61
*Concionator extemporalis. Das ist: eilfertiger Prediger. Oder
Kurzverfasste Predigen über alle Feyertag des gantzen Jahrs
für das einfältige Baur- und Landvolck gestellt* ...
Herausgegeben durch ... Franciscum Heffner ...
Sultzbach, gedruckt bey Johann Holst. In Verlegung Johann
Christoph Lochners, Buchhändlers in Nuernberg, 1691
4°:)(³, †-5†⁴, 2)(⁴, a-4g⁴; [54], 579, [24] p.
- PrFIV/7

HEFFNER, Franz, O.Præm.   H62
*Concionator extemporalis. Das ist, eilfertiger Prediger ... über
alle Feyertag des gantzen Jahrs* ... Zusammen getragen ... und
... herausgegeben durch ... Franciscum Heffner ...
Sultzbach, gedruckt bey Johann Holst. In Verlegung Johann
Christoph Lochners, Buchhändlers in Nürnberg, 1693
4°:)(-2)(⁴, †-5†⁴, a-f⁴; [56], 578, [22] p.; gegrav. front.
- LIV/2 (herk.: Sum ex libris Joannis Tilser O.T.A. Sacerd. Norimberga ad S.
Elisabeth)

HEFFNER, Franz, O.Præm.   H63
*Concionator extemporalis, oder eilfertiger Prediger. Das ist ...
Predigen über alle Sonntag des gantzen Jahrs gestellt* ...
Zusammen getragen, und ... herausgegeben durch ...
Franciscum Heffner ...
Sultzbach, Druckts Johann Holst. In Verlegung Johann
Christoph Lochners, Buchhändlers in Nürnberg, 1693
4°:)(-3)(⁴, a-e⁴, A-4P4, 4Q²; [64], 656, [19] p.; gegrav. front.
P- LIV/1 (p. 155-162: ms.; herk.: Sum ex libris Joannis Tilser O.T.A. Sacerd.
ad S. Elisabeth Norimberga)

HEFFNER, Franz, O.Præm.   H64
*Concionator extemporalis continuatus. Das ist: fortgesetzter
eilfertiger Prediger, oder kurz-verfasste Predigen über alle
Feyertag des gantzen Jahrs* ... Durch ... Franciscum Heffner
...
Nürnberg, in Verlegung Johann Christoph Lochners, 1698
4°: (a)-(g)⁴, a-4d⁴; [54], 562, [24] p.; bijk. gegrav. titelp.
- ArEIII/17/2

HEFFNER, Franz, O.Præm.   H65
*Concionator extemporalis continuatus. Das ist: fortgesetzter
eilfertiger Prediger, oder kurze einfältige Predigen über alle
Sonntag des gantzen Jahrs* ... Durch ... Franciscum Heffner ...

H

Nürnberg, (in Verlegung Johann Christoph Lochners, 1698?)
4°: A-5L⁴; [86], 776, [47] p.; bijk. gegrav. titelp.
- ArEIII/17/1 (drukkersadres & datum zijn afgesneden)

HEINECCIUS, Johann M. & LEUCKFELD, Johann G.   H66
Scriptores rerum Germanicarum. Johann Michaelis Heineccii, et Johann Georg Leuckfeldi ... in unum volumen collecti
Francofurti ad Moenum, ex officina Christiani Genschii, 1707
Aut.: Einhardus, Jacobus Andreas Crusius, Guilielmus Budæus, Simon Fredericus Hahn, Heinrich Turck, Siegfried Sack (Saccus) e. a.
2°: onregelm. gepag.; + ill.
- TVII/11 (herk.: Ioann. Engelbert von Eschenbrender [ex libris]; Schuller 1788)

HEINLEIN, Henricus, O.S.B.   H67
Documenta moralia, sub titulo Anni floridi. Ex illustrium poetarum floribus ... In Germania nuper edita a ... Henrico Heinlein ...
Bruxellis, typis Jacobi Vande Velde, (1693?)
8°: A-C⁸; 48 p.
- ArJV/3/2 (herk. in fine: Joannes Vanhum, Geel)

HEINSIUS, Daniel   H68
Laus asini tertia parte auctior ... [D. Heinsius]
Lugd. Batavorum, ex officina Elzeviriana, 1629
24°: *⁶, 2*⁴, A-2N⁶, 2O⁴; [20], 438 p.; gegrav. titelp.
- ArJI/24

HEINSIUS, Daniel   H69
Danielis Heinsii *Poemata Latina et Græca.* Editio post plurimas postrema
Amstelodami, apud Joannem Janssonium, 1649
12°: *⁶, A2D¹², 2E⁶, 2F⁴(-2F⁴); [12], 666 p.; bijk. gegrav. titelp. (Editore Nicolao Heinsio, Danielis filio)
- PrFI/22 (herk.: Ex libris Io. Mich. Heinsii)

HEISLINGER, Antonin, S.J.   H70
Semicenturia variarum resolutionum moralium pro foro interno atque externo. Edita a ... Antonio Heislinger ...
Monachii, typis, & impensis Henrici Theodori à Colonia, 1745
4°: π⁴, A-4D⁴; [8], 558, [45] p.
- JIV/12

HELLBOCH, Thomas Laurentius, O.Præm.   H71
Quæstiones theologicæ de censuris in genere et specie. Quas ... præside ... Godefrido Stehr ... publice defendendas suscepit ... Thomas Laurentius Hellboch ... anno MDCLXXXIX ...
Pragæ, typis seminarii Archi-Episcopalis in Aula Regia, per Guilielmum Knauff, (1689?)
8°: π¹, A-P⁸; [2], 244 p.
- PrGII/8

HELLINX, Thomas, O.P.   H72
Meditatien op het lyden van Jezus-Christus ... Opgesteld door ... Thomas Hellinx ...
Te Amsterdam, voor T. Crajenschot, 1782-1783
8°: 4 dln; gegrav. portret van Th. Hellinx in 1
- ArEVI/7-10 (herk.: Souvenir van H.F. Hendriksen, pastor in Gendringen Gelderland 1824)

HELLYNCKX, Fulgentius, O.S.A.   H73
De onlichamelykheyt ende onsterfelykheyt der redelyke ziele ... Voorgestelt ... door ... Fulgentius Hellynckx ...Tot Gendt, by Petrus de Goesin, 1762
8°: A-2I⁸, 2K⁴; 510, [10] p.
- HI/13

HELVETIUS, Claude Adrien   H74
De l'esprit [C.-A. Helvetius]
A Amsterdam et à Leipzig, chez Arkstee & Merkus, 1759
12°: 3 dln
- ZI/27 (dl 2)

HELVÉTIUS, Claude Adrien   H75
De l'esprit. Par M. Helvetius *(Œuvres complètes de M. Helvétius. Tome premier & second)*
A Londres, s.n., 1776
8°: π², a⁴, A-2Q⁸, 2R⁴; VIII, 634 p. + π², A-2C⁸, 2D⁶; [4], 201 p.
- XIII/24-25

HELVÉTIUS, Claude Adrien   H76
De l'homme, de ses facultés intellectuelles et de son éducation. Ouvrage posthume de ... Helvetius
A Londres, chez la Société Typographique, 1773
8°: *-2*⁸, A-V⁸, X⁴(-X⁴); XXXII, 326 p. + A-2B⁸, 2C⁶; 412 p.
- XII/1-2

HELYOT, Pierre (Hippolyte)   H77
Histoire des ordres monastiques, religieux et militaires et des congrégations séculieres ... [P. Hélyot, voortgezet door Maximilien Bullot]. Avec des figures qui représentent tous les differens habillemens ...
A Paris, chez Jean-Baptiste Coignard, 1721
4°: 8 dln; ill.
- PIV/17-24

HÉLYOT, Pierre (Hippolyte)   H78
Histoire des ordres religieux et militaires ... Par ... Helyot. Nouvelle édition. Ornée de 812 figures ...
A Paris, chez Louis, 1792
4°: 8 dln; ill.
- TIV/1-8

HENAO, Gabriel de, S.J.   H79
... Gabrielis de Henao ... *Scientia media theologice defensata*
Lugduni, 1: sumpt. Laurentii Arnaud, & Petri Borde, 1674; 2: sumpt. Laurentii Arnaud, Petri Borde, Ioan. & Petri Arnaud, 1676
2°: á⁴, A-2N⁶, 2O⁴, 2P⁶; [8], 432, [18] p. + π², á⁶, é⁴, í⁴, ó⁴, A-3Y⁶, 3Z⁴, 4A-4D⁶, 4E⁴; [40], 824, [34] p.
- IIX/14-15 (herk: Fr. Aurelius Savini sac. scripture theol. lec. pub. Bonon. [ex libris]; F C S B [stempel])

HENNEBEL, Joannes Libertus   H80
Declaratio circa articulos doctrinæ in Belgio controversæ. Per ... J. L. Hennebel ...
Lovanii, apud Ægidium Denique, 1701
8°: π¹, A⁶, χ², B-D⁴, E²(-E²); [2], 8, [4], 9-32 p.
- ArDIV/6/2

HENNEGUIER, Jérôme, O.P.   H81
Vanitas triumphorum quos ab authoritate adversus prædeterminationes physicas pro scientia media erigere nititur Germanus Philalethes Eupistinus [= Jacques Platel]. Authore amico Philalethi [= J. Henneguier] ...
Duaci, ex typographia Joannis Patté, 1670
12°: á⁴, A-P¹², Q⁸; [8], 376 p.
- ArCII/13 (herk.: Park? M IX 12)

HENNEQUIN, Antonius   H82
Lyk-sermoonen behelzende verscheyde waerheden ... By een vergaedert en gepredikt door ... Anton. Hennequin ...

Tot Loven, by Joan. Franc. van Overbeke, 1792
8°: *8, A-T8; [16], 304 p.
- ArDII/15

HENNEQUIN, Antonius   H83
Sermoenen voor d'Eerste communicanten op den dag van hun Eerste Communie. Gepredikt door ... Antonius Hennequin ...
Tot Brugge, by Jan Baptiste Macqué, 1772
8°: *8, A-O8; [16], 221, [1] p.
- PrII/12 & ArAIII/36 (Sum ex libris Joannis Noué Vicarii in Hoesselt 1619)

HENNET, Bernard   H84
Quæstionum theologicarum de virtutibus, vitijs & peccatis, resolutiones. Præside ... Procopio Frischmann ... disputationi propositæ à Bernardo Hennet ... Anno MDCCXXIV ...
Vetero-Pragæ, typis Caroli Joannis Hraba, (1724?)
8°: π4, A-Z8, χ1; [8], 370 p.
- PrGII/13

HENNO, Franciscus   H85
Theologia dogmatica ac scholastica. Studio ac Labore ... Francisci Henno ...
Duaci, ex typographia Michaelis Mairesse, 1706-1713
8°: 8 dln
- HIII/6-13

HENRICUS a SANCTO IGNATIO, O.Carm.   H86
Ethica amoris, sive Theologia Sanctorum, magni præsertim Augustini et Thomæ Aquinatis, circa universam amoris & morum doctrinam, adversus novitias opiniones ... Per ... Henricum a S. Ignatio ...
1: *De generalibus principiis amoris et morum*; 2: *De externis regulis amoris et morum*; 3: *De sacramentis in genere et specie*
Leodii, ex officina typographica J. Francisci Broncart, 1709
2°: 3 dln
- ArFV/13-15 (herk.: Fris Petri Willemaers S.T.B.F. Rel ... Parchensis sept. 1710)

HENRY, Pierre-Joseph   H87
Onderwyzingen over de christelyke leering. Eerst in 't Fransch opgesteld door ... Petrus Josephus Henry, in 't Vlaemsch vertaeld door ... Ae. Eggen ...
Tot Loven, uyt de drukkery van J. Meyer, 1805
8°: 5 dln
- ArBIV/4-8

HENRY, Pierre-Joseph   H88
Explications, ou Notes courtes et faciles sur le catéchisme, qui est en usage dans les dioceses de Liege, Cambrai & Namur, & qui a pour titre: Catéchisme, ou sommaire de la doctrine chrétienne, etc ... Par Pierre-Joseph Henry ...
A Liege, chez Everard Kints, (1749?)
8°: *8, A-X8; 335, [1] p. + ?
- ArBIV/20 (dl 1)

HENRY, Pierre-Joseph   H89
Instructions familières, dogmatiques et morales sur les quatre parties de la doctrine chrétienne ... Par Pierre-Joseph Henry ...
A Namur, chez Pierre-Lambert Hinne, 1753
8°: 4 dln
- LI/13-14 (herk.: Phil. Alb. Biedel)

HENRY, Pierre-Joseph   H90
Tractatus de doctrina sacra et locis theologicis. Per P. J. Henry ...
Lovanii, typis Joann. Franc. van Overbeke, (1771?)
12°: A-I12; [2], VI, 203, [1] p.
- ArDV/18 (herk.: Ex libris fris Martini Le Roij 1792 [Park])

HERBELOT de MOLAINVILLE, Barthélemi d'   H91
Bibliothèque orientale, ou Dictionnaire universel, contenant généralement tout ce qui regarde la connoissance des peuples de l'Orient ... Par ... d'Herbelot
In fine: *Supplément à la Bibliothèque orientale ...* par ... C. Visdelou et A. Galand, 1780
A Maestricht, chez J. E. Dufour & Ph. Roux, 1776
2°: π1, a-g2(-g2), A-6A4, 6B-6H2(-6H2), χ2, a2, A-4B2; [4], 26, 954, [4], IV, 284 p. + 3 uitsl. pltn
- VIV/1

HERDEGOM, Gerardus van, O.Præm.   H92
Diva virgo candida, candidi Ordinis Præmonstratensis Mater tutelaris et Domina, tribus libris distincta. Authore ... Gerardo van Herdegom ...
Bruxellis, typis Martini de Bossuyt, 1650
Coll.: Amandus Fabius (*Accentus & pium votum*)
4°: π1, a4, b2, A-3X4, 3Y2; [14], 531, [8] p.; bijk. gegrav. titelp.
- PrHII/5 (herk.: Utitur fr. Augustinus van Lanschot 1664; Jacobus Goyers 1750; Bibl. de Th. de Jonghe [ex libris]; Basilius van Beygaerden 1899 [Park]) & ArEIII/5 (herk.: P. J. Heylen 1758 theologi in coll. Pontificio Lov.)

HERICOURT, Louis de   H93
Les lois ecclésiastiques de France dans leur ordre naturel ... Par ... Louis de Héricourt ...
A Paris, chez Pierre-Jean Mariette, 1748
2°: á4, é1, a-g2, a-o2, *-2*2, a-u4, A-3E4, 3F2, A-2Q4; [10], XXVI, [66], 160, 412, 312 p.
- MVIII/30

HERICOURT, Louis de   H94
Les loix ecclésiastiques de France dans leur ordre naturel ... Nouvelle édition, revue ... par ... Louis de Héricourt ...
A Paris, chez les libraires associés, 1771
2°: π2, a-b4, c2, A-4D4, 4E2, A-2P4, 2Q-3F2, a-z2; [4], XX, 636, 388, XCI p.
- ArBVI/14

HERINCX, Guilielmus, O.F.M.   H95
Summæ theologicæ scholasticæ et moralis in quatuor partes distributa ... Auctore Guilielmo Herincx. Editio tertia
Antverpiæ, apud viduam Georgii Willemsens, 1702-1707
2°: 4 dln
- JVI/10-12 (titelblad ontbr. in elk dl)

HERLET, Johann Georg, O.Præm.   H96
Catechismus prædicatus ... Opera & studio ... Joannis Georgii Herlet ...
Antverpiæ, apud Viduam Willemsens, 1700
12°: A-2D12, χ2; 642, [9] p.
- ArDIII/9

HERLET, Johann Georg, O.Præm.   H97
Catechismus prædicatus ... Opera & studio ... Joannis Georgii Herlet. Editio novissima
Trajecti ad Mosam, typis Lamberti Bertus, 1718
8°: A-2P8, 2Q4(-2Q4); 592, [22] p.
- ArBIV/16 (herk.: Ad usum F. A. Tubix Relig. Parcensis)

HERLET, Johann Georg, O.Præm.   H98
Catechismus prædicatus ... Opera & studio ... Joannis Georgii Herlet ... Editio novissima
Trajecti ad Mosam, typis Lamberti Bertus, 1736
8°: A-2Q4; 592, [22] p.

H

- JII/38 (herk.: Bibl. Parc. 1843)

HERLET, Johann Georg, O.Præm. H99
Solitudo Norbertina, sive exercitia spiritualia, omnibus clericis ... maxime tamen canonicis regularibus S. Ordinis Præmonstratensis accomodata. Authore ... Friderico (Johann Georg) Herlet ...
S.l., typis Marchtallensibus, per Joan. Georg. Schultermeyer, 1698
12°:)(-2)(^{12}, A-X^{12}, Y^6; [48], 496, [18] p.
- ArEI/40

HERLET, Johann Georg, O.Præm. H100
Speculum psychicum ad vitæ spiritualis perfectionem. Das ist: Seelen-Spiegel ... Gestellt durch ... Fridericum ... Herlet ...
Marchtall, gedruckt durch Joh. Georg Schultermeyer, 1699
8°:)(^{8}, 2)(^{4}, A-3C^8, 3D^4; [24], 792 p.
- ArEIV/2 (herk.: 1701 Maria Justina Fragin[?])

HERMANNUS A SANCTO NORBERTO, O.Carm. H101
Via media confessariorum, in danda vel neganda absolutione sacramentali peccatorum ... Auctore ... Hermanno à S. Norberto ... Editio secunda
Coloniæ, typis Joannis Francisci Crabbens, 1679
12°: *^{12}, A-Q^{12}, R^6; [24], 396 p.
- IIII/3 (herk.: S.P.Q.A. Gymnasy Augustinianei Mæc. Perp. [supralibros])

HERMANS, Godfried, O.Præm. H102
Godefridus [G. Hermans] door Godts genaede Abt van Tongerloo, en Geestelyke Oversten van de Belgike-Krygs-Troupen &c. &c. Aen alle zyne onderhoorige Veld-Capellaenen, Officieren, Onder-Officieren, &c.
(Brussel, H. F. t'Serstevens), [1790?]
In fine: Tot Brussel, by H. F. t'Serstevens
8°: A^8; 16 p.
- ArFIV/15/30

HERODOTUS H103
Herodoot van Halikarnassus *Negen boeken der historien, gezegt de musen* ... Beneffens een beschrijving van Homeers' leven, door den zelven Herodoot. Uit het Grieks vertaelt door Dr O. D. [Olfert Dapper]
t'Amsterdam, by Hieronymus Sweerts, 1665
4°: *-5^4(-2*^{4}), 6*^{2}, A-4V^4; [42], 689, [23] p.; bijk. gegrav. titelp.
- RI/5 (p. 1-4 ontbr.)

HERRE, Dominicus de, O.P. H104
Het heylich jaer van de predick-heeren oorden, dat is, voor elcken dagh van het jaer een cort verhael van eenen Heylighen oft Salighen vande Orden vanden H. Dominicus. Uyt de Franssche tael ... inde Neder-duytsche over-gheset door ... Dominicus de Herre ...
T'Antwerpen, by Jacob Mesens, 1675
8°: A-2E^8, 2F^2; [226] f.; gegrav. front.
- QI/16

HERRENSCHWAND, Johan Daniel Casper H105
De l'économie politique et morale de l'espèce humaine [Johan Daniel Casper Herrenschwand]
A Londres, de l'imprimerie de Cooper et Graham, 1796
8°: π^2, A-2C^8, 2D^6; [24], 408 p. + π^2, A-2E^8, 2F^4(-2F^4); [4], 454 p.
- ZII/5-6

HERTOGHE, Cornelius Polycarpus de, O.Præm. H106
Laudatio funebris in obitum ... Matthæi Irsselii ... S. Michaëlis ... abbatis ... Habita in eodem S. Michaele ... XII cal. Augusti MDCXXIX. Auctore ... Corn. Polycarpo De Hertoghe ...
Antverpiæ, typis Gerardi Wolsschatij, 1629
4°: A-C^4; 21, [1] p.
- ArFIV/15/15 (herk.: Joannes Chrysostomos Blommens [Park])

HERTOGHE, Cornelius Polycarpus de, O.Præm. H107
Religio canonicorum ordinis Præmonstratensis ... Per ... Cornel. Polycarpum de Hertoghe ...
Antverpiæ, apud Gerardum Wolsschatium, 1663
8°: a-b^8, á^8, é^8, í^4, A-2I^8, 2K^4, χ^1; [72], 512, [9] p.
- PrIII/12 (herk.: G. Vaes) & ArEI/15 (herk.: Fr^{is} Raphaelis; Frédéric Verachter)

HERTOGHE, Cornelius Polycarpus de, O.Præm. H108
Unius libri nomen S. Norbertus sive vita S. Norberti ... Per ... Cornelium Polycarpum de Hertoghe ...
Antverpiæ, apud Guillielmum Lestenium, 1630
8°: A-N^8, O^4; 216 p.
- ArEV/10

HESSELIUS, Joannes H109
Catechismus solidam & orthodoxam continens explicationem .... Authore Ioanne Hesselio ... Editio septima, ... cum notis Joannis Molani ...
c1: *Breviarium vitæ* ... *Ioannis Hesselii* ... Valerii Andreæ ...
Lovanii, typis Hieronymi Nempæi, 1674
Coll.: Hieronymus Nempaeus, Henricus Gravius, Jean Soteaux
4°: a-d^4, A-4O^4; [32], 629, [35] p.
- ArBIV/26

HESSELIUS, Joannes H110
Catechismus Joannis Hesselii Lovaniensis ... Editio octava. Subnexa est ejusdem *Censura super Legenda Sanctorum* cum notis Joannis Molani ...
Lovanii, apud Ægidium Denique, 1691
4°: π^4, 2*-3*^{4}, A-4N^4, 4O2, A-C^4; [24], 608, 16, [36], 24 p. + ?
Nota: 3 f. tss. π^4 & 2*^{1}, waarvan 1 met ms. & 2 bl.
- EIII/16 (dl 1; herk.: ad usum F. Arnoldi de Grimon R. Parc, 1734)

HESSELIUS, Joannes H111
Confutatio novitiæ fidei (quam vocant Specialem.) Authore Ioanne Hessels ... Adiunctus est & *Tractatus, de cathedræ Petri perpetua protectione & firmitate*, eodem autore
Lovanii, apud Ioannem Bogardum, 1562
In fine: Lovanii, typis Stephani Valerii ... 1562
8°: A-H^8, I^6; [1], 65, [4] f.
- LII/26/1

HESSELIUS, Joannes H112
In primam B. Ioannis apostoli et evangelistæ canonicam epistolam absolutissimus commentarius. Autore ... Ioanne Hesselio ...
Lovanii, apud Ioannem Bogardum, 1568
8°: A-P^8, Q^{10}; [8], 121, [1] f.
- CI/27/2

HESSELIUS, Joannes H113
In priorem B. Pauli apostoli ad Timotheum epistolam commentarius. Authore ... Ioanne Hesselio ... Alter item eiusdem authoris *Commentarius in priorem B. Petri Apostoli Canonicam Epistolam*
Lovanii, apud Ioannem Bogardum, 1568
8°: A-2A^8, 2B^{10}; [8], 193, [1] f. + A-L^8, M^4; [2], 126 [=90] f.
- CI/27/1

HESSELIUS, Joannes   H114
Probatio corporalis præsentiæ corporis et sanguinis Dominici in Eucharistia ... Authore Ioanne Hessels ... In hac editione tertia ...
Duaci, ex officina Ioannis Bogardi, 1568
8°: A-2B⁸; [4], 179, [18] f.
- LII/26/3 (titelblad ontbr.)

HESSELIUS, Joannes   H115
Tractatus pro invocatione sanctorum contra Ioannem Monhemium, & eius defensorem Henricum Artopæum. Authore Ioanne Hessels ... Editio tertia
Lovanii, apud Ioannem Bogardum, 1568
8°: A-K⁸, L⁴; [1], 81, [2] f.
- LII/26/2

HEUMANN von TEUTSCHENBRUNN, Johann   H116
Ioannis Heumanni ... *Commentarii de re diplomatica imperatorum ac regum Germanorum*
Norimbergæ, sumtibus Ioannis Georgii Lochneri, 1745-1753
4°:)(⁴, 2)(², A-3Z⁴; 506, [46] p. +)(⁴, A-3L⁴, 3M²; XXXVIII, 432, [28] p. + ill. & uitsl. pltn
- TV/5-6 (herk.: von Buining)

HEUMANN von TEUTSCHENBRUNN, Johann   H117
Commentarii de re diplomatica imperatricum augustarum ac reginarum Germaniæ ... Adornati a Io. Heumanno ...
Norimbergæ, sumtibus Iohannis Georgii Lochneri, 1749
4°:)(⁴, 2)(², A-3T⁴; [12], 493, [27] p.
- TV/7

HEUMEN, Joannes van   H118
De sterffelyke Adam, leerende de wetenschap van zalig te sterven. Gemaakt door ... Joannes van Heumen ... De vyfde druk
Te Antwerpen, voor Theodorus Crajenschot, 1750
Coll.: J. Delsing
4°: †-3†⁴, 4†², A-3T⁴, 3V²(-3V²); [28], 697, [7] p.; bijk. gegrav. titelp.
- PrHVII/5

LES HEURES CHRÉTIENNES ...   H119
Les heures chrétiennes, contenant les prieres du matin, et du soir ...
A Bruxelles, chez Jean de Smedt, 1706
12°: A-2E⁶; [12], 323, [1] p.; gegrav. front
- ArDIV/30

HEURES IMPÉRIALES ...   H120
Heures impériales et royales à l'usage de la cour ...
A Paris, chez Lefuel, (1808?)
396 p. + ill.
- ArBI/31

HEURES NOUVELLES ...   H121
Heures nouvelles ou prières choisies. Nouvelle édition
A Clermont, chez Landriot, 1809
12°: A-2Q⁶; 465, [3] p.
- PrEII/13

HEUSSEN, Hugo Franciscus van   H122
Historia episcopatuum Fœderati Belgii utpote metropolitani Ultrajectini nec non suffraganeorum Harlemensis, Daventriensis, Leovardiensis, Groningensis et Middelburgensis ... Per H. F. V. H. [H. F. van Heussen]
Antverpiæ, apud Joh. Bapt. Verdussen, 1733
Coll.: Henr. de Weerdt (lofdicht)

2°: 2 dln (onregelm. gepag.)
- OVIII/18-19

HEUTER, Pontus   H123
Ponti Heuteri ... *Opera historica omnia, Burgundica, Austriaca, Belgica ...* Insertus est ejusdem *De Vetustate et Nobilitate familiæ Habspurgicæ et Austriacæ liber singularis.* Accesserunt *De veterum ac sui sæculi Belgio libri duo, aliaque.* Nunc primum simul edita ...
Lovanii, typis ac sumptibus Judoci Coppenii, 1649
2°: onregelm. gepag.
- RVI/5 (herk.: Parmentier S. Th. Doctor Regens)

HEUTER, Pontus   H124
Ponti Heuteri ... *Opera historica omnia ...* Editio ultima
Lovanii, typis ac sumptibus Judoci Coppenii, 1651
2°: onregelm. gepag.
- ZVII/13

HEY, Lucas van der, O.F.M. [=HEIJ]   H125
Hier beghint den spinrocken ghegeven voer een nyeuwe iaer den religiosen ioncfrouwen van marien-dael binen diest mitten naycorf. Gegeven by ... lucas vander hey ...
Leiden, Jan Seversz, 1517
In fine: Gheprent tot Leyden Bimi Jan Seversoen ... Int Jaer ons heren MCCCCC ende XVII opten drientwintichsten dach in April
8°: A-F⁸, G⁴; [52] f. ; ill.; 2 titelp. met houtsnede
- ArDI/34/1 Zie ook P16

HEIJLEN, Adrianus, O.Præm.   H126
Antwoord van den Eerw. Heer A. Heylen ... op het vraegstuk: Aen te toonen de steden of andere plaetsen der Nederlanden in de welke de respectieve souvereynen geld-specien hebben doen slagen geduerende de XIV en XV eeuw ...
Bruxellis, typis regiæ academiæ, 1787
4°: π⁴, A-Q⁴, *⁴; VIII, 128, VI p.
- PrIIII/9

HEYLEN, Adrianus, O.Præm.   H127
Historische verhandelinge nopende de ketterye der Bloemardine ende verscheyde uytstekende religieuse kweekelingen der Kempen ... [A. Heylen]
Te 's Hertogenbosch, by J. T. Palier, 1791
4°: A-G⁴, H², K⁴(-K⁴); 58, [12] p.
- NIV/23/9

HEYLEN, Adrianus, O.Præm.   H128
Historische verhandelinge nopende de slaevernye ende vryheyds-boomen of standaerts ... [A. Heylen]
Tot Lier, by J. H. Le Tellier, 1790
4°: A-C⁴; 24 p.
- NIV/23/5

HEYLEN, Adrianus, O.Præm.   H129
Historische verhandelinge over de mildheyd, hulp, bystand en menschlievendheyd tot de arme, vremdelingen en andere beweezen door de abdyen en kloosters der Kempen [A. Heylen] ...
Tot Lier, by J. H. Le Tellier, 1790
4°: A-E⁴; 39 p.
- NIV/23/3

HEYLEN, Adrianus, O.Præm.   H130
Historische verhandelinge over de slaevernye [A. Heylen] ...
Tot Lier, by J. H. Le Tellier, 1790

H

4°: A-E⁴, F²; 44 p.
- NIV/23/4

HEYLEN, Adrianus, O.Præm.   H131
Historische verhandelinge over de voornaemste opkomste en voord-gang der landbouw-konst in de Kempen, bewyzende het nut en voordeel daer door toegebragt aen den Staet, door de Abdyen en Kloosters der gemelde Land-streek [A. Heylen]. Tweeden druk
Te 's Hertogenbosch, s.n., 1792
4°: A-B⁴, C⁶(-C⁶); 26 p.
- NIV/23/1

HEYLEN, Adrianus, O.Præm.   H132
Historische verhandelinge over den yver, waekzaemheid en ziele-zorg der klooster-heeren in de Kempen, vertoonende hoe zy de ketteryen van Tanchelinus en Blommardine hebben helpen verdelgen [A. Heylen] ...
Tot Lier, by J. H. Le Tellier, 1790
4°: A-E⁴(-E⁴); 37 p.
- NIV/23/6

HEYLEN, Adrianus, O.Præm.   H133
Historische verhandelinge vertoonende de tyd-stippen op de welke de goddelyke regtveerdigheyd de Nederlanden, en bezonderlyk de land-streek der Kempen, met de pest, loop, hongersnood ende andere plaegen heeft bezogt [A. Heylen] ...
Te 's Hertogenbosch, by J. T. Palier, 1791
4°: A-E⁴; 40 p.
- NIV/23/7

HEYLEN, Adrianus, O.Præm.   H134
Historische verhandelinge vertoonende verscheyde wyzen op de welke de kloosterlingen, naementlyk die der Kempen, zyn nut en voordeelig geweest aen kerk en staet [A. Heylen] ...
Te 's Hertogenbosch, by J. T. Palier, 1791
4°: A-G⁴; 56 p.
- NIV/23/8

HEYLEN, Adrianus, O.Præm.   H135
Verhandelinge over de gesteltenisse der nu zoo genaemde Kempen en aengelege provintien in de eerste eeuwen [A. Heylen]
Te 's Hertogenbosch, s.n., 1795
4°: A-B⁴; [2], 14 p.
- NIV/23/2

HEYLEN, Adrianus, O.Præm.   H136
Verlichtinge der Brabandsche en andere Nederlandsche oudheden ofte vaderlandsche verhandelinge over eenige Urnen ofte Lyk-vaten, onlangs door de zorg en bekostinge van ... Godefridus Hermans, prelaet der Abdye Tongerloo, ontdekt by het dorp Alphen ... Door A. H. C. T. [A. Heylen]
Tot Maestricht, by J. Lekens, 1793
4°: A-C⁴, D⁶(-D⁶); 33 p. + 1 plt
- NIV/23/10

DEN HEYLIGHEN NORBERTUS ...   H137
Den heylighen Norbertus sticht-vader van de Witte Ordre van Premonstreyt. Speel-wiis verthoont door die jonckheydt van de Collegie van S. Augustiin binnen Loven. Den VI September, 1628
Tot Loven, by Bernardijn Maes, 1628
4°: *⁶; [11] p.
- ArGVII/12/21

HEYNEN, Joannes & VAN HOREN, Laurentius   H138
Prolegomena in Scripturam Sacram et commentaria ad Pentateuchum ... quæ, præside Benedicto Beeckmans ... defendent Joannes Heynen, Laurentius Van Horen ... Lovanii in Collegio Societatis Jesu ... 18 Decembris 1770 ...
Lovanii, typis Joannis Jacobs, (1770?)
4°: A-E⁴, F⁶ (-F⁶); 50 p.
- MIII/33/1

HEYNS, Maria   H139
< der doorluchtige voorbeelden ... Uit de schriften van Philippus Camerarius, Michiel de Montanje en andere schrijvers getrokken en vertaelt, door Maria Heyns
t'Æmsteldam, voor I. I. Schipper, 1647
4°: *⁴, A-3A⁴; [8], 376 p.: ill.
- WI/7 (p. 1-8 ontbr.)

HIERONYMUS, Sophronius Eusebius   H140
... Eusebii Hieronymi ... Divina bibliotheca antehac inedita complectens translationes latinas Veteris ac Novi Testamenti ... Studio et labore monachorum Ordinis S. Benedicti è Congregatione S. Mauri [Jean Martianay & Antoine Pouget]
Parisiis, 1, 3-5: apud Ludovicum Roulland; 2: apud Urbanum Coustelier, 1693-1706
2°: 5 dln; gegrav. front. in 1
- EVIII/1-5 (herk. Henrici Vanden Block ... Michaelis & Gudilæ Bruxellis Capellani [ex libris])

HIERONYMUS, Sophronius Eusebius   H141
... Eusebii Hieronymi ... Divina bibliotheca antehac inedita ... Studio ac labore ... Johannis Martianay & ... Antonii Pouget ...
Parisiis, 1-2: apud Joannem Anisson; 3-5: apud Claudium Rigaud, 1693-1706
2°: 5 dln
- GVIII/13-17 (herk.: S. Mauritij de Belloloco SS. Vitoni et Hydulphi 1694; Ecole libre S. Joseph Lille; Collegium Metense Soc. Jesu)
Nota: H140 & H141 zijn identiek van druk.; titelp. & voorwerk zijn verschillend

HIERONYMUS, Sophronius Eusebius   H142
Epistolæ B. Hieronymi Stridonensis ... De cujus operis nova ratione ... judicabit qui sequentem ... Petri Canisii legerit præfationem
Dilingæ, excudebat Sebaldus Mayer, 1565
8°: *⁸: A-Z⁸, a-o⁸; [8], 294, [2] f.
- ArCII/4 (herk.: Corssendoncq; Fr. L'heureux; ... donavit ... abbas Tongerloensis D. Mutsardus mihi subscripto, 1598)

HIERONYMUS, Sophronius Eusebius   H143
... Hieronymi ... Epistolæ selectæ, in libros tres ... Ad exemplar Mariani Victorii ... emendatæ ... Editio ultima
Lovanii, typis Hieronymi Nempæi, 1671
8°: a⁴, A-2I⁸; [8], 521 p.
- EI/6

HILARIUS van POITIERS   H144
Sancti Hilarii ... Opera ... Studio et labore monachorum ordinis S. Benedicti, e congregatione S. Mauri
Parisiis, excudebat Franciscus Muguet, 1693
2°: á⁴, a-2g², A-4V⁴, 4X-5M²; [8], CLXXVIII, 1402 kol., [57] p.
Nota: I-LXXXII, 753-764 & 1273-1276 zijn normaal gepag.
- GVIII/12

HILARIUS van POITIERS   H145
Sancti Hilarii ... Opera. Studio et labore monachorum ordinis S. Benedicti e congregatione S. Mauri castigata, aucta ...

Veronæ, apud Petrum Antonium Bernum, et Jacobum
Vallarsium, 1730
Coll.: Petrus Damianus (*De Translatione Sancti Hilarii*); Venantius Fortunatus
(*Vita Sancti Hilarii*)
2°: *-2*6, 4*4, a-p4, q6, A-3E4; [32], CLXXVI, 811 kol. + π4, *4, A-3A4, 3B-
3P2, χ2; XVI p., 752 kol., [57] p.; gegrav. front. & grav. op elk titelp.
Nota: I-LXXXVIII zijn gepag., niet in kolommen
- ArCVII/3 (herk.: Bibl. Coll. Marneff.)

HILDEBERTUS LAVARDINENSIS   H146
*Venerabilis Hildeberti … Opera tam edita quam inedita.
Accesserunt Marbodi Redonensis episcopi … Opuscula. …
Labore & studio … Antonii Beaugendre … é Congregatione S.
Mauri*
Parisiis, apud Laurentium Le Conte, 1708
2°: á4, é4, í4, ó4, ú4, áá4, éé4, íí4, óó4, úú4, ááá2, a-b4, A-5O4, 5P-6A2; [10],
LXXII p., XXXII, 1690 kol., [42] p.
- FVII/15

HINNISDAEL, Guillaume Bernard de   H147
*Decretum serenissimi principis & episcopi Leodiensis
(Guillaume Bernard de Hinnisdael)*
p. 2: *Notæ in decretum*; p. 5: *Mandatum protestationis &
appellationis ad Sanctam Sedem oppositum … Ab authore
epistolæ De formula subscribenda …* [Henri Denys]; p. 9:
Notæ in mandatum …
(Liège), s.n., (1708?)
16°: A8; 15 p.
- ArDIV/10/5

HIRNHAIM, Hieronymus, O.Præm.   H148
De typho generis humanæ … Authore Hieronymo Hirnhaim …
Pragæ, typis Georgij Czernoch, 1676
4°:)?(4, A-3L4; [8], 448, [6] p.
- PrGII/1 (herk.: Monasterij Omnium Sanctorum. Ad usum f. Alberti Schleck
Durbach 1677; Ex bibliotheca universitatis Heidelbergensis) & PrHII/15
(herk.: Ex libris Joannis Baptista de Werloschnigg 1701; supralibros voorplat:
S. Maria patrona ecclesiæ Lambacensis; supralibros achterplat: Maximilianus
D. G. abbas Lambacensis …)

HIRNHAIM, Hieronymus, O.Præm.   H149
*Meditationes pro singulis anni diebus ex Sacra Scriptura,
quibus accesserunt orationes … pro usu religiosorum, maxime
Præmonstratensium. Opera & studio Hieronymi Hirnhaim …*
Pragæ, typis Georgij Czernoch, 1678
8°: a8, A-2Z8(-2Z8), A-G8; [16], 734, 111 p.
- PrHI/5

HIRNHAIM, Hieronymus, O.Præm.   H150
*Meditationes pro singulis anni diebus ex sacra scriptura
excerptæ. Opera & studio … Hieronymi Hirnhaim … Editio tertia*
Vetero-Pragæ, apud Matthiam Hoeger, 1730
12°: a12, A-Z12,)(12?; [24], 555, [21?] p. + ?
- ArEI/1 (dl 1; laatste pp. ontbr.; herk.: Ad usum J.M. De Pauw 1907)

HIRNHAIM, Hieronymus, O.Præm.   H151
*Meditationum pro singulis diebus prima pars (-pars secunda)
… Hieronymi Hirnhaim …*
S.l. s.n., (1711)
12°: a12(-a12), A-2Z12, *6; [22], 1090, [24] p.
- ArJV/26 (titelblad ontbr.; herk.: F. Norberti O.P.)

HISTOIRE ABRÉGÉE …   H152
*Histoire abrégée de la bienheureuse Marguerite de Louvain,
dite communément Fière Marguerite … Tirée de Cæsarius,
Molanus et autres bons auteurs. Cinquième édition*
A Louvain, chez P. Vannes, [1800?]
8°: A-B8(-B8); 30 p.
- ArEVII/11/18

HISTOIRE ADMIRABLE …   H153
Histoire admirable du Juif errant …
A Bruges, et se vend à Bruxelles, chez P. J. De Haes, [1810?]
16°: π1, A16; 35 p.
- ArEVII/11/27

HISTOIRE DE L'ABOLITION …   H154
Histoire de l'abolition de l'ordre des Templiers
A Paris, chez Belin, 1779
8°: a8, b4, A-Z8, 2A4; XXIV, 283, [3] p.
- ArIVII/11

HISTOIRE DU PROCÉS …   H155
*Histoire du procés gagné depuis peu par Mr l'archeveque de
Reims* [Charles-Maurice Le Tellier], *contre les Jésuites*
A Utrecht, s.n., 1698
12°: A12, B6; 36 p.
- ArDIV/17/3

HISTOIRE ECCLÉSIASTIQUE …   H156
*Histoire ecclésiastique d'Allemagne …
1: Qui comprend les archevechez de Maience, Treves et
Cologne … & plusieurs faits historiques jusques à l'année
MDCCXXII
2: Qui comprend les archevechez de Salsbourg, Prague,
Besançon, Magdenbourg, Bremen, & Upsal*
A Brusselle, chez François Foppens, 1722
8°: *-2*8, A-2A8, 2B4; [2], XXX, 392 p. + π1, *4, A-2A8(-2A8), 2B4(-2B4); X,
388 p. + uitsl. pltn.; gegrav. front. in 1
- PII/5-6

HISTOIRE ECCLÉSIASTIQUE …   H157
Histoire ecclésiastique d'Allemagne …
A Brusselle, chez François Foppens, 1724
8°: *-2*8, A-2A8, 2B4; [2], XXX, 392 p. + π1, *4, A-2A8(-2A8), 2B4(-2B4); X,
388 p. + uitsl. pltn.; gegrav. front.
- PII/4 (dl 1)

HISTORIA UNIVERSA …   H158
*Historia universa Veteris, ac Novi Testamenti … Ex Gallico in
latinum idioma translata …*
Mechliniæ, typis J.-F. Vander Elst, 1773
8°: A-M12, N10; 283 p.
- ArDI/6

HISTORIE ENDE MIRAKELEN …   H159
*Historie ende mirakelen van de alderheyligste hostie … naar
Loven overgebragt … en nu in S. Jacobs Kerk verplaetst.
Nieuwen druk*
Tot Loven, by T. Franckx, (1804?)
12°: π6, A-C6, D2; XII, 40 p.; gegrav. front.
- ArEVII/11/1

HISTORIE VAN DE VOORSPOEDIGE …   H160
*Historie van de voorspoedige staets-omwenteling der gewezene
Oostenryksche Nederlanden … Dienende voor byvoegsel tot
het Kort-begryp der kerkelyke historie van den heer Fleury* (cf.
F61)
Tot Brugge, by Joseph de Busscher, 1790
8°: A-X8; 335 p. + A-T8; 303 p.
- YIII/17-18

H

HISTORISCHES MAGAZIN ... H161
Historisches Magazin für Verstand und Herz. Erste (-Zweyte) Abtheilung. Neunte Auflage
In fine: *Dritte Abtheilung, das deutsch-französische Wörterbuch enthaltend*
Strassburg, Paris und London, bey Treuttel und Würtz, 1829
8°: 372 + 174 p.
- ArJV/22 (herk.: L. Breuls)

HOESCHELIUS, David H162
Εκλογαι περι πρεσβειων - *Excerpta de legationibus*. Ex Dexippo Atheniense, Eunapio Sardiano, Petro Patr. et Magist., Prisco Sophista, Malcho Philadelph., Menandro Protect., Theophylacto Simocatta. Omnia e cod. mss. a Davide Hoeschelio ... edita. Interprete Carolo Cantoclaro. Accedunt notæ ... Henrici Valesii
In fine: *Eclogæ historicorum de rebus Byzantinis* (Olympiodorus Thebæus, Candidus Isaurus, Theophanes Byzantius, Hesychius Milesius Illustris, Suidas Lexicographus) ... Selegit ... Philippus Labbe ...
Parisiis, e typographia regia, 1648
Vert.: Andreas Schott, Joannes Meursius, Emilio Porto
2°: á⁸(-á⁸), A-2E⁴, 2F⁶, A-P⁴; [14], 220, [16], 119 p.
- SVIII/13/2 (herk.: theca XI – G [Park])

HOFFMANN, Christian Godfried H163
Nova scriptorum ac monumentorum partim rarissimorum partim ineditorum collectio. Recensuit Christ. Godofredus Hoffmannus ...
I. ... Monumenta Sam. Guichenoni bibliothecam Sebusianam et Paridis de Crassis diarium cur. Rom. complexus; II. ... Librum diurnum Romanorum pontificium et Augustini Patricii Picolominei ... librum sacrarum cæremoniarum ... exhibens
Lipsiæ, sumptibus hæred. Lanckisianorum, 1731-1733
4°:a-b⁴, A-4L⁴, 4M², 4N-4O⁴; [16], 644, [15] p.+ a-f⁴, g², A-5N⁴; [8], 800, [40]p.
- TIV/14 (herk.: Universiteitsbibliotheek Tübingen [ex libris])

HOFFMANN, Joannes Nepomucenus, O.Præm. H164
Selectarum quæstionum diptycha, ad libri IV decretalium Gregorii IX ... De jure dispensationum matrimonialium. Quæ ... præside ... Thadæo, Francisco Schweiger ... proposuit Joannes Nepomucenus Hoffmann ... Anno MDCCXXXIII. Die Julii ...
Vetero-Pragæ, apud Matthiam Höger, 1733
8°:)(⁴, A-3H⁸; [8], 855, [8] p.
- LIV/28

HOFFREUMONT, Servatius H165
Thesis apologetica de sacerdote lapso ... Quam præside ... Joanne Liberto Hennebel ... defendet Servatius Hoffreumont ... die 16 Martii anno 1690 ...
Lovanii, apud Guilielmum Stryckwant, (1690?)
4°: A-B⁴, C²; 20 p.
- ArKIII/7/10e

HOLONIUS, Gregorius H166
Gregorii Holonii ... *Laurentias. Tragœdia de Martyrio constantissimi Levitæ D. Laurentii ...*
Antverpiæ, apud Ioannem Bellerum, 1556
In fine: Typ. Ægidii Diest. 8 Id. Iun. 1556
8°: A-D⁸, E⁴; [36] f.
- ArDIII/30/2

HOLZMANN, Apollonius H167
Jus canonicum secundum ordinem quinque librorum decretalium Gregorii IX ... Authore ... Apollonio Holzmann ... Editio II
Campidonæ, & Augustæ Vindelicorum, sumptibus Andreæ Stadler, & Christophori Bartl. Typis Kauffburæ Joannis Bapt. Neth, 1762
2°: π⁴, a)(-d)⁴, e)²[-e)²], A-4T⁴, 4U²(-4U²); [42], 706 p.
- MVII/4 (herk.: Pro bibliotheca conventus Pragensis S. Mariæ ad Nives Ord. Min. S.P. Francisci ... 1781)

HOLZMANN, Apollonius H168
Theologia moralis usitato in scholis ordine ... Authore ... Apollonio Holzmann ...
Beneventi, prostat Venetiis, in typographia Balleoniana, 1743
2°: †¹⁰, A-2S⁸, 2T⁶; [20], 668 p. + †¹⁰, A-2K⁸, 2L⁶; [20], 539 p.
- IIX/10-11

HOMANN, Johann Baptista H169
Grosser Atlas über die gantze Welt ...
B2-L2, M1: *Einleitung zur Geographie*
Nürnberg?, Homann?, 1731?
2°: A-L², M¹; 42 p. + 74 krtn
- ArKIII/5 (titelblad ontbr.)

HOMERUS H170
L'Iliade d'Homere. Traduite en françois, avec des remarques, par Madame Dacier. Nouvelle édition
A Amsterdam, aux dépens de la compagnie, 1712
12°: 3 dln; gegrav. front in elk dl
- TI/23-25 (front. in 1 ontbr.)

HONDERT EN EEN LEERPUNTEN ... H171
Hondert en een leerpunten gedoemt door de pauselyke bulle Unigenitus ... tegen seker Fransch boek ... 'Le Nouveau Testament en François, avec des réflexions morales' ...
S.l., s.n., (1713?)
8°: A⁸, B²; [20] p.
- ADIV/11/1 & YIII/35/2

HONORÉ de SAINTE-MARIE, O.Carm. H172
Animadversiones in regulas et usum critices, spectantes ad historiam ecclesiæ, opera patrum, acta antiquorum martyrum, gesta sanctorum ... Auctore ... Honorato a S. Maria ... Interprete e Gallicis ...
Venetiis, escudebat Franciscus Pitteri, 1768
2°: 3 dln
- QVI/5

HONORÉ de SAINTE-MARIE, O.Carm. H173
Observations sur l'histoire ecclésiastique de monsieur l'abbé de Fleury &c ... adressées à ... Benoist XIII ... [Honoré de Sainte-Marie]
A Malines, chez Laurent Vander Elst, 1729
8°: π¹, A-F⁸; [2], 91, [5] p.
- PI/14/1

HONTHEIM, Johann Nicolaus von H174
Breviculus modernarum controversiarum, seu compendium Febronii (J. N. von Hontheim) *abbreviati.* Cum notis eodem authore. Editio nova
Trudonopoli, typis J. B. Smits, 1791
12°: A-2I⁶, 2K⁴; 392 p.
- ArHVII/3

HONTHEIM, Johann Nicolaus von H175
Justini Febronii ... Commentarius in suam retractationem Pio

VI ... Kalendis Novemb. An. MDCCLXXVIII submissam
Leodii, ex officina J. F. Bassompierre, 1781
4°: a-b⁴, A-2Q⁴(-2Q⁴); [2], XVI, 304, [6] p.
- NII/3

HONTHEIM, Johann Nicolaus von H176
Justini Febronii ... *De statu Ecclesiæ et legitima potestate Romani Pontificis liber singularis, ad reuniendos dissidentes in religione Christianos compositus. Editio altera* (alleen op t. 1)
1: Bullioni, apud Guillelmum Evrardi, 1765; 2: Francofurti et Lipsiæ, s.n., 1770
4°: *⁴, a-h⁴, A-5K⁴, (A)-(2A)⁴; [72], 816, 150, [40] p. + a-h⁴, A-4M⁴; [64], 646, [2] p.
- XIII/19-20

HONTHEIM, Johann Nicolaus von H177
Historia Trevirensis diplomatica et pragmatica, inde a translata Treveri Præfectura Prætorio Galliarum, ad hæc usque tempora [J. N. von Hontheim]
Augustæ Vind. & Herbipoli, sumptibus Martini Veith, 1750
2°: 3 dln
- TVII/18-20

HONTHEIM, Johann Nicolaus von H178
Prodromus historiæ Trevirensis diplomaticæ ... [J. N. von Hontheim]
Augustæ Vindelicorum, sumptibus Ignatii Adami & Francisci Antonii Veith, 1757
2°: π⁷, a-g⁴, A-4Y⁴, χ¹, 4Z-7T⁴, 7U²; [26], 1216, [45] p.: ill.; gegrav. portret v. d. aut.
- TVII/17

HOOFT, Pieter Corneliszoon H179
Brieven van P. C. Hooft ...
Te Amsterdam, by Adriaan Wor, en de erve G. onder de Linden, 1738
2°: *-6*², 7*-10*⁴[-10*⁴], A-4D⁴, 4E²; LIV, 583, [5] p.
- ZIX/6

HOOFT, Pieter Corneliszoon H180
P. C. Hoofts *Mengelwerken. Ten deele nooit te vooren gedrukt. Nu op veele plaatsen verbetert en vermeerdert* (ed.: David van Hoogstraten)
Tot Amsterdam, by Henrik Wetstein en Pieter Scepérus. Tot Leiden, by Daniel van den Dalen. Tot Utrecht, by Willem van de Water, 1704
Coll.: Geeraert Brant (lijkrede), R. Anslo, J. Vollenhove, H. Grotius, Constanter, Caspar Barlæus, C. Huygens, P. Scriverius, J. v. Burg, J. v. Vondel (p. 178) (lofdichten)
2°: π¹, a-d⁴, A-5D⁴, 5E²; [46], 758, [1] p.; bijk. gegrav. titelp.
- ZIX/7

HOOFT, Pieter Corneliszoon H181
P.C. Hoofts *Neederlandsche histoorien, sedert de ooverdraght der heerschappye van kaizar Karel den vyfden op kooning Philips zynen zoon*
Tot Amsterdam, by Louys Elzevier, 1642
2°: 3*⁶, *-7*², A-5V⁴, 5X⁶(-5X⁶); [42], 899 p.; gegrav. titelp.
- RVI/6 (herk.: Alexander de Pallant abbas Stæ Gertrudis)

HOOFT, Pieter Corneliszoon H182
P. C. Hoofts *Nederlandsche Historien, seedert de ooverdraght der heerschappye van kaizar Karel den Vyfden ... tot het einde der landtvooghdye des graven van Leicester. De vierde druk*
t'Amsterdam, by Henrik Wetstein, en Pieter Scepérus. Tot Leiden, by Daniel van den Dalen. Tot Utrecht, by Willem van de Water, 1703
Coll.: Geeraart Brandt
2°: π¹, *⁴, A-B⁴, C⁶, D⁴, A-3B⁶, 3C⁴, 3D²; [10], 27, [9] 586 p. + A-3I⁶, 3K-3O⁴; [2] p., pp. 587-1242, [42] p. + ill.; bijk. gegrav. titelp.; gegrav. portret van P. C. Hooft in 1
- TIX/20-21

HOOGSTRATEN, David van H183
D. Van Hoogstratens gedichten
T'Amsterdam, gedrukt by Jacobus van Hardenberg, 1697
Coll.: Kataryne Lescailje, P. Francius, Janus Broukhusius, J. Vollenhove, A. Moonen, J. Brandt, Joachim Targier, J. Pluimer, Ant. Jansz. van der Goes, A. Bogaert
4°: *-2*⁴, 3*², A-3C⁴; [20], 391 p.
- WI/12 (herk.: E. B. vanden Gheyn)

HOOGVLIET, Arnold H184
Abraham, de aartsvader. In XII boeken, door Arnold Hoogvliet. De agste druk
Te Rotterdam, by Jan Daniel Beman en zoon, 1766
Coll.: J. W., Joannes van Dam, K. Boon van Engelant, P. Schim, Jacob Schim, Hendrik Schim, Pieter Langendyk, S. Feitema, D. Smits, Willem vander Pot, Nikolaas Versteeg, Frans de Haes
4°: π⁶, 2*⁴, 3*-6*⁴, A-2N⁴; [54], 288 p. + ill.; bijk. gegrav. titelp. & portret van de aut.
- UII/6 (erg beschadigd; onvolledig in fine)

HORÆ DIURNÆ ... H185
Horæ diurnæ breviarii Præmonstratensis ... Authoritate ... Brunonis Becourt ... editæ ...
Virduni, apud Petrum Perrin filium, 1752
12°: *⁴, 2*⁸, A-2T⁸⁻⁴, 2V⁴, a-k⁸⁻⁴; [24], 512, CXXX p.
- ArFI/5 (herk.: A. Dossche, pastoor Overlaer [Park])

HORÆ DIURNÆ ... H186
Horæ diurnæ breviarii ad usum canonicorum regularum ordinis Præmonstratensis ...
Bruxellis, apud Franciscum t'Serstevens, 1770
12°: A-V¹², a-d¹², e⁶; [22], 458, CVIII p.
- ArFI/6 (herk.: J. R. De Pauw. G. Abbat. Parch.)

HORÆ DIURNÆ ... H187
Horæ diurnæ breviarii Romani, ex decreto sacrosancti Concilij Tridentini restituti ...
Antverpiæ, ex typographia Plantiniana apud viduam Balthasaris Moreti, 1700
8°: *-2*⁸, A-2F⁸, 2G², a-i⁸, *⁴; [30], 468, CXII, [1bl], 8 p.
- ArEVI/23

HORATIUS FLACCUS, Quintus H188
Q. Horatii Flacci *Carmina. Recensuit* ... Christianus David Iani
p. LXXIV: *De vita Q. Horatii Flacci Vita* (sic) auctore C. Suetonio Tranquillo
Lipsiæ, sumtibus F. C. C. Vogelii, 1809
8°: π⁸, *⁴, a-g⁸, h⁴, A-2D⁸, 2E²; CXVIII, 436 p. + π⁸, A-2K⁸, 2L⁴(-2L⁴); [16], 533, [1] p.
- XIV/19-20

HORATIUS FLACCUS, Quintus H189
Quinti Horatii Flacci *Carmina ab omni obscœnitate expurgata. Annotationibus illustrata*
Rotomagi, typis Richardi Lallemant, 1696
12°: π⁶, A-2M⁶; [12], 420 p.

H

- ArJII/9 (herk.: wapen van Louis Boucherat, chancelier de France [supralibros])

HORATIUS FLACCUS, Quintus   H190
Q. Horatii Flacci *Carmina expurgata*. Accuratis notis ... illustravit Josephus Juvencius. Editio novissima
Parisiis, apud Aug. Delalain, 1807
XLVIII, 366 p.
- ArIV/21

HORATIUS FLACCUS, Quintus   H191
Quinti Horatii Flacci *Carmina selecta, in usum scholarum Belgicæ*
Bruxellis, typis regiæ academiæ, 1779
12°: *^{6}, A-Z^{12}, 2A^{10}; [2], X, 568, [3] p.
- ArII/13 (herk.: Felix Dehez)

HORATIUS FLACCUS, Quintus   H192
Q. Horati Flacci *De arte poetica liber*. Edidit ... Carolus Gottlob Schelle
Lipsiæ, sumtu Godofredi Martini, 1806
8°: VIII, 198 p.
- XIV/21 (herk.: Ex aula 'Namèche')

HORATIUS FLACCUS, Quintus   H193
Hekeldichten en brieven van Q. Horatius Flaccus. Uit Latynsch dicht in Nederduitsch ondicht overgebragt door B. Huydecoper
T'Amsterdam, by Gerred de Broen, 1728
4°: π^4, 2*-6*^{4}, 7*^{2}; A-2C^4, 2D^2: L, [2], 210 p.; bijk. gegrav. titelp.
- ArJVII/13

HORATIUS FLACCUS, Quintus   H194
Hekeldichten, brieven en dichtkunst van Q. Horatius Flaccus. In Nederduitsche vaarzen overgebragt door B. Huydecoper
t'Amsterdam, by d'erven J. Ratelband en compagnie, en Hermanus Uitwerf, 1737
4°: π^1, *-2*^{4}, 3*^{2}, χ^1, A-2N^4, 2O^4(-2O^4); [4], XVIII, [2], 292 p.; bijk. gegrav. titelp.; portret van B. Huydecoper
- QIV/4/1

HORATIUS FLACCUS, Quintus   H195
Œuvres d'Horace en Latin et en François. Avec des remarques ... par ... Dacier ... Quatriéme Edition
A Amsterdam, chez les freres Wetstein, 1727
12°: 10 dln
- YVI/1-4 (dln 1 & 2 ontbr.)

HORATIUS FLACCUS, Quintus   H196
Q. Horatii Flacci *Opera*. Illustravit Christ. Guil. Mitscherlich ...
Lipsiæ, sumptibus Siegfried Lebrecht, 1800
8°: π^4, *^{4}, 2^8(-2*^{8}), a-l^8, m^4, A-2L^8, 2M^4(-2M^4); [8], CLXXXIV, 550 p. + π^1, *^{2}, A-2X^8, 2Y^4; VI, [2], 712 p.
- XIV/17-18

FLACCUS, Quintus   H197
Q. Horatii Flacci *Opera omnia*. ... recensuit ... Ioa. Christianus Jahn
Lipsiæ, sumptibus et typis B. G. Teubneri, 1824
IV, 267 p.
- AII/24

HORATIUS FLACCUS, Quintus   H198
Q. Horatii Flacci *Opera omnia*. Recensuit et illustravit Fridericus Guil. Doering
Lipsiae, sumtibus librariae Hahnianae, 1828-1829
2 dln
Nota: 1 = Editio quarta, 1829; 2: Editio secunda, 1828
- YVI/31-32

HORATIUS FLACCUS, Quintus   H199
Quinti Horatii Flacci *Poemata*. Scholiis ... illustrata a Ioanne Bond
Amstelodami, apud Ioannem Ianssonium, 1643
12°: A-M^{12}; 283, [5] p.; gegrav. titelp.
- ArII/19

HORATIUS FLACCUS, Quintus   H200
Les poësies d'Horace. Traduites en françois (par Charles Batteux). Nouvelle édition
A Paris, chez Desaint et Saillant, 1760
12°: a^{12}, b^8, A-N^{12}, O^2; XL, 314 p. + π^2, A-R^{12}; [4], 405, [1] p.
- PrFII/21-22 (herk.: Em. Raymaekers 1831; De Keizer Louvain 1844; Ex bibliotheca Mariæ Balduini Neesen [ex libris])

HORATIUS FLACCUS, Quintus   H201
Q. Horatius Flaccus. Ex recensione ... Richardi Bentleii. Editio altera
In fine: *Index in Q. Horatium Flaccum* olim ... collectus a Thoma Tretero, deinde ... accomodatus a Daniele Averman, nunc vero ... emendatus ab Isaaco Verburgio
Amstelædami, apud Rod. & Gerh. Wetstenios, 1713
4°: *-3*^{4}, A-4X^4, 4Y^2(-4Y^2), (a-2g^4); [24], 717, [1], 239 p.; bijk. gegrav. titelp.
- PrGV/12

HORATIUS FLACCUS, Quintus   H202
Q. Horatius Flaccus ... Opera Dionys. Lambini ... emendatus ...
Lutetiæ, apud Ioannem Macæum, 1567
2°: †^{6}, a-z^6, A-D^6, E^4, F-G^6; [12], 366, [20] p.
- ZVII/15/1 (herk.: Joannis Ambrosii Vicecomitis)

HORATIUS FLACCUS, Quintus   H203
Q. Horatii Flacci *Sermonum, seu satyrarum, seu eclogarum libri duo, epistolarum libri totidem*. A Dionysio Lambino ... emendati ...
Lutetiæ, impressi ab Ioanne Candido typographo, impensis Ioannis Macæi, 1557
2°: 2A-3L^6, 3M^2; 386, [25] p.
- ZVII/15/2

HOUBAKKER, Joannes   H204
Feestpredikatien ... Door Joannes Houbakker ...
t'Amsterdam, by Jacob ter Beek, 1735
4°: *^{4}, A-3H^4; [8], 414, [15] p.
- XI/38

HOUBAKKER, Joannes   H205
Predikatien over verscheide texten der H. Schriftuur. Door Joannes Houbakker ...
t'Amsterdam, by Jacob ter Beek, 1730
Coll.: Jacobus van Pesch (*Opdragt*), Cl. Bruyn, Pr. Van de Walle (lofdichten)
4°: π^1, *-2*^{4}, χ^1, A-2V^4, 2X^6(-2X^6), 2Y^4; [20], 335, [9] p.; bijk. gegrav. titelp. + portret van de aut.
- XI/36

HOUBAKKER, Joannes   H206
Twintig weldoorwrochte predikatien, over verscheide texten der H. Schriftuur. Door Joannes Houbakker ... Tweede stuk
Coll.: Jacobus van Pesch (*Opdragt*), Cl. Bruyn, Pr. Van de Walle (lofdichten)
t'Amsterdam, by Jacob ter Beek, 1732

4°: *-2*⁴, A-3E⁴, χ⁶; [16], 408, [12] p.
- XI/37

HOUBRAKEN, Arnold   H207
De groote schouburgh der Nederlantsche konstschilders en schilderessen … zynde een vervolg op het Schilderboek van K. v. Mander … Door Arnold Houbraken. Den tweeden druk
In 's Gravenhage, by J. Swart, C. Boucquet, en M. Gaillard, 1753
Coll.: David van Hoogstraten
8°: 3 dln + ill.; bijk. gegrav. titelp. & portret van de aut. in 1
- QIV/10-12 & UI/17-19

HOUDRY, Vincent, S.J.   H208
… Vincentii Houdry … Bibliotheca concionatoria. E Gallico sermone in Latinum translata
Augustæ Vindelicorum & Œniponti, sumptibus Josephi Wolff, 1749-1753
2°: 5 dln
- KVIII/2-6 (herk.: Dono dedit bibliothecæ R.D. … P. D. Smeyers … 1862)

HOUDRY, Vincent, S.J.   H209
La bibliotheque des prédicateurs, qui contient les principaux sujets de la morale chrétienne. Mis par ordre alphabétique par … Vincent Houdry … Seconde édition
A Lyon, chez Antoine Boudet, 1715-1716
Nota: dl 1: Par le R. Père***
4°: 8 dln
- KVII/8-15 (herk.: F. M. Nijsmans Rel. Parchensis)

HOUDRY, Vincent, S.J.   H210
La bibliotheque des prédicateurs. Seconde partie contenant les mysteres de Notre-Seigneur, & de la Sainte Vierge … Par … Vincent Houdry
A Lyon, chez Antoine Boudet, 1715-1717
4°: 3 dln
- KVII/16-18 (herk.: F. M. Nijsmans Rel. Parchensis)

HOUDRY, Vincent, S.J.   H211
La bibliotheque des prédicateurs. Troisiéme partie contenant les materiaux pour les panegyriques … Par … Vincent Houdry …
A Lyon, 1-3: chez Antoine Boudet; 4: chez la veuve d'Antoine Boudet, 1718-1721
4°: 4 dln
- KVII/19-21 (dl 3 ontbr.)

HOUDRY, Vincent, S.J.   H212
La bibliotheque des prédicateurs. Quatriéme partie contenant les additions, & supplemens … Par … Vincent Houdry …
A Lyon, chez la veuve d'Antoine Boudet, 1723-1725
4°: 5 dln
- KVII/23-27

HOUDRY, Vincent, S.J.   H213
La bibliotheque des prédicateurs. Tome seiziéme contenant trois tables … Par … Vincent Houdry …
A Lyon, chez la veuve d'Antoine Boudet, 1721
4°: á⁴, A-3P⁴; [6], 488 p.
- KVII/22

HOUDRY, Vincent   H214
*Sermons sur tous les sujets de la morale chrétienne. Par le Pére** [= V. Houdry] … Premiére partie contenant l'Advent, tome premier [-second]*
Imprimez à Tours, et se vendent à Paris, chez Jean Boudot, 1696

8°: π⁴, A-2E⁸; [8], 447 p. + π³, A-2D⁸; [6], 431 p.
- KIII/13-14

HOUDRY, Vincent   H215
Sermons sur tous les sujets de la morale chrétienne. Seconde partie, contenant le carême [V. Houdry]
A Paris, chez Jean Boudot, 1699
12°: 3 dln
- KIII/15-17

HOUSTA, Baudouin de, O.S.A.   H216
La mauvaise foi de monsieur l'abbé Fleury prouvée par plusieurs passages des Saints Peres, des Conciles … qu'il a omis, tronquez … dans son Histoire. Par … Baudouin de Housta …
A Malines, chez Laurent Vander Elst, (1733?)
8°: *⁸, 2*⁴, A-M⁸, N⁴; XXIV, 192, [8] p.
- PI/14/2 & PI/15

HOVE, Franciscus van, O.F.M. & SENGERS, Adrianus H217
Theses theologicæ de Deo uno et trino. Quas … præside … Leonardo Maes … defendent … Franciscus Van Hove, … Adrianus Sengers … die 20 Augusti anno 1766 …
Mechliniæ, typis Joannis Francisci Vander Elst, (1766?)
8°: A⁸; 16 p.
- PrHVI/20/11

HOYERUS, Michael, O.S.A.   H218
Flammulæ amoris S. P. Augustini versibus et iconibus exornatæ. Auctore … Michaele Hoyero … Altera editio
Antverpiæ, apud Henricum & Cornelium Verdussen, 1708
12°: *⁶, A-M¹², N⁶; [10], 286, [2bl], [12] p.; gegrav. titelp.
- PrEI/18

HOYERUS, Michael, O.S.A.   H219
… Michaelis Hoyeri … Historiæ tragicæ sacræ et profanæ. Decades II (ed.: Constantinus Munich)
Coloniæ, apud Constantinum Munich, 1647
Coll.: Petrus Schoffelen, Fridericus Erbeder, Wernerus Francken, F. Ig. Dyckerus (lofdichten)
12°: π⁵, A-M¹²; [10], 285 p.
- ArJI/5

HOYNCK van PAPENDRECHT, Cornelius Paulus   H220
Historia ecclesiæ Ultrajectinæ a tempore mutatæ religionis in Fœderato Belgio … Auctore Cornelio Paulo Hoynck van Papendrecht …
Mechliniæ, typis Laurentii Vander Elst, 1725
2°: π², *-2*², a-n²(-n²), A-5N²; [10], 44, [6], 370, [1bl], [33] p.
- WVIII/4 (herk.: Sum A. Somers 1822)

HOYNCK van PAPENDRECHT, Cornelius Paulus   H221
Vita Viglii ab Aytta Zuichemi ab ipso Viglio scripta eiusque, nec non Joachimi Hopperi et Joannis Baptistæ Tassii opera historica aliaque analecta ad historiam scissi Belgii potissimum attinentia. Collegit, digessit, notisque illustravit C. P. Hoynck von Papendrecht …
Hagæ-Comitum, apud Gerardum Block, 1743
4°: 6 dln; portret van Viglius van Aytta in 1
- RV/14-19

HUBER, Ulrik   H222
Ulrici Huberi De Jure Civitatis libri tres. Editio tertia
Franequeræ, apud Henricum Amama, & Zachariam Tædema, 1694
4°: π⁵, A-4L⁴, 4M⁶(-4M⁶); [4], 6, 646 p.; bijk. gegrav. titelp. & gegrav. portret

H

(Hendrik Casimir van Nassau)
- LIV/14

HUBER, Ulrik   H223
Ulrici Huberi ... *Disputationes juris fundamentales secundum duos priores institutionum juris libros*
Franequeræ, excudit Johannes Gyselaar, 1688
4°: π1, A-4D4; [2], 588 p.
- LIV/15

HUBER, Ulrik   H224
Ulrici Huber ... *Eunomia Romana sive censura censuræ juris justinianæi*. Opus postumum, quod ... edidit ... unà cum *Oratione funebri* habita (a Campegio Vitringa) in memoriam auctoris, Zacharias Huber ...
Franequeræ, apud Leonardum Strickium, 1700
4°: *-2*4, 3*2, A-5L4, 5M2, A-C4; [20], 802, [18], 24 p.
- PrGIII/14

HUBER, Ulrik   H225
Heedendaegse rechts-geleertheyt, soo elders, als in Frieslandt gebruikelijk. Door Ulrik Huber ...
Leuwarden, gedrukt bij Hero Nauta, 1686
4°: *6(-*6), 2*4, 3*2, A-S4, 2A-2S4, 3A-3S4, 4A-4S4, 5A-5O4; [24], 688 p. + *4, A-S4, 2A-2S4, 3A-3S4, 4A-4O4(-4O4), 4P-4Q2, 4R-4S4, 5A-5E4, 5F2; [8], 542, [68] p.
- LIV/11-12 (herk.: Ex lib. P. Hoyuck)

HUBER, Ulrik   H226
Ulrici Huberi ... *Prælectionum juris civilis tomi tres. Secundum Institutiones & Digesta Justiniani* ... Editio secunda
2: *Prælectionum juris romani et hodierni pars II*
3: *Prælectionum juris romani pars III*
Accedunt scholia præcipua ... Christiani Thomasii ...
Franequeræ, ex officina Leonardi Strickii, 1700-1701
4°: 3 dln; gegrav. portr. van Hendrik C. van Nassau & v.d.aut. in 1 -LIV/16-18

HUBERT, Mathieu, Orat.   H227
Sermons du père [Mathieu] Hubert ... sur différens sujets.
Nouvelle édition
A Paris, chez Ganeau, 1745
12°: 6 dln
- KIII/21-26

HUET, Pierre Daniel   H228
Petri Danielis Huetii ... *Demonstratio evangelica, ad serenissimum Delphinum*. Quarta editio ... Accessit auctoris tractatus *De paradiso terrestri* nunc primum latinè
Lipsiæ, apud J. Thomam Fritsch, 1694
4°: (A)-(H)4, A-7U4, 7X2, χ2, a-i4, k2; [64], 1187, [81], [4], 69, [7] p.; portret van de aut. in front.
- BII/29

HUET, Pierre Daniel   H229
Petri Danielis Huetii *Poemata*. Quarta editio. Ut & ejusdem *Notæ ineditæ ad anthologiam epigrammatum Græcorum* (ed.: Joannes Georgius Grævius)
Ultrajecti, ex officina Guilielmi Broedelet, 1700
12°: *6, A-G12; [12], 83, [1bl], 82 p.
- ArII/18

HUGO, Charles-Louis, O.Præm.   H230
Critique de l'histoire des chanoines, ou Apologie de l'état des Chanoines proprietaires, depuis les premiers siécles de l'Eglise jusqu'au douziéme (Charles-Louis Hugo)
A Luxembourg, chez André Chevalier, 1700
8°: *4, a8, b2, A-Z8, 2A4; [28], 362, [12] p.
PrIII/6 & ArEI/19 (herk.: Basilius van Beygaerden)

HUGO, Charles-Louis, O.Præm.   H231
Sacræ antiquitatis monumenta historica, dogmatica, diplomatica. Notis illustrata a ... Carolo Ludovico Hugo ...
1: Stivagii, litteris Martini Heller. Et veneunt Stivagii, apud Joannem Martinum Heller, Nanceii, apud Franciscum Midon, in Oppido S. Deodati, apud Dominicum Bouchard, 1725; 2: In oppido Sancti-Deodati, typis Joseph Charlot, 1731
2°: π2, a-f2(-f2), A-7F2(-7F2); [26], 566, [8] p. + π1, a-b4, c2, A-B2, C-4B4, 4C-4D2; [22], 559, [10] p.
- ArCVII/4-5 (herk. in 1: Oetting Wallerstein [stempel])

HUGO, Charles-Louis, O.Præm.   H232
La vie de S. Norbert. Archevêque de Magdebourg, & fondateur de l'Ordre des Chanoines de Prémontrez (Charles-Louis Hugo)
A Luxembourg, chez André Chevalier, 1704
4°: *4, a-c4, A-3P4, 3Q2; [32], 492 p.: ill.
ArFIV/13 (herk.: Communitatis beatæ Mariæ Bellævallis 1704) & ArFIV/14 (herk.: Fr. Angelus Suppli Canon. Grimberg. Rector Ste Elizabeth bruxellis; Basilius van Beygaerden)

HUGO, Herman, S.J.   H233
Pia desideria emblematis, elegiis & affectibus SS. Patrum illustrata. Authore Hermanno Hugone ...
Antverpiæ, vulgavit Boëtius a Bolswert. Typis Henrici Aertssenii, 1624
8°: *-2*8, A-2C8; [32], 412, [3] p. + 47 ill.; gegrav. titelp.
- PrAVII/4 (herk.: Bibliothèque de Gve van Havre [ex libris]; Frederic Verachtert Antv.)

HUGO, Herman, S.J.   H234
Pia desideria tribus libris comprehensa. Auctore ... Hermano Hugone ...
Antverpiæ, apud Lucam de Potter, 1676
12°: *8, A-R12, S4; [16], 416 p.: ill.; bijk. gegrav. titelp.
- ArBI/14 (herk.: Parva bibliotheca Tongerloensis)

HUGO de SANCTO CHARO   H235
Ugonis de S. Charo ... *Opera omnia in universum Vetus & Novum Testamentum*
8: *Index copiosissimus rerum, ac verborum omnium notabilium* ...
Venetiis, apud Sessas, 1600
In fine: Venetiis, MDC. apud Dominicum Nicolinum
2°: 7 dln + 1 dl (index)
- DVIII/10-14 (herk.: Capucinorum Namurcensium; Ex dono ... De Sor)

HUGO de SANCTO VICTORE   H236
Hugonis de S. Victore ... *Opera omnia*. Tribus tomis digesta studio ... Thomæ Garzonii ... Annotatiunculis, scholiis, ac vita auctoris expolita, & nunc primum in Germania ... in lucem edita
Moguntiæ, sumptibus Antonii Hierati, excudebat Ioannes Volmari, 1617
2°: 3 dln
- FVI/8-10 (herk.: Collegij Soctis Jesu Silvaducis / nunc Gandavi)
Notas:
- nrs op rug van 1 & 3 zijn foutief
- in fine van 1: ms. (19e): *Kalendarium antiquum diocesis Leodiensis*
- in fine van 2: ms (19e): *Vita Francisci Titelmanni*

HUGO de SANCTO VICTORE   H237

Hugonis de Sancto Victore *Super regulam beati Augustini episcopi expositio*
Lovanii, Servatius Zassenus Diestensis excudebat, 1543
4°: A-G⁴, H⁶; niet gepag.
- ArEIII/15/2

HULEU, Joannes Franciscus Ghislenus   H238
Conferentiæ ecclesiasticæ de officio boni pastoris habitæ in seminario archiepisc. Mechliniensi ... Sub auspiciis ... Joannis Henrici ... a Franckenberg ... (ed.: J. G. Huleu)
1-3: *Conferentiæ ecclesiasticæ ...*, 1785-1786; 4-8: *Catholyke onderwyzingen op den Mechelschen catechismus ... Door J. G. Huleu ...*, 1788-1794
1-4: Mechliniæ, e typographia P.J. Hanicq; 5-8: Tot Mechelen, by P.J. Hanicq, 1785-1794
12°: 8 dln
- KI/1-7 (dl 7 ontbr; herk.: Ex libris Fr. Salms)

HULSIUS, Bartholomæus   H239
Emblemata sacra, dat is eenighe geestelicke sinnebeelden ... Verhandelt door B. H. [B. Hulsius]
S.l., s.n., 1631
4°:)(⁴, A-T⁴, V², †¹; [8], 155, [2] p.; ill.; gegrav. titelp.
- CIV/10

HUMBERT, Pierre-Hubert   H240
Onderwyzingen op de voornaemste waerheden van de religie en pligten van 't christendom [P.-H. Humbert]. Uyt 't Fransch vertaeld
Tot St. Truyden, by J. B. Smits, 1793
12°: π⁴, A-V¹², χ¹; [8], 477, [5] p.; gegrav. front.
- LII/22 (herk.: P. van Gobbelschroy; Bibliothecæ parcensis 1858)

HUNOLT, Franz, S.J.   H241
Christliche Sitten-Lehr über die Evangelische Wahrheiten ... Auf ... Cantzel vorgetragen von ... Francisco Hunolt ... Zum viertenmahl aufgelegt
Augsburg, verlegt von Ignaz Adam und Franz Anton Veith, 1760-1765
2°: 6 dln
- KIX/10-12 (herk.: Leenhard Hörmann Kaplan 1844; opgedrukt waszegel in rode lak: IIItes ord. Siegel St Franzisci & opgedrukt ouwelzegel gezegeld onder papier [in 3])

HUYDECOPER, Balthazar   H242
Gedichten van Balthazar Huydecoper
Amsterdam, Pieter Johannes Uylenbroek, 1788
4°: *⁴, A-2O⁴; [8], 284, [12] p.; gegrav. titelp.
- QIV/4/2

HUYGEN, Pieter   H243
De beginselen van Gods koninkryk in den mensch. Uytgedrukt in verscheide zinne-beelden, als mede een alleenspraake met God, benevens eenige stigtelyke rymen. Door Pieter en Jan Huygen. Met konst-plaaten door Jan Luyken
Te Amsterdam, by Jacob ter Beek, 1740
8°: *⁸, A-K⁸, A-C⁸, A-L⁸; [16], 158, [4], 52, [22] p.; ill.; bijk. gegrav. titelp.
- PrDI/16 (herk.: Antje Benjemins, Westzaandam 1751 [prijsboek])

HUYGENS, Guilielmus   H244
Christelycke brieven ende godtvruchtige ghepeysen. Door Guilelmus Huygens ... Den tweeden druck
Tot Loven, by Guiliam Stryckwant, 1686
8°: *-2*⁸, 3*², A-R⁸; [36], 269 p.
- LI/30

HUYGENS, Gummarus   H245
Breves observationes circa munus concionatori. Authore Gummaro Huygens ...
Leodii, typis Henrici Hoyoux, 1693
8°: π², A-D⁸; [4], 63, [1] p.
- ArDIV/8/1 (herk.: Fr. Verschueren)

HUYGENS, Gummarus   H246
Conferentiæ theologicæ habitæ inter varios S. Theologiæ Alumnos Lovanii. Præsidente G. H. S. T. D. (G. Huygens). Pars prima
Coloniæ Agrippinæ, typis Petri Hilden, 1678
8°: *², A-N⁸, O²; [4], 211 p.
- HI/7/2

HUYGENS, Gummarus   H247
Methodus remittendi & retinendi peccata ... Authore Gummaro Huygens ...
Lovanii, typis Hieronymi Nempæi, 1674
8°: a⁴, b⁸, A-P⁸, Q²; [24], 243 p.
- DI/3/2 & II/5 (herk.: Georgius van Oyenbrugghen [Park]; Andreas de Fraije rel. par.)

HUYGENS, Gummarus   H248
Monitum occasione scripti cui titulus: Theologorum Lovaniensium resolutio practica de absolutione in articulo mortis &c. Per Gummarum Huygens ...
Lovanii, typis Guilielmi Stryckwant, (1699?)
8°: 4 p.
- ArDIV/8/5

HUYLENBROUCQ, Alphonse, S.J.   H249
Scriptum cui titulus Quæstiones de constitutione Unigenitus refutatum a Belga catholico [A. Huylenbroucq]
Bruxellis, apud Simonem t'Serstevens, (1719?)
12°: π², A-F⁶, G⁴, H²; [4], 105, [3] p.
- YIII/34/7

HUYLENBROUCQ, Alphonse, S.J.   H250
Alphonsi Huylenbroucq ... *Vindicationes adversus famosos Libellos quam plurimos, & novam ex iis compulationem sub titulo Artes Jesuiticæ* [Henricus à Sancto Ignatio] &c.
Gandavi, ex typographia Michaelis Graet, 1711
8°: π², *⁴, A-X⁸, Y-Z⁴, Aa²; [12], 356 p.
- PI/5

I. D. V. M.   I1
Den catholijcken aen-wyser gewapent met de H. Schrifture ... op het vragen der Geuzen ... Door I. D. V. M.
T'Hantwerpen, by Arnoult van Brakel, 1648
12°: A-M12[-M11-12]; 200, [84] p.
- ArBII/17

IMAGINES XLI VIRORUM ...   I2
Imagines XLI virorum celebriorum in politicis historicis
A Leide, chez Pierre vander Aa, [1690?]
2°: 41 portr.
- WVIII/19/5

IMHOF, Jacob Wilhelm   I3
Genealogiæ viginti illustrium in Italia familiarum ... Studio ac opera Jacobi Wilhelmi Imhoff ... Accedunt in fine de genealogia & insignibus familiæ de Mediolano-Vicecomitum ... epistolæ duæ ...
Amstelodami, ex officina fratrum Chatelain, 1710
2°: π1, *4, A-2Y4; [10], 342, [4], 14 p.: ill.
- RVII/13

INDEX LIBRORUM PROHIBITORUM   I4
Index librorum prohibitorum. Auctoritate Pii IV primum editus. Postea vero a Sixto V auctus. Et nunc demum ... Clementis Papæ 8 iussu recognitus, & publicatus
S.l., s.n., (1595?)
12°: A-2B12, 2C8; 135 p.
- QI/4 (titelblad ontbr.; bijgeb. blanco katernen met 23 p. marginalia; herk.: F. Rum. Duchastau Rel. Parc. 1688)

INDEX LIBRORUM PROHIBITORUM   I5
Elenchus librorum omnium tum in Tridentino, Clementinoq. Indice, tum in alijs ... decretis usque ad annum 1640 prohibitorum. Per ... Franciscum Magdalenum Capiferreum ... Editio secunda
Romæ, ex typographia Rev. Cam. Apost., 1640
8°: †4, A-2B8, 2C6; [8], 412 p.
- PrEII/9

LIBRORUM PROHIBITORUM   I6
Feria V die Aprilis 1654 ... Innocentius Papa X ... Augustini Cornelii Iansenii ... doctrinam ... unà cum aliis infrascriptis libris, prohibet et damnat ...
Leodii, typis Joannis Matthiæ Hovii, 1654
4°: A4; 8 p.
- ArKIII/7/2

INDEX LIBRORUM PROHIBITORUM   I7
Index librorum prohibitorum Innoc. XI ... iussu editus usque ad annum 1681. Eidem accedit in fine Appendix usque ad mensem Iunij 1704
Romæ, typis Rev. Cam. Apost., 1704
8°: π4, 2†8, A-2M8, 2N4; [24], 566 p.
- QI/6

INDEX LIBRORUM PROHIBITORUM   I8
Index librorum prohibitorum Innoc. XI ... iussu editus usque ad annum 1681. Eidem accedit in fine Appendix usque ad mensem Iunij 1704
In fine: *Appendix novissima ad indicem ... ab anno MDCCIV usque ad totum mensem martii MDCCXVI*
Recusus Pragæ, apud Josephum Antonium Schilhart. Sumptibus Pauli Lochner, 1726
8°:)(4, A-2D8, a-h8, i2, 2a-2d8, 2e4; [28], 412, 130, 72 p.
- QI/5

INDEX LIBRORUM PROHIBITORUM   I9
Index ou catalogue des principaux livres condamnés & défendus par l'Eglise ... Par ... Jean-Baptiste Hannot ...
A Namur, chez Pierre Hinne. Et se trouve à Liège, chez Barthelemi Collette, 1714
8°: *6(-*6), *2, §-3§4, A-3E4, §4, 3§4, §*§4, χ5, 2§4, §4; [38], XXXII, 428, [28] p.
- ArDIII/35

INDEX LIBRORUM PROHIBITORUM   I10
Index librorum prohibitorum usque ad diem 4 Junii anni MDCCXLIV. Regnante Benedicto XIV ...
In fine: *Appendix ... usque ad totum mensem junii MDCCXLV*
Romæ, ex typographia Rev. Cam. Apost., 1744
8°: a8, b4, A-2R8, χ2; XXIV, 639, [1], 3 p.
- QII/9

INDEX LIBRORUM PROHIBITORUM   I11
Index librorum prohibitorum usque ad diem 4 Junii anni MDCCXLIV. Regnante Benedicto XIV. Additis prohibitionibus ... usque ad annum MDCCLII
Romæ, ex typographia Rev. Cam. Apost., (1752?)
8°: a8, A-2I8, χ1; XVI, 515 p.
- QII/10 (herk.: H. Vanderwaeren)

INDEX LIBRORUM PROHIBITORUM   I12
Index librorum prohibitorum ... Benedecti XIV ... jussu recognitus, atque editus.
Romæ, ex typographia Rev. Cameræ Apostolicæ, 1770
8°: a-c8, A-V8; XXXXVIII, 320 p.
- QII/8

INDEX LIBRORUM PROHIBITORUM   I13
Index librorum prohibitorum ... Benedicti XIV ... jussu recognitus, atque editus.
Parmæ, apud Philippum Carmignani, 1783
8°: A-T8, V-X6, Y2; [2], 315, [1bl], 12, [3] p.; gegrav. front. - QI/7

INDEX LIBRORUM PROHIBITORUM   I14
Index librorum prohibitorum … Pii Sexti … jussu editus
Romæ, ex typographia Rev. Cameræ Apostolicæ, 1786
8°: a-c⁸, A-V⁸, X²; XLIV, 323 p.; bijk. gegrav. titelp.
- PrGIII/8/1 (herk.: Remigius Bauwens)

INDEX LIBRORUM PROHIBITORUM   I15
Appendix in quo recensentur Libri proscripti ab anno MDC-CLXXXVI, usque ad diem 2 Augusti anni MDCCXC
Romæ, ex typographia Rev. Cameræ Apostolicæ, 1790
8°: A⁴; [7] p.
- PrGIII/8/2

INDEX LIBRORUM PROHIBITORUM   I16
Appendix in quo recensentur Libri proscripti ab anno MDC-CXC usque ad diem 11 Januarii anni MDCCXVI
Romæ, ex typographia Rev. Cameræ Apostolicæ, 1796
8°: A⁴; [5] p.
- PrGIII/8/3

INDEX LIBRORUM PROHIBITORUM   I17
Catalogue des ouvrages mis à l'index contenant le nom de tous les livres condamnés par la Cour de Rome, avec les dates des décrets de leur condamnation. Troisième édition
Bruxelles, à la librairie catholique et chez Demongeot, 1828
XLVI, 322 p.
- ArJVI/6

INNOCENTIUS III   I18
Innocentii Papæ, hoc nomine tertij, De sacro altaris mysterio, libri sex (ed.: Joannes Cochlæus)
Lovanii, apud Hieronymum Wellæum, 1566
12°: A-2M⁸⁻⁴; [7], 201 f.
- DI/15/3

INNOCENTIUS XIII   I19
Brefs de notre Saint Pere le pape Innocent XIII au roy [Lodewijk XV] *et à M. le duc d'Orléans du 24 mars 1722*
Se trouve à Louvain, chez François vande Velde, (1722?)
8°: A⁸; 15 p.
- ArDIV/11/12

INSTELLINGE EN REGELS …   I20
Instellinge en regels van het alder-christelykste artz-broederschap der christelycke leeringhe, op-gerecht in de cathedrale en de vier andere parochiale kerken der stadt Antwerpen
T'Antwerpen, by Joannes Van Soest, 1703-(1739?)
12°: 9 dln
- ArBIII/1-9 (alleen dl 1 heeft een titelblad)

INWENDIGHE OEFFENINGEN …   I21
Inwendighe oeffeningen om in den gheest te sterven. Door eenen priester van het Oratorie
Tot Brussel, by Guilliam Scheybels, 1657
12°: A-B¹², C⁶, c⁶, d², D¹⁰, E⁶; 108 p.
- ArCI/14/2

ISELIN, Jacob Christoff   I22
Neu vermehrtes historisch (sic) *und geographisches allgemeines Lexicon … von Johann Christoff Iselin … Neue Auflage*
Basel, bey Johann Ludwig Brandmüller, 1747
2°: 4 dln
- XIX/1-4

ISIDORUS a S. ÆGIDIO, O.Carm.   I23
Corona stellarum duodecim … sive Conciones in duodecim per annum B. V. Mariæ festivitates. Authore Isidoro a S. Ægidio …
Antverpiæ, apud Henricum van Dunwalt, 1685
4°: *-8*⁴; A-5X⁴; [64], 876, [28] p.
- YVI/33

ISIDORUS van SEVILLA   I24
… Isidori Hispalensis *De officiis ecclesiasticis libri duo* (ed.: Joannes Cochlæus)
Lovanii, apud Hieronymum Wellæum, 1564
In fine: Lovanii typis Stephani Valerii
Coll.: Sigebertus Gemblacensis (in fine)
12°: A-P⁸⁻⁴(-L⁴); [5], 78 f.
- DI/15/1 (herk.: [Park] 2 theca iii)

ISIDORUS van SEVILLA   I25
… Isidori Iunioris … *Sententiarum de summo bono lib. III* … restituti, per Hubertum Scutteputæum … Eiusdem *de contemtu mundi libellus. Sententiæ topologicæ* B. Nili …
Antverpiæ, apud Ioan. Bellerum, 1566
Coll.: Braulio, episcopus Cæsaraugustanus (*Vita Isidori*). Andere: Joannes Ee (brief van Scutteputæus)
12°: *¹², A-R¹²; [12], 189, [15] f.
- PrFI/14 (herk.: Biblioth. Ninivensis)

ITERATA DECLARATIO …   I26
Iterata declaratio facultatis theologicæ Lovaniensis circa acceptationem constitutionis apostolicæ, quæ incipit Unigenitus
Lovanii, typis Francisci vande Velde, (1718?)
8°: A⁴; [8] p.
- YIII/33/6

IVO CARNOTENSIS   I27
Decretum beati Ivonis … nunc … divulgatur cura ac studio Io. Molinæi …
Lovanii, excudebat Bartholomæus Gravius, 1561
2°: †⁶, A-Z⁶, Aa-Zz⁶, 2a-2F², 2G⁴, 2H-3M⁶; [7], 484 f.
- MVII/17 (titelblad is beschadigd; herk. Bibliothecæ Parchensis [gerad. supralibros])

IZQUIERDO, Sebastian, S.J.   I28
Medios necessarios para la salvacion. Por … Sebastian Izquierdo …
Impressa en Sevilla, en la imprenta de las Siete Revueltas, 1738
8°: A-X⁸; [8], 325, [3] p.
- ArBI/26

J

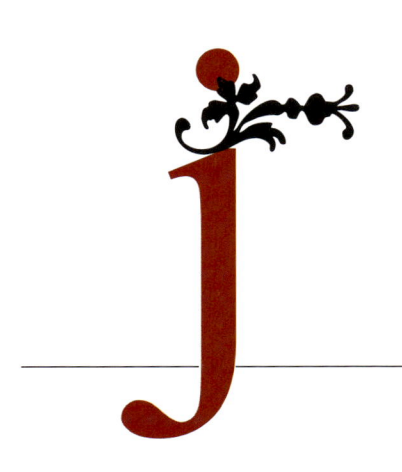

JACOBI, Joannes J1
De mente et sententia Adriani Florentii ... postea ejusdem nominis pontificis VI epistola ad quemdam in Lovaniensi academia S. Theologiæ Licentiatum ... Per Joannem Jacobi
Lovanii, typis Francisci vande Velde, (1719?)
8°: A⁸, B⁴; 22, [1] p.
- YIII/35/7

JACOBS, Joannes J2
Compendium cæremoniarum in celebratione divinorum officiorum observandarum ... Opera Ioannis Iacobs ...
Antverpiæ, ex officina Ioannis Cnobbari, 1621
In fine: Antverpiæ, typis Gerardis Wolsschatij, M.DC.XXI
8°: *⁸, A-Q⁸; [16], 252, [2] p.
- DI/22

JACOBUS de MEDIOLANO J3
Stimulus divini amoris devotissimus: a sancto iohanne bonaventura [= J. de Mediolano?] editus ... correctus per ... Johannem quentin ...
(Paris), Iehan Petit, (1510)
In fine: ... noviter emendatus ac Parisius *(sic)* impressus expensis ... Johannes Petit ... anno ... Millesimo quingentesimo decimo. Die vero decima octava mensis Maij
8°: a-m⁸; niet gepag., ingekl. initialen
- PrFI/2

JACOBUS de VORAGINE, O.P. J4
(Legenda aurea sanctorum)
Ed: Jacobus Januensis (= Jacobus de Voragine)
Ulm, Johann Zainer, [niet na 1478]
2°: geen sign.; [418] f.; rubricering
BMC II 529; Polain 4478; Wegener, Zainer 14. BSB-Ink I-71
- IncP 3 (f. 1 bl. ontbr.; oorspronkelijke band met beslag; herk.: Johannes Mangolt Halle; Joannes Nepomucenus Petrus Harbaur Hatten 1774)

JACOBUS de VORAGINE, O.P. J5
Legenda Aurea
Strasbourg, [Georg Husner], 1486
2°: j⁸, 2⁶, a-z⁸⁻⁶, z⁸, A-D⁶⁻⁸, E⁶, F-I⁶⁻⁸, K-M⁶, N⁸; (264) f.; twee kolommen, rubricering; penwerkinitialen
BMC I, 135; Polain 2199; BSB I-90; Goff J117; Ritter, Inc.
- IncP 4 (18ᵉ-eeuwse schaapsleren band; herk.: Park [gerad. supralibros 17ᵉ]; G. IX; Ad usum fratris ... [15ᵉ]; Fr<ater> Gherardus WT ... Dordrace<n>sis [16ᵉ ?] Frater Marcus ... ab ... 11 st. [16ᵉ?]; Ad usum Juliani Haurech ... [Park 16-17])

JACOBUS de VORAGINE, O.P. J6
... Iacobi de Voragine ... *Sermones aurei de præcipuis sanctorum festis, quæ in ecclesia celebrantur* ... A vetustate et innumeris prope mendis repurgati per Rudolphum Clutium ...
Moguntiæ, sumptibus Petri Cholini, 1616
4°: †⁴, A-3L⁴; [8], 452, [4] p.
- PrHVII/4

JACOPO FILIPPO da BERGAMO J7
Novissime historiarum omnium repercussiones: (...) que Supplementum supplementi Cronicarum nuncupantur. Noviter a ... Jacobophilippo Bergomense ... edite
Venezia, Giorgio Rusconi, 1506
In fine: *Explicit supplementum supplementi Chronicarum ... revisum atque correctum. Venetiis impressum opere & impensa Georgii de Rusconibus Anno ... MDVI die IIII Maii ...*
2°: Aa-Bb⁶, a⁶, b-z⁸, &⁶, 9⁸, x⁸, A-2F⁸, 2G⁶, 2H⁴; [24], 449, [1] p.: ill. (houtsneden), rubricering
- ArFV/1 (herk.: Monasterij Heylessemensis)

JACOPS, Antonius, S.J. & GEERTS, Cornelius, S.J. J8
Commentarii historico-critici ad Actus apostolorum ..., quos, præside ... Joanne Cle ... defendent Antonius Jacops, Cornelius Geerts ... Lovanii in collegio Societatis Jesu ... 22 Julii 1765 ...
Lovanii, typis Joannis Jacobs, (1765)
8°: A-D⁸, E⁶(-E⁶); 74 p.
CII/2/3

JANSEN, Leonard, O.Præm. J9
Theologia moralis universa ... Ab ... Leonardo Jansen ...
Coloniæ Agrippinæ, apud Servatium Nœthen, 1725
4°: †³, 2†², A-4B⁴, 3†⁴, A-2R⁴, 2S²; [10], 568, [8], 286, [3] p.
- PrEIV/21

JANSEN, Leonard, O.Præm. J10
Theologia moralis universa ... Ab ... Leonardo Jansen ...
Venetiis, apud Nicolaum Pezzana, 1750
4°: π⁴, A-2L⁸, 2M⁴; [8], 526, [26] p.
- HII/26 (herk.: Da Livraria da Caza da [?] de Lisboa; Ex Bibliotheca Congr. Oratorii Sp. Sancti E.N.C.; Donné à la bibl. de Parc par Aloysius Auvray relig. de l'abbaye de Mondaye)

JANSEN, Leonard, O.Præm. J11
Theologia moralis universa ... Ab ... Leonardo Jansen ...
Editio quarta
Coloniæ Agrippinæ, in officina Noetheniana, 1752-1753
8°: 4 dln
- PI/35-36 (herk.: Josephi Beissel presbyteri 1775; Basilius van Beygaerden O.Præm. [Park]) & PrFIV/19-20 (herk.: Ex libris Christiani Zerres 1786)

JANSENISMUS ... J12
Jansenismus philosophico-politicus delarvatus
In fine: *Anatomia doctrinæ anno 1682 in conventu cleri Gallicani sancitæ, seu additamentum ad Jansenismum Philosophico-Politicum delarvatum*
S.l., s.n., (1802?)
12°: 42, 20 p.

- ArFIV/16/16

JANSENIUS, Cornelius (1510-1576) J13
Cornelii Iansenii … *Commentariorum in suam concordiam, ac totam historiam evangelicam, partes IIII*
Lovanii, apud Petrum Zangrium Tiletanum, 1571-1572
In fine: Impensis Petri Zangrii Tiletani, excudebat Ioannes Masius … Anno MDLXXI
2°: *-5*4, A-S6, T-V4, X-2S6, 2A-2Y6, 2Z4, 3A-4H6, 4I4(-4I4); [40], 480, [1], 650 p.
- DVII/13 & PrDV/5 (herk.: Guilielmus van Laenen 1772)

JANSENIUS, Cornelius (1510-1576) J14
Cornelii Iansenii …, *Commentariorum in suam Concordiam, ac totam Historiam Evangelicam, partes quatuor*
Venetiis, apud Dominicum de Farris, 1587
4°: 4 dln
- PrFIV/21-22 (herk.: F. Augustinus Cornelius Mennens)

JANSENIUS, Cornelius (1510-1576) J15
Cornelii Iansenii … *Commentariorum in suam Concordiam, ac totam Historiam Evangelicam, partes IIII*
Antverpiæ, ex typographia Gisleni Iansenii, 1613
Coll.: Joannes Busius *(Epistola dedicatoria)*
2°: *6, †-3†6, 4†8, A-2Z6, Aa-Zz6, 3A-3Y6; [64], 1093 p.; gegrav. portret op titelp.
- BVI/6

JANSENIUS, Cornelius (1510-1576) J16
Cornelii Iansenii … *Commentariorum in suam concordiam, ac totam historiam evangelicam, partes IV*
Moguntiæ, sumptibus Ioannis Wulfraht. Excudebat Hermannus Meresius, 1624
2°: (?)6, (*)4, A-3D6, 3E8, a-2c6, 2d8; [20], 615, [1bl], 312, [15], 2d8; [20], 615, [1bl], 312, [15] p.
- DVIII/9

JANSENIUS, Cornelius (1510-1576) J17
Concordia evangelica … Per Cornelium Jansenium Hulstensem …
Lovanii, typis Bartholomei Gravii, 1549
8°: a-c8, A-2K8, 2L4; [48], 300, [228] p.
- AII/4 (herk.: Rumoldus Du Chateau [Park])

JANSENIUS, Cornelius (1510-1576) J18
Cornelii Iansenii … *Paraphrasis in omnes Psalmos Davidicos … Itemque in Proverbia, & Ecclesiasticum commentaria, Veterisque Testamenti Ecclesiæ Cantica, ac in Sapientiam notæ*
Antverpiæ, ex typographia Gisleni Iansenii, 1614
2°: *4, a-z6, A-E6; [8], 334, [2] p. + *4, a-z8, A-N8, O4, P6, Q4; [8], 583, [20] p.: ill.; gegrav. portret van de aut. op titelp.
- BVII/17 (herk.: Sanctus Magnus, Fuessen [1615]; Oetting-Wallerstein [stempel met wapen]) & PrIV/6 (herk.: Laurentius van Nesse; Celestiorum Heverlensium signatum Theca 6.n.)

JANSENIUS, Cornelius (1510-1576) J19
Cornelii Iansenii Hulstensis … *Paraphrases in omnes psalmos Davidicos cum argumentis eorum et annotationibus … Adjuncta est … similis paraphrasis in ea Veteris Testamenti Cantica … Editio nova*
Lovanii, typis Guilielmi Stryckwant, 1692
4°: *4, 2*-3*2, A-5C4, 5D2; [16], 758, [4] p.; portret van de aut. op titelp.
- AII/3 (herk.: F. H. Hermans [Park])

JANSENIUS, Cornelius (1510-1576) J20

… Cornelii Jansenii … *Analecta in Proverbia, Ecclesiasten, Sapientiam, Habacuc, Sophoniam*
Lovanii, apud viduam Jacobi Zegers, 1644
4°: †4, A-2X4, 2Y2 (-2Y2); [8], 328, [28] p.
- AI/3/2 & CIV/15/2

JANSENIUS, Cornelius (1585-1638) J21
Cornelii Jansenii … *Augustinus, seu doctrina S. Augustini de humanæ naturæ sanitate …*
Lovanii, typis Iacobi Zegeri, 1640
Coll.: Henricus Calenus; Libertus Fromondus
2°: 3 dln; bijk. gegrav. titelp. in 1
- PrCVI/5-6 (herk.: F. Vandevelde 1775; Ed. Van Even d.d. Quirinus Nols 1897; J. M. Chedevillez)

JANSENIUS, Cornelius (1585-1638) J22
Notarum spongia quibus Alexipharmacum civibus Sylvæ-Ducensibus nuper propinatum aspersit Gisbertus Voetius … Authore Cornelio Jansenio … Editio tertia, cum Alexipharmaco
Lovanii, apud Petrum Sassenum & Hier. Nempæum, 1666
4°: §-2§4, 3§2, A-2N4; [19], [1bl], 285 p.
- CIV/12/2

JANSENIUS, Cornelius (1585-1638) J23
Cornelii Iansenii … *Pentateuchus sive commentarius in quinque libros Moysis*
Lovanii, typis ac sumptibus Iacobi Zegeri, 1641
Coll.: Joannes Antonius a Gurnez *(Elogium)*
4°:)(4, *2, A-4N4; [12], 625, [31] p.
- AI/3/1 & CIV/15/1 (titelp. is beschadigd; herk.: Ludovicus Vollenaers; Vanderstraeten, 1796 [Park]; Jacob Vandervorst, religiosus parchensis)

JANSENIUS, Cornelius (1585-1638) J24
Cornelii Jansenii … *Pentateuchus … Editio tertia*
Lovanii, typis Martini Hullegaerde, 1685
Coll.: Joannes Ant. a Gurnez *(Elogium)*
4°: *4, A-4N4; [8], 625, [29] p.
- CIV/12 (herk.: Georgius De Poortere, Geraardsbergen, 1694; Durieux [Park])

JANSENIUS, Cornelius (1585-1638) J25
Cornelii Jansenii … *Pentateuchus …*
Rothomagi, apud Nicolaum le Boucher et Petrum le Boucher, 1704
Coll.: Joannes Ant. a Gurnez *(Elogium)*
4°: á5, A-4E4; [10], 586 p.
- BIV/16 (herk.: niet geïdent. wapen met spreuk *'Candide ne quid nimis'* [supralibros])

JANSENIUS, Cornelius (1585-1638) J26
Cornelii Jansenii … *Tetrateuchus, sive Commentarius in sancta Jesu Christi Evangelia. Editio secunda*
Lovanii, typis ac sumptibus Hieronymi Nempæi, 1659
4°: *4, A-3K4, A-3L4, 3M2; [8], 446, [2bl], 430 [=428], [31] p.
- PrHVII/13 (herk.: Ad usum Fr. Hieronymi Bulens … 1667 [Park]; Ad usum Fris Pauli Moerings … 1845 [Park]; Ad usum fr. Augustini Demoustier 1882 [Park])

JANSENIUS, Cornelius (1585-1638) J27
Cornelii Jansenii … *Tetrateuchus … Editio nova*
Lutetiæ Parisiorum, apud Ludovicum Roulland, 1688
4°: á6, A-3D4, a-3c4, 3d2; [8], 400, 364, [31] p.
- CIV/6

JANSENIUS, Cornelius (1585-1638) J28

J

Cornelii Jansenii ... *Tetrateuchus* ... Editio ultima
Bruxellis, typis Francisci t'Serstevens, 1755
4°: *⁴, 2*², A-4V⁴, 4X², 4Y⁴, 5A-5D²; [10], 740 p.; portret van de aut. op titelp.
- PrEIII/2 (herk.: F. de Loyers [abt van Park] aan Petrus Hallaux [in coll. Sti Trinitatis 1761; prijsboek])

JANSENIUS, Cornelius (1585-1638)   J29
Cornelii Jansenii ... *Tetrateuchus* ... Editio ultima
Bruxellis, typis Francisci t'Serstevens, 1776
4°: *⁶(-*⁶), A-4T⁴, 4Y-5F²(-5F²); [10], 740 (i.e. 742) p.; portret van de aut. op titelp.
- CIV/7 (herk.: A. Van Hoecke, Fr. Bernard [Park])

JANSENIUS, Cornelius (1585-1638)   J30
Cornelii Jansenii ... *Tetrateuchus* ... Editio ultima
Bruxellis, typis Huberti-Francisci t'Serstevens, (1791?)
4°: π², *⁶, A-4T⁴, 4V-5F²(-5F²); [14], 739 [i.e.741] p.; gegrav. portret van de aut. op de titelp.
- AI/5 & CIV/8
Nota: nrs J29 & J30 zijn identiek van druk, met verschillend voorwerk

JANSENIUS, Cornelius (1585-1638)   J31
Cornelii Jansenii ... *Tetrateuchus* ... Editio nova
Mechliniæ, typis P.-J. Hanicq, 1825
8°: 2 dln
- PrFIV/2-3

JANSON, Charles-Henri   J32
Explication succinte des devoirs propres à chaque état de la société naturelle et civile, tirée du développement qu'en a fait le conférencier d'Angers ... Par ... Janson ...
A Paris, chez Gueffier, 1788
12°: a⁶, A-Y¹², Z⁶; XII, 536, [3] p.
- YII/17

JANSSEN, Arnold, [i.e. Arnold JANS]   J33
Het leven van den eerweerdighen vaeder mynheer Nicolaus Van Esch oft Esschius, eertyds pastoir van het Begynhoff van Diest genaemt, S. Catarinen-hoff. Eerst beschreven in de latynsche tale, door ... Arnoldus Janssen ... In het Duyts overgeset ... door G. G. [Gilbert Gheybels]. Met noch een profytigh tractaet ... van den selven ... Esschius
Tot Loven, by Gillis Denique, 1713
8°: A-Q⁸, R²(-R²), A-G⁸, H²(-H²); 253, [7], 111, [3] p.; portret
- QII/13 & PrJII/1

JANSSENS, Hermannus, O.F.M.   J34
Explanatio rubricarum missalis romani ... Quam ... ex libris Benedicti XIV ... collegit ... Hermannus Janssens ...
Antverpiæ, typis Joannis Grange, 1755
8°: *-2*⁸, A-2M⁸, 2N¹²; XXXII, 576, [8] p.
- ArCIII/9 (herk.: Ex libris J. F. Clottens Mechliniensis)

JANSSENS, Hermannus, O.F.M.   J35
Explanatio rubricarum missalis romani ... Quam ... collegit ... Hermannus Janssens ... Editio secunda
Antverpiæ, typis Joannis Grange, 1757
8°: *-2*⁸, A-2V⁸, 2X-2Y⁴; XXXII, 416, 281, [7] p.
- DII/9

JANSSENS, Hermannus, O.F.M.   J36
Prodromus sacer rectam præparans semitam ad varia Biblia Sacra Belgico idiomate impressa utiliter emendanda ... Opera ... Hermanni Janssens ... collectus
Antverpiæ, apud Alexandrum Everaerts, 1731
4°: *-2*⁴, A-2Z⁴(-2Z⁴); [18], 366 p.
- CII/1 & CII/33 (herk.: Dejonghe [Park])

JANSSONIUS, Jacobus   J37
Iacobi Ianssonii ... *In evangelium S. Ioannis expositio*
Lovanii, typis Bernardini Masii, 1630
Coll.: Johannes Masius
8°: *⁸, A-2Z⁸; [16], 702, [34] p.
- CI/33 (herk.: Jacobus Bluyssen [Park])

JANSSONIUS, Jacobus   J38
Iacobi Ianssonii ... *In librum psalmorum et cantica officii romani expositio iterata*
Lovanii, apud Joannem Masium, 1611
4°: π¹, *⁴, a-2b⁴, A-2A⁴, 2B⁶, 2A-2Y⁴, 2A-2II⁴; [10], 204, 176, 41, [30] p.; gegrav. titelp.
- BI/23 (herk.: Jac. Snoeijens pbtr 1740) & PrEIII/1 (herk.: Ex libris Petri Brouhez 1735)

JANSSONIUS, Jacobus   J39
Iacobi Ianssonii ... *In psalterium et cantica ... expositio*
Lovanii, apud Io. Masium, & Philip. Zangrium, 1597
4°: *⁴, a-z⁴, A-4S⁴; [8], 850, [30] p.
- AII/2

JANSSONIUS, Jacobus   J40
Liturgica sive de sacrifiis materiati altaris libri quatuor. Adiuncta in Coronidem ... sacri canonis quo Romana Ecclesia utitur expositione. Authore Iacobo Ianssonio ...
Lovanii, apud Ioannem Masium, 1604
Coll.: Jacobus a Castro *(Epigramma)*
8°: *⁸, A-2B⁸, 2C⁴; [30], 388, 19 p.
- CI/32/2

JANSSONIUS, Jacobus   J41
Vitta coccinea sive enarratio dominicæ passionis ... Per Iacobum Ianssonium ...
Lovanii, apud Ioannem Masium, 1600
8°: *⁸, †⁸, a-y⁸; [30], 348 p.
- CI/32/1 (herk.: Fridericus Holman [Park]; Libertus Papeus Relig. Parc. d.d.; Bibliothecæ Parcensis)

JANSSONIUS, Joannes   J42
Ioannis Ianssonii *Novus Atlas, sive theatrum orbis terrarum, in quo tabulæ & descriptiones omnium regionum totius universi accuratissime exhibentur in quatuor (sic) tomos distinctus*
1. *[Partes Europæ septentrionales. Germania superior]*, 1647
2. *Atlas novus ... in quo Galliæ, Helvetiæ ... nec-non Belgii universi ...*, 1647
3. *Atlas novus ... in quo Hispaniæ, Italiæ, Asiæ, Africæ, nec-non Americæ ...*, 1647
4. *Novus Atlas ... in quo Magna Britannia, seu Angliæ & Scotiæ nec non Hiberniæ*, 1646
5. *Atlantis majoris quinta pars, orbem maritimum ... continens. Cui adjunctus est orbis antiquus & Græcia parallela ...*, 1652
Amstelodami, apud Ioannem Ianssonium, 1646-1652
2°: 5 dln: ill., krtn; gegrav. titelp. in elk dl
- RVIII/1-5

JANSSONIUS, Joannes   J43
Ioannis Ianssonii *Novus Atlas, sive Theatrum orbis terrarum: in quo Magna Britannia, seu Angliæ & Scotiæ nec non Hiberniæ, regna exhibentur*
Amstelodami, apud Ioannem Ianssonium, 1650

Coll.: Guilielmus Cambdenus *(Lectori)*
Nota: is nieuwe ed. van dl 4 van J42; *Tomus quartus* is geradeerd
2°: *-2*², A-6I², (A)-(S)²[-(S)²]; [8], 364, 50, [2] p.: ill.
- SVIII/3

JEAN CHRYSOSTHOME de BETHUNE, O.Cap.   J44
Paraphrases sur le pseaume cent dix-huit ... Par ... Jean Chrysostome de Bethune ...
A Paris, chez Delusseux, 1736
12°: a⁸, e⁴, A-2A⁸⁻⁴; XIV, [8], 288 p.
- ArDII/8

JEANCARD, Jacques   J45
Vie du B. Alphonse-Marie de Liguori ... Par M. Jeancard ...
Louvain, chez Vanlinthout et Vandenzande, 1829
559 p.
- ArAVIII/27

JEUNE, Claude-Mansuet, O.Præm.   J46
Histoire critique et apologétique de l'ordre des Chevaliers du Temple de Jérusalem, dits Templiers. Par feu le R. P. M. J. [C.-M Jeune] ...
A Paris, chez Guillot, 1789
4°: π², a-c⁴, a-b⁴, c², E-3C⁴; [4], XXX, 390 p. + π², a-b⁴, A-2Y⁴, 2Z²; [4], XV, [1bl], 364 p.; gegrav. front. in 1
- PrIIII/10 (ingekl. front.) & ArFIII/19-20 (uitsl. krt ontbr.)

JOANNES VI CANTACUZENUS   J47
Ιωαννου του Καντακουζηνου ... Ιστοριων βιβλια Δ' - *Ioannis Cantacuzeni ... Historiarum libri IV. Iacobus Pontanus ... Latine vertit, & notas suas cum Iacobi Gretseri ... adnotationibus addidit*
Parisiis, e typographia regia, 1645
2°: á⁴, é⁴, í⁶, A-2S⁴, 2T⁶, χ¹, 2V-4S⁴, χ¹, 4T-6X⁴, 6Y⁶; [28], 1058, [48] p.
- SVIII/6-8 (herk.: Bibliothecæ Parchensis ordinis Præmonstratensis prope Lovanium [weggeknipt] G theca XI)

JOANNES CASSIANUS   J48
Joannis Cassiani Opera omnia. Cum commentariis ... Alardi Gazæi ...
Lipsiæ, apud Wetstenios & Smith, 1733
2°: a⁶, b⁴, A-5P⁴; [20], 832, [24] p.
- CVI/8 (herk.: Ex libris Hieronymi Geribonciani [ex libris])

JOANNES a CASTRO, O.F.M.   J49
De on-ghemaskerde liefde des hemels ... Verciert met schoone sinne-belden in het licht ghegeven door ... Joannes a Castro ...
T'Antwerpen, by de weduwe van Joris Willemsens, 1686
8°: *⁸, 2*⁶, A-T⁸; [28], 307 [=301], [3] p.: ill.; gegrav. titelp.
- PrFII/4 & ArCV/11

JOANNES CHRYSOSTOMUS   J50
Omnia opera Divi Ioannis Chrysostomi ... in septem tomos divisa ...
(Basel, Andreas Cratander, 1525)
In fine van 3 & 4: apud inclytam Germaniæ Basileam, in ædibus Andreæ Cratandri ...; van 5: Basileæ, apud Andream Cratandrum, mense Iulio ...
Vert.: Ambrosius Traversari, Mutianus Scholasticus, Girolamo Donato, Theodorus Gazæus, Gualphango Fabrizio Capito, Lucas Bernardus
2°: dl 3: A*A-Z*Z⁶, *Aa-*Dd⁶, *Ee⁸; 169, [1] f.; dl 4: Aaa-Zzz⁶, AA†a⁸; 146 f.; dl 5: aAA-zZZ⁶, aAA*-fFF*⁶, gGG*⁸; 181 f.
- ArCVII/6 (dln 3, 4 & 5; herk.: Antverpie a Francisco Berckmans aº 1539 pro fre Arnoldo Dyst coadjutore Tongelen.; Ex dono Joⁱˢ Lugelij pastoris in Westerlo ao 1622 utitur Arnoldus Bruyens pastor in Morkhoven)

JOANNES CHRYSOSTOMUS   J51
... Joannis Chrysostomi ... Opera omnia ... Et iis quæ per Frontonem Ducatum ... recognita sunt, locupletata. Nunc primum Lugduni in Galliis prodit
Lugduni, & veneunt Parisiis, apud Robertum Pipie, Mauritium Villery, Petrum De Launay, 1687
4: Lugduni, sumptibus Anisson, Posuel, Rigaud
2°: 6 dln; gegrav. titelp. & gegrav. portret in front.
- EVIII/6-10

JOANNES CHRYSOSTOMUS   J52
... Ιωαννου ... του Χρυσοστομου Τα ευρισκομενα παντα - Joannis Chrysostomi ... Opera omnia quæ extant ... Ad mss. codices ... castigata ... Opera & studio ... Bernardi de Montfaucon ...
Parisiis, sumptibus Ludovici Guerin, Caroli Robustel, Joannis & Josephi Barbou, Guillelmi Desprez, & Joannis Desessartz, 1717-1738
13: sumtibus Joannis Barbou, Jacobi Rolin, Joannis Debure
Nota: volgende uitgevers vallen weg: vanaf 3: Louis Guerin; vanaf 10: Joseph Barbou; vanaf 11: Jean Desessartz
2°: 13 dln; gegrav. front. in 1; gegrav. portret van Alexander Albanus in 2
- FVIII/16-17 + GVIII/1-11 & OVIII/1-13 (gegrav. portret in 2 ontbr.; herk.: C theca VI + gerad. 18ᵉ eeuwse ex libris [Park]; Archiep. Mechl. Semin. J.B. Van Hemel [stempeltje])

JOANNES DAMASCENUS   J53
... Ioannis Damasceni Opera multo quam unquam antehac auctiora, magnaque ex parte nunc de integro conversa. Per ... Iacobum Billium ...
Parisiis, [La Compagnie], 1603
2°: †-3†⁶, A-5C⁶, 5D-5E⁴, 5F⁶, *-2*⁶; 17, [1bl], 584, [12] f.
- EVI/31 (herk.: Ex bibliotheca M. Petri Hesselii; Ex libris Georgii Stejneri Past., 1650)

JOANNES DAMASCENUS   J54
... Ioannis Damasceni ... Universa quæ obtineri hac vice potuerunt opera. Summo Henrici Gravii studio partim ex tenebris ... eruta ...
Coloniæ, ex officina Petri Quentel, 1546
Coll.: Joannes Hierosolymitanus, Cosmas Hierosolymitanus. Vert.: Faber Stapulensis, Willibald Pirckheimer, Joannes Œcolampadius, Aldus Manutius
2°: A-B⁶, a-2m⁶, 2n⁴; [24], 425, [2] p.
- ArFV/12 (herk.: Gilb. Van Haelen , Ninove [ex libris])

JOANNES EVANGELISTA van 'S-HERTOGENBOSCH   J55
Het Ryck Godts in der zielen, of binnen U-lieden. Gemaekt door ... Joannes Evangelista ...
Tot Antwerpen, voor Fredrick van Metelen, 1686
12°: A-X¹², Y⁶; [24], 484, [6] p.; bijk. gegrav. titelp.
- ArBI/17 (herk.: zuster Norberta Bollens)

JOANNES a JESU MARIA, O.Carm. (1564-1615)   J56
... Ioannis a Iesu Maria ... Ars vivendi spiritualiter ... Item Ars bene moriendi. Nunc primum ex Italico ... per I. T. Latinè reddita
Coloniæ Agrippinæ, sumptibus Bernardi Gualteri, 1622
Nota: *Ars bene moriendi* heeft apart titelblad (1621)
12°:):(⁴, A-L¹², A-L¹², M-N⁶; [8], 244, [22], 275, [13] p.
- YIV/11 (herk.: Bibliotheca parchensis)

JOANNES a JESU MARIA, O.Carm. (1549-1609)   J57
... Ioannis a Iesu Maria ... Instructio novitiorum et disciplina claustralis ...
Leodii, typis Henrici Hoyoux, 1671

J

8°: a-d⁸, A-T⁸, V⁶, A-E⁸; [64], 300, [16], 74, [5] p.
- PrDI/11 (herk.: Couvent des Carmes déchaussés)

JOANNES van LEIDEN, O.Carm. J58
Chronicon Egmundanum seu Annales regalium abbatum Eegmundensium. Auctore Johanne de Leydis ... Accedunt præter Theodorici a Leydis breviculos ... breviculi majores ... primus edidit ... Antonius Matthæus ...
Lugduni Batavorum, apud Fredericum Haaring, 1692
4°: *-2*⁴, A-2M⁴, 2L²; [16], 267 p.
- PIII/1

JOLY, Claude J59
Prones de messire Claude Joli ... pour tous les dimanches de l'année
1 & 4: A Paris, chez Edme Couterot; 3 & 4: A Brusselle, chez François Foppens, 1693-1695
12°: 4 dln
- ArAII/26-29 (herk. in 1: Blockx [Park]; Liber Joannis Descartes canonici Dive Gudile)

JOLY, Claude J60
Prônes de messire Claude Joli ... sur differens sujets de morale
A Brusselle, chez François Foppens, 1694-1695
8°: 3 dln
- ArAII/30-32 (herk. in 1: Blockx [Park]; J. A. Descartes Canonicus Divæ Gudulæ)

JOLY, Claude J61
Prônes de messire Claude Joli ... sur differens sujets de morale
A Lyon, chez les frères Bruyset, 1727
8°: 3 dln
- JI/26-29

JOLY de CHOIN, Louis Albert J62
Instructions sur le rituel. Par. L.-A. Joly de Choin ... Nouvelle édition ... par un professeur de théologie [Thomas Gousset] ...
Besançon, Montarsolo, Outhenin-Chalandre, Deis, 1827
8°: 6 dln
- DII/25-30

JONG, Joachim de J63
Malo De Re sive virtutis eruditionisque apparatus et præmium. Autore Ioachimo Iunio ...
Lovanii, typis Io. Christophori Flavii, 1614
Andere: Joannes Malderus
4°: (.?.)³, A-D⁴, E²; [6], 36 p.
- ArGVII/12/15

JONGHE, Bernaert de, O.P. J64
Belgium dominicanum sive Historia provinciæ Germaniæ Inferioris sacri ordinis ff. prædicatorum ... Collectore Bernardo De Jonghe ...
Bruxellis, typis Francisci Foppens, 1719
4°: *-2*⁴, A-3K⁴, 3L²; [16], 434, [18] p.: ill. + 17 uitsl. pltn.; bijk. gegrav. front.
- PII/2

JORDAAN, Jacobus J65
De lydende en verheerlykte Heiland. In zes boeken, door Jacobus Jordaan
Te Amsterdam, by Albert van der Kroe, 1772
8°: *⁸, 2*⁴, A-L⁸; [24], 173 p.
- ArAVIII/15

JORNANDES J66
Histoire generale des Goths. Traduite du Latin de Jornandés [par Drouet de Maupertuy]
A Paris, chez la veuve de Claude Barbin, 1703
12°: á¹², é¹², A-M¹²; XXVIII, [20], 287 p.
N.B.: datum op titelp.: MDCIII i.p.v. MDCCIII
- PrFII/12

JOSEF CLEMENS van BEIEREN J67
Epistola pastoralis ... Josephi Clementis, archi-episcopi et principis electoris Coloniensis ... ad clerum, populumque suum Coloniensem, Hildesiensem, Leodiensem & Berchtesgadensem
Coloniæ, apud Servatium Nœthen, (1719?)
8°: A⁴; 8 p.
- YIII/35/1 & ArDIV/11/2

JOSEPH van de H. BARBARA, O.Carm. J68
Het gheestelijck kaertspel met herten troef oft 't spel der liefde. Door ... Ioseph a S. Barbara ...
t'Antwerpen, bij Arnout van Braeckel, 1666
8°: á⁸, A-Pp⁸; [16], 596, [12] p.: ill.; gegrav. titelp.
- PrEII/7 (p.1-2 ontbr.; herk.: Gustave C.A.M. Van Havre [ex libris; No 1058]; Frederic Verachter)

JOSEPHUS FLAVIUS J69
Flavii Iosephi *Antiquitatum Iudaicarum libri XX.* Adiecta ... Vita Iosephi per ipsum conscripta à Sigismundo Gelenio conversi. *De Bello Iudaico libri VII* ... per Sig. Gelenium castigati. *Contra Apionem libri II* ... opera eiusdem Gelenij. *De imperio rationis, sive de Machabœis liber unus,* à Des. Erasmo ... recognitus
Basileæ, Froben, 1559
In fine: Basileæ, per Hier. Frobenium et Nicol. Episcopium Anno MDLIX
2°: †⁶, a-z⁶, A-3C⁶, 3D⁴, 3E-3G⁶, 3H⁴; [12], 886, [2bl], [32] p.
- XIX/10 (herk.: Ex libris Francisci Worarsij[?] 1617)

JOSEPHUS FLAVIUS J70
Opera Iosephi ... omnia, nimirum: De antiquitatibus Iudaicis libri XX ... Vita Iosephi per ipsum conscripta ... De bello Iudaico libri VII ... Contra Apionem libri II ... De imperio rationis, sive de Macchabæis liber unus ...
Francofurti, impensis Sigismundi Feyerabendii, 1588
In fine: Impressum Francofurti ad Moenum per Petrum Fabricium ...
8°: A-3T⁸; [4], 481, [34] f.
- PrFIV/17

JOSEPHUS FLAVIUS J71
Histoire des Juifs, écrite par Flavius Joseph, sous le titre de: *Antiquités Judaïques.* Traduite sur l'original grec ... par ... Arnauld d'Andilly. Edition nouvelle, enrichie de quantité de figures en taille-douce
A Amsterdam, chez la veuve Schippers et Henry Wetstein, 1681
2°: *⁴, 2*⁸, A-3S⁶, 3T⁸; [24], 758, [21] p.: ill.; gegrav. titelp.
- JV/14 (*2 ontbr.)

JOSEPHUS FLAVIUS J72
Flavii Josephi *Des ... Joodschen Historieschrijvers Boeken, te weten, twintig van de Oude Geschiedenissen der Joden, en een van sijn eygen leven, noch seven van de Joodsche oorlogen ...* Nu op nieuws uyt de Griecksche en Latijnsche sprake vertaelt, door L. v. Bos ... Waer by gevoegt Egesippi *Boeken ...* Mede op nieuws uyt het Hooghduyts door S. d. Vries vertolkt ... verciert met twee hondert en vijftig ... kopere titel- en history-platen ...

t'Amsterdam, by de Weduwe van Jan Jacobsz. Schipper, 1682
Coll.: L. van de Roer, Matthys Balen (f. [14])
2°: *4, A-5L4, 5M6, 5N-5T2; [5], 414, [14] f. + A-Z4, 2A2; 91, [3] f.: ill..; bijk. gegrav. titelp. (1683)
Nota: aparte titelp. & eigen sign. voor *Egesippus*
- OVI/23

JOSEPHUS FLAVIUS J73
Histoire de la guerre des juifs contre les Romains. Ecrite par Flavius Joseph. Et sa vie écrite par lui-meme. Traduite sur l'original grec … par … Arnauld d'Andilly. Nouvelle édition, enrichie … de … figures en taille douce
A Bruxelles, chez Eugene Henry Fricx, 1703
8°: 2 dln?
- QII/14 (dl 1; grav. ontbr.)

JOSEPHUS FLAVIUS J74
Alle de werken van Flavius Josephus, behelzende twintigh boeken van de Joodsche oudheden, het verhaal van zyn eigen leven, De historie van de oorlogen der Jooden tegen de Romeinen, De twee boeken van Apion … Alles volgens de overzettinge van … d'Andilly in 't Nederduitsch overgebragt door W. Séwel. Nogh zyn daarby gevoegt de vyf boeken van Egesippus van de Joodsche oorlogen …
t'Amsterdam, by Joannes Oosterwyk, 1722
Coll.: Claas Bruin (*Uitlegging der titel-prent*)
2°: π3, 2†2, 3†1, *6, 2*4, 3*1, A-5H4, 5I2(-5I2), A-P4, Q2; [38], 782, [30], 113, [11] p.: ill. + ill. & krtn; bijk. gegrav. titelp.
- ZVIII/20

JOSEPHUS FLAVIUS J75
Histoire de la guerre des juifs contre les Romains. Ecrite par Flavius Joseph. Et sa vie écrite par lui-même. Traduite … par … Arnauld d'Andilly. Enrichie d'un grand nombre de figures en taille-douce inventées par R. van Orley. Nouvelle édition
A Bruxelles, chez Jean Leonard Fils, 1738
8°: a-e8, f2, A-2A8; LXXXIV, [8], 358, [18] p. + A-2N8, 2O2, 2P8; 555, [38] p.
- PI/20-21 (herk.: ex libris met de initialen L C D & muziekinstrumenten)

JOSEPHUS FLAVIUS J76
Histoire des Juifs, écrite par Flavius Joseph, sous le titre de: *Antiquités Judaïques*. Traduite sur l'original grec … par … Arnauld d'Andilly. Nouvelle édition. Enrichie d'un grand nombre de figures en taille-douce, inventées par R. van Orley
Se vend, à Bruxelles, chez Jean Leonard Fils, 1738
8°: 3 dln: ill.; gegrav. front. in 1
- PI/17-19 (herk.: ex libris met de initialen L C D & muziekinstrumenten)

JOSEPHUS FLAVIUS J77
Histoire des juifs, ou nouvelle traduction de l'historien Joseph … Faite sur le grec … par … Gillet …
A Paris, chez Hugues-Daniel Chaubert & Claude Herissant fils, 1756
4°: 4 dln; gegrav. portret in front.
- RIV/9-12

JOSEPHUS FLAVIUS & ROLLIN, Charles J78
Elémens de l'histoire ancienne des Juifs, des Égyptiens, des Carthaginois, des Assyriens, des Babyloniens, des Mèdes et des Perses. Abrégés de Flavius Josephus et de M. Rollin. Seconde édition. Ornés de 32 planches en taille-douce
A Paris, chez le Prieur, 1810
8°: 2 dln: ill.; gegrav. front.
- ArII/25 (dl 2)

JOUSSE, Mathurin J79
Le secret d'architecture … Par Mathurin Iousse … Enrichi d'un grand nombre de figures …
A la Fleche, par George Griveau, 1642
2°: á4, A-T6; 8, 227 p.: ill. + ill.
- ArCVII/9

JOUVENCY, Joseph de, S.J. J80
Appendix de diis et heroibus poeticis ou Abrégé de l'histoire poétique. Par … Joseph Jouvency
A Bruxelles, chez Ad. Stapleaux, 1814
138 p.
- PrJXI/7

LA JOYEUSE ET MAGNIFIQUE ENTRÉE … J81
La joyeuse et magnifique entrée de leurs altesses roiales Marie Anne archiduchesse, et le prince roial Charles Alexandre … au Gouvernement des Pais-Bas. Commençant depuis la ville d'Anvers jusqu'à la Cour de Bruxelles
S.l., s.n., (1744?)
2°: A-C2; [12] p.: ill.
- WVIII/15/4

JUENIN, Gaspard, Orat. J82
Théorie et pratique des sacremens, des censures, des monitoires et des irregularitez [G. Juenin]
A Paris, chez Roulland, 1713
12°: 3 dln
- QI/30 (dl 1; herk.: Ce livre appartient a Clere Therese Luchon de Bouffioulx; De Wever René Jette 1906)

JUNIUS, Hadrianus J83
Nomenclator, omnium rerum propria nomina variis linguis explicata indicans. Hadriano Iunio medico auctore. Tertia editio
Antverpiæ, ex officina Christophori Plantini, 1583
8°: †4, A-Z8, a-h8, i4; [8], 432, [70] p.
- PrHII/16 (herk.: Bibliothecæ F.F. Carm. Discalc. Convent.<?>igensis; eX LIbris aD UsUM g. Van haeLen LeCtorIs nInhoVIensIs [ex libris])

JUS ASYLI LÆSUM … J84
Jus asyli læsum …
S.l., s.n., (1700?)
8°: A-B8, C4; 40 p.
- ArDIV/7/6

JUSTIFICATIO SEU DEFENSIO … J85
Justificatio seu defensio censuræ facultatis S. Theologiæ Academiæ Lovaniensis, contra assertiones quasdam professorum ibidem Societ. nominis Jesu. De Scriptura Sacra, prædestinatione, et gratia Christi …
Parisiis, s.n., 1641
8°: A-R8, S2, á2; 276, [3] p.
- HI/2/2 (R8, S2 & á2 ontbr.)

JUSTINIANUS, Flavius I J86
Corpus iuris civilis quo ius universum Iustinianeum comprehenditur … Cum notis … D. Dionysii Gothofredi … (ed.: Jacques Godefroy)
Coloniæ Allobrogum, ex typographia Iacobi Stœr, 1624
2°: onregelm. gepag.
- LIX/18-19 (herk.: jan otto ponsaerts 1771)

JUSTINIANUS, Flavius I J87
Corpus iuris civilis, in IV partes distinctum … His accesserunt

Notæ repetitæ ... Dionysio Gothofredo authore ... *Postrema editio* ... *His additæ sunt Institutionum, Novellarum Iustiniani, Leonis & Feudorum epitomæ* ... eodem authore
(Genevæ), apud Petrum & Iacobum Chouët, 1628
4°: á⁸, ¶-3¶⁸, †-4†⁸, 5†⁴, a-3q⁸, 3r⁴, 3s²; [64], 16 p., kol. 17-126, [1bl.], 2018 kol. + *⁸, A-2G⁸, 2H⁴, ¶⁴, 2A-2R⁸, 2S⁴, 2T²; [16] p., 972 kol., [2 bl., 8] p., 568 kol.
- KVI/27

JUSTINUS MARTYR, philosophus   J88
... Ιουστινου ⊃ Τ α ευρισκομενα παντα- ... *Justini* ... *Opera quæ exstant omnia. Nec non Tatiani Adversus Græcos Oratio,* Athenagoræ ... *Legatio pro Christianis,* S. Theophili ... *Tres ad Autolycum libri,* Hermiæ ... *Irrisio Gentilium Philosophorum* ... Opera & studio unius ex monachis congregationis S. Mauri [Prudent Maran]
Venetiis, apud Augustinum Savioli, 1747
Coll.: Raphael Seiler (p. 430)
2°: π², a-p⁴, A-4O⁴, 4P², a-k²; [4], CXX, 668, XL p.
- FVII/2

JUVENALIS, Decius I & PERSIUS FLACCUS, Aulus   J89
Decii Junii Juvenalis et A. Persii Flacci *Satyræ*
Londini, typis J. Brindley, 1744
12°: π¹, A-I⁶, K⁴; [2], 116 p.
- PrJII/9

JUVENEL, Henri de   J90
Edouard. Histoire d'Angleterre [H. de Juvenel]
A Paris, chez Claude Barbin, 1696
12°: A-G¹², H¹⁰; 186 p. + A-K¹², L⁶; 251 p.
- PrFI/20 (herk.: wapen van Karel Marie Raymond van Arenberg [supralibros]; ex libris v. d. bibl. van de hertog van Arenberg, [*Christus protector meus;* nrs 41 VIII 5955])

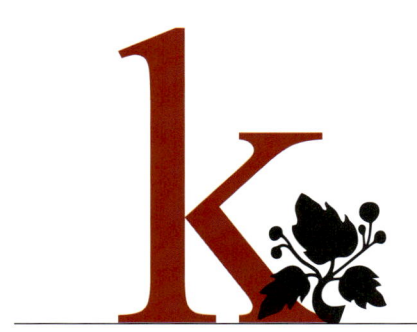

k

KALENDARIUM ANNI BISSEXTILIS 1820 ...   K1
Kalendarium anni bissextilis 1820, continens statum ecclesiæ Romanæ, et nomina ecclesiarum et pastorum archi-diæcesis Mechliniensis ...
Antwerpen, typis G. J. Bincken, 1820
47 p.
- ArFIV/15/34

KAREL VI   K2
Lettre de sa majesté impériale et catholique [Karel VI] *touchant la bulle Unigenitus, adressé* (sic) *à son altesse ... le Prince Eugene, accompagné* (sic) *d'une autre adressée à monseigneur l'évêque de Gand* (Philippe Erard van der Noot)
Se vend a Louvain, chez François Vande Velde, (1723?)
8°: π⁸; 13 p.
- ArDIV/11/13

KAUFFMANS, Johann Gottfried   K3
Pro statu Ecclesiæ catholicæ et legitima potestate romani pontificis contra Justini Febronii jurisconsulti librum ad reuniendos dissidentes in religione christianos apologeticon theologicum opera. Opera Joan. Godefridi Kauffmans ...
Coloniæ Agrippinæ, apud Franciscum Wilhelmum Josephum Metternich, 1767
4°: π⁴, A-3R⁴, 3S⁶; [8], 518, [4] p.
- NII/4

KAYSER, Laurentius, O.Præm.   K4
Athenæum, sive Universitas Mariana, cujus fundamenta in Montibus Sanctis ... publicæ luci edita ... Promotore ... Wolffgango de Schrattenbach ... *Opusculum præsentatum a Laurentio Kayser* ...
Typis Olomucensibus, per Franciscum Antonium Hirnle Factorem, (1732?)
2°:):(², 2):(²,)(², A-2S²; [88] f.
- NV/11/1

KAZENBERGER, Kilian, O.F.M.   K5
Supplementum Theologiæ moralis sacramentalis ... Patritii Sporer ... Authore ... Kiliano Kazenberger ...

Salisburgi, sumpt. & typis Joan. Josephi Mayr, 1724
8°:)(-2)(⁸, A-4B⁸, 4C⁴; [32], 1043, [101] p.
- XV/25

KELLEN, Ludovicus, O.F.M. K6
Medulla cedri. Hoc est, discursus medullati in omnes & singulares per totum annum festivitates Domini, B. Mariæ et sanctorum ... Studio & labore ... Ludovici Kellen ...
Coloniæ Agrippinæ, typis & sumptibus Ioannis Wilhelmi Friessem, 1682
4°: *-3*⁴, 4*², A-9O⁴, 9P²; [28], 1560, [28] p.
- ZIII/34 (herk.: Pro conventu (?) ad S. Crucem; Jespers)

KELLER, Jacob, S.J. K7
G. G. R. Theologi, *Ad Ludovicum decimum-tertium Galliæ et Navarræ regem christianissimum* [J. Keller]. *Admonitio ... ex Gallico in Latinum translata ...*
Augustæ Francorum, s.n., 1625
4°: A-C⁴; [2], 21 p.
- ArGVII/12/14

KEMPIS, Arnold, O.Cist. K8
Theses theologicæ de sacramentis in genere ... Præside ... Raphaele Tobl ... propugnatæ à Arnoldo Kempis ... Anno MDCCXIX ...
Pragæ, typis Barbaræ Franciscæ Beringerin, per Joannem Georgium Behr, (1719?)
8°: π⁸, A-2K⁸, χ³; [16], 524, [6] p.
- PrGII/12

KENNET, Basil K9
De aaloudheden van Rome, of beschryving van de geleerdheyd en opvoeding der Romeynen ... In 't Engelsch beschreeven door Basilius Kennet. En daaruyt vertaald door W. Séwel. Met schoone kopere plaaten vercierd
T'Amsterdam, gedrukt by François Halma, 1704
2°: *⁴, 2*²(-2*²), A-2M⁴, 2N²(-2N²), 2O²(-2O²); [10], 260, [23] p. + uitsl krtn.& pltn; gegrav. bijk. titelp.
- RVII/7 zie ook B. Kennet S192.

KERKHERDERE, Joannes Gerardus K10
De situ paradisi terrestris. Auctore J. G. Kerkherdere ...
Accessit *Irenæus distinguens* ...
Lovanii, typis Martini van Overbeke, 1729
12°: π⁴, †-4†¹², A-D¹², *-3*¹²; XCVI, 96, CLVIII p.: + krt
- ArHVII/6

KERKHERDERE, Joannes Gerardus K11
Monarchia Romæ paganæ secundum concordiam inter SS. Prophetas Danielem et Joannem ... Auctore J.G. Kerkherdere
...
†2 v°: *Epistola ...* J. B. Sollerii ... ad Livinum de Meyer; †4: *Judicium ...* Joann. Josephi Guyaux ...; †6: *Judicium ...* Iprensium episcopi et ... eorumdem penitentiarii &c (sign.) Joannes Baptista [Sollerius], Petrus Ludovicus Danes
Lovanii, typis Martini van Overbeke, 1727
12°: †¹⁴, A-P¹², Q⁶; [28], 372 p.
- QI/22 (herk.: Gilbert Halloint, abt van Averbode aan Theodorus Blockx Halenensis, Diest 1769 [prijsboek] & XII/29 (voorwerk is verschillend; *Epistola* ... & *Judicia* ontbr.; herk.: J. Biscops past. in Wilrijck)

KERKHERDERE, Joannes Gerardus K12
Prodromus Danielicus, sive novi conatus historici, critici ... Ac præcipue in Danielem prophetam. Auctore Joan. Gerardo Kerkherdere ...

Lovanii, typis Francisci vande Velde, (1711?)
8°: †⁸, χ³, A-2B⁸; [16], 400 p.
- XII/27 & XII/28 (herk.: J. F. J. Biscops Wilrijck)

KEVERBERG de KESSEL, Charles-L.-G.-J., baron de K13
Essai sur l'indigence dans la Flandre orientale. Par ... de Keverberg ...
A Gand, chez J.-N. Houdin, 1819
8°: [4], IV, 150 p.: 4 tab.
- ArHV/20

KEYLL, Joannes Bernardus, O.Præm. K14
Exercitia norbertina, diurna, hebdomadaria, menstrua ... Per ... Joannem Bernardum Keyll ...
Coloniæ Agrippinæ, sumptibus Joannis Langenberg, 1732
8°: †⁵, A-O⁸, P²; [12], 224, [4] p.; bijk. gegrav. front.
- PrIII/15

KHELL von KHELLBURG, Joseph K15
Autoritas utriusque libri Maccab. canonico-historica adserta et Frœlichiani annales Syriæ defensi adversus commentationem historico-criticam viri eruditi Gottliebii Wernsdorffii ... A quodam Societatis Jesu sacerdote [J. Khell von Khellburg] curante Casparo Schmidt ...
Viennæ Austriæ, ex typographeo Trattneriano, 1749
4°: 2-3)(², A-2Q⁴; [8], 309 p.
- EIII/18 (herk.: Ad Bibl. Acad. Land.)

KINSCHOT, Henri van K16
Henrici KinschotI ... *Responsa sive consilia juris. Item de rescriptis gratiæ, a supremo senatu Brabantiæ nomine Ducis concedi solitis, tractatus VII. Omnia nunc primum edita*
Lovanii, apud Ioannem Oliverium & Corn. Cœnestenium, 1633
2°: a⁶,)(⁶, 2-3)(⁴, A-2Y⁶, a-i⁶, k-l⁴; [40], 540, 122 p.
- PrDV/3 (herk.: G. Vanderlinden)

KIPPING, Heinrich K17
Henrici Kippingii ... *Antiquitatum Romanarum libri quatuor ... Cui accesserunt vita Kippingii ... & Justi Lipsii Opuscula rariora ... Editio novissima. Cui accesserunt Vita Kippingii, Elenchus librorum ab ipso editorum, Notæ quædam viri docti, Figuræ ex antiquis monumentis selectissime, & Justi Lipsii Opuscula rariora*
p. 591: Justi Lipsii *Tractatus peculiares, videlicet, De veterum Latinorum scriptura; De re pecuniaria; De nominibus Romanorum; De ritu conviviorum; De censura et censu; De anno deque ejus diversitate, item Ratione intercalandi; De crucis supplicio, apud Romanos usitato*
Lugduni Batavorum, apud Petrum vander Aa, 1713
Coll.: Joannes Havighorst (*Vita*), Erycius Puteanus
8°: π², *⁸, 2*⁶, A-2Q⁸, 2R⁶, 2S-2V⁸(-2V⁸), 2X²; [32], 684 p.: ill. + uitsl. pltn.; portret (Heinrich Kipping) in front. & bijk. gegrav. titelp.
- YIII/19

KIPS, Joannes Baptista, O.Præm. K18
Compendiosum S. Scripturæ dictionarium ad scripturisticarum historiarum notitiam. Per ... J. B. Kips ...
Lovanii, typis L. J. Urban, 1779
12°: π⁵, A-2N⁶; VIII, 430 p.
- CI/1 (herk.: Basile van Beygaerden Can. Ord. Præm. [Park]) & ArEIV/13

KIPS, Joannes Baptista, O.Præm. K19
Compendiosum S. Scripturæ dictionarium ... Per..J. B. Kips...
Lovanii, e typographia Henrici Baumans, 1825
8°: [4], 586, [2] p.

K

ArEIII/11

KIPS, Joannes Baptista, O.Præm. K20
Formulæ quædam litterarum circa pastoralis curæ negotia.
Authore ... Joanne Baptista Kips ...
Bruxellis, apud viduam J. Vleugaert, [1757?]
8°: π^5, A-K^8, L^{12}, χ^1; [9], 174, [11] p.
- III/22 & ArEI/29

KIPS, Joannes Baptista, O.Præm. K21
Formulæ quædam litterarum ... Authore ... Joanne Baptista Kips ... Editio secunda
Teneramundæ, typis Jacobi du Caju, [1768?]
8°: π^4, A-V^8; [8], 306, [15] p.
- ArEIV/10

KIPS, Joannes Baptista, O.Præm. K22
Formulæ quædam litterarum ... Authore ... Joanne Baptista Kips ... Editio tertia
Mosae Traject, apud Lekens; Leodii, apud J. F. Bassompierre; Lovanii, apud J. P. G. Michel; Gandavi, apud Beggyn; Antverpiæ, apud H. Binken; Tornaci, apud Regis Cauvin Junior; Brugis, apud De Moor; Cortraci, apud Du Marteau; Insulis, apud Henry; Coloniæ, apud Simonis; Francoforti, apud Warrentrap; Ipris, apud Declercq et Walwein; Mechliniæ, apud Jegers, [na 1768]. Gedrukt bij S.P.G. Michel, Leuven
8°: A-Y^8, Z^2; 348, [8] p.
- HIII/28 & ArEIV/12

KIPS, Joannes Baptista, O.Præm. K23
Formulæ quædam litterarum ... Authore ... Joanne-Baptista Kips ... Editio quarta
Lovanii, apud H. Baumans, 1820
8°: [4], 338, [10] p.
- ArEIV/11

KIPS, Joannes Baptista, O.Præm. K24
Het verdedigt alderheyligste sacrament ofte de geduerige aenbidding ... Uyt het Fransch overgeset door ... J. B. Kips ...
Tot Loven, by J. P. G. Michel, (1777?)
8°: A-P^4, Q-T^6; 167 p.
- ArEV/9

KIRCHER, Athanasius, S.J. K25
Athanasii Kircheri ... *Latium. Id est, nova & parallela Latii tum veteris tum novi descriptio ...*
Amstelodami, apud Joannem Janssonium à Waesberge, & hæredes Elizei Weyerstraet, 1671
2°: *-2*^{4}, *^{4}, A-2L^4; [24], 263, [8] p.: ill. + uitsl. pltn; bijk. gegrav. titelp.; portret van Clemens X
- WVIII/5/1

KIRCHER, Athanasius, S.J. K26
Athanasii Kircheri ... *Turris Babel, sive archontologia ...*
Amstelodami, ex officina Janssonio Waesbergiana, 1679
2°: *-2*^{4}, A-2F^4; [16], 219, [13] p.: ill. + uitsl. pltn; gegrav. titelp.
- WVIII/5/2

KLAUBER, Johann S. & KLAUBER, Johann B. K27
La quarantaine sacrée aux souffrances de J. C. ou la Passion de Notre Seigneur Jésus-Christ. Représentée par XLVI images [J. S. & J. B. Klauber]. Avec de courtes réflexions ... Première édition
Se vend à Augsbourg, chez les frères Klauber, et à Paris, chez Lesclapart, 1788
8°: A-C^8, D^2(-D^2) + 46 pltn
- LII/24

KLEE, Joannes Martinus, O.Præm. K28
Breviariolum actuum sanctorum ... Operâ ... Joannis Martini Klee ...
[Ulm], typis Marctallensibus, per Matthæum Schmidt, 1711
8°: π^1,)(^{8}, A-3A^8; [18], 762 p.; bijk. gegrav. front.
- PrII/1

KLEE, Joannes Martinus, O.Præm. K29a
Breviariolum actuum sanctorum ... Operâ ... Joannis Martini Klee ...
Ulm, typis Marctallensibus, per Matthæum Schmidt. Sumptibus Joan. Conradi Wohler, 1712
8°: π^1,)(^{8}, A-3A^8; [18], 762 p.
- PrII/2 (herk.: Basile van Beygaerden [Park])
Nota: de drukken van K28 & K29a zijn licht verschillend

KLEYNEN ATLAS ... K29b
Kleynen atlas oft curieuse beschrijvinghe van gheheel de wereldt ... By een vergaedert uyt diverse geloofweerdige auteurs, door eenen curieusen lief-hebber
t'Antwerpen, by Augustinus Graet, 1690
8°: π^1, A-O^8, P^2; [2], 227 p. + 36 ingekl. krtn (volledig?)
- ArJIII/27 (titelblad & laatste pp. ontbr.)

KLEINER, Salomon K30
Résidences memorables de l'incomparable heros de nôtre siecle ou représentation exacte des édifices et jardins de ... Eugene François duc de Savoye et de Piémont ... Premiere partie contenant les plans ... de la maison de plaisance ... située dans un de (sic) fauxbourgs de Vienne. Le batiment a été inventé ... par ... Iean Lucq de Hildebrand ... L'intérieur ... par ... Claude le Fort du Plessy ... Les jardins ... par ... Girard ... et mis en execution par ... Antoine Zinner ... Le tout levé et désigné ... par ... Salomon Kleiner – Wunder würdiges Kriegs- und Siegs-Lager desz unvergleichlichen Helden unseren Zeiten ... Eugenii Francisci, Herzogen zu Savoyen und Piemont ...
2-10: *Suitte des residences memorables ... Seconde partie (-Dixieme partie)*; 11: *Représentation des animaux de la menagerie de ... Eugene François ...*
Et se trouve à Augsbourg, chez les héritiers de feu Iérémie Wolff - Augspurg, in Verlegung Jeremias Wolffs seele hinterlassenen Erben, 1731-1734
2°, oblong : 11 dln: gravures
- ArHVIII/1 (dln 7-9 ontbr.)

KLUIT, Adrianus K31
Historia critica Comitatus Hollandiæ et Zeelandiæ ... Auctore Adriano Kluit ...
I, 1: *Sistens chronicon Hollandiæ ... anonymi monachi Egmondani ab anno DCXLVII ad annum MCCV. Notis ... Matthiæ Douzæ aliorumque ... illustratum*; I, 2: *Sistens uberiores aliquot excursus in Chronicon Hollandiæ*; II, 1 & 2: *Sistens codicem diplomaticum et probationes ad Chronicon ...*
Medioburgi, apud Petrum Gilissen et Isaac de Winter, 1777-1782
4°: 4 dln; + uitsl. krtn & pltn
- RIV/13-14

KNIPPENBERGH, Joannes van K32
Historia ecclesiastica ducatus Geldriæ ... Authore Joanne Knippenbergh ...

Bruxellis, typis Francisci Foppens, 1719
4°: *-3*⁴, A-2P⁴, 2Q⁶(-2Q⁶); [24], 296, [18] p.
- NIII/27

KNIPPINGA, Aurelius, O.S.A. K33
Facetiarum epigrammaticarum centuriæ sex. Authore ... I. Aurelio Knippinga ...
Antverpiæ, typis Jacobi Mesii, 1672
12°: a⁴, A-D¹², E²; [8], 98, [2] p.; bijk. gegrav. titelp.
- PrEI/24

KOHEL, Sigismond, O.Præm. K34
Het wonder-leven van den H. Hermannus, Joseph ... Overgheset uyt het Latijn [van S. Kohel?] in onse Nederduytsche tale door F. G. TS. (Gaspar T'Sandoel)
Tot Antwerpen, by Hieronymus Verdussen, 1622
8°: π², A-H⁸, I⁶; [4], 138, [2] p.
- ArEII/2/2

KOLBE, Franciscus, S.J. K35
Universa theologia speculativa. Publicis prælectionibus à ... Francisco Kolbe ... tradita. Opus posthumum
Pragæ, typis Universitatis Carolo-Ferdinandeæ, 1740
2°:)(³, A3A², (A)-(3A)³, A-2U²(-2U²), %(A)-%(3A)²,)(³; [6], 733, [6] p. + π¹, a-2x²(-2X²), (a)-(2u)²[-2u²], a-2q², †a-†3b²(-†3B²),)(³; [2], 689, [5] p.
- JVII/1-2 (herk.: Biblioth. Altov.; Ad usum Fris Laurentii [in 1]; Ad usum F. Livini Geyer S.O.C. Altovadi professoris [in 2])

KORT BEGRYP ... K36
Kort begryp van het apostolyk leven, ende wonderlyke daeden van ... Franciscus de Hieronymo ... Derden druk
Tot Loven, uyt de drukkery van M. J. Franckx, (1810?)
8°: π¹, A-H⁸?; [2], 98? p.; front.
- PrJII/14 (nawerk onvolledig)

KORT BEGRYP ... K37
Kort-begryp van het leven ende dood van Paschasius Quesnel...
S.l., s.n., 1720
Coll.: J. Robol (grafschrift)
8°: A-C⁸, D⁶; 60 p.
- ArEVII/11/26

KORT BEGRYP ... K38
Kort begryp van het leven, dood, wonderheden en weldaeden van de weêrdige en zalige Margareta van Loven ... Getrokken uyt Cæsarius, Molanus, en andere geloofbaere schryvers. Achtsten druk
Tot Loven, by Marneff-Vannes, (1805?)
8°: A-B⁸, χ²; 36 p.
- ArEVII/11/33

KORT BEGRYP ... K39
Kort begryp van verscheyde placaerten ende ordonnantien soo geestelijcke als werelijcke ... Seer dienstigh voor de Heeren Landt-Dekens, Pastoors ... soo binnen de steden, als ten platten-lande van Brabant
Tot Brussel, by Simon t'Serstevens, 1734
8°: *⁴, A-Y⁸; [8], 346 p.
- NI/37 (herk.: F. P. Ottoy [Park])

KORT BEGRYP ... K40
Kort begryp van verscheyde placaerten ende ordonnantien soo geestelijcke als werelijcke ... van Brabant
Tot Brussel, by Franciscus t'Serstevens, 1734
8°: *⁴, A-Y⁸; [8], 349 p.

- QI/1
Nota: de drukken van K39 & K40 zijn verschillend

KORT FORMULIER ... K41
Kort formulier ten gebruyke van het Aerts-broederschap van het Order van de alderheyligste Dryvuldigheyt in de parochiale kerke van S. Jan binnen Mechelen ... Ingestelt ... door ... Innocentius den derden ende gefondeert van ... den H. Joannes de Matha ende den H. Felix de Valois
Tot Mechelen, by Laurentius Vander Elst, (1743?)
8°: A-C⁸; 48 p.; gegrav. front.
- PrEII/8/2

KORTE ONDERWYSINGE ... K42
Korte onderwysinge om de jonckheyt te bereyden tot d'eerste communie. Den derden druk
S.l., s.n., 1725
8°: 12 p.
- ArEVII/11/31

KORTE ONDERWYSINGE ... K43
Korte onderwysinge om de jonckheyt te bereyden tot d'eerste communie. Den vyfden druk
S.l., s.n., 1749
8°: 13, [3] p.
- ArBIII/17/3 (tussengeschoten ex.)

KORTE STELLINGEN ... K44
Korte stellingen raakende het lezen der H. Schriftuur in de gemeene taele ...
Tot Delft, by Henrik van Rhyn, 1699
8°: A⁸; 15 p.
- ArDIV/5/10

KRAFFT, Jean-Laurent K45
Histoire générale de l'auguste maison d'Autriche ... Tirée de plusieurs auteurs anciens & modernes ... par Jean Laurent Krafft ... ornée de tous les portraits des princes ...
A Brusselles, chès la veuve de G. Jacobs, 1744-1745
2°: 3 dln; ill.; gegrav. front. in elk dl
- TIX/9-11

KRAFFT, Jean-Laurent K46
Den schat der fabelen ... Geciert met een groot getal in koper gesnedene beld-schetsen. Eerst in de Fransche tale op-gestelt door Joannes Laurentius Krafft, ende nu door hem zelfs in onse Nederduytsche tale overgezet ...
Tot Brussel, by de weduwe G. Jacobs, 1739-1740
8°: 3 dln; ill.; gegrav. front. in elk dl
- PrEIII/21-23 (herk.: Bibliotheca Diligemensis)

KRASZEWSKI, Antoni Jozef Daniel, O.Præm. K47
Życie Świętych y w nádziei Światobliwości zeszłych Sług Boskich zákonu Premonstrateńskiego ...(Het leven van de heiligen en gelukzaligen van de Premoństratenzerorde ...) Przez X. Antoniego Jozefa Daniela Kraszewskiego ...
W Warszawie, W Drukarni J. K. Mći y Rzeczpospolitey in Collegio Scholarum Piarum, 1752
2°: π¹⁵, A-4S²(-4S²), χ⁶; [30?], 356, [12] p. + a-b², 2)(¹⁹, A-4D², χ⁴; [46], 301, [10] p.
Nota: dl 2 is ingebonden vóór dl 1
- WVIII/12 (titelblad van 1 ontbr.; herk.: Gloriosæ Dominæ in Roggenburg)

KRAZER, Andreas Augustin, O.P. K48
... Augustini Krazer ... *De apostolicis, nec non antiquis eccle-*

siæ occidentalis liturgiis ... liber singularis
Augustæ Vindelicorum, sumptibus Matthæi Rieger p.m. filiorum, 1786
8°: a-b⁸, A-2X⁸; [32], 665, [39] p.
- DII/2

KREMER, Christoph Jakob   K49
Akademische Beiträge zur Gülch- und Bergischen Geschichte.
Von Christoph Jacob Kremer ...
Mannheim, mit akademischen Schriften, 1769-1781
4°: 3 dln
- TIV/12 (dl 1)

KRZISTANOWIC, Stanislaus, CROMER, Martin e.a.   K50
Respublica, sive status regni Poloniæ, Lituaniæ, Prussiæ, Livoniæ, etc. Diversorum autorum (Stanislaus Krzistanowic, Martin Cromer, Jacques Auguste de Thou, Alessandro Guagnini, Jan Lasicki, Giovanni Botero, Salomon Neugebauer, John Barclay)
Lugduni Batavorum, ex officina Elzeviriana, 1627
16°: *⁴, A-2F⁸; [8], 450, [13] p.; gegrav. titelp.
- PrJVIII/7

KULENKAMP, Gerardus   K51
Eerste beginselen van het voorbeeld der gezonde woorden. Opgestelt ten dienste van zyne leerlingen ... door Gerardus Kulenkamp ...
Te Amsteldam, by Adriaan Wor, en de Erve G. Onder de Linden, en Gerardus Borstius, 1747
8°: *⁴, 2*-3*⁸, A-2A⁸, 2B⁴; [8], XXIX, [3], 392 p.
- YII/16

KUNST MIT LEICHTER MÜHE ...   K52
Kunst mit leichter Mühe und geringen Kosten Gold zu machen, das ist Gute Meinung durch welche aus denen täglichen vor Gott nicht-werthen Ubungen ... Von einem regulirten Chor-Herrn des H. Præmonstratenser-Ordens
Augspurg, Verlag Mathias Wollf, 1727
12°: A-B¹²; 46 p.
- ArEVII/11/17

LABATA, Franciscus, S.J.   L1
Thesaurus moralis ... Francisci Labatæ ... Novis commentationibus auctus ... opera et labore ... Guilielmi Stanihursti ...
Antverpiæ, apud Hieronymum Verdussium, 1652
2°: π1, †⁶, A-7D⁴, 7E⁶; [14], 1150 p. + *², A-6M⁴, 6N⁶; [4], 955, [76] p.; bijk. gegrav. titelp. in 1
- IIX/12-13 (herk.: Ad usum fr. Augustini Tubicx relig. Parcensis)

LABBÉ, Philippe, S.J.   L2
De Byzantinæ historiæ scriptoribus ... Ad omnes per orbem eruditos Προτρεπτικον. Proponente Philippo Labbe ...

Parisiis, e typographia regia, 1648
2°: *-6*⁴, 7*⁶, χ¹; 58, [1] p.
- SVIII/13/1 (herk.: Bibliothecæ Parchensis ordinis Præmonstratensis prope Lovanium; theca XI.?G)

LABBE, Philippe, S.J. & COSSART, Gabriel, S.J.   L3
Sacrosancta concilia ad regiam editionem exacta ... Studio Philip. Labbei, & Gabr. Cossartii ...
Lutetiæ Parisiorum, impensis societatis typographicæ, 1671-1672
In fine: Impensis Georgii Iosse, Dionysii Béchet, Guillelmi Le Bé, Gabrielis & Nicolai Clopeiau, Petri Le Petit, viduæ Edmundi Martin, Ludovici Billaine, Godefridi Marcher, Ioannis Dupuis, Sebastiani Marbre-Cramoisy, Iacobi Piget
2°: 2 + 15 dln; bijk. gegrav.titelp. in 1 & 2. 3 krtn in *Apparatus*
- DVI/5-22 (herk.: Ex ... dono Dˡᵃ Denis matris R.P. Alberti a s. Josephi ... O.P.E. 1711; Carmeli Insulensis; Collegii Soc. Jesu Luxemburgi [in *Apparatus*])

LA BEAUMELLE, Laurent Angliviel de   L4
Mes pensées [L. de La Beaumelle]
A Berlin, s.n., 1752
12°: π², A-Q⁸⁻⁴, S²; [4], 212 p.
- YV/1/1

LA BEAUMELLE, Laurent Angliviel de   L5
Supplement à mes pensées ou addition de la sixiéme à la cinquiéme édition [L. de la Beaumelle]
A Berlin, s.n., 1753

12°: π¹, A-L⁸⁻⁴, M²; [2], 139 p.
- YV/1/2

LA BOISSIÈRE, Joseph de la Fontaine de   L6
Les sermons du révérend pere de la Boissiere ... pour le caresme ...
A Paris, chez Henry, 1730
12°: 3 dln
- PrGI/15-17 (herk. Desprez 1782; supralibros met wapen van Anne Gabriel Henri Bernard de Boulainvilliers op elk dl)

LABORDE, Jean-Benj. de & ZURLAUBEN, Beatus F.   L7
Tableaux topographiques, pittoresques, physiques, historiques, moraux, politiques, littéraires de la Suisse
2: *Tableaux de la Suisse, ou Voyage pittoresque fait dans les treize cantons et états alliés du corps helvétique ...* Par ... de Zurlauben. Ouvrage executé ... par les soins de M. de Laborde, orné de 430 estampes ... dessinées par ... Pérignon, Le Barbier &c. et gravées par ... Née et Masquelier, &c.; 3: *Estampes*; 4: *Table analytique et raisonnée des tableaux de la Suisse ...* par ... Quétant, A Paris, chez Lamy, 1788
A Paris, de l'imprimerie de Clousier, 1780-1788
2°: 4 dln : ill.; bijk. gegrav. front. in 1
- RVIII/18-22

LA CAILLE, Nicolas-Louis de   L8
... de la Caille ... Lectiones elementares astronomiæ geometricæ, et physicæ. Ex editione parisina anni MDCCLV in Latinum traductæ a C. S. e S. J. [Charles Scherffer, S.J.]
Viennæ & Pragæ, typis et sumptibus Joannis Thomæ Trattner, 1757
4°:)(⁴, 2)(²(-2)(²), A-2N⁴(-2N⁴); [10], 280, [6] p. + 9 uitsl. pltn
- RIV/26/1 (herk.: Ex libris ... Claus)

LA CAILLE, Nicolas-Louis de   L9
Ad lectiones elementares astronomiæ physicæ, et geometricæ clarissimi viri D. de la Caille ... Appendix. Ex editione parisina anni MDCCLV in Latinum traductæ a C. S. e S. J. [Charles Scherffer]
Viennæ, Pragæ et Tergesti, typis Joannis Thomæ Trattner, 1762
4°: A-I⁴, K²; 75 p. + uitsl. plt
- RIV/26/2

LACÉPÈDE, Bernard-G.-E. de La Ville-Illon, comte de   L10
Histoire générale, physique et civile de l'Europe depuis les dernières années du cinquième siècle jusque vers le milieu du dix-huitième. Par ... de Lacépède ...
Bruxelles, P. J. de Mat, 1826
18 dln
- RII/29-46

LA CHAU, Abbé de & LE BLOND, Abbé   L11
Description des principales pierres gravées du cabinet de S.A.S. Monseigneur le Duc d'Orléans (ed.: l'abbé de La Chau & l'abbé Le Blond). Tome premier
A Paris, chez M. l'Abbé de La Chau & M. l'Abbé Le Blond. Et chez Pissot, 1780
2°: π³?, a-g², 2A-4E²; [32], 303 p. + ? + ill.; gegrav. front. met portret van de hertog van Orléans
- WVIII/20 (erg beschadigd; herk.: wapen van Emmanuel Félicité de Durford [supralibros]) + onvolledig ex.

LACMAN, Joannes   L12
Pensées chrétiennes... Par ... Jean Lacman ... Seconde édition

A Louvain, chez Martin Hullegaerde, 1676
12°: †⁹, A-X¹²; [20], 497, [5] p.
- PrJV/2

LA CROIX, Franciscus de, S.J.   L13
Petit iardin de Nostre Dame ... Composees en Latin par ... François de la Croix ... Et traduites en François par un pere de la mesme compagnie [Louis Brouart]
A Douay, chez Baltazar Bellere, 1629
12°: á¹², é⁴, A-Q¹², R⁶; [32], 384, [12] p.
- PrEI/23

LA CROIX, Jean-François de   L14
Dictionnaire historique des cultes religieux établis dans le monde, depuis son origine jusqu'à présent [J.-F. de La Croix]
A Paris, chez Vincent, 1774
8°: 5 dln
- RI/16-20

LACTANTIUS, Lucius Cælius Firmianus   L15
L. Cœlii Lactantii Firmiani *Divinarum institutionum Libri VII. De ira Dei Liber I. De opificio Dei ... Liber I.* Per ... Erasmum Rot. recognitis & scholiis illustratus. Epitome in libros suos, liber Acephalos. Phœnix. Carmen de passione Domini. Carmen de dominica resurrectione
Antverpiæ, ex officina Ioan. Graphei, 1532
8°: A-B⁸, b⁴, C-2P⁸, 2Q⁴, 2R⁸; [38], [2bl], 594, [16] p.
- EI/9 (2R⁸ ontbr.; herk.: Park [17e, gerad. supralibros]; 2 theca VIIII)

LACTANTIUS, Lucius Cælius Firmianus   L16
L. Cœlii Lactantii Firmiani *Opera, quæ quidem extant omnia. Accesserunt Xysti Betuleii Augustani pia ac erudita commentaria ...* (ed.: Emmanuel Birck)
Basileæ, per Henricum Petri, (1563?)
2°: a⁶, a-z⁶, A-X⁶; [12], 528 p.
- EV/4

LACTANTIUS, Lucius Cælius Firmianus   L17
L. Cœlii sive Cæcilii Lactantii Firmiani *Opera omnia quæ exstant ...* Præmittitur notitia literaria studiis Societatis Bipontinæ p. III-XI: *Lactantii vita*; XII-XL: *Index editionum Lactantii operum*
Biponti, ex typographia Societatis, 1786
8°: π¹, a-c⁸, d⁴(-d⁴), A-2A⁸, 2B⁴, 2C²(-2C²); [2], LIV, 394 p. + π¹, A-2F⁸, 2G⁴; [2], 454, [16] p.; medaillons van Constantinus & Julius Crispus op de titelp.
- EI/13-14 (herk.: O. G. Fisch V.D.M., 1786)

LADVOCAT, Jean-Baptiste   L18
Dictionnaire historique-portatif, contenant l'histoire des patriarches, des princes hebreux, des empereurs, des rois ... Par ... Ladvocat ... Nouvelle édition
A Paris, chez Didot, 1755
8°: a², a⁴, A-2S⁸, 2T⁴; [4], VII, [1], 664 p. + π², A-2Y⁸; [4], 715, [5] p.
- YII/20-21 (herk.: N. J. Auglaire de Meslin L'Eveque 1823)

LAET, Joannes de   L19
Belgii confœderati respublica, seu Gelriæ, Holland., Zeland., Traject., Fris., Transisal., Groning. chorographica politicaque descriptio (Joannes de Laet)
Lugd. Batav., ex officina Elzeviriana, 1630
16°: *⁸, A-Z⁸; [16], 352, [7] p.
- PrEI/9

LA FAILLE, Petrus de   L20
Bekeeringe Petri de la Faille, predicant te Kaudekerke, uyt de

L

Calvinissche ketterye ... Door Petrus de la Faille ...
t'Antwerpen, by P. J. Parys, (1764?)
8°: π², *⁴, A-3C⁴; [12], 389, [10] p.
- ArCV/15

LA FAILLE, Petrus de — L21
Oogen-salve Petri de la Faille, eertijts predicant van Caudekerc ... Verdeylt in drie tractaten
Tot Leuven, by Bernardijn Maes, 1645
8°: 3 dln: ill.
- ArCV/16

LA FAILLE, Petrus de — L22
Oogen-zalve der Calvinisten, tot verlichting der gene die zitten in de duysternissen der doolingen en dwaelingen des ongeloofs ... Door P. Della Faillie ... Verdeelt in dry tractaeten
t'Antwerpen, by P. J. Parys, 1766
8°: A-3B⁴; 376 [=378], [6] p.
- ArDIII/34

LA FAYE, Antoine de — L23
Emblemata et epigrammata miscellanea selecta ex stromatis peripateticis Antonii Fayi
Genevæ, apud Petrum & Iacobum Chouët, 1610
8°: *⁸, A-V⁸, X²; [16], 299, [25] p.
- WI/9 (herk.: Ex L. N. Flamang)

LAFITAU, Pierre-François — L24
Histoire de la constitution Unigenitus. Par ... Pierre-François Lafiteau ...
A Maestricht, de l'imprimerie de P. L. Lekens, 1791
12°: π¹, a-c¹², d¹⁴(-d¹⁴), A-M¹², N⁴; [2], 97, [1 bl], 294 p. + π¹, A-V¹², Y¹⁰; [2], 498, [1] p.
- YV/35-36

LA HOGUE, Louis Gillès de — L25
S. Cyprien consolant les fidèles persécutés de l'église de France ... Par ... De La Hogue ...
A Liége. Et se trouve chez les libraires associés à Bruxelles, Mons, Namur, Luxembourg, Anvers, Maestricht, 1801
VI, 273, [3] p.
- EII/1 (herk.: Ex libris H.Th.J. Demeuld<er>)

LAIRVELZ, Annibal-Servais de, O.Præm. — L26
Catechismi novitiorum et eorundem magistri. Authore ... Servatio de Lairuelz
Mussiponti apud Sanctam Mariam Maiorem, per Franciscum du Bois, 1623
2°: †-2†⁶, A-2R⁶, 2S⁴, *⁴[?], 2*⁶, A-3M⁶; [24] p., 908 kol., [2bl.], [52?] p., 1320 kol., [70] p.; gegrav. titelp.
- ArFVI/12 (herk.: Ex libris Ecclesiæ Novacellensis prope Frisingam. Aº 1635)

LAIRVELZ, Annibal-Servais de, O.Præm. — L27
Optica regularium. Ceu, commentarii in regulam S. P. N. Augustini ... Auctore Servatio de Lairvelz ...
Mussiponti, apud Melchiorem Bernardum, 1603
4°: †-3†⁴, A-3K⁴; [24], 422, [26] p.
- PrHIII/8

LAIRVELZ, Annibal-Servais de, O.Præm. — L28
Optica regularium seu commentarii in regulam sancti P.N. Augustini ... Auctore ... Servato De Lairvelz ...
Coloniæ Agrippinæ, sumptibus Conradi Butgenii, 1614
8°: †⁸, 2†⁴, A-2S⁸; [24], 781, [29] p.
- PrFII/10

LALLEMANT, Jacques Philippe — L29
Le sens propre et littéral des pseaumes de David ... [J. Ph. Lallemant]. Troisiéme édition
A Paris, chez le Conte & Montalant, 1710
12°: π², *⁴, à¹², A-M¹², N⁸, χ¹, O⁴, P-2F¹², 2G⁶(-2G⁶); [35], 645, [36] p.; gegrav. front.
- CII/36 (herk.: Philippe Jacquet, Hennuyers, 1724; Philippe François Leclercqz, 1792)

LA LOMIA, Francesco — L30
Le mois consacré à Marie ... Par ... François De Lomia ... Nouvelle édition
A Louvain, chez Vanlinthout et Vandenzande, 1819
202 p.; front.
- ArDV/4

LA LOÜE, Henri de — L31
Idea pastoralis, ad normam perfectionis evangelicæ exacta, vita, et moribus ... Henrici de la Loüe expressa
Mechliniæ, apud Gisbertum Lintsium, (1680?)
8°: A⁸; 16 p.
- ArEV/8/2

LA LOÜE, Henri de — L32
Idea pastoralis, ad normam perfectionis evangelicæ exacta, vita, et moribus D. Henrici de la Loüe expressa
Mechliniæ, typis Laurentii Vander Elst, (1729?)
8°: N⁶; 12 p.
- DI/16/2 & ArEV/7/2

LA LUZERNE, César-Guillaume de — L33
Considérations sur la passion de Notre-Seigneur Jésus-Christ. Par ... César-Guillaume de la Luzerne
A Paris, chez Méquignon junior, 1827
[2], 350 p.
- ArDII/10

LAMBECK, Peter — L34
Petri Lambecii *Origines Hamburgenses, sive rerum Hamburgensium liber primus (-secundus)*. Accedunt in hac editione *Breviarium Vitæ S. Anscharii & excerpta Chronologia à Claudio Arrhenio* ...
Hamburgi, 1: sumptu Christiani Liebezeit, 1706; 2: sumptibus Christiani Liebezeitii; Leoburgi, excudebat Christian. Albrecht. Pfeiffer, 1706
2°: π², †-11†², A-S⁴; [10], 144 p. + π¹, (*)⁴, A-X⁴, a-f², g⁴; [10], 268, [29] p.
- TVII/9/2

LAMBERT, Abbé de — L35
Sermons sur le Carême. Prêchés ... par ... de Lambert ...
A Liége, chez Everard Kints, 1744
8°: á², A-2A⁸, 2B²; [4], 387 p. + ?
- ArAII/37 (dl 1; herk.: F.M. Nijsmans Rel. Parch. 1756)

LAMBERT, Bernard, O.P. — L36
Apologie de l'état religieux, dans laquelle on prouve que les Ordres & les Congrégations sont très-utiles ... [B. Lambert]
S.l., s.n., [1778]
12°: A-M¹², N⁸; 303 p.
- PI/29

LAMBERTI, Robertus, O.Præm. — L37
Diva Virgo de Cortenbosch ... Auctore ... Roberto Lamberti...
Leodii, typis Joannis Mathiæ Hovii, 1656
Coll.: Siardus Hiddinga (gedicht)

8°: a⁸, b⁴, A-V⁸, X⁷, Y-2B⁸; [24], 391, [6] p.
- PrI I/5 (herk.: B. van Beygaerden) & ArEI/20 (herk.: De Houwer)

LAMBOTTE, Franciscus   L38
Theses theologicæ de usu & abusu exercendi & frequentandi popinas. Quas præside ... Bartholomæo Pasmans ... defendet Franciscus Lambotte ... die 7 Februarii 1690
Lovanii, typis Guilielmi Stryckwant, (1690?)
4°: A-C⁴; [24] p.
- ArKIII/7/10c

LAMBRECHT, Jan   L39
Vlaemsche vrede-vreught naer een pijnlijcke droefheyt door den grouwelijcken oorlogh, nu verandert in een aengenaeme peys. Bestaende in *Vlaemsche Maeght, Mey-Droom, Goddelycke Vrede-Lof, Vorstelycke Minne-Lusten, Trouwe, ende Bruylofts Liedt*. Door J. Lambrecht ...
In 's Graven-Hage, gedruckt by Adriaen Vlack, 1659
4°: *10?, 2*-3*⁴, A-V⁶[-V⁶], a-i⁴; [36?], 154, [6], 80 p.: ill. + muz.
- VVI/3 (*1 ontbr.; prenten op p. 112, 140 & 148 zijn uitgeknipt)

LAMEN, Joannes van   L40
Een likkepotje voor den heessen musicant ... Gecomponeert ... door Johannes van Lamen
S.l., s.n., 1668
4°: π¹, A-B⁴; [2], 16 p.
- ArGVII/12/1

LAMENNAIS, Félicité Robert de   L41
Doctrine et morale chrétiennes. Tirées des Pères et des auteurs ecclésiastiques modernes ... Précédés d'une préface par ... F. de La Mennais
Paris, 1-2: Paris, à la librairie Grecque, Latine et Française, 1821; 3-5: à la librairie classique – élémentaire, 1821-1823
5 dln; gegrav. front. in elk dl
- PrEI/25-29

LAMENNAIS, Félicité Robert de   L42
Le guide du premier âge. Par ... F. de la Mennais
Lovanii, Vanlinthout et Vandenzande, 1828
221 p.
- ArAVIII/8

LAMENNAIS, Félicité Robert de   L43
Œuvres de M. l'abbé F. de Lamennais
Bruxelles, Demengeot et Goodman, 1829-1830
3 dln
- ArAVII/33 (dl 1)

LAMET, Adrien-A. de & FROMAGEAU, Germain   L44
Le dictionaire des cas de conscience ... Par feus messieurs De Lamet & Fromageau ...
A Paris, chez Jean-Baptiste Coignard [et] chez Hippolyte-Louis Guérin, 1733
2°: π², á⁴, A-2G⁴, 2H-5V², 5X-7M⁴, 7N-7O²; [12] p., 1756 kol. + π², A², B⁴, C-2V², 2X-6G⁴, 6H-6Y²; [4] p., 1640 kol., [62] p.
- IIX/16-17

LAMI, Giovanni   L45
Io. Lami *De eruditione apostolorum liber singularis* ...
Florentiæ, ex typographio Bernardi Paperinii, 1738
8°: †⁸, A-2E⁸; XVI, 446 p.
- PrDI/17

LAMI, Giovanni   L46
Io. Lami *De eruditione apostolorum liber singularis*... Editio altera
Florentiæ, ex typographio Petri Cætani Viviani, 1766
4°: π⁴, *⁴, *†⁴, A-3Z⁴, 4A⁶, 4B-7V⁴; XIV, 1269 p.; 1 uitsl. plt in elk dl
- BII/30-31

LA MOTHE (dit de la HODE)   L47
Histoire des révolutions de France. Par ... de la Hode
A La Haye, chez Pierre Gosse, & Adrien Moetjens, 1738
12°: 4 dln
- PrFII/17 (dl 2; herk.: niet geïdent. supralibros)

LAMY, Bernard, Orat.   L48
Commentarius in harmoniam, sive Concordiam quatuor evangelistarum. Auctore Bernardo Lamy ...
Parisiis, excudebat Joannes Anisson, 1699
4°: π², á⁴, é⁴, A-4O⁴, $1-6⁴; [4], XVI, 661, [49] p.
- BV/21/1

LAMY, Bernard, Orat.   L49
Apparatus chronologicus et geographicus ad commentariorum in harmoniam, sive concordiam quatuor Evangelistarum. Auctore Bernardo Lamy ...
Parisiis, excudebat Joannes Anisson, 1699
4°: π², a-h⁴, A-2X⁴, 2Y²; [2], LXIV, 326, [30] p.
- BV/21/2

LANCELOT, Claude   L50
Nouvelle méthode pour apprendre facilement la langue latine ... [C. Lancelot]. Avec un traité de la poësie latine, & une bréve instruction sur les regles de la poësie Françoise. Huitieme édition
p. 15: Rol. Mares. *Petro Halæo, poetæ* ...
A Paris, chez Denys Thierry, 1681
8°: A-3E⁸, 3F⁴; 815, [9] p.
- UII/39 (herk.: Ex libris De Bruyn)

LANDSHEERE, Wilhelm de, S.J.   L51
Deliciæ eucharisticæ ... Per M. D. L. (W. de Landsheere)
Antverpiæ, typis Arnoldi van Brakel, 1655
24°: O², P-2A⁸; 166 p.; gegrav. titelp.
- PrJVIII/6/3

LANDSHEERE, Wilhelm de, S.J.   L52
Deliciæ piorum sacræ ... Per M. D. L. (W. de Landsheere)
Antverpiæ, typis Arnoldi van Brakel, 1655
24°: H-I⁸, K⁴, L-M⁸, N⁶; 82 p.; gegrav. titelp.
- PrJVIII/6/2

LANDSHEERE, Wilhelm de, S.J.   L53
Diarium hominis piè christiani. Per M. D. L. (W. de Landsheere)
Antverpiæ, typis Arnoldi van Brakel, 1655
24°: A-F⁸, G⁴; 103, [1] p.; gegrav. titelp.
- PrJVIII/6/1 (herk.: F Franciscus abbatiæ Parchensis; a Prevost ad Waulthier)

LANDSHEERE, Wilhelm de, S.J.   L54
Fasciculus myrrhæ ex piis erga Christum patientem affectibus collectus. Per M. D. L. (W. de Landsheere]
In fine: *Oratio S. Augustini*
Antverpiæ, typis Arnoldi van Brakel, 1655
24°: 2B-2H⁸, 2I⁴, A⁴; 114, [2], 6, [1] p.; gegrav. titelp.
- PrJVIII/6/4

LANDTMETER, Laurentius, O.Præm.   L55
Commentarius brevis ad regulam S.ᵐⁱ P. N. Augustini ...

L

Authore ... Laurentio Landtmeter ...
Lovanii, apud Bernardinum Masium, 1621
8°: *8, A-H8; [8], 64 f.
- ArEI/4/2 & ArEI/13

LANDTMETER, Laurentius, O.Præm.   L56
De vetere clerico, monacho, clerico-monacho libri tres ...
Auctore ... Laurentio Landtmeter ... Accedit ad calcem ... ejusdem auctoris brevis commentarius ad Regulam S. Augustini ...
Antverpiæ, apud Ioannem Cnobbaert, 1635
4°: †4, 2†2, A-I4, K2, A-3L4, 3M2, A-I4; [12], 76, 430, [30], 64 p.
- MIII/29 (herk.: Collegij Pastoris) & ArEIII/6 (herk.: A. N. Driesmans canonicus Cameracensis)

LANDTMETER, Laurentius, O.Præm.   L57
Encomium veritatis, iuxta ea quæ disseruntur lib. 3 Esdræ c. 3 & 4. ex S. Augustino ... collectum. Studio et opera ... Laurentii Landtmeteri ... Accessit ad calcem operis eiusdem auctoris *Paraphrasis in Tertulliani Pallium*
Antverpiæ, typis Guillielmi Lesteenii, 1645
8°: (?)8, 2†8, A-Q8, R4; [32], 262, [2] p.
- PrHI/1 (herk.: Fr. Dominicus Bourbon 1731; Basilius van Beygaerden [Park])

LANG, Joseph   L58
Florilegii magni, seu Polyantheæ floribus novissimis sparsæ, libri XXIII. Opus ... a Josepho Langio post alios meliore ordine dispositum ... Editio novissima ... cui præter additiones ... Sylvii Insulani accesserunt libri tres ...
Lugduni, sumptibus Joannis Antonii Huguetan, 1681
2°: *6, A-6I6, 6K4; [6] f., 2988 kol.
- JV/21

LANGENDIJK, Pieter   L59
De graaven van Holland. In jaardichten beschreven door Pieter Langendyk. Verrykt met alle de beeldtenissen dier prinsen ...
Te Haarlem, by J. Bosch, 1745
4°: π1, †2, *-10*4, A-2C4; [86], 207 p. + A-2E4, 2F2; 227 p. + 32 pltn; bijk. gegrav. titelp.
Coll.: P. L., Pieter Merkman, J. Olthof, D. Smits, Rudolf Marcus, Lucas Pater, Abraham de Haen, de jonge, Jacobus van der Streng, Bernardus de Bosch, Dirk Willink, Nicolaas Simon van Winter, J. Fr. du Sauzet, Arnold Hoogvliet
- OIV/16-17 (herk.: Caspari) & UII/37-38

LANGENDIJK, Pieter   L60
Willem de Eerste, Prins van Oranje ... In Jaardichten beschreeven door Pieter Langendyk ... Nieuwe en verbeterde uitgave
Te Haarlem, by J. Bosch, 1762
4°: π2, A-O4; [4], 112 p.
- YIII/4

LANGUET de GERGY, Jean-Joseph   L61
Deuxiéme recueil des ouvrages de Monseigneur l'évêque de Soissons [J.-J. Languet], *qui ont paru, depuis l'année 1722, jusqu'à 1725*
A Paris, chez la veuve Raymond Mazières, & J. B. Garnier, 1725
4°: π3, A-8L2; [6], 688 p.
- KIII/5 (herk.: wapen van Luik, *Filia legia romanæ ecclesiæ* [supralibros])

LANGUET de GERGY, Jean-Joseph   L62
Instruction de Monseigneur l'évêque de Soissons [J.J. Languet] *où il montre quel est le parti le plus sûr dans la contestation présente. Au sujet de la constitution Unigenitus ...*
A Reims, chez Barthelemy Multeau. Se vend à Bruxelles, chez Simon t'Serstevens, 1719
8°: A12; 22, [2] p.
- YIII/35/10

LANGUET de GERGY, Jean-Joseph   L63
Traité de la confiance en la miséricorde de Dieu ... Par ... Jean Joseph Languet ... Edition nouvelle
A Brusselle, chez la veuve Foppens, 1740
8°: *4, A-R8; [8], 272 p.
- LI/36

LANSPERGIUS, Joannes Justus, O.Cart.   L64
Ioannis Lanspergii ... *Epistolarum & Evangeliorum dominicialium enarrationes & conciones ... Pars æstivalis*
Coloniæ, ex officina Melchioris Novesiani, 1545
8°: *-2*8, a-3p8; [16], 485 f.
- PrFII/3 (herk.: Liber Carthusianorum. Zeelem)

LAPIDE, Cornelius a, S.J.   L65
Commentaria in Acta Apostolorum, epistolas canonicas et Apocalypsin. Auctore ... Cornelio Cornelii a Lapide ... Editio ultima
Antverpiæ, apud Ioan. et Iacob. Meursios, 1647
2°: 3 dln; gegrav. titelp. in 1
- CVII/15 (herk.: R. Crans 1659)

LAPIDE, Cornelius a, S.J.   L66
Commentaria in duodecim prophetas minores. Auctore ... Cornelio Cornelii a Lapide ...
Antverpiæ, apud Ioann. et Iac. Meursios, 1646
2°: †-2†6, A-4A6, 4B4, a-g6, h4; [24], 848, [90] p.; gegrav. titelp.
- CVII/12 (herk.: R. Crans, 1659)

LAPIDE, Cornelius a, S.J.   L67
Cornelii Cornelii a Lapide ... *Commentaria in duodecim prophetas minores*
Antverpiæ, apud Henricum & Cornelium Verdussen, 1700
2°: †4, 2†6, A-4A6, 4B4, A-F6; [20], 848, [72] p.
- EVII/8

LAPIDE, Cornelius a, S.J.   L68
Commentaria in Ecclesiasticum. Auctore ... Cornelio Cornelii a Lapide ... Editio secunda
Antverpiæ, apud Ioannem Meursium, 1643
2°: π4, A-5B6(-5B6); [4], 1040, [82] p.; gegrav. titelp.
- CVII/8 (herk.: R. Crans, 1659)

LAPIDE, Cornelius a, S.J.   L69
... Cornelii Cornelii a Lapide ... *Commentaria in Ecclesiasticum*
Antverpiæ, apud Henricum & Cornelium Verdussen, 1701
2°: *4, A-5A6, 5B4(-5B4); [8], 1040, [78] p.; bijk. gegrav. titelp.: Antverpiæ, apud Hieronymum Verdussen, 1687
- EVII/4

LAPIDE, Cornelius a, S.J.   L70
... Cornelii Cornelii a Lapide ... *Commentaria in Ezechielem prophetam*
Antverpiæ, apud Henricum & Cornelium Verdussen, 1703
2°: 4I-6K6; p. [1-2], 927-1414, [1-90]; 1 grav. (Ezechiel)
- EVII/7

LAPIDE, Cornelius a, S.J.   L71
Commentaria in omnes divi Pauli epistolas. Auctore ...

Cornelio Cornelii a Lapide ... Ultima editio
Antverpiæ, apud Martinum Nutium, 1635
2°: *⁶, A-4V⁶, 4X⁴; [12], 976, [103] p.; gegrav. titelp.
- CVII/14 (herk.: R. Crans, 1659)

LAPIDE, Cornelius a, S.J.   L72
Commentaria in omnes divi Pauli epistolas. Auctore ...
Cornelio Cornelii a Lapide ...
Antverpiæ, apud Henricum & Cornelium Verdussen, 1692
2°: *⁴, A-4T⁶, 4V⁴(-4T⁴); [8], 976, [90] p.; gegrav. titelp.
- EVII/11-12

LAPIDE, Cornelius a, S.J.   L73
Commentaria in Pentateuchum Mosis. Auctore ... Cornelio
Cornelii a Lapide ... Ultima editio.
Antverpiæ, apud Ioan. et Iac. Meursios, 1648
2°: *⁸, A-4Z⁶, 5A⁴; [16], 1062(i.e. 1060), [55] p.; gegrav. titelp.
- CVII/6

LAPIDE, Cornelius a, S.J.   L74
Commentaria in Pentateuchum Mosis. Auctore ... Cornelio
Cornelii a Lapide ... Ultima editio
Antverpiæ, apud Henricum et Cornelium Verdussen, 1697
2°: *⁴, A-4Y⁶, 4Z⁴; [8], 1060, [44] p.; gegrav. titelp.
- EVII/1

LAPIDE, Cornelius a, S.J.   L75
Commentaria in proverbia Salomonis. Auctore ... Cornelio
Cornelii a Lapide ... Editio altera
Antverpiæ, apud Ioannem et Iacobum Meursios, 1645
2°: †⁴, A-4P⁶, 4Q⁴; [8], 903, [110] p.; gegrav. titelp.
- CVII/9 (herk.: R. Crans, 1659)

LAPIDE, Cornelius a, S.J.   L76
... Cornelii Cornelii a Lapide ... *Commentaria in proverbia Salomonis*
Antverpiæ, apud Henricum & Cornelium Verdussen, 1697
2°: π⁴, A-4M⁶, 4N⁸; [8], 903, [83] p.; bijk. gegrav. titelp.
- EVII/3

LAPIDE, Cornelius a, S.J.   L77
Commentaria in quatuor prophetas maiores. Auctore ...
Cornelio Cornelii a Lapide ... Postrema editio
Antverpiæ, apud Martinum Nutium, 1634
2°: *-3*⁶, 4*⁴, A-2Z⁶, 3A⁴, 3B-4G⁶, 4H⁸, 4I-5L⁶, 5M⁸, 5N-6M⁶; [44], 1414, [113], p.: ill.; gegrav. titelp.
- CVII/11 (herk.: R. Crans, 1659)

LAPIDE, Cornelius a, S.J.   L78
Commentaria in quatuor prophetas maiores. Auctore ...
Cornelio Cornelii a Lapide ... Postrema editio
Antverpiæ, apud Henricum & Cornelium Verdussen, 1703
2°: *⁴, 2*-3*⁶, 4*⁴, A-4G⁶, 4H⁸, 4I6-5K⁶, 5M⁸, 5N6-6K⁶; [40], 1414, [90] p.; gegrav. titelp.
- EVII/6 (pp. 925-1414 ontbr.)

LAPIDE, Cornelius a, S.J.   L79
Commentarii in Canticum Canticorum. Auctore ... Cornelio
Cornelii a Lapide ...
Antverpiæ, apud Iacobum Meursium, 1650
2°: π², 2*⁶, 2A-3G⁶, 3H⁸, 3I-3L⁶, 3M⁴; [16], 376, [43] p.
- CVII/10/2

LAPIDE, Cornelius a, S.J.   L80
Commentarii in Ecclesiasten. Auctore ... Cornelio Cornelii a
Lapide ...
Antverpiæ, apud Iacobum Meursium, 1649
2°: †⁴, A-2K⁶; [8], 360, [35] p.
- CVII/10/1 (herk.: R. Crans, 1659)

LAPIDE, Cornelius a, S.J.   L81
Commentarii in Librum sapientiæ. Auctore ... Cornelio
Cornelii a Lapide ...
Antverpiæ, apud Jacobum Meursium, 1649
2°: π², 3A-4G⁶; [4], 336, [22] p.
- CVII/10/3

LAPIDE, Cornelius a, S.J.   L82
... Cornelii Cornelii a Lapide ... *Commentarius in Acta Apostolorum*
Antverpiæ, apud Henricum & Cornelium Verdussen, 1698
2°: π⁴, A-2K⁶; [8], 366, [26] p.
- EVII/10/1

LAPIDE, Cornelius a, S.J.   L83
... Cornelii Cornelii a Lapide ... *Commentarius in Apocalypsin S. Johannis*
Antverpiæ, apud Henricum & Cornelium Verdussen, 1698
2°: a-2i⁶, 2k⁴(-2k⁴); 356, [30] p.
- EVII/10/2

LAPIDE, Cornelius a, S.J.   L84
... Cornelii Cornelii a Lapide ... *Commentarius in Canticum Canticorum*
Antverpiæ, apud Henricum & Cornelium Verdussen, 1694
2°: 2*⁶, 2A-3K⁶, 3L⁴(-3L⁴); [12], 376, [30] p.
- EVII/5/2

LAPIDE, Cornelius a, S.J.   L85
... Cornelii Cornelii a Lapide ... *Commentarius in Ecclesiasten*
Antverpiæ, apud Henricum & Cornelium Verdussen, 1694
2°: π², A-2H⁶, 2I⁸(-2I⁸); [4], 360, [26] p.
- EVII/5/1

LAPIDE, Cornelius a, S.J.   L86
... Cornelii Cornelii a Lapide ... *Commentarius in Epistolas Canonicas*
Antverpiæ, apud Henricum & Cornelium Verdussen, 1698
2°: 2A-4C⁶, 4D⁸; 570, [34] p.
- EVII/13

LAPIDE, Cornelius a, S.J.   L87
Commentarius in Esdram, Nehemiam, Tobiam, Iudith, Esther et Machabæos. Auctore ... Cornelio Cornelii a Lapide ...
Antverpiæ, apud Joannem & Jacobum Meursios, 1645
2°: †⁴, A-N⁶, O-P⁴, Q⁶, R-S⁴, A-M⁶, N-O⁴; [8], 171, [29], 142, [16] p.
- CVII/7/2

LAPIDE, Cornelius a, S.J.   L88
Commentarius in Iosue, Iudicum, Ruth, IV libros Regum et II Paralipomenon. Auctore ... Cornelio Cornelii a Lapide ...
Antverpiæ, apud Iacobum Meursium, 1653
2°: *⁴, A-2G⁶; [6], 360 p. + π¹, A-2L⁶, 2M⁸; [2], 400, [27] p.
- CVII/7/1 (herk.: R. Crans, 1659)

LAPIDE, Cornelius a, S.J.   L89
... Cornelii Cornelii a Lapide ... *Commentarius in Josue, Judicum, Ruth, IV. libros Regum et II. Paralipomenon*
Antverpiæ, apud Henricum & Cornelium Verdussen, 1700
2°: π², A-2G⁶; [4], 360 p. + π¹, A-2M⁶; [2], 400, [24] p.

L

- EVII/2/1

LAPIDE, Cornelius a, S.J.   L90
... *Cornelii Cornelii a Lapide* ... Commentarius in Librum Sapientiæ
Antverpiæ, apud Henricum & Cornelium Verdussen, 1694
2°: π², 3A-4F⁶, 4G⁴; [4], 336, [20] p.
- EVII/5/3

LAPIDE, Cornelius a, S.J.   L91
Commentarius in quatuor evangelia. Auctore ... Cornelio Cornelii a Lapide ...
Antverpiæ, apud Ioan. et Iac. Meursios, 1649
2°: *⁴, A-3L⁶, 3M⁴; [8], 620, [66] p. + π², A-3E⁶; [4], 557, [54] p.; gegrav. titelp.
- CVII/13 (herk.: R. Crans, 1659)

LAPIDE, Cornelius a, S.J.   L92
Commentarius in quatuor evangelia. Auctore ... Cornelio Cornelii a Lapide ...
Antverpiæ, apud Henricum & Cornelium Verdussen, 1695
2°: *⁴, A-3I⁶, 3K⁸; [8], 620, [52] p. + π², A-3D⁶; [4], 557, [42] p.; gegrav. titelp.
- EVII/9

LAPIDE, Cornelius a, S.J.   L93
... *Cornelii Cornelii a Lapide* ... Commentarius in Esdram, Nehemiam, Tobiam, Iudith, Esther, et Machabæos
Antverpiæ, apud Henricum & Cornelium Verdussen, 1693
2°: π², A-2E⁶, 2F⁴; [4], 314, [34] p.
- EVII/2/2

LAPIDE, Joannes a, O.Præm.   L94
Corn. Iansenii Iprensis episcopi ... Laudatio funebris. Dicta à ... Ioanne a Lapide ... 4 May anno 1641
Lovanii, typis Bernardini Masii, (1641)
4°: A-E⁴, F²; 42, [1] p.
- PrCII/16/7, ArFIV/15/27 & ArFIV/15/10 (herk.: Gerard Cocx)

LA RIVIÈRE, Polycarpe de, O.Cart.   L95
Adieu du monde ... Par ... Polycarpe de la Riviere ...
Lugduni, sumptibus Antonii Pillehotte, 1619
8°: *-2*⁸, 3*⁴, A-3N⁸, 3O²; [40], 877, [69] p.
- ZIII/27 (titelblad ontbr. ; l'abbé Caudet)

LA RIVIÈRE, Polycarpe de, O.Cart.   L96
Le mistere sacre de nostre redemption, contenant en trois parties la mort & passion de Iesus Christ. Par ... Polycarpe de la Riviere ... II Partie
A Lyon, chez Anthoine Pillehotte, 1621
8° : *⁸, A-3X⁸; [16], 1002, [2bl], [62] p.; gegrav. titelp.
- ArBV/15

LA ROCHEJAQUELEIN, Marie-L.-V., marquise de   L97

Mémoires de Madame la marquise de la Rochejaquelein. Ecrits par elle-meme; suivis d'additions par ... Louis-F. de Robiano de Borsbeek. Avec deux cartes et deux portraits
A Louvain, chez Vanlinthout et Vandenzande, 1823
8°: [2], II, 510 p.;
- ArAVII/32 (krtn ontbr.; herk.: Bernard Van Hoecke [Park])

LA RUE, Charles de, S.J.   L98
Oraisons funèbres. Prononcées par ... de la Rue ...
A Paris, chez Pierre Gissey & chez Marc Bordelet, 1740
12°: π², A-2F⁸, B-2G⁴(-2G⁴); [4], 358 p.

- JII/29

LA RUE, Charles de, S.J.   L99
Panégyrique des Saints. Par ... de la Rue ... Avec quelques autres sermons ...
A Paris, chez Pierre Gissey & chez Marc Bordelet, 1740
12°: a⁴(-a⁴), A-2O⁸, B-2Q⁴; [6], 434, [30] p.+ π², A-2F⁸, B-2G⁴(-2G⁴); [4], 358 p.
- JII/27-28

LA RUE, Charles de, S.J.   L100
Sermons du Pere de la Ruë ... Seconde édition
A Lyon, chez Anisson et Posuel, 1719
12°: 4 dln
- JII/23-26

LA RUE, Cornelius Ludovicus de   L101
Theses theologicæ de tertio præcepto decalogi memento, ut diem sabbati sanctifices ... Quas præside ... Bartholomæo Pasmans ... defendet Cornelius Ludovicus de la Rue ... die 19 Februarii anno 1686
Lovanii, typis Guilielmi Stryckwant, (1686?)
4°: A-E²; [20] p.
- ArKIII/7/10d

LAS CASES, Emmanuel-Auguste, comte de   L102
Atlas historique, généalogique, chronologique et géographique de A. Lesage, comte de Las Cases
Paris, Charles-Antoine Teste. Imprimerie et fonderie de Jules Didot aîné, 1823
plano: [35] pltn
- ArKIII/3

LASELVE, Zacharie, O.F.M.   L103
Annus apostolicus, continens conciones pro omnibus et singulis totius anni diebus dominicis. Authore ... Zacharia Laselve ...
Parisiis, apud Edmundum Couterot. Prostant Leodii, apud Joann. Franc. Broncart, 1707
8°: *⁸(-*⁸), A-2B⁸, 2C⁴; [14], 407, [1bl] p. + *⁸(-*⁸), A-Z⁸(-Z⁸); [14] p., p. 409-764, [10] p.
- JII/30-31

LASELVE, Zacharie, O.F.M.   L104
Annus apostolicus, continens conciones pro omnibus & singulis totius anni diebus dominicis. Authore ... Zacharia Laselve ...
Parisiis, apud Edmundum Couterot. Prostant Leodii, apud J. F. Broncart, 1710
8°: *⁸, A-2B⁸, 2C⁴; [16], 407 p. + *⁸, A-Z⁸; [14] p., p. 409-764, [10] p.
- PrBI/8 (herk.: Cartusiæ Brixiæ)

LASELVE, Zacharie, O.F.M.   L105
Annus apostolicus ... continens, conciones pro toto adventu. Authore ... Zacharia Laselve ...
Parisiis, apud Edmundum Couterot, 1708
8°: §⁴, A-V⁸, X⁴, Z⁴; [8], 318, [18] p.
- JII/32 & PrBI/9/1

LASELVE, Zacharie, O.F.M.   L106
Annus apostolicus, seu conciones tempore quadrages. Prædicabiles. Auctore ... Zacharia Laselve ...
Parisiis, apud Edmundum Couterot. Prostant Leodii, apud J. F. Broncart, 1709
8°: 3 dln
- JII/33-34 (dln 2 & 3) & PrBI/9/2 (dl 2)

LASELVE, Zacharie, O.F.M.   L107

Annus apostolicus, seu conciones toto anni decursu prædicabiles. Auctore ... Zacharia Laselve ...
Parisiis, apud Edmundum Couterot. Prostant Leodii, apud J. F. Broncart, 1708
8°: 4 dln
- JII/35-37 (dl 2 ontbr.) & PrBI/10-11 (herk.: Cartusiæ Brixiæ)

LA SERNA SANTANDER, Carlos Antonio de   L108
Dictionnaire bibliographique choisi du quinzième siècle, ou Description par ordre alphabétique des éditions les plus rares et les plus recherchées du quinzième siècle, précédé d'un essai historique sur l'origine de l'imprimerie ... Par ... de La Serna Santander
1: A Bruxelles, impr. de J. Tarte, An XIII – 1805; 2 & 3: A Bruxelles, de l'imprimerie de G. Huyghe. Et se trouve à Paris, chez Tilliard, frères, 1806-1807
8°: 3 dln
- WII/15-17

LA SERRE, Jean Puget de   L109
Le breviere des courtisans. Enrichy d'un grand nombre de figures. Par ... De la Serre ...
A Paris, chez Mathurin Hénault, Nicolas de la Vigne, Philippes Gaultier, Nicolas de la Coste, 1630
8°: á^8, A-T^8; [16], 304 p.: ill.; gegrav. front; portret
- LI/37

LATOMUS, Joannes   L110
Corsendonca sive cænobii canonicorum regularium ordinis S. Augustini de Corsendoncq origo et progressus. Auctore Ioanne Latomo ... Ioannes Hoybergius ... nunc primum edidit ...
Antverpiæ, apud Hieronymum Verdussium, 1644
8°: *^{8}, A-N^8; [16], 180, [28] p.
- ArDIII/18 & ArDIII/19

LAUNOY, Jean de   L111
Joannis Launoii ... Opera omnia ... Auctoris vita ... aucta et illustrata. Accessit *Tractatus de varia Launoii librorum fortuna* [Franciscus Granet]
Coloniæ Allobrogum, sumptibus Fabri & Barrillot sociorum, et Marci-Michaelis Bousquet & sociorum, 1731-1732
2°: 5 dln; grav. op elke titelp.
- ArBVII/3-12

LAVATER, Johann Kaspar   L112
L'art de connaître les hommes par la physionomie. Par Gaspard Lavater. Nouvelle édition ... par M. Moreau ... Ornée de plus de 600 gravures ... par M. Vincent ...
Paris, Depélafol, 1820
10 dln; portret van de aut. in front.
- WIV/14-23

LAYMANN, Paul, S.J.   L113
Justa defensio sanctissimi romani pontificis ... in causa monasteriorum extinctorum, et bonorum ecclesiasticorum vacantium ... Auctore ... Paulo Laymann ...
Dilingæ, sumptu Caspari Sutoris, 1631
4°: a-k^4, A-3Y^4, a-k^4, l2; [80], 542, 40, [43] p.
- MI/6 (herk.: Ex libris Georgij Adler ...)

LAYMANN, Paul, S.J.   L114
... *Pauli Laymanni ... Theologia moralis in quinque libros distributa.* Nunc ... revisa ... per J. M. B. V. E. C. B. V. M. F. Editio nona
In fine: *De apostasia a religione quæstio ...* Caroli Tirelli ... Cui additæ sunt *Propositiones à summis pontificibus Alexandro VII & Innocentio XI novissimè damnatæ, Bambergæ, 1723*
Moguntiæ, sumpt. viduæ Joh. Martini Schönwetteri, 1723
2°: π^2, 2)(2, A-2M^6, 2N-2O^4; [8], 435 p. + A-2M^6, 2N^8, 2O^2(-2O^2), A^{10}, a-h^6, i^2; 437, [1], 20, [100] p.; bijk. gegrav. titelp.: Bambergæ, impensis Joan. Martini Schoenwetteri
- IVIII/17

LE BEAU, Charles   L115
Histoire du Bas-Empire, en commençant à Constantin le Grand. Par ... Le Beau
A Maestricht, chez Jean-Edme Dufour & Phil. Roux, 1780-1781
12°: 27 dln
- ArJIII/1-17 (dln 1-3, 15-16 & 23-27 ontbr.)

LE BLANC, Thomas, S.J.   L116
Psalmorum Davidicorum analysis ... Auctore ... Thoma le Blanc ...
Coloniæ Agrippinæ, apud Ioannem Wilhelmum Friessem, 1682
2°: 6 dln; bijk. gegrav. titelp. in 1
- DVIII/1-3 (herk.: Cartusio Buxio; Bibl. Buxheim [stempel])

LE BOURG de MONMOREL, Charles   L117
Homélies sur les Evangiles de tous les dimanches de l'année ... Par ... de Monmorel ... Nouvelle édition, revue par l'auteur
5: *Homélie sur la Passion de Notre-Seigneur Jésus-Christ*; 6: *Homélies sur les mystères de Notre-Seigneur*; 7: *Homélies sur les mystères de la Sainte Vierge*; 8-10: *Homélies sur les évangiles de tous les jours de carême*
A Paris, chez Pierre-Jean Mariette, 1742-1748
12°: 10 dln
- LI/1-10

LE BRUN, Pierre, Orat.   L118
Explication littérale, historique et dogmatique des prières et des cérémonies de la messe ... Par ... Pierre Le Brun ... Nouvelle édition
Titel vanaf 3: *Explication de la messe, contenant les dissertations historiques et dogmatiques sur les liturgies de toutes les églises du monde chrétien ...*
1-3, 7: A Liége, chez J. J. Tutot. Et à Paris, chez G. Desprez; 4-6, 8: A Paris, chez Valade, 1777-1778
8°: 8 dln; ill.; gegrav. front. in 1
- DII/5-8 (herk. in 1: J. De Raeymaeker)

LE CLERC, Jean   L119
Geschiedenissen der Vereenigde Nederlanden, sedert den aanvang van die Republyk tot op den Vrede van Utrecht in 't jaar 1713, en het Tractaat van Barriere in 't jaar 1715 gesloten. Verciert met d'afbeeldzels ... gesneden door den heer Picard Romein, en andere voorname meesters. In 't Fransch beschreven door ... Jean Le Clerc en nu in 't Nederduitsch vertaalt
T'Amsterdam, by Zacharias Chatelain, 1730
2°: 3 dln + ill.; gegrav. front.in elk dl
- YVII/8-10 (herk.: Versturme: *Presto ma prude* [ex libris]; Robert van den Berghe)

LE CLERC, Jean   L120
Histoire des Provinces-Unies des Pays Bas. Par ... Le Clerc. Depuis la naissance de la République jusqu'à la Paix d'Utrecht & le Traité de la Barriere conclu en 1715
4: *Explication historique des principales médailles frapées pour servir à l'histoire des Provinces-Unies des Pays-Bas ...* A Amsterdam, chez l'Honoré & Châtelain, 1723

L

A Amsterdam, chez Z. Chatelain, 1728
2°: 4 dln: ill. + krt & uitsl. plt.; gegrav. front. in 1; bijk. gegrav. titelp. in 2 & 3
- SVII/6-7

LE COMTE, Florentijn L121
Het konst-cabinet der bouw- schilder- beeldhouw- en graveerkunde ... Door Florentyn le Comte ... Na het Fransch gevolgt
Te Dordrecht, by Abraham Blussé, 1761
8°: *^{6}, 2*^{4}, A-V^8, X-Y^4; [20], 328, [8] p.+ A-2I^8, 2K^4; 506, [8] p.; gegrav. front. in elk dl
- UI/15-16

L'ECUY, Jean-Baptiste, O.Præm. L122
Manuel d'une mère chrétienne ... Par un ancien religieux [J.-B. L'Ecuy] ... Seconde édition
A Paris, chez Thiériot, 1827
2 dln; front. in 1 & 2
- PrIII/4-5 (herk.: Basile van Beygaerden O.Præm. [Park])

L'ECUY, Jean-Baptiste, O.Præm. L123
Oratio habita in aula capitulari abbatiæ Præmonstratensis quinta augusti 1779, dum Capitulum provinciale institueretur a D. Lecuy ... e Gallico Latine reddita ... a Wenceslao [II Mayer] abbate ...
Pragæ, typis Francisci Gerzabeck, 1781
4°: A-G^4, H^2; 57, [2] p.
- ArKIII/7/17

LE DIEU, Ignatius & VERMEIREN, Thomas L124
Commentarii historico-critici in Lucam, Joannem et Christi passionem ... Quos, præside ... Joanne Clé ... defendent Ignatius le Dieu, Thomas Vermeiren ... Lovanii ... die 29 Februari anni 1764 ...
Lovanii, typis Joannis Jacobs, (1764?)
8°: A-I^8, K-P^4(-P4); 190 p.
- BII/25/2 & CII/2/2
Nota: de twee exemplaren zijn licht verschillend van druk

LE DROU, Pierre Lambert, O.S.A. L125
De contritione et attritione dissertationes quatuor ... Authore ... Petro Lamberto Le Drou ...
Lovanii, apud G. Stryckwant, 1707
8°: †^{8}, A-2M^8(-2M8); [16], 553, [5] p.
- FI/31 (herk.: Georg Verhaghene [Park])

LE DROU, Pierre Lambert, O.S.A. L126
Oratio in funere ... Liberti de Pape ... Dicta in Parcho à Petro Lamberto Ledrou ... Die 31 Augusti 1682
Lovanii, typis Martini Hullegaerde, 1682
8°: A-D^4, E^2; 35 p.
- PrHVI/20/1 (herk.: Ex libris Gh Dejonghe [Park] pastoris de Werchter)

LEENHEER, Jan de, O.S.A. L127
Virgo Maria mystica sub solis imagine emblematice expressa. Opusculum votivum. Vovente et votum reddente ... Joanne De Leenheer ...
S.l., s.n., 1681
Coll.: Joannes Huyssens, Philippus Tax, Bernardus Desirant (odes)
4°: A-C^4, D^6, E-S^4; [36], 110, [2] p.: ill.; bijk. gegrav. front.
- PrHIV/11 (herk.: S.P.Q.A. Gymnasy Augustinianei Mæc. Perp. [supralibros])

LEERSE, Joannes Chrysostomus, O.S.A. L128
Spiritus dogmaticus et moralis Evangelii ... Authore ... Joanne-Chrysostomo Leerse ...
Bruxellis, typis J. Leonard, 1776
8°: *^{4}, A-2Q^8, 2R^6, χ^1; VIII, 637 p. + π^1, A-Z^8, 2A^4; [2], 374 p.
- ArAI/34-35

LE FEBVRE, Jacques L129
Divers sermons. Prononcez ... par ... Le Febvre ...
A Bruxelles, chez François Foppens, 1667
8°: *^{8}, A-2M^4, χ^1; [16], 560, [1] p.
- ArAII/38

LEFORT, Martin L130
Les chartes nouvelles du pays et comté de Haynnau. Dernière édition augmentée par M. Le Fort ...
A Mons, de l'imprimerie de Waudret fils, 1646
8°: á^4, A-2N^8, 2O^6, A-G^8, H-I^6; 554, [164] p.
- ArIV/2

LEFORT, Martin L131
Les chartes nouvelles du pays et comté de Haynnau. Augmentées par M. Fortius ...
A Mons, de l'imprimerie de la vefue Simeon de la Roche, 1666
4°: *^{4}, A-3Z^3; [10], 397, [155] p.
- UI/21

LEFRANC, François L132
Conjuration contre la religion catholique et les souverains ... Par l'auteur du Voile levé pour les curieux [F. Lefranc]. Nouvelle édition
Paris, s.n. Et se trouve à Liége, chez Duvivier, 1816
8°: π^2, A-Q^8, R^4(-R4); VIII, 261 p.
- ArJVIII/7/2

LEFRANC, François L133
Le voile levé pour les curieux, ou le secret de la Révolution de France révélé, à l'aide de la Franc-Maçonnerie ... Par ... Lefranc ... Nouvelle édition
Paris. Et se trouve à Liége, chez Duvivier, 1816
8°: π^2, A-G^8, H^2; [4], 115 p.
- ArJVIII/7/1 (herk.: Bernard van Hoecke [Park])

LE GENDRE, Louis L134
De vita Francisci De Harlai ... Auctore Ludovico Le Gendre ...
Parisiis, typographo Simone Langlois, 1720
4°: π^3, A-4O^2(-4O2); [6], 310, [20] p.; gegrav. portret in front.
- PI/1/1

LE GENDRE, Louis L135
Eloge de messire François de Harlay ... (Louis Le Gendre) p. 16: *Nouvel éloge de ... François de Harlay ...* Chez Jacques Langlois, 1696; p.39: *Francisci de Harlay ... Laudatio ...* Parisiis, apud Joannem Guignard, 1698; p.56: *Epitaphium*
A Paris, chez la veuve de Jacques Langlois et Jacques Langlois, 1695
4°: a-o^2, 56 p.
- PI/1/2

LE GENTIL de la BARBINAIS L136
Nouveau voyage autour du monde. Par ... le Gentil. Enrichi de plusieurs plans, vues & perspectives des principales villes & ports du Pérou, Chily, Bresil, & de la Chine ...
A Amsterdam, chez Pierre Mortier, 1728
12°: 3 dln; gegrav. front.
- YVI/14 (*Plans, vues ... ontbr.*)

LE GRAND, Antoine, O.F.M. L137

Historia hæresiarcharum a Christo nato ad nostra usque tempora ... Authore ... Antonio Le Grand ...
Duaci, apud Carolum Ludovicum Derbaix, 1729
8°: π6, A-2F8, 2F6(-2F6); [12], 473 p.
- PI/30

LEGRIS-DUVAL, René-Michel   L138
Sermons de M. l'abbé Legris Duval ... Précédés d'une notice sur sa vie
A Louvain, chez Vanlinthout et Vandenzande, 1822
8°: [4], LXXVI, 467, [3] p.
- ArBV/21

LEIBNITZ, Johann Jacob   L139
Inclutæ bibliothecæ Norimbergensis memorabilia, hoc est, naturæ admiranda, ingenii humani artificia & antiquitatis monumenta. Quæ ... Joh. Jacobus Leibnitzius ... recensuit. Accedit Christophori Arnoldi ... De hydriotaphia, hoc est, urnis sepulchralibus, in agro Anglorum Nortfolciensi repertis, epistola gratulatoria
Norimbergæ, apud Wolffgangum Mauritium Endterum, & Johannis Andreæ Endteri heredes, 1674
4°: π1, A-G4, H2; [2], 51, [9] p. + ill.
- TIV/16/2

LEIBNIZ, Gottfried Wilhelm   L140
Godefridi Guilielmi Leibnitii Accessiones historicæ quibus potissimum continentur scriptores rerum Germanicarum, & aliorum ...
I: 1. *Chronographus Saxo*; 2. Joh. Vito Durani *Chronicon*; 3. *Gesta Trevirorum*; 4. *Vetus Chronicon Holsatiæ*; II: Alberici ... Trium Fontium *Chronicon ... &c*
Hanoveræ, sumptibus Nicolai Försteri, 1700
4°: *-2*4, *A-2*Q4, 2*R2, (a)-(e)4, †A-†P4, †Q2, (A)-(P)4; [16], 315, [1bl], 40, 124, 119 p.
- TIV/16/1

LE JAY, Gabriel Franciscus, S.J.   L141
Ars rhetorica ad Tullianam rationem exacta ... Auctore ... Gabriele Francisco Le Jay ...
Bassani, sumptibus Remondinianis, 1765
12°: A-S12, T6; 443 p.
- ArII/22 (herk.: J. M. Dassen Eynthout 1784)

LE JAY, Gabriel Franciscus, S.J.   L142
Bibliotheca rhetorum. Præcepta et exempla complectens, quæ ad poeticam facultatem pertinent, tomus quartus. Auctore ... Gab. Franc. Le Jay ...
Ingolstadii, sumptibus Jo. Andreæ de la Haye, (1744?)
8°: A-2Q8; [4], 614 p.
- ArII/23 (herk.: Bernard A. Van Hoecke [Park])

LE JEUNE, Jean, Orat.   L143
Deliciæ pastorum et prædicatorum, hoc est: Sermones per omnes dominicas et festa totius anni ... Primo Gallice conscripti per ... Joannem Junium Aveugle vulgo dictum Cæcum ... nunc Latinitati donati per ... Brunonem Neusser ...
Moguntiæ, sumptibus Joannis Petri Zubrodt, 1681
4°:)(4, a-e4, f2, g4, h2(-h2), A-3Y4(-3Y4), a-2o4; [62], 542, 284, [11] p.
- JI/30

LE JEUNE, Jean, Orat   L144
Le missionnaire de l'Oratoire. Par ... le Jeune, dit le Pere Aveugle ...
1-2: *Sermons pour les avents, caremes, & fetes de l'année*; 3: *Panégyriques du très-Saint Sacrement*; 4: *Panégyriques de la très-Sainte Vierge ...*; 5-6: *Sermons de la foy ...*; 7: *Sermons de la pénitence ...*; 8: *Sermons sur les commandements de Dieu et un tableau de la vraye pénitence ...*; 9-10: *Sermons pour tous les jours de caresme ...*
1-7: A Toulouse, chés Jean Boude le jeune, 1684-1689; 8-10: A Tolose, par Jean Boude & la veuve de I. Iac. Boude, 1676-1677
8°: 10 dln
- JIII/24-33 (herk.: Fr. M. Nijsmans Rel. Parchensis 1761)

LE JEUNE, Jean, Orat.   L145
*Sermons sur les plus importantes matières de la morale chrétienne. Par le P.*** [J. Le Jeune] ... [revus par Julien Loriot]. Suivant la copie de Paris*
A Liege, chez Jean François Broncart, 1702-1703
Nota: alleen op 1: 'Seconde édition' ... 1703
8°: 7 dln
- YI/24-30

LELAND, John   L146
Nouvelle démonstration évangélique ... Par J. Leland ... Ouvrage traduit de l'Anglois ...
A Liège, chez Clément Plomteux. Et à Leipsick, en foire, 1768
8°: 4 dln
- HIII/14-17

LE LONG, Jacques   L147
Bibliotheca sacra in binos syllabos distincta ... Labore & industria Jacobi Le Long ... [& Pierre-Nicolas Desmolets]
Parisiis, apud F. Montalant, 1723
Coll.: Christian-Friedrich Boerner (in 2), Antoine Urbain Coustelier (*Epistola dedicatoria*)
2°: A-4D4, 4E2, χ1, 4F-6O4, 6P-8R2(-8R2); XXV, [1], 1-588, [2], 589-1222 p.
- BVI/15-16 (p. VII-XXVI zijn ingebonden in dl 2) & ZIX/14-15 (herk.: Alexander Slootmans 1751; theca III [Park])

LE MAISTRE de SACY, Isaac-Louis   L148
De Historien des Ouden en Nieuwen Testaments. Met stichtelijke toepassingen ... In 't Frans beschreven door ... De Royaumond [= I. Le Maistre de Sacy? Nicolas Fontaine?] ... vertaelt, en met vaerzen op yder hooftstuck versien [Frans van Hoogstraten]
Te Antwerpen, voor de weduwe van J. J. Schippers, 1683
8°: (*)8?, A-3D8, 3E2; [16?], 799, [5] p.: ill.
- ArDII/5 (titelblad + voorwerk ontbr.)

LE MAISTRE de SACY, Isaac-Louis   L149
L'Histoire du Vieux et du Nouveau Testament ... Par feu ... le Maistre de Sacy, sous le nom du Sieur de Royaumont ... Nouvelle édition
A Paris, par les associez au privilège, 1719
12°: á8, A-2A12, 2B4; [16], 582 p.
- PrIII/10 (herk.: Ad usum F. Emm. Vleminckx Can. Parchensis)

LE MERRE, Pierre & LE MERRE, Pierre, fils   L150
Recueil des actes, titres et mémoires concernant les affaires du clergé de France ... [Le Merre, père et fils]
A Paris, chez Guillaume Desprez. A Avignon, chez Jacques Garrigan, 1768-1780
4°: 14 dln
- MVI/8-21 (herk.: D. Barbier)

LE NAIN de TILLEMONT, Louis Sebastien   L151
Histoire des empereurs, et des autres princes qui ont regné

L

durant les six premiers siecles de l'Eglise ... Par ... Lenain de Tillemont. Nouvelle édition
A Paris, chez Charles Robustel, 1720-1723
4°: 5 dln
- RV/1-5

LE NAIN de TILLEMONT, Louis Sebastien   L152
Lettre de M. Lenain-de-Tillemont au R.P. Armand-Jean Boutillier de Rancé abbé de la Trappe et les réponses de cet abbé ...
A Nancy, chez Joseph Nicolai, 1705
12°: A-G^{12}; 167 p.; gegrav. front. met portret van de aut.
- ArDIV/18/5

LE NAIN de TILLEMONT, Louis Sebastien   L153
Mémoires pour servir à l'histoire ecclésiastique des six premiers siecles. Par ... Lenain de Tillemont. Seconde édition ... augmentée d'une dissertation sur S. Jacques le Mineur
A Paris, chez Charles Robustel, 1701-1714
4°: 16 dln
- NIV/1-14 (dln 10 & 11 ontbr.)

LENFANT, David   L154
Concordantiæ Augustinianæ, sive collectio omnium sententiarum quæ sparsim reperiuntur in omnibus S. Augustini operibus. Labore ... Davidis Lenfant ...
Lutetiæ Parisiorum, sumptibus Sebastiani Cramoisy, et Gabrielis Cramoisy, 1656-1665
2°: á^6, é^4, í^4, A-6D^4, 6E^6 + á^4, é^4, í^4, ó^4(-ó^4), A-6D^4; niet gepag.
- FVIII/14-15 (herk.: wapen van Maximilianus van Leefdael, abt van Sint-Geertrui met spreuk *E valle vita* [supralibros])

LENGLET du FRESNOY, Nicolas   L155
Recueil de dissertations anciennes et nouvelles sur les apparitions les visions et les songes. Avec une préface historique ... par ... Lenglet Dufresnoy
A Avignon. Et se trouve à Paris, chez Jean-Noel Leloup, 1751-1752
12°: 2 dln (4 'parties')
- JII/1-4 (herk.: P. F. Enoch)

LENS, André   L156
Le costume des peuples de l'antiquité, prouvé par les monuments. Par André Lens ... Nouvelle édition ... par G. H. Martini. Avec LVII estampes
A Dresde, chez les freres Walther, 1785
4°: a-g^4, A-3F^4, 3G^2(-3G^2); LVI, 418 p.; ill. + 57 pltn
- OII/34

LENSÆUS, Joannes   L157
De officio hominis christiani in persecutione constituti. Auctore Joanne Lensæo
Lovanii, apud Petrum Zangrium Tiletanum, 1578
In fine: Lovanii, excudebat Ioannes Masius ...
8°: A-N^8; 194, [13] p.
- HIII/29/2

LENSÆUS, Joannes   L158
De unica religione, studio catholicorum principum in republica conservanda, liber unus. Auctore Ioanne Lensæo ...
Lovanii, apud Petrum Zangrium Tiletanum, 1579
In fine: Lovanii, excudebat Ioannes Masius ...
8°: a-i^8; 138, [4] p.
- HIII/29/3

LENSÆUS, Joannes   L159
De variis generibus, causis, atque exitu persequutionum ... Authore Ioanne Lensæo ...
Lovanii, apud Andræam Sassenum, 1578
In fine: Lovanii, excudebat Servatius Sassenus ...
8°: *^{8}, A-Q^8; [8], 121, [7] f.
- HIII/29/1

LENSÆUS, Joannes   L160
Libelli cuiusdam Antverpiæ nuper editi contra serenissimum D. Ioannem ab Austria ... confutatio. Auctore Ioanne Lensæo ...
Lovanii, apud Petrum Zangrium Tiletanum, 1578
In fine: Lovanii, excudebat Ioannes Masius ...
Coll.: Jacobus Latomus (lofdicht)
8°: A-F^8, G^4; 97, [6] p.
- HIII/29/4

LENSÆUS, Joannes   L161
Ioannis Lensæi ... Orationes duæ. I. Contra ψευδοπατριοτας...
II. Contra Genethliacorum superstitionem
Lovanii, apud Petrum Zangrium Tiletanum, 1579
In fine: Lovanii, ex officina typographica Ioannis Masij
8°: a-c^8, A-F^8; 47, [1], 81, [14] p.
- HIII/29/5

LENSSENS, Franciscus   L162
Commentaria ad libros duos posteriores regum, libros paralipomenon, Esdræ ac Machabæorum ... quæ, præside ... Benedicto Beeckmans ... defendet Franciscus Lenssens ... Lovanii in Collegio Societatis Jesu ... 10 Junii 1772 ...
Lovanii, typis Joannis Jacobs, (1772?)
4°: A-2C^4, 2D^6 (-2D^6); 218 p.
- MIII/33/2

LEO a SANCTO LAURENTIO, O.Carm.   L163
Conciones quadragesimales seu dominicales de christianismo labascente. Auctore ... Leone a S. Laurentio
Antverpiæ, ex typographia Knobbariana apud Franciscum Muller, 1701
Coll.: Franciscus Desiderius de Sevin; Damasus à S. Arnoldo, O.Carm.
4°: †-3†^{4}, 4†^{2}, A-6N^4, 6O-6T^2; [28], 1009, [36] p.
- PrGVII/4

LEO I de GROTE   L164
... Leonis papæ, huius nominis primi Epistolæ decretales ac familiares ... Per canonicos regulares sancti Martini oppidi & academiæ Lovaniensis
Lovanii, apud Hieronymum Wellæum, 1575
In fine: Lovanii, excudebat Ioannes Masius, 1575
8°: a-aa^8; 471 [=371], [10] p.
- ArCI/18/2

LEO I de GROTE   L165
... Leonis Magni In dominicam passionem enarratio ... nunc primum digesta ... opera Guilielmi Fabricii ...
Lovanii, apud Ioannem Masium, 1600
8°: A-F^8; 95 p.
- ArDIII/30/4

LEO I de GROTE   L166
Opera ... Leonis Magni, Romani pontificis, eius nominis primi. Per canonicos regulares Sancti Martini oppidi et Universitatis Lovaniensis ...
Lovanii, apud Hieronymum Wellæum, 1575

In fine: Lovanii, excudebat Ioannes Masius, 1575
Coll.: Joannes Vlimmerius
8°: *⁸, A-2G⁸; [16], 432, [47] p.
- ArCI/18/1

LEO MARSICANUS, O.S.B. L167
Chronica sacri monasterii Casinensis. Auctore Leone Cardinali episcopo Ostiensi [Leo Marsicanus], continuatore Petro Diacono ... Quarta editione ... evulgat ... Angelus de Nuce ...
Lutetiæ Parisiorum, ex officina Ludovici Billaine, 1668
2°: a⁶, b-c⁴, d⁶, A-4B⁴, a-i⁴; [38], 577, [1bl], 72 p.
- PVI/14 (herk.: Ex libris monasterij Sti Nicasii Remensis ordinis S. Benedicti ... 1680)

LEONARDI, Thomas, O.P. L168
Thesaurus gratiarum SS. Rosarii. Expositus ab ... Thoma Leonardi ... Item *Appendix de confraternitate SS. Nominis Iesu* ... Editio quinta
Lovanii, typis Hieronymi Nempæi, 1646
12°: A-O¹²; 328, [6] p.
- ArBII/6 (herk.: Sum Joⁱˢ Paschasii pastoris in Winxele)

LEONARDUS a SANCTO MARTINO L169
Examina scripturistica in Exodum, Leviticum, Numeros, et Deuteronomium ... Authore ... Leonardo à S. Martino ...
Gandavi, typis Petri de Goesin, 1766
8°: π⁴, A-2F⁸; [8], 463 p.
- PrCI/9

LEONARDUS a SANCTO MARTINO L170
Examina scripturistica in Josue, Judicum, Ruth, et quatuor libros regum, ac duos paralipomenon ... Authore ... Leonardo à S. Martino ...
Gandavi, typis Petri de Goesin, 1767
8°: π⁴, A-2E⁸, 2F⁴, 2G²; [8], 459 p.
- PrCI/10

LEONARDUS a SANCTO MARTINO L171
Examina scripturistica in libros Esdræ, Tobiæ, Judith, Esther et Job ... Authore ... Leonardo à S. Martino ...
Gandavi, typis Petri de Goesin, 1768
8°: π⁴, A-2A⁸; [8], 383 p.
- PrCI/6

LEONARDUS a SANCTO MARTINO L172
Examina scripturistica in psalterium Davidicum. Authore ... Leonardo a S. Martino ...
Gandavi, typis Petri de Goesin, 1769
8°: π⁴, A-2B⁸, 2C⁴, 2D²(-2D²); [8], 410 p.
- PrCI/5 (herk.: Tribout [Park])

LEONARDUS a SANCTO MARTINO L173
Examina scripturistica in quatuor evangelia, et in acta apostolorum ... Authore ... Leonardo à S. Martino ...
Gandavi, typis Petri de Goesin, 1764
8°: π⁴, A-2B⁸; [8], 399 p.
- PrCI/12 (herk.: Georgii Verhaghen [Park])

LEONARDUS a SANCTO MARTINO L174
Examina scripturistica in quatuordecim epistolas paulinas, ac septem epistolas canonicas, et in apocalypsim ... Authore ... Leonardo à S. Martino ...
Gandavi, typis Petri de Goesin, 1764
8°: π⁴, A-Z⁸, 2A⁴, 2B²; [8], 379 p.
- PrCI/8

LEONARDUS a SANCTO MARTINO L175
Examina scripturistica in quinque Salomonis libros ... Authore ... Leonardo à S. Martino ...
Gandavi, typis Petri de Goesin, 1770
8°: π⁴, A-2E⁸, 2F⁴, 2G²; [8], 460 p.
- PrCI/11

LEONARDUS a SANCTO MARTINO L176
Examina scripturistica proœmialia in S. Scripturam, et in Genesim ... Authore ... Leonardo à S. Martino ...
Gandavi, typis Petri de Goesin, 1765
8°: π⁴, A-2D⁸, 2E⁴; [8], 439 p.
- PrCI/7

LE PELLETIER, Claude L177
Refutation du memoire publié en faveur de l'Appel des quatre evêques, addressée à Monseigneur l'evêque de Mirepoix [Pierre de la Broue], *avec le temoignage de l'eglise universelle en faveur de la bulle Unigenitus* [C. Le Pelletier]
A Bruxelles, chez Simon t'Serstevens, 1718
Coll.: Thomas Philippe d'Alsace et de Boussu
8°: 3 dln
- ArDIII/7-8 (dl 3 is convoluut; herk. in 3: Ad usum Fr. G. van Oyenbrugghen [Park])

LE PLAT, Judocus L178
Canones, et decreta sacrosancti œcumenici et generalis Concilii Tridentini ... iuxta exemplar authenticum Romæ MDLXIIII editum ... Opera et studio Judoci Le Plat ...
p. LXX-LXXIV: *Oratio habita in sessione nona et ultima sacri Concilii Tridentini* ... a ... Hieronymo Ragazono ...
Antverpiæ, ex architypographia Plantiniana. Prostant Lovanii, apud J. P. G. Michel, 1779
4°: a-e⁴, f², g-h⁴, A-2X⁴ + onregelm. sign.; LX, 420, LXXIV p.
- NV/8

LE PLAT, Judocus L179
Monumentorum ad historiam concilii Tridentini potissimum illustrandam spectantium amplissima collectio. Prodit nunc primum studio ... Judoci Le Plat ...
Lovanii, ex typographia academica, 1781-1787
4°: 7 dln
- NV/1-7

LE PLAT, Judocus L180
Judoci Le Plat ... *Vindiciæ assertorum in præfatione Codici concilii Tridentini ann. MDCCLXXIX præmissa* ...
Lovanii, excudebat J. P. G. Michel, 1780
4°: A-Q²(-Q²); 62 p.
- OIV/14

LEPRINCE de BEAUMONT, Marie L181
Le magasin des pauvres, artisans, domestiques et gens de la campagne. Par Madame Le Prince de Beaumont
A Liège, chez J. F. Bassompierre, chez J. Van den Berghen à Bruxelles, 1769
12°: ? + π¹, A-M¹², N⁸; [2], 301, [3] p.
- ArJII/23 (dl 2; herk.: a Thrisie Claes)

LE RIDANT, Pierre L182
Examen de deux questions importantes sur le mariage. Comment la puissance civile peut-elle déclarer des mariages nuls ...? Quelle est en conséquence, l'étendue du pouvoir des souverains sur les empêchemens dirimans le mariage? [P. Le Ridant]

L

S.l., s.n., 1753
4°: a-c⁴, A-4D⁴, 4E²; XXIV, 587, [1] p.
- XIV/9

LE ROUGE, Georges-Louis   L183
Les curiositez de Paris, de Versailles, de Marly, de Vincennes, de S. Cloud, et des environs. Par M. L. R. [G.-L. Le Rouge]. Ouvrage enrichi d'un ... nombre de figures
A Amsterdam, aux dépens d'Etienne Roger, 1718
12°: A-M¹², N⁴; 296 p. + ?: + ill. & uitsl. plt
- ArIVII/1 (dl 1)

LESSIUS, Leonardus, S.J.   L184
De gratia efficaci decretis divinis libertate arbitrii et præscientia Dei conditionata disputatio apologetica Leonardi Lessii ... Duæ aliæ eiusdem auctoris disputationes: altera De prædestinatione & reprobatione angelorum & hominum, altera De prædestinatione Christi
Antverpiæ, ex officina Plantiniana apud Ioannem Moretum, 1610
4°: *-²*⁴, A-3H⁴; [16], 419, [12] p.
- EIII/32 (herk.: Jean Scaillet Waulsort - Hastiere, 1610)

LESSIUS, Leonardus, S.J.   L185
De iustitia et iure ceterisque virtutibus cardinalibus libri quatuor, ad 2.2. D. Thomæ ... quæst. 47 usque ad q. 171. Auctore Leonardo Lessio ... Editio quinta, auctior et castigatior. Cum Appendice de monte pietatis ...
Antverpiæ, ex officina Plantiniana, apud Balthasarem Moretum et viduam Io. Moreti, et Io. Mursium, 1621
Coll.: Justus Lipsius, Jacobus Bonfrerius, Petrus Bouillius
2°: *⁸, A-3V⁶, 3X⁸, 3Y-4D⁶, 4E⁸; [16], 825, [69] p.
- IIX/3 (titelblad ontbr.; herk.: Bibliothecæ Parcensis 1840)

LESSIUS, Leonardus, S.J.   L186
De iustitia et iure ceterisque virtutibus cardinalibus libri quatuor ... Auctore Leonardo Lessio ... Editio septima. Cum appendice de Monte Pietatis
Antverpiæ, ex officina Plantiniana Balthasaris Moreti, 1632
2°: *⁸, A-3V⁶, 3X⁸, 3Y-4D⁶, 4E⁸; [16], 825, [69] p.; gegrav. titelp.
- PV/19 (herk.: Ex libris Francki van den Broeck pastoris S. Caroli Antw. 1722; Ad usum F. Norberti Monnar 1726; F. Remigius Daems)

LESSIUS, Leonardus, S.J.   L187
... *Leonardi Lessi ... In D. Thomam De beatitudine. De actibus humanis. De incarnatione Verbi. De sacramentis et censuris. Prælectiones theologicæ posthumæ*. Accesserunt eiusdem variorum casuum conscientiæ resolutiones
Lovanii, typis Cornely Coenesteny, 1645
Ed.: Jacobus Wynsius. Coll.: Sidronius de Hossche, Iustus Frisius *(In opera theologica posthuma)*
2°: π¹,)(⁸, A-Z⁸, A*-D*⁶, E*⁴, 2A-2P⁶, χ¹, 3A-4L⁶, 4M⁸, 4N²; [16], 330, [2], 179, [3], 428 p.; gegrav. titelp.
- IIX/2 (herk.: Joannes Franciscus Cuijpers ex Oosthamme; Dabam Mollæ ... 1794 J.B. Claes rector [prijsboek])

LESSIUS, Leonardus, S.J.   L188
Leonardi Lessii ... *Opuscula* ... Ab ipso auctore ... aucta & recensita
Antverpiæ, ex officina Plantiniana, apud Balthasarem Moretum, & viduam Ioannis Moreti, & Io. Meursium, 1626
Coll.: Hermannus Hugo (p. 702, 830, 898), Luigi Cornaro (p. 915), Franciscus Sassenus (p. 897)
2°: *⁴(-*⁴), A-4L⁶; [6], 922, [37] p.
- IIX/1 (herk.: Ex libris Jacobi De Commines)

LESTRANGE, Louis-Henri de, O.C.R.   L189
Traité abrégé de la sainte volonte de dieu et réflexions sur les souffrances ... Tirées en grande partie du P. Nouet ... par un religieux de la Val-Sainte de Notre-Dame de la Trappe [L.-H. de Lestrange]
A Lyon, chez M. P. Rusand. A Paris, à la librairie ecclésiastique de Rusand, 1827
12°: 197 p.
- ArBV/19 (herk.: Sophie De Cleene; B. Van Hoecke de Parc)

LE TELLIER, Charles-Maurice   L190
Entretien entre Monseigneur l'archevêque de Reims [C.-M. le Tellier] *et le P. Recteur des Jesuites ... de la mesme ville, le 9 juin 1689, sur divers sujets*
A Aix, chez Gaspar Mignon, 1690
12°: A¹²; 23 p.
- ArDIV/17/4

LE TELLIER, Charles-Maurice   L191
Ordonnance de Monseigneur l'archev. duc de Reims [C.-M. le Tellier] ... *A l'occasion de deux theses de theologie soutenues dans le College des Jesuites ... les 5 & 17 de Decembre 1696*. Troisiéme edition
A Delft, chez Henri van Rhyn, 1698
12°: A-G¹², H⁶; 180 p.
- ArDIV/17/1

LE TELLIER, Charles-Maurice   L192
Requeste presentée au Parlement par Monseigneur l'archeveque duc de Reims [C.-M. le Tellier] ... *le 10 Janvier 1698 contre la remonstrance publiée par les Jésuites sur son ordonnance du 15 Juillet 1697*
S.l., s.n., 1698
12°: A⁶; 12 p.
- ArDIV/17/2

LETI, Gregorio   L193-194
Het leven van Keizer Karel, den vyfden. In het Italiaensch beschreven door G. Leti, en daer uit, in het Nederduitsch, overgebracht [door Laurens de Haan]. Versiert ... met zeer vele kopere platen
Ln 1, 2 & 4:Te Leiden, by J. en H. van der Deyster. En te Amsterdam, by J. Roman de Jonge, 1738; dl. 3: Te Amsterdam, voor Johannes de Ruiter, en zyn te bekomen by Geertrui de Ruiter, 1735
8°: 4 dln
- QII/18-21

LETI, Gregorio   L195
La vie de Philippe II, roi d'Espagne. Traduite de l'Italien de Gregorio Leti
A Amsterdam, chez Pierre Mortier, 1734
12°: 6 dln
- ArIIV/16-21

LÉTINS, Constantin, O.F.M.   L196
Theologia concionatoria docens et movens. Auctore ... Constantino Letins
1-3: Trajecti ad Mosam, typis Lamberti Bertus, 1730 (1: Editio tertia; 2: Editio quarta); 4: Leodii, apud Guilielmum Ignatium Broncart. Prostant Trajcti ad Mosam, apud Lambertum Bertus, 1724; 5: Trajecti ad Mosam, typis Lamberti Bertus, 1725
8°: 5 dln
- YI/36-40

LETRONNE, Antoine-Jean L197
*Recherches pour servir à l'histoire de l'Egypte ... Par ...
Letronne ...*
A Paris, chez Boulland-Tardieu, 1823
8°: 524 p.
- ArIVI/13 (herk.: A. Van Lantschoot [Park])

LETTRE D'UN CATHOLIQUE ... L198
Lettre d'un catholique romain, à un de ses amis en Italie, sur l'état présent des catholiques romains en Holande
A Cologne, chez Joseph de la Hache, 1704
12°: A-B¹²; 48 p.
- ArDIV/2/3

LETTRE D'UN CURÉ ... L199
Lettre d'un curé à un abbé sur un libelle qui a pour titre, Apologie de la doctrine des Jesuites envoiée à Mr. d'Arras [G. de Sève de Rochechouart]...
A Liège, chez Jean Louis Van Milst, 1704
8°: A-B⁸; 32 p.
- ArDIV/17/9

LETTRE D'UN THÉOLOGIEN ... L200
Lettre d'un théologien à un de ses amis, avec des réflexions sur le second Bref du Pape (Clemens XI) que M. l'Archevêque de Malines (Humbert G. de Precipiano) fait publier, en supprimant le premier Bref de sa Sainteté
A Delft, chez Henry van Rhyn, 1700
12°: A¹², B⁴; 31 p.
- ArDIV/7/9

LETTRE DE REMERCIEMENT ... L201
Lettre de remerciement à Messieurs les membres de la deuxième chambre des Etats-Généraux, qui se sont prononcés contre le Collège Philosophique, par quelques pères de famille, professant la religion catholique ...
Bruxelles, chez Lejeune fils et Galaud, 1826
8°: 39 p.
- ArFIV/16/7

LEU, Hans Jacob L202
Allgemeines Helvetisches, Eydgenössisches, oder Schweitzerisches Lexicon. Von Hans Jacob Leu
Zürich, bey Hans Ulrich Denzler, 1747-1754
4°: 20 dln
- WV/15-25 (dln 11-14 & 16-20 ontbr.)

LEUCKFELD, Johann G. L203
Joh. Georg Leuckfelds ... *Antiquitates Præmonstratenses oder Historische Nachricht von zweyen ... Præmonstratenser-Clöstern S. Marien in Magdeburg und Gottes-Gnade bey Calbe*
Magdeburg und Leipzig, Verlegts Christoph Seidel, 1721
4°:)(⁴, A-R⁴, (A)-(Q)⁴, (R)²; [8], 136, 127, [5] p.
- PrIIII/4 & PrIIII/5

LEUCKFELD, Johann G. L204
Joh. Georg. Leuckfelds ... *Antiquitates Ilfeldenses, oder historische Beschreibung des Closters Ilfeld, Præmonstratenser-Ordens ... Welchem noch beygefueget ist ...* Laurentii Rhodomanni *Ilfelda Hercynica*
Quedlinburg, in Verlegung Theodori Phil. Calvisii, 1709
4°:):(-2):(⁴[-]:(⁴, 3):(², A-2G⁴[-2G⁴]; [18], 258, [10] p.
- LIV/27

LEURENIUS, Petrus L205
Forum beneficiale, sive quæstiones & responsa canonica ... Auctore ... Petro Leurenio ...
Coloniæ Agrippinæ, in officina Ioannis Wilhelmi Friessem, 1704
2°: 3 dln
- KIX/13 (herk.: <G>oetting Wallerstein [stempel])

LEURENIUS, Petrus L206
Forum ecclesiasticum, in quo jus canonicum universum ... explanatur. Authore ... Petro Leurenio ... Editio secunda
Augustæ Vindelicorum, sumptibus Martini Veith & Jodoci Henrici Müller, 1737
2°: 5 dln
- KIX/14-17 (herk.: F E A B 1738 [supralibros])

LEUTBREWER, Christoph, O.F.M. L207
Gulde biecht-konste ... Eerst gevonden door ... Christoph. Leutbrewer ... *Nu verduytscht ... ende seer vermeerdert door ...* Daniel à Virgine Maria ...
Tot Brussel, by Jan Mommaert, 1647
12°: *¹², A-E⁶, F², F⁸, G-H¹²; [76] f.; gegrav. titelp.
- PrFI/33

LEUTBREWER, Christoph, O.F.M. L208
Gulde biecht-konste ... Eerst gevonden door ... Christoph. Leutbrewer ... *Nu verduytscht ... ende seer vermeerdert door ...* Daniel à Virgine Maria ...
Tot Brussel, by Eug. Hendrick Fricx, 1685
12°: A-P⁶; [90] f.; grav. op titelp.
- ArDI/31 (herk.: Ex bibliotheca Collegii Alost)

LEUVE, Roeland van L209
Doorlugte voorbeelden der Ouden, Leerzame Zinnebeelden, nevens 't Treurspel van L. Junius Brutus vaderlyke gestrengheid en Verscheide gedichten. Door R. v. L. Met kopere plaaten
Bevat: *Doorlugte voorbeelden der Ouden; Leerzaame zinnebeelden ...; Verscheide nieuwe gedigten, bestaande in brieven, lofdigten, opdragten, hekelschriften, schimpdigten, minnedigten, bruilofts-, grafdigten, en Mengelstoffen; L. Junius Brutus. Vaderlyke gestrenghied, of vryheid waardiger als bloed*
Te Amsterdam, by Hendrik Bosch, 1725
4°: π⁴, *⁵, 2*(a)⁴-2*(c)⁴, 3*⁴, *⁴, A-T⁴, *⁴, A-T⁴, *⁴, A-Q⁴, A-G⁴, *⁴, A-P⁴; [46], 152, [8], 152, [8], 128, 41, [11], [8], 120 p.: ill.; bijk. gegrav. titelp.
Coll.: G. Tysens (*Uitlegging van de tytel-plaat*), G. Klinkhamer, L. v. Broek, Philip Zweerts, Jacobus van der Streng, H. Meyer, Izaak Duim, C. V. D., J. C. Z., D. Kienemans, J. Vincent, Z. Vincent
- WI/5a & WI/5b (herk.: wapen van Arenberg-Lauraguais '*Dat Prosper natus*' 1785 [supralibros]; De Magnificentia ... ducis ab Arenberg ... obtinuit præmium ... Petrus Ottoij ex Haltert ... 1785 [prijsboek])

LEVAILLANT, François L210
Voyage de F. Le Vaillant, dans l'intérieur de l'Afrique, par le Cap de Bonne-Espérance. Nouvelle édition ... ornée de vingt figures en taille-douce ...
A Paris, chez Desray, An VI (1797)
8°: XXXII, 383 p. + uitsl., ingekl. prenten.; gegrav. ingekl. front.
- QIV/5-6 (herk. Ex libris bibliothecæ domini J. B. Powis [ex libris])

LEVAILLANT, François L211
Second voyage de F. Le Vaillant, dans l'intérieur de l'Afrique, par le Cap de Bonne-Espérance. Nouvelle édition, augmentée de la carte d'Afrique ... Ornée de vingt-deux planches en taille-douce
A Paris, chez Desray, An XI - 1803
8°: 3 dln + uitsl. ingekl. prenten

L

- QIV/7-9 (herk. [ex libris]: Ex libris bibliothecæ domini J. B. Powis)

LIBELLI SEU DECRETA ... L212
Libelli seu decreta a Clodoveo, et Childeberti, & Clothario prius œdita, ac postremum à Carolo lucidè emendata ...
Bevat: *Lex Alamannorum ... Antiquæ Burgundionum leges. Ripuariorum leges a Theodorico rege Francorum latæ. Vetux lex Saxonum*
S.l., s.n., [1550?]
Coll.: Isidorus van Sevilla
16°: a-h⁸, Aa-Dd⁸, Ee⁴, a-f⁸, A-C⁸, D⁴, AA⁸; 127, [1bl], 70, [2bl], 95, [1bl], 56, 15 p.
- YIV/48

LIBELLUS LIBELLORUM ... L213
Libellus libellorum, continens preces ante et post missam ...
Trajecti ad Mosam, ac prostat Mechliniæ apud P. J. Hanicq, 1782
12°: A-P⁸; 236, [2] p.
- YIV/34 (herk.: [bibliotheca] parchensis)

LIBELLUS SUPPLEX ... L214
Libellus supplex quo sacerdotes diœcesis Gandensis ... episcopo suo difficultates ... exponunt ...
S.l., s.n., 1698
12°: A-C¹²; 72 p.
- ArDIV/8/6

LIBER SANCTÆ ECCLESIÆ ... L215
Liber sanctæ Ecclesiæ Leodiensis, continens ritus, formulas, & succinctas quasdam instructiones ... Authoritate ... Georgii ab Austria ...
Lovanii, excusus apud Servatium Sassenum Diestensem, 1553
4°: A-L⁴; ongepag.
- DI/28 (herk.: Bibliotheca Beginarii Diestensis)

LIBRI PROHIBITI ... L216
Libri prohibiti a sacra congregatione cardinalium inquisitorum habita sub ... Clemente Papa XI ... Feria quarta die 26 Januarij 1703
Duaci, apud Josephum Derbaix, (1703)
8°: 8 p.
- ArDIV/6/14

LIEBSCHER, Augustinus Bernardus L217
Quæstiones theologicæ de contractibus in genere & specie. Quas ... præside ... P. Godefrido Stehr ... publicè defendendas suscepit ... Augustinus Bernardus Liebscher ... Anno MDCLXXXVII ...
Pragæ, typis Georgij Labaun, (1687?)
8°: π³, A-U⁸; [6], 318 p.; uitsl. plt (wapen)
- PrGII/9 (herk.: Ferdinand Ernest Rudolph 1687)

LIENHARDT, Georg, O.Præm. L218
Auctarium ephemeridum hagiologicarum ordinis Præmonstratensis seu nova centuria sanctorum ... Authore ... Georgio [Lienhardt] ...
Augustæ Vindelicorum, sumptibus Matthæi Rieger, et filiorum, 1767
4°:)(⁴, A-Q⁴; [8], 116, [11] p.; bijk. gegrav. front.
- PrFIV/8/2 & ArEIII/20 (gegrav. front. ontbr.)

LIENHARDT, Georg, O.Præm. L219
B. V. Mariæ originaria immunitas a sequioribus Lamindi Pritanii [= L. A. Muratori] censuris vindicata ... Authore ... Georgio [Lienhardt] ...
Augustæ Vindelicorum, sumptibus Joannis Jacobi Mauracher, 1756
4°: π¹,)(⁴, A-2C⁴; [10], 208 p.
- PrGIII/1 (herk.: Basilius van Beygaerden [Park])

LIENHARDT, Georg, O.Præm. L220
Dissertatio historico-canonica ... Authore ... Georgio [Lienhardt] ...
Gunzburgi, typis Wageggianis, (1760?)
4°:)(-2)(⁴[-)(⁴, A-R⁴, S²(-S²); [14], 138 p.
- PrFIV/16

LIENHARDT, Georg, O.Præm. L221
Ephemerides hagiologicæ ordinis Præmonstratensis ... Abs ... Georgio [Lienhardt] ...
Augustæ Vindelicorum, impensis Matthæi Rieger, 1764
4°:)(³, 2-3)(⁴, 4)(¹, A-3L⁴, 3M²(-3M²); [26], 376, [82] p.; bijk. gegrav. front.
- PrFIV/8/1

LIENHARDT, Georg, O.Præm. L222
Iter trium dierum in solitudine. Exodi 3, v. 5 ... seu sacra exercitia ... classis III ... Concinnata a Georgio [Lienhardt] ...
Augustæ Vindelicorum, apud Matthæi Rieger p.m. filios, 1778
8°: :(⁸,)(*⁸, A-B⁸, (C-D)⁸, E-2L⁸, 2M⁶; [16], XVI, 537, [18] p.
- ArDV/15

LIENHARDT, Georg, O.Præm. L223
Spiritus literarius Norbertinus a scabiosis Casimiri Oudini calumnis vindicatus: seu Sylloge viros ex ordine Præmonstratensi ... exhibens. A ... Georgio [Lienhardt] ...
Augustæ Vindelicorum, sumptibus Matthæi Rieger, et filiorum, 1771
4°:)(⁴, 2)(², (a)-(r)⁴, A-4N⁴, 4O²; [12], 607, [52] p.
- ArEIII/7

LIEUTAUD, Jacques L224
Connoissance des temps pour l'année bissextile 1724. Calculée par ... Lieutaud ...
A Paris, chez Jean Mariette, 1724
12°: π¹, A-Q⁶; [2], 184, [7] p. + uitsl. plt; bijk. gegrav. titelp.
- PrII/3 (herk.: l'autheur de ce livre l'a fait present à ... Pierre Henry Goos grand chanoine de la cathedr. d'Anvers)

LIGHTFOOT, Joannes L225
Joh. Lightfooti Opera omnia ... Johannes Leusden textum Hebraicum recensuit & emendavit. Editio secunda
Ultrajecti, apud Guilielmum Broedelet, 1699
2°: *³, †³, *-9*⁴, 10*¹, *⁵, A-5P⁴; [94], 803, [52] p. + *7(-*1), A-6I⁴, 6K², χ³, A-2D⁴, 2E²; [12], 940, [58], [6], 202, [16] p.; + uitsl. pltn; portret van de aut. in 1
- CV/13-14

LIGNY, Pierre de? L226
Les auteurs du libelle intitulé 'Le venin des Ecrits contre les ouvrages du Pere Platel & du Pere Taverne, découvert à MM. les Docteurs de la Faculté de Théologie de Douay' convaincus de calomnies par les lettres ... de M. de Ligny ...
In fine: *Lettre de ... l'évêque de St Pons (Pierre Jean François Percin de Montgaillard) à M. de Ligny ...*
S.l., s.n., 1704
8°: *-2*⁴, A-L⁴; XVI, 87, [1] p.
- ArDIV/17/10

LIMIERS, Henri-Philippe de L227

Histoire du regne de Louis XIV, roi de France et de Navarre. Seconde edition. Par H. P. de Limiers ...
A Amsterdam, aux dépens de la compagnie, 1718
12°: 7 dln
- PrBI/16 (dl 2, '*premiere partie*'; herk. in fine: Joseph Zacharie Van Bristom 1798)

LINDANUS, Wilhelmus   L228
Apologeticum ad Germanos, pro religionis catholicæ pace, atque solida ecclesiarum in vero Christi Iesu Evangelio concordia. Auctore ... Wilhel. Damasi Lindano ...
Antverpiæ, ex officina Christophori Plantini, 1568-1569
4°: *2, a2, b-h4, A-I4, K6; [64], 83, [1] p. + A-X4, Y6; [48], 176, [3] p.
- HII/29/1 (herk.: Patri suo clarissimo Wilhel. Damasi F. Lindanus DD.; Ex dono avunculi matris meæ Damasi Lindani [vervolg afgesneden])

LINDANUS, Wilhelmus   L229
Altera pars Apologetici ad Germanos ... Auctore ... Wilhelmo Damasi Lindano ...
Antverpiæ, ex officina Christophori Plantini, 1570
4°: A-Z4, a-2E4, 2F6; 417, [2] p.
- HII/29/2 (herk.: Eximio MN. Aug. Hunnæo Christoph. Plantinus gratitudinis erga D.D.; Augustininyi Bruxellenses A° 1610)

LINDANUS, Wilhelmus   L230
Glaphyra in Christi Domini Apocalypticas ad Episcopos Epistolas. Quibus epilogi loco accessit *Ecclesiæ prosopopeia ad eosdem.* Authore Wilhelmo Lindano ... (ed.: Joannes Malderus)
Lovanii, apud Iohannem Masium, 1602
8°: a-k8, l4; 84 f.
- CI/26 (herk.: G. J. Van Meldert)

LINDANUS, Wilhelmus   L231
Panoplia evangelica, sive de verbo Dei libri quinque... Wilhelmo Lindano ... authore. Postrema editio
Parisiis, apud Michaëlem Iulian, 1564
In fine: Excudebat Ioannes Le Blanc, impensis Guilielmi & Michaelis Iulian ...
Coll.: Corn. Fuscus Nuportanus (ode)
8°: á8, é8, í8, ó8, ú8, A-Z8, Aa-Zz8, AA-BB8, AAA8, BBB6; [40], 499, [57] f.
- HI/5 (herk.: Collegii Soc^{tis} Jesu Namurc.)

LINDENBROG, Erpold   L232
Erpoldi Lindenbrogii *Scriptores rerum Germanicarum septentrionalium, vicinorumque populorum, veteres diversi* ... Quid in hac editione nova præstitum est, declarat ... præfatio Jo. Alberti Fabricii ...
Hamburgi, sumptu Christiani Liebezeit, 1706
Coll.: Adamus Bremensis, Helmoldus Buzoviensis, Joachim J. Mader
2°: π4,)(-2)(2, A-2N4, 2O2; [28], 276, [4] p.; gegrav. portret van de aut. in front
- TVII/9/1

LES LIONS DE PAIS-BAS ...   L233
Les Lions de Pais-Bas au regards des guerres, ornés avec des très belles figures en taille douce - *De Nederlandsche Leeuwen aenraeckende de oorlogen*, verçiert met verscheyde schoone kopere plaeten
A Lille, se vend à Bruxelles, chez André de Vos; Gand, chez Jean Meyer; Anvers, chez Jean van Soest; Malines, chez Laurent Vander Elst; Louvain, chez Martin van Overbeke. - Tot Ryssel, men vind-se te koop tot Brussel, by Andreas de Vos; Gendt, by Joannes Meyer; Antwerpen, by Joannes van Soest; Mechelen, by Laurentius Vander Elst; Loven, by Martinus van Overbeke, (1750?)
2°: π1, A-D2; [2], 16, [1] p. + uitsl. plt
- WVIII/15/5 (slechts één prent aanwezig)

LIPPOMANUS, Aloysius   L234
Historiæ Aloysii Lipomani ... de vitis sanctorum, pars prima (-secunda)
Lovanii, apud Petrum Zangrium Tiletanum, 1571
2°: *-3*6, A-2S6; [36], 491 p. + †2, a-2r6; [4], 480 p.
- NV/18 (herk.: F. M. Bosmans Prior [Park]; Usat. F. Petrus Slaechs Circator [Park]; Ad usum fris Juliani ab Haureche, pastoor van Haecht [Park])

LIPSIUS, Justus   L235
Iusti LipsI ... *Opera omnia* septem tomis distincta, postremum aucta & recognita
Antverpiæ, ex officina Plantiniana, apud viduam & filios Ioannis Moreti, 1614
4°: 5 dln
Nota 1: deel 1 wordt voorafgegaan door een aparte titelp., een *Præfatio* van B. Moretus & een index van de werken
Nota 2: de verschillende werken worden hier apart alfabetisch beschreven, zie nrs L237-L262
- SIV/26-30

LIPSIUS, Justus   L236
Iusti LipsI *Admiranda, sive De magnitudine romana libri quattuor.* Secunda editio
Antverpiæ, ex officina Plantiniana, apud Ioannem Moretum, 1599
4°: A-Z4, a-d4; 209, [7] p.
- PrHIII/6/1 (herk.: aux Capucins de St-Omer)

LIPSIUS, Justus   L237
Iusti LipsI *Admiranda, sive De magnitudine romana libri quattuor.* Editio ultima
Antverpiæ, ex officina Plantiniana, apud Balthasarem & Ioannem Moretos, 1617
4°: A-Z4, a-f4; 223, [8] p.
- SIV/28/3

LIPSIUS, Justus   L238
Iusti LipsI *De amphitheatro liber, in quo forma ipsa loci expressa, & ratio spectandi.* Cum æneis figuris. Omnia auctiora ...
p. 57: *De amphitheatris quæ extra Romam libellus*
Antverpiæ, ex officina Plantiniana, apud Ioannem Moretum, 1604
4°: A-I4, K6; 77, [6] p.: ill. + ill., 1 uitsl plt.
- SIV/30/1

LIPSIUS, Justus   L239
Iusti LipsI *De bibliothecis syntagma.* Editio secunda
Antverpiæ, ex officina Plantiniana, apud Ioannem Moretum, 1607
4°: A-E4; 35, [4] p.
- SIV/30/3

LIPSIUS, Justus   L240
Iusti LipsI *De constantia libri duo, qui alloquium præcipue continent in publicis malis.* Ultima editio
Antverpiæ, ex officina Plantiniana, apud viduam & filios Io. Moreti, 1615
Coll.: Franciscus Raphelengius, F. Duicius (ode), Janus Douza, filius
4°: *-2*4, A-M4; [16], 86, [10] p.
- SIV/29/5

L

LIPSIUS, Justus — L241
Iusti LipsI *De cruce libri tres ad sacram profanámque historiam utiles.* Una cum notis. Editio ultima
Antverpiæ, ex officina Plantiniana, apud Ioannem Moretum, 1606
4°: A-N⁴; 96, [7] p. : ill.
- SIV/30/4

LIPSIUS, Justus — L242
Iusti LipsI *De militia romana libri quinque, commentarius ad Polybium.* Editio ultima
Antverpiæ, ex officina Plantiniana, apud viduam & filios Ioannis Moreti, 1614
4°: A-2C⁴, 2D⁶; 397, [6] p.: ill.
- SIV/28/1

LIPSIUS, Justus — L243
I. LipsI *De recta pronunciatione Latinæ linguæ dialogus.* Editio ultima
Antverpiæ, ex officina Plantiniana, apud Joannem Moretum, 1609
Andere: Philip Sidney
4°: A-K⁴; 66, [13] p.
- SIV/26/3

LIPSIUS, Justus — L244
Iusti LipsI *De vesta et vestalibus syntagma.* Altera editio, atque ab ultima auctoris manu, notis auctior, & figuris illustrior
Antverpiæ, ex officina Plantiniana, apud Ioannem Moretum, 1609
4°: *⁴, A-H⁴; [8], 59, [4] p. : ill.
- SIV/30/2

LIPSIUS, Justus — L245
Iusti LipsI *Dissertatiuncula apud principes: item C. PlinI panegyricus liber Traiano dictus.* Cum eiusdem LipsI perpetuo commentario. Editio secunda
Antverpiæ, ex officina Plantiniana, apud Ioannem Moretum, 1604
4°: †⁴, *⁴, A-R⁴, S⁶; [16], 140, [6] p.
- SIV/29/4

LIPSIUS, Justus — L246
I. LipsI *Diva Virgo Hallensis: beneficia eius & miracula fide atque ordine descripta*
Antverpiæ, ex officina Plantiniana, apud viduam & filios Io. Moreti, 1616
4°: *⁴, A-M⁴, χ2; [8], 86, [10] p.: ill.
- SIV/30/5

LIPSIUS, Justus — L247
Iusti LipsI *Diva Sichemiensis sive Aspricollis. Nova eius beneficia & admiranda*
Antverpiæ, ex officina Plantiniana, apud Ioannem Moretum, 1606
4°: *⁴, A-K⁴; [8], 69, [10] p.
- SIV/30/6

LIPSIUS, Justus — L248
Iusti LipsI *Epistolarum selectarum centuria prima (-tertia) ad Belgas*
Antverpiæ, ex officina Plantiniana, apud viduam & filios Ioannis Moreti, 1614
2°: *⁴, a-n⁴; [8], 102 p. + X4, Aa-Ll⁴, Mm⁸; [8], 99 p. + †⁴, AA-PP⁴; [8], 118 p.
- SIV/27/8-10

LIPSIUS, Justus — L249
Iusti LipsI *Epistolarum selectarum centuria prima (-quinta) miscellanea*
Antverpiæ, ex officina Plantiniana, apud viduam & filios Ioannis Moreti, 1611-1614
Ed. van 4: Joannes Woverius
4°: 5 dln
- SIV/27/1-5

LIPSIUS, Justus — L250
Iusti LipsI *Epistolarum selectarum centuria singularis ad Germanos & Gallos*
Antverpiæ, ex officina Plantiniana, apud viduam & filios Ioannis Moreti, 1614
2°: *⁴, A-K⁴; [8], 79 p.
- SIV/27/7

LIPSIUS, Justus — L251
Iusti LipsI *Epistolarum selectarum centuria singularis ad Italos & Hispanos ...*
Antverpiæ, ex officina Plantiniana, apud viduam & filios Ioannis Moreti, 1613
4°: †⁴, A-K⁴, M⁶; [8], 93, [5] p.
- SIV/27/6

LIPSIUS, Justus — L252
Iusti LipsI *Epistolica institutio ... Adiunctum est Demetrij Phalerei eiusdem argumenti scriptum.* Editio ultima
Antverpiæ, ex officina Plantiniana, apud viduam & filios Ioannis Moreti, 1614
2°: A-C⁴; 23 p.
- SIV/27/11

LIPSIUS, Justus — L253
Iusti Lipsii sapientiæ et litterarum antistitis fama postuma. Editio secunda
Antverpiæ, ex officina Plantiniana, apud viduam & filios Joannis Moreti, 1613
Coll.: Hubertus Audeiantius Brugensis, Laurentius Beyerlinck, Simon Birconius, Joannes Bleuwart Athensis, Ioannes Bochius, Arnoldus à Boecop, Gis. Bultelius Clytius, Gerardus Corselius, Jacobus Denyautius, Adrianus Flerontinus, Michael Groeneweghen, Andreas Hoius, Janus Lernutius, David Lindanus, Aubertus Miræus, Balthasar Moretus, Ludovicus Nonius, Nicolas Oudart, Petrus Pantinus, Erycius Puteanus, Gaugericus Rivius, Sebastianus Rolliardus, Philippus Rubenius, Carolus Scribani, Thomas Seghetus Britannus, Franciscus Swertius, Maximilianus Vrientius, Joannes Woverius
4°: *-2*⁴, A-Ss⁴, Tt⁶; [16], 337, [2] p.; gegrav. portret van Lipsius in front.
- SIV/26/1

LIPSIUS, Justus — L254
Leges regiæ et leges X virales, I. LipsI opera studiose collectæ. Editio ultima
Antverpiæ, ex officina Plantiniana, apud viduam & filios Ioannis Moreti, 1613
4°: *⁴; 8 p.
- SIV/29/3

LIPSIUS, Justus — L255
Iusti LipsI *Lovanium: id est, opidi et academiæ eius descriptio. Libri tres.* Altera editione
Antverpiæ, ex officina Plantiniana, apud Ioannem Moretum, 1610
4°: *⁴, A-Q⁴; [8], 121, [6] p.: ill. + 2 uitsl. pltn
- SIV/30/7

LIPSIUS, Justus — L256

Iusti LipsI *Manuductionis ad stoicam philosophiam libri tres. L. Annæo Senecæ, aliisque scriptoribus illustrandis*. Editio secunda
Antverpiæ, ex officina Plantiniana, apud Ioannem Moretum, 1610
4°: *⁶, A-Z⁴, a-d⁴; [12], 212, [3] p.
- SIV/29/6

LIPSIUS, Justus   L257
Justi LipsI *Monita et exempla politica. Libri duo, qui virtutes et vitia principum spectant*
Antverpiæ, ex officina Plantiniana, apud viduam & filios Io. Moreti, 1613
4°: *⁴, A-Z⁴, a-c⁴, d⁶; [8], 213, [6] p.
- SIV/29/2

LIPSIUS, Justus   L258
Iusti LipsI *Opera omnia quæ ad criticam proprie spectant*. Postremum ab ipso aucta …
Antverpiæ, ex officina Plantiniana, apud viduam & filios Ioannis Moreti, 1611
4°: *⁴, A-Z⁴, a-z⁴, Aa-Zz⁴, AA-PP⁴; [8], 645, [26] p.
- SIV/26/2

LIPSIUS, Justus   L259
Iusti LipsI *Physiologiæ stoicorum libri tres: L. Annæo Senecæ, aliisque scriptoribus illustrandis*. Editio secunda
Antverpiæ, ex officina Plantiniana, apud Ioannem Moretum, 1610
4°: *⁶, A-Z⁴, a⁴; [12], 188, [1] p.
- SIV/29/7

LIPSIUS, Justus   L260
Iusti LipsI *Poliorceticωn, sive De machinis, tormentis, telis libri quinque*. Editio tertia
Antverpiæ, ex officina Plantiniana, apud Ioannem Moretum, 1605
4°: A-Z⁴, a-d⁴, e⁶; 219, [7] p.: ill.
- SIV/28/2

LIPSIUS, Justus   L261
Justi LipsI *Politicorum sive Civilis doctrinæ libri sex*. Qui ad principatum maxime spectant. Additæ *Notæ auctiores*, tum & *De una religione liber*
Antverpiæ, ex officina Plantiniana, apud Ioannem Moretum, 1610
4°: A-Z⁴, a-e⁴; 223 p. + a-m⁴, n⁶; 103, [4] p.
- SIV/29/1

LIPSIUS, Justus   L262
Iusti LipsI *Saturnalium sermonum libri duo, qui de gladiatoribus*. Editio ultima. Cum æneis figuris
Antverpiæ, ex officina Plantiniana, apud Balthasarem & Ioannem Moretos, 1617
4°: A-Q⁴, R⁶; 136, [3] p.: ill.
- SIV/28/4

LIPSIUS, Justus   L263
Iusti Lipsii *Variarum lectionum libri IIII*
Antverpiæ, ex officina Christophori Plantini, 1569
8°: A-M⁸, N⁴; 198, [1] p.
- PrJVI/7 (herk.in fine: Bibliotheca parcensis [17de])

LITERÆ EXECUTORIALES …   L264
Literæ executoriales trium sententiarum rotalium conformium in favorem Communitatis antiqui rigoris Ordinis Præmonstratensis concessæ
S.l., s.n., (1633?)
4°: A-D⁴; 32 p.
- ArFIV/15/12

LITTA, Lorenzo   L265
Vingt-neuf lettres sur les quatre articles dits du clergé de France. Par … le Cardinal Litta … précédées d'un discours … par … Louis Fr. de Robiano de Borsbeek
A Louvain, chez Vanlinthout et Vandenzande, 1822
8°: XLIII, 172 p.
- MV/30 (herk.: De Wit)

LITTWERICH, Benedictus, O.Cist.   L266
Quæstiones theologicæ de legibus in genere et specie. Quas … præside … Godefrido Stehr … defendendas suscepit … Benedictus Littwerich … anno MDCLXXXIII …
Neo-Pragæ, typis seminarii archi-episcop. in Emmaus per Joannem Mattis, 1683
12°: π¹, A-H¹²; [2], 190 p.
- PrJVIII/3

LITURGIÆ …   L267
Liturgiæ S. Basilii Magni, S. Gregorii theologi, S. Cyrilli Alexandrini. Ex Arabico conversæ, a Victorio Scialach …
Augustæ Vindelicorum, apud Christophorum Mangum, 1604
4: a⁴, B-L⁴; [6], [2bl], 78, [1] p.; rubricering
- ArEIV/24

LIVIUS, Titus   L268
Titi Livii … *Historiarum libri*
Amsterdami, apud Guiljelm Blaeu, 1633
12°?: π¹, A-2T¹²; [2], 1007 p.; gegrav. titelp.
- ArJI/7 (herk.: Nicolai Germanni Augustiniani Hasslensis 1636; Conventus Hasselensis f. Fred. Lessius prior 1654)

LIVIUS, Titus   L269
Titi Livii … *Historiarum libri*
Amsterdami, apud Ioannem Ianssonium, 1635
12°: π¹, A-2V¹², 2X¹⁰; [2], 1052 p.; gegrav. titelp.
- ArJI/27

LIVIUS, Titus   L270
De Romeynsche historien ende gheschiedenissen. Beschreven door Titum Livium …
f. [13]: *Corte beschrijvinge van de stadt Romen* … by wylen Paulo Merula …; f. 353: *Cort begrijp … van den anderen boecken van Titus Livius, die niet meer te vinden en zijn*, beschreven door Lucius Florus
Tot Amstelredam, by Hendrick Laurentsz., 1614
2°: a-b⁶, (?)-2(?)⁶, 3(?)⁸, A-2Z⁸; [32], 368 f. : ill. + 3 krtn
- RVII/11

LIVIUS, Titus   L271
Titi Livij … *Romanæ historiæ principis, libri omnes* …
Impressum Francofurti ad Moenum, impensis Sigismundi Feyerabendij, & sociorum, 1588
In fine: Francofurti ad Moenum apud Ioannem Feyerabend, impensis Sigismundi Feyerabendij, Petri Fischeri, & Henrici Thackij sociorum
8°: A-2E⁸, 2F⁴; 436, [15] p.
- RI/7 (herk.: Ex liberali dono … Francisci Bechtholdi)

LIVIUS, Titus   L272
Titus Livius Patavinus. Ad codices parisinos recensitus … item

L

supplementa J. Freinshemii curante N. E. Lemaire
Parisiis, (de l'imprimerie de Firmin Didot), 1822-1825
12 dln
- ArIVIII/1-13

LOARTE, Gaspar, S.J. L273
Enchiridium seu instructio confessariorum. Auctore …
Gaspare Loarte … Accessit *Institutio confessariorum* Martino Fornario … authore
Parisiis. Et prostant Bruxellis, apud Eugenium Henricum Fricx, 1686
12°: A-S$^{8-4}$; [8], 207, [1] p.
- JI/12 (herk.: Blockx Can. Parc.) & ArCI/26 (herk.: usui f. Rumoldi du Chateau relig. Parch.; F. Moreels [Park])

LOBBETIUS, Jacobus, S.J. L274
Iacobi Lobbetii … Quæstiones theologicæ, historicæ, morales in evangelia dominicarum et festorum totius anni
1: *Continens dominicas ab Adventu ad Pentecosten*; 2: *Continens dominicas a Pentecoste ad Adventum*; 3: *Continens evangelia festorum*; 4: *Opus morale de peccato … Speculum ecclesiasticorum ac religiosorum … Via vitæ ac mortis tribus libris explicata. Tractatus duo ascetici … De fortitudine et constantia libri tres*
Leodii, ex offina typographica Henrici et Ioannis Mathiæ Hoviorum, 1653
2°: 4 dln
- DVIII/4-5 (herk.: Biblioth. Conventus Namurcensis Frum Min. Recollectorum)

LOBECK, Tobias L275
Atlas geographicus portatilis XXIX mappis orbis habitabilis regna exhibens. Cœlo accurate expressit Tobias Conradus Lotterus, delineavit et excudit Tobias Lobeck …
[Augustæ Vindelicorum], s.n., [1762?]
12°, obl.: gegrav. titelp. &. front. + ingekl. 43 krtn
- ArII/2/1 (herk. in fine: Ex libris Liberti Vanderveken Lovaniensis 1824)

LOBECK, Tobias L276
Kurzgefasste Geographie, in sich haltend einen aneinander hangenden Entwurf aller Theile des bewohnten Erdbodens … Herausgegeben von Tobias Lobeck …
Augspurg, Allda gedruckt bey Johann Michael Spaeth, [1762?]
obl., 11,5 x 14 cm: A-F^6; 72 p.
- ArII/2/2

LOCHMAIER, Michael L277
Sermones de sanctis … Michaelis Lochmair. Cum vigintitribus sermonibus magistri Pauli Wann annexis
(Hagenau, Joannes Rynman - Hendrik Gran, 1516)
In fine: Sermones perutiles … cum vigintitribus sermonibus … magistri Wann annexis: Expensis … Joannis Rynman … emendati impressique in imperiali oppido Hagenaw per industrium Henricum Gran finiunt feliciter. Anno … millesimoquingentesimodecimosexto …
2°: A-B^6, a-f$^{8-6}$, g-l^8, m-n^6, o-r^8, s^6, t-v^8, x^6, y-z^8, aa^6, bb-cc^8, dd^6, ee-ii^8, A-E^8(-E^8); [251], [1bl], [39] f.; twee kolommen, twee titelp. met houtsnedelijst
- EV/2 (herk.: Duplum bibliothecæ regiæ Monacæ; Mon^{rij} S. Georgij Kunsening)

LODEWIJK XVI L278
Lettres-patentes du roi (Lodewijk XVI), *portant réglement concernant les acquisitions des gens de main-morte du Duché de Cambray, Pays & Comté de Cambresis. Données à Versailles, le 25 Mai 1777*
A Douay, de l'imprimerie de Willerval, (1777?)

4°: 8 p.
- ArKIII/7/20

LOHNER, Tobias, S.J. L279
Felix novus annus. A … Tobia Lohner … Editio nova
Gandæ, Vander Schelden, 1826
XIV, 120 p.
- ArFIV/16/17

LOKEREN, J. B. van L280
De cleyne christelycke academie dat is d'oeffen-plaetse der geleertheydt bequæm om de kinderen te oeffenen in de christelijcke deughden, vergadert door J. B. V. L. P. [J. B. Van Lokeren]
T'Antwerpen, by Hieronymus Verdussen, (1730?)
4°: A-F^8; 96, [1] p.
- ArFIV/16/1

LOMBEZ, Ambroise de, O.Cap. L281
Lettres spirituelles sur la paix intérieure, et autres sujets de piété. Par l'auteur du *Traité de la Paix intérieure* [A. de Lombez]
A Paris, chez Herissant. Et se vend A Lille, chez Van Costenoble, 1767
12°: A-Q^{12}; X, [2], 368, [4] p.
- ArDV/12

LOMBEZ, Ambroise de, O.Cap. L282
Traité de la paix intérieure, en quatre parties [A. de Lombez]
A Liége, chez S. Bourguignon, 1761
12°: a^4, A-2X$^{8-4}$; [8], 517, [11] p.
- ArCII/11 (herk.: Chapelle de la Zanger-hey; Jacques-Gery-Joseph Colpin)

LOMBEZ, Ambroise de, O.Cap. L283
Traité de la paix intérieure … Par … Ambroise de Lombez. Nouvelle édition
Avignon, Jean-Albert Fischer, 1826
356 p.
- ArCIV/5

LONGUEVAL, Jacques, S.J. L284
Histoire de l'Eglise Gallicane … Par … Jacques Longueval …
9-18: Continuée par … Pierre Fontenai, Pierre Brumoi, Guillaume-François Berthier
A Paris, 1-4: chez Pierre Simon, 1730; 5-18: chez François Montalad, Jean-Baptiste Coignard, Hippolyte-Louis Guérin, Jacques Rollin fils, 1733-1749
4°: 18 dln; gegrav. front. in 1
- OV/3-20

LONGUEVAL, Jacques, S.J. L285
Traité du schisme. Christianus mihi nomen Catholicus cognomen [J. Longueval]
A Bruxelles, chez Simon t'Serstevens, 1718
Coll.:Thomas Philippe d'Alsace et de Boussu (*Préface*)
8°: *^{4}, A-M^8, N^4; [8], 196, [4] p.
- ArDIII/8

LONGUS a CORIOLANO, Franciscus, O.Cap. L286
Tractatus de casibus reservatis … Auctore … Francisco a Coriolano …
Tulli, apud Simonem San Martellum, 1618
12°: †-2†^{12}, A-Q^{12}, R^4, S-V^2, X^6; [48], 377, [43] p.
- II/26

Loo, Adrianus van   L287
De levens der heylige van Nederlant ... Getrocken en by een vergadert uyt de geloofweerdigste schryvers door ... Adrianus van Loo ...
Het eerste deel behelsende de ses eerste maanden van het Iaer; Het tweede deel behelsende de ses leste maanden van het Iaer
te Ghendt, by d'erfgenamen van Maximiliaen Graet, 1705
4°: †-2†⁴, 3†², *-12*⁴, 13*², A-3M⁴; [20], XCVIII, 460, [4] p. + π¹, A-3P⁴, 3Q²; [2], 487, [5] p.
- KIII/6-7

Loo, Gislenus van   L288
Advertissement omme den ... Prelaet der Abdye van Dronghen [Antonius De Stoop], geinsinueerden ter eender zyde: jegens ... Gislenus van Loo, pastor der prochie van Landegem ... heesschere by requeste van den 29 January 1763, ter andere
S.l., s.n., (1763?)
4°: 4 p.
- ArKIII/7/9

Loon, Gerard van   L289
Gerard van Loons Aloude Hollandsche Histori ... versierd ... met de noodige landkaarten, geslachtslysten ... penningen ...
In 's Graavenhaage, by Pieter de Hondt, 1734
2°: π⁴, 2*-10*², A-5A²; [44], 348, [23] p. + π², A-5E²; [4], 360, [28] p.: ill. + ill., krtn
- TIX/6-7 & XVIII/9-10 (gegrav. front.)

Loon, Gerard van   L290
Hedendaagsche penningkunde, zynde eene verhandeling van den oorspronk van 't geld ... Door ... Gerard Van Loon
In 's Graavenhaage, by Christiaan Van Lom, 1732
2°: π¹, *-2*², A-4D²(-4D²), A-G²; [12], 389(=289), [27] p.: ill.
- ArCVII/14

Loon, Gerard van   L291
Hedendaagsche penningkunde ... Door ... Gerard Van Loon
In 's Gravenhage, by Pieter van Thol, 1734
2°: π¹, *-2*², A-4D²(-4D²), A-G²; [12], 389(=289), [27] p.: ill.
- TIX/8

Loon, Gerard van   L292
Histoire métallique des XVII provinces des Pays-Bas depuis l'abdication de Charles-Quint, jusqu'à la paix de Bade en MDCCXVI. Traduite du Hollandais de ... Gerard Van Loon [par Justus Van Effen & Antoine-François Prévost]
A La Haye, chez P. Gosse, J. Neaulme, P. De Hondt, 1732-1737
2°: 5 dln: ill.
- TIX/1-5

Lopez de Ezquerra, Josephus, O.Cart.   L293
Lucerna mystica pro directoribus animarum ... Auctore Josepho Lopez Ezquerra ... Accessit ad calcem Manuductio practica brevis ...
Venetiis, apud Jo. Baptistam Recurti, 1722
4°: a⁴, b⁶, A-2L⁴, 2M⁶; [20], 282, [2] p.
- ArDVII/10

Lopez de Ezquerra, Josephus, O.Cart.   L294
Lucerna mystica pro directoribus animarum ... Auctore Josepho Lopez Ezquerra ... Accessit ad calcem Manuductio practica brevis ...
Venetiis, apud Jo. Baptistam Recurti, 1745
4°: a⁴, b⁶, A-2L⁴, 2M⁶; [20], 282, [2] p.

- KII/33 (herk.: Ad usum F. Josephi Benedicti à S. Camilla)

Lorini, Jean de, S.J.   L295
Ioannis Lorini ... Commentarii in Leviticum. Editio ... quæ nunc primum lucem aspicit
Lugduni, sumptibus Horatii Cardon, 1619
2°: *⁴, á⁶, é⁶, í⁴, A-4T⁶(-4T⁶); [40], 1004, [46] p.; gegrav. titelp.
- CVI/9 (herk.: Bibliothecæ frūm Min. Namurcensis 1680)

Loriot, Julien, Orat.   L296
*Sermons des fêtes des saints. Par le pere *** [J. Loriot] ...*
A Paris, chez Edme Couterot. Se vend à Liege, chez J. F. Broncart, 1700
12°: π², A-P¹², Q¹⁰; [4], 355 p. + π¹, A-O¹², P⁴; [2], 340 p.
- YI/31

Loriot, Julien, Orat.   L297
*Sermons pour l'octave du Saint Sacrement. Par le Pere *** [J. Loriot] ...*
A Paris, chez Edme Couterot, 1700
12°: á², A-2A¹², χ²; [4], 559, [21] p.
- YI/32

Loriot, Julien, Orat.   L298
*Sermons sur les mysteres de la Sainte Vierge. Par le pere *** [J. Loriot] ...*
A Paris, chez Edme Couterot, 1700
12°: á⁸(-á⁸), A-2A¹², 2B⁴; [8], 570, [12] p.
- YI/33

Loriot, Julien, Orat.   L299
*Sermons sur les mysteres de la Sainte Vierge. Par le pere *** [J. Loriot] ...*
A Paris, chez Edme Couterot. Se vend à Liege, chez Jean François Broncart, 1701
12°: á⁴(-á⁴), A-P¹², Q⁸; [6], 342, [2] p.
- ArDV/29

Loriot, Julien, Orat.   L300
*Sermons sur les mystères de Notre Seigneur. Par le Pere *** [J. Loriot] ...*
A Paris, chez Edme Couterot, 1700
12°: á¹²(-á¹²), A-2CD¹², 2E¹⁴(-2E¹⁴); [22], 642, 8, [4] p. + ?
- YI/34 (dl 1)

Loriot, Julien, Orat.   L301
*Sermons sur les mysteres de notre seigneur. Par le pere *** [J. Loriot] ...*
A Paris, chez Edme Couterot. Se vend à Liege, chez Jean François Broncart, 1701
12°: π², A-D¹², E-Y⁸; [4], 380, [3] p. + ?
- YI/35 (dl 1)

Louis, Epiphane, O.Præm.   L302
Conférences mystiques sur le recueillement de l'âme ... Par ... Epiphane Louis ...
A Paris, chez Christophe Remy, 1676
12°: á¹², é⁴, χ¹, A-T¹², V⁸; [32], [2], 472p.
- PrHI/15 (herk.: De l'abbaye de St George)

Louis, Epiphane, O.Præm.   L303
Conférences mystiques ... Par ... Epiphane Louis ... Seconde édition
A Paris, chez Christophe Remy, 1684
12°: á¹², é⁴, A-T¹², V⁸; [32], 472 p.

L

- PrII/20 (herk.: Mlle de la Roche; Maison du Sacré Cœur, Rennes, armoire 2 rayon G)

LOUIS, Epiphane, O.Præm.   L304
Conférences mystiques ... Par ... Epiphane Louis ... Troisieme édition
A Paris, chez Christophe Remy, 1690
12°: á12, é4, A-T12, V8; [32], 472 p.
- PrII/21 (herk.: Nov. de N.D. de Bellevue)

LOYENS, Hubert   L305
Brevis et succincta synopsis rerum maxime memorabilium bello et pace gestarum ab ... Lotharingiæ, Brabantiæ, & Limburgi ducibus ... Scriptore Huberto Loyens ... Cujus ... adjunctæ sunt omnium fere ducum Pactiones inaugurales, e vernaculo in Latialem sermonem versæ
Bruxellis, typis Henrici Frickx, 1672
Coll.: Richardus Mercx, Theodorus Graswinkel, Martinus Harney (*Gratulatio*)
4°: *-2*4, 3*2, A-4P4; [20], 621, [49] p.; portretten ontbreken.
- SI/4

LOYENS, Hubert   L306
Tractatus de concilio Brabantiæ, ejusque origine, progressu, auctoritate et prærogativa ... Accesserunt Elogia cancellariorum ... Auctore Huberto Loyens ...
Bruxellæ, typis Francisci Foppens, 1667
Coll.: Antonius Sanderus, Theodorus Graswinkel (lofdichten)
4°: *4, 2*6, 3*-6*4, 7*2, A-3B4; [56], 383, [1] p.
- PrEIV/20/2

LUCA, Giovanni Battista de   L307
Jo. Baptistæ de Luca ... *Commentaria ad constitutionem Innocentii XI P. M. de statutariis successionibus ... De pensionibus ecclesiasticis ... Accedunt in fine Indulta varia transferendi & retinendi pensiones ecclesiasticas*
Coloniæ Allobrogum, sumptibus J. A. Cramer & P. Perachon, 1697
2°: *6, A-X6, Y4; [12], 260 p.
- MVIII/23/1

LUCA, Giovanni Battista de   L308
Discorso dello stile legale cioè del modo co'l quale i professori della Facolta legale ... debbano trattare in scritto, & in voce delle materie giuridiche, giudiziali, & estragiudiziali. Dell' ... Cardinale de Luca ...
Coloniæ Allobrogum, sumptibus J. A. Cramer & P. Perachon, 1697
2°: (A)-(C)6, (D)4; 43 p.
- MVIII/23/2

LUCA, Giovanni Battista de   L309
S. Rotæ Romanæ decisiones et sum. pontificum constitutiones recentissimæ et selectissimæ, Theatrum veritatis et justitiæ ... Cardinalis de Luca ejusque tractatus De officiis venal. et stat. successionibus amplectentes ... Studio & opera clariss. J.U.D. argumentis ... dispositæ
Lugduni, sumptibus J. A. Cramer & P. Perachon, 1699
2°: 2 dln (onregelm. gepag.)
- MVIII/24-25

LUCA, Giovanni Battista de   L310
S. Rotæ Romanæ decisiones et sum. pontificum constitutiones recentissimæ et selectissimæ ... Studio & opera clariss. J.U.D. argumentis ... dispositæ
3 & 4: *Mantissa decisionum sacræ Rotæ Romanæ ...*
Venetiis, apud Paulum Balleonium, 1707-1708
2°: 4 dln
- MVIII/26-27 (dln 3 & 4)

LUCA, Giovanni Battista de   L311
... Jo. Baptistæ de Luca ... *Theatrum veritatis et justitiæ, sive decisivi discursus per materias ...*
17-18: *Index generalis rerum notabilium*
Coloniæ Allobrogum, sumptibus J. A. Cramer & P. Perachon, 1697
2°: 18 dln; gegrav. portret van de aut. in front. in 1
- MVIII/6-21

LUCA, Giovanni Battista de   L312
... Jo. Baptistæ de Luca ... *Tractatus de officiis venalibus vacabilibus romanæ curiæ ... Accessit alter tractatus ... De locis montium non vacabilium urbis*
Coloniæ Allobrogum, sumptibus J. A. Cramer & P. Perachon, 1697
2°: π4, A-E6, a-u6, x2, A-D6, E4; [8], 60, 226, [18], 56 p.
- MVIII/22

LUCA a SANCTO BENEDICTO, O.CARM.   L313
Sanctus Norbertus illibatæ virginis ordinis Præmonstratensis institutor, oder der heilige Norbertus des vorgezeigten unbefleckter Iungfrauen, Ordens-Stiffter. Vorgestellet von ... Luca à Sancto Benedicto
München, gedruckt bey Maria Magdalena Riedlin, 1730
2°: A-G2(-G2); 26 p.
- ArKIII/7/31

LUCAS BRUGENSIS, Franciscus   L314
Commentarius in sacro-sancta quatuor Iesu Christi Evangelia ... Auctore ... Francisco Luca Brugensi ... Editio altera ... Cura & studio G. V. V. [Gerardus Van Velden]
5: *Reliqua majorem ad S. Scripturæ lucem opuscula omnia*
Antverpiæ, typis Christiani Vermey, 1712
2°: 5 dln
- BVI/18-19

LUCAS BRUGENSIS, Franciscus   L315
Romanæ correctionis, in Latinis bibliis editionis vulgatæ ... recognitis, loca insigniora. Observata à Francisco Luca Brugensi ...
Antverpiæ, ex officina Plantiniana, apud Ioannem Moretum, 1603
2°: *-5*4, 6*6; [50] p.
- PrDVI/5/2

LUCAS BRUGENSIS, Franciscus   L316
Romanæ correctionis, in Latinis bibliis ... loca insigniora. Observata ... à Francisco Luca ... Accessit libellus alter, continens alias lectionum varietates, in eisdem bibliis Latinis ...
Antverpiæ, ex officina Plantiniana, apud Balthasarem & Ioannem Moretos, 1618
4°: A-L4; [4], 85, [2] p.
- CIV/5/2

LUCAS BRUGENSIS, Franciscus   L317
Sacrorum bibliorum vulgatæ editionis concordantiæ, ad recognitionem iussu Sixti V ... bibliis adhibitam ... Recensitæ ... primum à Francisco Luca ... nunc denuo ... expurgatæ ... cura & studio ... Huberti Phalesii ...
Antverpiæ, ex officina Plantiniana Balthasaris Moreti, 1642
2°: *6, 2*4, A-3S6; niet gepag.

- BVII/22 (herk.: Cartusia Gandavensis)

LUCAS BRUGENSIS, Franciscus L318
Sacrorum bibliorum vulgatæ editionis concordantiæ, ad recognitionem iussu Sixti V ... bibliis adhibitam. Recensitæ ... à Francisco Luca ... Nunc vero secundum Huberti Phalesii Plantini ac Parisiensium observata ... editæ
Coloniæ Agrippinæ, apud Balthasarum ab Egmond, 1684
4°: *8, A-4C8, 4D4; 16, [1160] p.; bijk. gegrav. titelp.
- CII/26 & PrHIII/1 (herk.: Abb. Tong. [19e])

LUCAS TUDENSIS L319
Lucæ Tudensis ... De altera vita, fideique controversiis adversus Albigensium errores libri III. Nunc primum in lucem prolati ... a ... Joanne Mariana ...
Ingolstadii, excudebat Andreas Angermarius. Sumptibus Ioannis Hertsroy, 1612
4°: A-Z4, a-i4, k2; [42], 196, [21] p.
- EII/17/2

LUCINO, Luigi Maria, O.P. L320
Romani pontificis privilegia adversus novissimos osores vindicata [L. M. Lucino]
Venetiis, apud Bartholomæum Javarina, 1734
8°: †-2†8, A-2C8; [32], 415 p.
- MI/7 (herk.: Bibl. Lovan. 1783 no 4311; R.F. Charlis Presbr Lovan. 1804)

LUDEWIG, Johannes Petrus von L321
Reliquæ manuscriptorum omnis ævi diplomatum ac monumentorum, ineditorum adhuc. Ex museo Io. Petri Ludewig ...
1-9: Francofurti & Lipsiæ, s.n.; 10-12: Halæ Salicæ, impensis Orphanotrophei, 1720-1741
8°: 12 dln; gegrav. front., behalve in 7 & 8
- TIV/18-29

LUDEWIG, Johannes Petrus von L322
(Scriptores rerum Episcopatus Bambergensis). Cura Ioan. Petr. Ludewig ...
1: *Volumen primum, complectens Scriptores rerum episcopatus Bambergensis ...*; 2: *Volumen secundum, complectens Scriptores rerum Germanicarum ...*
Francofurti & Lipsiæ, s.n., 1718
2°: π4, A-D2, a-d2, A-4T4, 4V2; [8], 15, 16 p., 1284 kol., [62] p. + π1, a-b2, A-2Z4, 3A2; [2], 8 p., 679 kol., [34] p. + ill.; bijk. gegrav. titelp.
- TVIII/14

LÜNIG, Johann Christian L323
Codex Germaniæ diplomaticus ... Ans Licht gegeben von Johann Christian Lünig
Franckfurt und Leipzig, bey Friedrich Lanckischens Erben, 1732-1733
2°: π2, a-l2, A-6T4, 6U2; [4] p., [88], 2162 kol. + π1, a-o2, A-7Z4, 8A2; 2 p., [112], 2584 kol.
- TVIII/2-3

LÜNIG, Johann Christian L324
Codex Italiæ diplomaticus ... Collegit ... Joannes Christianus Lünig
Francofurti & Lipsiæ, impensis hæredum Lanckisianorum, 1725-1726
2°: π3, a-k2, A-7T4, 7U-7X2(-7X2); [6] p., [76] kol., [2] p., 2524 kol. + a-m2, A-8K4, 8L2(-8L2); [2] p., [92], 2524, [116] kol.; gegrav. front.
- RVI/7-8

LUGO, Giovanni de, S.J. L325
... Joannis de Lugo ... *Disputationes scholasticæ et morales. De virtute, et sacramento pœnitentiæ ...*
Lugduni, sumpt. Iacobi & Petri Prost, 1638
2°: $-$$4, A-3H6, 3I8(-3I8); [14], 630, [32] p.
- IVII/7 (herk.: Ad usum F. Augustini Stex Trudonensis religiosi 1685; Ad usum fratris Hermannis Josephi 1734; Ad usum fratris Ludolphi Engels 1745; F. C. Caenen 1769; F. Laurentii 1791)

LUGO, Giovanni de, S.J. L326
... Ioannis de Lugo ... *Disputationes scholasticæ. De incarnatione dominica*. Prodeunt nunc primum
Lugduni, sumptibus Iacobi Prost, 1633
2°: á4, é4, A-G6, H-3V4; [16], 540, [15] p.
- IVII/12 (herk.: Delfosse 1786)

LUGO, Giovanni de, S.J. L327
... Ioannis de Lugo ... *Disputationes scholasticæ, et morales, De sacramentis in genere. De venerabili eucharistiæ sacramento. De sacrosancto missæ sacrificio*. Editio novissima
Lugduni, sumpt. hæred. Petri Prost, Philip. Borde, & Laurentii Arnaud, 1644
2°: á6, A-3E6(-3E6); [12], 598, [12] p.
- IVII/8 (herk.: Delfosse 1786)

LUGO, Giovanni de, S.J L328
Ioannis de Lugo ... *Disputationes scholasticæ, et morales de virtute fidei divinæ*. Nunc primum in lucem prodit
Lugduni, sumpt. hæred. Petri Prost, Philippi Borde, & Laurentii Arnaud, 1646
2°: $-2$4, A-3N6, 3O8; [16], 702, [20] p.
- IVII/11 (herk.: Da livraria ... de Coimbra de Joannis[?] Evangᵃ)

LUGO, Giovanni de, S.J. L329
... Ioannis de Lugo ... *Disputationum de Iustitia et Iure tomus primus (-secundus)*. Editio novissima
Lugduni, sumptib. Philippi Borde, Laurentii Arnaud, & Claudii Rigaud, 1652
2°: *-2*4, A-3E6, 3F4; [16], 606, [13] p. + á6, A-3H6, 3I4; [12], 623, [31] p.
- IVII/9-10 (herk. in 2: del convento de Carme ... descalcos de Madrid)

LUGO, Giovanni de, S.J. L330
Joannis de Lugo ... *(Opera omnia) Tomus septimus continens responsorum moralium libros sex*. Editio summo studio ...
Venetiis, sumptibus Nicolai Pezzana, 1718
Præf.: Sforza Pallavicino
2°: a4, A-K8, L10; [8], 171, [9] p.
- IVII/13

LUIS de GRANADA, O.P. L331
Conciones de præcipuis sanctorum festis, a festo beatissimæ Mariæ Magdalenæ, usque ad finem anni. Auctore ... Ludovico Granatensi ...
Antverpiæ, ex officina Christophori Plantini, 1584
8°: AA-ZZ8, aa-ll8; 542, [1] p.
- ArBV/14 (herk.: Ad usum fris Joⁱˢ Robert prioris floreffiensis 1601; dono dedit confratri suo fratri Cornelio Outerio; dono dedit Antonio Joannede Molido; Carmeli Gerardimontensis)

LUIS de GRANADA, O.P. L332
Conciones de præcipuis sanctorum festis ... Auctore ... Ludovico Granatensi ...
Antverpiæ, ex officina Plantiniana, apud viduam, & Ioannem Moretum, 1593
8°: AA-ZZ8, aa-ll8; 542 p.
- ArBV/13/2

L

LUIS de GRANADA, O.P. L333
Conciones de præcipuis sanctorum festis ... Auctore ... Ludovico Granatensi ...
Antverpiæ, ex officina Plantiniana, apud viduam & filios Io. Moreti, 1614
8°: AA-ZZ⁸, aa-ll⁸; 542 p.
- JII/21/1

LUIS de GRANADA, O.P. L334
Conciones quæ de præcipuis sanctorum festis in ecclesia habentur, a festo sancti Andreæ usque ad festum beatæ Mariæ Magdalenæ. Auctore ... Ludovico Granatensi ...
Antverpiæ, ex officina Plantiniana, apud viduam, & Ioannem Moretum, 1593
8°: A-Z⁸, a-k⁸; 527 p.
- ArBV/13/1 (herk.: Thomas Boys)

LUIS de GRANADA, O.P. L335
Conciones quæ de præcipuis sanctorum festis in Ecclesia habentur. A festo sancti Andreæ usque ad festum ... Mariæ Magdalenæ. Auctore ... Ludovico Granatensi ...
2: *Conciones de præcipuis sanctorum festis, a festo beatissimæ Mariæ Magdalenæ, usque ad finem anni ...*
Lugduni, sumptibus Alexandri de Villeneufve, 1598
8°: A-2N⁸; 576 p. + A-2O⁸; 592 p.
- ArAI/36-37

LUIS de GRANADA, O.P. L336
Conciones quæ de præcipuis sanctorum festis in ecclesia habentur, a festo sancti Andreæ ... Auctore ... Ludovico Granatensi ...
Antverpiæ, ex officina Plantiniana, apud viduam & filios Io. Moreti, 1614
8°: A-Z⁸, a-k⁸; 527 p.
- JII/20

LUIS de GRANADA, O.P. L337
... Ludovici Granatensis *Conciones totius anni, in epitomen redactæ, & in duos tomos distinctæ* ... Opera ... Petri Merssei Cratepolij ...
Antverpiæ, ex officina Plantiniana, apud viduam, & Ioannem Moretum, 1591
8°: A-2Q⁸, 2R⁴; 630, [1] p. + *⁶, A-Q⁸, R¹⁰; 274, [1] p.
- JII/22 (herk.: Jacobus Delille)

LUIS de GRANADA, O.P. L338
... Lodoico Granatensis *De devotione, excellentia, utilitate, et necessitate orationis, de Ieiunio & Eleemosyna, Speculum vitæ humanæ, ac de Eucharistiæ, libri tres.* Nunc recens ab ... Michaele ab Isselt ex Italico in Latinam linguam conversa
Coloniæ, in officina Birckmannica sumptibus Arnoldi Mylij, 1600
Coll.: Bernardus de Fresneda (*Exhortatio*)
12°: †-3†¹², A-2L¹²; [68], 813 p.
- III/11 (herk.: ad usum Godefridi Vekeman religiosi Parc.)

LUIS de GRANADA, O.P. L339
... Lodoici Granatensis *Exercitia, in septem meditationes matutinas* ... Ab auctore Hispanice primum conscripta ... nunc vero Latina facta, opera ac studio Michaelis ab Isselt ...
Coloniæ Agrippinæ, in officina Birckmannica, sumptibus Arnoldi Mylii, 1586
12°: †¹², A-S¹², T⁶; [24], 438, [3] p.
- ArCI/24 (herk.: Ex libris PP. Carmel. Discalc. conventus Tournacensis)

LUIS de GRANADA, O.P. L340
... Lodoici Granatensis *Exercitia in septem meditationes matutinas* ... Ab auctore Hispanice primum conscripta ... nunc vero Latina facta, opera ... Michaelis ab Isselt ...
Coloniæ Agrippinæ, in officina Birckmannica, sumptibus Arnoldi Mylii, 1591
Coll.: Joannes Bruhezius (*Carmen*, in fine)
12°: †-2†¹², A-2B¹²; [48], 589, [5] p.
- ArBI/5

LUIS de GRANADA, O.P. L341
La guide des pecheurs. Composee en Espagnol, par ... Loys de Grenade ... Traduicte en François ... par N. Colin ...
A Louvain, chez Iean Bogart, 1594
In fine: typis Iacobi Heybergii ...
12°: *¹², A-N¹², O⁶; [12], 162 f.
- PrJVIII/9 (herk.: F. Capucinorum Lovanii)

LUIS de GRANADA, O.P. L342
... Ludovici Granatensis ... *Loci communes Philosophiæ moralis, in tres tomos digesti* ...
Coloniæ, apud Arnoldum Quentelium, 1604
8°: a⁸, A-2Z⁸, 3A⁴; [16], 620, [22] p.
- ArDV/2

LUIS de GRANADA, O.P. L343
Memoriale christianæ vitæ. Una cum adiunctis duobus seu *Appendicibus*, de eadem materia. Auctore ... Ludovico Granatensi ... ex idiomate Italico in Latinum translatum, opera & studio Michaelis ab Isselt ...
Coloniæ, ex officina Arnoldi Quentelii, 1598
8°: †-2†⁸, 3†², A-3D⁸, 3E⁴; [36], 807 p.
- LI/17 (herk.: bibliotheca parchensis)

LUIS de GRANADA, O.P. L344
Primus tomus concionum de tempore, quæ a prima dominica Adventus, usque ad Quadragesimæ initium, in Ecclesia haberi solent. Authore ... Ludovico Granatensi ...
Antverpiæ, ex officina Plantiniana, apud viduam, & Ioannem Moretum, 1592
8°: A-Z⁸, a-o⁸; 591 p.
- JII/16

LUIS de GRANADA, O.P. L345
Quinque conciones de pœnitentia, habitæ in quadragesima. Auctore ... Ludovico Granatensi ...
Antverpiæ, ex officina Plantiniana, apud Ioannem Moretum, 1610
8°: AA-FF⁸(-FF⁸); 94 p.
- JII/17/2

LUIS de GRANADA, O.P. L346
Quartus tomus concionum de tempore, quæ post festum Sacratissimi Corporis Christi, usque ad initium Dominici Adventus in Ecclesia habentur. Auctore ... Ludovico Granatensi ... Adiectæ sunt in fine duæ conciones, quarum altera ad mortuorum funera, altera ad communes ... calamitates, deseruit
Antverpiæ, ex officina Plantiniana, apud Ioannem Moretum, 1614
8°: A-Z⁸, a-y⁸, z⁴; 725, [2] p.
- JII/19

LUIS de GRANADA, O.P. L347
Quinque conciones de pœnitentia ... Auctore ... Ludovico Granatensi ...

Antverpiæ, ex officina Plantiniana, apud viduam, & Ioannem Moretum, 1592
8°: AA-FF⁸(-FF⁸); 94 p.
- WI/17/2

LUIS de GRANADA, O.P. L348
Secundus tomus concionum de tempore, quæ diebus dominicis, quartis & sextis feriis quadragesimæ in Ecclesia haberi solent. Auctore ... Ludovico Granatensi ...
Antverpiæ, ex officina Plantiniana, apud viduam, & Ioannem Moretum, 1592
8°: a-z⁸, Aa-Dd⁸, Ee⁴; 805, [2] p.
- WI/17/1 (herk.: Thomas Boys; Sum Guilielmi Staprel ... pastoris in Sijnay; Ex libris G. J. Palavratte pastoris in Russeignies 1870)

LUIS de GRANADA, O.P. L349
Secundus tomus concionum de tempore ... Auctore ... Ludovico Granatensi ...
Antverpiæ, ex officina Plantiniana, apud Ioannem Moretum, 1610
8°: a-z⁸, Aa-Dd⁸, Ee⁴; 805, [2] p.
- JII/17/1

LUIS de GRANADA, O.P. L350
Tertius tomus concionum de tempore, quæ a Pascha dominicæ resurrectionis ad festum usque sacratissimi corporis Christi habentur. Auctore ... Ludovico Granatensi ...
Antverpiæ, ex officina Plantiniana, apud viduam, & Ioannem Moretum, 1593
8°: A-Z⁸, a-q⁸; 556, [5] p.
- WI/16 (herk.: Thomas Boys)

LUIS de GRANADA, O.P. L351
Tertius tomus concionum de tempore .... Auctore ... Ludovico Granatensi ...
Antverpiæ, ex officina Plantiniana, apud Ioannem Moretum, 1612
8°: A-Z⁸, a-q⁸; 556(=618), [5] p.
- JII/18

LUIS de GRANADA, O.P. L352
La vie de Dom Barthelemy des Martyrs, religieux de l'ordre de S. Dominique, archevesque de Brague en Portugal. Tirée de son histoire ecrite en Espagnol & en Portugais par cinq auteurs, dont le premier est ... Loüis de Grenade ... Troisieme edition
A Paris, chez Pierre Le Petit, 1663
Aut.: Luis de Cacegas, Luis de Sousa, Rodrigo de Cunha, Luis Muñoz
8°: á⁸, é⁸, í², χ¹, A-3D⁸, 3E⁶; [38], 809, [1] p.; gegrav. portret
- PIII/17 (herk.: het begijnken Verbist den 5 mey 1820; Josephus Crombecq Lovaniensis 8 juli 1829 [ex libris])

LUMPER, Gottfried L353
... Gottfridi Lumper ... Historia theologico-critica de vita, scriptis, atque doctrina sanctorum patrum ...
Augustæ Vindelicorum, sumptibus Matthæi Rieger p.m. filiorum, 1783-1797
8°: 13 dln
- MIV/8-20

LUPUS, Christianus, O.S.A. L354
Exhibitio sacrorum canonum circa ius regularium ecclesiarum quoad prædicationem divini Verbi. Facta per A. E. J. D. [C. Lupus]
S.l., s.n., 1674
8°: *⁴, A-F⁸; 96 p.
- ArDIV/16/2

LUPUS, Christianus, O.S.A. L355
Exhibitio ss. canonum circa jus regularium ecclesiarum quoad prædicationem divini Verbi adversus larvati Christophori Philalethis responsionem stabilita, seu confirmata. Per ... Christianum Lupum ...
Lovanii, typis Petri Sasseni, 1674
8°: π¹, A-H⁸, I⁴(-I⁴); [2], 133, [1] p.
- ArDIV/16/4

LUPUS, Christianus, O.S.A. L356
(... Christiani Lupi Opera omnia) ... Studio, et labore ... Thomæ Philippini ...
1-6. *Synodorum generalium ac provincialium decreta, et canones ... Per ... Christianum Lupum*; 7. *Ad Ephesinum concilium variorum patrum epistolæ, ex manu-scripto Cassinensis bibliothecæ codice desumptæ ...*; 8. *Divinum, ac immobile sancti Petri ... circa ... ad Romanam ejus cathedram appellationes ... assertum privilegium*; 9. *Q. Florentis Septimii Tertulliani ... Liber de præscriptionibus contra hæreticos ...*; 10. *Epistolæ, et vita D. Thomæ ... Cantuariensis ... Nec non Epistolæ Alexandri III pontificis, Galliæ regis Ludovici septimi, Angliæ regis Henrici II ...*; 11. *Opuscula posthuma, hactenus in-edita & edita ... cura et opera ... Guilielmi Wynants ...*; 12. *Opusculorum ... pars altera*
Venetiis, prostant apud Jo. Baptistam Albritrium q. Hieron. et Sebastianum Coleti, 1724-1742
Coll.: Josephus Sabatini *(Vita Christiani Lupi)*
2°: 13 dln; gegrav. portret. in 1
- DV/1-6

LUPUS, Christianus, O.S.A. L357
Oratio panegyrica in laudem sacrosanctæ hostiæ miraculose in carnem conversæ Middelburgi Zelandorum anno MCCCLXXIV ... Dicta ... anno MDCLXXIV die 16 septemb. ... per ... Christianum Lupum ...
Lovanii, typis Adriani de Witte, 1674
4°: A-B⁴, C²; 19 p.
- PrCII/16/5

LUYKEN, Jan & LUYKEN, Casper L358
Spiegel van het menselyk bedryf, vertoonende honderd verscheiden ambachten. Konstig afgebeeld en met godlyke spreuken en stichtelyke verzen verrykt, door Jan en Kasper Luiken
Te Amsterdam, by Jan Roman de Jonge, 1749
8°: A-M⁸, N⁶; [8], 208, [3] p.: ill.; bijk. gegrav. titelp.
- UII/33 (herk.: J. R. De Pauw)

LUYKEN, Jan L359
Tafereelen der eerste christenen. Bestaande in 92 konstprenten van Jan Luiken, berymt door Pr. Langendyk en Cl. Bruyn
t'Amsteldam, by Gerrit de Groot, en Jacobus Rykhof junior, 1740
8°: π¹, *⁶, A-L⁸, M⁴; n. gepag. + ill.
- MIII/36 (de prenten 5, 25, 26, 38-50, 67, 75, 76, 82, 85, 87, 88 ontbr.)

LUYKEN, Jan L360
Vonken der liefde Jezus, van het God-begeerende zielen-vuur ... Een behelzing van vyftig Zinne-beelden ... door Joannes Luiken. De vyfde druk.
Te Amsterdam, by Kornelis vander Sys, 1717
8°: *⁸, A-M⁸; [16], 190, [2] p.: ill.; bijk. gegrav. titelp.
- ArBV/7

LUZVIC, Etienne, S.J. L361
Cor Deo devotum Iesu pacifici Salomonis thronus regius. E gallico P. Stephani Luzvic, cui adiunctæ ex P. Binet imaginum expositiunculæ, Latinitate dedit, & ad calcem auxit P. Carolus Musart ...
Antverpiæ, apud Henricum Aertssium, 1628
12°: A-K¹², L⁶; 248, [3] p.: ill. (embl.)
- PrJXI/12 (herk.: Bibl. Van Havre [ex libris]; Frederic Verachter)

LYFTOCHT, Franciscus, O.S.A. L362
Voor-winckel van patientie in den droeven tegenspoedt. Versien met dichten, sinne-beelden ende sedighe leeringhen. Getrocken uyt de ... schriften van ... Augustinus, op-gerecht door ... Franciscus Lyftocht ...
Tot Keulen, voor Arnoldus vanden Eynden, 1681
8°: †⁸, 2†⁴, A-M⁸, N²; [24], 193, [2] p.: ill.; bijk. gegrav. titelp.
- PrEI/2

m

M. G. F. M1
Het opgesmukte boekje Pietas Romana, ofte minnelyke Roomsche beleeftheid, ontmaskerd, tot opheldering van ... de onnoselheid van de ... Aarts-bisschop van Sebasten (Petrus Codde). Door M. G. F. (cf. B538)
Te Amsterdam, s.n., 1703
8°: A-E⁸, F²; 82, [2] p.
- ArBIII/30/8

MABILLON, Jean, O.S.B. M2
Annales ordinis S. Benedicti occidentalium monachorum patriarchæ ... Auctore ... Johanne Mabillon ... Editio prima italica
6: Quem ... absolvit, & variis additamentis ... exornavit ... Edmundus Martene
Lucæ, typis Leonardi Venturini, 1739-1745
Coll.: Thierry Ruinart, René Massuet
2°: 6 dln : ill. + uitsl. pltn.; gegrav. portret van Mabillon in front. & gegrav. bijk. titelp. in 1
- PVI/8-13

MABILLON, Jean, O.S.B. M3
De re diplomatica libri VI ... Opera & studio ... Joannis Mabillon ... Tertia ... editio ... a ... Ioanne Adimari
2: *De re diplomatica ... supplementum ...*
Neapoli, ex typographia Vincentii Ursini, 1789
2°: π², a-e², A-2Y⁴, 2Z-4F², 4G-5F⁴, 5G²; [4], XX, 668 p. + *⁴, A-H⁴, I², χ¹⁶, S-X⁴, Y-Z², a-y⁴, z²; VIII, 116, CLXXX p.: ill. + ill., uitsl. pltn.; gegrav. front. in 1
- YVIII/16-17

MABILLON, Jean, O.S.B. & GERMAIN, Michael, O.S.B. M4
Museum Italicum seu collectio veterum scriptorum ex bibliothecis Italicis. Eruta a ... Johanne Mabillon, & ... Michaele Germain ... In duas partes distinctus
Lutetiæ Parisiorum, apud Montalant, 1724
4°: á⁴, é⁴, í², A-3E⁴; [12],397, [11] p.+ á⁴, a-u⁴, A-4H⁴(-4H⁴);CLVIII, [1], 614 p.
- DIV/15-16

MABILLON, Jean, O.S.B. M5

178

... Joannis Mabillonii ... *Præfationes in Acta Sanctorum Ordinis Sancti Benedicti conjunctim editæ. Ejusdem Dissertationes VI.* Accedit ... Philippi Bastide ... *Dissertatio de antiqua ordinis sancti Benedici intra Gallias propagatione*
Venetiis, apud Sebastianum Coleti, & Josephum Bettinelli, 1740
2°: *4, A-2S8, 2T4; [8], 652 p.
- QVI/9

MABILLON, Jean, O.S.B. M6
Tractatus de studiis monasticis in tres partes distributus ... Auctore ... Joanne Mabillon ... Latine vertit ... Josepho Porta ... Editio tertia Veneta
2: *Volumen alterum ... complectens animadversiones* ... Mabillonii in responsionem ... Armandi Buthilierii ... Accedit *historia dissidii litterarii circa hæc studia* a ... Vincentio Thuillier ...; 3: *Volumen tertium complectens responsionem* ... Buthilierii de Rance ...
Venetiis, apud Laurentium Basilium, 1770
4°: 3 dln
- PIV/16 (herk.: Ad simplicem usum Pastoris Othmari Davon Ord. Min. Convent.)

MABLY, Gabriel Bonnot de M7
Collection complète des œuvres de l'abbé de Mably
1, p.1-92: *Eloge historique de l'abbé de Mably* ... par ... Brizard
A Paris, de l'imprimerie de Ch. Desbriere, L'an III de la République (1794-1795)
8°: 15 dln; portret van de aut. in 1
- MII/1-13 (dln 14 & 15 ontbr.)

MACHIAVELLI, Niccolò M8
Il principe di Niccolò Machiavelli ... (ed.: Biagio Buonaccorsi)
S.l., s.n., 1813
104 p.
- ArGVII/20

MAES, Bonifatius M9
Vocabularium Psalterii Davidici. Authore ... Bonifacio Maes
Gandavi, typis Mauritii vander Ween, 1706
2°: *2, A-3P4, 3S-3T2, 3Z4; [4], 486, [24] p.
- CV/8 (herk.: Fris Josephi Derboven, Rel. Parch. 1716)

MAES van AVENRODE, Petrus van der M10
Verhandeling van de grootdadige namen, en onbegrypelijke roemwaerdige eigendommen Gods: wiens grootheid, geen einde is ... Opgesteld door P. V. M. Pastoor tot R. [P. vander Maes van Avenrode]
Te Amsterdam, by Nicolaas Potgieter, 1725
8°: A-2C8, 2D4; 416, [8] p.
- ArCII/23

MAGENIS, Gaetano Maria M11
Nuova, e più copiosa storia dell'ammirabile, ed apostolica vita di S. Gaetano ... Descritta dal padre Gaetano Maria Magenis ...
In Venezia, presso Giacomo Tommasini, 1726
4°: π4, *-2*4, A-3X4, a-k4; [24], 536, [79] p.
- ZIII/35

MAGERMANS, Gaspar M12
Oratio panegyrica in laudem celeberrimæ abbatiæ Parchensis prope Lovanium, dum sub auspiciis ... Hieronymi de Waersegghere ... sexcentorum annorum celebrabat jubilæum. Habita per Gasparem Magermans ...
Lovanii, apud Petrum Augustinum Denique, (1729)
4°: A-E2; 18, [1] p.
- ArKIII/7/23

MAGHE, Engelbert, O.Præm. M13
Chronicon ecclesiæ Beatæ Virginis Bonæ-Spei ordinis Præmonstratensis ... Per ... Engelbertum Maghe ...
Bonæ-Spei, s.n., 1704
4°: π4, A-4E4, 4F-4I2, 4K-4M4; [6], 630 p.
- ArEIII/2 (herk.: Ad usum f. Leopoldi Houzeau pastoris d'Auderlue dono authoris; ... f.f. Sebide 1723; ... F. B. Potvin 1767; J. Soupart. Vic. Sæ Waldetrudis Montiums; F. Quirino Nols dono dedit ... Soupart ...)

MAGNON, Jean de M14
Les heures du chrestien, divisées en trois journées ... Par ... Magnon ...
A Paris, se vendent chez l'autheur ... et chez Sebastien Martin, 1654
8°: á8, é8, i8, A-2D8; [48], 430, [1] p. + ill.; bijk. gegrav. titelp.
- ArCIV/14

MAGNUM BULLARIUM ROMANUM M15
Magnum bullarium Romanum, seu ejusdem Continuatio, quæ supplementi loco sit, iis quae præcesserunt editionibus tum Romanae, tum Lugdunensi ...
Luxemburgi, sumptibus Andreæ Chevalier, 1727-1730
2°: 4 dln
- ArCVI/5-6
Cfr. Cherubini, Laertio, *Magnum bullarium* ... C155

MAGNUS, Olaus M16
Historia de gentibus septentrionalibus, earumque diversis statibus, conditionibus, moribus, ritibus, superstitionibus ... Autore Olao Magno ...
Romæ, (Giovanni M. Viotto), 1555
In fine: Romæ apud Ioannem Mariam de Viottis ... anno ... MDLV mense Ianuario ...
2°: A-G6, a4, b-g6, H-3X6, Y8; [168], 814 p.: ill.
- TVI/1 (herk.: F. Matthæus Bosmans prior in parco A° 1601)

MAIGRETIUS, Georgius, O.S.A. M17
Martyrographia Augustiniana. Auctore ... Georgio Maigretio ...
Antverpiæ, ex officina Hieronymi Verdussii, 1625
8°: A-M8; 191 p.
- ArDIII/13

MAIGRETIUS, Georgius, O.S.A. M18
Vita B. Ioannis Sahaguntini ex ordin. FF. Erem. S. Augustini ... Gallice concinnata per ... Georg. Maigretium ... Latine reddita per ... Nicasium Baxium ...
Antverpiæ, apud Hieronymum Verdussium, 1625
8°: *4, A-P8; [8], 226, [13] p.; gegrav. titelp.
- LII/35 (herk.: Bibliothecæ parchensis)

MAILLY, François de M19
Decretum ... archi-episcopi ducis Remensis [F. de Mailly] ... occasione constitutionis Unigenitus. Ex Gallico Latinè redditum
Prostat Lovanii, apud Guilielmum Stryckwant, (1719?)
8°: A12; 24 p.
- YIII/34/1

M

MAIMBOURG, Louis, S.J.   M20
Histoire de l'hérésie des Iconoclastes et de la translation de l'Empire aux François. Par … Louïs Maimbourg …
A Paris, chez Sebastien Mabre-Cramoisy, 1686
4°: π⁴, é⁴, í⁴, ó⁴, A-3Q⁴; [32], 492, [2] p.; bijk. gegrav. titelp.
- XVII/11 & XVII/25

MAIMBOURG, Louis, S.J.   M21
Histoire de l'Arianisme depuis sa naissance jusqu'à sa fin. Avec l'origine et le progrés de l'hérésie des Sociniens. Par … Louis Maimbourg …
A Paris, chez Sebastien Mabre-Cramoisy, 1686
4°: π⁴, é⁴, í⁴, A-3Y⁴, 3Z²; [24], 545, [2] p. + π⁴, é², A-3P⁴, 3Q²; [12], 487, [2] p.; bijk. gegrav. titelp.
- XVII/9-10 & XVII/23-24

MAIMBOURG, Louis, S.J.   M22
Histoire de la décadence de l'Empire aprés Charlemagne … Par … Louis Maimbourg …
A Paris, chez Sebastien Mabre-Cramoisy, 1686
4°: π⁴, é⁴, í², A-4C⁴(-4C⁴), 4D²; [20], 575, [2] p.; bijk. gegrav. titelp.
- XVII/15 & XVII/29

MAIMBOURG, Louis, S.J.   M23
Histoire de la Ligue. Par … Louis Maimbourg …
A Paris, chez Sebastien Mabre-Cramoisy, 1686
4°: π⁴, é⁴, í⁴, ó²; A-3N⁴, 3O²; [28], 474, [1] p. Bijk. gegrav. titelp.
- XVII/19 & XVII/33 (bijk. gegrav. titelp. ontbr.)

MAIMBOURG, Louis, S.J.   M24
Histoire des croisades pour la délivrance de la Terre Sainte. Par … Louis Maimbourg …
A Paris, chez Sebastien Mabre-Cramoisy, 1686
4°: π⁴, é⁴, í², A-4C⁴; [20], 574, [2] p. + π⁴, é⁴, A-3S⁴(-3S⁴); [16], 507, [2] p.; bijk. gegrav. titelp. in 1 & 2
- XVII/13-14 & XVII/27-28 (bijk. gegrav. titelp. in 2 ontbr.)

MAIMBOURG, Louis, S.J.   M25
Histoire du Calvinisme. Par … Louis Maimbourg …
A Paris, chez Sebastien Mabre-Cramoisy, 1686
4°: π⁴, é⁴, í⁴, A-3K⁴, 3L²(-3L²); [24], 448, [2] p.; bijk. gegrav. titelp.
- XVII/18 & XVII/32 (bijk. gegrav. titelp. ontbr.)

MAIMBOURG, Louis, S.J.   M26
Histoire du Grand Schisme d'Occident. Par … Louis Maimbourg …
A Paris, chez Sebastien Mabre-Cramoisy, 1686
4°: π⁴, é⁴, í⁴, A-4A⁴; [24], 555, [2] p.; bijk. gegrav. titelp.
- XVII/16 & XVII/30

MAIMBOURG, Louis, S.J.   M27
Histoire du Lutheranisme. Par … Louis Maimbourg …
A Paris, chez Sebastien Mabre-Cramoisy, 1686
4°: π³, é⁴, í⁴, A-3P⁴(-3P⁴), 3R²; [22], 495, [2] p.; bijk. gegrav. titelp.
- XVII/17 & XVII/31

MAIMBOURG, Louis, S.J.   M28
Histoire du pontificat de S. Grégoire le Grand. Par … Maimbourg
A Paris, chez Claude Barbin, 1686
4°: á⁴, é⁴, í⁴, ó⁴, ú²; A-3R⁴, 3S²(-S²); [34], 461, [45] p.
- XIV/4 & XVII/21

MAIMBOURG, Louis, S.J.   M29
Histoire du pontificat de Saint Léon le Grand. Par …
Maimbourg
A Paris, chez Claude Barbin, 1687
4°: á⁴, é⁴, í², A-3N⁴; [20], 452, [20] p.
- XIV/5, XVII/22 & XVII/26

MAIMBOURG, Louis, S.J.   M30
Histoire du schisme des Grecs. Par … Maimbourg …
A Paris, chez Sebastien Mabre-Cramoisy, 1686
4°: π⁴, é⁴, í⁴, A-3H⁴(-3H⁴), 3I²; [24], 616, [2] p.; bijk. gegrav. titelp.
- XVII/12

MAIMBOURG, Louis, S.J.   M31
Traité historique de l'établissement et des prérogatives de l'église de Rome et des ses evesques. Par … Louis Maimbourg …
A Paris, chez Sebastien Mabre-Cramoisy, 1686
4°: π⁴, é⁴, í⁴, ó⁴, A-2Y⁴; [32], 357, [2] p.; bijk. gegrav. titelp.
- XVII/20 & XVII/34 (bijk. gegrav. titelp. ontbr.)

MAIORAGIUS, Marcus Antonius   M32
M. Ant. Maioragii Orationes et præfationes, unà cum Dialogo de eloquentia. Olim a Ioan. Petro Ayraldo Marcellino, Venetiis in lucem prolatæ …
Coloniæ Agrippinæ, apud Ioannem Gymnicum, 1619
12°: A-2I¹², 2K⁶; [16], 760 p.
- PrFII/1 (herk.: Haimo Otten Calcariensis 1630 [prijsboek]; oratorij Lovaniensis)

MAISTRE, Joseph de   M33
De l'Eglise Gallicane dans son rapport avec le souverain pontife, pour servir de suite à l'ouvrage intitulé 'Du Pape'. Par … de Maistre …
Bois-le-Duc, chez les frères Langenhuyzen, 1821
8°: [8], 272 p.
- ArHV/27

MAISTRE, Joseph de   M34
Du Pape. Par l'auteur des *Considérations sur la France* [J. de Maistre]
A Lyon, chez Rusand. A Paris, chez Beaucé-Rusand, 1819
2 dln
- ArBV/22 (dl 2)

MAJOR, Joannes, S.J.   M35
Magnum speculum exemplorum. Ex plusquam octoginta autoribus … excerptum, ab anonimo quodam, qui circiter annum Domini 1480 vixisse deprehenditur. Opus variis notis … illustratum … studio … Ioannis Majoris. Tertia editio
Duaci, ex officina Baltazaris Belleri, 1608
4°: *-3*⁴, 4*², A-5G⁴, 5H², a-i⁴; [28], 795, [72] p.
- PrGVII/7 (herk.: Ex libris fris Baptæ Guilielmi Corguille; fr. Hensmans)

MALBRANCQ, Jacques, S.J.   M36
De Morinis et Morinorum rebus, sylvis, paludibus, oppidis, regia comitum prosapia ac territoriis … [J. Malbrancq]
2: *De Morinis et Morinorum rebus, sylvis, paludibus in vicos et monasteria conversis, de regio monachorum* …;
3: *De Morinis, et Morinorum Insulis, Audomarea, Yprensi, Bononica* …
Tornaci Nerviorum, ex officina Adriani Quinque, 1639-1654
4°: 3 dln + uitsl. pltn
- SI/8-9 (dl 3 ontbr.; herk.: *Fac tibi arcam de ligno* [ex libris in 2])

MALDERUS, Joannes   M37
Ioannis Malderi … *De virtutibus theologicis & justitia & reli-*

gione commentaria ad secundam secundæ D. Thomæ
Antverpiæ, ex officina Plantiniana, apud Balthasarem & Joannem Moretos, 1616
2°: *⁴, A-4B⁶; [8], 804, [57] p.
- IVIII/7 (titelblad ontbr.)

MALDERUS, Joannes   M38
Ioannis Malderi ... *In primam secundæ D. Thomæ commentaria: de fine & beatitudine hominis; de actibus humanis; de virtutibus; vitiis & peccatis; de legibus; de gratia; de iustificatione; de meritis*
Antverpiæ, ex officina Plantiniana, apud Balthasarem Moretum & viduam Joannis Moreti & Jo. Meursium, 1623
In fine: Antverpiæ, ex officina Platiniana Balthasaris Moreti MDCXXIII
2°: A-3M⁶; [8], 634, [59] p.
- IVIII/6 (herk.: *Agendo et Patiendo* [T. Verbraken, Tongerlo, supralibros op voorplat]; *Veritas vincit* [wapen van Tongerlo op achterplat]; Ad usum Fr. Waltmanni Brux.; Posui pro rectore Tongerloensi 4 octob.1642 F.I.A.J.; '1864: circa finem Januarii dono Tongerloensium')

MALDERUS, Joannes   M39
Malderi Ioannis ... *In primam partem D. Thomæ commentaria, de Sancta Trinitate, creatione in genere, et angelis*
Antverpiæ, ex officina Plantiniana Balthasaris Moreti, 1634
Coll.: Franciscus Zypæus, Petrus Coens, Henricus Walraven, Petrus Loycx, Joannes Hemelarius
2°: *-3*⁶, A-V⁶, X⁴; XXXVI, 226, [21] p.
- IVIII/5 (herk.: Me possidet ex ... dono ... Petri et Joannis Carlier Bibliotheca Si Augustini Brugensis)

MALDONATUS, Joannes, S.J.   M40
Ioannis Maldonati ... *Commentarii in quatuor Evangelistas. Editio postrema*
Lutetiæ Parisiorum, sumptibus Ioannis Billaine, 1651
2°: á⁴, A-4Q⁶; [8] p., 1904 kol., [68] p.; grav. op titelp. (Augustinus)
- CVI/10 (herk.: van Benthem)

MALLET, Paul-Henri   M41-42
Histoire des Suisses ou Helvétiens, depuis les temps les plus reculés, jusques à nos jours. Par P. H. Mallet ...
A Genève, chez G. J. Manget, 1803
8°: 4 dln; uitsl. krt in 1
- MII/14-17 (herk.: Au Général Vial[?] Ambassadeur de France en Suisse 1807)

MANESSON-MALLET, Allain   M43
Description de l'univers ... Par Allain Manesson Mallet ...
A Paris, chez Denys Thierry, 1683
8°: 5 dln; ill. (ingekl.); gegrav. front. in elk dl
- SII/25-29 (gegrav. front. in 1 ontbr.)

MANGEART, Thomas, O.S.B.   M44
Introduction à la science des médailles pour servir à la connoissance des Dieux, de la religion ... Par ... Thomas Mangeart ... Ouvrage propre à servir de supplément à l'Antiquité expliquée, par ... Montfaucon
Paris, chez d'Houry. Et se trouve aussi chez Davidts, & Tilliard, 1763
2°: a-c⁴, A-3Z⁴, 4A-4I²; XXIV, 586 p. + 35 pltn
- YVIII/21 (herk.: Bourgeois)

MANGEART, Thomas, O.S.B.   M45
Octave des sermons pour les morts. Avec un traité théologique sur le purgatoire. Par ... Thomas Mangeart ...
2: *Traité théologique, dogmatique et historique sur le purgatoire*
A Nancy, chez Leseure, 1739
8°: á-c⁸, A-2D⁸, 2E⁴; [6], XLI, [1], 424, [16] p. + π⁷, A-2F⁸; [14], 442, [19] p.
- LI/15-16 (herk.: Carolus Joannes Meulemans Pastor in Weert Sti Georgii)

MANGIN, (abbé) de   M46
Annonces du symbole, et des fêtes patronales. Par ... de Mangin ...
A Paris, chez Bauche, 1757
12°: π¹, A-Y¹²; [2], 528 p.
- IIV/15

MANGIN, (abbé) de   M47
Science des confesseurs, ou décisions théologiques, canoniques, dogmatiques et morales ... Par ... de Mangin ...
A Paris, chez Bauche, 1757
12°: 4 dln
- IIV/11-14

MANGOTIUS, Adrianus, S.J.   M48
Adriani Mangotii ... *Monita sacra ... in celebri Academia Lovaniensi sodalibus Deiparæ Virginis dicta ...*
4: *Monita Mariana, seu concionum in dominicas et festa totius anni pars quarta*
Lugduni, apud Anissonios, Joan. Posuel, & Cl. Rigaud, 1684
8°: 4 dln
- PrHVI/11-14 (herk.: Ex libris Max. Lefebvre Presb.; J. Jos. Bourette)

MANGOTIUS, M.   M49
Noodig vertoog aan alle regtsinnige catholyken, wegens seekere betigting tegens Gabriel Prauwels pr. ... Door M. Mangotius
t'Amsterdam, s.n., 1702
8°: A-B⁸; 29 p.
- ArBIII/30/2

MANIERE OM GODVRUCHTIGLYK ...   M50
Maniere om godvruchtiglyk, en met voordeel der zielen te lezen den heyligen Roozenkrans van Maria, ingesteld en verkondigd door den H. Dominicus ...
t'Antwerpen, by Hub. Bincken, (1770?)
12°: A-B¹², C⁶; 60 p.
- ArBI/22

MANIGART, Jean-Henri   M51
Praxis pastoralis, seu manipulus theologiæ moralis ... Auctore Io. Henrico Manigart ... Secunda editio
Leodii, typis viduæ Balduini Bronckart, 1664
8°: a⁸, b², A-3M⁸, 3N-3R⁴; [20], 927, [42] p.
- II/28 (herk.: Ex libris E. L. Le Roux Pastoris Audimontani; Modo sum Balthasaris Parent)

MANN, Théodore Augustin   M52
Abrégé de l'histoire ecclésiastique, civile et naturelle de la ville de Bruxelles et de ses environs; avec la description de ce qui s'y trouve de plus remarquables. Par ... Mann. En trois parties
A Bruxelles, chez Lemaire, 1785
8°: 3 dln; uitsl. pltn in 3
- TIII/8-10

MANNI, Joannes Baptista, S.J.   M53
Vier gront-reghels der christelycke wysheydt, ghetrocken uyt vier bemerckinghen der eeuwigheyt. Door ... Joan. Baptista Manni in 't Italiaensch beschreven, ende verduytst door ... Daniel van Papenbroeck ...

M

t'Antwerpen, in de druckerye van Knobbaert, by Franciscus Muller, 1706
8°: A-B⁸, C⁴; 40 p.
- ArCI/27/2

MANSI, Giuseppe   M54
Locupletissima bibliotheca moralis prædicabilis ... Opera et studio ... Josephi Mansi ... in Germania ... in hæc præsenti forma primum edita
Antverpiæ, apud viduam & filium Joannis Baptista Verdussen, 1701
2°: 4 dln
- IVIII/8-11 (titelp. van 2, 3 & 4 zijn geschonden; herk.: Paulus <de> Bruijn [Park] 1714)

MANSUY, Nicolas, O.Præm.   M55
Ordo perpetuus & generalis divini officii recitandi et missarum celebrandarum ... In septem sectiones distributus ... Brunonis Becourt ... authoritate. Primum prodit, opera ... Nicolai Mansuy ...
Virduni, apud Petrum Perrin filium, 1746
4°: *³, a-d⁴, A-P⁴, A-Q⁴(-Q⁴), A-P⁴, A-Q⁴, A-Q⁴, R², A-R⁴(-R⁴), A-R⁴, S²; [3], 119, 126, 120, 127, 132, 134, 140 p.
- DII/34 (herk.: Bona Spes), PrHIII/14 (herk.: F. Burie prior Sti Nicolai) & ArEIII/4 (herk.: Ad usum Fr. Van Vossem Relig. Parchensis)

MANTELIUS, Joannes, O.S.A.   M56
Historiæ Lossensis libri decem. Authore ... Joanne Mantelio ... Cui adjuncta sunt *Diplomata Lossensia, privilegia, paces, pacta ... necnon Recollectio edictorum ... cum topographia seu descriptione urbium, pagorum* ... Labore & studio ... Laurentii Robyns ...
Leodii, typis F. Alexandri Barchon, 1717
4°: á⁴, A-2R⁴, A-F⁴, G², A-Y⁴; [8], 306, [14], 48, [4], 172, [3] p.
- SI/6

MANTELIUS, Joannes, O.S.A.   M57
Speculum peccatorum aspirantium ad solidam vitæ emendationem, sive, admiranda S. Augustini conversio, historica eiusdem narratione, discursibus moralibus, et emblematis adornata ... Auctore ... Io. Mantelio ...
Antverpiæ, apud Henricum Aertssens, 1637
Coll.: Michael Hoyerus *(Carmen)*
4°: *⁴, à⁴, A-3E⁴; [16], 352(=372), [35] p.: ill. (17 embl.); gegrav. titelp.
- PrHVII/10

A MANUAL OF DEVOUT PRAYERS ...   M58
A manual of devout prayers and other christian devotions ...
London, printed for T. Meighan, 1771
8°: A⁴, B⁸, C-2G⁴, 2H²(-2H²); [6], 252 p.; bijk. gegrav. front.
- ArDI/32 (herk.: Bernard Van Hoecke [Park])

MANUALE CANONICORUM ...   M59
Manuale canonicorum Præmonstratensium ...
Argentorati, typis Melchioris Pauschingeri, 1742
8°:)(⁶, A-S⁸, T²; [12], 186, CIV, [2] p.
- PrFIII/19 & ArEI/18

MANUALE PAROCHORUM ...   M60
Manuale parochorum ad usum ecclesiarum civitatis et diœcesis Cameracensis ... Francisci Vander Burch ... iussu emendatum
Cameraci, ex typographia Ioannis Riverii, 1622
4°: *², 2-5*⁴, A-2S⁴; [36], 316, [4] p.
- ArGVII/7 (herk.: wapen van F. vander Burgh, aartsbp van Cambrai [supralibros])

MANUALE PASTORUM ...   M61
Manuale pastorum compendiosè complectens canones et ritus ecclesiasticos pro administrandis sacramentis juxta usum pastoralis Mechliniensis
Leodii, apud N. Streel, (1680?)
8°: *⁸, A-L⁸, M⁴; 195, [4] p.
- ArEV/8/1

MANUALE PASTORUM ...   M62
Manuale pastorum compendiosè ... juxta praxim usitatam in Belgio et signanter per totam provinciam Mechl.
Leodii, apud N. Streel, prostant apud G. Lints, (1680?)
8°: *⁸, A-L⁸; [16], 164, [12] p.
- ArEV/6 (titelblad ontbr., herk.: Schuerhoven; van der Weerden; Cornelius Aerts theologus Mechlin.)

MANUALE PASTORUM ...   M63
Manuale pastorum compendiosè ... juxta praxim usitatam in Belgio, & signantes per totam provinciam Mechliniensem
Bruxellis, typis Eugenii Henrici Fricx, [1729?]
8°: π¹, *², A⁶, B-M⁸, χ²; VI, 188, [3] p.
- ArEV/7/1 (herk.: Ad usum fris Josi. Thiebaut Rel. Parcensis)

MANUALE PASTORUM ...   M64
Manuale pastorum ... per totam provinciam Mechliniensem
Mechliniæ, apud Laurentium Vander Elst, [1729?]
8°: π², *², A⁶, B-M⁸, χ²; VI, 188, [3] p.; bijk. gegrav. front.
- DI/16 (tussengeschoten ex.; *Ordo et Index* ingebonden na *Idea pastoralis* ...; herk.: Ex libris R. P. Ottoy)

MANUALE PASTORUM ...   M65
Manuale pastorum ... per totam provinciam Mechliniensem
Bruxellis, typis Eugenii Henrici Fricx, 1730
8°: π³, A-M⁸, N⁴(-N⁴); VIII, 194, [3] p.
- DI/3/1
Nota: de drukken van M63 & M64 zijn identiek; M65 is verschillend

MARANDE, Leonard de   M66
L'origine, & les causes du Jansénisme. Avec certains reglemens & instructions. Mises au jour, par ... Marandé ...
A Paris, chez Sebastien Cramoisi, 1654
8°: A-B⁸; 32 p.
- ArDIV/3/2 & ArEVII/11/25

MARANT, Petrus Jacobus   M67
P. J. Marant ... *Discussio historica an de fide sit, aut saltem ita certum & de ecclesiæ mente, beatam Virginem matrem & corpore in cælum adsumptam esse ...*
Lovanii, typis academicis, 1786
8°: *-2*⁸, A-S⁸(-S⁸); XXXII, 283, [3] p.
- GII/24

MARCA, Pierre de   M68
... Petri de Marca ... *Dissertationum de concordantia sacerdotii et imperii, seu de libertatibus ecclesiæ gallicanæ libri octo.* Stephanus Baluzius ... hanc secundam editionem recognivit ... & quintum librum supplevit
Parisiis, apud Franciscum Muguet, 1669
2°: á⁴, é⁴, a-d⁴, e², á⁴, é⁴, í⁴, ó⁴, A-2Q⁴, A-3L⁴, 3M-3Q²; [16], 36, 32, 309, [3], 473, [1] p.
- LIX/8

MARCEL, Guillaume   M69
Tablettes chronologiques, contenant la suite des Papes, Empereurs & Roys ... présentées au roy. De nouveau corrigées

et augmentées par G. Marcel …
Suivant la copie imprimée de Paris, à Amsterdam, chez Pierre Mortier, 1690
24° obl.: geen sign.; [6], 17, [1] f.+ 1 grav.
- ArJI/17

MARCEL, Jean Joseph   M70
Oratio dominica CL linguis versa, et propriis cujusque linguæ characteribus plerumque expressa. Edente J. J. Marcel …
Parisiis, typis imperialibus, 1805
In fine: Hoc opus polyglotticum coram supremo pontifice impressum est
4°: 152 f.
- LVI/29

MARCELLIN de PISE, O.Cap.   M71
Vita R.P.F. Hieronymi Narniensis … Auctore … Marcellino de Pise …
Romæ, typis Manelfi Manelfij, 1647
4°: †8, 2†6, A-2B8, 2C6; [28], 400, [11] p.
- PII/1 (herk.: Cœnobium Parcense)

MARCHANGY, Louis-Antoine-François de   M72
Tristan le voyageur, ou la France au XIVe siècle. Par … de Marchangy
Bruxelles, chez H. Tarlier, 1825-1826
6 dln
- ArJVII/14-18 (dl 3 ontbr.)

MARCHANT, Petrus, O.F.M.   M73
Expositio mystico-litteralis ssmi incruenti sacrificii missæ …
Opera & studio … Petri Marchant …
Gandavi, typis Alexandri Sersanders, 1653
8°: *-2*8, A-L8; [30], 145(i.e.147), [27] p.
- DI/25

MARCHANTIUS, Jacobus   M74
Hortus pastorum sacræ doctrinæ floribus polymitus, exemplis selectis adornatus, in lectionum areolas partitus. Authore … Iacobo Marchant …
Montibus, ex officina Francisci Waudre, 1626
Coll.: Joannes Geldre, Philippopoleos pastor *(Poema)*
4°: á4, é4, í4, ó4, ú4, áá4, éé2, A-5D4, 5E2; [52], 764, [8] p.
- MIV/30 (herk.: ad usum Fris Gasparis Vervloet coadiutoris in Cortryck 1760 [Park])

MARCHANTIUS, Jacobus   M75
Hortus pastorum et concionatorum … Auctore … Iaobo *(sic)* Marchantio … Accessit huic secundæ editioni *Tractatus septuplex de septem vitiis capitalibus, & virtutibus oppositis* … Accesit & *Summarium resolutionum pastoralium in decem præcepta*. Denique accessit *Praxis catechistica* …
Montibus, typis Francisci Waudræi, 1632
In fine: Peractum Montibus, ultima Iulij, 1632. sumptibus Francisci Waudræi
2°: á6, é6, A-3L6, 3M12, 3N-4K6, 4L4; [24], 953, [1] p.
- PrGV/1 (herk.: Matthæ Dijsendijk cano Tonghis 1706; f. Godefridus Verschuren vicaris in Waalwijk 1713)

MARCHANTIUS, Jacobus   M76
Hortus pastorum et concionatorum, sacræ doctrinæ floribus polymitus, in V libros, velut V fontes divisus. Auctore … Iacobo Marchantio …
Accessit huic tertiæ editioni:
1. *Candelabrum mysticum de sacramentis Ecclesiæ doctrinam illustrans* …; 2. *Virga Aaronis* …; 3. *Tractatus septuplex de VII vitiis capitalibus & virtutibus oppositis*; 4. *Summarium omnium resolutionum pastoralium in X præcepta decalogi, & in vitia capitalia* …; 5. *Praxis catechisticæ, & Index quadruplex* …
Coloniæ Agrippinæ, sumptibus Ioannis Huberti, 1635
2°: onregelm. sign.; [22], 192, 139, 134, 428, 122, 67, [12] p.; bijk. gegrav. titelp. (Coloniae, apud Petrum Henningium, 1638)
- JV/2

MARCHANTIUS, Jacobus   M77
Hortus pastorum … Authore … Iacobo Marchantio … Una cum *Candelabro, Tuba sacerdotali, Virga Aaronis*, aliisque opusculis eiusdem authoris. Nunc recens … expurgatus … studio … Michaelis Alix … Editio ultima
Lutetiæ Parisiorum, apud Claudium Iosse, 1661
2°: á6, é4, A-2O6, 2P4, A-2H6, 2I8; [20], 452, 664 p.
- KVIII/19 (herk.: Albertus Straetmans Rel. Parc. 1765; Vanderschueren pastor in Woluwe S. Petri)

MARCHANTIUS, Jacobus   M78
Hortus pastorum … Authore … Jacobo Marchantio … Studio et opera Michaelis Alix … Editio ultima
Lugduni, sumptibus Antonii Laurens, 1679
2°: á6, é4, A-4Q6, 4R-4S4(-4S4); [20], 1026, [8] p.
- EVII/19

MARCHE, Louis de, S.J.   M79
Apologia pro veritate Constitutionis … Innocentii … X … Authore … Ludovico de Marche …
Leodii, typis Joannis Mathiæ Hovii, 1654
8°: á8, A-L8; [16], 164, [12] p.
- ArDIV/3/1

MARCHISIO, Michelangelo   M80
De divina voluntate, de prædestinatione, et gratia prælectiones theologicæ. Auctore … Michaele Angelo Marchisio
Taurini, ex typographia regia, 1775
8°: π8, A-2G8, 2H4; XVI, 486, [2] p.
- GIV/25

MARCUS AURELIUS ANTONINUS   M81
Μαρκου Αντωνινου … των εις εαυτων βιβλια ιβ - Marci Antonini … *De vita sua libri XII.* Græcè & Latinè. Accessit Marini *Proclus* item Græcè & Latinè
Lugduni, sumptibus Francisci de la Bottiere, 1626
12°: †12, A-V12, X6; [24], 475, [5bl], [9] p.
- PrFI/30 (herk.: *Ex dono D. Claudii Tapin 1655* [supralibros])

MARCUS EREMITA   M82
… Marci Eremitæ *Opuscula quædam Theologica, quæ in bibliotheca regia reperta sunt, græcè scripta.* Nunc primum Latino sermoni tradita, per Ioannem Picum …
Lutetiæ, apud Audoënum Parvum, 1563
In fine: Excudebat Aud. Parvo Federicus Morellus, anno MDLXIII. Idib. Aug.
8°: á8, é8, A-2L8; [32], 543 p.
- EI/3 (herk.: Bibliotheca Parcensis [gerad. supralibros 17e]; 2. theca VIII)

MARECHAL, Bernard, O.S.B.   M83
Concordance des Saints Pères de l'Eglise grecs et latins … Par … Bernard Marechal …
A Paris, chez Rollin fils, 1748
4°: π2, a-k4, l2, A-4P4; [4], LXXXIV, 672 p. + π2, a-e4, A-4S4, 4T2;[4], XL, 700 p.
- EIII/22-23

MARIA a JESU de AGREDA, O.F.M.   M84
La cité mistique de Dieu, miracle de sa toute-puissance, abime

M

de la grace, histoire divine et la vie de la tres-sainte Vierge Marie ... Manifestée ... par la même Sainte Vierge à la Sœur Marie de Jesus ... qui l'a écrite ... Traduite de l'Espagnol par ... Thomas Croset ...
A Brusselle, chez François Foppens, 1715
4°: 3 dln; portret van Maria a Jesu de Agreda in front. in 1
- PrGIV/13-15 & PrGV/9-11

MARIANA, Juan de, S.J.　　　　　　　　　　　M85
Io. Marianæ ... Historiæ de rebus Hispaniæ libri XX
Toleti, typis Petri Roderici, 1592
2°: π¹, ()², π¹, A-3O⁸, †⁶; [8], 959, [1 bl], [11] p.
- TVII/5 (herk.: B. Carrasco)

MARIN, Juan, S.J.　　　　　　　　　　　　　M86
... Joannis Marin ... Theologiæ speculativæ et moralis tomus primus (-tertius)
Venetiis, ex typographia Balleoniana, 1720
2°: 3 dln
- JVI/15-17

MARIN, Michel-Ange, O.F.M.　　　　　　　　M87
Virginie, ou la vierge chrétienne. Histoire sicilienne. Par ... Michel-Ange Marin ... Nouvelle édition
A Avignon, chez Alexandre Giroud, 1769
12°: a⁶, A-X¹²; XII, 500, [4] p.+ π¹, A-Y⁸, Z², A-X¹², Y⁸, Z²; [2], 518, [4] p.
- LII/13-14

MARIUS, Leonardus　　　　　　　　　　　　M88
Amstelredams eer ende opcomen, door de denckwaerdighe miraklen aldaer geschied, aen ende door het H. Sacrament des Altaers, anno 1345 [L. Marius]
T'Antwerpen, by Hendrick Aertssens. Door Boetius à Bolswert, 1639
8°:*⁴, A-T⁸; 304 p. + 16 grav.; gegrav. titelp.
- PrDI/19

MARMONTEL, Jean-François　　　　　　　　M89
Bélisaire. Par Marmontel
Paris, de l'imprimerie stéréotype de Laurens, 1818
218 p. + ill.; gegrav. front.
- ArII/17

MAROLOIS, Samuel　　　　　　　　　　　　M90
Géométrie, contenant la théorie practique d'icelle, nécessaire à la fortification ... Iadis escrite par Samuel Marolois, mais depuis corrigée ... par Albert Girard
Amsterdam, chez I. Ianssen, 1638
2°: A-G⁴; 53, [1] p. + 24 pltn
- ArFV/17 (titelp. & voorw. ontbr.)

MARRACCI, Ippolito　　　　　　　　　　　M91
Polyanthea Mariana, in qua libris octodecim deiparæ Mariæ virginis sanctissima nomina, celeberrima & innumera laudum encomia ... exhibentur. Opera et studio ... Hippolyti Marraccii ... Editio novissima
Coloniæ Agrippinæ, apud Franciscum Metternich, 1728
4°: *-5*⁴(-*¹), A-5N⁴; [38], 840 p.
- KII/1

MARS, Simon, O.F.M.　　　　　　　　　　　M92
Les mysteres du royaume de Dieu qui est sa sainte Eglise contenus dans les saints Evangiles ... Composez et prechez par ... Simon Mars ...
A Douay, de l'imprimerie de Michel Mairesse, 1691

4°: ?, A-2T⁴[?]; [18?], 682, [10?] p.
- PrHVII/11 (voorwerk & laatste pp. onvoll.; herk.: Marie Joveph Hedebeaux; Fraiture Pastor in Senenne 1694)

MARSOLLIER, Jacques　　　　　　　　　　　M93
Histoire du ministere du cardinal Ximenez, archevêque de Tolede, et régent d'Espagne (J. Marsollier)
A Toulouse, chez Guillaume-Louïs Colomyez, J. Posuël, M. Fouchac & G. Bely, 1694
12°: á¹¹, é⁴, A-S¹², T⁸; [30], 448 p.
- YV/39

MARTENE, Edmond, O.S.B　　　　　　　　　M94
De antiquis Ecclesiæ ritibus libri ... Collecti atque exornati a ... Edmundo Martene ... Editio secunda
Nota: *Tomus quartus continens libros quinque monachorum ritibus ...*
Antverpiæ, typis Joannis Baptistæ de la Bry, 1736-1738
2°: 4 dln; gegrav. portret in elk dl
- DVI/1-4

MARTENE, E., O.S.B. & DURAND, U., O.S.B.　M95
Thesaurus novus anecdotorum. Tomus primus [-quintus] ... Prodit nunc primum studio & opera ... Edmundi Martene & ... Ursini Durand ... e Congr. S. Mauri
1. *Regum ac principum epistolæ et diplomata*; 2. *Urbani IV, Clementis IV, Joannis XXII, Innocentii VI epistolæ*; 3. *Chronica varia*; 4. *Varia concilia, episcoporum statuta synodalia*; 5. *SS. Patrum, aliorumque auctorum ecclesiasticorum opuscula*
Lutetiæ Parisiorum, sumptibus Florentini Delaulne, Hilarii Foucault, Michaelis Clouzier, Joannis-Gaufridi Nyon, Stephani Ganeau, Nicolai Gosselin, 1717
2°: 5 dln
- GVII/9-13

MARTÈNE, E., O.S.B. & DURAND, U., O.S.B.　M96
Veterum scriptorum et monumentorum historicorum, dogmaticorum, moralium, amplissima collectio. Tomus I [-IX] ... Prodiit nunc primum studio & opera ... Edmundi Martene & ... Ursini Durand ... é Congregatione S. Mauri
Parisiis, apud Montalant, 1724-1733
2°: 9 dln
- FVI/11-19

MARTENE, E., O.S.B. & DURAND, U., O.S.B.　M97
Voyage littéraire de deux religieux bénédictins de la Congrégation de Saint Maur. [Edmond Martene & Ursin Durand]. *Où on trouvera*: I. *Quantité de pieces ... servantes à éclaircir l'histoire ... des anciennes familles*; II. *Plusieurs usages des églises cathédrales & des monasteres, touchant la discipline ... des églises des Gaules*; III. *Les fondations des monasteres, & une infinité de recherches ... qui'ils ont faites dans près de cent évechez & huit cent abbayes ... Ouvrage enrichi de figures*
A Paris, chez Florentin Delaulne, Hilaire Foucault, Michel Clouzier, Jean-Geofroy Nyon, Estienne Ganeau, Nicolas Gosselin, 1717
4°: π¹, á², χ¹, A-2Q⁴; [8], 312 p. + A-2O⁴; 291 p.: ill.
- UII/15

MARTENE, E., O.S.B. & DURAND, U., O.S.B.　M98
Voyage littéraire de deux religieux bénédictins de la congrégation de S. Maur. [Edmond Martène & Ursin Durand]. *Ouvrage enrichi de figures*

p. 379: *Descriptio apparatus bellici regis Franciæ Caroli ...*;
p. 307: *Le voyage de Nicolas de Bosc ...*; p. 361: *Iter indicum Balthasaris Spinger*
A Paris, chez Montalant, 1724
4°: π¹, A⁴, B², C-3G⁴; [2], 401, [23] p.
- PIV/6

MARTIALIS, Marcus Valerius   M99
M. Val. Martialis *Epigrammata*. Ex musæo Petri Scriverii
p.3: *Vita M. Val. Martialis* ex Petro Crinito
Antverpiæ, apud Ioan. Bapt. Verdussen, [1680?]
Coll.: Hugo de Groot *(Carmen)*
12°: A-V⁸⁻⁴, X⁴; 248 p.; gegrav. titelp.
- ArJI/14

MARTIALIS, Marcus Valerius   M100
M. Valerii Martialis *Epigrammata*. Libri XIV. Cum notis Th. Farnabii. Editio novissima
Antverpiæ, sumptibus Societatis, 1737
12°: A-Q¹², R⁶; 396 p.
- ArIV/1 (herk.: P. Boogaers 1820)

MARTIN, Franciscus   M101
Trutina qua expenditur, cujus authoritatis sit Enchiridion Coloniense? ... Per Franciscum Martin ...
Lovanii, typis Petri De Vaddere, 1695
8°: A-D⁸, E²(-E²); [2], 64 p.
- ArDIV/8/7

MARTIN, Gilles, O.Præm.   M102
Salomon pœnitens ... Per ... Ægidum Martin ...
Montibus, ex typographia I. N. Varret, 1727
8°: π¹, A⁸, π², B-L⁸; [24], 158, [2] p
- PrII/8

MARTIN, Mathieu, O.Minim.   M103
Triomphe de la vérité en l'heureuse et tant désirée conversion de ... Rudolphe Maximilien duc de Saxe, Angrie et Westphalie. Composé par ... Matthieu Martin ...
In fine: *Lettre de Rudolphe Maximilien ... au pape*
A Anvers, chez Piere et Ian Beller, 1634
8°: π¹, *⁸, A-2F⁸; [18], 443, [19] p.; gegrav. titelp.
- ArBIII/19

MARTINEZ van WAUCQUIER, Matthias   M104
Novum dictionarium tetraglotton, in quo voces Latinæ omnes, & Græcæ his respondentes, cum Gallica & Belgica singularum interpretatione, ordine alphabetico proponuntur. Post labores Matthiæ Martinez ... Novæ huic editioni accesserunt plurimæ voces ...
Amstelædami, apud Adrianum Wor, & hæredes Gerardi Onder de Linden, 1729
8°: *⁴, A-2Q⁸, 2R⁴; [320] f.
- ArIVI/3

MARTINI, Martino, S.J.   M105
Novus atlas Sinensis. A Martino Martinio ... descriptus ...
In fine: *De regno Catayo additamentum*. Iacobus Golius lectori
S.l., s.n., (1655?)
2°: π¹, *-2*², χ⁴, A-2Z², 2A², B², a-i²; [8], 171, [25], XII, 33, [3] p. + krtn; gegrav. titelp.
- RVIII/23

MARTYROLOGIUM ROMANUM ...   M106
Martyrologium romanum Gregorii XIII ... iussu editum, et Urbani ... VIII auctoritate recognitum
Antverpiæ, ex officina Plantiniana Balthasaris Moreti, 1657
8°: *-2*⁸, A-2E⁸; [32], 384, [58] p.; rubricering; 7 p. ms. in fine
- PIII/8 (herk.: Monasterii Gempensis)

MARTYROLOGIUM ROMANUM ...   M107
Martyrologium romanum Gregorii XIII ... jussu editum, et Clementis ... X auctoritate recognitum
Antverpiæ, ex architypographia Plantiniana, 1746
8°: *-2*⁸, A-2B⁸, 2C⁴, 2D²(-2D²); [32], 352, [58] p.
- PrHIV/8 (herk.: Sum ecclesiæ collegiatæ Sanctæ Walburgis furnis quod attestor <?> can. ejusdem ecclesiæ 1795)

MASCULUS, Joannes Baptista, S.J.   M108
Encomia cœlituum, digesta per singulos anni menses & dies. Auctore Io. Baptista Masculo ... Ornata tabulis æneis
Viennæ & Augustæ Vind., cura et impensis negotii Academiæ Cæsareo Franciscæ, 1763
4°: A-4Q⁴, 4R²; 677 p. + 365 pltn
- PrEIV/11-13 (Pars I-III ontbr.)

MASCULUS, Joannes Baptista S.J.   M109
Encomia cœlituum, digesta per singulos anni menses & dies. Auctore Io. Baptista Masculo ... Ornata tabulis æneis
Viennæ & Augustæ Vind., cura et impensis negotii Academiæ Cæsareo Franciscæ, 1763
8°: ?; 677 p. + 365 pltn
- PrJXI/8 (Pars VII-IX)
Nota: M108 & M109 zijn identiek, ook de paginering; formaat & sign. verschillen

MASSEMIN, Petrus, Orat.   M110
Meditatien op het bitter lyden van Christus. Door ... Petrus Massemin ...
Tot Brugge, by Joseph van Praet, 1765
8°: A-2H⁸, 2I⁴, 2K⁸, 2L²; 499, [25] p.
- KI/8

MASSEMIN, Petrus, Orat.   M111
Sermoenen van ... Petrus Massemin ... op de feestdagen
Tot Brugge, by Joseph van Praet, 1765
8°: A-2F⁸, 2G⁴(-2G⁴), 2H⁸, 2I⁴; 462, [26] p. + A-2F⁸, 2G⁴, 2I¹²; 470, [25] p.
- KI/9-10

MASSEMIN, Petrus, Orat.   M112
Sermoenen van ... Petrus Massemin ... op de Mysterien
Tot Brugge, by Joseph van Praet, 1765
8°: A-2N⁸, 2O³; 554, [28] p. + A-2G⁸, 2H⁶, 2I¹⁰; 485, [25] p.
- KI/16-17

MASSEMIN, Petrus, Orat.   M113
Sermoenen van ... Petrus Massemin ... op verscheide materien
Tot Brugge, by Joseph van Praet, 1765
8°: A-Z⁸, A²; 352, [20] p. + A-V⁸; 299, [17] p.
- KI/14-15

MASSEMIN, Petrus, Orat.   M114
Sermoenen vanden ... heer Petrus Massemin ... op de sondagen
Tot Brugge, by Joseph van Praet, 1765
8°: 3 dln
- KI/11-13

MASSILLON, Jean Baptiste, Orat.   M115
Conférences et discours synodaux sur les principaux devoirs

M

des ecclésiastiques ... Par ... Massillon ...
A Paris, chez la veuve Estienne & fils et Jean Hérissant, 1769
12°: 3 dln
- ArAII/10-12 (dl 3 ontbr.; herk.: Malcorps)

MASSILLON, Jean Baptiste, Orat. M116
Conférences et discours synodaux sur les principaux devoirs des ecclésiastiques ... Par ... Massillon ...
A Paris, & se vend à Liège, chez J. F. Bassompierre, 1776
12°: 3 dln
- KV/30-32

MASSILLON, Jean Baptiste, Orat. M117
Œuvres complètes de Massillon, évêque de Clermont
A Paris, chez Méquignon fils aîné, 1822-1825
15 dln
- KV/36-37 (dln 8 & 9, *Paraphrases*; herk. in dl 9: J. B. Scheys 1839 [Park])

MASSILLON, Jean Baptiste, Orat. M118
Pensées sur différents sujets de morale et de piété. Tirées des ouvrages de feu ... Massillon ...
A Paris, & se vend à Liège, chez J. F. Bassompierre, 1776
12°: a^6, A-N^{12}, O^4; XII, 319 p.
- KV/35

MASSILLON, Jean Baptiste, Orat. M119
Sentimens d'une âme touchée de Dieu, tirés des pseaumes de David, ou Paraphrase morale de plusieurs pseaumes en forme de prière. Par ... Massillon ...
A Paris, chez la veuve Estienne & fils et Jean Hérissant, 1769
12°: a^6, A-X^{12}; XI, [1], 502, [2] p.
- ArAII/13 (herk.: Malcorps)

MASSILLON, Jean Baptiste, Orat. M120
Sentiments d'une âme touchée de Dieu, tirés des pseaumes de David ... Par ... Massillon ...
A Paris, & se vend à Liège, chez J. F. Bassompierre, 1776
12°: a^6, A-L^{12}, M^2; XXII, 267 p.+ π^4, A-I^{12}, K^4; VIII, 223 p.
- KV/33-34

MASSILLON, Jean Baptiste, Orat. M121
Sermons de M. Massillon ... Petit-carême, Carême (4 dln), Avent, Mystères, Panégyriques, Oraisons funèbres
A Paris, chez la veuve Estienne & fils et Jean Hérissant, 1769
12°: 9 dln
- ArAII/1-9 (*Oraisons funèbres* ontbr.; herk.: Malcorps)

MASSILLON, Jean Baptiste M122
Sermons de M. Massillon ... Avent
A Paris, & se vend à Liège, chez J. F. Bassompierre, 1776
12°: π^4, A-T^{12}, V^6; [8], 466, [2] p.
- KV/28

MASSILLON, Jean Baptiste, Orat. M123
Sermons de M. Massillon ... Carême
A Paris, & se vend à Liège, chez J. F. Bassompierre, 1776
12°: 4 dln
- KV/21-24

MASSILLON, Jean Baptiste, Orat. M124
Sermons de M. Massillon ... Mystères
A Paris, & se vend à Liège, chez J. F. Bassompierre, 1776
12°: π^4, A-R^{12}, S^2; [8], 412 p.
- KV/29

MASSILLON, Jean Baptiste, Orat. M125
Sermons de M. Massillon ... Oraisons funèbres et professions religieuses
A Paris, & se vend à Liège, chez J. F. Bassompierre, 1776
12°: a^4, A-S^{12}, T^6; [8], 444 p.
- KV/26

MASSILLON, Jean Baptiste, Orat. M126
Sermons de M. Massillon ... Panégyriques
A Paris, & se vend à Liège, chez J. F. Bassompierre, 1776
12°: π^4, A-Q^{12}; [8], 384 p.
- KV/27

MASSILLON, Jean Baptiste, Orat. M127
Sermons de M. Massillon ... Petit Carême
A Paris, & se vend à Liège, chez J. F. Bassompierre, 1776
12°: a^{12}, b^4, A-L^{12}, M^8; XXXII, 276, [2] p.
- KV/25

MASSILLON, Jean Baptiste, Orat. M128
Sermons sur les évangiles de carême, et sur quelques misteres de la Sainte Vierge ... [J. B. Massillon]. Nouvelle édition
Titel van dl 3: *Sermons sur quelques évangiles de l'avent, et sur divers sujets de morale ...*
A Trevoux, chez Estienne Ganeau, 1711
12°: 4 dln
- YVI/7-8

MASSUET, Pierre M129
Histoire de la derniere guerre et des négociations pour la paix ... Enrichie des plans des sieges & des batailles. Avec la vie du prince Eugene de Savoye. Par ... P. Massuet. Seconde édition
A Amsterdam, chez François L'Honoré, 1736-1737
8°: 5 dln; uitsl. pltn; gegrav. front. in elk dl
- TI/39-42 (dl 5 ontbr.; herk.: Mr Du Bois 1737)

MASSUET, Pierre M130
Suite de la science des personnes de cour, d'épée et de robe, contenant les elemens de la philosophie moderne ... Par ... Pierre Massuet ... Ouvrage enrichi de figures
A Amsterdam, chez Z. Chatelain et fils, 1757
12°: *^{10}, 2*^{2}, A-S^{12}; [24], 432 p.+ π^2, T-2P^{12}, 2Q^{10}; [4] p., p. 433-932; gegrav. front. in 1 & 2.
- QIII/29-30
Nota: *La Science des personnes de cour*, zie C160

MATTENS, Norbertus, O.Præm. M131
Onse L. Vrouwe van Duffel ofte van goeden wil .... Door ... Norbertus Mattens ...
Antwerpen, by de weduwe Iacobs, 1717
8°: π^1, A-O^8, P^4; [2], 228, [4] p; gegrav. titelp.
- PrEII/4 & ArDIII/26

MATTEUCCI, Agostino M132
Officialis curiæ ecclesiasticæ ... Auctore ... Augustino Matthæucci ...
Venetiis, ex typographia Balleoniana, 1760
4°: π^4, A-2G^8, 2H^4; VIII, 487 p.
- PrHIV/4

MATTHÆUS, Antonius M133a
Anonymi, sed veteris et fidi chronicon ducum Brabantiæ, ab ipsis gentis initiis usque ad Ann. M.CCCC.LXXXV. Accedit vita ... Elisabethæ van Heenvliet ... Primus in lucem edidit ...

Antonius Matthæus ...
Lugduni Batavorum, apud Abrahamum vander Mijn, 1707
4°: a-b⁴, c², A-2L⁴; [20], 264, [8] p.
PrI III/6 (herk.: J.-A. Versteylen abbas Parcensis 1959)

MATTHÆUS, Antonius   M133b
Veteris ævi analecta, seu Vetera monumenta hactenus nondum visa ... Primus in lucem edidit adjectis observationibus suis Antonius Matthæus ... Editio secunda
Hagæ-Comitum, apud Gerardum Block, 1738
4°: 5 dln
- TV/14-18

MAUDEN, David van   M134
Discursus morales in decem Decalogi præcepta in usum concionantium. Authore Davide a Mauden ...
Lovanii, apud H. Hastenium, 1627
2°: *⁴, A-5O⁶; [8], 1248, [23] p.
- DVIII/6 (titelblad ontbr.)

MAUDEN, David van   M135
Speculum aureum vitæ moralis, seu Tobias ad vivum delineatus ... Auctore Davide a Mauden ...
Antverpiæ, apud Ioannem Meursium, 1631
2°: *-3*⁶, A-4X⁶, 4Y⁴; [36], 895, [1 bl.], [202] p.
- DVIII/7 (herk.: Capucinorum Dionantensium)

MAUDUIT, Michel, Orat.   M136
Analyse de l'évangile, selon l'ordre historique de la concorde, avec des dissertations sur les lieux difficiles. Par le R.P.***
[M. Mauduit]
5-6: *Les actes des apôtres analysés*; 7-8: *Les épitres de saint Paul analysés*
1-4: A Rouen, chez Vaultier, 1710; 5-8: A Toulouse, chez Dupleix & Laporte, 1772
12°: 8 dln
Nota: dln 5-8: dezelfde druk als CIII/38-41 (zie M137), maar zonder vermelding v. d. aut.
- BI/15-22

MAUDUIT, Michel, Orat.   M137
L'évangile analysé selon l'ordre historique de la concorde ... Par ... Mauduit ...
5 & 6: *Les Actes des Apotres analysés*; 7 & 8: *Les Epitres de Saint Paul analysés*
A Toulouse, chez Dupleix & Laporte, 1772
12°: 8 dln
- CIII/34-41

MAUGIS, Joseph, O.S.A.   M138
Oratio funebris in exequiis ... Alexandri Slootmans ... Habita in Parcho à ... Josepho Maugis ... die 28 Septembris 1756
Lovanii, typis Joannis Jacobs, (1756)
8°: A-D⁴, E²; 36 p.
- PrHVI/20/4, ArFIV/15/24 & ArFIV/15/25

MAUGIS, Joseph, O.S.A.   M139
Oratio funebris in exequiis ... Ferdinandi de Loyers ... Habita in Parcho à ... Josepho Maugis ... die 12 Augusti 1762
Lovanii, typis Joannis Jacobs, (1762)
8°: A-D⁴; 32 p.
- PrHVI/20/5 & ArFIV/15/29

MAULBERTSCH, Anton, O.Præm.   M140
Historico-philosophica descriptio picturæ novæ bibliothecæ fornici inductæ in canonia Strahoviensi canonicorum Præmonstratensium Pragæ in Monte Sion. Ab Antonio Maulbertsch ... Cura ... Wenceslai Josephi Mayer ...
Pragæ, typis viduæ Elsenwanger, factore Antonio Petzold, 1797
4°: A-H⁴, I²(-I²); [12], 54 p.: 2 ill.
- PrIIII/7 & ArFIII/18

MAUPAS du TOUR, Henri   M141
Vita B. Francisci Salesii ... Ab ... Henrico Maupas du Tour ... scripta Gallicè. Latinè reddita à ... Francisco Creuxio ... Editio prima
Coloniæ Ubiorum, apud Joannem Busæum, 1663
8°: *-2*⁸, A-2E⁸; [8], XVIII, [6], 441, [7] p.; bijk. gegrav. titelp.
- QI/9

MAURY, Jean-Sifrein   M142
Essai sur l'éloquence de la chaire, panégyriques, éloges et discours. Par ... Maury ... Nouvelle édition
A Paris, de l'imprimerie de Crapelet. Chez Gabriel Waree, 1810
2 dln; portret in front. van J.-S. Maury
- SIII/44-45 (herk.: Joannes Josephus Baguet, Nijvel 1810 [prijsboek])

MAXIMILIANUS ab EYNATTEN   M143
Manuale exorcismorum, continens instructiones, et exorcismos ... Maximiliani ab Eynatten ... collectum
Antverpiæ, apud Henricum & Cornelium Verdussen, 1709
8°: *⁴, 2*², A-S⁸, T²; [12], 291, [1] p.
- PrIII/19

MAXIMUS TYRIUS   M144
Maximi Tyrii ... Dissertationes. Ex nova interpretatione ... ad Græcum contextum adaptata ...
Lugduni, sumptibus Claudii Larjot, 1630
8°: á⁴, A-2B⁸, 2C⁴; [8], 406, [1] p.
Nota: 2 kolommen: Grieks & Latijn
- ArIV/13 (herk.: Ex bibliotheca J.J. Lucas Col. Med. Antv. Socii)

MAYER, Andreas Ulrich   M145
Beweis das die Ordensgeistlichen und Mönche zur Seelensorge unfähig und von den Pfarreyen abzurufen seyen. Verfasst von einem Weltgeistlichen Regensburger Bisthums [A. U. Mayer]. Aus dem Lateinischen übersetst ... von einem weltlichen Priester
S.l., s.n., 1769
4°:)(⁴, 2)(², A-O⁴, P²; [12], 116 p.
- MV/28/2

MAYER, Andreas Ulrich   M146
Bona clericorum causa proposita in dissertatione canonico-historico-critica de religiosis ac monachis ab ecclesiis parochialibus et cura animarum amovendis. Ad amicum suum a clerico diœceseos Ratisb. [A. U. Mayer] a.m. DCCLXVIII
Coloniæ Agrippinæ, s.n., 1769
4°:)(⁴, A-2E⁴, 2F²; [8], 228 p.
- MV/28/1
Nota: zie ook nr D58

MAYR, Anton, S.J.   M147
Theologia scholastica tractatus omnes in universitatibus provinciæ Germaniæ superioris societatis Jesu tradi solitos, et quæstiones in iis præscriptas complexa. Authore ... Antonio Mayr ...
Ingolstadii, sumptibus Joannis Andreæ de la Haye, 1732

M

2°: onregelm. sign.; [2], 205, [3], 188, [2], 184, [2], 192, [19] p.
- IVII/14-15 (herk.: Kagerer)

MAYR, Cherubinus, O.F.M.   M148
Trismegistus juris pontificii universi seu institutiones canonicæ secundum ordinem quinque librorum decretalium Gregorio IX ... Authore ... Cherubino Mayr ...
Augustæ Vindelicorum, 1-2: sumptibus Matthiæ Wolff p.m. viduæ; 3-5: sumptibus Josephi Wolff, 1742-1751
2°: 5 dln
- MVII/5-7

MAZZOLINI, Silvestro, O.P.   M149
Summa summarum, que silvestrina dicitur ...
(Lyon, Jean Moylin, sumptu Vincentii de Portonariis, 1519)
In fine dl 2: Explicit Summa Silvestrina cui titulus est Summa summarum de casibus conscientiæ ... Lugduni impressa in edibus Joannis Moylin al's de cambray. Sumptu ... vincentij de portonarijs ... Anno ... M.d. undevigesima. vigesima die mensis May
4°: ? + aa-zz^8, rr^8, ??^{8}, ##^{8}, AA-ZZ^8; 389, [3] f.
- ArCIII/1 (dl 2)

MAZZOLINI, Silvestro, O.P.   M150
Summa summarum que Silvestrina nuncupatur. Edita ab ... Silvestro Prierate [= Silvestro Mazzolini] ...
(Lyon, Benoit Bonin, 1524)
In fine in 2: Explicit Summa Silvestrina cui titulus est Summa summarum de casibus conscientiæ ... Lugduni impressa per Benedictum Bounyn. Impensis honesti viri. d. Jacobi. q. Francisci de Giuncta Florentini ac sociorum. Anno Domini MCCCCC vigesimo quarto. Die vero IX mensis Junij.
4°: a-z^8, r^8, ?^{8}, ç^8, A-O^8, P^{12}; 330, [2] f. + 2a-2z^8, 2r^8, 2?^{8}, 2ç^8, 2A-2X^8; [3], 373 f.; titelp. in 1 & 2 met houtsnedelijst
- ArCIII/2-3 (herk.: Ad usum fratris Joannis de Monte; Frater Joannis Toele apud parcenses prope Lovanium)

MAZZOTTA, Nicolas   M151
... Nicolai Mazzotta ... Theologia moralis ...
Augustæ Vindelicorum & Cracoviæ, sumptibus Christophori Barthl, & Consortum bibliopol. Universitatis Cracoviensis, 1756
2°: a-d^2, A-G^2, A-2F^2, A-2M^2, A-2R^2; [16], 120, 116, 140, 160 p.
- JVI/5 (herk.: Collegii Passav. S.J. Anno 1763)

MEDITATIONES PRO EXERCITIIS SPIRITUALIBUS ...   M152
Meditationes pro exercitiis spiritualibus octo dierum ad usum cleri Mechliniensis quibus præfigitur Breve Apostolicum quo ... Clemens XII concedit indulgentias plenarias ...
Lovanii, typis Martini van Overbeke, 1736
Coll.: Thomas Philippe d'Alsace et de Boussu
8°: A-L^8; 176 p.
- ArCV/13

MEERMAN, Gerard   M153
Novus thesaurus juris civilis et canonici, continens varia et rarissima optimorum interpretum, inprimis Hispanorum et Gallorum opera ... Ex collectione et museo Gerardi Meerman ...
Hagæ-Comitum, apud Petrum de Hondt, 1751-1753
2°: 7 dln
- MIX/1-7

MEERMAN, Gerard   M154
Uitvinding der boekdrukkunst. Getrokken uit het Latynsch werk van Gerard Meerman, met eene voorreden en aantekeningen van Henrik Gockinga
Te Amsteldam, by Pieter van Damme. Te Amsterdam, ter drukkerye van de erve H. Aaltsz voor rekeninge van Pieter van Damme, 1767
4°: π^4, *^{4}, A-P^4, χ^2, A-H^4, I^2; [16], 117, [1], [2bl], [4], 67, [1] p.
- PIV/4

MEERMAN, Willem   M155
Comœdia vetus, of bootsmans-praetje (W. Meerman). De Tweede druk. Met meerder aanteykeningen verheldert en vermeerdert (door Georgius van Zonhoven)
t'Amsterdam, by Pieter Visser, 1732
8°: *^{4}, A-I^8, K^4; [8], 136, [16] p.; bijk. gegrav. titelp.
- WI/14 (herk.: Ed. van Ballaer ... Turnhout 1877)

MEGE, Joseph, O.S.B.   M156
Commentaire sur la regle de S. Benoist ... Par ... Joseph Mège ...
A Paris, chez la veuve d'Edme Martin, Jean Boudot, & Estienne Martin, 1687
In fine: De l'imprimerie d'Antoine Lambin, 1687
4°: á^4, é^2(-é^2), a-e^4, f^8(-f^8), A-5I^4, 5K^2; [10], 46, [8], 811, [1bl] p.
- PIV/13

MEIBOM, Heinrich S^R & J^R M157
Rerum Germanicarum Tomi III ... Edidit Henricus Meibomius Junior
I: *Historicos Germanicos ab H. Meibomio Seniore primum editos ...*; II: *Historicos Germanicos ab Henrico Meibomio Juniore ... nunc ... editos ...*; III: *Dissertationes historicas ... utriusque Meibomii continet*
Helmstaedii, typis & sumptibus Georgii Wolffgangi Hammii, 1688
2°: 3 dln
- TVII/2-3

MEIDINGER, Johann Valentin   M158
Nouveau dictionnaire portatif François-Allemand, et Allemand-François. Par Jean Valentin Meidinger
A Francfort sur le Mein, chez l'auteur, et chez les principaux libraires de l'Allemagne, de la Suisse, etc., 1797
8°: *^{8}, *^{4}(-*^{4}), A-X^8, Z^2(-Z^2); XXII, 354 p. + *^{6}, A-Q^8, R^6; X, 268 p.
- WIV/25 (herk.: Averbode 1813)

MÉLANGES DE LITTÉRATURE ...   M159
Mélanges de littérature et de philosophie, ou recueil de morceaux choisis dans les plus célèbres écrivains, pour établir la vérité de la religion
Tournay, chez J. Casterman, aîné, 1826
346 & 355 p.; front. in elk dl
- ArJV/28-29

MÉMOIRE SUR L'ENLÈVEMENT ...   M160
Mémoire sur l'enlèvement des argenteries de la cathédrale de Tournay. Par un royaliste tiranissé des clubistes à Tournay
S.l., s.n., [1795?]
In fine: de l'imprimerie de J. J. Serré, à Tournai
4°: 4 p.
- ArKIII/7/28

MENCKE, Johann Burchard   M161
Scriptores rerum Germanicarum, præcipue Saxonicarum ... Edidit Io. Burchardus Menckenius ... Cum figuris æneis
Lipsiæ, impensis Ioannis Christiani Martini, 1728-1730
2°: 3 dln: ill.; gegrav. front. in 1
- TVIII/11-13

MENDOÇA, Francisco de, S.J.   M162
Francisci de Mendoça ... *Commentariorum ac discursuum moralium in Regum libros tomi tres. Editio in Germania altera post duas Gallicas*
2 & 3: *Commentariorum in quatuor libros regum tomus secundus (-tomus tertius)*
Coloniæ Agrippinæ, sumptibus Petri Henningii, 1632-1634
(3:1632)
2°: 3 dln; gegrav. titelp. in 1
- CVII/2 (herk.: Ex libris Joïs Hinnigh, emptus ... 1639; Ex dono D. Philippi Bouille decani ecclesiæ cathed. Namurc. qui obit ... 1691; Capucinorum Namurc.)

MENOCHIO, Giacomo   M163
Iacobi Menochii ... *De adipiscenda, retinenda et recuperanda possessione, doctissima commentaria*
Coloniæ Agrippinæ, apud hæredes Ioannis Gymnici, 1599
2°: †6, a-c6, d-e4, A-2Q6; [62], [2 bl], 468 p.
- LVII/1/2

MENOCHIO, Giacomo   M164
Iacobi Menochii ... *De arbitrariis iudicum quæstionibus et causis, libri duo. Accessit postremæ huic editioni ... centuria sexta ...*
Coloniæ Agrippinæ, apud viduam, & hæredes Ioan. Gymnici, 1599
2°: †4, 2†6, †4, α-ξ4, θ6, A-3M6, a-g6, h4, i6; [96], 696, 101 p.
- LVII/1/1 (laatste f. ontbr.)

MENOCHIUS, Joannes Stephanus, S.J.   M165
... Joan. Stephani Menochii ... *Commentarii totius S. Scripturæ ... Editio novissima, huic ... accessit Supplementum ...*
Luteciæ Parisiorum, apud Ludovicum Guerin, 1719
In fine: Parisiis, apud Ludovicum Guerin, Viduam Boudot, Carolum Robustel, Guillelmum Cavelier, filium, Claudium Robustel. Typis Jacobi Vincent
Aut.: N. Abram, Joseph Acosta, Jacopo Maria Ayrolo, Jacobus Bonfrerius, Antonio de Escobar y Mendoza, Jean Filesac, Joannes Mariana, J. B. Riccioli, Jacques Salian, Carlo Sigonio, René-Joseph de Tournemine
2°: á2, é2, í2, é4, A-4E4, 4F2; [20], 596 p. + π2, A-2G4, A-T4, V-5G2, 5h4(-5h4), 5I-5M2; [4], 238, 512 p.
- EVII/14-15 (herk.: D.D. P.I.B. de Beauvais Raseau S.T.D. in Acad. Lov. [ex libris])

MENOCHIUS, Joannes Stephanus, S.J.   M166
... Joannis Stephani Menochii ... *Commentarii totius Sacræ Scripturæ ... collecti ... locupletati a ... Renato Josepho Tournemine ... In tres tomos distributi in hac novissima editione. Adcedit ... ejusdem ... Tournemini Dissertatio de historicis libris biblicis ... ac demum ... Ayroli Theses ...*
3: ... complectens supplementum Tourneminii (Jacobus Bonfrerius, Joseph René de Tournemine, Joannes Mariana, Joseph Acosta, Basilio Ponce de Leo, Antonio de Escobar y Mendoza, Carlo Sigonio, Jean Filesac, Petrus Possinus, Cornelius a Lapide)
Venetiis, ex typographia Remondiniana, 1758
2°: 3 dln
- CVI/17-18

MENSAERT, Guillaume Pierre   M167
Le peintre amateur et curieux, ou Description générale des tableaux des plus habiles maîtres, qui font l'ornement des églises, couvents, abbayes, prieurés & cabinets particuliers dans l'étendue des Pays-Bas autrichiens. Par G. P. Mensaert ...
Première partie, contenant le Brabant et la Seigneurie de Malines
Seconde partie, contenant la Flandre, le Hainaut, Namur, &c.
A Bruxelles, chez P. de Bast, 1763
8°: π2, *2, A-R8, S6; [8], 283 p.+ π2, A-I8, K4; [4], 144, [8] p.; gegrav. front. in 1
- QI/32 & ArIVII/20

MENTHEN, Godefried   M168
Thesaurus theologico-philologicus, sive sylloge dissertationum elegantiorum ad selectiora et illustriora Novi Testamenti loca, a theologis protestantibus ... (ed.: G. Menthen)
Amstelædami, excudunt Henricus & vidua Theod. Boom, Joannes & Ægidius Janssonii à Waesberge, Gerhardus Borstius, Joannes Wolters. Et Ultrajecti, Guilielmus van de Water, & Guilielmus Broedelet, 1701-1702
2°: *6, *2, A-6H4, 6I-6L2, 6M4(-6M4); [16], 988, [17] p.
Nota: dl 2; dl 1, zie H30
- CVIII/17

MERATI, Gaetano Maria   M169a
Novæ observationes et additiones ad ... Bartholomæi Gavanti ... commentaria in rubricas missalis et breviarii Romani ... Authore ... Cajetano Maria Merati ...
Augustæ Vindelicorum, sumptibus Judoci Henrici Müller, 1740
4°: a6, b4, c2, A-5P4; [4], XX, 855 p. +)(4, A-3K4, 3L2, a-d4, A-3X4; VIII, 452, XXXII, 536 p.
- DIII/18-19

MÉRAULT DE BIZY, Athanase-René   M169b
Les apologistes involontaires ou la religion chrétienne prouvée en défendue par les objections mêmes des incrédules. Par M. Mérault ...
A Anvers, chez Janssens et Van Merlen, 1822
326 p.
- KVI/28 (herk.: ex libris: Chanoine Donnet, curé de la paroisse de Saint-Jacques sur Coudenberg. Bruxelles)

MERCORUS, Julius, O.P.   M170
Basis totius moralis theologiæ ... Per ... Julium Mercorum ... Editio 3
Bruxellæ, sumpt. Balthazaris Vivien, 1663
12°: *12, 2*6, A-2A12; [36], 548, [28] p.
- YIV/9

MERENDA, Antonio   M171
... Antonii Merendæ ... *Controversiarum juris libri XXIV: opus quæstionum theoreticarum illustrium, & rerum forensium difficillimarum ... in quo bis mille & amplius dubitationes ... exponuntur. Præfationem adjecit C. Robert ... Opus recognovit Joannes Michael Van Langendonck ... Editio novissima ...*
Bruxellis, apud Carolum De Vos, J. B. De Vos, P. J. Lemmens, Andream De Vos, 1745-1746
2°: 5 dln; portret van Merenda in 1
- LIX/13-17

MERKUUR TEN HOVE ...   M172
Merkuur ten hove ofte vonnis van Apollo, over de hedendaagze naampoêten
Gedrukt op Parnas, by Trajano Bokkalini, [1650?]
4°: A4; 8 p.
- ArFIV/16/21

MERLO HORSTIUS, Jacobus   M173
Paradisus animæ christianæ. Studio et opera Jacobi Merlo Horstii ...
In fine: *Manuale pietatis, in quo Officium B. Mariæ ...*

M

Col. Agrippinæ, sumpt. Balth. ab Egmondt, & sociorum, 1683
8°: A-3D⁸; [30], 680, [4], 93 p.; bijk. gegrav. titelp.
- ArBV/12 (herk.: Conventus Iprensis)

MERLO HORSTIUS, Jacobus   M174
Paradisus animæ christianæ ... Studio et opera Iacobi Merlo Horstii. Editio altera
In fine: *Manuale pietatis, in quo Officium B. Mariæ ...*
Col. Agrippinæ, sumpt. Andreæ Frisii, 1675
12°: A-Z¹², a-b¹², c⁶; [30] 7-522, [3], [3bl], 60 p.: ill.; gegrav. titelp. & 8 grav.
- PrEI/8

MERTZ, Martinus, O.Præm.   M175
Rosa in hieme. Vita Wilhelmi [Eiselin] Rothensis ... canonici ordinis Præmonstratensis. Conscribebat ... Martinus Mertz ... Publicabat ... Io. Chrysostomus vander Sterre ...
Antverpiæ, ex officina Plantiniana, 1627
In fine: Antverpiæ ex officina Plantiniana Balthasaris Moreti. MDCXXVII
8°: A-H⁸; 119, [7] p.
- PrHII/1/2, PrHII/2/2 (herk.: Bibliothecæ Bonae Spei) & ArEI/32/2

MERZ, Philippus Paulus   M176
Thesaurus biblicus, hoc est dicta, sententiæ et exempla ex sanctis bibliis collecta et per locos communes distributa ... Auctore Philippo Paulo Merz. Editio nitidissima
Parisiis, ex typis ecclesiasticis Beaucé-Rusand, 1822
2 dln
- ArAV/30-31 (herk.: Sagin, curé a Godinne)

MESIA BEDOYA, Alonso, S.J.   M177
Devocion a las tres horas de la agonia de Christo ... y methodo con que se practica en el Colegio Maximo de San Pablo ... de Lima, y en toda la Provincia del Peru. Dispuesta por ... Alonso Messia ...
En Sevilla, por Joseph Padrino, 1767
8°: *⁸, A-D⁸; [14], 66 p.
- PrEI/14/2

METEREN, Emanuel van   M178
Commentarien ofte Memorien van-den Nederlandschen staet, handel, oorloghen ende gheschiedenissen van onsen tyden, etc. ... Beschreven door Emanuel van Meteren. Ende by hem voor de tweede ende leste reyse over-sien ... Oock soo verre ghebrocht totten af-standt van wapenen ... in 't jaer 1608
Ghedruckt op Schotlandt buyten Danswijck, by Hermes van Loven, voor den autheur [= Amsterdam, Emanuel van Meteren], (1609)
In fine: Tot Londen. Voor Emanuel van Meteren/1609
Coll.: P. H. Horn, Janus Gruterus, Augerius T. F. Clutius Med. D., S. R., D. Marien, Anth. Smyters, C. Taemsson van Horn, Jacobus Viverius
2°: *⁶, 2*³, A-Z⁸, A-F⁸, G-H⁶, 2A-2R⁶, 2S-3F⁸, 4A-5E⁶, a-c⁶, d⁴, A-D⁶, E⁴(-E⁴);
[9], 244, CXCIX, 167, [23], 27 f.: ill. + uitsl. krt; gegrav. titelp.
- RVI/20 (herk.: Ex libris F. Crabeels; A. Arnoldi)

METEREN, Emanuel van   M179
Emanuels Van Meteren Historie der Neder-landscher ende haerder na-buren oorlogen ende geschiedenissen, tot den Iare M.VIC.XII. Nu de laestemael bij hem voor sijne doodt merckelijck verbetert ende in XXXII boecken voltrocken. Is mede hier by gevoegt des autheurs leven [Simeon Ruytinck]. Verrijckt beneffens de land-caerte met bij na hondert correcte conterfeijtsels ...
In 'sGraven-hage, by Hillebrant Jacobssz, 1614
Coll.: Janus Gruterus, Augerius T. F. Clutius, S. R., Taemsson van Hoorn, Jacobus Viverius (lofdichten)
2°: π¹, *⁷, χ², A-2X⁸, 3A-4R⁸, 4S-4T⁶; [10], 671, [15?] f.: ill. (portr.) + 1 krt; gegrav. titelp.
- TIX/14 (laatste pp. ontbr.; herk.: De Pallant abbas Stæ Gertrudis)

METEREN, Emanuel van   M180
Historie van de oorlogen en geschiedenissen der Nederlanderen, en der zelver Naburen: beginnende met den Jare 1315, en eindigende met den Jare 1611. Door Emanuel van Meteren ... Voorzien met afbeeldingen der voortreffelykste perzonagien van dien tyd
p. XVIII: *Het leven en sterven van ... Emanuel van Meteren ... door ... Simon Ruitink*
Te Gorinchem, by Nicolaas Goetzee, te Breda, by Willem Goetzee, en te Gorinchem, by Pieter Goetzee, 1748-1763
Nota: vanaf dl 5: by de wed. van Nicolaas Goetzee
8°: 10 dln + ill.; gegrav. bijk. titelp. in 1; portretten
- PrEIV/1-10

MEULEN, Jean-Baptiste van der   M181
Napoleon, of de opkomste en veldtogten, strooperyen en godloosheden, schelmstukken en ondergang van den Corsicaen. Door J.-B. Van der Meulen ...
Tot Brussel, 1: uyt de boek-drukkery van P.-J. De Haes, 1814; 2 & 3: uyt de boek-drukkery van P. Vleminckx, 1815-1816
8°: 3 dln
- ArJVII/1-3

MEURSIUS, Joannes   M182
Illustris Academia Lugd-Batava: id est Virorum clarissimorum icones, elogia ac vitæ qui eam scriptis suis illustrarunt [ed. J. Meursius]
Lugd-Bat., apud Andream Cloucquium, 1613
4°: *-3*⁴, A-V⁴, X⁶; [208] p.: ill.; gegrav. titelp.
- UII/31

MEUSNIER de QUERLON, Anne-Gabriel? LA HARPE, Jean-François de?   M183

Bibliothèque générale des voyages, contenant la relation de tous les voyages ... depuis 1400 jusqu'à nos jours [ed.: A.-G. Meusnier de Querlon? J.-F. de la Harpe?]
Paris, Froment, Librairie parisienne, Audin, 1829-1830
17 dln?; gegrav. front. in elk dl
- ArJV/13-20 (dln 2-5 & 8-11)

MEUSNIER de QUERLON, Anne-Gabriel   M184
Les Grâces [ed.: A.-G. Meusnier de Querlon]
A Paris, chez Laurent Prault, & Bailly, 1769
Aut.: Guillaume Massieu, Yves-Marie André, Pietro Metastasio, Antoine de Houdart de la Motte e.a.
8°: a⁴, A-X⁸; [2], VIII, 330, [5] p. + ill.; bijk. gegrav. front.
- SI/34

MEXIA, Pedro   M185
De verscheyden lessen Petri Messie edel-man van Sivilien. Waer inne beschreven worden de ... gheschiedenissen alder keyseren, coninghen ... Midtsgaders t'leven ende de treffelycxste sententien der philosophen ...
t'Hantwerpen, by Joachim Trognesius, 1588
8°: π², A-3C⁸, 3D-3E⁴; [4], 783, [12] p.
- ArIV/17

MEXIA, Pedro   M186
De verscheyden lessen Petri Messiæ, edelman van Sivilien. Waer inne beschreven worden de weerdichste gheschiedenisse

aller keyseren, coningen, ende loflicker mannen ... Hier zijn noch byghevoecht *Seven verscheyden tsamensprekinghen.* Overgheset uyt den Fransoysche in onse Nederduytsche tale
Tot Leyden, ghedruckt by Joris Abrahamsz. vander Marsse. Voor Jan Evertsz. Cloppenburch Boeckvercooper tot Amsterdam, 1616
8°: A-2R⁸, a-k⁸; 627, [13], 157, [1] p.
- ArIV/16 (herk.: P. J. [Verhaghen])

MEYERE, Livinus de, S.J.   M187
Aurea sententia S. Augustini Româ rescripta venerunt: causa finita est, infallibilitati pontificis favere ostenditur ... Per theologum romano-catholicum [L. de Meyere]
Prostat Lovanii, apud Guilielmum Stryckwant, (1719?)
8°: A-B⁸, C², D⁴; 43, [1] p.
- YIII/35/11 & ArDIV/13/7

MEYERE, Livinus de, S.J.   M188
Causam liberii et concilii ariminensis non favere sed obesse causæ protestantium. Ostenditur per theologum Romano-catholicum [L. de Meyere]. Accedit appendix qua refutatur scriptum cui titulus, *Advocatus &c.* è Foro ad Logicam detrusus
Prostat Lovanii, apud Guilielmum Stryckwant, (1719?)
8°: A-C⁸, D⁴; 56 p.
- YIII/34/5

MEYERE, Livinus de, S.J.   M189
Causam S. Cypriani non favere, sed obesse causæ protestantium. Ostenditur per theologum Romano-catholicum [L. de Meyere]. Accedit appendix qua refutatur Scriptum cui titulus, *Fraus septuplex, &c.*
Prostant Lovanii, apud Guilielmum Stryckwant, (1719?)
8°: A-B⁸, C², E⁸; 52 p.
- HIII/4/3, YIII/33/21 & ArDIV/13/5

MEYERE, Livinus de, S.J.   M190
Circa verba S. Augustini Romà rescripta venerunt: causa finita est, refutantur cavilli protestantium. Per theologum romano-catholicum [L. de Meyere]
Prostat Lovanii, apud Guilielmum Stryckwant, (1719?)
8°: A⁸; 16 p.
- YIII/33/17

MEYERE, Livinus de, S.J.   M191
Dogma triplex à paucis Lovanii protestantibus assertum, utrique potestati, ecclesiasticæ & seculari expendendum proponitur. Per ... theologum Romano-catholicum [L. de Meyere]
Prostat Lovanii, apud Guilielmum Stryckwant, (1719?)
8°: A¹⁰; 19 p.
- YIII/33/19 & ArDIV/13/3

MEYERE, Livinus de, S.J.   M192
De gramschap in dry boeken verdeelt. Over ettelyke jaeren in Latynsche dichten ... uyt-gegeven door ... Livinus De Meyer ... Nu door den selven in Neder-Duitsche rymen overgestelt
Tot Gendt, by Petrus de Goesin, 1778
8°: A-D⁸, E⁴, F²; 74, [2] p.
- UII/25/6

MEYERE, Livinus de, S.J.   M193
Historiæ controversiarum de divinæ gratiæ auxiliis sub summis pontificibus Sixto V, Clemente VIII, Paulo V. Ab objectionibus ... Hyacinthi Serry vindicatæ libri tres. Accedunt dissertationes quatuor de mente Concilii Tridentini ..., de mente S. Augustini, de genuinis Pelagianorum & Massiliensium erroribus: item responsio ad ... Henricum a S. Ignatio, & alia quædam opuscula (Parallelum antiquæ et præsentis ecclesiæ ..., Epistola curiosa ... ad Norbertum Delbecque ...). Auctore ... Livino De Meyere ...
Bruxellis, typis Antonii Claudinot, 1715
2°: *-2*², A-5A², A-M², A-I², *-3*², A-K², *², A-P², A-2A², A-E², A-F²; [8], 448, [16], 45, [3], 35, [1], XI, [1], 39, [1], III, [1], 60, 92, [2], II, 18, 23, [1] p.; grav. op titelp.
- XVIII/1 (herk.: Guilielmus Steenkist, Brussel 1760 [prijsboek]; supralibros: wapen van Brussel 1760)

MEYERE, Livinus de, S.J.   M194
Patronus protestantium in causa Liberii et concilii Ariminensis ad extrema redactus ... Ostenditur per theologum romano-catholicum [L. de Meyere]
Prostat Lovanii, apud Guilielmum Stryckwant, (1719?)
8°: *⁴, A-F⁸; [8], 96 p.
- ArDIV/13/10

MEYERE, Livinus de, S.J.   M195
... Livini De Meyer ... Poematum libri sex
Bruxellis, typis Francisci Foppens, 1703
8°: *⁸, A-L⁸; XVI, 175, [1] p.; gegrav. front.
- ArEVII/11/16

MEYERE, Livinus de, S.J.   M196
Livini Meyeri ... Poematum libri duodecim
Bruxellis, typis Eugenii Henrici Fricx, 1727
8°: *⁸, 2*⁴, A-Z⁸; XXIII, [1], 365, [1] p.
- ArDIII/14

MEYERE, Livinus de, S.J.   M197
Refutatio responsionis ad stateram protestantium. Expensam per theologum Romano-catholicum [L. De Meyere]
Prostat Lovanii, apud Guilielmum Stryckwant, (1719?)
8°: A-B⁸; 32 p.
- YIII/33/20

MEYERE, Livinus de, S.J.   M198
Statera protestantium in duobus primis ipsorum paragraphis expensa. Per theologum romano-catholicum [L. de Meyere]
Prostat Lovanii, apud Guilielmum Stryckwant, (1719?)
8°: A⁸, B², C⁴; 28 p.
- YIII/33/13 & ArDIV/13/4

MEYERE, Livinus de, S.J.   M199
Ultimus conatus patroni protestantium circa causam S. Cypriani. Refutatur per theologum romano-catholicum [L. de Meyere]. Accedit appendix qua fraus septuplex ... refutatur ...
Prostat Lovanii, apud Guilielmum Stryckwant, (1719?)
8°: A-C⁸, D⁴; 55, [1] p.
- YIII/35/12 & ArDIV/13/6

MEYERE, Ludovicus, O.P.   M200
Meditatien op de principaelste mysterien van het leven van Jesus Christus, ende Maria ... Op-gestelt door ... Ludovicus Meyere ... Den derden druck.
Tot Gendt, by Cornelis Meyer, 1715
8°: π¹, *⁴, 2*⁸(-2*⁸), A-3G⁸, 3H⁴; [24], 893, [3] p.; gegrav. front.
- ArBIII/21

MEYERE, Ludovicus, O.P.   M201
Meditatien op het geheel lyden, ende doodt van Christus ... Op-gestelt door Ludovicus Meyere ... Den derden druck, vermeerdert van sestig tot twee hondert en veerthien meditatien

M

Tot Ghendt, by Cornelis Meyer, 1715
8°: 4 dln; gegrav. front. in 1
- ArAII/33-36 & ZI/18 (dl 3; herk: M. Nijsmans Rel. Parchensis)

MEYERE, Ludovicus, O.P.   M202
Meditatien, op het geheel lyden, ende doodt van Christus. Opgestelt door ... Ludovicus Meyere ... Seer dienstig voor alle pastors, predikanten ...
T'Antwerpen, by Joannes G. J. De Roveroy, 1777
8°: 6 dln; ill.
- ArHVII/11 (dl 2)

MEYERE, Ludovicus, O.P.   M203
Sermoonen van den alderh. naem Jesus ... Door ... Ludovicus Meyere ... Eersten druk
t'Antwerpen, by P. J. Parys, (1765?)
Coll.: F. J. Pauwels
8°: *-2*4, 3*8, A-P8; [32], 214, [9] p.
- ArCIII/20

MEYERUS, Jacobus   M204
Commentarii sive annales rerum Flandricarum libri septemdecim. Autore Iacobo Meyero ... Opus novum & nunquam antea typis evulgatum ...
Antverpiæ, in ædibus Ioannis Steelsii, 1561
In fine: Excudebat Ioan. Grapheus ...
Coll: Antonius Meyerus (*Præf.*)
2°: a8, b10, A-2Z8, 3A6; [18], 374 f.
- SIV/25

MEZGER, Joseph   M205
Historia Salisburgensis. Hoc est, vitæ episcoporum, et archiepiscoporum Salisburgensium, nec non abbatum monasterii S. Petri ... Authore ... Josepho Mezger ... Ad finem perduxerunt ... Franciscus & Paulus Mezgeri ...
Salisburgi, ex typographeo Joannis Baptistæ Mayr, 1692
2°: π1, A-7Y4, *-3*2(-3*2),)(-7)(2 [-7](2), A-G4; [2], 1278, [92] p.
- OVI/21

MEZGER, Paul   M206
Theologia scholastica secundum viam et doctrinam D. Thomæ Aquinatis ... Authore ... Paulo Mezger ...
Augustæ Vindelicorum & Dilingæ, sumptibus Joannis Caspari Bencard, 1695
2°: 4 dln; bijk. gegrav. titelp. in 1
- HIX/17 (herk.: Ex libris Leonardi Jacobi Jobst, Dorsten; Caspar Hastl 1717)

MEZLER, Benedictus, O.Præm.   M207
Consultatio theologico-moralis de modo procedendi curatorum cum politicis ac libertinis hujus mundi ... Authore ... Benedicto Mezler ...
August. Vind., sumptibus Joh. Jac. Mauracher, 1746
8°:)(8, A-K8, L4; [16], 148, [19] p.
- PrFII/11

MIBES, Fridericus, O.Præm.   M208
Quæstiones theologicæ de legibus in genere et specie. Quas ... præside ... Godefrido Stehr ... defendendas suscepit ... Fridericus Mibes ... anno MDCLXXXIII ...
Neo-Pragæ, typis Seminarij Archi-Episcop. in Emmaus per Joannem Matis, (1683)
12°: π1, A-H12; [2], 190 p.
- PrJII/13

MICHAELIS, Antoine, S.J.   M209
Octaves des morts ou sermons ... Composez & preschez par ... Antoine Michaelis ...
A Avignon, chez Antoine Duperier, 1671
8°: á4, é2, A8, B-2I4, A-Z4, 2A2; [12], 263, [1], 159, [29] p.
- LII/34 (herk.: ex bibliotheca ff. præd. iprens.)

MICHEL, Jean, O.Cart.   M210
Liber exercitiorum spiritualium triplicis viæ: purgativæ, scilicet, illuminativæ, et unitivæ. Authore ... Ioanne Michaele ...
Lugduni, sumptibus Ioannis Baptistæ Buysson, 1598
12°: á12, é12, í6, A-2H12, 2K6; [60], 768, [12] p.; bijk. gegrav. front.
- ArCI/22

MIERIS, Frans van   M211
Histori der Nederlandsche vorsten, uit de huizen van Beijere, Borgonje, en Oostenryk ... met meer dan duizend historiepenningen gesterkt en opgehelderd. Door Frans van Mieris
In 's Graavenhaage, by Pieter de Hondt, 1732-1735
2°: 3 dln : ill.; portret van de aut.
- SVII/13-15

MIGUEL de SAN JOSÉ   M212
Bibliographia critica, sacra et prophana ... Authore ... Michaele a S. Joseph ...
Matriti, ex typographia Antonii Marin, 1740-1742
2°: 4 dln
- XIX/16-17 (herk.: Ex bibliotheca Convent Ordin. Discalc.)

MINGARELLI, Giovanni Luigi   M213
Ægyptiorum codicum reliquiæ Venetiis in bibliotheca Naniana asservatæ (ed.: G. L. Mingarelli). *Fasciculus I (- alter)*
Bononiæ, typis Lælii a Vulpe, 1785
4°: *4, a-2d4, 2e2, *4, 2f-2z4; 7, [1bl], CCXIX, [1bl], 6, [2], CCXXI-CCCLXIII, [1] p.
- PV/1 (herk.: Arn. Van Lantschoot [Park])

MIRÆUS, Aubertus   M214
De statu religionis christianæ, per Europam, Asiam, Africam et Orbem Novum, libri IV. Aubertus Miræus ... publicabat
Coloniæ Agrippinæ, sumptibus Bernardi Gualtheri, 1619
8°: *8, A-O8, P2; [16], 220 [=222], [6] p.
- ArEV/15 (herk.: Park [gerad. supralibros 17e]; P XXII)

MIRÆUS, Aubertus   M215
Donationum Belgicarum libri II. In quibus ecclesiarum & principatuum Belgij origines, incrementa, mutationes ... proponuntur, notisque illustrantur. Studio Auberti Miræi ...
Antverpiæ, apud Ioannem Cnobbarum, 1629
4°: X4, 2X2, (a)-(c)4, (d)2, A-4F4; [12], [28], 572, [30] p.
- PrGIII/5 (herk.: J. F. Aulent 1689; Lejeune)

MIRÆUS, Aubertus   M216
Fasti Belgici et Burgundici. Aubertus Miræus ... publicabat
Bruxellis, apud Ioannem Pepermannum, (1622?)
8°: (%)8, A-3E8; [16], 755, [59] p.
- ArIV/18 (herk.: Vaernewyck)

MIRÆUS, Aubertus   M217
Notitia episcopatuum orbis christiani, in qua Christianæ Religionis amplitudo elucet. Libri V. Aubertus Miræus ... publicabat
Antverpiæ, ex officina Plantiniana, apud viduam & filios Io. Moreti, 1613
8°: A-Z8, a-c8, d4; [16], 418, [4] p.
- ArJII/19

MIRÆUS, Aubertus M218
Notitia patriarchatuum et archiepiscopatuum orbis christiani. Item codex provincialis episcopatuum, vetus et novus. Aub. Miræus ... publicabat
Antverpiæ, apud Davidem Martinium, 1611
8°: *4, A-I8; 144 p.
- PrJIX/11 (herk.: Biblioth. Instit. Sti Ignat. Antverp.)

MIRÆUS, Aubertus M219
Auberti Miræi ... Opera diplomatica et historica ... Joannes Franciscus Foppens ... notas & indices addidit ... Editio secunda
3-4: *Diplomatum Belgicorum nova collectio sive supplementum ad opera diplomatica Auberti Miræi ... cura et studio Joannis Francisci Foppens ...*
Bruxellis, 1-2: typis Francisci Foppens, 1723; 3-4: apud Petrum Foppens 1734-1748
2°: 4 dln; gegrav. portret van Miræus in front in 1
- SVI/1-4

MIRÆUS, Aubertus M220
Ordinis Præmonstratensis chronicon. Aubertus Miræus ... contexuit
Coloniæ Agrippinæ, sumptibus Bernardi Gualteri, 1613
8°: *8, A-Y8, Z4; [16], 245 [i.e. 335], [25] p.
Nota: *Catalogus monasteriorum ordinis Præmonstratensis ...*, Coloniæ, 1612, 1 uitsl. f.
- PrII/11 (herk.: fr. Petrus Blieck 1642), ArEI/16 & ArEI/17 (herk.: Collegii Societatis Jesu Monachii; J.R. De Pauw can. abb. Parc)

MIRÆUS, Aubertus M221
Rerum Belgicarum annales ... Aubertus Miræus ... faciebat
Bruxellis, apud Ioannem Pepermannum, (1624?)
8°: †8, 2†4, A-3H8; [24], 851, [12] p.
- XV/36 (herk.: Johannes Krulls 1665 Ratispon; Ex bibliotheca OFF Predicatorum Conventus Thenensis; J. Adr. Versteylen Abbas Parchensis) & ArJII/22

MIRÆUS, Aubertus M222
Auberti Miræi Rerum Belgicarum chronicon ab Iulii Cæsaris in Galliam adventu usque ad vulgarem Christiannum MDCXXXVI ...
Antverpiæ, apud Guilielmum Lestænium, 1635
2°: *4, A-3T4, 3V2, 4A-4B4, χ1; [8], 523, [18]p.
- ArFV/4 (herk.: H. des Hastinnes JVL; Dr Charles Groffier; supralibros: wapen van Luik, *Legia romanæ ecclesiæ filia*)

MIRAKELEN ENDE LITANIE ... M223
Mirakelen ende Litanie van den H. Hermannus Joseph, priester ende canoninck der orde van Premonstreyt
S.l., s.n., (1765?)
In fine: Tot Loven, by Joannes Jacobs
8°: 16 p.
- ArEVII/11/19

LE MIROIR DES PORTRAITS ... M224a
Le miroir des portraits des premiers réformateurs des églises protestantes
A Leide, chez Pierre vander Aa, [1690?]
2°: 67 portr.
- WVIII/19/1

MISHNA (Hebreeuws) M224b
משניות סדר קדשים עם פירוש הגאון עבדיה מברטנורא עם ביאורים
מהגאון בעל תוספות יום טוב ועם ...
חדושים מלוקטים מספר ... קול הרמ"ז ועם חפירוש הנכבד לחם משנה
מהור"ר משה ...
Mishnayôt. Séder Quodashim, met de commentaar van Gaon Ovadja van Bartinoro, met uitleg...van de Gaon, meester van de 'Tosafot Yom Tov', en met nieuwe interpretaties verzameld uit het ... boek Qol HRMZ (de stem van R. Zacuto Mozes) en met de bekende commentaar '*Lechem mishnè*' van ...Rabbi Mozes... Gedrukt in Amsterdam, in het huis en de drukkerij van ... Rabbi Mozes Frankfurt ..., 1725-1726
4°: geen sign. & niet gepag.
- NIV/26 (herk.: Arnold van Lantschoot [Park])

MISSÆ DEFUNCTORUM M225
Missæ defunctorum ... Claudii Honorati Lucas abbatis Præmonstratensis ... authoritate ... editæ
Virduni, apud Petrum Perrin filium, 1735
2°: sign. onregelm.; [4], 15, [1bl], 14 p.
- ArFVI/7

MISSÆ DEFUNCTORUM M226
Missæ defunctorum cum ritibus, ordine et canone, ad usum canonicorum regularium ordinis Præmonstratensis
Bruxellis, typis Francisci t'Serstevens, 1773
2°: π2, A-2H2, χ1; [4], 33 p.
- ArFVI/8, ArFVI/9 & ArFVI/10

MISSÆ DEFUNCTORUM M227
Missæ defunctorum, juxta usum Ecclesiæ Romanæ ...
Antverpiæ, ex typographia Plantiniana Balthasaris Moreti, 1695
2°: A-D6(-D6); 46 p.; grav. op titelp. + 1 grav.
- ArDVIII/5

MISSÆ DEFUNCTORUM M228
Missæ defunctorum, juxta usum Ecclesiæ Romanæ ...
Antverpiæ, ex architypographia Plantiniana, 1823
2°: A-C6, D4; 44 p.; grav. op titelp. + 1 grav.
- ArDVIII/6

MISSÆ DEFUNCTORUM M229
Missæ defunctorum, juxta usum Ecclesiæ Romanæ ...
Mechliniæ, e typographia Hanicquiana, 1830
2°: 44 p.
- ArEVII/14

MISSÆ NOVÆ ... M230
Missæ novæ in missali Romano ex mandato Rom. pontt. Urbani VIII, Innocentii X, Alexandri VII, Clementis IX et X, Innocentii XI, Alexandri VIII, Innocentii XII, nec non S.D.N Clementis papæ XI appositæ
Antverpiæ, ex typographia Plantiniana, 1712
2°: *-3*6(-3*6); 34 p.
- ArDVIII/4/2

MISSÆ NOVÆ ... M231
Missæ novæ in missali romano ex mandato rom. pont. Urbani VIII, Innocentii X, Alexandri VII, Clementis IX et X, Innocentii XI, Alexandri VIII, Innocentii XII, Clementis XI, Innocentii XIII, nec non Benedicti papæ XIII appositæ
Antverpiæ, ex architypographia Plantiniana, 1749
2°: *-2*6, 3*-4*4; 40 p.
- ArFVI/2/2

MISSÆ PROPRIÆ ... M232
Missæ propriæ sanctorum trium ordinum

M

Fratrum Minorum ...
Antverpiæ, ex architypographia Plantiniana, 1759
2°: A-E⁶, *², 2*¹; 60, 5 p.
- EV/23/2

MISSALE PRÆMONSTRATENSE   M233
Missale secundum ritum et ordinem sacri ordinis Præmonstratensis. Authoritate ... *Ioannis De Pruetis* ... editum
Parisiis, apud Iacobum Keruer, 1578
In fine: Parisiis, excudebat Carolus Roger, anno Domini 1578
2°: á⁶, é⁴, A-Z⁶, AA⁴, BB², CC-PP⁶, Aa-Kk⁶, L1⁴; [10], 222, 63, [1] f.: ill.; initialen, rubricering, kleine houtsneden
- ArFVI/1

MISSALE PRÆMONSTRATENSE   M234
Missale ad usum sacri et canonici ordinis Præmonstratensis ... Petri Gossetij ... authoritate ... emendatum
Parisiis, apud Sebastianum Cramoisy, 1622
2°: á⁴, í⁶, ó⁶, A-V⁶, X-Y⁴, Z-2M⁶, a-f⁶, g-h⁴, A-F⁶, G-H⁴.; [30], 412LXXXVIII, 87 p.; gegrav. titelp.
- PrDVI/2 (titelblad + eerste ff. ontbr.) & ArFVI/2/1 (pp. 271-278 & pp. 1-76 (in fine) ontbr.; 7 f. muz. in ms. in fine)

MISSALE PRÆMONSTRATENSE   M235
Missale ad usum canonici Præmonstratensis ordinis ... Augustini Le Scellier ... auctoritate editum
Parisiis, apud Fredericum Leonard, 1663
2°: á⁶, é⁶, í⁶, ó⁶, ú⁴, A-2R⁶, a-i⁶, k⁴; [56], 477, [5], CXVI p.; gegrav. titelp.
- ArFVI/3

MISSALE PRÆMONSTRATENSE   M236
Missale ad usum canonici Præmonstratensis ordinis ... Michaelis Colbert ... auctoritate editum
Parisiis, apud Fredericum Leonard, 1697
2°: á², *¹, é⁴, í⁴, ó⁴, ú⁴, †-2†⁴(-2†⁴), A-7X², a-2k²(-2k²); [52], 630, CXXIX p.; gegrav. titelp.
- PrDVI/1 & ArFVI/4

MISSALE PRÆMONSTRATENSE   M237
Missale ad usum canonici Præmonstratensis ordinis ... Claudii Honorati Lucas ... auctoritate editum
Virduni, apud P. Perrin filium, 1736
2°: *², a-k², A-7I², a-2k²; [44], 626, CXXVIII, [4] p.; gegrav. titelp.
- YIX/21/1(herk.: Ecclesiæ Sti Norberti Ord. Can Præm. in Landen), ArFVI/5 & ArDVIII/15/1

MISSALE PRÆMONSTRATENSE   M238
Missale ad usum ordinis Præmonstratensis ... Joannis-Baptistæ l'Ecuy ... auctoritate editum
Nanceii, apud H. Haener, 1787
2°: π¹, a-h², A-6Q²(-6Q²), a-2e²(-2e²); [36], 520, CIX p.
- PrDVI/3 (herk.: Sigillum societatis patrum sancti Edmundi Pontiniacensis) & ArFVI/6 (herk.: Bibliotheca Wiltin [stempeltje])

MISSALE PRÆMONSTRATENSE   M239
Supplementum missalis ac missæ particulares in ecclesia S. Michaëlis Antverpiæ ...
Antverpiæ, typis J. Grange, 1761
2°: geen sign.; 19 p.
- YIX/21/2

MISSALE PRÆMONSTRATENSE   M240
Supplementum missarum et commemorationum missalis Præmonstratensis pro ecclesia Parchensi
S.l., s.n., [1750?]
2°: A-C²; 10 p.
- ArDVIII/15/2

MISSALE ROMANUM   M241
Missale Romanum nuper impressum cum multis missis de novo additis ... pulcherrimis figuris decoratum
(Venezia, Lucantonio Giunta), 1508
In fine: ... impensisque Lucantonij de giunta florentini, Leonardo lauretano ... imperante, Anno ... MCCCCCVIII, III cal. Junii, in alma venetiarum urbe impressum ...
2°: X⁸, a-z⁸, aa-ee⁸, 3e², ff-ll⁸, mm¹⁰(-mm¹⁰); [8], 283 f.: ill. (houtsneden); ingekl. initialen, rubricering
- ArDVIII/3 (herk.: Franciscus van Vlierden Abbas Parchensis)

MISSALE ROMANUM   M242
Missale Romanum ex decreto Sacrosancti Concilii Tridentini restitutum. Pii V ... iussu editum
Leodii, apud Henricum Hovium. Typis Gualteri Morberii, 1574
4°: *-4*, A-P⁸, Q⁶, Aa-Ee⁸, a-g⁸, h⁴, AA-EE⁸; XLVI, [18], 252, LXXX, 120, 80 p.
- ArDVII/1

MISSALE ROMANUM   M243
Missale Romanum ex decreto sacrosancti Concilij Tridentini restitutum. Pii Quinti ... jussu editum. Et Clementis VIII auctoritate recognitum
Antverpiæ, apud Ioannem Keerbergium, 1612
2°: á⁶, é⁶, í⁶, ó⁶, ú⁸, A-3C⁶; [63], [1bl], 589 p.; gegrav. titelp.
- ArDVII/2 (pp. 565-589 vervangen door ms.; herk.: Ex libris Caietani Quergus [ex libris]; Ex libris Matthæi Ivertz)

MISSALE ROMANUM   M244
Missale romanum, ex decreto sacrosancti Concilii Tridentini restitutum, Pii V ... iussu editum et Clementis VIII auctoritate recognitum
Antverpiæ, ex officina Plantiniana, apud Balthasarem Moretum, & viduam Ioannis Moreti, & Io. Meursium, 1620
2°: á⁶, é⁶, í⁶, o⁶, u⁶, A-Y⁶, χ¹, 2A⁶, 2B⁴, b⁴, c-z⁶, Aa-Ii⁶, K⁴, *-3*⁶, *²; [60], 616, CXVI, 36, 2, 2 p.: ill.; gegrav. titelp.
- YIX/18

MISSALE ROMANUM   M245
Missale romanum, ex decreto sacrosancti Concilii Tridentini restitutum, Pii V ... iussu editum et Clementis VIII auctoritate recognitum
Coloniæ Agrippinæ, sumptibus Cornelii ab Egmondt et sociorum, 1629
2°: A-E⁶, A-2H⁶, 2I-2K⁴; [60], 608, CVIII, [4] p.: ill.; gegrav. titelp.
- YIX/17

MISSALE ROMANUM   M246
Missale Romanum ex decreto sacrosancti concilii Tridentini restitutum, Pii V ... jussu editum, et Clementis VIII primum, nunc denuo Urbani ... Octavi auctoritate recognitum
Antverpiæ, ex officina Plantiniana Balthasaris Moreti, 1650
2°: A⁴, B-D⁶, E⁴, A-3G⁶, 3H⁴, 2A-2I⁶, 2K⁸; [34?], 648, CXVII, [3] p. ill.
- ArFVI/11

MISSALE ROMANUM   M247
Missale Romanum ex decreto sacrosancti concilii Tridentini restitutum, Pii V ... jussu editum, et Clementis VIII primum, nunc denuo Urbani ... Octavi auctoritate recognitum
Antverpiæ, ex officina Plantiniana Balthasaris Moreti, 1668
2°: A⁸, B-D⁶, E⁸, A-3G⁶, 3H⁴, AA-II⁶, KK⁸(-KK⁸), χ⁵; [68], 648, CXVIII, [14] p.; ill.

- ArDVIII/4/1

MISSALE ROMANUM M248
Missale Romanum ex decreto sacrosancti concilii Tridentini restitutum, ... Pii V jussu editum, et Clementis VIII et Urbani ... Octavi auctoritate recognitum. Et novis missis ... auctum
Antverpiæ, ex architypographia Plantiniana, 1751
2°: A-E⁶, F⁴, A-3F⁶, 2A-2K⁶, 2L⁴, 2M²(-2M²); [68], 624, CXXVIII, [4] p.; ill.; grav. op titelp.
- ArDVIII/8

MISSALE ROMANUM M249
Missale Romanum ex decreto sacrosancti concilii Tridentini restitutum, ... Pii V jussu editum, et Clementis VIII et Urbani Papæ Octavi auctoritate recognitum
Antverpiæ, ex architypographia Plantiniana, 1765
2°: A-E⁸, F⁴, A-3F⁶, AA-LL⁶, *⁵; [68], 624, CXXVIII, [4], 8, [2] p.; ill.; gegrav. titelp.
- EV/23/1

MISSALE ROMANUM M250
Messel Romain, selon le reglement du Concile de Trente. Traduit en François ... par ... De Voisin ...
A Paris, chez Simeon Piget, 1661
8°: 5 dln; bijk. gegrav. titelp. in elk dl
- PrBI/1-2 (dln 2 & 4; herk.: Abbaie de N.D. de la Ferté)

MOCKET, Richard & ZOUCH, Richard M251
Tractatus de politia Ecclesiæ Anglicanæ (Richard Mocket). Cui accesserunt Richardi Zouch ... Descriptio juris & judicij ecclesiastici secundum canones & constitutiones Anglicanas. Necnon descriptio juris & judicij temporalis secundum consuetudinem feudales & Normannicas
Londini, excudebat S. Roycroft. Impensis Rob. Clavel, 1683
8°: A-S⁸, T⁴; [16], 280 p.
- PrFIII/8 (herk.: De Rudder [supralibros])

MODERSOHN, Justus M252
Conciones in psalmos pœnitentiales, seu commentarius litteralis & moralis. Autore Justo Modersonio ...
Antverpiæ, pro Frederico à Metelen, 1695
8°: *⁴(-*⁴), A-3L⁸, 3M⁴; [6], 905, [15] p.
- PrHVII/8

MOERBEECK, Jan Adriaan van, O.Præm. M253
Scala purpurea, in sex gradus divisa ... Auctore ... Adriano Moerbecio ...
Antverpiæ, ex officina Hieronymi Verdussii, 1634
2°: *-3*⁶, 4*⁴, 4G⁶, 4H⁴, a-2n⁶, 2o⁸(-2o⁸); [44], 920, 422, [22] p.
- OVIII/20

MOHELDT, Carolus M254
Selectarum quæstionum syntagma, ad libri V decretalium Gregorii IX ... Titulum XXXIII. De jure privilegiorum. Quod ... præside ... Thadæo, Francisco Schweiger ... proposuit ... Carolus Moheldt ... Anno MDCCXXXI. Die Julii ...
Vetero-Pragæ, apud Matthiam Höger, (1731?)
8°:)(⁴, A-2T⁸, 2U⁴(-2U⁴); [8], 673, [4] p.
- LII/28

MOLANUS, Joannes M255
Anni M D LXXXI conclusiones impertinentes. In Catholici regis Seminario Lovanij in fine Conferentiarum proponendæ, & discutiendæ [J. Molanus]
Lovanii, ex officina Joannis Masii, 1581

8°: †⁸; 8 f.
- LIII/31/5

MOLANUS, Joannes M256
Conferentiarum conclusiones aliquot, ad usum ... studiosorum, qui sese in sacro collegio Regii Seminarii Lovaniensis exercent, digestæ [J. Molanus]
Lovanii, ex officina Ioannis Masij, 1581
8°: A-L⁸; [176] p.
- LIII/31/4

MOLANUS, Joannes M257
... Ioannis Molani ... De canonicis libri tres ... Item, orationes tres ...
Coloniæ Agrippinæ, in officina Birckman. sumptib. Arnoldi Mylij, 1587
8°: A-Z⁸, 2a-2e⁸, 2f⁴; 6, [7], [3 bl.], 437, [4] p.
- LIII/31/3 & MV/25

MOLANUS, Joannes M258
De historia SS. imaginum et picturarum, pro vero earum usu contra abusus, libri quattuor ... Auctore Joanne Molano ... Ejusdem Oratio de Agnis Dei, et alia quædam. Joannes Natalis Paquot recensuit, illustravit, supplevit
Lovanii, typis academicis, 1771
4°: a-d⁴, A-4Q⁴; XXXI, [1], 676, [3] p.
- PIV/1 & PrCIII/13

MOLANUS, Joannes M259
... Ioannis Molani ... Liber, de piis testamentis, & qua-cunque alia pia ultimæ voluntatis dispositione
Coloniæ, in officina Birckmannica, sumtibus Arnoldi Mylij, 1585
8°: A⁸, A-R⁸; [14], [2bl], 246, [26] p.
- LIII/31/1

MOLANUS, Joannes M260
... Ioannis Molani ... Libri quinque. De fide hæreticis servanda tres. De fide rebellibus servanda, liber unus, qui est quartus. Item unicus, de fide et iuramento, quæ ... tyranno exiguntur, qui est quintus
Coloniæ, apud Godefridum Kempensem, 1584
8°:)(⁸, A-O⁸, P⁴; [16], 214, [16] p.
- LIII/31/2

MOLANUS, Joannes M261
Medicorum ecclesiasticum diarium Ioannis Molani ... ad Cl. V. Ioannem Valterium Viringum ... (ed.: Henricus Cuyckius)
Lovanii, apud Ioannem Masium, & Philippum Zangrium, 1595
8°: A-I⁸; 139, [5] p.
- ArCII/5

MOLANUS, Joannes M262
Militia sacra ducum et principum Brabantiæ. Auctore Ioanne Molano ... Adiectæ sunt ... annotationes ... Petri Louwij ...
Antverpiæ, ex officina Plantiniana, apud viduam, & Ioannem Moretum, (1592?)
8°: †-2†⁸, 3†⁴, A-L⁸, M⁴; [40], 179, [3] p.
- RI/4

MOLANUS, Joannes M263
Natales sanctorum Belgii, & eorundem chronica recapitulatio. Auctore Ioanne Molano ...
Duaci, typis viduæ Petri Borremans, 1616
8°: †⁸, 2†⁴, A-2R⁸; [12], 200 [i.e. 300], [19] f.

M

- MIII/35 (herk.: P. J. Bartels Pastor in Gierle 1826; F. Stanislai Joris, Rel. Averb. 1877) & PIII/19 (herk.: Sum collegii Teutonici; Edmund Huyn van Amstenraedt [supralibros])

MOLIÈRE M264
Œuvres de Molière. Augmentée de la vie de l'auteur & des remarques historiques et critiques, par … Voltaire. Nouvelle édition
A Amsterdam et à Leipzig, chez Arkstée & Merkus, 1788
12°: 6 dln: ill.
- PrJVI/9 (dl 6)

MOLIÈRE M265
Œuvres de Molière, avec des remarques grammaticales, des avertissemens et des observations sur chaque pièce. Par … Bret
Paris, par la Compagnie des libraires associés, 1805
12°: 8 dln; + ill.; portret van Molière in 1
- OII/26-33

MOLINA, Antonius de, O.Cart. M266
L'instruction des prestres. Par A. Molina … Traduite de l'Espagnol par … René Gaultier …
A Paris, chez Nicolas Buon, 1619
8°: a⁸, b², A-3C⁸, 3D⁴, 3E²; [20], 770, [26] p.; gegrav. titelp.
- ArCII/2

MOLINA, Luis de, S.J. M267
Commentaria in primam divi Thomæ partem, in duos tomos divisa. Auctore Ludovico Molina …
Lugduni, sumptibus Ioannis Baptistæ Buysson, 1593
In fine: Lugduni, excudebat Iacobus Roussin, anno … MDXCIII
2°: á¹⁰, A-4H⁴; [20], 858, [68] p.
- XVIII/11 (herk.: Agost. descalc. Domont. Olivet. [stempel]; Fui Ioao de S. Joseph)

MOLINA, Luis de, S.J. M268
De Hispanorum primogeniorum origine ac natura, libri quatuor. Authore Ludovico de Molina … Nunc secunda ac postrema editione …
Coloniæ, apud Ioan. Baptistam Ciotti, 1601
2°: π¹, *⁸, a-z⁶, A-2C⁶, 2D²; [16], 536, [52] p.
- LVII/2

MOLINA, Luis de, S.J. M269
… Ludovici Molinæ … *De iustitia et iure tomi duo*
Moguntiæ, excudebat Balthasarus Lippius, sumptibus Arnoldi Mylij, 1602
2°:)(⁶, A-2V⁶, 2X⁸, A-F⁶, G⁸; [12] p., 1072 kol., [104] p. +)(⁶, A-3Q⁶, 3R⁴, a-f⁶, g⁴; [12] p., 1500 kol., [81] p.
- IIX/4 (herk.: Fr. Tassonus [?] Ferrier … accepit, quem relinquit conventui Boviniensi [?] 1619; supralibros: Frère Ian Noyzez)

MOLINIER, Etienne M270
Le mystere de la croix, et de la rédemption du monde. Expliqué en dix sermons … par E. Molinier … Troisieme édition
A Tolose, par Arnaud Colomiez, 1643
8°: á⁸, è⁸, A-2L⁸, 2M⁴; [32], 551 p.
- ArBV/16

MONSPERGER, Josephus Julianus M271
Iosephi Iuliani Monsperger…*Institutiones Hermeneuticæ V. T.* …
Lovanii, typis academicis, 1787
8°: A-P⁸, Q⁶, 252 p. + A-X⁸, Y⁴(-Y⁴), 342 p.
- BII/27 (p. 337-338 ontbr.)

MONTESQUIEU, Charles de Secondat, baron de la Brède et de M272
Considérations sur les causes de la grandeur des Romains et de leur décadence. Par Montesquieu
Paris, Mame, 1810
12°: [6], 262 p.
- YVI/9

MONTFAUCON, Bernard de, O.S.B. M273
L'Antiquité expliquée et représentée en figures. Par … Bernard de Montfaucon …
A Paris, chez Florentin Delaulne, Hilaire Foucault, Michel Clousier, Jean-Geoffroy Nyon, Etienne Ganeau, Nicolas Gosselin et Pierre-François Giffart, 1719
2°: 5 dln + ill.
- YVIII/1-10 (herk.: John Wilkes esq^re [ex libris]; Ex bibliotheca Armandi de Behault [ex libris] & YIX/2-11 (herk.: Bibliotheca Parchensis [ex libris 18e]; G theca VIII)

MONTFAUCON, Bernard de, O.S.B. M274
Supplément au livre de L'Antiquité expliquée et représentée en figures. Par … Bernard de Montfaucon …
A Paris, chez la veuve Delaulne, la veuve Foucault, la veuve Clousier, Jean-Geoffroy Nyon, Etienne Ganeau, Nicolas Gosselin et Pierre-François Giffart, 1724
2°: 5 dln: ill.
- YIX/12-16 (herk.: Bibliotheca Parchensis [ex libris 18e]; G.VIII theca) & YVIII/11-15

MONTFAUCON, Bernard de, O.S.B. M275
Défense de l'édition des œuvres de S. Augustin. Faite par les … Bénédictins [B. de Montfaucon] pour servir à une lettre d'un abbé allemand [Jean-Baptiste Langlois]
A Anvers. Jouxte la copie. A Rome, chez J. Jaques Komark, 1700
8°: A-E⁸, F⁶; 92 p.
- EI/5

MONTMIGNON, Jean-Baptiste M276
Choix des lettres édifiantes, écrites des missions étrangères … Par M.*** [J.-B. Montmignon]
A Paris, chez Maradan, 1808-1811
8°: 8 dln
- ArAVI/1-8

MONTMORENCY, Nicolas de M277
Fonteyne der liefde. Door … Nicolaes van Montmorency … Overgheset door … Adriaen van Meerbeeck …
T'Antwerpen, by Joachim Trognesius, 1617
12°: A-2B¹²; 600 p.
- ArBII/2 (laatste f. ontbr.)

MOONS, Jacobus, O.Præm. M278
Applausus gratulatorius emblematicè, & bucolicè dicatus … Carolo Ludolpho van Tongerloo … Anno 1679 die 15 Maij. Per … Iacobum Moons …
S.l., s.n., (1679?)
4°: *-2*⁴, 3*²; [20] p.; ill.
- ArFIV/15/14

MOONS, Jacobus, O.Præm. M279
Sedelyck vreughde-perck oft derden deel van het zedelyck vermaeck-tonneel verthoonende door sinne-beelden den leersaemen handel van de onredelijcke dieren aen de verkeerde, en beest-aerdighe wereldt … Verciert met aerdighe printen, ver-

maeckelijcke poesie, en sedelijcke leeringhen door … Jacobus Moons
T'Antwerpen, by Michiel Knobbaert, 1685
Coll.: Joannes Chrysostomus Teniers (sonnet)
8°: †⁴, A-3D⁸; [8], 780, [17] p.: ill.; gegrav. front.
- ArEII/24

MOONS, Jacobus, O.Præm.   M280
Sedelycke lust-warande oft tweede deel van het sedelyck-vermaeck-tonneel … Met aerdige printen, vermaeckelycke poësie … Door … Iacobus Moons …
t'Antwerpen, by Joannes Sleghers, 1678
8°: π¹, á⁸, 2§², A-2Q⁸, 2R⁴; 618(=617), [15] p.: ill.; bijk. gegrav. titelp.
- PrFIII/1

MOONS, Jacobus, O.Præm.   M281
Sedelycken vermaeck-spieghel oft leste deel van het Sedelyck vermaeck-tonneel … Door … Jacobus Moons … Hier is noch by-gevoecht den Sedelijcken treur-spieghel … Overgheset door den selven autheur, uyt … Sidronius Hosschius …
T'Antwerpen, by Michiel Cnobbaert, 1689
8°: a⁸, A-2O⁸(-2O⁸); [16], 581, [18] p.; bijk. gegrav. front.
- ArEII/25

MOONS, Jacobus, O.Præm.   M282
Sedelycken vreughden-bergh … Door … Iacobus Moons … Het eerste deel t'Antwerpen, by Hendrick Van Dunwalt, 1682
8°: π⁸, A-2M⁸, 2N⁴; [16], 571, [13] p.; bijk. gegrav. titelp.
- ArEII/23

MOONS, Jacobus, O.Præm.   M283
Sedelyk vermaek-troost in alle lyden … By een vergadert … door Jacobus Moons … Hier is nog bygevoegt den Spigel van den Loop van het menschelyk leven … overgeset door den selven aucteur … uyt … Sidronius Hosschius …
't Antwerpen, by P. J. Parys, (1764?)
8°: A-3E⁴; [8], 402, [2] p.; bijk. gegrav. titelp.
- PrEII/29 & ArEII/27 (bijk. gegrav. titelp. ontbr.)

MOONS, Jacobus, O.Præm.   M284
Sedelyk vreugde-perk vertoonende door zinne-belden den leersamen haddel (sic) van de onredelijke dieren aen de verkeerde, en beest aerdige wereld. Verçiert met aerdige printen … Door … J. Moons …
t'Antwerpen, by P. J. Parys, 1772
8°: A-4E⁴; 590 p.: ill.
- PrEII/26 & PrFIII/4

MOONS, Jacobus, O.Præm.   M285
Sedelyken vermaek-spiegel vertoonende door zinne-belden den leersamen handel van de onredelijke dieren … Door … J. Moons …
t'Antwerpen, by P. J. Parys, (1764?)
8°: A-3C⁴; [6], 384, [2] p.
- PrEII/27 & PrFIII/5

MOONS, Jacobus, O.Præm.   M286
Sedelyken vreugden-berg verthoonende door sinne-beelden, den leerzamen handel van de onredelijke dieren … Verciert met aerdige printen … Door … Jacobus Moons … Den tweeden druk
t'Antwerpen, by P. J. Parys, (1764?)
8°: A-3L⁴, 3M⁶; 495, [2] p.: ill.
- PrEII/25 & PrFIII/3

MOONS, Jacobus, O.Præm.   M287
Zedelyk vermaek tonneel vertoonende door zinne-beelden, den leerzaemen handel van de onredelyke dieren … Door… Jacobus Moons … Verçiert met aerdige printen … Den tweeden druk
t'Antwerpen, by P. J. Parys, (1764?)
8°: π⁸, A-3I⁴; [16], 436, [4] p.: ill.; bijk. gegrav. titelp.
- PrEII/23 & ArEII/21

MOONS, Jacobus, O.Præm.   M288
Zedelyk vermaek-veld vertoonende den leersamen handel van de onredelijke dieren … Door F. Jacobus Moons … Hier is … by gestelt de stigtige Steen-rotse van den weenenden Petrus … Overgeset door den selven autheur … uyt … P. Sidronius Hoschius … Tweeden druk
't Antwerpen, by P. J. Parys, (1764?)
8°: A-2P⁴, 2Q²; 307, [1] p.; bijk. gegrav. front.
- PrEII/28 & ArEII/26

MOONS, Jacobus, O.Præm.   M289
Zedelyke lust-warande vertoonende door zinne-beelden, den leerzaemen handel van de onredelyke dieren … Door F. Jacobus Moons … Het tweede deel
t'Antwerpen, by P. J. Parys, (1764?)
8°: A-3T⁴, 3V⁶; [8], 533, [1] p.: ill.
- PrEII/24 & ArEII/22

MOOR, Joos de   M290
Den nootvrint leerende hoemen die siecken in haren uttersten noot sal troosten, vermanen en bystaen [J. de Moor]
Tot Loven, by Rutgheert Velpius, 1571
8°: A-H⁸; 65 f.
- ArDI/21 (samengebonden met ms.)

MOORS, Bonaventura, O.S.A.   M291
Catholyke wederlegginge der ongegronde geloofsbelydenisse van Michael Loeffius. Door … Bonaventura Moors …
Men vintse te koop tot Loven,
by Guiliam Stryckwant, 1699
12°: *⁶, 2*⁴, A-V¹², X²; [20], 483, [1] p.
- ArCV/6

MORELLES, Cosmas   M292
Relatio colloquii habiti a … Cosma Morelles … cum Buxhornio Calvinista … de rebus ad Fidem spectantibus Bredæ …
Coloniæ Agrippinæ, apud Arnoldum Kempensem, 1611
4°: A-B⁴; [16] p.
- ArGVII/12/8

MORENAS, François   M293
Dictionnaire portatif des cas de conscience … [F. Morénas].
Nouvelle édition
A Avignon, & se vend à Lyon, chez Jean-Marie Bruyset, 1761
8°: π¹, a⁴, A-2Q⁸, 2R²; [4], VIII, 627 p. + ?
- ArEV/2 (dl 1; herk.: Cong. S.S. Rédempt. Mouscron-Courtrai)

MORENAS, François   M294
Dictionnaire portatif des cas de conscience … [F. Morénas].
Nouvelle édition
A Avignon, & se vend à Lyon, chez Jean-Marie Bruyset père et fils, 1776
8°: 3 dln
- ArAVIII/10-12

MORERI, Louis   M295
Le grand dictionaire historique, ou Le mélange curieux de

M

l'histoire sacrée et profane ... Par ... Louis Moreri ...
Onzieme édition
Amsterdam, chez Pierre Brunel, R. & G. Wetstein, Janssons-Waesberge, Pierre de Coup. A La Haye, chez la veuve d'Adrien Moetjens. A Utrecht, chez Guillaume vande Water, 1724
2°: 4 dln; bijk. gegrav. titelp. in 1
- ZVIII/7-10

MORERI, Louis   M296
Le grand dictionnaire historique ... Par ... Louis Moréri ... Nouvelle édition, dans laquelle on a refondu les supplémens de ... Goujet; le tout revu ... par ... Drouet
A Paris, chez les libraires associés (Le Mercier, Desaint & Sailant, Jean-Thomas Hérissant, Boudet, Vincent, Le Prieur), 1759
2°: 10 dln; gegrav. front. & portret van de aut. in 1
- WIX/7-16

MORERI, Louis   M297
Supplément aux anciennes éditions du grand dictionaire historique de Mre. Louis Moreri ...
A Amsterdam, chez Pierre Brunel, R. & G. Wetstein, David Mortier, Pierre de Coup. A la Haye, chez Adrian Moetjens, L. & H. Van Dole. A Utrecht, chez Guillaume vande Water, 1716
2°: π², *- 2*², A-5H⁴, 5I²(-5I²); [12], 804 p. + a-d²(-d²), A-3G⁴, 3H-3Z², A-X²(-X²); [14], 488, [82] p.
- ZVIII/11-12

MORINUS, Joannes, Orat.   M298
Commentarius historicus de disciplina in administratione sacramenti pœnitentiæ tredecim primis seculis in ecclesia occidentali et huc usque in orientali observata ... Authore Joanne Morino ...
Antverpiæ, ex officina Frederici à Metelen, 1682
2°: *⁶, é⁴, í⁴, ó⁴, A-3X⁶, 3Y-3Z⁴, A-M⁶, N-O⁴; [40], 819, [1], 159 p.
- IVII/16 (herk.: Monasterij S^{ti} Huberti Catalogo insertus)

MORRA, Isabella di   M299
Cronologia della famiglia de' signori Caraccioli del Sole. ... ordinata, e stesa da ... Isabella Morra ...
In Napoli, nella stamperia Simoniana, 1758
2°: π³, A-O⁴, P²; [6], 113, [3] p. + uitsl. krt; bijk. gegrav. titelp.
- ArEVII/13 (herk.: Ex libris M. A. principis Burghesii [ex libris])

MORTIER, Petrus   M300
Atlas antiquus, sacer, ecclesiasticus et profanus. In quo Terræ Sanctæ variæ divisiones ... Orbisque universus antiquus ... oculis subjiciuntur. Collectus ex tabulis geographicis Nic. Sansonis, ejus filiorum, aliorumque celebrium geographorum. Tabulas ordine collocavit & emendavit Joannes Clericus
Amstelodami, apud Petrum Mortier, (1705?)
1°: *-2*²; 4 f. + 93 krtn; bijk. gegrav. titelp.
- SVIII/2 (de krtn zijn ingekl.; de volgende ontbr.: 1-5, 16, 19-20, 26, 34, 36-37, 42-46, 50, 52-53, 59-60 ,65, 68, 78-80, 82, 84, 88, 92-93)

MOSHEIM, Johann Lorenz von   M301
Ioh. Laurent. Moshemii ... *De rebus christianorum ante Constantinum Magnum commentarii*
Helmstadii, apud Christianum Fridericum Weygand, 1753
4°: a-b⁴, A-6M⁴; [16], 988, [28] p.
- ZIII/29 (herk.: Bibliotheca Max. S.J. Lovan [stempel])

MOZZI, Luigi   M302
Histoire des révolutions de l'Eglise d'Utrecht. Par ... Louis Mozzi [...] Traduite de l'Italien
Gand, P. J. Van Ryckegem, 1828-1829
3 dln
- PII/25

MUDZAERT, Dionysius, O.Præm.   M303
De kerckelycke historie van de gheboorte onses Heeren Iesu Christi tot het teghenwoordich iaer M.DC.XXII. Alles getrocken uyt de kerckelycke iaer-boecken Cæs. Baronii ... Door ... Dionysium Mudzaert ...
Tot Antwerpen, by Hieronymus Verdussen, 1622
2°: a⁴, A-3Q⁶, A-3Q⁶, b-f⁴; [8], 644, [2], 743, [41] p.; gegrav. titelp.
- YVIII/18

MUDZAERT, Dionysius, O.Præm.   M304
Generale kerckeliicke historie, van het begin der werelt tot het iaer onses heeren Iesu Christi MDCXXIV ... Vergadert soo uyt Kerckelijcke jaer-boecken ... Jacobi Saliani ... als uyt Cæsar Baronius, Robertus Bellarminus; ende ... Henricus Spondanus, Horatius Tursellinus ... Doch verrijckt ... met ... *Kerckeliicke Historie van Nederlandt ...* Alles ghetrocken uyt oude registers ... door ... Dionysius Mudzaert
Tot Antwerpen, by Hieronymus Verdussen, 1624
2°: 4 dln; bijk. gegrav. titelp.
- YVIII/19 (1 & 4 zijn samengebonden; 2 & 3 ontbr.; herk.: Bibliothèque de Th. de Jonghe [ex libris]; De la bibliothèque de Gustave Charles Antoine Marie van Havre [ex libris]), PrCVI/9-10 (dl 1 ontbr.; herk.: Jan Rietmakers) & ArFVI/13-14

MUDZAERT, Dionysius, O.Præm.   M305
Het leven ende de vervoeringhe van den H. Norbertus, stichtvader van de Witte Orde van Premonstreyt, arts-bisschop te Meydenburgh, apostel van Antwerpen, etc. Verduytscht uyt oude schriften door ... Dionijs Mudzaerts ...
t'Hantwerpen, by Hieronymus Verdussen, 1630
4°: (:)⁶, A-2A⁴, 2B⁶; [12], 193, [9] p.
- PrFIV/18 (titelp., (:)²⁻⁶ & 2A³⁻⁴ + 2B¹⁻⁶ ontbr.) & PrGIII/6

MÜLLER, Andreas   M306
Vervolg van 't verwerd Europa (van Petrus Valckenier), *of polityke en historische beschryving van alle gedenkwaardigste staats- en krygs-voorvallen zo binnen, als buyten 't Christen-Ryk, voornamentlyk in ... Hoog- en Neder-Duytsland ... zedert den jaare 1672 tot 1675 ...* [A. Müller]. Twede druk
Te Amsterdam, by A. Schoonenburg, en J. Rotterdam, 1742
4°: *-3*⁴, A-5R⁴, A-M⁴, a-d⁴; [24], 1056, 96, [33] p.
- RI/12
Nota: *'t Verwerd Europa*, zie V8

MÜNSTER, Sebastian   M307
Dictionarium Chaldaicum, non tam ad Chaldaicos interpretes quam Rabbinorum intelligenda commentaria necessarium. Per Sebastianum Munsterum ex baal Aruch & Chal. bibliis ... congestum
Basileæ, apud Io. Fro., 1527
In fine: Perducitur hoc Aruch seu Dictionarium Chaldaicum ad umbilicum per Sebastianum Munsterum, Heidelbergæ anno 1526 ...; absolvitur vero à Frobeniano prælo, anno ... millesimo quingentesimo vigesimo septimo ...
4°: a-z⁴, A-Z⁴, Aa-Hh⁴, Ii⁴; [8], 434 p.; titelp. met houtsnede (Hans Holbein)
- ArHVII/16 (herk.: Bibliotheca Ninivensis)

MUGNOS, Filadelfo   M308
Historia della augustissima famiglia Colonna ... Descritti dal ... Filadelfo Mugnos
In Venetia, nella stamperia del Turrini, 1658

2°: §⁴, A-2R⁴; [8], 310, [10] p.: ill. (portret)
- SIV/31 (herk.: Ex libris M. A. Principis Burghesii [ex libris])

MUIS, Simeon Marotte de   M309
Simeonis de Muis ... *Commentarius literalis et historicus in omnes Psalmos Davidis, et selecta Veteris Testamenti cantica, ad editionem optimam Parisiensem anni 1650 recusus ... Accesserunt Jacobi Benigni Bossuet ... notæ in psalmos et aliquot cantica*
Lovanii, typis academicis, 1770
Coll.: Franciscus du Monstier; Philippus du Bois
4°: π¹, a-h⁴, A-4I⁴; [2], 623 p. + π¹, A-5L⁴, 5M²; [2], 828 p.
- BIII/20-21

MULDER, Jacob de, O.F.M.   M310
Elucidatio brevis ad sensum literalem libri psalmorum ... Collecta per ... Honorium Ostendanum [= J. de Mulder] ...
Mechliniæ, typis Joannis Francisci Vander Elst, (1763?)
8°: π⁴, A-2F⁸, 2G⁴(-2G⁴); VIII, 501 p.
- CI/24

MURATORI, Lodovico Antonio   M311
Anecdota græca. Quæ ... nunc primum eruit ... Ludovicus Antonius Muratorius ...
Patavii, typis Seminarii, apud Joannem Manfrè, 1709
4°: a¹², b⁴, A-Z⁸; [30], 365 p.
- ZVII/7 (herk.: Arn. van Lantschoot [Park])

MURATORI, Lodovico Antonio   M312
... *Lud. Ant. Muratorii De ingeniorum moderatione in religionis negotio libri tres, ubi, quæ jura, quæ fræna sint homini christiano in inquirenda, et tradenda veritate ostenditur et S. Augustini doctrina a ... censura Joannis Phereponi* [Jean Le Clerc] *vindicatur*. Editio novissima
Augustæ Vindelicorum, sumptibus Matthæi Rieger p.m. filiorum, 1779
8°: a-b⁸, A-2T⁸; XXX, 646, [24] p.; gegrav. front.
- MIII/34

MUSA ADRIANÆA ...   M313
Musa Adrianæa, sive mnemosynon devoti amoris, quod ... divo Adriano, abbatiæ Gerardimontanæ totiusque urbis patrono ... ponebant Collegii Gerardimontani rhetores
Bruxellis, ex officina Zachariæ Bettens, 1721
4°: A-D²; [16] p.
- ArKIII/7/16

MUSSIS, Petrus Dominicus de   M314
Formularium instrumentorum ... Petri Dominici de Mussis ...
Venetiis, apud Franciscum Bindonum, 1560
4°: †⁶, A-2K⁸, 2L⁶; [6], 270 f.
- LIV/9 (herk.: Collegii Persoons; Andreas Gestelines Balensis)

MUSSON, abbé   M315
Ordres monastiques, histoire ... (Par l'abbé Musson)
A Berlin, s.n., 1751
12°: 7 dln
- ArIVII/22-24 (dln 2, 3 & 4; herk.: Ed. de Bruyn Turnhout)

MUSZKA, Nicolaus, S.J.   M316
De sacramentis novæ legis dissertationum theologicarum libri octo. Quos ... exposuit Nicolaus Muszka ...
Viennæ Austriæ, typis Joannis Thomæ Trattner, 1754-1755
4°:)(⁴, A-3Y⁴; [8], 532, [11] p. + π¹, A-4Y⁴(-4Y⁴); [2], 709, [17] p.
- GI/9-10 (herk.: J.F. Vandevelde ex Beveren)

MUYART de VOUGLANS, Pierre François   M317
Les loix criminelles de France, dans leur ordre naturel. Par ... Muyart de Vouglans ...
A Paris, chez Merigot le jeune, Crapart, Benoît Morin, 1780
2°: a-e⁴, f², A-5S⁴, 5T²; XLIII, [1], 883, [1] p.
- ZVIII/4 (herk.: Ludovici-Hieron. Van Parys juris utriusque doctoris A° 1823)

MUZZARELLI, Alfonso, S.J.   M318
Inquisition. Traduit de l'italien [d'A. Muzzarelli] d'après la dernière éd.
Rome, s.n., 1807
76 p.
- ArFIV/16/14

MUZZARELLI, Alfonso, S.J.   M319
De auctoritate Rom. pontificis in conciliis generalibus. Opus posthumum ... Alph. Muzarelli ... [ed.: Cornelius Geerts]
Gandavi, typis Bernardi Poelman, (1815?)
194 & 522 p.
- ArAVIII/13-14

MYSTERIA POLITICA ...   M320
Mysteria politica, hoc est Epistolæ arcanæ virorum illustrium sibi mutuô confidentium ... Iuxta copiam Neopoli impressam
Toegeschreven aan Jacob Keller, S.J.
Antverpiæ, apud Henricum Aertssium, 1625
4°: A-D⁴; 32 p.
- ArGVII/12/18

NADAL, Geronimo, S.J. N1
Adnotationes et meditationes in evangelia quæ in sacrosancto missæ sacrificio toto anno leguntur. Auctore Hieronymo Natali … Editio ultima [ed.: Jacobus Ximenez]
Antverpiæ, ex officina Plantiniana, apud Ioannem Moretum, 1607
2°: π¹, A-2G⁶, 2H⁴; [12], 636, [76] p.; gegrav. titelp.
Nota: gebonden met B269 (*Biblia figurata*)
- KIX/1

NAKATENUS, Wilhelmus, S.J. N2
Hemels palm-hof, beplant met godtvruchtige oeffeningen, litanien, gebeden, &c. [W. Nakatenus]
Tot Brussel, by Franciscus t'Serstevens, (1780?)
12: A-P¹²; 365, [4] p.
- ArBI/19

NAKATENUS, Wilhelmus, S.J. N3
Hemelsch palm-hof oft groot getyde-boek … Door … Wilhelmus Nakatenus …
t'Antwerpen, by P. L. Vander Hey, (1785?)
8°: *⁵, A-2I⁸, 2K²(-2K²); X, 511, [3] p.
- PrEII/12 (herk.: Arnoldus Blondeau 1785 [prijsboek])

NAKATENUS, Wilhelmus, S.J. N4
Hemelsch palm-hof met de groote getyden … Door … Wilhelm. Nakatenus …
T'Antwerpen, by J. H. Heyliger, (1788?)
8°: A-2M⁸, 2N⁶; [8], 552, [3] p.
- PrHII/11

NAKATENUS, Wilhelmus, S.J. N5
Le palmier céleste ou heures de l'église … Par … Guillaume Nacatène … Cinquième edition
A Anvers, chez J. Grangé, 1766
8°: π¹, *⁸, A-2M⁸, 2N⁴; [16], 563, [5] p.; gegrav. front.
- PrFII/7 (herk.: a Sophie Dotrenge Marché aux Bois Bruxelles)

NAKATENUS, Wilhelmus, S.J. N6
Le palmier céleste ou heures de l'église … Composé en Latin par … Guillaume Nacatene … Septième édition
A Anvers, chez Jean Grangé, (1785?)
8°: π⁸, A-2K⁸, 2L⁴; [16], 531, [5] p.
- PrEII/15 (herk.: Maria Anna Gilis. L'épouse Guill. Verhoustraeten, Maria Barbara Josephina Hense 1803)

NAKATENUS, Wilhelmus, S.J. N7
Le palmier céleste ou heures de l'église … Composé en Latin par … Guillaume Nacatène … Nouvelle édition
A Anvers, chez A. Grangé, (1821?)
8°: [12], 531, [5] p.
- PrIII/22

NANNING, Joannes N8
Jezus te Bethanien gezalfd of De historie der zalvinge te Bethanien in agt korte predikatien overwogen. Door J. N. [J. Nanning]
Te Antwerpen, by Alexander Everaerts, 1749
8°: *⁸, A-I⁸; [10], 143 p.
- ZI/24/3

NANNING, Joannes N9
Twee predikatiën op den jaarlykschen gedenkdag van het wonder der Heilige Stede gedaan binnen Amsteldam. Door J. N. [J. Nanning]
Te Amsteldam, by Theodorus Krajenschot, 1750
Coll.: J. Delsing (*Uytlegging der tytelplaat*)
8°: *⁴, A-D⁸; [10], 60, [4] p.; bijk. gegrav. titelp.
- ZI/24/1 (herk.: Dono auctoris Jois Nanningh pastoris in Buijtenveldert prope Amstelodamus 1750; J. Jespers)

NANNIUS, Petrus N10
Duarum sanctissimarum martyrum Agathæ et Luciæ dialogismi. Petro Nannio authore. Una cum Cornelij Musij *Hymno, in eandem divam Agatham*
Lovanii, apud Petrum Phalesium, 1550
In fine: Lovanij typis Iacobi Bathenij MDL
4°: a-f⁴; [46] p.
- ArCV/24 (herk.: 'Sig. Jois Abb. Parcensis *Ut prosim*' [stempel van Joannes Adrianus Versteylen])

NATALIS, Daniel, O.F.M. N11
Source miraculeuse … des graces … qui jaillit des pieds des autels du glorieux saint Antoine de Padoue … Par … Daniel Natalis … Nouvelle edition
A Liége, s.n., (1688?)
8°: A-V⁴; [VIII], 252 p.
- ArJV/31

NATUURKUNDIGE VERHANDELINGEN … N12
Natuurkundige verhandelingen, of verzameling van stukken, de natuurkunde, geneeskunde, œconomie, natuurlyke historie, enz. betreffende …
Te Amsterdam, by Albert van der Kroe, 1772-1777
8°: 5 dln + uitsl. pltn (4 in dl 1)
- XIV/27-31 (titelp.van 1 is beschadigd)

NAVAR, Tiburtius, O.F.M. N13
Manuductio ad praxim executionis litterarum sacræ pœnitentiariæ. Opera … Tiburtii Navar …
Romæ, typis Rever. Cameræ Apost. Venduntur Gandavi, apud Joannem Danckaert, 1690
8°: *⁸, A-Q⁸; [12], 251, [13] p.
- ArDIV/29

NEEF, Stephanus de, O.F.M. N14

Theologia moralis divisa in tres partes. Authore ... Stephano De Neef
Antverpiæ, apud Alexandrum Everaerts, 1750
8°: A-2L⁸; 537, [7] p. + A-2E⁸; 445, [7] p.
- IIII/9-10 (marginalia; herk.: Nicolaus Otten ord. ff. min. 1761)

NEERCASSEL, Joannes van   N15a
Brevis ac compendiosa relatio seu potius annotatio visitationis per Daventriensem ... Diœcesim institutæ anno Dom. 1686. Ab ... Joanne Neercasselio ...
S.l., s.n., 1686?
8°: A-D⁴; 31 p.
-ArDIV/18/1

NEERCASSEL, Joannes van   N15b
Tractatus de sanctorum et præcipuè beatissimæ Virginis Mariæ cultu. Authore ... Joanne Episcopo Castoriensi ...
Embricæ, pro Arnoldo ab Eynden, 1675
8°: *⁴, 2*-3*⁸, A-2M⁸, 2N⁶, χ², A-F⁸, G⁴; [40], 554, [22], 102, [2] p.
- PIII/20 (herk.: Dono P. I. Dillen vicarii (fratris mei) in Moll. 1854)

NEESEN, Laurentius   N16
Theologia moralis christiana de actibus humanis ad mentem SS. Augustini, & Thomæ. Authore ... Laurentio Neesen ... Editio tertia
Coloniæ Agrippinæ, sumptibus Balth. ab Egmond & Sociorum, 1679
4°: §⁴, 2*⁴, 3*², A-4M⁴; [20], 606, [42] p.
- PrHVII/12 (herk.: Ex libris Huberti van Tongelen pastoris de Winghe St Georges et religiosi abbatiæ parchensis)

NEESEN, Laurentius   N17
Universa theologia in tomos duos divisa ad mentem SS. Augustini et Thomæ exposita. Authore ... Laurentio Neesen ... 1: *Tomus primus, partim Deum unum, trinum et incarnatum, partim actus humanos, leges, Christique gratiam complectens;* 2: *Tomus secundus, partim virtutes theologicas, jus et justitiam, partim sacramenta complectens;* 3: *Tractatus tres de justitia et jure ad supplementum theologiæ moralis ... Laurentii Neesen ... per P. B. T. C. M. T. L. (Philippe Bertrand);* 4: *Theologia moralis christiana de sacramentis ...*
Insulis, prostant apud Franciscum Fievet. Antverpiæ, prostant apud viduam Ioannis Baptistæ Verdussen, 1693
2°: 4 dln
- IVIII/15 (herk.: Ad usum fratris Nicolai Meyers[?]), IVIII/16 (herk. in fine: Georg Verhaghen [Park 18]) & XIX/9 (herk.: Fr. Josephi Dox Relig. Parch. 1725; Vanderstraeten 1793 [Park])
Nota: De ex. hebben dezelfde druk; de volgorde van de onderdelen, & de drukkersadressen variëren

NENY, Patrice François de   N18
Mémoires historiques et politiques sur les Pays-Bas autrichiens .... Par ... de Neny ... Quatrième édition
A Bruxelles, chez B. Le Francq, 1786
12°: π², A-M¹², N⁸; [4], 304 p. + ?; bijk. gegrav. front. (portret van de aut.)
- TI/33 (dl 1)

NEPOS, Cornelius   N19
Cornelius Nepos *De vita excellentium imperatorum.* Ex recognitione Steph. And. Philippe (ed.: Dionysius Lambinus)
Lutetiæ Parisiorum, typis Josephi Barbou, 1754
12°: a⁸, b⁴, A-2A ⁸-⁴, 2B-2E⁶, 2F⁴; [24], 324, [1] p.; gegrav. front.
- PrDI/20

NICETAS CHONIATES   N20
Νικητου Ακωμινατου Χωνιατου Ιστορια - Nicetæ Akominati Choniatæ ... *Historia.* Hieronymo Wolfio interprete. Editio ... emendatior cura & studio Caroli Annibalis Fabroti ...
Parisiis, e typographia regia, 1647
In fine: ... curante Sebastiano Cramoisy ...
2°: á⁶, é⁴, í⁴, ó⁶, A-3Q⁴; [40], 464, [33] p.
- SVIII/9 (herk.: Bibliotecæ Parchensis ordinis Præmonstratensis prope Lovanium [weggeknipt]; theca XI)

NICOLAUS de LYRA, O.F.M.   N21
Lyre preceptorium: sive expositio tripharia perutilis, in decalogum legis divine, cum multis pulcherrimis tractatulis ...
[Antwerpen, Adrian van Berghen], (1505)
In fine: Explicit preceptorium Nycolai de Lyra ... Anno ... MCCCCCV die XIIII mensis Maij ...
8°: A⁸, B-R⁸⁻⁴, S⁸; (112) f.; gerubriceerd
- ArBI/11/2

NICOLE, Pierre   N22
De l'unité de l'église ou réfutation du nouveau systeme de M. Jurieu. Par M. Nicole. Nouvelle édition
A Lille, chez Jean Baptiste Brovellio, 1709
12°: *⁶, A-P¹², Q¹⁰; [12], 380 p.
- HI/30 (herk.: J. A. Froment pastor in Loupoigne 1760)

NICOLE, Pierre   N23
Instructions théologiques et morales, sur les sacremens. Par feu Monsieur Nicole. Seconde édition
A Brusselle, chez François Foppens, 1702
12°: *⁸, A-Z¹², 2A²; [16], 554, [1] p.
- II/20 (herk.: J. Papin)

NICOLLE, Vincent, O.P.   N24
Synopsis variarum resolutionum in historiam sacram Veteris et Novi Testamenti ... Per ... Vincentium Nicolle ... Adjecta est Appendix variarum propositionum à summis pontificibus damnatarum
Duaci, ex typographia Jacobi-Franc. Willerval, 1725
4°: π⁶, A-3H⁴, 3I-3P²; [12], 428, [31] p.: ill.
- OV/24 (herk.: Ad usum Fr. N. Aelbrecht [Park])

NIEUHOF, Johan   N25
Het gezandtschap der Neêrlandtsche Oost-Indische Compagnie aan den grooten Tartarischen Cham, den tegenwoordigen Keizer van China ... Door Joan Nieuhof ... Verçiert met over de 150 afbeeldtsels ...
Tot Amsterdam, by Wolfgang, Waasberge, Boom, van Someren, en Goethals, 1693
2°: *⁴, A-2C⁴, a-2i⁴, 2k⁶; [8], 208, 258, [9] p.: ill. + ill. + uitsl. krt; bijk. gegrav. titelp. + portret van de aut.
- ZVII/16

NIEUWE REDUCTIE DER GELD-SPECIEN ...   N26
Nieuwe reductie der geld-specien in decimaele munte en in Brabants courant geld ... Met munt-afbeeldingen
Tot Mechelen, by P. J. Hanicq, 1810
12°: 24 p.
- ArEVII/11/10a

NIEUWEN TARIEF ...   N27
Nieuwen tarief der goude en zilvere geld-stukken ... gecalculeert volgens hunne weerde vastgesteld door het keyzerlyk decreet van den 12 september 1810 ... Met de afbeelding der geld-specien
Tot Mechelen, by P. J. Hanicq, 1810

N

12°: 12 p.
- ArEVII/11/10b

NIPHUS, Augustinus N28
Augustini Eutychi Niphi ... *Epitomata rethorica ludicra* ... (Venezia, Filippo Pincio, 1521)
In fine: Venetiis a Philippo pincio Mantuano impressum. Anno Domini MCCCCXXI Die XXIII Octobris
8°: π⁸, a-y⁸; [8], 175 f.
- ArDI/19 (herk.: Vasques de Andrada; G. Van Haelen lector ninhoviensis)

NOAILLES, Louis-Antoine de N29
Premiere instruction pastorale de son éminence Monseigneur le cardinal de Noailles, archevêque de Paris au clergé seculier & regulier de son diocese, sur la constitution Unigenitus
A Paris, chez Jean-Baptiste Delespine, 1719
12°: A-R¹², S⁴; 410, [6] p.
- ArBIII/18

NOËL, François Joseph Michel N30
Dictionarium Latino-Gallicum – Dictionnaire Latin-Français. Composé sur le plan de l'ouvrage intitulé: *Magnum totius Latinitatis lexicon*, de Forcellini. Par Fr. Noel. Nouvelle édition
Paris, Le Normant père, 1825
VIII, 1037 p.
- ArIVI/6

NOËL, François Joseph Michel N31
Nouveau dictionnaire Français-Latin ... Par Fr. Noel. Nouvelle édition
Paris, Le Normant père, 1824
VIII, 1044 p.
- ArIVI/4 (herk.: Edward Schools van Turnhout)

NOËL, François Joseph Michel N32
Nouveau dictionnaire Français-Latin. Par Fr. Noël. Nouvelle édition
Bruxelles, P. J. de Mat, 1825
VIII, 1044 p.
- ArIVI/5

NOGUERA, Diego de, O.S.A. N33
Comun provecho de vivos y difuntos ... (vert.: Diego de Noguera)
Auteur is Antonio de Natividade, O.E.S.
(Zaragossa, Pedro Lanaja), 1649
In fine: En Zaragoça. Por Pedro Lanaja, y Lamarca ... 1648
4°: π², q-5q⁴, A-4O⁴; [44], 601, [63] p.
- ArBV/1

NOGUERAS, Jaime Gilberto de N34
De Ecclesia Christi ab hæreticorum conciliabulis dinoscenda, præclari libri duo ... Authore Jacobo Noguera ... (ed.: Stephanus Agricola)
Dilingæ, apud Sebaldum Mayer, 1560
2°: π⁴, A-Z⁶, a-b⁶, c⁴; [8], 151, [4] p.
- PrIV/10

NOIRET, Gilbert N35
Abrégé de la vie et des vertus du bienheureux Vincent de Paul ... [G. Noiret]
A Paris, chez Barois, 1729
12°: A-K⁸⁻⁴, L⁴; 125, [3] p.
- PrFII/25 (herk.: Jan Bomen; Marie Elizabeth Bomen)

NONNOTTE, Claude François N36
Les erreurs de Voltaire [C. F. Nonnotte]. Nouvelle édition
In fine: *Réponse aux éclaircissements historiques de monsieur de Voltaire*
A Paris, et se vend à Liege, chez Barthelemi Colette, 1767
8°: π¹, A-D⁸⁻⁴, E-2I⁶; XXXII, 351, [3] p. + π¹, A-N⁸, O⁶(-O⁶), A-D⁸, E²; 218, 70 p.
- YV/37 (herk.: L. Lamal)

NOOT, Hendrik Karel Nicolaas vander N37a
Mémoire sur les droits du peuple Brabançon et les atteintes y portées, au nom de S. M. l'Empereur et Roi ... présenté à l'Assemblée Générale des Etats de ladite province, par Mr. H. C. N. Vander Noot ... Le 23 Avril 1787.
S.l., s.n., 1787
4°: π², A-H⁴, I²(-I2); [4], 66 p.
ArGVIII/7

NOOT, Philippe Erard van der N37b
Epistola pastoralis ... episcopi Gandavensis [P. E. Van der Noot]
Bruxellis, apud Simonem t'Serstevens, (1718?)
8°: A⁸?; 15 p.
- YIII/33/4

NORBERTUS, heilige N38
S. Norberti ... Sermo ad ... Præmonstratenses filios. Quondam dictus & scriptus recenter vero enucleatus ab Hieronymo Hirnhaim ...
Pragæ, apud Georgium Czernoch, 1676
2°: π²,)*(-2)*(², A-9M²; [12], 775, [9] p.; bijk. gegrav. titelp.
- PrIV/9 & ArFIV/8 (herk.: Bibliothecæ Beneschoviensi ... datus ... 1709)

NORIS, Enrico, O.S.A. N39
Vindiciæ Augustinianæ quibus s. doctoris scripta versus Pelagianos, ac Semipelagianos a recentiorum censuris afferuntur. Auctore ... Henrico de Noris Veronensi ...
Bruxellis, typis Lamberti Marchant, 1675
2°: *⁴, 2*², A-3M⁴; [12], 462, [1] p.
- HII/28 (herk.: J. F. Renty 1676; J. A. Froment 1739)

NOSTRADAMUS, Michel N40
Les prophéties de M. Michel Nostradamus. Centuries VIII. IX. X. Qui n'ont encore iamais esté imprimees
A Lyon, par Benoist Rigaud, (1568?)
16°: A-E⁸; 76 p.
- ArJI/15/2

NOSTRADAMUS, Michel N41
Les prophéties de M. Michel Nostradamus. Dont il y en a trois cents qui n'ont encore iamais esté imprimées. Adioustées de nouveau par ledict autheur
A Lyon, par Benoist Rigaud, 1568
16°: A-H⁸; 125 p.
- ArJI/15/1 (herk.: J.B. Rigaud chanoine curé d'Argoeuves [ex libris])

NOTITIA NECROLOGICA ... N42
Notitia necrologica ... D. Joannis Baptistæ Roberti baronis van Velde de Melroy et Sart-Bomal, XIV episcopi Ruræmundensis ...
Bruxellis, typis P. J. Heyvaert Pauwels, (1824)
4°: [2], 11, [3] p.
- ArKIII/7/27

NOUVEAU CALENDRIER ... N43

Nouveau calendrier pour l'an 1806
A Bruxelles, chez Ad. Stapleaux, (1805?)
20 p.
- ArHV/25/2

LA NOUVELLE ÉGLISE ... N44
La nouvelle église gallicane convaincue d'erreur, ou réfutation du catéchisme à l'usage de toutes les églises de l'Empire français
Louvain, chez H. Baumans, 1814
8°: XLVI, 242, 26 p.
- ArGVII/16

NOVA COLLECTIO SYNODORUM ... N45
Nova collectio synodorum Mechliniensium, epistolarum pastoralium ac variorum decretorum archiepiscoporum Mechliniensium
Leodii, apud Le Marié, 1783
Coll.: Thomas-Philippe d'Alsace et de Boussu
8°: π¹, a², A-2E⁸, 2F⁶(-2F⁶); VI, 450 p.
- DI/8/1 & PrII/17

NOVARINI, Luigi N46
Adagia ex sanctorum patrum, ecclesiasticorumque scriptorum monumentis prompta ... Studio, & labore ... Aloysii Novarini ...
Lugduni, sumptibus Laurentii Durand, 1637
2°: *⁴, †6-3†⁶, 4†², A-2H⁶, 2I⁴, 2K-2L⁶, 2M⁸; [46], 378, [40] p.
- JV/13 (herk.: Ecole libre Saint-Joseph Lille; Collegium Metense Soc. Jesu)

NOVATI, Giovanni Battista N47
De eminentia Deiparæ Virg. Mariæ semper immaculatæ. Auctore ... Io. Bap. Novato ... Secunda editio
(Bononia, Jacob Montius, 1639)
In fine: Bononiæ MDCXXXIX, typis Iacobi Montij, & Caroli Zeneri
Coll.: Joannes Amedeus Rota *(Carmen)*
2°: ¶-3¶⁴, A-3O⁴; [24], 440, [37] p.+ §-2§⁴, A-3L⁴; [16], 430, [26] p.; gegrav. titelp. in 1 & 2.
- DV/7-8

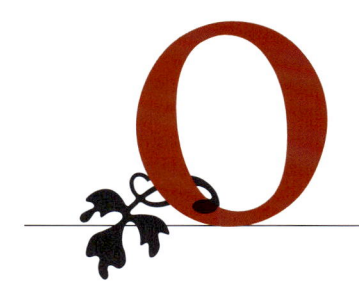

O

L'OBLIGATION DES FIDELLES ... O1
L'obligation des fidelles de se confesser à leur curé ...
(Paris), s.n., (1674)
In fine: A Paris, 1674
8°: A-G⁴; 54 p.
- ArDIV/1/9

OEYENBRUGGHEN, Georges van, O.Præm. O2
Oratio funebris in exequiis ... D. Philippi van Tuycom ... anno 1702, die 2 Augusti vitâ functi ... Dicta per ... Georgium van Oyenbruggen ...
Lovanii, typis Guilielmi Stryckwant, 1702
4°: A⁴, B², C⁴; 19 p.
- ArKIII/7/15

L'OFFICE DE LA SEMAINE SAINTE ... O3
L'office de la Semaine Sainte, à l'usage de la maison du roy. Nouvelle édition
A Paris, de l'imprimerie de Jacques Collombat, 1743
8°: á⁸, A-2P⁸; [16], 608 p.; bijk. gegrav. front. & titelp.
- PrHVII/9 (herk.: wapen van Louis de Bourbon, dauphin van Frankrijk [supralibros]; J. Watteau 1777)

L'OFFICE DE LA SEMAINE SAINTE ... O4
L'Office de la Semaine Sainte et de celle de Pasques. En Latin & en François ...
A Bruxelles, chez François t'Serstevens, (1761?)
8°: A-2P⁸, 2Q⁴(-2Q⁴); 616 p.
- ArDIV/22 (herk.: Durieux, vicepastor in Berthem [Park])

L'OFFICE DE LA SEMAINE SAINTE ... O5
L'office de la Semaine Sainte ou de la quinzaine de Pâques. En Latin et en Français ... Nouvelle édition
A Bruxelles, chez G. Huyghe, (1790?)
8°: A-2N⁸, 2O²; 579, [1] p.
- ArDV/22 (pp.19-20 & 25-28 ontbr.)

OFFICE DIVIN ... O6
Office divin à l'usage de Rome, pour les dimanches et les fêtes de l'année

O

Lille, Castiaux, (1818?)
12°: [4], 664, VIII p.; gegrav. titelp. & front.
- PrEII/10 & PrIII/21

OFFICIA PARTICULARIUM FESTORUM ...   O7
Officia particularium festorum ecclesiæ Beatæ Mariæ Bonæ-Spei – Pars Æstivalis
Bruxellis, apud Franciscum t'Serstevens, [1750?]
8°: 7 p.
- ArFIV/15/35

OFFICIA PARTICULARIUM FESTORUM ...   O8
Officia particularium festorum ecclesiæ Grimbergensis ... ordinis Præmonstratensis ... Virgini Mariæ ... Pars Hyemalis & Pars Æstivalis
Bruxellis, apud Simonem t'Serstevens, 1720
4°: π², A⁸(-A⁸), B⁴, C²; [4], 26 p. + A-D⁴; 23 p.
- ArFII/15/2 & ArFII/16/2

OFFICIA PROPRIA ...   O9
Officia propria congregationis Oratorii Domini Jesu
Parisiis, apud viduam Claudii Thiboust et Petrum Esclassan, 1683
16°: π¹, *¹², 2*⁴(-2*⁴), A-T¹², V¹⁰, A¹²; [30], 476, XXIV p.; gegrav. front.
- ArCI/10 (herk.: J. B. Billiet p^{br} Oratorii dono dedit D^{no} Verhiest ejusdem Congregationis 1790)

OFFICIA PROPRIA ...   O10
Officia propria in ecclesia Parchensi. Pro parte hyemali - Pro parte verna - Pro parte æstivali - Pro parte autumnali
(Lovanii, typis Joannis Jacobs, 1749?)
8°: 4 fasc.
Nota: de 4 deeltjes zijn ingebonden telkens na *Supplementum Breviarii* ... zie B466
- ArFII/19/2

OFFICIA PROPRIA ...   O11
Officia propria sanctorum ad usum fratrum minorum S. Francisci Capucinorum ... pars verna
Antverpiæ, ex typographia Plantiniana apud viduam Balthasaris Moreti, 1705
8°: A-M⁶, N², *⁶, *⁶, A²; [16], 132, 2, 4 p.
- ArEV/23/2

OFFICIA PROPRIA ...   O12
Officia propria sanctorum ad usum fratrum minorum S. Francisci Capucinorum ... Pars æstiva - Pars autumnalis
Antverpiæ, ex architypographia Plantiniana, 1771
8°: A-L⁶, ?¹²; [16], 116, [4], 4, 8, [2], 4, [2] p. + A-L⁶, *⁴; [16], 112, [4], 8 p.
- ArEV/21/2-22/2

OFFICIA SANCTORUM ...   O13
Officia sanctorum particularia in Ecclesia B. Mariæ & S. Ioannis Apost. & Evang. Vallis Liliorum Ord. Præmonst. quotannis servanda
(Mechelen, Robert Iaye), (1655?)
p. 39: Mechliniæ typis Roberti Iaye
4°: A-E⁴, A⁴(-A⁴); 39, [1bl], 6 p.
- ArFII/12/2

OFFICIA SANCTORUM ...   O14
Officia sanctorum particularia in ecclesia B. Mariæ de Tongerlo ordinis Præmonstratensis quotannis peragenda
Antverpiæ, apud Hieronymum Verdussen, 1730
8°: A-B⁸, C⁴; [2], 36, [2] p.
- ArFII/21/2 & ArFII/22/2

OFFICIA SANCTORUM ...   O15
Officia sanctorum particularia in ecclesia Parchensi celebranda. Pro parte æstivali - Pro parte hiemali
Lovanii, typis Petri De Vaddere, 1698
4°: π⁴; 8 p. + A⁴, B²; 12 p.
- ArFIII/1-2/2

OFFICIA SANCTORUM ...   O16
Officia sanctorum seu beatorum sacri ac canonici ordinis Præmonstratensis nova et antiqua. Item tria officia nova ... Item officia propria Circariæ Brabantiæ
Antverpiæ, apud Hieronymum Verdussen, 1730
8°: A-E⁸; [6], 72, [2] p.
- PrJV/8/1 (herk.: F. M. Le Roij Rel. Parc; F. G. Corthals Rel. Parc), ArFII/21/1 (E⁸ ontbr.; herk.: Ad usum ... Antonii Sweerts can. ord. Præm. [Park]) & ArFII/22/1 (E⁸ ontbr.; herk.: Sr Hieronyma van Donick)

OFFICIUM DIVINUM ...   O17
Officium divinum sive commemoratio hebdomadaria de sanctissimo Eucharistiæ sacramento ...
Mechliniæ, typis Laurentii Vander Elst, (1729?)
8°: π¹, A-B⁸, C⁴; [2], 40 p.; gegrav. front.
- DI/6/4

OFFICIUM HEBDOMADÆ ...   O18
Officium hebdomadæ sanctæ, secundùm missale & breviarium Romanum, Pii V ... jussu editum, Clementis VIII, & Urbani VIII auctoritate recognitum
Antverpiæ, ex officina Plantiniana, 1747
12°: A-Y¹²; 528 p.
- ArCI/1

OFFICIUM HEBDOMADÆ ...   O19
Officium hebdomadæ sanctæ secundùm missale & breviarium Romanum Pii V ... jussu editum, Clementis VIII & Urbani VIII auctoritate recognitum
Antverpiæ, ex architypographia Plantiniana, 1749
16°: A-2G⁸; 479, [1] p.: ill.; gegrav. titelp.
- ArCI/7

OFFICIUM IMMACULATÆ CONCEPTIONIS ...   O20
Officium immaculatæ conceptionis beatissimæ virginis Mariæ. A ... Benedicto ... XIII ... concessum
Mechliniæ, typis Laurentii Vander Elst, (1728?)
8°: A18; [1], 36 p.; bijk. gegrav. front.
- DI/6/5

OFFICIUM IN EPIPHANIA ...   O21
Officium in Epiphania Domini, et per totam octavam
Antverpiæ, ex architypographia Plantiniana, 1760
12°: A-L¹²; 264 p.
- ArDIII/1 (herk.: J. J. Dethioux 1878)

OFFICIUM PARVUM ...   O22
Officium parvum beatæ Mariæ virginis, ad usum ordinis Cisterciensis
Parisiis, apud Dionysium Mariette, (1740?)
12°: A-R¹²; [38], 369 p.
- ArCI/6 (herk.: Sr Vedastine D'Ysembar)

OFFICIUM PARVUM ...   O23
Officium parvum beatæ Mariæ Virginis. Ad usum ... ordinis Præmonstratensis
S.l., Bonæ Spei, 1710
8°: A-H⁸, I⁴; 136 p.

- ArFII/23 (herk.: Hedwigis Bollis. geprofest 9 7bre 1725)

OFFICIUM PARVUM … O24
Officium parvum B. Mariæ Virginis, juxta ritum … ordinis Præmonstratensis …
Coloniæ Agrippinæ, apud Jacob. Theodor. Jansen, 1758
8°: A-G12-6,)(6; 132, 12 p.
- ArFI/1 (pp. 35-36 ontbr.)

OFFICIUM PASSIONIS … O25
Officium passionis Jesu Christi, ex oraculis Prophetarum desumptum
Parisiis, typis Benedicti Morin, 1779
12°: A-B12, C6; 58, [1] p.: ill.
- ArCI/3

ONDERWYSINGEN OM WEL TE VERDIENEN … O26
Onderwysingen om wel te verdienen den Jubilé …
Tot Brussel, by Franciscus t'Serstevens, 1776
8°: π1, A-B8; [2], 34 p.; gegrav. front.
- ArEVII/11/6

OPSTRAET, Joannes O27
Ad reverendos D.D. pastores aliosque qui epistolæ pastorali … archi-episcopi Mechliniensis datæ die 17. octobris 1718, subscripserunt, commonitorium [J. Opstraet]
Delphis, pro Henrico van Rhyn, 1719
8°: A-F8, G2; 101, [1] p.
- ADIV/14/1

OPSTRAET, Joannes O28
Advocatus Antonii Parmentier e logico rhetor in causa liberii et concilii Ariminensis sine logica declamans [J. Opstraet]. *Accedit appendix qua vindicatur scriptum: Advocatus … è Foro ad Logicam detrusus*
S.l., s.n., [1719?]
8°: A-F8, G2(-G2); 98 p.
- YIII/37/1

OPSTRAET, Joannes O29
Advocatus Antonii Parmentier non ita pridem publica orbis sententià a judicio repulsus … [J. Opstraet]
S.l., s.n., [1719?]
8°: A4, B6(-B6); 17 p.
- YIII/36/4

OPSTRAET, Joannes O30
Advocatus Antonii Parmentier quia in exhibenda causa S. Cypriani ostendit se nihil profecisse in logica … [J. Opstraet]. *Accedit appendix qua adversus Appendicem advocati defenditur scriptum cui titulus Fraus septuplex*
S.l., s.n., 1719
8°: A-C8, D4(-D4); 53 p.
- YIII/36/5

OPSTRAET, Joannes O31
Advocatus Antonii Parmentier rhetorice in causa S. Cypriani declamando lassus, & ad finem anhelans [J. Opstraet]. *Accedit Appendix qua iterum vindicatur scriptum Fraus septuplex …*
S.l., s.n., [1719?]
8°: A-C8, D4(-D4); 54 p.
- YIII/37/2

OPSTRAET, Joannes O32
Animadversiones in causam disparem, seu Causa episcoporum non acceptantium constitutionem Clementis XI par causæ S. Cypriani non acceptantis rescriptum S. Stephani [J. Opstraet]
S.l., s.n., (1719?)
8°: A-F8, G4(-G4); 101 p.
- ArDIV/14/3

OPSTRAET, Joannes O33
Antiquæ facultatis theologicæ Lovaniensis … discipuli, ad eos qui hodie Lovanii sunt theologos, de declaratione … facultatis theol. Lovaniensis recentioris circa Constitutionem Unigenitus Dei Filius, edita 8 Julii 1715 [J. Opstraet]
S.l., s.n., 1717
12°: *4, A-Q12; VIII, 374, [10] p.
- ArDIV/12/1

OPSTRAET, Joannes O34
Assertio opusculi quod inscribitur: De quæstione facti Janseniani variæ quæstiones juris et responsa, contra duos libellos … 'Defensio veritatis catholicæ &c' … alteri 'Dialogi pacifici &c' Cum animadversionibus … in Decretum Antonii Parmentier &c [J. Opstraet]
S.l., s.n., 1708
12°: a8(-a8), A-F12, G4; XIV, 152 p.
- ArDIV/10/3

OPSTRAET, Joannes O35
Brevis dissertatio pro innocentia oppressa … [J. Opstraet]
Prostant Leodii, apud Henricum Hoyoux, 1706
12°: A6, B8, C2(-C2); [2], 30 p.
- ArDIV/8/9

OPSTRAET, Joannes O36
De quæstione facti Jansenii variæ quæstiones juris et responsa [J. Opstraet]
S.l., s.n., 1708
8°: A8; 16 p.
- ArDIV/10/1 (herk.: F. Verschueren; Blockx [Park])

OPSTRAET, Joannes O37
Dissertatio qua examinatur an constitutionem Unigenitus acceptaverit Ecclesia [J. Opstraet]
Delphis, apud Henricum Rhenanum, 1719
8°: A-I4, K2(-K2); 73, [1] p.
- YIII/37/5, ArDIV/11/5 & ArDIV/12/2

OPSTRAET, Joannes O38
Epistola adversus scriptiunculam nuperam, cui titulus: Quæsitum nuper: An oratio de tentatione hæresum … habita Lovanii … die 6 febr. 1720 … per Hermannum Damen … valeat aliquid ad persuadendum, ut acceptetur Constitutio Unigenitus? Conscripta per S. T. B. [J. Opstraet]
S.l., s.n., (1720?)
12°: A8, B6(-B6); 26 p.
- ArDIV/11/8

OPSTRAET, Joannes O39
Examen dialectico-theologico-historicum, quo excutitur epistola altera S. T. Baccalaurei [J. Opstraet] …
S.l., s.n., [1720?]
8°: A-P4(-P4); 115, [2] p.
- ArDIV/14/9

OPSTRAET, Joannes O40
Fraus septuplex libelli seditiosi qui inscribitur: Dogma triplex &c. detecta per discipulos facultatis Theologicæ Lovaniensis

O

antiquæ ... [J. Opstraet]
S.l., s.n., [1719?]
8°: A-C⁴, D²; 27 p.
- YIII/37/3

OPSTRAET, Joannes? ARNAULD, Antoine?   O41
Justa defensio adversus bellum injustum sub nomine responsionis pacificæ a Martino Stejartio ... denuntiatum [J. Opstraet? A. Arnauld?]
Leodii, apud heredes Henrici Hoyoux, 1701
8°: A-D⁴; 31 p.
- ArDIV/6/6

OPSTRAET, Joannes   O42
Pastor bonus, seu idea, officium, spiritus & praxis pastorum. Authore ... Joanne Opstraet ... Editio quinta
Prostant Lovanii, apud Ægidium Denique, 1705
12°: A-V¹², X⁸, Y²; 482, [17] p.
- YV/33/1 (herk.: Crombecq)

OPSTRAET, Joannes? PETITPIED, Nicolas?   O43
Le pere Desirant, ou Histoire de la fourberie de Louvain [J. Opstraet? N. Petitpied?]
S.l., s.n., 1710
12°: *¹², A-N¹²; XXIV, 310, [1] p.
- ArHV/12/1

OPSTRAET, Joannes   O44
Petrus Malleus, tundere nuper ausus Commonitorium ad RR. DD. pastores aliosque &c. ... [J. Opstraet]
Delphis, pro Henrico van Rhyn, 1720
8°: A-C⁸, D²; 52 p.
- ArDIV/14/2

OPSTRAET, Joannes   O45
Praxis rite administrandi sacramenta pœnitentiæ & eucharistiæ ... Authore theologo Lovaniensi [J. Opstraet]
Leodii, apud Joannem Franciscum Broncart, 1710
Nota: In ms. op titelp.: R⁽ᵈᵒ⁾ nempe P. Nicolao Tombeur ord. Eremit. S. Aug. 1ª Editio, inconsulto Auctore prelo data
8°: †³, A-O⁸, P²(-P²); [6], 221, [5] p.
- ArEV/11 (herk.: Blockx [Park])

OPSTRAET, Joannes   O46
Quæsitum nuper an oratio de tentatione hæresum et probatione fidelium, habita Lovanii ... die 6 februarii 1720 ... per Hermannum Damen ... valeat aliquid ad persuadendum, ut acceptetur constitutio, Unigenitus? [J. Opstraet]
S.l., s.n., (1720?)
12°: A⁶; 12 p.
- ArDIV/14/6

OPSTRAET, Joannes   O47
Quæstiones de constitutione Unigenitus [J. Opstraet]
S.l., s.n., (1719?)
12°: A¹², B⁶; 36 p.
- ArDIV/14/7

OPSTRAET, Joannes   O48
Responsionis, quæ sub nomine pii cujusdam theologi manuscripta circumfertur, confutatio [J. Opstraet]
S.l., s.n., 1720
8°: A-B⁸; 32 p.
- ArDIV/14/5

OPSTRAET, Joannes   O49
Responsio ad stateram protestantium expensam, sive advocatus Antonii Parmentier ... frustra laborans clientem suum à crimine calumniæ purgare ... [J. Opstraet]
S.l., s.n., 1719
8°: A⁸; 16 p.
- YIII/36/3

OPSTRAET, Joannes   O50
Statera Antonii Parmentier ..., appensa in statera per discipulos S. facultatis Lovaniensis antiquæ, et inventa minus habens [J. Opstraet]
S.l., s.n., 1719
8°: 3 dln
- YIII/36/1

OPSTRAET, Joannes   O51
Statera secunda Antonii Parmentier ... [J. Opstraet]
S.l., s.n., [1719?]
8°: A-B⁶, C⁴(-C⁴); 30 p.
- YIII/36/2

OPSTRAET, Joannes   O52
Theologus Christianus, sive ratio studii et vitæ instituenda a theologo, qui se ad ordines sacros ... disponit. Per Joannem Opstraet ... Editio secunda
Prostant Lovanii, apud Ægidium Denique, 1697
12°: A-P¹², Q⁴; [4], 352, [7] p.
- YV/33/2

L'ORACLE DE CE SIÈCLE ...   O53
L'oracle de ce siècle consulté par les souverains de la terre. Ouvrage singulier sur les affaires critiques et politiques du tems
A Londres, aux dépens de la Compagnie, 1743
8°: A-F⁸, G⁴(-G⁴); 98, [4] p.
- ArIVII/4
Toegeschreven aan Gautier de Faget. Plaats van uitgave [Amsterdam]

ORATIO DOCTORIS STEYAERT ...   O54
Oratio doctoris Steyaert habita die XVII Augusti MDCC confutata. Per theologum Lovaniensem
Lovanii, typis Guilielmi Stryckwant, (1700)
8°: A-B⁸, C⁴; 40 p.
- ArDIV/9/10

ORDINARIUS PRÆMONSTRATENSIS   O55
Ordinarius sive liber cæremoniarum. Ad usum ... ordinis Præmonstratensis renovatus
Lovanii, apud Bernardinum Masium, (1628?)
In fine: Imprimebatur, Anno Domini ... MDCXXVIII
8°: A-Y⁸, Z⁴; [8], 347, [5] p.
- PrAVII/7 (titelblad ontbr.; herk.: frater Albertus Parchensis) & ArEI/2 (herk.: Bernardi van Limborch ex dono prioris Leonardi van Schijndel [Park]; Ad usum fris Arnoldi[?])

ORDINARIUS PRÆMONSTRATENSIS   O56
Ordinarius sive liber cæremoniarum ad usum canonici ordinis Præmonstratensis. In Capitulo generali an. 1738 renovatus et ... Claudii Honorati Lucas ... authoritate nunc primum editus [ed.: Nicolas Mansuy]
Virduni, apud Petrum Perrin filium, 1739
8°: *⁷, A-2I⁸; VI, [8], 505, [7] p.
- DIII/27, PrFIII/13/2, PrFIV/14/2 & ArFII/24

ORDINARIUS PRÆMONSTRATENSIS O57
Ordinarius sive liber cæremoniarum ad usum canonici ordinis Præmonstratensis. In Capitulo generali an. 1738 renovatus et ... Claudii Honorati Lucas ... authoritate primum editus
Virduni, s.n., 1739
12°: A-3D⁶, ?¹⁰; 601, [11], 12, [5] p.
- ArFII/25 (herk.: G. van de Goor)
Nota: de drukken van O56 & O57 zijn verschillend

ORDO DICENDI OFFICII ... O58
Ordo dicendi officii divini juxta ritum breviarii et missalis romani ...
Bruxellis, typis H. F. t'Serstevens, 1781
12°: A-C¹²; n. gepag.
- ArEVII/11/7

ORDO MISSÆ ... O59
Ordo Missæ ad usum ordinandorum
Mechliniæ, typis P.-J. Hanicq, 1830
93 p.; gegrav. front.
- ArEVII/11/22

ORDONNANCE ET INSTRUCTION ... O60
Ordonnance et instruction selon laquelle se doibvent conduire & regler ... les changeurs ou collecteurs des pieces d'or ...
En Anvers, chez Hierosme Verdussen, 1633
8°: A⁸, B⁴, C-Q⁸, R²; niet gepag.: ill.
- ArFV/10

ORDONNANCIEN, ENDE DECRETEN ... O61
Ordonnancien, ende decreten van den heylighen Concilie generael, ghehouden tot Trenten onder ... Paulus de III, Julius de III ende Pius de vierde ...
Thantwerpen, by Willem Silvius, 1570
Vert.: Willem Silvius
12°: A-Z¹², a-c¹²; 284, [23] f.
- DI/18 (herk.: tot ghebruyck van M. C. De Bruyn, religieuse 1733. Memorie van eerweerdigh Heer Jeronimus De Waersegger anno 1733 [Park])

ORDONNANTIE DER HEEREN ... O62
Ordonnantie der heeren wethouderen op het taxaet der drogen ende medicamenten raeckende de pharmacie van de apotekarissen der stadt Brussel
Tot Brussel, by de weduwe Antonius Claudinot. Te koop by J. Van Doren, (1734?)
8°: π¹, A-B⁸, C²; [2], 35, [1] p.
- PrBI/15/2

ORFILA, Matthieu-Joseph-Bonaventure O63
Traité des poisons tirés des règnes minéral, végétal et animal ou Toxicologie générale ... Par M. P. Orfila ... Seconde édition
A Paris, chez Crochard, 1818
2 dln
- ArIVI/12 (dl 2)

ORIGENES O64
Origenes Adamanti ... Opera quæ quidem proferri potuerunt omnia. Doctissimorum virorum studio olim translata ... nunc postremo a Gilberto Genebrardo ... partim cum Græca veritate collata, partim ... aucta ...
Parisiis, [La Compagnie], 1619
2°: á⁴(-á⁴), é⁴, í⁶, á⁶, é⁴, í⁶, ó⁶, ú⁶, áá⁶, éé⁶, aA-Zz⁶, Aa⁶, Bb⁴; [107], [1bl], 567 [=571] p. + 2A-3Z⁶, 4A⁴; 559 p.
- FVII/1/1

ORIGENES O65
Origenis *Philocalia.* Gilberto Genebrardo ... interprete In fine: Africani *De historia Susannæ* (vert.: Gentianus Hervetus)
Parisiis, [La Compagnie], 1619
2°: AA-DD⁶, EE⁸; 62 p.
- FVII/1/2

ORIGENES O66
Ωριγενους Των εις θειας γραφας Εξηγητικων ... - Origenis *In Sacras Scripturas commentaria* ... Petrus Daniel Huetius ... edidit ...
Rothomagi, sumptibus Ioannis Berthelini, 1668
2°: á⁶, á⁴, é², a-2m⁴, A-3P⁴, 3Q⁶; [24], 500 p. + π¹, A-3L⁴, 3M-3N²(-3N²), A-X⁴; [2], 430, [32], 144, [23] p.
- DVIII/15-16

ORLANDI, Pellegrino Antonio, O.Carm. O67
Abecedario pittorico. Del ... Pellegrino Antonio Orlandi ... Contenente notizie de' professori di pittura, scoltura, ed architettura ...
In Napoli, s.n., 1763
4°: a⁴, b⁶, A-3N⁴, 3O²(-3O²), ch⁵, 3N⁴, a-l⁴, m⁶; [20], 473, [11], pp.465-472, [99] p.
- UI/20

ORLÉANS, Pierre Joseph d', S.J. O68
Histoire des révolutions d'Angleterre depuis le commencement de la monarchie jusqu'à présent. Par ... d'Orléans ... Nouvelle édition corrigée & enrichie de cartes & des portraits des rois de la Grande Bretagne
A Amsterdam, chez David Mortier, 1714
12°: 3 dln: + ill. & uitsl. krtn.
- QII/27-29 (de ill. zijn zeer onvolledig; herk.: de Libotton)

ORLÉANS, Pierre Joseph d', S.J. O69
Histoire des révolutions d'Espagne. Depuis la destruction de l'Empire des Goths, jusqu'à l'entiere ... réunion des royaumes de Castille & d'Arragon ... Par ... Joseph D'Orléans ... revue et publiée par ... Rouillé & Brumoy ...
A Paris, chez Rollin fils, 1724
4°: 3 dln
- RIV/6-8

ORSI, Giuseppe Agostino, O.P. O70
... Josephi Augustini Orsi ... *De Romani Pontificis in synodos œcumenicas* ...
Romæ, typis Sacræ Congregationis de Propaganda Fide, 1740
4°: π³, b-h⁴, A-4V⁴; [62], 712 p.
- HII/5-6 (herk.: Joannes Baptista Aerts Arschotannus, Mollæ 31 july 1788 [prijsboek])

OSORIO, Jeronimo O71
Hieronymi Osorii ... *De gloria libri V ad Ioannem III Lusitaniæ regem.* Eiusdem *De nobilitate civili et christiana libri V ad Ludovicem principem,* Emanuelis regis F. conscripti. Omnia nunc quam antea castigatius edita. Additæ est & authoris vita ab Hieronymo Osorio nepote conscripta
Antverpiæ, apud Henricum Aertssens, 1635
12°: A-Y¹²; 499, [29] p.
- ArBI/18

OSSINGER, Joannes Felix, O.S.A. O72
Bibliotheca Augustiniana historica, critica, et chronologica ... Redegit ... Joannes Felix Ossinger ...

O

Ingolstadii et Augustæ Vindelicorum, impensis Joannis Francisci Xaverii Craetz, 1768
2°:)(4, 2)(3, A-6K4, 6L2(-6L2); [14], 1002 p.; gegrav. portret (uitsl.) van Franciscus Xaverius Vasquez O.E.S.A.
- ArCVII/16

OUDENHOVEN, Jacob van   O73
Jacob van Oudenhovens *Out-Hollandt, nu Zuyt-Hollandt. Vervangende een generale beschrijvinge, mitsgaders de privilegien, keuren ... van de voorsz. Landen*
Tot Dordrecht, by Abraham Andriesz., 1654
Coll.: J. Cats, J. Westerbaen, J. van Someren
In fine: Ter Boeck-druckerye van Nicolaes de Vries ...
4°: *-2*4, 3*2, A-4M4; [20], 621, [26] p.
- TIII/17

OUDIETTE, Charles   O74
Description géographique et topographique du département de la Dyle en forme de dictionnaire ... Avec un supplément sur la réunion des cantons et arrondissements et une carte de démarcation. Le tout rédigé par Charles Oudiette ...
Imprimé à Bruxelles, par Armand Gaborria, en l'an VII. Et le supplément y joint, par H. J. Durban, en l'an VIII (1799-1800)
8°: 200 p. + krt
- ArHV/24

OUDIETTE, Charles   O75
Dictionnaire géographique et topographique des treize départemens qui composaient les Pays-Bas autrichiens, Pays de Liège et de Stavelo; les Electorats de Trèves, Mayence et Cologne, et les Duchés de Juliers, Gueldre, Clèves, etc. réunis à la France ... Rédigé par Charles Oudiette ...
A Paris, de l'imprimerie de Cramer, an XII = 1804 - an XIII = 1805
2 dln: 364 & 351 p.+ uitsl. krt in elk dl
- SI/7

OUDIN, Casimir   O76
Casimiri Oudini *Trias dissertationum ...: Prima de Codice ms. Alexandrino Bodleianæ ... Secunda de quæstionibus ad Antiochum Principem in Scripturam Sacram ... Tertia de collectaneo ... antiquitatum Constantinopolitanarum ... Anselmi Bandurii ...*
Lugduni Batavorum, apud Samuelem Luchtmans, 1717
8°: π1, A-H8, I6, A-D8; [2], 135, [5], 62 p.
- ArIVII/10

OUDIN, Casimir   O77
Supplementum de scriptoribus vel scriptis ecclesisaticis (sic) *a Bellarmino omissis ... Collectore ... Casimiro Oudin ...*
Parisiis, apud Antonium Dezallier, 1686
8°: á8, é2, A-3H8, 3I2; [20], 720, [132] p.
- PI/11 & ArEII/7 (herk.: Ex libris J. B. Platevoet)

OULTREMAN, Philippe d', S.J.   O78
Het I stuck van den christelycken onderwyser begrypende in II deelen, d'eerste twee punten van de christelycke rechtveerdigheyt, I. Sich van de sonde t'onthouden. II. Het goedt te doen. Door ... Philippus D'outreman in't Francois beschreven, ende door ... Franciscus de Smidt in't Duyts overgheset ...
T'Antwerpen, by Hieronymus Verdussen, 1699
8°: †4, A-Q8, R4; [8], 263 p. + A-Dd8; 423, [9] p.
- ArBIV/21

OVERHUYSEN, Petrus van, O.Præm.   O79
Laudatio gratulatoria in sacram inaugurationem ... Ioannis Chrysostomi Vander Sterre ... Habita in ... S. Michaele ... VII Octobris MDCXXIX. Auctore ... Petro Van-Overhuysen ...
Antverpiæ, typis Gerardi WolsschatI, 1629
4°: A4, B2; 10 p. + uitsl. plt
- ArFIV/15/11

OVIDIUS NASO, Publius   O80
Publii Ovidii Nasonis *De ponto, libri quatuor*
Coloniæ Agrippinæ, in officina Birckmannica, [1710?]
Bevat: *Liber I*
8°: A-B8; n. gepag.
- ArJIII/4/4

OVIDIUS NASO, Publius   O81
P. Ovidij Nasonis *Metamorphoseon libri XV. Rapaelis Regii ... explanatio, cum novis Iacobi Micylli ... additionibus. Lactantij Placiti in singulas fabulas argumenta. ... Cœlii Rhodigini, Ioan. Baptistæ Egnatij, Henrici Glareani, Gibberti Longolij, & Iacobi Fanensis ... annotationes*
Venetijs, apud Ioan. Gryphium, 1574
2°: a8, A-V8, X10; [16], 337 p.: ill.
- ZVII/6

OVIDIUS NASO, Publius   O82
Pub. Ovidii Nasonis *Metamorphose?n libri XV. Cum notis Thomae Farnabii*
Amstelodami, apud J. Janssonium à Waesberge, 1671
12°: *2, A-Q12, R10, S6; [4], 402, [11] p.
- ArIII/29 (titelblad ontbr.)

OVIDIUS NASO, Publius   O83
Selectæ fabulæ ex libris metamorphoseon P. Ovidii Nasonis. Editio nova ... curante C. P. ...
A Paris, chez Mme veuve Dabo, 1824
207 p.
- PrJXI/5 (herk.: Bernard Van Hoecke [Park])

OVIDIUS NASO, Publius   O84
P. Ovidii Nasonis *Tristium libri quinque. Cum interpretatione et notis. Editio nova*
Duaci, typis Willerval, 1781
12°: A-2A6, 2B2; 291, [1] p.
- ArJII/8

OXENSTIERNA, Johan Turesson   O85
Pensées de monsieur le conte d'Oxenstirn sur divers sujets ... Nouvelle édition, revue ... par ... D. L. M. [Bruzen de la Martinière]
A Bruxelles, chez Charles De Vos, J. B. De Vos, P. J. Lemmens, André De Vos, 1749
8°: π2, *8, A-Y8; [4], IX, [7], 351 p. + π2, *2, A-R8, S6; [8], 284 p.; gegrav. front. in elk dl
- ArII/10-11

P

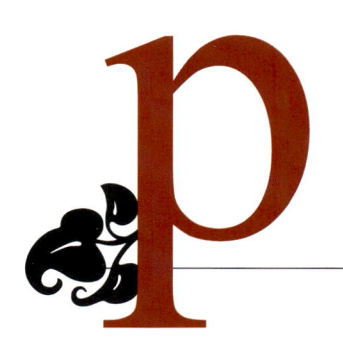

PACATUS DREPANIUS, Latinus   P1
Latini Pacati Drepanii Panegyricus. Cum notis … Claudii Puteani, Francisci Jureti, Joannis Livineji, Valentini Acidalii, Conradi Rittershusii, Jani Gruteri, Joannis Schefferi, Christiani Gotlibi Schwarzii … Quibus accedunt Thomæ Wopkensii, *Animadversiones criticæ* nunc primum editæ. Curante Joanne Arntzenio …
Amstelædami, apud viduam & filium S. Schouten, 1753
2°: 1*-3*^{4}, 4*^{2}(-4*^{2}), A-2C^4, 2D^2; [26], 178, 33 p.
- ArGVIII/3/2

PAGI, Antonius, O.F.M.   P2
Critica historico-chronologica in universos Annales ecclesiasticos … Cæsaris … Baronii … Auctore … Antonio Pagi … Accedent catalogi decem … studio & cura … Francisci Pagi … Editio novissima …
Antverpiæ, sumptibus Fratrum de Tournes, 1727
2°: 4 dln; gegrav. portret van F. Pagi in 1
- NVIII/18-21 (herk.: Coll. Helvetici 1749)

PAGI, Franciscus, O.F.M.   P3
Breviarium historico-chronologico-criticum, illustriora pontificum Romanorum gesta, Conciliorum generalium acta … complectens. Collecta … studio & opera … Francisci Pagi … 4: *Opus posthumum* studio & labore … Antonii Pagi … continuatum
Antverpiæ, apud Joannem van der Hart, 1717-1727
4°: 4 dln
- NII/11-14 (herk.: C P Hoynck Van Papendrecht)

PAINE, Thomas   P4
Théorie et pratique des droits de l'homme. Par Th. Paine … Traduit en François par F. Lanthenas …
A Paris, chez les Directeurs de l'Imprimerie du Cercle Social. A Bruxelles, chez Lemaire, 1792. L'an quatrième de la liberté
8°: A-K^8, L^4; 168 p.
- ArJVI/2

PALACIOS, Miguel de   P5
Enarrationes in sacrosanctum Iesu Christi Evangelium secundum Ioannem … Authore … Michaele de Palacio …
Venetiis, apud Io. Baptistam à Porta, 1587
4°: a-d^4, e^6, A-2R^8, 2S^4; [42], 650 p. + a-b^4, A-V^8, X^4; [17], 328 p.
- CII/3 (sporen van kettingklamp)

PALAZZI, Giovanni   P6
Fasti cardinalium omnium sanctæ Romanæ ecclesiæ … Auctore Io. Palatio …
Venetiis, expensis Gaspari Bencardi, 1703
2°: 4 dln
- QV/1-2

PALAZZI, Giovanni   P7
Fasti ducales ab Anafesto I ad Silvestrum Valerium Venetorum ducem. Cum eorum iconibus, insignibus … Studio Ioannis Palatii …
Venetiis, typis Hieronymi Albrizzi, 1696
4°: a^4, A-Y^8, Z^4; [8], 360 p.
- TVI/24 (herk.: Ex bibliotheca Renessiana no 215)

PALAZZI, Giovanni   P8
Gesta pontificum Romanorum a sancto Petro … usque ad Innocentium XI. Auctore Io. Palatio …
Venetiis, apud Ioannem Parè, 1687-1688
2°: 4 dln : ill.
- OVI/1-4

PALEOTIMUS, Lucius   P9
Lucii Paleotimi … *Antiquitatum sive originum ecclesiasticarum summa*. Accessit noviter *Ichnographia veteris templi christianorum*
Augustæ Vindelic., sumtibus Matthæi Rieger et filiorum, 1767
4°: a-c^4, A-4Y^4; XXIV, 714, [12] p. + 1 uitsl plt
- MI/3

PALLAVICINO, Sforza, S.J.   P10
Vera concilii Tridentini historia, contra falsam Petri Suavis Polani [= Paolo Sarpi] *narrationem*. Scripta & asserta a … Sfortia Pallavicino … primum Italico idiomate in lucem edita … Latine reddita a … Ioanne Baptista Giattino …
Antverpiæ, ex officina Plantiniana Balthasaris Moreti, 1670
4°: 3 dln; bijk. gegrav. titelp.
- OIV/4-6 (herk.: J B Vanden Boom)

PALLAVICINO, Sforza, S.J.   P11
Vera œcumenici concilii Tridentini … contra exurgentes Lutheri, aliorumque hæreses … historia, contra falsam Petri Suavis Polani [= Paolo Sarpi] *narrationem* … à … Sfortia Pallavicino … primum … edita, deinde ab ipso auctore aucta & revisa; ac latina reddita à Joannes Baptista Giattino …
Coloniæ Agrippinæ, apud Franciscum Metternich, 1717-1719
Nota: datum van 1: 1719
2°: 3 dln
- OVII/7 (herk.: JB van Cauwenberghe past. St Jac. Lov. 1781)

PALLU, Martin, S.J.   P12
Sermons du Père Pallu … Avent
A Paris, chez Durand, 1759
12°: π^2, A-Y^{12}, Z^8, 2A^2(-2A^2); [4], 547 p.
- KIII/11 (herk.: F. M. Nijsmans Religiosi Parchensis)

PALLU, Martin, S.J.   P13
Sermons du père Pallu … Carême
A Paris, chez Durand, 1744
12°: 3 dln
- KIII/8-10

P

PALLU, Martin, S.J. — P14
Sermons du père Pallu ... Mystères
A Paris, chez Durand, 1744
12°: π², A-V¹², X¹⁰(-X¹⁰); [4], 498 p.
- KIII/12

PALMA, Ludovicus de, S.J. — P15
Bloedighen Calvari-bergh, oft Bescheydelyck verhael van het ghene gheschiet is op den bergh van Calvarien ... Getrocken uyt de vier evangelisten, eerst in het spaensch door ... Ludovicus de Palma ende nu door ... Nicasius Bonaert ...
T'Antwerpen, by Cornelis Woons, 1661
8°: á⁸, *⁴, A-S⁸; [24], 281, [7] p.; gegrav. front.
- PrFII/23

DIE PALMSONDACH — P16
Die Palmsondach
Leiden, Jan Seversz, [1517]
In fine: Hyer eyndet onser vrouwen claghe. Gheprent tot leyden bi mi Jan Seversoen
8°: A-B⁸; 16 f.: 2 ill.; titelp. met houtsnede
- ArDI/34/2. Auteur Lucas van der Heij (zie H125)

PALUDANUS, Joannes — P17
Apologeticus marianus. Authore Ioanne Paludano ...
Lovanii, typis Henrici Hastenii, 1623
4°: A-Cc⁴; [8], 200 p.; gegrav. titelp.
- ArBV/4

PALUDANUS, Joannes — P18
Vindiciæ theologicæ adversus verbi Dei corruptelas. Authore Ioanne Paludano
Antverpiæ, apud Henricum Aertssium, 1620-1622
8°: †⁸, A-Y⁸; [16], 348 p. + ?
- CI/6 (dl 1; titelblad is beschadigd)

PANEGYRIS SACERDOTIANA — P19
Panegyris sacerdotiana
S.l., s.n., [1704?]
8°: A-E⁸, F⁴; 88 p.
- ArDIV/4/6

PANVINIO, Onofrio, O.S.A. — P20
Onuphrii Panvinii ... *Chronicon ecclesiasticum. A C. Iulii Cæsaris ..., usque ad imp. Cæsarem Maximilianum II Austrium...*
Lovanii, ex officina Ioannis Bogardi, 1573
2°: A⁶, B-S⁴; [12], 134 p.
- ZVII/17 (herk.: Bibliotheca Augustiniana Diestensis F. J. Crijterius Prior; F. Joachimus Brulius)

PANVINIO, Onofrio, O.S.A. — P21
Onuphrii Panvinii ... *Reipublicæ romanæ commentariorum libri tres*
Francofurti, apud Andreæ Wecheli heredes, Claudium Marnium, & Ioan. Aubrium, 1597
2°: A-2N⁶, 2O⁸; 445, [3] p.
- EV/3

PAPE, Libertus de, O.Præm. — P22
Summaria cronologia insignis ecclesiæ Parchensis ordinis Præmonstratensis sitæ prope muros oppidi Lovaniensis ... redacta per F. L. D. P. S. T. L. [L. de Pape] ...
Lovanii, typis Petri Sasseni, 1662
Coll.: Van der maelen, Josephus O.Præm; Prosper de la Flèche O.Præm. (in fine)
8°: á⁶(-á⁶), A⁴(-A⁴), B⁸, C-3O⁴(-3O⁴); [10], 472, [22] p.
- PrGVII/8/1, PrGVII/9 (herk.: ex libris: Nordkirchen), PrGVII/10/1 (herk.: C. Colins [supralibros]) & ArEIII/1/1 (herk.: Ad usum Fr. Georgij van Oyenbrugghen 1701 [Park])

PAPEBROCHIUS, Daniël, S.J. — P23
Elucidatio historica actorum in controversia super origine, antiquitate, & historiis Sacri Ord. B.M. de Monte Carmeli inter quosdam illius et Societatis Jesu scriptores ... quæ est Pars III & ultima responsionum Danielis Papebrochii ... ad exhibitionem errorum ... ab ... Sebastiano à S. Paulo ... Accedit Synopsis quæstionum curiosarum, tractatarum in utraque parte priorum responsionum
In fine: *Vera origo et continuata ... sucessio sacri ordinis carmelitani* historice demonstrata per Danielem Papebrochium
Antverpiæ, apud viduam et heredes Henrici Thieullier, 1698
4°: †⁴, 2†², A-2C⁴, 2D², A-F⁴, A⁴, B²; [2bl], [10], 212, 46, [2bl], 11, [1] p.
- PIII/11/1

PAPEBROCHIUS, Daniël, S.J. — P24
Responsio Danielis Papebrochii ... ad exhibitionem errorum per ... Sebastianum a S. Paulo ... evulgatam ... Editio 2
Antverpiæ, apud viduam & hæredes Henrici Thieullier, 1696-1697
4°: π², A-2Z⁴; [4], 352, [16] p. + π², A-4C⁴; [4], 553, [23] p.: ill.
- PIII/3

PAQUET-SYPHORIEN — P25
Voyage historique et pittoresque fait dans les ci-devant Pays-Bas, et dans quelques départemens voisins, pendant les années 1811, 1812 et 1813. Par ... Paquet-Syphorien
A Paris, chez Firmin Didot, 1813
2 dln : ill.
- ArJVII/12 (dl 2; pltn IX, XI-XII, XVII-XX, XXII-XXIII ontbr.)

PAQUOT, Jean-Noël — P26
Mémoires pour servir à l'histoire littéraire des dix-sept provinces des Pays-Bas, de la principauté de Liège, et de quelques contrées voisines [J.-N. Paquot]
A Louvain, de l'imprimerie académique, 1763-1770
8°: 18 dln
- YV/3-19 (dl 18 ontbr.)

PAQUOT, Jean-Noël — P27
Mémoires pour servir à l'histoire littéraire des dix-sept provinces des Pays-Bas, de la principauté de Liège, et de quelques contrées voisines [J.-N. Paquot]
A Louvain, de l'imprimerie académique, 1765-1770
2°: 3 dln
- YVII/11-13

PARIVAL, Jean Nicolas de — P28
Louvain tres ancienne et capitale ville du Brabant. Representé par I. Nicolas de Parival ...
A Louvain, chez George Lips, 1667
8°: π⁴, A-R⁸; [8], 258, [13] p.+ uitsl. pltn
- ArHV/9 (herk.: Joannes Franciscus Foppens [ex libris])

PARMENTIER, Antoine — P29
Statera rationum quibus aliqui ex facultate artium innixi, VII Novembris 1718 protestati sunt contra propositionem ... decani, & conclusionem facultatis de palam facienda submissione sua erga constitutionem quæ incipit Unigenitus. Per Antonium Parmentier ...
Lovanii, typis Francisci vande Velde, 1718
12°: A-B¹², C²; 51 p.

- ArDIV/13/1 (herk.: ad usum f. Jo¹ˢ Joosen)

PARMENTIER, Antoine   P30
Statera rationum quibus aliqui ex facultate artium ... Per
Antonium Parmentier ... Editio Secunda
Lovanii, typis Francisci vande Velde, (1718?)
8°: A-D⁸; 64 p.
- YIII/33/11

PARMENTIER, Antoine   P31
*Statera secunda in qua appenduntur rationes quibus innixus
advocatus protestantium sustinet* ...Per Antonium Parmentier ...
Lovanii, typis Francisci vande Velde, (1719?)
12°: A-C⁶; 34 p.
-YIII/33/12 & ArDIV/13/2

PAROCHIALE ...   P32
Parochiale, id est, liber in quo plane continentur, ea quæ pastores præstare oportet ... Iussu ... Ferdinandi à Bavaria ...
emendatum ...
Leodii, apud hæredes Guilielmi Hovij, 1641
4°: *⁴, 2*⁶, A-2Z⁴; [20], 368 p.
- ArGVII/11

PARYS, Antoninus, O.S.A.   P33
*Trias patrum, sive Theologia ex tribus SS. Patribus, Aurelio
Augustino, Gregorio Magno, Mellifluo Bernardo* ... Quam
præside ... Petro Lamberto Ledrou ... propugnabit ...
Antoninus Parys ... Lovanii in conventu PP. Augustinianorum ...
Lovanii, typis Martini Hullegaerde, 1679
8°: A², B-L⁴, M²; 88 p.
- LII/12/2 (tussengeschoten ex. met notities; herk.: Usui Adriani de Vaddere Religiosi Parch. 1680), QII/7/2 & ArDIV/8/2

PASCAL, Blaise   P34
Pensées de Pascal sur la religion, et sur quelques autres sujets.
Edition nouvelle augmentée de beaucoup de pensées, de la vie
de l'autheur, & de quelques dissertations
A Amsterdam, chez Henri Wetstein, 1709
8°: a-g⁸, A-2F⁸; 145 p.
- QI/29

PASCAL, Blaise   P35
*Les provinciales ou les Lettres écrites par Louis de Montalte à
un provincial de ses amis* [Bl. Pascal]. Nouvelle édition
A Francfort, chez Daniel Le Telier, 1716
8°: *-2*², A-Y⁸; VIII, 502 p.
- PrJV/10

PASCHA, Jan   P36
Een devote maniere om gheestelijcke pelgrimagie te trecken ...
Ghemaeckt by wijlen heer Jan Pascha ... Ende in 't licht ghebrocht door ... Peeter Calentijn
Te Ghendt, by Cornelis vander Meeren, 1612
8°: *⁴?, A-G⁸; ill.
- ArFVII/11/34 (zeer onvolledig; titelblad ontbr.)

PASQUIER, Etienne   P37
*Les Œuvres d'Estienne Pasquier. Contenant ses recherches de
la France. Son plaidoyé pour M. le Duc de Lorraine. Celui de
Mᵉ Versoris, pour les jésuites* ... *Clarorum virorum ad Steph.
Pasquierum carmina. Epigrammatum libri sex. Epitaphiorum
liber. Iconum liber*, cum ... Theod. Pasquierii ... notis. Ses lettres. Ses œuvres meslées, et les lettres de Nicolas Pasquier, fils
d'Estienne

A Amsterdam, aux depens de la compagnie des libraires associez, 1723
2°: π², á⁴, é², A-4Q⁴, 4R²(-4R²); [4] p., XXII kol., [1bl] p., 1364 kol. + π², á⁴, é⁴, í⁴, A-5A⁴; [4] p., XLIX, 1482 kol.
- YVII/3-4

PASTORALE ...   P38
Pastorale, canones et ritus ecclesiasticos ... complectens.
Iussu ... Ioannis Hauchini ... in lucem emissum
Antverpiæ, ex officina Christophori Plantini, 1589
4°: *-3*⁴, A-2C⁴; [24], 207 p.; gegrav. front.
- PrFIV/12 (herk.: D Ægidius Livinæus Torrentius [supralibros]; B. Van Roo)

PASTORALE ROMANUM   P39
*Pastorale, ad usum Romanum accommodatum, canones et ritus
ecclesiasticos ... complectens. Ioannis Hauchini ... iussu olim
editum. Nunc vero... Matthiæ Hovii... auctoritate ... recognitum*
Antverpiæ, ex officina Plantiniana, apud Ioannem Moretum, 1607
4°: *-3*⁴, A-Z⁴, a-q⁴; [24], 306, [4] p.
- ArGVII/10

PASTORALE ROMANUM   P40
*Pastorale rituali Romano accommodatum ... Joannis Hauchini
... jussu olim editum. Nunc vero ... Jacobi Boonen ... multis
locis auctum & recognitum*
Antverpiæ, apud Hieronymum Verdussium, 1649
4°: *-3*⁴, ?¹, A-2R⁴, 2S²; [26], 322, [2] p.
- PrIVII/3 (titelblad ontbr.; herk.: Durieux [Park]; Staes Religiosus Parchensis; Moerings R. Parchensis) & ArGVII/5

PASTORALE ROMANUM   P41
*Pastorale rituali Romano accomodatum, canones et ritus
ecclesiasticos ... complectens. Joannis Hauchini ... jussu olim
editum. Nunc vero ... Jacobi Boonen ... auctoritate ... auctum
& recognitum*
Antverpiæ, ex architypographia Plantiniana, 1796
4°: *-3*⁴, A-2O⁴; [24], 296 p.: ill.
- PrIVII/4

PASTORALE DIŒCESIS RURÆMUNDENSIS ...   P42
*Pastorale diœcesis Ruræmundensis ... Angeli d'Ongnyes ...
jussu emendatum*
Antverpiæ, ex architypographia Plantiniana, 1763
4°: A-2R⁴, 2S²; 322, [2] p.
- DIII/20 (herk.: Sum ex libris Ecclesiæ parochialis Sti Dionysii in Nieúkerck)

PATEK, Henricus A. & HERMANN, Marianus A.   P43
*Selectæ quæstiones canonico-theologicæ ex libro. III. IV. & V.
decretalium Gregorij IX. Excerptæ & resolutæ a ... Mariano
Antonio Hermann ... Propugnatæ ab Henrico Antonio Patek* ...
Anno MDCCIX Mense Junio ...
Vetero-Pragæ, apud Wolffgangum Wickhart, (1709?)
8°: π⁴, A-Y⁸, Z²; [8], 353, [3] p.
- ArEIV/8

PATOUILLET, Louis & de COLONIA, Dominicus   P44
Dictionnaire des livres jansénistes, ou qui favorisent le jansénisme [L. Patouillet & D. de Colonia]
A Anvers, chez Jean-Baptiste Verdussen, 1755
12°: 4 dln
- YIII/20-23

PATRUM BENEDICTINORUM ...   P45
*Patrum Benedictinorum e Congregatione S. Mauri ad RR.
Patres superiores in Majori Monasterio prope Turones pro*

P

Capitulo Generali congregatos, supplex epistola
S.l., s.n., 1723
8°: A⁴; 8 p.
- ArDIV/11/14

PATUZZI, Joannes Vincentius, O.P.   P46
De futuro impiorum statu libri tres ... Authore ... Jo. Vincentio Patuzzi ...
(Veronæ), typis Seminarii Veronensis, 1748
4°: π⁴, *⁴, a-c⁴, A-3E⁴(-3E⁴); [16], XXIV, 405 p
- EIII/33

PATUZZI, Joannes Vincentius, O.P.   P47
De sede inferni in terris quærenda dissertatio. Ad complementum operis *De futuro impiorum statu*. Authore ... Joanne Vincentio Patuzzi ...
Venetiis, ex typographia Remondiniana, 1763
4°: *-3*⁴, A-2F⁴; XXII, [2], 232 p.
- EIII/31

PAUL, Matthæus, O.Præm.   P48
Verbi Dei incarnati mysterium. Præside ... Thoma Ringmayr ... propugnatum a ... Matthæo Paul ... Ad diem ... Augusti Anno MDCXLVII
Salisburgi, ex typographéo Christophori Katzenbergeri, 1647
4°: (;)⁴, A-G⁴; (8), 56 p.
- ArFIV/15/16

PAULI, Matthias, O.S.A.   P49
Bruylofts-Liedt van Iesus en Maria speel-wys gedicht op Salomons sangen. Ghedeylt in vijf vertooninghen ... Door ... Matthias Pauli ...
Ghedruckt tot Loven, by Corn. Coenesteyn, 1630
8°: *⁴, 2*⁸, A-3A⁸, 3B⁴, §-2§⁸, 3§⁴,)(-3)(⁸, 4)(⁴; [24], 760, XXXX, [55] p.: ill.
- PrEII/6 & ArCII/3

PAULUS BERNRIEDENSIS   P50
Commentarius Pauli Bernriedensis, antiqui scriptoris, de vita Gregorii VII. Pontif. Max. Nunc primum in lucem editus ... per Jacobum Gretserum ... Eiusdem Gretseri Cæsar Baronius ..., a Melchioris Goldasti Calvinistæ inscitia & calumniis vindicatus p.265: *Incipit vita B. Herlucæ virginis*
Ingolstadii, ex typographeo Adami Sartorii, 1610
4°: *⁴, 2*², A-Z⁴, a-z⁴, 2A-2C⁴, 2D²; [12], 464, [25] p.
- EII/20 (herk.: Colleg. Soctis Jesu Lovanij)

PAULY, Andreas   P51
Epitome itinerarii filii Dei, ordine harmonico ex IV evangelistis contexta ... Studio et opera ... Andreæ Pauly ...
Prostant Antverpiæ, apud J. Grange, (1765?)
8°: π⁸, A-2C⁸; [16], 413, [5] p.
- AI/6

PAUW, Cornelius de   P52
(*Œuvres philosophiques* De Pauw)
1-3: *Recherches philosophiques sur les Américains;* 4-5: *Recherches philosophiques sur les Egyptiens et les Chinois;* 6-7: *Recherches philosophiques sur les Grecs*
A Paris, chez Jean-François Bastien, L'an III de la République française (1794)
8°: 7 dln + 1 uitsl. krt
- QIII/31-37

PAUW, Cornelius de   P53
Recherches sur les Grecs. Par De Pauw

A Paris, chez Remont père et fils, 1822
8°: π¹, a⁶, A-2B⁸⁻⁴; XII, 304 p. + A-2G⁸⁻⁴; 357 p.
- ArJIII/22-23

PAUWELS, Jan Antoon Frans   P54
De dry vreezelykste geessels van het menschdom, oorlog, pest, dueren-tyd ... Door J. A. F. Pauwels
t'Antwerpen, by J. S. Schoesetters, [1800?]
8°: A-I⁴, K²; [4], 74, [2] p.
- ArFIV/16/12

PAUWELS, Jan Antoon Frans   P55
Elogia beatissimæ virgini-matri Mariæ attributa, decem iconibus in æs incisis adumbrata, ac carmine elegiaco ad ejus cultum promovendum. Illustrata per J. A. F. Pauwels
Antverpiæ, typis J. P. De Cort, 1775
4°: 47 p. + 10 ill.
- PVI/1

PAUWELS, Jan Antoon Frans   P56
De fackel van het waer geloof, ofte het grootdaedig leven van ... den heyligen Norbertus ... Voor oogen gesteld in 35 ... kopere plaeten, opgehelderd door zoo-veele verscheyde rymstoffen (Joannes Pauwels)
't Antwerpen, by J. P. De Cort, (1776?)
4°: A-K⁴, L²; 82, [1] p.: + 35 pltn
- ArKIII/7/7 (de gravures ontbr.)

PAUWELS, Jan Antoon Frans   P57
De gelukzalige fondateurs der religieuze ordens, welkers afbeeldsels in print voor oogen gesteld, deugden tot naervolginge in 't kort beschreven en lofredens door nederduytsche veersen uytgebreyd worden. Door J. A. F. Pauwels ...
t' Antwerpen, by J. P. De Cort, 1777
4°: A-M⁴; 94, [1] p. + ill.
- ArDVII/7

PAUWELS, Joannes, O.P.   P58
Anthologia Mariana tres libros complectens, figuris emblematicis distincta, B. Virginis ... Auctore ... Joanne Pauwels ...
Antverpiæ, typis J. Grangé, 1775
8°: A-T⁸, V⁴; 312 p.: ill.; gegrav. front.; 4 emblemata
- ArEVI/11 (herk.: Ex libris P. Adriaensens)

PAUWELS, Josephus, O.F.M.   P59
Tractatus theologicus de casibus reservatis in diœcesibus Antverpiensi, Buscoducensi, Cameracensi, Coloniensi, Gandavensi, Leodiensi, Mechliniensi, Namurcensi, Ruræmundensi. Authore ... Josepho Pauwels ...
2: *Tractatus theologici de casibus reservatis tomus secundus, in duas partes divisus, quarum prima de reservatis regularium; altera, de pontificiis*.
3: *Tractatus theologici de casibus reservatis tomus tertius quo duo priores ab objectionibus vendicantur* (sic) ... Authore Guilielmo P. De Roore ...
Lovanii, typis Joannis Jacobs, 1750-1756
8°: 3 dln
- IIV/40-42 (herk. in 1 & 2: Fr. P. Van Meurs in Wackerzeel [Park])

PAUWELS, Nicolas   P60
Theologiæ practicæ ... Authore ... Nicolao Pauwels ...
1. *De fide & symbolo ...*; 2. *De sacramentis in genere ...*; 3. *De sacramentis pœnitentiæ, extremæ unctionis, ordinis & matrimonii ...*; 4. *In qua de actibus humanis, peccatis, legibus, & præceptis decalogicis primæ tabulæ agitur ...*; 5. *In qua*

præcepta secundæ tabulæ sigillatim explicantur …
Lovanii, 1: typis Francisci vande Velde, 1718 (Editio secunda); 2-5: typis Guilielmi Stryckwant, 1715-1717
12°: 5 dln
- III/16-20 (herk.: ex dono parentium anno 1728 6 xber P. C. G. Barre [Park])

PAUWELS, Nicolas   P61
Theologiæ practicæ. Authore … Nicolao Pauwels …
Coloniæ Agrippinæ, sumptibus Petri Putz, 1727
8°: 5 dln
- ArDV/30-31 (dln 3 & 4)

PAUWENS, Franciscus, O.S.A.   P62
Oratio in exequiis … Pauli De Bruyn … Habita in Parcho a … Francisco Pauwens … die 24 Julii 1719
Bruxellis, typis Ægidii Dams, 1719
8°: A⁸, B-C⁴, D²(-D²); 34 p.
- PrHVI/20/2 & ArFIV/15/6

PEARSON, John e.a.   P63
Critici sacri, sive annotata doctissimorum virorum in Vetus ac Novum Testamentum quibus accedunt tractatus varii theologico-philologici (ed.: John Pearson e.a.)
Amstelædami, excudunt Henricus & vidua Theodori Boom, Joannes & Ægidius Janssonii à Waesberge, Gerhardus Borstius, Abrahamus à Someren, Joannes Wolters. Et Ultrajecti, Guiljelmus van de Water, 1698
Aut.: Joannes Drusius, Lucas Brugensis e.a.
2°: 9 dln
- DVII/1-9 (herk.: S A B M [stempel]; Emptum Mediolani ab A.R.P. Isidoro à Irivilio 1748)

PECKIUS, Petrus   P64
… Petri Peckii … Opera omnia
Antverpiæ, apud Hieronymum & Ioan. Bapt. Verdussen, 1666
2°: π², A-4E⁶, 4F⁴, †-4†⁴, 5†⁶; [4], 896, [43] p.
- LIX/9 (herk.: E. Marchot)

PELBARTUS de THEMESVAR, O.F.M.   P65
Pomerium sermonum de tempore. Pars Hyemalis (-Paschalis, -Estivalis). Per … Pelbartum de Themaswar …
(Hagenau, Heinrich Gran, 1509)
In fine : Sermones Pomerii de Tempore comportati per fratrem Pelbartum de Themeswar … impressi … per industrium Henricum Gran in imperiali oppido Hagenaw, expensis … Joannis Rynman de Oringaw Anno … 1509 idus primo Aprilis …
4°: π¹⁰, A-Cc⁸, Dd⁶, ?⁶, a-v⁸(-v⁸); niet. gepag. (381 f.?)
- PrFIV/5/2 (N1 + vanaf v6 tot einde ontbr.; zonder sierinitialen & niet gerubriceerd) & PrFIV/6 (titelblad, Z², T⁵⁻⁶ ontbr.; sierinitialen & rubricering tot Dd6; herk.: F. Josephus Carolus M.; F. Melchior De Fraye R. P. 1712 [Park]; F. Augustinus Vande Cruys R.P. 1706 [Park])
Nota: katernen b & d van de 2 ex. zijn licht verschillend van druk

PELBARTUS de THEMESVAR, O.F.M.   P66
Pomerium Sermonum Quadragesimalium … (per … Pelbartum de Themeswar …)
(Hagenau, Joannis Rynman, Henricus Gran), 1504
In fine: per … Pelbartum de Themeswar … Impensis … Joannis Rynman de Oringaw in officina … Henrici Gran … in … opido Hagenaw … impressum Anno … M.D. et IIII
4°: a-q⁸, r-s⁶; [147] f.
- PrFIV/5/1 (titelblad ontbr.)

PEÑARANDA Y VELASCO, Juan Nicolas de   P67
Distribucion, y orden, que se ha de observar en los exercicios … por los … siervos de Maria Sᵐᵃ Dolorosa, segun la practica, que se observa en la capilla de la Orden Tercera … sita junto … la Parroquial de San Marcos de la Ciudad de Sevilla. Compuestos … por … Juan Nicolas de Peñaranda y Velasco … Sacalos a la publica luz … Antonio de Aguilar y Zela …
En Sevilla, por Joseph Padrino, 1756
8°: A-B⁸; 31 p.
- PrEI/14/1

PENIA, Francisco   P68
La vie, saincteté, miracles, et actes de la canonization de Sainct Charles Borromee … Mis de l'abbrégé italien par … Franc. Penia … en latin par Ern. Cholinus Wirth … Puis en françois par … Charles De Canda … Avec une oraison funèbre faite aux obseques de S. Charles Borromee par … François Panigarole …
A S. Omer, chez Charles Boscard, 1614
8°: A-T⁸; 304 p.
- PrJVI/3

PÉRAS, Jacques   P69a
Fables nouvelles. Par … Peras
A Paris, s.n., 1761
12°: π¹, A-E⁸, ?¹⁰; [2], 76, [4], 19 p.
- PrJVI/10/2

PERAULT, Guillaume, O.P.   P69b
Speculum religiosorum sive de eruditione eorum libri sex … Humberti [de Romanis] [Guillaume Pérault] *… Adiectus est … Vincentij … Libellus de vita & instructione religiosorum*
p.661: *LVIII Puncta humilitatis … collecat per virum … ex ordine Cisterciensi …*
Coloniæ Agrippinæ, apud Ioannem Kinckium, 1616
12°: *¹², 2*⁴, A-2F¹², 2G²; [32], 698, [2] p.
- ArDI/26 (herk.: Franciscus Wouters ex Baelen [prijsboek]; Joannes Tribout [Park]; S.P.Q.A. Gymnasy Augustinianei Maec. perp. [supralibros])

PERAULT, Guillaume, O.P.   P70
Summa virtutum ac vitiorum Guilhelmi Paraldi …
Venundantur Parisius, a Johanne Frellon, [1512?]
8°: a-z⁸, A-K⁸, L⁴(-L⁴); 275 f.
Bezit: *Summa virtutum*
- ArCIV/12 (herk.: Bibliothecæ Parchensis; F. Joannis Druselij 1608; Theodori Breckerij Leovardiensis)

PERCIN de MONTGAILLARD, Pierre-Jean-François   P71
Mandement de monseigneur l'évêque de Saint Pons … [P.-J.-F. Percin de Montgaillard]
A Beziers, chez Estienne Barbut, 1699
8°: A-F⁸, G⁴; [6], 98 p.
- ArDIV/1/1

PERDUYN, Gislenus   P72
Godvruchtige bemerckingen op de twaelf artikelen des geloofs. Uytgegeven door … Gislenus Perduyn … Verciert met schoone beelden …
Tot Antwerpen, by de Weduwe van Jooris Willemsen, 1700
8°: A-X⁸; 332, [3] p.: ill.; gegrav. front.
- ArBIII/20

PÉRÉFIXE, Hardouin de Beaumont de   P73
Histoire du roy Henry le Grand. Composée par … Hardouin de Péréfixe …
A Amsterdam, chez Anthoine Michiels, 1662
8°: *¹², A-S¹², T⁴(-T⁴); [24], 438 p.
- ArJII/5

P

PÉREZ DE MONTALBÁN, Juan P74
Het wonderlyck leven van den grooten H. Patricius, patriarch van Yrlandt [J. Pérez de Montalbán]
Men vintse te coop t'Antwerpen, by Jeronymus Verdussen, 1668
12°: A-H¹², I⁶; 207, [1] p.
- PrJII/12

PEREZ DE ARTA Y LOYOLA, Josephus ... P75
Hortulus carminum selectorum ...
In fine (p. 155): *hic liber impressus studio fuit ... Josephi Perez de Arta y Loyola Antverpiensis præsb.*
Bruxellis, typis Jacobi van de Velde, (1744?)
8°: *⁴, A-K⁸, L⁴; [8], 155, [11] p.
- ArJV/3/1

PERI, Franciscus P76
Regel van het Derde Orden genaemt van penitentie, ingesteld door den seraphienschen vader Franciscus, bevestigt door den Paus Nicolaus IV. By-een vergaedert door ... Franciscus Peri ...
Tot Mechelen, gedrukt by P. J. Hanicq, (1765?)
12°: A-N¹², O⁶, P²; [4], 326, [2] p. + π¹, A-O¹², P⁶, Q²; [2], 357, [1] p.; bijk. gegrav. front.
- ArCII/8 (herk.: zuster Catharina Tossyn 1835)

PERIN, Jean-François P77
Tractatus de actibus humanis in seminario episcopali Namurcensi dictatus [J.-F. Périn]
Lovanii, e typographia J. P. G. Michel, 1774
8°: A-2C⁸, 2D²; [2], 410, [7] p.
- GI/17/2 & QI/39 (herk.: Ex libris W. Huybrechts 1821)

PERIN, Jean-François P78
Tractatus de Deo uno et trino [J.-F. Périn]
Lovanii, e typographia J. P. G. Michel, 1781
8°: A-O⁸, P-Q⁴(-Q⁴); 237 p.
- GI/17/1

PERIN, Jean-François P79
Tractatus de legibus ... [J.-F. Périn]. Editio novissima
Leodii, typis J. F. Bassompierre, (1791?)
8°: A-P⁸(-P⁸); 238 p.
- GI/18/2

PERIN, Jean-François P80
Tractatus de legibus ... [J.-F. Périn]. Editio novissima
Leodii, typis J. F. Bassompierre, (1791?)
12°: *⁶, A-Q⁶; 192 p.
- LII/30/2
Nota: P79 & P80 zijn verschillend van druk

PERIN, Jean-François P81
Tractatus de peccatis ... [J.-F. Périn]
Lovanii, e typographia J. P. G. Michel, 1774
8°: A-S⁸, T⁴, V²; 294, [5] p.
- GI/18/1 & LII/30/1 (Ex libris M. Huybreghs)

PERIN, Jean-François P82
Tractatus de peccatis ... [J.-F. Périn]. Editio aucta
Lovanii, apud H. Baumans, 1817
8°: π², A-2I⁴; [4], 252, [4] p.
- ArJV/32 (herk.: Ex libris P.J. Dierikx 1824)

PERIN, Jean-François P83
Tractatus de sacramentis in genere [J.-F. Périn]
Lovanii, e typographia J. P. G. Michel, 1776
8°: A-H⁸; 125, [2] p.
- GI/16/1

PERIN, Jean-François P84
Tractatus de sacramento baptismi [J.-F. Périn]
P. 103: *Tractatus de sacramento confirmationis*
Lovanii, e typographia J. P. G. Michel, 1777
8°: A-I⁸, K²; 147 p.
- GI/16/2

PERIN, Jean-François P85
Tractatus de sacramento eucharistiæ, ad usum quorumcumque s. theol. studiosorum breviter, dilucidè & succinctè admodum digestus [J.-F. Périn]
Lovanii, e typographia J. P. G. Michel, 1777
8°: A-S⁸; 282, [4] p.
- GI/16/3

PERIN, Jean-François P86
Tractatus de sacramento extremæ unctionis [J.-F. Périn]
Lovanii, e typographia J. P. G. Michel, 1777
8°: A-M⁸, N²; 196 p.
- GI/13/2

PERIN, Jean-François P87
Tractatus de sacramento pœnitentiæ [J.-F. Périn]
Lovanii, e typographia J. P. G. Michel, 1776
8°: A-O⁸, P⁴; 229, [3] p.
- GI/13/1

PERIN, Jean-François P88
Tractatus de virtutibus cardinalibus [J.-F. Périn]
Lovanii, e typographia J. P. G. Michel, 1778
8°: π¹, A-X⁸, Y⁶; [2], 344, [3] p.+ A-Q⁸; 250, [3] p.
- GI/14-15

PERIN, Jean-François P89
Tractatus de virtutibus in genere et signanter de fide, spe et charitate [J.-F. Périn]
Lovanii, e typographia J. P. G. Michel, 1775
8°: A-S⁸; 286, [2] p. + A-Y⁸, Z⁶(-Z⁶); 361 p.
- GI/12

PERIN, Jean-François P90
Tractatus selectus de matrimonio [J.-F. Périn]
Lovanii, e typographia J. P. G. Michel, 1776
8°: A-M⁸, N⁴; 196, [6] p.
- GI/13/3

PERIONIUS, Joachimus P91
Ioachimi Perionii ... De vita rebusque gestis Iesu Christi ... Eiusdem de Mariæ virginis ... & Ioannis ... Baptistæ ... vita, liber. Item de rebus gestis vitisque apostolorum liber elegans
Coloniæ Agrippinæ, ex officina Theodori Graminæi, 1571
Nota: *De rebus gestis vitisque apostolorum* heeft eigen titelp.: 1569
12°: A-R¹², A-I¹²; 412, [1] p., 108 f.
- ArCI/28 (herk.: Ex libris Francisci Belleri Antverpiam. 1576; Dom. prob. soctis Jesu Mechlin.; Jacques Lansque [in fine])

PERONNET, Denis P92
Manuel general et instruction des curez et vicaires ... Par ... Denis Peronnet ...
A Paris, chez Pierre Berthold, 1598
In fine: A Troyes, de l'Imprimerie de Pierre Chevillot, MDXCVIII
12°: A-2H¹², 2I⁶; 378 f.

- ArBIII/15 (herk.: f. Gilbertus van Busleijden, rel. Grimbergensis)

PERPINIANUS, Petrus Joannes, S.J. P93
Petri Ioannis Perpiniani…*Orationes duodeviginti*. Editio ultima
Coloniæ Agrippinæ, sumptibus Petri Henningij, 1637
In fine: Excudebat Hartgerus Woringen Anno MCDXXXVII
Coll.: Francesco Benci & Horatius Tursellinus
12°: †12, A-2D12; [24], 628, [19] p.
- ArBI/4

PERRY, John P94
Etat présent de la Grande Russie. Par … Jean Perry. Traduit de l'Anglois [par Hugony]
A La Haye, chez Henry Dusauzet, 1717
12°: *6, A-L12, M6, M4; [12], 271, [12] p.; gegrav. front.
- RI/30/2

PERSIUS FLACCUS, Aulus P95
Auli Persii Flacci *Satyræ sex*. Cum posthumis commentariis Ioannis Bond
Amstelodami, apud Ioannem Ianssonium, 1645
12°: A-G12; 164, [4] p.
- PrJII/7

PERUSSAULT, Sylvain P96
Sermons choisis, du R.P.P*** [S. Perussault]
A Lyon, chez les freres Duplain, 1759
12°: π2, A-R12, S10; [4], 425, [2] p. + π2, A-T12, V8(-V8); [4], 467, [2] p.
- LI/11-12

PETAU, Denis, S.J. P97
Dionysii Petavii … *Opus de doctrina temporum*. Cum præfatione et dissertatione de LXX hebdomadibus Joannis Harduini … Auctius in hac nova editione …
3: Opus … in quo Uranologium sive systema variorum auctorum … Item variarum dissertationum libri VIII. Acccesserunt … ejusdem Petavii et Jac. Sirmondi dissertationes … Ac denique epistolarum libri tres
Antwerpiæ, apud Georgium Gallet, 1705
2°: 3 dln; portret van de aut. in 1
- RVII/8-10 (herk.: De Behaigne)

PETAU, Denis, S.J. P98
Dionysii Petavii … *Opus de theologicis dogmatibus*. Auctius in hac nova editione
Antverpiæ, apud G. Gallet, 1700
Coll.: Theophilus Alethinus [= Jean le Clerc]
2°: 6 dln; gegrav. portret van de aut. in 1
- GVI/5-10

PETAU, Denis, S.J. P99
Dionysii Petavii … *Rationarium temporum* … Editio recentissima
Lugduni Batavorum, apud Theodorum Haak, 1724
8°: π2, *-8*8, 9*6, 10*4, A-2X8, 2Y2; [152], 660 p. + A-2E8, 2F2; 195, [9], 245, [2] p.; gegrav. portret van de aut. in front + bijk. gegrav. titelp.
- ZIII/30

PETIT, Philippe, O.P. P100
Abbregé de la vie du B. Albert le Grand … Par … Philippe Petit. Deuziesme edition
A Douay, de l'imprimerie de Barthelemy Bardou, 1637
8°: á4, A-S8, T4(-T4), V8, X4; [8], 317 p.; bijk. gegrav. titelp.
- PrIII/3 (herk.: Abdij van Marchiennes [supralibros])

PETITDIDIER, Mathieu, O.S.B. P101
Dissertation historique et théologique, dans laquelle on examine quel a été le sentiment du Concile de Constance … sur l'autorité des papes … Par … Mathieu Petitdidier …
A Luxembourg, chez André Chevalier, 1725
8°: *8, 2*1, A-R8, S2(-S2), A-B8, C2; [18], 284, 35 p.
- ArAVIII/9

PETIUS, Laurentius P102
Vinea Domini. Cum brevi descriptione sacramentorum et paradisi, limbi, purgatorii atque inferni. Per … Laurentium Petium … Cum appositis figuris …
Venetiis, apud Hier. Porrum, 1588
8°: A8, *-2*2, B-N8; [24], 186 p.: ill.; gegrav. titelp.
- ArCIV/13 (herk.: Libr. Fonini Bologna)

PETRASCH, Æmilianus, O.Cist. P103
Enchiridion humanæ malitiæ sue hæresum et hæresiarcharum … Quas … præside … Francisco Michaele Daller … propugnandas suscepit … Æmilianus Petrasch … Anno MDCCLXII …
Typis Vetero-Pragæ, apud Jacobum Schweiger, (1762?)
8°: 3 dln
- PrHI/16 (dl 1)

PETRI, Carolus, O.P. P104a
Conciones Thomisticæ sive discursus morales in omnes totius anni solemnitates ac festa. Opera et studio … Caroli Petri …
Coloniæ, apud Wilhelmum Friessem; Extant venales Antverpiæ, in typographia Knobbariana apud Franciscum Muller, 1698
8°: *4, A-2C8, 2D6(-2D6), 2E8, 2F4; [8], 428, [21] p. + *4, 2E-3K8; [2], pp. 427-872, [24] p.
- PrHVI/18-19 (herk.: ad usum fris Hieronymi Heymans rel. parch.)

PETRI, Cunerus P104b
Een seker bewijs vanden vaghevier … Door … Cunerus Petri …
Tot Loven in Ingelborch by my Rutgerus Velpius, 1566
8°: A-F4; [24] f.
Nota: ingebonden bij ms. Hs34

PETRUS van ALCANTARA, O.Carm. P105
Instructie om wel te mediteeren … Gemaeckt by … Peter van Alcantara …
f 122 v°: *Vande drij gheloften der religien* … ghemaeckt door Jeronymo de Ferraria
Tot Loven, by Jan Maes, 1586
12°: a-2a8-4; 142, [2] f.
- PrJV/7

PETRUS DAMIANUS, O.S.B., heilige P106
… Petri Damiani … *Opera omnia. In quatuor tomos distributa* … studio et labore … Constantini Caietani … Accessit huic editioni tomus quartus operum … Petri Damiani, & regula Petri de Honestis
Parisiis, sumptibus Ægidii Tompere, 1663
2°: 4 dln
- FVI/1 (herk.: wapen van Maximilianus van Leefdael, abt van Sint Geertrui, met spreuk *E valle vita* [supralibros])

PETRUS de HARENTALS, O.Præm. P107
Collectarius sive expoositio super librum psalmorum. Expositio librum psalmorum …
Reutlingen, [Johann Otmar], 1488 (na 16 mei)

P

2°: a⁸, b⁶, c⁸, d⁶, e⁶, f-z⁸⁻⁶, A-F⁸⁻⁶, G⁸; [4], CL, [1], [1bl] f.; twee kolommen; rubricering;
BSB-Ink P-350; Polain 3106
- IncP 6 (18ᵉ/19ᵉ eeuwse band; herk.: Ex bibliotheca Acad. Georgiæ Augustæ; Dupl Bibl. Gott Vend)

PETRUS LOMBARDUS   P108
Libri quattuor sententiarum
Ed.: Francesco de' Madi
Venezia, Annibale Fossi, Marino Saraceno, Bartolomeo de' Blavi voor Francesco de Madi, 1486
2°: a-q⁸, r⁶; [134] f.; twee kolommen, rubricering
BMC V 407; IGI 7638; Polain 3118; BSB-Ink P-318
- IncP 5 (neo-gotische band met paneelstempel met de boom van Jesse, in dito doos; prov.: hic liber … an<n>o (?) .479. [15ᵉ eeuw?] ; enkele marginalia)

PETRUS LOMBARDUS   P109
Petri Lombardi *Sententiarum libri IIII* … Quarta editio
Lovanii, ex officina Bartholomæi Gravij, 1566
4°: A*-C*⁴, a-z⁴, A-Tt⁴, AAa-EEe⁴; [24], 520, [39] p.
- PrCIII/14

PETRUS de SANCTO AUDOMARO, O.S.B.   P110
Institutionum monasticarum secundum sacrosancti Concilii Tridentini decreta libri tres. Authore … Petro a Sancto Audomaro, alias de Walloncappelle … Accesserunt tractatus duo: alter *de monachorum hospitalitate*, alter *de casibus reservatis illorum prælatis*, cum tribus … concionibus, eodem authore
Coloniæ, apud Maternum Cholinum, 1584
8°: (†)⁸, A-2I⁸, 2K²; [16], 515, [1] p.
- PI/12 & PrHI/4

PETRUS, Bartholomæus   P111
Actus apostolorum a S. Luca conscripti et in eosdem commentarius perpetuus … Concinnatus per Bartholomæum Petrum Lintrensem …
Duaci, typis viduæ & hæredum Petri Borremans, 1622
4°: a⁴, A-4Q⁴; [8], 642, [38] p.
- CII/20

PETRUS, Franciscus   P112
Suevia ecclesiastica … Authore … Francisco Petro …
Augustæ Vindelicorum & Dilingæ, sumptibus Joannis Caspari Bencard, 1699
2°:)(⁶, 2)(⁴, A-5Z⁴, 6A⁶; [20], 918, [14] p.
- RVII/3 (herk.: A F - A C 1734 + niet geïdent. wapen van abt [supralibros])

PEY, Jean   P113
De l'autorité des deux puissances [J. Pey]
A Strasbourg, et se vend à Liège, chez Lemarie, 1788
8°: 4 dln
- LIV/19-22

PHÆDRUS   P114
Phædri *fabularum Æsopiarum libri quinque*. Cum annotationibus Joannis Schefferi … et Francisci Guyeti notis … Editio quarta … in qua jungitur interpretatio Gallica …
Francofurti, impensis viduæ Gothofredi Schultzen. Literis Joannis Goerlini, 1687
8°: *-2*⁸(-*¹), 3*², A-V⁸, X⁴, Y²; [34], 272, [60] p.
- QI/2 (herk.: M. S. Peppe, 1855)

PHILIPPE de HARVENGT, O.Præm.   P115
… Philippi abbatis Bonæ-Spei [Ph. de Harvengt] … *Opera omnia* (ed.: Nicolas Chamart)
I. *Difficiles nonnullæ quæstiones theologicæ per epistolas tractatæ*; II. *Commentarius … in Cantica Canticorum Salomonis*; III. *Institutio clericorum*; IV. *Celebrium sanctorum aliquot vitæ & elogia*
Duaci, apud Balthazarem Bellerum, 1621
2°: *⁴, A-2X⁶, 3Y⁴, á⁶, é⁶, í⁶, ó⁶; [8], 805, [54] p.
- PrGV/5 & ArFIV/9 (herk.: Semin. archiep. Mechl.)

PIALES, Jean-Jacques   P116
Traité de l'expectative des gradués. Des droits et priviléges des universités et des avantages que l'église et l'état en retirent. Par … Piales …
5-6: *Supplément au traité des gradués; avec un traité des expectatives de joyeux avénement et de serment de fidélité*
A Paris, chez Claude Briasson & chez Desaint et Saillant, 1757-1758
8°: 6 dln
- MI/32-37

PIALES, Jean-Jacques   P117
Traité de la dévolution du dévolut, et des vacances de plein droit … Par … Piales …
A Paris, chez Ant. Claude Briasson & chez Desaint & Saillant, 1757-1758
8°: 3 dln
- MI/29-31

PIALES, Jean-Jacques   P118
Traité des commandes et des réserves, ou des provisions des bénéfices. Par … Piales …
A Paris, chez Ant. Claude Briasson & chez Desaint & Saillant, 1758-1759
8°: 3 dln
- MI/38-40

PIALES, Jean-Jacques   P119
Traité des provisions de cour de Rome … Par … Piales …
A Paris, chez Ant. Claude Briasson. A Chartres, chez F. Le Tellier, 1756
8°: a⁴, A-Y¹², Z⁶; [2], VI, 538 p. + a⁴, A-V¹², X⁴, Y²; [2], VI, 490 p.
- MI/27-28

PIALES, Jean-Jacques   P120
Traité des réparations et reconstructions des églises et autres batimens … Par … Piales … Nouvelle édition
A Paris, chez Vᵉ Desaint, Nyon l'aîné, Barrois l'aîné, 1788
12°: 4 dln
- ArHVII/2 (dl 1)

PIALES, Jean-Jacques   P121
Traités des collations et provisions des bénéfices. Par … Piales …
A Paris, chez Ant. Claude Briasson. A Chartres, chez F. Le Tellier, 1754-1756
8°: 8 dln
- MI/19-26

PICARD, Louis-Benoit   P122
L'honnête homme, ou le niais, histoire de Georges Dercy et de sa famille. Par L.-B. Picard
Paris, Baudouin frères, 1825
8°: 3 dln
- ZI/26

PICHLER, Vitus, S.J. P123
Jus canonicum secundum quinque decretalium titulos Gregorii papæ IX explicatum … Auctore … Vito Pichler … Accedent præter secundum tomum … utiles … adnotationes, atque vindiciæ cura & studio … Francisci Antonii Zachariæ … 2: Jus canonicum practice explicatum seu decisiones casuum …
Pisauri, sed prostant Venetiis, apud Nicolaum Pezzana, 1758
2°: π⁴, A-2V⁸, 2X⁶; [8], 700 p. + a⁴, A-V⁸, X⁶, Y⁴; [8], 340 p.
- MVIII/5

PICHLER, Vitus, S.J. P124
Theologia polemica, in duas partes divisa, quarum prior generalia theologiæ controversisticæ fundamenta tradit … posterior exhibet materias particulares cum Protestantibus … In lucem data a … Vito Pichler … Editio sexta, & tertia in hac forma
Augustæ Vind. et Herbipoli, sumptibus Martini Veith, 1747
8°:)(⁶, A-3E⁸; [11], 808, [8] p.+ (*)³, A-3C⁸, 2D⁶; [6], 796 p.; gegrav. front.in 1
- HII/19-20 (herk.: Josephus Clemens Maria Bernabei [ex libris met wapen])

PICONNÉ, Ignace P125
Le Christianisme éclaircy, pour affermir la foi, et nourrir la pieté des fideles (Ignace Piconné). Premiere partie …
Amiens, chez G. Le Bel, 1694
8°: a-f⁴, g¹⁻², ?¹, g³⁻⁴, A-3O⁴, 3P¹⁰; XLIX, [9], 482, [18] p.
- HIII/1

PICOT, Michel-Joseph-Pierre P126
Mémoires pour servir à l'histoire ecclésiastique pendant le dix-huitième siècle [M.-J.-P. Picot]. Seconde édition
A Paris, de l'imprimerie d'Adrien Le Clère, 1815-1816
4 dln
- OII/22-25

PIEDAD, Francisco de la P127
Tooneel der Jesuiten, innehoudende heilsame en sekere lessen, noodig voor alle vorsten en heeren der aerde. In 't Spaensch beschreven door … Francisco de la Piedad. Na de Spaensche copie, in Coimbra
[Amsterdam], s.n., 1681
8°: *⁴, A-2F⁸, 2G⁴; [8], 467 p.
- PrBI/12

PIÉLAT, Barthélemy P128
Le secretaire incognu. Contenant des lettres … par … B. Pielat
A Amsterdam, pour J. J. Waesberge, 1671
12°: *⁶(-*¹), †², A-T¹², V²[?]; [10], 456, [?] p.
- ArIII/23 (nawerk onvoll.)

PIELAT, Barthelemy P129
La vie et les actions mémorables du Sr. Michel de Ruyter, duc, chevalier & lt. amiral general des Provinces Unies [B. Piélat]
A Amsterdam, chez Henry & Theodore Boom, 1677
12°: *¹²(-*¹²), A-V¹²; [22], 480 p. + 2A-2L¹², 2M⁴; 256, [14] p.; bijk. gegrav. titelp.
- TI/21

PIEN, Ignace, S.J. P130
Petri Mallei … Dialogus primus, quo ostenditur constitutionem Unigenitus a tota Christi Ecclesia acceptatam … esse …
Prostat Antverpiæ, apud Jacobum van Gaesbeeck et Lovanii, apud Guilielmum Stryckwant, (1719?)
8°: A-B⁸, C⁴, D⁸; 53, [3] p.
- ArDIV/11/6 & ArDIV/13/8

PIEN, Ignace, S.J. P131
Petri Mallei … Dialogus secundus, quo ostenditur constitutionem Unigenitus a tota Christi ecclesia rite acceptatam …esse …
Prostat Lovanii, apud Guilielmum Stryckwant, (1719?)
8°: A-H⁸; 125, [1] p.
- ArDIV/13/9

PIENS, Félix-Martin P132
Invallende gedagten op den handel ende wandel die den sterveling konnen voorvallen … (Félix-Martin Piens)
Tot Brussel, by J. B. Jorez, (1776?)
8°: A-F⁸, G²; 99, [1] p.
- UII/25/4

PIERA, Gregorius, O.Præm. P133
Epistola encyclica … Gregorii Piera Tongerloensium præsulis, nec non per circarias Brabantiæ et Frisiæ vicarii generalis ad RR. DD. Pastores per easdem circarias dispersos, &c. Juxta exemplar Lovanii antehac excusum
Gandavi, typis Joannis Meyer, (1740?)
4°: A⁴; 8 p.
- ArKIII/5/8b

PIETTE, Aurelius, O.S.A. P134
Elucidationis difficiliorum theologiæ quæstionum partes sex. Authore … Aurelio Piette …
Lovanii, typis Martini van Overbeke, 1730
Nota: dl 1 is niet gedateerd
8°: 6 dln
- FI/9-14

PIGANIOL de la FORCE, Jean-Aymar P135
Nouvelle description des chateaux et parcs de Versailles et de Marly … Par … Piganiol de la Force. Enrichie de plusieurs figures en taille douce. Sixieme édition
A Paris, chez la veuve Delaulne, 1730
12°: á¹⁰, A-M¹², N¹⁰; [20], 307 p. + á², A-O¹², P⁸, Q⁴; [4], 355, [4] p. + uitsl. pltn
- RI/22-23

PIGNATELLI, Giacomo P136
Jacobi Pignatelli … Novissimæ consultationes canonicæ …
Cosmopoli, apud Dominicum Puteanum, 1711
2°: ¶⁶, A-2Y⁶, 2Z⁴; [12], 546 p. + §⁴, A-2Y⁶; [8], 539 p.
- LVIII/3-4 (herk.: Belem)

PINAMONTI, Giovanni Pietro, S.J. P137
Considérations chrétiennes sur les souffrances. Par … Pinamonti. Nouvelle édition
A Maestricht, de l'imprimerie de P. L. Lekens, 1791
12°: A-F¹², G²; 143, [4] p.
- ArCV/25

PINAMONTI, Giovanni Pietro, S.J. P138
Geestelyke lessen voor ider dag … Eertyds voorgehouden door … Joannes Petrus Pinamonti … uit het Italiaensch vertaeld door … Joannes Baptista Holvoet …
Tot Loven, by Joannes Jacobs, (1759?)
8°: A-L⁸, M²; 179 p.
- ArEIV/19/2

PINAMONTI, Giovanni Pietro, S.J. P139
De religieuse in de eenzaemheid onderwesen … Voortyds in het ligt gegeven door … Joannes Petrus Pinamonti … Ende uit het Italiaensch vertaeld door … Joannes Baptista Holvoet …
Tot Loven, by Joannes Jacobs, 1759

P

8°: *⁸, A-T⁸; [16], 295, [9] p.
- ArEIV/19/1 (herk.: Petrus Beckmans)

PINEDA, Juan de, S.J. P140
... *Joannis de Pineda ... Commentariorum in Job libri tredecim in duos divisi tomos ...*
Coloniæ Agrippinæ, sumptibus viduæ Wilh. Metternich & filii, 1733
2°: †⁴, 2†⁶, 3†³, A-2M⁶, 2N⁴, a-d⁶, e⁴; [8], 408(i.e.428), [56] p. + π², A-3M⁶, 3N⁴, a-d⁶, e⁴(-e⁴); [4], 704, [54] p.
- CVI/4-5 (herk.: [supralibros] P.A.I.V., 1786)

PINELLI, Lucas, S.J. P141
Den costelycken spieghel der religieuse volmaectheyt ... Ghemaeckt in d'Italiaensche spraecke door ... Lucas Pinelli ... ende nu in onse Nederlandtsche tale overgheset by de Cartuyseren tot Loven (F. G. B. Cart.) [= Gilbertus Bahusius]. De tweede editie
T'Hantwerpen, by Hendrick Aertssens, 1632
8°: *⁸, A-2F⁸, 2G⁴ ; [16], 472 p.
- ArDI/22 (titelblad ontbr.; herk.: Van het gasthuis Ste Barbaradal te Hasselt)

PIRHING, Ernric, S.J. P142
Jus canonicum in V libros decretalium distributum ... Auctore ... Ernrico Pirhing ... Editio novissima
Venetiis, ex thipographia Remondiniana, 1759
2°: 5 dln
- MVIII/1-4

PIRHING, Ernric, S.J. P143
Synopsis Pirhingiana seu compendiaria SS. Canonum doctrina. Ex fusioribus quinque tomis ... Ernrici Pirhing ... in unum volumen redacta ab alio eiusdem societatis presbytero. Hac secunda editione ...
Augustæ Vindelicorum & Dilingæ, apud Joannem Casparum Bencard, 1695
4°:)(-2)(⁴, 3)(², A-7A⁴, 7B²; [20], 1069, [47] p.; gegrav. front.
- LV/3

PISTORIUS, Joannes P144
Rerum Germanicarum scriptores aliquot insignes, qui historiam et res gestas Germanorum medii potissimum ævii, inde a Carolo M. usque ad Carolum V usque ... consignarunt. Primum collectore Joanne Pistorio Nidano ... in lucem producti, nunc ... editione tertia ... curante Burcardo Gotthelff. Struvio ...
2: *Germanicorum scriptorum ... tomus alter*; 3: *Rerum Germanicarum veteres iam primum publicati scriptores VI*
Ratisbonæ, sumptibus Joannes Conradi Peezii, 1726
2°: 3 dln
- TVIII/8-10 (herk.: M. Schamelius)

PITISCUS, Samuel P145
Lexicon antiquitatum Romanarum ... Auctore Samuele Pitisco
Hagæ-Comitum, apud Petrum Gosse, 1737
2°: 3 dln; portret van de aut. in 1; 1 uitsl plt
- ZIX/9-11

PITISCUS, Samuel P146
Lexicon Latino-Belgicum novum ... Proditum a Samuele Pitisco. Nunc in hac tertia editione ... purgatum & ... ditatum cura et studio Arn. Henr. Westerhovii
Excuderunt Dordraci Joannes van Braam, Amstelædami, Adrianus Wor & Hæred. Gerardi onder de Linden, 1738
Coll.: Johannes Lomejer, Janus Broukhusius, David Hoogstratanus, A. Moonen, J. Vollenhove, Joh. Hildebrandus Wiethofius (lofdichten)
4°: π², 2*-6*⁴(-6*⁴), A-4N⁴, 4O²; [42], 660 p. + π¹, A-4S⁴; [2], 683, [13] p.
- ArGVIII/5

PITISCUS, Samuel P147
Lexicon Latino-Belgicum novum ... A Samuele Pitisco. Nunc in hac tertia editione ... purgatum & ... ditatum, cura & studio Arn. Henr. Westerhovii
Rotterodami, apud Joh. Danielem Beman, 1754
4°: π¹, 2*-6*⁴(-6*⁴), A-4N⁴, 4O²; [42], 660 p. + π¹, A-4S⁴; [2], 683, [13] p.; bijk. gegrav. titelp. in 1
- WV/26-27 (herk.: Dono dedit fratri Hermanno Hoefnagels filio suo Jacobus ... Hoefnagels 1890)

PIUS II P148
Bulla Pii II qua retractat ea omnia, quæ ante pontificatum in favorem Concilii Basileensis et contra Eugenium IV ... scripsit
Leodii, s.n., 1787
8°: A-B⁸; 31 p.
- ArKIII/7/6

PIUS II P149
Bulla retractationum. De miseria curialium
[Köln, Ulrich Zell, 1470?]
4°: geen sign.; [36], [2 f. bl.] f; penwerkinitiaal op 1ᵉ blad; rubricering
BMC I 186; Voulliéme 953 of 954??; HC 260 + 194; BSB-Ink P-494
- IncP 1 (18ᵉ-eeuwse geitenleren band met goudstempeling en supralibros; enkele marginalia; herk.: Park 18e; I. theca III)

PIUS VI, JOZEF II P150
Lettres de notre Saint Père le pape (Pius VI) et de sa majesté l'empereur (Jozef II), telles qu'elles ont paru dans le Supplément de la Gazette de Vienne du 6 mars 1782. Suivies des Remontrances du cardinal archévêque de Strigonie, primat de Hongrie (Jozsef Batthyani). Nouvelle édition
A Rome, s.n., 1782
8°: π⁴, A-I⁸; [6], 142 p.; portret van Pius VI in front.
- ArBV/8 & ArJVIII/8

PIUS VI P151
... *Pii Papæ Sexti Responsio ad metropolitanos Moguntinum, Trevirensem, Coloniensem et Salisburgensem super nunciaturis apostolicis*
Romæ, s.n., 1789
4°: π², A-2T⁴, 2V²; [6], 336, [1] p.
- OVI/24

PLACET, François, O.Præm. P152
La superstition du temps, reconnue aux talismans, figures astrales ... Contre un livre anonyme intitulé Les talismans justifiez ... Par ... François Placet ...
A Paris, chez la veufve Gervais Alliot, & Gilles Alliot, 1667
12°: á¹², A-I¹², K⁶; [2], 226 p.
- PrHI/3 (herk.:Gringore [droogstempel];Bibliothèque occulte du Cᵗᵉ d'Ourgues)

PLATEL, Jacques, S.J. P153
... *Jacobi Platelii ... Synopsis cursus theologici ... Editio V*
Duaci, ex sumptibus viduæ B. Belleri, 1704
8°: 5 dln
- ArAVIII/4-7 (dl 2 ontbr.; herk. in 3: Van De Mosselaar)

PLATINA, Bartolomeo P154
Historia B. Platinæ de vitis pontificum romanorum a D. N. Jesu Christo usque ad Paulum II ... Annotationum Onuphrii Panvinii accessione nunc illustrior reddita. Cui, ejusdem

Onuphrii ... opera reliquorum pontificum vitæ usque ad Pium V et Antonii Ciccarellæ, usque ad Clementem VIII ... adjunctæ sunt ... Accesserunt ... omnium pontificum veræ effigies
Coloniæ, apud Bernardum Gualtherium, 1600
4°: *⁴, A-2K⁸, 2L², 3A-3E⁸, 3F²; [8], 472, 83 p.: ill.
- QIV/28 (herk.: Ex libris Joannis Theodorici Hermanni; Monasterij Divit[?] Angiensis)

PLATINA, Bartolomeo   P155
't Leven der Roomsche Pauzen, van Jezus Christus onze Zaligmaker af, tot aan Sixtus de Vierde. Beschreven door ... Platina van Cremona. Getrouwelijck uyt de Latijnsche tael overgezet, met de ware beeltenissen der selviger ...
2: Vervolg op Platina, van 't Leven der Roomsche Pausen, beginnende met Sixtus IV tot in de regeringe van Innocentius de X [Onofrio Panvinio en Antonio Ciccarelli]
t'Amsteldam, voor Lodewijk Spillebout, 1650
8°: (*)⁴, A-3K⁸, 3L⁴; [8], 849, [55] p. + *⁸, A-3C⁸; [14], 777, [7] p. + ill.
- YV/38 (dl 2)

PLATINA, Giuseppe Maria   P156
Prælectiones theologicæ. Habitæ a ... Josepho Maria Platina ... anno MDCCXXXIII
Bononiæ, ex typographia Sancti Thomæ Aquinatis, 1736
4°: π⁴, b¹⁰, A-2O⁸, 2P⁴; XXVII, [1bl], 600 p.
- HII/1

PLATNER, Joachim   P157
Dissertationes historico-criticæ in universos theologiæ tractatus. A ... Joachimo Platner ... in lucem datæ cum ... Casimirus Sterzinger... adjectas ad calcem opusculi Conclusiones ex universa theologia ... publice defenderet mense novembri anno MDCCLXVI
Œniponti, formis Wagnerianis, (1766?)
4°:)(⁴, 2)(¹, A-3B⁴, 3C-3D²(-3C²); [10], 382, [7] p.
- QII/3 (herk.: Hueber)

PLAUTUS, Titus Maccius   P158
M. Acci Plauti Comœdiæ superstites XX
In fine: Marci Accii Plauti vita, ex Petro Crinito & Lilio Gyraldo desumpta
Amstelodami, typis Ludovici Elzevirii, 1652
16°: A-2Y⁸; 715, [5] p.; gegrav. titelp.
- ArJI/16 (herk.: Ioan Bapt. l'Ecuy abbatis Præmonstratensis [ex libris]; I.J.G. Lupus, cath. eccl. Leodiensis canonicus; Ex libris Alexandri Decheppe anno 1812 [in fine])

PLENGG, Johannes Baptista, S.J.   P159-160
Piæ considerationes ad declinandum ... malo et faciendum bonum [J. B. Plengg] cum iconibus Viæ vitæ æternæ ... Antonij Sucquet ...
Viennæ Austriæ, s.n., 1672
4°: [5], 45, [1] f. + 32 grav.; gegrav. titelp.
- PrFIII/26

CÆCILIUS SECUNDUS, Caius   P161
Caji Plinii Cæcilii ... Panegyricus. Cum notis ... Francisci Jureti, Joannis Livineji, Justi Lipsii, Petri Fabri, Conradi Rittershusii, Jani Gruteri, Christiani Gotlibi Schwarzii ... curante Joanne Arntzenio ... Accedit Joannis Masson Vita Plinii, editio tertia auctior
Amstelædami, apud Janssonio Waesbergios, 1738
4°: π¹, *-3*⁴, a-m⁴, A-3V⁴(-V⁴); [26], XCII, [4], 469, [57] p.; bijk. gegrav. titelp.
- ArGVIII/3/1 (herk.: supralibros met wapen van Amsterdam; ex libris van O'Sullivan de Terdeck [Joseph-Denis?] met spreuk 'Modestia victrix')

PLINIUS SECUNDUS, Caius   P162
C. Plinii Secundi Historiæ mundi libri XXXVII ... emendati, adiunctis Sigismundi Gelenii annotationibus
Basileæ, Froben, 1554
In fine: Basileæ, Per Hier. Frobenium, et Nic. Episcopium, MDLV
Coll.: Desiderius Erasmus (epistola dedicatoria), Joannes Herold (epistola)
2°: A-C⁶, a-z⁶, A-2H⁶, 2I⁸, 3a-3e⁶, a-n⁶; [36], 663, [213] p.
- XVIII/6

PLINIUS SECUNDUS, Caius   P163
C. Plinii Secundi Historiæ naturalis libri XXXVII (ed.: Joannes de Laet)
Lugduni Batavorum, ex officina Elzeviriana, 1635
12°: 3 dln
- ArJI/8 (dl 1; titelblad ontbr.)

PLUCHE, Noël Antoine   P164
Histoire du ciel, où l'on recherche l'origine de l'idolatrie, et les méprises de la philosophie ... (Noël Antoine Pluche). Quatrième édition
A La Haye, chez Jean Neaulme, 1744
8°: π¹, *², a¹², b⁶, A-X¹², Y⁶; [6], XXXVI, 516 p. + π¹, A-V¹², X⁸; 496 p. + ill.; gegrav. front. in 1
- UII/28-29 (herk.: J. Fr. Vandevelde)

PLUCHE, Noël Antoine   P165
Histoire du ciel ... (N. A. Pluche). Nouvelle édition
A Paris, chez les frères Estienne, 1771
12°: a¹², e⁸, A-X¹², Y-Z⁴; XXXVII, [3], 518, [2] p. + π², A-X¹², Y⁶; [4], 515, [1] p. + ill.
-ArIVII/16-17

PLUCHE, Noël Antoine   P166
Le spectacle de la nature ou entretiens sur les particularités de l'histoire naturelle ... [N. A. Pluche]
dln 5-7 : Nouvelle édition
1. Contenant ce qui regarde les animaux et les plantes; 2 & 3. Contenant ce qui regarde les dehors et l'intérieur de la terre; 4. Contenant ce qui regarde le ciel et les liaisons des différentes parties de l'univers avec les besoins de l'homme; 5 & 6. Contenant ce qui regarde l'homme considéré en lui-meme; 6 & 7. Contenant ce qui regarde l'homme en société; 8.1 & 2 Contenant ce qui regarde l'homme en société avec Dieu
A Paris, chez la veuve Estienne & fils, 1749-1752
8°: 8 dln; gegrav. front. in elk dl
- ArHVI/8-16

PLUIMER, Joan   P167
J. Pluimers Gedichten
t'Amsterdam, by de erven van Albert Magnus, 1692
Coll.: Kataryn Lescailje, P. Franciscus, J. Broekhusius, C. H. Selkart, P. Bernagie, A. v. d. Bogaard, H. Angelkot, P. v. Ryn (lofdichten)
4°: *-2*⁴, 3*², A-2F⁴, 2G²; [20], 233 p.; bijk. gegrav. titelp.
- WI/6/1

PLUIMER, Joan   P168
J. Pluimers Gedichten. Tweede deel
Te Leyde, by de Janssoons vander Aa, 1723
Coll.: Joan Alberti, Katharina Lucia Alberti, gebooren van Ravestein, Sara Maria van Ravestein, Joannes Schroder, G. Kempher, J. Lakeman (lofdichten)
4°: *-4*⁴, A⁴, B⁶(-B⁶), C-3H⁴; [32], 429, [1] p.
- WI/6/2

PLUTARCHUS CHÆRONENSIS   P169
Les vies des hommes illustres de Plutarque. Traduites en François ... par M. Dacier ... Nouvelle édition

P

A Maestricht, chez Jean-Edme Dufour & Philippe Roux, 1778
8°: 14 dln: + ill. (portretten); gegrav. front. in 1
- MIII/11-24

POIRTERS, Adriaan, S.J. P170
Het duyfken in de steen-rotse ... Gemaeckt door eenen priester der societeyt Jesu (A. P. = Adriaan Poirters). VI Druck
T'Antwerpen, by de weduwe van Jacobus Woons, (1710?)
8°: *8, A-Z8; [16], 365, [1] p.
- PrFII/9 (titelblad ontbr.; herk.: *Ne quid nimis* [ex libris Park])

POIRTERS, Adriaan, S.J. P171
Het duyfken in de steen-rotse ... Ghemaeckt door eenen priester der Societeyt Jesu [A. Poirters]. Den IX druk
t'Antwerpen, by Alexander Antonius Bruers, (1787?)
8°: A-T8; 303 p.: ill.
- ArCV/12

POIRTERS, Adriaan, S.J. P172
Ydelheyd des werelds. Verciert met zinnebeelden, rym-dichten en zede-leeringen door ... Adrianus Poirters ...
t'Antwerpen, by Joannes Franciscus de Roveroy, (1750?)
Coll.: Joannes Paulus Robyns; G. V. E. (ode)
8°: π4, A-N8; [24], 190, [2] p.: ill.; gegrav. front.
- ArIV/9

POLANCUS, Joannes, S.J. P173
... Ioannis Polanci ... *Directorium breve, ad confessarii, ac confitentis munus recte obeundum.* Accessit methodus ad adiuvandos eos qui moriuntur
Leodii, in officina Guilielmi Hovii, 1621
Coll.: G. V. E. (ode)
12°: A-P12, Q10; 380 p.
- II/9 (herk.: Du Hardy 1621; Joanni Dotermons Hougardiensi datum ... 1745)

POLANCUS, Joannes, S.J. P174
Methodus ad eos adiuvandos, qui moriuntur ... Auctore ... Ioanne Polanco ...
Leodii, apud Henricum Hovium, 1587
12°: a-i8; 175 p.
- ArBII/13 (marginalia; herk.: F. Iod. Goclenius 1604)

POLLUX, Julius P175
Ιουλιου Πολυδευκους Ονομαστικον εν βιβλιοις δεκα - *Iulii Pollucis Onomasticon, decem libris constans.* Adiecta interpretatio Latina Rodolphi Gualtheri ... Studio atque opera Wolfgangi Seberi ...
Francofurti, apud Claudium Marnium, & heredes Iohan. Aubrii, 1608
4°:)(8, A-3A8, 3B4; [16], 530, [124] p., 184 kol., [6] p.
- ArGVIII/4 (herk.: Sum Laurentii Petræi, Lontinesis Ditmarsi; Cartusiæ Silvæ S. Martini; E cujus bibliotheca sibi illud comparavit M. Mauhæus Reimerus; Arn van Landschoot [Park])

POLMAN, Joannes P176
Breviarium theologicum ... Authore Joanne Polmanno ... Editio novissima
Antverpiæ, apud Hieronymum Verdussen, 1686
8°: A-2L8, 2M4; [4], 488, [60] p.
- HIII/5 (herk.: Ad usum fratris Caroli vanden Houten [Park])

OMEY, François, S.J. P177
Candidatus rhetoricæ, seu Aphtonii progymnasmata ... Auctore ... Francisco Pomey ...
Accessit *Angelus pacis ad principes christianos ...* Nic. Caussini ...
Leodii, typis Henrici Hoyoux, 1676
12°: †6, A-N12, O2, A6, B12, C4; [12], 312, 41 p.
- ArJI/13

POMEY, François, S.J. P178
Indiculus universalis, rerum fere omnium quæ in mundo sunt, scientiarum item, artiumque nomina, aptè breviterque colligens. - *L'univers en abrégé ... De beknopte wereld ...* - Editio nova. Par ... Pomey ...
A Utrecht, chez François Halma, 1689
12°: *-2*12, 3*6, A-S12; [60], 400 p.
- ArJII/2

POMEY, François, S.J. P179
Novum dictionarium Belgico-Latinum. Ex optimis authorum ... monumentis et præsertim e dictionario ... Francisci Pomey ... Editio novissima
Antverpiæ, apud Joannem Hieronymum Verdussen, 1769
8°: π1, *8, A-3L8; [18], 914 p.; bijk. gegrav. titelp.
- ArIVI/9

POMEY, François, S.J. P180
Novus candidatus rhetoricæ, altero se candidior ... Accessit ... *Dissertatio de Panegyrico.* Auctore ... Francisco Pomey ...
Antverpiæ, apud Hieronymum Verdussen, 1720
12°: A-X12, Y4; [6], 489, [17] p.
- ArII/20

POMEY, François, S.J. P181
Les particules reformées augmentées, & rangées en meilleur ordre. Avec un abrégé ... des genres, des declinaisons ... par ... F. Pomey ...
A Lille, de l'imprimerie de Jean-Baptiste de Moitemont, 1693
24°: A-Q12, R2; [6], 380, [2] p.
- ArJI/26

POMREUX du SART, Eustache de, O.Præm. P182
Godefridiados, sive de vita B. Godefridi ex comite Cappenbergensi ... libri sex. Addita *S. Norberti catastrophe.* Per ... Eustachium De Pomreux Du Sart ...
Lovanii, typis Georgii Lipsii, 1662
8°: §8, A-I8, K4; [16], 144, [5] p.
- PrJIX/10 (beschadigd in fine; herk.: Georgius van Oyenbruggen [Park]; Hendrik Smets?; Fr. Joannes Bapta van Berghen [Park])

POMREUX du SART, Eustache de, O.Præm. P183
Σταυροεκκλησιαστης, *sive septem verba Christi in cruce prolata.* Item Ψευχοθεορια *sive contemplationes animæ devotæ super eisdem verbis.* Elegiis illustrabat ... Eustachius de Pomreux du Sart ...
Lovanii, apud Bernardinum Masium, 1642
8°: A-C8(-C8); [8], 36, [1] p.
- PrEI/3/2

POMREUX du SART, Eustache de, O.Præm. P184
θανατοσκεπσις, *sive varia consideratio de morte ...* Autore ... Eustachio Pomreux du Sart ...
Lovanii, typis Everardi De Witte, 1641
8°:)(4, A-D8, E2; [8], 68 p.
- PrEI/3/1 & ArEI/30

PONCE de LEO, Basilio, O.S.A. P185
... Basilii Pontii ... *De sacramento matrimonio tractatus.* Editio secunda

Bruxellis, typis Meerbecij. Prostant apud Ioannem Pepermanum, 1632
2°: *³, A-4G⁶; [6], 905, [7] p.
- IVII/1 (herk.: Biblioth. ff. Min. Rec. Namurcens. 1686)

PONTANUS, Jacobus   P186
Laudatio funebris ... Ioann. Masii ... Dicta a Iacobo Pontano ... Anno 1648 die 2 April
Lovanii, typis Bernardini Masii, 1648
8°: A-D⁴, E²; [36] p.
- ArFIV/15/17

PONTANUS, Joannes Isacius   P187
Ioh. IsacI Pontani *Historiæ Gelricæ libri XIV ... Præcedit ... Ducatus Gelriæ et Comitatus Zutphaniæ chorographica descriptio. Cum chartis geographicis*
Hardervici Gelrorum, excudit Nicol. à Wieringen, sumptibus Iohannis Iansonii, 1639
2°: π¹, (:)⁴, *², 2*⁴, a-f⁶, A-4R⁶; [22], 72, 956, [72] p. + krtn + ill.; gegrav. titelp.
- TVIII/17 (herk.: Ex libris Augustini Legillon Brugensis 1809)

PONTAS, Joannes   P188
Dictionaire de cas de conscience, ou Décisions des plus considérables difficultez touchant la morale & la discipline eclésiastique ... par ... Jean Pontas ... Nouvelle édition
A Paris, chez Pierre-Augustin Le Mercier, Simon Langlois, Jacques Josse, Saugrain, Jacques Quillau, Louis-Anne Sevestre, Jacques Vincent, 1726
2°: 3 dln
- ZVIII/1-3 (herk.: Collegii Divæi; Ex bibliotheca Petri Ludovici Danes ... Prof. Cath. Eccl. Iprensis [ex libris])

PONTAS, Joannes   P189
Dictionarium casuum conscientiæ seu præcipuarum difficultatum circa moralem ac disciplinam ecclesiasticam decisiones e scripturis, conciliis ... depromptæ. Authore Joanne Pontas ... E Gallico in Latinum pari studio & fide concinnata. Editio recens
Luxemburgi, sumptibus Andreæ Chevalier et Marci-Michaelis Bousquet & sociorum, 1731-1732
2°: 3 dln; gegrav. front. in 1
- JIX/5-7

PONTAS, Joannes   P190
Dictionnaire de cas de conscience, ou décisions des plus considérables difficultés touchant la morale & la discipline ecclésiastique. Par ... Jean Pontas ... Nouvelle édition
A Paris, chez Sevestre, 1741
2°: 3 dln
- IIX/18-20

PONTAS, Joannes   P191
Geestelyke aenspraken om de zieken te onderwyzen, te troosten en op-te-wekken in de verscheyde staeten van hunne ziektens ... Opgestelt in het Frans door ... J. Pontas ... Vertaelt in het Brabands-duyts door J. C. D. ...
t'Antwerpen, by Joannes Franciscus Van Soest, 1738
8°: *⁴, 2*², A-2I⁴; [12], 252, [4] p. + π¹, A-2H⁴; 247, [1] p.
- PrFIII/12

PONTAS, Joannes   P192
Sacra Scriptura ubique sibi constans, seu difficiliores S. Scripturæ loci ... Opera & studio ... Joannis Pontasii ... Tomus I *Pentateuchum* complectens
Parisiis, apud Joannem Boudot, 1698
4°: á⁴, é⁴, A-5C⁴, 5D⁶ (-5D⁶); [16], 751, [18] p.

- AVII/5

PONTIFICALE ROMANUM   P193
Pontificale Romanum Clementis VIII ... iussu restitutum atque editum. Nunc primum typis Plantinianis emendatius recusum
Antverpiæ, ex officina Plantiniana, apud Balthasarem Moretum, & viduam Ioannis Moreti, & Io. Meursium, 1627
2°: π², A-3R⁴, 3S⁶; [4], 512, [3] p.
- ArDVIII/2

PONTIFICALE ROMANUM   P194
Pontificale Romanum Clementis VIII primum, nunc denuo Urbani VIII auctoritate recognitum
Parisiis, impensis Societatis Typographicæ Librorum Officij Ecclesiastici, 1664
In fine: sumptibus Sebastiani Cramoisy, Gabrielis Cramoisy, Georgii Iosse, Dionysii Béchet, Guillelmi le Bé, Sebastiani Huré, Gabrielis & Nicolai Clopejau, Simeonis Piget, Petri le Petit, Ludovici Billaine, Godefridi Marcher, Federici Leonard & Ioannis Dupuis
2°: á⁶, A-2C⁴, 2D², ?², A-2C⁴, ?², A-Q⁴, R⁶; [12], 212, [4], 207, [4], 140 p.: ill.; gegrav. titelp.
- EVIII/18 (herk.: Guilielmus Cabos ... ceremoniarius Cathedralis Antverpiæ); ook ex. in prelatuur

PONTIFICALE ROMANUM   P195
Pontificale romanum Clementis VIII et Urbani PP. VIII auctoritate recognitum nunc denuo cura Annibalis S. Clementis [Annibale Albani] ... editum. Cum figuris æri incisis Rich. van Horly ...
Bruxellis, typis Georgii Fricx, 1735
8°: 3 dln; ill.
- DI/29-30 (dln 2 & 3)

PONTIFICALE ROMANUM   P196
Pontificalis romani pars perutilis ...
Bruxellis, apud Georgium Fricx, 1748
12°: *², A-D¹², E¹⁰; VI, 115 p.
- ArDIII/36

PORTA, Joannes Baptista   P197
De occultis literarum notis seu ... libri IIII. Io. Baptista Porta ... auctore
Montisbeligardi, apud Iacobum Foillet, expensis Lazaris Zetzneri, 1593
8°: ()⁸, a-r⁸, A-B⁸, C²; [16], 275 [=269], [1bl], 24, [11] p.
- PIII/28 (herk.: Bibliotheca Parcensis; M. theca VII)

POSITIONES EX UNIVERSO ...   P198
Positiones ex universo systemate theologico, quas sequentes canonici regulares Præmonstratenses e disciplinis, quibus hoc anno exculti sunt Pragæ in Monte Sion mense aug. publice propugnabunt: Cajetanus Franc. Lysander ab Ehrenfeld ... Mansuetus Franc. Peer ... Dominicus Jos. Artner ... Adolphus Joan. Bapt. Fischer ... Vincentius Ferr. Franc. Koerber ... Engelbertus Georgius Thomas ... Eugenius Franc. Schramek ... Candidus Jos. Kucharz ... Ferdinandus Mauritius Seka ... Joannes Sarcander Hager ... Adalbert Carolus Pelikan ... Herrmannus Maximil. Hohenhaüser ... Michaël Franc. Fischer ... Thaddæus Jos. Filzbauer ... Carolus Jacobus Mayerhofer ... Adalbertus Joan. Bapt. Rzebka ... Jacobus Vincent. Patzoll ... Gilbertus Ignatius Zimmerman ... Gerlacus Joannes Strnischtie ...
p. 42: *Historische Darstellung der Schicksale des königlichen Stiftes Strahow. Zweyte Periode vom J. 1200 – 1586.* Prag, gedruckt in der v. Schönfeldschen k.k. Hofbuchdruckerey, 1806

P

Andere: Methudius Josephi Landerer, Johann Karl Stoppani, Benedictus Joannes. Nep. Pfeiffer, Milo Johann Nepomuk Grün
Pragæ, typis Ferdinandi Nobilis de Schönfeld, 1806
8°: 127 p.
- ArEIII/18

POSSEVINO, Antonio, S.J.   P199
Le soldat chrestien, avec l'instruction des chefs d'une armée catholique. Traduict de l'Italien du … Anth. Poussevin … par Cl. Girard …
A Lyon, chés Jean Lautret, 1627
In fine: De l'imprimerie de feu Ionas Gautherin, par Marcellin & Pierre Gautherin. MDCXXVII
12°: á⁸, A-L¹², M⁴; [16], 260, [10] p.
- LI/27 (herk.: Rum. du Chateau Past. de nre Dame au bois 1707 [Park])

POSSEVINO, Giovanni Battista   P200
Praxis curæ pastoralis utilissima præcipue circa repentina et generaliora. Authore Io. Bapt. Bernardino Possevino … Additionibus authoris notisque Andr. Victorelli … aucta
Coloniæ, sumptibus Petri Henningii, 1616
12°: (†)⁸, A-2C¹², 2D⁴; [16], 573, [58] p.
- II/10

POTESTAS, Felix, O.F.M.   P201
… Felicis Potestatis … Examen ecclesiasticum …
Coloniæ, apud Wilhelmum Metternich, 1712
4°: *⁶, A-6H⁴, 6I²; [12], 944, [42] p.
- JIV/16 (herk.: Inscriptus Bibliotheca Pragensi ad Nives Marianas 1815)

POUGET, François Aimé, Orat.   P202
Institutiones catholicæ in modum catecheseos … Auctore eodem et interprete Francisco-Amato Pouget … Nova editio
Lovanii, e typographia J. P. G. Michel, 1774
8°: 14 dln
- ArJVIII/10-23 (herk.: B. Van Cauwenberghe past. St Jac. Lov.)

POUGET, François Aimé, Orat.   P203
Instructions générales en forme de Catechisme …[F.-A. Pouget]. Imprimées par ordre de … Charles Joachim Colbert …
A Paris, chez Augustin Leguerrier, 1702
4°: á⁴, é⁴, í², A-4D⁴, a-i⁴, k²; XVIII, [2], 583, [1], 76 p.
- VI/3

PRAEL-TREYN …   P204
Prael-treyn verrykt door ry-benden, prael-wagens … toegeschikt aen het duyzend-jaerig jubilé van den … patroon der stad ende provincie van Mechelen den heyligen Rumoldus. Onder 't gezag … van het Magistraet der zelve stad ende provincie … uytgewerkt door de Latynsche school onder de zorg der priesters van 't Oratorie …
Voortitel: *Prael-treyn zullende geschieden den XXVI van Junius, den IV van Julius, den X van Julius MDCCLXXV*
Tot Mechelen, by Joannes-Franciscus vander Elst, (1775?)
4°: π⁴, A⁴(-A⁴), B-I²; [12], 34 p. + ill (uitsl. pltn)
- ArGVIII/1 (A³ & G² ontbr.)

PRECIPIANO, Humbert-Guillaume de   P205
Altera epistola pastoralis …Humberti Gulielmi a Præcipiano…
p. 70: *Decretum … Matthiæ Hovius de celebratione festorum (1598)*
Mechliniæ, typis Laurentii Vander Elst, (1724?)
8°: π¹, A-E⁸; 79 p.
- DI/7/5 & LII/33/5

PRECIPIANO, Humbert-Guillaume de   P206
Decretum illustrissimi … D. Humberti Guilielmi a Precipiano … quo prohibet scriptum cui titulus 'Casus Conscientiæ' aliosque id genus libros
S.l., s.n., 1704
8°: A-I⁴; 72 p.
- ArDIV/7/2

PRECIPIANO, Humbert-Guillaume de   P207
Motivum juris, impressum mandato … Humberti Guilielmi archiepiscopi Mechliniensis … pro defensione juris asyli …
S.l., s.n., 1700
8°: π², A-H⁴, I²; [4], 68 p.
- ArDIV/7/8

PRECIPIANO, Humbert-Guillaume de   P208
Epistola pastoralis … Humberti Guilielmi a Præcipiano
Mechliniæ, typis Laurentii Vander Elst, (1724?)
8°: A-C⁸(-C⁸); 46 p.
- DI/7/4 & LII/33/4

PRECORDIALE DEVOTORUM   P209
Precordiale devotorum
(Paris), Iehan Petit, (1503)
In fine: *… hoc opusculum … Parisius impressum pro Johanne Petit … Anno domini millesimo quingentesimo tercio …*
Toegeschreven aan Jacobus Philippi.
8°: a-l⁸(-l⁸); niet gepag;.gerubriceerd
- ArBI/11/3

PREINGUE, Jordanus, O.P.   P210
Theologia speculativa et moralis. Authore … Jordano Preingué…
Gandavi, 1-2: typis viduæ Petri de Goesin; 3: typis Joannis Meyer, 1744; 4-6: typis Michaelis de Goesin; 7-11: typis Petri Joannis Vereecken, (1744?)
8°: 13 dln
- HI/14-24 (dln 12 & 13 ontbr.; herk.: Bibliotheca Conv. Namurc. Ord. FF. Præd. 1746)

PREINGUE, Jordanus, O.P.   P211
Theologiæ moralis repetitio. Authore … Jordano Preingué … Pars secunda …
Gandavi, typis Francisci Bernaert, (1747?)
8°: π¹, A-M⁸; [2], 186, [4] p.
- ArAVII/23 (herk.: Ex libris C. Mas<?>lynck … in Roosenberghe)

PRICKARTZ, Joseph, O.Præm.   P212
Theologia moralis universa. Authore … Josepho Prickartz …
Coloniæ Agrippinæ, apud Jacobum Theodorum Jansen, 1763-1766
8°: 8 dln
- PrGI/1-8 (herk.: Ad usum fr. A. Baré 1766 [Park]; Ad usum fr. Antonii Siraux religiosi in Sti Foillani juxta Rhodium 1768) & PrIVI/1-8

PRICKARTZ, Joseph, O.Præm.   P213
Tractatus de sacramento matrimonii, cui accessit Tractatus de censuris. Authore … Josepho Prickart …
Namurci, typis G. J. Lafontaine & typis Joannis Francisci Stapleaux, 1771
8°: π⁸, A-2N⁸, 2O⁴; XVI, 584 p.
- PrHI/17 (herk.: I. A. Van Der Straeten [Park])

PRIVILEGIA ACADEMIÆ   P214
Privilegia Academiæ sive studio generali Lovaniensi, ab apostolica sede, imperatoribus, regibus, aliisque principibus, con-

cessa
Lovanii, apud Bernardinum Masium, 1644
4°: A-2B⁴, *⁴; 199, [1], [8] p.
- ArHV/13 (herk.: Ad usum G. Georgy van Oyenbrugghen, lectoris Parchensis 1704)

PRO, Antonius Josephus   P215
Divus Paulus conversus militantis ecclesiæ christianæ dux fortis ac gloriosus panegyrico celebratus ... Oratore Antonio Pro ... die 24 anni ... 1745
Bruxellis, s.n., (1745?)
4°: A-B⁴; 14 p.
- ArKIII/7/30

PROCESSIONALE ...   P216
Processionale insignis cathedralis Ecclesiæ Antverpiensis B. Mariæ ...
Antverpiæ, ex officina Christophori Plantini, 1578
4°: %⁴, A-I⁸, K-Z⁴, a-f⁴; [8], 302, [2] p.
- ArGVII/9 (d-f⁴ ontbr.)

PROCESSIONALE ROMANUM   P217
Processionale pro ecclesiis ruralibus ritibus Romanæ Ecclesiæ accomodatum ...
Antverpiæ, ex architypographia Plantiniana, 1795
4°: a⁴, A-P⁴, Q², a-k⁴, l²; [8], 124, LXXXIII, [1] p.: muz.
- PrIVII/6

PROCESSIONALE ROMANUM   P218
Processionale pro ecclesiis ruralibus, ritibus Romanæ Ecclesiæ accomodatum ...
Antverpiæ, ex architypographia Plantiniana, 1819
4°: a⁴, A-P⁴, Q², a-h⁴, i²; [8], 124, LXXXIII p.: muz.
- ArGVII/4

PROCESSIONALE PRÆMONSTRATENSE   P219
Processionale ad usum sacri, et canonici Præmonstratensis ordinis ... Augustini le Scellier ... authoritate editum
Parisiis, apud Fredericum Leonard, 1666
In fine: Parisiis, ex officina Roberti Ballard ...
8°: á⁴, A-2C⁸, 2D⁴, a⁴, b-g⁸, h²(-h²); [8], 424, LXXXIX, [7] p.
- PrFIII/9 & ArFII/27

PROCESSIONALE PRÆMONSTRATENSE   P220
Processionale ad usum sacri et canonici ordinis Præmonstratensis ... auctum & emendatum [Nicolas Mansuy]. Jussu ... Claudii Honorati Lucas ...
Virduni, apud Claudium Vigneulle, 1727
4°: *⁴, A-Gg⁴, a-n⁴; [46], 240, CIII p.
- DIII/28 (herk.: Ad usum Fratris Leonis Martin), PrIVII/5 (herk.: *Revrndi Domini Abbatis* [supralibros]) & ArFII/28 (herk.: Floreffe A parte Rᵈⁱ Dⁿⁱ Prælati 8 [supralibros]; Ecclesiæ de La Bausart 1810; Frater Josephus 1864)

PROCESSIONALE PRÆMONSTRATENSE   P221
Processionale ad usum ordinis Præmonstratensis, variis accessionibus usuum eiusdem ordinis auctum [Wilhelm Hanser]. *... Joan. Bapt. L'Ecuy ... auctoritate editum*
Nanceii, apud H. Haener, 1787
8°: a⁴, A-P⁸, Q⁴; VIII, 248 p.
- ArFII/29

PROEVE VAN POËTISCHE MENGELSTOFFEN   P222
Proeve van poëtische mengelstoffen. Door het kunstlievend kunstgenootschap onder de spreuk: Kunstliefde spaart geen vlijt...
Te Leyden, bij C. van Hoogeveen, junior, 1773

In fine: Ter boekdrukkerije van Jacobus van Karnebeek ... in 's Gravenhage
Coll.: Joannes Le Francq van Berkhey; Johan Pieter Broeckhoff; J. V. S.; C. V.; D. V. D. S.; G. V. S.; J. V. N.; C. V. H. J.; J. V. H.; G. B.; S. V. D. W.; R. V. S.; W. V. D. J.; J. P. B.; K. S. G. V.; C. V. D. P.; J. S.
8°: π¹, *-3*⁸, A-N⁸, O²; [2], XXX, 208, [3] p.; gegrav. titelp.
- ArJVIII/9

PROEVE VAN ZEDEPOËZY   P223
Proeve van zedepoëzy (Concordia et Labore)
Te Dordregt, by Abraham Blussé, 1755
In fine: Te Leyden, gedrukt ter boekdrukkerye van Van Damme
Coll.: Jan Luyken, Pieter Meyer, Joannes Badon, Willem van der Jagt, P. de Bruyn, R. Wouters, J. van Hoogstraten, Adriaan Kluit, Bernard Elikink (lofdichten)
8°: *⁷, [23 f. met onregelm. sign.], ?¹, A-T⁸; [62], 304 p.; gegrav. titelp.
- ArJVI/1

PROPOSITIONIS INTER 101 ...   P224
Propositionis inter 101 tertiæ per SS. Patres & Scripturam demonstrata veritas et inde conclusum, bullam Unigenitus non esse receptam ab Ecclesia
S.l., s.n., 1720
8°: A¹⁰; 20 p.
- ArDIV/11/9

PROTIVA, Joseph, O.Præm.   P225
Positiones criticæ ex universa historia ecclesiastica. Quas ex Prælectionibus ordinariis ... Cornelii Stephan ... defendet... in ecclesia ... Vetero-Pragæ ... Josepus Protiva ... anno DCCXXXI mense julio ...
S.l., s.n., 1781
8°: *⁷, a⁴, A-2F⁸, 2G⁴, 2H²; [30], 462, [12] p.
- ArEIV/1

PROYART, Liévin-Bonaventure   P226
Louis XVI et ses vertus aux prises avec la perversité de son siècle. Par ... Proyart. Nouvelle édition
A Paris, chez les libraires associés, 1808
8°: 4 dln
- TI/13-16

PUENTE, Luis de la, S.J.   P227
Den gheestelycken leydtsman waer in ghehandelt wort van het ghebedt, meditatie ende contemplatie ... Ghemaeckt in 't Spaensch door ... Ludovicus de la Puente. Verduytst door ... Andreas de Boeye (ed.: Franciscus de Smidt)
T'Antwerpen, by Cornelis Woons, 1650
4°: á⁴, é⁴, í⁴, ó⁴, A-5I⁴; [32], 806 [=808] p.
- ZI/13 & PrHIII/15 (herk.: Ongeschoijde Carmelitessen tot Aelst)

PÜRSTINGER, Berthold? EBSER, Johann?   P228
Onus ecclesiæ ... [B. Pürstinger?, J. Ebser?]
S.l., s.n., 1620
4°: π¹, A-3C⁴; [2], 381, [10] p.; gegrav. titelp. & front.
- ZI/14 (herk.: Bibliotheca Coll. Max. S.j. Lovan. [stempel]; Jo. Fr. Vandevelde 1801; ex bibliotheca P.P. Lammens)

PUTEANUS, Erycius   P229
ErycI Puteani *Auspicia Bibliothecæ publicæ Lovaniensis.* Accedit *Catalogus librorum primæ collectionis,* a curatoribus eiusdem Bibliothecæ editus
Lovanii, typis Everardi De Witte, 1639
Nota: foute datum MDCXXXVIX met de hand gewijzigd
Coll.: Valerius Andreas (*Oratio auspicialis*)
4°:)(⁴, A-F⁴, G², A-Q⁴, R²; 60, 130 p.

- PrCII/16/7 (laatste pp. ontbr.)

PUTEANUS, Erycius   P230
Erycii Puteani *De purificatione Virginis-Matris oratio, Lovanii, in Æde Sodalitatis habita, postridie kalend. Februarii, MDCXII*
Lovanii, typis Io. Christoph. FlavI, (1612?)
4°: (%)⁴, A-C⁴; [8], 21, [3] p.; grav. op titelp.
- PrGIII/10/3

PUTEANUS, Erycius   P231
ErycI Puteani *Epistolarum Apophoreta. Centuria IV & recens*
Lovanii, ex officina Flaviana, 1612
4°: (%)⁴, (†)⁴, A-O⁴, P²; [16], 116 p.; gegrav. titelp.
- PrGIII/10/1 (herk.: Bibliotheca parchensis N theca III; Joannis Chrysostomos Blomme [Park])

PUTEANUS, Erycius   P232
ErycI Puteani *Epistolarum bellaria. Centuria III & nova*
Lovanii, ex officina Flaviana, 1612
Coll.: Justus Lipsius (brief); Joannes Baptista Saccus
4°: (:)⁴, (†)⁴, A-T⁴; (16), 152 p.
- PrGIII/10/4

PUTEANUS, Erycius   P233
ErycI Puteani *Epistolarum reliquiæ Centuria V & postrema*
Lovanii, ex officina Flaviana, 1612
4°: (%)⁴, †², A-S⁴; [12], 144 p.; gegrav. titelp.
- PrGIII/10/2

PUTEANUS, Erycius   P234
Erycii Puteani *Epistolarum selectarum apparatus miscellaneus, et novus ... Centuria prima [-secunda]*
Antverpiæ, typis viduæ & hæredum Ioannis Cnobbari, 1645
16°: A-Q⁸; [12], 241 [=239], [3], [2bl] p. + a-o⁸; [12], 208, [3] p.; gegrav. titelp.: typis Ioan. Cnobbari 1637
- PrJII/8

PUTEANUS, Erycius   P235
ErycI Puteani ... *Epistolarum apparatus posthumus. In centurias septem distributus. Opera & industria Xysti Antonii Milseri ...*
Lovanii, typis Andreæ BouvetI, 1662-1663
Coll.: Albertus Le Roy, Bern. Heymbachius, Antonius Douche
8°: onregelm. gepag.; gegrav. bijk. titelp.(1663); portret van de aut.
- UI/3-4 (herk.: N. theca III [Park]; J. De Pauw [Park])

PUTEANUS, Erycius   P236
Erycii Puteani *Historiæ Belgicæ liber singularis de obsidione Lovaniensi anni MDCXXXV*
Antverpiæ, typis Ioannis Cnobbari, 1636
16°: A-N⁸; [20], 179, [9] p.
- PrJVII/3

PUTEANUS, Erycius   P237
ErycI Puteani *Idea heroica, principis unius omnium optimæ Isabellæ Claræ Eugeniæ vita et morte in exemplum delineata. Adjuncta est Balthasaris Nardi ... epistola*
Lovanii, apud Ioannem Oliverium & Corn. Cœnestenium, 1634
4°: *⁴, A-E⁴; [8], 39 p.
- ArGVII/12/2

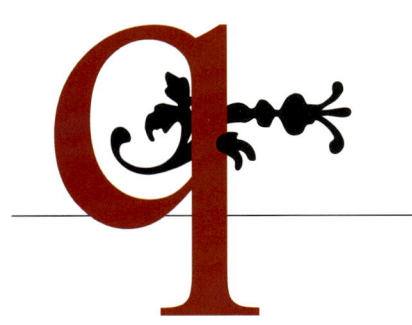

QUÆSTIO MONASTICO-THEOLOGICA ...   Q1
Quæstio monastico-theologica de carnium esu. Resoluta ad mentem ... divi Bernardi, et ... S. Thomæ Aquinatis ... Opera et studio quorundam ... theologorum Academiæ Lovaniensis
Lovanii, typis Martini van Overbeke, (1751?)
4°: *-2*⁴, 3*-4*²(-4*²), A-3V⁴, 3X²; XXII, 454, 75, (2) p.
- LV/20 (herk.: Primus ... Joannes Baptista Aerts Arschotanus ... quod attestor P. J. Belmans ... Molle 31 julij 1788 [prijsboek])

QUÆSTIONES ANNUI CONCURSUS...   Q2
Quæstiones annui concursus Mechliniensis, ab anno 1745 ad 1776 inclusive. Editio tertia
In fine: *Qæstiones concursus anni 1777*
Lovanii, typis L. J. Urban, 1776
8°: π⁸, A-Z⁸, 2A¹², N-O⁴, ?¹; [16], 392, 17 p.
- ArCIV/18/1 (herk.: Ex libris Jois Tribout Rel. Parc. 1837; Nunc in usum eum accepit Hermannus Josephus Plasmans natus in Wommelghem [Park]; Ex aula 'Nameche')

QUÆSTIONES ANNUI CONCURSUS ...   Q3
Quæstiones annui concursus Mechliniensis, ab anno 1745 ad 1778 inclusive. Editio quarta
In fine (p. 363-434): *Quæstiones anni 1778 (-1783)*
Lovanii, typis L. J. Urban, 1778
8°: π², A-Z⁸, 2A-2B⁴, 2A-2D⁸, 2E⁴; [4], 362, XIX, [2], 363-434 p.
- ArCIV/19 (herk.: Ad usum Raymaekers)

QUÆSTIONES CONCURSUS ...   Q4
Quæstiones concursus pastoralis Mechliniensis anni 1783 (-1793)
(Mechelen, P. J. Hanicq, 1782-1793?)
In fine van elk deeltje: Mechliniæ, typis P. J. Hanicq
8°: 12 fascikels (A⁸; 16 p.)
- ArCIV/18/2 & ArCIV/19/2 (1783 ontbreekt)
Nota: van 1784 & 1786 bestaan 2 verschillende drukken

QUÆSTIONES CONCURSUS ...   Q5
Supplementum ad collectionem quæstionum theologicarum concursibus pastoralibus Mechliniensi in archidiœcesi propositarum ab anno 1745 ad annum usque 1776 ... Additæ cum dic-

tatis in seminario solutionibus quæstiones, concursu hujusce anni 1777 habitæ
Bruxellis, typis H. F. t'Serstevens, (1777?)
8°: π¹, A-M⁴; 97, [1] p.
- ArCIV/18/3

QUÆSTIONES CONCURSUS ... Q6
Quæstiones annui concursus Mechliniensis, una cum responsionibus, ab anno 1745 usque ad annum 1797. Ed. Nova
Mechliniæ, typis P.-J.Hanicq, 1828
XX, 675 p.
- JI/21 (herk.: Vanderkerkhoven)

QUÆSTIONES SCRIPTURISTICÆ ... Q7
Quæstiones scripturisticæ in communem utilitatem ordine alphabetico digestæ
Gandavi, typis Ludovici le Maire, (1788?)
8°: A-2G⁸, 2H⁴; 486, [2] p.
- UI/5 (herk.: Blockx [Park]; Durieux [Park]; Raeymaekers)

QUÆSTIONES SCRIPTURISTICÆ ... Q8
Quæstiones scripturisticæ in communem utilitatem...Editio quarta
Lovanii, e typographia Francisci Michel, 1821
12°: π⁴, A-3D⁶, 3E⁴; VIII, 608 p.
- CI/11

QUARRÉ, Jean Hugues, Orat. Q9
De godtvruchtighe onderhoudenissen van de christene ziele. In 't François eerst ghemaeckt door ... I. H. Quarré ... Den vierden druck
Tot Brussel, by Philips Vleugaert, 1658
12°: A-H¹²; 186, [4] p.
- ArCI/14/3

QU'EST-CE QUE ... Q10
Qu'est-ce que le collège philosophique?
Louvain, Michel, 8bre 1825
28 p.
- ArFIV/16/4

QUESNEL, Pasquier Q11
Abbrégé de la morale de l'Evangile ou Pensées chrétiennes sur le texte des quatre évangelistes [P. Quesnel]
A Paris, chez André Pralard. Se vend à Bruxelles, chez Eugene Henry Fricx, 1693
12°: 4 dln
- ArDIV/24-25 (dln 1 & 2; dl 1 onvoll. in fine; herk.: Joannis van Scherpenbergh Pbr, Antverpiensis; Christinne de Bauffer 1696)

QUESNEL, Pasquier Q12
Brief van Paschier Quesnel aen syne heyligheyd Clemens XI, paus van Roomen, met verscheyde bemerkingen
T'Antwerpen, by Iacobus van Gaesbeeck, 1719
8°: A-F⁸, G⁶(-G⁶): 105 p.
- YIII/35/5

QUESNEL, Pasquier Q13
Confession juridique de M. Humbert Guillaume de Precipian ... archevêque de Malines. Bref du Pape Innocent XI pour l'absolution de cet abbé. Probleme moral et canonique sur ce sujet proposé à M. Malo [P. Quesnel] ...
S.l., s.n., (1705?)
8°: A-B⁸; 32 p.
- ArDIV/7/5

QUESNEL, Pasquier? Q14
Découverte des calomnies de Louys Benoist [= Etienne Dechamps]. Par *** prestre de l'Oratoire [P. Quesnel?]
A Cologne, chez Pierre le Grand, 1692
8°: A-P⁴; 118, [2] p.
- ArDIV/5/12

QUESNEL, Pasquier Q15
Divers abus et nullités du décret de Rome du 4 octobre 1707, au sujet des affaires de l'Eglise catholique des Provinces-Unies [P. Quesnel]
S.l., s.n., 1708
12°: A-K¹²; 234, [6] p.
- ArDIV/2/5

QUESNEL, Pasquier? PETITPIED, Nicolas? Q16
L'etat present de la faculté de theologie de Louvain, où l'on traite de la conduite de quelques-uns de ses theologiens ... [P. Quesnel? N. Petitpied?]
A Trevoux, chez Etienne Ganeau, 1701
8°: a-b⁸, A-V⁸; XXXII, 318 p.
- YV/40

QUESNEL, Pasquier Q17
La Foy et l'innocence du clergé de Hollande, defendues contre un Libelle diffamatoire intitulé, 'Mémoire touchant le progrès du Jansenisme en Hollande'. Par Mr Du Bois Prestre [= P. Quesnel]
A Delft, chez Henry van Rhyn, 1700
12°: *¹⁰, A-I¹², K²(-K²); [20], 216, [1] p.
- ArDIV/2/2

QUESNEL, Pasquier Q18
Mémoire pour l'Eglise et le clergé d'Utrecht, où l'on fait voir que depuis la naissance de la Réforme dans les Provinces-Unies, cette Eglise n'a rien perdu de ses droits & de sa jurisdiction [P. Quesnel]. Seconde édition
A Amsterdam, chez Nicolas Potgieter, 1722
12°: *⁴, A-I¹², K*, K²; [8], 220, [2] p.
- YV/23/1

QUESNEL, Pasquier Q19
Mémoires pour servir à l'examen de la Constitution du Pape contre le Nouveau Testament en François ... [P. Quesnel]
S.l., s.n., 1713
12°: *¹², A-E¹², F⁶; XXII, [2], 131 p.
- YIII/38/1 (herk.: Melchior Schaijes Rel. Parch.)

QUESNEL, Pasquier Q20
Second memoire pour servir à l'examen de la Constitution du Pape contre le Nouveau Testament en françois avec des réflexions morales [P. Quesnel]. Seconde édition
S.l., s.n., 1714
12°: *-2*¹², A-M¹², N⁶; XLVIII, 300 p.
- YIII/38/2

QUESNEL, Pasquier Q21
Troisiéme memoire pour servir à l'examen de la Constitution du Pape contre le Nouveau Testament en françois ... [P. Quesnel]
S.l., s.n., 1714
12°: *⁸, A-G¹², H⁴; XVI, 176 p.
- YIII/39/1

QUESNEL, Pasquier Q22

Quatriéme memoire pour servir à l'examen de la Constitution du Pape contre le Nouveau Testament en françois ... [P. Quesnel]
S.l., s.n., 1714
12°: *¹², A-M¹²; XXIV, 286, [2] p.
- YIII/39/2

QUESNEL, Pasquier   Q23
Septieme memoire pour servir à l'examen de la Constitution Unigenitus contre le Nouveau Testament en françois [P. Quesnel] ...
S.l., s.n., 1716
12°: *-6*¹², 7*⁸, A-S¹², T⁸; CLVIII, [2], 470 p.
- YIII/40

QUESNEL, Pasquier   Q24
Tres-humble remontrance a messire Humbert de Precipiano ... sur son decret du XV janvier 1695 portant defense de lire ... plusieurs livres, & particulierement celuy de la frequente communion compose par messire Antoine Arnauld [P. Quesnel] ...
S.l., s.n., 1695
8°: *³, A-N⁴; 104 p.
- ArDIV/7/1

QUETIF, Jacobus, O.P.   Q25
Scriptores Ordinis Prædicatorum recensiti notisque historicis et criticis illustrati. Inchoavit ... Jacobus Quetif ... absolvit ... Jacobus Echard ...
Lutetiæ Parisiorum, apud J. B. Christophorum Ballard et Nicolaum Simonart, 1719-1721
2°: π², á¹, á⁴, a-g², A-6A⁴, 6B-6G²; [14], XXVIII, 952 p. + π², a-h², A-5O⁴, 5P-6F²; [4], XXXII, 999, [1] p.
- TIX/18-19 (herk.: Bibliotheca Sloaniana A270; Museum Britannicum, 1881, for sale)

R. L.   R1
Elenchus historicus, of Geschichtkundig kortbegrip der Molynisten en Jansenisten ... tzaamgestelt, door R. L.
t'Amsterdam, by Jacob van Royen, 1703
8°: A-C⁸, D⁴; 56 p.
- ArDIV/4/2

RABUS, Pieter   R2
Gedichten van Pieter Rabus
Te Amsterdam, bij Jan Hartig, 1741
Coll.: Janus Broekhusius, D. Schelte
4°: *⁴, A-3G⁴, ?¹; [28], 401, [4] p.
- UII/30 (titelblad ontbr.)

RACINE, Jean   R3
Œuvres de Jean Racine
Paris, de l'imprimerie de Mame, frères, 1807-1809
Nota: Stéréotype d'Hernan
4 dln
- ArJV/4-7

RACINE, Jean   R4
Œuvres de Jean Racine. Avec des commentaires par J. L. Geoffroy
Paris, Genets, Jⁿᵉ, 1808
8°: 7 dln; gegrav. portret van de aut. in front. in 1
- SIII/37-43

RADERUS, Matthæus, S.J.   R5
Matthæi Raderi ... *Ad M. Valerii Martialis Epigrammaton libros omnes* ... Curæ secundæ
Ingolstadii, ex typographeio Adami Sartorii, 1611
2°: A-Z⁶, a-z⁶, Aa-Zz⁶, aa-uu⁶, xx⁸; [30], 1077, [62] p.
- XIX/18 (herk.: Coll. Soctis Jesu Lovanii 1639; Bibliothecæ Gymn.S. Trinitatis jussu M. T. Augustæ e Biblioth. extinctæ Societatis 25 april 1779)

RADERUS, Matthæus, S.J.   R6
Bavaria sancta. Maximiliani ... auspiciis cœpta, descripta eidemque nuncupata à Matthæo Radero ...
Monachii, ex formis Annæ Bergiæ viduæ. Apud Raphaelem

Sadelerum ... venalis, 1615
Nota: Raphael Sadeler Antverpianus ... tabulis æreis expressit et venum exposuit. Monaci (onderaan titelp.)
2°: A-Ff⁶; 161, [12] f.: ill.; gegrav. titelp., 60 grav.
- PrDVI/17 (7 grav. ontbr.; titelblad is beschadigd)

RADULPHUS FLAVIACENSIS, O.S.B. R7
Radulphi Flaviacensis ... *In mysticum illum Moysi Leviticum libri XX* ... nunc primum publico donati (ed.: Eucharius Cervicornus, Theobaldus Spengell)
Coloniæ, impensis Petri Quentell. Eucharius Cervicornus Agrippinas chalcographus Marpurgensis excudebat, 1536
2°: †a⁶, †b⁶, a-2b⁶, 2c⁸(-2c⁸); [24], 314 p.; twee kolommen
- EV/20/2

RAISONS QUI EMPÊCHENT ... R8
Raisons qui empêchent les religieux de l'ordre de Saint François en France, d'adhérer a l'appel de son Emin. Mons. le cardinal [Louis-Antoine] *de Noailles*
A Louvain, chez Jean Baptiste Schellekens, 1719
8°: A⁴; 7 p.
- YIII/33/16

RAISSE, Arnould de R9
Ad Natales sanctorum Belgii Ioannis Molani auctarium ... Auctore Arnoldo de Raisse
Duaci, ex typographia Petri Avroy, 1626
Coll.: Andreas Hoius; Gerardus Eligius, O.Cart.; Petrus Fremin *(Carmen)*
8°: *-3*⁸, A-2O⁸; [24], 386 [=286] f., 387-403 [=287-303], [3] p.; grav. op titelp.
- PrHVII/16

RAISSE, Arnould de R10
Arnoldi Raissii ... *Belgica christiana sivè Synopsis successionum et gestorum episcoporum Belgicæ provinciæ* ...
Duaci, ex typographia Bartholomæi Bardou, 1634
4°: á⁴, é⁴, í⁴, A-3E⁴, 3F²; [24], 411, [1] p.
- NII/10 (marginalia)

RAISSE, Arnould de R11
Hierogazophylacium Belgicum, sive thesaurus sacrarum reliquiarum Belgii. Authore, Arnoldo Rayssio ...
Duaci, apud Gerardum Pinchon, 1628
8°: *-2*⁸, A-2N⁸; [32], 557, [19] p.
- JIV/26/1 (herk.: Nordkirchen [ex libris]; J.-A. Versteylen. Abbas parcencis 1959)

RAM, Petrus Franciscus Xaverius de R12
Levens van de voornaemste heyligen en roemweerdige persoonen der Nederlanden [P. F. X. de Ram]
Te Mechelen, by P. J. Hanicq, 1827-1829
8°: 4 dln
- QI/18-21

RAMPEN, Henricus R13
Commentarius Henrici Rampen ... in quatuor Evangelia
Lovanii, typis Francisci Simonis, 1633-1636
4°: 3 dln
- CII/4-6 (herk.: Ex dono ... P. Bouille ... (†1691); Capucinorum Namurcensium) & DIV/26-28 (herk. in 1: Bibliothecæ collegij Sᵗⁱ Antonij a Padua fratrum min. ... dono dedit Author 1635; in 2 & 3: Bibliothecæ S. Antonii Paduani ex dono ... Nicolai Ailner[?] sacerdotis Hiberni)

RANST, Franciscus van, O.P. R14
Opusculum historico-theologicum de indulgentiis et jubilæo, præsertim anni sancti jam imminentis ... Authore ... Francisco Van Ranst ... Juxta exemplar Romæ 1724 excusum
Sylvæ-Ducis, typis Petri Scheffers, 1731
8°: A-N⁸; 192, [12] p.
- GII/23

RAPHELENGIUS, Franciscus R15
Heroes Veteris Testamenti. In ære graphicè expressi (ed.: F. Rapheleng)
[Leiden], ex officina Plantiniana Raphelengii, 1601
8°: A-E⁸; [4] p. + 38 pltn
- ArEV/13 (prent 1 ontbr.)

RAUTENSTRAUCH, Franz Joseph? RIEGGER, Paul Joseph von? R16
Synopsis juris ecclesiastici publici et privati, quod per terras hæreditarias augustissimæ imperatricis Mar. Theresiæ obtinet [F. J. Rautenstrauch? P. J. von Riegger?]
Vindobonæ, typ. Ioan. Thom. Nob. de Trattnern. Prostant Lovanii, apud J. P. G. Michel, 1777
8°: A-H⁴; 63 p.
- MIV/28

RAYE, Nicolaus, S.J. R17
Altera epistola familiaris ad ... Hubertum Gautium ... (R. D. T.) [= N. Rayé]
Coloniæ, s.n., 1711
8°: A-B⁸, C⁴; 40 p.
- ArDIV/15/5

RAYÉ, Nicolaus, S.J. R18
Epistola familiaris ad ... dominum Hubertum Gautium ... (R. D. T.) [= N. Rayé]
Coloniæ, s.n., 1710
8°: A⁸, B⁴; 23 p.
- ArDIV/15/4

RAYÉ, Nicolaus, S.J. R19
Examen juridico-theologicum præambulorum ... Sebastiani a S. Paulo ad exhibitionem errorum, Danieli Papebrochio ... ab illo imputatorum, tribus responsionum partibus præponendum. Auctore Nicolao Rayæo ...
Antverpiæ, apud viduam et heredes Henrici Thieullier, 1698
4°: †⁴, A-H⁴; [6], 26 [=62] p.
- PIII/11/2

RAYÉ, Nicolaus, S.J. R20
Tertia epistola familiaris ad ... Hubertum Gautium ... (R. D. T.) [= N. Rayé]
Coloniæ, s.n., 1711
8°: A-B⁸, C⁴; 40 p.
- ArDIV/15/7

RAYMUNDUS de PENNAFORT, heilige R21
... Raymundi de Pennafort ... *Summa*. Juxta editionem anni MDCCXX, quam ... Honoratus Vincentius Laget ... procuravit
Veronæ, ex typographia Seminarii, apud Augustinum Carattonium, 1744
2°: π⁴, †-2†², a-f², g-k⁴, l²(-l²), *-2*⁴, A-4C⁴, a-h⁴; [16], LVIII, XVI, [2 bl], 576, [64] p.
- LIX/5

RAYMUNDUS JORDANUS, O.S.A. R22
Oculus mysticus. ... Raymundi Iordani ... Theophilus Raynaudus ... edidit ...
Lugduni, sumpt. hæred. Gabr. Boissat, & Laurentij Anisson,

R

1641
12°: *¹², A-L¹²; [24], 255, [9] p.
- PrFI/26 (herk.: mgr. Serroni, bisschop van Mende, aartsbisschop van Albi; mgr. de Beauvais, aartsbisschop van Narbonne; mgr de la Berchère, aartsbisschop van Narbonne [supralibros])

RAYNAUD, Théophile, S.J.   R23
… Theophili Raynaudi … *Erotemata de malis ac bonis libris* …
Lugduni, sumptibus Ioan. Antonii Huguetan, & Marci Antonii Ravaud, 1653
4°: †², á⁴, A-3C⁴, 3D²; [12], 378, [17] p.
- PIII/2

REBOULET, Simon   R24
Histoire du règne de Louis XIV, surnommé le grand, roy de France. Par … Reboulet …
A Avignon, chez François Girard, 1744
4°: 3 dln
- PrGV/7-8 (dln 2 & 3)

REBUFFUS, Petrus   R25
Praxis beneficiorum … Petri Rebuffi … Cui apposuimus bullam … Pauli III. *Additiones* … cura Audomari Rebuffi … necnon *Practicam* … Hieronymi Pauli Barchin …
Lugduni, apud hæredes Gulielmi Rovillii, 1620
2°: *⁴, A-3S⁶, 3T⁸; [8], 732, [52] p.
- MVIII/28 (herk.: Rossignol; de dono Dni Du Bois)

HET RECHT VAN DEN NATUER …   R26
Het recht van den natuer, van de volkeren, van de H. Roomsche Kerk, ende van de civile wetthen, geschonden door de actuele afschaffinge van de Abdye van Perck by Loven …
S.l., s.n., [1789?]
8°: A-E⁴; 42 p.
- ArFIV/15/32, ArFIV/15/33 & ArKIII/7/11

RECUEIL DE PLANCHES …   R27
Recueil de planches de l'encyclopédie par ordre de matières. Tome septième (Art militaire, Equitation, Escrime, Chorégraphie, Art héraldique, Mathématiques, Machines hydrauliques, Optique, Perspective, Astronomie, Instruments, Gnomonique, Oiseaux, Verrerie)
A Paris, chez Panckoucke. A Liège, chez Plomteux, 1789
4°: 144 enkelv. pltn, 90 dubbele pltn, 1 vierdubbele plt
- WVII/22

RECUEIL DES ACTES …   R28
Recueil des actes concernant le voyage de notre très-saint père le pape Pie VI, à Vienne
A Rome, de l'imprimerie de la Chambre Apostolique. Et à Liége, chez J. J. Tutot, 1782
8°: π³, A-K⁸, L⁴(-L⁴); [6], 166 p.; gegrav. titelp. & portret
- PII/23

RÉFLEXIONS SUCCINTES …   R29
Réflexions succintes sur la Lettre d'un catholique romain à un de ses amis d'Italie touchant l'état présent des catholiques romains en Hollande (zie L198)
S.l., s.n., (1704?)
8°: A⁸; 16 p.
- ArDIV/2/4

REFLEXIONS SUR LA PREMIERE …   R30
Réflexions sur la premiere instruction pastorale de son Em. le cardinal de Noailles au sujet de la constitution Unigenitus
Se vend a Louvain, chez François Vande Velde, (1719?)
8°: A-C⁸; 44, [1] p.
- YIII/34/10

REGELEN, ORDONNANTIEN …   R31
Regelen, Ordonnantien, ende Aflaten, met de welcke opgerecht is het Broederschap der Christene-Geloovige, onder den tytel der Onbevleckte Ontfangenisse … In de Kapelle van Jesus-Eycke in Sonien-Bosche, in 't jaer 1685
Tot Brussel, by de weduwe Guilliam Scheybels, (1685?)
12°: A¹²; 24 p.
- ArEVII/11/14

REGINALDUS, Valerius, S.J.   R32
Compendiaria praxis difficiliorum casuum conscientiæ … Valerio Reginaldo … authore
Duaci, ex typog. Baltazaris Belleri, 1625
24°: A-Y⁸, Z⁴; 360 p.
- ArBII/19 (herk.: Bibl. Coll. Torn. S.J., Litt. A4. N° 55)

REGNARD, Jean-François   R33
Œuvres de Regnard
Paris, chez mᵐᵉ veuve Dabo, 1824
4(?) dln
- ArJIIII/25 (dl 1)

RÉGUIS, François-Léon   R34
De stemme des Herders, ofte gemeyne saemenspraeken van eenen pastoor met zyne parochiaenen voor alle de sondagen van 't jaer. Door … Reguis … Uyt het Fransch in de Nederduytsche tael overgeset door … J. B. Kips …
Tot Loven, by J. P. G. Michel, 1777
8°: 3 dln
- PrHI/11-13 (herk.: Ex libris Josephi Joannis Van den Block Can. Præm. Abbatiæ Dilig. 1777) & ArEIV/14 (dl 1; herk.: Jacob Vangansen, Eppeghem)

REGUIS, François-Léon   R35
Die Stimme des Hirten. Vertraute Reden eines Pfarrherrn an seine Pfarrkinder. Auf alle Sonntage im Jahre. Vom Herrn Reguis … Aus dem Französischen übersetzt [Johann Daniel Heyde]. Dritte Auflage
Cölln, Münster und Paderborn, zu finden bey Johann Friederich Kepler, 1774-1776
8°: 6 dln
- ArAIII/24-28 (*Zweyte Sonntagspredigten* dl 1 ontbr.; herk. in 5 & 6: Joseph Erasimus Schmid, in Neukirch)

REICHARD, Dominicus, O.P.   R36
Animadversiones theologicæ in innocentiam, prudentiam, ac utilitatem probabilismi … contra theologum catholicum probabilistam … Franciscum Neumayr … A … Dominico Reichard …
Augustæ Vindelicorum, expensis FF. Prædicatorum, 1760
4°:)(⁴, A-S⁴; [8], 142 p.
- IIV/35 (herk.: In usum P. Floriani; Bibliothecæ Admontensis)

REIDANUS, Everardus   R37
Belgarum, aliarumque gentium, Annales. Auctore Everardo Reidano. Dionysio Vossio interprete
Lugduni Batavorum, ex officina Ioannis Maire, 1633
2°: *⁴, 2*¹, A-4A⁴, 4B²; [10], 561 p.
- SVI/13 (herk.: D. Boonen)

REIFFENSTUEL, Anacletus, O.F.M.   R38
Jus canonicum universum, clara methodo juxta titulos quinque librorum Decretalium in quæstiones distributum … Authore …

Anacleto Reiffenstuel … Editio secunda
Ingolstadii, sumptibus Joannis Andreæ de la Haye. Monachij, typis Mariæ Magdalenæ Riedlin, viduæ, 1728-1729
2°: 5 dln
- LVII/17-21

REIFFENSTUEL, Anacletus, O.F.M. R39
… Anacleti Reiffenstuel … *Theologia moralis*. Editio septima. Pluribus additionibus … adaucta … a … Massæo Kresslinger …
Mutinæ, sumptibus Jo. Baptistæ Albritii, Hieronymi filii, 1745
2°: a-c⁶, d⁴, A-2B⁶, 2C⁴; XXXXIV, 307 p. + π⁴, A-2I⁶; [8], 383 p.
- JVII/18

REIFFENSTUEL, Anacletus, O.F.M. R40
… Anacleti Reiffenstuel … *Theologia moralis*. Editio septima. Pluribus additionibus … adaucta a … Massæo Kresslinger …
Mutinæ, sumptibus Jo. Baptistæ Albritii, Hieronymi filii, 1747
2°: a-c⁶, A-2B⁶, 2C⁴; XXXVI, 307 p. + π⁴, A-2I⁶; [8], 383 p.
- JVII/17 (herk.: In usum Fr. Magni Salcher Bened. Admont.)
Nota: de drukken van R39 & R40 zijn licht verschillend

REIFFENSTUEL, Anacletus, O.F.M. R41
Theologia moralis. A … Anacleta Reiffenstuel … jamdudum edita, et novissime a … Flaviano Ricci a Cimbria … instaurata
Tridenti, ex typographia civica Francisci Michaelis Battisti, 1765
4°: *⁶, *⁴, A-4B⁴; [20], 573, [1] p. + π², *⁴, A-4F⁴; [12], 597, [1] p.
- IVI/21 (herk.: Pro usu Severiani Mikalowitz; Inscriptus Bibliotheca Pragensi ad Nives Marianas 1815)

REIHING, Jacobus, S.J. R42
Muri Civitatis Sanctæ. Hoc est religionis catholicæ fundamenta XII … explicata à … Iacobo Reihing …
Coloniæ Agrippinæ, apud Ioannem Kinckium, 1615
4°: *⁴, A-2R⁴; [8], 315, [5] p.; gegrav. titelp.
- MV/9

RELANDUS, Hadrianus R43
Antiquitates sacræ veterum Hebræorum. Breviter delineatæ ab Hadriano Relando. Editio tertia
Trajecti Batavorum, ex libraria Gulielmi Broedelet, 1717
8°: *⁴, A-2N⁸, 2O-2P⁴; [8], 548, [42] p.; bijk. gegrav. titelp.
- CI/13

REMARQUES D'UN DOCTEUR … R44
Remarques d'un docteur en theologie sur la protestation des Jesuites [Charles Le Gobien & Louis-Daniel Le Comte], *avec une réponse au nouveau libelle de ces Peres contre la censure de Sorbonne*
S.l., s.n., (1700?)
12°: A¹², B²; 28 p.
- ArDIV/1/3

REMARQUES SUR LA BULLE … R45
Remarques sur la bulle qu'on pretend estre donnee contre le livre de feu monsieur l'evesque d'Ipre [C. Jansenius] …
S.l., s.n., [1650?]
4°: A-B⁸; 15 p.
- PrCII/16/2

REMARQUES SUR LE BREF … R46
Remarques sur le bref de N.S.P. le Pape Clément XI à Mre Humbert Guill. a Precipiano … du 3 Mars 1708
S.l., s.n., (1708?)
4°: A⁴; 6 p.
- ArKIII/7/19

RENSON, Gilbertus, O.Præm. & BOUCHAT, Petrus R47
Theses theologicæ, de fide, spe, et charitate. Quas præside Henrico Dejonghe … defendent Gilbertus Renson, Petrus Bouchat … anno 1732 …
Dionanti, apud Philippum Wirkay, 1732
2°: A⁶; 12 p.
- PrDVI/15/2

RENTZ, Placidus R48
Theologia ad mentem angelici doctoris divi Thomæ Aquinatis. Ab … Placido Renz … explicata
Augustæ et Lincii, sumptibus Francisci Antonii Ilger, 1741
2°: 2 dln, onregelm. gepag.
- JVI/8-9 (herk.: Monrij Fabar<iensis> ao 1742)

REPRÉSENTATIONS RESPECTUEUSES … R49
Représentations respectueuses des Evêques de Gand, de Namur, de Tournai et des Vicaires Généraux de Malines et de Liège, à Sa Majesté le Roi des Pays-Bas, touchant l'érection des nouvelles Universités dans les Provinces méridionales du Royaume
S.l., s.n., (1817?)
8°: 30 p.
- ArFIV/16/6

REQUESTE MET SES STUKKEN … R50
Requeste met ses stukken annex door die Heeren Religieusen der Abdye van s'Heeren-Perck by Loven, gepresenteert aen die Seer Eerweerde Edele Heeren Staeten van den Lande ende Hertogdomme van Brabant in hunne generaele Vergaederinge, gehouden tot Brussel op den achthienden dag der maend Junii seventhien hondert negen-en-tachentig
Gedrukt in Brabant, by Jan Baptist Van Werchter, (1789?)
8°: A-B⁸; 31 p.
- ArFIV/15/31
Nota: zie T118: *Translat de la requête*

RESPONSIO PRO ERUDITISSIMO VIRO*** … R51
*Responsio pro eruditissimo viro*** epistolæ Leodiensis confutatore ad perillustrem ejusdem epistolæ autorem, defensorem, ac vindicem*
S.l., s.n., 1710
12°: A-E¹²; 119, [1] p.
- ArDIV/10/7

REUTER, Joannes, S.J. R52
Neo-confessarius practice instructus, seu methodus ritè obeundi munus confessarii … Publice proposita à … Joanne Reuter … Editio secunda
Coloniæ Agrippinæ, ex officina Metternichiana, 1750
8°:)(⁸, 2)(², A-2K⁸; [20], 443, [5], 62, [13] p.
- ArDV/21

REUTER, Joannes, S.J. R53
Neo-confessarius practice instructus … a … Joanne Reuter … Editio tertia
Coloniæ Agrippinæ, ex officina Metternichiana. Lovanii, prostant apud Martinum Van Overbeke, (1750?)
8°: π⁸, A-2M⁸, 2N⁶; [16], 424, 148, [4 bl.°] p.
- ArDIV/23 (herk.: Ex libris A. Govers Lichtaert)

REUTER, Joannes, S.J. R54
Neo-confessarius practice instructus … Publice proposita a …

R

J. Reuter ... Editio quarta
Lovanii, typis Joannis Francisci van Overbeke, 1772
8°: π⁸, A-2L⁸; [16], 406, 138 p.
- IIV/33

REUTER, Joannes, S.J.   R55
Theologia moralis quadripartita. Incipientibus accomodata et ... exposita à ... Joanne Reuter ... Editio secunda
Coloniæ Agrippinæ, ex officina Metternichiana, 1756
8°: 4 dln
- II/16-19

REVERENDISSIMO AC AMPLISSIMO VIRO ...   R56
Reverendissimo ac amplissimo viro domino Simoni Wouters ... abbati trigesimo nono ... installato die 14 mensis Martii 1779
Bruxellis, e typographia J. P. Lemmens, (1779?)
4°: [9] p.
- ArKIII/7/24 & ArKIII/7/25

REYGERSBERGEN, Johan   R57
Chroniik van Zeelandt. Eertijdts beschreven door ... Johan Reygersbergen, nu verbetert... door Marcus Zuerius van Boxhorn
Tot Middelburch, by Zacharias ende Michiel Roman, 1644
In fine in 1: Tot Leyden, Ghedruckt by Willem Christiaens van der Boxe, In 't jaer 1644
4°: *-2*⁴, 3*², †-2†⁴, 3†²; A-3N⁴; [40], 471 p. + *², A-3I⁴; [4], 620, [4] p.: ill.
- TIII/18

REYLOF, Alipius, O.S.A.   R58
Libri De Anima ad mentem S^ti Augustini ... Per ... Alipium Reylof ...
Gandavi, typis Maximiliani Graet, 1664
2°: á², é⁴, A-3H⁴; [12], 442, [?] p.
- ZVII/14 (laatste pp. ontbr.)

RIBADENEYRA, Pedro de, S.J.   R59
Les fleurs et vies des saincts. Avec des discours ... composés par P. Ribadeneira ... Mis en français par R. Gaultier ... Quatrieme édition
A Rouen, chez David Geuffroy, (1608?)
8°: π¹, é⁸, ?¹, A-3E⁸, 3F⁶; [20], 826 p.; gegrav. titelp. & portr. van de aut.
- ArCV/8 (herk.: Biblioth. Inst. Sti Ignat. Antverp.)

RIBADENEYRA, Pedro de, S.J. & ROSWEYDE, Heribert, S.J.   R60
Generale legende der heylighen met het leven Jesu Christi ende Marie. Vergadert ... door ... Petrus Ribadineira ende ... Heribertus Ros-weydus ...
T'Antwerpen, by Hieronymus Verdussen, 1619
2°: *-3*⁶, A-6I⁶, 6K⁴; [34], 1482, [13] p.; ill.
- NV/17 (titelblad ontbr.)

RIBADENEYRA, Pedro de, S.J. & ROSWEYDE, Heribert, S.J.   R61
Generale legende der heylighen met het leven Jesu Christi ende Marie. Vergadert ... door ... Petrus Ribadineira ende ... Heribertus Rosweydus ... Den vijfden druck.
T'Antwerpen, by Hieronym. en Ian Bapt. Verdussen, 1665
2°: π², 2-3*⁴, 4*⁶, A-3L⁶, 3M²; [32], 686, [2bl?] p. + *⁴, A-2Y⁶, 2Z-3B⁴, 3C-3K⁶, 3L-3N⁴; [8], 662, [22] p.: ill.; gegrav. titelp.
- PrCVI/7-8

RIBADENEYRA, Pedro de, S.J. & ROSWEYDE, Heribert, S.J.   R62
Generale legende der Heylighen. Vergadert ... door ... Petrus Ribadineira ende ... Heribertus Rosweydus ... Den sevensten druck ...
T'Antwerpen, by Hendericus ende Cornelius Verdussen, 1711
2°: π², 2*-4*⁴, ?¹, A-3L⁶, 3M²(-3M²); [28], 686 p.+ †⁴, A-2X⁶, 2Y⁸(-2Y⁸), 2Z-3B⁴, 3C-3K⁶, 3L-3M⁴, 3N⁶; [8], 662, [26] p.; bijk. gegrav. titelp. (6e druk) in 1
- XVIII/7-8 (herk.: Ex libris Jacobi dominici de Roo, Worteghem)

RIBERA, Francisco de, S.J.   R63
... *Francisci Riberæ* ... *In librum duodecim prophetarum commentarii* ...
Coloniæ Agrippinæ, in officina Birckmannica, sumptibus Arnoldi Mylii, 1593
2°: a-h⁶, i⁴, A-3V⁶, 3X⁸; [100], 807 p.
- CVII/4 (herk.: Joannis Sartorii Arenspergensis[?]; ad Franciscanorum Bibliothecam Ingolstadii)

RIBERA, Francisco de, S.J.   R64
Francisci Riberæ ... *In sacram B. Ioannis apostoli & evangelistæ Apocalypsin commentarii*. Editio nova ... cum ... auctoris vita, conscripta a ... Petro Halloix
Antverpiæ, apud Petrum & Ioannem Belleros, 1623
In fine: Duaci, ex typographia viduæ Petri Telv ... Anno MDCXXIII
8°: π¹, a², *⁸(-*¹), A-2V⁸, 2X⁴; [20], 640, [55] p.
- CI/28 (herk.: Waulsor A° 1712)

RIBERA, Francisco de, S.J.   R65
Vita B. Matris Teresæ de Iesu ... Auctore ... Francisco De Ribera ... Ex Hispanico sermone in Latinum convertebat Matthias Martinez
Coloniæ Agrippinæ, apud Ioannem Kinchium, 1620
4°: *⁴, 2*², A-3O⁴, 3P²; [12], 470, [13] p.
- PrHVII/6 (herk.: Simon Wouters [Park] ... Joannes Franciscus Hensmans Lovaniensis 1790 [prijsboek])

RICHELET, Pierre   R66
Le grand dictionnaire françois et flamand. Formé sur celui de ... Pierre Richelet. Troisième édition
A Bruxelles, chez George Fricx le jeune, 1739
4°: π³, A-4M⁴, 4N-4O²; [6], 656 p.
- WV/29 (herk.: Ce livre appartient à Henri Tack 1869)

RICHELET, Pierre   R67
Het groot woordboek der Nederlandsche en Fransche taele. Getrocken uyt verscheyde soo Nederlandsche als Fransche schryvers, naementlijk uyt den genen van P. Richelet. Derde druk
Tot Brussel, by Georgius Fricx, 1739
4°: π¹, A-3Y⁴; [2], 342 p.
- WV/28 (herk.: Dezen boek behoord aen Henri Tack 1869)

RICHELET, Pierre   R68
Het groot woordenboek der Nederlandsche en Fransche taelen. Getrocken uyt de beste schryvers, naementlyk uyt het woordenboek van P. Richelet ... Vierde druk
Tot Brussel, by Georgius Fricx, 1764
2°: π¹, A-7K²; [2], 591, [1] p.
- PrGV/3

RICHELET, Pierre   R69
Le grand dictionnaire François et Flamand. Formé sur celui de ... Pierre Richelet ... Quatriéme édition
A Bruxelles, chez George Fricx, 1765
2°: π¹, A-2Z², ?¹, A3-F7²(sic); [2], 576 p.
- WVIII/18 (herk.: Adrien David Agneesens 1824)

RICHEOME, Louis, S.J.   R70
Les œuvres du R. Pere Louis Richeome ...
A Paris, chez Sébastien Cramoisy, 1628
2°: ? + á⁴, é⁶, í⁶, ó⁴, A-4P⁶, 4Q⁸, 4R-4S⁶, 4T⁴, 4V⁶(-4V⁶); 1024, [42] p.
- JIX/17 (dl 2; titelblad ontbr.)

RICHEOME, Louis, S.J.   R71
La Saincte Messe déclarée et défendue contre les erreurs sacramentaires de nostre temps ramassez au livre de l'Institution de l'Eucharistie de [Philippe Mornay, seigneur] du Plessis. Par Loys Richeome ...
A Arras, de l'imprimerie de Guillaume de la Riviere, 1601
8°: *-2*⁸, 2*⁸, A-2H⁸, 2I⁴, 2K⁸; [48], 503, [16] p. + 2A-3M⁸; [8], 528, [32] p.
- HI/4 (herk.: Ex lib. Rombauts)

RINALDO, Odorico, Orat.   R72
Annales ecclesiastici ab anno MCXCVIII ubi desinit Cardinalis Baronius. Auctore Odorico Raynaldo ... Accedunt in hac editione notæ ... auctore Joanne Dominico Mansi ...
Lucæ, typis Leonardi Venturini, 1747-1756
2°: 15 dln
- NVII/21 + NVIII/1-14

RIO, Juan del   R73
Moralis explicatio psalmi CXVIII. Opera ... Ioannis Del Rio ...
Antverpiæ, ex typographia Hieronymi Verdussij, 1617
24°: A-L¹²(-L¹¹&¹²); 253, [3] p.
- AIII/10 (herk.: Park 17e [supralibros]; 2 theca V)

RIO, Martin Anton (del), S.J.   R74
Disquisitionum magicarum libri sex, quibus continetur accurata curiosarum artium et vanarum superstitionum confutatio, utilis theologis, juris-consultis, medicis, philologis. Auctore Martino Del-Rio ...
Coloniæ Agrippinæ, sumptibus Thomæ, & Henrici Theodori Von Cöllen, 1720
4°: *-2*⁴, A-7F⁴, 7G²; [16], 1221, [48] p.
- JIV/1-2

RIPPEL, Gregor   R75
Mysteria beatissimæ Mariæ virginis cathedræ sacræ dicata ... A ... Gregorio Rippel ... Opus posthumum curante Michaele Wohlrab ...
Augustæ Vindelicorum et Constantiæ, sumptibus fratrum Martini et Thomæ Wagner, 1731
4°: a-b⁴, A-S⁴, A-L⁴, M²; [16], 144, 91, [1] p.
- KVII/6/2

RITUALE PRÆMONSTRATENSE   R76
Rituale Præmonstratense ... Michaelis Colbert ... auctoritate ... excusum
Parisiis, apud Fredericum Leonard, 1676
8°: á⁴, A-2O⁸; [8], 590, [2] p.
- PrDV/15 (herk.: Ad usum Fr. Julii De Pauw 1907 [Park]), PrIVII/7 & ArFIII/15

RITUALE ROMANUM   R77
Rituale Romanum Pauli V ... jussu editum
Antverpiæ, ex officina Plantiniana, apud Balthasarem & Ioannem Moretos, 1617
4°: *⁴, A-2V⁴, 2X⁶; [8], 354, [1], [1 bl.] p.
- ArGVII/8

RITUALE ROMANUM   R78
Rituale Romanum Pauli V ... jussu editum
Antverpiæ, ex architypographia Plantiniana, 1826
8°: *⁴, A-2A⁸; [8], 383, [1] p.
- ArGVII/3

RITUS AC PRECES ...   R79
Ritus ac preces in sepultura et exequiis canonicorum Præmonstratensium
p. 43: *Observationes pro ecclesia Grimbergensi*
(Brussel, Simon t'Serstevens, 1725)
p. 42: Bruxellis, apud Simonem t'Serstevens ... MDCCXXV
4°: A-N²; 51, [1] p.
- ArFII/26 (titelblad ontbr.)

RITUS SACRI ...   R80
Ritus sacri a sacerdotibus aliisque altaris ministris servandi ... Sub auspiciis ... archiëpiscopi Mechliniensis ...
Leodii, apud Carolum Colette, (1761?)
12°: *⁴, A⁸, B-I¹², K⁶; [8], 214, [4] p.
- JI/2 (herk.: Ex libris fr. Joris Tribout [Park] 1840)

RITUS SACRI ...   R81
Ritus sacri a sacerdotibus aliisque altaris ministris servandi, defectusque vitandi, in missa privata, et solemni. Sub auspiciis ... archiepiscopi Mechliniensis ...
Mechliniæ, apud J. F. Vander Elst, 1761
8°: π⁶, A-M⁸, N⁴, O²; [8], 200, [4] p.
- PrEII/14 (herk.: Verhaghen [Park])

RITUS SACRI ...   R82
Ritus sacri a sacerdotibus et aliis ministris servandi in missa privata, et solemni ... Jussu ... Joannis Roberti Caimo ...
Brugis, typis viduæ Francisci Beernaerts, 1769
12°: π¹, A-I¹², ?⁶; [2], 216, [12] p.
- PrJI/1

RITUS SACRI ...   R83
Ritus sacri a sacerdotibus aliisque altaris ministris servandi, defectusque vitandi in Missa privata et solemni
Mechliniæ, typis P. J. Hanicq, 1823
8°: A-M¹²⁻⁶, N⁴; 222, [2] p.
- ArBI/20 (herk.: De Pauw [Park])

RITUS SACRI ...   R84
Ritus sacri a sacerdotibus aliisque altaris ministris servandi ...
Mechliniæ, typis P. J. Hanicq, 1830
215 p.
- ArBI/21

RIVIUS, Josephus, O.Præm.   R85
Annulus Christianus oft nieuwe catholycke sermoonen ... Door ... Iosephus Rivius ...
t'Antwerpen, by Hieronymus ende Ioan. Baptista Verdussen, 1668
Coll.: Joannes Ludolphus Van Craywinckel (grafdicht)
2°: π², *⁶, A-3X⁴; [16], 533 [=531], [4] p.: ill.
- CV/19 (herk.: Benedictus Helias, 1762; C.J. Groesius, 1794; Frederic Verachter; De la bibliothèque de Gustave Charles Antoine Marie van Havre [ex libris]), PrDV/7 (herk.: G. Barré [Park] 1732) & ArFV/161 (herk.: Basilius van Beygaerden Can. Ord. Præm. [Park])

ROBELOT, chanoine   R86
De l'influence de la Réformation de Luther sur la croyance religieuse ... Par ... Robelot ...
A Lyon, chez Rusand. A Paris, à la librairie ecclésiastique de Rusand, 1822

R

8°: a⁸, A-2E⁸; XVI, 446 p.
- ArAVIII/28

ROBERTI, Jean, S.J.   R87
Historia S. Huberti, principis Aquitani, ultimi Tungrensis & primi Leodiensis episcopi … Conscripta a Ioanne Roberti …
Luxemburgi, excudebat Hubertus Reulandt. Sumtibus Monasterij S. Huberti in Ardenna, 1621
4°: *-3*⁴, A-4C⁴; [24], 576 p.
- ZI/21 (herk.: Sem. Prov. Belg. S.J.) & PrFIV/4

ROBERTUS CAMERACENSIS, O.Cap.   R88
Aurifodina universalis scientiarum divinarum … Roberto Cameracensi …
Insulis, typis Francisci Fievet, 1696
2°: *⁴, A-3M⁴; [8], 449, [15] p.
- KIX/2 (herk.: Ferdinandi Josephi Steurs)

ROBERTUS CAMERACENSIS, O.Cap.   R89
… Roberti Cameracensis … Aurifodina scientiarum divinarum humanarumque …
Coloniæ Agrippinæ, sumptibus Wilhelmi Metternich, 1700
2°: 2†⁵, A-4G⁶; [10], 911 p. + π¹, A-4D⁶; [2], 874 p.
- KIX/3-4 (herk. in 1: Ferdinandi Josephi Steurs; Usui F. M. Nijsmans relig parchensis)

ROBYN, Ludovicus, O.P.   R90
Historie van den oorsprong, voortgang, en ondergang der ketterye binnen, en ontrent Audenaerde. Alles uyt geloofbaere schryvers … by-een-gebragt door … Ludovicus Robyn. Van nieuws oversien …
In fine: *Vervolg deser historie … binnen en ontrent de prochien van Asper en Synghem;* p. 26: *… bennen en ontrent Ronsse …*
Tot Audenaerde, by Petrus Joannes Vereecken, (1773?)
8°: A-M⁸, N⁴, O²; [2], 146, 50, [5] p.
- UI/14

RODERIQUE, Joannes Ignatius   R91
Ignatii Roderique *De abbatibus monasteriorum Malmundariensis et Stabulensis disceptatio tertia, prima adversus vindicias Stabulenses … Edmundi Martene …*
Coloniæ, apud Authorem, 1731
2°: †², A-2A²; [4], 96 p.
- PVI/16/2

RODERIQUE, Joannes Ignatius   R92
Ignatii Roderique *Disceptationes de abbatibus, origine, primaeva et hodierna constitutione abbatiarum inter se unitarum Malmundariensis et Stabulensis oppositæ observationibus … Edmundi Martene et Ursini Durand …*
Wirceburgi, typis Marci Antonii Engmann, 1728
2°: π³, A-3A²(-3A²); [6], 186 p.
- PVI/16/1

RODRIGUEZ, Alonso, S.J.   R93
Abrégé de la pratique de la perfection chrétienne. Tiré des œuvres du … Alphonse Rodriguez … par P. J. Tricalet …
A Lyon, chez Perisse frères. A Paris, chez Méquignon junior, 1823
12°: 2 dln
- PrFII/13-14

RODRIGUEZ, Alonso, S.J.   R94
Exercitium perfectionis et virtutum christianarum. Auctore … Alphonso Rodericio … Interprete Matthia Martinez … Editio tertia
Coloniæ Agrippinæ, apud Ioannem Antonium Kinchium, 1657
4°: 3 dln
- PrHIII/5 (herk.: Fr. Evermodus 1863 [Park])

RODRIGUEZ, Alonso, S.J.   R95
… Alphonsi Rodericii … Exercitium perfectionis juxta evangelicam Christi doctrinam absolutissimam virtutum christianarum … Interprete Mathia Martinez … Editio quarta
Coloniæ Agrippinæ, apud Franciscum Metternich, 1703
4°: 3 dln
- JIV/17 (herk.: DALV in Salem; Eng. Decamps)

RODRIGUEZ, Alonso, S.J.   R96
Pratique de la perfection chrétienne. Du … Alphonse Rodriguez … Traduite de l'Espagnol, par… Regnier des Marais … Nouvelle édition
A Paris, par la Compagnie des libraires, 1754
12°: 6 dln
- ArAVI/18-23

RODRIGUEZ, Alonso, S.J.   R97
Pratique de la perfection chrétienne. Du … Alphonse Rodriguez … Traduite de l'Espagnol par … Regnier des Marais … Nouvelle édition
A Saint-Malo, chez L. Hovius, père & fils, 1790
12°: 6 dln
- LII/6-11

RODRIGUEZ, Manuel, O.F.M.   R98
Nova collectio et compilatio privilegiorum apostolicorum regularium mendicantium et non mendicantium. Edita a … Emanuele Roderico … Editio ultima
Antverpiæ, apud Petrum & Ioannem Belleros, 1616
Coll.: Emmanuel Tates Pimentellus (ode)
2°: *⁴, 2*⁶, A-2V⁶, 2X⁸, 2Y-2Z⁶, 3A⁸; [20], 570 p.
- LIX/10 (herk.: Capucinorum Namurcensium)

RODRIGUEZ, Manuel, O.F.M.   R99
Quæstiones regulares et canonicæ. Autore … Emanuele Roderico … Editio ultima.
4: *Praxis criminalis regularium sæcularium omnium … a … Paulino Berti Lucense … nuncupata*
Antverpiæ, apud Petrum & Ioannem Belleros, 1616
Coll.: Franciscus de Avelar (ode)
2°: 4 dln
- LIX/11 (dln 3 & 4; herk.: Capuc<inorum> Namur<censium>)

ROGISSART, sieur de   R100
*Les délices de l'Italie, qui contiennent une description exacte du pays, des principales villes, de toutes les antiquitez … Par … de Rogissart, & H.*** [Abbé Havard]. Derniere édition … par Jean de la Faye*
A Leide, chez Pierre vander Aa, 1709
8°: 6 dln + ill. & uitsl. pltn; gegrav. titelp. in elk dl
- QI/24-27 (herk.: F. R. Goddous [in fine]; Happart [?])

ROLLIN, Charles   R101
De la manière d'enseigner et d'étudier les belles lettres, par raport à l'esprit & au cœur. Par … Rollin … Nouvelle édition
A Paris, chez la veuve Estienne, 1741
12°: 4 dln
- ArII/3-5 (dl 2 ontbr.)

ROLLIN, Charles   R102
De la manière d'enseigner et d'étudier les belles-lettres … Par

… Rollin … Nouvelle édition
A Paris, & se vend à Liège, chez Jean-François Bassompierre, 1777
12°: 4 dln
- AII/6-9

ROLLIN, Charles   R103
Histoire ancienne des Egyptiens, des Carthaginois, des Assyriens, des Babyloniens, des Mèdes et des Perses, des Macédoniens, des Grecs. Par … Rollin … Nouvelle édition
A Paris, chez les frères Estienne, 1758
12°: 13 dln
- RIII/1-14

ROLLIN, Charles   R104
Histoire romaine depuis la fondation de Rome jusqu'à la bataille d'Actium. Par … Rollin … Nouvelle édition (1-7)
8-9: Revu & rendu complet par M. Crevier …; 10-16: Par M. Crevier … pour servir de continuation à l'ouvrage de M. Rollin
A Paris, 1-8: chez les frères Estienne, 1758-1770 (3: 1758); 9-10: chez les frères Estienne et Jean Desaint, 1762-1763; 11-16: chez les frères Estienne et Desaint & Saillant, 1764
12°: 16 dln
- YII/29-44 (herk.: Ex libris M. J. Payen vic. geldo.)

ROLLIN, Charles   R105
Histoire romaine … Par … Rollin … Nouvelle édition
A Paris, chez les frères Etienne, 1782
8 & 9: Revu, & rendu complet, par … Crevier; 10-16: Par … Crevier
12°: 16 dln + uitsl. krtn.; portret van de aut. in front. in 1
- RII/1-16

ROLLIN, Charles   R106
Opuscules de feu M. Rollin … avec son éloge historique par M. de Boze, & des notes sur cet éloge
A Paris, chez les frères Estienne, 1771
12°: π², a⁶, ?¹, A-T¹², V⁶, X²(-X²); [4], XI, [3], 469, [1] p. + π², A-S¹², T¹⁰; [4], 450, [2] p.
- YII/22-23

ROMANUS, Adrianus   R107
Ouranographia sive cæli descriptio. Authore Adriano Romano …
Lovanii, ex officina Ioannis Masij, 1591
4°: A-H⁴; [8], 56 p.
- ArGVII/12/19

ROMBAUT, Josse-Ange   R108
Bruxelles illustrée, ou description chronologique et historique de cette ville. Orné de dix planches en taille douce. Par J. A. Rombaut
A Bruxelles, chez Pauwels, 1777-1779
8°: π⁴, A-2A⁸; VIII, 416 p.+ π³, A-X⁸, Y⁴(-Y⁴); [6], 360, 12 p.: + uitsl. pltn
- RI/31-32 (herk.: Van Haelen[?] lector & prior van Ninove; Van den Bon [Ninove 1806])

ROMERO, Miguel Andres   R109
El vicio disfrazado, y engaño descubierto. Su autor: … Miguel Andres Romero …
En Madrid, por la viuda de Blas de Villanueva, 1725
4°: q-qq⁴, A-3A⁴; [16], 364, [3] p.
- ArCIII/12

ROMSEE, Toussaint-Joseph   R110
Praxis divini officii juxta ritum romanum … Studio et opere … Tossani-Josephi Romseé … Editio nova
Leodii, typis C. Bourguignon, 1817
Nota: Tomus tertius van *Opera liturgica*
12°: π², a², A-T¹²; [8], 453, [1] p.
- ArAVII/14

ROMSEE, Toussaint-Joseph   R111
Sensus litteralis, moralis ac historicus rituum ac cæremoniarum missæ [T.-J. Romsée]
Leodii, typis C. Plomteux, 1791
Nota: Tomus quartus van *Opera liturgica*
12°: π², a⁴, A-2R⁸⁻⁴, 2S²(-2S²); [4], VIII, 482 p.
- ArAVII/16

ROMSEE, Toussaint-Joseph   R112
Sensus litteralis, moralis ac historicus rituum ac cæremoniarum missæ [T.-J. Romsée]
Leodii, typis C. Bourguignon, 1818
12°: π¹, a⁴, A-T¹², V⁸, X²; XII, 466 p.
- ArAVII/15

RONCAGLIA, Constantinus   R113
Universa moralis theologia… Authore Constantino Roncaglia … In fine: C. Roncaglia … *Consiliorum moralium liber singularis*
Augustæ Vindel. & Dillingæ, sumpt. Joannis Caspari Bencard viduæ & consortum, 1736
2°: π⁴, A-4R⁴, 4S¹⁻², ?¹, 4S³⁻⁴, 4T-6F⁴, ?¹, a-z⁴; [8], 692, [2], 693-968, [2], 89, [97] p.
- JVII/8 (herk.: Monasterii Neustadt ad Moenum Ordis Sti Benedicti)

RONDET, Laurent-Etienne   R114
Table générale des matières contenues dans les XXXVI volumes de l'Histoire Ecclésiastique de M. Fleury & du P. Fabre [L.-E. Rondet]
A Paris, chez Jean Desaint & Charles Saillant, Jean-Thomas Herissant, Laurent Durand, 1758
4°: a-b⁴, A-5G⁴, 5H²; XVI, 794, [2] p.
- NIII/26
Nota: zie F59

RONGHE, Albericus de, O.Cist.   R115
Dulcedo mellis, sive attributa divina piis affectibus illustrata … A … Alberico De Ronghe …
Antverpiæ, apud Iacobum Mesium, 1661
12°: a⁸, A-2H¹², 2I⁶, 2K⁴; [18], 746, [15] p.
- ArBII/3 (herk.: emi in Pastoratu Begginatus Diestemiensis 1776 Thiden; Bernard van Hoecke in Parcho)

ROOS, Joannes   R116
Alle de werken van den zeer eerwaarden en hoog-geleerden heer Adriaan van Woelwyk … [J. Roos]
In 5: *De bekeringe van … Joannes Roos, bekent onder den naam van Adriaan van Woelwyk* …
Te Antwerpen, gedrukt voor De Compagnie, 1738
Coll.: J. K. H.; P. B. (lofdichten); C. V. (*Verklaaring van de Tytel-prent*).
Andere: Johannes Molinæus; Joannes Sylvius
8°: 5 dln; gegrav. front. in elk dl; gegrav. portret van de aut. in 5
- IIII/4-8

ROOST, Guilielmus van   R117
Geestelycke zede-punten ondermengelt met zalige bewegingen aenwysende de mysterien, leeringen, en deughden van Jesus Christus [G. Van Roost]

R

t'Antwerpen, voor Henrik van Rhyn. Men vintse te coop tot Loven, by Ægidius Denique, 1698
8°: *³, A-2E¹², 2F⁶, ?¹; 6, 675, [8], [1bl], [1] p.: + ill.; gegrav. front.
- ArCII/20 (herk.: tot gebruyck van Sr B. Lantwijck)

RORARIO, Girolamo   R118
Hieronymi Rorarii ... *Quod animalia bruta ratione utantur meliùs homine*
Amstelædami, apud Joannem Ravesteinium, 1666
Coll.: Gabriel Naudæus
12°: A-E¹²; 117 p.
- PrJVI/1/1 (herk.: D. Henr. Ios. Rega Proff. Prim. [ex libris]; J. De Pauw [Park])

ROSENMÜLLER, Johann Georg   R119
... Io. Georgii Rosenmülleri *Scholia in Novum Testamentum* ... Editio quinta
Norimbergæ, in officina Felseckeriana, 1801
8°: 5 dln
- BIII/3-7

ROSINUS, Joannes   R120
Antiquitatum Romanarum corpus absolutissimum. In quo præter ea, quæ Ioannes Rosinus delineaverat, infinita supplentur ... Thoma Dempstero ... Huic postremæ editioni accesserunt electa, I. *De priscis Rom. gentil. ac familiis*. II. *De tribus Rom. XXXV* ... III. *De ludis festisq. Rom*. ... Studio And. Schotti ...
Coloniæ, sumptibus Bernardi Gualteri, 1619
4°: (:)⁴, A-6F⁴, 6G², A-H⁴, I²; [8] p., 1722, [218] kol., [1bl], 134 p.
- VI/1

ROSSI, Gian Vittorio   R121
Iani Nicii Erythræi *Epistolæ ad Tyrrhenum*
Coloniæ Ubiorum, apud Iodocum Kalcovium & socios, 1645
8°: *², A-2M⁸, 2N⁶, 2O⁴; [4], 202[=210], [1] p.; gegrav. portr. v. d. aut.
- PrDI/5

ROSSIUS, Stephanus & DOSQUET, Paulus   R122
Concordia theologica sanctorum, magni patris Augustini et magni ejusdem filii Thomæ a Villanova, quam præside ... Francisco Pauwens ... defendent ... Stephanus Rossius et ... Paulus Dosquet ... 22 & 23 Augusti ... 1689
Lovanii, typis Martini Hullegaerde, (1689?)
4°: A-H²(-H²); 30 p.
- JI/32/3

ROSSIUS, Stephanus   R123
Theologia speculativa, sive concordia sanctorum, magni patris Augustini, et magni ejusdem filii Thomæ a Villanova, quam præside ... Francisco Pauwens ... defendet Stephanus Rossius ... 29 Augusti ... 1689
Lovanii, typis Martini Hullegærde, (1689?)
4°: A-F²; [24] p.
- JI/32/2

ROSWEYDE, Heribert, S.J.   R124
't Vaders Boeck. 't Leven ende spreucken der Vaderen. Beschreven door den H. Hieronymus ... ende andere verscheyde autheuren. In thien boecken by een vergadert door Heribertus Ros-Weydus ...
T'Antwerpen, by Hieronymus Verdussen, 1617
2°: *-4*⁴, 5*⁶, A-4B⁶, 4C-4G⁴, 4H⁶; [44], 852, [51] p.; gegrav. titelp.
- PV/17 (herk.: G. Huybreghs Pastoor in Desschel 1845)

ROSWEYDE, Heribert, S.J.   R125
Het leven ende spreucken der vaderen. Beschreven door den H. Hieronymus, priester ende andere verscheyde autheuren ... In thien boecken by een vergadert door Heribertus Ros-Weydus ... Den tweeden druck
T'Antwerpen, by Hieronymus Verdussen, 1643
2°: á⁴, *-2*⁶, 3*⁴, A-4F⁶; [40], 852, [46]
- PrDV/6 (herk.: Bibliotheca 1645 - D IV + weggeknipte ex libris met parkbloem [18ᵉ]; Bibl. monast. Reginæ Cœli de Castro Lovan.)

ROSWEYDE, Heribert, S.J.   R126
Het leven ende spreucken der Vaderen. Beschreven door den H. Hieronymus priester ende andere verscheyde autheuren. In thien boecken by een vergaedert door Heribertus Rosweydus ... Den derden druck
Tot Brugghe, by Ignatius van Pee, 1699
2°: π¹, A⁴, 2*-3*⁶, 4*⁴, ?¹, A-4F⁶; [42], 852, [48] p. + ill.; bijk. gegrav. titelp.
- NV/19 (p. 236 & 237 vervangen door ms.; herk.: Geschonken aan de Abdij in 1962 door Henri Pevenage)

ROUNAT, Constance, O.F.M.   R127
Sermons pour l'octave des morts. Preschez à Paris ... par ... Constance Rounat ...
A Lyon, chez Francois Comba, 1678
8°: á⁸, é⁴, A-N⁸, O⁴; [24], 214 p.
- LII/2

ROUSSEAU, Jean-Jacques   R128
Œuvres complètes de J. J. Rousseau. Avec des notes historiques et critiques ... par ... Musset-Pathay. Nouvelle édition
Bruxelles, Lacrosse, 1827-1839
41 dln
- ArJIV & ArJV/1-2 (dln 8 & 30 ontbr.)

ROUSSET de MISSY, Jean   R129
Histoire du cardinal Alberoni et de son ministere jusqu'à la fin de l'année 1719. Par Mr. J. R** [J. Rousset de Missy]
A La Haye, chez la veuve d'Adrien Moetjens, 1720
12°: ? + π¹, A-L¹², M-O⁸, P⁴; [2], 328 p. + uitsl. krtn.
- QII/11 (dl 2; herk.: J. P. Petit)

ROUSSET de MISSY, Jean   R130
Nieuwe astronomische geografische en historische atlas. Overzien en vermeerdert door ... Rousset ...
t'Amsterdam, by Hendrik de Leth, (1749?)
19 x 8 cm: π², A-I⁸, K²; [152] p. + 40 krtn; bijk. gegrav.titelp. (*Nouvel atlas géographique & historique ... / Nieuwe geografische en historische atlas ...*)
- ArII/1 (de krtn 4, 19-24 & 40 ontbr.)

ROUVILLE, Alexandre-Joseph de, S.J.   R131
Imitation de la très-sainte Vierge sur le modele de l'Imitation de Jésus-Christ [A.-J. de Rouville]
A Mons, chez Henri Hoyois, 1776
18°: A-Q¹²⁻⁶; [18], 270 p.
- ArBI/12 (herk.: A. Van Hoecke ex Parcho; Carmelites de Courtray)

ROVENIUS, Philippus   R132
Reipublicæ christianæ libri duo. Auctore Philippo Rovenio ... Accessit ejusdem auctoris tractatibus de missionibus instituendis
Extant Antverpiæ, apud Arnoldum à Brakel, 1668
4°: π², (%)², 5 x (%)⁴, A-4D⁴, 4E², A-F⁴, G²; [48], 587, 62 [=52] p.
- MV/2 (titelblad. + 1 f. ontbr.)

ROY, Leonardus van, O.S.A.   R133

Theologiæ moralis pars prima (- quinta). Authore ... Leonardo van Roy ... Secunda editio
Antverpiæ, apud hæredes viduæ Henrici Dunwalt & Bartholomæi Foppens, 1707
12°: 5 dln
- III/24-28 (herk.: Ex lib. L. de Caluwe; Franciscus van Overstraeten 1754)

ROYE, François de   R134
Canonici juris institutionum libri tres. Opera & studio Francisci De Roye ...
Parisiis, apud Antonium Dezallier, 1681
12°: π⁶, A-V¹²; [12], 478, [1] p.
- ArIV/8

RUBEN, Gabriel, Orat.   R135
Discours sur la vie et la mort du R. Pere Jean Le Jeune ... Prononcé ... par G. Ruben ...
A Toulouse, chez Jean Boude, (1689?)
8°: A¹⁰, C-N⁸, O⁴; [4], 215 p.
- ArEIV/24

RUGERIUS, Julius   R136
Opuscula theologica Iulii Rugerii
Venetiis, apud Franciscum Zilettum, 1581
4°: a⁸, b⁴, A-S⁸, T¹⁰, A-E⁸, F¹⁰, A-E⁸, A-B⁸, C⁴, A-C⁸, D⁶, a-b⁸; [24], 305, [3bl], 99, [1bl], 79, [1bl], 38, [2bl], 59, [1bl], [32] p. + uitsl. plt
- PrGVII/11

RUINART, Thierry, O.S.B.   R137
Acta martyrum. ... Theodorici Ruinart opera ac studio collecta ... Accedunt præterea ... Acta SS. Firmi et Rustici ... Bernardo Baillie ... dicata
Veronæ, ex typographia Tumermaniana, 1731
2°: π⁴, a², b-i⁴, k-l², A-4A⁴, 4B⁶(-4B⁶); [12], LXVIII, [4], 570 p.; bijk. gegrav. titelp.
- QVI/6 (herk.: Bartholomæi Poncellæ; Biblioth. S. Benedicti Bon.)

RUPPRECHT, Theodor M.   R138
Notæ historicæ in universum jus canonicum ... Authore ... Theodoro M. Rupprecht ...
Venetiis, typis Sebastiani Coleti, 1764
2°: *⁴, A-2V⁶, 2X²; VIII, 520 p.
- MVIII/29 (herk.: G. J. Enoch; J. Fr. Vandevelde ... Lovanii)

RUSSIA SEU MOSCOVIA ...   R139
Russia seu Moscovia itemque Tartaria commentario topographico atque politico illustratæ
Lugd. Batavorum, ex officina Elzeviriana, 1630
16°: *⁴, A-Z⁸, Z⁶; [8], 345, [19] p.; gegrav. titelp.
- PrJVII/9

RUTEAU, Antoine   R140
L'arche d'alliance du Nouveau Testament, ou l'histoire miraculeuse de Notre-Dame de la Basse-Wavre [A. Ruteau]. Troisieme édition
A Brusselles, chez Iacques vande Velde, (1721?)
8°: *-2*⁴, A-P⁸, Q⁴; [16], 240, [7] p.
- ArDI/23 (herk.: Thiery, rue des flamands, Louvain)

RUTH d'ANS, Ernest   R141
Lettre au pere Cyprien capucin ou pour le detourner du dessein d'apostasier ... [E. Ruth d'Ans]
A Liège, s.n., 1697
8°: A-C⁸, D⁴; 53, [3] p.
- ArDIV/9/7

RUTH d'ANS, Ernest   R142
Lettre d'un docteur catholique au pere Cyprien capucin apostat [E. Ruth d'Ans]
S.l., s.n., [1697?]
8°: A⁸; 15 p.
- HIII/4/4 & ArDIV/9/5

RUTH d'ANS, Ernest   R143
Réponse à l'examen d'une lettre écrite à un capucin qui a quitté la religion catholique. Par l'autheur de cette meme lettre [E. Ruth d'Ans]
A Brusselles, chez Lambert Marchant, 1697
8°: A-B⁸, C⁴; 39, [1] p.
- ArDIV/9/9

RYCKEL, Josephus Geldolphus van   R144
Vita S. Beggæ, ducissæ Brabantiæ Andetennensium Begginarum et Beggardorum fundatricis ... Adjuncta est Historia begginasiorum Belgii. Auctore Iosepho Geldolpho a Ryckel ab Oorbeeck
p.65-81: ErycI Puteani *De Begginarum apud Belgas instituto ...*
Lovanii, typis Cornelii Coenestenii, 1631
Coll.: Ericius Puteanus, Andreas Hojus, Gottefridus Wendelinus, Philippus R. Oeynbrugge, Philippe van Doerne, Gerardus Antonius Ryckel (lofdichten)
4°:*-4*⁴, 5*², A-5B⁴; [36], 758 [i.e. 748], [3] p.: + ill. (portretten)
- PIII/7/1 (herk.: Bibliothecæ Parcensis) & PrEIV/17-18 (dl 2 is convoluut; herk.: J.G. Smoldersen)

RYCKEL, Josephus Geldolphus van   R145
Vitæ S. Gertrudis, abbatissæ Nivellensis, Brabantiæ tutelaris, historicæ narrationes tres. Nunc primum in lucem erutæ, cura et studio Iosephi Geldolphi a Ryckel ab Oorbeeck ...
Lovanii, typis Corn. Coenestenii, 1632
Coll.: Gerardus Antonius a Ryckel, Maximilianus à Leefdael, Petrus a Streithagen (p. 201)
4°: *-3*⁴, A-2B⁴, 2C², 2D⁶(-2D⁶); [24], 204, [9] p. + 3 plt
- PIII/7/2 & PrEIV/18/2

RYK VAN CHRISTUS ...   R146
Ryk van Christus eeuwig duerzaem ofte de H. Kerke op eene steen-rots gebouwd, Petrus, onberoerlyk tegen de magten der helle
Tot Ipre, by de wed. T. F. Walwein. T'Antwerpen, by J. B. Carstiaenssens, (1792?)
8°: A-M⁴, χ¹; VI, 90, [2] p.
- AFIV/16/18

S

S. Facultatis Theologicæ Lovaniensis ... S1
S. Facultatis Theologicæ Lovaniensis de Casu Conscientiæ a quadraginta doctoribus Sorbonicis 20 Julii 1702 approbato, judicium alterum ...
Lovanii, typis Francisci Vande Velde, (1702?)
8°: A-B⁸; 32 p.
- ArDIV/7/10

Sa, Emmanuel, S.J. S2
Notationes in totam scripturam sacram...Auctore Emanuele Sa...
Lugduni, sumptibus Horatii Cardon, 1609
4°: *⁴, A-4K⁴, 4L²; [8], 534, [102] p.; gegrav. titelp.
- AII/6 (herk.: Servatius Vrijsens, religiosus Parchensis 1673)

Sacchinus, Franciscus, S.J. S3
De vita et rebus gestis P. Petri Canisii, de Societate Jesu, commentarii. Authore Francisco Sacchino ...
Ingolstadii, ex officina Ederiana, apud Elisabetham Angermariam, 1616
4°: A-Z⁴, a-z⁴, 2A-2F⁴, 2G²; [2], 404, [13] p.
- PIV/8 (herk.: Collegii Soc^tis Jesu Lovanii)

Sacrosancti et œcumenici concilii ... S4
Sacrosancti et œcumenici concilii Tridentini ... canones et decreta. His ... accesserunt ... Iohannis Sotealli ... & Horatii Lutii ... annotationes
Antverpiæ, ex officina Christophori Plantini, [1586?]
8°: A-Y⁸; [14], 15-269, [80] p.
- ArDIV/19 (titelblad ontbr.)

Sacrosancti et œcumenici concilii ... S5
Sacrosancti et œcumenici concilii Tridentini, Paulo III, Iulio III, et Pio IIII ...celebrati, canones et decreta. His nunc recens accesserunt...Ioannis Sotealli ... & Horatii Lutii ...annotationes...
In fine: *Oratio, habita in sessione nona ... a ... Hieronymo Ragazone ...*
Antverpiæ, ex officina Plantiniana, apud viduam, & Ioannem Moretum, 1596
8°: A-Y⁸; 269, [81] p.
- DI/26

Sacrosancti et œcumenici concilii ... S6
Sacrosancti et œcumenici concilii Tridentini Paulo III, Julio III et Pio IV ... celebrati canones et decreta. Recens accesserunt ... Ioannis Sotealli ... & Horatii Lutii ... annotationes ... Additæ ... sunt ad finem Pii IV ... *Bullæ ...*
Antverpiæ, apud Ioannem Keerbergium, 1624
8°: A-2A⁸; 304, [80] p.
- ArDIV/20 (herk.: Ad usum F. Georgii)

Sacrosancti et œcumenici concilii ... S7
Sacrosancti et œcumenici Concilii Tridentini Paulo III, Iulio III, et Pio IV ... celebrati canones et decreta. Quid in hac editione præstitum sit, sequens Philippi Chiffletii ... præfatio indicabit
Antverpiæ, ex officina Plantiniana Balthasaris Moreti, 1640
12°: *-2*¹², A-P¹², a-e¹², f⁸; 358, [2], LXXII, [62] p.: ill.; gegrav. titelp. Portret van Paulus III (2*3), Julius III (p.78) & Pius IV (p.154)
- YIV/10 (herk.: Ex libris F. Duvivier Leodiensis 1819; Ex libris ... Caroli Coron pastoris in Clavier; Conv. FF. Min. Recoll. Cinac.; Nunc jure emptionis ... Ludov. Aug. Descamps, vic. in Grivegnée, 1863)

Sacrosancti et œcumenici concilii ... S8
Sacrosancti et œcumenici Concilii Tridentini Paulo III, Iulio III et Pio IV ... celebrati canones et decreta. Quid in hac editione præstitum sit sequens Philippi Chiffletii ... præfatio indicabit
In fine: *Constitutiones ex antiquo jure desumptæ et per Concilium speciatim innovatæ ...*
Antverpiæ, apud Joan. Bapt. Verdussen, (1660?)
12°: *¹², A-Q¹², R⁶; [24], 270, LVI, [70] p.; gegrav. titelp.
- PrJVI/5 & ArCI/20

Sacrosancti et œcumenici concilii ... S9
Sacrosancti et œcumenici concilii Tridentini, Paulo III, Julio III et Pio IV ... celebrati canones et decreta. Quid in hac editione præstitum sit sequens Philippi Chiffletii ... præfatio indicabit
In fine: *Constitutiones ex antiquo jure desumptæ et per Concilium speciatim innovatæ ...*
Antverpiæ, apud Henricum & Cornelium Verdussen, 1694
12°: *¹², A-R¹², S⁸; [24], 287, [1], LX, [76] p.; gegrav. titelp.; portretten van Paulus III, Julius III, Pius IV
- ArCI/21 (herk.: F. Stroobants [Park])

Sacrosancti et œcumenici concilii ... S10
Sacrosancti et œcumenici concilii Tridentini Paulo III, Julio III, et Pio IV ... celebrati canones et decreta ... Quid in hac editione præstitum sit, sequens Philippi Chiffletii ... præfatio indicabit
Bruxellis, typis Joannis Van Vlaenderen, & prostant Lovanii, apud Martinum Van Overbeke, 1741
12°: *⁶, 2*⁴, A-2K⁶; [20], 273, LXXVI, [56] p.
- PrFI/28 (herk.: G. Gelens Schrieck 1817) & ArCI/19 (herk.: Francisco Liberto Egidio Bosmans thenensi 1741 [prijsboek])

Sacy, Louis Sylvestre de S11
Traité de la gloire. Par ... de Sacy ...
A Paris, chez Pierre Huet, 1716
12°: á⁸, é⁴, A-Z⁸, B-Y⁴; [24], 280 p.
- QII/30

Sailer, Sebastianus, O.Præm. S12
Feyerliche Dankrede auf die wiederhergestellte Ruhe des bestürzten Deutschlandes ... Gesprochen van ... Sebastian Sailer ...

Augspurg, verlegts Matthæus Rieger, 1763
2°: A-R²(-R²); 66 p.
- ArFV/9/3

SAILER, Sebastianus, O.Præm.   S13
Des ... Sebastian Sailer ... *Geistliche Reden* ...
Augsburg, Verlegts Matthæus Rieger und Söhne, 1766-1770
8°: 3 dln
- ArEII/11-13 (herk.: Comparavit P. Albericus Baader 1768; hic vendidit P. Gothardo 1775)

SAILER, Sebastianus, O.Præm.   S14
... Sebastiani Sailer ... *Kempensis Marianus. Sive libelli duo de imitatione Mariæ Virginis et Matris Dei*
Augustæ Vindelicorum, sumtibus Matthæi Rieger, et filiorum, 1768
8°: a-b⁸, A-N⁸, O²; [32], 212 p.; gegrav. front.
- PrHII/17 (herk.: B. van Beygaerden O.Præm. [Park]) & ArEII/15

SAILER, Sebastianus, O.Præm.   S15
Lob- und Ehren-Rede dess Heiligen Blutzeugen Vincentii ...
Vorgetragen von ... Sebastiano Sailer ... den 23 Mai anno 1751
Augspurg, zu finden bey Matthæus Rieger, (1751)
2°: A-D²; 56 p.
- ArFV/9/2

SAILER, Sebastianus, O.Præm.   S16
Lob- und Sittenrede auf das hohe Fest des heiligen Claravallensischen Abtens ... Bernardus ... den 20ten des Augustmonats 1765. Vorgetragen van ... Sebastian Sailer ...
Augsburg, Verlegts Matthæus Rieger, 1765
4°: A-G⁴; 56 p.
- ArKIII/7/1

SAILER, Sebastianus, O.Præm.   S17
Lob- und Sittenrede zur Ehre des Heiligen ... Tiberius an ... den 10 Wintermonat anno 1759 vorgetragen von ... Sebastiano Sailer ...
Riedlingen, gedrukt bey Jacob Christoph Ulrich, 1759
2°: A-I²; 35 p.
- ArFV/9/1

SAILER, Sebastianus, O.Præm.   S18
Marianisches Orakel, das ist, heilsame Räthe Mariæ von dem guten Rath ... zu Gennazano ... in eine Sammlung gebracht von ... Sebastian Sailer ...
Augsburg, verlegt von Matthæus Rieger, 1764
8°: *-2*⁸, 3*⁴(-3*⁴), A-2U⁸, 2X⁴(-2X⁴); [38], 690, [3] p.; gegrav. front.
- ArEII/8

SAILER, Sebastianus, O.Præm.   S19
Marianisches Orakel ... in eine Sammlung gebracht von ... Sebastian Sailer ... Dritte Auflage
Augsburg, Verlegts Matthæus Rieger und Söhne, 1769-1770
8°: *-2*⁸, A-2U⁸; [32], 688 p. +)(⁸, 2)(⁶, A-2G⁸; [22], 479 p.; gegrav. front. in elk dl
- ArEII/9-10

SAILER, Sebastianus, O.Præm.   S20
Triduum sacrum sive exercitia triduana quæ ... Capitulum rurale Biberacense ... instituit præside et directore ... Sebastiano Sailer ...
Augustæ Vindelicorum, sumptibus Matthæi Rieger p.m. filiorum, 1775
8°: *⁸, A-N⁸, O²; [16], 211 p.
- ArEII/14

SAILLY, Thomas, S.J.   S21
Een crachtige hulpe om wel te leven, ende daer naer te sterven. Uyt de H. Schriftuere ende des Cardinael Bellarminus boecken vergaerdert [Th. Sailly]
Tot Brussel, by Huybrecht Anthoon [Velpius], 1620
12°: a-e¹², f⁶; 130 p.
- LI/23/2

SAILLY, Thomas, S.J.   S22
Het huys der conscientie, door Sinte Bernaert ghebaudt. Overgheset door Thomas de Sailly ...
Tot Brussel, by Huybrecht Anthoon [Velpius], 1620
12°: á¹², é¹², ó⁶, A-O¹²; [60], 334 p.
- LI/23/1 (herk.: Katerina Peeters 1628; Emerentiana Peeters)

SAINTEBEUVE, Jacques de   S23
Résolutions de plusieurs cas de conscience touchant la morale et la discipline de l'Eglise. Par ... Jacques de Saintebeuve ... Recueillis et mis en lumiere par ... de Saintebeuve ... frere de l'auteur
A Paris, chez Guillaume Desprez, 1705
8°: 3 dln
- III/29-34

SAINTEBEUVE, Jacques de   S24
Résolutions de plusieurs cas de conscience ... Par ... Jacques de Saintebeuve ... Recueillis et mis en lumiere par Monsieur de Saintebeuve ... frere de l'auteur
A Paris, chez Guillaume Desprez et Jean Desessartz, 1715
8°: 3 dln
- II/11-13

SAINTEBEUVE, Jacques de   S25
Jacobi de Saintebeuve ... *Tractatus de sacramento confirmationis.* Cura & studio Hieronymi de Saintebeuve ...
Lovanii, typis Joannis Francisci van Overbeke, 1778
8°: *⁸, A-2G⁸; XVI, 479 p.
- FII/18

SAINTEBEUVE, Jacques de   S26
Jacobi de Saintebeuve ... *Tractatus de sacramento unctionis infirmorum extremæ.* Cura et studio Hieronymi de Saintebeuve ...
Lovanii, typis Joannis Francisci van Overbeke, 1778
8°: *⁸(-*⁸), A-P⁸, Q²; [14], 243 p.
- FI/7

SAINTE-MARTHE, S. & SAINTE-MARTHE, L.   S27
Histoire généalogique de la maison de France. Par Scevole & Louis de Saincte-Marthe ... Revue et augmentée en cette édition ...
A Paris, chez Sebastien Cramoisy, 1628
2°: á⁶, é⁴, í⁴, ó⁴, A-6A⁴; [36], 903, [30] p.+ á⁴, A-6Y⁴, 6Z⁶(-6Z⁶); [8], 1089, [17] p.: ill.
- YIX/19-20 (herk.: wapen van Louis XIII, koning van Frankrijk [supralibros op 1])

SAINT-LAMBERT, Jean-François de   S28
Les saisons. Poeme par Saint-Lambert. *Pièces fugitives - Contes - Fables orientales.* Nouvelle édition
A Paris, chez Janet et Cotelle, 1823
IX, [1], 457 p.; gegrav. front.
- ArGVII/21 & ArGVII/20

S

SAINT-NON, Jean-Claude de   S29
Voyage pittoresque ou description des royaumes de Naples et de Sicile (J-C. de Saint-Non) ... Contenant un précis historique de leurs révolutions (Sébastien-Roch-Nicolas de Chamfort) ...
A Paris, (Clousier), 1781-1785
In fine in 5:: De l'imprimerie de Clousier, rue de Sorbonne
2°: 4 dln: + ill. & krtn
- RVIII/13-17

SALAMO, Simon & GELABERT, Melchior   S30
Regula cleri ex sacris litteris, sanctorum patrum monimentis, ecclesiasticisque sanctionibus, excerpta. Studio & opera Simonis-Salamo & Melchioris Gelabert ... Quinta editio, cui accessit *Præparatio proxima ad mortem*
Lovanii, apud J. P. G. Michel, 1775
12°: *^{4}, A-O^{12}, P^2; [8], 333, [6] p.+ a^4, A-E^{12}; [8], 117, [2] p.
- ArBV/18 (herk.: Fr. Bernard Van Hoecke [Park])

SALAZAR, Francisco de, S.J.   S31
Les principes de la sagesse. Par ... Salazar ... Traduits de l'espagnol sur la quinzième édition
Louvain, chez Vanlinthout et Vandenzande, 1826
8°: [2], VIII, 222 p.
- ArBV/23

SALIAN, Jacques, S.J.   S32
Annales ecclesiastici Veteris Testamenti ... Quibus connexi sunt annales imperii Assyriorum, Babyloniorum, Persarum, Græcorum, atque Romanorum ... Auctore Iacobo Saliano ...
Lutetiæ Parisiorum, 1 & 5: ex officina Nivelliana. sumptibus Sebastiani Cramoisy; 2-3: sumptibus Nicolai Buon; 4 & 6: sumptibus Sebastiani Cramoisy, 1619-1624
2°: 6 dln; bijk. gegrav. titelp. in elk dl
- OVII/1-6 (herk.: Ad biblioth. FF. Min. Conv. Coloniæ, X L.V. n.4)

SALLÆUS, Andreas   S33
Index amplissimus materiarum præcipuarum, quæ sparsim in concionibus de tempore & sanctorum festis solemnibus ... Ludovico Granatensi in lucem editis, continentur ... Andreæ Sallæi ... industria concinnatus
Antverpiæ, ex officina Plantiniana, apud viduam & filios Joannis Moreti, 1614
8°: A-F^8, G^6; 106, [2] p.
- JII/21/2

SALMERON, Alonso, S.J.   S34
Alphonsi Salmeronis ... *Commentaria in Evangelicam Historiam, et in Acta Apostolorum* (ed.: Pedro de Ribadeneyra)
Coloniæ Agrippinæ, apud Antonium Hierat, & Ioannem Gymnicum, 1612-1615
2°: 16 dln
- EVII/16-17 (dln 4-9; herk.: Ex libris Augi Rossie Pastoris in Wassenberg, 1820; Carmeli Coloniensis; F. Segerus Pauli C. [supralibros])

SALVAING de BOISSIEU, Denis de   S35
De l'usage des fiefs et autres droits seigneuriaux. Par ... Denis de Salvaing ... Derniere édition
A Grenoble, chez André Faure, 1731
2°: π^6, *-2*^{4}, A-X^6, A-F^6, G^2(-G^2); [12], 14, [2], 252, 74 p.
- RVI/21

SANADON, Nicolas, S.J.   S36
Prières et instructions chrétiennes, pour bien commencer & bien finir la journée ... Par ... N. Sanadon ...
A Lyon, chez Jean-Marie Bruyset, 1761

12°: a^6, A-3B$^{8-4}$, 3C^6; [12], 586, [2] p.
- ArDIII/12 (herk.: Comtesse Louise de Méan née comtesse de Wurzberg)

SANCHEZ, Gaspar, S.J.   S37
Gasparis Sanctii ... *In Isaiam prophetam commentarii cum paraphrasi.* Nunc primum evulgati
Lugduni, sumptibus Horatii Cardon, 1615
2°: *-2*^{4}, a-3s^6, 3t^8; [16], 769, [13] p.; gegrav. titelp.
- CVI/6 (herk.: Collegium S.J., Luzern, 1617)

SANCHEZ, Gaspar, S.J.   S38
Gasparis Sanctii ... *In quatuor libros regum, & duos paralipomenon, commentarii.* Nunc primum prodeunt
Lugduni, sumpt. Iacobi Cardon et Petri Cavellat, 1623
2°: *^{8}, A-4D^6, 4E^4; [8] p., 1692 kol., [36] p.; gegrav. titelp.
- CVI/7/1

SANCHEZ, Joannes   S39
Ioannis Sanchez ... *Selectæ & practicæ disputationes de rebus in administratione sacramentorum ...* Accessit *Tractatus de ieiunio* ... Editio novissima
Antverpiæ, apud Henricum Aertssens, 1644
2°: *^{6}, A-2T^6; [12], 14, [89] p.
- PrDV/2 (herk.: Ex munificentia ... Stephani vander Stegen, Averbode 1698 [prijsboek, laureaat is gerad.])

SANCHEZ, Thomas, S.J.   S40
... Thomæ Sanchez ... *Consilia, seu Opuscula moralia.* Opus posthumum, editio ultima.
Lugduni, sumptib. Laurentii Arnaud, Petri Borde, Joannis, & Petri Arnaud, 1681
2°: ¶^{4}, é^6, A-2H^6, 2I^4, áá^6, éé^6, íí^6, óó^6; [20], 380, [46] p. + ¶^{6}, A-2A^6, †-4†^{6}, 5†^{8}; [12], 288, [62] p.
- IVII/19

SANCHEZ, Thomas, S.J.   S41
Disputationum de sancto matrimonii sacramento tomi tres. Auctore Thoma Sanchez ... Editio hæc postrema ...
Antverpiæ, apud Iacobum Meursium, 1652
Coll.: Philippus Alegambe (*Elogium*)
2°: 3 dln
- IVII/18

SANCHEZ, Thomas, S.J.   S42
... Thomæ Sanchez ... *De sancto matrimonii sacramento disputationum tomi tres.* Posterior ... editio
Lugduni, sumptibus Anissoniorum, 1690
2°: 3 dln
- VVIII/1 (herk.: Ex libris De Clerck pastoris in Velthem)

SANCHEZ, Thomas, S.J.   S43
Opus morale in præcepta Decalogi ... Thomæ Sanchez ...
Parmæ, ex typographia Pauli Monti, 1723
2°: 3 dln
- ZVIII/21 (dl 2)

SANCTI BERNARDI ...   S44
Sancti Bernardi melliflui doctoris Ecclesiæ, pulcherrima & exemplaris vitæ medulla. Quinquaginta tribus iconibus illustrata, labore & expensis Abbatiæ Beatæ Mariæ de Baudeloo
Antverpiæ, apud Guilielmum Lesteenium & Engelbertum Gymnicum, 1653
4°: a-h^4, A-E^4, F^2, G-3Z^4, 4A^2; [66], 500 [=546], [8] p.: ill.; bijk. gegrav. titelp.; gegrav. portret van Livinus Vaentkens
Nota: de ill. hebben geen pag., wel sign.

- PrEIV/23 (herk.: wapen van abt L. Vaentkens (*Stella duce 1648*) [supralibros op voorplat]); wapen van de abdij van Baudeloo (*Fac mecum signum in bonum*) [supralibros op achterplat])

SANDELLIUS, Dionysius   S45
Dionysii Sandellii … De Danielis Concinæ vita et scriptis commentarius
Pseudoniem van Vincenzo Fassini, O.P.
Brixiæ, e typographio Jo. Mariæ Rizzardi, 1767
4°: π¹, *-2*⁴, 3*⁶, A-2M⁴, 2N⁶, a-m⁴, n²; [2], XXVIII, 292, 100 p.; gegrav. front.
- IVI/20

SANDEN, Jacobus vander   S46
De bloyende konsten of lauwerkrans van Apelles. Door de Koninglijke Academie van Antwerpen opgezet tooneels-gewyze aen haer … queekeling … Petrus Josephus Verhaghen … (ed.: Jacobus vander Sanden)
t'Antwerpen, by Joannes Henricus Van Soest, 1774
8°: A-L⁴; 84, 4 p.
- ArFIV/16/3

SANDERUS, Antonius   S47
Bibliotheca Belgica manuscripta, sive, Elenchus universalis codicum mss. in celebrioribus Belgii cœnobiis, ecclesiis, urbium, ac privatorum hominum bibliothecis adhuc latentium. Collegit illum, et edidit Antonius Sanderus …
Insulis, ex officina Tussani le Clercq, 1641
4°: á⁴, é², A-2Z; [12], 367, [1] p. + π¹, *², A-2M⁴; [6], 278, [2] p.
- VV/3 (dl 1; herk.: Monasterii Affligeniensis 1641)

SANDERUS, Antonius   S48
Bibliothecæ Belgicæ manuscriptæ pars secunda. Collegit … Antonius Sanderus …
Insulis, apud Toussanum le Clercq, 1643
4°: π¹, *², A-2M⁴; 278, [2] p.
- ArIVII/9

SANDERUS, Antonius   S49
Antonii Sanderi … *Chorographia sacra Brabantiæ, sive celebrium aliquot in ea provincia ecclesiarum et cœnobiorum descriptio, imaginibus æneis illustrata* …
1. *Basilica Bruxellensis SS. Michaelis et Gudilæ*. Descripta ab Antonio Sandero …, 1658
2°: A-E²; 20 p.: ill.
2. *Affligenium, vulgò Affligem, celeberrima ordinis S. Benedicti … abbatia* … Descripta ab Antonio Sandero …, 1658
2°: A-F²; 20 p.: ill.
3. Antonii Sanderi … *Chorographia sacra Villarij quod est celeberrimum Cisterciensis ordinis cœnobium* …, 1659
2°: A-L², a²; 39, [1bl], 4 p.: ill.
4. Antonii Sanderi … *Chorographia sacra Cœnobii S. Michaelis Antverpiæ* …, (1659?)
2°: A-2L²; 43 p.
5. Antonii Sanderi … *Chorographia sacra Abbatiæ Grimbergensis in ordine Præmonstratensi celeberrimæ*, 1659
2°: A-G²; 25 p.: ill.
6. Antonii Sanderi … *Cœnobiographia sacra celebris et antiquæ Abbatiæ Jettensis, vulgò Diligem ordinis Præmonstratensis*, (1660?)
2°: A-F²; 20 p.: ill.
7. Antonii Sanderi … *Chorographia sacra Cœnobij de Foresto quæ nobilis et antiqua sanctimonialium Ord. D. Benedicti est Abbatia in suburbano Bruxellensi*, 1660
2°: A-B²; 6 p. + ill.

8. Antonii Sanderi … *Chorographia sacra Averbodij quæ celebris est, et in agro Campiniensi antiquissima Canonicorum ordinis Præmonstratensis abbatia*, 1659
2°: π¹, A-D²; 18 p. + ill.
9. Antonii Sanderi … *Chorographia sacra Vlierbaci quæ celebris et antiqua est abbatia ordinis S. Benedicti in suburbano Lovaniensi*, 1659
2°: A-F²; 23 p. + ill.
10. Antonii Sanderi … *Chorographia sacra nobilis et antiqui cœnobii S. Gertrudis Lovanii canonicorum regularium ordinis S. Augustini*, 1659
2°: A-C²(-C²); 10 p
11. *Cœnobiographia abbatiæ S. Salvatoris in civitate et diœcesi Antverpiensi sacri Cisterciensis ordinis*, 1660
2°: A-O²; 52 p.: ill. + ill.
12. *Laca Parthenia Mariani cultus antiquitate, et miraculorum gloria illustris*. Quam e … commentariis nuper editis Ioannis Antonii a Gurnez … imaginibus æneis ornatam, rursus in lucem educit Antonius Sanderus, 1659
2°: A-R²; [4], 63 p.: + ill.
13. Antonii Sanderi … *Chorographia sacra Asperi Collis* …, 1659
2°: π¹, A-H²; 30 p.: ill. + krt
14. Antonii Sanderi … *Chorographia sacra insignis canonicæ B. Mariæ, et S. Ioannis Baptistæ in Viridi Valle vulgo Groenendael* …, 1659
2°: π², A-G²(-G²); 28 p.
15. Antonii Sanderi … *Chorographia sacra insignis canonicæ S. Pauli Rubeæ Vallis in Zonia ord. can. reg. S. Augustini Windesemensis*, 1659
2°: A-G²; 27 p. + ill.
16. Antonii Sanderi … *Chorographia sacra præpositurœ Vallis Liliorum quod celebre et antiquum est cœnobium monalium canonicarum ord. Præmonstrensis*, 1659
2°: A-C²; 10(=12) p.: ill.
17. Antonii Sanderi … *Chorographia sacra celebris et antiqui cœnobii S. Jacobi de Caldenberga vulgò Coudenberch* …, 1659
2°: A-B²; 7 p.
18. *Cœnobium S. Petri apostoli canonicarum regularium ordinis sancti Augustini*. Ab Antonio Sandero …, 1658
2°: A-C²; 8(=10) p.: ill.
19. Antonii Sanderi … *Chorographia sacra Beginagii Bruxellensis, de vinea S. Mariæ nuncupati*, 1659
2°: A-D²; 16 p.: ill.
20. *Coenobiographia Carthusiæ Bruxellensis, quæ olim Nostræ Dominæ de gratia in Scheut vocata fuit*. Ex schedis domesticis, per … Petrum de Wal … eruta, et in hunc ordinem digesta ab Antonio Sandero …, 1659
2°: A-D²; 14 p.
21. *De eminentioribus quibusdam Catholici Regis in Belgio Conciliis dissertatiuncula*, 1659
2°: π¹, A-D², E⁴; 24 p.
22. *Regiæ domus belgicæ sive Palatium Bruxellense* …, 1659
2°: π³, A-N²; [6], 44 p.; ill. + ill.
23. *Status aulicus seu brevis designatio … personarum, quæ in honoratioribus aulæ Belgicæ ministeriis fuere sub … principibus … : Philippo Bono, Carolo Audace, Maria ejus filia, Archiduce Maxœmiliano, Philippo rege Castellæ et Carolo Quinto* … Ab Antonio Sandero … eruta, 1660
2°: π¹, A-G², H⁴(-H⁴); 34 p.
Bruxellæ, apud Philippum Vleugartium, 1659-1669
2°: 23 fascikels
- SVII/23 (supralibros met het wapen van het hertogdom Brabant)

SANDERUS, Antonius   S50

S

Antonii Sanderi ... *Chorographia sacra Brabantiæ, sive celebrium aliquot in ea provincia abbatiarum, cænobiorum, monasteriorum, ecclesiarum, piarumque fundationum descriptio ... imaginibus æneis illustrata*
Hagæ Comitum, apud Christianum Van Lom, 1726-1727
2°: 3 dln + ill., uitsl. pltn.; portret van Sanderus in front. in 1
- SVII/20-22 & PrBVI/9 (dl 1)

SANDERUS, Antonius S51
Antonii Sanderi ... *De claris Antoniis libri tres* ...
Lovanii, typis Cornelii Coenesteynii, 1627
4°: A-2H^4; 247 p.
- QI/12 (herk.: Eustachius Verstreken Ariscotanus, S. Sulpitius Diest 1686)

SANDERUS, Antonius S52
Antonii Sanderi ... *Flandria illustrata, sive provinciæ ac comitatus hujus descriptio* ... Accedit et *Hagiologium Flandriæ, sive de sanctis ejus provinciæ* ... Cum figuris æneis
Hagæ Comitum, prostant Bruxellis, apud Carolum De Vos et Joannem-Baptistam De Vos fratres, 1735
2°: 3 dln + ill., uitsl. krtn
- SVII/17-19

SANDERUS, Antonius S53
Le grand théâtre sacré du duché de Brabant, contenant la description ... de l'église Metropolitaine de Malines & de toutes les autres églises cathédrales, collégiales & paroissiales, des abbayes ... qui se trouvent dans l'archevêché de Malines, les évêchez d'Anvers & de Bois-le-Duc; comme aussi ceux qui sont au Brabant Wallon ... Recueilli des meilleurs auteurs qui ont écrit l'histoire sacrée des Païs-Bas [par A. Sanderus]. Enrichi d'un très grand nombre de figures gravées en taille-douce
A La Haye, chez Chretien van Lom, 1729
Vert.: Jacques Le Roy
2°: 4 dln: ill. + ill., uitsl. pltn
- ArEVII/9-10

SANDINI, Antonio S54
Disputationes historicæ Antonii Sandini ad vitas pontificum romanorum ab eodem descriptas
Turnaviæ, typis Collegii academici Soc. Jesu, 1767
8°: A-Z^8 (-Z^8); 348 p.
- AV/5/2

SANDINI, Antonio S55
Historia apostolica ex antiquis monumentis collecta. Opera & studio Antonii Sandini. Editio altera Italica
Patavii, apud Joannem Manfrè, 1744
8°: a^{10}, A-Z^8, 2A^{10}; [20], 374, [14] p.
- CI/2 (herk.: J. H. Haenen)

SANDINI, Antonio S56
Historia apostolica ex antiquis monumentis collecta ... Opera & studio Antonii Sandini ...
Turnaviæ, typis Collegii academici Societatis Jesu, 1765
8°: a^4, A-T^8, U-X^4; [8], 312, [8] p.
- AV/5/1

SANDINI, Antonio S57
Historia familiæ sacræ ex antiquis monumentis collecta. Opera & studio Antonii Sandini. Editio altera Italica
Patavii, typis Seminarii, apud Joannem Manfrè, 1745
8°: a^{10}, A-2F^8; [20], 437, [27] p.
- CI/3 (herk.: J. H. Haenen)

SANDINI, Antonio S58
Vitæ pontificum romanorum ex antiquis monumentis collectæ. Opera & studio Antonii Sandini ...
Patavii, typis Seminarii, apud Joannem Manfrè, 1739
8°: *^{8}, A-2R^8; [16], 638 p.
- PII/26

SANNAZARO, Jacopo S59
Iacobi Sannazarii *Opera omnia*
Lugduni, apud Antonium Gryphium, 1569
16°: a-m^8, n^4; 198 p.
- PrJVII/4

SANTEUL, Jean (de) S60
Santolius pœnitens
Coloniæ, apud Nicolaum Schouten, 1696
Coll.: Jouvency (brief)
12°: 11 p.
- ArDIV/5/13

SAPPEL, Ladislaus S61
Liber singularis ad formandum genuinum conceptum de statu ecclesiæ et summi pontificis potestate contra Justinum Febronium ... Ab ... Ladislao Sappel ...
Augustæ Vindel. et Œniponti, sumptibus Josephi Wolff, 1767
4°:)(-2)(^{4}, A-2Z^4(-2Z^4); [16], 340, [26] p.
- NII/5

SARDAGNA, Carlo, S.J. S62
Indiculus patrum ac veterum scriptorum ecclesiasticorum ... Ordine alphabetico digessit, ac theologiæ suæ dogmatico-polemicæ mantissæ loco adiecit ... Carolus Sardagna ...
Ratisbonæ, ex typographia Zunkeliana, 1772
8°: A-2E^8, 2F^4; XXXVI, 419, [1] p.
- KV/5 (herk.: Comparavit F. Auderic Zoepfl can. Windbergh.)

SARDAGNA, Carlo, S.J. S63
Theologia dogmatico-polemica, qua adversus veteres novasque hæreses ... catholica veritas propugnatur. Recensuit ... Carolus Sardagna ...
Ratisbonæ, ex typographia Zunkeliana, 1770-1771
8°: 8 dln
- GII/9-16

SASBOUT, Adam, O.F.M. S64
... Adami Sasbout ... *Opera omnia, nunc iterum ecxusa* ...
Coloniæ Agrippinæ, apud viduam Ioannis Birckmanni, 1575
2°: †-3†^{6}, A-3M^6, 3N^4; [36], 702 p.
- AIX/1 (katern B is vóór katern A ingebonden; herk.: aux Capucins de Namur)

SASSENUS, Andreas Dominicus S65
Breves animadversiones in Pharmacopœam Bruxellensem editam anno 1702 ... In lucem datæ per Andream Dominicum Sassenum ...
Lovanii, typis Guilielmi Stryckwant. Bruxellis, apud J. Van Doren, (1704?)
8°: A-Q^8; [6], 229, [18] p.; gegrav. portret in front.
- PrBI/15/1

SASSERATH, Reiner, O.F.M. S66
... Reineri Sasserath ... *Cursus theologiæ moralis in quatuor partes divisus*. Editio quinta
Augustæ Vindelicorum, sumptibus Matthæi Rieger p.m. filiorum, 1780

8°: 4 dln
- IIII/11-14 (herk.: Bernardus Deuster; Jacobus Brewer Eicks Seminarii Coloniensis alumnus anno 1807)

SAULNIER, Charles, O.Præm. S67
Statuta candidi & canonici ordinis Præmonstratensis renovata ... Editio tertia. ... A. ... Carolo Saulnier ... Quibus accesserunt regula S.P. Augustini ...
Luxemburgi, apud hæredes Andreæ Chevalier, 1776
4°: a-i⁴, A-3L⁴, 3M-3Q²; LXXII, 476 p.
- PrFIV/11 & ArEIII/10

SAVARY, Anne-Jean-Marie-René, duc de Rovigo S68
Extrait des mémoires de M. le duc de Rovigo, concernant la catastrophe de M. le duc d'Enghien. Quatrième édition
A Bruxelles, chez H. Remy, Voglet, 1823
48 p.
- ArHV/26

SAYER, Gregorius, O.S.B. S69
Clavis regia sacerdotum, casuum conscientiæ ... Authore ... Gregorio Sayro ...
Antverpiæ, apud Ioannem Keerbergium, 1619
In fine: Duaci, typis Marci Wyon ... Anno MDCXVIII
2°: *⁶, A-4Q⁶, 4R⁸, a-f⁶, g⁸; [12], 1034, [2 bl.], [86] p.
- JIX/9

SAYER, Gregorius, O.S.B. S70
... Gregorii Sayri ... Operum theologicorum tomus primus (-tomus tertius) ... (Novissimam hanc editionem recensuit ... Leander de S. Martino ...)
Duaci, ex officina typographica Baltazaris Belleri, 1620
2°: 3 dln
- JIX/8 (herk.: Capucinorum Namurcensium)

SCALIGER, Josephus Justus S71
Iosephi Scaligeri ... *Opus de emendatione temporum*
Genevæ, typis Roverianis, 1629
2°: α-ε⁶, ζ⁴, A-3Z⁶, a-e⁶; [16], LII, [4], 784, [46], [2bl], 59 p.
- RVI/1 (herk.: M Bochart)

SCAMOZZI, Vincenzo S72
L'idea della architettura universale. Di Vincenzo Scamozzi ... - Grontregulen der Bow-const ofte de uytnementheyt vande vyf orders der architectura. Van Vincent Scamozzi. Uyt het Italiaens overgeset en met curieuse copere plaeten verciert
Amstelrodami, apud Cornelium Dankerum, 1640
)(2 v°: Ghedruckt by Nicolaes van Ravesteyn
2°: π¹,)(², A-2F²; [6], 116 p. + ill.; gegrav. titelp. met portret van de aut.
- VIV/4 (herk.: Collegii Soctis Jesu Lovanii)

SCHÄDL, Sigismund S73
Quæstiones selectiores de actibus humanis. Præside ... Procopio Frischmann ... propugnandas suscepit ... Sigismundus Schädl ... Anno MDCCXXII ...
Pragæ, typis Wolffgangi Wickhart, (1722?)
8°: π⁴, A-U⁸, X⁴; [8], 328 p.
- PrGII/7

SCHAFFGOTSCH, Ernest Wilhelm S74
Cælum philosophicum ad contemplandum philosopho propositum. Seu universa philosophia ... Præside ... Benedicto Bayer ... proposita ab ... Ernesto Wilhelmo Schaffgotsch ... anno Domini MDCCXXI, die 23 Julii
Pragæ, typis Wolffgangi Wickhart, 1721
2°:)(⁴, A-ED⁴; [8], 587, [4] p.
- PrDV/8

SCHANNAT, Johann F. & HARTZHEIM, Josephus S75
Concilia Germaniæ. Quæ ... Joannis Mauritii ... sumptu ... Joannes Fridericus Schannat ... collegit, dein ... Josephus Hartzheim ... continuavit ...
6-8: ... editus ... a ... Hermanno Scholl; 9-10: ... editus a ... Ægidio Neissen; 11: *Collectionis Conciliorum Germaniæ tomus XI sive Index quintuplex ...* Opera et studio Amandi Antonii Josephi Hesselmann ... Typo et sumptu Henrici Josephi Simonis, 1790
Coloniæ Augustæ Agrippinensium, typo viduæ Joan. Wilhelmi Krakamp, et hæredum Christiani Simonis, 1759-1790
2°: 13 dln; gegrav. portret in 1
- DV/13-23 (herk.: F. Nivardus Abbas Bildhusanus XL, 1787, 1791 [ex libris])

SCHANNAT, Johann Friedrich S76
Joannis Friderici Schannat *Corpus traditionum Fuldensium ... Accedit Patrimonium S. Bonifacii, sive Buchonia vetus ...*
Lipsiæ, apud Maur. Georg. Weidmannum, 1724
In fine: typis Josephi Antonii Kofs ... MDCCXXV
2°: π⁶, A-2Q⁴, 2R², 2S-3I⁴, 3K²,)(-3)(²; [12], 440, [11] p.: ill. + uitsl. krt.; gegrav. front.
- TIX/15 (herk.: Liber Campidonensis)

SCHANNAT, Johann Friedrich S77
Historia episcopatus Wormatiensis ... Auctore Joanne Friderico Schannat
Francofurti ad Moenum, apud Franciscum Varrentrapp, 1734
2°: π⁴,)(², A-3K⁴, 3L²,)(-2)(²; [12], 452, [8] p. + a-b⁴, c²(-c²), A-M⁴, N-Z², 2A-3M⁴; [18], 448 p.+ ill. in fine
- OVII/8 (herk. in fine: Bibliothèque de Sorbonne)

SCHANNAT, Johann Friedrich S78
Joannis Friderici Schannat *Vindemiæ literariæ, hoc est veterum monumentorum ad Germaniam sacram præcipue spectantium collectio prima (-secunda).* Accedit conspectus trium vetustissimorum codicum ...
Fuldæ & Lipsiæ, apud Mauritium Georgium Weidmannum, 1723
2°: π¹,)(², *-3*²(-3*²), A-3O²(-3H²); [16], 229, [9] p. + *-5*²(-5*²), a-b²(-b²), A-Q²; [24], 155 p.
- SVI/23

SCHARD, Simon S79
Schardius redivivus sive Rerum Germanicarum scriptores varii. Olim a ... Simone Schardio in IV tomos collecti ... Opus ... repurgatum ... opera Hieronymi Thomæ ...
Giessæ, ex officina Seileriana, 1673
2°: π³, A-2P⁶, 2Q⁸,)(⁴, A-3H⁶, 3I⁸, χ², a-o⁶, p⁴, χ², A-P⁶, Q⁸(-Q⁸), t-4t⁶, 5t⁴; [6], 445, [1bl], [8], 654, [2bl], [4], 174, [2bl], [4], 194, [56] p.
- TVII/15 (herk.: H. Visicomberger[?] 1695)

SCHARSCHMIDT, Joannes Josephus S80
Selectarum quæstionum exegesis, ad libri V decret. Gregorii IX ... titulum XIX. De jure super delicto usuræ. Quam ... præside ... Thadæo, Francisco Schweiger ... disputationi proposuit ... Joannes Josephus Scharschmidt ... anno MDCCXXXIII die 14 Augusti ...
Vetero-Pragæ, apud Matthiam Höger, 1733
8°:)(⁴, A-2M⁸; [8], 554, [6] p.
- PrGII/5

SCHEFFMACHER, Johann Jakob, S.J. S81

S

Het klaer licht der Rooms-Catholyken, oft beknoopten catechismus der besonderste geloofs-geschillen … Door eene priester der Societyt Jesu [J. J. Scheffmacher]
T'Antwerpen, by Petrus vander Hey, (1758?)
12°: A-M¹², N⁶; 296, [4] p.
- PrEI/12

SCHEFFMACHER, Johann Jakob, S.J.   S82
Het klaer licht der rooms-catholyken … Door eenen priester der Societyt Jesu [J. J. Scheffmacher]
t'Antwerpen, by de wed. vander Hey, 1761
12°: A-M¹², N⁶; 296, [4] p.
- ArBIII/10

SCHELKENS, Petrus Franciscus   S83
Theses theologicæ de choreis & tripudiis … quas præside … Bartholomeo Pasmans … defendet Petrus Franciscus Schelkens … die 28 novembris anno 1686
Lovanii, typis Guilielmi Stryckwant, (1686?)
4°: A¹⁴(-A¹⁴); [24] p.
- ArKIII/7/10b

SCHELLENBERG, Joannes Baptista, S.J.   S84
Vita et res gestæ S. Norberti…A Ioanne Baptista Schellenberg…
Augustæ Vindelicorum, formis Andreæ Asperger, 1641
8°: A-I⁸, K⁴; [6], 141, [3] p.; gegrav. titelp.
- ArEI/37 & ArEI/38 (herk.: Liber Monast. Strahoff)

SCHENKL, Maurus von   S85
… Mauri Schenkl … Institutiones juris ecclesiastici Germaniæ imprimis, et Bavariæ accomodatæ. Editio tertia
Coloniæ, sumtibus Hermanni Josephi Haas, 1793
8°: a-b⁸, A-2L⁸; VIII, XXIV, 540, [4] p. + *-2*⁸, A-2P⁸, 2Q²; XXXII, 5Z⁸4, [38] p.
- MI/4-5 (herk.: H. B. Walters 1846)

SCHETS, Gaspar   S86
Casparis Scheti … *Commentarius ineditus de rebus, quæ inter Joannem Austriacum … et Belgii ordines actæ fuerunt. Accedit ejusdem Dialogus de pace, inter Philippum II … et Belgas ineunda … Edidit … Petrus Burmannus secundus*
p. 245: Helii Eobani Hessi, et Casparis Scheti … *Carmina elegiaca*
Lugduni Batavorum, apud Corn. van Hoogeveen, Jun., 1772
8°: †⁸, 2†², *-9*⁸, A-V⁸, X⁴; [20], CXLII, [2], 327 p.
- ArJVI/7

SCHIFFNER, Josephus Franciscus, O.Præm.   S87
Zodiacus philosophicus … Præside … Thadæo Francisco Schwaiger … propugnatus à … Josepho Francisco Schiffner … Anno MDCCXXV
Vetero-Pragæ, typis Caroli Joannis Hraba, (1725?)
4°: π³, A-3R⁴(-3R⁴); [6], 496, [5] p.
- PrHII/14

SCHILTER, Johann   S88
Scriptores rerum Germanicarum … Carolo M. usque ad Fridericum III … Accessit etiam præfatio Jo. Schilteri
Argentorati, apud Joh. Reinholdum Dulsseckerum, 1702
Aut.: Theganus Treverensis, Nithardus S. Richardi abbas, Albertus Stadensis, Andreas Ratisbonensis, Pius II
2°: π¹,):(⁶, A-3F⁴, 3G², 4A-4M⁴, 4N⁴(-4M⁴), A-S⁴, T², a-2s⁴, 2t², 4O-4Q⁴, 4R-5D²; [14], 378, 98, 148, 326, [68] p.; bijk. gegrav. front.
- TVII/10 (herk.: J. B. Verpoortenne; Jo. Ludov. Eckhardt 1770)

SCHIM, Hendrik   S89
Hendrik Schims *Bybel- en Zededichten, bestaende in Zinnebeelden, Het zalige lantleven, Eerkroon der volmaekte overheden, Harpgezangen, en Gebeden, enz. Met zeer kunstige koper platen verçiert*
Te Delft, by Reinier Boitet, 1726
Coll.: P. Schim, Arnold Hoogvliet, Jacob Schim (lofdichten)
4°: *-4*⁴, A-3R⁴; [32], 500, [3] p.: ill.; bijk. gegrav. titelp
- WI/15 (herk.: E. B. Van den Gheyn 1808)

SCHINDLER, Daniel Antonius, O.Præm.   S90
Divus Norbertus unanimi totius Boëmiæ voto desideratus, solenni purpurati archi-præsulis Prageni decreto destinatus regni patronus … A Daniele Antonio Schindler …
(Pragæ), typis Joannis Wenceslai Helm, (1727?)
4°: A-B⁴; [15] p.
- ArKIII/7/3b

SCHINDLER, Paul, O.Cist.   S91
Selectæ quæstiones canonico-theologicæ ex libro I, II & III decretalium Gregorij IX. Excerptæ & resolutæ a … Mariano Antonio Hermann … Propugnatæ a … Paulo Schindler … Anno MDCCVIII. Mense Junio …
Vetero-Pragæ, apud Wolffgangum Wickhart, (1708?)
8°: π⁴, A-Y⁸, Z¹⁰(-Z¹⁰); [8], 366, [4] p.
- ArEIV/7

SCHMALZGRUEBER, Franz, S.J.   S92
Consilia seu responsa juris. A … Francisco Schmalzgrueber
Dilingæ, typis Bencardianis. Prostat Augusta Vindelicorum & Ratisbonæ, sumptibus Strötter & Fesenmayr, 1740
2°:):(⁴, A-5N⁴, 5O²(-5O²), a-d²(-d²); [12], 842, [14] p. +)(⁴, (A)-5(L)⁴, 5(M)², (a)², (b)⁴; [8], 828, [9] p.
- MVII/15

SCHMALZGRUEBER, Franz, S.J.   S93
Jus ecclesiasticum universum, brevi methodo ad discentium utilitatem explicatum, seu lucubrationes canonicæ in quinque libros decretalium Gregorii IX … Authore … Francisco Schmalzgrueber … Editio secunda. Cui adiecta … est Introductio ad jus canonicum seu Dissertatio prœmialis
2: *Judicium ecclesiasticum … liber II …*; 3: *Clerus sæcularis et regularis … liber III …*; 4: *Sponsalia, et matrimonium … liber IV …*; 5: *Crimen fori ecclesiastici … liber V …*
Ingolstadii, sumptibus Joannis Andreæ de la Haye. Dilingæ, formis Joann. Ferd. Schwertlen, 1726-1728
2°: 5 dln
- MVII/12-14 (herk.: Residentiæ Soc. Jesu Ottersrweieræ 1745)

SCHMETTERER, Modestus, O.S.B.   S94
… Modesti Schmetterer … Introductio in universum ius canonicum
Salisburgi, typis et impensis Ioan. Ios. Mayr, p. m. Hæred., 1772
4°: π²,)(⁶, a-z⁴, 2a²; [16], 188 p.
- MI/1

SCHMIDT, Philipp Anton, S.J.   S95
Institutiones juris ecclesiastici Germaniæ adcommodatæ. Edidit … Antonius Schmidt …
Heidelbergæ, sumptibus Tobiæ Goebhardt, 1774
8°:)(⁸, A-2G⁸, 2H⁴; [16], 488 p. + A-2D⁸; 432 p.
- MV/31-32 (herk.: Jac. Schmitz)

SCHMIDT, Philipp Anton, S.J.   S96

Thesaurus iuris ecclesiastici potissimum Germanici sive dissertationes selectæ in ius ecclesiasticum … Quas … in ordinem digessit, illustravit …, adauxit … Antonius Schmidt …
Prostant Heidelbergæ, Bambergæ et Wirceburgi, sumptibus Tobiæ Goebhardt, 1772-1779
4°: 7 dln
- MVI/1-7 (herk.: Comparatus ex eleemosinis F. Conradi Zwicklin pro Bibliotheca FF. Min. Conventual. Uberlingæ 1777)

SCHMIER, Franz   S97
Jurisprudentia canonico-civilis, seu Jus canonicum universum … Authore … Francisco Schmier … Editio secunda
Salisburgi, impensis & literis Joannis Josephi Mayr, 1729
2°: 3 dln
- MVII/1-3

SCHNEIDER, Christian   S98
Vindiciæ Norbertinæ sive ostensio summaria de Norberti … reliquiis e cœnobio B. Virginis Magdeburgicæ templo, Pragam in Strahoviense … monasterium … nunquam translatis … Præside Philippo Müllero…proposita a…Christiano Schneidero…
Jenæ, literis Joh. Jac. Bauhoferi, (1683?)
4°:):(4, A-H4; [8], 56, [8] p.
- ArKIII/7/13 (herk.: Basilius van Beygaerden [Park])

SCHNORRENBERG, Anno, O.Præm.   S99
Institutiones canonicæ cum commentariis in ejusdem juris regulas …Quas … prælegit…Anno Schnorrenberg … Editio altera
Coloniæ, ex officina Noetheniana, 1740
4°:][4, A-4L4; [8], 632, [8] p.
- LIV/8/1 (herk.: Fridericus, Sigismundus, Antonius, Martinus Cassinone … Ita testamur Petrus Salm d.d., reg.. Gymn. Tric. & Augustinus Aldenbrück, Gymn. Tric. subregens [prijsboek]; Cornelius Metternich Soc. Jesu)

SCHNORRENBERG, Anno, O.Præm.   S100
Regulæ Juris Canonici per varias quæstiones et casus … Explicatæ ab … Annone Schnorrenberg … Editio altera
Coloniæ, ex officina Noetheniana, 1740
4°: π1, A-2C4, 2D2; [2], 209, [3] p.
- LIV/8/2

SCHÖNFUS, Ludolphus, O.Præm.   S101
Dubia non nulla de sacrificio missæ passive sumpto … Præside … Felice Rechenberger … propugnata à Ludolpho Schönfus … anno MDCCXXXV …
Vetero-Pragæ, apud Mathiam Adamum Höger, (1735?)
8°:)(4, A-Q8; [8], 246, [8] p.
- PrFII/18

SCHOONAERTS, Gregorius, O.S.A.   S102
Examen confessariorum per universam theologiam moralem facillimâ methodo deductum & plurimorum casuum resolutionibus in hac secunda editione amplificatum … Authore … Gregorio Schoonaerts …
Antverpiæ, typis Joannis Pauli Robyns, 1721
Coll.: Fredericus Storms (lofdicht)
8°: π2, *8, A-2B8; [20], 373, [27] p.
- ArCV/1

SCHRAM, Dominicus, O.S.B.   S103
… Dominici Schram … Analysis operum S.S. Patrum, et scriptorum ecclesiasticorum
Augustæ Vindelicorum, sumptibus Matthæi Rieger p.m. filiorum, 1780-1796
8°: 18 dln; gegrav. front. in elk dl

- EI/17-34 (herk.: Cantons Bibliotheek, Luzern)

SCHRAM, Dominicus, O.S.B.   S104
… Dominici Schram … Institutiones juris ecclesiastici publici et privati …
Augustæ Vindelicorum, sumptibus Matthæi Rieger, et filiorum, 1774
8°: 3 dln
- ArAVII/8-10

SCHRAM, Dominicus, O.S.B.   S105
… Dominici Schram … Institutiones theologiæ mysticæ
Augustæ Vindelicorum, sumptibus Matthæi Rieger p.m. filiorum, 1777
8°: a-b8, c4, A-2S8,2T6; XL, 668, [2] p.+a-b8, A-2P8; XXXII, 605, [2] p.
- JI/6-7

SCHREVELIUS, Cornelius   S106
Corn. Schrevelii Lexicon Græco-Latinum et Latino-Græcum …
Amstelodami, ex officina Henrici & Theodori Boom, 1682
8°: *6, A-3I8, 3K4, A-L8, M4; [12], 882, 184 p.
- PrIIV/10 (herk.: Hoefnagels)

SCHUUR, Andreas van der   S107
Epistola Christiani Philereni (= A. Van der Schuur) ad Lucium Candidianum insignem theologum, qua … Martini Harnæi … libellus apologeticus de Divinis Libris vulgo Christianorum passim non legendis refutatur
Irenopoli, s.n., 1692
8°: A-C4; 23 p.
- ArDIV/5/2

SCHUUR, Andreas van der   S108
Epistola Christiani Philereni (= A. Van der Schuur?) ad Janum Palæologum, qua Melchioris Leideckeri in libro De Vita & Dogmatibus Cornelii Jansenii, Iprensis episcopi, aberrationes … perstringuntur
Irenopoli, s.n., 1696
8°: A-B8; 32 p.
- ArDIV/6/13

SCHUUR, Andreas van der   S109
Fluctus in simpulo, levi opera sedatus, sive, lenis animadversio in procuratorem archiepiscopi Machliniensis, quo loco Andream Schuriam … alienæ causæ perperam admiscet [A. Van der Schuur]
Trajecti ad Rhenum, s.n., 1706
8°: *4, A-C8; [8], 48 p.
- ArDIV/15/8

SCHWARZ, Ignatius, S.J.   S110
Institutiones juris publici universalis, naturæ et gentium, ad normam moralistarum nostri temporis, maxime protestantium, Hugonis Grotii, Puffendorfii, Thomasii, Vitriarii, Heineccii, ex recentissimis adornatæ … Authore … Ignatio Schwarz …
Venetiis, ex typographia Remondiniana, 1760
4°: π4, A-2D8; [8], 431 p. + A-2A8, 2B10; 398 p.
- UII/3-4 (herk.: H. Bleenen)

SCHWENTER, Daniel   S111
Deliciæ physico-mathematicæ, oder mathemat. und philosophische Erquickstunden … Allen … am tag gegeben dürch … Danielem Schwenterum …
Nürnberg, in Verlegung Jeremiæ Dümlers, 1636
4°:)(4, 2)(2, B-4D4; [12], 574 p.: ill.; gegrav. titelp.
- RI/8

S

SCOTT, Reynald   S112
Ondecking van Tovery. Eerst bescreven in Engelsch door Reinald Scot, ende nu ... verduyscht door Thomas Basson. Die hier oock by ghevoucht heeft d'*Historie vande tovenaers, ghenaemt Vaudoisen, t'Atrecht ... inde jaeren van 1459.60 en 61* ... *(*door Jaques du Clercq) ... Noch een *Extract uyt t'pleydoye van ... Loys Servyn ... (aengaende Iehan Breton ende Iehanne Simoni)* ... daer in ghehandelt wert van de proef van 't waeter. Mitsgaeders *t'ghevoelen van de Heeren professooren tot Leyden, aengaende de selfde proef*
Tot Leyden, by Thomas Basson, 1609
8°:)(-2)(8, A-V8; [32], 318 p.
- ArJII/17

SCRIBANI, Carolus, S.J.   S113
Caroli Scribani ... *Medicus religiosus de animorum morbis et curationibus*
Lugduni, sumptibus Michaëlis Chevalier, 1619
12°: *8, A-2B12, 2C2; [16], 603 p.
- ArDV/7

SCRIBANI, Carolus, S.J.   S114
Caroli ScribanI ... *Philosophus christianus*
Antverpiæ, apud hæredes Martini Nutij & Joannem Meursium, 1614
In fine: Antverpiæ, ex typographia Gerardi Wolsschatii, & Henrici Aertsii
8°: á8, é8, A-2I8; [32], 510, [1] p.; gegrav. titelp.
- ArDV/6 (titelblad ontbr.; herk.: Ex libris P. Potdor 1794)

SCRIVERIUS, Petrus   S115
Beschryvinge van alle de Graven van Holland, Zeeland ende Vriesland, van den eersten Diederick af, tot den laetsten Philips, koningh van Spanjen, toe. Door ... Petrus Schriverius ... by een gesteldt. Met konstelijcke figuren, in kopere platen gesneden, verçiert ...
In 's Graven-Hage, by Johannes Tongerloo, Jasper Doll en Levyn van Dijck, 1678
Coll.: Joost van den Vondel, Jacob Westerbaen, Jeremias de Decker. Vert.: Pieter Brugman
12°: π2, *12, 2*6, A-2A12, 2B6; [40], 592 p. + ? + ill.; bijk. gegrav. titelp.
- QII/34 (dl 1)

SCRIVERIUS, Petrus   S116
Hollandsche, Zeelandsche ende Vriesche chronyck, ofte Een gedenckwaerdige beschryvingh van den oorsprong, opkomst en voortgang der selver landen ... By een gesteldt, door ... Petrus Scriverius ... Verciert met alle afbeeldinge der Graven van Hollandt, en de Princen van Orangien ...
's Gravenhage, by Johan Veely ende Jasper Doll, (1678?)
Coll.: Joost van den Vondel, J. De Decker, J. Westerbaen. Vert.: Pieter Brugman
4°: *2, 2*-3*4, A-5O4; [20], 833, [5] p.: ill., krt; bijk. gegrav. titelp. (1678)
- TIV/15

SCUPOLI, Laurentius   S117
Le combat spirituel. Composé en Italien par ... Laurent Scupoli ... traduit en français par ... J. Brignon ... Nouvelle édition
A Paris, chez Méquignon junior, 1825
8°: 398 p.
- ArBI/1 (herk.: Eg. H. Bleesers)

SCUPOLI, Laurentius   S118
Pugna spiritualis ... Ab incognito [L. Scupoli] ... primùm Italicè scriptus: dein ab alio item incognito in Germanicam linguam versus: demum Latinè redditus a ... Iod. Lorichio ... Adiecta est ... *Appendix de iaculatoriis oratiunculis*. Editio secunda
Lovanii, typis Petri Sasseni & Hier. Nempæi, 1657
12°: *12, A-I12; [21], [3bl], 216 p.
- ArBI/2 (herk.: Jacobus Claes Averbodij 1774)

SECONDE DÉNONCIATION ...   S119
Seconde dénonciation de la théologie du R.P. Jacques Platel jésuite ...
S.l., s.n., (1704)
8°: A-G4; 55, [1] p.
- ArDIV/17/8

SEGAUD, Guillaume de, S.J.   S120
Panégyriques du Père de Segaud. Nouvelle édition
A Paris, chez Bordelet & chez Gissey, 1752
12°: π2, A-R12; [4], 408 p.
- JII/10 (herk.: Ex libris Fris Philippi Riedel Religiosi Parchensis 1752)

SEGAUD, Guillaume de, S.J.   S121
Sermons du Pere de Segaud ... Avent, Careme, Mystères. Nouvelle édition
A Paris, chez Bordelet & chez Gissey, 1752
12°: 5 dln
- JII/5-9 (herk.: Ex libris fris Phil. Riedel rel. Parchensis 1752)

SEGHERS, Bartholomeus, O.Præm.   S122
Den Pelgrim van Sonien-bosche naer O.L. Vrauw van Iesukens-eyck. Beschreven door ... Bartholomeus Seghers ...
Tot Brussel, by Huybrecht Anthoon Velpius, 1661
8°: *8, π1, A-F8, G2; [16], 96, [4] p. + 1 ill.
- ArEI/23 (herk.: Basilius van Beygaerden [Park])

SEGHERS, Bartholomeus, O.Præm.   S123
Den pelgrim van Sonien-bosche naer de H. Maghet Maria van Jesukens-Eyck ... Beschreven door ... Bartholomeus Segers ...
Tot Brussel, by Carolus de Vos, (1752?)
12°: *6, A-D12; [12], 94 p. ;1 ill.
- ArEI/21 & ArEI/22

SEGHERS, Bartholomeus, O.Præm.   S124
Den pelgrim van Sonien-Bosch naer de H. Maget Maria van Jesukens-Eyk ... Beschreven door ... Bartholomeus Segers ...
Tot Brussel, Uyt de Boekdrukkery van De Genst, (1810?)
12°: A-D12, E2; 100 p.
- ArEI/24

SEGNERI, Paulus, S.J.   S125
Institutio parochi liber ... In lucem datus a ... Paul Segneri ... Ex Italico Latinum fecit ... Maximil. Rassler ...
Dilingæ, sumptibus Joannis Caspari Bencard, 1699
12°:)(10, A-2A12, 2B10; [20], 590, [6] p.
- II/29

SEGNERI, Paulus, S.J.   S126
Manna animæ seu exercitium ... illis, qui ... vacare orationi desiderant. Propositum a ... Paulo Segneri ... Latinè versum ab alio ejusdem Societatis theologo
Dilingæ, typis & sumpt. Joannis Caspari Bencard, 1699
4°:)(4, 2)(2, A-6Y4, χ1; [12], 1015, [83] p.; gegrav. front.
- PrHIII/4 (herk.: Franc. Henr. Oeppen ex Gladbach, 1737)

SEGNERI, Paulus, S.J.   S127
La manne céleste de l'âme, ou Méditations sur des passages

choisis de l'Ecriture sainte pour tous les jours de l'année. Par
... Segneri ... Traduit de l'Italien (par P. L. J. = Corneille Leau
A Bruxelles, chez François t'Serstevens, 1738
8°: 4 dln; gegrav; portret in front. in 1
- ArAVII/1-3 (dl 4 ontbr.)

SEGRAIS, Jean Regnault de   S128
Œuvres de Monsieur de Segrais ... Nouvelle édition
A Paris, chez Durand, Damonneville, Delormel, Pissot, 1755
12°: π², A⁸, A-2B⁸, B-2C⁴, 2D²; XVI, 313 p. + π², A-2B⁸, B-2C⁴?; [4], 110 p.?
- QII/32 (dl 2 is onvolledig in fine)

SÉGUR, Louis-Philippe, comte de   S129
Œuvres complètes de M. le comte de Ségur ... ornées de son
portrait, d'un fac similé de son écriture et de deux atlas composés de 32 planches, par P. Tardieu
Paris, Alexis Eymery, 1824-1830
8°: 33 dln
- ArIIII/1-21 (12 dln ontbr.)

HET SELDSAEM-HEYLIGH LEVEN ...   S130
*Het seldsaem-heyligh leven vanden H. Hermannus Joseph
glans van 't wit Ordre van Præm. ...* Ghemaeckt door eenen
die hem, en hun liefheeft
T'Antwerpen, by Joseph Jacops, (1676?)
8°: π⁸, A-I⁸; [16], 144 p.: + ill.
- ArEI/33

SELLAN de LANUZA, Geronimo Baptista de   S131
*Medulla cedri Libani, sive conceptus prædicabiles super festa
totius anni,* ex homilijs quadragesimalibus ... Hieronymi Bapt.
de Lanuza ... Collegit qui & ... in Latinum transtulit ...
Onesimus de Kien ...
Antverpiæ, typis Francisci Fickaert, 1653
4°: π¹, á⁴, é⁴, í⁴, ó², A-4E⁴, 4F²; [30], 396 [=596] p. + *⁴, A-3F⁴, 3G²; [8], 366, [54] p.
- PrHVII/1-2 (herk.: F. Joannes Bapta Van Loock Minorita; nunc ad usum Fratris Claus; Nunc ... ad usum Fratris Nicolai Otten minorita ... 1766)

SELS, Willem Hendrik   S132
Het verbond der genade, in III boeken. En het lied van Zion, in
XII zangen. Door ... Willem Hendrik Sels. Met plaaten
Te Amsterdam, by F. de Kruyff en A. van der Kroe, 1767
Coll.: B. Ruloffs
4°: π⁵, 2*⁴, χ¹, A-2O⁴, 2P²; [18], 298, [1] p.: + ill. (ingekl.), bijk. gegrav. titelp.
- QIV/3 (herk.: J'appartiens à M. Van Brée)

SENAULT, Jean-François, Orat.   S133
Paraphrase sur Iob. Par ... J. F. Senault ...
A Rouen, chez François Vaultier, 1657(?)
12°: á², A-Q¹²; [24], 384 p.
- ArDI/7 (datum op titelp. is beschadigd ;herk.: Ex libris Nicolai Dosoigne, pastoris in Barvaux)

SENECA, Lucius Annæus   S134
L. Annæi Senecæ ... *Flores, sive Sententiæ insigniores.*
Excerptæ per ... Erasmum Roterod.
Amsterodami, apud Ludovicum Elzevirium, 1642
12°: A-O¹²; 336 p.; gegrav. titelp.
- PrJVIII/8 (titelblad is beschadigd; herk.: de Geerters; JBD Beerten)

SENECA, Lucius Annæus & SENECA, Marcus A.   S135
L. Annæi Senecæ ... *Opera omnia.* Ex ult. I. Lipsii emendatione et M. Annæi Senecæ ... *quæ exstant.* Ex And. Schotti recens.
Amsterodami, apud Guilj. I. Blaeuw, 1634
12°: A-2K⁶, 2L⁴; 588, 205, [7] p.; gegrav. titelp.
- ArJI/18 (herk.: Henricus Harderwijck 1644)

SENECA, Lucius Annæus & SENECA, Marcus A.   S136
L. & M. Annaei Senecae *Tragœdiae.* Cum notis Th. Farnabii
Amsterdami, apud Ioannem Blaeu, 1656
12°: A-P¹², Q⁶; 363 p.; gegrav. titelp.
- LI/32

SERARIUS, Nicolaus, S.J.   S137
... Nicolai Serarii ... *In libros Regum et Paralipomenon commentaria posthuma.* Editio secunda
Lugduni, sumptibus Claudii Landry, 1618
2°: *⁴, A-2G⁶, 2H⁸; [8], 376 p.
- CVI/7/2

SERARIUS, Nicolaus, S.J.   S138
*In sacros divinorum bibliorum libros, Tobiam, Iudith, Esther,
Machabæos, commentarius.* Auctore Nicolao Serario ...
Moguntiæ, excudebat Balthasarus Lippius, 1610
2°: π¹, †², (?)⁴[-(?)¹], A-2Y⁶; [12], 531, [6] p.
- CVII/3/2

SERARIUS, Nicolaus, S.J.   S139
Iudices et Ruth. Explanati a Nicolao Serario ...
Moguntiæ, e Balthasaris Lippii typographeo, 1609
2°:)(⁶, A-3F⁶,):(⁴, a-k⁶; [12], 622, [8], 120 p.; gegrav. titelp.
- CVII/3/1 (herk.: Waulsor, 1721)

SERARIUS, Nicolaus, S.J.   S140
*Moguntiacarum rerum ab initio usque ad ... archiepiscopum ...
Ioannem Schwichardum, libri quinque.* Auctore Nicolao
Serario ...
Moguntiæ, apud Balthasarum Lippium, 1604
4°:)(⁴,):(⁴, (A-6I⁴, 6K²; [16], 980, [14] p. + 2 ill. & 1 uitsl. plt
- TV/13 (herk.: Sum ex libris b. a. de Lohmer Consil. aulici moguntini)

SERARIUS, Nicolaus   S141
Nicolai Serrarii ... *Commentariorum in librum Josue tomus
prior [- tomus posterior]*
Moguntiæ, ex officina typographica Ioannis Albini, 1609-1610
Nota: op 2 staat verkeerd '1510'
2°:)(⁸, A-3C⁶; [15], 576, [10] p. +):(⁸, A-2R⁶, 2S⁸; [15], 488, [7] p.
- CVII/5 (titelblad van 1 ontbr.)

SERRY, Jacques-Hyacinthe, O.P.   S142
... Hyacinthi Serry ... *Animadversiones anticriticæ in
Historiam Sacræ Familiæ ab Antonio Sandini ... scriptam*
Parisiis, apud Antonium Dezallier, 1735
8°: A-H⁸, I⁴; 134 p.
- CI/4 (herk.: J. H. Haenen)

SERVATIUS a SANCTO PETRO, O.Carm.   S143
*Methodus quadripartita sive praxis breve et clara adiuvandi
agonizantes ... Latinè, Hispanicè, Gallicè, & Flandricè exhibita* per R. P. S. C. E. [Servatius a S. Petro]. Secunda editio ...
Antverpiæ, typis Jacobi Mesens, (1682?)
12°: A-P¹²; 357 p.
- II/27 (herk.: Ad usum f. Matthei Dirix religiosi parchensis)

SERVATIUS a SANCTO PETRO, O.Carm.   S144
*Methodus tripartita, sive Praxis brevis et clara adjuvandi
agonizantes ut piè & christianè moriantur.* Exhibita per R. P.
S. C. E. [Servatius a Sancto Petro]

S

In fine: *Manuale exorcismorum continens instructiones et exorcismos* ... Maximiliani ab Eynatten ... industria collectum
Antverpiæ, typis Petri Jouret, 1725
12°: A-I¹², B-D¹²(-D¹²); 205, [3], 76, [1] p.; gegrav. front.
- ArBIII/16

SEUR, Jean de   S145
La Flandre illustrée par l'institution de la Chambre du Roi à Lille, l'an 1385, par Philippe le Hardi ... Par ... Jean de Seur ...
A Lille, s.n., 1713
8°: π¹, A-S⁸; [2], 272, [16] p.
- TI/32

SÈVE de ROCHECHOUART, Guy de   S146
Censure faite par ... l' ... évêque d'Arras [G. de Sève de Rochechouart], *de certaines propositions avancées ... le 21 Juillet 1697, touchant le scapulaire*
A Arras, chez la veuve d'Anselme Hudsebaut, 1697
12°: A¹²; [2], 23 p.
- ArDIV/17/6

SEVOY, François Hyacinthe   S147
Devoirs ecclésiastiques. Par F. H. Sevoy
Lyon, chez Rusand. Paris, à la librairie ecclésiastique, 1828
4 dln
- MV/17-20

SFONDRATI, Cœlestino   S148
Gallia vindicata, in qua testimoniis, exemplisque Gallicanæ præsertim ecclesiæ, quæ pro regalia, ac quatuor Parisiensibus propositionibus a Ludovico Maimburgo, aliisque producta sunt, refutantur. Auctore ... Cœlestino Sfondrati ... Editio altera
Ex typographia principali S. Galli, per Jacobum Müller, 1702
4°: π¹, A-5S⁴; [2], 18, 817, [13] p.
- MI/2 (herk.: Conv. Namurc. Fr. min. Recoll.)

SHERLOCK, Paul, S.J.   S149
Anteloquia cogitationum in Salomonis Canticorum canticum ... Auctore ... Paulo Sherlogo ... Hac secunda editione ...
2 & 3: *Cogitationes in Salomonis Canticorum canticum*
Lugduni, sumpt. Iacobi & Petri Prost, 1637-1640
2°: 3 dln; gegrav. titelp. in elk dl
- PrBVI/1-3 (titelblad van 1 ontbr.; herk.: Da livraria de Collegio de N. Sra da Estrella)

SILIUS ITALICUS, Tiberius Catius Asconius   S150
Silii Italici ... *De bello punico libri septemdecim* (ed.: Franciscus Asulanus)
p.4: *Vita Silii Italici* Petro Crinito autore
Lugduni, apud Seb. Gryphium, 1547
16°: a-z⁸, A-D⁸; 430 p.
- ArJI/10 (titelblad ontbr.)

SILVEIRA, João da, O.Carm.   S151
... Ioannis da Sylveira ... *Commentariorum in Apocalypsim B. Ioannis Apostoli Tomus I [Tomus secundus]*
Lugduni, 1: sumptib. Laurent. Anisson, 1667; 2: apud Anissonios, & Joan Posuel, 1681
Nota: 2 = Editio secunda
2°: á⁴, é⁶, í⁶, ó⁴, ú⁶, áá⁴, éé⁶, íí⁶, A-3G⁶, 3H⁴; [92], 602, [41] p.+ π², é⁶, í⁶, ó⁶, ú⁶, áá⁶, éé⁶, íí⁶, óó⁴, A-3D⁶, 3E⁴, 3F-3G⁶, 3H-3I⁴; [100], 608, [39] p.; gegrav. titelp. in 1
- BVIII/18

SILVIUS, Franciscus   S152
Francisci Sylvii ... *Commentarii in totam primam partem S. Thomæ Aquinatis* ... Recensebat et auctoris vita, atque notis generalibus illustrabat ... Norbertus D'Elbecque ... Editio novissima
5: *Operum ... Sylvii tomus quintus complectens varia ejus opuscula*; 6: *Commentarios in IV priores libros Pentateuchi*
Antverpiæ, apud viduam & filium Joannis Baptista Verdussen, 1695-1698
2°: 6 dln; bijk. gegrav. front. in elk dl
- HVII/13-18 (front. in dl 6 ontbr.; herk.: Ex bibliotheca Joannis Francisci Foppens [ex libris])

SIMON, Honoré Richard   S153
Le grand dictionnaire de la Bible ... Par ... Simon ...
A Lyon, chez Jacques Certe, 1740
2°: π², a², A-M⁴, A-5B⁴, 5C²; [8], 90, [6], 755 p. + π², A-5A⁴; [4], 746 p.
- BVIII/10-11

SIMON DE LA VIERGE, O.Carm.   S154
Actions chrétiennes ou discours de morale pour l'octave du Sacrement. Par ... Simon de la Vierge ...
A Liège, chez J. F. Bassompierre et J. Delorme de la Tour, 1745
8°: a-d⁸, e⁶, A-Y⁸; LXXVI, 334, [18] p.
- KII/32

SIMON DE LA VIERGE, O.Carm.   S155
Actions chrétiennes ou discours de morale pour tous les jours. Par ... Simon de la Vierge ...
A Liège, chez J. F. Bassompierre et J. Delorme de la Tour, 1744-1745
8°: 6 dln
- KII/20-25

SIMON DE LA VIERGE, O.Carm.   S156
Actions chrétiennes ou discours de morale sur le renouvellement de l'homme ... Par ... Simon de la Vierge ...
A Liège, chez J. F. Bassompierre et J. Delorme de la Tour, 1744
8°: *-2*⁸, 3*⁴, A-Y⁸; [40], 343, [9] p. + *-2*⁸, A-Y⁸, Z⁴(-Z⁴); [32], 351, [7] p.
- KII/18-19

SIMON DE LA VIERGE, O.Carm.   S157
Actions chrétiennes ou discours de panégiriques et de morale ... Par ... Simon de la Vierge ...
A Liège, chez J. F. Bassompierre et J. Delorme de la Tour, 1745-1746
8°: 6 dln
- KII/26-31

SINGLIN, Antoine   S158
Instructions chrestiennes sur les mysteres de Nostre Seigneur Jésus-Christ et sur les principales festes de l'année [A. Singlin]. Troisiéme edition reveuë & corrigée par l'auteur (le sieur Bourdouïn)
A Paris, chez André Pralard, 1673
Nota: dl 2: A Paris, chez la veuve de Charles Savreux, 1672
8°: 5 dln
- KI/23-27

SINNICHIUS, Joannes Baptista, Orat.   S159
Confessionistarum goliathismus profligatus, sive Lutheranorum Confessionis Augustanæ symbolum profitentium provocatio ... Authore Ioanne Sinnichio ... Editio secunda
Lovanii, typis ac sumptibus Hieronymi Nempæi, 1667

2°: *-2*⁴, 3*⁶, A-2X⁴; [14], 327, [23] p.
- IVIII/13/2

SINNICHIUS, Joannes Baptista, Orat. S160
Ioannis Sinnichii ... *Saul exrex, sive de Saule, israeliticæ gentis protomonarcha, divinitus primum sublimato, ac deinde ob violatam religionem principatu vitaque exuto* ... Editio secunda
Lovanii, typis ac sumptibus Hieronymi Nempæi, 1665-1667
2°: π¹, §⁶, 2§-6§⁴, A-5M⁴; [56], 743, [1bl], [87] p. + †², 2†-3†⁴, A-2K⁴; [20], 231, [1bl], [32] p.
- IVIII/12-13 (dl 2 is convoluut; herk.: Capucinorum Dionanthusium)

SIRE, NOUS DEMANDONS ... S161
Sire, nous demandons humblement ... Les Prelats, Nobles & Députés des Chef-Villes, représentant les Etats de votre Pays & Duché de Brabant. De notre Assemblée générale tenue à Bruxelles le 8 Octobre 1787
S.l., s.n., (1787?)
8°: 10 p.
- ArFIV/16/5

SIXTA, Ignatius S162
Selectarum quæstionum theologico-polemicarum juris & facti rotulus de Conciliis Œcumenicis. Quem ... præside P. Thadæo Francisco Schwaiger ... defendendum suscepit ... Ignatius Sixta ... Anno MDCCXL ...
Excudebat Vetero-Pragæ ... Joannes Norbertus Fitzky, (1740?)
8°: π⁴, A-2V⁸, 2U²(-2U²); [8], 666, [8] p.
- HV/5

SMET, Cornelius S163
Heylige en roemweerdige persoonen, de welke in de tien eerste eeuwen bezonderlyk medegewerkt hebben om de Roomsch-Catholyke religie, in geheel Nederland, uyt-te-breyden ... Door C. Smet ...
Tot Brussel, by P.-J. De Haes, 1808
[6], 508 p.
- PIII/5

SMET, Cornelius S164
Heylige en roemweerdige persoonen, de welke in de acht laeste eeuwen bezonderlyk medegewerkt hebben om de Roomsch-Catholyke religie, in geheel Nederland, uyt-te-breyden ... Door C. Smet ...
Tot Brussel, by P.-J. De Haes, 1809
660 p.
- PIII/6

SMET, Cornelius S165
De Roomsch-catholyke religie, begonst, uytgebreyd, vastgesteld en bewaert in Brabant ... Kerkelyke historie van Brussel, tot het jaer 1803. Leven van den heiligen Bonifacius, bisschop, geboren te Brussel. Door C. Smet ...
St. Nicolaes, drukkery van A.-L. Rukaert-Van Beesen, 1828
2 dln
- PrFIII/6-7

SMIDS, Ludolph S166
Lud. Smids ... *Schatkamer der Nederlandsse oudheden, of woordenboek behelsende Nederlands steden en dorpen, kasteelen, sloten en heeren huysen* ... Vercierd met LX verbeeldingen, van soo geheele als vervallene heeren huysen, sloten en kasteelen, meerendeels geteekend door Roeland Rochman
T'Amsterdam, by Pieter de Coup, 1711
8°: *⁸, 2*², A-2C⁸, 2D⁶; [20], 402, [26] p.: + ill.; bijk. gegrav. titelp.
- QIV/14

SNAKENBURG, Henricus S167
Poëzy van Hendrik Snakenburg. Uitgegeven door Frans de Haes
Te Leiden, by Samuel Luchtmans en zoonen, 1753
Coll.: Lucretia Wilhelmina van Merken, P. Caauw, K. Westerbaen, Nicolaas Versteeg, Jan de Kruyff (lofdichten)
4°: †⁴, *-3*⁴, 4*², A-4G⁴, 4H²; [36], 612 p.; kleine grav. op titelp.
- PrEIV/14

SOARDI, Vittorio Amadeo S168
De suprema romani pontificis authoritate. Hodierna ecclesiæ gallicanæ doctrina. Authore Victorio Amadeo Soardi ... Editio emendatior ... curante ac præfante Goswino Josepho de Buininck ...
Heidelbergæ, sumtibus Joannis Wiesen, 1793
4°: *-2*⁴, a-f⁴, g², A⁴(-A¹ & ²), B-2C⁴, 2D², A-2C⁴,)(⁴,)(²; [16], [30], LII, 208, 208, [12] p.
- MIV/27 (herk.: ... Waltrain pastoris in Kermpt)

SOBRINO, Francisco S169
Dialogues nouveaux en Espagnol et François. Par François Sobrino ... - *Dialogos nuevos en Español y Francés.* Por Francisco Sobrino ... Septième édition
A Avignon, chez Louis Chambeau, 1787
12°: A-2L⁸⁻⁴; XIV, 392 p.
- ArJII/16 (herk.: C. A. Picquet avt., Mons)

SOHET, Dominique François de S170
Instituts de droit pour les pays de Liège, de Luxembourg, Namur & autres. Par ... Sohet ...
A Namur, chez Guillaume-Joseph Lafontaine, 1770
4°: π², 2*², A-2Q⁴, 2R², a-f²; III, III, [1], 348, XXXX, VII p.
- TIII/21

SOLLERIUS, Joannes Baptista, S.J. S171
Acta S. Godelevæ ... patronæ Ghistellensium. Collegit, digessit, illustravit Joannes Baptista Sollerius
Antverpiæ, apud Jacobum du Moulin, 1720
4°: π², *-2*⁴, 3*², A-2Y⁴, 2Z⁶; [24], 354, [15] p.; gegrav. titelp.
- ArEVI/17 (titelblad is beschadigd; herk.: J. A. Crevits)

LES SOUVERAINS DE L'EUROPE ... S172
Les souverains de l'Europe en 1830, et leurs héritiers présomptifs. Avec portraits
Paris, B. Renard. Londres, Treutel et Wurtz, Dulau et Comp^ie, 1830
III, 348 p. + ill.
- ArJVI/9

SOZOMENOS, Hermias, & EVAGRIUS SCHOLASTICUS S173
Historiæ ecclesiasticæ pars tertia, qua continentur Hermiæ Sozomeni Salaminij lib. 9. Evagrij Scholastici Epiphanensis lib. 6. Ioanne Christophorsono interprete (vert.: Suffridus Petrus Leouardiensis Frisius [p.167])
Lovanii, excudebat Servatius Sassenus, sumptibus hæredum Arnoldi Birckmanni, 1569
8°: †⁸, †a⁸, †b⁸, †c⁸, A-Rr⁸; [30], [2bl], 316 [=318] f.
- ArCV/20 (herk.: Sum Jo^is à Burgund)
Nota: *Historiæ ecclesiasticæ pars prima*, zie E80

SPAUR, Marianus von e.a. S174
Naturalis theologiæ nucleus sive tractatus philosophicus de existentia & essentia entis increati ... Publicæ disputationi expositus ... præside ... Casimiro Grustner ... defendentibus

S

Mariano à Spaur, Matthia Perckhofer, & Sebastiano Falger ... anno ... MDCCXX ...
Œniponti, typis Mich. Ant. Wagner, (1720?)
8°: a⁸, b⁴(-b⁴), A-Y⁸, Z⁴; [22], 354, [5] p.
- ArEIV/6

DEN SPECTATEUR UNIVERSEÉL ... S175
Den Spectateur Universeél oft Algemeyn Nieuws-blad ... Vierde deel
Loven, by Franciscus Michel, 1790
8°: 432 p.
- ArJVIII/2

SPENER, Jacob K. S176
Notitia Germaniæ antiquæ ... Iacobus Carolus Spener ... perfecit et novis tabulis geographicis instruxit. Accessit conspectus Germaniæ Mediæ
Halæ Magdeburgicæ, sumptibus Bibliopolii Novi apud Felicem du Serre, 1717
4°: a-c⁴, d², A-3C⁴(-3C⁴), 4A-6Y⁴, 6Z²; [28], 374, 464, [84] p. + krtn; bijk. gegrav. front.
- TIII/14

SPIEGEL ZONDER VLEKKE ... S177
Spiegel zonder vlekke ofte Christus Jesus tot navolginge voorgestelt ...
Tot Brugge, by Cornelis de Moor, 1773
8°: *⁶, A-2K⁶, 2L²; [11], [1bl], 526, [6] p.
- ArIII/37

SPITZAR, Franciscus S178
Selectarum quæstionum analecta, ad librum I decretalium Gregorii IX ... Quæ ... præside ... Thadæo Francisco Schweiger ... disputationi proposuit Franciscus Spitzar ... Anno MDCCXXVIII ...
Vetero-Pragæ, in aula regia, apud Matthiam Adamum Hoger, (1738?)
8°: π⁴, A-2A⁸, 2B⁴, 2C²; [8], 392, [4] p.
- PrGII/15 (herk.: Franciscus Zobler O.P.)

SPOELBERGH, Guilielmus, O.F.M. S179
Concionum moralium pro dominicis, festivitatibusque totius anni ac feriis quadragesimæ. Pars Hyemalis - Pars Æstivalis. Auctore ... Guilielmo Spoelbergio ... Editio tertia
Antverpiæ, apud Guilielmum Lesteenium, 1642-1643
4°: *⁴, A-4K⁴, 4L²; [8], 712, [20] p.+ a⁴, A-4Q⁴; [8], 674, [24] p.
- II/14-15

SPONDANUS, Henricus, S.J. S180
Annalium ... Cæs. Baronii continuatio ab anno M.C.XCVII quo is desiit, ad finem M.DC.XL. Per Henricum Spondanum ...
Lutetiæ Parisiorum, sumptibus Dionysii de la Noüe, 1641
2°: 3 dln; gegrav. titelp. in elk dl; portret van de aut. in 1
- NVI/13-15 (herk.: ad usum fr. Placidi & Morales Monasterij S. Petri Karadignensis Alumni)

SPONDANUS, Jacobus S181
Annales sacri a nativitate Christi, ubi Augustinus Torniellus suorum annalium finem imposuit, usque ad annum millesimum quadringentesimum continuati et in epitomen ex Annalibus ... Baronij redacti. A Iacobo Spondano
Habentur venales Francofurtii in officina Schönwetteriana, 1614
Coll.: Henricus Spondanus (p. [3])
2°: π²,)(⁴, 2)(⁶, A-5I⁶, 5K⁸; [24], 1080, [147] p.
- NVI/16 (herk.: Usui F. Joannis De Maeyer 1729)

SPONGIA SCHOLIORUM ... S182a
Spongia scholiorum in Gomorrhæanum M. Steyart V. A. Per theologum Lovaniensem
Lovanii, typis Guilielmi Stryckwant, (1701?)
8°: A-C⁸, D⁴, E²; 60 p.
- ArDIV/9/12

SPOOR, Theodorus, BROEDER, Joannes e.a. S182b
Verhandelinge over de ongehoorzaamheid van de zoo genaamde quade priesters en haare straffen. Toegezonden aan ... Johan vander Velde, pastoor in Grootebroek ... (T. Spoor, J. Broeder, Joannes Knotter, Matthæus van Heeck, Joannes Schaegen)
Te Delft, voor Hendrik van Rhyn, 1717
8°: A-K⁸; 148, [10] p.
- ArDIV/18/4

SPORER, Patritius, O.F.M. S183
... Patritii Sporer ... *Theologia moralis super decalogum ad præcepta secundæ tabulæ. In qua præter supplementa ... Kiliani Kazenberger ... accessere ... Recollectiones Morales extemporaneæ ... ejusdem ... Sporer in forma compendii præsentatæ a ... Cherubino Mayr ... Editio novissima*
Venetiis, apud Nicolaum Pezzana, 1755-1756
2°: 5 dln
- IVII/5-6

SPORER, Patritius, O.F.M. S184
Theologiæ moralis sacramentalis ... Collectæ & digestæ a ... Patritio Sporer ... Editio IV
Salisburgi, sumptibus & typis Joannis Josephi Mayr, 1711
8°: 4 dln
- XV/21-24

SPORER, Patritius, O.F.M. S185
Theologiæ moralis super decalogum seu decem dei præcepta. Authore ... Patritio Sporer. Editio quinta
Salisburgi, sumpt. & typis Joann. Josephi Mayr, 1722
8°: 6 dln
- XV/15-20

SPRENGER, Jacob, O.P. & INSTITOR, Heinrich, O.P. S186
Tomus secundus malleorum quorundam maleficarum, tam veterum, quam recentium autorum [J. Sprenger & H. Institor] Continens: I. ... Bernhardi Basin *Opusculum de artibus magicis* ...; II. Ulrici Molitoris ... *Dialogum de lamiis et pythonicis mulieribus*; III. *Flagellum dæmonum* ... per Fr. Ieron. Mengum ...; IV ... Ioannis de Gerson ... *Libellum de probatione spirituum*; V: ... Thomæ Murner ... *Libellum de pythonico contractu*; VI: Fœlici Malleoli ... *Tractatus duos exorcismorum* ...; VII: ... Bartholomæi de Spina ... *Quæstionem de strigibus seu maleficiis*
Francoforti, (Johann Saur, Nicolaus Basse), 1600
In fine: ex officina typographica Ioannis Saurii, sumptibus Nicolai Bassæi
8°: (?)⁴, a-z⁸, Aa-Yy⁸, Zz⁴; [8], 704, [23] p.
- ArDIII/3 (herk.: Bibliothecæ Rubeæ Vallis)

STADELHOFER, Benedictus, O.Præm. S187
Historia imperialis et exemti collegii Rothensis in Suevia ... Ex monumentis ... eruta per Benedictum Stadelhofer ...
Augustæ Vindelicorum, prostat apud Nicolaum Doll, 1787
4°: *-2*⁴, A-2H⁴; XVI, 231, [15] p. + *², A-2U⁴, 2X²; [4], 333, [15] p.
- PrIV/11

STAMMETZ, Joan Levinus S188

248

Groot en volledig woordenboek der wiskunde, sterrekunde, meetkunde, rekenkunde, tuigwerkkunde, burger-, scheeps- en krygsbouwkunde, gezichtkunde, water- en vuurwerkkunde, benevens andere nuttige kunsten en wetenschappen ... Uit het Hoogduitsch vertaald, door Joan Levinus Stammetz ... En overzien door Willem la Bordus ... Verrykt met agt en dertig kopere platen
Te Amsterdam, by Steven van Esveldt, 1758
4°: *-2*4, 3*2, A-3S4, 3T2; [20], 515 p. + 38 uitsl. pltn
- WVII/19

STANIHURSTUS, Guilielmus, S.J.   S189
Dei immortalis in corpore mortali patientis historia ... Auctore ... Guilielmo Stanihursto ... Editio tertia
Antverpiæ, apud Michaelem Cnobbaert, 1669
8°: *8, 2*4, A-2C8; [22], 408, [7] p.
- ArCIV/2 (herk.: Usui Rumoldi Du Chateau [Park]... D. Philippo Knobbaert S.J.B.F. Canonico Parchensi)

STANIHURSTUS, Guilielmus, S.J.   S190
Historie van den lydende Christus, vertoont in CXIX meditatien ... In 't Latyn beschreven door ... Guilielmus Stanihurstus ... Met curieuse figuren
T'Antwerpen, voor Petrus Jouret, 1714
8°: *12, 2*8, A8, B-Z12, 2A4; [40], 558 p.: ill.
- ArCV/9

STANIHURSTUS, Guilielmus, S.J.   S191
Quotidiana Christiani militis tessera ... Auctore ... Guilielmo Stanihursto ...
Antverpiæ, apud viduam & hæredes Joannis Cnobbari, 1661
4°: *-3*4, A-2C4, 2D2, 2A-3F4(-3F4), 3A-4I4(-4I4); [24], 246(146!), [8] p.
- LIV/13 (herk.: Ad usum A. Nicolai Danckaers past. in Haecht [Park]; Ad usum F. Petri de Berghe 1730 [Park])

STANLEY, Thomas & KENNET, Basil   S192
Thomas Stanley ... *Historische beschrijving der Grieksche en Oostersche wijsgeeren ... Waar by gevoegd is, Basilius Kennet ... Levensbedrijf der Grieksche digteren, beyde ... vertaald door Salomon Bor ...*
Te Leyden, Pieter van der Aa, 1702
2°: [?], A-2I4, †4, a-o4, p2; [?], 423, [16], 114, [2] p.: ill.
- SVII/5 (voorwerk beschadigd)

STAPHYLUS, Fridericus   S193
Defensio pro trimembri theologia M. Lutheri, contra ædificatores babylonicæ turris. Phil. Melanthonem. Shwenckfeldianum Longinum. And. Musculum. Mat. Flacc. Illyricum. Iacobum Andream Shmidelinum. Authore Friderico Staphylo
(Dilingen, Sebaldus Mayer), 1559
In fine: Dilingæ apud Sebaldum Mayer
4°: A-Z4, a-f4; [116] p.
- ArDV/19 (herk.: Bibliotheca Parchensis [gerad. supralibros 17e]; 2 theca X)

STAPLETON, Thomas   S194
Antidota evangelica contra horum temporum hæreses. Authore Thoma Stapletono ...
Antverpiæ, apud Ioannem Keerbergium, 1595
8°: †8, *8, A-2O8; [32], 591 p. + AA-ZZ8, aa-mm8, nn4; 519, [46] p.; gegrav. titelp. in 1
- CI/20-21 (herk.: F.V.B.)

STAPLETON, Thomas   S195
Promptuarium catholicum, ad instructionem concionatorum contra hæreticos nostri temporis, super omnia evangelia totius anni tam Dominicalia, quam de festis ... Authore Thoma Stapletono ... Editio tertia
Antverpiæ, in ædibus Petri Belleri, 1592
8°: A-R8, S4; [16], 263 p. + 2A-2S8; 276, [12] p.
- ArDV/16

STAPLETON, Thomas   S196
Thomæ Stapletoni ... Promptuarium catholicum ... super omnia evangelia totius anni tam dominicalia, quam de festis. Hac sexta editione ...
Parisiis, apud Robertum Fouet, 1606
8°: A-2M8; [14], 266, 266, [11] p.
- KII/8/1

STAPLETON, Thomas   S197
Thomæ Stapletoni ... Promptuarium catholicum, super evangelia ferialia in totam quadragesimam
Parisiis, apud Robertum Fouet, 1606
8°: †8, A-S8(-S8); [16], 279, [7] p.
- KII/8/2

STAPLETON, Thomas   S198
Promptuarium morale super evangelia dominicalia totius anni ... Pars æstivalis – Pars Hyemalis. Authore Thoma Stapletono ... Editio altera
Antverpiæ, in officina Plantiniana, apud viduam & Joannem Moretum, 1593
8°: †8, A-P8; [16], 592, [15] p. + *-2*8, 3*4, A-3B8, 3C4; [40], 750, [26] p.
- KII/5-6 (herk.: Fr. Liberti Papei Relig. Parcen. 1642; Philippus van Tuycom 1694 [Park]; Petrus Hergotz [Park]; Philippus Knobbaert [Park] 1698)

STAPLETON, Thomas   S199
Promptuarium morale super evangelia dominicalia totius anni ... Pars Hiemalis. Auctore Thoma Stapletono ... Novissima editio ...
Antverpiæ, ex officina Plantiniana, apud viduam & filios Io. Moreti, 1613
8°: *-2*8, 3*4, A-Z8, a-y8; [40], 692, [27] p.
- KII/7

STAPLETON, Thomas   S200
Verè admiranda, seu, de magnitudine Romanæ Ecclesiæ libri duo. Auctore Thoma Stapletono ... (ed.: Christophorus ab Assonvilla)
Antverpiæ, ex officina Plantiniana, apud Joannem Moretum, 1599
4°: *4, A-O4; [8], 110, [1] p.
- PrHIII/6/2

STATUTA ORDINIS ...   S201
Statuta ordinis Præmonstratensis. Johannes, permissione divina Abbas monasterij Premonstratensis Landunensis ... (f. 2) (Jean de l'Ecluse)
S.l., s.n., (1505?)
In fine: Anno ... millesimo quingentesimo quinto mensis aprilis ...
4°: A-I8; [72] f.
- ArEIII/15/1 (marginalia; rubricering; herk.: Liber Arnoldi Abbatis parc. [Arnold Weytens]; Ad usum ... Matthei Boschmans a° 1559 ... monasterii parchensis ...) & ArEIII/16 (marginalia)

STATUTA RENOVATA ...   S202
Statuta renovata candidissimi & canonici ordinis Præmonstratensis ...
(Leuven, Bernard Maas), 1628
In fine: Lovanii, apud Bernard. Masium

S

8°: a-c⁸, A-T⁸; [48], 288, [32] p.
- PrFII/26, ArEI/3 (met ms. van J. C. Vander Sterre; *In fine* ontbr.; herk.: H. Praet; F. Godefridus De Licht; I.C. Vander Sterre) & ArEI/4/1 (herk.: G. van Haelen, Ninove; Durieux [Park])

STATUTA CANDIDI ...   S203
Statuta candidi et canonici ord. Præmonstratensis renovata ac anno 1630 a capitulo generali plene resoluta ...
In fine: *Regula S^mi P. N. Augustini ...*
Parisiis, sumptibus Sebastiani Cramoisy, 1632
8°: á⁸, é⁸, í⁸, ó⁸, A-T⁸, V²; [64], 267, [41] p.; gegrav. titelp.
- PrJXI/2 & ArEI/6 (herk.: Ad usum F. Francisci Petrij; Ad usum Fr. De Pauw 1906 [Park])

STATUTA CANDIDI ...   S204
Statuta candidi et canonici ord. Præmonstratensis renovata ac anno 1630 a capitulo generali plene resoluta ...
In fine: *Regula S^mi P. N. Augustini ...*
Lovanii, typis Bernardini Masii, (1632?)
8°: π², a-c⁸, d⁶, A-V⁸; [60], 282, [38] p.; gegrav. titelp.
- PrAVII/8 (herk.: Prioris Grimbergensis) & ArEI/5 (herk.: Fr. Alexander Courtmans [Park]; Guilielmus Zegers religiosus Parchensis) & PrHI/14

STATUTA CANDIDI ...   S205
Statuta candidi et canonici ordinis Præmonstratensis renovata ac anno 1630 ... Capitulo Generale plene resoluta ... Editio secunda ... a ... Carolo Saulnier ...
Stivagii, Litteris Martini Heller, 1725
4°:):(⁴, a-g⁴, h-i², A², B-3Q⁴, 3R-3X²; [72], 590, [22] p.
- PrGVII/13 (herk.: Dillen Biblioth. et Archiv. Parc. 1862) & ArEIII/8 (ms. in fine; herk.: ... me possidet Fr. Joannes Henricus Weber Pruemiensis Ecclesiae Knechtstedensis ... Anno 1754; ... me utitur Fr. Keuter ab anno ... 1788 ...; Ad usum fr. Bernardi A. Van Hoecke [Park])

STATUTA SACRI ...   S206
Statuta sacri et canonici Præmonstratensis ordinis, renovata ... ex auctoritate Capituli Nationalis, anni 1770
Parisiis, typis P. G. Simon, 1773
12°: a¹², b⁴, A-O¹², A¹², B², A-C¹², a¹²; XXXII, 335, [1bl], 27, [1bl], 71, [1bl], XXII p.
- PrIII/13 (herkomst: canoniæ cuissiaci [Cuissy-et Geny].

STEINMAYR, Michael, O.Præm.   S207
Verbum abbreviatum, seu epitome totius Sacræ Bibliæ veteris & novi testamenti ... Ab auctore ... Michaele Stainmayr ...
Passavii, typis Georgii Höller, 1676
8°: A-2D⁸, 2E²; [26], 408, [1] p.
- ArEI/31 (herk.: Ad usum fr. J. De Pauw can. abb. Parc.)

STENGEL, Georg, S.J.   S208
Liber primus sive Vis et Virtus exemplorum ... Auctore Georgio Stengelio ... Editio altera
Ingolstadii, typis Gregorii Haenlini, 1650
4°:)(⁴, 2)(⁴, A-2F⁴; [18], 218, [12] p.
- KI/22/1 (herk.: M. Balthasaris Kirchmair sacerdotis)

STENGEL, Georg, S.J.   S209
Liber secundus, sive exempla in septem capitalium vitiorum detestationem, per quadragesimam, anno MDCXLVI narrata. A Georgio Stengelio ...
Ingolstadii, apud Gregorium Haenlinum, 1650
4°:)(⁴, A-2B⁴, 2C²; [8], 188, [15] p.
- KI/22/2

STENGEL, Georg, S.J.   S210
Liber tertius, sive Exempla, divinæ iræ, per opera pœnitentiæ, nobis leniendæ, per quadragesimam anno MDCXLVIII. Narrata a Georgio Stengelio ...
Ingolstadii, apud Gregorium Haenlinum, 1650
4°:)(⁴, A-O⁴; [8], 99, [12] p.
- KI/22/3

STENGELIUS, Carolus, O.S.B.   S211
Sacrosancti nominis Iesu cultus et miracula. Auctore ... Carolo Stengelio ...
(Augsburg, Chrysostomos Daber, 1613)
In fine: Augustæ Vindelicorum, typis Chrysostomi Daberij, 1613
Coll.: Petrus Stevartius *(Laus)*, Gregorius Gastelius *(Heptastichon)*
8°: †⁸, A-P⁸, Q⁴; [16], 246 p.; gegrav. titelp., 2 grav.
- PrJIX/9

STERF-DICHT OFT ...   S212
Sterf-dicht oft waerschouwinge des levens tot bereydsel des doodts
t'Antwerpen, by Joannes Godefridus de Roveroy, (1767?)
12°: A¹²; 22 p.: 1 grav.
- ArEVII/11/13

STERRE, Joannes Chrysostomus vander, O.Præm.   S213
Echo S. Norberti triumphantis ... Auctore ... Ioanne Chrysostomo vander Sterre ...
Antverpiæ, apud Guilielmum Lesteenium, 1629
8°: A-X⁸; 309, [26] p.
- PrDI/10 (herk.: F. Fulgentius Schenaerts [Park]) & PrDI/6 (herk.: Bibliothecæ Diligemensis)

STERRE, Joannes Chrysostomus van der, O.Præm.   S214
Iter trium dierum in solitudinem ... sive duplex triduum recollectionis religiosæ. Quod ... prælatus S. Michaelis (J. C. Vander Sterre) ... præfixit
Antverpiæ, typis Ioannis Cnobbari, 1634
16°: A-M⁸, N¹²; 211, [5] p.
- PrJII/3

STERRE, Joannes Chrysostomus vander, O.Præm.   S215
Het leven vanden H. Norbertus sticht-vader der ordre van Præmonstreyt ende Apostel van Antwerpen. In dry boecken beschreven door ... Ioann. Chrysostomos vander Sterre ...
T'Antwerpen, by Geeraerdt van Wolsschaten, 1623
Coll.: Justus de Harduyn, J.-D. Heemssen, J. Ysermans (lofdichten)
4°: *-2*⁴, A-2Y⁴, a⁴; [16], 360, [8] p; gegrav. titelp.
- PrGIII/16, PrHVII/15 & ArEII/1

STERRE, Joannes Chrysostomus vander, O.Præm.   S216
Lilium inter spinas. Vita B. Ioseph presbyteri et canonici Steinveldensis ordinis Præmonstratensis. Ex vetusto Steinveldensi archetypo ... descripta, ac notationibus illustrata per ... Io. Chrysostomum vander Sterre ...
Antverpiæ, ex officina Plantiniana, 1627
In fine: Antverpiæ ex officina Plantiniana Balthasaris Moreti MDCXXVII
8°: *⁸, 2*⁴, A-Y⁸, Z⁴; [24], 349, [10], [1bl] p.
- PrHII/1/1 (herk: Bibliothecæ Parchensis MXIII 12), PrHII/2/1 (herk.: F. G. Morel Relig. Bonæ Spei; Basilius van Beygaerden [Park]) & ArEI/32/1 (herk.: Usui fris Hermanni Maison Relig. Bellireditus)

STERRE, Joannes Chrysostomus vander, O.Præm.   S217
Natales sanctorum candidissimi ordinis Præmonstratensis. Publicabat ... Ioannes Chrysostomos vander Sterre ... Accessit Laudatio funebris ... Ioannis Lohelii ...
Antverpiæ, apud Gerardum Wolsschatium, 1625

4°: π¹, A-Y⁴, Z²; 179, [1] p.; gegrav. titelp.
- PrCII/16/8 (gegrav. titelp. ontbr.), PrFIV/15 (herk.: Ad usum F. Hermanni Josephi Moreti) & PrGIII/4 (herk.: domus probationis Societatis Jesu Mechlin.)

STERRE, Joannes Chrysostomus vander, O.Præm.   S218
Vita S. Norberti canonicorum Præmonstratensium patriarchæ … Auctore … Ioanne Chrysostomo vander Sterre … Notationibus illustrata a … Polycarpo de Hertoghe …
Antverpiæ, ex officina Plantiniana Balthasaris Moreti, 1656
8°: *-2*⁸, A-2H⁸, 2I²; [32], 489, [10] p.
- PrFIII/14 (herk.: Basilius van Beygaerden [Park]), PrFIII/15 (herk.: Jacobus van den Goeden Huysen 1694 [Park]) & ArEII/3 (herk.: Domus Prof. Soctis Jesu Antverp. 1656; Ex bibliotheca P.P.C. Lammens)

STETTLER, Michael   S219
Annales oder gründliche Beschreibung der fürnembsten Geschichten und Thaten, welche sich in gansser Helvetia … von ihrem Anfang … biss auff das 1627 Jahr … verlauffen. Durch Michael Stettler
1: Getruckt zu Bern, 1627; 2: Getruckt zu Bern bey Jacob Stuber, 1626
2°: (:)⁶, A-3L⁶, 3M⁴; [12], 672, [19] p.+ (:)⁴, a-3b⁶, 3c⁴; [8], 580, [1] p.
- JV/12

STEVART, Jérome   S220
Bescherminge van de Pausen van Roomen en van 't oudt Mechels geloof tegen Paschasius Quesnel en syne aenhangers … Door … Hieronymys Stevart … Eerste deel
Tot Brussel, by Jacob vande Velde, (1719?)
8°: A-I⁸; 141, [1] p.
- YIII/34/8

STEVART, Jérome   S221
Een stuck van seker sermoon gedaen tot Mechelen op den dertiensten dagh van November 1718 … voor een tegen-venyn aen eenige schaedelycke leeringen nopende den Paus van Roomen … [J. Stevart]
Tot Brussel, by Jacob vande Velde, (1718?)
8°: A⁸; 15 p.
- YIII/35/4

STEVART, Jérome   S222
Verhandelinge van de HH. algemeyne concilien en van de opperhoofdigheyt van den paus van Roomen boven de selve, tegen Paschasius Quesnel … Door … Hieronymus Stevart … 't Tweede deel
Tot Brussel, by Iacob vande Velde, (1719?)
8°: A-F⁸, G¹⁰(-G¹⁰); 114 p.
- YIII/35/3

STEYAERT, Martinus   S223
Censura vicarii apostolici Silvæducensis in versionem novissimam Novi Testamenti e lingua Gallica in Teutonicam (M. Steyaert)
Lovanii, apud Henricum van Overbeke, (1697?)
8°: [7] p.
- ArDIV/5/5

STEYAERT, Martinus   S224
Martini Steyaert Censura seu judicium de libello cui titulus, Lettre d'un docteur catholique au Père Cyprien, &c. …
Lovanii, apud Petrum De Vaddere, 1697
8°: A⁴, 8 p.
- HIII/4/5 & ArDIV/9/6

STEYAERT, Martinus   S225
M. St. V.A. (Martinus Steyaert) *Declamatio in versionem Belgicam novissimam Novi Testamenti*
Lovanii, apud Henricum van Overbeke, (1697?)
8°: [16] p.
- ArDIV/5/4

STEYAERT, Martinus   S226
Deductio juris parochialis, contra binos … libellos authore Christiano Lupo … Authore Christophoro Philalethe [M. Steyaert]
Coloniæ Agrippinæ, apud Cornelium Egmont, 1675
12°: A-C¹², D⁶(-D⁶); 81 p.
- ArDIV/16/5

STEYAERT, Martinus   S227
Martini Stejartii … Dissertatio epistolaris de quorundam in Academia Lovaniensi theologorum doctrina …
In fine: *Extractum ex thesibus theologicis defensis in Collegio Adriani IV… Praeside … Gummaro Huygens die 3 januarii 1686*
Lovanii, typis H. Van Overbeke, 1691
8°: π¹, A-H⁴, I², K⁴, L²; [2], 74 p.
- QII/7/3 (titelp. & pp 64-74 ontbr.) & ArDIV/9/1

STEYAERT, Martinus   S228
Epistola encyclica rever.ᵐⁱ Vicarii Silvæducensis (M. Steyaert) *ad clerum istius diœcesis …*
S.l., s.n., (1697?)
In fine: Lovanii in Collegio … Theologorum XVI Kal. Januarii 1697
8°: 8 p.
- ADIV/9/4

STEYAERT, Martinus   S229
Epistola M. Steyaert … ad … G. Huygens et J. L. Hennebel …
S.l., s.n., (1692?)
8°: A⁶; 11 p.
- ArDIV/9/3

STEYAERT, Martinus   S230
Fragmenta Steyaertiana nondum collecta, Oratio, et Elogium funebre &c.
S.l., s.n., (1734?)
8°: A-E⁸, F⁴; 87 p.
- HIII/4/1 (titelblad ontbr.; herk.: Ex libris frⁱˢ. H. Dejonghe prioris parcensis 1740)

STEYAERT, Martinus   S231
Fragmenta Steyaertiana nondum collecta, Oratio, et Elogium funebre &c.
S.l., s.n., (1743?)
8°: A-E⁸; 79 p.
- HIII/3/2 (titelblad ontbr.)

STEYAERT, Martinus   S232
Obligatio audiendi Verbum Dei in parochiis … [M. Steyaert]
Lovanii, typis Adriani de Witte, 1674
8°: A-F⁴; 48 p.
- ArDIV/1/6

STEYAERT, Martinus   S233
Obligatio audiendi verbum Dei in parochiis … [M. Steyaert]
Leodii Eburonum, excudebat Hieronymus Rivius, [1673?]
8°: A-C⁸, D²; 51, [1] p.
- ArDIV/16/1

S

STEYAERT, Martinus   S234
Opuscula ... Martini Steyaert ...
Lovanii, apud Ægidium Denique, 1703
8°: 5 dln
- ArDII/25-26 (dln 1 & 5; herk. in 1: Carmelitarum Discalceatorum Conventus Placetani; herk. in 5: Ex libris W. Huybrechts)

STEYAERT, Martinus   S235
Opuscula ... Martini Steyaert ...
Lovanii, typis Martini van Overbeke, 1742
8°: 6 dln
- DI/39-44 & GI/22-27
Nota: dln 4 & 5 van de 2 ex. zijn verschillend van druk

STEYAERT, Martinus   S236
Oratio pacifica de S. Thoma, habita in festo ejus A. 1701 per M. St. V.A. [M. Steyaert]
Lovanii, apud Ægidium Denique, 1701
8°: A⁴, B⁶; 18, [1] p.
- ArDIV/6/7

STEYAERT, Martinus   S237
Regulæ legendi et intelligendi Scripturam sacram ... Compendium ... per ... Martinum Stejartium ... Item Αντιλογιαι seu contradictiones apparentes Sacræ Scripturæ ...
Lovanii, typis Petri De Vaddere, (1693?)
8°: †⁸, A-R⁸(-R⁸); [16], 270 p.
- QII/7/1

STEYAERT, Martinus   S238
Regulæ legendi et intelligendi Scripturam Sacram ... Per ... Martinum Stejartium ...
Lovanii, apud Martinum van Overbeke, 1741
8°: A-S⁸(-S⁸); 285 p.
- CI/15 & UI/9

STEYAERT, Martinus   S239
Responsio pacifica ad declarationem ... Joannis Liberti Hennebel novissime evulgatam [M. Steyaert]
Lovanii, typis H. Van Overbeke, 1701
8°: A⁸; 15 p.
- ArDIV/6/5

STEYAERT, Martinus   S240
Responsio pro obligatione audiendi verbum Dei in parochiis. Contra Libellum, 'Exhibitio' SS. Canonum circa jus Regularium Ecclesiarum ... Per Christophorum Philalethen [= M. Steyaert]
Lovanii, typis Adriani de Witte, 1674
8°: A-I⁴; 70, [1] p.
- ArDIV/1/7 & ArDIV/16/3

STEYAERT, Martinus   S241
Theologiæ practicæ aphorismi. Authore Martino Steyaert ... Editio sexta
1: *Pars prima quæ primæ, secundæ S. Thomæ fere respondet*;
2: *Pars quarta de sacramentis*
Lovanii, typis Martini van Overbeke, 1743
8°: π¹, A-2Q⁸, 2R⁴; [2], 629, [3] p. + π¹, A-2M⁸, 2N⁴; [2], 562, [6] p.
- HIII/2-3 (herk. in 2: Ex munificentia ... Joannis Michaelis Gosin ... abbatiæ heijlissemiensis ... emmanueli Balth. van den gheijn ... Lovanii 26 aug. 1765 [prijsboek])

STICHTIGE EXEMPELEN ...   S242
Stichtige exempelen van deughden getrokken uyt de ... levens der heyligen
Men vintse te koop tot Loven, by Joannes Jacobs, (1728?)
12°: π², A-R¹², S⁴; [4], 405, [11] p.
- PrEI/13

STIEBNER, Melchior, O.Præm.   S243
Selectarum quæstionum epitome, ad libri II. decretalium Gregorii IX ... Titulum XXIV. De Jurejurando. Quam ... præside ... Thadæo, Francisco Schweiger ... proposuit ... Melchior Stiebner ... Anno MDCCXXIX. Die Junii ...
Vetero-Pragæ, apud Matthiam Hoeger, (1729)
8°:)(⁴, A-2V⁸, 2X⁴, 2Y²; [8], 693, [7] p.
- LII/27

STOCKMANS, Petrus   S244
... Petri Stockmans ... Opera ... omnia. Nunc primum in unum corpus ... prodeunt
Bruxellis, typis Judoci de Grieck, 1686
4°: á⁴, é⁴, í², A-B⁴, A-B⁴, *-2*⁴, A-Z⁴, A-2N⁴, 2O²; [20], 14, [2bl], 16, [16], 183, [1bl], 250, [42] p.
- PrEIV/20/1 (herk.: Hoefnagels [Park])

STOCKMANS, Petrus   S245
... Petri Stockmans ... Opera quotquot hactenus separatim edita fuere omnia
Bruxellis, apud Petrum de Dobbeleer, 1695
4°: π1, *-4*⁴, χ¹, é⁴, A-2Z⁴, A-2C⁴, A-G⁴, H²; [44], 320, [62], 194, [2], 60, 59 p.
- PrFIV/13

STOCKMANS, Petrus   S246
... Petri Stockmans ... Opera omnia ... Nunc primum in unum corpus collecta
Bruxellis, apud Judocum de Grieck et Franciscum t'Serstevens, (1698?)
4°: á⁴, é⁴, í⁴, A-4O⁴; [24], 300, [70], 295, [1] p.; gegrav. portret van de aut. in front.
- LIV/5

STOCKMANS, Petrus   S247
... P. Stockmans ... Opera omnia. Recensuit ... Judocus Le Plat ...
Lovanii, e typographia J. P. G. Michel, 1783
8°: 4 dln
- MIV/21-22

STOOP, Antonius de, O.Præm.   S248
Epistola ... Antonii De Stoop, abbatis ... Trunchiniensis, ad omnes suos religiosos pastores, vicarios & confratres
Gandavi, typis Joannis Meyer, [1764?]
4°: π¹, A-H⁴, χ¹; [2], 65 p.
- ArKIII/5/8c

STORACE, Baldassare   S249
Istoria della famiglia Acquaviva reale d'Aragona ... Scritta da Baldassare Storace ...
In Roma, presso il Bernabò, 1738
4°: A-B⁴, *², C-V⁴; [18], 146 p.: ill.
- WVII/21 (herk.: Ex libris M. A. Principis Burghesii [ex libris])

STORCHENAU, Sigmund von, S.J.   S250
Sigismundi Storchenau ... *Institutiones logicæ.* Editio quinta
Venetiis, apud Josephum Rossi fil. Barthol., 1794
12°: A-N¹²; IV, 302 p.
- ArAVI/17

STORCHENAU, Siegmund von, S.J. S251
Sigismundi Storchenau ... *Institutiones metaphysicæ*. Editio quinta
Venetiis, apud Josephum Rossi fil. Barthol., 1794
12°: 4 dln
- ArAVI/15-16

STOZ, Joannes, S.J. S252
Succincta relatio historica de gestis in sacrosancto generali Concilio Tridentino. Opera et studio ... Joannis Stoz ...
Dilingæ, sumptibus Joannis Caspari Bencard, 1695
4°:)(4[-](4), 2)(-3)(4, 4)(2, A-4O4, 4P2; [26], 584, [81] p.
- PI/3 (herk.: Monrij Fabariensis)

STOZ, Matthæus, S.J. S253
Tribunal pœnitentiæ, seu Libri duo, prior de pœnitente ut reo, posterior de confessario ut judice. Opus authore Matthæo Stoz ... inchoatum, opera fratris germani [J. Stoz] ... perfectum totoque secundo libri auctum ... Editio tertia
Bambergæ, sumptibus Martini Göbhardt, 1756
4°:)(-3)(4, A-3D4, 3E2; [24], 403 p. + A-2V4, 2X2(-2X2); 344 p.; bijk.gegrav.front.
- KII/2 (herk.: Comparavit Fra Joann. Raymund)

STRADA, Famianus, S.J. S254
De bello Belgico decas prima Famiani Stradæ .... Editio III. (Ab excessu Caroli V imp. usque ad initia præfecturæ Alexandri Farnesii ...)
Antverpiæ, typis viduæ & hæredum Ioannis Cnobbari, 1640
In fine: Antverpiæ, apud viduam Ioan. Cnobbari, Anno MDCXLI
8°: *8, A-2X8(-2X8); [16], 623, [79] p.: ill.; gegrav. titelp.(Leo Belgicus) - ZI/22

STRADA, Famianus S.J. S255
Famiani Stradæ ... *De bello Belgico decas prima. Ab excessu Caroli V imp. usque ad initia præfecturæ Alexandri Farnesii ... ab an. 1587 usque ad an. 1590*
Amsterdami, apud Ioachimum van Metelen, 1648
12°: a4, A-2P12-6, 2Q6; [8], 610, [86] p.; gegrav. titelp. (Leo Belgicus 'Decas secunda')
- ArJI/6

STRADA, Famianus, S.J. S256
Famiani Stradæ ... *De Bello Belgico decas prima (- secunda)*. Editio novissima. Additis hominum illustrium ... imaginibus ...
Prostant Pestini, apud Joannem Gerardum Mauss, 1751
2°:)(4, A-4U2, χ1,)(-2)(2, χ1, A-5K2; [8], 296, [72], 358, [49] p. + ill. (portretten, 2 uitsl. krtn)
- TVIII/1 (herkomst: supralibros Karl Johann Philipp graaf Cobenzl)

STRADA, Giacomo di S257
Epitome du thresor des Antiquitez, c'est à dire, pourtraicts des vrayes Medailles des Empp. tant d'Orient que d'Occident. De l'estude de Jaques de Strada ... Traduit par Iean Louveau d'Orleans
A Lyon, par Iaques de Strada, et Thomas Guerin, 1553
4°: aa-cc4, a-z4, A-2G4; [24], 394, [30] p.: ill.
- TIII/20

STREITHAGEN, Peter von S258
De vita, ac instituto canonicorum sæcularium ecstasis ... Petri a Streithagen
Coloniæ, apud Ioannem Kinchium, 1634
12°: A-B12; [6], 42 p.
- PrJVIII/10/3 (herk.: de Rooij 1741)

STROOBANT, Jacques S259
Brusselsche eer-triumphen, dat is eene ... beschrijvinge van alle de ... huldinghen ... geschiet binnen de ... stadt Brussel ... Met de ... beschrijvinghe, van de groote feeste, van het dry hondert jarigh jubile van het ... H. Sacrament van Mirakelen gemaeckt en beschreven door J. S. (Jacques Stroobant)
Tot Brussel, by Peeter de Dobbeleer, (1670?)
4°: π2, á2, é2, A-2K2; [12], 127, [4] p.: + 10 pltn; gegrav. bijk. titelp.
- MIX/17 (titelblad ontbr) & PrCVI/2

STRUVIUS, Burkard Gotthelff S260
Burcardi Gotthelf Struvii *Bibliotheca iuris selecta* ... Editio sexta auctior ... curante Christiano Gottlieb Budero ...
Ienæ, apud Ernestum Claudium Bailliar, 1725
8°: a-b8, c2, A-3K8, 3L6; [36], 840, [68] p.
- ArIV/15

STRUVIUS, Burkard Gotthelf S261
Burcardi Gotthelffii Struvii ... *Corpus historiæ Germanicæ* ... Præmittitur Christiani Gottliebi Buderi *Bibliotheca scriptorum rerum Germanicarum* ...
Ienæ, sumptibus Ioan. Felicis Bielckii, 1730
2°: 2 dln; onregelm. gepag.
- TVII/13-14

STRUVIUS, Burkard Gotthelff S262
Rerum Germanicarum scriptores aliquot insignes, qui gesta ... inde a Carolo M. usque ad Fridericum III. Imp. ... litteris mandata posteritati reliquerunt. Curante Burcardo Gotthelffio Struvio ... Editio tertia
Argentorati, sumptibus Johannis Reinholdi Dulsseckeri, 1717
2°: 3 dln
- TVII/6-8

STRYK, Samuel & STRYK, Johann Samuel S263
... Samuelis Strykii ... nec non ... Johannis Samuelis Strykii ... *Opera omnia* ... Una cum ... Joh. Frider. Rhetii ... binis voluminibus disputat. Strykianis disputationibus adjectis ... præmissa præfatione Wolffgang Adam. Schoepffii ...
Francofurti et Lipsiæ, 1-12: sumptibus Samuelis Wohleri, typis Eliæ Süssii; 13-14: Apud Johannem Friedericum Gaum; 15: Ulmæ, sumptibus Gaumianis, 1743-1755
2°: 15 dln; algem. titelp. & portret van de aut. in 1
- MIX/10-16

STURM, Leonhard Christoph S264
Leonhard Christoph Sturms *Durch einen grossen Theil von Teutschland und den Niederlanden bis nach Pariss gemachete Architectonische Reise-Anmerckungen*
Augspurg, in Verlegung Jeremiæ Wolffen. Daselbst gedruckt bey Peter Detleffsen, 1719
2°: A-2N2, χ2; 144, [4] p. + 4 & 48 pltn
- ArCVII/11/2 (afb. Tab. A, C & D ontbr.)

STURM, Leonhard Christoph S265
Freundlicher Wett-Streit der Französischen, Holländischen und Teutschen Krieges-Bau-Kunst. Worinnen die Befestigungs-Manier des hrn. von Vauban an Neu-Breisach, die beste Manier des Hrn. von Coehoorn, und Zweyerley Vorstellungen der von L. C. Sturm publicirten, und nach ... hrn. George Rimplers *Maximen* eingerichteten Manier ... vor Augen geleget ... werden
Augspurg, in Verlegung Jeremiæ Wolffens. Gedruckt bey Matthias Schönigk, 1740
2°: A-S2; [6], 66 p. + uitsl. pltn
- ArCVII/11/1 (herk. [stempel]: Commandant du 4e régiment ...)

S

STUSCHE, Tobias, O.Cist. S266
Theses theologiæ de sacramentis in genere. Præside a ... Raphaele Tobl ... Propugnatæ à Tobia Stusche ... anno MDC-CXIX mense Augusto ...
Pragæ, typis Barbaræ Franciscæ Beringerin, per Joannem Georgium Behr, (1719?)
8°: π⁴, A-2I⁸, 2K¹²; [8], 524, [6] p.
- ArEIV/4

SUAREZ, Franciscus, S.J. S267
Commentaria ac disputationes in primam partem Divi Thomæ, de Deo uno & trino. Auctore ... Francisco Suarez ...
Moguntiæ, ex officina typographica Balthasari Lippij, sumptibus Hermanni Mylij Birckmanni, 1608
2°: (:)⁴, A-3A⁶, 3B⁸(-3B⁸); [8], 537, [40] p.
- HVIII/1

SUAREZ, Franciscus, S.J. S268
Commentariorum ac disputationum in primam partem Divi Thomæ partis II. De Deo effectore creaturarum omnium Tractatus II. De opere sex dierum, ac tertius De anima. Auctore ... Francisco Suarez ... (ed.: Balthasar Alvarez)
Moguntiæ, sumptibus Hermanni Mylij Birckmanni. Excudebat Balthasar Lippius, 1622
2°: A-Aa⁶, Bb⁸, A-T⁶, V⁴; 291, [11], [2bl], 223, [12] p.
- HVIII/3 (herk.: Catalogo Collegii Diuion Soc. Jesu inscript. 1631; Bibliothèque Grand-Séminaire de Dijon [stempel]; Ex dono Dominæ Binet)

SUAREZ, Franciscus, S.J. S269
Commentariorum ac disputationum in tertiam partem Divi Thomæ tomus primus (-tertius). Auctore ... Francisco Suarez ...
Venetiis, apud Societatem Minimam, 1599-1605 (3: 1599)
In fine in 3: Venetiis. apud Petrum Dusinellum, & Franciscum Uscium socios MDXCVIIII
2°: 3 dln
- HVIII/16-18 (herk.: Fris Laurentii Compana de Cerveto)

SUAREZ, Franciscus, S.J. S270
Commentariorum ... in tertiam partem divi Thomæ, tomus quartus. Autore ... Francisco Suarez ...
Lugduni, sumptibus Horatii Cardon, 1603
2°: *⁴, A-B⁴, C-T⁶, V⁸, X-2G⁶, 2H⁸, 2I-3X⁶, 3Y⁸, 3Z⁴, 4A-4B⁶, 4C⁸; [8], 828, [39] p.
- HVIII/19

SUAREZ, Franciscus, S.J. S271
... *Francisci Suarez ... Defensio fidei catholicæ et apostolicæ adversus Anglicanæ sectæ errores*
Moguntiæ, sumptibus Hermanni Mylii Birckmanni. Excudebat Balthasar Lippius, 1619
2°:):(⁶, A-2O⁶, 2P⁴; [12], 448 [=436], [14] p.
- HVIII/21

SUAREZ, Franciscus, S.J. S272
Disputationum de censuris in communi, excommunicatione, suspensione, & interdicto, itemque de irregularitate, tomus quintus, additus ad tertiam partem ... Thomæ. Authore ... Francisco Suarez ...
Lugduni, sumptibus Horatii Cardon, 1604
2°: *⁴, A-4F⁶, 4G⁸; [8], 890, [25] p.
- HVIII/20

SUAREZ, Franciscus, S.J. S273
Francisci Suarez ... Metaphysicarum disputationum, in quibus et universa naturalis theologia ordinate traditur et quæstiones ad omnes duodecim Aristotelis libros pertinentes, accuratè disputantur, tomi duo ... In Germania nunc primum excusi.
Moguntiæ, excudebat Balthasarus Lippius, sumptib. Arnoldi Mylii, 1600
2°: π¹, 3*⁷, A-Zz⁶, AA-II⁶, A-D⁶; [16], 658, [2bl], [46] p. +)(², A-Zz⁶, AA-OO⁶, a-c⁶, d⁸; [4], 719, [1bl], [50] p.
- HVIII/22-23 (herk.: Fuerstl. Leining. Hofbibliothek)

SUAREZ, Franciscus, S.J. S274
... *Francisci Suarez ... Operis de divina gratia tripartiti pars prima*. Editio novissima
Lugduni, sumptibus Iacobi Cardon, 1628
2°: *⁶, 2*⁴, A-2S⁶, 2T⁸(-2T⁸); [20], 488, [20] p.; gegrav. titelp.
- HVIII/6 (herk.: Fr. Guill. Bolot[?] Valeoniontis[?] S.T.D.)

SUAREZ, Franciscus, S.J. S275
Operis de divina gratia pars secunda, continens libros III. IV. et V. Nimirum, de auxiliis gratiæ, in generali; de auxilio sufficiente; et de auxilio efficaci gratiæ Dei Francisci Suarez. Editio prima
Lugduni, sumptibus Philippi Borde, Laurentii Arnaud & Claudii Rigaud, 1651
2°: ¶⁶, A-2X⁶, 2Y-2Z⁴; [12], 535, [7] p.
- HVIII/7 (herk.: F. Hieronym. de Bascanis ... ord. Prædicatorum)

SUAREZ, Franciscus, S.J. S276
... *Francisci Suarez ... Operis de divina gratia pars tertia continens posteriores libros septem* ... Editio novissima
Lugduni, sumptibus Iacobi Cardon, 1628
2°: ¶⁴, A-3G⁶; [8], 607, [28] p.
- HVIII/8

SUAREZ, Franciscus, S.J. S277
Operis de religione pars secunda, quæ est De statu religionis, ac tomus tertius in ordine, complectens tractatum septimum de obligationibus quæ religiosum constituunt ... Auctore ... Francisco Suarez ... Editio defæcata, et aucta
Lugduni, sumptibus Iacobi Cardon, 1632
2°: á⁶, A-3L⁶, 3M⁸; [12], 660, [39] p.; gegrav. titelp. met portret
- HVIII/14 (herk., stempel op à2: S T)

SUAREZ, Franciscus, S.J. S278
Operis de Religione tomus quartus, et ultimus, continens tractatus tres ... Auctore ... Francisco Suarez ...
Lugduni, sumptibus Iacobi Cardon, 1634
2°: *⁸, A-4A⁶(-4A⁶); [16], 794, [44] p.; gegrav. titelp.
- HVIII/15 (herk., stempel op *2: S T; Emptus per me fratrem Hieronymum)

SUAREZ, Franciscus, S.J. S279
... *Francisci Suarez ... Opus de triplici virtute theologica, fide, spe, et charitate* ...
Parisiis, typis Edmundi Martini, 1621
2°: á⁶, A-2V⁶, 2X⁸(-2X⁸), a-c⁶; [8] p., 1062 kol., [37] p.
- HVIII/11

SUAREZ, Franciscus, S.J. S280
... *Francisci Suarez ... Opus, de virtute et statu religionis*
Moguntiæ, sumptibus Hermanni Mylii, Birckman, 1624
2°:):(⁴, A-3K⁶, 3L⁸(-3L⁸); [8], 636, [50] p. + (:)⁴, A-3S⁶; [8], 734, [34] p.
- HVIII/12-13 (herk.: Lamberti du Buisson)

SUAREZ, Franciscus, S.J. S281
... *Francisci Suarez ... Pars secunda Summæ theologiæ de Deo rerum omnium creatore. In tres præcipuos tractatus distributa, quorum primus De angelis hoc volumine continetur* ...

Lugduni, sumptibus Iacobi Cardon et Petri Cavellat, 1620
2°: *6, 2*4, A-3R6, 3S8; [20], 746, [25] p.; gegrav. titelp.
- HVIII/2

SUAREZ, Franciscus, S.J.   S282
... Francisci Suarez ... *Partis secundæ summæ theologiæ tractatus tertius De Anima*
Lugduni, sumptibus Iacobi Cardon & Petri Cavellat, 1621
2°: *2, A-X6; [4], 237, [14] p.
- HVIII/25

SUAREZ, Franciscus, S.J.   S283
Theologiæ R.P. Francisci Suarez e Societate Jesu Summa seu Compendium. A ... Francisco Noel ... concinnatum ...
Venetiis, apud Nicolaum Pezzana, 1733
2°: §6, A-2D8; [12], 431 p. + §4, A-2K8, 2L-2M6; [8], 549, [3] p.
- HVII/20

SUAREZ, Franciscus, S.J.   S284
... Francisci Suarez ... *Tractatus de legibus, ac Deo legislatore in decem libros distributus* ...
Moguntiæ, sumptibus Hermanni Mylii Birckmanni excudebat Balthasar Lippius, 1619
2°:)?(4, A-3P6, 3Q8; [4], 725, [1bl], [25] p.
- HVIII/5 (herk.: Pertinet ad conventum Patrum Reformatorum S. Jacobi Montissilicis)

SUAREZ, Franciscus, S.J.   S285
Tractatus quinque, ad primam secundæ D. Thomæ: De ultimo fine hominis, ac beatitudine. De voluntario, & involuntario. De humanorum actuum bonitate & malitia. De passionibus & habitibus. De vitiis, atque peccatis Francisci Suarez (ed.: Balthasar Alvarez)
Moguntiæ, sumptibus Hermanni Mylii Birckmanni, excudebat Hermannus Meresius, 1629
2°: a4, A-2P6, 2Q8; [8], 449, [1bl], [20] p.
- HVIII/4 (herk.: Bibliotheca Grimbergensis)

SUAREZ, Franciscus, S.J.   S286
... Francisci Suarez ... *Tractatus theologicus, de vera intelligentia auxilii efficacis, eiusque concordia, cum libero arbitrio. Opus posthumum. Prodit nunc primum*
Lugduni, sumpt. Philip. Borde, Laur. Arnaud, & Cl. Rigaud, 1655
2°: á4, A-2L6, 2M-2N4(-2N4); [8], 408(=414), [10] p.
- HVIII/9 (herk.: Coll. Lugd. SS. Trin. Soc. Jesu Inscript. 1685)

SUAREZ, Franciscus, S.J.   S287
... Francisci Suarez ... *Varia opuscula theologica* ...
Matriti, ex typographia regia, 1599
In fine (3A8): Matriti. Apud Ioannem Flandrum MDXCIX
2°: §6, A8, B-Y6, Z8, 2A-2Z6, 3A8, 2-3§4, 4§6; [12], 547, [30] p.
- HV/24

SUAREZ, Franciscus, S.J.   S288
... Francisci Suarez ... *Varia opuscula theologica* ...
Moguntiæ, apud Balthasarum Lippium, sumptib. Hermanni Mylij, 1612
2°: (:)4, A-2G6, 2H4; [8], 352, [15] p.
- HVIII/10

SUCQUET, Antonius, S.J.   S289
AntonI Sucquet ... *Via vitæ æternæ*. Iconibus illustrata per Boetium A. Bolswert
Antverpiæ, typis Martini Nutij, 1620
8°: *8, A-3K8; [16], 875, [20] p. + 32 pltn; gegrav. titelp.

- ArBV/10

SUCQUET, Antonius, S.J.   S290
Antonii Sucquet ... *Via vitæ æternæ*. Iconibus illustrata per Boetium a Bolswert. Editio sexta
Antverpiæ, apud Henricum Aertssium, 1625
In fine: ex typographia Henrici Aertssens Anno 1630
8°: †8, A-I8, K6(-K6), 2D8; [16], 154, [22] p.+ ill.; gegrav. titelp.
- PrGVI/11-13

SUCQUET, Antonius S.J.   S291
Den wech des eeuwich levens. Beschreven int Latijn, door ... Antonius Sucquet, over-geset door ... Gerardus Zoes ... Met beelden verlicht door Boetius A. Bolswert. Door den Aucteur van niews oversien ...
T'Antwerpen, by Hendrick Aertssens, 1622
8°: (.?.)8, A-3L8, 3M6; [16], 881, [41] p.: ill.; gegrav. titelp.; 32 pltn
- PrIII/1 (herk.: S. Marie Gaston[?] 1627 [supralibros]; St Jan hospetael in brugge 1679; Gustave Charles Antoine Marie van Havre; Frederic Verachtert)

SUCQUET, Antonius, S.J.   S292
Den wech des eeuwich levens. Beschreven int Latijn, door ... Antonius Sucquet, over-geset door ... Gerardus Zoes ... Met beelden verlicht door Boetius A. Bolsvert
T'Antwerpen, by Hendrick Aertssens, 1623
8°: (.?.)8, A-3M8, 3N4; [16], 881, [37] p. + 32 pltn; gegrav. titelp.
- ArBV/11

SUDA   S293
Σογιδας - Suïdas. Nunc primum ... Latinitate donatus ... opera ... Æmilii Porti ...
Coloniæ Allobrogum, apud Petrum de la Roviere, 1619
2°: ¶4, A-6P6; [8], 1558 p. + A-5G6; 1189 p.
- YVII/18-19 ('Coloniæ Allobrogum' is doorgestreept en vervangen door 'Genevæ')

SUETONIUS TRANQUILLUS, Caius   S294
C. Suetonius Tranquillus. Ex recensione Joannis Georgii Grævii, cum ejusdem animadversionibus, ut et commentario ... Lævini Torrentii, Isaaci Casauboni, Theodori Marcilii, et cum notis ac numismatibus, quibus illustratus est a Carolo Patino ... Accedunt notæ selectiores aliorum. Editio tertia
Trajecti ad Rhenum, apud Antonium Schouten, 1703
Coll.: Angelus Politianus, Gerardus Joannes Vossius, Matthias Berneggerus
4°: *-2*4, A-5I4, A-K4, L2, 6A-7K4; [16], 829, [1bl], 79, [4], [1 bl], 110, [153] p.: ill.; bijk. gegrav. titelp.
- RIII/31 (herk.: Gisbertus Vesselus Duker aan Bernardus Henricus van der Wijck, Zwolle 1705 [prijsboek])

SUEYRO, Manuel   S295
Anales de Flandes. Por Emanuel Sueyro ...
En Anvers, en casa de Pedro, y Iuan Beleros, 1624
2°: *8, A-3E6, 3F8, a-b6, c8; [16], 628, [40] p. + π2, A-3D6, 3E4; [4], 564, [44] p.; portret
- RVII/19 (herk.: *Pietas homini tutissima virtus* [niet geïdent. ex libris])

SUIKERS, Geerolf & VERBURG, Isaac   S296
Algemene kerkelyke en wereldlyke geschiedenissen des bekenden aardkloots ... Door Geerlof Suikers... en volvoerd door Isaac Verburg. In tien stukken
Te Amsterdam, 1 & 5: by R. en J. Wetstein, en W. Smidt; 2-4: by Rudolf en Gerard Wetstein, 1721-1728
2°: 5 dln : ill. + uitsl. krt; bijk. gegrav. titelp. in 1.; gegrav. portret in 1 (Suikers) & 3 (Verburg)
- XVIII/1-5

S

SURADA, Jacobus S297
Selectarum quæstionum paraphrasis, ad libri V decretalium Gregorii IX ... Titulum III. De jure, super simoniæ delicto. Quam ... præside Thadæo, Francisco Schweiger ... proposuit ... Jacobus Surada ... Anno MDCCXXX. Die Julii ...
Vetero-Pragæ, apud Matthiam Hoeger, (1730?)
8°:)(^{4}, 2)(^{2}, A-2F^8; [12], 458, [4] p. + portret
- ArEIV/3

SURIUS, Laurentius S298
Den wech der volmaecktheyt van Godt ghethoont aen de Heilige Birgitta. Daeroock by-ghevoecht haer leven, deuchden ende miraeckelen [L. Surius]
Tot Brussel, by Ian Mommaert, 1628
8°: *^{8}, A-Z^8; [16], 360, [8] p.
- WI/1

SUSTEREN, Henricus Josephus van S299
Epistola pastoralis ... episcopi Brugensis [H. J. Van Susteren]
Prostant Lovanii, apud Franciscum Vande Velde, 1718
8°: A^8; 16 p.
- YIII/33/5

SUTOR, Bernard, O.Præm. S300
Leben desz heyligen Vatters Norberti, desz heyligen canonischen Præmonstratenzer Ordens Stifters ... Kürzlich in Teutscher Sprache verfasset durch ... Bernardum Sutorn ...
Gedruckt zu Praag in der Ertz-Bischoff. Druckerey, in Seminario S. Norberti, 1657
4°: A-L^4; [6], 81, [1] p.
- ArEII/4 (herk.: Bib. Ven. Can. Budds[?])

SWEERTIUS, Franciscus S301
Athenæ Belgicæ sive nomenclator infer. Germaniæ scriptorum ... Franciscus Sweertius ... digessit et vulgavit
Antverpiæ, apud Gulielmum a Tungris, 1628
2°: *^{4}, $2, *$^{3-4}$, A-3M^6, 3N^4; [16], 708, [19] p.
- WVI/13 (herk.: supralibros [voorplat]: wapen van P[aul de] G[omiécourt], abt van de Sint-Niklaasabdij, Veurne; supralibros [achterplat]: wapen van de Sint-Niklaasabdij, Veurne)

SWEERTIUS, Franciscus S302
Monumenta sepulcralia et inscriptiones publicæ privatæq. ducatus Brabantiæ. Franciscus Sweertius ... posteritati collegit
Antverpiæ, apud Gasparem Bellerum, 1613
Coll.: Iosephus Iustus Scaliger, Ianus Gruterus, Daniel Heinsius, Max. Vrientius, Michael vander Hagen, Gerardus Eligius
8°: *^{8}, 2*^{2}, A-Bb^8; [20], 394, [2] p.
- QI/3 (herk.: Petri Coddij 1626)

SWEERTIUS, Franciscus S303
Rerum Belgicarum annales chronici et historici de bellis, urbibus, situ & moribus gentis antiqui recentioresque scriptores ... Eorum qui nunc primum ... producti sunt Tomus primus ... I. Johannes Gerbrandus a Leydis, et II. Reynerus Snoyus, Goudanus De comitibus Hollandiæ, Zelandiæ, Frisiæ, &c. III. Ægidius a Roya ... et IV. Anonymus, De Belgicis rebus. Opera et studio Francisci Sweertii ...
Nota: 2 heeft eigen titelp.: Reneri Snoi ..., *De rebus Batavicis Libri XIII ... Emendati ... opera ac studio Iacobi Brassicæ ...*
Francofurti, in officina Danielis ac Davidis Aubriorum & Clementis Schleichii, 1620
Coll.: Joannes Trithemius (2†^{1}), Andreas Schott (†^{2} & 2A^1), Cornelius Billieus (†^{1} v°)
2°:):(^{6}, 2†^{6}, A-2G^6, 2H^8, †^{6}, A-Q^6, R^8, 2A-2H^6, 2I^4; [24], 373, [15], 206, [2], 107, [1] p.
- IVIII/18

SWEERTS, Ignatius, O.S.A. S304
Oratio funebris in exequiis ... Hieronymi de Waersegghere ... Dicta in Parcho à ... Ignatio Alberto Sweerts ... die 23 Maii 1730
Lovanii, typis Joannis Jacobs, 1730
8°: A-D^4; 32 p.
- PrHVI/20/3, ArFIV/15/26 & ArFIV/16/11bis

SWIETEN, Gerardus van S305
Gerardi van Swieten ... *Commentaria in Hermanni Boerhaave Aphorismos de cognoscendis et curandis morbis*
Lugduni Batavorum, apud Johannem et Hermannum Verbeek, 1749-1772
In fine: E typographia Dammeana
Nota: 1: Editio tertia, 1752; 2: Editio secunda, 1749
4°: 5 dln
- WVI/8-12 (herk. in 1-4: J. Nazet 1755)

SYLVIUS, Franciscus, LE LONG, Nicolaus e.a. S306
Resolutiones ... dominorum Universitatis Duacenæ (Franciscus Sylvius, Nicolaus Le Long, Simon Nepvev, Antonius Briet) *circa potestatem Abbatis A. in qualitate præsidis et visitatoris monasteriorum exemptorum ordinis B. Benedicti per Belgium*
Duaci, typis Ioannis De Spira, 1643
4°: A-D^4, E^2; 35 p.
- PrCII/16/9

SYLVIUS, Franciscus S307
Francisci Sylvii ... *Resolutiones variæ*
Duaci, apud Gerardum Patté, 1640
4°: á^4, é^4, í^4, ó^4, ú^2, A-3K^4; [36], 409, [26] p.
- MV/1 (herk.: Carmelitarum discalceatorum Conventus Sti Alberti Lovanij)

SYMON, Gillian S308
Prônes de Mr Symon, curé de S. Germain de Rennes, pour tous les dimanches de l'année ... Tome second ... Seconde édition
A Rennes, chez Julien Vatar, père. Et chez Julien-Charles Vatar, fils, 1752
12°: π^1, A-T^{12}, V^4; [2], 459, [5] p.
- ArAVII/24

SYNODICON ECCLESIÆ PARISIENSIS S309
Synodicon ecclesiæ Parisiensis. Autoritate ... Francisci de Harlay ... anno 1674 editum ... Accedunt Synodus anni 1697, ac decreta seu ordinationes ... ad hanc usque diem promulgatæ. Jussu ... Christophori de Beaumont ...
Parisiis, apud Cl. Simon, 1777
4°: a-c^4, A-3I^4, A-P^4; XXIV, 438, 120 p.
- DI/10

SYNOPSIS VETERIS TESTAMENTI ... S310
Synopsis Veteris Testamenti historica, legalis & prophetica. Opera lectorum actualium S. Scripturæ prov. Germ. infer. FF. Minorum Recoll.
Antverpiæ, apud viduam Willemsens, 1698
8°: π^8, A-2E^4; [16], 224 p.
- ArDII/4/1 (herk.: Bibliotheca parcensis 1716)

t

TABERNA, Joannes Baptista, S.J. T1
Synopsis theologiæ practicæ ... tribus partibus concinnantur et confirmantur. Auctore ... Joanne Bapt. Taberna ...
Coloniæ, sumptibus Societatis, 1736
8°: 3 dln
- III/8-10

TACHARD, Guy, S.J. T2
Lexicon latino-belgicum novum. Olim idiomate Gallico publicatum a ... Guidone Tachard, nunc Belgicæ consuetudini communicatum ... accurante Samuele Pitisco
Amstelædami, excudit Franciscus Halma, 1704
4°: *-4*⁴, A-4P⁴, χ¹, 4Q-8M⁴(-8M⁴); [32], 669, [3], 671-1381 p.; bijk. gegrav. titelp.
- PrGIV/4-5 (titelp. in 1 ontbr.; herk.: ex bibliotheca Caroli Francisci Custis, Brugge 1718 [ex libris in 1 & 2])

TACITUS, Publius Cornelius T3
Alle de werken van C. Corn. Tacitus. In 't Hollandtsch vertaalt door ... P. C. Hooft ... (ed.: Geeraart Brandt)
t'Amsterdam, by Henrik Wetstein, en Pieter Scepérus. Tot Leyden, by Daniel van den Dalen. Tot Utrecht, by Willem van de Water, 1704
Coll.: Justus Lipsius
2°: a-c⁴, A-4E⁴, 4F⁶; [32], 528, [84] p. + ill.
- ZIX/8

TACITUS, Publius Cornelius T4
Batavorum cum Romanis bellum. A Corn. Tacito lib. IV & V Hist. olim descriptum, figuris nunc æneis expressum, authore Othone Vænio ... *De Batavische oft oude Hollandtsche oorloghe teghen de Romeynen*
Antverpiæ, apud auctorem væneunt, 1612
In fine: typis Davidis Martinij
2° oblong: [27] f., XXVII p.; 26 grav.
- OII/6

TACITUS, Publius Cornelius T5
Caius Cornelius Tacitus. Qualem ... illustravit Jer. Jac. Oberlin. Cui ... annotationes et ... additamenta subjunxit Jos. Nautet (ed.: Nicolaus Eligius Lemaire)
Parisiis, (de l'imprimerie de Firmin Didot), 1819-1820
5 dln + 1 dl *Indices*
- ArIVIII/14-19

TACITUS, Publius Cornelius T6
C. Cornelius Tacitus Jaarboeken en Historien, ook zyn Germanië, en 't Leeven van J. Agricola. In 't Hollandtsch vertaalt door ... Pieter Corneliszoon Hooft ... (ed.: Gerard Brandt)
T'Amsterdam, by Hendrik Boom, en de weduwe van Dirk Boom, 1684
In fine: t'Amsterdam, gedrukt by de Weduwe van Jakob de Jonge, 1684
2°: a-c⁴, d-g², A-3X⁴, A-S²; [38], 528, [87] p. + ill.
- TIX/22 (herk.: Fr. Boeykens)

TACITUS, Publius Cornelius T7
d'Ovrige werken van Gaius Cornelius Tacitus Romeinscher Geschied'nissen, onder d'eerste Keysers. Oversetter J. van Groenewegen
Aparte titelp.: *Germanien van G. Cornelius Tacitus* ... 1628
Tot Delf, bij Adriaen Gerritsen, 1630
4°: A-C⁴, A-3U⁴; [12], 249, [19] f.; gegrav. titelp.
- RI/14

TACQUET, Andreas, S.J. T8
... Andreæ Tacquet ... *Opera mathematica.* Editio secunda
Antverpiæ, apud Henricum & Cornelium Verdussen, 1707
2°: π¹, á⁴, é⁴, í⁴, χ², A-3X⁴, 3Y⁶, χ¹; [30], 553, [3] p. + uitsl. pltn
- XIX/14

TALHAMER, Wolfgang, O.Præm T9
Thuribulum aureum ... Hoc est tractatus absolutissimus, de solo et unico Novæ Legis sacrificio missæ ... Wolfgango Talhamero ...
Viennæ Austriæ, apud Mariam Rixin viduam, 1636
8°: A-2I⁸; 507, [3] p.
- PrHI/18 (herk.: Basilius Van Beygaerden [Park])

TAMBURINI, Ascanio T10
De iure abbatum et aliorum prælatorum, tam regularium quam sæcularium episcopis inferiorum. Authore ... Ascanio Tamburinio de Marradio ... Editio tertia
Lugduni, sumptibus Laurentii Anisson, & soc., 1650
2°: 3 dln
- LVI/26-28

TAMBURINUS, Thomas, S.J. T11
De sacrificio missæ expedite celebrando libri tres. Auctore ... Thoma Tamburino ... Nova editio
Antverpiæ, apud Iacobum Meursium, 1656
12°: A-2K¹²(-2K¹²); [28], 485(i.e.709), [33] p.
- DI/23

TAMBURINUS, Thomas, S.J. T12
Theologia moralis ... Thomæ Tamburini ... In hac ... editione ... accedunt ... Zachariæ ... uberrima prolegomena, in quibus ... ejus doctrina a ... Danielis Concinæ, ac Vincentii Mariæ Dinellii criminationibus vindicatur ...
Venetiis, apud Nicolaum Pezzana, 1755
2°: a⁶, b⁸, c-d⁶, A-V⁸, X¹⁰; [12], XL, 340 p. + A-Q⁸, R⁶, A-D⁸; [8], 260, 64 p.
- IVII/3-4

TANSUS, Nepomucenus, O.Cist. T13
Selectæ quæstiones theologicæ ex Secunda Secundæ, de Fide divina methodo scholastica deductæ. Quas ... præside ...

T

Benedicto Bayer ... propugnandas suscepit ... Nepomucenus Tansus ... Anno MDCCXXX ...
Vetero-Pragæ, apud Matthiam Adamum Höger, (1730?)
8°:)(4, A-2K8; [8], 522, [6] p.
- PrGII/10

TARIF DÉCIMAL ...   T14
Tarif décimal, ou réduction de la livre tournois de France, en Francs, en argent de Brabant et en argent de change
Bruxelles, Stapleaux, [1806?]
60 p.
- ArHV/25/1

TASSY, Henri-Félix de & PARDAILLAN de GONDRIN, Louis-Henry   T15
Litteræ pastorales illustrissimorum Galliæ episcoporum concernentes directionem animarum. E gallico idiomate in Latinum versæ
p. 1: *Epistola* ... episcopi et comitis Cabillonensis vulgo Chaalons (Henri Félix de Tassy); p. 21: *Epistola* ... Ludovici Henrici de Gondrin ...; p. 29: *Epistola* ... archi-episcopi Senonensis ... (Pardaillan de Gondrin); p. 49: *Instructio de Jubilæo*
Lovanii, typis Adriani de Witte, 1674
8°: A-D8; 64 p.
- ArDIV/1/8

TAULER, Johann, O.P.   T16
Gheestelycke predicatien des verlichten Doctoors Joannis Tauleri ... Nu nieuwelijcx na d'oude geschreven boecken trouwelijc verbetert ... door ... Bartholt Francois ...
2: *Gheestelycke predicatien ... op de hoochtijden ende feestdaghen der heylighen.*
Tot Antwerpen, by Hieronymus Verdussen, (1592?)
4°: A4, B-2L8; [4], 263[=264] f. + A-V4, X6; [1], 77, [8] f.; ms. in fine
- ArCIV/16 (herk.: Anna Lombardts ... boghyntyje tot Diest)

TAULER, Johann, O.P.   T17
Gheestelycke sermoonen. Ghemaeckt door ... Joannes Taulerus ... Nu van nieuws over-gheset in claerder duytsche taele ... door ... Joannes De Lixbona. Daer is ooic by ghevoeght De naevolghinghe des armen leven Christi ghemaeckt van ... Joannes Taulerus, ende ... overgheset uyt het Hooghduytsch door ... Gabriel van Antwerpen ... Capucien
p. 1-31: *Historie ende leven des Hooch-verlichten leeraer Joannis Tauleri*
T'Antwerpen, by Hieronymus Verdussen, 1685
2°: A8, A-2Z6, 3A-3F4, A-I6; [16], 552, [46], 108 p.; bijk. gegrav. titelp.
- KIX/18

TEN KATE, Lambert   T18
Aenleiding tot de kennisse van het verhevene deel der Nederduitsche sprake ... Door Lambert ten Kate Hermansz.
Tot Amsterdam, by Rudolph en Gerard Wetstein, 1723
4°: *-64, A-5A4; [48], 743, [1] p. + *4, A-5B4; [8], 748, [1] p.
- XVII/7-8

TERENTIUS AFER, Publius   T19
P. Terentii Andria, comœdia omnino expurgata. Cum notis Latinis scriptis a J. Juvencio. Nova editio
Parisiis, ex typis Augusti Delalain, 1824
[2], 70 p.
- ArJV/25

TERENTIUS AFER, Publius   T20
Publii Terentii ... Comœdia sex. Accedunt, Ælii Donati, Commentarius integer ... Accurante Corn. Schrevelio
Lugd. Batavorum, apud Franciscum Hackium, 1657
Coll.: Daniel Heinsius (*Dissertatio*)
8°: *-3*8, A-3M8; [48], 864, [60] p.; gegrav. titelp.
- PrGIII/3 (herk.: Alp. Versteylen Louvain 6 nov. 1878; H. Haijunga)

TERTULLIANUS, Quintus Septimus Florens   T21
Tertulliani *Omniloquium alphabeticum rationale tripartitum. Sive Tertulliani Opera omnia* ... Opera ... Caroli Moreau ...
Parisiis, 1: apud Iacobum Dallin, et Thomam Ioly, 1658; 2 & 3: apud Iacobum D'Allin, 1657
2°: 3 dln; bijk. gegrav. titelp. in 1
- FVI/3-5

TERTULLIANUS, Quintus Septimus Florens   T22
Q. Septimi Florentis Tertulliani ... Opera quæ hactenus reperiri potuerunt omnia. Cum Iacobi Pamelii ... argumentis & adnotationibus ... Ab eodem Pamelio recens adiecta: Tertulliana vita ...
Antverpiæ, apud Christophorum Plantinum, 1584
Coll.: Andreas Hoius Brugensis (*Epigramma*)
2°: α-λ6, μ8, ν-π6, ρ8, A-3N6, 3O8; 209, [3], 1278 p.; portret van de aut., uitsl. plt
- EVI/32

TERTULLIANUS, Quintus Septimus Florens   T23
Q. Septimi Florentis Tertulliani ... Opera quæ hactenus reperiri potuerunt omnia. Cum Iacobi Pamelii ... argumentis & adnotationibus ... Ab eodem Pamelio recens adiecta: Tertulliana vita ...
Parisiis, apud Michaëlem Sonnium, 1584
Coll.: Andreas Hoius Brugensis (*Epigramma*)
2°: α-λ6, μ8, ν-π6, ρ8, A-3N6, 3O8; 209, [3], 1278 p.: uitsl. plt
- JV/10

TEXIER, Claude, S.J.   T24
Panégyriques des saints. Preschez par ... Texier ...
A Paris, chez Estienne Michallet, 1682
8°: á4, é8, í2, A-2G8, 2H6, 2I2; [28], 491, [6] p. + π1, A-2P8; [2], 586, [22] p.
- ArAVII/20 (dl 2)

TEXIER, Claude, S.J.   T25
Sermons pour tous les dimanches de l'année ... Preschez par ... Texier ...
A Paris, chez Estienne Michallet, 1682
8°: á8, A-2O8; [26], 582, [10] p.
- ArAVII/18 (herk.: Bernard Van Hoecke [Park])

TEXIER, Claude, S.J.   T26
Sermons pour tous les jours du caresme. Preschez par ... Texier ... Seconde édition
A Paris, chez Estienne Michallet, 1676
8°: á8, é4, A-2F8, 2G2; [24], 456, [11] p. + á6, A-2C8, 2D2; [12], 407, [13] p.
- ArAVII/19 (dl 2)

TEXIER, Claude, S.J.   T27
Sermons sur les festes de la Sainte Vierge. Preschez par ... Texier
A Paris, chez Estienne Michallet, 1682
8°: π6, A-L8; [8], 169, [4] p.
- ArEIV/21

THENARD, Louis-Jacques   T28
Traité de chimie élémentaire théorique et pratique. Par ... L.-J.

Thénard. Sixième edition
Bruxelles, Demat, Le Charlier, Tarlier, Wahlen; Mons, Leroux, 1827
2 dln: ill.
- WIII/28-29

THENHAVEN, Bernardinus, O.F.M. T29
... Thenhaven *Examen ordinandorum et approbandorum*. Ad saniora theologiæ moralis principia adductum a ... Christiano Claes ...
Bielfeldiæ, typis Francisci Wilhelmi Honæi, 1786
8°:)(^{8}, 2)(^{2}[-2)(^{2}), A-2Z^8, 3A^4; [22], 744 p.
- II/22

THEOCRITUS T30
Θεοκριτου τα ευρισκομενα - *Theocriti quæ extant*. Cum Græcis scholiis notis et indicibus (Scaligeri, Casauboni, & Heinsii) p. [9]: *Vita Theocriti*, ex L. Gyraldo
Oxoniæ, e theatro Sheldoniano, impensis Sam. Smith, & Benj. Walford, 1699
Coll.: Richard West (opdracht)
8°: a-b^4, A-2O^4, *A-*R^4, 2*A-2*D^4, 2*E^2; [16], 294, [4], 142, [37] p.
- XIII/23

THEODORETUS CYRENSIS T31
... Θεοδωριτου Απαντα - ... Theodoreti ... *Opera omnia*. Quorum plurima Græce, quædam etiam Latinè nunc primum prodeunt ... cura & studio Iacobi Sirmondi ...
Lutetiæ Parisiorum, sumptibus Sebastiani Cramoisy, et Gabrielis Cramoisy, 1642
2°: 4 dln
- FVII/10-13 (herk.: Cartusiæ Silvæ S. Martini ppe Gerardi-Montem in Flandria Ao 1663)

THEODORUS RHÆTUENSIS T32
Theodori ... *Isagoge in quinque libellos Anast. Anastasi Patriarchæ Antiocheni libelli quinque* ... Godefrido Thilmanno ... interprete
Parisiis, apud Iacobum Keruer, 1556
8°: á^8, A-N^8; [8], 102, [2] f.
- ArDIII/30/1 (herk.: Bibliotheca Parchensis theca VI)

THEOPHILUS, A. F. T. L. D. T33
Het noodeloos tegen-venyn van een stuck sermoons door christelycke liefde van bitterheyt gesuyvert en wederleyt door 't gesagh van d'algemeyne kerck-vergaderingen ... [Theophilus, A. F. T. L. D]
S.l., s.n., 1718
12°: A-C^{12}(-C^{12}); 70 p.
- YIII/37/4

THEOPHYLACTUS de ACHRIDA T34
Theophylacti ... *In omnes divi Pauli epistolas enarrationes* ... Christophoro Porsena Romano interprete
[Parijs], vænundantur Iodoco Badio Ascensio, & Ioanni Roigny, 1534
In fine: Ex chalcographia Iod. Bad. Ascensii, communibus impensis ipsius & Ioannis Roigny. Anno MDXXXIIII; Mense Iunio
2°: AA^6, BB^4, A-Cc^8; [10], CCVII, [1bl] f.; titelp. met houtsnedelijst
- ZVII/18

THEOPHYLACTUS de ACHRIDA T35
Theophylacti ... *In quatuor evangelia enarrationes luculentissimæ*.
[Parisiis], vænundantur Iodoco Badio Ascensio, & Ioanni Roigny, 1534
In fine: Sub prelo Iodoci Badii Ascensii, communibus impensis, & Ioannis Roigny. Anno MDXXXIIII Mense Maio
Vert.: Joannes Œcolampade (p.1)
2°: á^6, é^6, a-z^8, aa-bb^6; [12], CXCV, [1bl] f.
- DV/9

THEOPHYLACTUS de ACHRIDA T36
Theophylacti ... *In quatuor Evangelia enarrationes* ... Præmissa est Ph. Montani epistola ...
Parisiis, apud Carolam Guillard, 1546
In fine: Parisiis Excudebat Io. Ludovicus Tiletanus. 1546
8°: A^8, a-z^8, A-K^8, L^4; [8], 425, [27] f.
- CI/29

THERESIA van AVILA, O.Carm. T37
Les œuvres de sainte Thérèse. De la traduction de ... Arnauld d'Andilly. Nouvelle édition
A Anvers, chez Henry van Dunewaldt, 1688
12°: *^{12}, A-2F^{12}, 2G^8; [24], 704 p.; gegrav. front.
- ArCV/4 (herk.: Ex libris A. De Walsche; Ex libris Alosti soctis jesu)

THERESIA van AVILA, O.Carm. T38
Wercken vande H. Moeder Theresia van Jesus ... In twee deelen ghescheyden over-gheset uyt het Spaens, Frans, ende Latyn, door ... Servatius vanden H. Petrus ...
2: *Wegh der Volmaecktheyt*
Te Ghendt, by Michiel Maes, 1697
4°: †-2†^{4}, 3†^{2}, A-4G^4, χ^2; [24], 614 [=608], [25] p + A-3Z^4, 4A^2; 551, [28] p.; gegrav. portret van Teresa de Jesu
Nota: katernreeksen telkens met katern w
- ArDVII/6 (dl 1; herk.: ... Maria Catharina Sappie boggijncke tot Diest spijse der wormen als godt belieft 1744; Leopold Eskens)

THIELENS, Petrus T39
Auctoritas ecclesiastica vindicata contra politicos deprimentes ecclesiasticos ... Authore Petro Thielens ...
Lovanii, typis Francisci vande Velde, (1719?)
8°: A-E^8; 77 p.
- YIII/34/6 & ArDIV/13/11

THIERRY de BEAUVAIS, Jean T40
Dictionaire Francoislatin ... Corrigé et augmenté par ... Iehan Thierry ... Plus un recueil des propres noms modernes de la Geographie ... par M. Iean le Frere, de l'Aval
A Paris, chez Gilles Corbin, 1572
2°: á^4, a-z^6, A-2H^6, 2A-2C^6; [4], 612, 36 p.
- ZVII/12 (herk.: Sum Collegii Pastoris)

THIERS, Adolphe T41
Histoire de la Révolution Française. Par M. A. Thiers. Seconde édition
Liége, Lebeau-Ouwerx, 1828-1829
10 dln
- PrJX/1-10 (herk. in 7: De Marotte)

THIERS, Jean-Baptiste T42
Dissertation sur la Sainte Larme de Vendôme. Par ... J. B. Thiers ... Avec la réponse à la lettre du P. Mabillon touchant la prétendue Sainte Larme. Par le même auteur
A Amsterdam, s.n., 1751
12°: a^{12}, b^{10}, A-S^{12}; [2], XLIII, [1], 431 p.; gegrav. titelp.
- PIII/22

THIERS, Jean-Baptiste T43

259

T

Dissertations ecclésiastiques, sur les principaux autels des églises. Les jubés des églises. La clôture du chœur des églises. Par ... Jean-Baptiste Thiers ...
A Paris, chez Antoine Dezallier, 1688
12°: *⁴, *⁴, A-I¹², K⁸, 2*⁶, a-m¹², n⁴, *², a¹², b⁶; [16], 232, [12], 296, [4], 40 p.
- PrBI/14

THIERS, Jean-Baptiste   T44
Traité de l'exposition du St Sacrement de l'autel. Par ... Jean Baptiste Thiers ... Nouvelle édition revue, & augmentée de deux livres
A Paris, chez Antoine Dezallier, 1679
12°: á⁸, é⁴, î⁸, í⁴, ó⁶, ú⁶, á*⁶, A-4A⁸⁻⁴(-4A⁴), χ²; [74], 814, [28] p.; bijk. gegrav. front. in 1
Nota: titelp. van dl 2 tussen p. 316 & 317
- DI/37-38

THIERS, Jean-Baptiste   T45
Traité des superstitions qui regardent les sacremens, selon l'Ecriture Sainte ... Par ... Jean-Baptiste Thiers ... Quatrième édition
A Paris, par la Compagnie des libraires, 1741
12°: 4 dln
- YIII/29-32

THIERS, Jean-Baptiste   T46
Traitez des cloches, et de la sainteté de l'offrande du pain et du vin aux messes des morts ... Par ... Jean-Baptiste Thiers ...
A Paris, chez Jean de Nully, 1721
12°: á², A-L¹², M⁴; [4], 270, [2] p.
- DI/33 (herk.: Ex libris Ed. Mareuil)

THILMANS, Cornelius, O.F.M.   T47
Het leven van den H. Gerlacus, belyder en eremyt der Ordre van Premonstreyt. Uyt het oudt origineel ontrent 't jaer 1225 in de Nederlantse Tale overgeset door ... Cornelius Thilmans ... Nu verbeetert ... door F. H. C. P. S. G.
Tot Maestricht, by Jacobus Lekens, 1745
12°: *⁶, A-G⁶, H⁸(-H⁶), I⁶; [12], 93, [17] p.
- ArEI/39

THOMAS van AQUINO   T48
Catena aurea [Thomas van Aquino]
[Augsburg, Günther Zainer, 1473?]
2°: zonder sign.; [529] f.; twee kolommen
BMC II 323; Polain 3691; BSB-Ink T-197
- IncP 2 (oorspronkelijke band, resten van sloten en hoekbeslag; oorspronkel. dekbladen van drukkersafval/printerswaiste (?) van Breviarium (?); herk.: Liber canonicorum regularium Sti Augustini in Mollenbecke domus Sti Dionysii Myndensis dioc. quem contulit d<omi>n<u>s Michael Schute eisdem pro salute animæ Schute (?) [gerad.] presbiter Lubicensis ...)

THOMAS van AQUINO   T49
Cathena aurea Angelici Thomæ aquinatis in quatuor evangelia ... Opus ... Campestri examine ... illustratum
(Lyon, Jacques Giunta, 1530)
In fine: Impensis ... Iacobi. q. Francisci de Giunta Florentini & sociorum. In edibus ... Antonij Blanchard. Anno salutis MCCCCXXX Die XXI mensis Aprilis
8°: †⁸, a-z⁸, r⁸, ?⁸, n⁸, A-D⁸, E⁴; [8], 144 f.; houtsnede op titelp.
- PrIII/2/1

THOMAS van AQUINO   T50
Cathena aurea Angelici Thome aquinatis in evangelium Marci ... Opus ... Campestri examine ... illustratum
(Lyon, Jacques Giunta, 1530)
In fine: Impensis ... Jacobi. q. Francisci de Giunta florentini & sociorum. In edibus Antonij blanchard ... Anno salutis MCCCCXXX. Die XXI mensis Aprilis
8°: 2†⁴, aa-kk⁸; 80 f.; titelp. met houtsnedelijst
- PrIII/2/2

THOMAS van AQUINO   T51
... Thomæ Aquinatis ... *In Librum beati Job dilucidissima expositio* ... Restituta per ... Nicolaum Methonensem ... Quæ nusquam hactenus fuit impressa
(Venezia, Alexander Calcedonius - Simon de Luere), 1505
In fine: In inclytisque Venetijs ... impressa per Simonem de Luere / studio ... Alexandri Calcedonij iii non. Maij 1505
2°: a², b⁴, c-k⁶, 1⁴; [2], 56 f.
- PrDVI/16 (f. 56 beschadigd)

THOMAS van AQUINO   T52
... Thomæ Aquinatis... *In omnes D. Pauli apostoli Epistolas commentaria. Et sermones eiusdem ...* Editio nova ... per ... Cosmam Morelles ...
Antverpiæ, apud Ioannem Keerbergium, 1612
2°: π¹, A-2E⁸, 2F¹⁰, A-E⁸, F⁴(-F⁴); [2], 234, 43 p.
- CVI/22 (herk.: Ad usum f. Francisci Wennii rel. Parch, 1629; Ad usum ... Matthia Verhoeven [Park] ex donatione Leonardi Lemmij, Park; Ad usum fr Adriani Ghouset Rel. Parch, 1648)

THOMAS van AQUINO   T53
Prima pars secunde partis Summæ theologiæ [Thomas van Aquino; ed.: Antonio Nunez Coronel]
(Paris, Claude Chevallon, Jacques Le Messier), 1519
In fine: Explicit prima pars secunde partis sacre theologie doctoris ... Thome de Aquino ... Parrhisijs impressa studio ... Jacobi Messerij. Impensis vero ... Claudij Chevalon ... Anno ... quingentesimo decimonomo (*sic*) supra millesimum ...
4°: aa-bb⁸, cc⁴, a-z⁸, r⁸, ?⁸, A-I⁸, K¹⁰; [20?], 175, [7] f.
- ArCIII/6

THOMAS van AQUINO   T54
S. Thomæ Aquinatis *Summa totius theologiæ ...* in tres partes ab auctore suo distributa (ed.: Augustinus Hunnæus)
2: *Prima secundæ partis summæ theologicæ ...*; 3: *Secunda secundæ partis summæ theologicæ ...*; 4: *Tertia pars summæ theologicæ ...*
Antverpiæ, ex officina Christophori Plantini, 1569
In fine in 3: Excudebat Christophorus Plantinus Antverpiæ Anno M.D.LXVIII mense octobri
4°: 4 dln
- DIV/2-4 (herk. in 2: Carolus Longhehaje)

THOMAS van AQUINO   T55
... Thomæ Aquinatis *Summa totius theologiæ.* Editio novissima, in qua studio ... Pauli Boudot ... opus hoc ... repurgatum est
Atrebati, ex officina Guilelmi Riverii, 1610
Coll.: Antonius Senensis; Augustinus Hunnæus
2°: 5 dln
- EVII/20

THOMAS van AQUINO   T56
Summa totius theologiæ S. Thomæ Aquinatis ...
9: *Supplementum tertiæ partis summæ ...*; 10: *Indices omnes in D. Thomæ summam theologicam hactenus impressi ...*
Col. Agrippinæ, sumptib. Cornelii ab Egmond, et Sociorum, 1639-1640

12°: 10 dln; bijk. gegrav. titelp. in 1 (1640)
- PrFI/3-12 (herk.: L'abbé Manquette; Le cardinal Maury [ex libris]; De Lescure)

THOMAS van AQUINO T57
Summa Theologia S. Thomæ Aquinatis ... in qua ecclesiæ catholicæ doctrina universa ... explicatur. In tres partes ab authore distribute. In hac vero novissima editione in duos tomos divisa
Parisiis, apud Matthæum Guillemot, 1652
Nota 1: bijk. titelp.(2K⁴): *Prima secundæ partis summæ ...*, Lutetiæ Parisiorum, sumptibus Dionysii Moreau, 1648; (2L¹): *Secunda secundæ sancti Thomæ ...* 1652
Nota 2: bijk. titelp.(χ¹): *Supplementum ad tertiam partem ... Opera ... Antonii Senensis ...*, Parisiis, apud Dionysium Moreau, 1651
2°: á⁶, A-2I⁶, 2K⁴, A-2I⁶, 2K-2L⁴, 2L⁶, A-3C⁶, 3D-3E⁴; [12], 386, [6], 386, [26], 603 p. + π², á⁶, A-2H⁶, χ², a-2u⁶; [16], 370, [6], 506 p.
- HIX/1-2 (titelblad van 2 is beschadigd; herk.: G. Nols de Charneu)

THOMAS van AQUINO T58
Summa Theologica S. Thomæ Aquinatis ... In tres partes ab auctore suo distributa. Post Lovaniensium atque Duacensium theologorum insignem operam ... In hac quidem novissima editione ...
Lugduni, sumpt. Ioannis Girin, & Francisci Comba, 1663
2°: 3 dln
- XIX/13

THOMAS van AQUINO T59
Summa Theologica S. Thomæ Aquinatis ... In tres partes ab auctore suo distributa. Post Lovaniensium atque Duacensium theologorum insignem operam ...
Lugduni, sumptibus Anisson & Joannis Posuel, 1702
2°: 3 dln
- XIX/12

THOMAS BECKET T60
Epistolæ et vita divi Thomæ ... Cantuariensis. Nec non epistolæ Alexandri III pontificis, Galliæ regis Ludovici septimi, Angliæ regis Henrici II ... In lucem productæ ... opera & studio ... Christiani Lupi ...
Bruxellis, typis Eug. Henrici Fricx, 1682
4°: π⁴, 2*², a-2c⁴, A-6A⁴, 6B²; [12], 905, [75] p.
- EII/37 (herk.: Hertog van Arenberg aan Pierre Ottoij 1795 [prijsboek]; wapen van Arenberg-Lauraguais, *Dat Prosper Natus 1785* [supralibros])

THOMAS a JESU, O.S.A. T61
Les souffrances de notre seigneur Jésus-Christ. Ouvrage écrit en Portugais par ... Thomas de Jésus ... Et traduit en François par ... G. Alleaume ... Nouvelle édition
A Lyon, chez les freres Bruyset, 1732?-1739?
12°: 4 dln?
- ArDII/28 (dl 3)

THOMAS a JESU, O.S.A. T62
Souffrances de notre-seigneur Jésus-Christ. Ouvrage écrit en Portugais par Thomas de Jésus ... Traduit en Français par ... Alleaume ...
A Lyon, chez Perisse frères. A Paris, chez Méquignon fils aîné, 1821
2 dln
- ArEV/18 (dl 2; herk.: Marie Delsande)

THOMAS a KEMPIS T63
De la vraie sagesse, pour servir de suite à l'Imitation de Notre-Seigneur Jésus-Christ. Et par le même auteur [Thomas a Kempis]. Ouvrage traduit du Latin ...
A Lyon, chez Perisse frères. A Paris, chez Périsse frères, 1826
8°: a⁶, A-R¹², B-S⁶, T²; XII, 324, [4] p.
- ArCI/17

THOMAS a KEMPIS T64
L'imitation de Iesus Christ. Divisez en 4 livres. Composez par Thomas a Kempis ... nouvellement mis en François par M. R. G. A. Avec une methode pour lire avec fruict les livres de l'imitation de Jesus Christ
Paris, Pierre Rocolet, (1621?)
8°: ?, á⁴, A-2M⁸, 2N⁴; 8?, 568 p.: ill.
- ArHVII/17 (titelblad ontbr.; herk. in fine: Pierre Jamin)

THOMAS a KEMPIS T65
De la Imitacion de Christo ... libros quatro ...[Thomas a Kempis]. Segun el exemplar del ... Heriberto Rosweydo de nuevo corrigedos por un Padre de la Compania de Iesus [Franciscus de Smidt]. Con la vida del mismo Thomas
En Amberes, en casa de Henrique Aertssens, 1633
Vert.: Luis de Granada
24°: *6(-*6), A-R¹², S⁶; [10], 384, [12], 21 p.
- YIV/5 (titelblad ontbr.)

THOMAS a KEMPIS T66
De imitatione Christi libri IV [Thomas a Kempis]
Parisiis, e typographia regia, 1640
2°: *², A-3Z⁴; [4], 550 p.; gegrav. titelp.
- PrDVI/6 (herk.: Collège Mazarin [supralibros]; aux ... jésuites de Liège (1754); J. N. Louis, curé à Fanzel; pour .... Monsieur ... Cruts de la part de ... Willaert, N. D. de la Chapelle, 1841; vente Fonteyn 1925)

THOMAS a KEMPIS T67
Thomas a Kempis *De imitatione Christi*
Coloniæ, apud Balth. ab Egmond, 1682
24°: A-T⁸, V⁶; [24], 282, [8] p.; gegrav. titelp.
- ArBII/31 (herk.: Verstreken)

THOMAS a KEMPIS T68
Thomæ a Kempis ... *De imitatione Christi libri IV*
Antverpiæ, apud Henricum & Cornelium Verdussen, 1697
12°: A-Y⁸⁻⁴; [16], 236, [10] p. + ill.; gegrav. titelp.
- YIV/42

THOMAS a KEMPIS T69
De l'imitation de Jésus-Christ [Thomas a Kempis]. *Traduction nouvelle. Par ... J. Brignon ...*
A Bruxelles, chez Jean van Vlaenderen, 1707
12°: *⁴, A-P¹², Q⁶; [8], 365, [12?] p.
- ArEV/5 (p. 363-364 & laatste pp. ontbr.)

THOMAS a KEMPIS T70
Thomæ à Kempis ... *De imitatione Christi, libri quatuor. Editio nova*
Parisiis, typis Antonii Dezallier, 1709
12°: π¹, A-L¹², M⁶; [2], 266, [8] p.
- ArDI/20 (herk.: Delbruyère)

THOMAS a KEMPIS T71
De naervolginge van Christus, geschreven door Thomas à Kempis. Nieuwe oversettinge ... Derden druck
Tot Antwerpen, by Petrus Jouret, 1728
8°: π², A-2C⁸, 2D⁴; [4], 430, [10] p.; bijk. gegrav. titelp. & 1 grav.
- ArCV/22

T

THOMAS a KEMPIS   T72
De imitatione Christi libri quatuor [Thomas a Kempis]. Ex recensione J. Valart ... Nova editio
Parisiis, typis J. Barbou, 1760
12°: a⁶, A-2C⁸⁻⁴; XII, 512 p.; gegrav. front.
- PrEI/10

THOMAS a KEMPIS   T73
L'imitation de Jésus-Christ [Thomas a Kempis]. Traduction nouvelle ... par ... de Gonnelieu ... Nouvelle édition
A Rouen, de l'imprimerie privilégiée, 1788
12°: a-c¹², A-Y¹²; LXXI, [1], 527 p.
- ArCV/21

THOMAS a KEMPIS   T74
Thomæ a Kempis ... *De imitatione Christi libri quatuor*. Recensiti ad fidem autographi anni MCCCCXLI, per Hen. Sommalium, Her. Rosweydum, Joan. Bollandum, Phil. Chiffletium. Nunc ... collati et editi per Petrum Lambinet
Parisiis, ex libris societatis typographicæ, apud Méquignon, filium, 1810
8°: 340 p.
- ArDI/24

THOMAS a KEMPIS   T75
L'imitation de Jésus-Christ [Thomas a Kempis]. Traduction nouvelle, par ... F. de la Mennais ... Nouvelle édition
Paris, à la Librairie classique élémentaire, 1825
VI, 343 p.
- PrIV/12 (herk.: Abdij van 't Park [droogstempel])

THOMAS a KEMPIS   T76
De navolging van Christus. Door Thomas a Kempis. Nieuwen druk
Te Turnhout, by J. J. Dierickx, 1829
8°: A-X¹²⁻⁶; 584 p.; gegrav. front.
- ArCV/23 (herk.: Durieux [Park])

THOMAS a KEMPIS   T77
Thomæ a Kempis ... *Opera omnia*. Ad autographa eiusdem emendata ... in tres tomos distributa, opera ac studio Henrici Sommalij ...
Antverpiæ, ex officina typographica Martini Nutii, 1600-1601
8°: a-b⁸, c², A-2Y⁸, 2Z², AA-MM⁸, NN⁶, *⁸, 2*², †⁶, 2†¹, à⁵; [36], 713, [13], 203, [45] p.
- PIII/18 (herk.: Ex libris F. Hieronymi Bockxhorne Rel. Parchensis; Fr. Cornelius Verwey [Park]; Fr. Adrianus van Schyndel [Park])

THOMAS a KEMPIS   T78
... Thomæ ... a Kempis ... *Opera omnia*. Ad autographa eiusdem emendata, aucta, & in tres tomos distributa, opera ac studio ... Henrici Sommalii ... Editio quinta
Duaci, ex officina typographica Baltazaris Belleri, 1635
8°: †-3†⁸, A-3Y⁸; [48], 1040, [47] p.
- ArCIV/6 (titelp. is beschadigd)

THOMAS a VILLANOVA, O.S.A., heilige   T79
... Thomæ a Villanova ... *Conciones*. Quibus accesserunt vita authoris, elogia ... studio ... Io. Baptistæ Penne ...
Romæ, typis Angeli Bernabò à Verme, 1659
2°: X⁴, 2†-3†⁴, A-4O⁴, 4P-4T²(-4T²), a-f²(-f²); [32], 660, [46] p.
- PrIV/11

THOMAS a VILLANOVA, O.S.A.   T80
Tomus primus sacrarum concionum ... Thomæ a Villa-Nova ... ex manu-scriptis ... auctarum ... per ... Antoninum De Witte ...
Bruxellæ, typis Ægidii Stryckwant, 1685
4°: π², A⁴, a-e⁴, f², A-4Q⁴, 4R², A-P⁴; [56], 676, 120 p.; gegrav. bijk. titelp. met portret van de aut.
- JI/31

THOMAS a VILLANOVA, O.S.A.   T81
Tomus secundus sacrarum concionum ecstatici viri D. Thomæ a Villa-Nova ... ex manu-scriptis ... auctarum ... per ... Antoninum De Witte ...
Bruxellis, ex typographia Petri vande Velde, 1690
4°: π², A-4D⁴, A-K⁴, L-R²(-R²); [4], 601, 109 p.
- JI/32/1 (herk.: Blockx [Park])

THOMAS, Ambrosius, O.Præm. & MONNOM, Paulus   T82
Theses theologicæ, de sacramentis extremæ unctionis, ordinis & matrimonii. Quas præside Bernardo Bossaerts ... defendent Ambrosius Thomas, Paulus Monnom ... anno 1735 ...
Dionanti, apud Philippum Wirkay, 1735
2°: π¹, 2*¹, 3*¹, χ⁴; 14 p.
- PrDVI/15/5

THOMASSEN, Alexander   T83
Pithecologia, sive de simiarum natura, carminum libri duo (Alexander Thomassen)
Amstelædami, ex typographia Gerardi Tielenburg, & sociorum, 1774
8°: A-D⁸; [2], 61, [2] p.; grav. op titelp. & bijk. gegrav. front.
- ArJVII/11

THOMASSIN, Louis, Orat.   T84
Ancienne et nouvelle discipline de l'Eglise touchant les bénéfices et les bénéficiers. Par ... Louis Thomassin ... Seconde édition
A Paris, chez Francois Muguet, 1679-1682
2°: 3 dln
- LVIII/5-7 (herk.: Ex libris Francisci Guilielmi De Fraye [Park]; J. Lareine; Monasterii S. Dionisi juxta montes)

THOMASSIN, Louis, Orat.   T85
Ancienne et nouvelle discipline de l'Eglise touchant les bénéfices et les bénéficiers. Extraite de la discipline du R. P. Thomassin ... Par un prestre de la mesme Congregation [Julien Loriot]
A Paris, chez Charles Osmont, 1702
4°: á⁴, é⁴, A-5X⁴, 5Y²; [16], 902, [6] p.
- LV/19

THOMASSIN, Louis, Orat.   T86
Vetus et nova ecclesiæ disciplina circa beneficia et beneficiaros ... Authore eodemque interprete Ludovico Thomassino ... Editio Latina secunda post duas Gallicanas
Lugduni, sumptibus Anisson & Joannis Posuel, 1705-1706
2°: 3 dln
- LVIII/8-10 (herk.: J.M. Chederville)

THOU, Jacques Auguste de   T87
Kort verhael van het gene ... in Engeland, by het invoeren van een nieuwen aertspriester met naeme Georg Blakwel ... is voorgevallen ... Vertaeld uit het *CXXVI Boek der Historie* van ... Jakobus Augustus Thuanus
Te Keulen, s.n., 1630. En in Nederduitsch, 1703
8°: A⁸, B⁴; 23, [1] p.
- ArDIV/4/3

THYS, Jean-François, O.Præm. T88
Memorie of vertoog door Isfridus Thys, canonik van Tongerloo ... Over het uytgeven en tot culture brengen der vage en inculte gronden in de meyerye van 's Hertogen-Bosch; door de vrienden der zelve bekroond ten jaere 1788
Tot Mechelen, by Petrus-Josephus Hanicq, 1792
8°: A-2C^8(-2C^8); 426, [3] p.; gegrav. front.
- ArJVIII/6 (herk.: Basile van Beygaerden [Park])

TIMOTHEUS a PRÆSENTATIONE, O.Carm. T89
Brandende lampen voor het alderheylighste sacrament des autaers ... Door ... Timotheus à Presentatione ...
t'Antwerpen, by Petrus Jouret, 1726-1729
12°: 5 dln; gegrav.front. in 1-3
- ArAI/29-33

TIRINUS, Jacobus, S.J. T90
... Iacobi Tirini ... Commentarius in Vetus et Novum Testamentum tomis tribus comprehensus
Antverpiæ, apud Martinum Nutium, 1632
2°: 3 dln; uitsl. tafels & krt.; gegrav. titelp. in 1
- BVII/18-20 & CV/16-18 (titelblad van 2 ontbr.; herk.: Bibliotheek van Ninove, 1654; G. De Craene; Gilb. Van Haelen, Ninove)

TIRINUS, Jacobus, S.J. T91
... Iacobi Tirini ... In S. Scripturam commentarius duobus tomis comprehensus
Antverpiæ, apud Petrum Bellerum, 1645
In fine: Bruxellis, apud Franciscus Vivien. MDCXLV
2°: á^6, é^4, A-3T^6, 3V^4, 3X^8, 3Y-5P^6, 5Q^4, A-2G^6, 2H^8; [20], 1292, [375] p.
- BVIII/6-7 & CV/11-12 (herk.: Leander Joseph Hicquet, Grimbergen, 1750; N. de Broe; Cocquille, vic. Tuesschenbec.)

TIRINUS, Jacobus, S.J. T92
... Iacobi Tirini ... In S. Scripturam commentarius ...
Antverpiæ, apud Henricum Aertssens, 1656
2°: á^6, é^4, A-3T^6, 3V^4; [20], 788 p. + uitsl. krt. + ?
- ArCVII/10 (dl 1; herk.: Ex libris P. F. Beels; hic liber pertinet ad petrum hermie[?])

TIRINUS, Jacobus, S.J. T93
... Iacobi Tirini ... In S. Scripturam commentarius ...
Antverpiæ, apud Ioannem Baptistam Verdussen, 1688
2°: *^{4}, é^4, A-3T^6, 3V^4, 3X-6B^6, K-2H^6, 2I^8; [16], 1288, [342] p.: uitsl. krt & plt
- PrBVI/4-5 (herk.: f. François de Cloux [Park])

TIRINUS, Jacobus, S.J. T94
... Jacobi Tirini ... Commentarius in Sacram Scripturam, duobis tomis comprehensus ... Editio novissima
Lugduni, sumptibus Deville fratrum, & Ludov. Chalmette, 1734
2°: §^{6}, A-H^4, A-2X^6; [12], 64, 528 p. + *^{2}, A-2H^6, A-V^6, X^4; [4], 372, 246 p.; + ill. & *Tabulæ*
- CVI/13-14 (herk.: Matthæus Delatte, relig. Bonæ spei; fr. B. Delacroix; J. B. Creteur ex Frasnes)

TISSOT, Pierre-François T95
Etudes sur Virgile, comparé avec tous les poètes épiques et dramatiques des anciens et des modernes. Par P.-F. Tissot ...
A Paris, chez Méquignon-Marvis, 1830
4 dln
- ArJVI/10 (dl 4)

TISSOT, Pierre-François T96
Trophées des armées françaises depuis 1792 jusqu'en 1815 (P.-F. Tissot)
A Paris, chez Le Fuel, 1819-1820
8°: 6 dln + ill.; gegrav. titelp. in elk dl
- QIV/15-20

TITELMANS, Franciscus, O.F.M. T97
Elucidatio in omnes psalmos iuxta veritatem vulgatæ ... Adjuncta est Elucidatio Canticorum ... Subsequuntur annotationes ex Hebræo atque Chaldæo ... per ... Franciscum Titelmanum ...
Parisiis, apud Ioannem de Roigny, 1551
In fine: Parisiis, excudebat Ioannes Langlois ... 1551
2°: á^6, †-2†^{6}, a-z^6, A-Z^6, aa-zz^6, AA-HH^6, II^8; [18], CCCXXIV, LVI f.
- DVII/11 (herk.: Patrum Capucinorum conventus Namurcensis)

TITELMANS, Franciscus, O.F.M. T98
Paraphrastica elucidatio, in ... evangelium secundum Matthæum. Authore ... T. Titelmanno ...
Antverpianus, Simon Coquus, 1545
In fine: Excusum typis & opera Symonis Coqui Antverpiani ... Anno ... MDXLV Mense Ianuario
8°: π^8, A-Z^8, a-n^8; [8], 288, [1] f.
- ArCII/16 (titelblad ontbr.; herk.: Ex libris jos Bailly)

TITI, Filippo T99
Descrizione delle pitture, sculture e architetture esposte al pubblico in Roma. Opera cominciata dall'abate Filippo Titi ...
In Roma, nella stamperia di Marco Pagliarini, 1763
12°: a^6, A-2Q^8, B-2R^4, 2S^4, A-E^8, B-D^4, F-H^6, I^4; XII, 487, [1bl], 108 p.
- SII/32

TOETS OF GENOODZAEKTE WEDERLEGGING ... T100
Toets of genoodzaekte wederlegging van eenige ongegronde opwerpingen ... voorkomende in de Antwoord by form van aenmerkingen op het sermoon van den vicaris-generael, F. G. Verheylewegen ... Door den redacteur van het werk voor titel voerende: Den vriend van godsdienst en goede zeden
Te Antwerpen, uyt de drukkery van Janssens en van Merlen, (1821?)
8°: 23 p.
- ArAV/29/6

TOEWENSINGE VAN EEN SALIG ... T101
Toewensinge van een salig nieuw-jaer aen pater Franciscus van Susteren, Jesuit en missionaris tot Utrecht
S.l., s.n., gedrukt voor nieuw-jaer, [1705?]
8°: A^8; 16 p.
- ArDIV/4/5

TOLETUS, Franciscus, S.J. T102
Francisci Toleti ... *Summa casuum conscientiæ absolutissima. Sive de instructione sacerdotum et peccatis mortalibus lib. VIII.* Quibus ... accesserunt annotationes ... Andreæ Victorelli, necnon ... Martini Fornarii ... tractatus ... Opera Richardi Gibboni ...
Duaci, ex typographia Baltazaris Belleri, 1623
8°: á^8, é^8, A-4K^8, *^{8}, 2*^{4}; [56], 1182, [82] p.
- KII/4 (herk.: Liber S. Laurentii prope Leodum. Ad usum f. Theod. Mullere[?] suorumque confratrum)

TOLLENARIUS, Joannes, S.J. T103
Ioannis Tollenarii ... *Speculum vanitatis sive Ecclesiastes soluta ligataq. oratione dilucidatus*
Antverpiæ, ex officina Plantiniana Balthasaris Moreti, 1635
4°: *^{4}, 2*^{2}, A-5R^4; [12], 842, [29] p.
- LIV/6 (herk.: Bibliothecæ Phylosophorum Lovanii ... dono Authoris;

T

Collegii Soctis Jesu nunc bibliothecæ Maioris)

TOLLENS, Hendrik T104
Nieuwe gedichten. Van H. Tollens ... Tweede deel
Te 's Gravenhage, bij J. Immerzeel, junior, 1828
8°: 194 p.; gegrav. titelp.
- ZIII/1

TOMBEUR, Nicolaus de, O.S.A. T105
Praxis rite administrandi sacramenta pœnitentiæ, & eucharistiæ. Authore ... Nicolaus de Tombeur ... Editio secunda
Antverpiæ, typis Joannis Pauli Robyns, 1712
8°: *⁸, A-R⁸, S⁴; [16], 272, [8] p.
- ArDIII/2

TOMBEUR, Nicolaus de, O.S.A. T106
Provincia Belgica ord. FF. Eremitarum S. P. N. Augustini olim dicta Coloniensis, et inferioris Germaniæ ejusdem origo, progressus, regimen, fundamentum, prærogativæ, privilegiæ, et incrementum ... Descriptione chronologica per ... Nicolaum de Tombeur ...
Lovanii, typis Martini van Overbeke, (1727?)
2°: π², A-3T²; [4], 255, [5] p.
- QVI/8

TORNIELLI, Agostini T107
Annales sacri, et ex profanis præcipui, ab orbe condito ad eumdem Christi passione redemptum. Auctore Augustino Torniello ... Ab eodem quarta hac editione recogniti ...
Antverpiæ, ex officina Plantiniana, apud Balthasarem Moretum, et viduam Ioannis Moreti, et Io. Meursium, 1620
2°: *⁸, A-3R⁶, 3S⁸; [16], 769, [2] p. + †², A-3X⁶, 3Y²; [4], 720, [89], p.; gegrav. titelp.
- WVIII/10-11 (titelblad & A¹ ontbr. in 2)

TORRENTINUS, Hermannus T108
Evangelia et epistolæ, breviusculis ... Hermanni Torrentini scholiis illustrata
Antverpiæ, apud Gislenum Iansenium, 1595
In fine: typis Jacobi Mesens
8°: A-K⁸; 158 p.
- AV/6/3 (herk.: Henricus Tellinensis/Henri de Tellen)

TOSTADO RIBERA, Alfonso T109
Alphonsi Tostati ... *(Opera omnia)*
1: *Commentaria in Genesim;* 2-3: *Commentaria in primam (-secundam) partem Exodi;* 4: *Commentaria in Leviticum;* 5-6: *Commentaria in primam (-secundam) partem Numerorum;* 7: *Commentaria in Deuternomium;* 8-9: *Commentaria in primam (-secundam) partem Josue.* 10: *Commentaria in Judices, et Ruth;* 11-12: *Commentaria in primam (-secundam) partem I Regum;* 13-15: *Commentaria in librum II (-IV) Regum;* 16-17: *Commentaria in lib. primum (-secundum) Paralipomenon;* 18-24: *Commentaria in primam (-septimam) partem Matthæi;* 25: *Opuscula eruditissima;* 26: *Index rerum præcipuarum ...* auctore Francisco Fontano; 27: *Index conceptuum ad prædicatorum usum ...* a ... Paulino Berti Lucense
Venetiis, apud Nicolaum Pezzana, 1728
Nota: dln 8-9: Venetiis, ex typographia Balleoniana
Coll.: Rainerus Bovosius (in 1 & 26)
2°: 27 dln
- BVII/1-16

TOURBE, J. T110
Meditatiën op het lyden en sterven van Jesus, uytgesproken in verscheyde Kerken deezer Stad ten tyde van den Vasten. Door ... J. Tourbe ...
5: *Exordia ofte inleydingen om de zedelessen te konnen gebruyken tot volkoome sermoonen op alle de zondagen van het jaer ...*
't Antwerpen, by G. J. Bincken, 1807-1810
8°: 5 dln
- ArCIII/16-19 (dl 3 ontbr.)

TOURNELY, Honoré T111
Honorati Tournely ... *Cursus theologicus scholastico-dogmaticus sive prælectionum theologicarum ...* Editio post Parisiensem & Venetam, in Germania prima
Coloniæ Agrippinæ, sumpt. viduæ Wilh. Metternich & filii, 1734-1754
Nota: 6-8: ex officina Metternichiana
2°: 8 dln
- GVI/11-17 (herk.: Eugenius abbas comparavit Bibliothecæ gemblacensi an. 1750)

TOURNELY, Honoré T112
Prælectiones theologicæ ... Quas in scholis Sorbonicis habuit Honoratus Tournely ...
1-2: *De Deo et divinis attributis;* 3: *De mysterio sanctissimæ trinitatis;* 4: *De incarnatione verbi divini;* 5-6: *De Ecclesia Christi* (Secunda editio); 7-8: *De gratia Christi;* 9: *De sacramentis in genere;* 10: *De sacramentis baptismi et confirmationis;* 11-12: *De augustissimo Eucharistiæ sacramento;* 13: *De sacramento matrimonii;* 14: *De sacramentis pœnitentiæ et extremæ unctionis;* 15: *De sacramento ordinis*
Parisiis, apud viduam Raymundi Mazières, & Joannem-Bapt. Garnier, 1725-1735
8°: 16 dln
Nota: dl 2 van *De sacramentis pœnitentiæ ...* is ingeb. bij *De Eucharistiæ sacramento, pars secunda*
- IV/5-19 (herk. in 1: Dono dedit Bibliothecæ Parchensi ... Alexander Slootmans Abbas Parchensis Anno 1739; in elk ex. is er een plaatsaanduiding van de oude bibliotheek 'P VI of PVII gevolgd door een nr 1 tot 13)

TOURNELY, Honoré T113
Prælectiones theologicæ de Deo ac divinis attributis. Ab Honorato Tournely ...
Prostant Lovanii, apud Martinum Van Overbeke, 1731
8°: π¹, A-2O⁸, 2P⁴, 2Q⁸, 2S²(*sic*); [2], 598, [16] p.
- ArHVII/12

TOURNELY, Honoré T114
Prælectiones theologicæ de sacrificio missæ. Quas in scholis Sorbonicis habuit Honoratus Tournely ... Secundum editionem Parisiensem anni 1739
Lovanii, typis Joannis Francisci van Overbeke, 1777
8°: *⁴, A-Z⁸, 2A⁴; [8], 376 p.
- JI/25

TOURNELY, Honoré T115
Prælectiones theologicæ de septem ecclesiæ sacramentis ... Ab Honorato Tournely ...
Prostant Lovanii, apud Martinum Van Overbeke, 1731
8°: *⁸, A-2R⁸, 2S⁴; [16], 645 p. + π¹, A-2S⁸, 2T²; [2], 659, [21] p.
- ArHVII/13-14

TOURNELY, Honoré T116
Continuatio prælectionum theologicarum Honorati Tournely, sive Tractatus de universa theologia morali
Parisiis, apud viduam Raymundi Mazieres, & Joan. Bapt.

Garnier, 1733-1736
8°: 3 dln
- IV/20-22 (herk: oude bibl.: P VI .9, P VI.10, P VI.11)

TOURNELY, Honoré T117
Secrets du parti de Mr. Arnauld, découverts depuis peu [H. Tournely]. Nouvelle édition. Avec un avertissement touchant les plaintes de Mr. Arnauld
S.l., s.n., 1691
12°: á⁶, A-G⁶, H²; 88 p.
- ArDIV/3/6

TRANSLAT DE LA REQUÊTE T118
Translat de la requête présentée au Souverain Conseil de Brabant par les Religieux de l'Abbaye du Parc
Louvain, s.n., 1789
8°: 20 p.
- ArFIV/15/28
Nota: zie R50

TRAUTMANSDORFF, Franciscus Wenceslaus de T119
Assertiones ex universa philosophia. Principaliores, discursibus philosophicis illustratæ. Publicæ propugnatæ ab ... Francisco Wenceslao ... de Trautmansdorff. Præside ... Thoma Alberto Tranquillo ... Anno M.DC.XCIII Mense Novembris ...
Vetero-Pragæ, typis Georgij Labaun, (1693?)
2°: π⁴, A-Z², Aa-Hh²(-Hh²), a-z²(-z²), B-E⁴(-B¹), F², B-I⁴, B-D², B-D⁴; [8], 120, 90, 33, 63, 20, 23 p.
- ZVII/21 (herk.: Pro Mnrio B.V.M. de Osseco comparavit P. Eugenius Worel, Praga)

TRIEST, Antoine T120
Raisons pour lesquelles on n'a trouvé convenir, de publier au Diocese de Gand... certaine Bulle, contre le livre du defunct Evesque d'Ipre Ianssenius. Representees par ... le ... évesque de Gand [A. Triest] ... le 20 de Mars 1647
S.l., s.n., 1649
4°: a-e⁴, f²; 43 p.
- PrCII/16/3

TRITHEMIUS, Johannes T121
Joannis Trithemii ... Tomus I (-II) Annalium Hirsaugiensium ... Complectens historiam Franciæ et Germaniæ, gesta imperatorum, regum ... Nunc primum ... publicæ luci datum
Typis ejusdem monasterij S. Galli. Excudebat Joannes Georgius Schlegel, 1690
2°: 4 x)(⁴, A-4M⁴; [32], 616, [24] p. + A-4X⁴; 694, [26] p.
- PVI/17-18

TROGUS POMPEIUS T122
Iustini *Ex Trogi Pompeii Historiis externis libri XLIIII.* Accessit *De vita & moribus omnium imperatorum* S. Aurelio Victori addita *Epitome* ... (ed.: Simon Grynæus)
Lugduni, apud Ioannem Frellonium, 1559
16°: a-c⁸, d⁴, e-z⁸, A-F⁸, G⁶; 410, [56] p.: ill.
- ArJI/19

TROGUS POMPEIUS T123
Iustini *Ex Trogi Pompei historiis externis libri XLIIII.* A Francisco Modio Brugensi ex M.S. codicibus ... emendati
Coloniæ Agrippinæ, in officina Birckmannica, sumptibus Arnoldi Mylii, 1592
8°: †-2†⁸, A-V⁸(-V⁸); [32], 315 p.
- ArII/15 (herk.: Bibliotheca Parcensis)

TRONSON, Louis T124
Examens particuliers sur divers sujets, propres aux ecclésiastiques ... Par ... Tronson ... Nouvelle édition. Revue et corrigée par ... Emery ...
A Marseille, chez Jean Mossy, 1811
12°: a⁸, A-O¹²; XVI, 334, [2] p. + a⁴, A-O¹², P⁶; VIII, 346, [2] p.
- ArIV/10-11 (herk.: Quirin G. Nols [Park])

TRONSON, Louis T125
Forma cleri secundum exemplar quod ecclesiæ sanctisque patribus a Christo Domino summo sacerdote monstratum est. Opera & studio Ludovici Tronson ... Editio nova
Avenione, apud Ludovicum Chambeau, 1770
12°: 3 dln
- LII/15-17

TSCHARNER, Vincenz Bernard T126
Dictionnaire géographique, historique et politique de la Suisse [V. B. Tscharner]
A Neuchatel, chez J. P. Jeanrenaud & compagnie, 1775
8°: a-f⁸, A-2E⁸; 447 p. + π¹, A-S⁸; [2], 287 p. + krtn
- ZI/20 (herk.: Iselin Rijhiner)

TSCHISCHWITZ, Ferdinandus, O.Præm. T127
Theses theologicæ de virtutibus theologicis spe, et charitate ... Quas ... præside ... Benedicto Bayer ... proposuit ... Ferdinandus Tschischwitz ... anno MDCCXXXI ...
Vetero-Pragæ, apud Matthiam Adamum Höger, (1731?)
8°:)(⁴, A-2D⁸; [8], 430 p.
- PrGII/11

TUFO, Ottaviano del, S.J. T128
Octaviani de Tufo ... *Commentaria in Ecclesiasticum*
Lugduni, ex officina Rouilliana, sumptibus Andreæ, Iacobi, et Matthæi Prost, 1628
2°: á⁴, é⁶, í⁶, A-3K⁶, 3L⁴; [32], 634, [44] p.; gegrav. titelp.
- BVI/7

TULDEN, Theodoor van T129
Commentarius ad Codicem Justinianeum, in quo sensa legum cujusque tituli breviter illustrantur ... Authore Diodoro Tuldeno ... Editio quinta
Lovanii, typis & sumptibus Ægidii Denique, 1712
2°: π², *⁴, A-4S⁴, 4T², a-e⁴; [12], 700, [20] p.
- JV/6

TULDEN, Theodoor van T130
Commentarius in Digesta sive Pandectas, methodicus, ætiologicus, analogicus, pragmaticus. Authore Diodoro Tuldeno ... Opus posthumum ... nunc primum in lucem prodit ...
Lovanii, typis & sumptibus Ægidii Denique, 1702
2°: π², *⁴, 2*², A-3T⁴; [16], 520 p. + *-4*², A-5E⁴, 5F-6E²; [16], 771, [97] p.
- JV/4-5

TULDEN, Theodoor van T131
De causis corruptorum judiciorum et remediis libri IV. Authore Diodoro Tuldeno ...
Lovanii, typis & sumptibus Ægidii Denique, 1702
2°: π², A-X⁴(-X⁴); [4], 162, [4] p.
- JV/7/2

TULDEN, Theodoor van T132
De civili regimine libri octo ... Authore Diodoro Tuldeno ... Opus posthumum
Lovanii, typis & sumptibus Ægidii Denique, 1702

2°: π¹, *², A-2G⁴, 2H²(-2H²); [6], 242 p.
- JV/8/2

TULDEN, Theodoor van T133
De jurisprudentia extemporali libri tres ... Authore Diodoro Tuldeno ...
Lovanii, typis & sumptibus Ægidii Denique, 1702
2°: π¹, *², A-2I⁴; [6], 254, [2] p.
- JV/8/1

TULDEN, Theodoor van T134
De principiis jurisprudentiæ libri quatuor. Authore Diodoro Tuldeno ...
Lovanii, typis & sumptibus Ægidii Denique, 1702
2°: π¹, A-I⁴, K²; [2], 71, [5] p.
- JV/7/3

TULDEN, Theodoor van T135
In IV libros Institutionum juris civilis commentarius academicus simul & pragmaticus sive forensis. Authore Diodoro Tuldeno ... Editio tertia
Lovanii, typis & sumptibus Ægidii Denique, 1702
2°: *², A-2O⁴, 2P-2X²; [4], 294, [30] p.
- JV/7/1

TULDEN, Theodoor van T136
Initiamenta jurisprudentiæ tredecim orationibus auspicalibus comprehensa. Adjecta est laudatio funebris ... Stephani Weymsii. Authore Diodoro Tuldeno ...
Lovanii, typis & sumptibus Ægidii Denique, 1702
2°: *², A-H⁴, I²; [4], 66, [1] p.
- JV/7/4

TURSELLINUS, Horatius, S.J. T137
Horatii Tursellini ... *Historiarum ab origine mundi usque ad annum 1598 epitomæ libri X.* Accessit ex *Auctario* Henrici Spondani, ad *Annales* C. Baronii *Liber XI ab anno 1598, usque ad annum 1622*
Duaci, ex typographia Baltazaris Belleri, 1623
12°: †¹², A-T¹², á¹², é¹², í¹², ó¹²; [24], 380, [73], [3bl], 88, [8] p.
- ArIII/26 (herk.: ad usum F. Liberti Papij)

TYRAN, Jacobus, S.J. T138
Alphabetum pastorale, sive selecta concionum argumenta ex S. Scriptura ... Auctore ... Jacobo Tyran ...
Lugduni, apud Joannem Certe, 1677-1683 (1: 1683)
8°: 8 dln
- ArAII/14-21

URBANN, Adamus, O.Præm. U1
Positiones ex universa theologia in systema redacta. Quas ex prælectionibus Raphaelis Ungar ... et Placidi Presl ... publice propugnabit ... Adamus Urbann ... anno M.DCC.LXXX
S.l., s.n., (1780?)
8°: π³, *⁸; [22] p.
- ArKIII/7/3a (herk.: J. De Pauw [Park])

URBANUS a SANCTA ELISABETHA, O.Carm. U2
Examen theologo-scripturisticum ... Collegit ... Urbanus a S. Elisabetha ...
Lovanii, typis J. F. Maswiens, 1775
8°: π⁶, A-2I⁴, 2K²; [12], 256, [3] p.
- CI/23 (herk.: Gilbertus Van Haelen, Ninove)

URBANUS VIII U3
Urbani VIII ... *Exhortatio ad virtutem, ode*
Lovanii, typis Philippi Dormalii, 1632
4°: [8] p.
- ArGVII/12/6

URSIN, Johann Heinrich U4
Joh. Henrici Ursini ... *Arboretum biblicum, in quo arbores & frutices passim in S. Literis occurentes, notis philologicis, philosophicis, theologicis, exponuntur, & illustrantur.* Cum continuatione ...
Norimbergæ, sumtibus Johannis Danielis Tauberi, typis Christiani Sigismundi Frobergii, 1685
8°:)(⁸, A-2Q⁸; [18], 624 p. + ?; + ill.; bijk. gegrav. titelp.
- AII/5 (dl 1; herk.: Van den Bulck, 1872)

USUARDUS U5
Usuardi San Germanensis monachi Martyrorologium sincerum. Ad autographi in San-Germanensi abbatia servati fidem editum, & ab observationibus ... Sollerii ... vindicatum opera & studio D.*** [Jacques Bouillart] ...
Parisiis, apud Petrum Franciscum Giffart, 1718
4°: π¹, a-e⁴(-e⁴), f², A-2F⁴; XLI, [1], 232 p.
- PIV/3

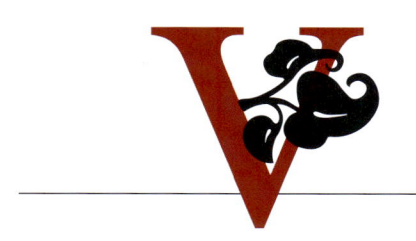

VADDERE, Jean-Baptiste de V1
Traité de l'origine des ducs et du duché de Brabant, et de ses charges palatines héréditaires, avec une réponse à la défense des Fleurs-de-Lis de France, par le P. Ferrand. Par Jean-Baptiste de Vaddere ... Nouvelle édition ... par J. N. Paquot
A Bruxelles, chez Jos. Ermens, 1784
8°: a⁶, b⁸(-b8), A-T⁸, V⁴; [26], 312 p. + *⁴, X-2R⁸; [8] p., pp. 312-630, [2] p.
- SI/11-12

VAERNEWYCK, Marcus van V2
De Historie van Belgis, oft chronycke der Nederlandtsche Oudtheyt ... Ghemaeckt ... door ... Marcus van Varnewyck. Den derden druck
t'Antwerpen, by Reynier Sleghers, 1665
4°: π¹, A-3V⁴, 3X², 3Y⁴, 3Z²; [8], 532, [12] p.
- TIII/16

VALCKE, Carolus, S.J. & KYNDT, Stephanus V3
Commentarii historici-critici in Matthæum et Marcum ... Quos, præside ... Joanne Cle ... defendent Carolus Valcke & Stephanus Kyndt ... Lovanii in Collegio Societatis Jesu ... 15 Decembris anni 1762 ...
Lovanii, typis Joannis Jacobs, (1762?)
8°: A-F⁴, G¹⁰; 52 p.
- BII/25/1 (herk.: Adrianus Govaerts [Park], Lichtaert, 1813 [prijsboek])

VALCKE, Carolus, S.J. & KYNDT, Stephanus V4
Commentarii historici-critici in Matthæum et Marcum ... Quos, præside ... Joanne Cle ... defendent Carolus Valcke & Stephanus Kyndt ...
Lovanii, typis Joannis Jacobs, (1762?)
8°: A-B⁸, C¹⁰; 52 p.
- CII/2/1
Nota: de drukken van nr V3 & V4 zijn verschillend

VALCKE, Petrus-Franciscus V5
Sermoenen op de sondagen en feest-dagen. Gepredikt ... door ... Petrus Franciscus Valcke ...
6: *Sermoenen op verscheyde materien*; 7: *Meditatien op het bitter lyden van Christus Jesus*
Tot Brugge, by Joseph de Busscher, 1784-1786
8°: 7 dln
- ArAIV/9-15

VALCKE, Petrus-Franciscus V6
Sermoenen op de sondagen en feest-dagen. Gepredikt ... door Petrus Franciscus Valcke ... Tweeden druk
Tot Brugge, by Joseph de Busscher, 1787-1788
8°: 7 dln
- ArAIV/16-18 (dln 1, 2 & 5)

VALCKE, Petrus-Franciscus V7
Sermoenen op de zondagen en feest-dagen ... [P.-F. Valcke]
Tot Gend, by A. B. Steven, 1802
5 dln
- ArAIV/19-21

VALCKENIER, Petrus V8
't Verwerd Europa, ofte politijke en historische beschryvinge der waare fundamenten en oorsaken van de oorlogen en revolutien in Europa, voornamentlijk in en omtrent de Nederlanden zedert den jaare 1664 ... Beschreven door ... Petrus Valkenier ... Tweede druk
Te Amsterdam, by A. Schoonenburg, en J. Rotterdam, 1742
4°: *-2*⁴, A-5Y⁴(-5Y⁴), a-2c⁴, 2d²(-2d²); [16], 910, 172, [38] p.; bijk. gegrav. titelp.
- RI/11
Nota: *Vervolg van 't Verwerd Europa* door Müller, zie M306

VALCKENISSE, Philippus de, O.Cist. V9
Meditationes sive piæ considerationes de Sacratissi. Passione ac Morte Domini ac Salvatoris nostri Jesu Christi, desumptæ ... ex operibus ... S. Bernardi. A ... Philippo de Valckenisse ...
Coloniæ, apud Balth. ab Egmont & Socios, (1677?)
8°: á⁸, A-K⁸, L⁴, M²; [16], 164, [16] p. + 1 plt
- LII/12/1 (herk.: Adriani de Vaddere Relig. Parch. 1691)

VALERIUS, Cornelius V10
Rhetorica Cornelii Valerii ... Versibus & exemplis aucta per ... Nicasium Baxium ...
Antverpiæ, ex officina Henrici & Cornelii Verdussen, 1699
8°: A-N⁸; 200, [8] p.
- LI/31 (N8 ontbr.)

VALMONT de BOMARE, Jacques-Christophe V11
Dictionnaire raisonné universel d'histoire naturelle, contenant l'histoire des animaux, des végétaux et des minéraux ... Par ... Valmont-Bomare. Quatrième édition
A Lyon, chez Bruyset frères, 1791
8°: 15 dln
- PrCII/1-15

VALMONT de BOMARE, Jacques-Christophe V12
Dictionnaire raisonné universel d'histoire naturelle ... Par Valmont-Bomare ... Nouvelle édition d'après la quatrième ...
A Lyon, chez Bruyset ainé et C.ᵉ, An VIII = 1800
8°: 15 dln
- WV/1-14 (dl 3 ontbr.)

VALSECCHI, Antonino, O.P. V13
De fundamentis religionis et de fontibus impietatis libri tres ... Antonini Valsecchi ... Ex Italo idiomate in Latinum translati ...
Venetiis, typis & impensis Nicolai Pezzana, 1767
4°: a-b⁴, c⁸, A-2M⁸, 2N⁶; [32], 571 p.
- HII/4 (herk.: Ex libris ad us. fr. Th. Aq. Jost.[?] ord. præd.)

V

DE VAST-GEKUYPTE …   V14
De vast-gekuypte Loevesteynsche ton aan duygen. Door den schrickelijcken berghval van haer twee princen
Gedruckt tot Snavelenburgh, by Jan Verkeer-bort, 1672
4°: A-B⁴; 16 p.
- ArFIV/16/19

VAUBERT, Luc, S.J.   V15
La dévotion a nostre Seigneur Jésus-Christ dans l'Eucharistie. Par … L. Vaubert … Quatriéme édition. Tome premier
A Liege, chez Jean-François Broncart, 1715
12°: *¹², A-X¹², Y⁴; [24], 512 p.
- PrJV/9

VAZQUEZ, Gabriel, S.J.   V16
Commentariorum ac disputationum in primam partem Sancti Thomæ tomus primus (-secundus). Auctore … Gabriele Vazquez …
Antverpiæ, apud Petrum & Ioannem Belleros, 1621
In fine in 1 & 2: Antverpiæ, ex typographia Henrici Aertssii, MDCXX
2°: *⁶, A-3N⁶, a-c⁶, d⁸; [12], 708, [52] p.+ π², A-3P⁶, 3Q⁴, a-h⁶; [4], 739, [96] p.
- HVII/1-2 (herk.: P.P. Capucin. Dionantens. 1737)

VAZQUEZ, Gabriel, S.J.   V17
Commentariorum ac disputationum in primam Secundæ S. Thomæ, tomus primus (-secundus). Auctore … Gabriele Vazquez … Nunc primum in Germania excusus
Ingolstadii, ex officina typographica Ederiana, impensis Ioannis Hertsroy & Andreæ Angermarii, 1606
2°: (:)⁴, A-3L⁶, a-e⁶, f⁴; [8], 960, [70] p.+ X⁴, A-5C⁶; [8], 964, [2bl], [36] p.
- HVII/3-4 (herk. in 2: Monasterij Schyrensis: Scheyern, Beieren)

VAZQUEZ, Gabriel, S.J.   V18
Commentariorum ac disputationum in tertiam partem Sancti Thomæ tomus primus (-tomus quartus). Auctore … Gabriele Vazquez …
Antverpiæ, apud Petrum & Ioannem Belleros, 1621
2°: 4 dln
- HVII/5-8 (herk.: PP. Capucin. Dionantens. 1737)

VAZQUEZ, Gabriel, S.J.   V19
… *Gabrielis Vazquez … Opuscula moralia …*
Antverpiæ, apud Petrum & Ioannem Belleros, 1621
2°: A-3F⁶, 3G⁸; 605, [35] p.
- HVII/9 (herk.: Carmeli Thenensis; Sem. Prov. Belg. S.J., 1925)

VAZQUEZ, Gabriel, S.J.   V20
Paraphrasis, et compendiaria explicatio ad nonnullas Pauli epistolas. Autore patre Gabriele Vazquez … Addita est bulla Pii V et Gregorii XIII contra Michaelem Baium
Compluti, apud Andream Sanchez de Ezpeleta, 1612
4°: q-qq⁴, A-4B⁴, q⁴, qq²(-qq²); [16], 582, [10] p.
- CIV/9 (herk.: de los descalceos Carmelitas del Convento de s. Hermenegildis de Mᵈ)

VEEN, Octavius van   V21
Vita D. Thomæ Aquinatis Othonis VænI ingenio et manu delineata - Het leven van den H. Thomas van Aquinen, beleyder ende Engelschen leeraer. Beschreven door Antoninus, Garzon, Romeus ende andere
Bruxellis, apud Ant. Collaer, 1778
2°: π¹, A-H²; 32 p. + 30 grav.; gegrav. titelp.
- PVI/2 & PrDVI/14

VEITH, Laurenz Franz Xaver, S.J.   V22
De gemina delectatione cælisti ac terrena relative victrice. Elucubravit Laurentius Veith …
Mechliniæ, typis P.-J. Hanicq, 1826
8°: XXIV, 472 p.
- GII/21

VEITH, Laurenz Franz Xaver, S.J.   V23
De primatu et infallibilitate Romani Pontificis. Auctore Laurentius Veith … Editio nova
Mechliniæ, typis P.-J. Hanicq, 1824
8°: *⁸, A-O¹²; XVI, 336 p.
- FI/26

VEITH, Laurenz Franz Xaver, S.J.   V24
Edmundi Richerii doctoris Parisini systema de ecclesiastica et politica potestate singulari dissertatione confutatum. Auctore Laurentio Veith … Nova editio. Accessit discursus præliminaris de vita et scriptis M. A. De Dominis …
Mechliniæ, typis P.-J. Hanicq, 1825
12°: *¹², 2*⁴, A-P¹²; XVIII, 360 p.
- MV/24

VEITH, Laurenz Franz Xaver, S.J.   V25
Scriptura Sacra contra incredulos propugnata. Auctore Laurentio Veith … Editio emendatior …
Mechliniæ, typis P.-J. Hanicq, 1824
12°: 5 dln
- CII/7-11

VELDE, Jan-Frans van de & RAM, Petrus F. X. de   V26
(Synodicon Belgicum …) Nova et absoluta collectio synodorum tam provincialium quam diœcesarium archiepiscopatus Mechliniensis … primum collegit … Joannes-Franciscus Van de Velde … nunc vero jubente … Francisco-Antonio de Méan … recollegit Petrus-Franciscus-Xaverius de Ram …
Mechliniæ, typis P.-J. Hanicq, 1828-1829
2 dln; gegrav. portret in front van F. A. de Méan (in 1) & J. F. van de Velde (in 2)
- DIV/20-21

VELDE, Jan Frans van de   V27
Synopsis monumentorum collectionis proxime edendæ conciliorum omnium archiepiscopatus Mechliniensis … Collegit … Joannes Franciscus van de Velde
Gandavi, typis Bernardi Poelman, 1821-1822
8°: 3 dln
- DIV/17-19

VELDE, Steven Jan van de   V28
Oudheden, en Gestichten van de bisschoppelyke stadt en meyerye van 's Hertogen-bosch … Met de leevens gevallen der bisschoppen, en andere geleerde mannen … Door een liefhebber der oudheyt [S.-J. Van de Velde] by een versamelt
Te Leiden, by Joh. Arnold. Langerak, 1742
8°: *⁸(-*⁸), A-S⁸, T¹⁰, V-2V⁸, 2X²; [14], 675 (5 x p. 292), [15] p.: ill. + krtn
- SI/3

VELLEIUS PATERCULUS, Caius   V29
Histoire de C. Velleius Paterculus. Traduite nouvellement en Francois, avec le Latin à coté
A Limoges, chez Pierre Barbou, 1710
12°: á², A-R¹², S⁸, T²; [4], 371, [17] p.
- ArJIII/10

VENCE, Henri-François de   V30

Analyses et dissertations sur les livres de l'Ancien Testament. Par … Devence …
A Nancy, chez Leseure, 1742-1743
8°: 6 dln
- AVI/4-9 (herk. in 5 & 6: V. Zondermazure)

VERGILIUS MARO, Publius   V31
P. Virgilii Maronis *Bucolica et Georgica*. Argumentis … illustrata a Ioanne Ludovico de la Cerda …
(Madrid? Frankfurt?), s.n., (1608?)
Coll.: Andreas Schottus
2°: π¹, (a)⁸[-(a)⁸], (b)-(e)⁶, A-3A⁶, 3B¹⁰; [64], 565, [17] p.; gegrav. titelp.
- PrIV/3 (herk.: Bibliotheca Parchensis Hviii; gerad. supralibros 17e)

VERGILIUS MARO, Publius   V32
P. Virgilii Maronis *Priores sex libri Æneidos*. Argumentis … illustrati, auctore Ioanne Ludovico de la Cerda …
Lugduni, sumptibus Horatii Cardon, 1612
2°: †-2†⁶, A-3Q⁶, 3R⁸, 3S-3T⁶; [24], 759, [25] p.; gegrav. titelp.
- PrIV/4 (herk: Park [gerad. supralibros] 17e; H viii)

VERGILIUS MARO, Publius   V33
Bucolica, Georgica, et Æneis [Vergilius Maro, P.]
Parisiis, e prelis fratrum Mame, 1808. Editio stereotypa Herhan
403 p.
- PrJXI/6 (herk.: A. Van Hoecke [Park])

VERGILIUS MARO, Publius   V34
P. Virgilii Maronis *Opera*. Cum integris commentariis Servii, Philargyrii, Pierii. Accedunt Scaligeri et Lindenbrogii notæ … Ad Cod. MS. Regium Parisiensem recensuit Pancratius Masvicius
Venetiis, excudit Jo. Baptista Paschalius, 1736
Coll.: Eduardus van Zurck (lofdicht), Antonio Basso (Index), Maurus Servius Honoratus *(Proœmium)*, Joannes Pierius Valerianus, P. Ovidius Naso
4°: π², †⁴, *-2*⁴(-*⁴), χ¹, A-2C⁴, a-d⁴, A-9E⁴, 9F²; [268], 1308, [207] p.: uitsl. krt
- ZVII/8-9 (herk.: F. Leon Van Den Broeck ex Willebroeck, Poeseos Scholæ Machliniensis Rector 1823)

VERGILIUS MARO, Publius   V35
Virgile. De la traduction de Mr de Martignac
A Paris, chez Jean Baptiste Coignard, 1681
12°: 3 dln; gegrav. bijk. titelp. in elk dl
- QI/34-36 (herk.: Ex libris P. de la Hamayde; Leman)

VERGILIUS MARO, Publius   V36
Publius Virgilius Maroos *Wercken*. In Nederduitsch dicht vertaelt door J. V. Vondel
t'Amsterdam, voor de weduwe van Abraham de Wees, 1660
In fine: t'Amsterdam, ter Druckerye van Thomas Fontein … 1660
4°: *-3*⁴, 4*², A-4B⁴; [28], 565, [3] p.; bijk. gegrav. titelp.
- QIV/13 (p. 5-12 ontbr.)

VERHEYEN, Philippus   V37
Guérison miraculeuse d'une hémorragie surprenante … accordée au révérend père Jean Baptiste Onraet … par l'entremise de S. François Xavier … Par … Philippe Verheyen … On y a joint la dévotion de dix vendredis …
A Louvain, chez Michel De Zangre, 1709
16°: A-B¹², C⁴, A-D¹², E²; [6], 50, 98, [2] p.
- ArDIII/22

VERHEYLEWEGEN, François G.   V38
Den zegeprael van het kruys van Jesus-Christus. Gepredikt … F. G. Verheylewegen …
Te Mechelen, by P. J. Hanicq, 1821
8°: 30 p.
- ArAV/29/1

VERHULST, Philips Lodewijk   V39
De drie hoofdgeschillen tusschen de Rooms-Catholyken: 1. Wegens het Formulier tegen Jansenius. 2. Wegens de Bulle Unigenitus. 3. Wegens het Aerts-Bisdom van Utrecht. Opgehelderd in XXII brieven tegen een schrift van David Pierman [= Wijkman]. Door P. H. Vlaming [= Ph. L. Verhulst]
Te Utrecht, by Henricus Spruyt, 1741
8°: 3 dln; onregelm. sign.; doorlopend gepag. 1349 p.
- HI/33-35 (herk.: Fris G. Van Roije Prioris Parcens.)

VERHULST, Philips Lodewijk   V40
De vaste gronden van het Catholyk Geloove, wegens het H. Sacrament des autaers. Beweert door L. Zeelander [= Ph. L. Verhulst] tegen een boek …: *Verhandeling van de Transsubstantiatie …* door Joan vanden Honert … III. Druk
Tot Gendt, by Dominicus vander Ween, 1746
8°: *⁶, A-2L⁸, 2M²; [12], 546, [2] p.
- HIII/18

VERHULST, Philips Lodewijk   V41
Vervolg der vaste gronden van het catholyk geloove wegens het H. Sacrament des autaers. Door L. Zeelander [= Ph. L. Verhulst] tegen het antwoord van … Joan vanden Honert …
Tot Gendt, 1-4: by Dominicus vander Ween, 1743-1747; 5-6: by Jan Meyer, 1751-1762
8°: 3 dln, in 6 'Stukjes'
- HIII/19-24

VERJUYS, Joannes Baptista, O.P.   V42
Pastorale missionariorum cum resolutione casuum in missionibus apud hæreticos & alibi occurrentium. Auctore Joanne Baptista Verjuys …
Antverpiæ, apud Joannem Baptistam Verdussen, 1682
12°: A-X¹², Y⁵; [6], 493, [15] p.
- PrJVIII/5

'T VERKLAAR-SCHRIFT …   V43
't Verklaar-schrift van … Theodorus De Cock verklaard, ontledigd en opgehelderd
Tot Amsterdam. Men vindze te koop, tot Delft by Hendrik van Rhyn, [1705?]
8°: A⁸; 16 p.
- ArBIII/30/5

VERLEEGHTEN, J.   V44
Geestelycken raedts-brief op het verbieden van de vertalinge van het Nieuwe Testament gedruckt tot Emmerick (J. Verleeghten)
S.l.[Amsterdam], s.n., (1698?)
8°: A-E⁴(-E⁴); 38 p.
- ArDIV/5/3

VERMEESCH, Herman, O.Præm.   V45
Delicium Virginis deiparæ, sive B. Hermannus Ioseph versu, & prosa morali illustris. Authore … Hermanno Vermeesch …
Duaci, typis Baltazaris Belleri, 1661
Coll.: Adrianus Hilfoort (ode)
8°: á⁸, é⁴, A-2B⁸, 2C⁴; [24], 406, [1] p.
- PrGI/19

V

VERMEREN, Michael F. V46
De erlevende Belgica onder ... Maria Theresia ende Franciscus den I ... Gecomponeert en by-een vergadert door M. F. Vermeren. Verciert met vele copere plaeten ...
S.l., s.n., 1749
2°: π², A-F²(-F²) + 10 f.; [4], 22 + [20] p.: ill.
- WVIII/15/3

VERMEREN, Michael F. V47
De listige onstantvastigheyt des weirelts ... aengewesen door schoone historien ende geschiedenissen ... Verciert met schoone kopere plaeten. Uytgegeven ende gecomponeert door Michael F. Vermeren
Tot Brussel, by Iacob vande Velde, (1745?)
2°: π⁶, A-Y²; [12], 80[=84], [4] p.: pltn
- WVIII/15/1 (pp. 77-84 + 3 pltn ontbr.)

VERMEREN, Michael F. V48
Den theater des bedroghs ofte De listige onstantvastigheyt des werelts ... aengewesen door verscheyde historien, geschiedenissen, ... sinnebeelden ... Verciert met ... kopere plaeten. Den eersten druck. Uytgegeven door M. F. Vermeren
Tot Brussel, by Jacob vande Velde, (1743?)
2°: π⁴, A-K², χ²; [8], 40, [2] p.: + pltn
- WVIII/15/2

VERNULÆUS, Nicolaus V49
Henrick den VIII. Koningh van Engelant oft de scheuringe van Engelant ende 't afwyken van 't Catholieck geloof ... [N. Vernulæus; vert.: Willem Zeebots]
Tot Loven, by de weduwe van Bernardyn Maes, 1662
8°: π², A-P⁴, Q²; [4], 124 p.
- ArEI/35/2 (katernen P⁴ & Q² ontbr.)

VERNULÆUS, Nicolaus V50
Triumphus Lovaniensium ob solutam urbis suæ obsidionem, per recessum duorum potentissimorum exercituum, christianissimi Franciæ regis, & Fœderatorum Belgij Ordinum. Stylo Nic. Vernulæi adornatus
Lovanii, apud Philippum Dormalium & Iacobum Zegers, 1635
4°: A-M⁴; [4], 91 p.
- ArFIV/16/23

VERREPÆUS, Simon V51
Latinæ grammatices syntaxis ... Opera Simonis Verepæi. Editio postrema
Gandavi, typis Bernardi Poelman, 1787
8°: A-I⁸; 144 p.
- UII/27 (tussengeschoten ex.; herk.: Bernard Van Hoecke [Park])

VERRON, Nicolas-Marie, S.J V52
Neuvaines en l'honneur des saints de la Compagnie de Jésus. S. Ignace de Loyola ... S. François Xavier ... S. François de Borgia ... S. Jean-François Régis ... S. Louis de Gonzague ... S. Stanislas Kostka ... BB. Paul Miki, Jean de Goto, Jacques Kisaï ... Avec figures [ed.: N.-M. Verron]
A Paris, et se vend à Bruxelles, chez Lecharlier, 1795
Aut.: Dominique de Colonia, Pierre-Joseph Picot de Clorivière, Etienne de la Croix, Jean Croiset
12°: A-S¹², A¹²; 432, 24 p. + ill.; gegrav. front.
- ArCIV/3

VERRON, Nicolas-Marie, S.J V53
Neuvaines en l'honneur des saints de la Compagnie de Jésus. S. Ignace de Loyola ... [ed.: N.-M. Verron]
A Paris, chez Méquignon fils aîné. A Lyon, chez Périsse frères, 1820
Aut.: Dominique de Colonia, Pierre-Joseph Picot de Clorivière, Etienne de la Croix, Jean Croiset
12°: [12], 384 p. + ill.; gegrav. front.
- ArCIV/4

VERSCHUREN, Franciscus V54
Quæstiones quodlibeticæ quas resolvit F. Verschuren ... Lovanii in scholis theologorum die 20 decembris 1720
Delphis, pro Henrico van Rhyn, 1721
8°: A-F⁴; 47, [1] p.
- ArDIV/11/10

VERSLYPE, Joannes V55
Historie en over-een-kominge der vier Evangelien. Door ... Joannes Verslype ...
VII, 5: *Uytlegginge van de thien geboden Godts ...*
Tot Ghendt, 1-2: by Mauritius vander Ween,1712-1713; 3-7: by Franciscus en Dominicus vander Ween, 1716-(1729?)
8°: 7 dln (17 tomes); gegrav. front. in 1/2, 3/2, 4/1, 6/1, 7/1
- YII/1-15 (dl 1/1 & dl 5/1 ontbr.)

VERSLYPE, Joannes V56
Historie ende over-een-kominge der vier Evangelien ..., gepredikt door ... Joannes Verslype ... Den tweeden ... druk
t. 7, dl 5: *Uytlegginge van de thien geboden Godts ...*
Tot Cortryck, by Joannes De Langhe, 1767-1769
8°: 7 dln
- KIV/3-19

VERSLYPE, Joannes V57
De stadt Jericho ofte de heerschappye der sonde ... Gepredickt door ... Joannes Verslype ... Alsmede Abrahams slag-offerhande ... gepredickt door den selven
Tot Ghendt, by Franciscus en Dominicus vander Ween, 1725
8°: *³, A-N⁸, O²(-O²); [6], 210 p.
- YII/18

VERSLYPE, Joannes V58
De stad Jericho, ofte de heerschappie der zonde ... Gepredikt door ... Joannes Verslype ... Als mede Abrahams slag-offerande ... Gepredikt door den selven
Tot Cortryck, by Joannes De Langhe, 1769
8°: π³, A-M⁸, N⁶; [6], 204 p.
- KIV/20/1 & ArHVII/5

VERSLYPE, Joannes V59
Verklaeringe van het h. sacrificie der misse, ende haer ceremonien. Bestaende in sesthien sermoenen gepredickt door ... Joannes Verslype ...
Tot Ghendt, by Mauritius vander Ween, 1712
8°: *⁸, A-P⁸; [16], 239 p.
- YII/19

VERSLYPE, Joannes V60
Verklaeringe van het h. sacrificie der misse, ende haer ceremonien. Bestaende in sesthien sermoenen gepredickt door ... Joannes Verslype ... Tweeden druck
Tot Ghendt, by Mauritius vander Ween, 1714
8°: *⁸, A-O⁸, P⁶; [16], 234 p.
- ArBIII/24 (herk.: Bernard Van Hoecke [Park])

VERSLYPE, Joannes V61
Verklaering van het h. sacrificie der misse ende haere ceremo-

nien ... Gepredikt door ... Joannes Verslype ... Derden druk
Tot Cortryck, by Joannes De Langhe, 1767
8°: π⁴, A-O⁸, P²(-P²); 222, [4] p.
- KIV/20/2

VERSLYPE, Joannes   V62
Tafel ofte toe-eygeninge van de sermoenen in dit geheel werk
[van J. Verslype] begrepen ...
Tot Cortryck, by Joannes De Langhe, 1769
8°: A-M⁸, N²; 195, [1] p.
- KIV/21

VERTOT, René Aubert de, O.Præm.   V63
Histoire des Chevaliers Hospitaliers de S. Jean de Jerusalem,
appelez depuis Chevaliers de Rhodes, et aujourd'hui
Chevaliers de Malthe. Par ... De Vertot ...
A Paris, chez Rollin, Quillau pere & fils, Desaint, 1726
12°: 5 dln
- TI/27-31

VERTOT, René Aubert de, O.Præm.   V64
Histoire des chevaliers hospitaliers de Saint Jean de Jérusalem,
appellés depuis Chevaliers de Rhode, & aujourd'hui
Chevaliers de Malte. Par ... de Vertot ... Cinquième édition
A Amsterdam, par la Compagnie, 1757
12°: 5 dln
- PrFIII/20-22

VERTOT, René Aubert de, O.Præm.   V65
Origine de la grandeur de la cour de Rome, et de la nomina-
tion aux évéches et aux abbaïes de France. Par ... de Vertot
A La Haye, chez Jean Neaulme, 1737
12°:*², A-K¹², L¹⁰; [4], 244, [4] p.; bijk. gegrav. front.
- PrEII/1

VERTOT, René Aubert de, O.Præm.   V66
Ursprung der weltlichen Macht der Päbste. Aus dem französi-
schen des Herrn Abbts von Vertot. Sammt einem Anhange von
den Rechten der deutschen Kaiser auf das päbstliche Gebiet ...
Ravenna und Pentapolis, s.n., 1781
8°: π², A-N⁸(-N⁸); [4], 204, [1] p.
- ArEV/12

VERVISCH, Pieter Francis Dominiq   V67
Generale biecht van den vermaerden gewezen Capucyn Pater
Auxilius [= Pieter F. D. Vervisch], bekeerd den dag voor syne
dood, onthalst door de guillotine tot Parys de 4 Xbre 1793
S.l., s.n., 1794
8°: 16 p.
- ArGVII/19/2

VERVISCH, Pieter Francis Dominiq   V68
Wonderbaer en rugtbaer leven van den ex-pater Auxilius van
Moorslede, alias Pieter-Francis-Dominiq Vervisch ... Alles ...
door hem zelfs ... aengeteekent en in druk gegeven ...
1: Maestricht, by Wauters Dronkers; 2: Liefkenshoek, Joseph
Leopold Francis Vyghe; 3: Waereghem, Sincerus Vyge [=
Brugge, Frans van Hese], (1791?)
8°: 3 dln; gegrav. front. in 1
- ArGVII/17-19 (3 is convoluut)

VERVUUST, Gerardus, O.F.M.   V69
Sequuntur tres conciones ... Authore ... Gerardo Vervuust ...
Lovanii, apud Ioannem Masium, 1593
8°: A-C⁸, D⁴; 56 p.
- ArDIII/30/3

VERZAEMELING DER VERTOONINGEN ...   V70
Verzaemeling der vertooningen, protestatien en eysschen, aen
Zyne Keyzerlyke en Koninglyke Majesteyt (Jozef II) gedaen
door de Gematigde en de Staeten van de Provincien der
Oostenryksche Neder-Landen ...
Te Amsterdam, uyt de drukkerye van de Geassocieerde, 1787-
1790
8°: 12 dln
- TI/1-12 (herk.: Ex libris ad usum G. Van Haelen lectoris ninhoviensis; Nunc
ad usum J. van den Bon Relig. ejusdem abbatiæ Ninhoviensis 1817)

VETTER, Ignaz   V71
Speculum vitæ verè religiosæ sive vita ... Wilhelmi [Eiselin]
canonici ... ordinis Præmonstratensis in imperiali monasterio
Rothensi ... A quodam ... Norbertino Rothensi (Ignaz Vetter;
ed. Benedictus Stadelhofer)
Ottoburæ, typis Joannis Balthasari Wanckenmiller, 1743
12°: †¹¹, A-G¹²; [22], 161, [5] p.
- ArDV/5/1 (uitsl. grav. met portret van Wilhelmus als front.) & ArEI/41
(herk.: J. De Pauw Can. Abb. Parc.)

VIANEN, Franciscus van & LUPUS, Christianus   V72
Relatio doctorum Francisci van Viane ac F. Christiani Lupi
deputatorum Lovaniensium de iis quæ anno 1677 in sua ad
Innocentium XI deputatione peracta sunt
Lovanii, typis H. Van Overbeke, 1693
8°: [1], 7 p.
- ArDIV/6/1

VICHET, Renier, O.Præm.   V73
Den edelen ridder en H. Martelaer Sebastianus ... (R. Vichet)
t'Antwerpen, by de weduwe van Petrus Jacobs, 1719
8°: A-L⁸, M⁴; 184 p.
- PrEII/3 (herk.: Basilius van Beygaerden [Park]; Anthoni Adriaens) &
ArDIII/28

VIGUERIUS, Joannes   V74
Institutiones ad christianam theologiam, sacrarum literarum,
universaliumque conciliorum authoritate ... confirmatæ. Opera
atque industria ... Ioannis Viguerij Granaten ...
Antverpiæ, in ædibus viduæ & hæredum Ioannis Stelsii, 1572
In fine: typis Theodori Lyndani
2°: a¹⁰, A-3C⁶, 3D⁸; [10], 302 f.
- XVIII/15

VILAIN XIIII, Charles-Joseph-François   V75
Mémoires militaires sur la campagne de l'armée Belgique dans
les Pays-Bas Autrichiens, pendant la Révolution de 1790. Par
un officier de l'armée [C.-J.-F. Vilain XIIII]
A Londres, de l'imprimerie de T. Spilsbury & fils, 1791
8°: A-P⁸, Q¹⁰(-Q¹⁰); IX, [1bl], II, 240, [1] p. + uitsl. pltn
- TIII/13

VILAIN XIIII, Jean-Jacques-Philippe   V76
Mémoire sur les moyens de corriger les malfaiteurs et fainéans
à leur propre avantage et de les rendre utiles à l'état ...
Proposée à l'Assemblée des Députés par le Vicomte Vilain
XIIII ... au mois de Janvier 1775
A Gand, chez Pierre de Goesin, (1775?)
4°: *⁴, A⁴, B-3V², A⁴; [6], 268, [7] p.: 4 pltn
- ZVII/20 & ArFV/8

VILLENFAGNE d'INGIHOUL, Hilarion Noël, baron de   V77

V

Recherches sur l'histoire de la ci-devant principauté de Liège
[H.-Noël de Villenfagne d'Ingihoul]
A Liége, chez P. J. Collardin, 1817
8°: XXXXII, 504 + 624 p.
- SI/13-14

VILSTEREN, S. van   V78
Volkomen wederlegginge der XXII brieven van P. H. Vlaming
[= Philips Lodewijk Verhulst]. Door S. van Vilsteren
Tot Gendt, voor Jan Schuring, 1765
8°: 3 dln
- HII/3

VINNIUS, Arnoldus   V79
Arnoldi Vinnii ... *In quatuor libros Institutionum imperialium commentarius academicus, et forensis.* Jo. Gottl. Heineccius ... recensuit, & præfationem notulasque adjecit. Editio novissima, cui accedunt ejusdem Vinnii *Quæstiones juris selectæ* ...
Lugduni, typis Petri Bruyset, sumptibus fratrum Detournes, 1755
4°: á^4, é^4, A-6O^4, 6P^2, *^{4}, (A)-(Aa)^4, (Bb)^2; (16), 998, [46], 194, [2] p.
- JV/16 (supralibros met wapen van de stad Gouda *[Per aspera ad astra]*)

VIO, Tommaso de, O.P.   V80
Commentarii illustres planeque insignes in Quinque Mosaicos libros, Thomæ de Vio ... Adiectis ... annotationibus a ... Antonio Fonseca ...
Parisiis, I P (Jean Petit), apud Ioannem Boulle, 1539
2°: 2A^6, C^6, b^6, c^8, d-z^6, &^{6}, A-Y^6; [24], CCCCCXXXIII p.; titelp. met houtsnedelijst
- PrDV/7 (herk.: liber Carthusiae scalae cœli datus ab ... D. Theotonio [?] a Braganca ep Eboren'. ...; J. de Pauw [Park])

VITRINGA, Campegius   V81
Commentarius in Librum prophetiarum Jesaiæ ... Cura & studio Campegii Vitringa ...
Herbornæ Nassaviorum, typis & sumptibus, Johan. Nicolai Andreæ, 1715-1722
2°: π^2, *-7*^{2}, 8*^{1}, a-d^4, A-6C^4, 6D^2(-6D^2), a-b^4, c^2(-c^2); [4], 32, 955, [19] p. + π^2, a-b^2, A-7G^4(-7G^4); [4], 8, 1118, [40] p.
- CVI/11-12

VIVA, Dominicus   V82
... Dominici Vivæ ... *Opera omnia theologico-moralia.* Accedunt in hac novissima editione Francisci Antonii Zachariæ ... *Animadversiones* ...
Ferrariæ, sumptibus Remondinianis, 1757
4°: 8 dln; gegrav. portret in front. in 1
- I IV/1-8

VIVES, Juan Luis   V83
Ioannis Ludovici Vivis ... *De disciplinis libri XII. Septem de corruptis artibus; quinque de tradendis disciplinis*
Lugduni Batavorum, ex officina Joan. Maire, 1636
12°: (?)^6, A-2F^{12}, 2G^8; [12], 693, [16] p.
- ArII/14

VLADERACCUS, Christophorus   V84
Polyonyma Ciceroniana. Conscripta a Christophoro Vladeracco ...
Duaci, apud I. Bogardum, 1622
12°: A-M^{12}; 233, [55] p.
- ArJI/23 (herk.: Smits Bruxellensis; Ex libris Petri Ottoy [Park, in fine])

VLOO, Ignatius Albertus de   V85
Sermoenen. Gepredikt door ... Ignatius Albertus De Vloo ...
Tot Brugge, by Joseph de Busscher, 1788-1794
8°: 13 dln
- ArAIV/30-36 (dln 2-7 & 11; herk. in 2-7: Fr. Bernard Van Hoecke ex Parcho; S.S. Janssens decani et pastoris in Nedercruchten)

VOELLUS, Joannes, S.J.   V86
Index in breviarium romanum ad conciones formandas aptissimus. Authore ... Ioanne Voello ... Accedit ... index biblicus ...
Moguntiæ, sumptibus Petri Henningii, 1614
12°: A-P^{12}, Q^6; 194, [8], [153] p.
- DI/35 (herk.: Ex libris P. A. Mangnet Congregationis Prætorij presbiteri [Park])

VOETIUS, Gisbertus   V87
Gisberti Voetii ... *Politicæ ecclesiasticæ* ...
Amstelodami, 1 & 4: ex officina Joannis à Waesberge, 1663-1676; 2: apud Johannem Janssonium à Waesberge & Elizæum Wyerstraet, 1666; 3: Apud Johannem Janssonium à Waesberge & viduam Elizæi Weyerstraet, 1669
4°: 4 dln
- XIII/16-18 (dl 4 ontbr.; herk. in 1 & 2: Jo. Franc. [Vandevelde] 1802 Dresde); supralibros op 2 & 3 met niet geïdent. wapen)

VOGT, Johannes   V88
Johannis Vogt *Catalogus historico-criticus librorum rariorum.* Jam curis quartis recognitis ...
Hamburgi, sumtibus Christiani Heroldi, 1753
8°: a-b^8, A-2Z^8; [32], 736 p.
- TI/26 (herk.: ex libris J. F. De Servais; Ex libris met wapen & spreuk: *Bien faire et ne rien craindre* [Servais de Dutrieu de Terdonck])

VOIT, Edmond, S.J.   V89
Theologia moralis ... Concinnata à ... Edmundo Voit ... Post editionem quartam Wirceburgensem. Opus nunc primum in Belgio recusum
Lovanii, typis Joannis Jacobs, 1761
8°: π^1, *^{8}, A-2P^8; [18], 584, [24] p.+ A-3E^8, 3F^4; 803, [21] p.
- IVI/27-28

VOIT, Edmond, S.J.   V90
Theologia moralis ... Concinnata a ... Edmundo Voit ... Editio prima italica post sex germanicas accuratior
[Bassano], in typographia Bassanensi, sumptibus Remondinianis, 1766
In fine: Emendabant accuratissime Sebastianus Menchetti, & Franciscus Gualtieri
8°: *^{10}, A-2O^8; XX, 592 p. + A-2T^8; 670 p.
- HIV/27-28 (herk.: Ad usum Fr. Lucæ a s. Rocho Carmelitæ discalceati)

VOITURE, Vincent & BALZAC, Jean-Louis Guez de   V91
Lettres choisies de Voiture et Balzac ...
Paris, Dentu, 1807
12°: XLIV, 448 p.
- ArHVI/17 (titelblad ontbr.)

VOLTAIRE   V92
Histoire de l'Empire de Russie sous Pierre le Grand. Par l'auteur de l'histoire de Charles XII [Voltaire]
S.l., s.n., 1759-1763
8°: *-2^8, 3*^{4}, A-T^8; XXXIX, [1bl], 302 p. & uitsl. krt + π^2, *^{8}, A-T^4, V^4, X-Y^2; [4], XVI, 318, [1] p.; gegrav. front. in 1
- XIII/27-28

VONNISSEN EN MOTTIVEN ...   V93
(Vonnissen en motiven van het vrij Beenhouwers Ambacht tot

Loven)
- *Mottiven en vonnissen revisioneel in het faveur van het vry-beenhouwers ambacht binnen de stadt Loven tegen den coninck, coninck stabel dekens ende supposten van de groote gulde genoemt de sestighe, als oock, tegen die van het visch-vercoopers ambacht*
S.l., s.n., 1729
2°: π¹, A-T²(-T²), A-E², A-X²; [2], 75, 20, 84 p.
- *Vonnisse diffinitief in faveur van het vry-beenhouwersam-bachte binnen de stadt van Loven tegens den koninck, koninckxstabel, dekens ... van de groote gulde genoempt de sestighe uytgesproken in de groote revisie binnen Brussel den 1. April MDCCXXIX*
S.l., s.n., 1729
2°: π¹, A-D², A-3E²(-3E²); 16, 198 p.
- *Vonnis revisioneel tusschen het beenhouwersambacht ende het visschersambacht. Den 5. Mey 1731*
S.l., s.n., 1731
2°: A-K²; [39] p.
- LVII/4

VOSHEM, François van, O.Præm.   V94
Beknopte levens-beschryving van den H. Bisschop en Belyder Hubertus ... Opgestelt van ... Franciscus Van Voshem ... Uyt-gegeven door ... Paulus Nagels ende Joannes Baptista Stillemans
Tot Brussel, by Franciscus t'Serstevens, (1774?)
8°: A-F⁸(-F⁸); [28], 84 p.; gegrav. front.
- ArCIV/26 & ArEI/28 (herk.: Ce livre appartient à Norbert Antoine Vanpée Dr Archennes)

VOSSIUS, Gerardus Joannes   V95
Ger. Ioann. Vossii Grammatica latina, ex decreto illustr. DD. Holl. West-Frisiæque Ordinum, in usum scholarum adornata. Editio quinta
Lugduni Batavorum, ex officina Bonaventuræ & Abrahami Elzevir, 1644
8°: A-Y⁸; [8], 343 p.
- QI/33 (herk.: Ex libris Georges Montandon)

VOSSIUS, Gerardus Joannes   V96
Latina grammatica, ex decreto illustr. DD. Hollandiæ, West-Frisiæque ordinum, in usum scholarum ... Studio ... Gerardi Joannis Vossii. Editio nona
Amstelodami, apud Janssonio-Waesbergianos, 1680
8°: *⁵, A-L⁸; [10], 176 p.
- ArIV/20/1

VOSSIUS, Gerardus Joannes   V97
Latina syntaxis, in usum scholarum Hollandiæ, & West-Frisiæ ... Passim quidem reservatis fere præceptis, & exemplis, Ludolffi Lithocomi
Amstelodami, apud Janssonio-Waesbergios, 1680
8°: a-l⁸, m⁴(-m⁴); 177, [4] p.
- ArIV/20/2

VOYAGE DE SAINTE DYMPHNE ...   V98
Voyage de Sainte Dymphne à Bruxelles, ou histoire véritable de la conversion de nos Seigneurs les Etats de Brabant
A Bréda, de l'imprimerie du défunt Comité insurgent, 1791
8°: A-D⁸; 64 p.
- ArFIV/16/8

VRANCX, Albert Eugene, O.Præm.   V99
Déduction pour frere Albert Eugene Vrancx, chanoine regulier de l'Abbaïe du Parcq ... curé de la paroisse d'Archennes ... contre les reverends prelat & religieux de l'Abbaïe d'Alne ...
S.l., s.n., [1725?]
2°: π², A-M², χ²; [2], 49 p.
- ArKIII/7/29

VRANKRYK ALS EEN TWEEDE NEROO ...   V100
Vrankryk als een tweede Neroo, vergeleken door sijn trouwe-loosheyt en altijdt barbarische vreedheden aan de Christenen bewesen
Tot Amsterdam, gedruckt op de Blauwe Burgwall by Paulus Paré, 1689
4°: A-C⁴, D²; 26 p.
- ArFIV/16/20

VRUCHTEN DES LIDENS ...   V101
Vruchten des lidens ende der passien ons liefs heeren Ihesu Christi
(Antwerpen, Willem Vorsterman, 1520?)
In fine: Gheprint bi mi Willem Vorsterman, in den Gulden Eenhoren
8°: A-B⁸, C⁴, D-X⁸⁸⁻⁴; 140 f.; ingekl. houtsneden
- PrII/19/1 (titelblad & A-E³ ontbr.; ingekl. wapen van Spaanse Habsburgers op laatste p.)

VRYER, Abraham de   V102
Histori van Joan Churchill, hertog van Marlborough en prins van Mindelheim. Beschreven door Abraham De Vryer
Te Amsterdam, by Jakobus Loveringh en Jan Roman den Jongen, 1738-1740
8°: 4 dln + ill. & uitsl. krtn
- TI/17-20

VULSON de la COLOMBIÈRE, Marc de   V103
La science héroïque, traitant de la noblesse, de l'origine des armes, de leurs blasons ... Par Marc de Vulson ... Seconde édition
A Paris, chez Sebastien Mabre-Cramoisy, 1669
2°: é⁵, A-3Y⁴, 3Z⁶; [10], 540, [20] p.: ill.
- XIX/15

WAERSCHOUWINGHE AEN DE STATEN ... W1
Waerschouwinghe aen de Staten der Ghetrouwe ende Ghehoorsame provincien van Nederlandt. Nopende de brieven van Graef Hendrick van den Bergh, gheschreven uyt Luyck den 18 Iunius, anno 1632 ...
S.l., s.n., 1632
4°: A-C⁴; 21 p.
- ArGVII/12/16

WAERSEGGHERE, Hieronymus de W2
Chronicon contractum insignis ecclesiæ Parchensis ordinis Præmonstratensis juxta muros Lovanienses [H. de Waersegghere]
Lovanii, apud Petrum Aug. Denique, 1726
8°: A⁸, B⁴; 21 p.; ill. in Ar F IV/15/7
- PrGVII/10/2, PrGVII/8/2, PrHVI/20/6, ArEIII/1/2 & Ar FIV/15/7

WAGHENARE, Petrus de, O.Præm. W3
Beati Hermanni Ioseph ... vita metrica. Authore ... Petro de Waghenaer ...
Coloniæ Agrippinæ, apud Ioannem Busæum, 1656
8°: *⁸, A-G⁸, I⁴; [16], 154 p.
- ArEI/34 (herk.: Fr. Petrus du bray)

WAGHENARE, Petrus de, O.Præm. W4
Sancti Norberti canonicorum Præmonstratensium patriarchæ vita lyrica. Pangebat ... Petrus de Waghenare ...
Duaci, typis Baltasaris Belleri, 1637
8°: A-Q⁸; [16], 254, [2] p.
- ArEV/3 (titelblad ontbr.; herk.: Basile van Beygaerden O.Præm. [Park])

WAGHENARE, Petrus de, O.Præm. W5
Sancti Norberti canonicorum Præmonstratensium patriarchæ vita lyrica, dramatica ... Pangebat ... Petrus de Waghenare ...
Duaci, ex typographia Baltazaris Belleri, 1639
8°: †⁸, A-Q⁸, A-O⁸, P⁴; [14], 250, [6], 232 p.
- PrDI/13 (herk.: Ex libris Carm. discalc. convent. brugen.)

WAGHENARE, Petrus de, O.Præm. W6
Vita Sancti Hermanii Ioseph ... Auctore ... Petro de Waghenaer .... Editio secunda
Antverpiæ, apud viduam, & heredes Gerardi Wolsschatii, 1661
8°: á⁸, A-K⁸, ?; [16], 166, [3] p.
- PrJII/10 (nawerk onvolledig)

WAGNERECK, Henricus, S.J. W7
Commentarius exegeticus SS. Canonum seu expositio brevis et clara omnium pontificiarium decretalium ... Auctore ... Henrico Wagnereck ...
Dilingæ, formis academicis. Apud Joannem Federle, 1672
2°: π³, A-6C⁴; [6], 980 p.
- LVII/7

WALBERTUS a SANCTA ALDEGUNDE, O.Carm. W8
Theologia moralis seu resolutio casuum conscientiæ ... Per ... Walbertum a Sancta Aldegunde ...
Montibus, typis Michaelis Varret, 1738-1739
8°: 4 dln
- III/1-7

WALENBURCH, A. van & WALENBURCH, P. van W9
Tractatus generales de controversiis fidei. Per Adrianum et Petrum de Walenburch ... Hac postrema editione conjunctim editi ...
2: *Tractatus speciales de controversiis fidei*
In fine van 2: *Réfutation des dialogues de Drelincourt, ministre de Charenton*
Coloniæ Agrippinæ, apud Ioannem Wilhelmum Friessem, 1670-1671
Coll.: Erasmus Roterodamus (1, p. 1036)
2°: *⁶, A-4R⁶, 4S⁴, a-z⁶, 2a-2b⁴; [12], 1038, 274, [16] p. + *⁴, A-3N⁶, 3O⁴, a-2b⁶, 2c-2d⁴, 2e²(-2e²), a-c⁶, d²; [8], 716, 321 [=295], [23], [2bl], 40 p.; grav. op titelp. van 1 & 2; bijk. gegrav. titelp. in 2
- EV/1

WALKIERS, Antonius, O.F.M. W10
Geestelycken driakel teghen de voorts-loopende peste van het misbruyck des alder-heylichsten naem Godts, soo in als buyten eedt ... Geschreven door ... Antonius Walkiers
Men vindt-se te coop tot Mechelen, by Jan Jaye, 1685
8°: †⁸, A-R⁸, S⁴; [30], 258, [8] p.
- ArDI/28 (herk.: Ad usum fratris Joannis van Valckenborgh; Ad usum fratris Laurentij van Valckenborgh minorita)

WALKIERS, Antonius, O.F.M. W11
Geestelycken driakel teghen de ... peste van het misbruyck des Alder-heylichsten naem Godts ... Geschreven door ... Antonius Walkiers. Den tweeden druck
Men vindt-se te coop tot Mechelen, by Andreas Jaye, 1696
12°: A-M¹², N⁴, O²; [26], 272, [6] p.
- ArDII/14

WALLE, Jacob vande, S.J. W12
Iacobi Wallii ... *Poematum libri novem.* Editio altera
Antverpiæ, ex officina Plantiniana Balthasaris Moreti, 1657
12°: *¹², A-Q¹², R⁶; [24], 393, [2] p.
- PrFI/34

WALMESLEY, Charles, O.S.B. W13
Histoire générale de l'Eglise chrétienne ... Ouvrage traduit de l'Anglois de Mgr. Pastorini [C. Walmesley] par un religieux bénédictin de ... S. Maur (Jacques Wilson)
A Saint-Malo, chez H.-L. Hovius, fils, 1807
12°: 3 dln; gegrav. front. in 1
- ArAVI/24-26

WALSH, Joseph Alexis, vicomte W14
Lettres Vendéennes, ou correspondance de trois amis, en 1823. Par le Vicomte Walsh. Deuxième édition
Louvain, chez Vanlinthout et Vandenzande, 1826
312 & 340 p.
- TIII/5

WALTER, Richard W15
Voyage autour du monde, fait dans les années MDCCXL, I, II, III, IV par Georges Anson. Tiré des journaux & autres papiers de ce seigneur, & publié par Richard Walter ... Traduit de l'anglois. Nouvelle édition
A Amsterdam et A Leipzig, chez Arkstée & Merkus, 1751
4°: *-3*⁴(-3*⁴), A-2S⁴, 2T²(-2T²); [8], XIV, 330 p.: + uitsl. krtn & pltn
- RIV/1

WALTHAMM, Leopold, O.Præm. & HERMANN, Marianus Antonius, O.Præm. W16
Selectæ quæstiones canonico-theologicæ ex libro I. II. & III. decretalium Gregorij IX. Excerptæ & resolutæ a ... Mariano Antonio Hermann ... Propugnatæ a Leopoldo Waltham ... Anno MDCCVIII Mense Junio ...
Vetero-Pragæ, apud Wolffgangum Wickhart, 1708
8°: π⁴, A-Z⁸, χ¹; [8], 366, [2] p.
- ArEIV/9

WALTON, Brian W17
Briani Waltoni ... Biblicus apparatus chronologico-topographico-philologicus ... Exhibens tractatus varios ... diversorum virorum doctissimorum ... Adjiciuntur Johannis Drusii De Proverbiis sacris classes duæ
Tiguri, ex typographeo Bodmeriano, 1673
Coll.: Louis Cappel, Edward Brerewood, John Lightfoot, Jacobus Bonfrerius
2°: *⁴, A-3Z⁴; [8], 570, [6] p.
- CVII/18 (herk.: Arn. Van Lantschoot [Park]; v. Lee [Park])

WALVIS, Ignace e.a. W18
Christelyke onderwysinge ende gebeden ... [I. Walvis e.a.]
T'Antwerpen, by Hubert Bincken, 1760
8°: A-2F⁸, 2G⁴; 482, [6] p.
- PrFII/5

WALVIS, Ignace e.a. W19
Christelyke onderwyzingen en gebeden ... [I. Walvis e.a.] Twee-en-twintigsten druk
Tot Gend, by J. Begyn, 1817
8°: [14], 524, [4] p.; front.
- ArBIII/14 (herk.: Carolus Ongena 1821 [prijsboek])

WAMESIUS, Joannes W20
... Ioannis Wamesii ... Responsorum sive consiliorum de iure pontificio tomus I (-tomus II) (ed.: Stephanus Weyms)
Lovanii, typis Iacobi Zegers, 1643
Coll.: Gerardus Corselius (in 1); Justus Lipsius, Henricus Uwenus, Franciscus de Kinschot, Antonius Faber, Erycius Puteanus, Bernardus de Puteo, Petrus Roose, Petrus Peckius, Nicolaas Oudaert (lofdichten & brieven in fine van 2)
2°:)-(⁶, χ¹, A-3C⁶, 3D⁴; [14], 580 p. + π², A-3O⁶, 3P⁴; [4], 658, [59] p.; gegrav. portret van de aut. in 1
- MVII/8-9

WANSLEBEN, Johann Michael, O. P. W21
Nouvelle relation en forme de Journal, d'un voyage fait en Egypte (J. M. Wansleben)
A Paris, par la Compagnie des libraires associés, 1698
12°: á⁸, A-2N⁸⁻⁴, 2O⁴; [14], 423, [19] p.
- ArIV/3 (herk.: wapen van de Bauffremont-Courtenau [*Dieu ayde au premier chrestien - Plus de deuil que de joy,* ex libris]; Arn. van Lantschoot [Park])

WARDT, Lambert Joseph Maximilien vande W22
Harmonia evangelica, seu textus quatuor evangelistarum, ordine historico, paraphrasticè expositi, et notis ... illustrati. Auctore L. J. M. Van de Wardt d'Onsel ...
Antverpiæ, typis A. L. Lepoittevin Delacroix, 1817
IX, 637 p.; gegrav. portret van de aut. in front.
- ArEVI/12

WASE, Christopher W23
Chr. WasI Senarius, sive De legibus & licentia veterum poetarum
Oxonii, e theatro Sheldoniano, 1687
4°: a-c⁴, A-2I⁴, 2K²; [24], 248, [12] p.
- VVI/4

WASTELAIN, Charles, S.J. W24
Description de la Gaule-Belgique selon les trois ages de l'histoire, l'ancien, le moyen et le moderne, avec des cartes de géographie et de généalogie. Par ... Charles Wastelain ...
A Lille, chez la veuve de C. M. Cramé, 1761
4°: π⁴, *-3*⁴, 4*², A-3R⁴(-3R⁴); [8], VIII, XX, 502 p. + krtn
- WV/31

WASTELAIN, Charles, S.J. W25
Description de la Gaule-Belgique selon les trois âges de l'histoire ... Par ... Charles Wastelain ... Nouvelle édition ... [par Joseph Ghesquière]
A Bruxelles, chez la veuve de François t'Serstevens, 1788
8°: π¹², A-N⁸, O⁶, χ¹, O², P-2E⁸, 2F-2G⁴; [4], VII, XIV, 464 p.; uitsl. krtn
- PIII/15

WATELAAR, Johannes W26
Antwoord op eenige boekjens der tegenparty van ... Petrus Codde, aertsbisschop van Sebasten ... by voorbeeld op Mariophilus ..., Cato en Naso ... 't boekje van C. Boon Opgestelt door Christianus Catholicus, anders genaamt J. Watelaar, pr.
[Amsterdam], Gedrukt by Mint Vreede en Waarheid. Men vindse te koop tot Amsterdam by Alb. Klumper, [1702?]
8°: A-D⁸; 62 p.
- ArBIII/30/6

WATELAAR, Johannes W27
Beknopte wederlegging van 't scheinheilig boekje Pietas Romana ... ofte ... onderzoek van zeker tractaatje, op den naam van Christianus Catholicus, genaemt: Verhandeling van d'ongerechtige handel tegen ... Petrus Codde ... Door Christianus Catholicus, anders genaamt J. Watelaar ...
[Amsterdam], Gedrukt by Mint Vreede en Waarheid. Men vindse te koop tot Amsterdam by Alb. Klumper, [1702?]
8°: A-B⁸, C⁴; 40 p.
- ArBIII/30/7

WATELAAR, Johannes W28
De valsche betichters van den hoogwaerdigste heer Petrus Codde, en syner cleregie ... Door J. Watelaar
[Amsterdam], gedrukt by Mint Vreede en Waarheid, 1702
8°: A-D⁸; 64 p.
- ArBIII/30/4

WAULDE, Gilles W29
La vie et miracles de St Ursmer, et de sept autres S.S. avec la

chronique de Lobbes. Recueillie par ... Gilles Waulde ...
A Mons, de l'imprimerie Iean Hauart, 1628
4°: π¹, á⁴, é⁴, A-3Y⁴, $²; [18], 536, [12] p.; gegrav. titelp.
- PIII/16

WAVRE, Phillipus van, O.S.A.   W30
Apologia contra impugnatores constitutionis Unigenitus, signanter pro Unigeniti salvatoris gratia ... Authore ... Philippo van Wavre ...
Lovanii, s.n., 1719
8° : A-G⁴; 54, [2] p.
- YIII/34/2

WAVRE, Phillipus van, O.S.A.   W31
Dissertatio de præsenti hæresi & schismate quorumdam in Gallia exortis, necnon medicinali ... Clementis XI acinace ... Authore ... Philippo Van Wavre ...
Lovanii, typis Joannis Baptistæ Schellekens, 1718
12°: π², A-F⁴; [4], 48 p.
- YIII/33/9

WAVRE, Phillipus van, O.S.A.   W32
Dissertatio tripartita in qua S. Augustinus docet pastores dominici gregis & principes christianos catholicos. Authore ... Philippo van Wavre
Lovanii, typis Joannis Baptistæ Schellekens, 1719
8°: A-B⁴, C²; 22, [2] p.
- YIII/33/7 (p. 19-22 ontbr.)

WAVRE, Phillipus van, O.S.A.   W33
Peremptoria S. Augustini sententia: causa finita est, ab iniquo stateræ libramine ex ipso Augustino vindicatur. Authore ... Philippo Van Wavre ... Pars prima
Lovanii, typis Joannis Baptistæ Schellekens, 1719
8°: A-B⁴, C²; 20 p.
- YIII/34/3

WAVRE, Phillipus van, O.S.A.   W34
Privilegium S. Petri ac successorum ejus Romanorum Pontificum, ex S. Augustino assertum. Authore ... Philippo van Wavre
Lovanii, typis Joannis Baptistæ Schellekens, 1719
8°: A-H⁴; 63, [1] p.
- YIII/35/6

WAVRE, Phillipus van, O.S.A.   W35
S. Augustini sensus de appellationibus à papa ad concilium generale per scholia historica contra novos appellantes enubilatus. Authore ... Philippo van Wavre ...
Lovanii, typis Joannis Baptistæ Schellekens, 1719
8°: A-H⁴, I²; 64, [4] p.
- YIII/33/8

WAVRE, Phillipus van, O.S.A.   W36
S. Augustinus docens quam sit dolosa statera opponens constitutioni Clementinæ Unigenitus, vers. 1, psalm 126 ... Authore ... Philippo van Wavre ...
Lovanii, typis Joannis Baptistæ Schellekens, 1719
8°: A⁴, B²; 12 p.
- YIII/34/4

WEIGEL, Christoph   W37
Ethica naturalis seu Documenta moralia e variis rerum naturalium proprietatibus virtutum vitiorumque symbolicis imaginibus collecta. A Christophoro Weigelio
Norimbergæ, s.n., [1700?]
4°: [101] f.: 100 pltn; gegrav. titelp. + 100 emblemata met tekst
- UII/32 (herk.: H. D. Gybels)

WEISSENBACH, Joseph Anton   W38
Nova forma theologiæ biblicæ, his temporibus accomodatæ ... Summatim scripsit, et discipulis explicavit ... Josephus Weissenbach
Augustæ, in officina libraria Joseph-Wolffiana, 1785
8°: 3 dln
- CI/10 (herk.: A. Lutzenkirchen, Pastor St Mauritius)

WEISSLINGER, Johann Nikolaus   W39
Vreet vogel ofte sterf. Dat is: dringende hoofd-vragen over de waare kerk aan alle predikanten ter beantwoording overgegeven. Tweede boek ... Door ... J. N. Weislinger ...
T'Antwerpen, by Jacobus Bernardus Jouret, 1741
8°: A-2O⁸, 2P-2R⁴, χ¹; 587, [31] p. + uitsl. pltn
- ArAVII/21 (herk. in fine: F. Huybrechts)

WEITENAUER, Ignaz, S.J.   W40
Lexicon Biblicum, in quo explicantur Vulgatæ vocabula et phrases ... Auctore Ignatio Weitenauer ... Editio prima Veneta
Venetiis, typis Antonii Zatta, 1760
8°: *⁴, A-2M⁸; VIII, 558 p.
- CI/5

WEITENAUER, Ignaz, S.J.   W41
Subsidia eloquentiæ sacræ ... Ab Ignatio Weitenauer ...
Augustæ Vindelicorum & Friburgi Brisg., sumptibus fratrum Ignatii & Antonii Wagner, 1764-1769
8°: 19 dln
- ArAVII/17 (dln 7 & 8)

WEKELYKS NIEUWS UYT LOVEN   W42
Wekelyks nieuws uyt Loven, 1773 (- 1789)
Ondertitel varieert: *Mede beschryvinge dier stad*
Tot Loven, by Joannes Jacobs, 1773-1789
Coll.: Jean Baptiste Staes
8°: 25 + 8 dln
- PrAI-PrAIV (dl 15 ontbr.) & ArHIV + ArHV/1-8

WELLENS, Jacobus Thomas Josephus   W43
Jacobi Thomæ Josephi Wellens ... *Exhortationes familiares de vocatione sacrorum ministrorum ... Dictæ ad alumnos Collegii Pulcheriani (vulgo) Hollandici ...*
Antverpiæ, ex typographia Joannis Grangé, 1776
8°: π⁴, A-2G⁸, 2H-2L⁴; [8], 511, [1] p.
- XIII/26 (herk.: Govers [Park]), PrCV/12 (herk.: wapen van Jean Rotthier, pronotarius apostolicus van Mechelen, met spreuk *Vigilia ne devoreris*) & PrGIV/12 (herk: Jois Janssens sacerd.; abbatiæ parchensis ab anno 1890)

WELLENS, Jacobus Thomas Josephus   W44
Jacobi Thomæ Josephi Wellens ... *Exhortationes familiares de vocatione sacrorum ministrorum et variis eorum officiis. Dictæ ad alumnos Collegii Pulcheriani (vulgò) Hollandici ... Editio secunda*
Antverpiæ, ex typographia Joannis Grange, 1783
8°: π⁴, A-2G⁸, 2H-2L⁴; [8], 511, [1] p.
- JIV/14 (herk.: Ex libris F. P. Ottoy)

WELLENS, Jacobus Thomas Josephus   W45
Generalis collectionis, omnium operum ... Jacobi Thomæ Josephi Wellens ... pars prima (-secunda) - Der algemeyne verzaemelinge, van de werken van ... Jacobus Thomas

Josephus Wellens ... het eerste deel (-het tweede deel)
t'Antwerpen, by C. M. Spanoghe, 1784
Nota: met intekenlijst
4°: π¹, *a⁴, A-E², F-G⁴, H-2I²; VIII, 140 p. +A-T⁴, V-X², Y-Z⁴; 180 p.; ill.; gegrav. portret in front. van J. Wellens & 15 emblemata
- DIV/5

WENDELINUS, Gottefridus   W46
Godefridi Wendelini De tetracty pythagoræ. Dissertatio epistolica ad Erycium Puteanum ...
S.l., s.n., (1637?)
4°: A-B⁴; [16] p.
- ArGVII/12/3

WENNEN, François, O.Præm.   W47
Speculum religiosorum totum interiorem hominem ... septem tractatibus repræsentans. Exhibitum per ... Franciscum Wennium ...
Lovanii, apud Bernardinum Masium, 1645
4°: ()-2()⁴, A-5E⁴, 5F²; [16], 741, [36] p.
- PrEIV/19 (herk.: me utitur fr. Lambertus de Herckenrode Relig. Parch. 1687; Fr. Leonardus vande Putte conventus parch. 1675; Fr. Gilbertus Valentijns novitius parch. 1709), PrGVII/5 (herk.: Geor Verhaghen [Park]; Robertus Hossmans [prijsboek]), PrGVII/6 (herk.: Bibliotheca Parcensis) & ArEIII/12 (herk.: Ad usum Fr. Guilielmi Dauw rel. Parcensis 1750; Ad usum Thomæ Danis [Park])

WENSELAUS MEROSCHOWA   W48
Lettre de Wenselaus Meroschowa Bohemois, escrite de l'armée de Frederic Conte Palatine en Boheme, à Ioan Traut de Nuremberg
S.l., s.n., [1620?]
4°: A-E²; 20 p.
- ArGVII/12/17

WERVE, Franciscus vanden, O.F.M.   W49
Den spiegel der sondaeren ofte zedelycke lessen op het bitter lyden Christi Jesu. Gepredickt ... door ... Franc. Vanden Werve ...
Tot Mechelen, by Ian Jaye, 1685
8°: a⁸, A-2S⁸; [16], 651, [5] p.: ill.; bijk. gegrav. titelp.
- PrJIII/8 (herk.: Gustave Charles Antoine Marie van Havre [ex libris])

WESEL, Abraham van   W50
Abrahami à Wesel ... *Opera omnia* ...
Bruxellis, typis Judoci de Grieck, 1692
4°: π², A-2I⁴, A-2P⁴, 2Q²(-2Q²), A-L⁴; [4], 246, [20], 278, [28], 77, [9] p.
- LIV/29 (herk.: Van Ertborn)

WETTEN, COSTUMEN ...   W51
Wetten, costumen, keuren ende usantien van de zale ende casselrye van Ipre
Tot Gendt, by Petrus de Goesin, 1769
8°: π³, A-M⁸; [6], 192 p.
- ArHV/15/2

WEYER, Joannes, S.J.   W52
De godtminnende ziele den geest inde drydaeghsche overdenckingh, ider half jaer vernieuwende. In 't Latyn beschreven door ... Joannes Weyer ... ende in 't Nederduyts overgeset door H. I. De Newport ...
t'Antwerpen, by Hendrick Thieullier, 1700
8°: A-P⁸; 236, [4] p.
- ArBI/28 (herk.: suster Monica Cambier)

WICHMANS, Augustinus, O.Præm.   W53
Apotheca spiritualium pharmacorum contra luem contagiosam aliosque morbos. Auctore ... Augustino Wichmans ...
Antverpiæ, ex officina Hieronymi Verdussii, 1626
4°: a⁴, b², *², A-3E⁴, a², A-O⁴; [16], 405, [7], 110, [2] p.
- PrHII/4 (herk.: Basilius van Beygaerden [Park]) & ArEII/5 (herk.: Ex libris J. Jonghmans 1842)

WICHMANS, Augustinus, O.Præm.   W54
Brabantia Mariana tripartita. Authore ... Augustino Wichmans ...
Antverpiæ, apud Ioannem Cnobbaert, 1632
4°: ⸙-3⸙⁴, A-5P⁴; [24], 962, [77] p.; portret van de aut. in front.
- P III/10, YVI/37 (herk.: Oratory Mechlin. dono Adm Rdi Dni Wachtelaer), PrHII/3 (herk.: Fr. Bened. Peeters can. ac relig. Tongerlo 1800) & ArEIII/3 (herk.: ... Christiano Couthals decano Hilvaris-Becano ... author dono dedit)

WICHMANS, Augustinus, O.Præm.   W55
Sabbatismus Marianus. In quo origo, utilitas et modus colendi hebdomadatim sabbatum in honorem sanctissimæ Deiparæ explicantur. Authore ... Augustino Wichmans ...
Antverpiæ, apud Gulielmum à Tungris, 1628
Coll.: Laurentius Landmeter (*Precatio*); Franciscus Sweertius (ode)
8°: $⁸, A-Q⁸, R⁴; [16], 261, [1], [2bl] p.
- PrDI/8 (herk.: Fr. Polycarpus Vandervoort; Peter Schuermans; Otterinckx), PrDI/9 (herk.: aan de Prior van Tongerlo [1629]; Aan Park geschonken in 1840) & ArEI/25 (herk.: Maneat in parva bibliotheca Tongerloensi. M. Siardus Abbasz)

WICKEN, Jacobus   W56
Harmonia evangelica ex quatuor evangelistis ... Quam, præside ... Benedicto Beeckmans ... defendet Jacobus Wicken ... Lovanii in Collegio Societatis Jesu ... (18 junij) 1773 ...
Lovanii, typis Joannis Jacobs, (1773?)
4°: A-V⁴, X⁶; 172 p.
- MIII/33/3 ('18 junij' is met de hand bijgeschreven)

WIELENS, Joseph, S.J.   W57
Devotie van negen dagen oft van negen woensdagen ter eere van den H. Joannes Nepomucenus. Uyt het Italiaens overgeset door ... Josephus Wielens ... Den derden druck
t'Antwerpen, by Joannes Franciscus de Roveroy, 1751
8°: π¹, A⁶, χ¹, B-C⁸, D⁴; [2], 53 p.; portret in front.
- PrJII/11

WIEST, Stephan   W58
Institutiones theologiæ dogmaticæ in usum academicum. Scripsit ... Stephanus Wiest ...
Ingolstadii, apud Ioan. Wilhelm Krüll, 1791
8°:)(⁸, A-2G⁸; [16], 479 p. + π⁴, A-3N⁸, 304; [8], 951 p.
- GII/7-8 (herk.: ad usum Thaddei Schoch)

WIEST, Stephan   W59
... Stephani Wiest ... *Præcognita in theologiam revelatam* ...
Editio secunda
3-4: *Demonstratio religionis christianæ* ...; 5-6: *Demonstratio dogmatum catholicorum* ...
Ingolstadii, apud Ioan. Wilhelm Krüll, 1788-1790
8°: 6 dln; gegrav. portret van de aut. in 1
- GII/1-6

WIESTNER, Jacob, S.J.   W60
Institutiones canonicæ sive ius ecclesiasticum, prælectionibus & exercitationibus academicis ad decretalium Gregorii P. IX libros V ... A ... Jacobo Wiestner ... explicatum

Monachii, sumptibus Joan. Jacobi Remy, formis Mathiæ Riedel, 1705-1706
4°: 5 dln; gegrav. front. in 1
- LV/4-8 (herk.: Ex libris Urbani Ignatij ab Horn 1714; possidet franc. Jos. Bodtmann J.V.L. Herbip. 1779)

WIGANDT, Martinus, O.P.   W61
Tribunal confessariorum et ordinandorum, declinato probabilismo ... Opera ac studio ... Martini Wigandt ... Cui ... Franciscus Vidal ... addidit duos tractatus, Propositionum Damnatarum unum, & Bullæ Cruciatæ alium. Editio novissima
Trajecti ad Mosam, apud Lambertum Bertus, 1729
4°: *-6*4, A-5Z4, 6A2(-6A2), a-q4, χ1; [48], 912, [10], 126, [4] p.
- JIV/9-10

WIGGERS, Joannes   W62
Ioannis Wiggers ... *Commentaria de iure et iustitia cæterisque virtutibus cardinalibus*
Lovanii, apud Corn. Coenestenium, 1651
2°: *2, 2*6, A-4C6, 4D2; [16], 868 p.
- HIX/6/2

WIGGERS, Joannes   W63
Joannis Wiggers ... *Commentaria de jure et justitia ... Editio quarta. Tum accessione appendicis ... per Martinum Steyaert ...*
Lovanii, sumptibus Ægidii Denique, 1689
2°: π2, *-2*2, A-5B4, 5C-5F2, A-C4, D2; [12], 767, 27, [1] p.
- DV/11/2

WIGGERS, Joannes   W64
Joannis Wiggers ... *Commentaria de virtutibus theologicis, fide, spe, et charitate, cum annexis, de quibus tractat D. Thomas in 2. 2. ... quæst. 1 usque ad quæst. XLVI*
Lovanii, typis Cypriani Coenestenii, 1656
2°: π4, A-2G6, 2H4; [8], 368 p.
- HIX/6/1 (herk.: G. B. Landre[?])

WIGGERS, Joannes   W65
Joannis Wiggers ... *Commentaria de virtutibus theologicis, fide, spe, et charitate ... Editio quarta. Tum accessione appendicis ... per Martinum Steyaert ...*
Lovanii, sumptibus Ægidii Denique, 1689
2°: π5, A-2G6, 2H4; [10], 368 p.
- DV/11/1 (herk.: Mutsaerts; Sirejacob)

WIGGERS, Joannes   W66
Joannis Wiggers ... *Commentaria in primam partem divi Thomæ. De Deo trino et uno, de angelis et operibus sex dierum. Editio quarta*
Lovanii, sumptibus Ægidii Denique, 1689
In fine: Lovanii. apud Hieronymum Nempæum typographum juratum Anno MDCLXXVI
2°: π4, A-3L4, 3M2; [7], 437, [22] p.; gegrav. portret van de aut.
- DV/10/1 (herk.: Mutsaerts)

WIGGERS, Joannes   W67
Joannis Wiggers ... *Commentaria in primam secundæ divi Thomæ Aquinatis. Editio quinta*
Lovanii, typis Guilielmi Stryckwant, 1701
2°: A4, B-E2, F-2S4, 2T6; 305, [17] p.
- DV/10/2

WIGGERS, Joannes   W68
Ioannis Wiggers ... *Commentaria in tertiam partem D. Thom. Aquinatis De sacramentis censuris, indulgentiis et purgatorio*
Lovanii, ex officina Bernardini Masii, 1640
2°:)(4, A-4E4; [8], 560, [34] p.
- JV/3 (herk.: a dno Cornelo Wiggers, 18 augusti 1640)

WIGGERS, Joannes   W69
Ioannis Wiggers ... *In primam partem D. Thom. Aquinatis commentaria de Deo trino et uno, de angelis & operibus sex dierum*
Lovanii, ex officina Bernardini Masii, 1658
In fine: Lovanii apud Bernardinum Masium ... Anno MDCLI
Coll.: Cornelius Wiggers (*epistola dedicatoria*)
2°: §4, A-3M4; [8], 437, [27] p.
- HIX/5/1 (herk.: G.B. Landre[?])

WIGGERS, Joannes   W70
In primam secundæ divi Thomæ Aquinatis commentaria
Ioannis Wiggeris ... *Editio tertia*
Lovanii, typis Corn. Coenestenii, 1652
Coll.: Matthias Froidebize (ode)
2°: π2, A-2X6; [4], 503, [25] p.
- HIX/5/2

WIGGERS, Joannes   W71
In tertiam partem D. Thomæ Aquinatis Commentaria Ioannis Wiggers ... *A quæstione I usque ad quæstionem XXVI. De Verbo Incarnato*
Lovanii, apud Cyprianum Coenestenium, 1657
2°: π2, A-Y6, Z4; [4], 272 p.
- HIX/7/1 (herk.: G. B. Landre[?])

WIGGERS, Joannes   W72
Ioannis Wiggers ... *Commentaria in tertiam partem D. Thom. Aquinatis De sacramentis, censuris, indulgentiis, et purgatorio*
Lovanii, ex officinâ Bernardini Masii, 1657
In fine: Lovanii apud Bernardinum Masium ... Anno MDCLVIII
2°: π2, A-4E4; [4], 558, [33] p.
- HIX/7/2

WIJCK, Adrianus van   W73
Depulsio calumniæ. Quam Andreæ Schurio ... impegit Adrianus Vuikius [van Wijck] ...
Irenopoli, typis Desiderianis, 1699
8°: A-B8; 31, [1] p.
- ArDIV/4/1

DEN WIJNGAERT VAN SINTE FRANCISCUS ...   W74
Den Wijngaert van Sinte Franciscus vol schoonre historien, legenden, ende duechdelijcke leeringhen ...
Gheprent ThAntwerpen, bi mi Hendrick eckert van homberch, 1518
In fine: Gheprent Thantwerpen ... bi mi Hendrick eckert van homberch Int iaer ons heeren MCCCCC ende XVIII. Op den XII dach van December
2°: a4, A-Z6, &6, AA-EE6, FF4, GG-ZZ6, A-T6, U8, AA6, BB4, CC-DD6; [4], CCCCXVIII, [6] f.: ill.; voorwerk gereconstrueerd
- ArDVII/3 (titelblad & 1 f. ontbr.; voorwerk verkeerd ingebonden)

WILD, Johann e.a.   W75
Examen ordinandorum ... Auctoribus ... Ioan. Fero, Ioan. Olthusio, ac Georgio Wicelio. Per ... Nicolaum Aurificium ... coadunatum, et locupletatum ...
p. 377: *Pia, atque succincta canonis missæ expositio ... Auctore ... Odone episcopo Cameracense*
Dilingæ, excudebat Sebaldus Mayer, 1575
16°: A-2R8; [18], 607[=606], [16] p.: ill. (houtsneden)
- ArBII/4 (titelblad ontbr.)

WILLEMAERS, Pierre-Thomas, O.Præm W76
Compendium concionatorium in singula vertentis anni festa. Per P. Willemaers ...
Lovanii, typis Martini van Overbeke, 1733
8°: *8, A-2C8, 2D2; [16], 442 p. + π2, A-2C8; [4], 413, [1] p.
- KII/9-10 (dl 2) & ArEV/14

WILLEMAERS, Pierre-Thomas, O.Præm. W77
Vita sanctissimi confessoris et pontificis Huberti denati in Vura ducum ... (Pierre-Thomas Willemaers)
S.l, s.n., (1730)
In fine: Bruxellis, apud Eugenium Henricum Fricx, 1730
4°: *-24, A-I4(-I4); [14], 68, [1] p.; grav
- PI/4 & ArKIII/7/22

WILLEMS, Guilielmus W78
Meyers, borgemeesteren, schepenen, gul-dekenen, met hunne pensionarissen ende secretarissen. Namen van alle de S. Peeters-mannen van Loven. Door ... Guilielmus Willems ...
Ghedruckt tot Loven, by de weduwe van Andries Bouvet, 1667
8°: π4, A8, B-T4, V4(-V4), X-2C4, 2D2; [8], 211, [7] p.
- ArHV/11

WILLEMS, Jan Frans W79
Historisch onderzoek naer den oorsprong en den waren naem der openbare plaetsen en andere oudheden van de stad Antwerpen [J. F. Willems]
Antwerpen, by H. P. Van der Hey, 1828
4°: IX, 293 p., plt + krt
- YVI/34

WILT, Wilhelmus W80
Tractatus theologicus de actuum humanorum fine, regula et principio. Auctore ... Wilhelmo Wildt ...
S.l. [Keulen?], typis Arn. Metternich. Prostant Lovanii, apud Petrum De Vaddere, (1698?)
8°: π1, A-G8, H4(-H4); [2], 117, [1] p.
- ArDIV/8/4

WINCKEL, Joannes van de, O.S.A. W81
Oratio funebris habita in exequiis ... Simonis Wouters ... Habita in Parcho a ... Joanne Petro van de Winckel ... die 8 Octobris 1793
Lovanii, e typographia J. P. G. Michel, (1793)
8°: A-B8; 29 p.
- ArFIV/15/19, ArFIV/15/20 & ArFIV/15/21

WISE, Francis W82
Nummorum antiquorum scriniis Bodleianis reconditorum catalogus cum commentario, tabulis æneis et appendice (Francis Wise)
Oxonii, e theatro Sheldoniano, 1750
2°: π3, b-d2, A-4U2; [18], 343, [13] p.: ill.; bijk. gegrav. titelp.
- YVIII/22

WITASSE, Charles W83
Tractatus de augustissimo Eucharistiæ sacramento. Autore Carolo Vuitasse ... Editio nova
Lovanii, typis Joannis Francisci van Overbeke, 1776
8°: *8(-*1), A-2F8, 2G2; [14], 464, [4] p. + π1, A-2E8, 2F4; [2], 454, [2] p.
- FII/12-13

WITASSE, Charles W84
Tractatus de Deo ipsiusque proprietatibus. Auctore ... Carolo Vuitasse ... Editio nova
Lovanii, typis Joannis Francisci van Overbeke, 1783-1784
8°: 3 dln
- FII/7-9

WITASSE, Charles W85
Tractatus de sacramento ordinis. Autore ... Carolo Vuitasse ... Editio nova
Lovanii, typis Joannis Francisci van Overbeke, 1783-1784
8°: *8(-*1), A-2C8, 2D6(-2D6); [12], 422, [3] p. + π1, A-X8, Y6; [2], 345, [3] p.
- FII/16-17

WITASSE, Charles W86
Tractatus de sacramento pœnitentiæ. Autore ... Carolo Vuitasse ... Editio nova
Lovanii, typis Joannis Francisci van Overbeke, 1778
8°: *6, π1, A-2B8, 2C4(-2C4); [14], 406 p. + *8, A-2E8, 2F4; [16], 455 p.
- FII/14-15

WITASSE, Charles W87
Tractatus de sanctissima trinitate. Autore ... Carolo Vuitasse ... Editio nova
Lovanii, typis Joannis Francisci van Overbeke, 1784
8°: *6, A-Y8; [12], 349, [3] p. + π1, A-2I8, 2K4(-2K4); [2], 514, [4] p.
- FII/5-6

WITASSE, Charles W88
Tractatus de verbi divini incarnatione. Autore ... Carolo Vuitasse ... Editio nova
Lovanii, typis Joannis Francisci van Overbeke, 1776
8°: *4, π1, A-2C8, 2D4; [10], 419, [5] p. + π1, A-2L8, 2M4; [2], 545, [6] p.
- FII/10-11

WITT, Jacob de W89
Eenvoudige uytdrucksels van godt-vruchtige gedachten. Naergelaten by ... Jacob de Witt ...
Tot Dordrecht, by de weduwe van Jasper Gooris, 1674
4°: *-24, 3*2, A-M4(-A1); [2], 17, 93 p.
- CIV/11

WITTE, Ægidius de W90
Animadversiones in næniam funebrem Martini Steyartii [A. de Witte] ...
S.l., s.n., 1701?
8°: A8; 16 p.
- ArDIV/6/8

WITTE, Ægidius de W91
Capistrum ab Embricensi interprete. Dono missum M. St. V. A. [Martinus Steyaert] *declamatori in versionem Belgicam novissimam Novi Testamenti* [A. de Witte]
S.l., s.n., 1697
8°: A8, B-C4; 32 p.
- ArDIV/5/6

WITTE, Ægidius de W92
Diatriba critica ad F. Henricum Bukentopium ... Per C. D. C. Theologum Eutopianum [A. de Witte]
S.l., s.n., 1699
8°: A-B8, C4; [38] p.
- ArDIV/5/8

WITTE, Ægidius de W93
Epistola apologetica ad amicum Lovaniensem, adversus Examen translationis Flandricæ Novi Testamenti Embricæ nuper impressæ. Auctore ... Henrico Bukentop &c. [A. de

W

Witte]
S.l., s.n., 1698
8°: A-C⁸; 47 p.
- ArDIV/5/7

WITTE, Ægidius de   W94
Imago pontificiæ dignitatis … Auctore Desiderio Palæophilo [A. De Witte]
Constantiæ, apud Æneam Sylvium, 1704
4°: A-I⁴(-I⁴); 69 p.
- ArKIII/7/12

WITTE, Ægidius de   W95
Mendax judicium, sive resolutio practica quæstionis de recidivis. Convulsa … per Germanum Palæophilum [A. de Witte]
S.l., s.n., 1700
8°: A⁸; 15 p.
- ArDIV/9/8

WITZEL, Georg   W96
Disputatio christianorum et iudæorum, olim Romæ habita, coram Imperatore Constantino. Cum præfatione Georgij Vuicelij
Moguntiæ, ad divum Victorem, excudebat Franciscus Behem, 1544
4°: A-T⁴; 76 f.
- PrIIV/9/1 (f. 13-16 ontbr.)

WOCHER, Rupert   W97
Der praktische Volksprediger … Auf alle Sonn- und Festtage des Herrn … Von einem Priester … P. R. W. P. [R. Wocher]
Augsburg, bey Matthæus Riegers sel. Söhnen, 1797
8°:)(⁶, A-3A⁸, 3B⁴; XII, 760 p. +)(⁴, A-2R⁸; VIII, 639 p.
- ArAIV/26-27

WOCHER, Rupert   W98
Der praktische Volksprediger … Auf alle Sonn- und Festtage des Herrn … Von einem Priester des katholischen Deutschlandes P. R. W. P. [R. Wocher]. *Des zweyten Jahrganges Erster Band [-Zweiter Band]*
Augsburg, in Matthias Riegers sel. Buchhandlung, 1798
8°: *⁸, A-2I⁸, 2K⁴(-2K⁴); XVI, 518 + XVI, 812, [4] p.
- ArAIV/28-29

WOLF, Josse de   W99
Astræa, de waerheyd-zoekende dienst-maegd, verzelt door Den onvluchtbaeren laster der weireld …. Door den opstelder van den Vreugd- en vruchtwekkenden Theater van Apollo [J. De Wolf]
Tot Gend, by C. J. Fernand, 1778
8° : π³, A-P⁴(-P⁴); 117, [1] p.
- UII/25/2 (herk.: Ex libris Josephi Jo^{is} van den block can. præm. Abb. Dilig.)

WOLF, Josse de   W100
Den godelyken philosoph, ofte minnaer der oprechte wysheyd … In rym gestelt door den opstelder van den Vreugd- en Vrucht-wekkenden theater van Apollo [J. de Wolf]
Tot Gend, by C. J. Fernand, 1778
8°: π⁵, A-N⁴, O⁶; [6], III, [1bl], 111, [5] p.
- UII/25/1 (herk.: Ex libris Jos Jo^{is} vandenblock Can Præm Abb Diligh)

WOLF, Josse de   W101
Het ontsteken vuer des oorlogs, uytgebluscht door den zegepraelenden arend van het doorluchtig Huys van Oostenryk en de vrede-wekkende menschlievendheyd van Maria-Theresia. Opgesteld in helden-veerzen door J. de Wolf
Tot Gend, by C. J. Fernand, 1779
8°: 14 p.
- UII/25/3

WOLF, Josse de?   W102
Invallende gedagten op verscheyde voorwerpen, ofte het schouw-tooneel der gebreken … In het licht gegeven door eenen minnaer van Minerva [J. de Wolf?]. *In heldenveersen*
Tot Gend, by C. J. Fernand, 1780
8°: π³, A-I⁴, K⁶(-K⁶); [6], 79, [3] p.
- UII/25/5

WOLF, Josse de   W103
Den vreugd en vrucht-wekkenden theater van Apollo … (Josse de Wolf). Verçiert met vele wonderbaere historien, licht-gevende fabelen …
Tot Gend, by C. J. Fernand, 1778
8°: 5 dln; gegrav. front.
- UII/24 (herk.: Ex libris Josephi Jo^{is} van den Block can. præm. Abb. Dilig.; E J Raymaekers [Park])

WOLFF, Christian   W104
Jus naturæ methodo scientifica pertractatum. Autore Christiano Wolfio …
Francofurti et Lipsiæ, prostat in officina Libraria Rengeriana, 1741-1749
2 & 3: Prostat … Halæ Magdeburgicæ
Nota: fout in datum op 1: MDCCVLXI
4°: 9 dln
- XIII/7-15

WOLSON, Thomas   W105
De allerverborgenste geheimen van de hoofdgraden der Metzelary, ontdekt. Of het waare roozenkruis. Uit het Engels [Th. Wolson]. *Gevolgd van de Historie der Noachiten, uit het Hoogduytsch … in 't Fransch overgebragt, en na de Jerusalemsche druk in 't Nederduitsch vertaald. Met aanmerkingen van de vertaaler en kunstplaaten*
S.l., s.n., 1786
8°: *⁶, A-F⁸, G⁶; XII, 208 p.; gegrav. front.
- PrEII/30/1 (de 'kunstplaaten' ontbr.)

WOLSON, Thomas   W106
De metselaar ontmomd, of het rechte geheim der vrye metselaaren ontdekt … Door een geweezen vryen metselaar (Thomas Wolson). Met kopere plaaten. Vierde druk
S.l., s.n., 1780
8°: *⁸, A-F⁸, G², χ¹; [16], 99, [3] p. + ill. (uitsl. pltn)
- PrEII/30/2

WOUTERS, Joannes Baptista, O.P.   W107
Epitome S. Scripturæ hexametro memoriali contractæ … Authore … Joanne Baptista Wouters …
Bruxellis, typis viduæ Philippi Vleugaert, 1684
8°: π⁶, A-I⁸, K-R⁴; [6], 208 p.
- AI/4 & YVI/29

WOUTERS, Martinus, O.S.A.   W108
Dilucidationis selectarum S. Scripturæ quæstionum pars prima (-sexta) … Authore … Martino Wouters …
Lovanii, typis Martini van Overbeke, (1753-1758?)
8°: 6 dln
- ArEVI/1-6 (herk.: Æg. H. Bleesers 1870)

WOUTERS, Martinus, O.S.A. W109
Dilucidationes selectarum S. Scripturæ quæstionum. Authore ... Martino Wouters ...
Trajecti ad Mosam, apud Jacobum Lekens, 1778
4°: a-b⁴, A-4H⁴, 4I²; XVI, 620 p. + a-b⁴, A-4O⁴; XVI, 662 p.
- PrGVII/1-2

WREE, Olivier de W110
La généalogie des comtes de Flandre depuis Baudouin bras de fer iusques ...Philippe IV roy d'Espagne. Par Olivier de Wree ...
2: *Deuxiesme partie de la genealogie ... Contenant les preuves des XII tables posterieures, par lesquelles ... sont esclaircies les maisons de Bourgogne et d'Austriche*
A Bruge en Flandre, chez Iean Baptiste & Lucas van den Kerchove, 1642-1644
2°:):(⁸, [76 f. n.s.], a⁶, b⁴, A-2L⁶, 2M⁴; [16], 170, 413, [1] p. + π², A-2S⁶, 2T⁴; [4], 496, [1] p.: ill.
Nota: 152 p. met afb. van wapenschilden
- RVI/17/2 & RVI/18

WREE, Olivier de W111
Historiæ comitum Flandriæ libri prodromi duo. Quid comes? Quid Flandria? Autore Olivario Vredio ...
Brugis, apud Lucam Kerchovium, 1650
Coll.: Cornelius van Essche (lofdicht)
2°: á⁶, A-I⁶, K⁴(-K⁴), †⁶, A-2Z⁶, 3A-3S⁴, a-n⁴; [12], 110, [16], 692, 4, LXXX, [24] p. + ill.; gegrav. titelp.
- RVI/15

WREE, Olivier de W112
Historiæ Flandriæ christianæ ab anno Christi 500 ... usque ad annum 767 ... Auctore Oliverio Vredio ...
Brugis Flandrorum, typis Petri van Pee, (1668?)
2°: π¹, A-3D⁴; 400 p.
- RVI/16 (pp. 9-16 ontbr.) + RVI/19/1

WREE, Olivier de W113
Les seaux des comtes de Flandre et inscriptions des chartres par eux publiées. Avec un esclaircissement historique par Olivier de Wree ... Traduit du Latin par L. V. R. [Lambertus Vossius Rosellanus?]
A Bruge en Flandre, chez Iean Baptiste & Lucas van den Kerchove, 1641
2°: a-b⁶, c², [56 f. n.s.], A-V⁶; [28], 112, 209, [29] p.: ill.
Nota: 112 p. met afb. van wapenschilden
- RVI/17/1

WREE, Olivier de W114
Sigilla comitum Flandriæ et inscriptiones diplomatum ab iis editorum. Cum expositione historica OlivarI Vredi ...
Brugis Flandrorum, apud Ioannem Baptistam Kerchovium, 1639
Coll.: Lambertus Vossius, Joannes Baptista de Tollenare (in fine)
2°: (:)⁶, A-2K⁶, 2L⁴; [12], 308, [96] p.: ill.
- RVI/19/2

WREVELIGE AERT ... W115
Wrevelige aert der Vaderen Jesuiten en sommigen hunner aenhangeren ...
Tot Gorinchem, by Frans Severeynse, 1704
8°: A⁸; 13 p.
- ArDIV/4/4

WÜRDTWEIN, Stephan A. W116
Stephani Alexandri Würdtwein *Diœcesis Moguntina in archidiaconatus distincta et commentationibus diplomaticis illustrata*
Mannhemii, typis academicis, 1769-1777
4°: 3 dln
- TV/8-10

WÜRDTWEIN, Stephanus A. W117
Diplomataria Maguntina pagos Rheni, Mogani, Navæque Wetteraviæ, Hassiæ, Thuringiæ, Eichsfeldiæ, Saxoniæ etc. illustrantia. In lucem protraxit Stephanus Alexander Würdtwein ...
Magontiaci, sumtibus societatis typographicæ, et typis Andreæ Crass, 1788-1789
4°:)(⁴,)(*², A-3Z⁴; [6], VI, 552 p. +)(-2)(⁴, A-4C⁴; XVI, 577 p.
- TV/11-12

WÜRDTWEIN, Stephan A. W118
Notitiæ historico diplomaticæ de Abbatia Ilbenstadt ordinis Præmonstratensis in Wetteravia
v° van titelp.: *Unà cum Elencho Monasteriorum ... intra limites ... Moguntiæ sitorum.* Collectæ ... à Stephano Alexandro Würdtwein ...
Moguntiæ, litteris typograph. electoral. privilegiati Hospit. Sti Rochi, per Joan. Leonh. Oekel, 1766
4°: π¹,)(-3)(⁴[-)(⁴), A-U⁴, X²; [24], 163 p.; gegrav. titelp.
- PrIIII/8

WÜRDTWEIN, Stephan A. W119
Nova subsidia diplomatica ad selecta juris ecclesiastici Germaniæ et historiarum capita elucidanda ex originalibus aliisque authenticis documentis ... Illustrata et edita a Stephano Alexandro Würdtwein
Heidelbergæ, sumtibus Tobiæ Goebhardt, 1781-1792
8°: 14 dln + ill.
- TIII/22-35

WÜRDTWEIN, Stephan A. W120
Subsidia diplomatica ad selecta juris ecclesiastici Germaniæ et historiarum capitæ ... A Stephano Alexandro Würdtwein ...
Heidelbergæ, sumptibus Tobiæ Goebhardt, 1772-1780
9-13: Francofurti et Lipsiæ, apud Tobiam Goebhardt
8°: 13 dln; kleine, variabele grav. op elke titelp. (niet op 13)
- TII/17-29 (herk.: Can. Reg. Cellæ S. Mariæ; Duplum bibliothecæ Univers. Friburg. Brisg.)

WYNANTS, Goswin Arnould, comte de W121
Supremæ curiæ Brabantiæ decisiones recentiores. Authore ... Goswino comite de Wynants ...
Bruxellis, apud Petrum Foppens, 1744
2°: π³, *⁴, 2*-6*², A-H⁴, I-6Q²; VIII, [24], 532, [24] p.; portret van de aut. in front.
- SVI/17 & SVI/18 (portret ontbr.)

WYNANTZ, Hermannus Josephus de, O.Præm. W122
Korte uytlegginghe van alle de ceremonien van de misse ...
Ghemaeckt door F. Hermannus Josephus de Wynantz ... Den tweeden druck
t'Antwerpen, by de weduwe van Petrus Jacobs, 1712
8°: A-K⁶; 118, [1] p.
-PrJXI/10

X

XIX IMAGINES …   X1
XIX Imagines quorundam clarissimorum theologorum & philologorum
A Leide, chez Pierre vander Aa, [1690?]
2°: 19 portr.
- WVIII/19/2

XLVIII PORTRAITS …   X2
XLVIII Portraits de plusieurs comtes, barons, chevaliers, généraux, gouverneurs, & autres personnes illustres
A Leide, chez Pierre vander Aa, [1690?]
2°: 47 portr.
- WVIII/19/6

XXV PORTRAITS …   X3
XXV Portraits des hommes celebres
A Leide, chez Pierre vander Aa, [1690?]
2°: 25 portr.
- WVIII/19/3

XX ICONES …   X4
XX Icones clarissimorum medicorum philosophorum liberales artes profitentium aliorumque
A Leide, chez Pierre vander Aa, [1690?]
2°: 20 portr. (1 uitsl.)
- WVIII/19/4

Y

YDENS, Steven   Y1
Historie van het H. Sacrament van mirakelen. Berustende tot Bruessel inde Collegiale Kercke van S. Goedele. Beschreven door … Steven Ydens …
Tot Bruessel, by Rutgeert Velpius, 1608
Coll.: Fredericus de Marselaer, Everart Syceram, P. N. van Bruessel, R. Havvart (lofdichten)
8°: a-c^8, A-T^8; [48], 282, [22] p.: ill.
- PrII/9

YDENS, Steven   Y2
Historie van het H. Sacrament van mirakelen. Door … Steven Ydens … In desen lesten druck vermeerdert met schoone figuren …
Tot Brussel, by Peeter de Dobbeleer, 1650
12°: π^1, A-I^{12}, K^4; [2], 224 p.: ill.
- PrJVIII/4

YORK, Joannes Robertus e.a.   Y3
Theses theologicæ de jure et justitia. Quas, præside … Josepho Maugis … defendent hora 9 ante meridiem … Joannes Robertus York, … Nicolaus Rouhette … Augustinus Biet. Hora 3 post meridiem … Ambrosius Berton, … Franciscus Bruyninckx … die 29 Julii 1755
Lovanii, typis Martini van Overbeke, (1755)
8°: A-C^8, D^4, E^2; 60 p.
- PrHVI/20/9

YVAN, Antoine, Orat.   Y4
La trompete du ciel qui réveille les pécheurs et qui les excite à se convertir à Dieu. Recueillies des écrits du … pere Antoine Yvan. Nouvelle édition. Corrigée … par Mr. de Lorgues …
A Rouen, chez Jean-Baptiste Besongne, 1700
12°: á^8, A-2C, 2D^4(-2D^4); [17], 629, [1] p.; front. (houtsnede)
- LI/24

ZACCARIA, Francesco Antonio, S.J.   Z1
Anecdotorum medii ævii maximam partem ex archivis Pistoriensibus collectio. A Francisco Antonio Zacharia … adornata
Augustæ Taurinorum, ex typographia regia, 1755
2°: a-b⁴, A-3O⁴; [16], 480 p.
- TVI/2

ZACCARIA, Francesco Antonio, S.J.   Z2
Anti-Febronius. Febronius abbreviatus cum notis, adversus neotericos theologos et canonistas, etc. Auctore F. A. Zaccaria … Nova editio
Bruxellis, apud X. Renaudière. Lovanii, typis Vanlinthout et Vandenzande, 1829
5 dln
- ArAVIII/17-21

ZACCARIA, Francesco Antonio, S.J.   Z3
Bibliotheca ritualis. Concinnatum opus a Francisco Antonio Zaccaria.
3: *Tomi II pars altera supplementa continens præmisso … Joannis Maldonati inedito de cæremoniis tractatu …*
Romæ, sumptibus Venantii Monaldini. Ex typographia Octavii Puccinelli, 1776-1781
4°: 3 dln
- DIV/12-14

ZACCARIA, Francesco Antonio, S.J.   Z4
De rebus ad historiam atque antiquitates ecclesiæ pertinentibus. Francisci Antonii Zaccaria dissertationes latinæ
Fulginiæ, excudebat Pompejus Campana, 1781
4°: π², a-d², A-2V⁴(-2V⁴); [4], XVI, 342 p. + π³, A-3B⁴, 3C⁶(-3C⁶); [6], 393 p.
- PII/27-28

ZACHARIAS CHRYSOPOLITANUS   Z5
Zachariæ … In unum ex quatuor sive de concordia evangelistarum, libri quatuor
(Coloniæ), Eucharius Cervicornus excudebat, 1535
2°: *a⁴, a-2i⁶; [8], 385 p.; gegrav. titelp.
- ArFV/7 (herk.: Bibliothecæ S. Mariæ Transpontinæ; Conventus Cremonæ usui fris Jo. Stephani Chipolæ … Carmelitarum)

ZACHMOORTER, Michiel   Z6
Sponsus sanguinum ofte den bloedighen bruydegom onser zielen. Ghemaeckt door … Michiel Zachmoorter …
T'Antwerpen, by Geeraerdt van Wolsschaten, 1623
8°: *-2*⁸, A-N⁸, O²; [32], 211, [1] p. + ill.; gegrav. titelp. + 18 pltn
- PrFII/28/1 (herk.: De la bibliothèque de Gustave Charles Antoine Marie van Havre, no 828 [ex libris met wapen]; Frederic Verachtert)

ZACHMOORTER, Michiel   Z7
Sponsus sanguinum. Den bloedigen bruydegom. Door … Mich. Zachmoorter …
T'Antwerpen, by Hend. Aertssens, 1662
16°: *⁸, A-2C⁸, 2D⁴; [16], 440 p.: ill.; gegrav. titelp.
- YIV/43

ZACHMOORTER, Michiel   Z8
Thalamus sponsi oft t'bruydegoms beddeken … Ghemaeckt door … Michiel Zachmoorter …
T'Antwerpen, by Geeraerdt van Wolsschaten, 1623
8°: †², A-V⁸, X²; [4], 318, [6] p.; gegrav. titelp.
- PrFII/27 & PrFII/28/2

ZACHMOORTER, Michiel   Z9
Thalamus sponsi. Bruydegoms beddeken. Ghedeylt in twee delen … Door … Michiel Zachmoorter … III Editie
T'Antwerpen, by Geeraert van Wolsschaten, 1628
12°: †-3†⁶, A-M¹², N⁶, a⁶, b-q¹²; [36], 300, 364, [8] p.; gegrav. titelp.
- PrFI/32 (herk.: fr. Bernaerde vanden Bossche)

ZAHN, Johannes, O.Præm.   Z10
Oculus artificialis teledioptricus sive telescopium … è triplici fundamento physico seu naturali, mathematico dioptrico et mechanico, seu practico stabilitum. Authore … Joanne Zahn …
2: *Pro explicando … oculo sive telescopio, fundamentum II …*;
3: *Pro practice construendo … oculo artificiali teledioptrico, sive telescopio, fundamentum III …*
1 & 3: Herbipoli, sumptibus Quirini Heyl, 1685-1686; 2: Herbipoli, sumptibus Quirini Heyl. Francoforti ad Moenum, typis Joh. Georgii Drullmanni, 1686
2°: 3 dln: ill.
- PrDV/1 (herk.: Dono dedit bibliothecæ … P. D. Smeyers … 1862)

ZALLINGER, Jacob   Z11
De usu et systematica deductione juris naturalis et ecclesiastici publici commentariolum. Auctore Jacobo Zallinger …
Gandæ, typis A.-I. Vander Schelden, 1823
76 p.
- MI/12/2

ZALLINGER, Jacob   Z12
Institutiones juris ecclesiastici, maxime privati, ordine decretalium. Auctore Jac. Ant. Zallinger …
Augustæ Vindelicorum, sumptibus Matthæi Rieger p.m. filiorum, 1792-1793
8°: 5 dln
- MI/14-18

ZALLINGER, Jacob   Z13
Institutionum juris ecclesiastici, publici et privati liber subsidiarius I, qui est isagogicus … Auctore Jac. Ant. Zallinger …
Augustæ Vindelicorum, sumtibus Matthæi Rieger p. m. filiorum, 1791
8°: *⁸, A-P⁸; [16], 237 p.
- MI/9

Z

ZALLINGER, Jacob Z14
Institutionum juris ecclesiastici, publici et privati liber subsidiarius II, qui est chronographicus ... Auctore Jac. Ant. Zallinger ...
Augustæ Vindelicorum, sumtibus Matthæi Rieger p. m. filiorum, 1791
8°: *16, A-R8; XVI, [16], 272 p. + uitsl. tabel
- MI/13

ZALLINGER, Jacob Z15
Institutionum juris naturalis et ecclesiastici publici libri V. Auctore Jacobo Zallinger ... Editio nova
Trajecti ad Rhenum, apud Antonium Schikhoff, 1823
607 p.
- MI/10-12 (MI/12 is convoluut)

ZALLWEIN, Gregor Z16
Principia juris ecclesiastici universalis, et particularis Germaniæ ... Authore ... Gregorio Zallwein ...
Augustæ Vind. & Œniponti, sumptibus Josephi Wolff, 1763
4°: 4 dln
- OIV/10-13

ZANETTI, Antonio Maria Z17
Latina et italica D. Marci Bibliotheca codicum manu scriptorum. Per titulos digesta. Præside ... Laurentio Theupolo ... (ed.: Antonio Zanetti)
(Venetië), apud Simonem Occhi, 1741
2°: π3, A-3X2; [6], 268 p.; gegrav. portret (kard. Bessarion)
- ZVIII/16

ZANONI, Bernardini, S.J. Z18
Practique des vertus, et de la perfection religieuse. Par ... Bernardin Zanon ...
A Lyon, chez Claude Larjot, 1630
8°: á8, A-3G8; [16], 847 p.
- ArCIII/14 (herk.: Domitien Gosselain d'Husseignies)

ZARAGOZA de HEREDIA, Pedro Juan, O.P. Z19
Vita beatæ Mariæ Raggiæ. Hispanicè ... scripta auctore ... Ioanne Petro a Cæsar-Augusta [= Pedro Juan Zaragosa de Heredia] ... Deinde vero in Gallicum conversa, et ... Latinitate donata ... ab Arnoldo de Raisse ...
Duaci, apud Marcum Wyon, 1622
8°: á8, A-T8, V4; [18], 310, [2] p.; gegrav. portret in bijk. front.
- JIV/26/2

ZASIO, André-Maximilien, O.Præm. Z20
Hermeneutica seu ratio interpretandi Sacram Scripturam Antiqui Fœderis. Ab Andrea Maximiliano Zasio ...
1: *Isagoge sive Introductio*; 2 & 3: *Partes prima et secunda*
Pesthini, typis Francisci Augustini Patzko, 1796-1797
8°: 3 dln
- CII/28-29 (dl 2 ontbr.)

ZASIO, André-Maximilien, O.Præm. Z21
Hermeneutica seu ratio interpretandi Sacram Scripturam Novi Fœderis. Ab Andrea Maximiliano Zasio ...
Vacii, typis Antonii Gottlieb, 1801-1802
8°: 3 dln
- CII/30-32

ZAUNSLIFER, Petrus Z22
Tafereel van overdeftige zinnebeelden ... Eerst beschreven door Cesare Ripa, Pierius Valerianus, Orus Apollo, en anderen. Maer nu in meerder orde gebracht ... door Petrus Zaunslifer ... Met koperen plaetjes
Te Amsterdam, by Gerard onder de Linden, 1722
Coll.: David van Hoogstraten
4°: *-24, 3*1, A-3I4, 3K-3L2; [16], 440, [8] p.: ill.
- UII/1

ZECCHI, Lelio Z23
De republica ecclesiastica, liber ... Lælio Zecchio ... authore
Lugduni, expensis Ioannis Baptistæ Buysson, 1601
8°: *8, A-2Q8, 2R4; [16], 622, [10] p.
- PrGIII/7 (herk.: Monasterii Weingartensis Anno 1600 [sic])

ZECH, Franciscus Xaverius, S.J. Z24
... Franc. Xav. Zech ... *Præcognita juris canonici ad Germaniæ catholicæ principia et usum accomodata.* Secundis curis ab autore recognita
Ingolstadii, sumptibus Joan. Franc. Xav. Crätz, 1766
8°:)(8, A-Z8; [16], 368 p.
- ArIVII/18

ZEEBOTS, Willem, O.Præm. Z25
Den blyden kers-nacht ofte de geboorte Christi onses salighmakers ... [W. Zeebots]
8°: A-K

ZEEBOTS, Willem, O.Præm. Z25
Den blyden kers-nacht ofte de geboorte Christi onses salighmakers ... [W. Zeebots]
Tot Loven, by de weduwe van Bernardyn Maes, [1662?]
8°: A-K4; [6], 74 p.
- ArEI/35/3

ZEEBOTS, Willem, O.Præm Z26
Het droevigh lyden, en de bittere doodt van den Heere Christus onsen Salighmaecker... Tragedischer-wys verthoont door ... Guilielmus Zeebots ...
Tot Loven, by Guiliam Stryckwant, 1687
8°: A-Q4; 128 p.
- ArEI/36 (onvolledig in fine)

ZEEBOTS, Willem, O.Præm. Z27
Het leven ende martyrie vanden H. Adrianus. Alles getrocken uyt vermaerde scryvers: Sirius, Lippeloo, Hareus [door W. Zeebots]
Tot Loven, by de weduwe van Bernardyn Maes, [1662?]
8°: A-I4, K2; [4], 72 p.
- ArEI/35/1

ZEEUS, Jakob Z28
Gedichten van Jacob Zeeus. Met veele kopere kunstplaten versiert. Tweede druk
Te Amsterdam, by Antoni Schoonenburg, 1737
Coll.: Hubert Korneliszoon Poot, Henriette Elizabeth de With, Katharina Johanna de With,, A. Hoppesteyn, M. de Ruusscher, J. van Hoven, A. Rotteveel, D. van Hoogstraten (opdracht & carmina)
4°: *-4*4, χ1, A-4A4; [30], 552, [8] p.: ill.; gegrav. portret van de aut.
- XIII/21 (herk.: Devroe [ex libris])

ZEEUS, Jakob Z29
Overgebleve gedichten van Jakob Zeeus. Tweede druk
p. XX: *Het leven van Jacob Zeeus*
Te Amsterdam, by Antoni Schoonenburg, 1737
Coll.: Arn. Willis, Katharina Johanna de With, K. Boon van Engelant, E. Kraeyvanger, A. Hoppestein, Frans Greenwood, Arnold Nachtegael, Korn. van

Koeverden, Korn. Kriek, A. Elzevier (opdracht & *carmina*)
4°: *-5*⁴, 6*⁶, 2†-5†⁴, A-2N⁴(-2N⁴), (a)-(g)⁴; XLIII, [43], 288, LIII p.; gegrav. portret van de aut.
- XIII/22 (herk.: Devroe [ex libris])

ZOESIUS, Henricus   Z30
... Henr. Zoesii ... *Commentarius ad decretales epistolas Gregorii IX*. P. M. Valerius Andreas ... descripsit, recensuit ...
Lovanii, typis ac sumptibus Hieronymi Nempæi, 1647
2°: 2*⁶, A⁶, B-4B⁴; [12], 656, [16] p.
- LVII/5

ZOESIUS, Henricus   Z31
... Henr. Zoesij ... *Commentarius ad digestorum seu pandectarum juris civilis libros L.* ... Valerius Andreas ... supplevit, ... locupletavit ... Editio secunda
Lovanii, typis ac sumptibus Hieronymi Nempæi, 1656
2°: π¹, *⁴, χ², A-4O⁶, 4P⁴, 4Q⁶, 4R-4S⁶; [12], 1000, [32] p.; gegrav. portret van de aut. in front.
- PrDV/9 (herk. in fine: Petrus van Hullen)

ZOUBEC, Joannes N.   Z32
Selectarum quæstionum paratitla, ad Librum III Decretalium Gregorii IX ... De Jure Cleri. Quam ... præside ... Thadæo, Francisco Schweiger ... disputationi proposuit ... Joannes Nepomucenus Zoubek ... Anno MDCCXXIX ...
Vetero-Pragæ, apud Matthiam Höger, (1729?)
8°:)(⁴, A-2H⁸, 2I⁶; [8], 504, [3] p.
- PrGII/3

ZUNGGO, Giovanni Antonio   Z33
Historiæ generalis, et specialis de ordine canonicorum regularium S. Augustini prodromus. Opera, et studio Joannis Antonii Zunggo ...
Ratisbonæ, typis Joannis Baptistæ Lang, 1742
2°:)(-3)(²[-3)(²], a-d²,)(²,):(², A-3M⁴, 3N²; [34], 466, [2] p. +)(-2)(⁴, 3)(², A-5L⁴, 5M-5S²; [20], 844, [25] p.
- PVI/19-20

ZWARTE, Charles de, S.J.   Z34
Avis salutaire a messieurs les protestans et deliberans de Louvain [C. de Zwarte]
A Louvain, chez François Vande Velde, (1719?)
8°: A⁸; 15 p.
- YIII/33/14

ZWARTE, Charles de, S.J.   Z35
Second avis salutaire a messieurs les protestans et deliberans de Louvain [C. de Zwarte]
A Louvain, chez François Vande Velde, (1719?)
8°: A⁸; 14 p.
- YIII/33/15

ZWARTE, Charles de, S.J.   Z36
Troisieme avis salutaire a messieurs les protestans et deliberans de Louvain ... [C. De Zwarte]
A Louvain, chez François Vande Velde, (1719?)
12°: A-C⁸, D⁴; 55, [1] p.
- YIII/33/18

ZWARTE, Charles de, S.J.   Z37
Quatrieme avis salutaire a Messieurs, &c. Où l'on refute par ordre les 4. premiers § de la premiere partie de leur Balance [C. De Zwarte]
A Louvain, chez François Vande Velde, (1719?)
8°: A-D⁸, E⁴; 71, [1] p.
- YIII/34/9

ZWIGOTT, Amadæus, O.Cist.   Z38
Norma vivendi clericis a sacris canonici juris constitutionibus præscripta. Seu: Tractatus in librum III Gregorii IX ..., De vita, & Honestate clericorum, a titulo XI usque ad titulum XIII ... Quas ... præside ... Ludovico Tobia Titler ... defendendas suscepit ... Amadæus Zwigott ... Anno 1745 ...
Vetero-Pragæ, in typographia Archi-episcopali, per Godefridum Lange, 1745
8°:)(⁴, A-P⁸; [8], 237, [3] p.
- ArDV/32

ZYPÆUS, Franciscus   Z39
Consultationes canonicæ pleræque ex iure novissimo Concilij Tridentini ... Auctore Francisco Zypæo ... Editio postrema
Antverpiæ, apud Hieronymum & Ioan. Bapt. Verdussen, 1675
2°: *⁴, A-2F⁶, 2G-2H⁴(-2H⁴); [8], 348, [14] p.
- MVII/10/2

ZYPÆUS, Franciscus   Z40
De iurisdictione ecclesiastica et civili libri IV. Auctore Francisco Zypæo ... Editio postrema. Operum tomus secundus
Antverpiæ, apud Hieronymum & Ioan. Bapt. Verdussen, 1675
2°: †⁴, A-R⁶(-R⁶); [8], 184, [18]
- MVII/11/1

ZYPÆUS, Franciscus   Z41
Hiatus Iacobi Cassani obstructus, ubi immensa illius totam Europam scriptione devorantis ambitio nullo iure niti demonstratur ... Quibus illapsa est disceptatio de pace Pragensi MDCXXXV adversus Deplorationem Iusti Asterij [i.e. Joannes Stella]; accessitque caput posthumum super vindiciis Gallicis. Auctore Francisco Zypæo ... Editio postrema
Antverpiæ, apud Hieronymum & Ioan. Bapt. Verdussen, 1675
2°: ()², A-K⁶, L⁴; [4], 119, [8] p.
- MVII/11/4

ZYPÆUS, Franciscus   Z42
Iudex, magistratus, senator, libris IV exhibitus. Auctore Francisco Zypæo ... Editio postrema
Antverpiæ, apud Hieronymum & Ioan. Bapt. Verdussen, 1675
2°: π², A-Q⁶, R⁴, S⁶, T⁴; [4], 200, [20] p.
- MVII/11/2

ZYPÆUS, Franciscus   Z43
Juris pontificii novi analytica enarratio. Auctore Francisco Zypæo ... Editio postrema
Antverpiæ, apud Hieronymum & Joan. Bapt. Verdussen, 1675
2°: á⁴, A-X⁶, Y⁴; [8], 243, [1bl], [19] p.
- MVII/10/1

ZYPÆUS, Franciscus   Z44
Notitia iuris Belgici. Auctore Francisco Zypæo ... Editio postrema
Antverpiæ, apud Hieronymum & Ioan. Bapt. Verdussen, 1675
2°: §², A-O⁶, P⁴; [4], 149, [31] p.
- MVII/11/3

ZYPÆUS, Franciscus   Z45
Responsa de iure canonico præsertim novissimo. Auctore Francisco Zypæo ... Editio postrema ...
Antverpiæ, apud Hieronymum & Ioan. Bapt. Verdussen, 1675
2°: ṅ³, A-R⁶, S⁸; [6], 202, [17] p.
- MVII/10/3

© 2014 De Vrienden van de Abdij van Park
en Peeters Publishers nv
Alle rechten voorbehouden. Niets uit deze uitgave mag
worden verveelvoudigd, opgeslagen in een geautomatiseerd gegevensbestand, of openbaar gemaakt, in enige vorm of op enige wijze, hetzij elektronisch, mecanisch, door fotokopieën, opnamen, of op enig andere manier, zonder voorafgaande toestemming van de rechthebbende(n).

De uitgever heeft ernaar gestreefd de rechten van de illustraties volgens wettelijke bepalingen te regelen. Degenen die desondanks menen zekere rechten te kunnen doen gelden, kunnen zich alsnog tot de uitgevers wenden.

Druk: Peeters, Bondgenotenlaan 153, B-3000 Leuven
Vormgeving: Wim Platteborze
ISBN 978-90-429-3167-1
D/2014/0602/75